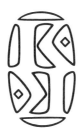

Kindlers Enzyklopädie
Der Mensch

Begründet
von Herbert Wendt
geb. 1914, gest. 1979

©
Copyright 1981 by
Kindler Verlag AG Zürich
Alle Rechte vorbehalten, auch die des teilweisen Abdrucks, des öffentlichen Vortrags
und der Übertragung durch Rundfunk und Fernsehen

Kindlers Enzyklopädie
Der Mensch

Herausgegeben von

Herbert Wendt
und
Norbert Loacker

verlegt bei Kindler

Koordination der Enzyklopädie
Wolf Keienburg

Aufbau des Gesamtwerkes

Band I **Im Vorfeld des Menschen**
Die Wissenschaft vom Menschen · Die Entwicklung des Lebens · Die Entstehung des Menschen

Band II **Die Entfaltung der Menschheit**
Vom Frühmensch zum Sapiensmensch · Die Ausbreitung der Menschheit · Von den ersten Hochkulturen zur heutigen Massenkultur

Band III **Der Körper des Menschen**
Aufbau und Funktion des menschlichen Körpers · Biologische Grundlagen menschlicher Aktivität · Gesundheit und Erkrankung des menschlichen Körpers

Band IV **Die Sonderstellung des Menschen**
Die körperliche Eigenart des Menschen · Das seelische Dasein des Menschen · Die geistige Welt des Menschen

Band V **Soziales und geschichtliches Verhalten des Menschen**
Das Sozialverhalten des Menschen · Das geschichtliche Dasein des Menschen · Der zivilisatorische Auftrag des Menschen

Band VI **Sprache, Kunst und Religion**
Die Sprache des Menschen · Literarisches und künstlerisches Gestalten des Menschen · Das religiöse Bedürfnis des Menschen

Band VII **Philosophie, Wissenschaft und Technik**
Das philosophische Denken des Menschen · Das wissenschaftliche Forschen des Menschen · Das technische Streben des Menschen

Band VIII **Politik, Wirtschaft und Recht**
Der Mensch als politisches Wesen · Die Notwendigkeit des Wirtschaftens · Die rechtliche Ordnung des Zusammenlebens

Band IX **Die Liebe des Menschen**
Die Liebe zwischen Mann und Frau · Die Liebe zu den Kindern · Das Gebot der Friedensliebe

Band X **Biographisches Lexikon der Anthropologie und Gesamtregister**
Menschen erforschen Menschen · Personenregister · Sachregister

Redaktion dieses Bandes
Wolf Keienburg und Michael Matthes

Bebilderung dieses Bandes
Michael Matthes und Angelica Pöppel

Glossar dieses Bandes
Linde Lang

Band IV
Die Sonderstellung des Menschen

Verantwortlich für diesen Band
Herbert Wendt

Satzherstellung: Satz-Rechen-Zentrum Berlin
Druck: C.H. Beck'sche Buchdruckerei, Nördlingen
Bindearbeiten: Sigloch, Künzelsau
Schutzumschlag: Graupner & Partner, München
Printed in Germany
8-1-10-9-1
ISBN 3-463-26004-2 (Leinen)
ISBN 3-463-26104-9 (Halbleder)

Inhalt dieses Bandes

Vorwort:

Die Sonderstellung des Menschen
im Licht der Evolutionstheorie .... von Joachim Illies   15
    Evolutionstheorien in der frühen Philosophie, in den Mythen und Religionen · Die Schöpfungsberichte des Alten Testaments · Der Nivellierungsprozeß bei Linné · Die Stufenleiter der Dinge · Entmythologisierung der Evolution · Neben Einseitigkeiten der Neodarwinisten ein neues zoologisches Bild des Menschen

Teil 1:
Die körperliche Eigenart des Menschen

Sexualität .... von Ernest Borneman   29
    Menschliche Sonderstellung unter den Primaten · Kulturspezifische Aspekte der Sexualmoral · Elterliche Einflüsse auf das Sexualverhalten · Auswirkung des Unbewußten auf die Sexualität und Partnerwahl · Ursachen der Sexualgebräuche und -tabus · Fortfall des Brunstzyklus · Sexuelle Potenz der Frau · Ursachen und Folgen der Geburtenregelung

Fortpflanzung .... von Gerhard Döring   46
    Die weiblichen Genitalorgane · Die weibliche Pubertät · Der Genitalzyklus der Frau · Zyklische Veränderungen außerhalb der Genitalorgane · Die Periodizität der weiblichen Fruchtbarkeit · Die männlichen Genitalorgane · Die männliche Pubertät · Die Steuerung der männlichen Genitalfunktion · Die Befruchtung · Die Schwangerschaft · Die Geburt

Vom Ei zum Embryo .... von Erich Blechschmidt   80
    Das Biogenetische Grundgesetz – ein Irrtum · Evolution und Ontogenese · Entwicklung in der ersten, zweiten, dritten und vierten Lebenswoche · Das Embryo im zweiten Entwicklungsmonat · Entwicklung des Nervensystems · Entwicklung des Bewegungsapparates · Entwicklung der Eingeweide

Der Mensch –
eine physiologische Frühgeburt .... von Hansjörg Hemminger
                                                                         und Michael Morath   117
    Adolf Portmanns Beitrag zur Biologie des Menschen · Primärer Nesthocker und Nestflüchter · Tragling und »Sekundärer Nesthocker« · Geburtszeitpunkt und Geburtsgewicht · Das extrauterine Jahr · Spätere Kindheit

Phasen kindlicher Entwicklung .... von Klaus Immelmann
und Klaus E. Grossmann   130
    Die »klassischen« Beispiele für Prägung · Die Kennzeichen der Prägung · »Prägungsartige« Vorgänge · Was ist Prägung? · Biologische Bedeutung früher Erfahrungseinflüsse · Mögliche Nachteile von Prägungsvorgängen · Prägende Einflüsse in vergleichend-psychologischer Sicht · Frühe Unabhängigkeit oder personengebundene Prägung des Kindes?

Wachstum und körperliche Reifung
im Kindes- und Jugendalter .... von Rainer Knußmann   189
    Wachstum · Ossifikation · Sexuelle Reifung · Physiologische Veränderungen · Ursächliche Faktoren der Entwicklung in Kindheit und Jugend · Umwelteinflüsse · Die säkulare Akzeleration: Wachstumssteigerung, Vorverlegung der Pubertät, des Zahndurchbruchs und der altersspezifischen Krankheiten

Der Mensch – ein Aufrechtgänger .... von Benno Kummer   216
    Voraussetzungen für die Bipedie · Aufrichtung auf die Hinterbeine – ein mechanisches Problem · Bauprinzipien des Bewegungsapparates und die Mechanik der aufrechten Haltung · Bewegungsspielraum des Menschen und seine typischen Körperhaltungen

Die Hand des Menschen .... von Milan Klima   254
    Anatomische Beschreibung der menschlichen Hand: Handwurzel; Mittelhand; Finger; die gelenkigen Verbindungen; Muskeln; Versorgung mit Blut; Innervation · Die stammesgeschichtliche Entwicklung der menschlichen Hand

Sprache, Denken und Gehirn .... von John C. Eccles   275
    Die verschiedenen Sprachstufen · Sprachliche Ausdrucksweise · Das Erlernen einer menschlichen Sprache · Die Sprachuntersuchungen an Menschenaffen · Die Evolution der Hominoiden · Die Sprachzentren des menschlichen Gehirns · Denken und das Gehirn

Altern, Alter und Tod .... von Dieter Platt   305
    Mutations- und Programmtheorien des Alterns · Kalendarisches und biologisches Alter · Alterungsprozesse im Körper des Menschen · Altern und Krankheit · Der Tod, ein Phänomen des Lebens

Teil 2:
Das seelische Dasein des Menschen

Zur Psyche von Tier und Mensch .... von Heini Hediger   329
    Der Mensch als Primat · Kultur – ein menschliches Monopol · Das Geistige · Zur Sprache von Tier und Mensch · Eigennamen und Selbstbewußtsein · Wille und Arbeit

Psychologische Anthropologie .... von Detlev von Uslar   340
    Mensch und Tier · Sprache; Kunst; Religion; Geschichte · Traum; Wahrnehmung und Phantasie; Denken und Handeln; Trieb, Affekt und Stimmung · Das Wesen des Psychischen

Konzepte des Psychischen in der Geschichte
des abendländischen Denkens .... von Detlev von Uslar   359
    Anaximander · Heraklit · Parmenides · Empedokles · Platon · Aristoteles · Augustinus · Descartes · Spinoza · Leibniz · Locke und Hume · Kant · Schelling · Hegel · Husserl · Hartmann · Heidegger

INHALT DIESES BANDES

Konzepte des Psychischen
in der modernen Psychologie .... von Hans Thomae   397
    Beginn einer naturwissenschaftlich fundierten Psychologie · Psychoanalytische Anthropologie · Von der biologischen zur anthropologischen Psychologie

Das Leib-Seele-Problem .... von Wolfgang Wesiack   415
    Die archaischen Anschauungen über den Leib und die Seele · Die Leib-Seele-Thematik bei Platon und Aristoteles · Die Verschärfung des Dualismus durch Descartes · Die gegenwärtige Diskussion um das Leib-Seele-Problem · Der ärztlich-medizinische Aspekt · Der methodisch-wissenschaftstheoretische Aspekt

Werden der Persönlichkeit .... von Valerie Gamper   438
    Entwicklung als Stufenfolge, Wiederholung, Prägung und Selbstgestaltung · Die entwicklungspsychologischen Modelle von Freud und Jung sowie Erikson und Piaget · Beobachtbare Veränderungen im Kindes- und Jugendalter und Entstehung der Persönlichkeit

Menschliche Begegnungen und Beziehungen .... von Alois Hicklin   504
    Naturwissenschaft als »Verständigungsgrundlage« menschlicher Begegnung? · Das phänomenologische Verständnis menschlicher Begegnung und Beziehung · Wert- und Ordnungsbezüge als Strukturelemente von Begegnung und Beziehung · Begegnung und Beziehung als Grundpfeiler der Psychotherapie · Selbstwerdung und Selbstfindung

Träume und ihre Deutung .... von Gion Condrau   553
    Traumdeutung als Machtmittel · Traumbücher · Die psychoanalytische Traumlehre Sigmund Freuds · Traumdeutung in der Jungschen Psychologie · Die phänomenologische Auslegung der Träume in der Daseinsanalyse

Todesangst, Todesfaszination, Todessehnsucht .... von Gion Condrau   577
    Angst vor dem Tode als Angst vor dem Leben · Entborgenheit des modernen Menschen · Pathologische Formen der Angst · Todesfaszination und Todessehnsucht als Fehlhaltung angesichts der Gewißheit des Todes

Schuld, Gewissen, Selbstverwirklichung .... von Gion Condrau   604
    Todesangst und Schuldbewußtsein · Zum Begriff der Schuld · Schuldgefühle und Schuldbewußtsein · Individuation und soziale Persönlichkeitsentwicklung: Reifung zu Offenheit und Freiheit

Der Tod im Bewußtsein des Menschen
von der Antike bis zur Gegenwart .... von Gion Condrau   628
    Unvermeidlichkeit und Geheimnis des Todes in seiner kulturellen Bedeutung · Die Philosophen des Todes · Das Tibetanische und das Ägyptische Totenbuch · Die Frage nach dem postmortalen Fortleben, nach Wiedergeburt und Seelenwanderung · Verflochtenheit des Todesgedankens mit dem des göttlichen Gerichts · Leben als »Sein zum Tode«

Menschlich sterben .... von Gion Condrau   679
    Die Forderung nach einem natürlichen Tod · Die Frage nach dem Zeitpunkt des Todes · Das Verhältnis des modernen Menschen zum Tode und seine Beziehung zum Sterbenden · Angst vor dem Tode heißt Angst vor dem Leben · Der Selbstmord · Die Problematik von Sterbehilfe, Euthanasie und Lebensverlängerung

Betrachtungen eines Atheisten über Sterben
und Tod .... von Hans Heinz Holz   713
    Zusammenhang von Ich-Bewußtsein und Todesproblematik · Das stoische Paradigma · Eine neue Haltung zum Tode · Reflexion und Tod

Teil 3:
Die geistige Welt des Menschen

Gehirn und Geist .... von Hans Zeier   725
    Folgerungen über Wesen und Möglichkeiten des menschlichen Geistes aus der Entstehungsgeschichte des Gehirns · Die biologische Evolution · Die kulturelle Evolution · Künftige Entwicklungsmöglichkeiten

Die Selbsterkenntnis des Menschen .... von Heinrich Kleiner   739
    Der Mensch als ursprünglich sich selbst deutendes Wesen und die vorphilosophische menschliche Selbstauffassung · Die Entwicklung der anthropologischen Thematik im philosophischen Denken · Die radikale anthropologische Wende im neuzeitlichen Denken · Die moderne philosophische Anthropologie als Gesamtwissenschaft vom Menschen

Zivilisation als menschliche Leistung .... von Norbert Loacker   772
    Humaner Grenzverkehr · Bedingungen der Zivilisation: Toleranz und Rationalität · Schwierige Zivilisation · Schule der Zivilisation

Anhang

Glossar 789
Quellenverzeichnis der Abbildungen 797
Die Autoren dieses Bandes 798

Joachim Illies

Die Sonderstellung des Menschen im Licht der Evolutionstheorie

Übersicht: Evolution ist ein Ausdruck für die Entwicklung der Lebewesen von den Anfängen bis in unsere Gegenwart. Solange der Mensch über sich selbst und seine Herkunft nachdenkt, hat er sich im Lichte der verschiedenartigsten Evolutionstheorien gesehen. In ihnen hat sich jeweils der wissenschaftliche und religiöse Zeitgeist gespiegelt. Die alte Vorstellung geht von der mythischen und religiösen Überzeugung der göttlich-geistigen (idealen) Herkunft des Menschen aus, die neue – vor allem seit der Aufklärung durch die Naturwissenschaften gefördert – sieht ihn in einer direkten Abstammungslinie naturgesetzlich aus der Materie hervorgehen, wobei Zufall und Notwendigkeit eine bedingende Rolle spielen. Beide Ansichten haben gute Argumente, sind aber nur scheinbar unversöhnliche Gegensätze. Gerade die moderne Naturwissenschaft sieht heute zunehmend ein Miteinander und Nebeneinander von materiellen und ideellen Aussagen über die Sonderstellung des Menschen und seine Herkunft. Im vorliegenden Band werden daher beide Perspektiven zur Sprache kommen und den Leser zu einem komplementären Sowohl-Als-auch auffordern.

Es ist eine kennzeichnende Besonderheit des Menschen, daß er über sich selbst nachdenken kann, und eines der naheliegendsten Ergebnisse solchen Nachdenkens war zu allen Zeiten und in allen Kulturen die Gewißheit, daß er eben deshalb etwas Besonderes ist. Scheinbar ein Zirkelschluß gleich am Anfang und doch zugleich der notwendige Schritt der sich selbst betrachtenden Vernunft aus allen sterilen Zirkeln der animalisch-reflektiven Selbstgenügsamkeit heraus. Nachdenken über sich selbst, das heißt eben: Abstand wahren von den Dingen der Umgebung und dadurch die eigenen Konturen deutlicher machen. »Definieren« heißt: Grenzen setzen und Abgrenzungen anerkennen – der Mensch, der nach sich selbst fragt, meint stets vor allem diese Grenze zum Nichtmenschen, zum Tier, zum pflanzlichen Lebewesen, zum toten Ding der Umgebung.

Hat der Mensch in irgendeiner frühen Kultur sich einmal selbst begriffen, so wird er seine Stellung in der Natur also grundsätzlich als »Sonderstellung« sehen, als Besonderheit, die einen eigenen Namen benötigt. Aus dem primitiven »wir« und »die anderen« (die »Nicht-wir«) wird dann erst der Name Mensch, der es gestattet, dieses Lebewesen eindeutig vom Tier abzusetzen. (Auch für den Begriff Tier ist ein hoher Kulturstand nötig, wie ihn manche alte Sprachen noch nicht erreichten!) Ist aber diese Mensch/Tier-Unterscheidung erst einmal gelungen, so zeigt sich überall in den Kulturen der Völker, daß sie als eine Trennung zwischen Ähnlichen

(»Verwandten«) begriffen wird. Denn neben die erste Betrachtung, daß wir etwas Besonderes sind, tritt schnell die zweite – daß wir dennoch in entscheidenden Merkmalen des Schicksals (Geburt, Nahrung, Fortpflanzung, Altern, Tod) den Tieren nahestehen: »Mensch und Tier, sie haben das gleiche Geschick«, weiß daher schon der weise Salomo.

Was ähnlich ist, das muß seine Beziehung zueinander entwickelt haben in einer »Evolution« (also einer sich entfaltenden Verwirklichung), was aber verschieden ist, muß bei solcher Evolution von einem bestimmten Punkt ab getrennte Wege gegangen sein. Beide Grundgewißheiten des Menschen also – seine Andersartigkeit und seine gleichzeitig vorhandene Ähnlichkeit im Vergleich zum Tier – erzwingen im Bedürfnis ihrer logischen Verknüpfung von Anfang an eine »Evolutionstheorie«, die beides erklären muß, wenn sie den Menschen erklären soll.

In diesem allgemeinen Sinn sehen wir tatsächlich Evolutionstheorien schon in der frühesten Philosophie, in den Mythen und in den Religionen. Immer ist ein Prozeß des Werdens der Lebewesen geschildert (meist durch anfängliches Eingreifen höherer Mächte), und immer ist dabei auch der Sonderstellung des Menschen durch ein besonderes Ereignis im Zuge dieses Geschehens gedacht. So hatte schon Anaximander, der erste Philosoph des Abendlandes, um 600 v. Chr. eine Evolutionstheorie bereit: aus dem Grenzenlos-Ungeschiedenen (apeiron) sind allmählich die Pflanzen und Tiere entstanden, die ersten Menschen hätten sich dann später im Inneren von großen Fischen entwickelt, seien dort ernährt worden, bis sie reif waren, ihre lebende Hülle sprengten und an Land gingen. (Eine magische Analogie zur Schwangerschaft und hüllensprengenden Geburt!) Später verfeinerte Empedokles (um 450 v. Chr.) diese Vorstellung und fügte ihr eine erste Selektionstheorie hinzu: In dem »Schweiß der Erde« (dem Meer) entstehen seiner Meinung nach die meisten Lebewesen, doch dazu auch die Körperteile des Menschen: Ohren, Augen, Arme und Beine schwimmen dort irrend umher, wobei das Untaugliche wieder verdirbt, das Taugliche aber schließlich zusammenfindet, so daß sich der Anfang des Menschengeschlechts ergibt. In den Entstehungsmythen der Völker sind es Götter oder Halbgötter, die meist aus ihren Körperteilen, oft auch aus Erde oder Steinen die Lebewesen und in besonderer Anstrengung auch den Menschen hervorgehen lassen. So in der Prometheussage der Griechen, wo dieser Halbgott aus den Seelenteilen der Tiere den Menschen formt, der aber (und dies drückt seine Sonderstellung gegenüber allen Tieren aus) erst lebensfähig wird, als die Göttin Athene ihm ihren Geist einhaucht. Und damit klingt auch das uns vertraute biblische Schöpfungsbild an, in dem ebenfalls die Verwandtschaft zwischen Mensch und Tier im Schöpfungsakt unübersehbar deutlich wird: Beide bestehen ja aus dem gleichen Material (»Lehm«), das in den Händen des Schöpfers seine jeweilige Gestalt annimmt. Allein der Mensch aber (und dies ist die Kennzeichnung seiner Sonderstellung!) erhält in den »Lehm« seines Tierleibes den göttlichen »Odem« des Geistes eingeblasen.

Mit diesen Evolutionstheorien (die man freilich nicht so bezeichnet, sondern als Sagen, Mythen, Spekulationen oder heilige Offenbarungstexte auffaßt) ist der

Rahmen abgesteckt, innerhalb dessen sich die Selbstinterpretation des Menschen zu allen Zeiten bewegt. Völkerkunde und Mythenforschung kann hier nur unendliche Varianten des gleichen Themas zu Tage fördern. Immer steht am Anfang einerseits ein chaotischer Urzustand als »Material«, andererseits ein handelnder (göttlicher) Geist als Schöpfer, der an diesem Material ansetzt und eine Entwicklung (eine Evolution) in Stufen und Etappen zunehmender Zentrierung auf den Menschen hin ablaufen läßt, um schließlich sein Werk mit der Erschaffung des Menschen selbst zu krönen – jedenfalls sein irdisches Werk, denn meist wird der Raum zwischen Gott und Mensch auch durch Hierarchien und Schichten höherer geistiger Existenzen (Halbgötter, Genien, Engel) aufgefüllt. Noch im späten Mittelalter galt der Wissenschaft die Existenz solcher Wesen oberhalb des Menschen für ebenso gewiß wie die von Formen neben ihm (Zentauren, Meerjungfrauen usw.) und unter ihm.

Diese Evolutionstheorien sind übrigens eng mit der jeweiligen Zeugungstheorie verwandt, denn auch das »Biogenetische Grundgesetz« (s. Seite 80 dieses Bandes) ist im Grunde uraltes, menschliches Analogiedenken: Die Entwicklung des Einzelnen spiegelt die Entwicklung des Ganzen. Bei Aristoteles ist dies besonders deutlich und entspricht als philosophische Zeugungslehre ganz der (ebenso patriarchalisch formulierten) biblischen Schöpfungslehre: wie ein Künstler in den Stoff (hyle) greift und ihn zur Gestalt formt, so zeugt der Mann (er allein!) in der Materie (der Frau) das Kind und ist so sein alleiniger Erzeuger. Im Wort »Material« ist die Mutter (mater) noch deutlich hörbar, im Einblasen des »Odems« ebenso der entscheidende, kreative Eingriff der männlich-väterlichen Potenz.

Es hat sich an dieser Grundvorstellung der Evolution in den Jahrhunderten nach der Antike erstaunlich wenig geändert, zumal das bestimmende Denkgebäude des Christentums mit den Schöpfungsberichten des Alten Testaments völlig in der gewohnten Bahn verblieb. Hinzu trat allerdings die biblische Schilderung des Sechstagewerkes der Schöpfung (Genesis 1), die eine Konkretisierung der »Entwicklungstheorie« brachte, die deutliche Etappen der Entstehung (die Tagewerke) anerkannte, mit dem Wort »Gott sprach: Es werde – und es ward« die Dynamik dieses Geschehens und seine Hintergründe befriedigend erklärte und die Sonderstellung des Menschen als Krone der Schöpfung, als letztes und höchstes Ergebnis des abschließenden, sechsten Schöpfungstages überaus deutlich etablierte.

Aber von der Renaissance ab beginnt eine Entwicklung der Naturwissenschaft, die den mehr als tausendjährigen Frieden zwischen Offenbarungswissen und empirischer Überzeugung zunehmend gefährdet. Hatte die Zoologie ihre Fakten jahrhundertelang brav und fromm in den von der Religion und Philosophie gegebenen Rahmen eingebracht, so wuchsen sich diese Fakten spätestens im achtzehnten Jahrhundert zu einer Herausforderung aus, denn der große, unüberwindlich erscheinende Qualitätsunterschied zwischen Mensch und Tier verringerte sich (s. auch den Beitrag von W. Guttmann u. D. Peters in Band I dieser Enzyklopädie). Die Untersuchung des Schimpansen füllte die anatomische Lücke zwischen Mensch und Affe, der englische Anatom Tyson (1609) stellte am ersten der Anatomie zugänglich gewordenen Schimpansen nämlich mehr Ähnlichkeiten mit dem Menschen als mit allen bisher bekannten Affen fest. Carl Linné, der große Systematiker des achtzehnten Jahrhunderts, schloß dann die Lücke vollends, indem er (1759) in der gleichen zoologischen Gattung Homo sowohl den Menschen *(Homo sapiens)* wie den Menschenaffen *(Homo troglodytes)* vereinigte. So war also die Sonderstellung des Menschen in zoologischer Sicht bis auf das Niveau von Artunterschieden herabgestuft. Fehlende Nickhaut im Auge, mangelnde Körperbehaarung, platte Fingernägel – das war übriggeblieben von der stolzen Gewißheit der Antike, daß der Mensch (als vernunftbegabtes Wesen) eine ganze eigene Stufe der Naturreiche einnimmt. Denn auch die Vernunft schien für Linné nicht mehr ein Sondermerkmal des Menschen. Im fortgeführten Nivellierungsprozeß der vergleichenden Anatomie erschien es ihm nur konsequent, auch dem Menschenaffen Verstand und Religion zuzubilligen: »Er denkt, glaubt, daß die Erde für ihn geschaffen wurde und daß er sie eines Tages wieder (!) beherrschen werde« (Cogitat, credit sui causa factam tellurem, se aliquando iterum fore imperantem). Doch fügt der vorsichtige Gelehrte einschränkend hinzu: »falls man dem Reisenden glauben darf« (Linné, Systema Naturae, 1759).

So stark also ist die Sonderstellung des Menschen erschüttert, daß es von der »Glaubwürdigkeit der Reisenden« (und das heißt hier: von dem Wahrheitsgehalt der Berichte von Seeleuten in den Stockholmer Hafenkneipen) abhängt, ob er sie überhaupt noch besitzt! Anatomisch jedenfalls ist die menschliche Sonderstellung nicht länger zu halten, zumal bald auch die letzte Bastion fällt: Der angeblich allein dem Menschen fehlende Zwischenkieferknochen wird von Goethe (und ebenso von Oken) entdeckt – mit »unendlicher Freude«, die gewiß nicht einer Knochennaht allein gilt, sondern vielmehr der damit erwiesenen völligen Zugehörigkeit des menschlichen Körpers in das Reich der Tiere. Allerdings wäre Goethe der letzte, der deshalb dem Menschen seine Sonderstellung absprechen würde, doch sah er sie allein in der seelisch-geistigen Ebene, wo auch die Philosophie und Religion sie beschrieb: das »denkende Ding« (Descartes), »nicht Tier, nicht Engel« (Pascal) bzw. »nur ein wenig geringer als die Engel« (Paulus im Hebräerbrief).

Damit ist die menschliche Sonderstellung gewissermaßen nur noch von oben her gegeben, ist zu einer Station im Abstieg des Geistes geworden, die er in der Tradition des Platonismus bereits innehatte, als die »Evolution« der Welt im wesentlichen als Abstieg der Ideen verstanden wurde. Die höheren, reineren Mächte (Halbgötter, Engel) waren oberhalb, die Tiere aber eindeutig unterhalb des Menschen einzuordnen – er selbst wird damit zu einem Wesen der Mitte, zum »Mediokosmos«.

Dieser Gedanke der stufenweise absteigenden oder auch aufsteigenden Wertung der Dinge in einem geistigen Raum stellt nun zu Beginn der Neuzeit die Form dar, in der die Ähnlichkeit und die Besonderheit (also die beiden alten Gewißheiten über den Menschen) ihren Ausdruck finden. Die *Stufenleiter der Dinge* ist die Evolutionstheorie des achtzehnten und frühen neunzehnten Jahrhunderts. Sie sieht eine Kette von aufsteigenden, zunehmenden Entfaltungen des göttlichen »Es werde!«, die sich von den Steinen über Edelsteine, Steinpflanzen, Pflanzen, Pflanzentiere, niedere und höhere Tiere (hier tritt dieser Ausdruck erstmals auf!) zu den Affen und zum Menschen zieht – um dann über Heilige, Engel, Erzengel weiter bis zu Gott aufzusteigen. So theoretisch und spekulativ eine solche Reihung uns zunächst erscheint, sie gibt doch Anlaß, die Anatomie der Pflanzen und Tiere auf der Suche nach Gemeinsamkeiten intensiv zu erforschen. Auch findet sich hier der Menschenaffe eindeutig zwischen Affe und Mensch eingeordnet. Der Zoologe P. S. Pallas hat (1766) sogar die wichtige Konsequenz aus seinen Fachkenntnissen gezogen und diese Ableitungslinie der Stufenleiter erstmals in Verzweigungen aufgeteilt, so daß er als der Erfinder des »Stammbaums« gelten muß: Die Insekten zweigen bei ihm vom Hauptstamm der Wirbeltiere ab und dort wiederum die Vögel von den »Quadrupedia«, zu denen (als aufgerichteter Vierbeiner) auch der Mensch gehört.

Aber alle diese Stammbaumbeziehungen denkt man sich noch rein ideell, alle Evolution wird noch als ein Wandel der Schöpfungskräfte und Schöpfungsgedanken begriffen (so auch in Herders »Ideen zur Geschichte der Menschheit«, 1784), denn nur so – im Vollzug einer »ordnenden Absicht« (Kant) – kann man den allmählich aufsteigenden und im Menschen sich krönenden Formenwandel verstehen. Übrigens ist auch der kritische Philosoph Immanuel Kant in aller Vorsicht an diesen Gedanken herangetreten, obwohl er an sich der alten Scholasten-Maxime anhing, daß Arten (wie Platons Ideen) unwandelbar sein müßten. In einer Rezension zu einem Buch des italienischen Arztes Peter Moscati aber erwägt Kant (wenn auch anonym!) den kühnen, neuen Gedanken der auch genealogischen, also abstammungsmäßigen Verwandtschaft von Tier und Mensch. Moscati hatte befunden, daß der Mensch ein aufrechtgehender ehemaliger Vierbeiner sein müsse und daß daher seine medizinischen Besonderheiten kämen, die man bei Tieren nicht kennt: Das Herz legt sich auf das Zwerchfell und verursacht so »Herzenge« und andere Beschwerden, die Eingeweide drücken auf den Unterleib, was zu Bruchleiden führt, das Blut staut sich in den Gefäßen, was Krampfadern und Hämorrhoiden hervorruft, und in der Schwangerschaft treten durch die unnatürliche Lage für Mutter und Kind viele bei den Vierfüßern völlig unbekannte Erschwernisse auf. Kant findet diese Gedanken so »scharfsinnig«, daß er das Buch von Moscati bespricht und selbst weitere Merkmale der ehemaligen Vierfüßigkeit des Menschen hinzufügt: »Der Mensch allein ersäuft, wo er das Schwimmen nicht besonders gelernt hat. Die Ursache ist: weil er die Gewohnheit abgelegt hat, auf Vieren zu gehen, denn diese Bewegung ist es, wodurch alle vierfüßigen Geschöpfe schwimmen.« Aber solche »Ungemächlichkeiten« – schließt Kant – entspringen beim Menschen eben daraus, »daß er sein Haupt über seine alten Kameraden so stolz erhoben hat« (1771).

Wir sehen: Der große Gedanke der modernen Abstammungstheorie liegt bereits als knisternder Funke in der Luft und sprüht in den Köpfen der nachdenklichen Philosophen und Naturforscher. Wenige Jahrzehnte später zündet er dann bei einem von ihnen: beim Chevalier Jean-Baptiste Lamarck, dem Botaniker und Zoologen (er selbst schafft dafür das neue Wort »Biologe«) am Jardin des Plantes in

Paris. Als dieser subtile Systematiker in das Chaos der »niederen Tiere« ordnend einsteigt und eine neue Großgliederung vorlegt, verliert er zugleich den Glauben an das scholastische Dogma von der Konstanz der Arten und spricht als erster klar und deutlich aus, was von nun an als Evolutionslehre im modernen Sinn Gültigkeit haben wird: »Alle Organismen sind wahre Naturerzeugnisse, die nacheinander und in aufsteigender Abfolge auseinander entstanden sind, bis hin zu jener Affenart, die – bewogen durch das Bedürfnis, zu herrschen und weit um sich zu blicken – sich anstrengte, aufrecht zu stehen, und die so zum Zweibeiner, zum Menschen wurde« (Philosophie zoologique, 1809).

Da ist also die moderne Evolutionstheorie, wenigstens in ihrer ganz allgemeinen Grundaussage, und da ist auch wieder die Sonderstellung des Menschen, die Lamarck allerdings durchaus nicht auf die Zweibeinigkeit oder andere physiologisch-anatomische Details einengt, denn er schränkt ihre Gültigkeit sofort wieder ein: »wäre der Mensch nur hinsichtlich seiner Organisation von den Tieren verschieden . . .«, sagt er, aber dieses »wäre« ist ein Irrealis, schreibt Hans Blüher (1952), »und in diesem ›wäre‹ liegt alles, was die turbulente Entwicklungslehre im neunzehnten Jahrhundert übersehen hat«. Tatsächlich zeigt sich auch bei Charles Darwin, der ein halbes Jahrhundert nach Lamarck die Evolutionstheorie (nun allerdings mit der Vorstellung anderer, mechanischer Wirkfaktoren) zum Durchbruch bringt, zunächst größte Scheu, den Menschen in seine »Entstehung der Arten durch natürliche Zuchtwahl« (1859) einzubeziehen. Denn ebenso wie Lamarck spürt Darwin, daß die völlige Eingliederung des Menschen in einen zwangsläufigen und natürlichen Entstehungsprozeß die alten Gewißheiten der Religion auf das schwerste erschüttern müßte.

Aber solche Erschütterung der Grundfesten des bisherigen, religiös gestützten Selbstverständnisses des Menschen ist als Galileische Wende der Biologie offensichtlich unabwendbar in einem Jahrhundert, in dem der Gedanke der befreienden Aufklärung schließlich auch die »Krone der Schöpfung« erreicht. Denn die *Lamarck-Faktoren* der Evolution (er nennt sie: die inneren Bedürfnisse der Lebewesen nach Anpassung und Höherentwicklung) sind im Zuge der Aufklärung, d. h. der »positiven« (A. Comte), nur dem Meßbaren, Zählbaren und Wägbaren verpflichteten mechanischen Weltkonzepte der modernen Naturwissenschaft nicht akzeptabel. Dagegen geben die *Darwin-Faktoren* (zufallsbedingte Variationen und mechanische Selektion durch die Umwelt) dem idealen Wert-Denken und dem Glauben an eine »ordnende Absicht« keine Chance mehr, sondern entmythologisieren den Prozeß der Evolution so gründlich, daß für ein menschliches Hochgefühl in der Tat kein Platz mehr bleibt:

»Den Göttern gleich' ich nicht! zu tief ist es gefühlt;
Dem Wurme gleich' ich, der den Staub durchwühlt . . .«

Dieses kurze Fazit aus der modernen, darwinistischen Evolutionstheorie zog erstaunlicherweise Goethe in seinem »Faust« schon ein halbes Jahrhundert vorher, als er es den aussprechen läßt, der als Naturforscher erkennen will, »was die Welt im Innersten zusammenhält«.

Tatsächlich hat Darwin diese für den Menschen ernüchternde, ja vernichtende Schlußfolgerung aus seiner Evolutionstheorie vorausgesehen und gefürchtet. Fast dreißig Jahre lang zögerte er überhaupt mit der Veröffentlichung seines Hauptwerkes, beschränkte sich dort streng auf Tiere und Pflanzen und ließ – auf der allerletzten Seite – lediglich in einem einzigen Satz anklingen, was ihm als Gefahr und Hoffnung zugleich erschien: »In einer fernen Zukunft sehe ich die Felder für weit wichtigere Untersuchungen sich öffnen ... Licht wird fallen auf den Ursprung der Menschheit und ihre Geschichte« (1859).

Es waren dann die ersten Darwinisten (vor allem Thomas Huxley in England, Ernst Haeckel in Deutschland und Carl Vogt in der Schweiz), die dieses »Licht« so intensiv aufleuchten ließen, daß in seiner blendenden Helle das Bild des Menschen als Affenabkömmling einen neuen und durchaus fragwürdigen Glanz erhielt. Dies nicht, weil etwa die Affenabstammung falsch wäre – zu deutlich ist die Sprache der Fossilien, um an der aus dem Tierreich ins Menschenreich herüberführenden Ahnenreihe ernsthaft zweifeln zu können –, sondern weil in die neue Erkenntnis über die Stellung des Menschen an der Spitze eines biologischen Evolutionsprozesses allzuviel zeitgenössische Kirchenkampf-Atmosphäre einfloß. Als bestünde die Hauptaufgabe der Biologie darin, die Glaubensaussagen des christlichen Dogmas zu bekämpfen, stellte Haeckel mit seiner »natürlichen Schöpfungsgeschichte« (1868) das Gewicht der Naturwissenschaft gegen die Glaubwürdigkeit der Offenbarung und machte die Menschenabstammung zum Kronzeugen für eine neue, antireligiöse Haltung. Auch Darwin – von so viel Kampfesmut seiner Anhänger beflügelt – tritt mehr als ein Jahrzehnt nach seinem Hauptwerk in seinem Buch »Die Abstammung des Menschen« (1871) in die Frontlinie der Affenabstammung und verkündet: »Nur unser natürliches Vorurteil und jene Überheblichkeit, welche unsere Vorfahren dazu bewog, zu behaupten, sie stammten von Halbgöttern ab, hinderte uns daran, diesen Schluß zu ziehen.« Es geht hier also gar nicht in erster Linie um Zoologie, sondern um eine Emanzipation der Naturwissenschaft von jeglicher religiösen Vorgabe. Denn das war das eigentliche Problem jener Zeit, und darum erschien es wichtig, ob »Adam« eine tierische Mutter und damit einen Nabel hatte oder nicht (auf diese Kurzform war das Problem der Abstammung des Menschen schon im siebzehnten Jahrhundert einmal gebracht und in dem Buch »Omphalon« – der Nabel – diskutiert worden).

Daher formulierte Ernst Haeckel (1866 in seiner »Generellen Morphologie«) ebenso scharf wie polemisch: »Nach der herrschenden Vorstellung über die Entstehung des Menschen, welche mit unserer mythologischen Jugendbildung uns schon in der Kindheit eingeimpft wird, ist der Mensch aus einem Erdenkloß entstanden. Inwiefern in dieser Vorstellung etwas Erhebenderes liegt als in der wahren Erkenntnis der Abstammung vom Affen, vermögen wir nicht zu begreifen.« Wirklich nicht? Auch dann nicht, wenn wir uns daran erinnern, daß unsere »mythologische Jugendbildung« von einem Erdkloß wußte, in den Gott seinen lebendigen Odem einblies? Sosehr wir Haeckel recht geben in der Ansicht, daß es keine Schande ist, von einfacher Herkunft zu sein, sowenig können wir ihm zubilligen, die zoologi-

Michelangelo: »Die Erschaffung des Menschen«, Fresko 1508–1512. Der Gedanke, wie er geworden ist, beschäftigt den Menschen, seit er sich seiner selbst bewußt wurde. Von Anfang an weiß er um seine

Sonderstellung. Diese Sonderstellung spiegelt sich auch im Schöpfungsbericht: Mensch und Tier bestehen aus dem gleichen Material, aber allein der Mensch wird darüber hinaus vom Göttlichen berührt.

sche Wirklichkeit mit ideologischer Polemik zu überladen. »Ich weise ausdrücklich darauf hin, daß der Mensch weder als gewappnete Minerva aus dem Haupte des Jupiter entsprungen noch als ein erwachsener, sündenfreier Adam aus der Hand des Schöpfers hervorgegangen ist« (a. a. O.). Wer so spricht, darf nicht die Objektivität der Wissenschaft für sich in Anspruch nehmen, sondern er muß wissen, daß er Glaubenskriege entfacht und darüber hinaus die Evolutionslehre in Mißkredit bringt.

Niemand wird heute die Grundaussage der modernen Evolutionstheorie bestreiten, aber in der Hitze der weltanschaulichen Gefechte gerät die Grundaussage immer wieder in Gefahr, unangemessen überdehnt zu werden. Diese Grundaussage heißt: Der Mensch ist wie alle anderen Lebewesen das Ergebnis eines Prozesses des Wandels, bei dem sich die einzelnen Arten nacheinander und in genealogischer Abstammung voneinander entwickelt haben. Diese Tatsache ist so offenkundig, daß es darüber gar keinen ernsthaften Streit unter Biologen geben dürfte, doch entbrennt dieser Streit sofort, wenn aus der Verwandtschaft zwischen Mensch und Tier ideologische Konsequenzen gezogen werden, zu denen die Fakten uns nicht berechtigen. So hatte schon Carl Vogt (deutlicher noch als Ernst Haeckel) die Eigenart des Menschen unangemessen bestritten mit seinem berühmten Ausspruch, das Gehirn produziere den Geist wie die Niere den Urin. Und in unserem Jahrhundert stellt es eine ähnlich unangemessene Verkürzung der Wirklichkeit dar, wenn Jacques Monod (1971) in »Zufall und Notwendigkeit« den Menschen einen »Zigeuner am Rande des Universums« nennt oder wenn Desmond Morris ihn (1968) als »nackten Affen« bezeichnet. (G. Galling hat sich in seinem Beitrag in Band I dieser Enzyklopädie ausführlich mit dieser Problematik beschäftigt.)

Allen diesen Äußerungen – die durchaus typisch sind für einen konsequenten Neodarwinismus – ist gemeinsam, daß im Bemühen um die Theorie der absichtslosen (zufälligen) Evolution das Eigentliche des Menschen – seine Sonderstellung in der seelisch-geistigen Dimension – auf der Strecke bleiben muß. Wenn Zufall und Notwendigkeit (Mutation und Selektion) die alleinigen und ausreichenden Gründe für die Evolution sind, dann *darf* am Ende eines solchen Prozesses kein geistiges Wesen stehen, sondern es muß eines sein, dessen sämtliche Eigenschaften letzlich als mechanisch (oder allenfalls ökologisch) zweckmäßig gegenüber der Auslese legitimiert sind. So schleicht sich ein ideologisierender Deutungszwang in die darwinistische Evolutionsbiologie, der sie noch heute auf weiten Strecken kennzeichnet. Es überlebt nur das Zweckmäßige, folglich ist alles, was lebendig anzutreffen ist, zweckmäßig, d. h., es enthält Selektionsvorteile. Im übrigen kann aber in dieser Sicht alles, was der Mensch an Merkmalen besitzt, als »erklärt« gelten, wenn es sich in einer Vorform auch beim Affen schon nachweisen läßt.

Tatsächlich ist ein Großteil der vergleichenden Biologie (von der Genetik bis zur Verhaltensforschung) in unserem Jahrhundert darauf ausgerichtet, stets weitere Gemeinsamkeiten zwischen Mensch und Tier nachzuweisen, als gälte es, letzte Reste eines ehemaligen Hochgefühls der menschlichen Sonderstellung im Kosmos abzutragen. Dies jedoch bedeutet Einseitigkeit und verlangt, die Augen zu verschließen vor Tatsachen, die zwar nicht in Darwins Theorie, wohl aber in ein vollständiges Bild des Menschen gehören. Wird das Eigentlich-Menschliche (und das liegt eindeutig in seinen seelisch-geistigen Fähigkeiten) beständig ausgeblendet und übersehen, so stellt sich schließlich eine Unsicherheit über den Menschen ein, wie sie einen Teil der modernen Anthropologie tatsächlich kennzeichnet.

Solcher Einseitigkeit trat in unserem Sprachraum seit etwa 1940 vor allem der Basler Zoologe Adolf Portmann entgengen, der zwar ebenfalls völlig von der Wahrheit der allgemeinen Evolutionstheorie überzeugt ist, jedoch die Darwin-Faktoren als alleinige Erklärung des Geschehens in Frage stellt und aus dieser Skepsis heraus begann, wiederum nach den Unterschieden zwischen Mensch und Tier zu fragen. In eigenen Untersuchungen (z. B. zum vergleichenden Gehirngewicht) und intensiven Literaturstudien förderte er ein anatomisch-physiologisches Bild von der Sonderstellung des Menschen zu Tage, wie es sich unter der Oberfläche der darwinistischen Zoologie allmählich angesammelt hatte. Die Fülle der *Portmann-Phänomene* (wie der Philosoph Hengstenberg diese neuaufgefundenen Indizien der Sonderstellung des Menschen nennt) erlauben den Ausbruch aus dem Käfig des darwinistischen Zweckmäßigkeitszwanges und lassen auch andere Wesensmerkmale der Gestalt, des Verhaltens, ja sogar der Anatomie und Embryologie wieder zu.

So entsteht in den letzten Jahrzehnten, intensiv von Portmann beeinflußt, ein neues zoologisches Bild des Menschen, das nicht in erster Linie an der Faktorenfrage der Evolution (also an der Tierähnlichkeit und Zweckmäßigkeit) orientiert ist, sondern an den Fakten selbst. Die »Weltoffenheit« und Instinktunabhängigkeit, die Max Scheler (1928) dem Menschen zugestanden hat, spielt dabei ebenso eine Rolle wie die Besonderheiten der Entwicklung (Bolk) und die Sprache, auf die F. J. J. Buytendijk und Arnold Gehlen (1940) in Wiederaufnahme des Gedankenguts von Wilhelm von Humboldt hingewiesen haben. Auch die Sonderheiten der Ontogenie – das »extrauterine Frühjahr« Portmanns (s. den Beitrag von H. Hemminger u. M. Morath in diesem Band) – und alle sich daraus ergebenden Konsequenzen für Pädagogik und Anthropologie verdanken wir dieser Umkehr der Forschungsrichtung, die für einen Teil der gegenwärtigen Sicht des Menschen verantwortlich ist.

So sind es also im wesentlichen zwei Strömungen der biologischen und anthropologischen Forschung, die gegenwärtig die Sonderstellung des Menschen im Licht der modernen (in der Faktorenfrage durchaus noch uneinigen) Evolutionsforschung beleuchten. Der vorliegende Band der Enzyklopädie, der dieser Sonderstellung gewidmet ist, wird beide Aspekte deutlich machen und damit ein getreues »Jeweilsbild« im Wandel der Anschauungen liefern. Manche Beiträge sind völlig im Kontext der klassisch-darwinistischen Evolutionslehre gehalten, wie es vor allem bei vergleichend-anatomischen Spezialfragen naheliegt. Doch zeigt sich in den Beiträgen, die der Embryologie und ontogenetischen Entwicklung gewidmet sind, deutlich auch der andere Gesichtspunkt (vor allem bei E. Blechschmidt). Bei J. C. Eccles aber wird vollends deutlich, daß die geistigen Merkmale und Fähigkeiten eben keinesfalls nur zweckmäßige Epiphänomene der Gehirntätigkeit sind (nach Art von Carl Vogts Urin-Analogie!), sondern zugleich auch Wesensausdruck einer menschlichen Geistigkeit, die vom Tiervergleich her nicht hinreichend erklärbar, sondern als Phänomen eigener Art (oder überhaupt nicht) zu verstehen ist.

Die Einteilung des Bandes folgt bewußt der alten, aristotelischen Dreigliederung in körperliche, seelische und geistige Erscheinungen und führt damit wieder hinter die Grenzlinie zurück, jenseits deren der Mensch einer positivistischen Naturwissenschaft nur noch als Mechanismus, Seele und Geist aber als unbewiesene und überflüssige Detailsbezeichnungen erschienen. Die Zeit des krassen und einseitigen Materialismus ist vorüber – das muß sich auch in einer Gliederung ausdrücken, die das gewaltige Thema Mensch nicht zerstückeln und auf Einheitsfaktoren zurechtstutzen, sondern ihm in allen seinen Dimensionen gerecht werden will. Nie vorher hat die Wissenschaft soviel von der Seele des Menschen gewußt wie in unserem modernen Zeitalter der Psychologie und Psychosomatik. Wie sollte da nicht auch wieder gewagt werden, mit Namen zu nennen, was im Ausdruck »Psychologie« nun einmal als Forschungsgegenstand enthalten ist? Nie vorher hat der Geist des Menschen einen solchen Überblick über sich selbst und seine Umwelt errungen. Wie sollte da eine enzyklopädische Behandlung unserer Sonderstellung darauf verzichten können, die geistige Welt des Menschen (Poppers Welt 3; s. Seite 300 dieses Bandes) darzustellen?

Wollte man alle Evolutionstheorien der Menschheit zusammenfassen, so gäbe es in Hinblick auf den Menschen zwei Aussagen. Die eine heißt: *Es ist der Geist, der sich den Körper baut*, und in ihrem Sinne sind in der idealistischen Naturphilosophie des neunzehnten Jahrhunderts wertvolle Grundlagen der Anthropologie gelegt worden. Die andere heißt: *Es ist der Körper, der sich den Geist baut*, und sie ist identisch mit der Grundüberzeugung vieler Zweige der modernen Evolutionsbiologie und hat zu großen neuen Einsichten in den »Code des Lebens« geführt. Aber so alt diese gegensätzlichen Ansichten ihrer philosophischen Herkunft nach auch sind – neu und bestimmend für unser Zeitalter des komplementären Denkens ist, daß wir erstmals *beide* Aussagen als berechtigt erkennen und damit den Menschen als ein Wesen doppelter Herkunft begreifen lernen, bei dem sich ein Strom der materiellen Evolution und ein Strom der geistigen Evolution treffen und ihn so (wie es Teilhard de Chardin ausdrückte) in ihrem Schnittpunkt zum »Schlüssel zum Kosmos« machen. In diesem Sinn werden die folgenden Beiträge den weiten Rahmen des heutigen Menschenbildes durch konkrete Fakten und Deutungen auszufüllen haben.

Literatur

BLÜHER, H.: Die Achse der Natur. Stuttgart 1952
BOLK, L.: Das Problem der Menschwerdung. Jena 1926
BUYTENDIJK, F. J. J.: Mensch und Tier. Hamburg 1958
GEHLEN, A.: Der Mensch, seine Natur und seine Stellung in der Welt (1940). Frankfurt/M. [10]1974
HENGSTENBERG, H.-E.: Philosophische Anthropologie und Einzelwissenschaften unter interdisziplinärem Gesichtspunkt. In R. Schwarz, (Hg.): Intern. Jb. f. interdisziplinäre Forschung, Bd. 1. Berlin 1974

ILLIES, J.: Evolution oder Schöpfung (Texte u. Thesen, Bd. 121). Osnabrück 1979
MONOD, J.: Zufall und Notwendigkeit. München 1971
MORRIS, D.: Der nackte Affe. München 1968
PORTMANN, A.: Biologische Fragmente zu einer Lehre vom Menschen. Basel 1944
SCHELER, M.: Die Stellung des Menschen im Kosmos. München 1928

Die körperliche Eigenart
des Menschen

Ernest Borneman

Sexualität

Menschliche Sonderstellung unter den Primaten

Übersicht: Das ist das Besondere: Erstens kennt die Sexualität des Menschen keine Brunstzeiten. Anders ausgedrückt: Sexuelle Liebesfähigkeit beim Menschen ist jederzeit möglich. Zweitens: Die sexuellen Bedürfnisse sind keineswegs nur von dem Wunsch, Kinder zu haben, bestimmt. Der folgende Beitrag behandelt die menschliche Sexualität vom Standpunkt des Sexualanthropologen. Die Sexualanthropologie ist jener Zweig der Sexualforschung, der sich einerseits mit den Unterschieden zwischen tierischer und menschlicher Sexualität, andererseits mit denen des Geschlechtslebens in verschieden gearteten Kulturen befaßt. Die behandelten Themen sind unter anderen: Vor- und Nachteile der geschlechtlichen Fortpflanzung, Sonderstellung der menschlichen Sexualität unter den Säugetieren, elterliche Einflüsse auf menschliches und tierisches Sexualverhalten, die Theorie von der tierischen Sexualität des Menschen, Einfluß des Unbewußten auf die menschliche Sexualität, kulturelle Variationen der menschlichen Sexualität, Sexualtabus und Sexualgebote, Ursprünge der Monogamie, Vorstufen der Familie, soziale Gründe der sexuellen Aktivität und Passivität, Ursachen und Folgen der Geburtenregelung, Sexualreform und Sexualkrise sowie die finanzielle Krise der Sexualforschung.

Nicht alle Organismen pflanzen sich geschlechtlich fort. Doch je höher ein Organismus auf der evolutionären Leiter steht, desto größer ist die Wahrscheinlichkeit, daß die Fortpflanzung sexuell stattfindet, desto geringer ist aber auch seine individuelle Lebenschance. Vereinfachend ausgedrückt: Organismen mit geschlechtlicher Fortpflanzung reifen später als solche mit ungeschlechtlicher, z. B. Amöben, die sich einfach teilen und sofort lebensfähig sind.

Bei den Säugetieren dient die Kindheit dem Erlernen aller zur Anpassung an die Umwelt nötigen Verhaltensformen. Je länger die Kindheit einer Gattung, desto größer die Chance, daß diese sich den veränderlichen und nicht voraussagbaren Lebensumständen anzupassen lernt. Das hat Vor- und Nachteile. Der Nachteil ist, daß die Jungen solcher Gattungen enorm gefährdet sind, da sie relativ spät erst selbständig und überlebensfähig werden. Kommen die Eltern um, so kommen meist auch die Jungen um. Der Vorteil dagegen ist, daß die Jungen in ihrer langen Kindheit genug Gelegenheit haben, sich auf unterschiedliche Umweltbedingungen vorzubereiten. Zu den Lebensumständen mit einer bei anderen Säugetieren unbekannten Variationsbreite gehört beim Menschen auch die gesellschaftlich bedingte Entfaltung der individuellen Sexualität. Sie unterscheidet sich von der fast aller anderen Säuger durch den Fortfall der saisonalen Brunst und durch die Abspaltung der sexuellen Wünsche von der Fortpflanzung.

Es scheint, als ob jeder Aufstieg auf der evolutionären Leiter neben dem wachsenden Maß der individuellen Differenzierung und der wachsenden Fähigkeit der Individuen, unterschiedlich auf ihre Umwelt zu reagieren, auch ein stetiges Absinken des vegetativen zentralnervlichen Einflusses auf das Verhalten im allgemeinen und das Sexualverhalten im besonderen mit sich brächte. Je höher die Gattungen evolutionär stehen, desto größer wird der Anteil der erlernten und desto geringer der Anteil der ererbten Verhaltensformen. Dies gilt auch für das sexuelle Verhalten und bedeutet, daß es sich im Wechselspiel zwischen relativ schwachen Trieben und den letztlich entscheidenden Wirkungen der sozialen Umwelt herausbildet.

Die Psychosexualität des Menschen ist »offen«, und das gilt sowohl für sein sexuelles Selbstverständnis (das Bild, das er sich von seiner sexuellen Beschaffenheit macht) wie für sein sexuelles Interesse an anderen (für sein Bild der sexuellen Umwelt). Keine der beiden Facetten wird allein von seiner somatischen Sexualkonstitution geprägt (von seiner morphologischen Zugehörigkeit zum einen oder anderen Geschlecht), sondern beide entwickeln sich erst aus dem Widerspiel zwischen sexueller Konstitution und sexueller Exposition, vor allem aber aus den Beziehungen des Kindes zu seinen Bezugspersonen (Eltern, Erzieher, Pfleger) und aus deren Anschauungen von »Weiblichkeit« und »Männlichkeit«.

Diese Anschauungen haben in allen Kulturen etwas mit den Vorstellungen von »erlaubt« und »verboten«, von »gesund« und »ungesund«, von »normal« und »abnorm«, von »gut« und »böse«, »richtig« und »falsch«, »schön« und »häßlich« zu tun. Andererseits haben sich gerade diese Vorstellungen im Laufe der menschlichen Evolution und Geschichte so oft geändert, daß jeder Versuch, das menschliche Sexualverhalten in absolut gültigen, zeitlich unbegrenzten, regional und sozial unabhängigen Kategorien zu erfassen, fehlgeschlagen ist.

Auch der Versuch, menschliche Sexualität mit menschlicher Fortpflanzung zu koordinieren und nur das als »gesunde« oder »normale« Sexualität einzustufen, was der Fortpflanzung dient, hat sich als undurchführbar erwiesen, da es keine Gesellschaftsordnung gibt oder gegeben hat, die ihren Geschlechtsverkehr je auf das Ziel der Fortpflanzung beschränkt hätte. Ebenso wie der Primat des Erlernten über das Ererbte ein Kennzeichen der menschlichen Spezies zu sein scheint, erzeugt die Evolution beim Menschen offenbar einen Primat der Sexualität über die Fortpflanzung.

Bereits bei den höheren Primaten hat es sich herausgestellt, daß der »Sexual-« oder »Fortpflanzungstrieb« auf der Stufe der Anthropoiden nicht mehr »von selbst« funktioniert. Das heißt: Das genetische Erbmaterial erlaubt uns nicht mehr, ohne Vorbildeinfluß zu koitieren und uns ohne Vorbildeinfluß fortzupflanzen.

Die Affenversuche von Harry und Margaret Harlow haben ergeben:

1. Affenkinder, die von ihren Müttern nicht durch Zärtlichkeit auf ihr späteres Geschlechtsleben vorbereitet worden sind, zeigen im fortpflanzungsreifen Alter kein Interesse am Geschlechtsverkehr und entwickeln sich zu mürrischen Junggesellen und Junggesellinnen.

2. Affenkinder, die keine Gelegenheit gehabt haben, ältere Mitglieder ihrer Gat-

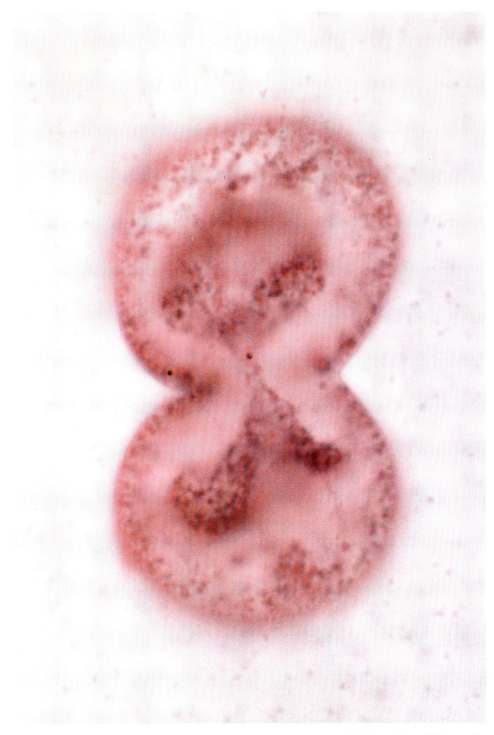

Zellteilung einer Amöbe. Nicht alle Organismen pflanzen sich geschlechtlich fort und entwickeln so eine eigene Individualität. Eine Mischung von Erbanlagen findet bei der Amöbe nicht statt. Die Zelle besitzt potentielle Unsterblichkeit, d. h. sie geht nicht von sich aus zugrunde, sondern teilt sich immer wieder.

tung beim Geschlechtsverkehr zu beobachten, lernen nie, wie man koitiert, und entwickeln nur minimales Interesse am Koitus.

Offenbar sind zum erfolgreichen Geschlechtsverkehr mancher Primaten also zwei Vorbilder erforderlich: elterliche Zärtlichkeit gegenüber dem Kinde und elterliche Zärtlichkeit (oder vom Kinde wahrgenommene Zärtlichkeit anderer Älterer) im Geschlechtsverkehr. Daraus ergibt sich eine der Kernfragen der Sexualanthropologie: ob einer der Gründe der zahllosen sexuell motivierten Neurosen, an denen die sogenannten Kulturvölker kranken, nicht der Tatsache entspringt, daß wir, im Gegensatz zu allen anderen Primaten, unseren Kindern die Möglichkeit verweigern, den Geschlechtsverkehr im biologisch notwendigen Alter durch eigene Sinneswahrnehmungen am Vorbild der Älteren zu erlernen.

Sogenannte »Aufklärung«, d. h. verspätet und verbal oder mit Hilfe von Bildmaterial gelieferte Sexualerziehung, kann bestenfalls ein Substitut der eigenen, im Prägungsalter erforderlichen Sinneswahrnehmung sein und hat stets den Nachteil, daß sie eine Fixierung auf Pornographie, d. h. auf verbal oder bildlich dargestellte Sexualhandlungen, auslöst. Jedenfalls ist es signifikant, daß Kulturen, die ihren Kindern niemals verbieten, den Geschlechtsverkehr der Älteren zu beobachten und spielerisch zu imitieren, auch keine Pornographie kennen und durch bildliche Darstellungen des Geschlechtsverkehrs nicht stimuliert werden können.

Diese Erfahrung widerlegt die Theorie vom »tierischen Geschlechtstrieb« des Menschen. Unser Geschlechtsleben ist zwar triebhaft motiviert, entwickelt sich aber erst unter dem Einfluß gesellschaftlich vermittelter Vorbilder. Heterosexuelle Kulturen regen die Mehrzahl ihrer Mitglieder zur Heterosexualität an, homosexuelle (Athen im fünften Jahrhundert vor unserer Zeitrechnung, Marind-Anim im neunzehnten Jahrhundert) zur Homosexualität. Natürlich gibt es auch chromosomal oder hormonell bedingte Formen des Sexualverhaltens, aber selbst diese werden in verschiedenen Gesellschaftsordnungen sehr unterschiedlich aufgefaßt, gelten in manchen als »krankhaft« oder »pervers« und werden in anderen als »heilig« betrachtet.

Sexuelles Verhalten, einerlei ob somatisch oder psychisch bedingt, wird von jeder Kultur kulturspezifisch eingestuft. Es gibt keine transkulturellen Koordinatensysteme der Beurteilung sexueller »Normalität«. Was die sexuelle Entfaltung des Individuums überall bedingt, ist nicht seine somatische Geschlechtszugehörigkeit, sondern der gesellschaftliche Einfluß auf seine Psychosexualität.

Dieser Einfluß wirkt sich weniger auf das Bewußtsein als auf das Unbewußte aus und führt dazu, daß die meisten Menschen in stark restriktiven Kulturen wie der unsrigen nicht mehr in der Lage sind, sich ihre sexuellen Bedürfnisse bewußtzumachen. In der Sexualtherapie geschieht es oft, daß Patienten sagen, sie seien keineswegs krank, sondern krankten nur an der Unfähigkeit, einen Sexualpartner zu finden, der ihre Wünsche erfüllt. Damit wird das eigene Problem auf die Schultern eines anderen abgewälzt. Tatsächlich ist es aber so, daß die Menschen in allen sexualrestriktiven Kulturen von frühester Kindheit an lernen, ihre sexuellen Bedürfnisse zu verleugnen. Was von diesen Bedürfnissen im Erwachsenenalter dann in der

Form von sexuellen Wünschen übrigbleibt, ist ein von gesellschaftlichen Einflüssen geprägtes Surrogat der ursprünglichen Bedürfnisse. Dadurch nehmen die Sexualwünsche in solchen Kulturen den Charakter einer lebenslangen Selbsttäuschung an und vermögen dem Individuum selbst dann keine perfekte Befriedigung zu geben, wenn sie erfüllt werden.

Das zentrale Sexualproblem des »Kulturmenschen« ist also nicht die Unfähigkeit, einen adäquaten Sexualpartner zu finden, sondern die Schwierigkeit, sich der ins Unbewußte verdrängten Sexualbedürfnisse bewußt zu werden. Da diese Bedürfnisse beim Menschen nicht gattungsspezifisch vererbt, sondern individualspezifisch in der frühen Kindheit geprägt werden, ist die Kindheit die eigentliche Heimat der Sexualität.

Das widerspricht der Logik der meisten Laien, die Sexualität mit Fortpflanzung verwechseln und deshalb meinen, die menschliche Sexualität beginne erst im Alter der Fortpflanzungsreife. Beim Menschen erfolgt das Geschlechtsleben aber in nahezu kompletter Unabhängigkeit von der Fortpflanzung und spielt sich mehr in Wünschen und Ängsten als in Körperkontakten ab. Diese Sexualphantasien sind weitgehend unbewußter Art. Sie laufen im Traume ähnlich ab wie im Wachen. Wahrscheinlich werden sie schon von dem unfertigen Nerven- und Gehirnapparat des Fetus in rudimentärer Form erzeugt. Die Ansicht, daß Kinder kein Geschlechtsleben haben, nur weil sie nicht koitieren, ist also falsch. Was Ängste und Wünsche anbelangt, ist das Geschlechtsleben des Kindes aktiver als das des Erwachsenen.

Von dem Augenblick an, kurz nach der Geburt, in dem den Erwachsenen die morphologische Geschlechtszugehörigkeit eines Kindes bekannt wird, schreiben sie ihm all jene Eigenschaften zu, die in ihrer Gesellschaftsordnung als kennzeichnend für dieses Geschlecht gelten. Die meisten Kinder übernehmen diese Eigenschaften schon in früher Kindheit und verhalten sich, als ob sie ihnen angeboren wären.

Dadurch entsteht sowohl bei den Erwachsenen wie bei den Kindern die Illusion, daß die Eigenschaften, die eine jeweilige Gesellschaftsordnung als »typisch weiblich« und »typisch männlich« betrachtet, wirkliche Eigenschaften von Frauen und Männern seien. Tatsächlich aber gibt es enorme Variationen zwischen den Vorstellungen, die eine jede Kultur sich von den Eigenschaften der Geschlechter macht.

Die Psychosexualität des Menschen hat jedenfalls keinen Bezug zu seiner morphologischen Sexualität und läßt sich auch nicht, wie unsere Eltern und Großeltern noch meinten, den Begriffen »aktiv« und »passiv« zuordnen. Denn in manchen Kulturen sind die Frauen das aktive und die Männer das passive Geschlecht. Buben und Mädchen, die in einer solchen Gesellschaftsordnung aufwachsen, werden Männlichkeit ihr ganzes Leben lang als Passivität und Weiblichkeit als Aktivität auffassen. Wir müssen also, so schwierig das für uns auch sein mag, akzeptieren, daß Männlichkeit und Weiblichkeit, wie wir sie in unserer Kultur verstehen, keine Attribute von Mann und Frau, sondern kulturspezifische Formen des Denkens, Fühlens und Handelns sind.

Die Anschauung von Weiblichkeit. Psychosexuell ist der Mensch »offen«, und das gilt für sein sexuelles Selbstverständnis wie für sein sexuelles Interesse. Das Bild der Frau ist bedingt durch die Gesellschaft, in der sie lebt. Es spiegelt die sexuelle Konstitution wie die sexuelle Exposition, die in ihrer Form bestimmt wird durch Bewertungen wie normal / anormal, gesund / ungesund, gut / böse, erlaubt / verboten. Die Vorstellung aber, Sexualverhalten in absolut gültige Normen zu zwängen, ist unerfüllbar geblieben. Lediglich bestimmte typische Verhaltensweisen und Darstellungsformen lassen sich feststellen, die in ihrem Ausdruck aber immer der jeweiligen Kultur und der jeweiligen Zeit angepaßt sind.

Die zukünftige Haltung des Kindes zu seinen Sexualpartnern entspringt weder einem Instinkt noch einem Trieb, sondern wird von der Haltung seiner Eltern und/oder Pflegepersonen zur Sexualität bestimmt. Erhält das Kind Liebe, so wird es später in der Lage sein, Liebe zu geben. Erhält es Zärtlichkeit, wird es später auch Zärtlichkeit geben können. Der Drang nach Körperkontakt mit einem späteren Sexualpartner wird von dem Drang der Eltern nach Körperkontakt zueinander und zu ihrem Kind geprägt. Eine moralisch gespaltene Haltung der Eltern zum eigenen Körper, zu dem des Ehegatten und zu dem des Kindes birgt große Gefahren für alle drei, vor allem aber für das Kind.

Erfüllt die Mutter ihre ehelichen »Pflichten« nicht aus Liebe, sondern widerwillig und lieblos, so nimmt das Kind diese Lieblosigkeit bereits vom Neugeborenenalter an in sein späteres Leben mit. Empfindet der Vater seine eigene Sexualität als Fluch und schwankt zwischen zwanghaftem Drang und tiefer Reue, so kann er niemals eine ganzheitliche Liebe entwickeln und seinem Kinde mitgeben. Die Kinder solcher Eltern bilden keine stabile, widerstandsfähige, selbständige Persönlichkeit und lernen nie im Leben, einem anderen Menschen ganzheitliche, sowohl körperliche wie seelische Liebe entgegenzubringen. Die Weichen dieser psychosexuellen Entgleisung werden bereits im Neugeborenenalter gestellt.

Natürlich wird jedes Individuum auch von seiner genetischen Anlage beeinflußt. Aber die Gene steuern nur das *potentielle* Verhalten des Individuums. Ob und inwiefern der Organismus seine genetische Potenz *realisiert*, hängt von seiner Umwelt ab. Zwar sind die sexuellen Reifungsphasen des Menschen seit der frühen Steinzeit in der gleichen Weise programmiert, aber das Programm ist ein *latentes*; ob und inwiefern es sich *manifestiert*, hängt von den ökologischen und sozialen Einflüssen ab, denen das Individuum von seiner Zeugung bis zu seinem Tode ausgesetzt ist.

Diese Einflüsse erschweren die Feststellung einer Norm, an der die sexuelle Entwicklung des individuellen Kindes gemessen werden kann. Europäische Durchschnittswerte während der ersten beiden Nachkriegsjahrzehnte:

1. Pränatale Entwicklungsstufen
    a) Blastogenese (Konzeption bis 15. Tag)
    b) Embryogenese (16. bis 75. Tag)
    c) Fetogenese (181. Tag bis Geburt)
2. Postnatale Entwicklung
    a) aufrechte Haltung (Ende des 1. Lebensjahrs)
    b) erste geschlechtliche Reife (3. bis 5. Lebensjahr)
    c) erster Gestaltwandel (6. Lebensjahr)
    d) erstes Auftreten der akzessorischen Geschlechtsmerkmale (7. bis 8. Jahr)
    e) Menarche (8. bis 14. Jahr)
    f) Polluarche (9. bis 15. Jahr)
    g) Maturität der akzessorischen Geschlechtsmerkmale (14. bis 15. Jahr)

Diese Werte werden aber seit geraumer Zeit wieder durch die Prozesse der Akzeleration und Neotenie in Frage gestellt. Akzeleration ist der Prozeß der stetig früher eintretenden körperlichen Reife (s. den Beitrag von R. Knußmann in diesem Band). Neotenie ist der Vorgang der stetig später eintretenden seelischen Reife. Als Julius Kollmann (1834–1918) im Jahr 1885 das Wort »Neotenie« prägte, meinte er damit die Beibehaltung infantiler Merkmale bei bestimmten »Naturvölkern«, also eine Verlängerung der Kindheit bis ins Erwachsenenalter. Heute meinen wir damit die evolutionär bedingte Verlängerung der Lernphase einer Gattung, d. h. eine Verbesserung der Anpassungsfähigkeit an die Umwelt, die nur durch Verlängerung des Abhängigkeitsverhältnisses der Kinder von den Erwachsenen erzielt werden kann (s. den Beitrag von H. Hemminger u. M. Morath in diesem Band). In sexualanthropologischen Begriffen bedeutet es, daß die Fortpflanzungsreife des Menschen von Generation zu Generation früher, die Geschlechtsreife dagegen von Generation zu Generation später eintritt.

Damit ist die traditionelle Annahme, Geschlechtlichkeit sei mit Fortpflanzung (und Geschlechtsreife mit Fortpflanzungsreife) gleichzusetzen, gescheitert. Denn wenn die menschliche Sexualität nur eine Begleiterscheinung des »Fortpflanzungstriebs« wäre (und sich nur dann moralisch legitimieren ließe, wenn sie diesem dient), dann müßte sich die menschliche Geschlechtsreife gleichzeitig mit der Fortpflanzungsreife herausbilden. Eben das geschieht aber nicht.

Statt dessen finden wir uns mit dem bemerkenswerten Phänomen konfrontiert, daß die Lücke zwischen somatischer und psychischer Geschlechtsreife mit dem Fortschritt der Zivilisation größer wird. Schon die vorgeburtliche Entwicklung ist, seitdem es überhaupt Messungen dieser Art gibt, in einem stetigen Prozeß der Beschleunigung begriffen. Die Längen- und Gewichtsmaße des Fetus zeigen Jahr um Jahr frühere »Phasenentwicklung«. Der Beschleunigungsvorgang setzt sich auch nach der Geburt fort. Die erste Zahnung liegt heute um Monate früher als bei den Kindern der Jahrhundertwende. Früher lernten europäische Kinder mit 13 bis 14 Monaten laufen, heute mit 9 bis 11 Monaten. Die Zahl der Kinder, die bereits mit 8 Monaten laufen lernen, nimmt zu. Zur Zeit Johann Sebastian Bachs (1685–1750) trat der Stimmbruch im 18. Lebensjahr ein, heute zwischen 12 und 13.

Der Sexualforscher Carlfred B. Broderick, der die umfangreichsten Untersuchungen über die sexuelle Entwicklung von Kindern und Jugendlichen ausgeführt hat, ist der Ansicht, daß die Menarche in der westlichen Welt jetzt alle 10 Jahre um 3 bis 4 Monate früher beginnt. 1875 setzte sie mit etwa 19 Jahren ein, 1900 mit 15, 1925 mit 13. Heute hat sie sich in den Großstädten Europas bei 12,5 eingependelt. Die Polluarche setzte vor hundert Jahren oft erst im 17. Lebensjahr ein, heute ist sie mit 13 üblich. Ähnliches gilt für die Pubarche und die Seminarche.

Andererseits treten aber auch Kinderkrankheiten früher auf als in der Vergangenheit. Vegetative Regulationsstörungen erscheinen zu einem Zeitpunkt, zu dem sie früher unbekannt waren. Anginöse Herzbeschwerden, Aufmerksamkeits- und Konzentrationsschwächen, Gleichgewichtsstörungen und Kopfschmerzen, die früher erst im Pubertätsalter aufgetreten waren, sind jetzt bereits in den ersten Schuljahren feststellbar.

Ob die stetig früher auftretende Koitarche ein gesundes oder ungesundes Phä-

Die Anschauung von Männlichkeit. Der Versuch, menschliche Sexualität und menschliche Fortpflanzung in einem einzigen Sinnzusammenhang zu sehen, erwies sich wie die Feststellung eindeutigen Sexualverhaltens als undurchführbar. Wie die Vorstellung von Weiblichkeit, so haben sich auch die Vorstellungen von Männlichkeit im Laufe der Zeit und innerhalb unterschiedlicher gesellschaftlicher Gruppen gewandelt. Das Erlernte und damit die Vorbilder besitzen einen offensichtlichen Vorrang vor dem Ererbten und machen so die Abhängigkeit unserer Anschauungen auch im Bereich des Sexuellen, wo es um die Erfassung geschlechtsspezifischer Merkmale in der Gesellschaft geht, von unserer Umwelt deutlich.

nomen ist, hängt davon ab, ob wir sie vom Standpunkt der Akzeleration oder dem der Neotenie beurteilen. Im ersten Falle wäre es ein normaler Vorgang, der sich in die Typologie der stetig früher auftretenden somatischen Phasen einordnet. Im zweiten Falle wäre es ein abnormer Vorgang, weil er die Schere zwischen somatischer und psychischer Reife erweitert. Obgleich die Ursache beider Vorgänge umstritten ist, beruht Akzeleration wahrscheinlich weniger auf verbesserter Nahrung als auf einer breiteren Palette von Gen-Mischungen. Genau wie gekreuzte (hybride) Getreidearten oft größer und stabiler sind als »reine«, sind die Kinder »gemischter« Ehen meist größer und widerstandsfähiger als die ethnisch ähnlicher Eltern. In der Biologie nennt man das Heterosis und spricht vom »Luxurieren der Bastarde«.

Neotenie dagegen ist wahrscheinlich ein Produkt der wachsenden Differenzierung der Gesellschaft seit Beginn des industriellen Zeitalters. Der Mensch wird zwar nicht dümmer, aber die Welt wird komplizierter, so daß es jeder Generation schwerer fällt, sich das erforderliche Quantum von Wissen rechtzeitig anzueignen. Alle sexuellen Ge- und Verbote, alle Leitsätze und Tabus des Geschlechtslebens, sind wahrscheinlich gesellschaftliche Antworten auf veränderte Lebensbedingungen von der Art der Akzeleration und Neotenie.

Wir können heute nicht mehr die Ursachen des Inzesttabus rekonstruieren (sie hatten bestimmt nichts mit Eugenik zu tun), und wir wissen nicht mit Sicherheit, weshalb manche Kulturen Pubertätsriten eingeführt haben, andere Kulturen aber keine. Wir sind nicht einmal sicher, weshalb sich bei uns die Sitte der Ehe eingebürgert hat oder weshalb wir dem Staat erlauben, sich in die Ehescheidung einzuschalten, nicht aber in die Eheschließung. Die Vorstellung der Verhaltensbiologen, daß die »ehige Paarbindung« beim Menschen stammesgeschichtlich programmiert und für die Aufzucht des Nachwuchses unerläßlich sei (zur Argumentation s. I. Eibl-Eibesfeldt in Bd. V dieser Enzyklopädie), ist mit Sicherheit falsch, denn die Dyade Mutter-Kind ist beim Menschen, genau wie bei allen anderen Säugetieren, die ursprüngliche Instanz zum Großziehen der Jungen und funktioniert ohne Mitwirkung des Vaters oder irgendeines anderen Mannes.

Es besteht eine gewisse Wahrscheinlichkeit, daß die frühesten gesellschaftlichen Einheiten Muttersippen waren, in denen der Zusammenhang zwischen Paarung und Zeugung noch nicht bewußt war oder verdrängt worden ist, so daß nur derjenige als verwandt galt, mit dem man in mütterlicher Linie blutsverwandt war. Unter solchen Umständen können sich weder Ehen noch Familien entwickeln, da der zeugende Mann nicht zur Sippe gehört, sondern bestenfalls eine Zeitlang mit den Brüdern und Söhnen der Frau zusammen im Männerhaus wohnt.

Sowohl Einzelehe wie Kleinfamilie sind wahrscheinlich relativ neue Entwicklungen der Menschheitsgeschichte, weil sie einen relativ hohen Wohlstand benötigen und einen relativ entwickelten Stand der Baukunst voraussetzen. Es kostet sehr viel mehr Arbeit und erfordert sehr viel mehr Material, zehn Einzelhütten für zehn Kleinfamilien zu bauen als eine Hütte für die ganze Sippe oder je ein Männerhaus und ein Frauenhaus. Zur Aufzucht des Nachwuchses sind Ehe und Familie jedenfalls nicht erforderlich. Sie bieten zwar gewisse Vorteile, erzeugen aber auch gewisse

Nachteile, darunter viele jener Neurosen und sexuellen Störungen, die nur in monogamen Gesellschaftsordnungen mit Kleinfamilienstruktur auftauchen.

Die häufig geäußerte Ansicht, daß der Fortfall des Brunstzyklus ein stammesgeschichtliches Produkt der menschlichen Paarbindung sei, wird von den meisten Sexualanthropologen abgelehnt, denn dieser Logik liegt die patriarchale, aus der heutigen westlichen Gesellschaftsordnung in vergangene Zeiten zurückprojizierte Ansicht zugrunde, Frauen hätten von den frühesten Zeiten der menschlichen Gattung an den geschlechtlichen Triebwünschen des Mannes zur Verfügung stehen müssen, um ihn durch sexuelle Belohnungen an sie und ihre Kinder zu binden. Da die Vorgeschichtsforschung aber eher auf matrilineare Sippen als auf patrilineare Familien als erste Einheiten der gesellschaftlichen Organisation hinweist, geht der Fortfall des weiblichen Brunstzyklus beim Menschen wahrscheinlich eher auf weibliche als auf männliche Bedürfnisse zurück. Allein die Tatsache, daß die Frau eine nahezu unbegrenzte Anzahl von Männern sexuell befriedigen kann, der Mann aber nur eine sehr begrenzte Anzahl von Frauen, weist auf stammesgeschichtliche Evolutionsphasen hin, in denen eher Polyandrie als Polygynie geherrscht hat.

Auch die sehr viel höhere orgastische Potenz der Frau läßt vermuten, daß der weibliche Organismus auf Paarungen mit einer Anzahl von Männern ausgerichtet ist, der männliche aber eher auf Paarung mit einer einzigen Frau. Die Entwicklung des Mannes zum angeblich polygamen Geschlecht ist wahrscheinlich ebenso jung und ebenso eng an die Entwicklung des Patriarchats geknüpft wie die der Frau als angeblich monogames Geschlecht. Beiden liegt einerseits der Wunsch des Mannes nach legitimen Nachkommen, andererseits das Erschlaffen des sexuellen Interesses in der lebenslangen Einehe zugrunde. Während der Patriarch als Machthaber sich Seitensprünge leisten kann, verbietet er der Frau das gleiche Privileg, weil er dann nicht mehr der Legitimität seines Nachwuchses sicher sein kann.

Auch die Theorie, daß der angeblich stärkere »Geschlechtstrieb« des Mannes ein Produkt der gattungsgeschichtlichen Anpassung im Dienste der ehigen Paarbindung sei, wird nur von wenigen Sexualanthropologen akzeptiert. Denn erstens ist die Illusion, daß die männliche Libido stärker als die weibliche sei, ebenfalls ein Produkt der patriarchalen Ordnung (in Kulturen mit weiblicher Dominanz gilt stets die Frau als die sexuell Aktivere), und zweitens sind die Vorteile der ehigen Paarung gerade für diejenigen Sexualanthropologen, die das Wohl des Kindes als wichtigsten Faktor der gesellschaftlichen Ordnung betrachten, nicht einsichtig.

Von dem Augenblick an, in dem wir beginnen, das sexuelle Wohl des Kindes in die Beurteilung des sexuellen Verhaltens seiner Eltern einzubeziehen, müssen wir uns allerdings darüber klarwerden, daß wir die Grenzen zwischen Sexualität und Fortpflanzung verwischen. Das ist eine Gefahr, der wir uns bewußt werden müssen, wenn wir die sozialen Aspekte der Schwangerschaftsregelung diskutieren. Denn weder Empfängnisverhütung noch Abtreibung gehören in den Bereich Sexualmoral, sondern sind Aspekte der Bevölkerungspolitik.

Zweifellos haben die neuen Antikonzeptiva vielen Frauen geholfen, bessere Beziehungen zu ihren Partnern herzustellen, denn Angst vor unerwünschtem

Nachwuchs kann eheliche Beziehungen genauso trüben wie uneheliche. Eine der Befürchtungen konservativer Kritiker der Geburtenregelung hat sich jedenfalls als unberechtigt erwiesen: die Vorstellung, daß die von Schwangerschaftsfurcht befreiten Frauen sich nun wie Mänaden auf die Männer stürzen würden. Im Gegenteil hat sich in allen westlichen Ländern ein bemerkenswerter Rückgang des Interesses der Frauen am heterosexuellen Geschlechtsverkehr ergeben – allerdings auch ein analoges Abflauen männlichen Begehrens nach Frauen.

Bei jedem sexualwissenschaftlichen Kongreß berichten die Sexualtherapeuten nicht nur von epidemisch wachsenden Potenzstörungen und Frigiditätsphänomenen, sondern auch von einer universellen Abnahme des heterosexuellen Begehrens bei beiden Geschlechtern. Wenn wir die sexualmedizinischen Kurven der siebziger Jahre in die Zukunft extrapolieren, so steht uns in den achtziger Jahren keineswegs die von Konservativen befürchtete Enthemmung der Sexualität ins Haus, leider aber auch nicht die von den Sexualreformern erhoffte Verbesserung der Geschlechterbeziehungen, sondern eine Zuspitzung des Kampfs der Geschlechter.

Diese von den Sexualreformern völlig unerwartete Entwicklung hat mehrere Gründe. Nur zwei sollen hier zitiert werden.

1. Der unsichere, fluktuierende Erziehungsstil und die unsichere, widersprüchliche sexuelle Praxis der in den Kriegsjahren geborenen Eltern äußern sich jetzt in der narzißtischen Sozialisation ihrer Kinder. Da diese mittlerweile erwachsenen Nachkommen sich in ihrer ödipalen Phase (4. bis 5. Lebensjahr) weder mit ihren Eltern identifizieren wollten noch gegen sie protestiert haben, wurden sie »prä-ödipal« (d. h. ohne starke sexuelle Krisen) sozialisiert und zeigen sich in ihren sexuellen Neigungen als Erwachsene nun eher zurückhaltend als fordernd.

2. Die Frauenbewegung unserer Tage hat zu einer wachsenden Kritik der Frauen an den Männern, einer steigenden Verunsicherung der Männer und einer klinisch unübersehbaren Verschlechterung der Beziehungen zwischen den Geschlechtern geführt. Die von dem Abbau männlicher Überheblichkeit und der Zunahme weiblicher Selbstsicherheit erhoffte Verbesserung der sexuellen Beziehungen hat bisher noch nicht stattgefunden. Im Gegenteil, gerade bei den der Frauenbewegung nahestehenden Männern haben sich besondere Schwierigkeiten ergeben, ihre Überzeugungen in die Praxis umzusetzen: Der Kopf sagt hüh und der Penis hott.

Ob die gegenwärtige Krise der Sexualität in den westlichen Kulturen die Krise einer Übergangszeit von einer autoritären zu einer liberalen Gesellschaftsordnung ist oder ob die inneren Widersprüche der bürgerlichen Welt, die sich in den Widersprüchen des Geschlechtslebens niederschlagen, nicht mehr behebbar sind, vermag die Sexualanthropologie nicht zu entscheiden. Einer der Gründe, weshalb sie das nicht kann, ist ihr Mangel an Forschungsgeldern. Kein Zweig der Wissenschaft wird von den Universitäten und den Forschungsfonds so stiefmütterlich behandelt wie ausgerechnet jener, von dem das Überleben der Menschheit abhängt: der Wissenschaft von den Gründen der menschlichen Fortpflanzung.

Wenn wir aber wissen wollen, wohin der Mensch geht, müssen wir auch auf dem Gebiete der Sexualität noch sehr viel gründlicher untersuchen, woher er kam.

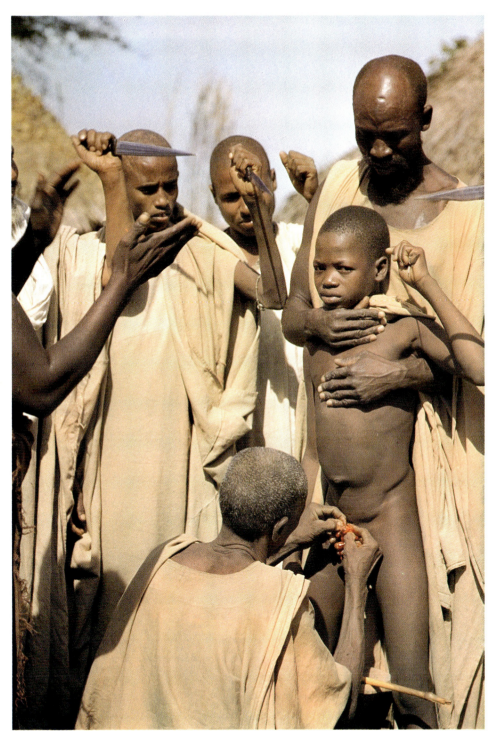

In unterschiedlicher Weise reagieren Gesellschaften auf die Integrierung der Heranwachsenden in die Welt der Erwachsenen. Die Beschneidung ist dabei ein wesentliches Merkmal für die soziale Integration. Weshalb in einigen Kulturen Pubertätsriten eingeführt wurden, wissen wir nicht mit Sicherheit.

Literatur

BLEULER, M., WIEDEMANN, H. R.: Chromosomengeschlecht und Psychosexualität. Arch. Psychiat. Z. Neurol., 195, 1956, 14–19

BÖNNER, K. (Hg.): Die Geschlechterrolle. München 1973

BORNEMAN, E.: Zur Geschichte des Verhältnisses von Mann und Frau. Aspekte der Identitätsbildung. In J. Huber (Hg.): Soziale Identität und Gruppendynamik. Klagenfurt 1978, 29–46

— Fragwürdige Fragebögen. Zweifel an der Methodik in der empirischen Sexualforschung. Sexualmedizin, 5, 1979, 146–151

— Entwicklung der Sexualität. In F. Koch, K.-H. Lutzmann (Hg.): 50 Stichwörter zur Sexualerziehung in der Schule. Hamburg 1981

BRODERICK, C. B.: Kinder- und Jugendsexualität. Reinbek 1970

DAHMER, H.: Libido und Gesellschaft. Frankfurt/M. 1973

DANNHAUER, H.: Geschlecht und Persönlichkeit. Eine Untersuchung zur psychischen Geschlechtsdifferenzierung in der Ontogenese. Berlin 1973

DAVIDSON, J. M.: The psychobiology of sexual experience. In J. M. Davidson, R. J. Davidson (Eds.): Psychobiology of consciousness. New York 1980

DEGENHARDT, A.: Über die Genese psychischer Geschlechtsunterschiede. In: Die Psychologie des 20. Jahrhunderts, Bd. 11. Zürich 1980, 942–987

FORD, C. S., BEACH, F. A.: Formen der Sexualität. Das Sexualverhalten bei Mensch und Tier. Reinbek 1968

GRUNDMANN, H.: Bemerkungen zur Entwicklung der Geschlechtsidentität und Geschlechtsrolle im frühen Kindesalter. In: Zur Situation und Kreativität der Frau – Forum für aktuelle Kunst. Innsbruck 1976

HAMPSON, J. L., HAMPSON, J. C.: The ontogenesis of sexual behavior in man. In W. C. Young (Ed.): Sex and internal secretion. Baltimore 1966, 1401–1432

HARLOW, H. F.: Love in infant monkeys. Sci. Am., 200 (6), 1959, 68–74

— The heterosexual affectional system in monkeys. Am. Psychol., 17 (1), 1962, 1–9

— Sexual behavior in the rhesus monkey. In F. A. Beach (Ed.): Sex and behavior, New York 1965

HARLOW, H. F., HARLOW, M.: Das Erlernen der Liebe. Praxis d. Kinderpsychol. u. Kinderpsychiat., 20 (6), 1971, 225–234

HEINRICH, P.: Zur Sozialpsychologie der Geschlechtspräferenzen. Meisenheim 1974

KOLLMANN, J.: Elementares Leben. Berlin 1883

— Zum Begriff der Neotenie. In J. Kollmann (Hg.): Entwicklungsgeschichte. Berlin 1885, 237–273

— Handatlas der Entwicklungsgeschichte (2 Bde.). Leipzig 1907

KÜRTHY, T.: Geschlechtsspezifische Sozialisation (2 Bde.). Paderborn 1978

LASLETT, P.: Age at sexual maturity since the middle age. In P. Laslett (Ed.): Family life and illicit love in earlier generations. Cambridge 1977

LEHR, U.: Das Problem der Sozialisation geschlechtsspezifischer Verhaltensweisen. In: C. F. Graumann (Hg.): Forschungsberichte der Psychologie. Göttingen 1972, 886–954

— Stereotypie und Wandel der Geschlechtsrollen. In: Die Psychologie des 20. Jahrhunderts, Bd. 8. Zürich 1979, 264–275

LEVY-SUHL, M.: Über die frühkindliche Sexualität des Menschen im Vergleich mit der Geschlechtsreife bei Säugetieren. Imago, 19, 1933, 27–33

LEYHAUSEN, P.: Über die Wahl des Sexualpartners bei Tieren. In: P. Leyhausen (Hg.): Sexualität und Sinnlichkeit. Stuttgart 1952, 47–56

LOCH, W.: Bemerkungen zur Rolle des Sexualtabus. In: C. de Boor, K. Hügel (Hg.): Psychoanalyse und soziale Verantwortung. Stuttgart 1965, 80–97

MACLEAN, P. D.: New findings relevant to the evolution of psychosexual functions of the brain. J. Nerv. Ment. Dis., 135 (4), 1962, 289–302

— Studies on the cerebral representation of certain basic sexual functions. In R. A. Gorski, R. E. Whalen (Eds.): Brain and behavior. Los Angeles 1966

MALINOWSKI, B.: Geschlecht und Verdrängung in primitiven Gesellschaften. Hamburg 1962

MALSBURY, CH. W.: Regulation des Sexualverhaltens durch hormonale und neuronale Mechanismen. In: Die Psychologie des 20. Jahrhunderts, Bd. 6. Zürich 1978, 942–987

MARCUSE, H.: Triebstruktur und Gesellschaft. Frankfurt/M. 1965

MEAD, M.: Geschlecht und Temperament in primitiven Gesellschaften. Hamburg 1959

— Jugend und Sexualität in primitiven Gesellschaften (3 Bde.). München 1970

MERZ, F.: Geschlechterunterschiede und ihre Entwicklung. Lehrbuch der Differentiellen Psychologie, Bd. 3. Göttingen 1979

MONEY, J.: Determinanten der geschlechtsspezifischen Identität und des Sexualverhaltens. In C. F. Sager, H. S. Kaplan (Hg.): Handbuch der Ehe-, Familien-und Gruppentherapie, Bd. 2. München 1973, 718–747

MONEY, J., EHRHARDT, A. A.: Männlich – Weiblich. Die Entstehung der Geschlechtsunterschiede. Reinbek 1975

OTTO, K. H.: Psychische Geschlechtsunterschiede im Kindes- und Jugendalter. In: Frau und Wissenschaft. Berlin 1968

PARIN, P.: Der Ausgang des ödipalen Konflikts in drei verschiedenen Kulturen. Eine Anwendung der Psychoanalyse als Sozialwissenschaft. Kursbuch, 29, 972, 179–201

SPITZ, R.: Angeboren oder erworben? Amsterdam 1971

STIEVE, H.: Der Einfluß des Nervensystems auf Bau und Tätigkeit der Geschlechtsorgane des Menschen. Stuttgart 1952

STRAUSS, A.: The influence of parent-image upon marital choice. Am. Soc. Rev., 11, 1946, 554–559

WILLI, J.: Die Zweierbeziehung. Analyse des unbewußten Zusammenspiels in Partnerwahl und Paarkonflikt: das Kollusions-Konzept. Reinbek 1975

ZÜBLIN, W.: Geschlechtschromosome, Hormone und Psychosexualität. Schweiz. Zeitschr. Psychol., 16, 1957, 118–120

Zu einer wachsenden Kritik der Frauen an der männlichen Überheblichkeit haben die Frauenbewegungen unserer Tage geführt. Doch steht die von Konservativen befürchtete Enthemmung der Sexualität keineswegs ins Haus. Die von der Zunahme weiblicher Selbstsicherheit erhoffte Verbesserung der sexuellen Beziehungen der Geschlechter hat bisher noch nicht stattgefunden.

Gerhard Döring

Fortpflanzung

Übersicht: Die Fortpflanzung, also die Erhaltung der Art, ist beim Menschen wie bei allen höherentwickelten Lebewesen an eine große Zahl von differenzierten biologischen Prozessen gebunden. Dieser Beitrag vermittelt alle notwendigen Informationen, deren Kenntnisse für das Verständnis der Fortpflanzung des Menschen erforderlich sind. Die folgende Darstellung geht auf Bau und Funktion der weiblichen und männlichen Genitalorgane ein, auf die Pubertät bei beiden Geschlechtern und auf den Begattungsakt sowie die ihn begleitenden Empfindungen. Die Phänomene der Befruchtung, Empfängnis und Einnistung der befruchteten Eizelle werden ebenso behandelt wie der Verlauf der Schwangerschaft und die Entwicklung des Kindes im Mutterleib. Geburt und Wochenbett bilden den Abschluß.

Die Genitalfunktion der Frau
Die weiblichen Genitalorgane

Die inneren weiblichen Genitalorgane liegen mitten im kleinen Becken, wo sie am besten gegen schädliche Einflüsse von außen geschützt sind (s. Abb. 1). Die Verbindung zu ihnen stellt die *Scheide* (Vagina) dar, ein etwa 10 Zentimeter langer, verschieden weiter elastischer Muskelschlauch. Sie hat in bezug auf die Fortpflanzung verschiedene Aufgaben: Beim sexuellen Kontakt dient sie zur Aufnahme der Samenflüssigkeit. Während der Geburt dient sie dem Durchtritt des Kindes.

Ein Teil der *Gebärmutter* (Uterus) ragt wie ein Zapfen in die Scheide. Die Gebärmutter selbst ist ein muskulöses Hohlorgan von Hühnereigröße. Man unterscheidet den oben gelegenen dickeren Gebärmutterkörper, in den beide Eileiter einmünden, und den schon erwähnten nach unten in die Scheide gerichteten schlanken Gebärmutterhals. Für das Fortpflanzungsgeschehen haben beide eine Reihe von wichtigen Aufgaben.

Der Gebärmutterhals verschließt außerhalb der Schwangerschaft die Gebärmutterhöhle nach unten hin. Dabei spielt ein Pfropfen aus zähem Schleim eine wichtige Rolle. Während des Zyklus öffnet sich dieser Verschluß bei zwei Gelegenheiten: 1. Während der Regelblutung fließt Blut aus dem Gebärmutterkörper in die Scheide. 2. Kurz vor und während des Follikelsprunges wird der Schleim im Gebärmutterhals für die Samenfäden, die sonst nicht aus der Scheide in die Gebärmutter gelangen könnten, durchlässig.

In einer Schwangerschaft stellt der Gebärmutterhals einen festen Verschluß der Gebärmutter dar. Es kommt zur Fehlgeburt oder Frühgeburt, wenn dieser Verschluß nicht funktioniert. Bei der Geburt muß sich der Gebärmutterhals ganz weit öffnen, damit das Kind hindurchtreten kann.

Der Gebärmutterkörper trifft jeden Monat alle Vorbereitungen, die erforderlich sind, damit sich eine befruchtete Eizelle in die Gebärmutterschleimhaut einnisten kann. Für diese Aufgabe wird die Gebärmutterschleimhaut nach jeder Regelblutung neu aufgebaut, damit sie genau zu dem Zeitpunkt, an dem das befruchtete Ei reif zur Einnistung ist, alle Eigenschaften hat, die sie als sogenanntes Eibett braucht. Dieser Aufbau der Gebärmutterschleimhaut geschieht unter dem Einfluß der von den Eierstöcken produzierten weiblichen Sexualhormone, dem Follikelhormon (Östrogen) und dem Gelbkörperhormon (Progesteron). Wenn keine befruchtete Eizelle vorhanden ist, so kommt es durchschnittlich 28 Tage nach der letzten Regel wieder zu einer Regelblutung. Dabei wird die Gebärmutterschleimhaut, mit Blut vermengt, ausgestoßen.

In einer Schwangerschaft dient der Gebärmutterkörper zunächst als Eibett und dann als Brutstätte, in der die Frucht ungestört heranwachsen kann (»Fruchthalter«). Bei der Geburt schließlich wird der muskelstarke Gebärmutterkörper zum »Fruchtaustreiber«, der das Kind mit Hilfe der Wehen nach außen befördert.

Der *Eileiter* (Tube) verbindet die Gebärmutter beiderseits mit den Eierstöcken. Jeder Eileiter ist 8 bis 10 Zentimeter lang und etwa 5 Millimeter dick und erweitert sich in Richtung Eierstock zu einem Trichter. Dieser mit Fransen besetzte Trichter hat die Aufgabe, nach dem Follikelsprung das Ei aufzunehmen (man spricht vom »Ei-Auffang-Mechanismus«). Die Aufgabe eines Eileiters ist es erstens, die Eizelle in die Gebärmutter zu leiten, und zweitens, die Samenfäden bis zur Eizelle gelangen zu lassen. Die Befruchtung findet in dem eierstocknahen weiten Teil des Eileiters statt. Wenn beide Eileiter verschlossen sind, ist eine Frau unfruchtbar.

Eine zentrale Rolle bei der Fortpflanzung spielen die *Eierstöcke*. Sie liefern die Eizellen und produzieren die weiblichen Sexualhormone, ohne die eine Fortpflanzung nicht möglich ist. Die beiden Eierstöcke (Ovarien) liegen jeweils einige Zentimeter links und rechts der Gebärmutter. Jeder Eierstock ist 25 bis 35 Millimeter lang, 15 bis 30 Millimeter breit und 5 bis 15 Millimeter dick. Ihre Form ist die einer Mandel oder eines Taubeneies. In jedem Zyklus springt im Eierstock normalerweise ein Follikel und gibt eine reife Eizelle frei (»Follikelsprung«). Nach dem Follikelsprung gelangt die Eizelle, die mit einem Zehntel Millimeter Durchmesser die größte Zelle des menschlichen Körpers ist, in den Eileiter.

Die weibliche Pubertät

Unter Pubertät versteht man den Abschnitt der Entwicklung eines Mädchens, in dem sich die Fortpflanzungsfähigkeit ausbildet. Dieser Abschnitt dauert einige Jahre. Die Ursache dieser Entwicklung ist das Ingangkommen der Hormonproduktion in den Eierstöcken und in der Nebennierenrinde. In der Pubertät spielen sich für die Fortpflanzung wichtige Veränderungen an den inneren Genitalorganen ab. Gebärmutter, Eileiter, Eierstöcke und Scheide nehmen an Größe zu und verändern ihre Proportionen von kindlichen Organen zu erwachsenen Organen.

Äußerlich erkennt man die Pubertät an einer Reihe von Zeichen, die fast immer in bestimmter Reihenfolge auftreten (siehe auch Tab. 1):

1. *Die Entwicklung der Brust* ist meistens das erste Zeichen der beginnenden Pubertät. Die erste Vorwölbung des Warzenhofes erfolgt im Durchschnitt mit zehneinhalb Jahren; man spricht von Brustknospe. Wenn sich die Umgebung des Warzenhofes ebenfalls vorwölbt, spricht man von Knospenbrust. Die Entwicklung der Brust ist nach etwa drei Jahren vorläufig abgeschlossen. Jedoch wird die endgültige Reife der Brust meist erst nach weiteren fünf bis zehn Jahren erreicht.

2. Das zweite Zeichen der Pubertät ist die *Schambehaarung*. Die ersten Haare wachsen durchschnittlich mit zwölf Jahren; das Ende dieser Entwicklung ist mit etwa vierzehn bis fünfzehn Jahren erreicht.

3. Etwas später wächst die *Achselbehaarung*. Sie erscheint mit zwölfeinhalb Jahren und gelangt zu ihrer vollen Ausprägung im Alter von fünfzehn Jahren.

4. Das auffallendste Zeichen der Pubertät ist die *erste Regelblutung*. Der Arzt spricht von »Menarche«. Sie tritt heute im Durchschnitt mit zwölfeinhalb Jahren das erste Mal auf. Es trifft nicht zu, daß es bei Mädchen in den Tropen oder in südlichen Ländern früher zur ersten Regelblutung kommt als in Mitteleuropa. Eher scheinen Umwelt und Ernährung eine Rolle zu spielen, denn Mädchen in der Stadt, insbesondere in der Großstadt, haben die Menarche früher als Mädchen auf dem Lande. Interessant ist die Feststellung, daß in den letzten hundert Jahren das Menarche-Alter um drei Jahre gesunken ist.

Wenig bekannt ist, daß die volle Fruchtbarkeit mit Einsetzen der Regelblutung meist noch nicht erreicht wird. In den ersten drei Jahren nach der Menarche verlaufen mehr als die Hälfte aller Zyklen ohne Follikelsprung. Aus diesem Grund sind Schwangerschaften bei zwölf- bis vierzehnjährigen Mädchen extrem selten.

5. Ein Zeichen der Pubertät ist auch der dazugehörende *Wachstumsschub*. Das Längenwachstum erfolgt bekanntlich nicht gleichmäßig. Bei Mädchen ist das Wachstum pro Zeiteinheit am stärksten zwischen dem zwölften und vierzehnten Jahr. Bereits mit sechzehn Jahren haben die meisten Mädchen ihre endgültige Körpergröße erreicht.

Sichtbare Zeichen der weiblichen Pubertät	Durchschnittsalter in Jahren	Sichtbare Zeichen der weiblichen Pubertät	Durchschnittsalter in Jahren
Wachstum der Brust		*erste Regelblutung*	12½
Beginn	10½	*Längenwachstumsschub*	
Abschluß	13½	Beginn	11
Schambehaarung		Abschluß	16
Beginn	11		
Abschluß	14½		

Tab. 1 Wichtige Zeichen der weiblichen Pubertät und das Durchschnittsalter ihres Auftretens (nach: Tanner 1962).

Die Pubertät wird nicht nur durch körperliche Veränderungen gekennzeichnet. Auch Psyche und Verhaltensweise ändern sich: Aus dem sexuell sehr wenig differenzierten Kind wird das eindeutig weiblich geprägte junge Mädchen. Die Pubertät ist eine Phase der Unausgeglichenheit, der Unsicherheit im Verhalten zur Umwelt. Das führt oft zu Konflikten. Eltern und Erzieher müssen aber wissen, daß diese Verhaltensschwierigkeiten entwicklungsbedingt sind und vorübergehen. Mit diesen Kenntnissen fällt es leichter, die erforderliche Geduld und sehr viel Verständnis aufzubringen, die nötig sind, damit während der Pubertät die Entwicklung des fröhlich-unbekümmerten Kindes zu einem selbstbewußten jungen Mädchen nicht gestört wird.

Der Genitalzyklus der Frau

Während die Fortpflanzungsfähigkeit des Mannes kontinuierlich vorhanden ist und bis ins hohe Alter erhalten bleiben kann, ist die der Frau an die Zeit der Geschlechtsreife gebunden, die durchschnittlich vom fünfzehnten bis zum fünfundvierzigsten Lebensjahr besteht. Außerdem ist die Fortpflanzungsfunktion der Frau nicht gleichmäßig, sondern diskontinuierlich; man spricht von einem Genitalzyklus. Es gibt periodisch wiederkehrende Veränderungen, deren charakteristischstes Zeichen die regelmäßig in etwa gleichlangen Intervallen auftretende Menstruation (Regelblutung) ist. Diese zyklischen Veränderungen betreffen in erster Linie die Genitalorgane; im weiteren Sinn ist jedoch der ganze weibliche Organismus zyklischen Zustandsänderungen ausgesetzt. Auch die Fortpflanzungsfähigkeit ist an den Zyklus gebunden. Man spricht von einer »Periodizität der Fruchtbarkeit der Frau«.

Der Menstruationszyklus

Bei der gesunden Frau kommt es während der Zeit der Geschlechtsreife in Abständen von durchschnittlich 28 Tagen zur Regelblutung. Sie dauert gewöhnlich vier bis fünf Tage, wobei die Menge des Blutverlustes nicht mehr als 50 Milliliter beträgt. Das Menstrualblut ist ungerinnbar. Nach der Regelblutung wird die Gebärmutterschleimhaut unter der Einwirkung der Eierstockhormone wieder aufgebaut. Dieser Aufbau wird durch Follikelhormon und Gelbkörperhormon so fein gesteuert, daß seine Eignung als Eibett genau zu dem Zeitpunkt ihr Optimum erreicht, wenn die befruchtete Eizelle reif zur Einnistung ist.

Die Länge des Menstruationszyklus wird vom ersten Tag der Regelblutung bis zum letzten Tag vor der nächsten Regel gerechnet. Gewisse Abweichungen von der Durchschnittslänge von 28 Tagen sind normal. Erst wenn die Menstruationsintervalle kleiner als 25 oder größer als 35 Tage werden, treten gehäuft atypische Zyklen auf, zum Beispiel Zyklen ohne Follikelsprung. Auch ohne Follikelsprung kommt es also zu einer Regelblutung.

Der Eierstock-Zyklus

Die Regelblutung ist zwar das deutlichste Zeichen des Zyklus, biologisch dagegen ist der Follikelsprung das wichtigste Ereignis. Von entscheidender Bedeutung für die Fortpflanzung und für die Ausprägung der weiblichen Genitalorgane ist die

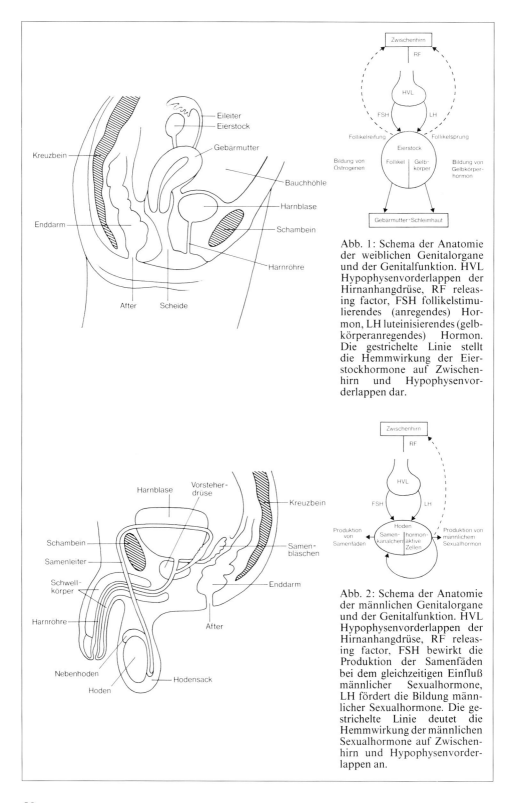

Abb. 1: Schema der Anatomie der weiblichen Genitalorgane und der Genitalfunktion. HVL Hypophysenvorderlappen der Hirnanhangdrüse, RF releasing factor, FSH follikelstimulierendes (anregendes) Hormon, LH luteinisierendes (gelbkörperanregendes) Hormon. Die gestrichelte Linie stellt die Hemmwirkung der Eierstockhormone auf Zwischenhirn und Hypophysenvorderlappen dar.

Abb. 2: Schema der Anatomie der männlichen Genitalorgane und der Genitalfunktion. HVL Hypophysenvorderlappen der Hirnanhangdrüse, RF releasing factor, FSH bewirkt die Produktion der Samenfäden bei dem gleichzeitigen Einfluß männlicher Sexualhormone, LH fördert die Bildung männlicher Sexualhormone. Die gestrichelte Linie deutet die Hemmwirkung der männlichen Sexualhormone auf Zwischenhirn und Hypophysenvorderlappen an.

Hormonproduktion in den Eierstöcken. Jeder Zyklus beginnt mit dem Wachstum einiger Follikel, wie man das später flüssigkeitsgefüllte Bläschen rings um die Eizelle nennt. Die Oberfläche des Eierstocks ist übersät mit mehreren tausend sogenannten Primärfollikeln (Durchmesser $^4/_{100}$ mm), von denen im Leben einer Frau die meisten nicht weiter heranwachsen, sondern zugrunde gehen. Die Weiterentwicklung geht über den Sekundärfollikel (Durchmesser $^1/_{10}$ mm) zum Tertiärfollikel (Durchmesser $^2/_{10}$ bis 15 mm), der sich durch das Auftreten einer flüssigkeitsgefüllten Höhle auszeichnet. Man spricht deshalb auch von einem Bläschenfollikel. Der sprungreife Follikel hat schließlich einen Durchmesser von 15 bis 20 Millimetern und wölbt sich weit über die Oberfläche des Eierstocks vor. Von den heranwachsenden Follikeln, insbesondere von den Tertiärfollikeln, wird Follikelhormon gebildet. Die Östrogen-Produktion erreicht wenige Tage vor dem Follikelsprung, der durchschnittlich am vierzehnten bis fünfzehnten Zyklustag erfolgt, ihren Höhepunkt.

Nach dem Follikelsprung bildet sich in der Follikelhöhle ein Blutpfropf, in den Zellen aus der Umgebung hineinwachsen. So entsteht in der ehemaligen Follikel-

Tage, vom ersten Tag der Regel an gerechnet	Vorgänge am Eierstock	Vorgänge an der Gebärmutterschleimhaut	sonstige wichtige Ereignisse
1. bis 5. Tag	Bildung kleiner Mengen von Follikelhormon	Regelblutung = Abstoßung der zugrundegegangenen Schleimhaut mit Blut vermischt	
Vom 6. Tag an	Bildung zunehmender Mengen von Follikelhormon	Der Wiederaufbau der Gebärmutterschleimhaut beginnt	
Vom 8. Tag an	Ein Follikel beginnt stark zu wachsen.		
12. bis 14. Tag	Der sprungreife Follikel ist kirschgroß. Es werden maximale Mengen Follikelhormon gebildet	Die Gebärmutterschleimhaut hat ihre größte Dicke von 4 bis 5 mm erreicht	Der Schleim im Hals der Gebärmutter wird dünnflüssig
ca. 15. Tag	Der Follikel springt und gibt die Eizelle frei. In der leeren Follikelhöhle entsteht der Gelbkörper. Wird die Eizelle nicht befruchtet, stirbt sie nach 6 bis 12 Stunden ab	Die Drüsen der Schleimhaut bilden Sekrete und bereiten die Einnistung der Eizelle vor	
23. Tag	Die Hormonproduktion im Gelbkörper erreicht ihren Höhepunkt	Die Gebärmutterschleimhaut ist jetzt bestens für die Einnistung des Eies geeignet	
Vom 24. Tag an	Der Gelbkörper bildet sich wieder zurück. Die Hormonproduktion sinkt stark ab	Die Schleimhaut wird nicht mehr optimal ernährt; sie schrumpft	
28. Tag	Die Hormonproduktion erreicht ihren Tiefststand	Die Schleimhaut bricht zusammen und wird, mit Blut vermengt, ausgestoßen = neue Regelblutung	

Tab. 2   Der zeitliche Ablauf der Ereignisse am Eierstock und an der Gebärmutterschleimhaut im Zyklus.

höhle innerhalb von wenigen Tagen eine neue hochaktive Hormondrüse, der Gelbkörper. Im Gelbkörper werden Gelbkörperhormon und Follikelhormon produziert. Wenn die Eizelle nicht befruchtet wird bzw. wenn die Einnistung der befruchteten Eizelle nicht gelingt, beginnt etwa zehn Tage nach dem Follikelsprung die Rückbildung des Gelbkörpers, von dem schließlich nur noch eine Narbe zu sehen ist. Während der Funktion des Gelbkörpers kommt es nicht zum Wachstum neuer Follikel. Dieses setzt erst dann ein, wenn die Hormonproduktion im Gelbkörper erloschen ist. Mit dem Follikelwachstum beginnt der Eierstock-Zyklus aufs neue. Tab. 2 zeigt den zeitlichen Ablauf der Ereignisse am Eierstock und an der Gebärmutterschleimhaut während des Zyklus.

Zyklische Veränderungen außerhalb der Genitalorgane

Es wurde bereits erwähnt, daß die Veränderungen im Zyklus nicht nur die Genitalorgane, sondern den ganzen Organismus der Frau betreffen. Besonders auffällig und regelmäßig sind die Veränderungen der Körpertemperatur. Bei einer gesunden Frau im geschlechtsreifen Alter hält die Temperatur während der Follikelphase (der Zeit vom ersten Tag der Regel bis zum Follikelsprung) ein niedriges Niveau um 36,5 bis 36,7 Grad Celsius ein. Kurz nach dem Follikelsprung steigt die Temperatur um 3 bis 6 Zehntelgrade an. Während der Gelbkörperphase (der Zeit vom Follikelsprung bis zum letzten Tag vor der Regel) bleibt die auf 37,0 bis 37,2 Grad Celsius erhöhte Temperatur bestehen. Sie sinkt kurz vor oder mit dem Eintritt der Regelblutung auf die niedrigen Werte der Follikelphase ab (s. Abb. 3). Viele Untersuchungsergebnisse sprechen dafür, daß der Follikelsprung durchschnittlich ein bis zwei Tage vor dem Anstieg der Temperatur erfolgt.

Andere zyklische Veränderungen der Lungenventilation, der Brüste, des Blutkreislaufes, der Blutbestandteile, des Wasserhaushalts und der Haut sind zwar ebenfalls deutlich vorhanden, haben aber nicht die praktische Bedeutung erlangt wie die Veränderungen der Körpertemperatur.

Die Regulation des Genitalzyklus der Frau

Die Funktion der Eierstöcke ist für die Fortpflanzung von größter Bedeutung; die Eierstöcke sind aber in ihrer Funktion nicht selbständig. Der Regulationsmechanismus ist ziemlich kompliziert und hat mehrere Stufen (Abb. 1): Unmittelbar wird die Funktion der Eierstöcke von zwei Hormonen aus dem Hypophysenvorderlappen (Hirnanhangsdrüse) gesteuert. Das erste Hormon wird wegen seiner das Wachstum der Follikel anregenden Wirkung »Follikelstimulierendes Hormon« (FSH) genannt. Es bewirkt die Reifung der Follikel im Eierstock und die Produktion von Follikelhormon (Östrogen). Das zweite Hormon, das »luteinisierende Hormon« (LH), löst den Follikelsprung aus, steuert den Gelbkörper und ist damit für die Produktion von Gelbkörperhormon verantwortlich.

Die beiden Hormone aus dem Hypophysenvorderlappen, die man »gonadotrope

Männliche Samenzelle (rechts) und weibliche Eizelle (unten). Die Samenzellen bestehen aus einem Kopf, der die Gene und damit das Erbmaterial enthält, einem kurzen Hals, einem Zwischenstück und dem Schwanz, der der Fortbewegung dient. Die Eizelle besteht aus einem Kern und dem Dotter, das von einer Membran, der Eihülle, umgeben ist. Um die Membran herum befinden sich mehrere Lagen von Bläschenzellen, der sogenannte Strahlenkranz. Die männliche Samenzelle muß alle Schichten des weiblichen Eies durchdringen, um sich mit dem Kern zu verschmelzen.

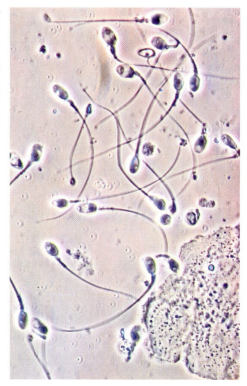

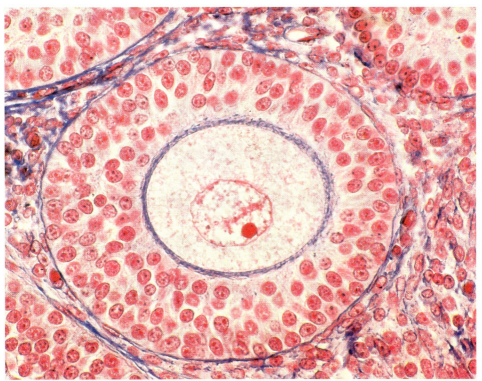

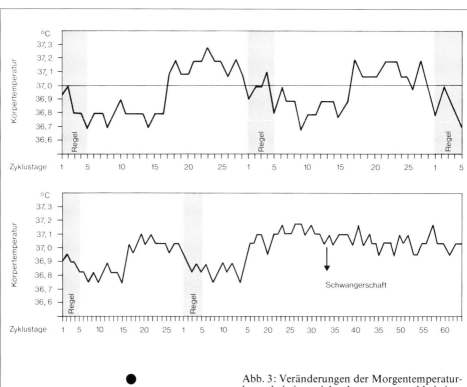

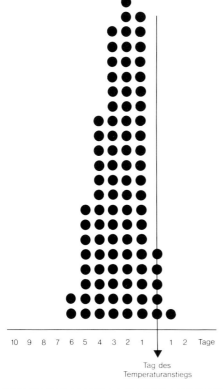

Abb. 3: Veränderungen der Morgentemperaturkurve bei einer nichtschwangeren und bei einer schwangeren Frau. Während der ersten Hälfte des Zyklus zeigt die Kurve der Nichtschwangeren ein Wellental, während der zweiten Hälfte einen Wellenberg. Ist die Temperatur 18 Tage nach Temperaturanstieg immer noch auf dem hohen Niveau (Pfeil in der unteren Grafik), so kann mit einer Zuverlässigkeit von 99 % die Diagnose Schwangerschaft gestellt werden.

Abb. 4: Zeitliche Verteilung von 89 Befruchtungen, die nach einmaligem sexuellen Kontakt im Zyklus erfolgten. Der Pfeil gibt den Tag des Temperaturanstiegs an, der als Zeichen des stattgefundenen Follikelsprungs gilt. Die Häufigkeitsverteilung beweist die Theorie von der Periodizität der Fruchtbarkeit der Frau in einem Zyklus.

Hormone« nennt, weil sie die Keimdrüsen (Gonaden) steuern, sind ihrerseits in ihrer Funktion ebenfalls nicht selbständig. Sie unterliegen den steuernden Einflüssen eines Auslösungs-Faktors (releasing factor; RF) aus dem Zwischenhirn.

Die im Eierstock gebildeten Sexualhormone Follikelhormon und Gelbkörperhormon üben auf die Funktion des Zwischenhirns und des Hypophysenvorderlappens eine bremsende Wirkung aus. Man spricht daher von einem Rückkoppelungsmechanismus. Durch künstliche Zufuhr von Östrogenen und Gelbkörperhormon wird der Follikelsprung unterdrückt. Das ist das Prinzip der sogenannten Anti-Baby-Pille (Ovulationshemmer).

Die zyklischen Veränderungen der Gebärmutterschleimhaut, die auf die Einnistung der befruchteten Eizelle ausgerichtet sind und nur dann zur Menstruation führen, wenn keine Empfängnis eingetreten ist, werden von den im Eierstock gebildeten Hormonen Follikelhormon und Gelbkörperhormon gesteuert.

Die Periodizität der weiblichen Fruchtbarkeit

Der Follikelsprung steht im Mittelpunkt aller Vorgänge, die für die Fortpflanzung von Bedeutung sind. Als direkte Ursache des Follikelsprunges ist ein Anstieg in der Konzentration des luteinisierenden Hormons des Hypophysenvorderlappens bekannt. Während der Zeit der Geschlechtsreife wiederholt sich der Follikelsprung in regelmäßigen Abständen von durchschnittlich 28 Tagen, wobei sich die beiden Eierstöcke abwechseln. Wird ein Eierstock operativ entfernt, so übernimmt der zurückgebliebene die Funktion mit; es kommt deshalb wie vor der Operation alle vier Wochen zum Follikelsprung. Bei Frauen ohne natürlichen Follikelsprung kann der Arzt den Follikelsprung durch künstliche Zufuhr von gonadotropen (auf die Keimdrüsen wirkenden) Hormonen auslösen.

Es gibt Säugetierarten, bei denen der Follikelsprung auf den Reiz der Begattung erfolgt, zum Beispiel Kaninchen, Hauskatze, Luchs und Waschbär. Man spricht in diesen Fällen von einem *induzierten* Follikelsprung. Im Gegensatz dazu erfolgt der Follikelsprung beim Menschen und den meisten Säugetieren *spontan*. In einem Durchschnittszyklus von 28 Tagen Länge erfolgt der Follikelsprung am vierzehnten bis fünfzehnten Tag des Zyklus. Die Annahme, daß es neben dem zeitgerechten Follikelsprung auch noch zu »parazyklischen« Ovulationen kommen könnte, hat sich durch neuere Untersuchungen mit fortlaufender Analyse der Eierstockfunktion nicht bestätigen lassen.

Die Befruchtungsfähigkeit der Keimzellen ist zeitlich begrenzt. Das durch den Follikelsprung frei gewordene menschliche Ei kann nur während einer Zeitspanne von sechs bis zwölf Stunden befruchtet werden. Auch die Befruchtungsfähigkeit der Samenfäden ist begrenzt; sie dauert zwei bis drei Tage. Da man ferner annehmen muß, daß der Follikelsprung innerhalb jedes Menstruationszyklus nur einmal und zu einem bestimmten Zeitpunkt stattfindet, so ergibt sich, daß eine Befruchtung nur während weniger Tage jedes Zyklus möglich ist. Diese bereits im Jahre 1929 von Hermann Knaus formulierte Theorie von der periodischen Fruchtbarkeit der Frau

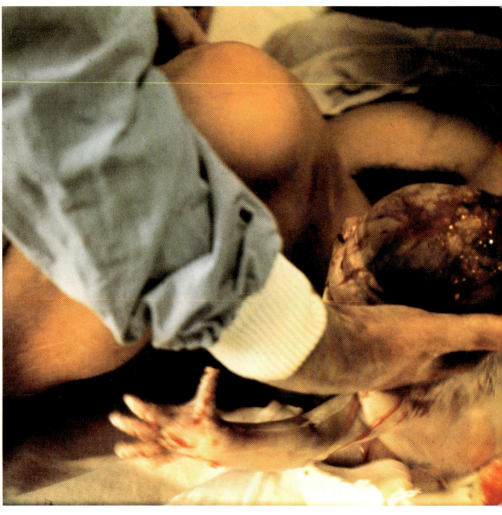

Die Geburt des Menschen. 10 bis 15 Minuten dauert die Austreibungsperiode bei unkomplizierten Geburten. Der kindliche Kopf stimmt mit seinem größten Durchmesser mit dem des Beckeneinganges der Mutter überein. Nach der Geburt des Kindes vergehen weitere 15 bis 30 Minuten, bis die Nachgeburt

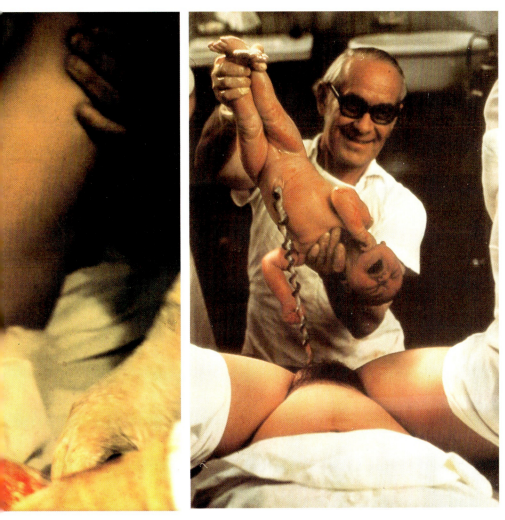

ausgestoßen wird. Das auffälligste Merkmal des menschlichen Geburtszustandes besteht im Gegensatz zwischen der enormen Leistungsfähigkeit der Sinnesorgane und des Nervensystems einerseits und der motorischen Unreife des Neugeborenen andererseits.

ist in der Zwischenzeit durch neuere Untersuchungsmethoden in ihren wesentlichen Teilen bestätigt worden. Diejenigen Beobachtungen von sehr frühen oder sehr späten Befruchtungen im Zyklus, die früher als Argumente gegen die Theorie von der Periodizität der Fruchtbarkeit angeführt worden sind, haben sich bei Anwendung moderner Methoden der Zyklusanalyse (Basaltemperatur, Bestimmung der Hormonausscheidung, Deutung der Zellen im Scheidenabstrich) damit erklären lassen, daß in diesen Fällen der eine Follikelsprung entsprechend früh oder spät im Zyklus erfolgt ist.

Sehr aufschlußreich für die Beurteilung der Periodizität der Fruchtbarkeit der Frau waren Untersuchungen über den Zeitpunkt von Befruchtungen nach einmaligem sexuellem Kontakt im Zyklus (s. Abb. 4). Wenn man diese Ereignisse um den Tag des Temperaturanstiegs (als Zeichen des Follikelsprunges) ordnet, so ergibt sich eine Verteilung der Befruchtung auf die Zeit vom sechsten Tag vor dem Temperaturanstieg bis zum Tag nach dem Temperaturanstieg. Am ersten bis dritten Tag vor dem Temperaturanstieg fanden 67 Prozent aller Befruchtungen statt. In dem auf Abb. 4 dargestellten Kollektiv erfolgte keine Befruchtung während der ersten acht Tage und während der letzten zwölf Tage des Zyklus.

Die Ergebnisse anderer umfangreicher Beobachtungsreihen haben dieses Resultat bestätigt. Ein weiterer Faktor, der die Theorie von der Periodizität der Fruchtbarkeit der Frau im Zyklus stützt, ist die unterschiedliche Beschaffenheit des Schleims im Gebärmutterhals während des Zyklus. Während der Schleim um die Zeit des Follikelsprunges etwa drei bis vier Tage so dünnflüssig ist, daß die Samenfäden leicht durch ihn in die Gebärmutterhöhle wandern können, besteht außerhalb dieser Tage eine so hohe Viskosität (Zähflüssigkeit), daß ein Eindringen der Samenfäden unmöglich ist. Auf der Periodizität der Fruchtbarkeit der Frau während des Zyklus beruhen alle Rhythmusmethoden der Empfängnisverhütung: die (unzuverlässige) Kalendermethode nach Ogino und Knaus, die Temperaturmethode und die neue Billings-Methode (benannt nach dem australischen Neurologen John Billings).

Die Genitalfunktion des Mannes

Die männlichen Genitalorgane

Die männlichen Keimdrüsen sind die beiden Hoden (Testes), ellipsoide Körper von 40 bis 50 Millimeter Länge, 25 bis 35 Millimeter Breite und 20 bis 25 Millimeter Dicke, nebeneinander im Hodensack liegend. Im Hoden werden sowohl die Samenfäden als auch die männlichen Sexualhormone produziert. Die Samenfäden werden in den Samenkanälchen gebildet, die dicht geschlängelt im Hoden liegen und insgesamt eine Länge von 200 bis 300 Metern haben. Aus den Samenkanälchen des Hodens gelangen die Samenfäden zunächst in den Nebenhoden und schließlich in den Samenleiter (s. Abb. 2). Der Samenleiter zieht aus dem Hodensack nach oben durch den Leistenkanal in die Bauchhöhle. Hinten unter der Harnblase haben die Samenleiter eine Auftreibung, die sogenannte Samenampulle, wo Samenfäden gespeichert werden können. Hier münden auch die Samenbläschen, in denen wichtige Bestandteile für die Samenflüssigkeit gebildet werden. Die beiden Samenleiter (auf jeder Seite einer) vereinigen sich in der Vorsteherdrüse (Prostata) und münden in die Harnröhre. Die Prostata produziert Sekrete für die Samenflüssigkeit.

Der Penis ist im nicht aufgerichteten Zustand etwa acht bis zehn Zentimeter lang. Außer diesem sichtbaren Teil besitzt er ein »hinteres Stück«, die Peniswurzel, die zwischen der Haut des Dammes und dem Schambein lhegt. Die Peniswurzel ist mit dem Knochen des Beckens fest verbunden; dadurch bekommt der Penis seinen Halt. Der Penis besteht zum größten Teil aus den Schwellkörpern, schwammigen Blutgefäßgebilden, die sich durch starken Blutandrang ausdehnen und prall füllen. So kommt es zur Aufrichtung des Penis (Erektion). Die Schwellkörper umschließen die Harnröhre; sie sind von sehr kräftigem Bindegewebe umhüllt.

Die männliche Pubertät

Das Ingangkommen der Pubertät wird vermutlich durch das im Zwischenhirn gelegene Sexualzentrum gesteuert. Durch Einflüsse gonadotroper Hormone aus dem Hypophysenvorderlappen kommt es zum Wachstum und zur Reifung der Keimdrüse, des Hodens. In den Hoden werden zunehmende Mengen männlicher Sexualhormone gebildet. Unter dem Einfluß der männlichen Sexualhormone (man spricht auch von androgenen Hormonen) wächst der Penis. Schambehaarung, Achselbehaarung und Bartbehaarung setzen ein. Der Kehlkopf wächst; durch die Längenzunahme der Stimmbänder kommt es zum Absinken der Stimmhöhe um mehr als eine Oktave. Man spricht vom »Stimmbruch«. Für das Auftreten der wichtigsten Zeichen der männlichen Pubertät sind in Tab. 3 jeweils die Durchschnittsalter angegeben. Der sexualhormonabhängige Wachstumsschub in der Pubertät tritt bei Knaben durchschnittlich zwei Jahre später ein als bei Mädchen, und das Wachstum hält auch länger an (s. R. Knußmanns Beitrag zu diesem Thema im vorliegenden Band).

Sichtbare Zeichen der männlichen Pubertät	Durchschnittsalter in Jahren	Sichtbare Zeichen der männlichen Pubertät	Durchschnittsalter in Jahren
Hodenwachstum		*Stimmwechsel*	
Beginn	11¾	Stimme deutlich tiefer	14
Abschluß	16¼	*Wachstumsschub*	
Peniswachstum		Beginn	13
Beginn	12¾	Abschluß	15½
Abschluß	15¼		
Schambehaarung			
Beginn	12¼		
Abschluß	15¾		

Tab. 3 Wichtige Zeichen der männlichen Pubertät und das Durchschnittsalter ihres Auftretens (nach: Tanner 1962).

GERHARD DÖRING

Die Steuerung der männlichen Genitalfunktion

Die Hoden sind in ihrer Funktion genausowenig selbständig wie die Eierstöcke. Das gilt sowohl für die Produktion der Samenfäden (Spermien) als auch für die Bildung der männlichen Sexualhormone. Sie werden – wie die Eierstöcke – durch die gonadotropen Hormone FSH und LH aus dem Hypophysenvorderlappen gesteuert (s. Abb. 2). Die gonadotropen Hormone werden ihrerseits durch die Releasing-Hormone des Zwischenhirns »angeregt«.

Die Produktion der Samenfäden wird durch zwei Faktoren reguliert: einmal durch das FSH aus dem Hypophysenvorderlappen, zum anderen durch die männlichen Sexualhormone. Die Produktion von männlichen Sexualhormonen in bestimmten Zellen des Hodens wird durch das LH des Hypophysenvorderlappens gesteuert. Die männlichen Sexualhormone bremsen im Sinne eines Rückkoppelungs-Mechanismus auf dem Weg über das Zwischenhirn die Produktion oder Ausschüttung der gonadotropen Hormone FSH und LH.

Durch die Wirkung künstlich zugeführter großer Mengen von Androgenen erlischt nach einiger Zeit die Produktion von Samenzellen völlig. Auf diesem Prinzip versucht man seit Jahren, eine »Pille für den Mann« zu entwickeln. Bis jetzt steht aber ein derartiges Präparat noch nicht zur Verfügung.

Die Samenfäden

Bei der Samenausschleuderung (Ejakulation) werden durchschnittlich 3 bis 4 Milliliter Samenflüssigkeit entleert, die zahlreiche Samenzellen enthält. Im Milliliter sind bei einem fruchtbaren Mann durchschnittlich 60 bis 120 Millionen Samenfäden enthalten.

Die Samenfäden gehören zu den kleinsten Zellen des menschlichen Körpers. Jeder Samenfaden besteht aus dem Kopf, dem Hals, dem Verbindungsstück und dem Schwanz (s. Farbseite 53). Die Samenfäden sind aktiv bewegungsfähig. Bei den Bewegungen des Samenfadens bewegt sich der Kopf gegen den Hals wie in einem Scharnier. Der Schwanz treibt durch seine schlängelnden Bewegungen den Samenfaden vorwärts. Diese Vorwärtsbewegung der Samenfäden beginnt erst im Nebenhoden; im Hoden sind sie nur sehr wenig beweglich. In der Samenflüssigkeit bewegen sich die Samenfäden mit einer Geschwindigkeit von 3 Millimetern in der Minute fort: Sie legen pro Sekunde einen Weg zurück, der ihrer eigenen Körperlänge entspricht. Demnach brauchen sie von der Mitte der Scheide bis zum Ort der Befruchtung in einem eierstocknahen Ende des Eileiters etwa eine Stunde.

Früher wurde angenommen, für den Transport der Samenfäden aus der Scheide in die Gebärmutter sei das Ansaugen des Schleimes im Gebärmutterhals während des Orgasmus von Bedeutung. Diese Theorie hat sich nicht halten lassen, wie sich bei experimentellen Untersuchungen mit maximalen Kontraktionen der Gebärmutter gezeigt hat. Gegen einen passiven Transport der Samenfäden spricht die Feststellung, daß die Fruchtbarkeit einer Frau nicht an das Vorhandensein eines

Orgasmus gebunden ist. Für einen aktiven Transport der Samenfäden spricht die gynäkologische Erfahrung, daß man in der Gebärmutter nur normalgeformte lebende Samenfäden findet, auch wenn die Samenflüssigkeit voll von mißgebildeten und toten Spermien ist.

Samenfäden sind gegen Wärme empfindlich: Bei einer Temperatur von 37 Grad Celsius beträgt ihre Lebensdauer im Reagenzglas nur 18 Stunden, bei Zimmertemperatur dagegen 36 Stunden, bei 4 bis 5 Grad Celsius vier bis fünf Tage und bei Tiefkühlung einige Jahre. Der Wärmeempfindlichkeit entspricht die »Unterbringung« der Testes außerhalb der Bauchhöhle im Hodensack, wo die Temperatur 2,2 Grad Celsius niedriger ist als die Körpertemperatur. Die künstliche Erhöhung der Hodentemperatur über längere Zeit, wie bei Suspensoriumträgern oder Hitzearbeitern (z. B. Heizern), kann Unfruchtbarkeit hervorrufen.

Im weiblichen Organismus haben die Samenfäden die längste Lebensdauer im Schleim des Gebärmutterhalses, wo sie trotz 37 Grad Celsius zwei bis drei Tage am Leben bleiben. Im sauren Milieu der Scheide sterben sie bereits nach einer bis eineinhalb Stunden ab.

Erektion und Ejakulation

Für das Zustandekommen einer Befruchtung ist außer der Zeugungsfähigkeit auch die Beiwohnungsfähigkeit Voraussetzung. Damit die Samenflüssigkeit in die Scheide gelangt, ist die Erektion (Aufrichtung) des Penis erforderlich, die durch starke Blutfüllung seiner Blutgefäße und Schwellkörper erfolgt. Es kommt dabei zu einer Volumenzunahme des Penis um das Drei- bis Fünffache, zum Ansteigen der Temperatur und des Blutdruckes. Ausgelöst wird die Erektion durch mechanische Reizung der Nerven des Penis, unterstützt durch Sinneswahrnehmungen verschiedenster Art (Gesichtssinn, Gehör, Geruch, Tastsinn).

Abgeschlossen wird der Begattungsakt durch die Ejakulation, die rein reflektorisch ausgelöste Samenausschleuderung. Der Ejakulationsreflex tritt nach längerdauernder Reizung der Nerven des Penis ein.

Bei der Ejakulation geschieht folgendes: Als erstes ziehen sich die Samenleiter innerhalb kürzester Zeit zusammen. Dadurch wird die Samenflüssigkeit stoßartig in die Harnröhre befördert. Infolge des mechanischen Dehnungsreizes werden rhythmische Kontraktionen eines Muskels, der die Peniswurzel umschließt, ausgelöst, durch die schließlich die Samenflüssigkeit aus der Harnröhre herausgeschleudert wird. Bei der Ejakulation werden nacheinander das Sekret der Prostata (Vorsteherdrüse), die an Samenfäden reiche Flüssigkeit aus dem Samenleiter und die Flüssigkeit aus den Samenbläschen entleert.

Auf welchem Weg der *Orgasmus* – die Gesamtheit der Empfindungen, die die Ejakulation begleiten – zum Großhirn gelangt und bewußt wird, ist nicht bekannt. Im Augenblick des Orgasmus befindet sich das gesamte vegetative System des Organismus im Zustand höchster Erregung. Es kommt zur Pulsbeschleunigung, zur Hyperventilation, zur Erweiterung der Pupillen und zu einem ganz erheblichen Blutanstieg, der mehr als 100 Millimeter Hg betragen kann.

GERHARD DÖRING

Die Befruchtung

Biologische Voraussetzungen für das Zustandekommen einer Befruchtung

Für das Zustandekommen einer Befruchtung sind folgende Voraussetzungen erforderlich (s. Tab. 4):
1. Produktion und Sekretion des »Auslöse-Faktors« im Zwischenhirn (Releasing-Faktor);
2. Produktion und Sekretion der gonadotropen Hormone FSH und LH im Hypophysenvorderlappen;
3. eine normale Eierstockfunktion mit Freiwerden einer befruchtungsfähigen Eizelle und der Produktion normaler Mengen von Sexualhormonen;
4. ein normaler Eiabnahme-Mechanismus und eine normale Durchgängigkeit der Eileiter;
5. eine für die Einbettung des befruchteten Eies bestens vorbereitete Gebärmutterschleimhaut;
6. Verflüssigung des Schleims im Halsteil der Gebärmutter vor und während des Follikelsprunges;
7. normale Beschaffenheit des Scheidensekretes (Bakterien und weiße Blutkörperchen verkürzen die Lebensdauer der Samenfäden);
8. Produktion funktionstüchtiger Samenfäden und männlicher Sexualhormone (androgener Hormone) in den Hoden;

Voraussetzungen, die Mann und Frau in gleicher Weise betreffen	
1. Die Produktion des Auslöse-Faktors (Releasing-Faktor) im Zwischenhirn	
2. Die Produktion der gonadotropen Hormone FSH und LH im Hypophysenvorderlappen	
Voraussetzungen auf der Seite der Frau	Voraussetzungen auf der Seite des Mannes

3. Eierstocksfunktion
   a) Freiwerden einer Eizelle
   b) Produktion von Hormonen
4. Eileiterfunktion
   a) Auffangen des Eies und sein Transport
   b) Durchgängigkeit
5. Gebärmutterschleimhaut;
   sie muß bestens als Eibett vorbereitet sein
6. Gebärmutterhals
   a) Durchgängigkeit
   b) Verflüssigung des Schleimes
7. Scheide
   a) keine mechanischen Hindernisse
   b) Bakterien
	8. Hodenfunktion
	   a) Produktion einer normalen Zahl von befruchtungsfähigen Samenfäden
	   b) Produktion von Hormonen
	9. Samenableitende Wege;
	   Durchgängigkeit von Nebenhoden und Samenstrang
	10. Funktion der dazugehörenden Drüsen
	   a) Sekret der Vorsteherdrüse
	   b) Sekret der Samenbläschen
	11. Kapazitation:
	   Die Samenfäden müssen im weiblichen Genitale einen Reifungsprozeß durchmachen

Voraussetzungen, die Mann und Frau gemeinsam betreffen	
12. Die Fähigkeit, die Samenflüssigkeit in die Scheide zu entleeren	
13. Berücksichtigung der empfängnisgünstigen Tage	

Tab. 4   Die biologischen Voraussetzungen für das Zustandekommen einer Empfängnis.

9. Durchgängigkeit des Nebenhodens und des Samenstranges;
10. Voraussetzung für die volle Befruchtungsfähigkeit der Samenfäden ist die normale Funktion von Prostata (Vorsteherdrüse) und Samenbläschen;
11. die Samenfäden müssen im weiblichen Genitale einen Reifungsprozeß durchmachen, der ihnen die volle Befruchtungsfähigkeit verleiht (»Kapazitation«);
12. Ejakulation der Samenflüssigkeit in die Scheide;
13. entsprechende zeitliche Koordination unter Berücksichtigung des günstigsten Zeitpunktes für eine Befruchtung im Zyklus (Konzeptionsoptimum).

Empfängnis und Vorschwangerschaft

Biologisch betrachtet beginnt die Entwicklung der Frucht mit der Vereinigung des Samenfadens mit der Eizelle (Empfängnis, Konzeption). Für den mütterlichen Organismus fängt die Schwangerschaft jedoch erst mit der geglückten Einnistung der befruchteten Eizelle (Nidation) in die Gebärmutterschleimhaut an. Die Zeit zwischen Empfängnis und Einnistung wird als Vorschwangerschaft (Progestation) bezeichnet.

Die in die Scheide gelangten Samenfäden, die dort infolge des sauren Milieus nicht lange lebensfähig sind, gelangen durch ihre aktive Eigenbewegung zunächst in das Innere des Gebärmutterhalses (s. Abb. 5). Dort herrscht in dem zu dieser Zeit vor dem Follikelsprung dünnflüssigen Schleim ein ihnen sehr zuträgliches Milieu. Hier finden die Samenfäden auch den geeigneten Betriebsstoff für ihren Stoffwechsel (Kohlenhydrate).

In jüngerer Zeit konnte bei manchen Säugetieren nachgewiesen werden, daß die Samenfäden erst durch einen mehrstündigen Aufenthalt in den Sekreten der Gebärmutter und des Eileiters befruchtungsfähig werden. Man nennt diesen Vorgang »Kapazitation«. Nachdem die Kapazitation erfolgt ist, sind die Samenfäden nur noch wenige Stunden lang befruchtungsfähig.

Man hat sich oft gewundert, wozu bei der Ejakulation mehrere hundert Millionen Samenfäden in die Scheide entleert werden, wenn doch nur ein einziger Samenfaden zur Befruchtung der Eizelle erforderlich ist. Inzwischen ist dieses Problem durch Tierversuche aufgeklärt worden. Zum Beispiel gelangt beim Kaninchen von tausend Samenfäden, die in der Vagina deponiert wurden, nur ein Samenfaden in die Gebärmutterhöhle. Von hundert Samenfäden in der Gebärmutterhöhle soll nur ein Samenfaden bis ans eierstocknahe Ende des Eileiters (dem Ort der Befruchtung) gelangen. Da für die Befruchtung die Anwesenheit von etwa zweihundert Samenfäden erforderlich ist, läßt sich aus diesen Zahlen ablesen, warum von männlicher Seite für die Befruchtung Millionen von Samenfäden geliefert werden müssen.

In vielen Fällen ist es so, daß in dem weiten Teil des Eileiters Hunderte von Samenfäden auf die Eizelle warten. Nach dem Follikelsprung und nach dem Auffangen der Eizelle in den Eileiter wird die Oberfläche des Eies von sehr vielen Samenfäden bedeckt.

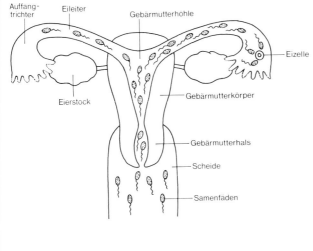

Abb. 5: Schema der Befruchtung. Beim sexuellen Kontakt gelangen die männlichen Samenfäden in die Scheide. Von dort müssen sie durch den Gebärmutterhals sowie durch den Gebärmutterkörper und den Eileiter bis zum Ort der Befruchtung schwimmen.

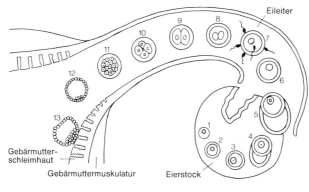

Abb. 6: Weg der Eizelle vom Follikelsprung bis zur Einnistung in die Gebärmutterschleimhaut. 1 Primärfollikel, 2 und 3 Sekundärfollikel, 4 Bläschenfollikel, 5 sprungreifer Follikel, 6 Eizelle unmittelbar nach Follikelsprung, 7 Eindringen eines Samenfadens (Imprägnation), 8 Vereinigung des männlichen und weiblichen Vorkernes (Konjugation), 9 Zweizellstadium, 10 Vierzellstadium, 11 Morula, 12 Blastozyste ohne Kontakt mit der Schleimhaut, 13 Beginn der Einnistung (Nidation).

Abb. 7: Entwicklung der Gebärmutter vom Ende der 12. bis zur 40. Schwangerschaftswoche. Der höchste Stand wird in der 36. Woche erreicht.

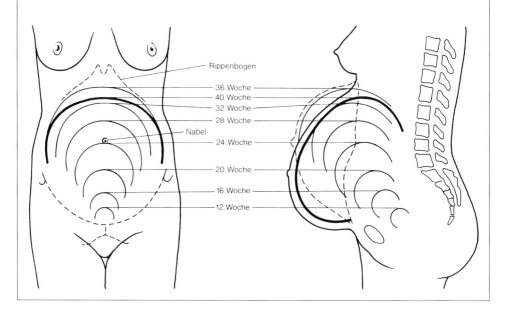

Bei der Befruchtung unterscheidet man zwei Vorgänge: erstens das Eindringen des Samenfadens in die Eizelle (man spricht von Imprägnation) und zweitens die Vereinigung des Zellkerns des Samenfadens und des Zellkerns der Eizelle (Konjugation).

Man nimmt heute an, daß mehrere Samenfäden in die Eizelle eindringen können, daß aber stets nur *ein* Samenfaden an der Konjugation, also der Vereinigung der Zellkerne, beteiligt ist. Wenn wir uns an die Vererbungslehre erinnern, dann wissen wir, daß sowohl die Eizelle als auch die Samenzelle keinen vollwertigen Zellkern mit 46 Chromosomen besitzen, sondern nur einen sogenannten »Vorkern« mit der Hälfte, also 23 Chromosomen. Nach der Verschmelzung der beiden Vorkerne ist die Befruchtung beendet und ein neues Lebewesen mit 46 Chromosomen entstanden. Nach etwa dreißig Stunden hat sich das befruchtete Ei in zwei Zellen geteilt. Anschließend geht die Zellteilung rascher. Drei Tage nach der Befruchtung ist ein Haufen aus zwölf Zellen entstanden, der wie eine Maulbeere aussieht und deshalb »Morula« genannt wird.

Das befruchtete Ei braucht für den Transport durch den Eileiter drei Tage. Das Eileitersekret, in dem sich während dieser Zeit die junge Frucht befindet, dient der Ernährung des stoffwechselaktiven Keimes und hat möglicherweise auch einen Einfluß auf die Nidationsreife. Nach der Ankunft in der Gebärmutterhöhle kommt es nicht sofort zur Einnistung des Keimlings. Durch Zellteilung hat sich die Frucht weiter entwickelt und besteht nach fünf Tagen aus mehr als hundert Zellen. Diese Zellen umschließen jetzt einen Hohlraum; man nennt dieses Entwicklungsstadium »Blastozyste« (s. Abb. 6).

Bei vielen Säugetieren ist die junge Frucht im Stadium der Blastozyste austauschbar, wenn Spender- und Empfängertier in der hormonalen Situation völlig übereinstimmen. Die erste erfolgreiche Übertragung beim Kaninchen wurde bereits im Jahre 1890 von dem englischen Forscher Heape vorgenommen.

Nidation

Aus vergleichenden Untersuchungen bei Menschenaffen nimmt man an, daß auch beim Menschen die Nidation (die Einbettung der Blastozyste in die Gebärmutterschleimhaut) sieben Tage nach der Befruchtung beginnt und fünf Tage dauert. Man vermutet, daß die Blastozyste durch den Sekretstrom der Gebärmutter und durch Muskelkontraktionen an den Ort der Einnistung gelangt, der sich meistens etwa in der Mitte der Hinterwand des Gebärmutterkörpers befindet. In diesem Bereich ist die Gebärmutterschleimhaut besonders dick und am besten für die Einnistung geeignet. Zunächst »verklebt« die Blastozyste mit der Oberfläche der Gebärmutterschleimhaut. Mit Hilfe von eiweißauflösenden Fermenten wird die Deckschicht der Gebärmutterschleimhaut zerstört, und der junge Keim wächst »wie eine Geschwulst« in die Gebärmutterschleimhaut hinein. Die Einnistung ist nach etwa fünf Tagen beendet; danach wächst die Gebärmutterschleimhaut über der eingenisteten Frucht wieder zusammen.

Bereits am dritten Tag der Einnistung produziert die junge Frucht ein hochwirksames Hormon (Choriongonadotropin, gebräuchliche Abkürzung: HCG), durch das der Mutter mitgeteilt wird, daß eine junge Frucht vorhanden ist. Von diesem Moment an wird der mütterliche Organismus auf »schwanger« umgeschaltet. Die erste und äußerst wichtige Reaktion auf das von der Frucht gebildete HCG ist die Nachricht an den Gelbkörper, daß er weiter funktionieren soll. Würde das nicht geschehen, so würde die Hormonproduktion im Gelbkörper vom 25. Zyklustag an nachlassen und am 28. Tag die Regelblutung einsetzen (s. Tab. 5).

1. bis 5. Tag	Regelblutung mit Abstoßung der Schleimhaut
Vom 6. Tag an	Wiederaufbau der Gebärmutterschleimhaut
Vom 8. Tag an	Ein Follikel beginnt stark zu wachsen
13. bis 14. Tag	Der zur Kirschgröße herangewachsene Follikel ist sprungreif
15. Tag	Follikelsprung
15. Tag	Vereinigung der Geschlechtszellen = Befruchtung
18. Tag	Ankunft der befruchteten Eizelle im Gebärmutterkörper im Stadium der Morula
22. Tag	Beginn der Nidation im Stadium der Blastozyste
25. Tag	Bereits während der Nidation produziert die junge Frucht gonadotrope Hormone (HCG). Dadurch bleibt der Gelbkörper in Funktion
27. Tag	Die Nidation ist beendet = die Schwangerschaft beginnt
28. Tag	Die erwartete Regelblutung bleibt aus
33. Tag	Die Schwangerschaft ist mit Hilfe der Morgentemperatur nachweisbar
38. Tag	Die üblichen Schwangerschaftstests werden positiv

Tab. 5 Zeitplan vom Beginn einer Schwangerschaft in einem 28 tägigen Zyklus.

Die Schwangerschaft

Die Zeit von der Befruchtung bis zur erfolgreich abgeschlossenen Nidation wird als Vorschwangerschaft (Progestation) bezeichnet. Das hängt damit zusammen, daß in dieser Zeit der mütterliche Organismus noch nichts vom Vorhandensein einer jungen Frucht weiß. Außerdem geht die Hälfte der befruchteten Eizellen vor der Nidation bzw. bei dem Versuch der Nidation zugrunde, ohne daß die betroffene Frau etwas davon erfährt.

Der Schwangerschafts-Nachweis

Am Anfang steht die Frage »schwanger oder nicht schwanger?«. Jede Frau, ob sie sich dringend ein Kind wünscht oder ob sie im Gegenteil unter gar keinen Umständen ein Kind will, ist verständlicherweise sehr daran interessiert, so schnell wie möglich eine Antwort auf die Frage zu bekommen, ob sie schwanger ist.

Früher mußte eine Frau lange Zeit warten, ehe der Arzt die Frage nach einer Schwangerschaft zuverlässig beantworten konnte. Die Zeichen, die von einer Frau selbst wahrgenommen werden können, wie Ausbleiben der Regelblutung, morgens auftretende Übelkeit sowie ein Spannungsgefühl in der Brust gehören alle zu den »unsicheren Schwangerschaftszeichen«. Seit 1928 gibt es einen zuverlässigen

Schwangerschaftstest aus dem Urin der Frau (AZR = Aschheim-Zondek-Reaktion). Die Berliner Forscher Selmar Aschheim und Bernhard Zondek spritzten den Urin weißen Mäusen und konnten innerhalb von vier Tagen die Frage »schwanger oder nicht schwanger?« mit einer Genauigkeit von 99 Prozent beantworten. Genauer sind auch die modernsten Nachweisverfahren nicht. Das ist nicht verwunderlich, denn alle diese Tests aus dem Urin der Schwangeren beruhen auf dem Nachweis des gleichen Hormons (HCG), das bereits kurze Zeit nach Beginn der Einnistung von der jungen Frucht produziert und im Urin der werdenden Mutter ausgeschieden wird. Zehn Tage nach dem Ausbleiben der Regelblutung werden so große Mengen dieses Hormons ausgeschieden, daß der Schwangerschaftstest positiv ausfällt.

Der alte Mäuse-Test nach Aschheim und Zondek hatte den Nachteil, daß eine Frau vier Tage warten mußte, ehe sie das Ergebnis des Tests erfuhr. Im Laufe der Jahre hat es verschiedene Tests mit Kaninchen und mit Kröten oder Fröschen gegeben, bei denen die Zeit bis zum Ablesen des Ergebnisses nur noch zwei Tage bzw. zwei Stunden betrug.

Heute bevorzugt man in aller Welt einen Test, der 1960 von den Schweden Leif Wide und Carl Gemzell in Uppsala erarbeitet worden ist und der ohne Versuchstiere auskommt. Der große Vorteil dieses modernen Tests ist die kurze Zeit bis zur Beantwortung der Frage »schwanger oder nicht schwanger?«: Der Test kann bereits nach zwei bis drei Minuten abgelesen werden, so daß eine Frau, die wegen einer möglichen Frühschwangerschaft den Arzt aufsucht, die Antwort auf ihre Frage bereits während des Abschlußgesprächs nach der Untersuchung bekommt.

Man kann das Eintreten einer Schwangerschaft auch ohne Hormontest aus dem Urin mit Hilfe der Morgentemperaturmessung feststellen. Das gilt nur für Frauen, die im Monat der Empfängnis jeden Morgen ihre Temperatur gemessen haben. Wie schon gezeigt wurde (Abb. 3), steigt bei einer nichtschwangeren Frau die Temperatur ein bis zwei Tage nach dem Follikelsprung um drei bis sechs Zehntelgrade an und fällt nach zwölf bis dreizehn Tagen mit Einsetzen der nächsten Regel wieder ab. Bleibt aber die Temperatur achtzehn Tage auf dem erhöhten Niveau, so kann mit einer Sicherheit von 99 Prozent die Diagnose »Schwangerschaft« gestellt werden Das ist bereits fünf bis sechs Tage nach dem Ausbleiben der Regel der Fall. Man kann also mit Hilfe der Morgentemperatur die Frage »schwanger oder nicht schwanger?« um einige Tage früher beantworten als mit den anderen Methoden.

Veränderungen des mütterlichen Körpers in der Schwangerschaft

Nach der Einnistung der jungen Frucht in die Gebärmutterschleimhaut beginnen die Schwangerschaftsveränderungen des mütterlichen Organismus. Diese Veränderungen betreffen zwar in erster Linie die Genitalorgane, verschonen dennoch aber kein Organ oder Funktionssystem des weiblichen Körpers. Das Ziel dieser Veränderungen ist die Vorbereitung des mütterlichen Organismus auf die mit Schwangerschaft und Geburt verbundenen Aufgaben. Es handelt sich um »normale« Veränderungen, die aber in ihrem Ausmaß an den Bereich des Krankhaften grenzen können. Die Ursache der Schwangerschaftsveränderungen ist in den gewaltigen hormonellen Umstellungen zu suchen, die vor allem auf die Hormonproduktion in der Plazenta (Mutterkuchen) zurückgehen.

Veränderungen der Genitalorgane

Die auffälligsten Veränderungen zeigt die *Gebärmutter*. Sie wächst in der Schwangerschaft von ihrem Normalgewicht von 50 Gramm auf 1000 bis 1500 Gramm heran. Das Volumen der Gebärmutter (samt Inhalt) nimmt sogar von 50 Milliliter auf rund 5000 Milliliter zu, also um das Hundertfache. Die Vergrößerung der Gebärmutter kommt im wesentlichen durch eine Vergrößerung der einzelnen Muskelzellen zustande und weniger durch eine Vermehrung der Muskelzellen.

Die vor Beginn der Schwangerschaft hühnereigroße Gebärmutter ist in der achten Schwangerschaftswoche frauenfaustgroß und am Ende des dritten Monats mannsfaustgroß. In der 16. Woche reicht die Gebärmutter bis in die Mitte zwischen Schambein und Nabel, in der 24. Woche ziemlich genau bis zum Nabel. In der 36. Woche erreicht der obere Pol der Gebärmutter seinen höchsten Stand am Rippenbogen, um sich während der letzten vier Wochen wieder um ein bis zwei Fingerbreiten zu senken (s. Abb. 7).

Die *Scheide* muß während der Geburt in der Lage sein, das Kind durchtreten zu lassen. Auf diese Aufgabe wird die Scheide bereits frühzeitig in der Schwangerschaft vorbereitet. Das Gewebe wird aufgelockert, weicher und dehnbarer, die Blutgefäße werden weiter. Eine bläulichrote Verfärbung der Scheidenhaut ist so typisch, daß sie zu den (unsicheren) Schwangerschaftszeichen gerechnet wird.

Am *Eierstock* laufen in der Schwangerschaft die sonst vorhandenen zyklischen Veränderungen nicht ab. Der Eierstock wird in der Schwangerschaft durch die großen Mengen von Follikelhormonen und von Gelbkörperhormonen, die in der Plazenta produziert werden, ruhiggestellt.

Die *Brustdrüse* wird schon in der Schwangerschaft auf die Milchproduktion vorbereitet und nimmt meistens schon sehr früh deutlich an Volumen zu. Diese Volumenzunahme bereits in der fünften bis sechsten Schwangerschaftswoche (vom ersten Tag der letzten Regel an gerechnet) kann eines der ersten subjektiven Schwangerschaftszeichen sein. Von der Mitte der Schwangerschaft an sind die Milchdrüsen funktionsbereit. Kommt es zum Beispiel im fünften oder sechsten Monat zu einer späten Fehlgeburt, so setzt fast immer die Milchproduktion ein.

Schwangerschaftsveränderungen außerhalb der Genitalorgane

Durch Vergrößerung der Muskelzellen kommt es in der Schwangerschaft zu einer Gewichtszunahme des Herzens von etwa 25 Gramm, desgleichen nimmt das Herzvolumen zu. In der Spätschwangerschaft wird durch den Hochstand des Zwerchfelles die Lage des Herzens verändert, was sich im EKG auswirkt. Die Pulsfrequenz nimmt durchschnittlich um zehn bis fünfzehn Schläge pro Minute zu. Der Blutdruck erhöht sich normalerweise nur sehr wenig. Dagegen nimmt die Blutmenge um mehr als tausend Milliliter zu. Da das Volumen stärker ansteigt als die Masse der roten Blutkörperchen, kommt es zu einem leichten Absinken des Blutfarbstoffgehalts (Hämoglobin). Bei etwa einem Drittel aller Schwangeren sinkt der Hämoglobingehalt so stark, daß es sich um eine behandlungsbedürftige Blutarmut (Anämie) handelt. Die Konzentration der weißen Blutkörperchen ist stark erhöht, ebenso die sogenannte Blutkörperchensenkungsgeschwindigkeit.

Der Stoffwechsel ist in der Schwangerschaft erhöht. Gegen Ende der Schwangerschaft steigt der Grundumsatz um 20 Prozent (s. Ernährung in der Schwangerschaft).

Sehr auffällig sind die Veränderungen des Wasserhaushalts. Im Körper der Frau werden im letzten Drittel der Schwangerschaft zwei bis drei Liter Wasser zurückgehalten (retiniert). Diese völlig normale Wassereinlagerung hat mit der hohen Konzentration von Sexualhormonen im Körper einer Schwangeren zu tun. Wenn nach der Geburt die Hormonproduktion plötzlich steil absinkt, setzt in den ersten Tagen des Wochenbettes eine für viele Frauen überraschende »Harnflut« ein: Die Urinausscheidung ist einige Tage lang etwa doppelt so hoch wie gewöhnlich.

Eine Gewichtszunahme von insgesamt 10 bis 11 Kilogramm wird als normal angesehen. Davon entfallen auf das Kind 3000 bis 3500 Gramm, auf die Gebärmutter 1000 Gramm, auf die Plazenta 600 Gramm, auf das Fruchtwasser 1000 Gramm und auf die Gewichtszunahme der Brust 600 Gramm. Der Rest wird durch die Vermehrung der Blutmenge und durch das Wasser im Gewebe der Schwangeren erklärt. Die Morgentemperatur (Basaltemperatur) bleibt in der Schwangerschaft einige Monate auf dem erhöhten Niveau der Gelbkörperphase. Vom vierten Monat an sinkt die Morgentemperatur wieder ab.

Von den Hormondrüsen zeigt insbesondere die Schilddrüse typische Schwangerschaftsveränderungen. Sie wächst auf das Zwei- bis Dreifache an und sieht manchmal wie ein kleiner Kropf aus.

Die Plazenta

Die Plazenta (Mutterkuchen) ist ein kurzlebiges Organ, das nur für die Dauer einer Schwangerschaft angelegt wird. In dieser Zeit dient sie dem Stoff- und Gasaustausch zwischen Mutter und Frucht. Außerdem greift die Plazenta durch die Produktion von Hormonen in das Hormonsystem ein. Am Ende der Schwangerschaft wiegt die Plazenta durchschnittlich 500 bis 600 Gramm. Der Durchmesser des rund, oval oder unregelmäßig geformten Organs beträgt 16 bis 20 Zentimeter, die Höhe 1,5 bis 3,5 Zentimeter.

Das kindliche und das mütterliche Blut sind in der Plazenta nur durch ganz dünne Gewebsschichten getrennt, damit der Austausch von Sauerstoff und Nahrungsstoffen gut funktioniert. Das kindliche Blut strömt in fein verzweigten Gefäß-Bäumchen, den sogenannten »Zotten«, die von mütterlichem Blut umspült werden. Das Kind nimmt auf diesem Wege alle wichtigen Nahrungsmittel und Sauerstoff auf und gibt gleichzeitig Kohlensäure und Stoffwechselabfallprodukte an die Mutter ab. Der Transport des Blutes vom Kind zur Plazenta verläuft über die

Nabelschnur, die zwei Arterien (Schlagadern) und eine Vene (Blutader) enthält. Sie ist durchschnittlich 50 bis 60 Zentimeter lang und hat einen Durchmesser von 15 bis 20 Millimetern.

Das Fruchtwasser

Das Kind im Mutterleib »schwimmt wie ein Fisch« im Fruchtwasser. Das Fruchtwasser wird von festen Häuten umgeben, so daß es normalerweise nicht abfließen kann. Für die Entwicklung des Kindes ist das Fruchtwasser in mehrfacher Hinsicht von Bedeutung. Es schützt das Kind vor mechanischen Einflüssen. Selbst bei einem Unfall der Mutter geschieht dem Kind meistens nichts, weil es durch das Fruchtwasser wie durch einen hydraulischen Stoßdämpfer geschützt ist. Das Fruchtwasser erlaubt ein ungehindertes Wachstum und freie Bewegungen des Kindes. Schließlich bewahrt das Fruchtwasser das Kind vor Temperaturschwankungen und vor dem Austrocknen.

Die Menge des Fruchtwassers ist vom Alter der Schwangerschaft abhängig. Im vierten Monat sind es zum Beispiel 100 Milliliter. Das Fruchtwasser nimmt laufend zu und erreicht etwa vier Wochen vor dem Geburtstermin mit rund 1000 Millilitern seine endgültige Menge. Medizinisch spielt die Fruchtwasseruntersuchung seit einigen Jahren eine zunehmende Rolle. Man gewinnt es mit Hilfe der Amniozentese, bei der mit einer langen dünnen Nadel durch die Bauchdecken der Mutter und durch die Gebärmutterwand bis in die Fruchthöhle eingestochen wird und einige Milliliter Fruchtwasser abgesaugt werden. Das ist von der vierzehnten Schwangerschaftswoche an möglich. Mit Hilfe dieser Fruchtwasseruntersuchung läßt sich bei Verdacht auf Rhesus-Unverträglichkeit das Ausmaß der kindlichen Gefährdung erkennen, so daß die Schwangerschaft rechtzeitig beendet werden kann. Ferner läßt sich durch Spezialfärbungen der im Fruchtwasser befindlichen abgeschilferten kindlichen Hautzellen das Geschlecht des Kindes feststellen, was bei Verdacht auf geschlechtsgebundene Erbkrankheiten von Bedeutung ist. Schließlich können auf diese Weise chromosomal bedingte Mißbildungen frühzeitig erkannt werden, so zum Beispiel mongoloide Kinder. Am Ende der Schwangerschaft kann das Fruchtwasser durch die unverletzten Eihäute im Gebärmutterhals betrachtet werden. Farbe und Beschaffenheit des Fruchtwassers lassen Schlüsse auf den Zustand des Kindes zu (Amnioskopie).

Die Ernährung in der Schwangerschaft

Die wichtigsten Prinzipien der Schwangerschafts-Ernährung sollen hier kurz behandelt werden. Der Arzt muß auch heute noch der weitverbreiteten Meinung entgegentreten, eine Schwangere müsse »für zwei essen«. Diese irrige Meinung führt dazu, daß viele Frauen in der Schwangerschaft weit mehr an Gewicht zunehmen, als gut für sie ist. Die Gewichtszunahme soll in der ganzen Schwangerschaft nicht mehr als 10 bis 11 Kilogramm betragen. Das gilt für eine Frau, die vor der Schwangerschaft normalgewichtig war. Frauen, die vorher Untergewicht hatten, dürfen in der Schwangerschaft mehr als die genannten 11 Kilogramm zunehmen.

Frauen mit Übergewicht dürfen die durchschnittliche Gewichtszunahme keinesfalls überschreiten. Der Kalorien-Mehrverbrauch weist auch am Ende der Schwangerschaft nicht mehr als ein Plus von 20 Prozent gegenüber dem nichtschwangeren Zustand auf.

Die Eiweißzufuhr ist oft zu niedrig, auch bei Frauen, die sich – im ganzen gesehen – eher zu reichlich ernähren. Dabei braucht eine Schwangere etwa doppelt soviel Eiweiß wie die Nichtschwangere. Sie soll also mageres Fleisch, Geflügel, Milch, mageren Käse, Magerquark, Joghurt, Fisch und Eier reichlicher zu sich nehmen als sonst.

Fett braucht eine Schwangere verhältnismäßig wenig. In den meisten Gegenden unseres Landes nimmt Fett einen unnötig großen Platz in der Ernährung ein. Man hat ausgerechnet, daß pro Kopf und Tag mehr als 120 Gramm Fett gegessen werden. Das ist für eine gesunde Ernährung auch außerhalb einer Schwangerschaft zuviel. In der Schwangerschaft ist ein hoher Fettverbrauch eine unnötige Belastung der Leber. Pro Tag wären 50 bis 60 Gramm Fett für eine Schwangere empfehlenswert.

Kohlenhydrate stellen innerhalb und außerhalb der Schwangerschaft den Hauptteil der Nahrungsmittel. Für eine Schwangere werden als Tagesbedarf 300 bis 400 Gramm angegeben. Wichtig erscheint der Rat für Schwangere, vom mittleren Drittel der Schwangerschaft an mit dem Kochsalz zu sparen. Alle anderen Gewürze, sofern sie nicht salzhaltig sind, gelten in der Schwangerschaft als erlaubt (Pfeffer, Paprika, Curry usw.). Schwangere haben einen besonders hohen Kalkbedarf. Am einfachsten und besten läßt sich dieser Bedarf durch reichlichen Genuß von Milch und Milchprodukten decken, die viel Kalk enthalten. Wird Milch abgelehnt, so sollte Kalk in Form von Tabletten zugeführt werden. Der Vitaminbedarf einer Schwangeren ist auf das Doppelte erhöht; er wird am besten durch frisches Obst, Gemüse und Salate gedeckt. Da ein Vitaminmangel Beschwerden verursachen kann (Speichelfluß, Nervenschmerzen, Blutarmut, Zahnfleischbluten, Müdigkeit usw.), geben viele Ärzte ihren Patientinnen in der Schwangerschaft grundsätzlich vorbeugend Vitamin-Mischpräparate.

Entgegen einer weitverbreiteten Meinung soll eine Schwangere keineswegs besonders wenig trinken. Ein bis eineinhalb Liter täglich sind nicht nur erlaubt, sondern notwendig.

Die Entwicklung des Kindes im Mutterleib

In der Vorschwangerschaft (der Zeit zwischen Befruchtung und Einnistung) entsteht aus der Eizelle ein bläschenförmiges Gebilde aus mehreren hundert Zellen. Diese Zellkugel (Blastozyste) ist aber im ganzen nicht größer als die Eizelle vor der Befruchtung. Das Wachstum beginnt erst nach der Einnistung der Blastozyste in der Gebärmutterschleimhaut.

Die Zeitspanne von der Einnistung bis zum Ende des dritten Schwangerschaftsmonats nennt man Embryonalzeit. Dieser Embryonalperiode ist der anschließende

Beitrag von E. Blechschmidt gewidmet. Nach der Einnistung nimmt der Embryo Nahrungsstoffe aus dem mütterlichen Blut auf und beginnt rapide zu wachsen. Die Geschwindigkeit dieses Wachstums ist einzigartig: Der menschliche Embryo nimmt in den ersten vier Wochen um das Zwanzigtausendfache an Gewicht zu. Im zweiten Monat ist die Gewichtszunahme immer noch das Fünfzigfache und im dritten Monat etwa das Zehnfache (s. Tab. 6). Zehn Wochen nach der Befruchtung – etwa zwölf Wochen nach Beginn der letzten Regelblutung – hat die menschliche Frucht eine Körperlänge von rund acht Zentimetern und besitzt bereits alle lebenswichtigen Organe. Man erkennt die Frucht schon als »Mensch« und auch, ob es ein Knabe oder ein Mädchen ist. Von diesem Zeitpunkt an nennt man die menschliche Frucht nicht mehr Embryo, sondern Fetus.

Schwangerschaftswoche	Körperlänge in cm	Körpergewicht in Gramm	Schwangerschaftswoche	Körperlänge in cm	Körpergewicht in Gramm
1	0,01	0,000 001	24	30	630
4	0,5	0,02	28	35	1045
8	3,5	1,1	32	40	1700
12	7	14,2	36	45	2380
16	15	108	40	50	3300
20	25	316			

Tab. 6 Das Wachstum des Kindes im Mutterleib am Beispiel der Körperlänge und des Körpergewichts.

In der Fetalzeit ist das Wachstum nicht mehr so rapide wie in der Embryonalzeit. Immerhin nimmt der Fetus im vierten Monat noch um das Siebenfache, im fünften Monat um das Dreifache und im sechsten Monat um das Doppelte zu.

Außer diesem einzigartigen Wachstum geschieht in den Fetalmonaten eine Fülle von Veränderungen, von denen hier nur die wichtigsten aufgeführt werden können. Gegen Ende des vierten Monats ist der Körper des Kindes mit feinen Haaren bedeckt (Wollhaarkleid, Lanugobehaarung). Die Bewegungen, die das Kind bereits vom zweiten Monat an vollführt, werden gegen Ende der zwanzigsten Woche so kräftig, daß sie als »Kindesbewegungen« von der werdenden Mutter wahrgenommen werden können. Die Leber und die anderen Drüsen des Verdauungstraktes beginnen Sekrete abzusondern, im Darm sammelt sich das sogenannte »Kindspech« (Mekonium) an. An den Fingern wachsen die Fingernägel. Schon im sechsten Monat findet man auf den Fingerkuppen die Papillarlinien, die während des ganzen Lebens eines Menschen unverändert bestehen bleiben, so daß man sie bevorzugt zur Identifizierung verwendet (Fingerabdrücke). Am Ende des siebten Monats sind die lebenswichtigen Organe und Funktionen so weit ausgereift, daß ein so früh geborenes Kind bei optimaler Pflege (Frühgeborenen-Spezialstation) eine gewisse Chance hat, am Leben zu bleiben. Das Kind wiegt in einem solchen Fall etwa tausend Gramm. Gegen Ende des achten Monats haben sich die Überlebenschancen des Kindes sehr verbessert; natürlich sind sie für ein Kind am besten, wenn es rechtzeitig, also nach vierzig Wochen, geboren wird.

Geschlechtsbestimmung

Die Frage nach der Geschlechtsbestimmung besteht aus drei Teilproblemen:

1. Wie kommt es zur Entstehung eines Knaben oder eines Mädchens? Bereits bei der Vereinigung von Samenzelle und Eizelle fällt die Entscheidung über das Geschlecht des Kindes. Wenn man diesen Vorgang erklären will, muß man ganz kurz an die Vererbungslehre erinnern. Im Zellkern der Eizelle befinden sich 22 Erbschleifen (Chromosomen), in denen die ganze Erbsubstanz enthalten ist, sowie das Geschlechtschromosom »X«. Im Zellkern der Samenzelle befinden sich ebenfalls 22 Chromosomen; dazu kommt entweder das Geschlechtschromosom »X« oder »Y«. Vereinigt sich eine Samenzelle mit einem »Y«-Chromosom mit der Eizelle, so entsteht ein Knabe (Geschlechtschromosom »XY«). Dringt dagegen eine Samenzelle mit einem »X«-Chromosom in die Eizelle ein, so entsteht ein Mädchen (Geschlechtschromosom »XX«). Mit anderen Worten: Das Geschlecht des werdenden Kindes wird allein durch den Mann bestimmt, der aber darauf keinen Einfluß hat.

2. Kann man vor der Geburt das Geschlecht des Kindes feststellen? Diese Frage hat die Menschheit seit eh und je beschäftigt. Alte ägyptische Papyri enthalten Rezepte, mit deren Hilfe man ausfindig machen wollte, ob ein Knabe oder ein Mädchen unterwegs sei. Alle einfachen Methoden haben aber kein zuverlässiges Ergebnis erbracht. Heute gibt es zwei Methoden, mit denen sich das Geschlecht des Kindes im Mutterleib exakt feststellen läßt: Bei Ultraschalluntersuchungen kann man in den letzten Monaten der Schwangerschaft die äußeren männlichen Genitalorgane erkennen. Diese Methode ist nicht sehr zuverlässig. Bei der zweiten Methode saugt man mit einer Hohlnadel etwas Fruchtwasser an, das abgeschilferte Hautzellen des Kindes enthält. Mit Hilfe spezieller Färbemethoden kann man aus bestimmten Merkmalen dieser Zellen ablesen, ob es sich um einen Knaben oder um ein Mädchen handelt. Diese Methode ist nicht ganz ungefährlich (bei einem Prozent der Untersuchungen tritt eine Fehlgeburt ein) und so aufwendig, daß man sie nicht anwenden kann, nur um die Neugier der werdenden Eltern zu befriedigen. Sie spielt allerdings bei der frühzeitigen Diagnose geschlechtsgebundener Erbkrankheiten eine wichtige Rolle.

3. Kann man das Geschlecht des Kindes willkürlich beeinflussen? Auch diese Frage hat die Menschheit schon lange beschäftigt. Das ist nicht verwunderlich, weil in vielen Familien die Frage eines männlichen Erben von großer Bedeutung ist. Die Beeinflussung des Geschlechts ist theoretisch einfach: Man braucht nur eine Methode, mit der man die Samenfäden mit einem »X«-Chromosom von den Samenfäden mit einem »Y«-Chromosom trennen kann. Versuche dieser Art werden seit Jahrzehnten unternommen, meist mit wenig Erfolg. Ein anderer Weg als die Trennung wäre es, entweder die »X«-Samenfäden oder die »Y«-Samenfäden in ihrer Befruchtungsfähigkeit zu behindern, zum Beispiel durch eine geeignete chemische Substanz. Ein derartiger Versuch ist die Abschwächung des Säuregrades der Scheide mit Natriumbikarbonat. Der Königsberger Gynäkologe Franz Unterberger hat bereits 1932 berichtet, daß es ihm gelungen sei, mit dieser Methode überwiegend

Knabengeburten zu erzielen. Dieses Verfahren war jedoch lange Zeit in Vergessenheit geraten; es wurde in jüngster Zeit von dem amerikanischen Gynäkologen Landrum Shettles wieder aufgegriffen.

Neuerdings ist viel von einer anderen Theorie die Rede, nach der das Geschlecht des Kindes davon abhängt, wie alt die Samenzelle im Moment der Vereinigung mit der Eizelle ist. Der amerikanischen Gynäkologin Sophia Kleegman war aufgefallen, daß nach künstlicher Befruchtung sehr viel häufiger Knaben geboren wurden als Mädchen. Man versuchte, diesen Befund folgendermaßen zu erklären: Um bei künstlichen Befruchtungen (Inseminationen) möglichst erfolgreich zu sein, wählt man dafür einen Zeitpunkt, der dem Follikelsprung möglichst nahe liegt. Unter der Voraussetzung, daß die Samenfäden mit dem »Y«-Chromosom kleiner sind und sich schneller vorwärtsbewegen, ergibt sich folgende Theorie: Wenn der Follikelsprung und die Insemination gleichzeitig erfolgen, ist zu erwarten, daß die schnelleren »Y«-Samenfäden zuerst bei der Eizelle ankommen und sie befruchten. Auf diese Weise entsteht ein Knabe (Geschlechtschromosom »XY«). Findet dagegen die Insemination ein bis zwei Tage vor dem Follikelsprung statt, wäre nach dieser Theorie mit der Entstehung eines Mädchens zu rechnen: Die schnelleren »Y«-Samenfäden verbrauchen ihren Energievorrat rascher, so daß nach dieser Zeit nur noch Samenfäden mit dem »X«-Chromosom am Leben und befruchtungsfähig sind. Viele Leute, auch Wissenschaftler, halten diese letztgenannte Theorie für zutreffend. Der Bevölkerungswissenschaftler Otfried Hatzold hat aufgrund umfangreicher Erhebungen feststellen können, daß bei richtiger Anwendung dieser Methode in rund 80 bis 90 Prozent der Fälle der Wunsch nach einem Sohn oder einer Tochter in Erfüllung ging.

Die Tragzeit

Die Dauer der Tragzeit (Schwangerschaftsdauer) ist von Tierart zu Tierart sehr unterschiedlich, wie Tab. 7 zeigt. Annäherungsweise kann man sagen, daß die Tragzeit um so länger dauert, je größer ein Tier ist. Von dieser Regel gibt es aber Ausnahmen wie zum Beispiel das Meerschweinchen, dessen Tragzeit von 63 Tagen viel länger ist als bei Tieren vergleichbarer Größe. Beim Menschen beträgt die

Tierart	Dauer der Tragzeit in Tagen	Tierart	Dauer der Tragzeit in Tagen
Hausmaus	20	Schimpanse	250
Kaninchen	31	Orang Utan	265
Meerschweinchen	63	Mensch	280
Haushund	63	Hausrind	280
Hauskatze	63	Blauwal	365
Tiger	105	Kamel	390
Hausschaf	150	Panzernashorn	480
Rhesusaffe	163	Indischer Elefant	623

Tab. 7 Beispiele für die Dauer der Tragzeit.

durchschnittliche Schwangerschaftsdauer 281 Tage, vom ersten Tag der letzten Regelblutung an gerechnet – bzw. 267 Tage nach der Befruchtung. Es empfiehlt sich, die Dauer der Schwangerschaft nicht in Monaten anzugeben, sondern in Wochen. Man vermeidet damit die fast obligaten Mißverständnisse zwischen Laien, die in Kalendermonaten von 30 bis 31 Tagen rechnen, und Geburtshelfern, die ihrer Rechnung in der ganzen Welt Lunarmonate von 28 Tage Dauer zugrunde legen.

Die Dauer der Schwangerschaft weist auch bei reifen Kindern beträchtliche Schwankungen auf. 80 Prozent aller reifen Kinder werden innerhalb eines Zeitraumes geboren, der zwei Wochen vor dem errechneten Geburtstermin beginnt und zwei Wochen später endet.

Ist die Tragzeit wesentlich kürzer als normal, so spricht man von einer Frühgeburt. Frühgeborene Kinder sind lebensschwach oder oft sogar lebensunfähig, weil lebenswichtige Organe oder Regulationszentren noch nicht voll funktionstüchtig sind. Bei Frühgeborenen, zu denen man alle Kinder mit einem Geburtsgewicht von 2500 Gramm und weniger rechnet, ist die Geburtssterblichkeit um ein Vielfaches höher als bei ausgetragenen Kindern.

Wird die durchschnittliche Tragzeit um vierzehn Tage oder mehr überschritten, so spricht man von Übertragung. Solche übertragenen Kinder haben ebenfalls eine schlechtere Überlebenschance als rechtzeitig geborene Kinder, weil infolge der Übertragung die Plazenta altert (Plazenta-Insuffizienz), so daß der Fetus schlechter mit Sauerstoff versorgt wird.

Die kürzeste Tragzeit für ein lebendes und am Leben gebliebenes Kind betrug 179 Tage nach der sexuellen Beiwohnung. Derartig extrem frühgeborene Kinder, die ein Geburtsgewicht von 600 bis 800 Gramm aufweisen, können nur in sehr seltenen Fällen bei optimaler Betreuung mit Wärme, Feuchtigkeit und Sauerstoffzufuhr in einem Inkubator am Leben erhalten werden. Als längste Tragzeit für die Geburt eines lebenden Kindes konnte bei Bestimmung des Eisprung-Termins mit Hilfe der Morgentemperaturmessung eine Schwangerschaftsdauer von 290 Tagen nach dem Follikelsprung beobachtet werden.

Die Berechnung des Geburtstermines

Wie im letzten Abschnitt ausgeführt, dauert eine Schwangerschaft durchschnittlich vierzig Wochen, vom ersten Tag der letzten Regelblutung an gerechnet. Der Geburtshelfer benutzt heute noch für die Berechnung des voraussichtlichen Geburtstermines die Naegelesche Regel, die mehr als hundert Jahre alt ist. Nach dieser Regel, die der Heidelberger Gynäkologe Franz Karl Naegele schon in der ersten Hälfte des 19. Jahrhunderts aufstellte, rechnet man vom ersten Tag der letzten Regel drei Kalendermonate zurück und zählt anschließend sieben Tage hinzu. Begann zum Beispiel die letzte Regel am 1. Juli, so errechnet man mit Hilfe der Naegeleschen Regel als voraussichtlichen Geburtstermin den 8. April.

Neuere statistische Erhebungen über die durchschnittliche Dauer der Schwangerschaft haben diese alte Regel vollauf bestätigt. Weicht die Länge des

Zyklus stark von den durchschnittlichen 28 Tagen ab, so muß diese Abweichung in die Terminberechnung einbezogen werden. Hat der Zyklus zum Beispiel eine Länge von drei Wochen, so muß von dem mit Hilfe der Naegeleschen Regel errechneten Geburtstermin eine Woche abgezogen werden. Entsprechend wird man bei einem fünfwöchigen Zyklus eine Woche hinzuzählen, um auf den mutmaßlichen Geburtstermin zu kommen.

Der Geburtstermin kann am genauesten vorhergesagt werden, wenn die Schwangere im Monat der Empfängnis die Morgentemperatur (Basaltemperatur) gemessen hat. Zählt man zu dem Tag, an dem die Temperaturkurve angestiegen ist, 267 Tage hinzu, so läßt sich der Geburtstermin genauer vorhersagen, als wenn man der Berechnung den Termin der letzten Regel zugrunde legt.

Die Geburt

Durch die Geburt wird die Leibesfrucht mit ihren Anhängen (Plazenta, Eihüllen) aus dem mütterlichen Körper ausgestoßen. Die Gebärmutter, während der Schwangerschaft als »Fruchthalter« bezeichnet, wird zum Teil (Gebärmutterkörper) zum »Fruchtaustreiber«, zum Teil (Gebärmutterhals) zum Durchtrittschlauch, zu dem während der Geburt noch die Scheide und die Beckenbodenmuskulatur gehören. Das kleine Becken wird als knöcherner Teil des Geburtskanals bezeichnet.

Über die Ursache des Geburtseintrittes weiß man bis heute nichts Genaues. Einige Theorien beruhen auf den unterschiedlichen Wirkungen der Sexualhormone auf die Wehentätigkeit: Östrogene wirken wehenfördernd, Gelbkörperhormon hemmt die Wehentätigkeit. Versuchsergebnisse an Hausschafen scheinen zu belegen, daß für das Ingangkommen der Geburt der Hypophysenvorderlappen und die Nebennierenrinde von Bedeutung sind. Die Entfernung der Hypophyse (Hirnanhangsdrüse) verlängert bei Schafen die Tragzeit um Wochen. Außerdem fand man in den Blutadern (Venen) der Gebärmutter 24 Stunden vor der Geburt eine Konzentrationsvermehrung der Prostaglandine auf das Fünf- bis Zehnfache. (Prostaglandine nennt man bestimmte Gewebshormone, die in sehr vielen Körpergeweben nachgewiesen werden können und ihre höchste Konzentration in der Samenflüssigkeit haben. Sie wurden bereits 1935 entdeckt. Ihre Eigenschaften sind erst in jüngster Zeit erkannt worden.) Durch künstliche Zufuhr von Prostaglandinen kann man auch beim Menschen die Geburt (oder Frühgeburt oder Fehlgeburt) zu jeder Zeit der Schwangerschaft auslösen. Im mittleren Drittel der Schwangerschaft ist die Anwendung von Prostaglandinen heute die bevorzugte medizinische Methode des Schwangerschaftsabbruchs.

Bei vielen Säugetieren erfolgen die Geburten nicht gleichmäßig über Tag und Nacht verteilt. So werden zum Beispiel 80 bis 90 Prozent aller Fohlen zwischen 7 Uhr abends und 7 Uhr morgens geboren. Beim Menschen findet man nur einen leichten Anstieg der Geburtenhäufigkeit in den frühen Morgenstunden zwischen 2 und 8 Uhr.

Von der 36. Schwangerschaftswoche an, manchmal auch schon früher, können unregelmäßige Zusammenziehungen (Kontraktionen) der Gebärmuttermuskulatur beobachtet werden. Man spricht von Vor- oder Senkwehen. Wenn die richtige Wehentätigkeit in Gang gekommen ist, setzt ein weitgehend selbständiger Mechanismus ein, der als »Selbststeuerung der Wehen« bezeichnet wird. Durch den Druck des vorangehenden Kindsteiles werden druckempfindliche Schaltstellen (Rezeptoren) gereizt, die im Gebärmutterhals liegen. Diese Rezeptoren regulieren die weitere Wehentätigkeit.

Der erste Teil der Geburt wird *Eröffnungsperiode* genannt. Sie reicht vom Beginn regelmäßiger Wehen bis zur vollständigen Erweiterung des Muttermundes. Die Wehen treten alle drei bis sechs Minuten auf und halten 30 bis 60 Sekunden an. Während der Wehe steigt der Druck in der Fruchtblase um 60 Milligramm Hg. Diese Druckerhöhung bewirkt das Ausweichen der Frucht in Richtung des geringsten Widerstandes, also des Gebärmutterhalses. Dabei dehnt der vorangehende Teil des Kindes (in 96 Prozent aller Geburten ist das der Kopf) den Gebärmutterhals.

Die Eröffnungsperiode endet bei vollständig erweitertem Muttermund in der Regel mit dem Fruchtblasensprung. So nennt man das Bersten des Teils der Eihäute, der im eröffneten Muttermund dem erhöhten Druck in der Gebärmutter ausgesetzt ist. Die Dauer der Eröffnungsperiode beträgt bei Erstgebärenden durchschnittlich sechs bis acht Stunden, bei Mehrgebärenden drei bis sechs Stunden.

Den zweiten Teil der Geburt, der von der Eröffnung des Muttermundes bis zur Geburt des Kindes reicht, nennt man *Austreibungsperiode*. In dieser Phase werden die unwillkürlichen Wehen durch die Preßwehen unterstützt. Die werdende Mutter verspürt nun während der Wehe das Bedürfnis, unter Zuhilfenahme der willkürlichen Bauchpresse mitzupressen. Jetzt kommt es zu einem Druckanstieg in der Fruchthöhle bis zu 220 Milligramm Hg. In der Austreibungsperiode werden die Gewebe der Scheide, des Scheideneingangs (Vulva) und des Beckenbodens durch den vorangehenden Teil des Kindes gedehnt, bis schließlich mit dem Austreiben des kindlichen Körpers die Geburt beendet ist. Die Mechanik bei der Austreibung des Kindes folgt dem Gesetz des geringsten Widerstandes (Gauß), das von dem deutschen Geburtshelfer Hugo Sellheim in folgender Weise interpretiert worden ist.

1. Bestreben nach Formübereinstimmung: Der kindliche Kopf stellt sich so in das kleine Becken ein, daß sein größter Durchmesser mit dem größten Durchmesser des Beckeneingangs übereinstimmt.

2. Bestreben nach Abbiegungsübereinstimmung: Wegen der optimalen Biegungsmöglichkeit der Halswirbelsäule nach hinten dreht sich der im kleinen Becken gebeugt stehende Hinterkopf nach vorn (schambeinwärts), so daß die Abbiegung der Halswirbelsäule mit der Krümmung des Geburtskanals übereinstimmt.

Die Dauer der Austreibungsperiode beträgt bei unkomplizierten Geburten in Schädellage durchschnittlich 15 bis 30 Minuten. Nach der Geburt des Kindes vergehen weitere 15 bis 30 Minuten, bis die Nachgeburt ausgestoßen wird, die aus der Plazenta, den Eihäuten und dem Rest der Nabelschnur besteht. Bei der Ablösung der Plazenta von ihrer Haftstelle in der Gebärmutterhöhle entsteht eine großflächige Wunde mit klaffenden Blutgefäßen von beträchtlichem Querschnitt. Diese Gefäße werden normalerweise durch die Zusammenziehung der Gebärmuttermuskulatur und eine schnelle Blutgerinnung in den Blutgefäßen verschlossen. Die Wehen laufen also auch nach der Geburt des Kindes noch weiter. Bis zum Austritt der Plazenta spricht man von Nachgeburtswehen, danach von Nachwehen. Funktioniert dieser zweistufige Verschlußmechanismus der Gefäße wegen ungenügender Zusammenziehung der Gebärmuttermuskulatur nicht, so kann es zu sehr starken, lebensgefährlichen Blutungen kommen, die als atonische Nachblutungen bezeichnet werden. Voraussetzung für die zweite Stufe des Blutstillungsmechanismus ist ein intaktes Blutgerinnungspotential. Der normale Blutverlust bei einer Geburt beträgt nicht mehr als 300 Milliliter.

Das Wochenbett

Die Zeitspanne, die mit der Geburt beginnt und so lange anhält, bis alle Schwangerschafts- und Geburtsveränderungen des mütterlichen Körpers völlig zurückgebildet sind, nennt man Wochenbett. Es dauert insgesamt vier bis sechs Wochen.

Der recht plötzliche Übergang vom schwangeren in den nichtschwangeren Zustand ist eine erhebliche Belastung für den Organismus einer Frau. Das heißt, daß eine Wöchnerin besonderer Schonung bedarf, weil sie in dieser Zeit anfälliger ist als sonst. Kreislauf- oder Stoffwechselstörungen treten in dieser Zeit gehäuft auf. Manchmal flackert eine alte Lungentuberkulose wieder auf. Ganz charakteristisch sind Stimmungsschwankungen. Die meisten Wöchnerinnen sind zwar »guter Dinge«, aber manche Frauen versinken in eine depressive Verstimmung. Sie sehen nur noch schwarz und haben Angst vor dem, was in nächster Zeit an neuen Belastungen auf sie zukommt. Ziemlich selten handelt es sich um echte Psychosen, die vom Psychiater behandelt werden müssen.

Die Rückbildung der Gebärmutter im Wochenbett grenzt ans Wunderbare. Die Gebärmutter, die am Ende der Schwangerschaft 1000 bis 1500 Gramm wiegt und einen Inhalt von vier bis fünf Litern umschließt, ist nach Ablauf von acht bis zehn Tagen wieder so klein wie eine Faust. Für die Wöchnerin selbst ist diese Rückbildung an den Nachwehen und am Wochenfluß zu erkennen.

Nach der Geburt befindet sich in der Gebärmutterhöhle, wo die Plazenta saß, eine große Wundfläche. Es wird Blut abgesondert, vermischt mit abgestoßenen Gewebsteilen und Wundsekret: Das ist der Wochenfluß. Er fließt zunächst stark und ist blutfarben. Nach fünf bis sechs Tagen wird er bräunlich und nimmt an Menge ab. Vom zehnten bis elften Tag an ist der Wochenfluß gelb-bräunlich und wird deutlich schwächer. Nach drei bis sechs Wochen verschwindet er ganz.

Das Auftreten des ersten Follikelsprunges und der ersten Regelblutung nach der Geburt hängt stark davon ab, ob die betreffende Frau stillt oder nicht. Wenn nicht gestillt wird, erfolgt die erste Regelblutung durchschnittlich sechs bis acht Wochen nach der Geburt. Während des Stillens ruht bei den meisten Frauen die Eierstockfunktion und setzt erst nach dem Abstillen wieder ein. Das Stillen stellt jedoch keinen sicheren Schutz vor einer Empfängnis dar, weil bei vielen Frauen trotz des Stillens ein Follikelsprung auftritt. Etwa die Hälfte der ersten Zyklen nach der Geburt verlaufen ohne Follikelsprung.

Literatur

Aschheim, S., Zondek, B.: Hypophysenvorderlappenhormon und Ovarialhormon im Harn von Schwangeren. Klin. Woschr., 6, 1927, 1322

Billings, J.: The ovulation method. Melbourne 1964

Butler, N. R., Bonham, D. G.: Perinatal mortality. Edinburgh, London 1963

Döring, G. K.: Empfängnisverhütung. Stuttgart [6]1981

Döring, G. K., Hossfeld, C.: Fortpflanzung des Menschen. München, Wien, Baltimore [2]1976

Euler, U. S. von: Über die spezifisch blutdrucksenkende Substanz des menschlichen Samenblasen- und Prostata-Sekretes. Klin. Woschr., 14, 1935, 1182

Gemzell, C. A., Wide, L.: An immunological pregnancy test. Acta endocrinol. (Kbh.), 35, 1960, 261

Hatzold, O.: Wunschkind Sohn oder Tochter. München 1970

Kleegman, S.: Therapeutic donor insemination. Fertil. Steril., 5, 1954, 7

Knaus, H.: Über den Zeitpunkt der Konzeptionsfähigkeit des Weibes. Münch. med. Woschr., 76, 1929, 1152

Ogino, N.: Histologic studies on corpora lutea, period of ovulation, relation between corpora lutea and cyclic changes in uterine mucosa and the period of fertilization. Japan. med. World, 8, 1928, 147

Saling, E.: Die Amnioskopie, ein neues Verfahren zum Erkennen von Gefahrenzuständen der Frucht bei noch stehender Fruchtblase. Geburtsh. Frauenheilk., 22, 1962, 830

Shettles, L. B.: Junge oder Mädchen. Wien, München, Zürich 1970

Stieve, H.: Männliche Genitalorgane. Handbuch der mikroskopischen Anatomie, Bd. VII, Teil 2. Berlin 1930

Tanner, J. M.: Wachstum und Reifung des Menschen. Stuttgart 1962

Unterberger, F.: Das Problem der willkürlichen Beeinflussung des Geschlechts beim Menschen. Dtsch. med. Wschr., 1, 1930, 304

Velde, Th. van de: Die Fruchtbarkeit in der Ehe. Leipzig, Stuttgart 1929

Erich Blechschmidt

Vom Ei zum Embryo

Übersicht: Wußten Sie, daß das Biogenetische Grundgesetz wissenschaftlich nicht haltbar ist? Dieses Gesetz besagt, daß das werdende Menschenkind im Mutterleib während der embryonalen Entwicklung bis zur Geburt die Stadien der Entwicklung der tierischen Vorfahren in verkürzter Form durchläuft. Die wissenschaftlichen Erkenntnisse der letzten Jahrzehnte haben diesen festsitzenden Glauben zerstört. Man weiß heute, daß jede Entwicklungsstufe des Menschen, von der Befruchtung an, charakteristisch menschlich ist. Die Göttinger Humanembryologische Dokumentationssammlung belegt dies eindeutig. Der Vergleich der einzelnen Entwicklungsstadien miteinander läßt Regeln der Differenzierung erkennen, die zeigen, daß die Gestaltungsvorgänge Ausdruck von Gestaltungskräften sind, die schon mit der ersten Zellvermehrung wirksam werden. Nachdem am Ende der dritten Woche mit der Bildung des Blutkreislaufs die Frühentwicklung beendet ist, beginnt in der vierten Woche die Embryonalentwicklung, die mit der Differenzierung aller wichtigen Organe am Ende des zweiten Monats abgeschlossen ist. Vom dritten Monat an lassen sich kindliche Proportionen nachweisen: Ab jetzt kann man von einem Kleinstkind sprechen.

Erst seit der Mitte des zwanzigsten Jahrhunderts sind uns die Frühstadien der menschlichen Entwicklung genauer bekannt. In diesen Frühstadien sind die sich entwickelnden Keime noch so winzig und unauffällig, daß sie mit freiem Auge kaum gesehen werden können. Dennoch ist heute die ganze menschliche Entwicklung als eine lückenlose Folge von Bewegungsvorgängen zu beschreiben. Dazu sind freilich einige Vorbemerkungen notwendig.

Das Biogenetische Grundgesetz – ein Irrtum

Solange die frühen Entwicklungsstadien des Menschen noch nicht entdeckt waren und anatomische Methoden zum Sichtbarmachen der ersten Gestaltungsvorgänge fehlten, hatten namhafte Naturforscher wie Johannes Meckel (1791–1879), Karl Ernst von Baer (1792–1876) und Fritz Müller (1821–1897) versucht, aus der Frühentwicklung von Tieren eine Vorstellung zu gewinnen, wie vielleicht die ersten Lebensstadien der menschlichen Individualentwicklung (Ontogenese) aussehen könnten. Der deutsche Zoologe Ernst Haeckel (1834–1919) stellte auf Grund solcher Vergleiche von Tieren und hypothetischer Schlußfolgerungen 1866 sein berühmt gewordenes »Biogenetisches Grundgesetz« auf. Danach soll der Mensch während seiner Individualentwicklung verkürzt den Prozeß seiner ganzen Stammesgeschichte rekapitulieren. Haeckels Vorstellung beinhaltet, daß der menschliche Keimling zunächst unspezifische (nichtmenschliche) Frühstadien durchlaufe und erst danach – etwa ab dem dritten Monat – eigentlich menschliche Differenzierungen aufweise. Diese Vorstellung hat sich jedoch nicht bestätigen lassen. Die von Haeckel benutzten anatomischen Präparate waren zu undeutlich, als daß sie verbindliche Aussagen über die frühe Gestalt des Menschen erlaubt hätten. Um zu zeigen, daß die Frühstadien einander zum Verwechseln ähnlich wären, benutzte er ein und denselben Druckstock zur Abbildung verschiedener tierischer Embryonen. Dieser Sachverhalt ist als Haeckelsche Fälschung in die Medizingeschichte eingegangen.

Heute weiß man, daß das Biogenetische Grundgesetz falsch ist. Denn es beruht nicht auf Beobachtungen, sondern auf Fehlschlüssen. *Das Biogenetische Grundgesetz ist einer der größten Irrtümer der Biologie gewesen.* Die Frage, von wann an in der vorgeburtlichen Entwicklung von einem Menschen gesprochen werden darf, ist heute eindeutig zu beantworten. Jede Entwicklungsstufe des Menschen, von der Befruchtung an, hat charakteristisch menschliche Eigenart. Schon auf Grund unserer heutigen Kenntnis der Chromosomen menschlicher Eier läßt sich an der Humanspezifität eines menschlichen Keims nicht mehr zweifeln. Danach gilt heute der Satz: *Der Mensch wird nicht Mensch, sondern ist Mensch vom Augenblick der Befruchtung an.* Eine ähnliche Spezifität gilt selbstverständlich auch für die Keimlingsstadien einer jeden Tierart. Während der Ontogenese gibt es weder eine Zäsur im Sinn eines Sprunges vom Leblosen zum Lebendigen noch vom Vegetativen zum Instinktiven oder zum personalen Verhalten. Nachdem heute die menschliche Entwicklung anatomisch lückenlos bekannt ist, steht fest, daß nicht nur die Humanspezifität, sondern auch die Individualspezifität des Menschen von der Befruchtung bis zum Tod erhalten bleibt und daß sich nur das Erscheinungsbild des Individuums im Verlauf der Ontogenese ändert. Durch die Humanembryologie ist ein wirkliches Grundgesetz nachgewiesen worden, das allgemein für die ganze Biologie gilt, nämlich das *Gesetz von der Erhaltung der Individualität.* Dieses Gesetz hat in der Biologie eine ähnliche Bedeutung wie das Prinzip von der Erhaltung der Energie (Mayer 1842), das für die unbelebte Natur Allgemeingültigkeit besitzt. Mit dem Satz von der Erhaltung der Individualität wird erstmals der Begriff der Entwicklung exakt formuliert. Danach verstehen wir unter Entwicklung ein Doppeltes: Konstanz des Wesens einerseits und Wandel des Erscheinungsbildes andererseits.

Dieses Grundgesetz war bisher noch nicht formuliert worden. Die im genetischen Code materiell festgelegte Erhaltung der Individualität ist eine unabdingbare Voraussetzung für die Entwicklung. Wir dürften nicht von Entwicklung sprechen, wenn wir nicht die Erhaltung der Individualität während der ganzen Dauer der Entwicklung grundsätzlich und regelmäßig voraussetzen könnten. Wir haben als Prinzip festzuhalten, daß der Träger einer Entwicklung während der ganzen Entwicklungsdauer ein und derselbe bleibt und daß sich nur sein Erscheinungsbild ändert.

Abb. 1: Die Entwicklung des menschlichen Eis während der ersten drei Tage. 1 Einzelliges befruchtetes Ei mit der Kapsel, 2 Zweizellstadium, 3 Ei mit etwa 50 Blastomeren (Blastomerenei), 4 Ei mit etwa 100 Blastomeren (Blastozyst) schwarz: Eidiskus, 5 Blastozyst in Anlagerung an die Uterusschleimhaut (Adplantationsstadium).

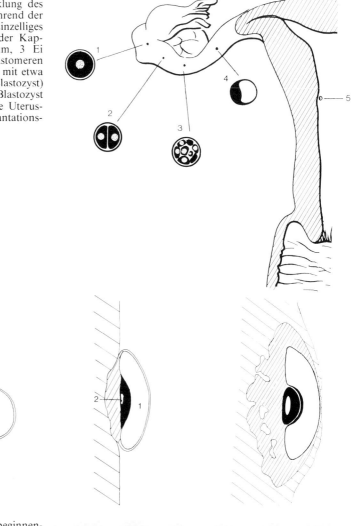

Abb. 2: Anlagerung, beginnende Implantation und vollständige Implantation des Eis gegen Ende der ersten und Anfang der zweiten Woche. Innenei (Entoblast) schwarz, Außenei (Ektoblast) schraffiert, Blastozysthöhle 1, Amnionhöhle 2.

Abb. 3: 7½ tägiges implantiertes menschliches Ei. Hertig und Rock. Carnegie Collection Nr. 8020.

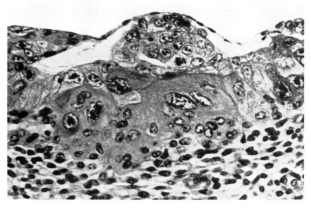

Evolution und Ontogenese

Für die Beschreibung der Ontogenese bedeutete der Evolutionsgedanke so lange ein scheinbar unerläßliches Konzept, wie die Vorstellung bestand, man könne die Ontogenese nicht aus den Eigenschaften des Eis verstehen, sondern sei gezwungen, sie historisch zu begreifen, das heißt, man könne die Stadien der Ontogenese allein als Erbe vergangener Zeiten verstehen. Diese Idee geht auf Charles Darwin (1809–1882) zurück. Zu seiner Zeit führte das naturgeschichtliche Denken zu einer unerwarteten Erweiterung des Blickfeldes. Die damaligen Vorstellungen von einer Stammesgeschichte der Lebewesen stützten sich auf damals überraschende paläontologische Befunde, die eine aufsteigende Entwicklungstendenz zu zeigen schienen. Da die Vorgänge der Individualentwicklung (Ontogenese) scheinbar in ähnlicher Weise auf einen Aufstieg vom Einfachen zum Komplizierten hindeuteten, wurde die Evolutionstheorie zur Grundidee des Entwicklungsbegriffs überhaupt.

Es galt als gesichert, daß das erdgeschichtliche und das ontogenetische Geschehen gleichsam parallele Vorgänge seien und daß die Ontogenese, also die Einzelentwicklung, aus der Artenentwicklung (Phylogenese) abzuleiten sei. Dabei wurden Mutationen (Genänderungen) zur Erklärung herangezogen.

Keine Beobachtung an einem Tier hat jedoch vermocht, die menschliche Entwicklung in irgendeinem Stadium aus der eines Tieres zu erklären. Zum Nachweis der menschlichen Ontogenese muß man vielmehr menschliche Embryonen selbst untersuchen.

Zur genaueren Bestimmung von Entwicklungsvorgängen sind viele Umwege gegangen worden. Der deutsche Anatom und Entwicklungsphysiologe Wilhelm Roux (1850–1924) führte systematisch experimentelle Untersuchungen an wenig differenzierten Tieren durch. Roux hoffte, eine spezifische Substanz finden zu können, welche die Entwicklung allein bewirkt. Diese Hoffnung hat sich freilich nicht erfüllt. Experimentell fand er zwar eine vielfältige Beeinflußbarkeit der Differenzierungsprozesse, konnte aber nicht bemerken, daß sie, als Gestaltungsprozesse verstanden, auf biodynamischen Kräften beruhen. *Es gibt keine Gestaltungsstoffe – keinen chemisch faßbaren Induktor der Gestalt –, wohl aber Gestaltungskräfte.*

Was von der sogenannten Induktion der Entwicklung gilt, das trifft auch für die Genfunktionen zu. Nicht Erbfaktoren »machen« die Gestalt; sie sind nur wichtige Konstanten im molekularen Stoffwechselgeschehen. In den Genen finden sich nur Möglichkeiten für Entwicklungen, aber keine wirklichen Muster für die jeweils aufeinanderfolgenden Stadien einer Entwicklung. Sie werden erst zu Informationen, wenn das Zytoplasma sie, von Ort zu Ort verschieden, verwendet. Zu den Gestaltungsvorgängen, die im Verlauf der Differenzierung entstehen, haben sie keine *unmittelbaren* Beziehungen. Unmittelbar wirken immer nur biodynamische Kräfte.

Die Gestaltänderungen während der Entwicklung setzen immer mehr als nur Chromosomen, nämlich die mit der Befruchtung gegebene ganze Eizelle in ihrer Gestalt voraus. Diese aber kann nicht auf die Gene zurückgeführt werden.

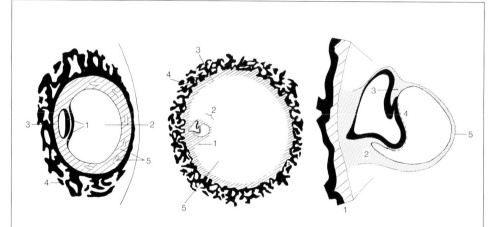

Abb. 4: Entwicklung des menschlichen Eis am Ende der zweiten Woche. Links: Implantiertes Ei am 12. Tag. 1 Ektoderm und Entoderm der Entozystscheibe (Keimscheibe), 2 Blastozysthöhle (Anlage des Dottersacks), 3 Amnionhöhle (1, 2 und 3 zweikammeriger Entoblast), 4 Ektoblast, 5 Mesoblast. Mitte: Entwicklungsstadium am 14. Tag. 1 Haftstiel, Übergang des Wandmesoblast (3) in den Hüllmesoblast (bei 2), 2 Entozyst mit zweikammerigem Entoblast, 3 Wandmesoblast, 4 Zotten des Ektoblast (Anlagen der Chorionzotten), 5 Chorionhöhle. Rechts: Bildung des Axialfortsatzes (Ausschnitt). 1 Chorion, 2 Haftstiel, 3 Mesoderm, 4 Keimscheibe mit überlappendem Ektoderm (schwarz) und Axialfortsatz (links neben 4), 5 Dottersack. Eigentum Blechschmidt, Carnegie Collection Nr. 10318.

Abb. 5: Keimscheibe des menschlichen Eis. Links: Rückenansicht mit Eingang in den Axialfortsatz, oberhalb davon die Expansionskuppe (hell), unterhalb die Impansionssenke mit Längsrinne (Blechschmidt, Carnegie Collection Nr. 10318). Rechts: Querschnitte der menschlichen Keimscheibe Anfang und Ende der dritten Woche. Ektoderm punktiert, Entoderm verstärkte Linie, Axialfortsatz schwarz. Die Pfeile geben die Wachstumsbewegungen bei der Bildung der Neuralrinne und des Neuralrohrs an. Die Originalrekonstruktion befindet sich im Deutschen medizin-historischen Museum für Medizingeschichte Ingolstadt.

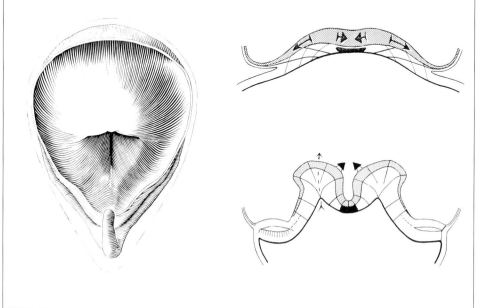

Alle *ontogenetischen Differenzierungen* haben eine bestimmte Reihenfolge. Stets lassen sich Differenzierungen zuerst nahe der äußeren Oberfläche des Keims, dann erst weiter innen nachweisen (*Differenzierung in Richtung von außen nach innen*). Das Wachstum und die Entwicklung des menschlichen Keims beginnt mit der Nahrungsaufnahme außen an der Zellgrenzmembran und trifft erst sekundär den Zellkern. Die Nahrungsaufnahme, ohne die weder Wachstum noch Entwicklung möglich ist, zeigt eine frühe Beteiligung der Zellgrenzmembranen an. Der Zellkern und seine Gene liegen immer an Umkehrpunkten von Stoffwechselbewegungen und stellen dort relativ konstante Faktoren dar, an denen die von außen kommenden Reize angreifen. Das bedeutet, daß die Gene im Zellkern nicht die »Macher« der Differenzierung sind. Sie sind vielmehr das Bezugssystem für die Stoffwechselvorgänge des Organismus. Ohne dieses konstante Bezugssystem wäre eine individualspezifische Entwicklung unmöglich.

Während der Entwicklung ändert der Organismus sein *Erscheinungsbild*. Wenn wir das Wesen des Organismus, seine lebendige Eigenart, als konstant voraussetzen, erkennen wir in den einzelnen Phasen der Differenzierung nur relativ unwesentliche Veränderungen. Für die Änderung des Erscheinungsbildes gilt die wichtige, bisher zu wenig beachtete Regel der Zusammengehörigkeit von Lage-, Form- und Strukturänderungen der Körperteile. Stets ändert sich mit der Lage der jungen Zellverbände ihre Form und mit ihrer Form auch ihre Struktur. In diesen Lage-, Form- und Strukturänderungen äußern sich die *Entwicklungsbewegungen*. Entwicklungsbewegungen sind Gestaltungsbewegungen. Deren Komponenten sind stets bis ins Unsichtbare geordnete Materialbewegungen, sogenannte *Stoffwechselbewegungen*. Da die Entwicklungsbewegungen gegen Widerstand ablaufen, sind sie ein Zeichen lebendiger Leistungen mit Arbeit im physikalischen Sinn. Gestaltung ist also die erste Arbeit, die ein junger Keim ausführt. *Gestaltungsfunktionen sind Grundfunktionen des Organismus*. Vielfach liegt das Schwergewicht der Forschungsprogramme in der Embryologie auf chemischem Gebiet. Dabei wird deutlich, daß zwischen den chemischen Vorgängen der Entwicklung und der Körpergestaltung der Weg so weit ist, daß gesagt werden muß, eine direkte Beziehung zwischen dem Chemismus der Entwicklungsvorgänge und der Gestaltentwicklung besteht nicht. Untersuchungen haben deutlich gemacht, daß zwischen Entwicklungschemie und Entwicklungsmorphologie der Weg so weit ist, daß eine besondere Entwicklungskinetik dazwischen liegen muß, die Regeln erkennen läßt, die auf besondere elementare Gesetzmäßigkeiten der Differenzierung hinweisen. Der Chemismus der Entwicklung ist ein notwendiger, aber kein ausreichender Faktor der Differenzierung.

Entwicklung in der ersten Lebenswoche

Die menschliche befruchtete Eizelle ist besonders klein. Sie hat einen Durchmesser von etwa einem Zehntel Millimeter und ein Gewicht von nur 0,004 Milligramm.

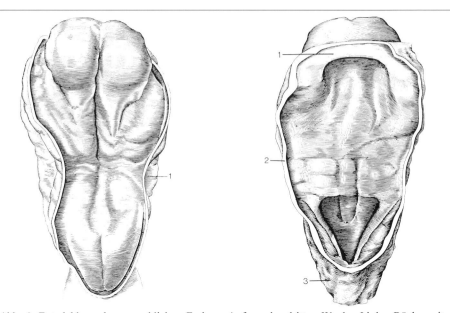

Abb. 6: Entwicklung des menschlichen Embryo Anfang der dritten Woche. Links: Rückenseite (dorsal) des jungen Embryo mit paarigen Gehirnanlagen (Dorsalwülste, oben), frühembryonalem Hals mit beginnender Segmentation und Rumpfabschnitt (1 Schnittrand des Amnion). Rechts: Bauchseite (ventral) des Embryo. 1 oberer Nabelrand mit frühembryonaler Brustregion (Leibeshöhle und Herzanlage). 2 Schnittkante des Dottersackes, 3 Haftstiel, darüber untere Darmbucht. Das Entoderm ist noch nicht zum Darmrohr geschlossen.

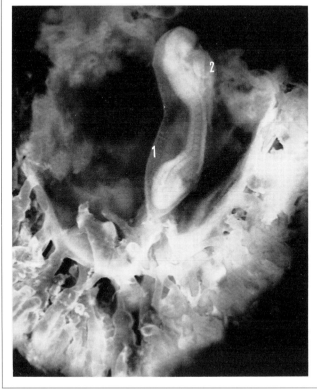

Abb. 7: 24 Tage alter menschlicher Embryo (3,1 mm groß). 1 Amnion, 2 Herz. Der Kopfteil (oben) und der Rumpfteil (unten) sind hell, der Halsteil ist dunkel (Sammlung Blechschmidt, Carnegie Collection Nr. 10304).

Der Hauptteil ihres Volumens besteht aus Wasser. Deshalb sind die ganz jungen Keime durchsichtig und kaum erkennbar. Wenn wir die befruchtete Eizelle unter dem Mikroskop künstlich sichtbar machen, ist ein auffälliges Äußeres (die Zellgrenzmembran), ein deutliches Inneres (der Zellkern) und als Verbindung zwischen beiden das Zellplasma (Zytoplasma) nachweisbar. Diese elementare gestaltliche Unterschiedlichkeit weist darauf hin, daß auch elementare funktionelle Verschiedenheiten bestehen. Außen liegen vor allem die Träger der Anpassungsvorgänge, innen dagegen die Träger der Vererbung. In der Eizelle ist bereits ein ständiger Kreislauf von Substanzen in Richtung von der Zellgrenzmembran zum Zellkern und umgekehrt gegeben. Dieser Kreislauf ist ein *Stoffwechselkreislauf*. Er existiert schon lange, bevor Blut im Blutkreislauf zirkuliert.

Die Anregungen zur Entwicklung kommen von außen. Nahrung bzw. Energie sind Anregungen für die Entwicklung. Schon die erste Unterteilung der Zelle bedarf einer solchen äußeren Anregung. Dies erkennt man schon früh an einer Vergrößerung der Zellgrenzmembran. Mit ihr ändert sich das Verhältnis von Oberfläche zum Volumen. Die stärkere Vergrößerung der Oberfläche gegenüber der des Volumens führt zur Furchung des Eis. Offenbar ist die Fähigkeit, mit der Furchung auf die von außen kommenden Anregungen zu reagieren, eine frühe Folge der Befruchtung. Das unbefruchtete Ei furcht sich nicht und geht schnell zugrunde.

Die ersten Entwicklungsvorgänge zeigen regelmäßig Unterteilungen in dreigliedrige Differenzierungen. Diese bestehen jeweils aus zwei gegensätzlichen Entwicklungen, die sich durch einen dritten Prozeß überbrücken. Mit der Furchung beginnt das einzellige Ei sich schrittweise in neue Zellen zu unterteilen. Die Tochterzellen sind im Furchungsgebiet miteinander verhaftet. Man nennt sie die ersten Keimteile oder *Blastomeren* (griechisch bedeutet blastos Keim und meros Teil). Nach den ersten drei Tagen besteht das winzige menschliche Ei aus einem Verband von etwa hundert Blastomeren. Bis dahin haben weder das Volumen noch das Gewicht des Eis merklich zugenommen, wohl aber die Gesamtoberfläche der Zellgrenzmembranen, denn jede einzelne Zelle besitzt ja eine eigene Zellgrenzmembran. Gleichzeitig hat sich die Zahl und damit die Gesamtmasse der Zellkerne, die im Verlauf der Zellteilungen neu entstanden sind, vergrößert. Zellgrenzmembranen und Zellkerne werden vorwiegend mit Hilfe von Substanzen aus dem Zellplasma gebildet. Die Neubildung von Zellgrenzmembranen und Zellkernen ist eine frühe, besonders wichtige Tätigkeit des Zellplasmas.

Im Verlauf der Unterteilungen bleiben die Zellen durch den Stoffwechsel miteinander verbunden, so daß der Keim als Ganzes ein einheitliches *Stoffwechselfeld* darstellt. Das so differenzierte menschliche Blastomerenei unterscheidet sich von jedem anderen Ei. Eine Morula, wie sie für Amphibien charakteristisch und bei vielen Kaltblütern mit freiem Auge gut erkennbar ist, gibt es beim Menschen nicht. Unter normalen Umständen, bei normaler Temperatur, normaler Beschaffenheit des Eileitersekrets und unter weiteren gegebenen Voraussetzungen ist das lebendige menschliche Ei auffällig aktiv. Seine frühen Funktionen bestehen in chemischer Hinsicht darin, Stoffwechselprodukte aus dem mütterlichen Organismus aufzunehmen und andere an ihn abzugeben. Damit stellt das Ei ein Stoffwechselfeld mit sehr intensiven molekularen Stoffwechselbewegungen dar.

Im Verlauf des vierten Tages entwickelt sich das Blastomerenei zum *Blastozyst* (Keim in Blasenform). Seine Zellen sind nach außen an die Oberfläche des Keims verlagert und durch fortgesetzte Unterteilung in immer wieder neue Zellen verkleinert. Im Inneren des Eis ist jetzt Flüssigkeit gestaut (Blastozölflüssigkeit). Sie ist die Anlage des sogenannten ventralen Blastemwassers. Es sammelt sich exzentrisch im Ei, so daß in wenigen Stunden polar ein dicker Wandabschnitt des Blastozyst (der Ei-Diskus) und ihm gegenüber ein dünner Wandabschnitt (die Ei-Kappe) entsteht. Dessen Zellen haben besonders viel Flüssigkeit verloren, sie wurden gleichsam ausgepreßt und sind dabei besonders klein geworden. Es ist ziemlich sicher, daß dies mit ihrer frühen Lageentwicklung als dünne Schicht am Rande des durch Osmose größer werdenden Flüssigkeitstropfens zusammenhängt.

Damit besteht das Ei gegen Ende der ersten Woche nicht nur aus Zellen, sondern auch aus nichtzelliger Substanz (Flüssigkeit). Im Stadium der Blasenform ist das Ei einkammerig. Noch vor Ende der ersten Woche saugt sich das einkammerige Ei, also der Blastozyst, mit seinem dicken Teil durch Nahrungsaufnahme an der Uterusschleimhaut fest (*Adplantation*) und deutet damit an, daß strömungsartige, räumlich *geordnete Stoffwechselbewegungen* zwischen Mutter und Keimling ablaufen. Im Übergangsbereich zwischen dem Stoffwechselfeld des Eis und dem der Mutter geht das mütterliche Schleimhautgewebe zugrunde. Die dadurch aus den mütterlichen Zellen frei werdenden Substanzen dienen dem jungen Keim als Nahrung. Hier beginnt bereits die enge Mutter-Kind-Beziehung. Mit dem Absaugen der Nahrungsstoffe dringt das Ei mehr und mehr in die Uterusschleimhaut ein. Man sagt: Es pflanzt sich ein, es implantiert sich. Die Einpflanzung (*Implantation*) ist etwa am zwölften Tag nach der Befruchtung abgeschlossen.

Entwicklung in der zweiten Lebenswoche

Mit der Implantation vergrößert sich zu Beginn der zweiten Woche das Ei durch hochgradige Zellvermehrung seiner ganzen Außenschicht und bildet hier den *Ektoblast*. Dies ist wieder ein Beispiel dafür, daß der Prozeß der Differenzierung außen beginnt und sich erst allmählich nach innen richtet. Die Ontogenese ist also – kinetisch gesehen – keine E-volution im Sinne einer Aus-wicklung von innen her, sondern im Gegenteil ein Prozeß, der von außen beginnt (*Ingenese*).

Der Ektoblast nimmt zunächst entlang dem dickwandigen Teil des Eis (dem Implantationspol) schnell an Masse zu. Es entsteht auf diese Weise der *Trophoblast*. Mit ihm entwickelt sich durch Zottenbildung in wenigen Tagen eine Verzahnung mit dem mütterlichen Gewebe. Das verzahnte Gewebe ist die Anlage der Plazenta.

Mitte der zweiten Woche kann man einen zweiten Flüssigkeitsherd im Ei finden. Mit ihm wird das Ei zweikammerig. Wir unterscheiden das dorsale vom ventralen Blastemwasser. Der Raum, den das dorsale Blastemwasser einnimmt, ist die

Amnionhöhle; der Raum, den das ventrale Blastemwasser erfüllt, ist der *Dottersack.* Der Zellverband zwischen dem dorsalen und ventralen Blastemwasser bildet die scheibenförmige Anlage des Embryo (*Keimscheibe*). Sie ist zunächst ungefähr so klein wie ursprünglich das gesamte Ei, hat also einen größten Durchmesser von etwa 0,2 Millimeter, während das ganze Ei jetzt einen Durchmesser von etwa zwei Millimeter besitzt, also zehnmal so groß ist wie die Anlage des Embryo.

Entwicklung in der dritten Lebenswoche

Wenn das Ei zweikammerig geworden ist, bleibt sein innerer Teil (*Entoblast*) gegenüber seinem äußeren Teil (*Ektoblast*) im Wachstum zurück. Das Wachstum ist also weiterhin ungleichmäßig. Nur der Ektoblast vergrößert sich durch unmittelbare Nahrungsaufnahme von außen; das Ei wächst hier extrem schnell, innen dagegen, im Bereich der beiden Eikammern (Entoblast), langsamer. Das frühe ungleichmäßige Wachstum führt zu einer gegensätzlichen (konträren) Differenzierung, die eine besondere Entwicklung im Übergangsgebiet zwischen den konträren Zonen verursacht: die Entstehung des *Mesoblast.* Konträre Differenzierung und Bildung einer Zone zwischen den gegensätzlichen Differenzierungen ist typisch für die frühen Entwicklungsphasen, in denen jeweils Unterteilungen zu einer Dreigliederung führen. Die Mesoblastbildung zeigt sich in einer charakteristisch schwammigen Auflockerung des Gewebes zwischen Ektoblast und Entoblast. Der Mesoblast ist damit das erste Binnengewebe des Eis. Er wird durch zunehmende Ansammlung von Flüssigkeit mehr und mehr aufgelockert, so daß schließlich die sogenannte *Chorionhöhle* mit dem präventralen Blastemwasser entsteht. Mit der Bildung der Chorionhöhle ist das Ei am Ende der zweiten Woche dreikammerig und so groß geworden, daß es jetzt mit freiem Auge sichtbar ist.

Keine der Flüssigkeiten – weder die Dottersackflüssigkeit noch das Fruchtwasser oder die Flüssigkeit in der Chorionhöhle – ist eine stagnierende Flüssigkeit. Sie sind vielmehr Herde in einem räumlich geordneten Stoffwechselfeld. Das heißt: Sie sind lebensnotwendige Bestandteile des Eis.

Sobald die Chorionhöhle hinreichend geräumig ist, tapezieren Mesoblastzellen sie entlang der Außenschicht des Eis. Diese Schicht von Mesoblastzellen zusammen mit dem Ektoblast nennt man *Chorion*. Gleichzeitig umhüllt ein kleiner Teil der Mesoblastzellen den zweikammerigen Entoblast. Die beiden Teile des Mesoblast (Wandmesoblast und Hüllmesoblast) gehen in Form des Haftstiels ohne scharfe Grenze ineinander über. Der Hüllmesoblast erscheint damit als Kapsel des Entoblast. Man faßt den ganzen Entoblast mit dem Hüllmesoblast als eine formfeste Einheit zusammen und nennt sie *Entozyst.* Der Mesoblast ermöglicht Stofftransporte parallel und senkrecht zur Oberfläche des Ektoblast und Entoblast. Stoffwechselbewegungen, die parallel zu einem Grenzgewebe verlaufen, bezeichnet man als *parathelial* und solche, die senkrecht dazu verlaufen, als *diathelial.*

Die junge menschliche *Keimscheibe* (Entozystscheibe), die zunächst nur einen

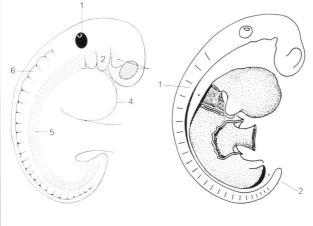

Abb. 8: 26 Tage alter menschlicher Embryo (2,57 mm groß, Blechschmidt, Carnegie Collection Nr. 10305). Links: Äußere Körperform. 1 Ohrblase, 2 erste Beugefalte (frühembryonaler Unterkiefer), 3 frühembryonaler Oberkiefer und Auge, 4 Herzwulst, 5 verdicktes Ektoderm der Körperwand (Ektodermring), 6 Somitenwülste. Rechts: Äußere Körperwand entfernt, Neuralrohr hell, Wand der Leibeshöhle punktiert. 1 und 2 Entstehungsorte der Gliedmaßenanlagen.

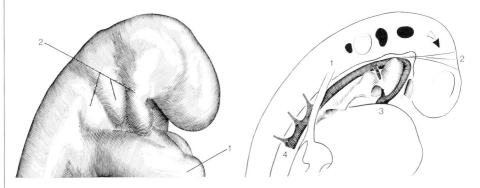

Abb. 9: Entwicklung der Beugefalten (Viszeralbögen) beim Embryo. Links außen: Kopfregion. 1 Herzwulst, 2 Beugefalten. Links Mitte: Embryo, Körperwand entfernt, 1 Cardinalvene, darüber Ohrblase mit drei Hirnnervenwurzeln, 2 vorderer Mesodermzügel in Verlängerung der Aorten, 3 Aorta ventralis am Abgang aus dem Herzen (Pfeil zeigt das stärkere Längenwachstum des Neuralrohrs gegenüber den im Wachstum verlangsamten Aorten, 4, an). Rechts Mitte: Teilrekonstruktion eines menschlichen Embryo Ende der 4. Woche (3,4 mm groß, Blechschmidt, Carnegie Collection

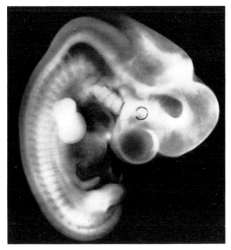
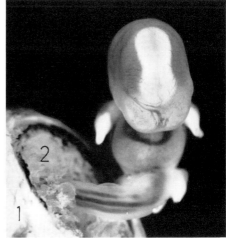

Abb. 10: 28 Tage alter Embryo (4,2 mm groß, Blechschmidt, Carnegie Collection Nummer 10307). Äußere Körperform. 1 Armanlage, 2 Leberwulst, 3 Herzwulst, 4 Beugefalten, 5 metamere Körperwandorgane (Somiten), 6 unteres Rumpfende, 7 Nabelgefäß, 8 Haftstielabschnitt der Nabelschnur. Rechts außen: Seitenansicht. Trichterförmiger breiter Nabel mit Dottersack (schwarz), Extremitätenanlagen (punktiert). Aus: Dokumentations-Sammlung Blechschmidt, Schnittserien-Rekonstruktion.

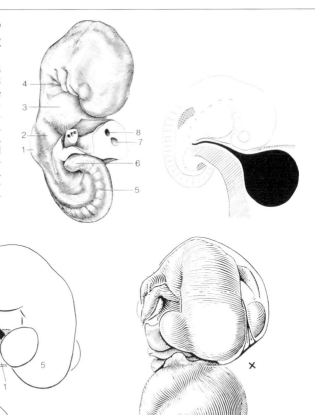

Nr. 10306). 1 Mundspalte, 2 Aorta ventralis, 3 Aorta dorsalis, 4 Ohrblase, 5 Vorderhirn. Die Gefäßbrücken zwischen der Aorta ventralis und den Aortae dorsales sind als Kurzschlüsse zwischen den großen Gefäßen entstanden und bilden den sogenannten Gefäßkorb (Viszeralbogengefäße). Rechts: Kopfregion des Embryo. Die Stirn berührt fast den Herzwulst. Zwischen Großhirn und Augenblasen ist das Bindegewebe gestrafft (schwarze Linie). Es strahlt in die Haut ein und veranlaßt infolge seines verlangsamten Wachstums die Bildung der Nasengrube (x).

Abb. 11 (links außen): 8,8 mm großer menschlicher Embryo (Sammlung E. Blechschmidt). Das Pigmentepithel des Auges erscheint als hufeisenförmige Linie. Im Gebiet des Rückenmarks sind die Abgänge der Nerven deutlich erkennbar.

Abb. 12 (links): 16,8 mm großer menschlicher Embryo, Tubargravidität. 1 Eileiter (Tube), 2 Plazenta. Rumpf und Kopf sind ungefähr gleich groß.

Abb. 13 (rechts): Gesicht eines 5½ Wochen alten menschlichen Embryo mit weit auseinander stehenden Augen und Nasenlöchern, breite Mundspalte.

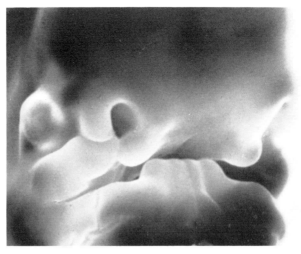

Durchmesser von einem fünftel Millimeter hat, vergrößert sich bis zum Ende der dritten Woche auf zwei Millimeter. In dieser Entwicklungsperiode besteht sie zunächst aus nur zwei Gewebsschichten, einem dicken Ektoderm und einem dünneren Entoderm. Das dicke Ektoderm ist der Boden der dorsalen Eiblase und geht fließend in das Amnionektoderm über. Das dünnere Entoderm ist ein Teil der ventralen Eiblase. Es geht fließend in das Entoderm der Dottersackwand über.

Solange in der zweiten Woche noch keine Blutgefäße gebildet sind, bekommt der Entozyst einen großen Teil seiner Nahrung auf dem Diffusionsweg durch die Chorionhöhle. Die vom Chorion in die Chorionhöhle abgegebenen Nahrungsstoffe werden vom Dottersack aufgenommen und von dort der Keimscheibe zugeleitet. Sie sind also sorgfältig geprüft, bevor sie den Keimling erreichen. In umgekehrter Richtung gibt die Keimscheibe über die Amnionflüssigkeit und das Amnion Abbauprodukte in die Chorionhöhle ab.

Der *Dottersack* ist also ein Stoffwechselfeld mit wichtigen räumlich geordneten Stoffwechselbewegungen. Nahrungssubstanzen, die hier reichlich aufgenommen werden, bedingen an der Oberfläche des Dottersacks die Entstehung von *Blutinseln*, das sind Zellen mit angereichertem Sauerstoff. Ihr Volumen ist im Verhältnis zu ihrer Oberfläche besonders groß geworden, so daß sie sich abkugeln und damit aus dem Zellverband lösen. Diese Zellen werden mit der allmählich strömenden Zwischenzellsubstanz (Interzellularsubstanz) im entstehenden Gefäßsystem verteilt. Das Blut beginnt gegen Ende der dritten Woche zu zirkulieren, bevor das Herz pulsiert.

An der Entozystscheibe, der scheibenförmigen Anlage des Embryo, kann man ein oberes (stumpfes) und ein unteres (spitzes) Ende unterscheiden, einen linken und einen rechten Rand sowie eine Bauchseite und eine Rückenseite. Die Seitenränder erscheinen, sobald die Entozystscheibe länger wird, zunächst gestreckt, dann taillenförmig eingezogen. Zunehmend deutlicher bildet die Entozystscheibe einen Kopfteil, einen Rumpfteil und als Übergangsstück zwischen beiden einen Halsteil aus. Während der Umbildung des flachen scheibenförmigen Keims zu dem gewölbten, länglichen Embryo faltet sich die Entozystscheibe. An dieser Faltung sind das Ektoderm und das Entoderm in unterschiedlichem Ausmaß beteiligt. Das Ektoderm bildet eine dicke Platte aus Zellen und macht zunächst den Hauptteil der scheibenförmigen Anlage des Embryo aus, während das Entoderm dünn ist. Durch sein intensives Flächenwachstum arbeitet das *Ektoderm als der Hauptgestaltungsapparat* des jungen Embryo. Mit seinem Wachstum wölbt es sich im Bereich des stumpfen Endes der Entozystscheibe an der Rückenseite (dorsal) vor und bildet die *Expansionskuppe*. Gleichzeitig sinkt es im Bereich des unteren spitzen Endes der Entozystscheibe ein. Während sich die Expansionskuppe durch lebhafte Zellvermehrung immer stärker wölbt, finden wir die Zellen der *Impansionssenke* auf relativ engem Raum zusammengedrängt. Durch diese Entwicklungsbewegungen erscheint die Entozystscheibe im Längsschnitt S-förmig.

Mit seinem Flächenwachstum schiebt sich das Ektoderm der Expansionskuppe über die im Wachstum verlangsamte Impansionssenke und bildet fast zentral in der

Oben: Gefäßsystem eines 23 Tage alten menschlichen Embryo (2,2 mm groß), von links und von vorn. Die zum Herzen hinführenden Gefäße sind blau, die vom Herz wegführenden Gefäße rot. Die Blutbahn des Herzens ist violett dargestellt. Das Herz besitzt noch keine zentrale Lage. 1 Neuralrohr, 2 Aorta, 3 Herz, 4 Nabelrand, 5 Haftstiel. Unten: Entwicklungsstadium eines menschlichen Embryo Mitte der 4. Woche (2,57 mm groß, Originalpräparat der Dokumentationssammlung Blechschmidt, Carnegie Collection Nr. 10305). 1 Chorion, 2 Dottersack, 3 Chorionhöhle, 4 Chorionbasis, 5 Amnion, oben und unten zur Sichtbarmachung des Embryo gefenstert.

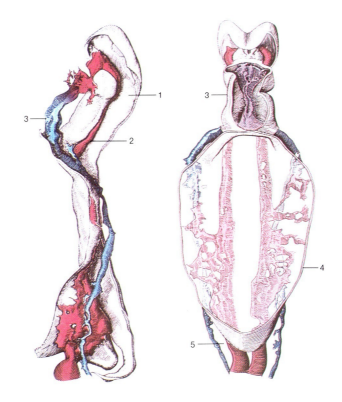

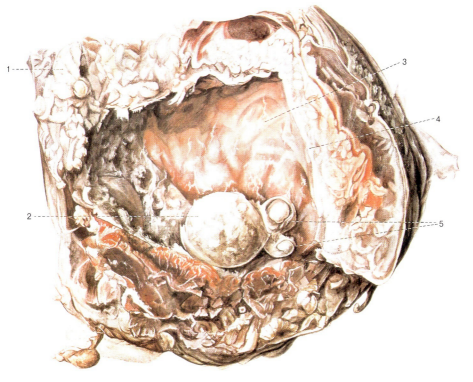

Entozystscheibe eine Überlappung. Mit dieser Überlappung entsteht eine fingerlingförmige Einstülpung des Ektoderms: der *Axialfortsatz*. Dieser wird so genannt, weil in ihm die Hauptachse (Chorda) der jungen Embryonalanlage liegt. Der früher vielfach benutzte Begriff »Kopffortsatz« ist unzutreffend und aus einer Reihe von Gründen heute nicht mehr gebräuchlich. Eine Gastrulation in der Art, wie sie bei vielen Tieren vorkommt, gibt es beim Menschen nicht. Aus den zoologischen Beobachtungen von Gastrulationsvorgängen läßt sich daher die Bildung des Axialfortsatzes beim Menschen nicht verstehen.

Im Gegensatz zu dem kräftigen, intensiv wachsenden Ektoderm an der Dorsalseite wächst das ihm an der Bauchseite anliegende Entoderm langsamer. Das ungleiche Flächenwachstum (konträre Differenzierung) führt zur Entstehung einer Auflockerungszone zwischen Ektoderm und Entoderm. In sie dringen von der Spitze des Axialfortsatzes aus Zellen ein. Dadurch entsteht im Inneren der Entozystscheibe ein mittleres Keimblatt, das *Mesoderm*. Das Mesoderm (Binnengewebe) geht am Rand der Keimscheibe in den oben beschriebenen Hüllmesoblast über. Das Mesoderm verbindet mit dreidimensionalen Stoffwechselbewegungen das Entoderm mit dem Ektoderm. Seine Zellen sind so eingestellt, daß sie Ektoderm und Entoderm auf kürzestem Wege verbinden. Dabei werden Ektoderm und Entoderm zugfest zusammengehalten. Dieser Zusammenhalt ist nicht rein mechanisch, sondern basiert auf einem biomechanischen Wachstumszug, der u. a. auf Stoffwechselbewegungen und ihren physiko-chemischen Kräften beruht. Dabei tragen die biomechanischen Spannungsverteilungen im Mesoderm zur Formbildung des Embryo bei. In dem System der biomechanischen Spannungen funktionieren die Zellgrenzmembranen als Träger von Zugspannungen und die flüssige Interzellularsubstanz als Träger von Druckspannungen.

Entwicklung in der vierten Lebenswoche
Die Entstehung der großen Organsysteme

Das Binnengewebe (Mesoderm) dient mit seiner Zwischenzellsubstanz vor allem dem Nahrungstransport. Im Gebiet des Axialfortsatzes findet sich kein Mesoderm. Hier ist der Nahrungstransport und die Nahrungsaufnahme so schwach, daß das Ektoderm entlang dem Axialfortsatz einsinkt.

Das Einsinken des Ektoderm führt zu einer Rinnenbildung der Entozystscheibe. Dadurch entsteht rechts und links der Rinne ein Hochrelief, die *Dorsalwülste*. Sie stellen am Ende der dritten Woche den Hauptteil des Embryo dar. Soweit sie die Böschung der Rinne sind, bilden sie die Anlage des Nervensystems (Neuralrinne).

Im Bereich der Anlage des Nervensystems ist das Längenwachstum des jungen Embryo besonders intensiv, weil die Zellverbände, die die Anlage des Gehirns und Rückenmarks bilden, die ersten Hauptnahrungsschlucker des jungen Embryo sind. Das bedeutet, daß ein intensives Stoffwechselgefälle in Richtung vom Haftstiel zur Anlage des Zentralnervensystems besteht. Der Nahrungstransport findet in der

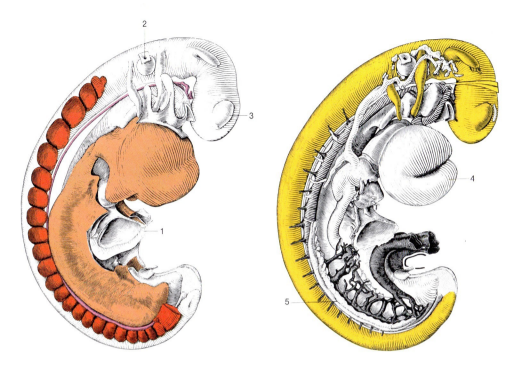

Entwicklungsstadium eines menschlichen Embryo Mitte der 4. Woche. Schnittserienrekonstruktionen der Humanembryologischen Dokumentationssammlung Blechschmidt. Die äußere Haut ist hier entfernt. Die Körperwandorgane (Somiten) sind rötlich gefärbt, die Wand der Leibeshöhle braunrot, Gehirn und Rückenmark sowie Hirnnerven und Augenblase gelb, das Entoderm des Darmtraktes grün. Arterien sind schwarz, Venen grau gerastert. 1 Dottersackstiel, 2 Ohrblase, 3 Augenanlage, 4 Herz, 5 embryonaler Exkretionsapparat, 6 Schlundtaschen (Beugefalten des Kopfdarms), 7 Leber.

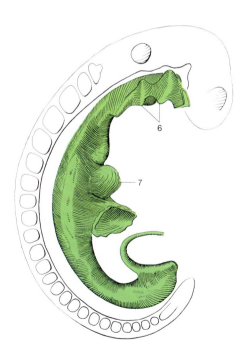

lockeren Zwischenzellsubstanz des Binnengewebes (Mesoderm), besonders am Rand der Entozystscheibe, statt. Hier entstehen Kanalisierungszonen im Gewebe, welche die Vorläufer der Gefäße sind. Die *Gefäßentwicklung* paßt sich also an die frühe Gehirnentwicklung und deren Nahrungsbedarf an. Bereits in der dritten Woche entstehen entlang dem jungen Rückenmark im Binnengewebe paarig die Aorten, die die Nahrung zum Zentralnervensystem leiten. Von diesen paarigen Aorten gehen wenig später quer dazu Gefäßsprossen zur Versorgung des Rückenmarks aus. Sie bilden in der Rückenregion regelmäßig die erste sogenannte Segmentation. Sie ist der Beginn der allmählich fortschreitenden *Metamerie* der ganzen Rückenregion. Hier entstehen mit der Entwicklung der Gefäßäste der Aorten, abhängig von deren Zahl, die Rückenmarksnerven. Die Gefäßäste, die zum Gehirn und Rückenmark führen, streifen die Anlagen der Gehirn- und Rückenmarksnerven vom Neuralrohr ab: Die Gefäße, die sich am Neuralrohr verankern, üben jeweils einen Wachstumszug auf die Wand des Neuralrohrs aus und veranlassen dadurch das Neuralrohr, jeweils im Kontaktgebiet Nerven zu bilden.

Zwischen den metameren Gefäßen entstehen nach und nach besonders differenzierte Zonen, die sogenannten *Somiten* (Körperwandorgane). Sie bilden sich beidseitig vom Rückenmark aus dem zunächst unsegmentierten Mesoderm. Die Somiten sind keine allseits scharf umgrenzten Körperteile, sondern Gewebszonen des Mesoderm (Binnengewebe). Sie gehen an der Bauchseite des Rückenmarks – in der Tiefe nahe der Längsachse (Chorda) – und an den Seiten des Embryo fließend ineinander über. Sie bilden die Anlage des Bewegungsapparates. Der fließende Übergang zeigt beispielhaft, daß der Organismus sich nicht aus mikroskopischen und makroskopischen Bausteinen zusammensetzt, sondern sich während seiner Differenzierung unterteilt.

Von der Bauchseite (ventral) betrachtet, hat ein beinahe zwei Millimeter großer Embryo einen noch weit offenen *Nabel*. Mit seinem Rücken wölbt sich der Embryo noch kaum aus der Nabelebene vor. Das Entoderm, das die Bauchseite der Keimscheibe bildet, ist auch beim zwei Millimeter großen Embryo noch dünn. Es ist in Form einer Kopf- und Rumpfbucht unter den Nabelrand eingezogen und bereits als Anlage des späteren Darmrohres erkennbar.

In diesem Stadium wächst bei etwa zwei Millimeter großen Embryonen der obere Nabelrand entsprechend dem beschleunigten Wachstum des ganzen oberen Teiles des Embryo besonders intensiv. Dabei nimmt die Flächenvergrößerung des Epithels so sehr zu, daß im Inneren des Nabelrandes die Bindegewebszellen auseinanderweichen und sich Flüssigkeit ansammelt. Es entsteht die *Leibeshöhle* (Zölom). Sie bildet im Binnengewebe des oberen Nabelrandes zunächst einen hufeisenförmigen Spalt. Die Flüssigkeit in dem Spalt kommuniziert zunächst mit der Flüssigkeit in der Chorionhöhle. Die Leibeshöhle wird in der Fetalzeit durch Einschnürungen von außen in die Herzbeutelhöhle, die Brust- und die Bauchhöhle unterteilt. Das Mittelstück der Rückwand der jungen Leibeshöhle wölbt sich in Form einer zwischenzellsubstanzreichen, bald hohl erscheinenden Falte in die Leibeshöhle vor und bildet das zuerst schlauchförmige *Herz*. Es sitzt breit auf dem oberen Na-

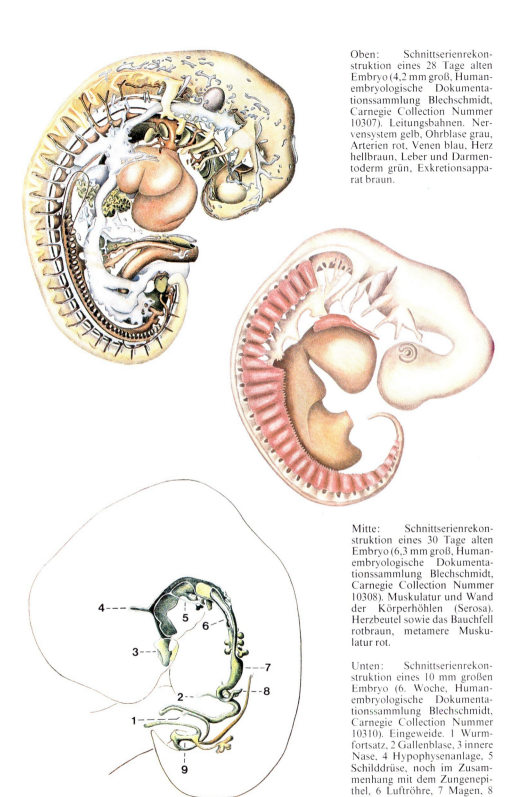

Oben: Schnittserienrekonstruktion eines 28 Tage alten Embryo (4,2 mm groß, Humanembryologische Dokumentationssammlung Blechschmidt, Carnegie Collection Nummer 10307). Leitungsbahnen. Nervensystem gelb, Ohrblase grau, Arterien rot, Venen blau, Herz hellbraun, Leber und Darmentoderm grün, Exkretionsapparat braun.

Mitte: Schnittserienrekonstruktion eines 30 Tage alten Embryo (6,3 mm groß, Humanembryologische Dokumentationssammlung Blechschmidt, Carnegie Collection Nummer 10308). Muskulatur und Wand der Körperhöhlen (Serosa). Herzbeutel sowie das Bauchfell rotbraun, metamere Muskulatur rot.

Unten: Schnittserienrekonstruktion eines 10 mm großen Embryo (6. Woche, Humanembryologische Dokumentationssammlung Blechschmidt, Carnegie Collection Nummer 10310). Eingeweide. 1 Wurmfortsatz, 2 Gallenblase, 3 innere Nase, 4 Hypophysenanlage, 5 Schilddrüse, noch im Zusammenhang mit dem Zungenepithel, 6 Luftröhre, 7 Magen, 8 Pancreas, 9 Harnblase.

belrand und sammelt das Blut, das aus der Wand des Dottersacks und dem Haftstiel im rechten und linken Nabelrand zufließt. Das Blut wird durch die beiden Ausflußbahnen dem Hauptnahrungsschlucker des jungen Embryo, dem Gehirn, zugeleitet. Sobald die Menge des zufließenden Blutes größer wird, wird der in der Leibeshöhle frei bewegliche Teil des Herzschlauchs mehr und mehr gedehnt und fängt an zu pulsieren. Bereits am Anfang der vierten Woche schlägt das Herz rhythmisch.

Die Entwicklung in der Gesichtsregion

Mit der vierten Lebenswoche endet die Entwicklungsperiode des jungen Embryo. Dann erreicht er eine Größe von vier Millimetern. Alle seine Organsysteme – sowohl sein Nervensystem als auch seine Eingeweide und die Anlage seines Bewegungsapparates – lassen sich in Lupenvergrößerung unschwer erkennen. *Sie funktionieren entsprechend ihren durch das Wachstum erworbenen Eigenschaften.* Gemeinsam mit der Haut üben sie sehr unterschiedliche Gestaltungsfunktionen aus. Das *Gehirn* ist dabei Hauptintegrationsapparat. Es reagiert auf das Wachstum der peripheren Organe mit Bildung von Bahnen und Zentren: es registriert jedes Wachstum, noch bevor es rückwirkend die Organe beeinflußt.

Im Kopfgebiet hat das embryonale Gehirn den höchsten Sauerstoffverbrauch von allen Körperteilen. Entsprechend der Richtung des Sauerstoffgefälles vom Haftstiel zum Gehirn wachsen die Blutgefäße zum Gehirn. Die Stammgefäße des Embryo, die Aortenanlagen, nehmen entlang des Gehirns und Rückenmarks schnell an Kaliber zu. Gleichzeitig bleiben sie aber im Verhältnis zum gesamten peripheren Gefäßnetz kurz. Durch ihr Kurzbleiben zügeln sie das Neuralrohr, mit dem sie geweblich verbunden sind, so, daß der Embryo sich zunehmend krümmt. Diese *Krümmungsvorgänge* sind deutlich am Gehirn nachweisbar. Gegen Ende des ersten Monats sind verschiedene Teile des Neuralrohrs gegeneinander abgewinkelt und als Vorderhirn, Mittelhirn und Hinterhirn zu unterscheiden. Als ein Hauptteil des Vorderhirns werden mit Hilfe eines zügelnden Gefäßes die Augenblasen seitlich abgekerbt.

Im Kopfbereich nimmt die Krümmung gegen Ende des ersten Monats so sehr zu, daß hier *Beugefalten* entstehen. Sie wurden früher irrtümlicherweise als Kiemen gedeutet und als Beweis dafür angesehen, daß die Ontogenese des Menschen eine Rekapitulation der Phylogenese sei. Tatsächlich sind jedoch die Lagebeziehungen der Beugefalten zueinander, ihre Größenunterschiede und ihre Struktur sehr deutlich als konstruktive Merkmale der Krümmung des Embryo nachweisbar. *In keinem Stadium der Embryonalentwicklung gibt es beim Menschen oder anderen Säugern Kiemen oder kiemenähnliche Bildungen*, die wir als phylogenetische Relikte zu deuten hätten. Halsfisteln, die gelegentlich als Fehlbildungen vorkommen, sind keine Reste von Kiemenspalten, sondern entstehen dann, wenn die sehr dünne Haut zwischen den Beugefalten infolge besonderer Schwäche einreißt. Wir kennen viele schwache Stellen im Körper, die normalerweise einreißen. In der Regel stellen sie infolge des besonders engen Kontaktes aneinanderstoßender Grenzgewebe

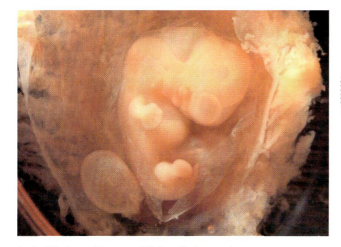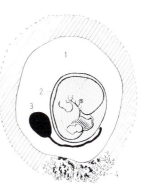

Sechs Wochen alter menschlicher Embryo mit Dottersack im Ei (12 mm groß). Erläuterungsskizze: 1 Chorionhöhle, 2 Amnion, 3 Dottersack, 4 kindlicher Teil der Plazenta (Sammlung Blechschmidt).

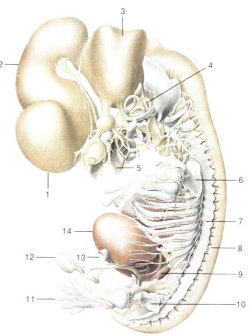

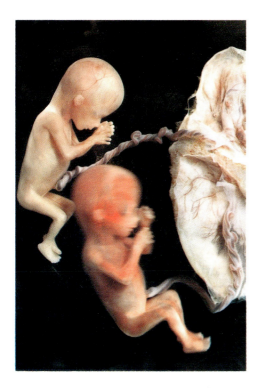

Schnittserienrekonstruktion eines 7 Wochen alten menschlichen Embryo (17,5 mm groß, Blechschmidt, Carnegie Collection Nr. 10312). Nervensystem gelblich, Knorpelskelet bläulich, Darm grünlich, Leber und Niere bräunlich. 1 Vorderhirn, 2 Mittelhirn, 3 Hinterhirn, 4 Labyrinth, 5 Mundspalte, 6 Schulterblatt, 7 Wirbelsäule, 8 Ganglien der Rückenmarksnerven, 9 Niere, 10 Becken, 11 Fußskelet, 12 Darm mit Wurmfortsatz, 13 Nabelvene, 14 Leber.

Zwillinge, 104 und 110 mm groß. 4. Entwicklungsmonat (Sammlung Blechschmidt).

(Epithelien) besondere Stoffwechselfelder dar, die sich als *Korrosionsfelder* haben nachweisen lassen. Hier gehen Zellen zugrunde, weil durch einen zu engen Kontakt der beiden Grenzgewebe der submikroskopische Nahrungsstrom zwischen ihnen nicht aufrechterhalten werden kann. Solche Korrosionsfelder sind Musterbeispiele biodynamischer Stoffwechselfelder. In derartigen Korrosionsfeldern entstehen zum Beispiel die Mundspalte und zahlreiche Verbindungen zwischen Hohlorganen im Inneren des Körpers, z. B. die Nierenkanälchen.

Bei einem drei bis vier Millimeter großen Embryo wird mit seiner zunehmenden Krümmung der Gesicht-Hals-Bereich besonders breit. Die Beugefalten bilden Querbögen. Das Darmrohr stellt als Folge der Krümmung ein breites Hohlband dar, dessen Öffnung (der Mundeingang) quer gestellt ist. Um die seitlichen Ränder des breiten Kopfdarms strafft sich jetzt das Gewebe. Die Straffung des Gewebes ist ein wichtiger Initialfaktor bei der Bildung der ersten großen Gefäßbrücken zwischen dem Herzen und den Aorten. Das gestraffte Binnengewebe in den Beugefalten (*Viszeralbögen*) benutzen nicht nur die Blutgefäße (Viszeralbogengefäße), sondern auch die heranwachsenden Nerven als Leitstruktur.

Die Beugefalten, die durch die Krümmung des Embryo im Kopfbereich entstehen, sind einerseits nach außen und andererseits nach innen, in das Darmrohr, vorgewölbt. Der erste Viszeralbogen ist der Unterkieferbogen, der zweite der Zungenbeinbogen, den dritten und vierten bezeichnet man als oberen und unteren Kehlkopfbogen. Die Schleimhauttaschen des Darmrohrs zwischen den Viszeralbögen nennt man *Schlundtaschen*.

Mit der zunehmenden Krümmung des Embryo, bei der die Haltefunktion der Aorten eine wichtige Gestaltungsfunktion hat, nähert sich die embryonale Stirn dem mächtigen Herzwulst so sehr, daß zwischen Stirn und Herzwulst die winzige Gesichtsanlage zunächst als Breitgesicht erscheint. In diesem Frühstadium ist der Augenabstand noch relativ groß. Die als Tiefrelief erkennbaren Anlagen der Nasenlöcher stehen weit auseinander. Wir finden sie an einem Ort, wo die Haut durch einen Binnengewebsstrang im Wachstum behindert wird. Dieser Gewebsstrang liegt zwischen dem Großhirn und den seitlichen Augenanlagen, strahlt in die Haut ein und funktioniert hier als Halteapparat.

Im Porträt des jungen Embryo drückt sich somit einerseits die frühe intensive Gehirnentwicklung und andererseits das entsprechend intensive Wachstum des jungen Herzens aus. Das embryonale *Herz* bildet im Rumpfgebiet einen mächtigen Wulst, den Herz-Wulst. Seine Größe ist charakteristisch. Sie wird weitgehend verständlich, wenn wir bedenken, daß an das embryonale Herz im ersten Entwicklungsmonat besonders hohe Anforderungen gestellt werden. Es versorgt nämlich nicht nur alle Gefäße im Embryo, sondern auch sämtliche Gefäße im Chorion und Dottersack.

Die embryonalen Gliedmaßen

In der seitlichen Rumpfwand lassen sich gegen Ende des ersten Monats die *Gliedmaßen* als Falten nachweisen. Der Entstehungsort der oberen und der unteren

Extremitäten ist durch den Winkel bestimmt, den das Bauchfell oben und unten mit dem Rückenmark bildet (Rückenmark-Bauchfell-Winkel). Dieser Winkel entsteht während der zunehmenden Krümmung des Embryo zwischen dem mehr in die Länge wachsenden Rückenmark und den weniger in die Länge wachsenden Brust-Bauch-Eingeweiden. Zusammen mit der unterliegenden Vene bleibt die Haut am Rand des Bauchfells im Wachstum zurück und bildet eine ähnliche Vertiefung wie die Nasengrube: die Anlage der Achselgrube und der Leistenbeuge. Gleichzeitig faltet sich die wachsende Haut am hinteren Rand dieser Vertiefung zu einem Hochrelief auf und bildet hier Längsfalten. Wenn diese Falten an ihrem freien Rand wachsen und höher werden, entsteht ein Stoffwechselgefälle, das durch einwachsende Gefäße, die Nahrungsstoffe herbeibringen, ausgeglichen wird. Das stärkere Oberflächenwachstum der Extremitätenfalten gegenüber ihrem Volumen sorgt dafür, daß aus dem Rückengebiet zusammen mit den Gefäßen Material aus der Nachbarschaft in die Extremitäten hineingezogen wird, vor allem Nervengewebe. Das Innere der Extremitätenanlagen besteht nun in erster Linie aus Nervengewebe und Gefäßen.

Der Embryo im zweiten Entwicklungsmonat

Die Anatomie der Embryonen im zweiten Entwicklungsmonat kennen wir erst seit einigen Jahren genauer durch Totalrekonstruktionen von Schnittserien. Mit ihrer Hilfe konnten die Lagebeziehungen der Organe zueinander, ihre von der Lage abhängige Form und die auf diese bezogene Struktur systematisch ermittelt werden.

Im zweiten Monat nimmt das *Gehirn* fast die Hälfte des gesamten Körpers ein. Es hat zu dieser Zeit schon Zentren und Bahnen. Durch die Nerven hat es Kontakt mit der Haut und mit allen inneren Organen bekommen. Es stellt damit schon jetzt ein *integrierendes Organ* dar. Die Entwicklungsbewegungen registrierend, faßt es sie zu einem Ganzen zusammen. Eine führende Rolle des Gehirns (*Zerebralisation*) besteht also schon während der Entwicklung. Verglichen mit dem Kopf erscheint der Rumpf als dessen Anhängsel. Durch das exzentrische Wachstum des Gehirns wird der Embryo an seinem oberen, stumpfen Ende breit, während er an seinem unteren Ende relativ spitz wird. Bei etwa 25 Millimeter großen Embryonen ist der Unterschied zwischen dem spitzen und stumpfen Körperende extrem groß.

Mit der zunehmenden Entwicklung des Gehirns wird – in Abhängigkeit von seinem Nahrungsbedarf – in der Brust das Zentrum des Gefäßsystems, das *Herz*, ebenfalls schnell größer. Infolge des dadurch zunehmenden Blutzuflusses aus der Leber zum Herzen entwickelt sich im zweiten Monat das Zentralorgan der Eingeweide, die *Leber*, zu einem mächtigen Organ. Sie ist nun dem Herzen als Blutfilter vorgeschaltet. Mit dem Wachstum der Leber nimmt der Brustumfang und der Bauchumfang des Embryo zu, die Wölbung des Zwerchfells dagegen ab. Diese Abnahme führt gegen Ende des zweiten Monats zu einer Verlagerung, zu einem »Abstieg« der ganzen Eingeweide vom Gehirn weg. Das exzentrisch wachsende *Gehirn* seinerseits steigt mit dem Längenwachstum der Wirbelsäule und der Auf-

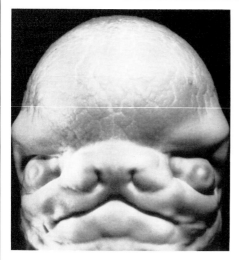

Abb. 14: Gesicht eines 16,2 mm großen menschlichen Embryo in der 7. Woche. Er hat ein typisches Quergesicht, die Nase ist breit. Original.

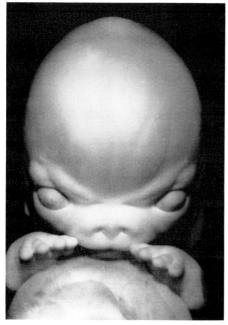

Abb. 15: Gesicht eines 21 mm großen Embryo in der 8. Woche. Das Gesicht erscheint als Anhang eines noch großen Oberkopfes. Über den Augen, deren Stellung noch Ausdruck des Quergesichtes sind, ist die spätere Brauenregion als Wulstung erkennbar. Die Händchen sind mit ihrer Greifseite dem Herzwulst zugekehrt. Original.

Abb. 16: Gesicht eines 43 mm großen menschlichen Fetus im 3. Monat. Original. Er besitzt jetzt schon das typische Langgesicht mit der zunehmend nach vorn gerichteten Einstellung der Augen. Noch immer dominiert der große Oberkopf. Seine Größe ist die Folge eines intensiven Gehirnwachstums.

richtung des Embryo gegenüber den Eingeweiden auf. Die »Aufrichtung« des Gehirns ist eine der Bedingungen für die Entstehung des aufrechten Gangs. An ihm erkennt man seine führende Rolle.

Ein besonders deutliches Zeichen des »Abstiegs« der Eingeweide ist die Bildung des menschlichen *Halses*. Im Halsbereich hatte während des ersten Monats das mächtige Herz gelegen. Mit seinem Abstieg verschmälert sich die Halsregion, so daß hier die typische Form eines schmalen Halses entsteht.

Zwischen dem aufsteigenden embryonalen Nervensystem und den absteigenden embryonalen Eingeweiden wandelt sich das anfängliche Breitgesicht zum Langgesicht. Bezeichnend dafür ist neben vielen Sondermerkmalen die Längenzunahme des Nasenrückens. Während das Gesicht länger wird, bleibt der Abstand der Augen voneinander gering. So wird der Blick nach vorn gerichtet. Biodynamisch geschieht dies auf folgende Weise: Zwischen der vorgewölbten Stirn und dem Nasenrücken wird unter der Haut das Binnengewebe von oben nach unten eingeengt, dadurch im Wachstum behindert und gestrafft (*Retensionsfeld*). Mit dieser Straffung wird es zugleich zugfest. Das zugfeste Gewebe, das beiderseits in die Augenlider ausstrahlt, hält die Augen während der weiteren Vergrößerung des Kopfes in fast konstantem Abstand voneinander. Dadurch entsteht der Blick nach vorn. Die für den Erwachsenen charakteristische lange Nase und der bei ihm relativ geringe Augenabstand sind eine der Folgen des wachsenden Gehirns und seiner Aufstiegsbewegungen, also ein Zeichen der menschlichen Zerebralisation in der Tiefe unter der Haut.

Zu Straffungen von Binnengewebe kommt es auch seitlich zwischen den an Umfang zunehmenden Augen und dem größer werdenden Nasenraum. Über den hier im Wachstum behinderten Gewebssträngen wird die embryonale Gesichtshaut eingezogen und bildet ein Tiefrelief.

Ein Zeichen typisch menschlicher Entwicklung ist in der Rumpfregion die weitere Differenzierung der *Extremitäten*. Mit ihren Entwicklungsbewegungen leitet der Embryo seine späteren Greif- und Gehbewegungen ein. Die gegen Ende des ersten Monats mit freiem Auge noch kaum erkennbaren Armanlagen zeigen im zweiten Monat Entwicklungsbewegungen, die die späteren Greifbewegungen vorbereiten, wogegen die Beinanlagen das Strampeln und damit Geh-, Sitz- und Stehbewegungen durch ihr Wachstum einleiten. Auch diese Differenzierungen sind wiederum nur Teilgeschehnisse der Entwicklungsbewegungen des ganzen Embryo. Es ist gut nachweisbar, daß das Nerven- und Gefäßsystem in hohem Maße an der Gestaltung beteiligt sind. Durch die Nerven steht die Entwicklung der Gliedmaßen mit der des Rückenmarks und damit auch des Gehirns schon während des frühen Wachstums in Zusammenhang.

Im Laufe des zweiten Monats entwickelt sich der Embryo so weit, daß fast alle vom Erwachsenen bekannten Organe erkennbar werden. Gegen Ende des zweiten Monats ist die eigentliche Embryonalentwicklung beendet. Dann hat der Embryo eine Länge von etwa 30 Millimetern. Mit dem dritten Monat beginnt die Fetalentwicklung. Die Proportionen des Fetus haben jetzt große Ähnlichkeit mit denen des Kleinkindes. Die Körperhaltung ähnelt der eines Säuglings.

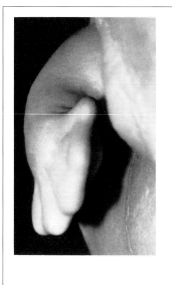 

Abb. 17: Wachstumsfunktionen der Extremitäten am Beispiel der Handgebestellung eines 7 Wochen alten Embryo. Oberarm sowie Unterarm und Handteller sind deutlich unterscheidbar. Das Händchen lehnt sich während des Wachstums mehr und mehr dem Leber-Herzwulst an. Die Wachstumsanlehnung geschieht mit Hilfe der kräftigen Blutgefäße. Sie bleiben gegenüber dem Knorpelskelet im Wachstum zurück, das eine Stemmkörperfunktion (Pfeile mit Querstrich) ausübt. Durch die Zügelung der Gefäße werden die Gliedmaßen geknickt. Die Knickung führt im Bereich des Skelets zur Gelenkbildung.

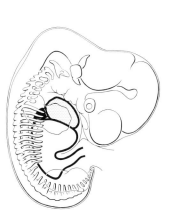 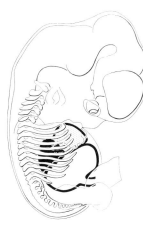 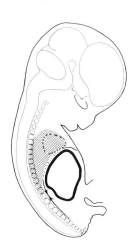

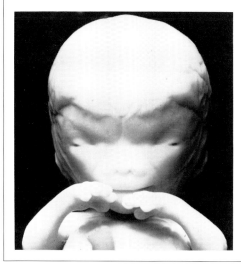

Abb. 18: Entfaltung der Lunge durch Aufrichtung des Embryo und Abstieg des Zwerchfells. Links: Zwerchfell noch in Höhe der zweiten Rippe. Mitte: Zwerchfell in Höhe der zwölften Rippe. Während Herz und Leber größer werden, nimmt auch der Herz-Leber-Winkel zu. Hier entsteht die Lunge (schwarz). Rechts: Die Lunge (schraffiert) wird gleichsam in den mit dem Wachstum der Leber und dem Abrücken des Zwerchfells von der Wirbelsäule entstandenen Leerraum hineingesogen (Wachstumsatmen).

Abb. 19: Wachstumsgreifen eines Embryo Ende des zweiten Monats. Die Grenze der Kopfbehaarung ist deutlich hervorgehoben. Die Anlage der Brauenhaare erkennt man über den vorübergehend geschlossenen Augen. Sammlung Blechschmidt.

Die Entwicklung des Fetus dauert vom dritten bis zum zehnten Monat (in der Geburtshilfe zählt man nach Mondmonaten zu je vier Wochen). Unter günstigen Umständen ist der Fetus mit ärztlicher Hilfe schon zehn bis zwölf Wochen vor dem normalen Geburtstermin auch außerhalb des Uterus lebensfähig.

Entwicklung des Nervensystems

Es gibt keine Organe, die während ihrer Entwicklung funktionslos wären. Dies gilt auch für das Nervensystem. Mit seinen Wachstumsfunktionen bereitet das Nervensystem seine späteren Leistungen beim instinktiven Verhalten und bei bewußter Tätigkeit vor. Was wir später Bewußtsein und Denken oder Auffassen und Lernen nennen und als eine differenzierte integrierende Tätigkeit bezeichnen, wird embryonal durch integrierende Wachstumsfunktionen des Gehirns vorbereitet und eingeleitet.

Wie alle organischen Differenzierungen ist auch das Nervensystem in seiner Entwicklung lageabhängig. Dies zeigt sich schon beim Neuralrohr eines zwei Millimeter großen Embryo. Das *Neuralrohr* wächst als kräftiges Epithel zwischen der Neuralrohrflüssigkeit und dem gefäßführenden Gewebe an seiner Außenseite. Dieses Epithel ist zunächst ein einheitlicher Zellverband, in dessen Innerem sich allmählich besondere Zellen zu Ganglienzellen entwickeln.

Das Neuralrohr hat nur außen Kontakt mit den Substanzen, die ihm zur Ernährung dienen. Hier finden wir daher auch die ersten Differenzierungsvorgänge. Nahe der äußeren Oberfläche entsteht die sogenannte *weiße Substanz*. Sie wird von Zellfortsätzen gebildet, die Nahrung aus dem angrenzenden, gefäßreichen Gewebe aufnehmen. Die Zellfortsätze kommen von Zellen, die in der Nähe der Ventrikelflüssigkeit liegen. Die Fortsätze der Nervenzellen, die zur Außenseite des Neuralrohrs wachsen, liegen so eng aneinander, daß die Zellkerne dort zunächst keinen Platz finden. In der äußeren Schicht wird mit dem Einwachsen der Zellfortsätze die Hauptwachstumsarbeit geleistet. Die einwachsenden Fortsätze üben gegenseitig einen Wachstumsdruck aus und vergrößern so allmählich den Umfang des Neuralrohrs. Die innere Schicht ist dagegen weitgehend von äußerer Arbeit entlastet. Hier finden wir nahe dem Lumen sogenannte ventrikuläre Mitosen (Zellteilungen). Erst mit der allmählichen Zunahme des Umfangs von Gehirn und Rückenmark können Zellen weiter nach außen rücken, wo sie nun zwischen äußerer, weißer und innerer, relativ schwarzer (kernreicher) Zone die *graue Substanz* bilden. Ein spezielles Merkmal dieser grauen Substanz ist die Bildung von großen Ganglienzellen. Voraussetzung für ihre Entstehung sind hinreichend große Zellfortsätze und für deren Entwicklung hinreichend starke Entwicklungsreize in der Peripherie. Mit den Zellfortsätzen vergrößert sich der Zelleib und damit zugleich der Zellkern (Zellplasma-Kern-Relation). Auch hier gehen wieder die peripheren Differenzierungen den zentralen voraus. Das heißt, daß die Bahnen früher entstehen als die Zentren.

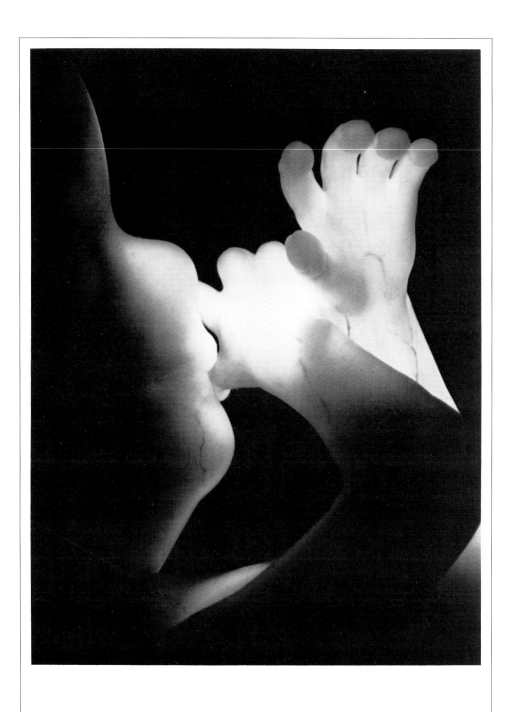

Abb. 20: Momentbild der typischen Flötenspielerstellung eines zehn Wochen alten Fetus. Aus: Dokumentations-Sammlung Blechschmidt.

Das frühe Wachstum des Gehirns

Mit der zunehmenden Krümmung des Embryo dehnt sich seine Kopfhaut, die dadurch am Nacken und Oberkopf dünner wird, während sie sich am Unterkopf verdickt. Die Kopfhaut wächst also nicht gleichmäßig. Dem ungleichen Flächenwachstum paßt sich das Gehirn an. Es vermag nicht gleichmäßig nach allen Seiten zu wachsen, so daß seine Abschnitte gegeneinander abknicken. Im zweiten Monat wächst das Großhirn intensiv nach hinten und nimmt jetzt den Hauptteil des Oberkopfes ein. Bei dieser Lageentwicklung spielen die Gefäße, die das Gehirn versorgen, eine wichtige Rolle. Sobald die ernährenden Gefäße zu kleinen Stämmchen herangewachsen sind, in denen das Blut hinreichend schnell strömt, dienen zum Stoffaustausch vor allem die zarten Verzweigungen des peripheren Gefäßnetzes. Die Gefäßstämmchen, die in erster Linie an der Basis und an den Seiten des Gehirns liegen, bleiben verhältnismäßig kurz und üben dadurch eine Haltefunktion aus, ähnlich wie es bei allen größeren Blutgefäßen der Fall ist. Sie bilden zusammen mit ihrer geweblichen Leitstruktur Haltegurte. Diese Haltegurte behindern das Flächenwachstum besonders an der Basis des Gehirns. Seitlich wölbt sich das Gehirn vor. Dabei sind die Hauptzuwachsgebiete die Großhirnhemisphären im Stirn- und Scheitelbereich und die Kleinhirnhemisphären im Hinterhaupt.

Das Gehirn ist schon im Embryonalzustand ein besonders wichtiges Stoffwechselfeld. Die Stoffwechselbewegungen verlaufen in ihm in drei zueinander senkrecht stehenden Bahnensystemen, in sogenannten trajektoriellen Hauptrichtungen. Diese trajektoriellen Hauptrichtungen lassen sich an den Zellgrenzmembranen erkennen, die senkrecht und parallel zur Oberfläche des Gehirns eingestellt sind. Dasselbe gilt vom Rückenmark. Durch die Vielzahl der verzweigten Zellen ist beim Menschen das Nervensystem ein hochkomplizierter Schaltungsapparat mit gerichteten submikroskopischen Prozessen. Diese haben infolge der Bilateralsymmetrie des Gehirns Ähnlichkeit mit Schwingungsvorgängen. Wir dürfen uns vorstellen, daß schon Monate vor der Geburt ein ständiger Austausch von »Impulsen« zwischen der rechten und der linken Großhirnhemisphäre stattfindet. Wahrscheinlich ist die Bilateralsymmetrie der Großhirnhemisphären eine notwendige Vorbedingung für die spätere autonome Gehirntätigkeit beim Denken. Es scheint, daß das Denken stoffwechselkinetisch ein Einpendeln von »Impulsen« zur Voraussetzung hat. Stets sind die makroskopischen und mikroskopischen Gehirnstrukturen ein Zeichen von Wachstumsfunktionen und damit Grundlage für alle späteren nervösen Leistungen. Erst sehr viel später werden sie dann von Bedeutung für die allmähliche geistige Entwicklung (s. den Beitrag von H. Zeier in diesem Band).

Die Differenzierung der peripheren Nerven

Eine elementare Frage ist: Wie finden die Nerven ihren Weg? Auch für das Nervensystem gilt der Satz: *Organe differenzieren sich dort, wo räumlich Gelegenheit und außerdem entwicklungsdynamisch unmittelbar Veranlassung gegeben ist.* Danach ist die Vorstellung, daß die Nerven ihr Innervationsgebiet ohne äußere Veranlassung fänden, sicher irrig. Denn nachweislich wird den wachsenden Nerven ihr Weg von den innervierbaren Organen stets durch ein entsprechendes Stoffwechselfeld vorgezeichnet. Es darf als sicher gelten, daß submikroskopische Materialbewegungen zwischen den innervationsfähigen Organen und dem wachsenden Nervensystem ablaufen und so die Wachstumsrichtung der Nerven bestimmen: Auch hier sind *gerichtete Stoffwechselbewegungen* im Stoffwechselfeld gestaltbestimmend. Als Anzeichen dafür findet man bei embryonalen Nervenzellen örtlich verschiedene, sensible und motorische, Bahnen. Die einen entstehen in Verbindung mit der im Flächenwachstum behinderten verdickten Oberhaut, die anderen in Verbindung mit den sich entwickelnden Muskeln. Die verschiedene Lageentwicklung läßt auf unterschiedliche Funktionen schon während des Wachstums schließen. Sensible Innervation finden wir zunächst nur im Bereich verdickter Haut wie Handteller, Fußsohlen und Beugefalten im Gesichtsbereich. Wir müssen nach unseren Untersuchungen annehmen, daß im Bereich verdickter Oberhaut Teilchen von den Zellen abgegeben werden, die von vorwachsenden Nervenfasern aufgenommen werden und ihnen zum Aufbau ihrer Membran dienen (afferente Fasern). Umgekehrt gibt es Nervenfasern, die Moleküle an wachsende Muskelzellen abgeben. Es ist wahrscheinlich, daß sich eine entstehende, später sensible Faser auf diese Weise durch Aufnahme von Substanzen unter Vergrößerung ihrer peripheren Membran an ihr Innervationsgebiet heransaugt. Umgekehrt läßt sich aus anatomischen Präparaten schließen, daß die wachsenden Muskelfasern die Spitzen von nahegelegenen Nervenfasern an sich ziehen, so daß sich diese verlängern (efferente Fasern). Solche Nervenfasern sind später motorisch. Es ist diskutiert worden, daß die wachsenden Muskelzellen aus dem Ende der Nervenfasern Substanzen aufnehmen und sie in ihre Membran einbauen. Danach bestünde der Unterschied zwischen sensibler und motorischer Wegfindung – was die Entwicklungsbewegungen betrifft – darin, daß die sensiblen Fasern sich Substanzquellen entgegensaugen und dabei Substanzen zu ihrem Aufbau aufnehmen, während umgekehrt die motorischen Fasern angesaugt werden. Mit solchen Stoffwechselbewegungen können möglicherweise die späteren Erregungsleitungen in ihrer Richtung zum Zellkern der Nervenzelle und umgekehrt (von ihm fort zur Peripherie) vorbereitet werden. *Es ist sicher, daß die Wachstumsrichtung der Nerven durch das Stoffwechselfeld ihrer Umgebung* und nicht durch die Chromosomen der Ganglienzellen *programmiert wird.*

Entwicklung des Bewegungsapparates

Schon im zweiten Entwicklungsmonat bildet sich als axialer Teil der Organsysteme der Bewegungsapparat so weit aus, daß er sowohl in seiner Lage als auch in seiner Form und seiner Struktur mit denen der nachgeburtlichen Stadien anatomisch vergleichbar ist. Beim zehn Millimeter großen Embryo legen sich die Arme vorn der Rumpfwand über dem Leberwulst und die Fußsohlen der Nabelschnur an.

Als Teil des Bewegungsapparates werden äußerlich die *Gliedmaßen* als Hautfalten sichtbar. Die Zellen am freien Rand der Hautfalten leisten die Gestaltungsarbeit. Sie haben den geringsten Wachstumswiderstand zu überwinden. Für ihr intensives Flächenwachstum benötigen die Zellen viel Nahrung. Der ständige Bedarf an Nahrungsstoffen bedingt ein Stoffwechselgefälle; regelmäßig verzweigen sich die Blutgefäße in Richtung eines solchen Gefälles.

Sobald die Gefäßstämme in den Extremitätenanlagen ein genügend großes Kaliber haben, bleiben sie im Vergleich zum gesamten Gefäßnetz in den Gliedmaßen im Längenwachstum zurück. Dadurch funktionieren sie – wie alle älteren Blutgefäße – als Halteapparate und steuern so das Wachstum. Lokal gezügelt, biegen sich die Extremitätenanlagen. Da die Gefäße an der Innenseite der Gliedmaßenanlagen liegen, werden diese mehr und mehr an die Rumpfwand angelehnt. Infolge dieser Lage zeigt sich später eine mehr dem Rumpf zugekehrte, im Flächenwachstum behinderte und daher dicke Haut an der Beugeseite und eine dünne Haut an der Streckseite.

Allmählich werden die Biegungen der Gliedmaßen so stark, daß Knickungen entstehen. An den Stellen der Knickungen differenzieren sich die *Gelenke*. Die zunächst noch bindegewebigen Gelenkbildungen grenzen allmählich Oberarm, Unterarm und Hand bzw. Oberschenkel, Unterschenkel und Fuß gegeneinander ab. Dies alles geschieht bereits, bevor Knorpel, Knochen und Muskeln entstehen.

Grundsätzlich sind alle Wachstumsbewegungen Teilprozesse der Entwicklungsbewegungen des ganzen Embryo. So sind die Entwicklungsbewegungen der Armanlagen ein Wachstumsgreifen, eine frühe Leistung des ganzen Embryo, der bereits während seiner Entwicklung im zweiten Monat die Hand zum Mund führt. Oft findet man Feten in der Haltung typischer Daumenlutscher. Es gibt Neugeborene, die durch ihr Daumenlutschen mit Verletzungen an der Daumenhaut zur Welt kommen. Der viel zitierte Klammerreflex der Neugeborenen ist eine Folge des embryonalen Wachstumsgreifens, keine Rekapitulation einer »Affenzeit«. Als Prinzip gilt, daß *die frühen Entwicklungsbewegungen die späteren Körperbewegungen einleiten*. Auch die Wachstumsbewegungen der unteren Extremitäten leiten als Teilgeschehen im Differenzierungsprozeß des ganzen Embryo die Bewegungen des Strampelns ein. Das Strampeln ist ein noch nicht voll entwickeltes Sitzen, Gehen und Stehen.

Die Skeletbildung und die Entstehung der Muskulatur

Auch bei den Gliedmaßen zeigt sich, daß die Differenzierungen in der Peripherie, wo mehr Raum für Stoffwechselbewegungen vorhanden ist, früher beginnen als in den tieferen Schichten (*Differenzierung von außen nach innen*). Im Inneren der Gliedmaßen – in gesetzmäßigem Abstand von der Haut – verdichtet sich das Gewebe. In sogenannten *Densationsfeldern* (Verdichtungszonen durch Wasserabgabe) entsteht zunächst Vorknorpel mit relativem Zellreichtum, dann in *Kontusionsfeldern* (Stauchungszonen) die jungen Knorpelanlagen mit tellerförmig abgeplatteten Zellen. Als besonders intensive Verdichtungen bilden sich später Knochenherde.

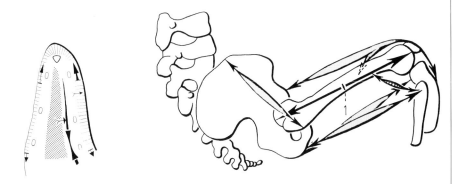

Abb. 21: Strukturentwicklung einer Armanlage bei einem 10 mm großen Embryo. Schraffierte Zone: Intensive Nahrungsaufnahme (kleiner geschwänzter Pfeil), ausgehend von einem oberflächlichen Gefäßnetz (Ringe). Punktierte Zone: Entwässerung in einem Densationsfeld (großer geschwänzter Pfeil), Stammgefäß mit Haltefunktion (schwarzer Doppelpfeil). Pfeile mit Querstrich Flächenwachstum der Haut.
Abb. 22: Dilationsfeld im Bereich des Oberschenkels. Mit dem Stemmkörperwachstum des knorpeligen Oberschenkels (1) entstehen zwischen ihm und der Haut Dehnungsfelder (Spindeln mit Pfeilspitzen: Muskelbäuche im Stadium des Schlankwerdens).

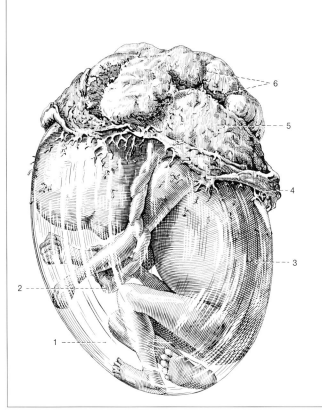

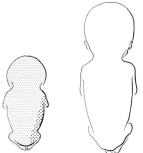

Abb. 23: Formbildung des Halses als Folge des Abstiegs der Eingeweide bei einem 30 mm großen und einem 43 mm großen Embryo.

Abb. 24: Menschliche Frucht im 6. Monat (nach Kollmann). Die Scheitel-Steißlänge beträgt etwa 20 cm. 1 Knie, 2 Nabelschnur, 3 Amnion, 4 Randsinus, 5 und 6 Lappen der Plazenta.

Im Inneren des jungen Knorpelskelets wird mit zunehmendem Wachstum der Zellstoffwechsel (Aufnahme und Abgabe von Substanzen) behindert, und zwar so sehr, daß hier die Zellen allmählich unter erhöhtem osmotischem Druck quellen und dabei kugelig werden. Diese kugelig werdenden Zellen bezeichnet man als blasige Knorpelzellen. Mit ihnen entstehen *Distusionsfelder*. Hier bekommt der Knorpel mit seinem Quellungswachstum die Fähigkeit, Stemmkörperwirkungen auszuüben und so zu einem aktiv funktionierenden Bewegungsapparat zu werden. Diese Funktionsentwicklung ist typisch für das ganze embryonale Knorpelskelet. Jeder junge Knorpel hat ein Quellungswachstum und damit Stemmkörperfunktion. Mit dem Stemmkörperwachstum des Knorpels entstehen zwischen Skelet und Haut Dehnungsfelder (*Dilationsfelder*). Mit der Ausrichtung in Dehnungsfeldern entwickeln sich aus den noch undifferenzierten Zellen langfaserige *Muskelzellen*. Untersuchungen haben gezeigt, daß alle Muskeln in ihren Hauptwachstumsrichtungen durch Wachstumsdehnung zuerst schlanker werden, bevor sie sich kontrahieren können. Sämtliche Muskeln funktionieren also zuerst entwicklungsdynamisch passiv, während das Skelet zunächst den aktiven Teil des Bewegungsapparates darstellt. Es findet also eine Umkehr in der Funktionsentwicklung des Skelets und der Muskulatur statt.

Entwicklung der Eingeweide

Während sich mit dem Längenwachstum des Embryo auch das Darmrohr verlängert, ist dessen Lumen zunächst sehr eng. Erst im Verlauf des zweiten Monats und in der nachfolgenden Fetalzeit erweitert es sich durch das Flächenwachstum des Entoderm. Mit dieser Erweiterung entstehen in dem Binnengewebe, das dem Darmepithel anliegt, zirkuläre Dehnungsfelder und damit spindelförmige Zellen, die zirkuläre *Darmmuskulatur*. Die zirkuläre Darmmuskulatur behindert allmählich durch ihren Dehnungswiderstand mehr und mehr die Kaliberzunahme des Darmlumens, fördert aber damit das Längenwachstum des Darms. Diese Längenzunahme hat ihrerseits wiederum die Entstehung von Dehnungsfeldern zur Folge, in denen sich Längsmuskulatur entwickelt. Während im Bereich der Skeletmuskulatur durch das Stemmkörperwachstum des rapide wachsenden Knorpels Felder mit relativ schneller Dehnung entstehen, bilden sich mit dem verhältnismäßig langsamen Wachstum des Entoderm der Darmwand Dehnungsfelder mit langsamer Dilation. Die erstgenannte Muskulatur wird langfaserig und zu schneller (später willkürlicher) Kontraktion fähig; die letztgenannte dagegen bleibt kurzfaserig und kann nur langsame, meist unbewußt ablaufende Kontraktionen ausführen.

Charakteristisch für die Brust- und Baucheingeweide ist die Entstehung von *Drüsen*. Unter ihnen sind Leber und Bauchspeicheldrüse die ersten großen Drüsen. Für alle Drüsen gilt, daß sie sich in *Sogfeldern* entwickeln, die aus lockerem Gewebe bestehen und reich an flüssiger Zwischenzellsubstanz sind. In solchen Sogfeldern finden die Zellen der epithelialen Darmwand Gelegenheit und Anlaß, Vorwölbungen und dann Sprossungen zu bilden, die in das lockere Gewebe mehr und mehr einwachsen. Die Existenz von Sogfeldern ist eine wichtige Vorbedingung für die Funktionsentwicklung aller Drüsen.

Während sich das mächtige embryonale Herz vergrößert und dabei besonders mit seiner Spitze die Brustwand vordrängt, nimmt der Abstand zwischen dem Herzen und dem hinter ihm liegenden Darm zu. Hier entsteht ein Auflockerungsfeld. In dieses sprossen aus dem Darmepithel Zellverbände ein und entwickeln sich zu Drüsen (Leber und Bauchspeicheldrüse).

Mit dem kräftigen Wachstum der sprossenden Zellverbände (besonders der Leberanlage) wird das Binnengewebe zwischen Herz und Leber biodynamisch so stark zusammengepreßt, daß hier die Sehnenplatte des Zwerchfells entsteht. Noch am Anfang des zweiten Monats liegt das *Zwerchfell* zwischen Herz und Leber im embryonalen Halsbereich. Diese Position ändert sich, sobald mit der zunehmenden Vergrößerung des Herzens auch die Leber an Umfang gewinnt. Damit wird das Zwerchfell zwischen Brustbein und Lendenwirbelsäule flacher und an seinem Rand gedehnt, das heißt muskulär. Während der Dehnung senkt sich das Zwerchfell, je mehr die Wirbelsäule in die Länge wächst. Mit dem Abstieg des Zwerchfells sinkt auch das Herz und mit ihm die Halseingeweide, zum Beispiel der Kehlkopf und die Schilddrüse, im Verhältnis zur Wirbelsäule ab. Dieser Abstieg erfolgt so schnell, daß die *Schilddrüse* von ihrem Mutterboden am Zungengrund abreißt. Dies hat zur Folge, daß sie nun zu einer Drüse ohne Ausführungsgang, zu einer Drüse mit innerer Sekretion, wird. Innere Sekretion heißt, daß die Drüsen den Kontakt mit den Blutgefäßen in ihrem Inneren benutzen, um ihr Sekret ins Blut abzugeben. Ähnliche Beziehungen zum Gefäßsystem sind entwicklungsdynamisch bei allen Drüsen mit innerer Sekretion nachweisbar. Die Bildung solcher Blutdrüsen ist also ein weiteres Beispiel für eine Funktionsentwicklung.

Während Herz und Leber als relativ kugelige Organe an Umfang gewinnen, vergrößert sich der Raumwinkel zwischen ihnen und der Brustwirbelsäule. Das bedeutet Auflockerung des Gewebes in diesem Winkel. Dieses Auflockerungsgebiet ist ein Sogfeld, in das Zellen des Eingeweiderohres in Richtung des geringsten Widerstandes einsprossen. Das einsprossende Gewebe ist die entstehende *Lunge*. Sobald sich der Brustkorb im Lauf des zweiten Entwicklungsmonats mit dem Stemmkörperwachstum der knorpeligen Rippen vergrößert, wird auch das ihm eng anliegende Brustfell in seinem Umfang erweitert. Der Erweiterung folgt das Entoderm der Lungenanlagen. Die Lungenanlagen wachsen in den Richtungen der hauptsächlichen Größenzunahme des knorpeligen Brustkorbs – links und rechts das Herz flankierend – nach vorn und bilden neben dem Herzen den rechten und linken Lungenflügel. Die Entwicklung der Lungen ist also wieder eine charakteristische Leistung des ganzen Embryo. Der Prozeß leitet die spätere Atemtätigkeit ein. Wir dürfen die Atembewegungen des Erwachsenen nicht ausschließlich mit dem Sauerstoffbedarf in Beziehung bringen. Auch die Atembewegungen haben eine lange Funktionsentwicklung. Sie wäre ohne Kenntnis der Gestaltentwicklung des ganzen Embryo in ihrer Folgerichtigkeit unverständlich. Am Beispiel des Atmungstraktes zeigt sich, daß schon vor dem Einsetzen der eigentlichen Tätigkeit der Atmung der ganze Brustkorb und das Zwerchfell in ähnlicher Weise funktionieren wie später. Durch ihre frühen Wachstumsfunktionen erlangen Brustkorb und Lungen die Fähigkeit für ihre späteren Aufgaben bei der Atmung. Infolge der genannten zusammengehörigen Entwicklungsfunktionen von Brustkorb, Zwerchfell und Lungen erscheinen die späteren Differenzierungen im Brustbereich zweckmäßig, weil sie gleichsam geradlinig auf einen vermeintlichen Zielpunkt zusteuern.

Die Entwicklung in Stoffwechselfeldern

Allgemein läßt sich formulieren: *Die Entstehung eines Organs ist stets schon der Beginn seiner späteren Tätigkeit.* Ohne seine biodynamische Entwicklung kommt kein Organ zu einer normalen Differenzierung. Sie vollzieht sich stets in Stoffwechselfeldern mit räumlich geordneten, submikroskopischen Teilchenbewegungen. Die definitive Leistungsfähigkeit aller Organe setzt immer frühe submikroskopische Vorleistungen voraus. *Was nicht schon vor der Geburt mit großer Ursprünglichkeit funktioniert hat und damit eingeleitet worden ist, kann nach der Geburt nicht funktionstüchtig sein,* nicht ausgeübt werden. Der sogenannte erste Atemzug ist nur ein besonders auffälliger Atemzug, in Wirklichkeit jedoch die Spätfolge einer vorgeburtlich schon weit entwickelten Tätigkeit. Ähnliches gilt für das Greifen, Gehen und Stehen. Es gilt sogar für die komplizierten Sinnesfunktionen wie Sehen und Hören.

Die Notwendigkeit einer Funktionsentwicklung besteht generell bei der Entfaltung aller Tätigkeiten, so auch für die Sprache. Auch sie ist keine akzidentelle Funktion des nachgeburtlichen Lebens, sondern schon mit der organischen Entwicklung eingeleitet. Bereits bei sechs Millimeter großen Embryonen in der fünften Entwicklungswoche sind die Knorpel und Muskeln der Kehlkopfanlage erkennbar. Man kann nachweisen, daß schon zu dieser Zeit die Amnionflüssigkeit, in der der Embryo schwimmt, durch Mundraum, Kehlkopf und Luftröhre mit der Flüssigkeit in der Lunge kommuniziert und hier nicht stagniert, sondern durch die Wachstumsbewegungen des Brustkorbs in Bewegung gehalten wird. Wo später die Luft durch den Kehlkopf strömt, bewegt sich zunächst wässeriger Inhalt in den Atemwegen durch aktive Tätigkeit des Embryo. Zu dieser Zeit ist die Entwicklung des Mundraums durch die Krümmung des Embryo unmittelbar von der Gehirnentwicklung abhängig. Hier wird die Zunge als ein kräftiger Muskel intensiv innerviert und so im Rahmen einer langen Funktionsentwicklung für ihre spätere Tätigkeit vorbereitet.

Diese organische Funktionsentwicklung ist eine notwendige Voraussetzung für die Fähigkeit, sprechen zu lernen, aber noch lange nicht dazu ausreichend. Menschliches Sprechen bedarf zwar vieler körperlich-organischer Grundlagen, insbesondere von seiten des Kehlkopfs. Sprache ist aber viel mehr als nur ein organischer Prozeß. Sprache ist Ausdruck geistiger Tätigkeit. Sie unterscheidet den

Biodynamische Stoffwechselfelder

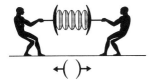

Auflockerungsfelder: Zonen, in denen während des Wachstums durch äußere Zugkräfte ein Sog entsteht, sind Sogfelder. Flüssigkeit kann aus der Umgebung einfließen und so den Zellverband auflockern. Hier entstehen durch Einsprossung von Epithelzellen sowohl Schweißdrüsen der Haut als auch große Drüsen des Eingeweidetrakts.

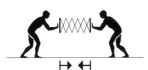

Contusionsfelder: Durch Druck von außen werden Verbände von kugeligen Zellen in frühen Skeletanlagen infolge des Wachstumswiderstandes zusammengepreßt. Dadurch werden vorknorpelige Skeletstücke abgeplattet und differenzieren sich zu typisch tellerförmigen, jungen Knorpelzellen. Alle Knorpelzellen entwickeln sich in derartigen Contusionsfeldern.

Corrosionsfelder: Wenn zwei Grenzgewebe so eng aufeinandergepreßt werden, daß zwischen ihnen kein Raum bleibt für gefäßführendes Binnengewebe, dann erlischt die Nahrungszufuhr und die Zellen gehen zugrunde. Derartige biomechanische Stoffwechselfelder sind Corrosionsfelder. In ihnen sterben Epithelzellen ab und eröffnen Kommunikationen flüssigkeitsgefüllter Hohlräume.

Densationsfelder: Die Entstehung fester Zellsubstanzen ist bestimmt durch die Trennung fester von flüssigen Substanzen. Stoffwechselfelder, in denen es durch Verlust an flüssiger Interzellularsubstanz zur Verdichtung fester Partikel kommt, nennt man Densationsfelder. Flüssigkeit tropft nach außen ab, feste Partikel sedimentieren. Es entstehen z. B. Vorknorpel.

Detraktionsfelder: In entgegengesetzter Richtung werden Gewebe, die durch Flüssigkeiten voneinander getrennt sind, auseinandergezogen. Stoffwechselfelder, in denen durch Gleitbewegungen von Zellen mit starker Reibung Flüssigkeit schnell ausgepreßt wird, wodurch das Gewebe verhärtet wird, sind Detraktionsfelder. Sie sind die Entstehungsgebiete von Knochen.

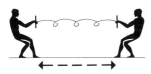

Dilationsfelder: Ohne großen eigenen Widerstand werden Zellen durch von außen wirkende Kräfte auseinandergezogen, wobei sie sich in ihrer äußeren Gestalt verändern. Stoffwechselfelder, in denen Zellen auf Zug beansprucht und dabei gedehnt werden, nennt man Dilationsfelder. Solche dilatiierten Zellen entwickeln sich später zu Muskelzellen.

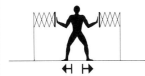

Distusionsfelder: Nur schwer können Knorpelzellen ihre Abbauprodukte aus der Tiefe des Gewebes in die Umgebung abgeben. Durch die gestauten Abbauprodukte bekommen Knorpelzellen einen hohen osmotischen Druck, so daß Wasser zuströmt. Wachsende Knorpelzellen quellen auf und üben so eine Stemmkörperfunktion aus.

Retensionsfelder: Binnengewebe, das durch Querkompression beengt und durch einen senkrecht dazu verlaufenden Zug gestrafft wird, besitzt biodynamisch die Eigenschaften eines Seiles. Das Gewebe übt einen Zugwiderstand aus und funktioniert als Halteapparat. Sehnen und Bänder entstehen in solchen Retensionsfeldern.

Menschen von allen anderen Spezies (s. den Beitrag von J. C. Eccles in diesem Band).

Die entwicklungsdynamischen Grundlagen der Organdifferenzierungen waren bisher fast unbekannt. Darum haben viele Forscher die Ontogenese fälschlicherweise als Wiederholung phylogenetischer Vorgänge aufgefaßt. Tatsächlich erfolgt jedoch jede Differenzierung in Stoffwechselfeldern mit biodynamisch folgerichtigen Stoffwechselbewegungen aus ontogenetischer Notwendigkeit. Hierbei lassen sich Felder mit sehr verschiedenen biodynamischen Eigenschaften feststellen.

In den nebenstehenden Abbildungen haben wir die verschiedenen biodynamischen Funktionen dieser Felder durch »Strichmännchen« symbolisiert.

Embryonalkalender (nach Blechschmidt)

1. Woche	Entwicklung bis zum Beginn der Implantation. Besonderes Stadium: das einkammerige Ei (Blastozyst).
2. Woche	Vollständige Implantation. Besonderes Stadium: das zweikammerige Ei (Ei mit Entoblast).
3. Woche	Entstehung des Embryo durch Faltung der Entozystscheibe. Besonderes Stadium: das dreikammerige Ei mit dorsalem, ventralem und präventralem Blastemwasser (Ei mit Entozyst).
4. Woche	Gliederung des Embryo in Kopf, Hals und Rumpf und beginnender Verschluß der vorderen Bauchwand. Entstehung der großen Organsysteme mit Gehirn, Rückenmark und Nerven, Skelet, Muskulatur und Eingeweiden (Herz mit Vorhöfen und Kammern, Leber mit beiden Leberlappen). Charakteristisch: Entwicklung der Metamerie bis zur Entstehung des zirka 28. Somitenpaares.
II. Monat	Bildung der Nabelschnur. Skelet noch großenteils knorplig; Beginn der Verknöcherung. Frühentwicklung fast aller definitiven Organe. Erste Reflexbewegungen der mimischen Muskulatur.
III. Monat	Beginn der Fetalentwicklung. Charakteristisch: großer Oberkopf und bereits schmales Gesicht und schlanke Extremitäten.
IV.–X. Mondmonat	Späte Intrauterinentwicklung bis zur Geburt.

Alterstabelle (nach O'Rahilly)

Tage		Tage	
0 bis 1,5	Einzellstadium	28	4 bis 6 mm
1,5 bis 3	Blastomerenei	32	5 bis 8 mm
4 bis 4,5	Blastozyst	33	7 bis 9 mm
zirka 6	Adplantation	37	7 bis 12 mm
7 bis 12	Implantation	41	11 bis 14 mm
13	Chorionzotten	44	12 bis 17 mm
16 bis 17	Axialfortsatz	47,5	16 bis 19 mm
21	zirka 1,6 mm größte Höhe	50,5	18,5 bis 23 mm
22	zirka 2,2 mm	52	22 bis 24 mm
24	zirka 3 mm	54	23,5 bis 27,5 mm
26	zirka 2,5 mm (weil jetzt gekrümmt)	56,5	27 bis 31 mm (Ende des II. Monats)

Mondmonate (nach Arey)

3	7 cm (Scheitel-Steiß-Länge)	7	24,5 cm
4	12 cm	8	28,5 cm
5	17 cm	9	32 cm
6	21 cm	10	33,5 cm

Literatur

AREY, L. B.: Developmental anatomy. Philadelphia 1948

BLECHSCHMIDT, E.: Die vorgeburtlichen Entwicklungsstadien des Menschen. Basel 1961

Die pränatalen Organsysteme des Menschen. Stuttgart 1973

Anatomie und Ontogenese des Menschen (Biol. Arbeitsbuch Nr. 22). Heidelberg 1978

BLECHSCHMIDT, E., GASSER, R. F.: Biokinetics and biodynamics of human differentiation. Springfield (Ill.) 1978

ECCLES, J.: Das Gehirn des Menschen. München 1976

LANGMAN, J.: Medizinische Embryologie. Stuttgart 1976

NISHIMURA, H.: Normal and abnormal development of human embryos. Teratology, 1, 1968, 281-290

O'RAHILLY, R.: A color atlas of human embryology, Philadelphia 1975

Catalogue of Carnegie laboratories of embryology. Davis 1979

RUGH, R., SHETTLES, L. B.: From conception to birth. New York 1971

SCHEVEN, J.: Daten zur Evolutionslehre im Biologieunterricht. Stuttgart 1979

Hansjörg Hemminger und Michael Morath

Der Mensch – eine physiologische Frühgeburt

Über den Beitrag Adolf Portmanns zur Biologie des Menschen

Übersicht: Der Schweizer Adolf Portmann hat es wie kein zweiter Biologe unseres Jahrhunderts vermocht, die moderne Lebensforschung mit den entscheidenden Fragen nach der biologischen Entwicklung und Sonderart des Menschen zu konfrontieren. Seine Erkenntnisse über das erste menschliche Lebensjahr haben Portmann berühmt gemacht. Er stellte beim menschlichen Säugling eine Diskrepanz zwischen der langen Entwicklungszeit im Uterus und der hohen Reife des Nerven- und Sinnessystems einerseits und der unentwickelten Bewegungsfähigkeit andererseits fest. Dadurch gleicht dieser Säugling einerseits weit entwickelten Säugetierjungen (Nestflüchtern), andererseits einem unentwickelten Jungentypus (Nesthocker). Portmann beschrieb den menschlichen Säugling daher als einen »sekundären Nesthocker«, der in seinem ersten Lebensjahr die körperliche Entwicklung zum Stand des Nestflüchters nachholen muß. In dieser Zeit wächst das Kind sehr schnell und lernt eine Fülle wichtiger Verhaltensweisen. Sie bilden die Grundlage der menschlichen Sozialisation und seiner späteren kulturellen Möglichkeiten, die ihn von allen Tieren unterscheiden.

Nur ein kleiner Teil der wissenschaftlichen Arbeit Adolf Portmanns ist der Anthropologie gewidmet, doch durch diesen wurde er in weiten Kreisen bekannt, während sein viel umfangreicheres zoologisches Werk auf die biologische Fachwelt beschränkt blieb.

Doch auch dieser Teil von Portmanns Arbeiten besitzt ein eigenes, durchaus ungewöhnliches Gepräge: Portmann ist ein Gegner eines dem Kausalen verhafteten Denkens in der Biologie, durch das jede Erscheinung im Reich des Lebendigen durch irgendeinen arterhaltenden Zweck erklärt oder aber auf physiologische Ursachen reduziert wird. Gegen diese enge Betrachtungsweise setzt er die unvoreingenommene Beschreibung einer lebendigen Gestalt als die erste Stufe wissenschaftlichen Arbeitens. Und nur langsam und vorsichtig ist Portmann dann bereit, von dieser ersten Stufe aus zu kausalen Erklärungen fortzuschreiten. Stets und überall betont er den eigenen Ausdruckswert der ganzen lebendigen Erscheinung.

Die Geschichtlichkeit einer Erscheinungsform im Bereich des Lebendigen – einer Tierart, einer Tiergruppe, einer Sozietät, aber besonders des Menschen – ist ihm stets gegenwärtig und bewahrt ihn vor vielen modernistischen Irrtümern des naturwissenschaftlichen Menschenbildes. Diese Betonung geschichtlichen Denkens, die eine notwendige Ergänzung des streng darwinistischen Zweckdenkens bildet, wurde daher in Portmanns Beitrag zur Anthropologie besonders fruchtbar.

Im Gegensatz zu anderen Aussagen von biologischer Seite sieht Portmann den Schwerpunkt seiner Arbeit nicht im Gemeinsamen von Tier und Mensch, sondern führt uns gerade die Unterschiede in der Entwicklung des Menschen und der anderen Säugetiere vor Augen. Dies zeigt nach seiner Ansicht mehr vom biologischen Wesen des Menschen als das stete Betonen von Übereinstimmungen und Entsprechungen.

Der Mensch soll dabei aber als ein »Wesen mit Geschichte« verstanden werden, als ein ganzheitliches Wesen, das nicht in »biologische« und »nichtbiologische« Anteile aufgetrennt werden kann. Das Bewußtlose im Menschen – wie es Portmann nennt – soll nicht gegen das Bewußte ausgespielt werden. Weder ist der Leib nur das geringe Gefäß des menschlichen Geistes, noch ist das Geistige ein vernachlässigbares Beiprodukt des von Erbgut und Milieu geformten Leibes. Wie diese Gedankengänge Portmann in Gegensatz zu gängigen Biologismen bringen, soll an zwei Beispielen gezeigt werden: Zum einen betont Portmann, daß die menschliche Ontogenese vom fertigen Menschen, von der menschlichen Gestalt her verstanden werden muß. Es führt in die Irre, allzu viele zoologische Zwangsläufigkeiten anzunehmen, beispielsweise eine bestimmte Phase der Säuglingszeit automatisch damit zu erklären, daß ein hypothetischer Vorfahr des Menschen sich einmal in einem entsprechenden Zustand befunden habe. Damit wendet sich Portmann gegen eine allzu weite Auslegung des sogenannten »Biogenetischen Grundgesetzes«, nach dem jeder Organismus in seiner Ontogenese die Stufen der Phylogenese wiederholt (s. den Beitrag von E. Blechschmidt in diesem Band). Die menschliche Entwicklung, meint Portmann, zielt auf den fertigen Menschen, und aus dieser Zielrichtung heraus hat sie viele besondere Züge, die aus stammesgeschichtlichen Notwendigkeiten her nicht verstehbar sind. Daß demgegenüber andere Züge der Entwicklung gerade stammesgeschichtlich bedingt sein können, verkennt Portmann keineswegs. Die Warnung vor kritikloser Anwendung des »Biogenetischen Grundgesetzes« ist in neuester Zeit Allgemeingut der Biologie geworden; insofern hat sich der Standpunkt Portmanns durchgesetzt.

Dies gilt jedoch nicht für das zweite unserer Beispiele: Der Begriff der kulturellen Evolution eine Evolution, die durch die Gehirnentwicklung des Menschen möglich wurde und nach Ansicht vieler Humanbiologen die natürliche Evolution ablöste – wird heute mehr denn je benutzt. Demgegenüber betont Portmann seit 1968 die fundamentalen Unterschiede zwischen der natürlichen Artentwicklung in der Stammesgeschichte und der Entwicklung menschlicher Kulturen (s. auch den Beitrag von H. Zeier in diesem Band). Zweifellos führt es zu interessanten Analogien, die Darwinschen Prinzipien von Variation und Selektion auf die Geschichte der Kultur anzuwenden; doch daraus läßt sich keine Erklärung der Kulturgeschichte formen.

Es muß hier erwähnt werden, daß Portmanns Betrachtungsweise zu generellen Zweifeln an der Gültigkeit des Darwinismus selbst im Bereich der natürlichen Stammesgeschichte führte – Zweifel, die kaum ein Humanbiologe mit ihm zu teilen bereit ist. Ein Satz wie: »Die Idee der Ableitung des Höheren aus dem Niedrigen führt in die Irre« ist, wenn er zur Abwehr ideologisch aufgeblähter Biologismen dient, durchaus angebracht. Er wird aber leicht mißverstanden und führt dann zur generellen Ablehnung des heutigen Wissens um die Evolution der Organismen. Doch diese Einschränkung läßt Portmanns wesentlichen Beitrag zur Wissenschaft vom Menschen unberührt.

Primärer Nesthocker und Nestflüchter

Da sowohl Vögel als auch Säugetiere von Reptilien abstammen, entstand die Jugendentwicklung aller höheren Wirbeltiere aus den Bedingungen, die bei Reptilien herrschen. Bei diesen Tieren gibt es über das Schlüpfen der Jungtiere hinaus praktisch keine Brutpflege. Selbst das Bewachen der Eier bildet eine Ausnahme (von den Krokodilen ist allerdings echte Brutpflege bekannt). Typischerweise geht jedes Jungreptil sofort nach dem Schlüpfen seine eigenen Wege. Es ist im Aussehen ein verkleinertes Abbild des erwachsenen Tieres und im Verhalten nicht auf seine Eltern angewiesen. Diesen ursprünglichen Jungentyp aller Landwirbeltiere nennt Portmann in Anlehnung an das von Lorenz Oken (1779–1851) bei Vögeln entwickelte Begriffspaar »Nesthocker und Nestflüchter« einen »primären Nestflüchter«.

Primitive Säugetiere entwickelten dagegen einen ganz anderen Jungtier-Typ. Sie »erfanden« im Zusammenhang mit dem Säugen und der dadurch bedingten Notwendigkeit des Kontakts von Mutter und Kind eine ausgedehnte und intensive Brutpflege. Das typische Jungtier eines Kleinsäugers wird recht unentwickelt geboren, sieht anders aus als seine Elterntiere und ist völlig auf ihre Pflege angewiesen. Dementsprechend ist die Tragzeit kurz und die Jungenzahl eines jeden Wurfes oft sehr hoch. Die Brutpflege macht es dabei möglich, einen großen Teil der Entwicklung außerhalb des Mutterleibes ablaufen zu lassen, wobei die Verluste unter den Jungtieren noch immer viel kleiner sind als bei den nicht brutpflegenden Reptilien. Kennzeichnende Vertreter dieses Typs, den Portmann den »primären Nesthocker« nennt, sind zum Beispiel kleine Nagetiere, Insektenfresser, Hasentiere und kleine Raubtiere. Die großen Raubtiere gehören zwar grundsätzlich dem gleichen Typ an, zeigen aber bereits die Tendenz, weiterentwickelte Junge in geringerer Zahl pro Wurf zu gebären.

Diese Tendenz zu einem reiferen Entwicklungsstand bei der Geburt setzt sich unter den höheren Säugern zunehmend fort. Man darf vermuten, daß das immer komplizierter werdende Sinnes- und Nervensystem, die immer größere Lernfähigkeit – ganz zu schweigen von der zunehmenden Körpergröße – nach einer längeren Entwicklungszeit verlangen. Diese längere Entwicklungszeit wird nun generell nicht dadurch erreicht, daß die Jungen weiter sehr unentwickelt geboren werden und sich einfach die Nesthockerzeit verlängert, sondern dadurch, daß weniger Junge in entwickelterem Zustand geboren werden. In der extremsten Form kann das neugeborene Junge dem Elterntier fast sofort folgen und ist auch äußerlich bis auf einige Körperproportionen ein Abbild seiner Eltern. Dies wird deutlich, wenn

Die Jugendentwicklung aller höheren Wirbeltiere geht aus den Bedingungen hervor, die zunächst bei Reptilien vorherrschen. Jedes Jungreptil geht sofort nach dem Schlüpfen seinen eigenen Weg. Es ist in seinem Aussehen ein verkleinertes Abbild des erwachsenen Tieres. Dagegen wird das typische Jungtier eines Kleinsäugers recht unterentwickelt geboren. Es sieht nicht nur anders aus als seine Eltern, es ist auch in seiner körperlichen Hilflosigkeit völlig auf ihre Pflege angewiesen. Die Brutpflege macht es dabei bei Mäusen möglich, einen Großteil der Entwicklung außerhalb des Mutterleibes ablaufen zu lassen. Dementsprechend ist die Tragzeit kurz und die Jungenzahl eines jeden Wurfs hoch. Einen reiferen Entwicklungsstand bei der Geburt erreichen die höheren Säugetiere. Beim Pferd werden wenige Junge, dafür aber in entwickelterem Zustand geboren. Kompliziertere Nervensysteme und zunehmende Körpergröße verlangen längere Entwicklungszeiten.

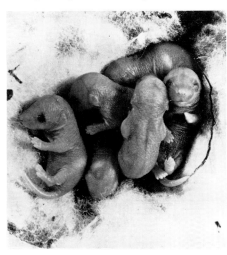

man an den Unterschied zwischen einer nackten, blinden und kaum bewegungsfähigen jungen Ratte und einem jungen Pferdefohlen denkt. Zwischen diesen Extremen stehen die behaarten und motorisch recht aktiven, aber noch blinden Neugeborenen von Hund und Katze. Wegen der oberflächlichen Ähnlichkeit mit dem reptilienhaften Urzustand nennt Portmann die weit entwickelten Jungtiere »sekundäre Nestflüchter« oder »Nestflüchter mit Brutpflege«. Denn – dies sei nicht vergessen – der Kontakt zwischen Mutter und Kind bleibt auch bei den extremsten Nestflüchter-Typen unter den Huftieren lange bestehen und ist für die Verhaltensentwicklung des Kindes von großer Bedeutung.

Bevor wir aber zu den unmittelbaren Verwandten des Menschen, den Primaten (Halbaffen, Tieraffen und Menschenaffen) übergehen, sei hier eingeschoben, warum die Begriffe »Nestflüchter« und »Nesthocker« ursprünglich für die Entwicklung der Vögel geprägt wurden. Auch bei den Vögeln verläuft die Entwicklung von den niederen zu den höher organisierten Vogelgruppen in Richtung einer immer längeren Entwicklungszeit. Im Gegensatz zu den Säugetieren wird diese Zeit aber durch eine zunehmend verlängerte Nesthockerphase geschaffen (Singvögel, Papageien). Primitive Gruppen stehen dem reptilienhaften primären Nestflüchter noch recht nahe, betreiben allerdings bereits eine gewisse Brutpflege (z. B. Hühnervögel).

Das Schema von Nesthockern und Nestflüchtern darf – auch im Hinblick auf die Säugetiere – nicht zu sehr verallgemeinert werden. Es handelt sich um ein sehr grobes Schema, und die besondere Ökologie der verschiedenen Tiergruppen prägt auch ihren besonderen Jungentyp. Die Lebensweise der großen Huftiere erlaubt es beispielsweise nicht, die Jungen lange in einem Nest, in einem Bau oder in einem Lager zu verstecken, was bei einem Raubtier ohne weiteres möglich ist. Dagegen können etwa Bären sehr unentwickelte Jungtiere gebären, die während der Winterruhe heranwachsen und dann praktisch zu Nestflüchtern werden. Ein drittes Beispiel sind die Fledermäuse, deren Jungtiere relativ entwickelt geboren werden (und meist nur eines pro Wurf), die aber nicht imstande sind, den Eltern nach kurzer Zeit auf ihren Flügen zu folgen: sie müssen im Versteck zurückbleiben und wären daher strenggenommen als Nesthocker zu bezeichnen.

Tragling und »Sekundärer Nesthocker«

Eine für den Menschen sehr bedeutsame Sonderentwicklung bestimmt das Bild des Jungtieres bei den Primaten. Die echten Affen, besonders die Menschenaffen, zeichnen sich dadurch aus, daß sie wie die Nestflüchter unter den Großsäugern eine lange Tragzeit haben und nur ein Kind – ganz selten Zwillinge – gebären; diese Kinder aber machen trotz der langen Tragzeit nochmals eine sehr lange Entwicklung im Schutz der Mutter durch und wirken äußerlich auch recht hilflos. Wie ist dies zu verstehen? Die südasiatischen Spitzhörnchen (Familie *Tupaiidae*), die als äußerst primitive Primaten gelten, gehören noch eindeutig dem Typus des Nesthockers an. Sie tragen ihre Jungen nicht wie die Affen ständig mit sich herum, haben aber bereits eine ungewöhnlich lange Tragzeit und gebären nur wenige Junge. Die Halbaffen (also die Makis, Loris, Galagos und ihre Verwandten) sind schon keine Nesthocker mehr. Sie werden höher entwickelt geboren, und ihre darauffolgende Jugendzeit im Schutz der Mutter ist – im Vergleich zu anderen Säugetieren ähnlicher Größe – bereits auffällig lang. Die echten Affen schließlich machen eine sehr lange Tragzeit durch (bei den großen Menschenaffen ähnlich der des Menschen), ihre Jugendentwicklung ist noch weiter verlängert. Beispielsweise dauert bei den Makaken, die kaum die Größe eines mittleren Hundes erreichen, die Entwicklung bis zur Geschlechtsreife etwa sechs Jahre.

Bis auf die Besonderheit ihrer langen Kindheit sind Affenkinder nach Portmann trotzdem eindeutig als Nestflüchter zu betrachten: Der Entwicklungsstand ihrer Organe und Gliedmaßen bei der Geburt entspricht der eines jungen Huftieres, nicht der eines jungen Nagetieres oder Raubtieres. Entsprechend sind die jungen Affen von der Geburt an wahrnehmungs-, lern- und reaktionsfähig; sie sind motorisch recht geschickt und stehen sehr schnell in vielseitiger Kommunikation mit den erwachsenen Tieren der Umgebung. Sie folgen jedoch – und dies ist eine weitere Besonderheit – den umherziehenden erwachsenen Artgenossen nicht selbständig, sondern werden getragen. Ein Klammerreflex erlaubt es ihnen, sich gleich nach der Geburt im Fell der Mutter festzuhalten.

Durch dieses Anklammern wird – wie Portmann hervorhebt – das eigentlich schon sehr reichhaltige Verhaltensinventar des neugeborenen Affen bei oberflächlicher Beobachtung oft unterschätzt. Das ständige Bedürfnis nach Kontakt mit der Mutter ist nach Portmann dabei keine Besonderheit der Affen, sondern allen Nestflüchterjungen eigen. Auch das junge Fohlen oder das junge Kalb gerät in größte Angst, wenn es den Kontakt mit der Mutter verliert. Nur genügt bei diesen Huftieren ein Laut- oder Sichtkontakt, während das Affenkind auf den unmittelbaren Berührungskontakt angewiesen ist. Trotzdem werden in der neueren Literatur die Besonderheiten des Affenkindes als wichtig genug angesehen, um für diesen Jungentyp (den es außerdem auch noch bei den Faultieren gibt) einen eigenen Begriff zu prägen: den des »Traglings« (Hassenstein 1970). Es ist müßig, darüber zu streiten, ob man den Tragling als eine Unterform des Nestflüchters oder als eine eigene, dritte Form der Kindheitsstufe der Säugetiere betrachten will.

Bevor wir zur menschlichen Ontogenese übergehen, muß noch darauf hingewiesen werden, daß gerade die großen Menschenaffen – Gorilla, Schimpanse und Orang-Utan – recht hilflose Kinder zur Welt bringen, wie neueste Beobachtungen gezeigt haben. Neugeborenen Orang-Utans ist es keineswegs sofort möglich, sich am Fell der Mutter festzuhalten. Obwohl sie über den Klammerreflex verfügen, fehlt ihnen die nötige Muskelkraft; daher werden sie mehrere Tage lang aktiv von der Mutter gestützt. Damit ist eine Entwicklung angedeutet, die dann beim menschlichen Säugling zum Durchbruch kommt.

Eine Betrachtung der intrauterinen Entwicklung des menschlichen Embryos zeigt, daß er das »Nesthocker-Stadium« der Säugetiere wie alle anderen Primaten noch im Uterus durchmacht: So sind die Augenlider des Embryos zwischen dem dritten und fünften Monat der Schwangerschaft geschlossen, öffnen sich aber lange vor der Geburt. Noch entscheidender ist die Leistungsfähigkeit der Sinnesorgane und des Nervensystems: Sie entspricht der eines Nestflüchters. So sind die Markscheiden der markhaltigen Fasern des Nervensystems bei der Geburt bereits ausgebildet; und dies bedeutet eine bessere Leistungsgeschwindigkeit der Nervenbahnen. Dem widerspricht aber der äußere Eindruck des menschlichen Säuglings, der in seiner Hilflosigkeit und motorischen Unreife viel mehr an einen Nesthocker denken läßt. Auch die Proportionen von Körper und Gliedmaßen weichen beim menschlichen Neugeborenen viel stärker von denen des Erwachsenen ab, als dies bei den Menschenaffen oder gar bei anderen höheren Säugetieren, deren Junge Nestflüchter sind, der Fall ist.

Der menschliche Säugling kann also zwar vom Primaten-Tragling hergeleitet werden, aber bereits bei den Menschenaffen und stärker noch beim Menschen wird der körperliche Reifezustand bei der Geburt immer geringer. So kann der menschliche Säugling von Portmann als ein »sekundärer Nesthocker« bezeichnet werden. Der neuronale Reifezustand bei der Geburt bleibt dagegen relativ hoch. Zusätzlich wird die bereits bei Tieraffen sehr lange Kindheits- und Jugendentwicklung weiter ausgedehnt; sie dauert beim Menschen doppelt so lange wie selbst bei den großen Menschenaffen.

Da das menschliche Kind in solch relativer körperlicher Unreife geboren wird, entsteht eine besondere, für den Menschen arttypische erste Phase der Entwicklung, die Portmann das »extrauterine Frühjahr« nennt.

Geburtszeitpunkt und Geburtsgewicht

Bei der Betrachtung der menschlichen Ontogenese von der Geburt bis zum ersten Geburtstag fallen folgende Tatsachen ins Auge: Trotz des geringeren Körpergewichts des erwachsenen Menschen im Vergleich mit den großen Menschenaffen ist das Geburtsgewicht des menschlichen Säuglings um mehr als tausend Gramm höher als das der Neugeborenen aller Menschenaffen. Selbst ein neugeborener Gorilla wiegt kaum 2000 Gramm; ebensoviel wiegen neugeborene Schimpansen. Der enorme Größenunterschied der erwachsenen Tiere ist beim Säugling also noch nicht wahrnehmbar. Dasselbe gilt auch für die Säuglinge der verschiedenen Menschenrassen: Neugeborene Japaner wiegen kaum weniger als neugeborene Nordamerikaner, während die erwachsenen Japaner ein gutes Drittel weniger wiegen. Selbst kleine und leichtgewichtige Menschenfrauen gebären also Kinder, die fast doppelt so schwer sind wie neugeborene Gorillas oder Orang-Utans. Das Geburtsgewicht scheint demnach nicht direkt von der Größe der Mutter abzuhängen und auf keinen Fall von ihrem körperlichen Entwicklungszustand. Schon wegen des ähnlichen Gewichts aller drei Menschenaffenarten und des viel höheren, aber bei allen Menschenrassen ähnlichen Gewichts der Säuglinge muß man annehmen, daß grundsätzliche Bedingungen der Verhaltens- und Gehirnentwicklung dafür maßgebend sind, mit welcher Körpermasse ein Säugling geboren werden muß. Man könnte daraus schließen, daß die viel höhere Komplexität des entstehenden menschlichen Gehirns auf noch unbekannte Weise das hohe Geburtsgewicht bedingt.

Dazu sollte noch erwähnt werden, daß der sogenannte Gehirnvermehrungsfaktor – der Faktor, um den das Gehirn von der Geburt bis zum erwachsenen Zustand an Gewicht zunimmt – beim Menschen ebenfalls ungewöhnlich ist. Naturgemäß ist dieser Faktor bei sehr unentwickelt geborenen Tieren besonders hoch und bei den typischen Nestflüchtern eher gering. Beim Menschen ist dieser Faktor nun ebenfalls hoch, aber nicht – wie bereits erwähnt –, weil das Gehirn bei der Geburt wenig entwickelt wäre, sondern weil die für den Menschen arttypischen sehr großen Gehirnteile (der Neokortex) noch etwa vier Jahre Entwicklung bis zum Endgewicht benötigen. Dem hohen Geburtsgewicht des menschlichen Säuglings entspricht auch ein hohes absolutes Geburtsgehirngewicht. Das Verhältnis Geburtsgewicht zum Geburtsgehirngewicht ist bei allen Primaten ähnlich. Dies stützt die oben erwähnte Vermutung, daß das Geburtsgewicht von der Entwicklung des Zentralnervensystems wesentlich mitbedingt wird.

Portmann diskutiert auch die noch in der neueren Literatur (Campbell 1972) vertretene Auffassung, der körperlich relativ unentwickelte Zustand des menschlichen Säuglings bei der Geburt sei damit zu erklären, daß der Geburtskanal der Frau nur eine bestimmte Größe des Kopfes erlaube. Campbell hebt dabei hervor, daß hier zwei Entwicklungstrends im Gleichgewicht stehen: Einerseits bieten kleine Frauen der Gruppe zwar Vorteile etwa in der Nahrungsversorgung; andererseits aber sind zur Geburt großer Säuglinge relativ große Frauen notwendig. Diese Ansicht wird von Portmann – zu Recht, wie wir meinen – als bloße Spekulation bezeichnet. Es ist nur eine Vermutung, daß innerhalb des komplexen Geflechts von Beziehungen, die den Gang der menschlichen Ontogenese bestimmen, kein größerer Geburtskanal möglich sei, wenn er für die Geburt des Säuglings auf einer späteren Entwicklungsstufe günstiger wäre. In der Tat ist die Frage nicht zu entscheiden, ob der menschliche Geburtskanal eben gerade groß genug ist, daß er den Kopf des Kindes zum günstigsten Geburtszeitpunkt passieren läßt oder ob umgekehrt der Kopf gerade eben so groß werden darf, daß er noch durch den Geburtskanal paßt. Wahrscheinlich trifft keine dieser einfachen Deutungen zu.

Das extrauterine Jahr

Das auffälligste Merkmal unseres Geburtszustandes, die Unreife, muß nach Portmann nicht als somatische Unreife eines Nesthockers, sondern als eine ganz besondere Anpassung, als eine Ausnahmeerscheinung im Reich der Säugetiere, betrachtet werden.

Durch diese körperliche Unreife bei der Geburt entsteht die für den Menschen typische lange Phase von kindlicher Hilflosigkeit und mütterlicher Fürsorge, die

Klammerreflex bei Menschen und Affen. Das Anklammern ist nach Portmann Ausdruck eines bereits sehr reichhaltigen Verhaltensinventars. Der Entwicklungszustand des menschlichen Säuglings kann vom Primaten-Tragling hergeleitet werden. Der körperliche Reifezustand bei der Geburt wird schon bei den Menschenaffen im Verhältnis zu anderen Tieren immer geringer. Demgegenüber bleibt der neuronale Reifezustand hoch entwickelt. Da das menschliche Kind in relativer körperlicher Unreife geboren wird, entsteht eine für den Menschen arttypische erste Phase nach seiner Geburt, die Portmann als das »extrauterine Frühjahr« bezeichnet. Trotz des geringen Körpergewichtes des erwachsenen Menschen gegenüber einem ausgewachsenen Gorilla ist das Geburtsgewicht des menschlichen Säuglings um mehr als tausend Gramm höher als das neugeborener Menschenaffen.

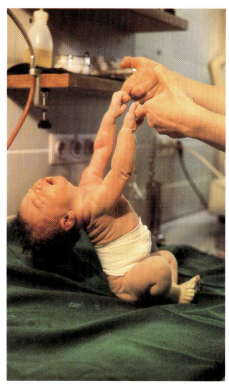

Portmann das »extrauterine Frühjahr« nennt. Gemeint ist das erste Lebensjahr, das außerhalb der Gebärmutter (des Uterus) verbracht wird. In diesem Jahr ist die artgemäße Haltung, der aufrechte Gang, noch nicht entwickelt; auch wesentliche Grundlagen des menschlichen Verhaltens, vor allem die Sprache, fehlen noch. Die Gliedmaßen sind anders proportioniert als später; zum Beispiel bleiben die Beine bis zum sechsten Monat sehr kurz und holen den Wachstumsvorsprung der Arme erst ab dem ersten Geburtstag wieder ein. Auch das Wachstum ist in diesem ersten Lebensjahr anders als bei anderen Primaten: Während das menschliche Kind nach Beendigung des ersten Jahres relativ sehr langsam wächst, weist es im ersten Lebensjahr ein sehr schnelles – oft »fetal« genanntes – Wachstum auf. In diesen und anderen Punkten läßt sich also das erste Jahr als eine besondere Entwicklungsphase von der weiteren Entwicklung des Kindes abheben – und dies sowohl im Vergleich mit unseren nächsten zoologischen Verwandten, den Menschenaffen, als auch im Vergleich mit der menschlichen Gesamtentwicklung.

Portmann begründet die Bezeichnung »extrauterines Jahr« auch dadurch, daß er ein theoretisches Geburtsdatum errechnet – einen Zeitpunkt, an dem das Menschenkind der Norm des Säugetier-Geburtszustandes (der Nestflüchter) entspräche. Er kommt dabei auf eine hypothetische »normale« Schwangerschaftsdauer von 21 Monaten anstatt der tatsächlichen 9 Monate. Seine Berechnung stützt sich auf morphologische Kriterien, so zum Beispiel auf das Erreichen von Körperproportionen, die den Erwachsenen ähneln, und das Einnehmen der artgemäßen aufrechten Haltung; daneben dienen auch Argumente aus der Verhaltensforschung der jüngsten Zeit zur Stützung seiner Theorie. Dennoch hat sich Portmann nie zur Überziehung seines Ansatzpunktes verleiten lassen und dazu, in Anbetracht der Hilflosigkeit des menschlichen Neugeborenen – wie andere zu seiner Zeit – vom ersten »dummen Vierteljahr« gesprochen. Ganz im Gegenteil, er warnte davor, die Bedeutung gerade der verborgensten frühen Phasen der Entwicklung nur deshalb gering einzuschätzen, weil die Mittel, sie zu erforschen noch nicht ausreichten. Heute wissen wir, daß bereits das Neugeborene über viele Möglichkeiten der sozialen Kommunikation verfügt, ja, daß bei ihm bereits Elemente einer Wort- und Gebärdensprache erkennbar sind. Hier mangelte es Portmann – der Zeit entsprechend, in der seine Untersuchungen stattfanden – an wissenschaftlichem Material zur Ausgestaltung seiner Theorie, was ihm selbst wohl bewußt war. Heute dehnen viele Humanbiologen in Anbetracht neuerer Erkenntnisse die Warnung Portmanns vor der Unterschätzung früher Entwicklungsprozesse von der extrauterinen auf die intrauterine (vorgeburtliche) Phase aus und betonen deren Relevanz für die spätere Entwicklung. Welche Bedeutung kommt nun dem »extrauterinen«, ersten Jahr im Licht neuerer Forschungen zu?

Beim neugeborenen, wohlbehüteten Menschenaffenkind entstehen im ersten Lebensjahr keine wesentlich neuen Möglichkeiten der Haltung, der Bewegung oder der Kommunikation mehr, während sich beim Menschenkind in dieser besonderen extrauterinen Zeit wichtige menschliche Verhaltensweisen ausbilden. Die Entwicklungsschritte, die diese Verhaltensweisen erzeugen, sind nicht etwa Phasen der

Entfaltung angeborener Strukturen im Sinne einer ontogenetischen Rekapitulation – etwa so, wie man seinerzeit die frühe Phase als »Schimpansenalter« auffaßte. Vielmehr bewirkt die Evolution zum Menschen nicht nur die Umgestaltung der Reifeform, sondern sie hat im Laufe der Stammesentwicklung vom Affenvorfahren zum Menschen die ganze Keimesentwicklung ergriffen. Daher bestimmt der Dualismus von Vererbtem und Erlerntem schon von frühester Zeit an die Verhaltensentwicklung des Säuglings.

Als morphologisches Korrelat hierzu läßt sich feststellen, daß nicht nur das Großhirn als Repräsentant unserer intellektuellen Leistungen, sondern auch das Stammhirn und das Kleinhirn (als Sitz von Instinkthandlungen) mit der Evolution eine Ausweitung erfahren haben. Insofern kann auch der oft von anderen Autoren benutzte Begriff »Instinktreduktion« die Situation im ersten Lebensjahr nicht charakterisieren. Portmann war nun der Ansicht, daß die Merkmale des Säuglings (auch und vor allem die erblichen Merkmale) den ihnen zugeordneten Umweltbedingungen – besonders der sozialen Umwelt – angepaßt sind. Damit sah Portmann, was sich hinter den ihm bereits bekannten Erkenntnissen des Psychologen René Spitz verbarg: die krasse Abhängigkeit der Säuglingsentwicklung von frühesten Umwelteinflüssen und die dadurch erzwungene Annahme komplexer sensorischer Leistungen bereits im ersten Lebensvierteljahr.

Diese vielfältigen Wechselwirkungen sind erst in letzter Zeit erkannt und untersucht worden. Dabei sind die Wissenschaftler immer wieder von neuen Fähigkeiten des Säuglings überrascht worden – eine Tendenz, die bis heute angehalten hat. Sowohl bei den sensorischen Leistungen des Säuglings als auch bei seinen angeborenen spezifischen Signalgebungen im Dienste einer kommunikativen Mutter-Kind-Interaktion – verbunden mit einem bereits bei der Geburt vorhandenen Lernvermögen – zeigt sich das nicht trennbare Ineinandergreifen einer umweltgebundenen Entwicklung auf der Grundlage angeborener Möglichkeiten. Der Säugling entwickelt zum Beispiel im Laufe des ersten Lebensvierteljahres eine angeborene visuelle Präferenz für das menschliche Gesicht und eine auditive Bevorzugung für den Frequenzbereich, in dem die menschliche Stimme angesiedelt ist. Sein angeborenes Kontaktbedürfnis bestimmt – wie bei den Menschenaffen – die emotionalen Bedürfnisse und deren Ausdruck. Das akustische Ausdrucksvermögen des Säuglings enthält, lange bevor der Säugling das erste Wort sprechen kann (und auch noch lange bevor mit einem halben Jahr das sogenannte »Babbeln« beginnt), bereits nahezu von Geburt an spezifische Vokalisationsmuster. Sie sind, ganz anders als das Schreien, Ausdruck für besondere unterschiedliche Verhaltenssituationen, so für ruhigen Schlaf, kurzes Unwohlsein und ähnliches mehr. Portmann konnte all dies damals noch nicht wissen. Dennoch waren seine Aussagen wegbereitend auch für solche neuen Erkenntnisse und lassen sich sehr gut mit ihnen vereinbaren. Daß die Wortsprache etwas völlig anderes ist als alle tierischen Lautsignale – wie Portmann es sieht –, wird von der Entdeckung der angeborenen nichtverbalen Vokalisation des Säuglings übrigens nur bestätigt. Die sensorischen Fähigkeiten desselben sowie seine verschiedenen Ausdrucksqualitäten sind Grundlage der kommunikativen sozialen Mutter-Kind-Interaktion. Das von Geburt an bestehende Lernvermögen – eine Habituation konnte sogar beim tiefschlafenden Frühgeborenen nachgewiesen werden – gewährleistet also die Möglichkeit einer Modifikation durch die Umwelt. Angeborene Lernstrategien, wie zum Beispiel das Nachahmen, führen noch im ersten Lebensjahr bis hin zur Übernahme kultureller Verhaltensmuster. Beim Menschen zeigt sich also bereits hier jenes typische Merkmal seines Verhaltens, das ihn vor allen Tieren auszeichnet: seine Kulturfähigkeit. Und das extrauterine Frühjahr bildet, wie wir heute wissen, die Grundlage der menschlichen Sozialisation und dadurch seiner kulturellen Verhaltensentwicklung schlechthin.

Spätere Kindheit

Obwohl Portmann sich hauptsächlich der intrauterinen Zeit und der Säuglingszeit widmete, hat er auch einige Aspekte der späteren Kindheit vergleichend betrachtet. Die dabei gewonnenen Ergebnisse seien hier zumindest kurz angesprochen:

Wie schon erwähnt, wächst das menschliche Kind nach dem ersten Lebensjahr sehr langsam, verglichen mit anderen Säugetieren. Das Wachstum der meisten Großsäuger ist nach ein bis vier Jahren abgeschlossen; nur das des Elefanten dauert etwa vierzehn Jahre. Dagegen benötigen selbst die relativ kleinen Altweltaffen ziemlich lange, um ihr Erwachsenengewicht zu erreichen – ein männlicher Makak zum Beispiel fast sieben Jahre. Die Menschenaffen brauchen im weiblichen Geschlecht sechs bis sieben Jahre, bis sie ihr volles Gewicht erreicht haben, die Männer wachsen bis zum neunten oder elften Jahr. Beim Menschen unterscheidet sich dieser Wert von Rasse zu Rasse; aber das Erwachsenengewicht wird kaum vor dem sechzehnten und oft erst nach dem zwanzigsten Lebensjahr erreicht.

Ähnlich ist das Bild für den Zeitpunkt der Geschlechtsreife, die stets vor dem Erreichen des vollen Erwachsenengewichts eintritt: Auch hier bedürfen die großen Menschenaffen einer ungefähr doppelt so langen Entwicklungszeit wie die Tieraffen, und die Geschlechtsreife des Menschen liegt mit vierzehn bis fünfzehn Jahren noch einmal um drei bis vier Jahre über dieser Zeit.

Es ist naheliegend, die langsame Entwicklung des Menschen damit zu erklären, daß das menschliche Kind eine große Fülle von Fertigkeiten erlernen muß und eine Fülle von Traditionen zu übernehmen hat, bis es sich als Erwachsener in die Sozietät der Erwachsenen eingliedern kann. Dies gilt – im Vergleich zu den intellektuell höchstentwickelten Tieren – auch für die Naturvölker. Unsere eigene, technisierte Kultur macht es bekanntlich erforderlich, die Zeit des Lernens über die Zeit der Geschlechtsreife hinaus auszudehnen und im Extrem die jugendliche Lernbereitschaft bis ins Alter hinein zu erhalten. Für alle diese gewaltigen Lernprozesse bildet das extrauterine Frühjahr mit seinen Entwicklungsvorgängen die notwendige Grundlage.

Literatur

CAMPBELL, B. G.: Entwicklung zum Menschen. Stuttgart 1972

HASSENSTEIN, B.: Tierjunges und Menschenkind. In W. Behler (Hg.): Das Kind. Freiburg 1970

HEMMINGER, H.: Änderungsmöglichkeiten des menschlichen Sozialverhaltens aus der Sicht der Humanbiologie. In: Elementarisierung theologischer Inhalte und Methoden, hg. v. Comenius Institut. München 1977

MORATH, M.: Der biologische Anteil im Verhaltensprogramm des Menschen. In: Bd. V dieser Enzyklopädie

Differences in the noncrying vocalization of infants in the first four months of life. Neuropädiatrie. Suppl., 8, 1977, 543–545

PORTMANN, A.: Die biologische Bedeutung des ersten Lebensjahres beim Menschen. Schweizerische medizinische Wochenschrift, 71, 32, 1941

Biologische Fragmente zu einer Lehre vom Menschen. Basel 1944, ³1969

Biologie und Geist. Zürich 1956

Vom Ursprung des Menschen. Basel ⁴1958

Naturforschung und Humanismus. Akademische Reden. 500-Jahr-Feier d. Univ. Basel 1960

Entläßt die Natur den Menschen? München 1970

Klaus Immelmann und Klaus E. Grossmann

Phasen kindlicher Entwicklung

Übersicht: Verhaltensforscher – unter ihnen vor allem Konrad Lorenz – haben herausgefunden, daß es bei Tieren bestimmte sensible Phasen gibt, in denen Verhaltensweisen besonders leicht geprägt werden können. Dieses sogenannte »biologische Phasenkonzept« erwies sich als außerordentlich hilfreich für die Entwicklungspsychologen. Der Vergleich mit der Verhaltensentwicklung verschiedener Tierarten führte zu fruchtbaren Erkenntnissen. Das gilt besonders für die Entstehung des Sozialverhaltens.
Beim Menschen hat vor allem die Qualität der frühkindlichen Beziehungen prägende Einflüsse. Sie sind zwar nicht so unveränderlich wie die Prägungen bei Tieren, und sie machen auch nicht immun gegen spätere schlechte Erfahrungen. Sie machen es aber dem Menschen deutlich leichter oder schwerer, soziales Verhalten zu entwickeln. Das zeigen besonders die Untersuchungen des amerikanischen Psychologen H. M. Skeels an Heimkindern, deren Ergebnisse dramatisch und bedrückend zugleich sind.

Teil I: Prägung und prägungsartige Vorgänge

(von Klaus Immelmann)

Die frühe Verhaltensentwicklung des Menschen trägt – wie alle Aspekte menschlichen Verhaltens – ihre eigenen Züge und kann niemals unmittelbar mit der ontogenetischen Entwicklung irgendeines anderen Organismus verglichen werden. Diese Tatsache darf nicht darüber hinwegtäuschen, daß Untersuchungen der Verhaltensforschung an Tieren in neuerer Zeit in immer stärkerem Maße erkennen lassen, wie sehr es auch im Bereich des Verhaltens – genau wie für die übrigen Merkmale und Eigenschaften des Lebendigen – gewisse allgemeine Gesetzmäßigkeiten gibt, die etwa alle Primaten, alle Säugetiere oder gar alle Wirbeltiere in prinzipiell gleicher Weise kennzeichnen und deshalb möglicherweise auch am Zustandekommen des menschlichen Verhaltens mitbeteiligt sein können. Diese Aussage gilt – wie sich ebenfalls immer stärker herausstellt – in besonderem Maße gerade für die frühe Entwicklung des Verhaltens und hier wieder ganz speziell für die Bedeutung von Umgebungseinflüssen auf die Verhaltensentwicklung des Organismus, vor allem auf die Entfaltung seines sozialen Verhaltens (s. Bd. V dieser Enzyklopädie).

Es erscheint daher berechtigt, an dieser Stelle zunächst einige dieser allgemein verbreiteten Gesetzmäßigkeiten der frühen Verhaltensentwicklung darzustellen und ihre Bedeutung und mögliche stammesgeschichtliche Entwicklung zu erörtern, um anschließend die Frage aufzuwerfen, ob und in welcher Weise entsprechende Erscheinungen auch in der menschlichen Verhaltensentwicklung zu beobachten sind.

Für die Wahl gerade der frühen Umgebungseinflüsse als Thema für eine solche vergleichende Betrachtung gibt es eine Reihe sehr wichtiger Gründe. Das Thema bietet sich an, da das Verhalten des Säuglings und des Kleinkindes noch weniger vielfältig und deshalb leichter überschaubar ist, weil etwaige Gemeinsamkeiten zwischen Mensch und Tier in frühen ontogenetischen Stadien, also auf frühen Entwicklungsstufen, naturgemäß noch wesentlich größer sind als beim ausgewachsenen Organismus (hier sei nur an das Fehlen der Sprache beim Säugling erinnert, das ganz andere, vielleicht »tierähnlichere« Formen der Kommunikation erforderlich macht) und weil der methodische Vorteil der Ethologie gegenüber der Humanpsychologie gerade auf diesem Gebiet besonders eklatant ist – der Vorteil nämlich, daß sie in großem Umfang experimentell arbeiten kann: Mit Jungtieren kann man die verschiedensten Versuche durchführen. Man kann sie einzeln, mit Geschwistern oder in größeren Gruppen aufwachsen lassen. Man kann sie von den eigenen Eltern, von fremden Stiefeltern, die unter Umständen gar nicht der eigenen Art angehören müssen, oder künstlich durch den Menschen aufziehen lassen. Man kann also die soziale Umwelt des heranwachsenden Organismus in nahezu beliebiger Weise manipulieren.

Darüber hinaus kann man einzelne Sinnesorgane zu bestimmten Zeiten ausschalten, indem man etwa die Augen vorübergehend zuklebt und damit die Zufuhr entsprechender Umweltreize drosselt. Umgekehrt kann man eine künstliche Reizüberflutung schaffen und die Verhaltensentwicklung und vor allem das spätere Verhalten im Erwachsenenalter der unter den verschiedenen Bedingungen aufgewachsenen Organismen miteinander vergleichen, um auf diese Weise die absolute und relative Bedeutung einzelner Umweltfaktoren genau zu ermitteln. Im Extrem kann man sogar einzelne Tiere völlig isoliert von allen Umweltreizen im Dunkeln und ohne jeden Kontakt mit dem Pfleger aufziehen, d. h. man kann, wie man sie in der Ethologie in Anlehnung an ein historisches Ereignis bezeichnet, sogenannte »Kaspar-Hauser-Tiere« schaffen und die Verhaltensentwicklung dieser »umweltlosen« Geschöpfe verfolgen. Bei alledem kann der Ethologe unter völlig standardisierten und damit vergleichbaren Bedingungen und – zumindest bei vielen Tierarten – mit großen Individuen-Zahlen arbeiten und eine Fülle quantitativ aussagekräftiger Daten zusammentragen.

Beim Menschen ist das verständlicherweise alles nicht möglich. Bei ihm muß man vielmehr sämtliche Beziehungen zwischen bestimmten frühen Umweltbedingungen und dem späteren Verhalten relativ mühsam durch die Exploration der Vorgeschichte, des Lebensweges, indirekt zu ermitteln versuchen. Deshalb bieten sich hier mitunter Tiere an, mit denen man, genau wie es auf einigen Teilgebieten der Medizin und der Pharmazie seit geraumer Zeit und mit großem Erfolg geschieht, gleichsam stellvertretend die notwendigen Versuche machen kann.

Sehr drastische Umgebungseinflüsse auf die Verhaltensentwicklung haben innerhalb der Ethologie zunächst diejenigen Forscher erkannt, die sich in ihren Untersuchungen mit einem Phänomen befaßt haben, das Konrad Lorenz als »Prägung« bezeichnet hat und das seither unter diesem Namen bekannt ist.

Da dieser Begriff inzwischen auch in die humanpsychologische Literatur Eingang gefunden hat, soll hier zunächst ein Überblick über den augenblicklichen Stand des Wissens über das Phänomen der Prägung gegeben werden, weil er möglicherweise auch dem besseren Verständnis einiger Besonderheiten der menschlichen Frühentwicklung dienen kann. Ein solcher – in gewisser Weise als »Klarstellung« gedachter – Überblick erscheint insofern an dieser Stelle dringend erforderlich, als es gerade über den Begriff der Prägung, über das Wesen des Prägungsvorganges und über die mögliche Übertragbarkeit der Ergebnisse der Prägungsforschung auf den Menschen in letzter Zeit eine Fülle von Diskussionen gegeben hat. In der Tat gibt es wohl kaum ein Verhaltensphänomen, über das sowohl zwischen Humanpsychologie und Verhaltensforschung als auch – und das vielleicht sogar besonders deutlich – innerhalb der Ethologie so unterschiedliche Ansichten herrschen wie über die Erscheinung der Prägung.

Dabei sind die »Streitpunkte« auf beiden Ebenen durchaus verschieden. Fragen, die innerhalb der Verhaltensforschung diskutiert werden, beziehen sich vor allem auf die mögliche Sonderstellung der Prägung: Handelt es sich um einen besonderen Lernvorgang, der sich von anderen Lernprozessen mehr oder minder deutlich unterscheidet, oder ist Prägung nur ein Sonderfall von Konditionierung? Ist Prägung überhaupt ein Lernvorgang, oder liegen ihre besonderen Eigenschaften außerhalb des Lernbereichs?

Die Fragen, die zwischen Verhaltensforschern und Humanpsychologen diskutiert werden, beziehen sich dagegen mehr auf die mögliche Übertragbarkeit der im Tierexperiment gewonnenen Erkenntnisse: Gibt es auch beim Menschen eine echte Prägung, oder gibt es Erscheinungen, die an Prägungsvorgänge erinnern und einige ihrer Eigenschaften erkennen lassen? Hier reichen die Ansichten von einer völligen Ablehnung jeglichen Vergleichs bis zu einer eingeschränkten oder uneingeschränkten Anerkennung des Prägungskonzeptes auch für den Menschen.

Die Ursachen für die diversen Meinungsverschiedenheiten sind vielschichtig. Mit Sicherheit spielt die Tatsache eine Rolle, daß wir über das Wesen der Prägung auch nach vier Jahrzehnten Prägungsforschung im Grunde immer noch sehr wenig wissen und daß es eigentlich auch noch nicht einmal endgültig geklärt ist, ob es sich bei all den Vorgängen, die bisher mit dem Namen der Prägung belegt wurden, überhaupt um eine einheitliche Erscheinung handelt. Darüber hinaus ist aber mit Sicherheit auch eine Fülle von Mißverständnissen mit im Spiel, und auch hierin stellt die Prägung durchaus einen Rekord auf: Selten hat es im Bereich des ethologischen Schrifttums so viele Fehldeutungen und -interpretationen gegeben wie gerade im Hinblick auf die in den frühen Arbeiten über Prägungsvorgänge enthaltenen Aussagen und Verallgemeinerungen.

Es scheint daher erforderlich zu sein, hier zunächst das gegenwärtig verfügbare Tatsachenmaterial über Prägungserscheinungen bei Tieren darzulegen, weil erst die genaue Kenntnis dieser Einzelheiten es ermöglicht, mögliche Parallelen in der ontogenetischen Entwicklung des Menschen zu erkennen und richtig zu deuten. Um ein Ergebnis des geplanten Vergleiches jedoch schon jetzt vorwegzunehmen: Eine Eigenschaft, die sich als das typische Charakteristikum aller Prägungsvorgänge herausgestellt hat, läßt sich auch in der menschlichen Frühentwicklung deutlich wiedererkennen: ihre Phasenspezifität.

Die »klassischen« Beispiele für Prägung

Der Begriff der Prägung wurde von Lorenz in seiner berühmten Arbeit »Der Kumpan in der Umwelt des Vogels« im Jahre 1935 eingeführt, obwohl die Erscheinung als solche schon von früheren Beobachtern, zum Beispiel von Oskar Heinroth, Wallace Craig und Douglas Spalding, erwähnt worden war. Prägungsvorgänge fand Lorenz bei sogenannten »objektlos angeborenen« Verhaltensweisen. Es handelt sich dabei um Bewegungen, deren Ablauf angeboren, d. h. im Erbgut weitgehend vorprogrammiert ist, während die Kenntnis des Objektes, auf das sie gerichtet werden, individuell erworben werden muß. So sind viele Balzbewegungen von Tieren erfahrungsunabhängig: d. h. sie laufen auch bei solchen Individuen in der »richtigen«, artgemäßen Form ab, die isoliert oder von Stiefeltern einer fremden Art aufgezogen worden sind und deshalb niemals über die entsprechenden Lernmöglichkeiten verfügten. Dagegen ist ohne entsprechende Erfahrung nicht oder nur sehr unvollständig bekannt, wer angebalzt wird, d. h. wie ein artgleicher Geschlechtspartner aussieht, sich bewegt oder ruft. Die Kenntnis dieses »Objektes« muß also erst erworben bzw. gelernt werden. Zwei Verhaltensbereiche waren es, für die Lorenz den Erwerb einer Objektkenntnis durch Prägung beschrieb: die Nachlaufreaktion junger Nestflüchter und die sexuellen Reaktionen einer Reihe von Tiergruppen. Im ersten Fall wird die Kenntnis der Eltern bzw. der Mutter, im zweiten die des Geschlechtspartners durch frühkindliche Erfahrungen festgelegt.

Nachlaufprägung. Bei vielen Vogelarten, die man in ihrer Gesamtheit als »Nestflüchter« bezeichnet und zu denen unter anderen Enten, Gänse, Hühnervögel, Rallen und Watvögel (Limikolen) gehören, schlüpfen die Jungen mit mehr oder minder voll entwickelten Sinnesorganen. Sie sind in der Lage, der Mutter bzw. den Eltern schon nach kurzer Zeit aktiv zu folgen. Für sie ist es – im Gegensatz zu den »Nesthockern«, die nackt und blind geboren werden und noch längere Zeit im Nest bleiben – besonders wichtig, daß sie ihre Eltern rasch und präzise erkennen können. Trotzdem besitzen sie vielfach keine angeborene Kenntnis erwachsener Artgenossen. Sie folgen daher zunächst nahezu jedem beliebigen sich bewegenden Gegenstand, prägen sich dessen Merkmale aber sehr rasch ein und beschränken ihre Nachfolgereaktionen anschließend sehr selektiv nur noch auf dieses eine Objekt.

Unter natürlichen Verhältnissen ist das erste sich bewegende Objekt, das der eben geschlüpfte Jungvogel erblickt, selbstverständlich die Mutter oder – bei Arten, bei denen sich beide Eltern an der Brutpflege beteiligen – einer der beiden Eltern.

Unter experimentellen Bedingungen dagegen kann man dafür sorgen, daß der Jungvogel als erstes einen Menschen, eine andere Vogelart oder einen künstlich bewegten Gegenstand zu Gesicht bekommt. In diesem Fall richtet sich die erste Nachfolgereaktion auf das betreffende Objekt, das damit als »Mutterobjekt« festgelegt wird. Die Tatsache, daß auch künstlich bewegte Gegenstände das Nachlaufen auszulösen vermögen, bietet die Möglichkeit, die Nachlaufprägung qualitativ und quantitativ genauer zu untersuchen.

Das ist – angeregt durch die Arbeiten von Lorenz – in den nachfolgenden Jahren in einer großen Zahl experimenteller Studien, vor allem an Stockenten- und Haushuhnküken, geschehen. Eckhard H. Hess in Chicago hat hierfür eine »Prägungsapparatur« entwickelt. Sie besteht aus einem kreisförmigen Laufgang und einer an einem Arm durch einen kleinen Motor im Kreis bewegten Attrappe. Im Inneren der Attrappe kann ein Lautsprecher angebracht werden. Die Jungvögel, die man vom Schlüpfen bis zum Prägungsvorgang einzeln im Dunkeln hält, werden in verschiedenem Alter unterschiedlich lange der Attrappe ausgesetzt. Im Abstand von einigen Stunden oder Tagen wird den Versuchstieren in einem zweiten Experiment neben der vertrauten eine andere Attrappe zur Auswahl geboten, die sich in bestimmten Merkmalen von der Prägungsattrappe unterscheidet. Aus der Reaktion des Jungvogels erkennt man, ob sich während des ersten Versuchs eine Präferenz für die dort gebotene Attrappe entwickelt hat. Auf diese Weise kann man das Alter untersuchen, in dem Prägung möglich ist, oder die Zeitdauer, die ein Tier der Attrappe folgen muß, um eine Präferenz zu entwickeln. Auch die relative Bedeutung des Aussehens und der elterlichen Rufe, der Einfluß von Hindernissen, Strafreizen oder Drogen auf die Prägung und viele andere Fragen lassen sich in dieser Apparatur prüfen.

Solche stets sehr frühen und sehr schnell zustandekommenden Nachlaufprägungen sind bisher von vielen Enten- und Gänsearten, von Truthühnern, Haushühnern sowie verschiedenen Rallen und Watvögeln beschrieben worden.

Sexuelle Prägung. Im Bereich des Sexualverhaltens, d. h. in bezug auf die Kenntnis des Geschlechtspartners, kann man bei vielen Vogelarten eine ähnliche Erscheinung beobachten: Läßt man Jungvögel einer Vogelart im Experiment von einer anderen Art aufziehen, so verpaaren sich die Tiere später vorzugsweise mit Angehörigen der Stiefart und lehnen Artgenossen vielfach völlig ab. Handaufgezogene Vögel balzen ihren Pfleger an, erweisen sich also als sexuell auf den Menschen fixiert.

Zu dieser Frage sind in der Zwischenzeit ebenfalls umfangreiche Untersuchungen an verschiedenen Vogelarten durchgeführt worden. Friedrich Schutz ließ im Brutschrank geschlüpfte Entenküken durch eine artfremde oder zu einer anderen Unterart gehörende Stiefmutter aufziehen oder zog sie mit Stiefgeschwistern einer anderen Art auf und gab ihnen anschließend auf einem großen, von vielen Wasservogelarten bewohnten See die Möglichkeit zur freien Partnerwahl. Es zeigte sich, daß sich der überwiegende Teil der Versuchstiere später mit einem Angehörigen derjenigen Art verpaarte, der die Stiefmutter beziehungsweise die Stiefgeschwister angehört hatten. Auf diese Weise ließen sich junge Enten nicht nur auf andere Entenarten, sondern auch auf Gänse und sogar – wenn auch weniger streng – auf Hühner prägen. Umgekehrt konnten auch Gänse, Haus- und Bankivahühner sowie Bläßhühner jeweils auf andere Arten geprägt werden.

Im Gegensatz zur Nachlaufprägung ist die sexuelle Prägung nicht auf Nestflüchter beschränkt; sie konnte wiederholt auch bei nesthockenden Vogelarten beobachtet werden. Sehr eindeutige Ergebnisse erbrachten in dieser Beziehung Austauschversuche, die mit mehreren Arten von Prachtfinken durchgeführt wurden, einer Gruppe kleiner, körneressender Singvögel aus den Tropen der Alten Welt. Von ihnen eignen sich vor allem zwei Arten für derartige Versuche: der australische Zebrafink und das sogenannte Japanische Mövchen, eine aus Ostasien stammende domestizierte Form. Tauscht man Eier oder frisch geschlüpfte Nestlinge dieser beiden Arten untereinander aus und läßt die Jungen jeweils von Stiefeltern der anderen Art aufziehen, so verpaaren sie sich später bei Auswahl ausschließlich mit Angehörigen der Stiefart, während sie Artgenossen ständig nicht beachten oder sogar angreifen.

Es zeigt sich also, daß sowohl bei Enten als auch bei Prachtfinken die Wahl des späteren Geschlechtspartners in entscheidender Weise durch Erfahrungen beeinflußt werden kann, und zwar – da die Jungtiere in den geschilderten Fällen jeweils sofort nach dem Erreichen der Selbständigkeit von ihren Stiefeltern getrennt worden waren – schon durch sehr frühzeitige Erfahrungen im Kindesalter.

Nachlaufprägung und sexuelle Prägung sind innerhalb der Klasse der Vögel besonders weit verbreitet und wurden dort bisher auch am eingehendsten untersucht. Aus anderen Wirbeltiergruppen liegen bislang erst vergleichsweise wenige Befunde vor. Im Hinblick auf einen möglichen Vergleich mit dem Menschen ist dieser Informationsmangel – namentlich bezüglich der Säugetiere – besonders bedauerlich. Er beruht hier jedoch auf methodischen Schwierigkeiten, die schwer zu überwinden sind: Die meisten Säugetiere sind sogenannte Makrosmaten, d. h. sie orientieren sich vornehmlich nach dem Geruch und damit in einer Sinnesmodalität, die dem Menschen und folglich auch dem naturwissenschaftlichen Experiment weitgehend verschlossen oder zumindest nur sehr schwer zugänglich ist. Deshalb weichen Prägungsforscher in der Regel auf die als »Augentiere« für eine experimentelle Analyse wesentlich besser geeigneten Vögel aus. Die wenigen Ergebnisse, die für Säugetiere vorliegen, zeigen jedoch bereits, daß es offenbar auch hier echte Prägungserscheinungen gibt. So hielten sich von Ratten aufgezogene Mäuse später lieber bei Ratten als bei ihrer eigenen Art auf. Bei einer ganzen Anzahl von Säugetieren schließen sich handaufgezogene Jungtiere eng an den Pfleger an, zeigen also ein Verhalten, das dem der Nachlaufreaktion menschengeprägter Nestflüchter unter den Vögeln ähnelt. Zusammen mit einigen weiteren Befunden, die bisher für Fische vorliegen, deuten die geschilderten Untersuchungen darauf hin, daß Prägungserscheinungen in beiden genannten Verhaltensbereichen innerhalb der Wirbeltiere offenbar eine weitverbreitete Erscheinung darstellen.

Die Untersuchungen an Labor- und Zootieren wurden in neuerer Zeit auch durch entsprechende Experimente und Beobachtungen an freilebenden Tieren bestätigt und ergänzt. So hat man bei Feld- und Haussperlingen bzw. Silber- und Heringsmöwen durch Austausch der Eier auch unter natürlichen Verhältnissen Verpaarungen mit Angehörigen der jeweils fremden Stiefart und bei Sperlingen selbst Bastarde zwischen den beiden Arten erzielen können. Bei der nordamerikanischen Schneegans gibt es zwei verschiedene »Morphen«, eine weiße und eine teilweise blau gefärbte Form, die in gemeinsamen Brutkolonien und Schwärmen vorkommen und sich auch untereinander verpaaren. Langjährige Beobachtungen in Kanada haben gezeigt, daß sich diese Tiere unabhängig von ihrer eigenen Gefiederfarbe jeweils bevorzugt mit solchen Partnern verpaaren, die in ihrem Aussehen dem der eigenen Eltern weitestgehend ähneln.

Die Kennzeichen der Prägung

Was ist nun das Besondere der Prägung? Welche Eigenschaften besitzt sie, die zumindest einige Autoren veranlaßt haben, ihr eine Sonderstellung unter den Lernvorgängen einzuräumen? Eigentlich sind es nur zwei Kriterien, die durchgehend zutreffen. Sie wurden bereits in der erwähnten Arbeit von Konrad Lorenz angeführt und näher beschrieben. Das wichtigste Merkmal ist die Tatsache, daß Prägungsvorgänge immer nur während eines ganz bestimmten, zumeist sehr frühen und eng umgrenzten Zeitabschnittes in der Entwicklung eines Tieres möglich sind, den man als »sensible Phase« bezeichnet. Die hierfür – namentlich in den Anfängen der Prägungsforschung – auch gebräuchliche Bezeichnung »kritische Periode« ist etwas irreführend und sollte deshalb vermieden werden: Das Wort Periode bezieht sich auf eine regelmäßig wiederkehrende Erscheinung; wichtiges Kennzeichen nahezu aller sensiblen Phasen ist es jedoch gerade, daß sie im allgemeinen *nicht* wiederkehren. Außerdem ist der betreffende Lebensabschnitt keineswegs »kritisch«; es handelt sich vielmehr um eine zumindest in bezug auf diese Lernvorgänge besonders aktive, positive Zeitspanne.

Aus der Existenz einer sensiblen Phase folgt als zweites Hauptkriterium der Prägung, daß Erfahrungen *außerhalb* dieser Zeit ohne prägenden Einfluß sind und daß eine während dieser Phase erworbene Objektkenntnis später nicht mehr verändert werden kann. Diese Erscheinung wird als Irreversibilität bezeichnet.

Beide Haupteigenschaften von Prägungsvorgängen – sensible Phase und Irreversibilität – sind der experimentellen Analyse zugänglich und mehrfach ausführlich untersucht worden. Dabei stellte es sich heraus, daß die zeitliche Lage der sensiblen Phase von Tierart zu Tierart und selbst innerhalb einer Art für die beiden Prägungsvorgänge verschieden ist. So liegt sie bei der Stockente für die Nachlaufprägung zwischen der 8. und der 20. Lebensstunde, während sie für die sexuelle Prägung erst im Alter von 5 bis 19 Tagen beginnt. Die Nachlaufreaktionen junger Reiherenten sind merklich später prägbar als bei der Stockente, nämlich erst im Alter von 26 bis 38 Stunden.

Nach dem Ende dieser sensiblen Phase können die Tiere in der Regel nicht mehr »umlernen« und sich ein anderes Bild der Mutter oder des späteren Geschlechtspartners einprägen. So balzten handaufgezogene Puter im Alter von fünf Jahren noch immer bevorzugt den Menschen an, obwohl sie zwischenzeitlich auch mit arteigenen Weibchen zusammen waren. Einige Stockenten, die von einer fremden Art aufgezogen worden waren, waren selbst bei freier Auswahlmöglichkeit noch im Alter von neun Jahren mit der Stiefart verpaart. Auch von Japanischen Mövchen aufgezogene Zebrafinken-Männchen kann man jahrelang ausschließlich mit Artgenossen zusammen halten, ohne daß ihre sexuelle Bindung an die Art ihrer Stiefeltern verlorengeht: Sobald man ihnen danach im Experiment erneut die Möglichkeit zu freier Auswahl bietet, balzen sie sofort wieder die Mövchen an, während sie die Zebrafinken in gleicher Weise wie früher entweder nicht beachten oder sogar angreifen. Das bisher älteste Männchen aus diesen Versuchsserien war noch im Alter von mehr als sechs Jahren genau so streng auf die Art der Stiefeltern fixiert wie unmittelbar nach dem Erreichen der Geschlechtsreife, obwohl es zwischenzeitlich mehrere Jahre mit arteigenen Weibchen, jedoch nur wenige Stunden (in den Auswahlversuchen) mit Mövchen-Weibchen zusammen war. Da die durchschnittliche Lebenserwartung von Prachtfinken in Freiheit mit Sicherheit ganz erheblich niedriger ist und außerdem eine Änderung der Fixierung in noch höherem Alter gänzlich ausgeschlossen erscheint, kann man folgern, daß die sexuelle Objektfixierung beim Zebrafinken nach dem Ende der sensiblen Phase lebenslang irreversibel ist.

Trotz dieser eindeutigen Befunde ist die Gültigkeit der beiden Prägungskennzeichen häufig genug bezweifelt worden. Insbesondere das Vorhandensein der in der Bezeichnung Irreversibilität zum Ausdruck kommenden Dauerhaftigkeit des Prägungsergebnisses wurde mehrfach angeblich »widerlegt«, was einige Autoren zu einer allgemeinen Kritik am Konzept der Prägung veranlaßt hat.

Hierzu ist folgendes zu sagen: Zum einen ist eine Prüfung der Irreversibilität selbstverständlich immer nur so lange möglich, wie auch die zugehörige Verhaltensweise selbst auftritt – im Falle der Nachlaufprägung also lediglich bis zum Erlöschen der Nachlaufreaktion und nur im Fall der sexuellen Prägung tatsächlich während des ganzen Lebens. Zum anderen wurde bereits von Konrad Lorenz von Anfang an betont, daß durch Prägungsvorgänge stets nur die *Bevorzugung* eines bestimmten Objektes festgelegt wird; bei dessen Fehlen aber kann die betreffende Verhaltensweise selbstverständlich auch auf ein anderes Objekt gerichtet werden. Derartige »Handlungen am Ersatzobjekt« sind auch aus anderen Verhaltensbereichen bekannt und stellen keine Besonderheit prägungsbedingter Objektfixierungen dar. Diese Tatsache ist nicht immer genügend beachtet worden. Wenn man nämlich – um nur ein einziges Beispiel zu nennen – handaufgezogene Bläß- oder Teichhühner auf eine bestimmte Attrappe prägt, ihnen anschließend aber *nur* eine andere Attrappe anbietet, dann werden die Tiere in Ermangelung jeder Auswahlmöglichkeit selbstverständlich auch der letzteren folgen. Hieraus zu folgern, damit sei die Irreversibilität der Prägung widerlegt, ist absolut unzulässig. Dieser Schluß wäre nur erlaubt, wenn das Versuchstier beim Vorhandensein entsprechender Wahlmöglichkeiten der fremden Attrappe bevorzugt oder zumindest gleich häufig oder gleich lange gefolgt wäre.

In anderen Fällen scheinen durchaus gesicherte Befunde insofern zu falschen Schlußfolgerungen geführt zu haben, als die Frage nach der Irreversibilität zum falschen Zeitpunkt, d. h. noch *vor* dem Ende der sensiblen Phase gestellt wurde. Es hat sich nämlich – vor allem in den Untersuchungen zur sexuellen Prägung – gezeigt, daß das Ergebnis eines Prägungsvorganges nicht von Anfang an irreversibel ist. Vielmehr gibt es eine – ebenfalls schon von Lorenz erkannte – Zeitspanne, in der zwar schon eine Prägungserfahrung stattgefunden hat, deren Ergebnis durch andere »bessere« Erfahrungen – etwa weil sie möglichen angeborenen Präferenzen mehr entsprechen – aber noch verändert oder völlig überdeckt werden kann. Auch eine solche Veränderbarkeit erlischt jedoch mit dem Ende der sensiblen Phase des betreffenden Prägungsbereichs. Deshalb kann echte Irreversibilität stets erst *nach* diesem Zeitpunkt geprüft werden. Auch das wurde in der Prägungsforschung vielfach nicht beachtet.

Die hier erwähnte Erscheinung der »Umprägbarkeit« vor dem endgültigen Ende der sensiblen Phase gibt Gelegenheit, noch auf eine weitere Tatsache hinzuweisen, die gerade im Zusammenhang mit einem möglichen Vergleich mit der menschlichen Entwicklung besonders wichtig erscheint – auf die Tatsache nämlich, daß Beginn und Ende sensibler Phasen selbstverständlich keine festen, unveränderbaren Werte sind, sondern auch ihrerseits wiederum in starkem Maße von Umwelteinflüssen abhängen. Darüber hinaus ist auch die sensible Phase selbst keine völlig homogene Zeitspanne; vielmehr gibt es innerhalb ihrer zeitlichen Grenzen Abschnitte mit stark erhöhter Sensibilität, in denen eine Prägung besonders rasch und leicht möglich ist. Für diesen Zeitabschnitt hat der schwedische Prägungsforscher Eric Fabricius (1964) den Begriff »kritische Phase« wieder einzuführen versucht, um ihn von der übrigen sensiblen Phase, in der Prägung zwar auch möglich ist, jedoch nicht ganz so drastisch erfolgt, zu unterscheiden. Wegen der schlechten quantitativen Abgrenzbarkeit der beiden Teilabschnitte hat sich der Begriff aber auch hier nicht durchgesetzt.

Ein Beispiel soll die erwähnten Unterschiede innerhalb der sensiblen Phasen verdeutlichen. Es entstammt wiederum Untersuchungen am australischen Zebrafinken, die die Frage klären sollten, ob Tiere, die von Stiefeltern einer anderen Art aufgezogen worden waren, durch nachträglichen Kontakt mit ihrer eigenen Art wieder auf diese »zurückgeprägt« werden können. Zu diesem Zweck wuchsen sie im Nest der fremden Art auf, wurden nach dem Erreichen der Selbständigkeit in einem bestimmten Alter von den Stiefeltern getrennt, danach für eine bestimmte Zeitspanne in einen Käfig mit Artgenossen gesetzt und anschließend dann völlig isoliert gehalten. Nach dem Erreichen der Geschlechtsreife wurden sie in Wahlversuchen auf ihre sexuellen Präferenzen hin getestet.

Diese Versuche zeigten, daß es tatsächlich möglich ist, frühe Präferenzen durch spätere zu überdecken, daß es dabei aber auch eine interessante Gesetzmäßigkeit gibt, die Licht auf die Natur der sensiblen Phase zu werfen vermag: Bot man den Tieren nämlich nur drei Tage lang Gelegenheit zu Kontakt mit Artgenossen, so mußte dieser spätestens am 38. Lebenstag beginnen. Setzte man das Jungtier zu einem späteren Zeitpunkt in den Käfig mit Artgenossen, so blieben die drei Tage ohne erkennbaren Einfluß; im Versuch balzte es später die Stiefart und nicht die eigene Art an. Die alte Prägung war also voll erhalten geblieben. Gab man dagegen sieben Tage innerartlichen Kontakt, so war eine »Rückprägung« bei Kontaktbeginn bis zum 40. Lebenstag, bei 30 Tagen bis zum 57. Tag und bei 60 Tagen sogar bis zum 71. Tag möglich. Mit anderen Worten – und das ist eine Schlußfolgerung von sehr wichtiger allgemeiner Bedeutung –, je älter das Tier wird, desto mehr Erfahrung ist nötig, um eine in frühester Kindheit erfolgte Prägung nachträglich zu überdekken. Der soziale »Aufwand« für eine solche Änderung wird also mit zunehmendem Alter immer größer.

Das zeigt, daß die sensible Phase eben nicht abrupt abbricht, sondern daß die Sensibilität gegenüber neuen sozialen Eindrücken ganz allmählich abnimmt und sich möglicherweise in einer annähernd asymptotischen Form gegen Null bewegt. Prinzipiell ähnliche Erscheinungen kennt man auch von der Nachlaufprägung bei Enten- oder Hühnervögeln; auch hier genügt während der ersten Lebensstunden oft schon ein einziger kurzer Eindruck, um eine dauerhafte Prägung hervorzurufen (Schutz konnte bei Stockentenküken feststellen, daß schon bei einer Expositionszeit von nur einer Minute ein deutlicher Prägungseffekt erzielbar ist), während etwa am dritten oder vierten Lebenstag ein wesentlich längerer und intensiverer sozialer Kontakt nötig ist, um das gleiche Ergebnis zu erzielen. Wiederum ist also der »Aufwand«, den eine dauerhafte Gedächtnisbildung erfordert, größer. Wiederum handelt es sich um ein allmähliches Ausklingen der sensiblen Phase; und es ist anzunehmen, daß bei anderen Prägungserscheinungen ähnliche Verhältnisse vorliegen. Im Angesicht dieser Tatsachen darf jedoch – wie es leider wiederholt geschehen ist – nicht vergessen werden, daß irgendwann, zu einem bestimmten, je nach Tier- und Prägungsart verschiedenen Zeitpunkt, ein Zustand erreicht wird, an dem echte Irreversibilität einsetzt. Danach ist auch mit dem größten »Aufwand« ein Auslöschen oder Verändern der zuvor erfolgten Prägung nicht mehr möglich. Nur dies ist es im Grunde, was die Prägung als einen besonderen Vorgang kennzeichnet. Hierauf werden wir später noch zurückkommen.

Im Hinblick auf die zahlreichen Mißverständnisse und Diskussionen über das mögliche Wesen der Irreversibilität erscheint es vielleicht angebracht, die Originalbeschreibung der Irreversibilität in der erwähnten Arbeit von Lorenz aufzuführen. Sie lautet: »... daß die eingeprägte Kenntnis des Objektes der auf den Artgenossen bezüglichen Triebhandlungen nach Verstreichen der für die Art festgelegten physiologischen Prägungszeit sich genauso verhält, als sei sie angeboren. Sie kann nämlich nicht vergessen werden. Das Vergessenwerden ist aber, wie besonders Bühler betont, ein wesentliches Merkmal alles Erlernten.« Einschränkend fügt Lorenz hinzu: »Natürlich ist es bei dem geringen Alter aller darüber angestellten Beobachtungen eigentlich noch nicht ganz angängig, die Unvergeßbarkeit dieser erworbenen Objekte endgültig festzustellen. Wir entnehmen die Berechtigung dazu der in vielen Fällen beobachteten Tatsache, daß Vögel, die vom Menschen aufgezogen und in ihren artgenossenbezüglichen Triebhandlungen auf diesen umgestellt werden, ihre Verhaltensweise auch dann nicht im geringsten ändern, wenn man sie jahrelang ohne menschlichen Umgang mit Artgenossen zusammenhält. Man kann sie dadurch ebensowenig dazu bringen, die Artgenossen für ihresgleichen zu halten, wie man einen altgefangenen Vogel veranlassen kann, im Menschen einen Artgenossen zu sehen« (1935, 167).

Ein interessanter Gesichtspunkt – namentlich wiederum auch im Hinblick auf einen möglichen Vergleich mit der menschlichen Entwicklung – ergibt sich noch für die sexuelle Prägung. Sie zeichnet sich nämlich neben den beiden erwähnten Hauptkriterien der Prägung durch eine weitere Eigenart aus, und zwar durch einen zeitlichen Abstand zwischen Objektfixierung und Ausführung der Handlung: Bei allen Tierarten, die man bislang untersucht hat, ist die sensible Phase für sexuelle Prägung abgeschlossen, ehe das Tier überhaupt geschlechtsreif ist. Zebrafinken zum Beispiel erreichen die Geschlechtsreife im Alter von siebzig bis neunzig Tagen, werden aber schon mit fünfzehn bis vierzig Tagen sexuell geprägt. Auch bei Stockenten ist die sexuelle Prägung im Alter von acht bis zehn Wochen abgeschlossen, während Sexualverhalten (Balz, Kopulationen) frühestens mit vier bis fünf Monaten, vielfach aber erst nach einem halben Jahr oder noch später zu beobachten ist.

Das Phänomen des zeitlichen Abstands zwischen Objektfixierung und erster Handlung, das zweifellos zu den grundlegenden und wichtigsten Kriterien sexueller Prägungsvorgänge zählt, wirft natürlich sofort die Frage nach der zugehörigen »Belohnung« auf: Da das Tier zur Prägungszeit noch nicht geschlechtsreif ist und dementsprechend noch nicht über sexuelle Verhaltensweisen verfügt, kann es auch noch nicht – etwa durch erfolgreiche Begattungen – »sexuell belohnt« werden. Vielmehr müssen die erforderlichen »Belohnungen« – die Psychologen sprechen von »Verstärkung« (reinforcement) –, die schließlich zur Entwicklung einer Objektbevorzugung führen, aus einem anderen Funktionskreis als dem, für den sie bestimmt sind, etwa dem Gefüttertwerden durch die Eltern oder Stiefeltern oder dem Kontakt mit ihnen, gleichsam »entliehen« werden. Dieses im Hinblick auf die verschiedenen Lerntheorien besonders interessante Problem bedarf allerdings noch einer eingehenden Untersuchung.

Daneben gibt es noch eine Reihe weiterer Merkmale, die zur Kennzeichnung von Prägungsvorgängen herangezogen worden sind. So deuten manche Anzeichen darauf hin, daß Strafreize und bestimmte Drogen auf Prägungsprozesse einen anderen (vielleicht sogar entgegengesetzten) Einfluß ausüben als auf andere Lernvorgänge. Diese möglichen zusätzlichen Eigenschaften, die jedoch von vornherein nur für die Nachlaufprägung erwähnt wurden, scheinen aber selbst dort nicht durchgehend verbreitet zu sein und sind überhaupt in ihrer Gültigkeit noch durchaus umstritten. Zu einer allgemeingültigen Charakterisierung des Prägungsphänomens sind sie daher nicht geeignet. Deshalb bleiben als wirklich durchgehende Kennzeichen der beiden »klassischen« Prägungsvorgänge nur die Merkmale »sensible Phase« und »Irreversibilität«.

»Prägungsartige« Vorgänge

Neben den bisher beschriebenen Prägungsbereichen, der Nachlauf- und der sexuellen Prägung, die in der Arbeit von Konrad Lorenz erwähnt und beschrieben wurden, sind ähnliche Erscheinungen in der Folgezeit aus verschiedenen anderen Funktionskreisen, darunter auch außerhalb der »sozialen« Sphäre, bekannt geworden. Namentlich im ökologischen Bereich gibt es prägungsartige Fixierungen. So kann bei verschiedenen Tiergruppen die Aufzuchtnahrung eine spätere Nahrungsbevorzugung hervorrufen, die auch nach zwischenzeitlich anderer Ernährung erhalten bleibt (Nahrungsprägung). Ferner beruht die Auswahl eines bestimmten Lebensraumes häufig auf Erfahrungen in früher Jugend – eine Erscheinung, die in der Literatur als Biotop- oder Umgebungsprägung bezeichnet worden ist. Das gleiche gilt auch für die Festlegung auf einen bestimmten geographischen Ort (Heimat- oder geographische Prägung).

Besonders eindrückliche Beispiele hierfür stammen wiederum aus der Klasse der Vögel, bei denen sich sehr viele Arten durch große »Ortstreue« auszeichnen: Sie kehren zur Brut nach Möglichkeit an ihren eigenen Geburts- beziehungsweise Aufzuchtort oder in dessen unmittelbare Nähe zurück. Fernwanderer, die den Winter im mittleren oder südlichen Afrika verbringen, bevorzugen darüber hinaus selbst auf dem Durchzug und im Winterquartier Lebensräume, die dem heimatlichen Lebensraum ähnlich sehen, und behalten sie unter Umständen über Jahre hinaus bei. Wie durch Austauschversuche mit Halsbandschnäppern gezeigt werden konnte, beruht die Geburtsortstreue nicht auf angeborener Grundlage, sondern auf entsprechenden individuellen Erfahrungen unmittelbar vor dem Abflug ins Winterquartier. Ganz ähnliche Ergebnisse erbrachten Austauschversuche mit pazifischen Lachsen, die nach mehrjährigen Wanderungen durch weite Bereiche des Stillen Ozeans zum Laichen wieder in denselben Fluß und sogar in denselben Neben- und Quellfluß zurückkehren, in dem sie selbst geboren wurden. Da Lachse sich auf ihren Wanderungen überwiegend geruchlich orientieren, spricht man hier auch von »Geruchsprägung«.

Die außerordentlich große Bedeutung der kindlichen und jugendlichen Erfahrungen kann sogar noch einen Schritt weiter verfolgt werden: Neuere Untersuchungen haben gezeigt, daß neben der Kenntnis des Artgenossen und neben der Bevorzugung bestimmter ökologischer Bedingungen auch noch andere und viel grundlegendere Verhaltensmerkmale von Tieren erfahrungsabhängig sein können. Das gilt zum Beispiel im Bereich der Motivation, also in bezug auf die Stärke von »Trieben«.

Besonders ausgeprägt ist dieser Zusammenhang bei der aggressiven Motivation. Ein Beispiel hierfür liefert der australische Zebrafink. Bei ihm gibt es sowohl aggressive als auch »friedliche« Männchen, und diese Eigenschaft wird auch auf die Nachkommen übertragen. Wie Austauschversuche zeigten, beruht eine solche Weitergabe nicht nur auf genetischer Grundlage. Auch die Jungen friedlicher Zebrafinken können später eine besonders hohe Angriffsbereitschaft entwickeln, wenn man sie von aggressiven Stiefeltern aufziehen läßt. Da die Jungen unmittelbar nach dem Erreichen der Selbständigkeit vom Vater aus der Nähe des Brutnestes vertrieben werden – und zwar je nach der Aggressivität der Männchen verschieden heftig –, wird die Höhe des späteren Aggressionstriebes der Jungen möglicherweise durch das Ausmaß der eigenen aggressiven Erfahrungen mit dem Vater (beziehungsweise Stiefvater) bestimmt. Ein ganz ähnliches Beispiel wurde bei Rhesusaffen beschrieben. Jungtiere, die in den ersten zwei bis drei Lebensmonaten von sehr aggressiven Müttern aufgezogen worden waren, zeichneten sich später durch einen besonders hohen Aggressionstrieb aus und zeigten mehr als doppelt so viele kämpferische Verhaltensweisen wie die bei friedlichen Müttern aufgewachsenen Artgenossen. Auch bei anderen Säugetier- und Vogelarten konnte ein starker Einfluß frühkindlicher Erfahrungen auf die spätere Aggressivität festgestellt werden.

In ganz ähnlicher Weise kann auch das *Geselligkeitsbedürfnis* eines Tieres und seine Fähigkeit, sich in eine Gruppe einzugliedern, durch frühe Erfahrungen entscheidend mitbestimmt werden. Als Beispiel soll wiederum der australische Zebrafink dienen: Bei ihm erwiesen sich Individuen, die beim Erreichen der Selbständigkeit im Alter von etwa fünf Wochen von ihren Eltern beziehungsweise Stiefeltern getrennt und anschließend bis zur Geschlechtsreife im Alter von drei bis vier Monaten völlig isoliert gehalten worden waren, später als wesentlich weniger sozial als solche Tiere, die der natürlichen Lebensweise der Art entsprechend stets gruppenweise untergebracht waren. Sie hielten sich auch in Gemeinschaftsvolieren immer abseits von der Gruppe und beteiligten sich nicht oder kaum an irgendwelchen sozialen Handlungen. Am stärksten ausgeprägt war diese Eigenschaft bei handaufgezogenen Tieren, die auch vor dem Erreichen der Selbständigkeit keine Gelegenheit zur sozialen Kontaktaufnahme hatten. Bei ihnen war der Grad der Desozialisierung so groß, daß einige beim Einsetzen in Gemeinschaftsvolieren ohne erkennbare Krankheitszeichen und bei zunächst normaler Nahrungsaufnahme innerhalb weniger Tage starben. Offenbar waren sie dem sozialen Stress – der mit der Begegnung mit Artgenossen verbundenen physiologischen Belastung – nicht gewachsen.

Zur Frage der Erfahrungsabhängigkeit des Geselligkeitsbedürfnisses liegt eine Fülle grundsätzlich gleicher Befunde vor, die in eindrucksvoller Weise die große Ähnlichkeit dieser Erscheinung innerhalb aller Wirbeltiergruppen verdeutlichen. So richtet sich bei Haushunden der spätere Sozialitätsgrad nach den eigenen sozialen Erfahrungen in einer Phase, die zwischen der dritten und vierzehnten Lebenswoche liegt und in der siebten Woche ihren Höhepunkt hat. Haushuhnküken, die bis zum zehnten Lebenstag einzeln handaufgezogen worden waren, konnte man später kaum noch oder überhaupt nicht mehr dazu bewegen, sich von einer Henne führen zu lassen; sie hielten sich auch in Gruppen Gleichaltriger immer abseits. Schließlich muß auch bei Jungfischen der Buntbarsch-Gattung *Tilapia* der Anschluß an die Eltern innerhalb einer frühen sensiblen Phase erfolgen. Nach Abschluß dieser Phase, die etwa bis zum zwölften Lebenstag dauert, kann keine Bindung mehr zustande kommen.

Und schließlich können die Lebensbedingungen in frühester Jugend auch das

Lernvermögen eines Tieres beeinflussen. In einer Vielzahl von Experimenten konnte bei den verschiedensten Tierarten nachgewiesen werden, daß Individuen, die in einer abwechslungsreichen Umgebung aufwuchsen, zum Beispiel in einer Gruppe oder mit irgendwelchen Gegenständen, die sie bearbeiten oder mit denen sie spielen konnten, später wesentlich mehr und schneller lernten als solche, die völlig isoliert herangewachsen waren. Es ist also nicht nur das Ausmaß der während dieser frühen Zeit insgesamt gesammelten Erfahrungen verschieden, sondern auch die Art, wie man *später* weiterhin Erfahrungen sammeln kann.

Für den Zusammenhang zwischen dem Ausmaß der Reizdarbietung im frühkindlichen Alter und dem späteren Lernvermögen kennt man sogar schon die anatomische Grundlage: Hirnuntersuchungen haben gezeigt, daß mangelnde Umwelteindrücke während der frühen Kindheit auch ein Zurückbleiben in der Entwicklung von Gehirn und Nervensystem, etwa eine geringere »Zahl von Nervenschaltstellen« (Synapsen), zur Folge haben und daß ein solcher Rückstand später auch durch verstärkte Reizdarbietung nicht mehr nachgeholt werden kann.

Ein Lernbereich, für den aus neuerer Zeit besonders zahlreiche und sorgfältige experimentelle Analysen vorliegen, ist das Gesangslernen der Vögel. Auch hier konnte für einige Arten wiederum die große Bedeutung der in den ersten Lebenswochen gesammelten Erfahrungen nachgewiesen werden. Bei der nordamerikanischen Singammer und beim australischen Zebrafinken zum Beispiel lernt das Männchen seinen Gesang sehr frühzeitig, bevor es selbst zu singen beginnt bzw. sein Gesang völlig ausgebildet ist. Das junge Männchen legt also durch Anhören des Vorbildes – in der Regel des eigenen Vaters – eine Art »Sollmuster« fest, nach dem es sich bei der eigenen Gesangsentwicklung später richten kann. Bei der Singammer hat diese Gesangslernphase zwischen der vierten und zwölften Lebenswoche ihr Maximum; beim Zebrafinken ist sie schon im Alter von etwa achtzig Tagen abgeschlossen. Nach ihrem Ende ist es den Tieren nicht mehr möglich, etwas hinzuzulernen; ihr Gesang ist endgültig festgelegt. Das läßt sich unter anderem durch die bereits erwähnten Austauschversuche nachweisen: Läßt man junge Zebrafinken von einer anderen Prachtfinkenart aufziehen, so lernen sie deren Gesang und zeigen später auch dann keine nachträgliche Änderung der Gesangsstrophe mehr, wenn sie jahrelang nur noch mit Artgenossen zusammen sind und lediglich deren Gesang, nicht aber den der fremden Stiefart hören. Der Gesang ist also gleichsam »umgebungsunabhängig« geworden.

Was ist Prägung?

Alle diese Beispiele, die sich nahezu beliebig vermehren ließen, zeigen, in welch großem Umfang und welch drastischer Weise Erfahrungen während der frühen ontogenetischen Entwicklung das spätere Verhalten eines Tieres beeinflussen können. Wie fügen sich nun diese Erscheinungen in das ursprüngliche Prägungskonzept ein? Stellen sie eine Bestätigung oder umgekehrt – da die Vielfalt der Erscheinungen größer und ihre Abgrenzbarkeit damit naturgemäß schwieriger geworden ist – eine Abschwächung dieses Konzeptes dar? Kann man hier überhaupt von Prägung sprechen, oder sollte man den Begriff auf Nachlauf- und sexuelle Prägung beschränken? Die Unsicherheit in dieser Frage kommt schon in der Namensgebung zum Ausdruck, die im Schrifttum für solche Prozesse zu finden ist. Manche Autoren sprechen direkt von Prägung, andere von »prägungsartigen« oder »prägungsähnlichen« Vorgängen, während wieder andere den begrifflichen Bezug zur Prägung gänzlich vermeiden.

Man muß daher fragen, ob und in welchem Umfang tatsächlich eine Übereinstimmung mit den »klassischen« Prägungserscheinungen vorliegt. Prüft man daraufhin die genannten und weitere Beispiele, so zeigt es sich, daß sie trotz ihrer großen Verschiedenheit alle in einer Eigenschaft übereinstimmen – in der Tatsache nämlich, daß sie offenbar nur während eines ganz bestimmten Lebensabschnittes ablaufen können und daß es sehr schwer ist, ihr Ergebnis später rückgängig zu machen oder überhaupt zu verändern. Es fällt nicht schwer zu erkennen, daß diese Eigenschaft genau jene beiden Kriterien umfaßt, die bei genauer Betrachtung aus einer großen Anzahl möglicher Kennzeichen als die einzig wirklich durchgehenden Merkmale der Prägung übriggeblieben sind. In dieser Beziehung erscheint es also berechtigt, in allen genannten Fällen von Prägung zu sprechen. Was aber bleibt in diesem Fall vom ursprünglichen Prägungskonzept überhaupt übrig?

Hier sei ein Wort der Vorsicht und der weiteren Erläuterung eingefügt. Es ist ganz offensichtlich, daß es *den* Vorgang der Prägung gar nicht gibt. Vielmehr wird unter diesem Begriff eine Vielzahl von Erscheinungen zusammengefaßt, die nur in den beiden genannten Eigenschaften übereinstimmen, sonst aber teilweise sehr große Unterschiede erkennen lassen. Das gilt bis zu einem gewissen Grade bereits für die beiden Ursprungs- und Paradebeispiele, die Nachlauf- und die sexuelle Prägung, in noch viel stärkerem Maße aber für die anschließend beschriebenen Fälle frühontogenetischer Fixierung. Schon die Art des Zustandekommens ist unterschiedlich: Nachlaufprägung ist ein Fall besonders rasch ablaufender Konditionierung, sexuelle Prägung und »Gesangsprägung« erinnern wegen der zeitlichen Diskrepanz zwischen Lernvorgang und Ausführung an »latentes Lernen«, wobei jedoch auch dieser Begriff nicht ganz klar definiert ist; »Orts-« oder »Heimatprägung« zeigt manche Übereinstimmungen mit einem als »Lernen durch Wahrnehmung« oder Umgebungslernen (perceptual learning) bezeichneten Vorgang; Fixierungsvorgänge im aggressiven Bereich schließlich erinnern an die Erscheinung der »bedingten Aversion« (avoidance learning). Darüber hinaus ist auch die Dauer und zeitliche Lage der sensiblen Phase für die frühkindlichen Lernvorgänge von Tierart zu Tierart und von Prägungsvorgang zu Prägungsvorgang durchaus verschieden, worauf bereits hingewiesen wurde. Und schließlich bestehen im Grad der Dauerhaftigkeit, der Irreversibilität, ebenfalls beträchtliche Unterschiede, die jeweils eng mit den spezifischen »Anforderungen« an den betreffenden Lernvorgang korreliert sind.

Die Gemeinsamkeiten der als Prägung bezeichneten Prozesse beschränken sich also lediglich auf das *Vorhandensein* bevorzugter Lernphasen, nicht aber auf deren

Lage und Zeitdauer oder auf die Art des Lernvorganges. Diese Überlegung kann man sogar noch einen Schritt weiterführen: Betrachtet man die beiden durchgehenden Prägungsmerkmale nämlich näher, so erkennt man, daß sie sich eigentlich überhaupt nicht auf das Lernen selbst, sondern auf das Behalten des Gelernten beziehen. In diese Richtung deuten auch Versuche zur Irreversibilität der sexuellen Prägung, die an Zebrafinken durchgeführt wurden. Sie zeigen, daß die Tiere auch im späteren Leben sehr wohl in der Lage sind, die Kenntnis der Merkmale eines Geschlechtspartners zu erwerben, daß sie aber ohne ständige Bekräftigung, d. h. ohne dauerhaftes Zusammensein mit diesem Partner, die erlernte Kenntnis nach Tagen oder spätestens Wochen wieder vergessen. Hingegen bleibt eine während der sensiblen Phase in früher Jugend erworbene Kenntnis später auch ohne jede weitere Bekräftigung jahrelang erhalten. Was sich also im Laufe der Ontogenese zu ändern scheint, ist offenbar nicht so sehr das *Lernvermögen* (obwohl auch hier sehr wohl altersspezifische Zu- und Abnahmen bekannt sind), sondern vielmehr die *Gedächtnisdauer*, das Behaltevermögen, d. h. die Fähigkeit des Zentralnervensystems, aufgenommene Information mehr oder minder dauerhaft zu speichern. Hierauf muß sich auch die Aussage über den »Aufwand« beziehen, der für eine dauerhafte Prägung erforderlich ist: Je älter das Tier wird, desto mehr Information muß über die Sinnesorgane eingespeist werden, ehe sie dauerhaft gespeichert wird.

Damit aber stellt sich automatisch die Frage nach den Mechanismen, die für die Änderung in den Möglichkeiten der Informationsspeicherung verantwortlich sind. Eigentlich müßte an dieser Stelle ein eigener Abschnitt über die physiologischen Grundlagen der Prägung eingeschoben werden. So erscheint es denkbar, daß zum Beispiel das Verhältnis zwischen der im Zentralnervensystem bereits vorhandenen und der neu aufzunehmenden Information eine Rolle spielt, das sich im Laufe der Ontogenese zwangsläufig ändern muß. Ferner ist es eine seit langem bekannte Tatsache, daß das Gehirn eines Jungtiers bei der Geburt bzw. beim Schlüpfen aus dem Ei noch nicht voll ausgebildet ist. Vielmehr kommt es auch nach diesem Zeitpunkt noch zur Bildung neuer Synapsen (Nervenschaltstellen). Dieser Entwicklungsprozeß ist allerdings auf den frühen Jugendabschnitt, d. h. auf die ersten Lebenswochen oder -monate, beschränkt und reicht nur bei den größeren Säugetieren in das zweite Lebensjahr hinein. Es erscheint daher denkbar, daß die sehr dauerhafte Einspeicherung von Information, wie sie für Prägungsvorgänge typisch ist, in irgendeiner Weise an die Bildung neuer synaptischer Verknüpfungen im Zentralnervensystem gebunden sein könnte und daß damit das Erreichen der sensiblen Phase durch das Ende derartiger Entwicklungsvorgänge bedingt ist. Darüber hinaus wird die zeitliche Begrenzung der sensiblen Phase, vor allem auch der Zeitpunkt des Beginns, mit Sicherheit noch von einer Vielzahl weiterer Faktoren beeinflußt, die wahrscheinlich zusätzlich für die einzelnen Prägungsvorgänge auch noch durchaus verschieden sind.

Leider sind diese Grundlagen trotz umfangreicher Untersuchungen und Diskussionen immer noch weitgehend unbekannt und die bisher geäußerten Annahmen daher mehr oder minder spekulativ. Hier sind vor allem neurophysiologische und biochemische Untersuchungen am Gehirn dringend erforderlich, um die Frage zu klären, ob die sensiblen Phasen für die einzelnen Prägungsvorgänge in der vermuteten Weise mit bestimmten Entwicklungsvorgängen im Gehirn zeitlich zusammenfallen und welche Hirngebiete möglicherweise an der Regulation von Prägungsvorgängen beteiligt sein können. Erste Befunde zu dieser Frage lassen in der Tat entsprechende Zusammenhänge erkennen. So findet sich bei Haushuhnküken, die man in einem bestimmten Alter einer Prägungssituation ausgesetzt hat, eine injizierte und radioaktiv markierte Aminosäure (Lysin) in bestimmten Teilen des Vorderhirndachs in größerem Umfang wieder als bei ungeprägten Tieren. Da Aminosäuren wichtige Eiweißbausteine darstellen, scheinen diese Unterschiede darauf hinzudeuten, daß Prägungserfahrungen unter anderem zu einer verstärkten Eiweißsynthese in den »zuständigen« Teilen des Zentralnervensystems führen können. Hier liegt noch ein weites, offenes Forschungsfeld, und es erscheint sogar möglich, daß gerade Prägungsvorgänge wegen ihrer relativ guten Quantifizierbarkeit ein besonders geeignetes Untersuchungsobjekt für das Studium der Biochemie des Gedächtnisses darstellen.

Bei der Vielfalt der Erscheinungen, die mit der Bezeichnung »Prägung« belegt oder in Zusammenhang gebracht werden, und in Anbetracht der Unsicherheit über ihre physiologischen Grundlagen fällt es schwer, eine einigermaßen brauchbare allgemeine Definition für das Prägungsphänomen zu finden. Mit der daher gebotenen Vorsicht sei hier vorgeschlagen, in all jenen Fällen von Prägung zu sprechen, in denen ein bestimmtes Ausmaß an Erfahrung in einem bestimmten Lebensabschnitt zu einem dauerhafteren Ergebnis führt als das gleiche oder ein größeres Ausmaß an Erfahrung zu einem anderen Zeitpunkt. Diese absichtlich sehr weit gefaßte Formulierung beinhaltet die beiden Hauptkennzeichen der Prägung (sensible Phase, Dauerhaftigkeit) und trifft offenbar auf alle bisher als Prägung oder prägungsartiger Vorgang bezeichneten Vorgänge zu. Selbstverständlich ist eine scharfe Grenzziehung auch mit dieser Formulierung nicht möglich. Erst die physiologischen Untersuchungen werden endgültige Klarheit über die wirkliche Natur dessen bringen, was wir als Prägung bezeichnen.

Biologische Bedeutung früher Erfahrungseinflüsse

Eine Frage, die sich im Hinblick auf die außerordentlich weite Verbreitung der Prägung und der »prägungsartigen Vorgänge« geradezu aufdrängt, ist die nach der eigentlichen biologischen Bedeutung dieses Phänomens. Sie gliedert sich in zwei Teilfragen: erstens, warum allgemein so wenig angeboren, d. h. vom Erbgut bestimmt ist und daher so viel den Umgebungseinflüssen überlassen bleibt, zweitens, warum diese Umwelteinflüsse phasenspezifisch einwirken, d. h., warum ihre Wirkung in manchen Entwicklungsstadien dauerhafter ist als in anderen.

Die erste Teilfrage stellt sich besonders eindringlich in bezug auf viele Objektkenntnisse von Nestflüchtern, die – wie erwähnt – mit mehr oder minder voll entwickelten Wahrnehmungs- und Bewegungsfähigkeiten zur Welt kommen und viele

Nachlaufprägung bei »Nestflüchtern«. Die Jungen vieler Vogelarten schlüpfen mit weitgehend entwikkelten Sinnesorganen. In der sensiblen Phase folgen sie dem ersten beweglichen Gegenstand oder Lebewesen, prägen sich dessen Merkmale ein und beschränken ihre Nachfolgereaktionen auf dieses Objekt.

dieser Kenntnisse praktisch sofort benötigen. Warum müssen sie noch lernen, warum ist hier nicht viel mehr angeboren? (S. auch den Beitrag von H. Hemminger u. M. Morath in diesem Band.)

Will man die biologischen Vor- und Nachteile ererbter und erworbener Information gegeneinander abschätzen, so muß man grundsätzlich zwischen zwei Situationen unterscheiden: eine, in der beide gleichsam »außer Konkurrenz« laufen, weil jeweils nur eine Art der Informationsübermittlung möglich ist, und eine, in der sich theoretisch beide verwirklichen lassen und deshalb in der stammesgeschichtlichen Entwicklung miteinander konkurrieren.

Ein Beispiel für die erstgenannte Situation ist in der einen Richtung etwa das individuelle Kennen von Familien- und Gruppenangehörigen, das wegen der fehlenden Voraussagbarkeit *nur* über Lernvorgänge möglich ist. Beispiele in der anderen Richtung liefern jene Tierarten, bei denen die eine Generation schon abgestorben ist, ehe die nächstfolgende erscheint, und bei denen deshalb jene Eigenschaften, die – wie etwa Flucht- und Meidereaktionen, bestimmte Bautechniken oder das Erkennen eines artgleichen Geschlechtspartners – nicht vom Einzeltier durch »Ausprobieren« zu erwerben sind, nur über das Erbgut vermittelt werden können. In dieser Beziehung wachsen viele Insekten und andere Wirbellose buchstäblich als »soziale Kaspar-Hauser-Tiere« auf.

In der überwiegenden Zahl der Fälle kann dagegen eine Information prinzipiell auf beiden Wegen erworben werden. Da Lernvorgänge allgemein eine so weite Verbreitung haben und da sie mit steigender Entwicklungshöhe der Tiere ganz offensichtlich an Bedeutung zunehmen, müssen sie im Einzelfall jeweils stammesgeschichtlich jünger sein als genetische Informationen und haben diesen gegenüber einen Selektionsvorteil, aufgrund dessen sie sich während der Stammesgeschichte durchgesetzt haben.

Dieser Vorteil scheint für alle Lernvorgänge sehr einheitlich zu sein: Er liegt in der größeren Anpassungsfähigkeit erworbener Informationen. Die Umwelt einer Tierart ist in ständiger Veränderung begriffen. Das gilt für die unbelebte Natur (z. B. Klimaschwankungen) wie für die belebte Umwelt (Auftauchen oder Verschwinden von Feinden oder Ernährungsmöglichkeiten) in gleicher Weise. Es bezieht sich selbst auf Vorgänge innerhalb der eigenen Art, zum Beispiel auf eine mutationsbedingte Änderung in ihrem Aussehen. Jeder dieser Änderungen kann im Rahmen von Lernvorgängen noch in derselben Generation Rechnung getragen werden. Dagegen sind im Rahmen eines genetischen Programms neue Anpassungen immer nur auf der Basis von Mutationen, von Änderungen des Erbgutes, möglich, deren zeitliches Auftreten genauso »willkürlich« ist wie ihre Richtung. Besonders deutlich ist der Unterschied bei der Nahrungswahl: Ist eine Tierart auf eine oder wenige Nahrungssorten spezialisiert und erkennt sie diese angeborenermaßen, so ist sie zum Aussterben verurteilt, wenn die betreffende Nahrung verschwindet. Verfügt sie dagegen über ein entsprechendes Lernvermögen, ist eine Umstellung jederzeit möglich.

Es nimmt daher nicht wunder, daß der allgemeine stammesgeschichtliche Trend eindeutig auf eine immer stärkere Entwicklung des Lernvermögens zielt, auf den Ersatz eines »geschlossenen« Entwicklungsprogramms, in dem genetische Programmierung vorherrscht, durch ein »offenes« Programm, das genügend Spielraum für individuelle Erfahrung beläßt und damit einen echten adaptiven Gewinn darstellt.

Die zweite der angesprochenen Teilfragen bezieht sich auf die Phasenspezifität der Entwicklung. Wenn Umwelteindrücke als Informationsquelle eine so große Bedeutung haben, warum ist dieser Einfluß dann altersmäßig so verschieden? Welches ist die biologische Bedeutung früher Phasen maximaler Lernfähigkeit, und welche Selektionsvorteile können dazu geführt haben, daß sich solche Phasen im Laufe der Stammesgeschichte herausbilden, obwohl sie durch die mehr oder minder streng festgelegte Altersspezifität und die anschließend weitgehende Unveränderbarkeit theoretisch auch große Nachteile in sich bergen können? Die Frage läßt sich in bezug auf das Vorhandensein sensibler Phasen sehr leicht, im Hinblick auf die extrem zur Irreversibilität führende Dauerhaftigkeit der Lerneindrücke dagegen etwas schwerer beantworten.

Für die meisten Tierarten sind die *Lernmöglichkeiten* durchaus nicht während des ganzen Lebens völlig gleich. Vielmehr kann es Lebensabschnitte geben, in denen für das Sammeln von Erfahrungen besonders günstige Voraussetzungen bestehen. Das gilt vor allem für sozial, d. h. in Familien oder Gruppen lebende Tiere. Bei ihnen kommt das Jungtier während der Kindheit im Familienverband besonders eng mit Artgenossen (Eltern, Geschwistern, anderen Familien- und Gruppenmitgliedern) zusammen und kann deshalb die für das spätere Leben erforderlichen Kenntnisse und Erfahrungen leichter sammeln als nach der Auflösung der Familie. Das bezieht sich in erster Linie auf das Kennenlernen der Merkmale, an denen man Artgenossen erkennen und an denen man Männchen und Weibchen, Jungtiere und Erwachsene oder Gruppenmitglieder und Gruppenfremde unterscheiden kann. Ähnliche Lernvorteile bestehen jedoch auch außerhalb des sozialen Bereichs. So kann das Jungtier die Kenntnis von Feinden und anderen Gefahren aus den Reaktionen der Erwachsenen erwerben, und umgekehrt können auch beim Kennenlernen der Beute und der Technik des Beutefangs die entsprechenden Verhaltensweisen der erwachsenen Gruppen- oder Familienmitglieder eine wesentliche Hilfe sein. Eine erhöhte Sensibilität gegenüber diesen Lerneindrücken während einer bestimmten Zeitspanne wird daher mit Sicherheit einen enormen biologischen Vorteil bieten.

Das Daten- und Beobachtungsmaterial, das bisher über sensible Phasen vorliegt, bestätigt diese Annahme und zeigt, daß Dauer und zeitliche Lage derartiger Lernphasen jeweils sehr eng mit der Lebensweise und den spezifischen Umweltansprüchen einer Tierart korrelieren. Sie haben sich also unter einem Selektionsdruck entwickelt, der auf maximale Sensibilität während der bestmöglichen Lernzeit gerichtet ist. So liegt die sensible Phase für die Nachfolgeprägung, die ja sofort nach der Geburt eine Kenntnis der Mutter vermitteln muß, sehr viel früher und ist sehr viel kürzer als die für sexuelle Prägung, für die praktisch die *ganze* Zeit der Jungen-

Geselligkeit steigert das Lernvermögen. Bei verschiedenen Tierarten konnte nachgewiesen werden, daß Tiere, die in einer Gruppe aufwuchsen, wesentlich schneller und mehr lernten als solche, die völlig isoliert heranwuchsen. So zeigen vor allem Jungtiere, die während ihrer Kindheit im Familienverband besonders eng mit Artgenossen zusammenkommen, für das spätere Leben größere Erfahrung und Kenntnisse. Bei manchen Säugetieren bleiben die Jungen vermutlich aus diesem Grunde länger bei ihren Eltern, als es vom Ernährungsstandpunkt aus nötig wäre.

fürsorge durch die Eltern zur Verfügung steht, weil ihr Ergebnis erst sehr viel später benötigt wird. Selbst innerhalb der sexuellen Prägung gibt es jedoch Artunterschiede, die erwartungsgemäß mit der Zeitdauer der Abhängigkeit der Jungen von den Eltern korrelieren: Bei Zebrafinken, die mit etwa einem Monat selbständig sind, endet die sensible Phase für sexuelle Prägung etwa um den 40. Lebenstag, bei Graugänsen dagegen, bei denen die Jungen monatelang bei den Eltern bleiben, liegt sie zwischen dem 50. und 150. Lebenstag.

Nicht ganz so leicht ist der biologische Vorteil erkennbar, der durch die große Stabilität der Prägung erzielt werden kann. Es ist denkbar, daß hierdurch ein gewisser »Schutz« der bereits aufgenommenen Information vor einer Veränderung oder gar einem Verdrängen durch nachfolgende neue Umwelteindrücke erreicht werden soll, die möglicherweise – weil das Tier den Familienverband verlassen hat oder nach dem Ende der Fortpflanzungszeit durch Konkurrenz in einen anderen, nicht ganz so geeigneten Lebensraum abgedrängt wurde – nicht mehr so »gut« und behaltenswert sind wie die frühzeitig eingespeicherten Lerninformationen. Das läßt sich besonders gut am Beispiel des Gesangslernens der Singvögel erkennen. Wie bereits erwähnt, lernen die Jungvögel vieler Arten ihren Gesang sehr frühzeitig vom Vater und zusätzlich möglicherweise noch von den Reviernachbarn. Dadurch wird eine gewisse Kontinuität in den Gesangsmerkmalen einer Population gewährleistet, die ihrerseits – da der Gesang wichtige Erkennungsmerkmale enthält – dazu beitragen kann, daß sich Angehörige einer Population bevorzugt untereinander verpaaren. Das ist infolge der vielfach sehr feinen Anpassungen an lokale Umweltfaktoren, die solche Populationen zeigen können, biologisch sehr sinnvoll. Genau so sinnvoll ist es, daß der in der Jugend gelernte Gesang nicht durch *spätere* Eindrücke, etwa im Winterquartier oder auf dem Zug, wo die Tiere möglicherweise mit anders singenden Männchen anderer Populationen in Berührung kommen, nachträglich verändert werden kann. In einigen Ausnahmefällen hat man derartige »Fehlprägungen« im Gesang tatsächlich schon gefunden. Ihre Seltenheit zeigt jedoch, daß normalerweise die frühen Lernerfahrungen so stabil sind, daß nachträgliche »Verfälschungen« nicht mehr erfolgen können. Ein hoher Grad an Stabilität, also an späterer Unbeeinflußbarkeit durch gleichgeartete Umwelteindrücke – in diesem Fall durch das Anhören des Gesanges eines artgleichen Männchens –, kann daher sicher einen großen Vorteil darstellen.

Nun ist das *Ausmaß* des Vorteils, den Dauerhaftigkeit bietet, sicher nicht für alle Tierarten und nicht in allen Verhaltensbereichen gleich groß, ja, in manchen Funktionskreisen kann mangelndes Umlernvermögen mit Sicherheit sogar sehr nachteilig sein. In der Tat hat man auch im Grad der Irreversibilität von Prägungserscheinungen große Unterschiede gefunden. Am größten ist sie im Bereich der sexuellen Prägung. Hier liegen in der Tat die ersten experimentellen Beweise für lebenslange Irreversibilität vor: So balzten menschengeprägte Puter noch nach fünf Jahren bevorzugt Menschen an, und Stockerpel, die von anderen Entenarten aufgezogen worden waren, verpaarten sich ebenso bevorzugt noch im Alter von neun Jahren mit Weibchen der betreffenden Art, auch wenn sie zwischenzeitlich über beliebige Kontaktmöglichkeiten mit arteigenen Weibchen verfügten. Ähnliche Befunde für australische Zebrafinken wurden bereits erwähnt. Im sexuellen Bereich erscheint eine langfristige und selbst eine lebenslange Unveränderbarkeit der in früher Jugend eingespeicherten Information auch biologisch sehr sinnvoll, da sich die Kennzeichen einer Art und damit die Erkennungsmerkmale eines Geschlechtspartners innerhalb der Lebensdauer eines Individuums mit Sicherheit nicht derart verändern, daß jemals ein »Umlernen« erforderlich werden könnte.

Das entgegengesetzte Extrem bildet die Informationsspeicherung im Bereich der Nahrungsauswahl. Hier sind dauerhafte oder gar lebenslange Unveränderbarkeit und mangelndes Umlernvermögen allenfalls für hochspezialisierte, »monophage«, d. h. nur von einer einzigen Nahrungssorte lebende, Arten denkbar, wie sie etwa unter den pflanzenparasitischen Insekten zu finden sind. Für alle anderen Tierarten wäre eine solche Festlegung im Hinblick auf das tatsächlich oder potentiell sich ändernde Nahrungsangebot biologisch absolut nachteilig. In der Tat hat man langfristige »Nahrungsprägung« bisher auch nur bei ausgesprochenen Nahrungsspezialisten gefunden, während in allen anderen Fällen, in denen man diesen Begriff benutzte, die Dauerhaftigkeit entweder nicht geprüft wurde oder die Prüfung möglicherweise negativ verlief. Jedenfalls ist »Irreversibilität« in diesem Bereich sonst nirgends erwiesen.

Im Fall der Biotop- oder Umgebungsprägung schließlich liegt eine mittlere Situation vor: Zwar kann hier – namentlich zur Fortpflanzungszeit – eine strenge und dauerhafte Festlegung auf einen ganz bestimmten optimalen Lebensraum sehr vorteilhaft sein, doch muß diese Fixierung genügend »Spielraum« lassen, um bei kurzfristigen Umweltänderungen oder bei zu hoher Populationsdichte eine Anpassung an andere Lebensräume oder ein Auswandern in suboptimale Biotope zu ermöglichen. Ein gewisses Umlernvermögen bietet daher sicher auch hier einen Vorteil, und dauerhafte Irreversibilität ist nicht zu erwarten.

Die Übersicht, die sich mit Diskussionen über jeden einzelnen Prägungsbereich fortsetzen ließe, zeigt, daß auch in bezug auf Strenge und Zeitdauer der Irreversibilität (der Dauerhaftigkeit der Informationsspeicherung) ein enger Zusammenhang mit den durch die Lebensweise der betreffenden Art bestimmten Anforderungen gegeben ist. Sie zeigt gleichzeitig, daß die beiden Charakteristika »sensible Phase« und »Irreversibilität« keine starren Kennzeichen für »die Prägung« sind, sondern daß sie sich in ihren Eigenschaften – genau wie alle anderen Merkmale des Lebendigen – nach den jeweils erforderlichen spezifischen Anpassungen richten. Jede Verallgemeinerung ist daher auch in diesem Bereich unzulässig, eine Tatsache, durch deren Beachtung sich viele der in der Einleitung erwähnten Unstimmigkeiten und Mißverständnisse hätten vermeiden lassen.

Mögliche Nachteile von Prägungsvorgängen

Den geschilderten Vorteilen früher und dauerhafter Informationsspeicherung steht allerdings auch ein möglicher Nachteil gegenüber. Er kommt zwar unter natürlichen Bedingungen wohl so gut wie niemals zum Tragen, kann aber im Experiment deutlich hervortreten: Als notwendige Folge der mehr oder minder starr festgelegten sensiblen Phasen und der Stabilität des Lernergebnisses ist die nachträgliche Korrekturmöglichkeit der frühen Fixierungen naturgemäß wesentlich geringer als bei anderen Lernvorgängen. Aus diesem Grund kann es zu schwerwiegenden und dauerhaften Fehlentwicklungen kommen, wenn das Tier einmal nicht den normalen frühkindlichen Umwelteinflüssen ausgesetzt war. Sie zeigen sich in zwei verschiedenen Situationen: einmal, wenn die Erfahrungen nicht zur richtigen Zeit erfolgen, und zum anderen, wenn sie nicht mit dem richtigen Objekt möglich waren. Das sei durch folgende Beispiele verdeutlicht: Im Bereich der Nachlaufprägung und der sexuellen Prägung können verpaßte Prägungsperioden später nicht mehr nachgeholt werden. So reagieren junge Stockenten nach dem Ende der sensiblen Phase mit Angst und Flucht auf eine Attrappe, die während dieser Periode die Nachfolgereaktion ausgelöst und eine Nachlaufprägung zur Folge gehabt hätte. Junge Zebrafinken, die im fast dunklen Raum von Hand aufgezogen worden waren und dabei während der sexuell prägbaren Phase keine sozialen Erfahrungen sammeln konnten, balzten als Erwachsene von der am Käfig vorbeifliegenden Hummel bis zu Vögeln von Taubengröße wahllos alles an und konnten später auch durch langjähriges Zusammensein mit Artgenossen nicht mehr dazu gebracht werden, ihr Balzverhalten auf arteigene Weibchen zu beschränken.

Fehlprägungen auf ein falsches Objekt hat man im Experiment ebenfalls bei einer Vielzahl von Tierarten hervorrufen können. Hier sei nur an die Prägung der Nachlaufreaktionen junger Nestflüchter auf Attrappen oder an die sexuellen Prägungen auf eine andere Art – einschließlich der geschilderten Menschenprägungen – erinnert, die teilweise lebenslang nicht mehr zu verändern oder rückgängig zu machen sind.

Besonders schwerwiegende Fehlentwicklungen, die – leider – auch den unmittelbarsten Bezug zu entsprechenden Erscheinungen in der menschlichen Frühentwicklung zeigen, sind aus dem Bereich des Sozialverhaltens im engeren Sinne bekannt, d. h. von der Eingliederungsfähigkeit in eine Gruppe und insbesondere von der Fähigkeit zum Eingehen persönlicher Bindungen. Diese Fehlentwicklungen lassen sich – namentlich auch im Hinblick auf die angesprochenen Parallelen zum Menschen – am besten anhand der Untersuchungen darstellen, die eine amerikanische Forschergruppe um H. F. Harlow an Rhesusaffen durchgeführt hat. Diese Arbeiten stellen auf dem Gebiet der Primatensoziologie echte Pionierleistungen dar. Sie sind inzwischen an vielen weiteren Primatenarten wiederholt und verfeinert worden, doch sind die Ergebnisse im wesentlichen immer wieder die gleichen.

Harlow zog junge Rhesusaffen von Geburt an getrennt von der Mutter auf und bot ihnen als Mutterersatz jeweils zwei Drahtattrappen, von denen die eine mit weichem Stoff überspannt war, während die andere aus blankem Draht bestand, am »Kopf« aber als Milchspender einen mit einer im Innern angebrachten Flasche verbundenen Gummisauger besaß. Die körperliche Entwicklung dieser Tiere verlief zunächst durchaus normal. Sie entwickelten sogar eine gewisse »Anhänglichkeit« an die Attrappen, wobei sie die Stoffattrappe eindeutig bevorzugten und die Drahtattrappe fast nur zur Nahrungsaufnahme aufsuchten. Diese Tatsache zeigt, daß Nahrungs- und Kontaktbedürfnis beim Jungtier voneinander trennbar sind und von verschiedenen Objekten befriedigt werden können. Die Bindung an die Mutter kann also nicht, wie man lange vermutet hatte, von der Nahrungsübergabe hergeleitet werden, sondern ist davon unabhängig. Außerdem lassen die Versuche erkennen, daß offenbar nicht das Nahrungs-, sondern das Kontaktbedürfnis primär am wichtigsten ist.

Das ist ein in mehrfacher Hinsicht sehr bedeutsamer Befund. Eine mögliche biologische Ursache dieser Priorität ist in der ursprünglich baumbewohnenden Lebensweise der Primaten zu suchen. Sie hat zur Folge, daß Jungtiere, die den Erwachsenen noch nicht selbständig zu folgen vermögen, auf den Transport durch die Mutter angewiesen sind. Zu diesem Zweck müssen sich die »Traglinge« – wie Bernhard Hassenstein die Jungen der Primaten treffend bezeichnet – fest an den mütterlichen Körper anklammern, um auch bei rascher Fortbewegung, vor allem beim Springen zwischen Ästen und Bäumen, nicht von der Mutter getrennt zu werden. Ein enger körperlicher Kontakt ist für diese Tiere also einfach eine Lebensnotwendigkeit. Es ist deshalb nicht verwunderlich, daß die physische Kontaktmöglichkeit über ihren eigentlichen Zweck hinaus auch die verhaltensmäßige Bindung des Jungtieres an die Mutter beeinflußt und dadurch auf weite Teile seiner psychischen Entwicklung ausstrahlen kann und daß sich diese mit Sicherheit sekundäre Bedeutung des Kontaktes auch bei solchen Primaten noch erhalten hat, die zum Bodenleben übergegangen sind und für die daher die »Transportfunktion« des Kontaktes nicht mehr in ganz so starkem Maße bedeutsam ist.

Trotz der anfänglich scheinbar normalen Entwicklung, die Harlow ursprünglich zu der Annahme veranlaßte, daß Affenkinder auch ohne mütterliche Zuwendung und Pflege gesund heranwachsen können, zeigten sich bei den attrappenaufgezogenen Rhesusaffen später dann allerdings doch schwere Entwicklungsschäden. Sie werden in ihrer Gesamtheit als »Deprivationssyndrom« bezeichnet und äußern sich durch Bewegungsstereotypien und allgemeine Bewegungsunruhe, aggressive Reaktionen, verbreitete Apathie, durch zwanghafte Gewohnheiten unterschiedlicher Art, Haarausreißen und viele weitere abnorme Eigenschaften. Die meisten der Tiere waren später paarungsunfähig, weil sie den Partner attackierten. Viele Weibchen wurden niemals schwanger, obwohl sie bis zu sieben Jahre lang mit erfahrenen und sehr »geduldigen« Männchen zusammengehalten wurden. Diejenigen Weibchen aber, die doch Junge gebaren, erwiesen sich als schlechte Mütter, die ihre Kinder grob behandelten und nur so widerwillig saugen ließen, daß sie mit der Flasche nachgefüttert werden mußten.

Zwei weitere Eigenschaften, die an den mutterlos aufgewachsenen Rhesusaffen sehr ausgeprägt in Erscheinung traten, sind im Hinblick auf einen möglichen Vergleich mit dem Menschen von besonderem Interesse: die gegenüber normal heranwachsenden Jungtieren deutlich verringerten Lernleistungen und das mangelnde Spiel- und Erkundungsverhalten. Beide stehen in engem Zusammenhang zueinander: Spielverhalten, das nur bei den höchstentwickelten Wirbeltieren, den Vögeln und Säugetieren, vorkommt, hat eine eminent wichtige biologische Bedeutung. Es dient dem Tier dazu, sich »mit sich und der Welt« vertraut zu machen, es dient zum Kennenlernen des eigenen Körpers und der eigenen Bewegungsmöglichkeiten und durch Ausprobieren oder Nachahmen auch zum Sammeln von Erfahrungen mit Teilen der belebten und unbelebten Umwelt. Mit anderen Worten: Während des Spielens bietet sich ständig eine Fülle neuer Lernmöglichkeiten, und in der Tat ist auch die Lernbereitschaft eines Tieres zu keiner Zeit so groß wie im Verhaltensbereich des Spielens. Es liegt deshalb eine tiefe biologische Wahrheit in der Formulierung, daß man etwas »spielend lernen« kann.

Wie alle besonders hoch entwickelten Verhaltensbereiche ist das Spielverhalten auf der anderen Seite aber, so eigenartig das vielleicht zunächst klingen mag, besonders störanfällig. Es entwickelt sich nur in einer Situation, die man als das »entspannte Feld« bezeichnet, zu einer Zeit, in der absolut keine anderen Verhaltensbereitschaften aktiviert sind. Sobald irgendeine andere Verhaltenstendenz wieder in Erscheinung tritt – vielleicht Hunger, Furcht oder Angriffsbereitschaft –, hört das Spielverhalten augenblicklich auf. Bei den mutterlos aufgewachsenen Primatenkindern ist aber nun praktisch ununterbrochen eine andere Verhaltenstendenz aktiviert, entweder die Angriffsbereitschaft oder aber – noch häufiger – die Angst und Fluchtbereitschaft. Und deshalb spielen diese Tiere nicht, und damit wiederum bleibt ihnen eine der wichtigsten Lernmöglichkeiten im Leben verschlossen.

Es ist daher kein Wunder, daß die Lernleistungen isoliert aufgezogener Tiere in ganz erheblichem Maße hinter denen von Artgenossen zurückbleiben, die unter normalen sozialen Bedingungen, zum Beispiel im Gruppenverband, aufgewachsen sind. Schon bei Ratten lernen isoliert aufgezogene Individuen einfache Aufgaben langsamer und benötigen dazu mehr Hilfe als in der Familie herangewachsene Artgenossen, und bei allen Primaten sind diese Unterschiede im Lernvermögen noch wesentlich ausgeprägter. Es ist in diesem Zusammenhang interessant, daß bei manchen Säugetieren die Jungen länger bei den Eltern bleiben, als das vom ernährungsmäßigen Standpunkt her nötig wäre, d. h. als sie von der Mutter gesäugt oder von den Eltern gefüttert werden. Eine solche verlängerte Periode der Abhängigkeit dient offenbar hauptsächlich dem Lernen des Jungtieres, etwa dem Erwerb komplizierter Beutefangtechniken bei manchen Raubtieren.

All die genannten Schäden als Folge isolierter Aufzucht lassen sich bis zu einem gewissen Grade wiedergutmachen, wenn die Trennung von der Mutter nur eine begrenzte Zeit andauert. Bei dem in dieser Hinsicht am besten untersuchten Rhesusaffen zum Beispiel hat man eine obere Grenze von etwa drei bis sechs Monaten ermittelt, wobei sich die Schäden um so schwerer beheben lassen, je früher die Zeit der Trennung lag. Tiere, die von Geburt an mehr als sechs Monate isoliert waren, zeigen irreparable Schäden und scheinen als soziale Wesen völlig zerstört zu sein. Für andere Primaten und viele weitere Säugerarten liegen ähnliche Befunde vor. Hier scheint also eine echte sensible Phase für die spätere Sozialisationsfähigkeit im Sinne der geschilderten Prägungserscheinungen zu bestehen.

Insgesamt kann man sagen, daß die Entwicklung aller sozialen Verhaltenssysteme in entscheidender Weise durch die Erfahrungen während der frühen Mutter-Kind-Beziehungen bestimmt wird. Eine gestörte Mutter-Kind-Situation kann sich als Störung auf das gesamte spätere Sozialverhalten eines Tieres auswirken.

Diese Beispiele verdeutlichen in besonders offenkundiger Weise, welche potentiellen Nachteile die Phasenspezifität der Entwicklung und die Dauerhaftigkeit früher Umgebungseinflüsse in sich bergen. Daß sich diese Eigenschaften im Laufe der Stammesgeschichte trotzdem herausbilden und entwickeln konnten, zeigt deutlich, *wie* groß andererseits ihre bereits geschilderten Vorteile sein müssen.

Im übrigen sei nochmals daran erinnert, daß die Nachteile unter natürlichen Verhältnissen so gut wie niemals auftreten. Außer den bereits erwähnten »Gesangsfehlprägungen« und außer einigen »Mischgelegen« zweier Entenarten, die möglicherweise auf entsprechende Fehlprägung bei einem der Weibchen zurückzuführen sein könnten, sind Fehlleistungen im Prägungsbereich aus der Freiheit unbekannt. Vielmehr sind alle genannten Fehlentwicklungen ausschließlich auf den künstlichen Einfluß des Menschen zurückzuführen. Das zeigt, wie gut die einzelnen Prägungseigenschaften tatsächlich jeweils an die spezifischen Lebensbedingungen der betreffenden Tierart und an die speziellen Erfordernisse des betreffenden Verhaltensbereiches angepaßt sind.

In dieser Beziehung hat nun der Mensch selbst allerdings eine negative Sonderstellung. Seine heutigen Lebensbedingungen stimmen nicht mehr mit denen überein, für die sich manche Eigenschaften und Besonderheiten seiner Verhaltensentwicklung einmal herausgebildet und bis heute erhalten haben. Aus dieser Diskrepanz heraus sind viele der Fehlentwicklungen zu erklären, die heute in so weiten Bereichen zu beobachten sind.

Teil II:
Prägende Einflüsse in vergleichend-psychologischer Sicht
(von Klaus E. Grossmann)

Während für den Verhaltensbiologen aufgrund seiner experimentellen Möglichkeiten der Phasenbegriff wissenschaftlich sinnvoll und nützlich ist, tut sich die Psychologie in dieser Hinsicht schwer. Es gibt in der heutigen Entwicklungspsychologie zwei Phasenbegriffe. Der eine bezieht sich auf die historischen Phasenlehren, wie sie Rudolf Bergius (1959) zusammengefaßt und kritisiert hat und von denen im nächsten Abschnitt ein knapper Eindruck vermittelt wird. Der zweite Phasenbegriff leitet sich ab aus der Verhaltensforschung und bezeichnet einen Lebensabschnitt, in dem eine maximale Sensibilität während der bestmöglichen Lernzeit besteht. Es soll gezeigt werden, daß die an verschiedenen Tierarten gewonnenen Einsichten helfen, auch beim Kind vergleichbare, unerwartet frühe Phasen sozialen Lernens mit sehr dauerhaften Folgen zu entdecken und sie in enger Beziehung zu verhaltensbiologischen Theorien, Methoden und Hypothesen, insbesondere zur Evolutionstheorie, zu erforschen.

Lange bevor die biologische Verhaltenswissenschaft die begrifflichen, experimentellen und statistischen Werkzeuge geschaffen hatte, um den Phasenbegriff wissenschaftlich fruchtbar werden zu lassen, gab es bereits psychologische Phasenlehren. Ihre berühmtesten Vertreter sind Sigmund Freud (1926), Oswald Kroh (1942) sowie Charlotte Bühler (1959). Das Verdienst, hier einen ebenso profunden wie kritischen und klärenden Überblick geliefert zu haben, gebührt R. Bergius (1959). Um zu einem fruchtbaren vergleichenden Ansatz über »Phasen kindlicher Entwicklung« zu gelangen, müssen wir einige Mühe aufwenden, den durch historische Erfahrungen verstellten Blick des heutigen Entwicklungspsychologen von der eigenen Vergangenheitsbewältigung ab- und auf den neuen Ansatz der großen biologischen Nachbarwissenschaft hinzulenken. Zu diesem Zweck soll zunächst untersucht werden, wie die heutige Entwicklungspsychologie zum Begriff und zur Entstehung der Prägung beim Kind steht.

Historische Phasenlehren

Wesentlicher Inhalt der Phasenlehren in der Entwicklungspsychologie war es, die menschliche Entwicklung in deutlich erkennbaren und voneinander unterscheidbaren Phasen oder Stufen abzugrenzen. Damit sind die psychologischen Phasenlehren allerdings nur ein möglicher Ansatz, der versucht, eine gewisse normative Ordnung in das ontogenetische Geschehen zu bringen. Daneben gibt es etwa den Ansatz, Entwicklung als »periodisch wiederkehrenden Wechsel von schnellen und langsamen Fortschrittsphasen« (W. Stern, zit. n. Lehr 1959, 206) oder als »Wiederkehr gleicher oder ähnlicher Verhaltensweisen auf höherer Ebene« bzw. als »zyklische Wiederkehr mehr oder minder ähnlicher Phasen« zu sehen (A. Gesell, zit. n. Lehr 1959, 207).

Eine weitere Richtung innerhalb der Entwicklungspsychologie sieht die Ontogenese als kontinuierlichen Prozeß von Differenzierung und Integration. Dabei wird Differenzierung als »Wandlung im Sinne einer Formung und feineren Ausgestaltung der psychischen Bereiche« gesehen; die zunehmende psychische Differenzierung wird durch Zentralisationsvorgänge mit immer neuen und differenzierteren psychischen Qualitäten integriert (Duhm 1959, 220–239).

Diese verschiedenen Ansätze, die menschliche Ontogenese systematisch zu erfassen, lassen folgendes erkennen:
– Das offenbar komplexe Geschehen ist noch von keiner umfassenden Theorie erfaßt worden.
– Der Versuch, menschliche Ontogenese in Entwicklungsphasen aufzuteilen, ist einer von mehreren Ansätzen und in seinem Erkenntniswert umstritten.
– Prägung als Vorgang in der Sicht einer vergleichenden Ontogenese ist nicht gebunden an eine psychologische Phasenlehre und folglich als biologisches Phänomen unabhängig vom Stand entwicklungspsychologischer Theorien.
– Die Klärung des Begriffes »Prägung« als besonders eindrucksvolle und nachhaltige Erfahrung erlaubt uns, eine für die Entwicklungspsychologie notwendige Klä-

Frühkontakte zwischen Mutter und Kind. Mögen die Auswirkungen der Beobachtungen bei Frühkontakten zwischen Mutter und Kind für den Entwicklungsphysiologen überraschend erscheinen, für einen verhaltensbiologisch geschulten Beobachter sind sie es nicht. So zeigten Mütter mit regelmäßigen Körperkontakten mit ihren Kindern unmittelbar nach der Geburt im weiteren Verlauf der Untersuchung eine stärkere Zuwendung zu ihren Kindern als solche, die keine Möglichkeit dazu hatten.

rung des Begriffes »Phase« vorzunehmen. Nur dadurch kann verhindert werden, daß die Geschichte der psychologischen Phasenlehren nicht zu einem Berg wird, der den Blick auf moderne biologische Erkenntnisse über besondere Lernbereitschaften zum besonderen Zeitpunkt während der Ontogenese verstellt.

Es ist keineswegs der Fall, daß bestimmte Formen der Prägung bei verschiedenen Tierarten in gleicher oder ähnlicher Weise beim Menschen vorkommen müssen. Es ist auch nicht so, daß sie – wenn sie in ähnlicher oder gleicher Weise erfolgen – eine ähnliche oder gleiche Bedeutung oder Funktion haben müssen wie bei der einen oder anderen Tierart. Es ist allerdings durchaus der Fall, daß ein vergleichender Ansatz, in dem psychologische und soziale Prozesse unter dem Aspekt der Evolutionstheorie im Hinblick auf ihre ökologische Adaptation untersucht werden, bereits zu Hypothesen, Erkenntnissen und Forschungsansätzen geführt hat, die ohne eine solche verhaltensbiologische Orientierung kaum zustande gekommen wären (vgl. Bowlby 1969, 1973; Grossmann 1974, 1975).

Um diese Neuorientierung einsichtig zu machen, sollen zunächst einige Beispiele traditioneller entwicklungspsychologischer Phasenlehren gegeben werden. Im Vergleich dazu wird ein erster Ansatz eines vergleichend-biologischen Phasenkonzepts vorgestellt. Auf der Grundlage dieser Gegenüberstellung soll versucht werden, das biologische Phasenkonzept für einige Aspekte der Humanentwicklung fruchtbar zu machen und gleichzeitig die Schwierigkeiten für die wissenschaftliche Verwendung eines Phasenkonzepts in der Entwicklungspsychologie aufzuzeigen.

In einer langen Tabelle hat Rudolf Bergius (1959, 111) »die wichtigsten Angaben über einige der beobachteten oder postulierten Abgrenzungen von Stufen, Phasen oder Stadien bei der Entwicklung von der Geburt bis zum Erwachsenenalter« zusammengestellt. Fünfzehn Autoren liefern dabei eine »kontinuierliche Reihe der Anfänge und Beendigungen von Phasen entlang der Lebensjahre von der Geburt bis zum Erwachsenenalter«. Bergius weist sowohl auf die »Übereinstimmung einer großen Anzahl der für die Einschnitte angegebenen Merkmale als auch auf ihre Divergenz und vor allem auf den häufigen Wechsel der für die Einteilung maßgeblichen Gesichtspunkte« hin. Dies ist für eine Beurteilung der Phasenlehren von Bedeutung, da die Kriterien für die wissenschaftliche Brauchbarkeit von Phasensystemen selbstverständlich im Interesse des jeweiligen Forschers stehen.

Besonders deutlich wird das, wenn drei einflußreiche Forscher gegenübergestellt werden. Der erste, Sigmund Freud, hat die Genese des psychischen Apparats konzipiert (s. den Beitrag von H. Thomae in diesem Band), um aus dem Blickwinkel der Psychoanalyse das Entstehen und Wirken neurotisierender Mechanismen verständlich zu machen. Es sind dies gewiß »nichts anderes als Konstruktionen, aber wenn Sie die Psychoanalyse praktisch betreiben, werden Sie finden, daß es notwendige und nutzbringende Konstruktionen sind« (Freud, zit. n. Bergius 1959, 107).

Der zweite, der Schweizer Jean Piaget, konzipiert Stufen als Hilfsmittel zum Verständnis einer Abfolge qualitativ unterschiedlicher Fähigkeiten des Erkennens – kognitiver Funktionen und Operationen –, um die Gesetzmäßigkeit der Genese menschlicher Informationsverarbeitung zu erfassen.

Anfang und Ende der Stufen gemäß den Gliederungen durch Freud, Piaget und Kroh		
Altersangaben		
0;1	Piaget	Ende des ersten Stadiums (Übung der primären Reflexe) Beginn des zweiten Stadiums (die ersten Adaptationen, einfache Gewohnheiten)
bis 0;2	Kroh	Ende der ersten Phase der I. Stufe (vorwiegend Reflexe) Beginn der zweiten Phase (Wiederlächeln, Zuwenden zur Umwelt)
0;3 bis 0;6	Piaget	Ende des zweiten Stadiums (vorwiegend erworbene Assoziationen) Beginn der Stadien der intentionellen sensomotorischen Adaptation Drittes Stadium (sekundäre Kreisreaktion)
0;6	Freud	Ende der oralrezeptiven, Beginn der oralsadistischen Phase
0;8 bis 0;9	Piaget	Beginn des vierten Stadiums (Anwendung der sekundären Kreisreaktionen auf neue Situationen)
0;10 bis 1;0	Kroh	Beginn der dritten Phase der I. Stufe (erwachende Sinnhaftigkeit im Gebrauch der Sprache „vom Symptom zum Symbol", gehenlernen, praktisches Einsehen)
	Piaget	Beginn des fünften Stadiums (tertiäre Kreisreaktionen, Entdeckung neuer Mittel zum Lösen von Problemen durch Probieren)
	Freud	Beginn der analsadistischen Phase
1;4 bis 1;6	Piaget	Beginn des sechsten Stadiums (Mittelfindung durch innere Kombinationen tertiärer Schemata, volle Entfaltung der sensomotorischen Intelligenz)
1;6	Freud	Ende der analsadistischen Phase; Beginn der urethralen Phase (zweite Säuglingsmasturbation)
1;6 bis 2;0	Piaget	Beginn des siebten Stadiums (vorbegriffliches symbolisches Denken)
2;6	Kroh	Ende der dritten Phase der I. Stufe: Beginn der ersten Trotzperiode. Nach der Trotzperiode Beginn der II. Stufe (eigentliche oder schulfähige Kindheit, erste Phase, phantastischer Realismus)
3;0	Freud	Beginn der infantilgenitalen Phase
3;6	Kroh	Ende der ersten Trotzperiode (in vereinzelten Fällen) Beginn der ersten Phase der II. Stufe (phantastischer Realismus, Bildbarkeit in der Gruppe)
	Piaget	Achtes Stadium: Beginn des anschaulichen Denkens
5;6	Freud	Kleine Pubertät, danach Latenzperiode
6;6 bis 7;0	Kroh	Ende der ersten Phase der II. Stufe (des phantastischen Realismus) Beginn der zweiten Phase der II. Stufe (naiver Realismus) Übergang vom ganzheitlichen zum analytischen Auffassen, vom magischen zum vorwiegend sachlichen Denken
7;0 bis 8;0	Piaget	Neuntes Stadium: Beginn der konkreten Operationen
9;6	Kroh	Ende der zweiten Phase der II. Stufe (naiver Realismus) Beginn der dritten Phase (kritischer Realismus, Verfestigung labiler Interessen, Beherrschung seiner selbst, Kritik an anderen, Beziehungserfassung)
11;6 bis 12;0	Piaget	Beginn der formalen Operationen (zehntes Stadium)
12;0	Freud	Beginn der puberalgenitalen Phase
	Kroh	Ende der dritten Phase der II. Stufe (des kritischen Realismus)
12;6	Kroh	Beginn der ersten Phase der III. Stufe (Reifezeit, tiefer Einschnitt, in der Regel neue Trotzhaltung, jedoch nicht generell, wesentlich: Ablösung der Sachinteressen durch Personeninteressen, Innenwendung)
16;0 bis 17;0	Kroh	Größte Deutlichkeit der Erscheinungen der zweiten Phase der III. Stufe (Suche nach Vorbildern und Bundesgenossen, »Schwarm« und »Ideal«
17;0 bis 18;0	Kroh	Dritte Phase der III. Stufe (erneute Wendung nach außen)
20;0	Freud	Ende der puberalgenitalen Phase

Tab. 1 (nach: Bergius 1959, 113–121).

Der dritte, Oswald Kroh, war vor allem im deutschen Sprachbereich in Pädagogik und Erziehung einflußreich und hat für einige Jahrzehnte bei vielen Kindergärtnerinnen und Lehrern das Bild des Kindes geprägt.

Aus dem in dieser Tabelle enthaltenen Auszug, der eine von Rudolf Bergius besorgte Zusammenstellung von insgesamt fünfzehn Autoren wiedergibt, läßt sich eine Reihe von wichtigen Sachverhalten erkennen:

Gemäß dem theoretischen Bezugsrahmen werden *Teilaspekte* der psychischen Ontogenese betont. So ist zum Beispiel bei Piaget mit etwa zwölf Jahren das erkenntnistheoretisch wichtige Stadium erreicht, in dem der Denkapparat formale Operationen ausführen kann; erst dann sind für ihn die Voraussetzungen für den Zugang zu Zusammenhängen gegeben, die nur mit Hilfe mathematisch logischer Operationen erfaßbar sind. Der Name Freud taucht zum Beispiel in der Tabelle zwischen dem Alter 5;6 und 12 überhaupt nicht auf, weil Freud ihm Rahmen seiner psychoanalytischen Theorie eine (von vielen Autoren bestrittene) »Latenzphase« einsetzt, während der sich die verschiedenen Teile der libidinösen Entwicklung konsolidieren. Kroh teilt einem Schema von drei Stufen (I: frühe Kindheit, II: eigentliche Kindheit, III: Reifezeit) je drei Phasen zu und ordnet dieser – vielfach mit Skepsis betrachteten – Unterteilung eine Reihe von psychischen Vorgängen zu, die oftmals plausibel erscheinen, jedoch in ihren Bedingungszusammenhängen weder empirisch erfaßbar noch verstanden werden.

Der Nutzen des Piagetschen Ansatzes ist in der heutigen Entwicklungspsychologie unbestritten. Dabei werden eine Reihe von Nachteilen in Kauf genommen. Einer davon ist, daß eine Auseinandersetzung mit den ökologischen Bedingungen der sich entwickelnden Intelligenz in den Hintergrund tritt und eine biologische, dem Organismus immanente Entwicklung nahezu ausschließlich im Vordergrund steht. Dadurch bleiben die großen individuellen Unterschiede in der Intelligenzentwicklung weitgehend unerklärt. Dieser Nachteil wird erkannt (so z. B. Bruner, 1975) und führt nur dann zu Fehlinterpretationen, wenn – aus welchen Gründen auch immer – der Teil für das Ganze genommen wird.

Der Nutzen des Freudschen Ansatzes wird naturgemäß von den Anhängern tiefenpsychologischen Denkens anders gesehen als von Experimentalisten, die sich auf vorgeplante Analysen funktionaler Zusammenhänge verschiedener – manchmal voreilig definierter – Variablen konzentriert haben. Die Freudsche Theorie und die psychoanalytische Phasenlehre haben aber eine Sichtweise der kindlichen Entwicklung vorbereitet, die unsere Einsichten vertieft; sie wirkt auch auf entwicklungspsychologische Forschungseinrichtungen ein, die sich nicht speziell dem Freudschen Ansatz verpflichtet fühlen. Dazu gehören gemäß unserem speziellen Schwerpunktthema »sensible Phasen« besonders die frühkindlichen Einflüsse. Allerdings haben sich auch hier die Hypothesen, mit der die moderne Verhaltensbiologie arbeitet, verändert. In den dreißiger Jahren waren ethnologische Untersuchungen stark vom psychoanalytischen Phasenmodell beeinflußt. Man ging von der Zielvorstellung aus, daß Frustrationen während der oralen, analen oder genitalen Phase des Kindes zu bestimmten Persönlichkeitsmerkmalen der Individuen und sogar zum Überwiegen bestimmter Charakterstrukturen bei Populationen mit diesbezüglichen Erziehungspraktiken führen müssen. Durch einfache Schlußfolgerungen solcher Art kam es zu zahlreichen widersprüchlichen Aussagen.

Der Psychologe Hans Thomae (1959, 253) führt eine Reihe von Beispielen an: Die mit größter Nachsicht und ohne orale Frustrationen aufgezogenen Kinder der aus den niederen ökonomischen Schichten aus St. Thomas stammenden Neger wachsen offensichtlich psychisch gesund auf und entwickeln sich trotzdem – entgegen der psychoanalytischen Erwartung – zu sehr unsicheren, mißtrauischen und egozentrischen Erwachsenen. Bei den Singhalesen entstehen trotz großer Toleranz der Eltern beim Stillen und bei der Erziehung zur Sauberkeit der Kinder später sehr unsichere, mißtrauische Erwachsene. Der bei einigen amerikanischen Indianern praktizierte Brauch, Säuglinge auf ein Wickelbrett festzubinden, erzeugt nach Ansicht einiger Autoren Passivität und Stoizismus, nach anderen Autoren dagegen Aggressivität und Sadismus.

Einmal muß man Thomae zustimmen, wenn er meint, daß eine eindeutige Auswirkung von phasenbedingten Erfahrungen bei Menschen im frühen Kindesalter nicht zu erkennen ist; statt dessen müsse man von einer Art »Basisprägung« ausgehen, die später überformt und überlagert werden kann. Ferner trifft es zu, daß gleiche Ereignisse zu unterschiedlichen Wirkungen und verschiedene Ereignisse zu gleichartigen Wirkungen führen können. Gerade bei den Menschen, bei denen eine Selektion enger Reaktionsnormen nicht (mehr)vorhanden ist, treten individuelle Unterschiede besonders deutlich in Erscheinung.

Der englische Forscher J. Bowlby (1969, 1973) hat belegt, daß das Denken – besonders bei Freud in seiner Spätzeit – weit über eine starre psychoanalytische Denkweise hinausgeht und sich oftmals in verblüffender Übereinstimmung mit Ergebnissen der heutigen Verhaltensforschung befindet (vgl. auch Grossmann 1975, 1977).

Ein den Phasenlehren Freuds und Piagets vergleichbarer Einfluß ist dem eher nur ordnend-beschreibenden System Krohs versagt geblieben. Der Grund liegt an der Wurzel des Problems der Phasenlehren und in der Entwicklungspsychologie überhaupt: ihre Brauchbarkeit als heuristisches System, also ihr Wert als vorläufige Theorie, die in der Lage ist, Hypothesen und Erkenntniszusammenhänge zu konstruieren, die sich empirisch und logisch belegen lassen. Dies war bei Kroh nicht der Fall. An dieser Stelle sei noch einmal darauf hingewiesen, daß die drei ausgewählten Phasenlehren hier nur als Beispiele herangezogen werden. Weitere Phasenlehren (z. B. die von Erikson, die von Gesell und viele andere mehr) werden nicht erwähnt, weil sie in einschlägigen entwicklungspsychologischen Lehrbüchern ausreichend behandelt worden sind (s. auch den Beitrag von V. Gamper in diesem Band).

Neben den Anregungen, die die historischen Phasenlehren vermitteln, gibt es eine Fülle an wissenschaftslogischer Kritik an ihnen. Zahlreiche Entwicklungspsychologen halten den Begriff der Phase im Rahmen der Entwicklungspsychologie, auch der kindlichen Entwicklung, für überholt und meinen, daß die kindliche (und die weitere) Entwicklung als kontinuierlicher Vorgang zu verstehen sei. Diese

Überzeugung ist in weitverbreiteten Lehrbüchern sehr stark ausgeprägt. So erklärt zum Beispiel der Psychologe Rolf Oerter ([13]1974, 59): »Alle Lebensvorgänge im Makrobereich laufen kontinuierlich. Selbst da, wo scheinbar plötzliche Veränderungen auftreten, wie bei der Entwicklung des Insekts (Ei, Larve, Puppe, Insekt), erfolgen die eigentlichen Wachstumsvorgänge allmählich.« Oerter sagt weiter, daß sich auch Verhaltensweisen beobachten lassen, die mehr oder weniger plötzlich neu auftreten, zum Beispiel dann, wenn eine Funktionsreifung abgeschlossen ist und dadurch neue Leistungen gelingen: »Der die Leistung bedingende Reifungsvorgang verläuft zwar kontinuierlich, aber die Leistung selbst tritt erst am Ende dieses Prozesses auf.«

Schon im Schulalter werden nach Oerter diskontinuierliche Übergänge nur noch selten beobachtet. Eine innere Gesetzmäßigkeit bei der psychischen Entwicklung gibt es zwar in Form von Reifung in der frühen Kindheit oder als »partielle endogene Determiniertheit der Differenzierung und Zentralisierung«; aber auch diese Erscheinungen sind gemäß der Auffassung einer kontinuierlichen Ontogenese beim Kind nicht als Phasen zu bewerten, da »der Nachweis, das Auftreten von Phasen und Stufen im menschlichen Werdegang durch innerseelische Wachstumsprinzipien zu begründen, nicht geglückt« (a. a. O., 61) sei.

Auch der Psychologe Heinz Heckhausen (1974) bezeichnet Phasenlehren für die wissenschaftliche Erforschung der kindlichen Entwicklung als veraltet und überholt. Er sieht ihr Verdienst lediglich darin, daß sie die Erscheinungsfülle des Entwicklungsverlaufs etwas übersichtlicher gemacht haben und somit ein besseres Verständnis für den Lehrer ermöglichen. In einem amerikanischen Lehrbuch heißt es darüber hinaus: »Wegen der großen individuellen Unterschiede führen Phasen zu Mißverständnissen, ja zu Angst bei Eltern, die Babybücher lesen! Phasen sind weite chronologische Einteilungen des menschlichen Lebenszyklus, und es reicht, sieben solcher Phasen zu betrachten: die vorgeburtliche Phase, die Phase des Säuglings, der Kindheit, des Heranwachsens, der Jugend, der Reife und des Alters.«

Bergius erörtert die Schwierigkeiten, die bei dem Versuch entstehen, deutliche Definitionen (Operationalisierungen) für die Begriffe Stufe, Phase und Stadium zu finden. Eine Vielfalt von Stufenformen liegt vor; sie zeichnen sich allzu häufig durch einen Mangel an Bezug zu den Umweltbedingungen aus. Je differenzierter das Wissen wird, »je umfangreicher die Kenntnis von Einzeltatsachen der Entwicklung ist, um so seltener können zusammenfassende, in sich widerspruchsfreie Gliederungen und Stufenfolgen der Gesamtentwicklung des Kindes und Jugendlichen entworfen werden«, wie Bergius in seiner Abhandlung »Entwicklung als Stufenfolge« schreibt. Was von den historischen entwicklungspsychologischen Phasenlehren noch nicht in ausreichendem Maße untersucht worden ist, das sind die hier in den Mittelpunkt gestellten phasenspezifischen Lern- und Gedächtnisvorteile, ferner die Auswirkungen phasenspezifischen Zusammenspiels mit der biologisch vorgesehenen Umwelt und natürlich der vergleichende Aspekt. Ohne eine solche Orientierung leiden manche Phasenlehren sicher darunter, als »Sammelbecken zusammenhangloser Beschreibungen für Verhaltensweisen« zu dienen: sie können »verschiedene Weltbilder« ihrer Autoren spiegeln, können eine unklare »Stellung zwischen Sein und Sollen« beziehen und schließlich auch »Produkte begrifflicher und methodischer Forschungsinstrumente« sein – künstliche Stufen also, die es in Wirklichkeit nicht gibt.

Trotz dieser und weiterer berechtigter Kritik an den Phasenlehren kann man nicht sagen, daß für die heutige entwicklungspsychologische Forschung die Phasenkonzepte generell überholt seien. Damit würde man das Kind mit dem Bade ausschütten. Statt dessen muß man betonen, daß für manche historische entwicklungspsychologische Phasenlehren oftmals die erhobene Kritik zwar zutrifft, daß sich aber trotzdem das Phänomen der Phasenspezifität nicht aus der Ontogenese wegdenken läßt. Auch für die Ontogenese des Menschen gibt es zahlreiche Hinweise dafür, daß der Mangel bestimmter Erfahrungen und Verhaltensmöglichkeiten zu bestimmten Zeitpunkten entweder zu permanenten Ausfällen führen kann oder aber – wie die Erfahrung vieler Psychagogen und Psychotherapeuten im Bereich des sogenannten »Verwahrlosungssyndroms« (Schenk-Danziger [133]1979) zeigt – einen unverhältnismäßig großen Aufwand erfordert, um die gewünschten therapeutischen Erfolge zu erreichen. Dies entspricht den Verhaltensbeobachtungen bei australischen Zebrafinken: Je älter sie wurden, um so mehr Erfahrung brauchten sie, um eine in frühester Kindheit erfolgte Prägung mit immer größerem sozialem Aufwand nachträglich zu überdecken. Unter diesem Gesichtspunkt ist das Phasenkonzept in vergleichender Sicht zu sehen.

Das Phasenkonzept in vergleichender Sicht

Der Gebrauch des Begriffs »Phase« in biologisch-vergleichender Sicht ist im ersten Teil dieses Beitrags hinreichend geklärt worden. Der Hauptaspekt dabei ist eine optimale Abstimmung zwischen biologischen Programmen und den Erfahrungs- und Anregungsmöglichkeiten, die, mit einer Minimierung des Anpassungsaufwands dem jeweiligen Entwicklungsstand angemessen sind. Unter diesem Aspekt kann es also nicht darum gehen, das eine oder andere Phasenkonzept aus der Geschichte der Entwicklungspsychologie zu verteidigen; sie müssen ihren Nutzen unter dem Gesichtspunkt eines Fortschritts im Verstehen entwicklungspsychologischer Vorgänge selbst beweisen. Es geht auch nicht darum, ein neues Stufenkonzept zu entwickeln, dem der gleiche statistisch/normative Fehler anhaftet wie anderen normativen Systemen (sie alle sind nützlich zur Früherkennung von Fehlentwicklungen, aber unbrauchbar für Aussagen über Entwicklungsverläufe oberhalb des kritischen Bereichs der 10 Prozent von Risikokindern, also von 90 Prozent aller Kinder); es geht vielmehr darum, die Anregungen aus der Verhaltensbiologie aufzugreifen und solche entwicklungsbedingten Verhaltensmuster in vergleichender Perspektive zu beschreiben, für die es starke Vermutungen für phasenspezifisches prägendes Lernen gibt.

Die Möglichkeit, mit einer großen Zahl von Tieren experimentell zu arbeiten, hat der Psychologe nicht. Um so mehr muß er beeindruckt sein von biologischen Programmen, die nachweislich die Ontogenese vieler Tiere, besonders Primaten, bestimmen. Es wäre unwissenschaftlich, wollte man die eindrucksvollen Beweise der biologischen Verhaltensforschung ignorieren, nur weil man die Vergleichbarkeit zwischen Mensch und Tier prinzipiell ablehnt, sie für »nur analog« hält und als nicht relevant wegdiskutieren möchte. Eine solche Zurückweisung verhaltensbiologischer Daten durch Psychologen wäre nur dann wissenschaftlich gerechtfertigt, wenn der Stand entwicklungspsychologischer Theorien den der genetischen Ökologie erreicht hätte oder auch nur ein vergleichbares Datenmaterial zur Verfügung stünde.

Da dies bei weitem nicht der Fall ist, bleibt nur die Alternative, verhaltensbiologische Hypothesen als die derzeit beste Möglichkeit zum besseren Verständnis ontogenetischer Vorgänge zu bewerten. Den größten Erfolg versprechen hier in vergleichender Sicht die primären Sozialisationsvorgänge höherer Wirbeltiere und des Menschen. Wie bei den meisten anderen Tieren mit hochentwickelten sozialen Organisationen, die zwar genetisch fundiert sind, aber wesentliche soziale Lernvorgänge auf der Grundlage individuellen Kennens und individualspezifischer Bindung voraussetzen, gibt es zum Beispiel nach J. P. Scott (1963, 31) bei Hunden eine relativ kurze Phase früh im Leben, während der primäre soziale Beziehungen gebildet werden. Die Art der Erfahrung während dieser Phase bestimmt, welche Tiere am engsten miteinander in Beziehung stehen, und ganz allgemein bestimmt dies den generellen Tiertypus, mit dem auch später leicht soziale Beziehungen aufgebaut werden können.

Scott bezeichnet alle diejenigen Momente während der Ontogenese als »critical periods« (also sensible Phasen in unserem Sprachgebrauch), »in denen irgendwelche neuen Beziehungen gebildet werden«. Er nennt – durchaus im Einklang mit Adolf Portmann (1970) – in diesem Zusammenhang für Säugetiere Geburt, Phase der primären Sozialisation, Pubertät mit der Bildung sexueller Beziehungen und Ausbildung von Bindungen zwischen Eltern und Nachkommen. Damit stimmt Scott (1963, 31) auch mit unserer kritischen Stellung zu den historischen Phasenlehren der Entwicklungspsychologie überein: »Diese Phasen sind nicht unbedingt identisch mit Phasen, in denen die größten psychologischen Schäden auftreten können. Die Hypothese über das Bestehen sensibler Phasen für psychologische Beeinträchtigungen ist eine andere, wie auch die Theorie sensibler Phasen für das Erlernen motorischer Fertigkeiten eine andere ist.«

Parallelen zur Humanentwicklung, wie sie Scott und viele andere Autoren aus solchen Tiervergleichen gezogen haben, verraten Kinder, denen ein Kontakt zu erwachsenen Betreuern im frühen Alter – in einer sensiblen Phase – verwehrt wird. Sie neigen häufiger zu immer schwerer zu behebenden Störungen im Bereich sozialen Verhaltens als Kinder mit guten Elternbeziehungen, speziell im Bereich der notwendigen Bindungsfähigkeit. Seitdem sind weitere Forschungen durchgeführt worden, in denen die besonderen Formen gegenseitiger Wechselwirkungen sich selbst regulierender Organismen (vgl. Bowlby 1969) grundlegend studiert und in ihren Auswirkungen auf die weitere Entwicklung untersucht wurden (Papoušek, Papoušek 1977, Stern 1979). Um diese Parallelen für den Leser nachvollziehbar zu machen, werden Scotts Ergebnisse im nächsten Abschnitt näher erläutert. Die vergleichende Verhaltensforschung übt hier nicht nur einen fruchtbaren Einfluß auf die Entwicklungspsychologie des Kleinkindes aus, sondern füllt ein Vakuum und läßt uns rational verstehen, was bislang nur spekulativ beschrieben wurde.

Sensible Phasen in der Entwicklung

Frühe Reizung. Parallel zu den Untersuchungen der vergleichenden Verhaltensontogenese blühte während der sechziger Jahre die »Anregungsforschung« auf. Sie ging davon aus, daß frühe Reizung und reichhaltige Stimulierung bei Tieren – nahezu immer mit einem Seitenblick auf den Menschen – zu einer Reihe positiver Konsequenzen im weiteren Verlauf der Entwicklung führen. Dazu gehören Zunahme der Größe und des Gewichts, Steigerung der Widerstandskraft, Abnahme der Ängstlichkeit, bessere Lernfähigkeit und ein differenzierteres Sozialverhalten. Zahlreiche Untersuchungen beschäftigten sich schon damals mit dem »optimalen Zeitpunkt« für die Auswirkungen der im Labor – meistens an Ratten und Mäusen – vorgenommenen Manipulationen. Bereits 1969 mutete – aus verhaltensbiologischer Sicht – vieles aus diesem Forschungszweig unverständlich an, weil ihm ein vernünftiger phylogenetischer, ontogenetischer und ökologischer Theoriebezug fehlte.

Die Verhaltenstheorie von D. O. Hebb, die er in seinem Werk »Organization of behavior« (1949) niedergelegt hatte, war zwar ein wesentliches Anregungsmoment, konnte aber nicht verhindern, daß zum Beispiel von 22 repräsentativen Untersuchungen nicht einmal zwei Versuche hinsichtlich der verwendeten Tierart, dem Zeitpunkt und der Häufigkeit der Reizung, der benutzten Tests, dem Testalter, dem Ergebnis, der Art und Anzahl der Tiere direkt vergleichbar waren, wie wir 1969 feststellten. Trotzdem ließen sich selbst im Dschungel dieses theoriearmen Vor-sich-hin-Forschens ohne direkte Vergleichbarkeit Zusammenhänge erahnen, die sich von großem wissenschaftlichem Wert erwiesen.

Bei einer umfangreichen Analyse der ausgewählten Forschungsliteratur wurde deutlich, daß sich die frühe Erfahrungsbildung von der frühen Stimulierung in zwei wesentlichen Punkten unterscheidet: »Zum Zeitpunkt, wo die anregende Umwelt geboten wird, können die Ratten schon sehr verschieden auf sie reagieren. Darum ist der frühe Erfahrungsreichtum in dem Zeitraum, in dem er in den bisher vorliegenden Experimenten geboten wurde, keine so grundlegende Variable wie die frühe Reizung« (Karin u. K. E. Grossmann 1969, 189). Allerdings wird diese Differenzierung von zahlreichen Forschern nicht vorgenommen.

Aussagen auf der Grundlage normativer Daten, wie sie zum Beispiel in der damals euphorisch in einem riesigen Ausmaß eingeführten Vorschulpädagogik verwendet wurden, müssen – wie es sich zeigte – vor einem Kind kapitulieren, das nicht in der Lage ist, die angebotenen Anregungen zum Aufbau eines bedeutungsvollen Erfahrungsschatzes zu verwerten. Man weiß heute, daß es keine Phase gibt, in der ein Kind dauerhaft gegen verminderte Lernfähigkeit geimpft werden kann; man weiß aber auch, daß es eine grundlegende sensible Phase gibt, in der die Fähigkeit, Erfahrungen zu suchen und zu verwerten, vermittelt wird. Ob dann im weiteren Verlauf der Entwicklung die optimalen Bedingungen für die Nutzung der Grundlagen vorhanden sind, steht auf einem anderen Blatt. Ich habe versucht, die Zusammenhänge zwischen primärer Sozialisation und ihren Folgen für das beobachtende und erkundende Lernen beim Kind modellhaft zu verdeutlichen (1977a). Die diesen Untersuchungen zugrundeliegenden biologischen Mechanismen finden auch zunehmende Beachtung in der ökologischen Entwicklungspsychologie, die sich auf die Transaktionen und Interaktionen zwischen dem Organismus und seiner gesamten dauerhaften Umwelt konzentriert (vgl. McGurk 1977).

Früher Kontakt. Im Rahmen seiner Untersuchungen über die soziale Rolle des Kindes in ökologischer Sicht erwähnt U. Bronfenbrenner (1977) eine Reihe von Studien, die für die vergleichende Ontogenie des Verhaltens grundlegend sind. Die Forschungsergebnisse, die mit Neugeborenen und ihren Müttern an der Case Western Reserve University erzielt wurden, stellen ein außergewöhnliches Beispiel für Mutter-Kind-Bindung dar. Auf der Grundlage von Tieruntersuchungen, in denen artspezifische und komplexe Wechselwirkungen zwischen Muttertieren und ihren Jungen unmittelbar nach der Geburt nachgewiesen wurden, und ausgehend von der von Zoologen häufig beobachteten Tatsache, daß sich diese Wechselbeziehungen schon bei geringfügigen und kurzfristigen Störungen nur unvollkommen oder gar nicht entwickeln, haben M. H. Klaus und J. H. Kennell mit einer Reihe weiterer Mitarbeiter das menschliche Neugeborene untersucht. Sie veränderten die gängige Praxis der Wochenstationen und veranlaßten die Mütter, ihre Kinder unmittelbar nach der Entbindung für eine Stunde nackt bei sich zu behalten.

Die Ergebnisse wurden zunächst an nur acht schwarzen Müttern der unteren Bildungsstufen gewonnen; weitere acht Mütter stellten die Kontrollgruppe dar. Später konnten diese Resultate mit großer Regelmäßigkeit an über hundert jungen Guatemaltekinnen genau so sicher nachgewiesen werden. Einen Monat nach dem einstündigen Kontakt und weiteren je fünfstündigen Kontakten während der drei nächsten Tage waren die Mütter der Versuchsgruppe aufmerksamer und liebevoller gegenüber ihren Babys und eher besorgt um ihr Wohlergehen. Auch nach einem Jahr waren diese Unterschiede sehr deutlich. Zwei Jahre später konnte man signifikante Unterschiede in der Sprache der Mütter gegenüber ihren Kindern beobachten: Die Mütter der Versuchsgruppe fragten mehr, gebrauchten mehr Adjektive und Worte je Aussage und weniger Befehle als die Kontrollmütter. D. Hales (Hales u. a. 1976) hat das Vorhandensein einer sensiblen Phase im verhaltensbiologischen Sinne eindeutig belegt: Er untersuchte zwei Frühkontaktgruppen mit Hilfe von 60 guatemaltekischen Müttern. Die erste Gruppe hatte frühen Kontakt 45 Minuten lang unmittelbar nach der Geburt, die zweite genauso lang, aber erst zwölf Stunden nach der Geburt des Kindes. Die vermehrte und intensivere Zuwendung gegenüber ihren Kindern trat aber nur bei denjenigen Müttern auf, die diesen Kontakt unmittelbar nach der Geburt hatten. Um der von Gynäkologen wie Pädiatern gleichermaßen gefürchteten Auskühlung des Neugeborenen vorzubeugen, setzten die Autoren Wärme-Baldachine ein, die eine wohlige Wärme ohne heiße Elemente garantieren. In eigenen Untersuchungen wurden diese Wärme-Baldachine ebenso erfolgreich sowohl im Entbindungsraum als auch im Neugeborenenzimmer eingesetzt.

Die Auswirkungen der Frühkontakte auf die Mütter kommt für den kindbezogenen Entwicklungspsychologen sicher überraschend, für den in verhaltensbiologischen Dimensionen denkenden Forscher dagegen nicht. Für ihn ist eine sensible Phase ohnehin nur funktional zu begreifen, also im Hinblick auf alle für die Ontogenie des genetischen Plans bedeutungsvollen Faktoren. In diesem Plan ist zum Beispiel eindeutig festgelegt, daß für das Neugeborene eine Betreuungsperson mit höchst artspezifischen Verhaltensweisen vorhanden sein muß, die Voraussetzungen für das Überleben und die Sozialisation schafft und vom Kind durch seine Verhaltensweisen ansprechbar und beeinflußbar ist (Brazelton 1973). Von Anfang an ist das Kind Teil des Systems und biologisch prä-adaptiert. Deshalb lassen sich sensible Phasen auch nicht auf Eigenschaften eines einzelnen Individuums reduzieren, sondern sind nur von den Wechselbeziehungen zwischen einem Individuum innerhalb oder außerhalb einer sensiblen Phase mit *besonderen* Individuen derselben Art her zu verstehen.

Dieses Merkmal ist kennzeichnend für jeden Prägungsvorgang, besonders aber für die gegenüber der Nachfolgeprägung viel differenziertere Sexualprägung und für das lebenslang prägende Paarbildungsverhalten einiger Tierarten (Tinbergen, Tinbergen 1972). Nach Ansicht von U. Bronfenbrenner muß dieses Merkmal auch die Erforschung der Ökologie menschlicher Entwicklung bestimmen: »In der ökologischen Forschung sind Interaktionen die wesentlichen Vorgänge«, schreibt er und fährt fort: »Umweltstrukturen und die Vorgänge, die in und zwischen ihnen stattfinden, sind wechselseitig voneinander abhängig und können nur mit Hilfe systemanalytischer Ansätze untersucht werden« (1977, 518). Dies ist sowohl in dem Modell der Wechselbeziehung zwischen Mutter und Kind, das J. Bowlby (1969) heranzieht, berücksichtigt als auch in den neuen entwicklungspsychologischen Ansätzen, wie wir sie zum Beispiel bei M. Main und J. V. Carew finden. Die hier nahegelegte Differenzierung eines Beispiels von Prägung der Mutter auf das Kind konnten wir in eigenen Untersuchungen bestätigen. Für viele theoretische Erwartungen lassen sich ohnehin nur dann zu leicht Belege finden, wenn man über den von ihnen vorgegebenen Rahmen nicht hinausschaut. Eine Alternative zum plötzlichen Prägen wäre die Berücksichtigung längerer Zeiträume in der Ontogenese. Wir haben das mit 54 Müttern in einer norddeutschen Stadt getan (Grossmann, Thane, Grossmann 1981). 25 der Mütter hatten Frühkontakt innerhalb einer Stunde nach der Geburt ihres Kindes. Diese Mütter streichelten als Gruppe ihr Neugeborenes deutlich mehr, häufiger und zärtlicher im Wochenbett als die Gruppe der Mütter ohne solchen Frühkontakt. Eine genauere Analyse zeigte jedoch folgende, eher für einen allmählichen Aufbau von Beziehungsstrukturen sprechende Ansicht: Der beobachtete Anstieg zärtlichen Verhaltens war nur bei solchen Müttern zu beobachten gewesen, die in einem Fragebogen angegeben hatten, sie hätten ihre Schwangerschaft geplant. Die Mütter, die angegeben hatten, ihr Kind nicht geplant zu haben, waren unbeeinflußt geblieben vom frühen Kontakt im Kreißsaal. Wir konnten, im Gegensatz zu den vorliegenden amerikanischen Untersuchungen, ungestört neun bis zehn Tage lang beobachten, da im Unterschied zu vielen anderen Ländern in Deutschland die Aufenthaltsdauer auf der Geburtsstation so lange dauert. Bis zu diesem Zeitpunkt hatten die Mütter ohne Frühkontakt im Kreißsaal ihr zärtliches Verhalten aufgeholt. Es entsteht der Eindruck, als sei der intime Kontakt der ersten Stunde, den die Mütter mit Frühkontakt hatten, durch allmähliches Kennenlernen nachholbar. Der dritte Aspekt ist noch offen: Die ökologische Situation der Mütter in unserer Untersuchung ist nicht vergleichbar mit den Negerinnen aus Cleveland oder den jungen Mädchen aus ländlichen Bereichen Guatemalas, und auch das soziokulturelle Umfeld ist anders. Einflüsse auf die weitere Qualität der Beziehung, etwa mit zehn Monaten zu Hause oder mit einem Jahr in einer fremden Situation, konnten wir nicht nachweisen (Grossmann, Huber, Wartner, Grossmann 1981). Dies alles spricht nicht unbedingt gegen eine sensible Phase und gegen eine prägende Wirkung bestimmter Erfahrungen der Mütter unmittelbar nach der Geburt, sondern nur gegen eine zu undifferenzierte eindimensionale Verwendung des Phasenkonzepts im Bereich der menschlichen Ontogenese.

Diese Beispiele sind nur stellvertretend für eine Wende in der Entwicklungspsychologie zu sehen. Entwicklung ist nicht mehr – wie durch die ökologische und vergleichende Ontogenieforschung deutlich geworden ist – »eine Reihe von miteinander zusammenhängenden Veränderungen, die bestimmten Orten des zeitlichen Kontinuums eines individuellen Lebenslaufs zuzuordnen sind« (Thomae 1959, 19). Vielmehr ist Entwicklung in dieser Sicht das Ergebnis der Auswirkungen von Interaktionen, die gemäß dem jeweiligen Organisationszustand des Individuums im Verlaufe der Zeit zwischen ihm und den verschiedenen Aspekten seiner ökologischen Umwelt stattfinden. Dabei gibt es während der Ontogenese bei zahlreichen subhumanen Säugetier-Arten sensible Phasen, in deren Verlauf bestimmte Erfahrungen größere Auswirkungen haben, als es außerhalb von ihnen der Fall ist. Weitere Beispiele, daß dies auch beim menschlichen Kind zutrifft, folgen später.

Hunde und Rhesusaffen als Ersatzbabys. Auch bei Hunden gibt es deutliche Unterschiede in der Beeinflußbarkeit der sozialen Prägbarkeit, so wie Klaus Immelmann es bei Zebrafinken gezeigt hat. Welpen, die mit ihren zahmen Müttern vierzehn Wochen lang ohne menschlichen Kontakt in einem großen Freigehege blieben, verwilderten in dieser Zeit. Wenn sie aber im Alter von zwei, drei, fünf, sieben oder neun Wochen zehn Minuten lang täglich eine Woche lang mit Menschen zusammenkamen und dann in das Freigehege zurückgebracht wurden, zeigte sich deutlich eine sensible Phase etwa zwischen der dritten und der siebten Lebenswoche. Mit zwei Wochen waren die Welpen noch zu unreif; erst vier Tage später waren sie überhaupt in der Lage, Kontakt aufzunehmen. Wie wir noch sehen werden, akzeptiert die amerikanische Forscherin Mary D. S. Ainsworth für menschliche Babys aus guten Gründen keine solche scharfe Begrenzung der Phase nach unten hin.

Mit drei und fünf Wochen kamen die Welpen sofort zum Versuchsleiter und blieben die ganze Zeit über bei ihm. Mit sieben Wochen benötigten sie bereits zwei Tage und mit neun Wochen drei Tage, um mit dem Versuchsleiter Kontakt aufzunehmen. Mit vierzehn Wochen geschah das innerhalb der Testwoche überhaupt nicht mehr. Je älter die Hunde waren, desto intensiver war ihre Angstreaktion, die einen engen Kontakt mit dem Versuchsleiter verhinderte. Diejenigen Welpen, die mit fünf und sieben Wochen mit dem Versuchsleiter in Berührung gekommen waren, nahmen in allen Vergleichstests die ersten Rangplätze ein; mit einem gewissen Abstand folgten ihnen diejenigen, die während der neunten Lebenswoche den Versuchsleiter kennenlernten (Freedman, King, Elliot 1961). Vorsichtig schließt J. P. Scott aus diesen Untersuchungen, daß »für junge Hunde eine Sozialisationswirkung mit maximaler *Dauerhaftigkeit* im Alter von fünf bis sieben Wochen erfolgt. Bei sorgfältiger und langwieriger Behandlung konnten auch diejenigen Hunde, die während der ersten vierzehn Lebenswochen ohne menschlichen Kontakt aufgewachsen waren, schließlich dazu gebracht werden, ihre Angst in manchen Situationen zu überwinden; sie blieben jedoch immer furchtsam in der Gegenwart von Menschen (a. a. O., 32).

Das nächste Beispiel phasenspezifischer Vorgänge betrifft Primaten. Die schon erwähnte Forschergruppe um H. F. Harlow unternahm viele Jahre lang gezielte Versuche über die Auswirkungen bestimmter Aufzuchtbedingungen für Rhesusaffen im Labor. Anregungen lieferten Untersuchungsergebnisse des Arztes R. A. Spitz (1967), der die katastrophalen Auswirkungen eines Mangels an Bezugspersonen während des ersten Lebensjahres von Heimkindern in psychoanalytischer Sicht interpretierte. Alle die gravierenden Verfallserscheinungen, die Spitz bei Menschenbabys festgestellt hatte, konnte Harlow bei Rhesuskindern, die unter verschiedenen sozialen Entbehrungsbedingungen aufgewachsen waren, in verblüffender Weise wiederholen. Allerdings muß die Frage der Vergleichbarkeit auf verschiedenen Ebenen abgehandelt werden. Grundsätzlich gilt in diesem Zusammenhang: Analogien oder Konvergenzen liegen dann vor, wenn unter vergleichbaren Bedingungen ähnliche Folgen auftreten, ohne daß die betreffenden Lebewesen verwandt sind; bei Verwandtschaft sind es Homologien. Selbst wenn wir in den speziellen Ausfällen der hier untersuchten Rhesuskinder nichts als zufällige Analogien sehen wollten – was sicher einer gefährlichen Ignoranz gleichkäme –, dann kann im Prinzip (und in der Theorie) das genaue Studium der Bedingungen kausaler und zeitlicher Art dem Entwicklungspsychologen sehr nützlich sein.

Auf dieser Grundlage können zum Beispiel Modelle entwickelt werden, mit deren Hilfe der Entwicklungspsychologe Auswirkungen von Interaktionen (oder Mangel daran) gemäß dem jeweiligen Organisationsstand des Individuums im Verlauf der Zeit zwischen ihm und den verschiedenen Aspekten seiner ökologischen einschließlich seiner sozialen Umwelt studiert. Die Bedeutung von Harlows Forschungen für die Entwicklungspsychologie liegt nicht zuletzt darin, daß er genau dies getan und ein solches idealisiertes Modell vorgelegt hat. Die interagierenden Partner, Rhesusmutter und Kind, entwickeln Zuneigung oder Bindung als

Grundlage für das allgemeine und gruppenspezifische soziale Lernen, das übrigens von Art zu Art sehr verschieden sein kann, wie zum Beispiel die besondere Art von »Hautkontakt« schon bei den einzelnen Makaken-Arten und erst recht bei Menschenaffen und Menschen belegt. Bei diesem Prozeß durchlaufen Rhesusmutter und Rhesuskind miteinander mindestens drei grundlegende Phasen.

In der ersten Phase übernimmt die Mutter die Rolle der Beschützerin und Betreuerin. Das Verhalten der »guten« Primatenmutter ist durch vollkommene zärtliche und liebevolle Pflege gekennzeichnet. Sie sorgt für Nahrung und für richtige Temperatur, kontrolliert die Ausscheidungen des Kindes. Sie trägt und stützt es und bietet ihm engen körperlichen Kontakt. Sie schützt ihr Kind vor Bedrohung und vor Gefahren, wenn es allein auf Erkundung ausgeht. Vor allem ist sie voller Fürsorge und Aufmerksamkeit. Ergänzend dazu findet sich beim Rhesuskind die Reflexphase, in der es sich dem Körper der Mutter zuwendet und dort Nahrung und Halt findet.

Nach zwei Wochen entsteht – in der Phase der Geborgenheit und Anhänglichkeit – die eigentliche Zuneigung zwischen Mutter und Kind. Saugen und Anklammern sind die vorherrschenden Komponenten dieses grundlegenden Verhaltensmusters, in dem sich starke Tendenzen der Selbstsicherheit und des Vertrauens in Gegenwart der Mutter entwickeln.

Gleichlaufend und stets im Einklang mit dem mütterlichen Verhalten folgt für das Rhesuskind die Phase der Sicherheit. In ihr erforscht das Jungtier, mit der Mutter als Hort der Sicherheit im Rücken, immer intensiver und selbstsicherer seine weitere Umwelt; dabei gewinnt es Erfahrungen und einen eigenen Status in der Gruppe.

Für Mutter und Kind folgt als letzte die Trennungsphase, die oft abrupt mit der Geburt eines neuen Kindes endet. Man kann Reaktionen bei alleingelassenen Jungtieren beobachten, die regelrecht an Trennungsangst erinnern. Die abgelehnten Jungen werden bei manchen Affenarten von männlichen Gruppenangehörigen adoptiert. Eine Ausbildung des Selbstvertrauens, die bereits während der Übergangs- oder Ambivalenzphase der Mutter beginnt, erleichtert dem Kind die Trennung. In dieser Phase werden die Beziehungen zu Gleichaltrigen innerhalb der Gruppe für das Jungtier allmählich bedeutungsvoller als die Beziehungen zu der Mutter.

Außerhalb der Mutter-Kind-Beziehung gibt es auch verschiedenartige Kontakte zu anderen männlichen und weiblichen Gruppenangehörigen. Dabei sind die Variationen bei Primaten zwischen den einzelnen Arten, zwischen verschiedenen Gruppen der gleichen Art und sogar innerhalb derselben Art von Individuum zu Individuum erstaunlich groß.

Die Zuneigung zwischen Kind und Mutter durchläuft also eine Reihe von Entwicklungsphasen, die einander ergänzen. »Die gemeinsamen Handlungen von Jungen und Mutter beeinflussen stets den Verlauf ihrer Zuneigung«, berichtet Harlow, und so wie die Zuneigung der Mutter zum Kind in bestimmten Phasen verläuft, so durchläuft die Zuneigung des Kindes zur Mutter jeweils entsprechende

Phasen. Individuelle Unterschiede ergeben sich in der Dauer und in der Intensität der Phasen« (Harlow, Harlow 1971, 226).

Der soziale Rang und das Alter der Mutter erklären solche individuellen Unterschiede aber nur zum Teil. Verhaltensforscher und Psychologen wie zum Beispiel H. Kummer und J. Altman betonen die Grenzen ihrer bisherigen Forschungsweise, die ihnen durch die Individualität oder gar »Persönlichkeit« ihrer Untersuchungstiere gesetzt sind.

Die Phasen der Zuneigung zwischen Spielgefährten, die ohne ergänzenden Mutterkontakt aufwachsen, werden von Harlow folgendermaßen beschrieben:

1. Reflexphase, in der sich die Jungen schon während der ersten Lebenswochen aneinanderklammern und nur schwer voneinander lösen können, weil die mütterliche Ergänzung fehlt. Das geschieht aber nur im Labor, wenn die Jungen nicht von der Mutter gehindert werden, sie zu verlassen.

2. Manipulationsphase, während der die Jungen auf Gleichaltrige wie auf Gegenstände reagieren, also eine Art »vorsozialer« Neugierreaktion zeigen, die bis zum Ende des zweiten Monats dauert. Auch an dieser Erfahrung werden Junge im Freiland von ihren Müttern gehindert. Dabei gibt es – wie bei allen anderen Verhaltensweisen auch – wiederum Unterschiede vor allem bei den Müttern.

3. Das gemeinsame Spiel, das sich allmählich aus dem Manipulieren entwickelt, ist der Anfang echter sozialer Beziehungen zwischen Gleichaltrigen. Es beginnt mit Tobespielen, gefolgt von Verfolgungs- und Fluchtspielen ohne Berührung. Im Alter von einem Jahr nehmen das Tempo und der Wechsel der beiden Spielarten merklich zu; Harlow bezeichnet es als »integriertes« Spiel, das der Anfang zu einer neuen Phase des »aggressiven« Spiels sein könnte, in der alle Jungtiere der Gruppe gemeinsam spielen und um eine Rangstellung kämpfen.

4. In der reifen Interaktionsphase schließlich geht das – von Primatenart zu Primatenart sehr unterschiedlich ausgeprägte – Spielverhalten zugunsten anderer Verhaltensweisen der Zuneigung (gemeinsames Essen und Ruhen, wechselseitige Körperpflege, Zusammenschluß bei Bedrohung und gemeinsame Anteilnahme an einem Jungtier) langsam zurück.

Harlows Phasenkonzept hat sich in zweierlei Hinsicht als wissenschaftlich bedeutsam erwiesen. Die Auswirkungen der Folgen bestimmter sozialer Entbehrungen konnten an der Normalentwicklung gemessen und damit Grundlagen für einen zwischenartlichen Vergleich gelegt werden. Darüber hinaus war es möglich, für die Erforschung der kindlichen Ontogenese sehr viel präzisere Hypothesen zu formulieren als zuvor. Dadurch wiederum wurden genauere empirische Untersuchungen auch im Humanbereich möglich, die weit über ein bloßes Analogisieren hinausgingen. Am Beispiel des Versuches von Mary Ainsworth (1973), den Phasenbegriff zu klären, und auf der Grundlage einer empirischen Untersuchung von H. M. Skeels (1966), die ihresgleichen sucht, soll das stellvertretend für eine Reihe ähnlicher Ansätze (z. B. Bowlby 1969, 1973; Tinbergen, Tinbergen 1972; Hinde 1974; Richards 1974) verdeutlicht werden.

Die Entwicklung der Bindung beim Kind

Im ersten Lebensjahr geht die Entwicklung des menschlichen Kindes sehr schnell vonstatten, sie wird im Tempo nur von der vorgeburtlichen, intrauterinen Entwicklung übertroffen. Vor allem im sozialen Bereich, bei Störungen besonders deutlich (Meierhofer, Keller 1966; Spitz 1967; vgl. Schmalohr 1975), zeigen sich langfristige soziale Inkompetenzen. Deshalb ist die Annahme besonderer sensibler Phasen mit bemerkenswerten Auswirkungen auch beim Kind begründet. Mary Ainsworth (1973, 40 ff) bemerkt dazu, daß Kinder, die in Familien aufwachsen, mit sechs bis acht Monaten eine Bindung zu ihren Müttern aufgebaut haben. Eine sensible Phase, während der solche Bindungen am leichtesten erfolgen, umfaßt demnach einige Monate in der Mitte des ersten Lebensjahres. Die untere Grenze dieser sensiblen Phase könnte empirisch – als Zeitpunkt, vor dem ein Kind auch unter günstigen Bedingungen keine Bindung eingehen kann – leicht nachgewiesen werden. Mary Ainsworth (1973, 40) geht es aber darum, denjenigen Zeitpunkt während der Entwicklung zu entdecken, vor dem bestimmte Erfahrungen, die danach für die Bindung bedeutungsvoll werden, noch nicht so wichtig sind.

Eine solche Phasenbegrenzung ist schon deshalb notwendig, weil manche Forscher festgestellt haben, daß sich die charakteristischen Beziehungsstrukturen zwischen Mutter und Kind bereits während der ersten drei Lebensmonate ausbilden und den Verlauf der späteren Wechselbeziehungen wesentlich mitbestimmen. Andere dagegen meinen mit J. P. Scott, ein Kind sei während der ersten fünf oder sechs Wochen noch nicht in der Lage, Bindungsverhalten gegenüber einer besonderen Person zu zeigen. Da die Diskriminationsfähigkeit von Säuglingen vielfältig nachgewiesen wurde (vgl. Stone, Smith, Murphy 1974, 239, 437), spricht kaum etwas dafür, daß es gerechtfertigt wäre, hiervon – wenn überhaupt – mehr als die unmittelbare Neugeborenenphase auszuschließen. Das Ende der sensiblen Phase der Bindung an eine oder mehrere Personen gleichzeitig zeigt sich – wie bei der biologischen Prägungsforschung – in der zunehmenden Schwierigkeit, die ein Säugling hat, mit weiteren Personen Beziehungen aufzubauen: unter besonders günstigen Bedingungen kann diese nämlich überwunden werden (Bowlby 1973; Robertson, Robertson 1975).

Unklar bleibt auch, ob die Schwierigkeit beim Aufbau einer Bindung zu einer zweiten Bezugsperson (*nachdem* bereits Bindungen zur ersten Bezugsperson aufgebaut worden sind) das geeignete Kriterium für die obere Grenze einer sensiblen Phase für die Entwicklung der Bindung ist. Ein besseres Kennzeichen scheint, nach Ainsworth, die Zeit zu sein, nach der eine *erste* Bindung entweder nicht mehr oder nur unter großen Schwierigkeiten ausgebildet werden kann. So waren Heimkinder, die die ersten achtzehn bis vierundzwanzig Lebensmonate in Heimen verbracht hatten, später kaum in der Lage, Bindungen zu ihren Adoptivmüttern aufzubauen; wenn sie nur ein Jahr im Heim verbracht hatten, waren die Erfolgsaussichten besser.

Dieser ungefähre Zeitpunkt entspricht einer ebenso prägenden Ausbildung der

Geschlechts-Identität: J. Money und A. Ehrhardt stellten 1975 fest, daß es nach dem achtzehnten Lebensmonat immer schwieriger, ja sogar unmöglich wurde, das Zuweisungsgeschlecht eines Mädchens oder Jungen umzukehren. Eine Reihe solcher Fälle war vorgekommen, weil wegen Mißbildungen der primären Geschlechtsorgane Geschlechtszuweisungen entgegen dem chromosomalen Geschlecht stattgefunden hatten. Die Mitte des zweiten Lebensjahres ist auch derjenige Zeitpunkt, bei dem die weitgehend vorsprachlichen Interaktionen, die bis dahin Träger der Persönlichkeitsentwicklung sind, ergänzt oder erweitert werden durch sprachliche Funktionen, mit deren Hilfe der Mensch die Entwicklung der übrigen Primaten weit hinter sich läßt. An dieser Tatsache ändern auch Nachweise der Sprachfähigkeit junger Schimpansen mit Hilfe der amerikanischen Taubstummensprache oder von ausgeklügelten Symbol-Plättchen nichts, weil sie nicht im Dienste der Ausbildung grundlegender sozialer Fähigkeiten stehen. Die Bedeutung solcher Leistungen für die kognitive Entwicklung bleibt dabei voll bestehen.

Zahlreiche Forscher aus Biologie, Medizin, Soziologie, Psychiatrie und Psychologie bemühen sich, die Entwicklung des Aufbaus solcher Beziehungsstrukturen zu klären. Sie heben das Geschehen aus der Enge einer individuum-zentrierten Entwicklungspsychologie heraus auf eine neue Ebene fächerübergreifender Ontogenieforschung (z. B. Schaffer 1977).

Die Bedeutung der Erfahrung während der sensiblen Phase für die gesunde Entwicklung des Menschen ist wohl niemals deutlicher belegt worden als in einer Untersuchung des amerikanischen Psychologen H. M. Skeels an 25 Heimkindern im Alter zwischen sieben und dreißig Monaten. Dreizehn von ihnen wurden aus dem Waisenhaus in ein Heim für debile Mädchen als »Hausgäste« verlegt, während die übrigen zwölf als Kontrollgruppe dienten. Zweieinhalb Jahre danach wurden die Kinder miteinander verglichen. Skeels (1966, 9) gelang darüber hinaus das Unglaubliche: Er konnte die Versuchspersonen 21 Jahre später wieder auffinden und die beiden Gruppen miteinander vergleichen. Die Untersuchung umfaßte somit insgesamt dreißig Jahre. Die Ergebnisse sind dramatisch und bedrückend zugleich, weil sie die Beständigkeit der Auswirkungen früher sozialer Erfahrungen unter bestimmten Lebensumständen belegen, ohne allerdings die dahinterstehenden Mechanismen über brauchbare Vermutungen hinaus klären zu können. Eine solche Untersuchung ist auch nicht wiederholbar, weil Kinder nach den dreißiger Jahren nicht mehr ausschließlich in Waisenhäusern untergebracht wurden, sondern vor einer Adoption in »temporary boarding homes« oder aber in anderen Unterkünften. Die Ergebnisse lohnen eine nähere Betrachtung:

Entgegen der überholten Betrachtungsweise der dreißiger Jahre, in der Intelligenz als ein konstantes Persönlichkeitsmerkmal angesehen wurde, war Skeels davon überzeugt, daß frühe Erfahrungen bei der Intelligenzentwicklung eine ganz wesentliche Rolle spielen. Seine Untersuchungen konzentrierten sich auf die Frage, ob und für wie lange die geistige Entwicklung durch bemerkenswerte Veränderungen in der Umwelt beeinflußt wird und welche Bedingungen im besonderen für eine Beeinträchtigung der geistigen Entwicklung verantwortlich sind.

Zwanzig der fünfundzwanzig Kinder kamen wegen ihrer unehelichen Herkunft ins Heim, die restlichen fünf, weil sie von ihren Eltern völlig vernachlässigt bzw. mißhandelt worden waren. Bis zum zweiten Lebensjahr waren die Kinder im Krankenhaus, bis zum sechsten Lebensmonat in der Säuglingsstation. Sie befanden sich in Bettchen mit Tüchern an den Seiten, die den Blick versperrten. Es gab keine Spielsachen oder andere Gegenstände; die Kontakte mit anderen Menschen beschränkten sich auf geschäftige Pflegerinnen, »die mit der aus Erfahrung und Notwendigkeit geborenen Geschwindigkeit Windeln wechselten, die Kinder badeten, medizinisch versorgten und effizient mit Flaschen fütterten, die in Halterungen angebracht waren«, wie Skeels (a. a. O., 3) berichtet.

Zwischen sechs und vierundzwanzig Monaten lebten die Kinder in kleinen Räumen mit jeweils zwei bis fünf großen Krippen. Hier wurden sie von je zwei Pflegerinnen, unterstützt von zwei jungen, unmotivierten Mädchen, betreut. Neben guter körperlicher Versorgung bestanden die einzigen Kontakte im Füttern, Anziehen und im Sauberkeitstraining. Es gab wenig Spielzeug und kaum Zeit, Spieltechniken zu lehren. Mit zwei Jahren wurden die Kinder in ein Haus verlegt, »in dem dreißig bis fünfunddreißig Kinder des gleichen Geschlechts unter fünf Jahren unter der Aufsicht einer Oberin und drei bis vier unausgebildeten und zurückhaltenden dreizehn- bis fünfzehnjährigen Mädchen lebten« (a. a. O., 4). Mit sechs Jahren kamen die Kinder in die Schule.

Der Anstoß für Skeels' Untersuchungen ging aus von zwei Mädchen, die mit dreizehn und sechzehn Monaten in das Heim kamen und einen Entwicklungsstand von nur sechs bzw. sieben Monaten besaßen, als sie wegen Vernachlässigung durch ihre schwachsinnigen Mütter und ihre unfähigen Verwandten eingeliefert wurden. Die beiden Kinder wurden in einem Heim für schwachsinnige Mädchen untergebracht und waren nach sechs Monaten Aufenthalt »aufgeweckt, lächelten, tollten herum, gingen auf spielerisches Verhalten Erwachsener ein und wiesen in einem psychologischen Test nach zwölf Monaten und wiederum mit vierzig bzw. dreiundvierzig Monaten eine normale Entwicklung auf«. Sie waren in einer Abteilung von Mädchen und Frauen zwischen achtzehn und fünfzig Jahren, mit einem Entwicklungsalter zwischen fünf und neun Jahren gewesen. Dort waren sie von einem älteren Mädchen »adoptiert« und von weiteren Frauen umsorgt worden. Auch das Pflegepersonal kümmerte sich zum Teil liebevoll um die beiden Kinder, nahm sie gelegentlich auf Ausflüge und zum Einkaufen mit und versorgte sie mit Spielzeug, Bilderbüchern und Spielmaterial. Bald wurden die Mädchen ohne eine Spur geistiger Unterentwicklung adoptiert.

Schon im Jahre 1939, also sechs Jahre vor den Heimuntersuchungen, die R. A. Spitz (1945) durchführte, konnten Skeels und seine Mitarbeiter feststellen: »Das beständige Element, um eine normale Entwicklung selbst bei sehr retardierten Kindern zu erreichen, scheint das Bestehen einer Eins-zu-eins-Beziehung mit einem Erwachsenen zu sein, der großzügig ist, Liebe und Zuneigung zeigt und viel Aufmerksamkeit mit der Möglichkeit verbindet, Erfahrungen in vielen Bereichen zu sammeln« (Skeels 1966, 7).

Skeels erkannte das mögliche therapeutische Potential einer *frühen* Überweisung von Kindern in die Schwachsinnigenstation; die Verwaltung tolerierte schließlich zögernd einen Versuch mit weiteren kleinen »Hausgästen«, ließ aber die Kinder weiterhin offiziell im Waisenhaus, um eine eventuelle Stigmatisierung zu verhindern. Zehn Mädchen und drei Jungen waren Hausgäste (Alter im Mittel 17,1 Monate; Bereich 7,1 bis 35,9 Monate; Intelligenzquotient im Mittel 65,0; Bereich 35 bis 89), sie galten als nicht adoptionsfähig. Die Kinder bildeten nur im statistischen Sinne eine Gruppe: Jedes Kind blieb so lange im Heim für schwachsinnige Frauen, bis es »den größten Nutzen daraus gezogen hatte«, und wurde dann zur Adoption freigegeben.

Die Kontrollgruppe – zwölf Kinder – wurde aufgrund der guten psychologischen Unterlagen nach den für die Kinder der Versuchsgruppe geltenden Kriterien zusammengestellt: Alter im Mittel 16,3; Bereich 11,9 bis 21,8 Monate; I. Q. im Mittel 90; Bereich 81 bis 103, mit zwei Ausnahmen: 71 und 50. Neun von ihnen waren für adoptionsfähig befunden worden; allerdings konnte keines untergebracht werden. In den meisten Fällen kamen die Kinder schließlich als Dauerpatienten in ein Heim für geistig Zurückgebliebene. Die Geburtsumstände waren in beiden Gruppen etwa gleich. Zwischen Krankheit und Entwicklungstempo ließen sich für beide Gruppen keine signifikanten Beziehungen nachweisen (z. B. Lues, Infektionen der Atmungsorgane, Entzündungen und Operationen des Mittelohrs). Alle Kinder stammten aus Familien mit niedrigem sozialem, ökonomischem, beruflichem und intellektuellem Standard. In vielen Fällen war die Vaterschaft ungewiß.

In der Station für schwachsinnige Frauen (die zwischen achtzehn und fünfzig Jahre alt waren und ein Entwicklungsalter zwischen fünf und zwölf Jahren hatten) wurde den Kindern nun andauernde Aufmerksamkeit geboten. Sie empfingen Geschenke, wurden auf Ausflüge mitgenommen und erhielten Abwechslungen aller Art (Skeels 1966, 17). Es entwickelten sich viele Beziehungen zwischen den Heiminsassen, dem Personal und den Kindern, auch zwischen den verschieden alten Kindern untereinander. Die Kinder besuchten den Schulkindergarten, sobald sie laufen konnten, nahmen am Gottesdienst mit Gesang und Instrumentalmusik teil und empfingen eine Reihe weiterer ähnlicher Anregungen.

Skeels legt besonderes Gewicht auf die Tatsache, daß bei neun von dreizehn Kindern »irgendein Erwachsener, ein älteres Mädchen oder eine Angestellte, eine besondere Zuneigung zu ihm entwickelte und es quasi adoptierte«. Als Folge davon entstanden intensive Eins-zu-eins-Beziehungen zwischen Erwachsenen und Kindern, die ergänzt wurden von den weniger intensiven, aber dennoch häufigen Interaktionen mit den anderen Erwachsenen. Jedes Kind hatte eine besondere Person, mit der es identifiziert wurde und die ganz besonders an ihm und an seinen Fortschritten interessiert war. Dieser sehr stimulierende emotionale Einfluß war das einzigartige Merkmal und gleichzeitig einer der wichtigsten Beiträge zum Gelingen des Versuchs, wie Skeels (a. a.O., 17) schreibt. Demgegenüber können die kargen, desolaten Gegebenheiten, die unpersönliche Massenabfertigung und die Lieblosigkeit des Waisenhauses nicht deutlich genug herausgestellt werden.

Kaspar Hauser.
(Der Knabe von Nürnberg.)

(Mit einer Abbildung.)

Noch sind die drei Fragen nicht gelöst: Wer ist eigentlich dieser angebliche Hauser, woher kam er, und warum ward er seit seinem vierten Jahre von allem menschlichen Umgange mittelst Einkerkerung entfernt gehalten?

Erst dann, wenn diese Fragen irgend Jemand genügend beantwortet hätte, wollte ich meinen geehrten Lesern eine Abbildung dieses Unglücklichen nebst einer Beschreibung liefern; da aber die Lösungen dieser Fragen wahrscheinlich noch entfernt liegen, so theile ich hier nur Dasjenige mit, was zur Verständigung der Abbildung nöthig ist, und werde in einer der folgenden Lieferungen das Umständlichere nachtragen.

„Es war im Monate Mai 1828, daß man am Eingange eines der Thore der Stadt Nürnberg einen jungen Menschen in einer unbeweglichen Stellung bemerkte. Er sprach nicht, und weinte; in der Hand hielt er einen Brief an einen Offizier des zu Nürnberg in Garnison liegenden Chevaux-Legers-Regiments. In dem Briefe hieß es, daß der Ueberbringer seit seinem vierten Jahre bis zum sechszehnten in einem Kerker gewesen; daß er getauft worden; daß sein Name Kaspar Hauser, und daß er dazu bestimmt sey, in Chevaux-Legers-Regimente Dienste zu nehmen, und daß man ihn aus diesem Grunde an den Offizier gewiesen habe."

„Man stellte mehrere Fragen an ihn; er blieb stumm und weinte; das Wort, welches er am häufigsten hören ließ, war: haam (ein Provinzialismus für heim, nach Hause), um den Wunsch auszudrücken, in seinen Kerker zurückzukehren."

„Nachdem man sich, nach dem Zustande, in dem sich der junge Mensch befand, überzeugt hatte, daß die im Briefe enthaltenen Angaben wahr seyn müssen, übergab man ihn der Pflege und Aufsicht eines einflußvollen und achtbaren Professors, und durch Magistrats-Beschluß wurde er als Adoptivsohn der Stadt Nürnberg erklärt."

„Seitdem hat er sprechen, lesen und schreiben gelernt; allein seine Rückerinnerungen zeigen ihm blos einen dunkeln Kerker, ungefähr fünf Fuß lang, vier Fuß breit, und gar nicht hoch, ein Brod, einen Krug Wasser, ein Loch für seine Bedürfnisse, Stroh zum Lager, eine Decke, zwei hölzerne Pferde, und einen hölzernen Hund, auch einige Bänder, mit denen er dieses Spielzeug aufpußte. Er erinnert sich wenig an Hunger, wohl aber an Durst. Wenn er durstig war, schlief er ein, 2c. 2c.

Am 17. October v. J. wurde er in seiner Wohnung zu Nürnberg von einem Manne mit vermummtem Gesichte meuchlings überfallen, und am Kopfe verwundet, so daß er besinnungslos zu Boden stürzte. Der Thäter ergriff sofort die Flucht, und es ist bisher noch nicht gelungen, desselben habhaft zu werden. Daß der an Hauser versuchte Mord von demselben Manne unternommen worden, welcher sich des Verbrechens des widerrechtlichen einsamen Gefangenhaltens und des Aussetzens einer hilflosen Person schuldig gemacht hat, kann nicht blos für wahrscheinlich, sondern für gewiß angenommen werden.

Ist der Mensch auch fähig, um Fehlanpassungen ausgleichen zu können, außerhalb jener Phasen, in denen schon früh im Leben Bindungen und Neugier geprägt werden, wird der Aufwand dafür immer größer und bleibt schließlich unwirksam. Ist die sprachliche Sozialisierung erst einmal vollzogen, ist das Kind vermutlich nicht mehr in der Lage, die primären, biologisch fundamentalen Erfahrungen nachzuholen, wenn sie bisher nur unvollkommen oder gar nicht gemacht worden sind. Als Beispiel jugendlicher Verwahrlosung ging Kaspar Hauser in die Geschichte ein.

Die geistige Entwicklung nahm für die Kinder beider Gruppen einen drastisch unterschiedlichen Verlauf. Die »adoptierten« Kinder *gewannen* innerhalb von zweieinhalb Jahren zwischen 7 und 58 IQ-Punkte, im Durchschnitt 27,5. Die Kinder der Vergleichsgruppe *verloren* zwischen 9 und 45 IQ-Punkte, im Durchschnitt 26,2. Die Versuchskinder hatten also nach durchschnittlich 18,9 Monaten Zeit ihren Intelligenzquotienten von durchschnittlich 64,3 (SD = 16,4) auf 91,8 (SD = 11,5) verbessert, während die Kinder der Vergleichsgruppe dagegen ihren Intelligenzquotienten von 68,7 (SD = 14,3) nach durchschnittlich 30,7 Monaten auf 60,5 (SD = 9,7) verschlechterten. Dabei zeigten Kinder, deren Mütter als geistig retardiert eingestuft waren, den gleichen Fortschritt wie Kinder intelligenterer Mütter. Die neun Kinder der Versuchsgruppe, die enge persönliche Beziehungen aufgebaut hatten, machten größere Fortschritte (IQ + 33,8; Bereich 17 bis 58) als die vier Kinder, deren Beziehungen allgemeiner, weniger intensiv und nicht auf eine Person konzentriert blieben (IQ + 14,0; Bereich 7 bis 20).

Zweieinhalb Jahre nach der Adoption von neun der elf Kinder war deren Intelligenzquotient auf 101,4 (Bereich 90 bis 118) angestiegen. Die beiden nicht untergebrachten Kinder verloren 17 bzw. 9 Punkte. Ein Nachtest der Vergleichskinder ergab einen Rückgang des durchschnittlichen Intelligenzquotienten auf 66,1 (SD = 16,5).

Wie bereits erwähnt, konnte Skeels die Kinder 21 Jahre nach diesem Test, also als Erwachsene, wieder auffinden. Er prüfte die Auswirkungen der seinerzeitigen Erfahrungen nach: Was war aus den Kindern geworden? Was leisteten sie als Erwachsene, und wie kamen sie zurecht? Blieben die Unterschiede erhalten oder nicht? Alle dreizehn Versuchskinder und elf der zwölf Vergleichskinder lebten noch. Alle Versuchskinder arbeiteten und verdienten ihren Lebensunterhalt selbst; sie hatten einen Verdienst, der im Bereich des mittleren Einkommens der vergleichbaren Gesamtpopulation lag. Die Personen der Vergleichsgruppe verdienten demgegenüber etwa nur ein Viertel. Die Versuchsgruppe hatte im Durchschnitt die zwölfte Schulklasse abgeschlossen, die Vergleichsgruppe dagegen nur die dritte. Elf der dreizehn Versuchspersonen hatten Partner mit vergleichbarem Status geheiratet; ihre Ehen schienen stabil und dauerhaft zu sein. Neun Familien hatten zusammen achtundzwanzig Kinder mit einem mittleren Intelligenzquotienten von 104 (Bereich 68 bis 125). Dagegen waren in der Vergleichsgruppe nur zwei Männer verheiratet. Einer hatte seinen Jungen mißhandelt, der mit sechs Jahren einen IQ von nur 66 aufwies. Der andere war wegen Schwerhörigkeit als Kind in eine Schule für Schwerhörige gekommen, wo er besondere Aufmerksamkeit durch das dortige Personal erhielt. Seine Ausbildung war überdurchschnittlich (12,5 Jahre), er hatte vier intelligente Kinder und ein überdurchschnittliches Einkommen.

Durch die Art der Intervention hätten nach Skeels auch die Kinder der Vergleichsgruppe eine gute Entwicklung nehmen können: »Da die Untersuchung beschreibend war und nur wenige Fälle enthielt, wäre es anmaßend, die spezifischen Einflüsse identifizieren zu wollen, die für die beobachteten Wirkungen verantwortlich sind. Die kontrastierenden Ergebnisse jedoch zwischen solchen Kindern, die

Erfahrungen sammeln konnten und enge emotionale Beziehungen mit liebevollen Erwachsenen hatten, und solchen, die unter entbehrungsreichen und reaktionsarmen Bedingungen aufwachsen mußten, läßt wenig Zweifel darüber, daß dieses Gebiet für die weitere Forschung fruchtbar ist« (a. a. O., 56). Er schreibt weiter: »Falls das tragische Schicksal der zwölf Kinder der Vergleichsgruppe auch nur Anlaß für eine einzige bedeutungsvolle Untersuchung gibt, die dabei hilft, ein solches Schicksal von anderen abzuwenden, dann wird ihr Leben nicht umsonst gewesen sein« (a. a.O., 57).

Frühe Unabhängigkeit oder personengebundene Prägung des Kindes?

Die Auswahl der im vorangegangenen Abschnitt vorgestellten Untersuchungen zeigt sehr deutlich, daß die in der Biologie benutzten Begriffe »sensible Phase« und »Prägung« in der Psychologie oft recht gleichartig verwendet wurden. Gleichzeitig zeigen diese Untersuchungen aber, daß manche kritischen Einwände gegenüber den älteren Phasenlehren in der Entwicklungspsychologie nicht zutreffen. Viel wichtiger ist es, zu prüfen, in welcher Weise die biologischen Forschungen für die Entwicklungspsychologie fruchtbar gemacht werden können. Wenn wir den Prägungsbegriff der Verhaltensforscher zugrunde legen, dann haben wir es mit folgenden Sachverhalten zu tun: Es handelt sich um eine Vielzahl von Prozessen, die darin übereinstimmen, daß sie in einem bestimmten Lebensabschnitt auftreten und danach keine oder nur eine geringe Veränderbarkeit aufweisen. Prägung ist – nach biologischer Auffassung – gekennzeichnet durch das Vorhandensein bevorzugter Lernphasen, nicht aber durch ihr zeitliches Auftreten, ihre Dauer oder ihre Art. Am ehesten läßt sich Prägung definieren als eine besondere, »bevorzugte« Veränderung der Gedächtnisdauer während der Ontogenese, wo ein bestimmtes Ausmaß an Erfahrungen in einem bestimmten Lebensabschnitt zu einem dauerhaften Ergebnis führt als das gleiche oder ein größeres Ausmaß an Erfahrungen zu einem anderen Zeitpunkt während der Ontogenese. Welche Auffassung hat demgegenüber die Entwicklungspsychologie?

Ein großer Teil der Auseinandersetzungen um den Prägungsbegriff entstand als Folge der Gedanken von Konrad Lorenz. Prägung wird danach – wie Hans Thomae (1959, 241) es formuliert – als »ein einmaliger irreduzierbarer Vorgang der Spezialisierung des Auslöseschemas für bestimmte Instinkthandlungen, der sehr frühzeitig im Leben des Individuums stattfindet« bezeichnet.

Nach F. Schutz (1965, 51) gehören zu diesem Vorgang folgende Kriterien:
1. Eine sensible Phase; 2. nur überindividuelle Merkmale werden geprägt; 3. das Zielobjekt wird zu einer Zeit festgelegt, zu der die dazugehörige Reaktion (z. B. Sexualprägungen) noch nicht ausgebildet ist; 4. Irreversibilität und 5. geprägt wird jeweils nur eine einzelne Reaktion, also nicht das Tier schlechthin, sondern jeweils lediglich der Auslöser einer bestimmten Reaktion, also das Objekt eines einzelnen Funktionskreises.

»Es handelt sich«, wie Thomae schreibt, »also um den Tatbestand einer auf wenige Augenblicke reduzierten Plastizität des Organismus, die durch einen bestimmten, unter Umständen zufällig auftretenden Umwelteinfluß für immer aufgehoben und im Sinne dieses Umwelteindrucks festgelegt wird« (1959, 241). So gesehen ist Prägung also Nachfolgeprägung einer Anzahl von Enten- und Gänsearten und bei vielen Huftieren, nicht aber Sexual- oder Sozialprägung, wie sie sich heute in der biologischen Forschung darstellt. Zahlreiche Mißverständnisse erklären sich bereits aus dieser engen Auslegung des Prägungsbegriffes. Allerdings sieht Thomae deutlich den engen Zusammenhang zwischen den Begriffen »Prägung« und »Sozialisierung«; er spricht deshalb von »sozialer Prägung« (a. a. O., 243). Damit sind natürlich in erster Linie die frühkindlichen Erfahrungen gemeint.

Folgendes entspricht wohl der allgemeinen psychologischen Auffassung: Prägung ist erkennbar vor allem durch ihre Auswirkungen auf die sich bildende Persönlichkeit. Dabei gibt es Erfahrungen vorübergehender Natur, dann vielleicht traumatisierende Auswirkungen solcher frühkindlicher Erfahrungen, die vor allem von psychoanalytischen Autoren betont werden, und schließlich chronische Auswirkungen. Obwohl sich nun gerade die tiefenpsychologische Forschung in bevorzugtem Maße mit phasenbedingten, prägungsartigen Einflüssen auseinandergesetzt hat, kann dieser Aspekt hier nicht in aller Ausführlichkeit diskutiert werden. Nach wie vor sind ja – wie wir gesehen haben – zahlreiche Hypothesen über den prägenden Einfluß während bestimmter Phasen der kindlichen Entwicklung empirisch unzureichend fundiert und die Phasen selbst unzureichend definiert. Aus diesem Grunde sind auch innerhalb der analytischen Forschungsrichtung selbst Korrekturen an der ursprünglichen Auffassung vom Wesen der Prägung (als Fixierung) vorgenommen worden. Diese Korrekturen konnten sich jedoch durchweg gegenüber den klassischen tiefenpsychologischen Anschauungen nicht durchsetzen.

Damit nimmt Thomae bereits die Feststellung von J. Bowlby (1969) vorweg, der im Zusammenhang mit der Rolle der Angst bei der Entwicklung des Kindes beklagt, daß flexible und biologisch einsichtige Änderungen selbst im Denken Freuds keinen Eingang in das bereits etablierte orthodoxe Denken der Psychoanalyse gefunden haben. Dies betrifft besonders den Gedanken Freuds, daß der Verlust eines Menschen, den man liebt und nach dem man verlangt, der Schlüssel zum Verständnis der Angst sei (XIV, 173 f). Dieser für das Verständnis der Phasen kindlicher Entwicklung außerordentlich wichtige Grundgedanke kam im Rahmen psychoanalytischen Denkens nicht zum Tragen. »Das volle Gewicht der Gedanken Freuds über Trennungsangst und ihre Beziehung zur Trauer kam zu spät, um die Entwicklung ... zu beeinflussen«, wie Bowlby (1973, 28) es ausdrückt.

Wenn Thomae meint, daß eine eindeutige Auswirkung von phasenbedingten Erfahrungen bei Menschen im frühen Kindesalter nicht zu erkennen ist, dann muß man ihm wohl zustimmen. Dagegen treten individuelle Unterschiede gerade beim Menschen, wo eine Selektion enger Reaktionsnormen nicht vorhanden ist, besonders deutlich hervor. Wenn wir uns besonders den letzten Gesichtspunkt vor Augen führen – den großen Spielraum der interindividuellen Reaktionsnorm –, dann kann die Forschung über Phasen der kindlichen Entwicklung solche Unterschiede nicht länger ignorieren. Wenn sie es trotzdem tut, dann besteht die Gefahr, daß die tatsächlich vorhandene Vielfalt des inter- und intraindividuellen Verhaltens unterdrückt und Einheitlichkeit vorgetäuscht wird, wie H. Heckhausen (1974) betont. Daraus ergibt sich auch die Konsequenz, daß man bei dem Versuch, die verhaltensbiologische Erforschung sensibler Phasen bei Tieren für den Menschen vergleichend fruchtbar zu machen, auf einer anderen Ebene ansetzen muß.

Wenn wir alle jene Fälle Prägung nennen wollen, »in denen ein bestimmtes Ausmaß an Erfahrungen in einem bestimmten Lebensabschnitt zu einem dauerhafteren Ergebnis führt als das gleiche oder ein größeres Ausmaß der Erfahrungen zu einem anderen Zeitpunkt«, dann gibt es – wie wir gesehen haben – im Bereich der sozialen Entwicklung des Kindes eine Reihe von Beispielen, die belegen, daß auch das Kind bestimmte Erfahrungen von bestimmter Qualität innerhalb bestimmter Zeiträume während der frühen Ontogenese machen muß, um ein bildungsfähiger, sozial und intellektuell kompetenter Mensch mit eindeutiger Geschlechtsidentität zu werden. Aufgrund der heute vorliegenden Literatur muß man allerdings feststellen, daß eine Prägung nach dem Muster der Lorenzschen Nachfolgeprägung ein – wenn auch eindrucksvoller – Sonderfall ist, den man beim Menschen kaum findet. Für das soziale Leben allerdings sind prägungsartige Erfahrungen deutlich zu erkennen. Um sie zu verstehen, braucht man die biologischen Konzepte von sensiblen Phasen und Dauerhaftigkeit der Eindrücke als Hauptmerkmale. Die dem Menschen arteigene Form prägenden Lernens in der frühen Kindheit ist die individuelle Ausgestaltung eines qualitativ zu begreifenden Zusammenspiels mit Erwachsenen. Deshalb ist es kein Zufall, daß sich die Forschung mit großem Elan diesem Bereich zuwendet.

Der Wunsch nach Übersichtlichkeit verführt dazu, einen relativ einfach zu verstehenden, wissenschaftlich belegten Vorgang wie etwa Prägung als Prinzip hinter markanten entwicklungspsychologischen Vorgängen erkennen zu wollen. Dabei besteht die Gefahr, möglichst viele bedeutungsvolle und komplexe Auswirkungen, zum Beispiel eine positive Sozial- und Intelligenzentwicklung, auf einen solchen einfachen Begriff zu reduzieren. Pädagogische Absichten mögen sich daraus manchmal sozusagen zwangsläufig ableiten lassen: Nach den weitgehend gescheiterten Bemühungen, durch unmittelbares Training des Erkennens, des Differenzierens, des Integrierens und des Schlußfolgerns, also der kognitiven Fertigkeiten, eine Verbesserung testpsychologisch gemessener Intelligenzleistungen zu erreichen, besteht nunmehr die Absicht, durch gezielte Veränderungen elterlichen Verhaltens zu einem ontogenetisch früheren Zeitpunkt des Kindes eine bessere Ausgangsbasis für das weitere soziale Lernen zu gewinnen, wie Bronfenbrenner (1977) es als Modell entwickelt hat.

Die Meinungen darüber, ob eine frühe Phase besonderer sozialer Erfahrungen genutzt werden und dauerhafte Auswirkungen haben kann, sind heute geteilt. Auf der einen Seite stehen Verfechter einer frühen Unabhängigkeit des Kindes, die nicht an eine frühe *personengebundene* Prägung in dem hier dargestellten Sinne glauben und die folglich die darauf basierenden Prägungskonzepte ablehnen. Auf der anderen Seite stehen Verfechter einer frühen personengebundenen Prägung als der wesentlichen und dauerhaften Grundlage einer günstigen sozialen und intellektuellen Ontogenese. Aus der hier dargestellten verhaltensbiologischen Position heraus muß man feststellen, daß dabei die ökologischen Lebensbedingungen des Kindes und seine Fähigkeiten, als Individuum Beziehungen zu verschiedenen Personen aufzubauen, entweder unbeachtet bleiben oder einseitig betont werden.

Eine der Schwierigkeiten der wissenschaftlichen Entwicklungspsychologie, zu klaren, unmißverständlichen Aussagen zu kommen, besteht in den großen individuellen Unterschieden zwischen den Kindern, den Bezugspersonen und der Vielzahl von Beziehungen, die sich ausbilden können. Es hat den Anschein, als käme man sehr schnell in ein wissenschaftliches Dilemma, wenn man einerseits normative (also alle Kinder gesetzmäßig betreffende) Aussagen machen möchte, im Entscheidungsfall aber auf die durch große individuelle Unterschiede bedingten Abweichungen verweisen muß. Die durch den Straßburger Philosophen W. Windelband (1904) ausgelöste und von G. W. Allport (1938) für die Psychologie weitergeführte Gegenüberstellung von nomothetischer (normative Gesetze entdeckende) Wissenschaft und von idiographischen (durch historische Erfahrungen bedingte) Veränderungen hat den Eindruck einer gewissen Unvereinbarkeit entstehen lassen. Anders ist es kaum zu verstehen, daß in der bisherigen Entwicklungspsychologie oft nur altersbezogene »Durchschnittsaussagen« gemacht wurden, wobei man die Abweichungen als Streuung um einen Mittelwert versteht. Oft gelten nur solche Aussagen als normativ und damit wissenschaftlich fundiert, die im Einklang mit einer bestimmten Entwicklungsnorm stehen; und die Unterteilung der Ontogenese in Phasen ist sicher ein plausibler Ordnungsgesichtspunkt. Bedingt durch die vielfältigen Formen adaptiven Verhaltens aufgrund unterschiedlicher physiologischer Voraussetzungen unter oft sehr verschiedenartigen ökologischen Bedingungen (vgl. McGurk 1977), treten mit den großen individuellen Unterschieden notwendigerweise auch »atypische« Abweichungen auf. Sie werden dann als Beweis dafür gewertet, daß eine Unterteilung der Ontogenese des Menschen in Phasen wissenschaftlich nicht haltbar sei. In Wirklichkeit ist es aber vielmehr so, daß eine Erklärung unterschiedlichen Verhaltens in gleichen Altersstufen gar nicht möglich ist, wenn sich die normativen Aussagen einzig und allein auf statistische Durchschnittsdaten beziehen. Eine Bedingungsanalyse phasenspezifischer Entwicklung – speziell von Prägungen im hier gemeinten Sinne in der frühen Entwicklung – muß die relative Dauerhaftigkeit früher Erfahrungen aufweisen, wie unterschiedlich sie sich auch immer auswirken mögen.

In der Folge kann aber nur noch das Verhalten des individuellen Kindes selbst den normativen Bezugsrahmen abgeben und Entscheidungsbasis sein für die Veränderungen aus therapeutischen, sozialen, pädagogischen und auch politischen Gründen. Während sich der Therapeut und Kliniker schon seit jeher individualdiagnostisch orientiert hat, betreibt zum Beispiel die Vorschulpädagogik nicht selten einen »IQ-Kult«, der sich an der normativen (normalen) Verteilung orientiert, obwohl die ihr gemäße Aufgabe darin bestehen sollte, die soziale und intellektuelle

Kompetenz eines Kindes mit gegebenem IQ zu verbessern und die dafür nötigen Kriterien zu entwickeln.

Auch im Hinblick auf die Diskussion um die Tagesmütter zeigen sich die Folgen einer normativen Denkweise, die die Auswirkungen biologisch bedingter frühkindlicher, im Dienste der Bindung stehender Erfahrungen von großer Tragweite nicht gebührend berücksichtigen. Diese Erfahrungen bestehen darin, die emotionalen Grundlagen zu legen für die Bereitschaft und die Fähigkeit, spielerische, angstfreie, neugierige Verhaltensweisen gegenüber verschiedenen Personen, Gegenständen und Ereignissen zu entwickeln. Dabei sind bestimmte (Bezugs-)Personen dadurch ausgezeichnet, daß sie dem Kind die dazu erforderliche Sicherheit (M. Main 1977) und Anregung (J. V. Carew 1977, 1980) geben. Wie und ob das geschieht, ist Gegenstand der heutigen Kleinkindforschung. Die wichtigste Orientierungshilfe dazu liefert die vergleichende Verhaltensontogenie.

Was geschieht also während der besonders prägsamen Phase zum Beginn des Lebens? Welche Erfahrungen sind vor allem für die zukünftige Entwicklung günstig?

Mary Ainsworth nennt drei Kriterien, die die Qualität der Beziehungen zwischen Kind und Bezugspersonen auszeichnen und die ihren Niederschlag in der psychischen Sicherheit, Unabhängigkeit und unbelasteten Zuwendung gegenüber der weiteren Umwelt finden: 1. Feinfühligkeit im Gegensatz zu Unempfindlichkeit gegenüber den Signalen des Babys, 2. Annahme im Gegensatz zu Ablehnung und 3. Zusammenarbeit mit dem Baby im Gegensatz zur Störung seiner Verhaltensintentionen. Fehlt es an diesen Qualitäten, so resultiert daraus eine Unsicherheit, die noch im Alter von einem Jahr und darüber hinaus deutlich nachweisbar ist.

Benötigen Kinder überhaupt Mütter als Bezugspersonen? Rudolph Schaffer, neben Mary Ainsworth ein Pionier auf dem Gebiet der Bindungsforschung, beantwortet diese Frage folgendermaßen: »Ja – wenn das bedeutet, daß Kinder eine lange liebevolle Beziehung brauchen und daß die Befriedigung ihrer körperlichen Bedürfnisse dazu nicht ausreicht. Nein – wenn das bedeutet, daß *Mutter* nur diejenige Person sein kann, die das Kind geboren hat, und daß keine andere Person ihren Platz einnehmen kann. Nochmals nein – wenn wir darunter eine ausschließliche Beziehung verstehen, die das gesamte soziale und emotionale Leben des Kindes einkapselt. Im Gegenteil: Viele Argumente sprechen dafür, daß es günstig ist, dem Kind zu ermöglichen, seine zwischenmenschlichen Erfahrungen von Anfang an zu erweitern und andere Bindungen nicht preiszugeben. Und schließlich wieder ja – wenn das bedeutet, daß eine begrenzte Anzahl vertrauter Personen dauerhaft während der Jahre der Kindheit für das Kind da sein soll« (1977, 114).

In ihren Studien über Mutter-Kind-Beziehungen betonen H. und M. Papoušek die außerordentlich komplexe Vielfältigkeit, die den sozialen Interaktionen eigen sind. Ihre Regeln lassen sich nicht leicht erkennen; oft stellen sie nur Wahrscheinlichkeitsaussagen dar, die von den individuellen Eigenarten der Partner abhängen und sich somit in ihrer Bedeutung voneinander unterscheiden. Doch auch H. und M. Papoušek halten diese Vielfalt prinzipiell für erforschbar und beweisen dies mit Hilfe ebenso ausgeklügelter wie erfolgreicher Untersuchungsmethoden.

Phasen kindlicher Entwicklung sind also diejenigen Lebensabschnitte, in denen das Kind Erfahrungen macht, die seine weitere Entwicklung dauerhaft beeinflussen. Am meisten prägend ist gewiß das Erlernen der »Liebesfähigkeit« durch eine gute, sichere Bindung sowie das darauf aufbauende anpassende Kennenlernen der Gegebenheiten in der sozialen, physischen und abstrakten Umwelt. Der Mensch ist bestimmt plastisch genug, um Fehlanpassungen hier und da ausgleichen zu können; außerhalb jener Phasen aber, in denen schon früh im Leben Bindung und Neugier geprägt werden, wird der Aufwand dafür immer größer und bleibt schließlich unwirksam. Die Untersuchungen von Skeels und die Aufdeckung des »Verwahrlosungssyndroms«, wie F. Redl u. D. Wineman (1970) und L. Schenk-Danziger ([13]1979) es genannt haben, zeigen dies deutlich. Vermutlich ist das Kind, sobald sich die sprachliche Sozialisation vollzieht, nicht mehr in der Lage, die primären, biologisch fundamentalen Erfahrungen nachzuholen, wenn sie nur unvollkommen oder gar nicht gemacht worden sind. Der im letzten Abschnitt angeklungene differenzierte Ansatz spiegelt die Vielschichtigkeit der Einflüsse auf die Ontogenese wider. Diese Wissenschaftsentwicklung, die hier vor allem aus entwicklungspsychologischer Sicht dargestellt wurde, findet sich auch in der Verhaltensbiologie und in der Kinderpsychiatrie. Zwei Vertreter sollen, um das Bild abzurunden, selbst zu Wort kommen. Beide haben, aus unterschiedlichen Gründen, Schwierigkeiten mit dem Phasenbegriff, wie es auch aus den hier dargestellten Zusammenhängen hervorgeht. Sicher ist das Konzept schwach genug, um der Versuchung zu erliegen, ganz darauf verzichten zu wollen, wie z. B. A. M. und A. D. B. Clarke (1976). Der Biologe Bateson (1979) kommt zu folgenden Feststellungen: Die an Vögeln erforschten Bedingungen sensibler Phasen reichen nicht aus, um ähnlich deskriptiv erfaßte Phasen, etwa den Beginn des Sprechens beim Kind, zu erklären. Bateson glaubt nicht an *eine* Theorie sensibler Phasen auf der Grundlage des heutigen Wissens über Prägung. Andererseits seien brauchbare Dinge gelernt worden:

1. Eine sensible Phase kann z. B. weniger aus Lernunfähigkeit als vielmehr aus einem Lernwiderstand heraus entstehen, z. B. wenn Angst das Erkunden verhindert und deshalb sich die Ausbildung von realistischen Hypothesen und Vorstellungen über die Wirklichkeit verzögert oder gar ganz unterbleibt. Die bis zu diesem Zeitpunkt gemachten Erfahrungen sind dann natürlich von bleibendem Charakter. Die Beseitigung der Bedingungen solcher Lerneinschränkungen würde den Weg für spätere Rehabilitation eröffnen. Diese Lehre ist sicherlich überall dort beherzigenswert, wo Menschen bestimmte Fertigkeiten leichter in bestimmten Phasen als in anderen erwerben.

2. Eine sensible Phase ist das Ergebnis wenigstens zweier Faktoren: Entwicklungsalter und Erfahrung, die zur Prägung und nachfolgender Einengung anderer möglicher Bevorzugung führt. Nur in diesem Zusammenspiel können lang anhaltende Wirkungen erforscht werden; Aussagen über die einzelnen Variablen bleiben dabei allerdings unklar.

3. Es gibt Vertreter, die eine sensible Phase für den Ausdruck eiserner endogener Gesetze halten, andere sehen Entwicklung als kontinuierliche Interaktion zwischen

dem Individuum und seiner Umwelt. In keinem Fall, sagt Bateson, sind alternative Interpretationen geeignet, die Phänomene selbst für suspekt zu halten. Es bleibt, nachdem das Alter für bestimmte Erfahrungen variiert wurde, zu entdecken, *wie* die Ergebnisse zustande gekommen sind.

4. Die Tatsache, daß in einigen Umständen phasenspezifische Erfahrungen überdeckt werden können, ändert nichts an der adaptiven Bedeutung weder des Reifens, des zeitlichen Auftretens sensibler Phasen noch der Mechanismen, die weitere Erfahrungen unter normalen Umständen später verhindern.

5. Eindrucksvolle Einflüsse zu einem bestimmten Zeitpunkt im Leben brauchen nicht das Verhalten im späteren Leben zu beeinflussen, wie z. B. die Nachfolgeprägung im Vergleich zur Sexualprägung. Wir kennen beim Menschen noch nicht die Faktoren, die beim Fehlen der Bindung im Kleinkindalter ihre schädigenden und beeinträchtigenden Wirkungen bis ins Erwachsenenalter hinein ausüben. Trotz allem, meint Bateson, ist die Beschreibung sensibler Phasen ein wichtiger erster Schritt in der Analyse der Prozesse, die der Entwicklung zugrunde liegen.

M. Rutter, der verdiente englische Kinderpsychiater, weist in seiner zusammenfassenden Bestandsaufnahme auf die Schwierigkeiten der Unvergleichbarkeit der Auswirkungen bestimmter Erfahrungen in verschiedenen Lebensabschnitten hin. Rutter zieht folgendes Fazit: Eine verbesserte Umwelt könne während der mittleren und späteren Kindheit durchaus zu intellektuellen Fortschritten führen. Gute intellektuelle Anregungen in der frühen Kindheit vermögen die beeinträchtigenden Auswirkungen späterer Nachteile nicht zu verhindern. Ökologische Verbesserungen während der frühen Kindheit können allerdings nachhaltigere Auswirkungen zeigen als vergleichbare Verbesserungen im Leben. Im Bereich des Sozialverhaltens können zwar erste Bindungen an Bezugspersonen auch noch im Alter von vier bis sechs Jahren auftreten, jedoch zeigen spät adoptierte Kinder nicht selten die gleichen sozialen Schwierigkeiten und Konzentrationsstörungen in der Schule wie Heim-Kinder. »Es mag sein«, schreibt Rutter in Übereinstimmung mit dem hier dargestellten Phasenbegriff, »daß, obwohl Bindungen sich noch nach dem Säuglingsalter entwickeln können, die uneingeschränkte Entwicklung sozialen Verhaltens trotzdem von früher Bindung abhängt... die Hinweise stehen im Einklang mit der Möglichkeit einer sensiblen Phase für eine optimale frühe Sozialisierung« (Rutter 1979, 291–293).

Literatur (Teil I)

BATESON, P. P. G.: The characteristics and context of imprinting. Biol. Rev., 41, 1966, 177–220
  Imprinting. In H. Moltz (Ed.): Ontogeny of vertebrate behavior. New York 1971, 369–378
COOKE, F., MCNALLY, C. M.: Mate selection and colour preferences in lesser snow geese. Behaviour, 53, 1975, 151–170
FABRICIUS, E.: Crucial periods in the development of the following response in young nidifugous birds. Z. Tierpsychol., 21, 1964, 326–337
HARLOW, H. F., HARLOW, M. K.: Social deprivation in monkeys. Scientific American, 207, 1962, 137–146

HASLER, A. D.: Underwater guide-posts – homing of salmon. Madison, Wis., 1966.
HESS, E. H.: Prägung. München 1975
IMMELMANN, K.: Ontogenetische Entwicklung sozialer Beziehungen bei Mensch und Tier. Naturwiss. Rundschau, 24, 1971, 325–334
  Sexual and other long-term aspects of imprinting in birds and other species. Advances in the Study of Behavior, 4, 1972, 147–174
KLINGHAMMER, E.: Factors influencing choice of mate in altricial birds. In H. W. Stevenson (Ed.): Early behavior. 1967

LORENZ, K.: Der Kumpan in der Umwelt des Vogels. J. f. Ornithologie, 83, 1935, 137–213 und 289–413

Über tierisches und menschliches Verhalten. 2 Bände. München 1965

SCHMALOHR, E.: Frühe Mutterentbehrung bei Mensch und Tier. Reihe »Geist und Psyche«, Bd. 2092. München 1975

SCHUTZ, F.: Sexuelle Prägung bei Anatiden. Z. f. Tierpsychologie, 22, 1965, 50–103

SLUCKIN, W.: Imprinting and early learning. Chicago ²1973

SMITH, F. V.: Attachment of the young. Edinburgh 1969

TINBERGEN, E. A., TINBERGEN, N.: Early childhood autism – an ethological approach. Berlin, Hamburg 1972

Literatur (Teil II)

AINSWORTH, M. D. S.: The development of mother-infant attachment. In B. M. Caldwell, H. N. Ricciuti (Eds.): Review of Child Development Research, Vol. 3. Chicago 1973

ALLPORT, G. W.: Personality, a problem of science or a problem of art? (1938) In: The nature of personality (Selected papers). Cambridge 1950

ALTMAN, J.: Sources of differences in maternal behavior in baboons. Vortrag, XVth Internat. Ethol. Conference. Bielefeld, August 1977

BATESON, P. P. G.: How do sensitive periods arise and what are they for? Animal Behavior, 27, 1979, 470–486

BERGIUS, R.: Entwicklung als Stufenfolge. In: Handbuch der Psychologie, Band 3. Göttingen 1959

BOWLBY, J.: Attachment and loss: separation anxiety and anger. London 1973. Deutsch: Trennung. München 1976

Attachment and loss: attachment. London 1969. Deutsch: Bindung München 1975

BRAZELTON, T. B.: Neonatal behavioral assessment scale. London 1973

BRONFENBRENNER, U.: Toward an experimental ecology of human development. American Psychologist, 32, 1977, 513–531

BRUNER, J. S.: Poverty and childhood. Oxford Review of Education, Vol. 1, 1, 1975, 31–50

BÜHLER, Ch.: Der menschliche Lebenslauf als psychologisches Problem. Göttingen 1959

CAREW, J. V.: Die Vorhersage der Intelligenz auf der Grundlage kindlicher Alltagserfahrungen. In: K. E. Grossmann (Hg.): Entwicklung der Lernfähigkeit. München 1977

Experience and the development in young children at home and in day care. Monogr. Soc. Child Development, 45, 1980

CLARKE, A. M., CLARKE, A. D. B.: Early experience: myth and evidence. London 1976

DUHM, E.: Entwicklung und Differenzierung. In: Handbuch der Psychologie. Band 3. Göttingen 1959

FREEDMAN, D. G., KING, J. A., ELLIOT, E. E.: Critical period in the social development of dogs. Science, 133, 1961, 1016–1017

FREUD, S.: Hemmung, Symptom und Angst (1926). Gesammelte Werke, Bd. XIV. Frankfurt/M. ⁵1972

GROSSMANN, K., GROSSMANN, K. E.: Frühe Reizung und frühe Erfahrung: Forschung und Kritik. Psychol. Rundschau, 20, 1969, 173–198

GROSSMANN, K., THANE, K., GROSSMANN, K. E.: Maternal tactual contact of the newborn after various postpartum conditions of mother infant contact. Developmental Psychology, 17, 1981, 158–169

GROSSMANN, K. E.: Entwicklung in biologischer und sozialer Sicht. In M. v. Kerekjarto (Hg.): Medizinische Psychologie. Berlin 1974

Die Rolle der vergleichenden Psychologie im Rahmen der Verhaltenswissenschaften. Psychol. Rundschau, 26, 1975, 163–175

(Hg.): Entwicklung der Lernfähigkeit in der sozialen Umwelt. München 1977a

Angst bei Kleinkindern. In K. E. Grossmann, R. Winkel (Hg.): Angst und Lernen. München 1977b

GROSSMANN, K. E., GROSSMANN, K., HUBER, K., HUBER, F., WARTNER, U.: German children's behaviour towards their mothers at 12 months and their fathers at 18 months in Ainsworth's Strange Situation. International Journal of Behavioural Development, 4, 1981 (im Druck)

HALES, D., TRAUSE, M. A., KENNELL, J.: How early is early contact? Defining the limits of the sensitive period. Pediatric Research, 10, 1976, 448

HARLOW, H. F., HARLOW, M. K.: Das Erlernen der Liebe: Praxis der Kinderpsychologie, 20, 1971, 225–234 (Orig.: American Scientist, 54, 1966, 244–272)

HEBB, D. O.: Organization of behavior. New York 1949

HECKHAUSEN, H.: Entwicklung, psychologisch betrachtet. In F. E. Weinert (Hg.): Pädagogische Psychologie. Frankfurt/M. 1974

HELLBRÜGGE, Th., PECHSTEIN, J.: FdM-Tabellen für die Praxis. Nr. 14/1968 (Fortschr. Med., 86, 481–484, 608–609) ³1970

HINDE, R. A: Biological bases of human social behavior. New York 1974

Toward understanding relationships. New York 1979

KLAUS, M. H., KENNELL, J. H.: Maternal-infant bonding. Saint Louis 1976

KROH, O.: Der Aufbau des seelischen Lebens. Vortragsreihe 1942 (zit. nach Bergius 1959)

LEHR, U.: Entwicklung und Periodizität. In: Handbuch der Psychologie, Bd. 3 Göttingen 1959

McCLELLAND, D. C.: Testing for competence rather than for intelligence. American Psychologist, 28, 1973, 1–14

McGURK, H. (Ed.): Ecological factors in human development. Amsterdam 1977

MAIN, M.: Sicherheit und Wissen. In K. E. Grossmann (Hg.): Entwicklung der Lernfähigkeit. München 1977

MEIERHOFER, M., KELLER, W.: Frustration im frühen Kindesalter. Bern 1966

MONEY, J., EHRHARDT, A.: Männlich – Weiblich. Die Entstehung der Geschlechtsunterschiede. Reinbek 1975

OERTER, R.: Moderne Entwicklungspsychologie. Donauwörth ¹³1974

PAPOUŠEK, H., PAPOUŠEK, M.: Mothering and the cognitive head start: psychological considerations. In H. R. Schaffer (Ed.): Studies of mother-infant interaction. London 1977

PORTMANN, A.: Anthropologische Deutung der menschlichen Entwicklungsperiode. In: Entläßt die Natur den Menschen? München 1970, 186–199

REDL, F., WINEMAN, D.: Kinder, die hassen. Freiburg 1970

RICHARDS, M. P. M. (Ed.): The integration of a child into a social world. Cambridge 1974

ROBERTSON, J(ames), ROBERTSON, J(oyce): Reaktionen kleiner Kinder auf kurzfristige Trennungen von der Mutter im Lichte neuer Beobachtungen. Psyche, 29, 1975, 626–664

RUTTER, M.: Maternal deprivation, 1972–1978: new findings, new concepts, new approaches. Child Development, 50, 1979, 283–305

SCHAFFER, H. R.: Mothering. London 1977

SCHENK-DANZIGER, L.: Entwicklungspsychologie. Wien: [13]1979

SCHMALOHR, E.: Frühe Mutterentbehrung bei Mensch und Tier. Reihe »Geist und Psyche«, Bd. 2092. München 1975

SCHUTZ, F.: Sexuelle Prägung bei Anatiden. Z. f. Tierpsychologie, 22, 1965

SCOTT, J. P.: The process of primary socialization in canine and human infants. Monogr. Soc. Res. Child Development, 28, 1963

SKEELS, H. M.: Adult status of children with contrasting early life experiences. Monogr. Soc. Child Development, 31, 1966

SKEELS, H. M., DYE, H. B. A.: A study of the effects of differential stimulation on mentally retarded children. Proc. and Addr. Amer. Assoc. Mental Defiency, 44, 1939, 114–136

SPITZ, R. A.: Hospitalism. Psychoanalytic Study of the Child, 1, 1945, 53–74

Vom Säugling zum Kleinkind. Stuttgart 1967

STERN, D. N.: Mutter und Kind. Die erste Beziehung. Stuttgart 1979

STONE, J., SMITH, H. T., MURPHY, L. B. (Eds.): The competent infant. London 1974

THOMAE, H.: Entwicklung und Prägung. In: Handbuch der Psychologie, Bd. 3. Göttingen 1959

TINBERGEN, E. A., TINBERGEN, N.: Early childhood autism – an ethological approach. Berlin, Hamburg 1972

WINDELBAND, W.: Geschichte der Naturwissenschaft. Straßburg 1904

WHITE, R. W.: Motivation reconsidered: the concept of competence. Psychol. Review, 66, 1959, 297–333

Rainer Knußmann

Wachstum und körperliche Reifung im Kindes- und Jugendalter

Übersicht: Das Wachstum des Menschen, für das vor allem die Knochenreifung maßgebend ist, erfolgt in den einzelnen Lebensabschnitten in unterschiedlicher Intensität. Parallel zum Wachstum finden auch Veränderungen der körperlichen Funktionen statt sowie zeitweise auch Umbildungen der Gestalt, so vor allem im Verlauf der sexuellen Reifung. Die körperliche Entwicklung wird vom Erbgut gesteuert, zugleich aber durch Umweltfaktoren (Ernährung, körperliche Betätigung u. a.) beeinflußt. Solche Umweltfaktoren stellen auch die Hauptursache für die Entwicklungsbeschleunigung der Generationen unseres Jahrhunderts dar.

Eines der Kriterien des Lebendigen ist das Phänomen der Entwicklung. Die Biologie unterscheidet die *Stammesentwicklung* oder Phylogenie einerseits und die *Individualentwicklung* oder Ontogenie andererseits. Die beiden Arten der Entwicklung sind dadurch miteinander zum Gesamtprozeß der biologischen Entwicklung (Hologenie) verbunden, daß sich jede Phylogenese aus einer Abfolge von Ontogenesen zusammensetzt. In diesem Beitrag wird ausschließlich die Individualentwicklung dargestellt.

Die Entwicklung wird häufig durch die Begriffe Wachstum und Reifung charakterisiert. *Wachstum* kann als der quantitative Aspekt der Entwicklung aufgefaßt werden; denn Wachstum bedeutet stets eine Massenzunahme. *Reifung* kann nicht einfach als qualitativer Aspekt dem Wachstum gegenübergestellt werden, da Reifung häufig auch quantitative Veränderungen umschließt. Vielmehr ist Reifung unabhängig von den Kategorien »Quantität« und »Qualität« als ein Entwicklungsgeschehen zu definieren, das auf das Ziel ausgerichtet ist, einen bestimmten, durch besondere Fähigkeiten gekennzeichneten konstitutionellen Zustand zu erreichen.

Entwicklungsverläufe lassen sich durch Querschnitt- und Längsschnittuntersuchungen erfassen. Beide Methoden besitzen Vor- und Nachteile. Der Vorteil der *Querschnittmethode* besteht darin, daß große Individuenzahlen zugrunde gelegt werden können. Ihr Nachteil beruht darauf, daß durch Mittelwertsbildung in den einzelnen Altersklassen eine Nivellierung von Verlaufsmomenten erfolgen kann. Durch die *Längsschnittmethode* werden demgegenüber tatsächliche Verläufe aufgezeigt, doch stets nur von Einzelindividuen; sobald man zusammenfaßt, werden die Längsschnittdaten durch die notwendige Mittelung in Querschnittdaten übergeführt.

Zur Darstellung von Wachstumsabläufen bedient man sich der *Wachstumskurve*. Sie kann im absoluten Maßstab des betreffenden Merkmals (z. B. Körperhöhe) gehalten sein oder den jeweils erreichten prozentualen Anteil an der Endgröße wiedergeben. Eine weitere Möglichkeit ist die Angabe von Zuwachsraten pro Zeiteinheit. Den biologischen Sachverhalt am besten spiegelt die logarithmische Wachstumskurve wider, weil in ihr jede Zunahme auf die jeweils erreichte Ausgangsgröße bezogen wird.

Nehmen zwei Körpermaße in gleichem Verhältnis zu, so daß sich also die von ihnen gebildete Proportion nicht verschiebt, spricht man von *Isometrie*. Wächst dagegen ein Maß schneller als ein anderes, so besteht bezüglich dieser beiden Maße *Allometrie*.

Das erreichte Stadium im Entwicklungsablauf bezeichnet man im Gegensatz zum chronologischen Alter (Jahre, Monate) als biologisches Alter. Das *biologische Alter* eines Individuums entspricht dem chronologischen Alter, in dem im Durchschnitt in der Bevölkerung der Entwicklungsstand dieses Individuums erreicht wird. Ein Kind besitzt also ein biologisches Alter von drei Jahren, wenn die Kinder mit gleichem Entwicklungsstand ein durchschnittliches chronologisches Alter von drei Jahren aufweisen. Ein guter Indikator für das biologische Alter ist der röntgenologisch zu ermittelnde Reifungsgrad des Skelettes (Skelett- oder Ossifikationsalter), ein einfacher festzustellendes Kriterium die Bezahnung (Zahnalter). Auch nach Proportionsverschiebungen (morphologisches Alter) sowie nach Erwerb und Verlust von Funktionen (physiologisches Alter, insbesondere auch Intelligenzalter) läßt sich das biologische Alter bzw. eigentlich stets nur ein bestimmter Aspekt davon feststellen.

Nach Kriterien des biologischen Alters kann der Lebenslauf in verschiedene Abschnitte gegliedert werden (s. Abb. 1).

Der Entwicklungsverlauf in Kindheit und Jugend

Wachstum

Absolutes Wachstum. Im Verlauf von etwas weniger als zwei Jahrzehnten wächst aus der menschlichen Zygote, der befruchteten Eizelle, mit einem Durchmesser von wenig mehr als 0,1 mm und einem Gewicht in der Größenordnung von 1 γ (= 0,000001 g) der erwachsene Mensch mit einer größten Körperausdehnung von mehr als 1700 mm im männlichen und 1600 mm im weiblichen Geschlecht sowie einem Gewicht von meist erheblich mehr als einem Zentner. Dieses gewaltige Wachstum erfolgt zu einem ganz beträchtlichen Anteil bereits vorgeburtlich (pränatal). Obwohl die pränatale Entwicklungszeit nur etwa 4 Prozent der gesamten Zeitspanne von der Zeugung bis zum Erwachsenenalter ausmacht, sind bei der Geburt bereits 30 Prozent der Endgröße erreicht. Das Körpergewicht vervielfacht sich bis zur Geburt um ein Milliardenfaches, von der Geburt bis zum Erwachsenenalter dagegen nur um etwa das Achtzehnfache. Die Verlangsamung des Wachstums erfolgt nicht schlagartig mit der Geburt, sondern beginnt bereits kurz vor der Geburt und erstreckt sich vor allem über das erste Lebensjahr (s. Abb. 2). Im zweiten und dritten Lebensjahr nimmt der Grad der Verlangsamung ab, und die mittels Querschnittmethode gewonnenen Ergebnisse zeigen für die folgenden Jahre ein relativ gleichmäßiges Wachstum an (s. Tab. 1). Allenfalls deutet sich bei einigen Körpermaßen eine geringfügige vorübergehende Wachstumsbeschleunigung um das sechste oder siebte Lebensjahr an.

Eine deutliche Wachstumszunahme erfolgt mit Eintritt der Pubertät. Dieser puberale Wachstumsschub klingt bezüglich der Fettgewebs- und Gewichtszunahme meist langsamer ab als bezüglich des linearen Wachstums, das mit der Pubertät weitgehend ausläuft. Dieses lineare Wachstum läßt sich am besten an der Körperhöhe ablesen. Die individuelle Körperhöhen-Zuwachsrate erreicht bei Knaben ein durchschnittliches Jahresmaximum von etwa 10 Zentimetern. Bei den meisten Knaben liegt dieser puberale Wachstumsgipfel im vierzehnten Lebensjahr. Es bestehen jedoch große individuelle Unterschiede im Eintritt des puberalen Wachstumsschubs, wodurch sich in der Pubertät die Streuung erheblich erhöht (s. Tab. 1).

in cm				Jahre	in kg			
männlich		weiblich			männlich		weiblich	
$\bar{x}$	s	$\bar{x}$	s		$\bar{x}$	s	$\bar{x}$	s
52	2,0	51	2,0	0	3,5	0,5	3,4	0,4
62	2,1	61	2,1	¼	6	0,6	5¾	0,6
68	2,3	67	2,3	½	8	0,8	7¾	0,8
72	2,5	72	2,5	¾	9½	0,9	9	1,0
76	2,8	75	2,8	1	10½	1,0	10	1,1
82	3,3	81	3,3	1½	12	1,1	11½	1,2
87	3,6	86	3,6	2	13	1,3	12½	1,4
92	3,9	91	3,9	2½	14	1,4	13½	1,5
96	4,1	95	4,1	3	15	1,5	14½	1,6
103	4,5	102	4,5	4	17	1,8	16½	1,9
109	4,8	108	4,8	5	19	2,2	18½	2,3
115	5,1	114	5,1	6	21	2,7	20½	2,8
122	5,5	121	5,5	7	23½	3,2	23	3,3
128	5,7	127	5,7	8	26	3,7	25½	3,9
133	5,9	132	6,0	9	28½	4,3	28½	4,7
138	6,2	137	6,5	10	31½	5,0	31½	5,8
143	6,6	143	7,0	11	34½	5,8	35½	7,0
148	7,0	150	7,3	12	38	6,9	40½	8,0
154	8,0	155	6,8	13	42½	8,2	45½	8,3
161	8,8	159	6,3	14	48½	9,6	49	8,2
167	8,0	161	6,0	15	54	9,3	52	7,8
171	7,2	162	5,7	16	58½	8,6	54	7,5
173	6,6	162	5,6	17	62	8,4	55	7,4
174	6,5	162	5,6	18	63½	8,4	55½	7,4
174	6,4	162	5,6	19	64½	8,5	56	7,5
174	6,4	162	5,6	20	65	8,6	56	7,5

Tab. 1   Wachstumsnormen für Körperhöhe (links) und Gewicht (rechts). Angaben für die heutigen Verhältnisse in Mitteleuropa. Bei der Körperhöhe kann für Norddeutschland – je nach Altersklasse – etwa 1 cm hinzugezählt, für Süddeutschland, Schweiz und Österreich abgezogen werden. Gewichtsangaben ohne Kleider. Die Altersangaben verstehen sich als Mittelwerte der jeweiligen Altersklasse (6 bedeutet also nicht »6jährige«, sondern 5½-6½; 0 = Geburtswerte). $\bar{x}$ = arithmetische Mittelwerte; s = Streuungsmaß der Standardabweichung (innerhalb der Spanne $\bar{x} \pm s$ befinden sich geringfügig mehr als zwei Drittel aller Individuen).

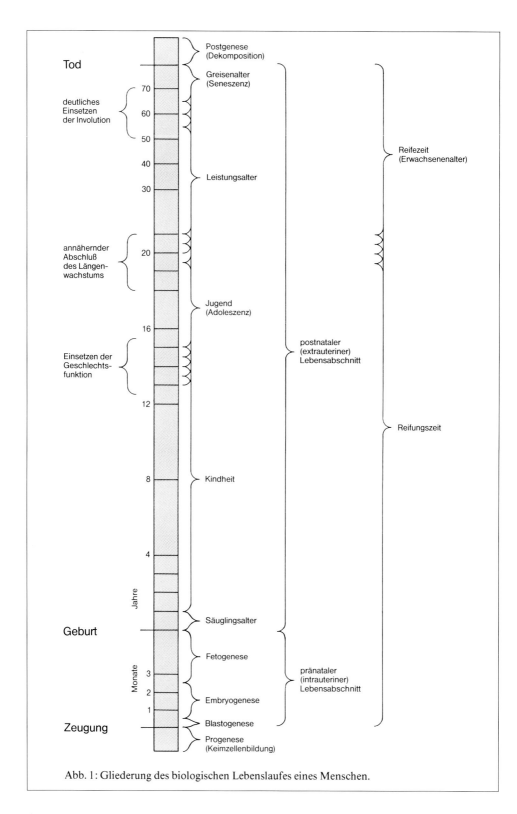

Abb. 1: Gliederung des biologischen Lebenslaufes eines Menschen.

Bei Mädchen ist der puberale Wachstumsschub nicht ganz so stark; und er ereignet sich eineinhalb bis zwei Jahre früher.

Die *Geschlechterdifferenzierung* in den Körpermaßen erfolgt vor allem durch den früheren Eintritt der Mädchen in den puberalen Wachstumsschub und ein entsprechend früheres Auslaufen des Wachstums. Dadurch werden im weiblichen Geschlecht in nahezu allen Körperausdehnungen geringere Durchschnittswerte erreicht als im männlichen. Allerdings bleiben die Mädchen bezüglich der meisten Körpermaße schon von Geburt an hinter den Knaben im Durchschnitt ein wenig zurück. Nur durch den früheren Eintritt in den puberalen Wachstumsschub kommt es bei vielen Maßen zu einer vorübergehenden Umkehr der Geschlechterrelation (Tab. 1). In einigen wenigen Maßen weisen allerdings die Mädchen stets höhere Durchschnittswerte auf als die Knaben. Es handelt sich dabei um Maße, die insbesondere unter dem Einfluß der Fettgewebsentwicklung stehen. Der Geschlechterunterschied wird bei diesen Maßen in der Pubertät meist verstärkt. Aber auch andere Wachstumsdifferenzen zwischen den Geschlechtern, die nicht nur einfach Folge des allgemeinen Größenunterschieds sind, bilden sich ebenfalls vor allem im Rahmen des puberalen Wachstumsschubs heraus. So zeigen die Mädchen in der Beckenbreite im Gegensatz zu den anderen Maßen keinen geringeren, sondern sogar einen länger anhaltenden puberalen Zuwachs als die Knaben, während sie im puberalen Wachstumsschub der Schulterbreite außerordentlich stark hinter den Knaben zurückbleiben.

Eine *Voraussage* der endgültigen Körperhöhe aus der Körperhöhe in der Kindheit kann ab dem dritten Lebensjahr gewagt werden. Die Vorausbestimmung erfolgt dadurch, daß für das kindliche Maß die Lage im alters- und geschlechtsspezifischen Streubereich festgestellt und sodann der Körperhöhenwert der entsprechenden Stelle des Streubereichs gleichgeschlechtlicher Erwachsener ermittelt wird. Zur Feststellung der Lage im Streubereich drückt man die Abweichung des individuellen Meßwertes vom alters- und geschlechtsspezifischen Mittelwert in Einheiten des Streuungsmaßes der Standardabweichung aus. Beträgt z. B. die Körperhöhe eines Mädchens im Alter von sechs Jahren 110 cm, so ergibt sich nach den Angaben in Tab. 1 folgende Rechnung: $(110 - 114)/5{,}1 = -0{,}8$. Die Körperhöhe erwachsener Frauen für den Streuungspunkt $\bar{x} - 0{,}8\ s$ lautet: $162 - 0{,}8 \cdot 5{,}6 = 157{,}5$. Bei Kenntnis des biologischen Alters des Kindes, insbesondere seines Skelettalters, kann eine Korrektur angebracht werden, wenn das Kind in seinem Entwicklungsstand zurückgeblieben oder voraus ist.

Eine gewisse Sondersituation stellt das Wachstum im *Säuglingsalter* dar. Zur Beurteilung des Reifezustands des Neugeborenen (Reifezeichen) werden vor allem Körperhöhe, Gewicht und Kopfumfang herangezogen. Als Faustregel kann gelten, daß ein gut entwickeltes Neugeborenes vom Scheitel bis zur Ferse mindestens 50 cm lang ist und mindestens 3 kg wiegt. Bei Mehrlingsgeburten weisen die Neugeborenen in der Regel bezüglich aller drei Reifemaße unterdurchschnittliche Werte auf. Während der ersten drei bis fünf Tage nach der Geburt nimmt das Gewicht des Säuglings um 6 bis 8 Prozent des Geburtsgewichts ab. Diese initiale Ge-

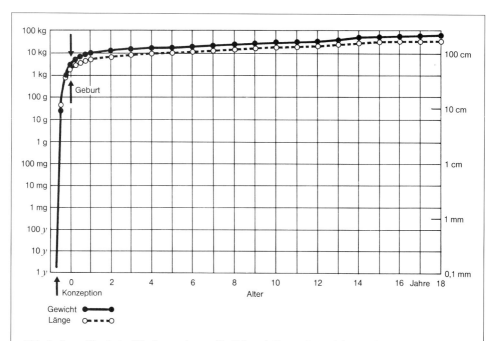

Abb. 2: Logarithmische Wachstumskurve für Körperhöhe und -gewicht (nach W. Lenz 1954). Obwohl die pränatale Entwicklungszeit nur etwa 4 % an der gesamten Zeitspanne von der Zeugung bis zum Erwachsenenalter ausmacht, sind bei der Geburt bereits 30 % der Endgröße erreicht. Die Verlangsamung des Wachstums beginnt bereits kurz vor der Geburt.

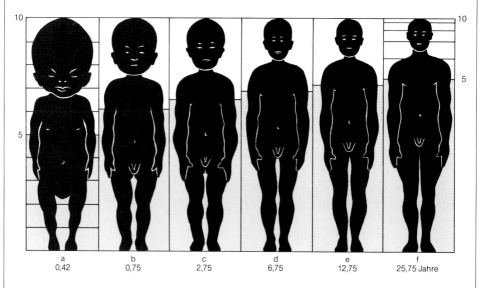

Abb. 3: Proportionsverschiebungen beim Körperwachstum. Die waagrechten Linien sind in den einzelnen Abbildungen an anatomisch etwa gleichen Stellen angelegt (nach Medawar 1945). Der Anteil der Kopfhöhe an der gesamten Körperhöhe nimmt bis zum Erwachsenenalter ständig ab, die Rumpfhöhe bis zum Ende der Pubertät. Die relative Beinlänge nimmt bis zum Ende der Pubertät ständig zu. Altersangaben sind auf den Zeitpunkt der Zeugung bezogen.

wichtsabnahme ist vor allem durch Wasserverlust bedingt und in der Regel erst zehn bis vierzehn Tage nach der Geburt wieder ausgeglichen. Die weitere Gewichtszunahme zeigt große individuelle Schwankungen. Zwischen dem dritten und sechsten Monat hat der Säugling das doppelte Geburtsgewicht erreicht, und zwar in der Regel um so früher, je niedriger das Geburtsgewicht war; es erfolgt also ein gewisses Ausgleichswachstum. Die durchschnittliche Gewichtszunahme pro Tag beträgt im ersten Quartal 26 g, im zweiten 22 g, im dritten 15 g und im vierten 11 g.

Proportionsverschiebungen und Formveränderungen. Die Höhenabschnitte des Körpers zeigen ein erheblich unterschiedliches Wachstumsausmaß: Der Anteil der Kopfhöhe an der Körperhöhe nimmt bis zum Erwachsenenalter, derjenige der Rumpfhöhe bis zum Ende der Pubertät ab, während die relative Beinlänge bis zum Ende der Pubertät zunimmt (s. Abb. 3). Auch die Armlänge verhält sich positiv allometrisch zur Körperhöhe, und zwar sogar bis in die postpuberale Zeit hinein.

Die Umfangs- und Breitenmaße wachsen in der Kindheit negativ allometrisch und erreichen in der Pubertät bei Bezugsetzung zur Körperhöhe ihren Minimalwert. Im Laufe der Pubertät oder unmittelbar danach gehen viele Umfangs- und Breitenmaße in positive Allometrie über, wobei sich jedoch hier geschlechterdifferente Gesetzlichkeiten zeigen. Die negative Allometrie des Horizontalwachstums bedingt, daß der Körper im Laufe der Kindheit schlanker wird; erst postpuberal schlägt das Gewichtswachstum in die positive Allometrie um. Vergleicht man Horizontalmaße miteinander, so zeigt sich keineswegs für alle diese Proportionen Isometrie; zum Beispiel erfährt der Brustkorb eine zunehmende Abflachung (Brustkorbtiefe negativ allometrisch zur Brustkorbbreite).

Die Zusammensetzung des Körpers aus verschiedenen Gewebearten verschiebt sich vom Neugeborenen bis zum Erwachsenen zugunsten des Muskelanteils. Dagegen verringert sich der Anteil der Eingeweide, was vor allem auch für das Nervensystem (einschließlich Gehirn) gilt. Am Gliedmaßen-Querschnitt nimmt vor allem der Fettanteil ab (s. Abb. 9).

Am Kopf nimmt während Kindheit und Jugend der Anteil des Gesichtes auf Kosten des Hirnkopfs zu. Das Gesicht wird bis zum Ende der Pubertät länglicher, die Nase im Verhältnis zur Höhe schmäler und der Unterkiefer im Verhältnis zum Mittelgesicht breiter. Außerdem streckt sich während der Pubertät das Gesicht nach vorn, so daß sein Profil nicht mehr kindlich steil, sondern mehr oder weniger vorspringend ist. Diese Veränderungen sind Teil eines allgemeinen Entwicklungstrends zu markanteren Gesichtszügen. An der Zunahme des Reliefreichtums des Gesichtes beteiligen sich auch ausgesprochene Robustizitätsmerkmale wie Überaugenwülste und Kinnprominenz.

Die physiognomischen Veränderungen während Kindheit und Jugend bestehen vor allem darin, daß sich die Weichteile der Augenregion – besonders im seitlichen Bereich – sowie der Nasenboden senken, während sich die Mundwinkel anheben und auch die Ohren nach oben strecken. Die Schleimhautlippen stülpen sich stärker aus. Nur der mittlere Teil der Schleimhautoberlippe zeigt bereits beim Kleinkind mehr oder weniger seine endgültige Höhe; seine untere Begrenzungslinie verflacht

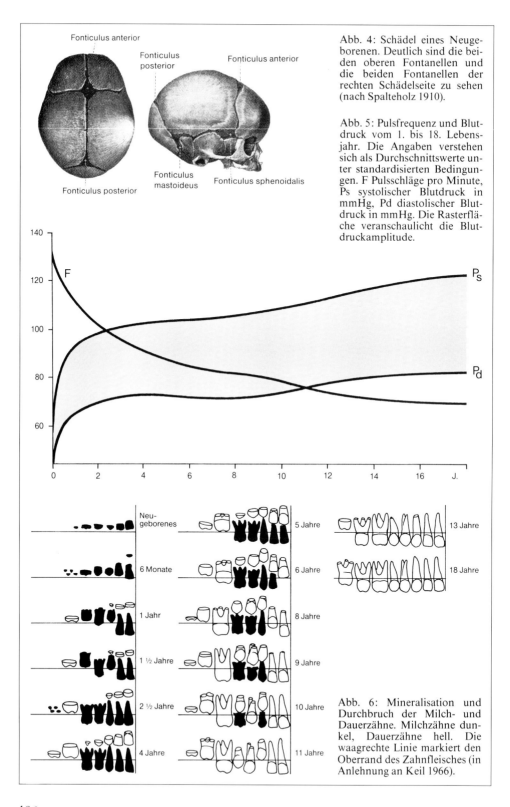

Abb. 4: Schädel eines Neugeborenen. Deutlich sind die beiden oberen Fontanellen und die beiden Fontanellen der rechten Schädelseite zu sehen (nach Spalteholz 1910).

Abb. 5: Pulsfrequenz und Blutdruck vom 1. bis 18. Lebensjahr. Die Angaben verstehen sich als Durchschnittswerte unter standardisierten Bedingungen. F Pulsschläge pro Minute, Ps systolischer Blutdruck in mmHg, Pd diastolischer Blutdruck in mmHg. Die Rasterfläche veranschaulicht die Blutdruckamplitude.

Abb. 6: Mineralisation und Durchbruch der Milch- und Dauerzähne. Milchzähne dunkel, Dauerzähne hell. Die waagrechte Linie markiert den Oberrand des Zahnfleisches (in Anlehnung an Keil 1966).

sich sogar im Laufe der Kindheit. Am Hirnschädel nehmen die Ansatzmarken der Nackenmuskeln an Ausprägung zu, während die Stirn- und Scheitelbeinhöcker geringer werden.

Ossifikation

Eine wesentliche Grundlage des äußerlich in Erscheinung tretenden Wachstums ist die Entwicklung des Skelettes, die von einzelnen Verknöcherungszentren (Ossifikationszentren) ausgeht. Die meisten Knochen des Erwachsenen-Skelettes entstehen aus mehreren solchen Knochenkernen, indem diese sich ausdehnen, bis sie miteinander verschmelzen (Synostose). Die Anlegung der verschiedenen Ossifikationszentren und die Synostose der einzelnen Knochenteile erfolgen nach einem Entwicklungsplan, der zwar eine gewisse individuelle Variabilität zuläßt, aber doch für die gesamte Menschheit so weitgehende Übereinstimmungen zeigt, daß das Ossifikationsstadium eines Menschen als Indikator seines biologischen Alters dienen kann.

Etwa die Hälfte der insgesamt über achthundert Ossifikationszentren des menschlichen Körpers wird erst nachgeburtlich angelegt, und zwar bis weit in die Jugendzeit hinein. Andererseits beginnt die Synostose einzelner Knochenkerne, nämlich am Schädel, an dem sie bis ins hohe Alter anhält, bereits zu fetaler Zeit. Das Auftreten neuer Knochenkerne und das Verschmelzen vorhandener Knochenkerne gehen also nebeneinander her. Dadurch ergibt sich für jedes Lebensalter ein charakteristisches Ossifikationsmuster, so daß die Anzahl der voneinander getrennten knöchernen Skeletteile während der gesamten Reifungszeit ständig wechselt. So besitzt der Mensch bei der Geburt etwa 270, in der Pubertät etwa 350 (und damit das Maximum) und im Erwachsenenalter – je nach der Anzahl der Überbeine (Sesambeine) – etwa 200 einzelne Knochen.

Das Längenwachstum des Gliedmaßen-Skelettes erfolgt an den knorpeligen Enden des Röhrenknochen-Schaftes (Diaphyse). Auch nach Auftreten von Ossifikationszentren in den Gelenkenden (Epiphysen) bleibt zwischen Diaphyse und Epiphyse eine Wachstumszone erhalten (s. Abb. 7). Der Verschluß dieser Epiphysenfuge bedeutet den Abschluß des Längenwachstums und somit den Eintritt ins Erwachsenenalter. Ein zweites Kriterium für den Beginn des Erwachsenenalters ist das Verschwinden der Sphenobasilarfuge, also die Synostose von Hinterhauptsbein und Keilbein in der Schädelbasis (etwa 2 cm vor dem Hinterhauptsloch).

Das Schädeldach des Neugeborenen weist an den Stellen des Zusammentreffens mehrerer Knochen Lücken auf (Fontanellen; s. Abb. 4). Sie schließen sich, mit Ausnahme der großen vorderen Fontanelle, in den ersten Lebenswochen. Die vordere Fontanelle verschwindet erst im zweiten Lebensjahr, in dem in der Regel auch die Stirnnaht verstreicht, während die übrigen Schädelnähte bis ins Erwachsenenalter erhalten bleiben.

Eine Sonderform der Ossifikation stellt die Entwicklung der *Zähne* dar. Die Zahnkeime von Milch- und Dauergebiß werden etwa gleichzeitig in der ersten Hälfte der Fetalzeit angelegt, doch beginnt die Einlagerung von Mineralien bei den

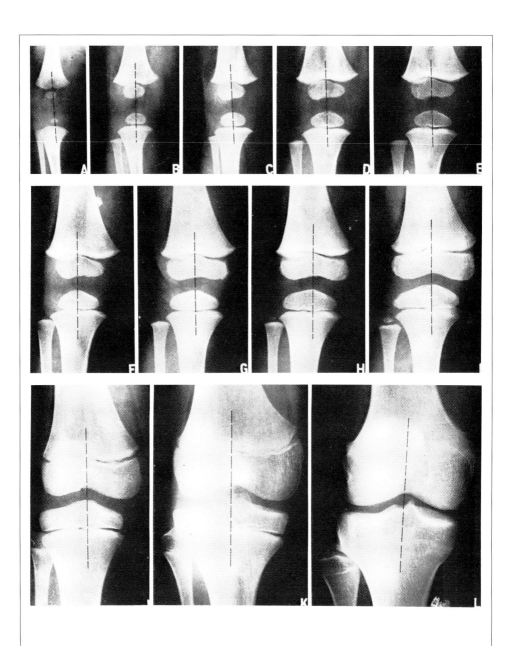

Abb. 7: Ossifikation der Knieregion (aus Pyle u. Hoerr 1955). Die Angaben beziehen sich auf männliche/weibliche Altersstadien: A 40./38. vorgeburtliche Woche, B 6/5 Monate, C 9/7,5 Monate, D 12/10 Monate, E 18/15 Monate, F 2/1,8 Jahre, G 3/2,3 Jahre, H 3,5/2,7 Jahre, I 4,5/3,5 Jahre, J 8/6,2 Jahre, K 13/10 Jahre, L 18/15,5 Jahre. Der Verschluß der Gelenkendenfuge (Epiphysenfuge) bedeutet den Abschluß des Längenwachstums und somit den Eintritt in das Erwachsenenalter.

Milchzähnen erheblich früher (fünfter bis sechster pränataler Monat) als bei den Dauerzähnen (etwa zur Zeit der Geburt). Die Mineralisation fängt stets an der Zahnkrone an und schreitet zur Wurzel fort (s. Abb. 6). Der Zahn wächst also zum Kieferinneren hin, wobei die Zahnwurzel zum Zeitpunkt des Zahndurchbruchs noch nicht vollendet ist. Der Zahndurchbruch (Dentition) erfolgt in einer bestimmten Reihenfolge (s. Abb. 6), doch sind kleine individuelle Abweichungen sehr häufig. Der dritte Mahlzahn (Weisheitszahn) bricht in der Regel erst zwischen dem 18. und 30. Lebensjahr durch oder bleibt ganz aus.

Sexuelle Reifung

Parallel zum puberalen Wachtumsschub und zur Ausprägung der Erwachsenen-Gesichtszüge erfolgt die sexuelle Reifung, die das eigentliche Wesen der Pubertät ausmacht. Sie besteht aus der morphologischen und physiologischen Reifung der Geschlechtsorgane, aus der Ausbildung der wesentlichsten sonstigen Geschlechterunterschiede und aus dem Auftreten von Terminalhaar, das zwar charakteristisch für den Erwachsenen ist, aber nur zum Teil die Geschlechter scheidet. Im Zuge der sexuellen Reifung nehmen die inneren Geschlechtsorgane beträchtlich an Gewicht zu. Die äußerlich erkennbaren Veränderungen werden Reifungszeichen genannt. Es handelt sich im wesentlichen um folgende Entwicklungsprozesse:

Knaben

a) *Äußere Genitalien*: Der Penis zeigt ein stark positiv allometrisches Wachstum. Der kindlich straffe und runde Hodensack verlängert und fältelt sich.

b) *Terminalhaar*: Die Schambehaarung (Pubes) stellt sich ein, wobei sich die Haare in zunehmendem Maße kräuseln. Die obere Schamhaargrenze verläuft immer spitzer und weiter nach oben aus (Abb. 10). Das Barthaar bildet sich zunächst als kräftiger Flaum aus, der allmählich in härteres Haar übergeht. Die Behaarung der Achselhöhle (Axillarhaar) tritt ein; die Axillarhaare kräuseln sich wie die Schamhaare in zunehmendem Maße. Die gesamte Körperbehaarung wird kräftiger und betrifft vor allem Beine und Unterarme, häufig auch die Brust. Die Ausbreitung des Terminalhaares setzt sich meistens bis weit ins Erwachsenenalter hinein fort und kann sich im Extremfall fast auf den ganzen Rumpf und Hals sowie die gesamte untere Gesichtshälfte erstrecken.

c) *Pigmentierung*: Die Genitalien, die Gesäßspalte, die vordere Axillarfalte (mitunter nur andeutungsweise) und die Brustwarzen und Warzenhöfe erhalten eine dunklere Farbe.

d) *Kehlkopf*: Die kindlich helle Stimme verwandelt sich in die tiefere, volltönende Männerstimme (Stimmbruch). Zugleich tritt der Schildknorpel des Kehlkopfs stärker in Erscheinung; der »Adamsapfel« wölbt sich vor.

e) *Brust*: Die Brustwarze zeigt mitsamt dem Warzenhof eine leichte Anhebung (pubeszente Brustschwellung), die dem Anfangsstadium der Entwicklung der weiblichen Brust entspricht. Die Anhebung verschwindet bald wieder, und es bleibt lediglich eine gegenüber der kindlichen größere Brustwarze zurück.

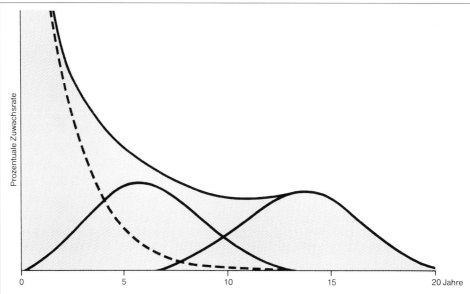

Abb. 8: Symbolische Darstellung der in Kindheit und Jugend wirksamen Wachstumsgene. Empirische Befunde machen die genetische Theorie wahrscheinlich, nach der für das postnatale Wachstum drei Genkomplexe beteiligt sind: Auslaufen der fetalen Wachstumsgene (gestrichelte Linie), nach der Geburt Aktivierung der kindlichen (infantilen) Wachstumsgene (erste Wellenlinie), mit der Pubertät Aktivierung der puberalen (juvenilen) Wachstumsgene (zweite Wellenlinie). Die Summe aller Genaktivitäten ergibt den Wachstumsverlauf (gerasterte Fläche).

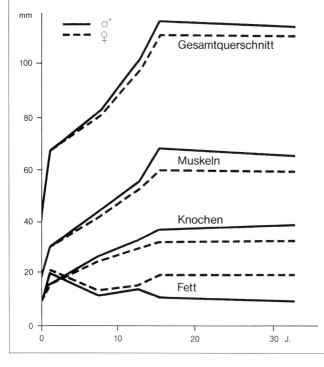

Abb. 9: Durchschnittlicher Anteil der verschiedenen Gewebearten des Unterschenkels. Hierbei handelt es sich um sehr grobe Verlaufskurven, da nur Messungen an Neugeborenen, am Ende des Säuglingsalters, im frühen Schulkindalter, zu Anfang und Ende der Pubertät sowie im Erwachsenenalter zugrunde liegen (nach Reynolds u. Grote 1948). Deutlich wird die Verschiebung der verschiedenen Gewebearten zugunsten des Muskelanteils.

f) *Ejakulation*: Die Hoden nehmen ihre spermienbildende Funktion auf, so daß es zum ersten Samenerguß kommt. Allerdings ist dieses Ereignis im Sinne einer ersten Spontan-Ejakulation bei den meisten Knaben nicht erkennbar, weil bereits vor seinem theoretischen Eintritt durch Onanie Ejakulationen ausgelöst werden.

Mädchen

a) *Form der unteren Rumpfhälfte*: Meist schon präpuberal bildet sich infolge Verbreiterung des Beckens und des Kreuzbeins die typisch weibliche Hüftschweifung und Gesäßprominenz aus, zu der später (zum Teil erst postpuberal) durch vermehrte Fettgewebsentwicklung die typisch weibliche Gesäßabrundung tritt.
b) *Terminalhaar*: Die Schambehaarung (Pubes) stellt sich ein, und das Schamhaar kräuselt sich wie beim männlichen Geschlecht. Die Schambehaarung läuft jedoch in der Regel nur wenig nach oben aus, sondern weist häufig eine horizontale obere Begrenzung auf. Die Ausbildung des Axillarhaares entspricht den Verhältnissen im männlichen Geschlecht. Auch die derbere Körperbehaarung stellt sich ein, bleibt aber weitgehend auf die Beine beschränkt. Allerdings können auch vereinzelte Haare um die Brustwarze herum auftreten, was aber meistens erst in fortgeschrittenem Erwachsenenalter vorkommt.
c) *Pigmentierung*: Ähnlich den Verhältnissen im männlichen Geschlecht nimmt die Pigmentierung der großen Schamlippen, der Gesäßspalte, der vorderen Axillarfalte und der Brustwarzen und Warzenhöfe zu.
d) *Brust* (Abb. 11): Aus der kindlich flachen Brust, aus der nur die Brustwarze (Mamille, Papilla mammae) ein wenig hervorragt, bildet sich durch Anhebung des Warzenhofes (Areola mammae) die Brustknospe. Durch zusätzliches Wachstum des umliegenden Gewebes geht die Brustknospe in die Knospenbrust über. Diese rundet sich ab, und es entsteht durch sekundäre Absetzung der nunmehr erheblich größeren Brustwarze vom Warzenhof die reife Brust (Mamma).
e) *Menstruation*: In den Eierstöcken wird die pränatal begonnene Entwicklung der Eier fortgesetzt, und es kommt zum ersten Eibläschensprung sowie in dessen Gefolge zur ersten Monatsblutung (Menarche).

Die sexuellen Reifungszeichen treten in der mitteleuropäischen Bevölkerung in folgendem Durchschnittsalter auf:

Knaben:
1. Vergrößerung der Genitalien 11½ Jahre
2. Schamhaar; Fältelung und Pigmentierung des Hodensackes 12 Jahre
3. Bartflaum 12 Jahre
4. Stimmbruch 12½ Jahre
5. pubeszente Brustschwellung 13½ Jahre
6. Kehlkopfvorwölbung 13½ Jahre
7. Axillarbehaarung 14 Jahre
8. erste Spontan-Ejakulation 14 Jahre
9. hartes Barthaar 15 Jahre

Mädchen:
1. Hüftschweifung ab 8 Jahre
2. Brustknospe 10 Jahre
3. Schamhaar 11 Jahre
4. Axillarbehaarung 11½ Jahre
5. Knospenbrust 12 Jahre
6. Menarche 13 Jahre
7. reife Brust 14 Jahre

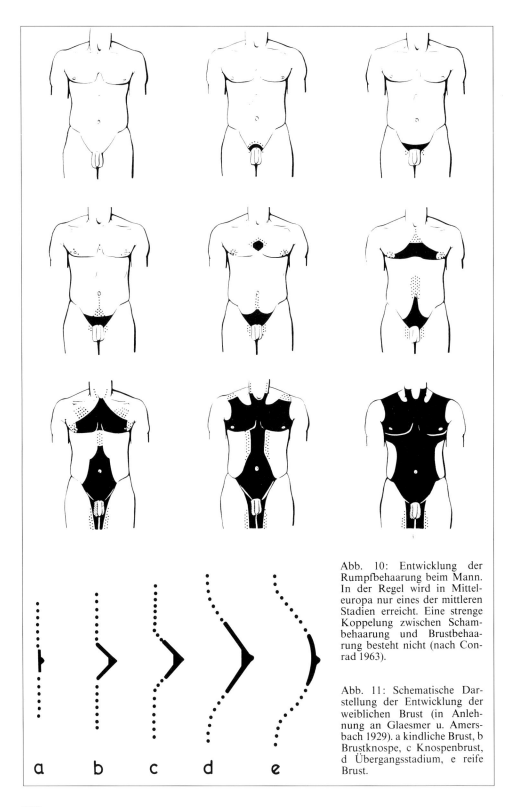

Abb. 10: Entwicklung der Rumpfbehaarung beim Mann. In der Regel wird in Mitteleuropa nur eines der mittleren Stadien erreicht. Eine strenge Koppelung zwischen Schambehaarung und Brustbehaarung besteht nicht (nach Conrad 1963).

Abb. 11: Schematische Darstellung der Entwicklung der weiblichen Brust (in Anlehnung an Glaesmer u. Amersbach 1929). a kindliche Brust, b Brustknospe, c Knospenbrust, d Übergangsstadium, e reife Brust.

Die Zeitspanne vom Auftreten des ersten Reifungszeichens (bei Mädchen mit Ausnahme der Beckenveränderung) bis zur Funktionstüchtigkeit der Keimdrüsen wird als *erste puberale Phase* (Pubeszenz), die anschließende Zeit der sexuellen Ausreifung als *zweite puberale Phase* bezeichnet. In der zweiten puberalen Phase, die ohne scharfe Begrenzung ausläuft, findet vor allem eine psychosexuelle Reifung statt. Die bei Mädchen der eigentlichen Pubertät vorausgehende Zeit des Beckenumbaus wird als *vorpuberale Phase* bezeichnet.

Während nur kleine individuelle Abweichungen von der oben angegebenen Reihenfolge des Auftretens der sexuellen Reifungszeichen vorkommen, besteht eine große Streuung um die Durchschnittswerte des Lebensalters. Die Pubertät unterliegt nämlich einer sehr großen zeitlichen Variabilität. In einem für die Pubertät mittleren Alter können wir unter Gleichaltrigen Individuen mit noch nicht begonnener und solche mit praktisch abgeschlossener somatisch-sexueller Reifung finden. Relativ guten Aufschluß über die enorme Variationsbreite der sexuellen Reifungszeit liefert das eindeutige Kriterium der Menarche. Sie variiert in der mitteleuropäischen Bevölkerung von neun bis achtzehn Jahren.

Physiologische Veränderungen

Außer den physiologischen Veränderungen im Zuge der sexuellen Reifung finden viele weitere in Kindheit und Jugend statt. So steigt der *Grundumsatz* (Energieumsatz in Ruhe, der zur Erhaltung der Körperwärme und der elementaren Lebensvorgänge nötig ist) bei Bezugsetzung zum Körpergewicht im Säuglingsalter an und fällt dann während der gesamten Kindheit und Jugend ab. In Zusammenhang mit der kindlichen Stoffwechsellage und der Volumenzunahme des Körpers erfolgen auch charakteristische Verschiebungen der Funktionsgrößen von *Kreislauf und Atmung*. Die Pulsfrequenz, die der Herzfrequenz entspricht, nimmt in Ruhelage ab, während der Blutdruck steigt, und zwar vor allem der Maximaldruck zur Austreibungszeit (systolischer Blutdruck), weniger dagegen der kurz zuvor herrschende Minimaldruck (diastolischer Blutdruck); infolgedessen erhöht sich die Blutdruckamplitude (s. Abb. 5).

Da die Sauerstoffzufuhr mit der Kreislaufleistung abgestimmt sein muß, stehen Atemfrequenz (s. Abb. 12) und Pulsfrequenz während der gesamten Kindheit in dem annähernd konstanten Verhältnis von 1 : 4. Nur im Säuglingsalter ist die Atemfrequenz vergleichsweise höher (1 : 3 beim Neugeborenen), weil die Atmung beim Säugling aus anatomischen Gründen sehr flach ist. Im Gegensatz zur Atemfrequenz nimmt das Atemzugvolumen, das die bei ruhiger Atmung pro Atemzug ein- und ausgeatmete Luftmenge darstellt, in Kindheit und Jugend zu, und zwar in erheblich stärkerem Maß als das Körpergewicht. Dadurch wird der starke Abfall der Atemfrequenz kompensiert; die Atmung wird also langsamer und tiefer. Die Luftmenge, die bei maximaler Anstrengung ein- und ausgeatmet werden kann (s. Abb. 12), steigt vor allem in der Pubertät an, insbesondere im männlichen Geschlecht. Ähnliche Verhältnisse liegen bezüglich der Muskelkraft vor (s. Abb. 13).

Die Leitungsgeschwindigkeit der peripheren *Nerven*, die die Reize zum Gehirn melden (sensible Nerven) sowie Befehle von dort an die Muskeln übermitteln (motorische Nerven), erhöht sich während der Säuglings- und Kleinkindzeit ständig, während der übrigen Kindheit aber höchstens noch geringfügig. Die Dauer des täglichen Schlafes nimmt besonders im Säuglingsalter rasch ab, aber auch noch recht beachtlich während der gesamten Kindheit und bis weit in die Jugendzeit hinein (s. Abb. 14).

Ursächliche Faktoren der Entwicklung in Kindheit und Jugend

Erbbedingtheit

Das artspezifische Wachstum, das aus einem menschlichen Keim einen erwachsenen Menschen entstehen läßt, erfolgt zweifellos nach genetischen Gesetzmäßigkeiten. An den individuellen Unterschieden des Wachstums sind aber ebenso unbestreitbar neben dem Erbgut auch Umwelteinflüsse beteiligt. Eine Aufspaltung der Ursächlichkeit dieser individuellen Variabilität in einen Erb- und einen Umweltanteil kann mit Hilfe der Zwillingsmethode erfolgen. Diese Methode geht davon aus, daß alle Verschiedenheiten zwischen eineiigen Zwillingen wegen deren Erbgleichheit umweltbedingt sein müssen. Der unterschiedliche Ähnlichkeitsgrad zwischen eineiigen Zwillingen, die voneinander getrennt (also in verschiedener Umwelt) aufgewachsen sind, und zwischen getrennt aufgewachsenen nichtverwandten Personen, liefert deshalb einen Anhaltspunkt für das Erbe-Umwelt-Verhältnis. Da getrennt aufgewachsene eineiige Zwillinge selten sind, vergleicht man ersatzweise gemeinsam aufgewachsene eineiige Zwillinge mit gemeinsam aufgewachsenen zweieiigen Zwillingen, die aber immerhin auch etwa 50 Prozent gleiches Erbgut besitzen.

Wachstumsresultat. Der Erbanteil am Zustandekommen der Variabilität (Heritabilität) von Körpermaßen als Indikatoren des Wachstumsresultats ist größer als der Umweltanteil. Mißt man die Variabilität in der Bevölkerung mit der quadratischen Streuungsgröße der Varianz, so erweisen sich für die Körperhöhe etwa 90 Prozent dieser Variabilität als erbbedingt.[1] Für alle Detailmaße des Körpers ergeben sich geringere Erbanteile. Für die Stammhöhe (Kopf, Hals und Rumpf) und die Gesamtlänge der Gliedmaßen beträgt der Erbanteil an der Varianz etwa 85 Prozent, für die einzelnen Gliedmaßenabschnitte etwa 80 Prozent, wobei allerdings Hand- und Fußlänge ein wenig höher rangieren.

Durchschnittlich weniger erbbedingt als die Höhen- bzw. Längenmaße sind das Körpergewicht sowie die Breiten- und Umfangsmaße, deren Erbanteil an der Varianz bei 60 bis 70 Prozent liegt. Eine Ausnahme unter den Breitenmaßen stellen die Gelenkbreiten (z. B. Handgelenksbreite) mit der relativ hohen Erbbedingtheit von über 80 Prozent dar.

Die Kopfmaße zeigen ohne wesentliche Unterschiede zwischen Höhen-, Längen-

und Breitenmaßen einen Erbanteil, der zwischen demjenigen der Vertikal- und demjenigen der Horizontalmaße des übrigen Körpers liegt (65 bis 70 Prozent). Nur für die Nasenbreite, die weniger als die übrigen Kopfmaße von der knöchernen Basis bestimmt wird, liegt der Erbanteil an der Varianz niedriger.

Zusammenfassend läßt sich sagen, daß vor allem diejenigen Körpermaße, die allein von der Ausdehnung der Knochen bestimmt werden, relativ stark erbbedingt sind. Dagegen bilden mehr oder weniger reine Weichteilmaße (Taillenumfang, Fettschichtdicke) das Ende der Skala der Erbanteile. Das Muskelgewebe reiht sich, wie wir heute wissen, im Erbanteil zwischen Knochen- und Fettgewebe ein.

Zur Vererbungs*weise* der Körpermaße kann nur festgestellt werden, daß ein undurchschaubares multifaktorielles System zugrunde liegt. Es läßt sich lediglich erkennen, daß sich die Kinder in der Körperhöhe häufig nicht genau zwischen ihre Eltern einreihen, und zwar auch dann nicht, wenn man Alter und säkulare Akzeleration ausklammert. Vielmehr weichen die Kinder von großen wie auch diejenigen von kleinen Eltern im Durchschnitt in Richtung auf das Bevölkerungsmittel von ihren Eltern ab (Regression zur Mitte).

Wachstumsverlauf. Nicht nur der Körperbau als Wachstumsresultat, sondern auch der Wachstumsverlauf steht unter hohem Einfluß des Erbguts. So decken sich bei eineiigen Zwillingen im Gegensatz zu den Verhältnissen bei zweieiigen die Längsschnittkurven der Partner weitgehend oder verlaufen parallel zueinander. Die annähernde Deckung oder Parallelität der Wachstumskurven läßt sich auch für eineiige Drillinge nachweisen, während bei zweieiigen Drillingen der erbverschiedene Partner einen stärker abweichenden Wachstumsverlauf zeigt, obwohl er denselben Umwelteinflüssen ausgesetzt war wie die eineiigen Partner. Entsprechende Befunde liegen auch bezüglich der Ossifikation (Knochenbildung) vor. Ebenso verläuft die sexuelle Reifung bei erbgleichen Individuen synchroner als bei erbverschiedenen. In Mitteleuropa beträgt die durchschnittliche Menarche-Differenz bei eineiigen Zwillingen etwa $2\,^3/_4$ Monate, bei zweieiigen dagegen etwa 11 Monate.

Der Umstand, daß erbgleiche Individuen zwar mitunter Wachstumskurven mit einer deutlichen Differenz, meist aber mit guter Parallelität (Richtungskonstanz der Differenz) zeigen, spricht dafür, daß gerade der Wachstumsverlauf stark erbbedingt ist. So ließ sich auch statistisch nachweisen, daß Zeitpunkt und Ausmaß von Wachstumsbeschleunigung bzw. -verlangsamung in stärkerem Maß erbbedingt sind als die durchschnittliche Wachstumsgeschwindigkeit.

Die genetische Steuerung der Entwicklung erfolgt nicht in gleichbleibender Weise, sondern es besteht offenbar eine zeitliche Abfolge der Gen-Aktivierung. So scheinen die individuellen Wachstumsgene bei Neugeborenen noch wenig wirksam zu sein, da sich ein- und zweieiige Zwillingspartner zu diesem Zeitpunkt im Ausmaß der Körperlängen- und Körpergewichtsdifferenzen nicht oder nur geringfügig unterscheiden. Auch besteht keine wesentliche Korrelation des Geburtsgewichts oder der Geburtslänge zur Größe des Vaters, allerdings eine schwache, aber signifikante Korrelation zur Größe der Mutter, die aber nicht auf gemeinsamem Erbgut beruht, sondern über die Größe der Gebärmutter zustande kommt: Große

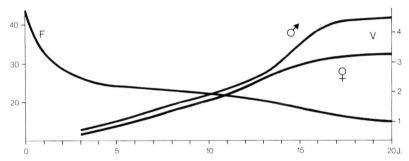

Abb. 12: Atemfrequenz und Vitalkapazität in Kindheit und Jugend. F durchschnittliche Anzahl der Atemzüge pro Minute unter Grundumsatzbedingungen (linke Skala), V durchschnittliche Vitalkapazität (rechte Skala).

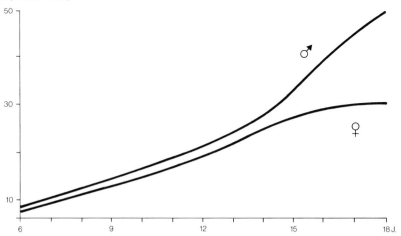

Abb. 13: Druckkraft der rechten Hand im Alter von 6 bis 18 Jahren. Vor allem in der Pubertät steigt besonders beim männlichen Geschlecht die Muskelkraft an.

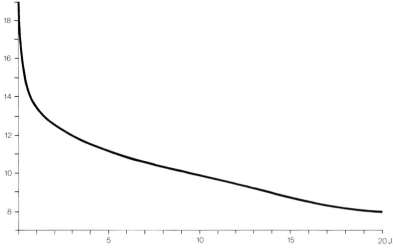

Abb. 14: Schlafbedürfnis in Kindheit und Jugend. Die angegebenen Daten verstehen sich als grobe Durchschnittswerte in Stunden. Die Dauer des täglichen Schlafs nimmt besonders im Säuglingsalter rasch ab.

Frauen besitzen eine relativ große Gebärmutter, was dem Fetus günstige Wachstumsbedingungen bietet. Diese Auffassung bestätigt sich darin, daß die Korrelation im Geburtsgewicht zwischen Halbgeschwistern mit gemeinsamer Mutter ebenso hoch ist wie zwischen Vollgeschwistern ($\sim 0{,}5$), während zwischen Halbgeschwistern mit gemeinsamem Vater keine signifikante Korrelation vorliegt. Entsprechend korrelieren die Geburtsgewichte zwischen Vettern bzw. Basen nur dann, wenn die Mütter, nicht aber wenn die Väter Geschwister sind. Auch zur eigenen Endgröße im Erwachsenenalter korrelieren die Geburtswerte noch wenig.

Erst während des Säuglingsalters stellt sich für die Körperhöhe eine beträchtliche Korrelation zum Vater und eine Steigerung der Korrelation zur Mutter auf entsprechendes Niveau ein. Auch die Korrelation zur eigenen Endgröße nimmt beim Säugling und beim Kleinstkind sprunghaft zu. Parallel zu den Korrelationskurven zeigen auch die Kurven der Zwillingsdifferenzen, daß sich insbesondere in den ersten Lebensjahren ein erheblicher Unterschied zwischen ein- und zweieiigen Zwillingen im Ausmaß der Partnerdifferenzen herausbildet. Es ist also besonders in den ersten Lebensjahren mit der Aktivierung neuer, vor allem auch individueller Wachstumsgene zu rechnen. Schon die im Säuglingsalter stattfindende enorme Veränderung des Wachstumstempos läßt einen nachgeburtlichen Wechsel in der genetischen Steuerung vermuten.

Die Korrelation mit der eigenen Erwachsenengröße beginnt sich kurz vor Einsetzen der Pubertät vorübergehend zu lockern; in der Pubertät steigt sie dann erneut an, bis sie mit dem Erreichen der Endgröße selbstverständlich den Maximalwert von $+1$ annimmt. Auch die Korrelation zu den Eltern steigt in der Pubertät nochmals an. Zu diesen Korrelationsbefunden läßt sich wiederum eine parallele Erscheinung an den Kurven der Zwillingsdifferenzen erkennen, nämlich ein starkes Ausscheren der Kurve für die zweieiigen Zwillinge zu höheren Partnerdifferenzen während der Pubertät. Diese »Pubertätszacke« kommt wahrscheinlich dadurch zustande, daß die erbverschiedenen Zwillinge relativ deutliche Zeitdifferenzen im Eintritt in die Pubertät aufweisen, was für die eineiigen Zwillinge nicht gilt. Alle diese Befunde deuten darauf hin, daß mit der Pubertät wiederum neue Wachstumsgene aktiviert werden.

Die empirischen Befunde machen für das Wachstum die im folgenden dargestellte *genetische Theorie* wahrscheinlich. Während nach der Geburt die fetalen Wachstumsgene, die eine geringe individuelle Differenzierung zu besitzen scheinen, in ihrer Wirkung auslaufen und sich damit das starke pränatale Wachstum zu verlangsamen beginnt, werden allmählich die stärker individuellen kindlichen (infantilen) Wachstumsgene aktiviert, womit sich die beschriebenen Zwillings- und Korrelationsbefunde einstellen. In der Pubertät erfolgt eine neue Gen-Aktivierung: die puberalen (juvenilen) Wachstumsgene führen zum endgültigen Habitus. Am postnatalen Wachstum sind demzufolge drei Gen-Komplexe beteiligt, aus deren additiver Wirkung sich die empirische Zuwachsratenkurve der Körperhöhe erklären läßt (s. Abb. 8).

Der Komplex der kindlichen Wachstumsgene läßt sich mit einem hypophysären Wachstumsfaktor und der Komplex der puberalen Wachstumsgene mit einem Steroid-Wachstumsfaktor parallelisieren. In der Kindheit werden nämlich die Wachstumsvorgänge in erster Linie vom somatotropen Hormon (STH) des Hypophysenvorderlappens vorangetrieben, während mit der Pubertät an die Stelle des Somatotropins androgene Steroide treten. Der Größenunterschied der Geschlechter, der sich in der Pubertät herausbildet, kommt möglicherweise dadurch zustande, daß die Androgene bei Mädchen nur in der Nebennierenrinde, bei Knaben dagegen zusätzlich im Hoden produziert werden.

Umwelteinflüsse

Ernährung. Der in der Erbinformation festgelegte Rahmen für den Wachstumsverlauf kann selbstverständlich nur eingehalten werden, wenn dem Organismus in ausreichendem Maße Energie zugeführt wird. Das Wachstum ist deshalb von der Ernährung abhängig. Die Energiemenge, die für das Wachstum aufgewendet werden muß, entspricht etwa 15 bis 20 Prozent des Nahrungsbedarfs. Dieser beträgt pro Kilogramm Körpergewicht im ersten Lebensjahr etwa 20 kcal; bis zu Beginn des zweiten Lebensjahrzehnts sinkt dieser relative Bedarfswert auf etwa die Hälfte.

Bei Nahrungsmangel bleiben die Kinder in der Körperhöhe auffälliger hinter den Normwerten zurück als im Körpergewicht, so daß der Index der Körperfülle eher einen über- als unterdurchschnittlichen Wert annimmt. Diese scheinbar widersinnige Tatsache erklärt sich daraus, daß während der gesamten Kindheit die Körperfülle abnimmt, bei Unterernährung aber das Wachstum verzögert wird, so daß die Kinder den Habitus einer jüngeren Altersstufe bewahren. Erst wenn der Nahrungsmangel so groß ist, daß er durch eine Wachstumseinschränkung nicht abgefangen werden kann, sondern von der Körpersubstanz gezehrt werden muß, bleiben die Kinder im Gewicht stärker hinter den Normwerten zurück als in der Körperhöhe. Nach Beendigung eines Nahrungsmangels, etwa einer Hungersnot, setzt ein rasches Aufholwachstum ein; hierin zeigt sich, daß bei Schaffung der notwendigen Voraussetzungen sofort wieder das genetische Wachstumsprogramm erfüllt wird.

Für das Wachstum ist nicht allein die zugeführte Energiemenge ausschlaggebend, sondern auch die Art der Nahrungsmittel. Eiweiß fördert das Wachstum – insbesondere das Längenwachstum – erheblich mehr als Fett und Kohlenhydrate. Dabei wirken tierische Eiweiße (Milch, Käse, Eidotter, Fleisch, Fisch) besser als pflanzliche, da es offenbar auf das im tierischen Eiweiß reichlicher vorhandene Lysin ankommt. Unter den pflanzlichen Produkten ist diese Aminosäure nur in der Sojabohne in ähnlichem Ausmaß wie in tierischen Produkten enthalten. Eiweißreiche Ernährung fördert nicht nur das äußerlich meßbare Wachstum, sondern die gesamte Entwicklung. Sie hat deshalb auch eine frühzeitigere sexuelle Reifung zur Folge, ebenso wie Mangelernährung die puberalen Entwicklungserscheinungen verzögert.

Wachstum und Körpergewicht. Zur Beurteilung des Reifezustandes des Neugeborenen werden vor allem Körperhöhe, Gewicht und Kopfumfang gemessen. Ein gut entwickeltes Neugeborenes mißt vom Scheitel bis zur Ferse mindestens 50 cm und wiegt 3000 g. In den ersten drei bis fünf Tagen nimmt das Gewicht um 6 bis 8% ab, wird aber nach 10 bis 14 Tagen wieder ausgeglichen. Zwischen drittem und sechstem Monat hat der Säugling das doppelte Geburtsgewicht erreicht. Das Längenwachstum findet seinen Abschluß mit dem Eintritt in das Erwachsenenalter und ist damit selbst ein Bestimmungsmerkmal für den Beginn dieser Periode im menschlichen Leben.

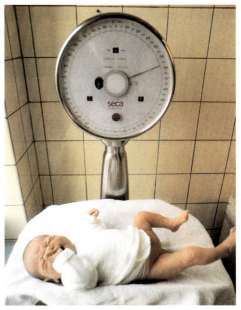

Vitamine üben entgegen früheren Annahmen keinen direkten Einfluß auf das Wachstum aus. Da sie aber für die Erhaltung der Gesundheit von großer Bedeutung sind, können sie indirekt auch für das Wachstum wichtig werden. So verursacht Vitamin-D-Mangel Rachitis, die ihrerseits zu Zwergwuchs führen kann. Überhaupt können Erkrankungen (z. B. hormonelle Störungen, Zuckerkrankheit oder chronische Nierenerkrankungen) erhebliche Wachstumshemmungen hervorrufen. Bei den üblichen Infektionskrankheiten des Kindesalters, auch bei lange anhaltenden oder häufig wiederkehrenden Erkältungen, wurde jedoch keine Benachteiligung des Wachstums festgestellt.

Körperliche Betätigung – sei es als Arbeit oder als Sport – übt zweifellos Einflüsse auf das Wachstum aus. Diese Einflüsse lassen sich im wesentlichen zu zwei allgemeinen Wirkungsweisen zusammenfassen. Nach übereinstimmenden Untersuchungsergebnissen mehrerer Autoren äußert sich die eine Wirkungsweise in einer Förderung des Wachstums in der Horizontalen, während das Längenwachstum nicht gefördert, sondern sogar eher gehemmt wird. Die gelegentlich beobachtete geringe Hemmung des Körperhöhenwachstums erklärt sich daraus, daß der Körper das ihm zur Verfügung stehende Wachstumspotential in erster Linie ins Horizontalwachstum investiert. Der Körperhöhen-Endwert von Sportlern liegt deshalb in der Regel nicht niedriger, sondern wird lediglich mitunter ein wenig später erreicht als im Bevölkerungsdurchschnitt.

Das gesteigerte Wachstum in der Horizontalen setzt sich aus zwei Komponenten zusammen: Die eine Komponente besteht aus einer Verbreiterung des Knochengerüsts einschließlich Dehnung des Brustkorbs. Schulterbreite und Brustumfang sind gute Indikatoren dieser Komponente. Selbstverständlich vergrößern sich mit dem Brustkorb als eigentlich entscheidende Veränderung Lunge und Herz, und zwar auch noch beim Erwachsenen; es erfolgt also eine tiefgreifende Konstitutionsbeeinflussung. Die zweite Komponente des gesteigerten Horizontalwachstums betrifft die Muskulatur, die durch ihre Beanspruchung zum Wachstum angeregt wird, so daß die Gliedmaßenumfänge zunehmen.

Die zweite allgemeine Wirkungsweise des Sports besteht in einer Nivellierung, d. h. Angleichung an die harmonische Mittelform der konstitutionellen Grundvarianten (s. meinen Beitrag »Der Mensch als Typus« in Bd. III dieser Enzyklopädie). Die Abweichungen vom Durchschnitt werden also in beiden Richtungen abgeschwächt: Der Magere gelangt zu kräftigerem, der Dicke zu schlankerem Körperbau. Diese Nivellierung erfolgt durch Förderung des Skelettbreiten- und Muskelwachstums einerseits und Abbau des Fettgewebes bzw. Verhinderung von Fettansatz andererseits. Der Vergleich von Sportlehrern vor und nach ihrer Ausbildung erbrachte eine deutliche Häufigkeitszunahme des Mitteltyps und -abnahme der Extremvarianten.

Klimatische und jahreszeitliche Faktoren. Wenige gesicherte Befunde liegen über den Einfluß des Klimas auf das Wachstum vor. Anscheinend hemmt das feuchtwarme Tropenklima das Wachstum. Auch scheint mit zunehmender Höhenlage des Wohnorts die Entwicklung langsamer voranzuschreiten. Jedenfalls ist die durch-

Wachstum und Ernährung. Der erblich bedingte Wachstumsverlauf kann sich nur dann voll entwickeln, wenn von außen auch genügend Nahrung zugeführt wird. Eiweißreiche Ernährung fördert meßbar körperliches Wachstum. Eine gute Stütze für die »Ernährungshypothese« stellt die Rückläufigkeit des körperlichen Wachstums in Zeiten des Ernährungsmangels dar (rechts), wie sie bei deutschen Volksschülern verschiedener Jahrgänge festgestellt wurde.

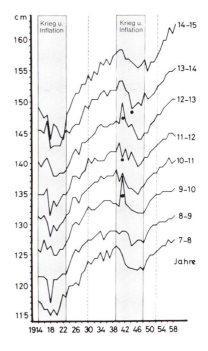

schnittliche Körperhöhe um so geringer und tritt die Menarche durchschnittlich um so später ein, je höher der Wohnort liegt. Es ist aber schwer zu entscheiden, ob wirklich ein klimatischer Effekt vorliegt oder ob andere Faktoren, die mit der Höhenlage des Wohnorts korrelieren (Ernährung, körperliche Arbeit, sozialer Stand), die eigentliche Ursache darstellen.

Mehrere Untersuchungen haben übereinstimmend erbracht, daß das Wachstum erheblichen jahreszeitlichen Schwankungen unterliegt. Für die Körperhöhe zeichnet sich ab, daß der stärkste Zuwachs im Winter oder Frühjahr erfolgt, während das Füllewachstum im Herbst am stärksten ist. Die jahreszeitlichen Wachstumsschwankungen zeigen viele beträchtliche individuelle Abweichungen und können auch als Durchschnittswerte im Ausmaß von Jahr zu Jahr erheblich differieren. Sie scheinen nicht allein von der durchschnittlichen Monatstemperatur und vom Jahresgang der Tagesdauer abzuhängen, da die Korrelationen zu diesen Faktoren nur niedrig ($\sim -0{,}3$) sind. Als hinzukommenden Faktor könnte man eine mit dem Spielen im Freien verbundene stärkere körperliche Betätigung in Erwägung ziehen, da das Längenwachstum im Sommer oder Spätsommer sein Minimum aufweist. Alle diese Zusammenhänge reichen aber nicht aus, um die starken jahreszeitlichen Wachstumsschwankungen völlig zu erklären.

Sozialanthropologische Faktoren. In allen untersuchten Bevölkerungen aus sämtlichen Rassenkreisen zeigen sich Entwicklungsunterschiede nach sozialanthropologischen Faktoren. Die Kinder der höheren sozialen Stände sind denen aus der sozialen Grundschicht in der gesamten Entwicklung voraus. Im Schulkindalter betragen die Wachstumsdifferenzen zwischen Ober- und Grundschicht in Ländern mit starken sozialen Unterschieden bis zu zwei Jahren, in Ländern mit geringen sozialen Unterschieden etwa ein halbes Jahr. Um die Jahrhundertwende waren die Differenzen im Wachstumstempo entsprechend den damaligen sozialen Verhältnissen viel größer als heute. Das Entwicklungstempo weist nicht nur einen Zusammenhang mit dem sozialen Stand auf, sondern auch mit weiteren sozialanthropologischen Faktoren, die ihrerseits mit dem sozialen Stand korrelieren (z. B. Einkommen, Wohnverhältnisse, Schulgattung).

Die Entwicklungsunterschiede nach allen sozialanthropologischen Faktoren dürften sich weitgehend auf Unterschiede im Lebensstandard zurückführen lassen. Von ihm hängt nämlich die Ernährungsweise ab, und zwar vor allem der Verbrauch des stark wachstumsfördernden tierischen Eiweißes, da Nahrungsmittel, die dieses reichlich enthalten, vergleichsweise teuer sind. Allerdings dürfte die Ernährung nicht den einzigen – wenn auch vermutlich den bedeutendsten – Umstand darstellen, der sozialanthropologische Entwicklungsdifferenzen schafft. Wahrscheinlich ist hier auch die unterschiedliche Belastung der Kinder mit körperlicher Arbeit zu nennen. Außerdem könnte auch das Erbgut einen Einfluß ausüben, nämlich insoweit als die durchschnittlich größere Körperhöhe der sozialen Oberschicht (s. meinen Beitrag »Der Mensch als Typus« in Bd. III dieser Enzyklopädie) auf Siebung beruht und hochwüchsige Eltern in der Regel überdurchschnittlich große Kinder besitzen.

Auf die Existenz weiterer Faktoren, die sozialanthropologische Entwicklungsunterschiede bedingen, deutet der Umstand, daß das Entwicklungstempo in allen sozialen Schichten mit steigender Geschwisterzahl abnimmt. Wahrscheinlich spielt das gesamte häusliche Milieu eine Rolle, zu dem auch die Art und Weise der Betreuung der Kinder gehört, vor allem auch die Zeitmenge, die sich die Mutter dem einzelnen Kind zuwenden kann. Damit kommen Faktoren ins Spiel, die mit Persönlichkeitsmerkmalen, vielleicht auch mit dem Bildungsgrad der Eltern zusammenhängen.

Psychische Faktoren. Ein erheblicher Einfluß auf die Entwicklung kann durch psychische Faktoren (s. den Beitrag von V. Gamper in diesem Band) erfolgen. Bereits starke schulische Belastung und erzieherischer Druck können das Körperhöhen- und -gewichtswachstum hemmen. Insbesondere bezüglich englischer Ganztagsschulen und Internate ist bekannt, daß das Wachstum der Kinder vor allem in den Ferien voranschreitet und besonders gegen Ende der Trimester abnimmt. Wahrscheinlich macht sich hier nicht nur die Lernbelastung, sondern auch der Entzug familiärer Geborgenheit bemerkbar. Für das Kind ist die liebevolle Zuwendung einer emotionell engagierten Bezugsperson für die psychische wie auch die somatische Entwicklung von entscheidender Bedeutung. Deshalb ist meist sogar ein schlechtes Elternhaus immer noch besser als ein gutes Heim. Allgemein kann gesagt werden, daß seelische Schwierigkeiten schlechthin eine Entwicklungshemmung verursachen.

Die somatische Auswirkung der psychischen Faktoren läßt sich über die hormonelle Regulation gut verstehen, da einerseits die Hypophyse in ständigem Kontakt mit dem Zentralnervensystem steht und andererseits eine Reaktion der Nebennieren auf jeglichen – auch psychischen – Streß bekannt ist. Nebennierenrindenhormone (Glukokortikoide) können aber wachstumshemmend wirken. Die begleitende Appetitlosigkeit erklärt sich als Folge des durch vermindertes Wachstum herabgesetzten Energiebedarfs.

Ein geradezu klassisches Experiment mit deutschen Waisenkindern der Nachkriegszeit belegt die Auswirkung psychischer Einflüsse auf das Wachstum in einmaliger Weise. In zwei parallel geführten Waisenhäusern zeigten die Kinder des einen Hauses (A) trotz gleicher Ausgangswerte ein geringeres Wachstum als die des anderen(B). Nach einem halben Jahr wurde die leitende Schwester des Hauses A, die ein sehr strenges Regiment führte, nach Haus B versetzt und zugleich den Kindern des Hauses B eine 20prozentige Kalorienzulage erteilt. Dennoch blieben nun die Kinder des Hauses B im Wachstum zurück. Als Kontrolle wurden acht Lieblingskinder der leitenden Schwester mit ihr von Haus A nach B versetzt. Schon im Haus A blieben sie gegenüber Haus B weniger zurück als die anderen Kinder. Nach Erhalt der Ernährungszulage im Haus B wuchsen sie deutlich schneller als die ohne Ernährungszulage im Haus A verbliebenen Kinder.

Die säkulare Akzeleration

Unter säkularer Akzeleration versteht man die Beschleunigung der ontogenetischen Entwicklung, die im vorigen Jahrhundert eingesetzt hat und möglicherweise bis heute anhält. Sie äußert sich in folgenden Phänomenen:

1. *Wachstumssteigerung*: Bereits in der fetalen Entwicklungszeit findet ein stärkeres Wachstum statt, was sich in einer gegenüber früher erhöhten Durchschnittsgröße der Neugeborenen zeigt. Im Kleinkindalter folgt eine weitere Zunahme des Wachstumsvorsprungs; er beträgt zur Zeit der Einschulung gegenüber den Verhältnissen zu Anfang unseres Jahrhunderts etwa zwei Jahre. Während der Pflichtschulzeit nimmt der Wachstumsvorsprung nur noch wenig zu, und in der Jugendzeit hat sich das Wachstum sogar verringert, da es heute mindestens ein Jahr früher zum Abschluß gelangt. Dieser frühere Wachstumsabschluß kompensiert aber die Akzeleration der vorschulpflichtigen Zeit bei weitem nicht, so daß die säkulare Akzeleration zu einer erhöhten Endgröße führt. Diese Körperhöhenzunahme der Erwachsenen beträgt in Mittel- und Nordeuropa für die letzten hundert Jahre etwa 10 Zentimeter. Auch aus vielen anderen Teilen der Erde ist eine säkulare Körperhöhensteigerung belegt, wenn auch zum Teil weniger gut oder in geringerem Ausmaß.

2. *Vorverlegung der Pubertät.* Der puberale Wachstumsschub und die sexuellen Reifungszeichen treten heute in Mittel- und Nordeuropa um mindestens zwei Jahre früher auf als zu Anfang des Jahrhunderts.

3. *Vorverlegung des Zahndurchbruchs.* Auch die Dentition scheint an der säkularen Akzeleration teilzuhaben, jedoch nicht in ebenso starkem Maß wie Wachstum und sexuelle Reifung.

4. *Vorverlegung altersspezifischer Krankheiten.* Der Häufigkeitsgipfel des Erkrankungsalters hat sich für Krankheiten, die in einem bestimmten Lebensabschnitt aufzutreten pflegen, zu jüngeren Jahren verschoben (so für den erblichen Veitstanz, für die Hypertrophie der Gaumenmandeln und für die Tuberkulose).

Am Zustandekommen der säkularen Akzeleration sind möglicherweise mehrere Faktoren beteiligt. Die wesentlichsten Faktoren dürften mit der Anhebung des Lebensstandards infolge wirtschaftlichen Aufschwungs zusammenhängen. Hier ist vor allem die eiweißreichere Ernährung zu nennen. Eine gute Stütze für die »Ernährungshypothese« stellt die Rückläufigkeit der säkularen Akzeleration in Zeiten der Hungersnot dar. Weiterhin mögen die Einschränkung der Kinderarbeit, die intensivere Betreuung des einzelnen Kindes und der Fortschritt der Medizin zur säkularen Akzeleration beigetragen haben.

Zahlreiche andere Umweltfaktoren wurden in den verschiedensten Theorien für die säkulare Akzeleration verantwortlich gemacht, ohne daß diese Theorien zu überzeugen vermögen. Am bekanntesten wurde die Theorie der Reizüberflutung (vor allem als »Urbanisierungstrauma«); doch müßte die Reizüberflutung als Streßsituation eher wachstumshemmend wirken.

Die säkulare Akzeleration dürfte auf jeden Fall eine weitgehendere Ausnutzung des vom Erbgut gesteckten Rahmens für die Entwicklung bedeuten. Genetische Effekte können höchstens als Nebenursache angesehen werden. Evolution scheidet zwar wegen der geringen Generationenzahl aus, doch spielt vielleicht die starke Bevölkerungsdurchmischung infolge Anreicherung von Heterozygoten (Mischerbigen) eine Rolle. Aus der Tierzucht ist bekannt, daß Bastarde vitaler und größer als beide Ausgangsrassen sein können (Heterosis); einwandfreie entsprechende Belege für den Menschen fehlen aber. Es konnte lediglich festgestellt werden, daß die durchschnittliche Körperhöhe mit der Entfernung zwischen den Geburtsorten der Eltern steigt; doch bleibt zu bedenken, daß die hochwüchsigere soziale Oberschicht die mobilere ist.

Anmerkung

1

Versucht man, auf eine lineare Streuung zu reduzieren, was statistisch schwierig ist, so erhält man für alle Körpermaße ein wenig niedriger liegende Erbanteile, so zum Beispiel für die Körperhöhe etwa 80 Prozent

Literatur

BROCK, J. (Hg.): Biologische Daten für den Kinderarzt. Berlin, Göttingen, Heidelberg ²1954

EVELETH, P. B., TANNER, J. M.: Worldwide variation in human growth. London, New York, Melbourne 1976

FALKNER, F., TANNER, J. M. (Eds.): Human growth. 3 Bde. London 1978/79

GRIMM, H.: Grundriß der Konstitutionsbiologie und Anthropometrie. Berlin ³1966

KNUSSMANN, R.: Entwicklung, Konstitution, Geschlecht. In P. E. Becker (Hg.): Humangenetik, Bd. I/1. Stuttgart 1968, 280–437

Vergleichende Biologie des Menschen. Lehrbuch der Anthropologie und Humangenetik. Stuttgart 1980

SCHWARTZE, H., SCHWARTZE, P.: Physiologie des Foetal-, Neugeborenen- und Kindesalters. Stuttgart, New York 1977

TANNER, J. M.: Wachstum und Reifung des Menschen. Stuttgart 1962

WALTER, H.: Sexual- und Entwicklungsbiologie des Menschen. Stuttgart 1978

Benno Kummer

Der Mensch – ein Aufrechtgänger

Übersicht: Die typische Entwicklung, die den Menschen grundsätzlich von allen anderen Wirbeltieren unterscheidet, hängt auf das engste mit seinem aufrechten Gang zusammen: seiner Aufrichtung zur zweibeinigen Körperhaltung. Dadurch werden die Arme von ihrer Aufgabe bei der Fortbewegung befreit und können für viele verschiedene und komplizierte Tätigkeiten eingesetzt werden. Da dieser neue Funktionsbereich einer fein abgestimmten Steuerung durch das Nervensystem bedarf, wird über eine Rückkoppelung die besondere Entfaltung des Zentralnervensystems, insbesondere des Gehirns, in Gang gesetzt. Die wichtigsten Voraussetzungen für eine Aufrichtung auf die Hinterextremitäten wurden schon sehr früh in der Entwicklungsreihe der Wirbeltiere dadurch geschaffen, daß der Hauptantrieb für die Fortbewegung an das hintere Körperende gelegt wurde. Damit bildete sich später bei den Vierbeinern eine enge Verbindung zwischen Beckengürtel und Wirbelsäule aus, die ein Tragen des gesamten Körpergewichts allein durch die Hinterbeine möglich machte. Aus der zweibeinigen Haltung und Fortbewegungsweise ergaben sich nicht nur Konsequenzen für Skelett und Gelenke der Hinterextremität, sondern für den Bau des gesamten Körpers, vor allem für Wirbelsäule und Brustkorb.

Zu den Sondermerkmalen des Menschen gehört seine Bipedie, die aufrechte Körperhaltung. Zwar sind viele Säugetiere in der Lage, den Körper zeitweise aufzurichten und mit abwechselnder Belastung der hinteren Extremitäten aufrecht zu gehen; doch nur der Mensch geht und steht als einziges Säugetier dauernd hochgerichtet auf zwei Beinen. Noch mehr: Er muß diese, seine artspezifische Haltung erst lange nach der Geburt erlernen.

Die Aufrichtung auf die Hinterbeine, die Bipedie, muß also wohl als eines der einschneidendsten Ereignisse in der engeren Vorgeschichte des Menschen gelten. Es ist müßig, darüber zu streiten, ob die gewaltige Entwicklung des Gehirns und – im Zusammenhang damit – die Ausbildung der typisch menschlichen geistigen Eigenschaften Ursache oder Folge dieser Aufrichtung sind; für beide Ansichten lassen sich Argumente, aber auch Gegenargumente finden. Wichtig ist, daß der Zweibeiner seine Vorderextremitäten von der Aufgabe der Fortbewegung befreit, ohne ihnen zugleich einen neuen, festgelegten Funktionskreis zuzuweisen. Sie stehen vielmehr für einen vielfältigen Einsatz zur Verfügung. Tatsächlich ist die Entstehung der gesamten menschlichen Kultur ohne die schöpferische und differenzierte Tätigkeit der Menschenhand undenkbar. Nicht nur imponierende und manchmal Jahrtausende überdauernde Bauten oder genial ausgeklügelte Maschinen sind letzten Endes Schöpfungen unserer Hände, sondern vor allem auch die

Dokumentation unserer Erfahrung und unseres Wissens mit Hilfe der Schrift. Schreiben und Lesen sind aufs engste mit der Tätigkeit des Gehirns verknüpft, indem sie die zentralnervösen Leistungen nicht nur ergänzen, sondern rückwirkend stimulieren und modifizieren.

Unter diesem Blickwinkel verdient die zweibeinige Körperhaltung des Menschen unser ganz besonderes Interesse, zumal sie sich von anderen Formen der Aufrichtung auf die Hinterbeine, wie sie bei den Wirbeltieren, unter anderem bei Reptilien und Vögeln, vorkommen, grundlegend unterscheidet.

Die Voraussetzungen für die Bipedie

Einige der Voraussetzungen für eine zweibeinige Aufrichtung waren schon sehr früh in der Entwicklungsreihe der Wirbeltiere, fast schon an deren Wurzel, geschaffen. Der aufrechte Gang ist insofern ein mechanisches Problem, als selbstverständlich auch Lebewesen keinerlei Aktionen ausführen können, die nicht mit den Naturgesetzen der Physik in Einklang stehen. Sie sind den gleichen Gesetzmäßigkeiten unterworfen wie die unbelebte Materie.

Im Wasser entstand nicht nur das Leben, es ist auch der Schauplatz der Entstehung der Wirbeltiere. Die ursprünglichsten unter ihnen – die Fische – brauchten ein Skelett lediglich zur Versteifung ihres Körpers, vor allem eine Längsversteifung (Wirbelsäule). Die beanspruchenden Kräfte waren fast ausschließlich Muskelkräfte, die im Zusammenhang mit der Fortbewegung wirksam wurden. Die gerichtete Schlängelbewegung brachte es mit sich, daß sich am vorderen, in der Bewegungsrichtung liegenden Körperende große Sinnesorgane ausbildeten, allen voran das schon sehr früh zu einer bemerkenswerten Perfektion entwickelte Lichtsinnesorgan, das Auge. Vorn liegt auch – in leicht erkennbarem funktionellem Zusammenhang – der Eingang des Magen-Darm-Schlauches, der Mund mit den verschiedenen Einrichtungen, die dem Ergreifen und Verschlucken der Nahrung dienen.

Die Vorwärtsbewegung durch seitliche Körperbewegungen (Schlängeln) wird durch eine seitliche Abplattung des Körpers wirkungsvoller. Ein Flossensaum am Rücken trägt erheblich dazu bei, das Verhältnis zwischen Vortrieb und aufzuwendender Kraft noch günstiger zu gestalten. Eine ganz besondere Wirkung aber erzielt in dieser Hinsicht die Verbreiterung des Flossensaumes am Schwanzende, aus der schließlich die vielgestaltige Differenzierung der Schwanzflosse der Fische hervorgeht. Damit war in der Stammesgeschichte der Wirbeltiere der »Heckantrieb« erfunden, der offenbar so viele funktionelle Vorteile besaß, daß er als Prinzip bis zu den höchstdifferenzierten Erscheinungsformen der Säugetiere selbst auf dem Land beibehalten wurde. Eine Ausnahme machen lediglich die Flugtiere.

Zunächst noch ohne wesentliche Bedeutung für einen kräftigen Vorschub, entwickelte sich ebenfalls sehr früh in der seitlichen Bauchregion beiderseits je eine Längsfalte, die wohl vor allem der Stabilisierung des Körpers gegen seitliches Umkippen bzw. Drehbewegungen um die eigene Längsachse diente. Aus diesen »Sei-

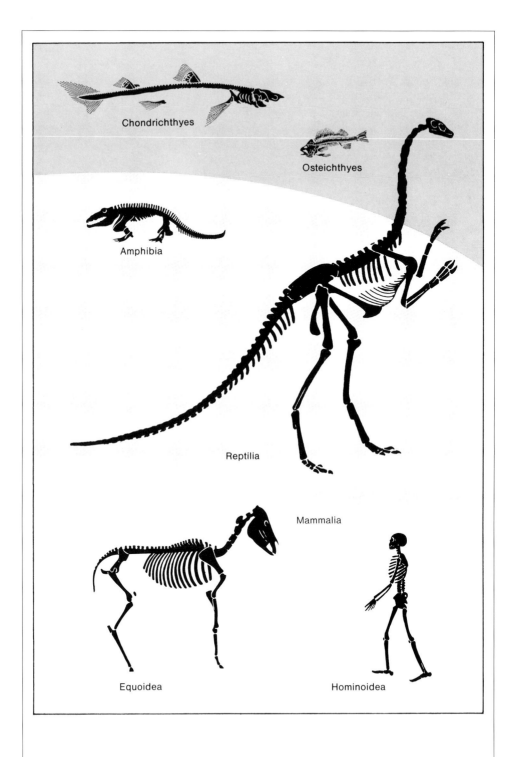

Abb. 1: Die Aufrichtung auf die Hinterbeine, die Bipedie, geht auf Voraussetzungen zurück, die schon sehr früh in der Entwicklungsgeschichte der Wirbeltiere geschaffen worden waren.

tenfalten« gingen die Flossenpaare hervor, die bei urtümlichen Fischen noch in größerer Zahl vorkommen, von denen jedoch nur zwei für die weitere Evolution von Bedeutung sind: die paarigen Brustflossen und die Bauchflossen. Sie dienen bei den Fischen im wesentlichen als »Stabilisatoren« und werden nur selten wirkungsvoll für die Vorwärtsbewegung eingesetzt. Dagegen werden sie häufig zum Abstützen des Körpers auf dem Boden des Gewässers benutzt; es gibt Beobachtungen, die zeigen, daß manche Fische mit Hilfe dieser beiden Flossenpaare sogar »laufen« können. Dabei muß allerdings berücksichtigt werden, daß der Fischkörper kaum spezifisch schwerer als Wasser ist und infolge des Auftriebs die abstützenden Flossen keine merkliche Last zu tragen haben.

Mit dem Verlassen des Wassers ändern sich die mechanischen Bedingungen erheblich. Auf dem Land fehlt der Auftrieb des umgebenden Wassers, und die gesamte Konstruktion des Stütz- und Bewegungsapparates steht nun unter dem dominierenden Einfluß des eigenen Körpergewichts. Zunächst muß der Tierkörper selbst, der Stamm, in sich versteift werden. Das geschieht in erster Linie unter Benutzung der Wirbelsäule, die als längsversteifender Stab im Rücken gelegen ist. Die seitliche Bauchwand wird durch die Rippen gestützt, das gesamte Skelettsystem auf der Bauchseite – und zwischen den Rippen – durch Muskeln verspannt. Vergleicht man diese statische Konstruktion des Stammes mit der Materialbeanspruchung eines auf zwei Stützenpaaren gelagerten schweren Balkens, der sich unter dem Einfluß seines Eigengewichts durchbiegt, so erkennt man, daß die Wirbelsäule genau dort liegt, wo das Material des Balkens auf Längsdruck beansprucht wird. Die Bauchmuskulatur befindet sich dort, wo im Balken die stärksten Zugbeanspruchungen auftreten.

Die Wirksamkeit dieses Konstruktionsprinzips läßt sich steigern, wenn die druckfeste Wirbelsäule zu einem Bogen geformt wird, den die Bauchmuskulatur wie eine Sehne verspannt. Unmittelbar an der Wirbelsäule angreifende Rückenmuskeln verleihen diesem Bogen noch eine besondere elastische Spannung.

Der über die vorderen Extremitäten hinausragende Teil des Tierkörpers, der den Kopf tragende Hals, wird durch sein Gewicht entgegengesetzt zu dem zwischen den Extremitätenpaaren befindlichen Körperabschnitt gebogen, nach der Bauchseite konkav. Das bedeutet, daß der Hals an seiner bauchwärts gelegenen Seite auf Druck und an der Rückseite auf Zug beansprucht wird. Folgerichtig hat die Halswirbelsäule eine bauchwärts konvexe Krümmung, die durch die Nackenmuskeln verspannt wird. Im Vergleich zum Rumpf liegt hier also eine umgekehrte Bogen-Sehnen-Konstruktion vor.

Mit schnellerer Fortbewegung auf dem Land wird der Körper beständig vom Boden abgehoben, so daß der Bauch nicht mehr auf der Erde schleift, wie dies noch bei primitiven Amphibien und Reptilien der Fall ist. Dazu müssen die Extremitäten länger und stabiler werden. Vor allem die Muskulatur wird kräftiger. In dem Maße wie das Körpergewicht auf den Extremitäten lastet, wirkt ein gleichgroßer Druck über die Extremitäten auf den Stamm. Beim Vierbeiner hängt der Stamm in einer muskulären Gurtung an den Vorderextremitäten. Die Muskelgurte sind einerseits

Abb. 2: Vom Heckantrieb der Fische zur vierbeinigen Fortbewegung der Säugetiere. Bereits bei den Fischen wurde der Heckantrieb erfunden, der als Prinzip bis zu den höchstdifferenzierten Säugetierformen selbst auf dem Land beibehalten wurde. Mit dem fehlenden Auftrieb des Wassers auf dem Land steht die Entwicklung unter dem Einfluß des Körpergewichts. Die schlängelnde Fortbewegung entwickelt sich zu einer von vorn nach hinten ablaufenden Bewegung.

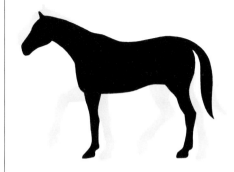

Abb. 3: Viele Landwirbeltiere stützen den größeren Teil ihrer Körperlast auf das vordere Extremitätenpaar. Der Gesamtschwerpunkt des Körpers liegt so näher an den Vorderbeinen. Die Rippen bleiben nur dort erhalten, wo sie der Gurtaufhängung der Vorderextremitäten zur Anheftung dienen. Die Skelettkonstruktion des Brustkorbs (Thorax) entsteht.

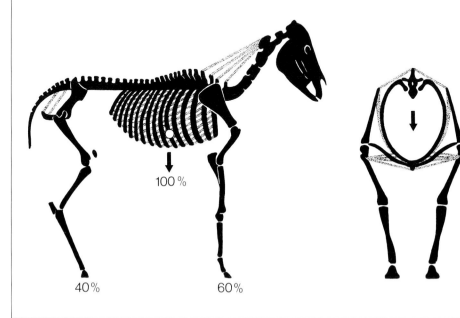

am Extremitätengürtel, insbesondere am Schulterblatt, andererseits am Rumpf, an den Rippen befestigt. Über die Rippen wird die Auflagekraft auf die Wirbelsäule übertragen.

Viele Landwirbeltiere stützen den größeren Teil ihrer Körperlast auf das vordere Extremitätenpaar. Dies hängt damit zusammen, daß im allgemeinen der über die Vorderextremitäten hinausragende Körperanteil (Hals und Kopf) schwerer ist als der über die Hinterextremitäten hinausragende Schwanz. Der Gesamtschwerpunkt des Körpers liegt also näher an den Vorderbeinen. So entfallen beim Pferd 60 Prozent des Körpergewichts auf die Vorderextremitäten und nur 40 Prozent auf die Hinterextremitäten.

Schließlich werden die Rippen weitgehend rückgebildet. Sie bleiben nur dort erhalten, wo sie der Gurtaufhängung der Vorderextremität zur Anheftung dienen. So entsteht die Skelettkonstruktion des Brustkorbs (Thorax), während der Bauch eine weiche Muskelwand besitzt.

Beim Übergang zum Landleben ist, wie schon erwähnt, das Prinzip des »Heckantriebs« für die Fortbewegung beibehalten worden. Die wesentliche Kraft für den Vorschub wird jetzt allerdings von den hinteren Extremitäten geleistet. Es steht wohl im Zusammenhang mit dieser Lokomotionstechnik, daß die Hinterextremitäten frühzeitig in der Evolution über das Becken eine enge und stabile Verbindung mit der Wirbelsäule eingehen. In jenem Teil der Wirbelsäule, der mit dem Beckengürtel in Kontakt steht, verschmelzen die einzelnen Wirbel (beim Menschen fünf) zu einem Block und bilden auf diese Weise das Kreuzbein (Os sacrum). Ihm legt sich das Darmbein (Os ilium) an; die Kontaktstelle entwickelt sich zu einem echten Gelenk, dem Kreuzdarmbeingelenk (Articulatio sacroiliaca). Dieses Gelenk besitzt einerseits alle anatomischen Einrichtungen, die auch gutbewegliche Körpergelenke kennzeichnen, nämlich Gelenkknorpel, Gelenkkapsel und einen mit Gelenkschmiere gefüllten Gelenkspalt; andererseits sind die Gelenkflächen aber derart geformt, daß sie nur in einer einzigen Stellung kongruenten Kontakt miteinander haben und sich bei der geringsten Bewegung gegeneinander verkanten würden. Ein umgebender, kräftiger Muskel-und Bandapparat sorgt dafür, daß solche Bewegungen praktisch nicht stattfinden.

Diese feste Verbindung zwischen Becken und Wirbelsäule ist eine wichtige Voraussetzung für eine Aufrichtung des Körpers zu alleiniger Unterstützung durch die Hinterextremitäten, insbesondere wenn diese aufrechte Haltung für längere Zeit eingenommen werden soll. Bei der vierbeinigen Fortbewegung auf dem festen Land spielt zunächst noch die für das Schwimmen typische Schlängelbewegung des gesamten Körpers eine wichtige Rolle. Die Schrittweite der seitlich vom Körper abstehenden Extremitäten primitiver Amphibien wird dadurch wesentlich vergrößert. Beim stärkeren Abstemmen des Tierkörpers vom Boden ist diese Fortbewegungsart jedoch sehr kraftaufwendig und damit unökonomisch. Die Extremitäten werden daher so eingestellt, daß sie in ihren großen Gelenken vor allem in der Richtung von vorn nach hinten pendeln. Dazu werden die Hinterbeine derart an den Rumpf herangeklappt, daß sich die Kniegelenke nach vorn wenden, die Zehen stehen in Fortbewegungsrichtung. Wegen der größeren Stabilität beim Stehen und Laufen werden die Vorderextremitäten spiegelbildlich an den Rumpf geklappt, wobei die Ellenbogengelenke nach hinten gewendet werden. In dieser Stellung würden allerdings die Zehen der Vorderpfote (Finger) nach hinten weisen, was dann beim Laufen überaus behinderlich wäre.

Dieses Problem wurde im Laufe der Evolution auf eine verblüffend einfache Weise gelöst. Die beiden Unterarmknochen Elle (Ulna) und Speiche (Radius) stehen sowohl proximal (in Nähe des Ellenbogengelenks) als auch distal (an der Hand) miteinander in Gelenkverbindung. In diesen beiden Gelenken bildete sich nun eine derartige Beweglichkeit aus, daß der Radius sich am Ellenbogengelenk um seine eigene Achse drehen kann, während er distal zusammen mit der Hand – die mit ihm allein in Gelenkverbindung steht – um die Ulna herumwandert. Diese Bewegung wird als *Pronation* bezeichnet. Im Gegensatz zur Ausgangsstellung (Supinationsstellung), in der die beiden Unterarmknochen parallel nebeneinander liegen, überkreuzen sie sich in der Pronationsstellung; die Finger sind nach vorn gerichtet, und die Handfläche kann dem Boden aufgelegt werden.

Bei vielen vierbeinigen Säugetieren, die gut und ausdauernd laufen können, wie unter anderem bei den Huftieren, sind die Unterarmknochen in der Pronationsstellung fixiert, manchmal sogar miteinander verwachsen. Die Vorderextremität der Primaten ist demgegenüber primitiver, d. h. ursprünglicher, geblieben. Sie kann aus der Pronationsstellung auch wieder zurückgedreht (supiniert) werden. Ohne diese Beweglichkeit wäre der spätere vielseitige Gebrauch der menschlichen Hand unmöglich.

Überblickt man die ganze Stammesgeschichte der Tiere, die schließlich zur Aufrichtung des menschlichen Körpers führte, so sieht man, daß die Weichen für die Möglichkeit einer Zweibeinigkeit schon sehr früh gestellt wurden. Es begann mit dem »Heckantrieb« der Fische, der von den landbewohnenden Vierbeinern übernommen wurde und zur festen Kreuz-Darm-Verbindung führte. Sie ist wohl die wichtigste Voraussetzung für eine stabile zweibeinige Körperhaltung. Die zur Menschwerdung überleitenden Konsequenzen ergaben sich allerdings erst aus der reversiblen Pronationsstellung der Hand; denn damit wurde letzten Endes der von der Aufgabe der Fortbewegung entlasteten Vorderextremität eine Fülle neuer Funktionsmöglichkeiten eröffnet.

Die Aufrichtung auf die Hinterbeine – ein mechanisches Problem

Die Ursachen

Jedes Lebewesen, Tier oder Mensch, bewegt sich keineswegs immer streng ökonomisch gemäß den Erfordernissen der notwendigsten Lebensfunktionen. Der Skelett-Muskel-Apparat, der der Fortbewegung dient, wird gar nicht selten auch für Leistungen in Anspruch genommen, die im Grenzbereich seiner Funktionsmöglichkeiten liegen. Allein die spielerische Neugier, insbesondere bei Jungtieren (und Menschenkindern) verleitet dazu, auszuprobieren, was sich mit dem naturgegebenen »Bewegungsapparat« alles anfangen läßt. Beobachtet man etwa junge Katzen beim Spiel, so wird deutlich, welche vielfältigen Möglichkeiten der Bewegung einem Vierbeiner zur Verfügung stehen. Dabei spielt übrigens auch die Aufrichtung auf die Hinterbeine eine ganz wesentliche Rolle.

Vom spielerischen Gerangel gibt es fließende Übergänge zu ernstem Kampfverhalten. Auch dabei wird eine zweibeinige Aufrichtung häufig beobachtet, die hier offenbar zweierlei Funktion hat: Zum einen erscheint der Körper größer und somit furchterregender, zum anderen können die Vorderextremitäten – besonders wenn sie mit Krallen bewehrt sind – als Angriffswaffen eingesetzt werden.

Manchmal dient die Bipedie auch der schnelleren Fortbewegung. Bekannt ist in diesem Zusammenhang das zweibeinige Hüpfen, wie es die Känguruhs zur Vollendung entwickelt haben und von Springmäusen und Springhasen in ähnlicher Weise ausgeführt wird. Aber auch zweibeiniges Rennen ist weit verbreitet, besonders bei Reptilien. Bei verschiedenen Saurierarten war die Fortbewegung so ausschließlich eine Aufgabe der Hinterbeine geworden, daß die Vorderbeine gelegentlich zu lächerlich kleinen Händchen reduziert oder zu dolchtragenden Angriffswaffen umgestaltet wurden wie etwa bei *Tyrannosaurus* oder *Iguanodon*.

Schließlich kann die Anpassung der Vorderextremität an eine andere Fortbewegungsweise auch Anlaß dafür sein, daß das Laufen auf dem Erdboden allein Sache der Hinterextremitäten wird. Dies ist bei den Vögeln besonders deutlich. Sie gebrauchen die Vorderextremitäten nur noch zum Fliegen. Selbst wenn sich hier sekundär ein weiterer Funktionswandel vollzieht, etwa durch Verlust der Flugfähigkeit bei den Straußvögeln (*Ratiten*) oder durch ausschließlichen Gebrauch der Flügel zum Schwimmen (Pinguine), bleibt der Körper beim Laufen auf dem Boden zweibeinig aufgerichtet.

Nach unserem heutigen Wissen spielen allerdings die bisher genannten Gründe für die zweibeinige Aufrichtung mancher Primaten, aus der sich die für den Menschen charakteristische Bipedie entwickelt hat, entweder keine oder nur eine nebensächliche Rolle.

Im Bereich der Säugetiere beobachtet man allenthalben, daß die Vorderextremitäten dazu benutzt werden, um Gegenstände, die sonst im Maul getragen werden, festzuhalten. Nicht selten steht diese Funktion in engem Zusammenhang mit der Nahrungsaufnahme. Ein Eichhörnchen hält eine Nuß, die es anbeißt, mit beiden Vorderpfoten fest. Das Spitzhörnchen (*Tupaia*), das systematisch an der Wurzel des Primatenstammes steht, ergreift in gleicher Weise eine Weinbeere, um sie zu fressen. Außerhalb der Säugetiere wird von dieser Einsatzmöglichkeit der Vorderextremitäten offenbar weniger Gebrauch gemacht. Allenfalls unter den Reptilien könnte der *Tyrannosaurus* seine kleinen Vorderbeine in einer recht ähnlichen Weise benutzt haben.

Die höheren Primaten, insbesondere die großen Menschenaffen, benutzen ihre Hände aber nicht nur, um Nahrung zu ergreifen und zum Mund zu führen, sondern auch um Früchte oder andere Nahrungsmittel zu sammeln und über gewisse Strecken zu transportieren. Dazu müssen sie sich nicht nur auf die Hinterbeine aufrichten, sondern in dieser Haltung auch laufen können. Inwieweit das Sichern und Ausschauhalten in einer Savannenlandschaft mit hohem Gras und niedrigem Gestrüpp ein weiterer Anlaß für die zweibeinige Aufrichtung gewesen sein mag, kann nur vermutet werden. Jedenfalls konnte durch Übung des zweibeinigen Laufens die Vorderextremität von der Fortbewegungsaufgabe befreit werden; sie stand für neue Aufgaben zur Verfügung. Steine und Holzknüppel wurden mit den Händen greifbar und als Werkzeuge oder Waffen verwendet.

Man kann sich leicht vorstellen, daß dieser neue Gebrauch der Vorderextremitäten den betreffenden Primaten nicht nur einen Vorteil gegenüber anderen Konkurrenten in ihrem Lebensraum verschaffte, sondern auch eine weitere Vervollkommnung dieser Fähigkeiten durch fortgesetztes Üben einleitete. Ein besonders begünstigender Umstand bestand darin, daß die fünffingrige Hand der Primaten in ihrer Gestalt recht ursprünglich geblieben und deshalb universell einsetzbar war. Zugleich gab die reversible Pronationsmöglichkeit der Hand einen großen Bewegungsspielraum. Die Primatenhand konnte als ein sehr vielseitiges Werkzeug in Gebrauch genommen werden. Zwangsläufig führte dies zur alleinigen Übernahme der Fortbewegungsaufgabe durch die Hinterextremität und in diesem Zusammenhang auch zu einer Änderung der Körperhaltung. Diese aber verlangte eine tiefgreifende Umstellung des gesamten Bewegungsapparates.

Gleichgewicht und Standfestigkeit

Massenanziehung (Gravitationskraft) bewirkt, daß sich Massekörper im leeren Raum aufeinander zubewegen. Ist die Masse eines Körpers gegenüber derjenigen anderer Körper sehr groß, dann stürzen die kleineren auf den großen Körper. So etwa verhält es sich bei der Erde, in deren Schwerefeld sich alle Gegenstände auf den Erdmittelpunkt zubewegen. An der Erdoberfläche aber finden sie Widerstand und kommen so zur Ruhe. Sie drücken mit ihrer Massenkraft, ihrem Gewicht, auf die Unterlage. Das Gewicht kann folglich als eine Kraft aufgefaßt werden, die am Massenzentrum des Körpers, seinem Schwerpunkt, angreift und gegen den Erdmittelpunkt, d. h. senkrecht zur Bodenfläche, gerichtet ist. Da der Schwerpunkt in geringerer oder größerer Höhe über dem Erdboden liegt, befindet sich ein Körper dann im stabilen Gleichgewicht, wenn das vom Schwerpunkt gefällte Lot innerhalb der Stützfläche auf den Boden auftrifft. Beim Vierbeiner ist die Stützfläche jenes Areal, das durch die geradlinige Verbindung der Fußpunkte der vier Beine begrenzt wird.

Die Wirkung einer von außen angreifenden Kraft, die einen Körper umzuwerfen trachtet, ist durch ihr *Kippmoment* definiert. Darunter versteht man die Größe dieser Kraft, multipliziert mit ihrer Höhe über dem Erdboden. Der Körper setzt diesem Kippmoment sein *Standmoment* entgegen. Dabei handelt es sich um das Produkt aus Körpergewicht und dem Abstand des Schwerpunktslots von jener Begrenzungskante der Stützfläche (»Kippkante«), über die der Körper gekippt werden soll. Wenn das Kippmoment größer wird als das Standmoment, fällt der Körper um. Als *Standfestigkeit* wird das Verhältnis von Stand- zu Kippmoment definiert. Sie ist um so größer, je mehr das Standmoment gegenüber dem Kippmoment zunimmt.

Daraus läßt sich ein sehr einfaches Rezept ableiten, wie die Standfestigkeit eines Vierbeiners möglichst groß gehalten werden kann: Die Beine werden weit abgespreizt. Hierdurch wird der Schwerpunkt des Körpers gesenkt und das Kippmoment vermindert. Zugleich werden die möglichen Kippkanten weiter hinausgeschoben, und das Standmoment vergrößert sich.

Diese Überlegungen lassen bereits einen Teil der Problematik erkennen, die sich aus der zweibeinigen Aufrichtung ergibt. Wenn das Standmoment durch Abspreizung von vier Stützextremitäten vergrößert wird, so muß es bei der Reduktion auf nur zwei Beine beträchtlich abnehmen. Das kann zwar durch Vergrößerung der Standflächen der beiden Füße etwas ausgeglichen werden; aber der große Verlust an Stützfläche läßt sich damit kaum wettmachen. Ein weiterer, statisch ungünstiger Umstand der zweibeinigen Aufrichtung ist darin zu sehen, daß der Körperschwerpunkt nun wesentlich höher liegt. Eine mögliche Kippkraft erhält so einen größeren Hebelarm, folglich ein größeres Kippmoment. Das alles läßt sich in der Feststellung zusammenfassen, daß die Aufrichtung des Körpers eine erhebliche Verminderung der Standfestigkeit zur Folge hat; die Gleichgewichtslage wird gegenüber der Vierbeinigkeit labiler.

Aufrichtung und Energieaufwand

Die Extremitäten der landbewohnenden Tiere sind aber nicht nur einfache Stützen des Körpers, sie sind vor allem Fortbewegungsorgane. Sie müssen also gegenüber dem Körper beweglich sein; sie sind mit ihm über Gelenke verbunden. Auch in sich sind sie nicht starr, sondern durch weitere Gelenke gegliedert.

So nützlich ein Gelenk für die Bewegung ist, so problematisch ist es für die Stützfunktion. Das auf den Extremitäten ruhende Körpergewicht bedeutet physikalisch eine Kraft, die die Tendenz hat, die Stützen an ihren Gelenken einzuknicken. Um dies zu verhindern, ist zusätzlich Muskelkraft erforderlich. Dafür werden solche Muskeln eingesetzt, die an dem betreffenden Gelenk in entgegengesetzter Richtung zum Körpergewicht drehen. Das Gelenk ist dann in Ruhe, wenn sich die Wirkungen von Muskelkraft und Körpergewicht im Gleichgewicht halten.

Die Drehwirkung einer Kraft an einem Gelenk entspricht ihrem Drehmoment, d. h. dem Produkt aus Kraftgröße und Hebelarm, wobei unter letzterem der in Luftlinie gemessene Abstand der Kraft vom Drehpunkt verstanden wird. Eine kleine Kraft mit einem langen Hebelarm erzeugt demnach das gleiche Drehmoment wie eine größere Kraft mit einem entsprechend kürzeren Hebelarm. Man kann auch sagen: Um ein Drehmoment bestimmter Größe zu erhalten, genügt eine kleine Kraft, wenn sie mit einem langen Hebelarm angreifen kann; ist der Abstand vom Drehpunkt dagegen nur gering, so muß die Kraft größer sein.

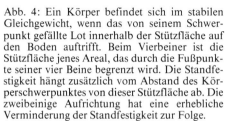

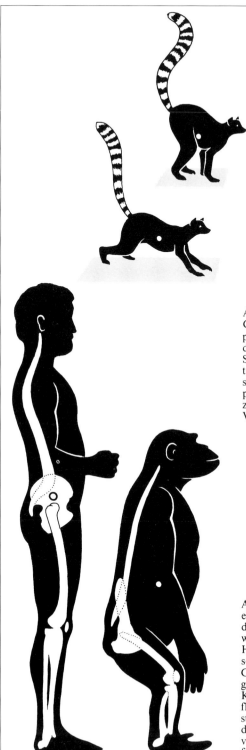

Abb. 4: Ein Körper befindet sich im stabilen Gleichgewicht, wenn das von seinem Schwerpunkt gefällte Lot innerhalb der Stützfläche auf den Boden auftrifft. Beim Vierbeiner ist die Stützfläche jenes Areal, das durch die Fußpunkte seiner vier Beine begrenzt wird. Die Standfestigkeit hängt zusätzlich vom Abstand des Körperschwerpunktes von dieser Stützfläche ab. Die zweibeinige Aufrichtung hat eine erhebliche Verminderung der Standfestigkeit zur Folge.

Abb. 5: Wie kann beim Stehen auf zwei Beinen eine Gleichgewichtslage gefunden werden, ohne daß Muskeln und Gelenke der Beine überlastet werden? Der Unterschied in der aufrechten Haltung eines Menschen und eines Schimpansen verdeutlicht die Lösung, ohne daß am Grundbauplan des Organismus im Prinzip etwas geändert wurde. Vor allem ist es wichtig, daß der Körperschwerpunkt senkrecht über der Standfläche gelagert ist. Die charakteristische Beinstellung aufgerichteter Schimpansen kommt dadurch zustande, daß der Schwerpunkt durch die vorgestellten Füße unterstützt werden muß, was für eine Dauerhaltung ungeeignet ist.

DER MENSCH – EIN AUFRECHTGÄNGER

Beim Vierbeiner verteilt sich die Körperlast auf die vier Extremitäten. Die Verteilung aber ist nicht gleichmäßig; die Belastung einer Extremität hängt davon ab, wie weit ihre Fußfläche vom Körperschwerpunkt entfernt ist. Je näher sie sich am Schwerpunkt befindet, um so größer ist ihr Lastanteil. Es wurde bereits erwähnt, daß die Vorderextremität der meisten Vierbeiner stärker belastet ist als die Hinterextremität. Die Kraft, die jeweils dem Lastanteil entspricht, hat hier einen wesentlich größeren Abstand von den Gelenken als die Muskeln, die ihr Drehmoment kompensieren müssen. Ein solches Gelenk ist nur dann ins Gleichgewicht zu bringen, wenn die Muskelkraft beträchtlich größer ist als der zu tragende Gewichtsanteil. Die Gesamtbelastung eines Gelenks ergibt sich also aus dem Körpergewichtsanteil und der Muskelkraft; sie ist erheblich größer als das reine Gewicht.

Dies alles ist zu bedenken, will man ermessen, welche mechanische Problematik mit der Aufrichtung eines Vierbeiners auf seine Hinterextremitäten verbunden ist: Anstatt der ursprünglichen 20 Prozent hat jedes Hinterbein nun 50 Prozent des Körpergewichts zu tragen. Aus den genannten Gründen werden die einzelnen Gelenke aber mit noch weit größeren Kräften belastet.

Bei der vierbeinigen Fortbewegung wird der Körper wenigstens von drei Beinen, nur beim schnellen Laufen von zwei Beinen, unterstützt. Anders ist es dagegen beim zweibeinigen Gehen. Hier wird der Körper abwechselnd von nur einem Bein getragen. Das bedeutet nicht nur eine gewaltige Vergrößerung der Belastung für die Gelenke des Beines, sondern außerdem eine weitere Reduzierung der Stützfläche, die zeitweise mit der Auflagefläche einer Fußsohle identisch ist.

Die mechanische Aufgabe, die sich stellt, wenn der Körper nicht nur vorübergehend zweibeinig aufgerichtet, sondern für längere Zeit oder gar dauernd in dieser Stellung gehalten werden soll, lautet daher: Wie kann beim Stehen auf zwei Beinen eine passable Gleichgewichtslage gefunden werden, ohne daß Muskeln und Gelenke der Beine zu sehr überlastet werden und daher ermüden oder Schädigungen ausgesetzt sind?

Würde man diese Aufgabe einem Techniker zur Lösung vorlegen, so müßte man hinzufügen, daß selbstverständlich der »Grundbauplan« des Organismus im Prinzip nicht verändert werden darf. In unserem Falle bedeutet das: Schädel, Wirbelsäule, Brustkorb, Schulter- und Beckengürtel sowie die Skelettelemente der vorderen und hinteren Extremitäten mit allen ihren Gelenken und den bewegenden Muskeln müssen in ihrer wesentlichen Gestalt (Morphologie), in ihrer relativen Anzahl und in ihrer gegenseitigen Lagebeziehung (Topographie) erhalten bleiben. Eine vollständige Neukonstruktion mit dem Ziel einer optimalen Lösung des Problems ist ausgeschlossen. Damit ist jene Situation beschrieben, in der sich ein Organismus befindet, der seinen anatomischen Bau auf dem Wege der »funktionellen Anpassung« auf neue Beanspruchungen einstellt.

Zwingende Notwendigkeit bei der zweibeinigen Aufrichtung ist die Erhaltung des Gleichgewichts. Dies verlangt, daß der Körperschwerpunkt senkrecht über der – nunmehr stark reduzierten – Standfläche gelagert sein muß. Große Menschenaffen, etwa die Schimpansen, lösen dieses Problem, indem Knie- und Hüftgelenke in halber Beugestellung gehalten werden. Wegen der eigentümlichen Form ihres Rumpfes, insbesondere wegen der gleichmäßig bauchwärts gekrümmten Rumpfwirbelsäule, liegt der Körperschwerpunkt bei der Aufrichtung relativ weit vorn. Die charakteristische Beinstellung des aufgerichteten Schimpansen kommt dadurch zustande, daß der Schwerpunkt durch die vorgestellten Füße unterstützt wird. Die Beugung in Hüft- und Kniegelenk findet so ihre plausible Erklärung. Es darf hier allerdings nicht verschwiegen werden, daß die Muskeln und die Bänder der Gelenke bei den großen Menschenaffen eine vollständige Streckung dieser Gelenke auch nicht zulassen.

Wie man sich durch einen Versuch leicht überzeugen kann, erfordert das Stehen mit eingeknickten Beinen viel Energie; es ist daher für eine Dauerhaltung ungeeignet. Aus diesem Grund sind auch Rekonstruktionen wenig glaubhaft, die Frühmenschen wie den »Affenmenschen« von Java oder selbst den Neandertaler in gebückter Haltung und mit eingeknickten Knien darstellen. Als Angehörige der Gattung *Homo* sind sie bereits echte Menschen und sicher aufrecht gegangen. Außerdem zeigt die Analyse der anatomischen Gestalt von Becken und Lendenwirbelsäule, daß ihr Körper längst vollständig gestreckt war.

Das Tier-Mensch-Übergangsfeld

Genaugenommen wissen wir auch heute über die anatomische Gestalt der Wesen im Übergangsbereich Affe-Mensch und in der Phase des Erwerbs des aufrechten Ganges noch nichts Genaues. Vielleicht ist das als Hinweis darauf zu werten, daß diese Phase – in erdgeschichtlichem Maßstab – nicht sehr lange gedauert haben kann. Vom Standpunkt der physikalischen Mechanik wäre das verständlich: Es handelte sich um ein sehr energieaufwendiges Durchgangsstadium, das entweder schnell überwunden und in ein mechanisch und ökonomisch stabileres Stadium überführt wurde oder den Individuen so große Schwierigkeiten bereitete, daß sie in ihrer Konkurrenzfähigkeit zu stark beeinträchtigt waren.

Es ist aber auch durchaus denkbar, daß es Lebewesen, die ständig »halbaufgerichtet« herumliefen, überhaupt nicht gegeben hat. Vielleicht hat sich der Übergang durch immer häufigere und »vollkommenere« Aufrichtung vollzogen, bis es einigen Individuen gelang, für eine lange Zeit aufrecht zu gehen, dann aber bereits in nahezu menschlicher Körperhaltung.

Das Typische der menschlichen zweibeinigen Haltung liegt in der vollständigen Streckung der großen Gelenke des Beines. Dadurch unterscheidet sich der Mensch von allen anderen Zweibeinern, die das Tierreich je hervorgebracht hat. Die Streckung der Beingelenke kann allerdings nicht für sich allein betrachtet werden; sie ist nur möglich, wenn der Schwerpunkt über der Stützfläche gehalten werden kann. Dies wird durch eine Reihe von Umbauten in der Gesamtkonstruktion erreicht, die – jeder für sich betrachtet – gering und fast zufällig erscheinen mögen, in ihrer Gesamtheit und vor allem in ihrer Abstimmung aufeinander allerdings für die Ökonomie der aufrechten Haltung von großer Bedeutung sind.

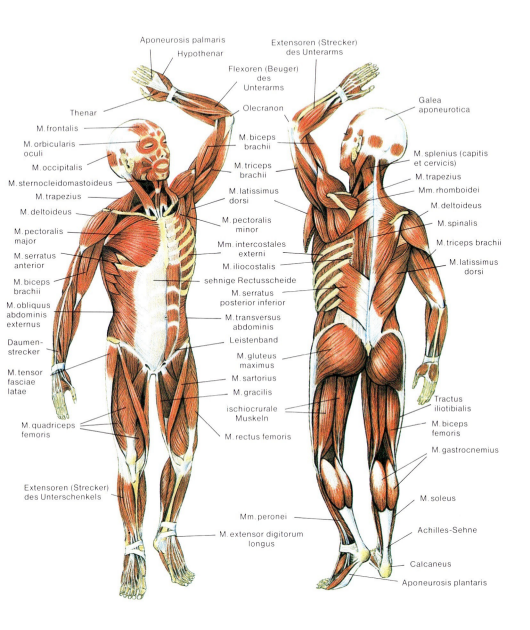

Übersicht über einige wichtige Muskelgruppen des menschlichen Körpers. Auf der linken Körperhälfte sind vor allem die in einer tieferen Schicht gelegenen Muskeln dargestellt.

Die Befreiung der Arme von der Fortbewegungs- und Stützfunktion hat zugleich die Konstruktion des Brustkorbs in dieser Hinsicht entlastet. Die Gurtung des seitlichen Sägemuskels (Musculus serratus anterior) ist keine Aufhängung für den Rumpf mehr, und folglich wird von hier aus auch nicht mehr der Druck über die Rippen auf die Wirbelsäule übertragen. Der Brustkorb kann seitlich breiter werden und in der Richtung von vorn nach hinten an Tiefe abnehmen. Rechts und links der Wirbelsäule wölben sich die Rippen sogar etwas nach hinten. Dadurch rückt die Wirbelsäule weiter ins Innere des Brustkorbs. Der Massenschwerpunkt des gesamten Oberkörpers wird somit mehr nach hinten und gegen die Wirbelsäule verlagert. Das hat wesentliche statische Vorteile, denn der Hebelarm des Körpergewichts in bezug auf die Brustwirbelsäule wird so verkürzt. Der gleichbleibende Hebelarm der Rückenmuskeln ist demzufolge länger, die Gesamtbeanspruchung der Wirbelsäule wird reduziert. Durch die Aufrichtung hat die Wirbelsäule eine weit größere Last zu tragen als beim Vierbeiner. Die Umkonstruktion aber läßt diese zusätzliche Last auf eine Größe sinken, die auf Dauer ertragen werden kann.

Auch der bauchwärts konkave Bogen (die Kyphose) der Rumpfwirbelsäule verliert bei der zweibeinigen Unterstützung des Körpers seine ursprüngliche mechanische Bedeutung, da er durch die Körperlast nun nicht mehr abgeflacht, sondern im Gegenteil noch stärker gekrümmt wird. Dabei wirkt die Bauchmuskulatur gleichsinnig mit dem Körpergewicht und kann deswegen auch nicht mehr zur Verspannung der ehemaligen Tragkonstruktion beitragen. Diese Funktion wird von den Rückenmuskeln übernommen, die eine besonders gute Wirkung dadurch erreichen, daß die Lendenwirbelsäule bauchwärts konvex gekrümmt wird. Es bildet sich hier also eine Lordose aus, wie sie beim Vierbeiner nur für die Halswirbelsäule charakteristisch ist. Sie funktioniert nach dem gleichen Prinzip, indem sie zusammen mit der verspannenden Rückenmuskulatur ebenfalls eine umgekehrte »Bogen-Sehnen-Konstruktion« darstellt.

Schließlich erfährt das Becken eine charakteristische Umformung, die als Anpassung an die Aufrichtung zu sehen ist: Die Darmbeinschaufel wird erheblich verbreitert und bietet damit eine ausreichende Ursprungsfläche für die Gesäßmuskeln, denen jetzt eine wichtige Funktion als Hüftstrecker zukommt. Die »Achse« des Darmbeins, die Verbindung von Hüft- und Kreuzdarmbeingelenk, wird durch die Streckung des Beines im Hüftgelenk fast senkrecht gestellt; die Körperlast erhält so ein geringes Drehmoment in bezug auf das Hüftgelenk. Zugleich wird das Sitzbein gegen das Darmbein nach hinten abgewinkelt, wodurch ein gutes Wirkungsmoment der am Sitzbeinhöcker entspringenden hinteren Oberschenkelmuskeln erreicht wird, die das Becken auf den beiden Beinen auszubalancieren haben.

Diese Umbauten im Bewegungsapparat – Lordose der Lendenwirbelsäule, Umformung des Beckens zu einem Winkelhebel und Streckung der großen Beingelenke – gelten der Einsparung von Energie und schaffen die Voraussetzung für eine dauernd aufrechte Körperhaltung.

Das Beinskelett des Menschen besitzt mehrere schraubenartige Verwindungen (»Torsionen«) als Folge der Aufrichtung zum zweibeinigen Stehen und Gehen. Gegenüber der querstehenden Kniegelenksachse ist der Schenkelhals im Mittel um 12° nach vorn, die Achse des Sprunggelenks um 23° nach außen gedreht. Auch das Fußskelett ist derart in sich verwrungen (»Verwringungshypothese«), daß die innen liegenden Elemente auf die äußeren heraufgewandert sind. Auf diese Weise entstanden die Fußwölbungen.

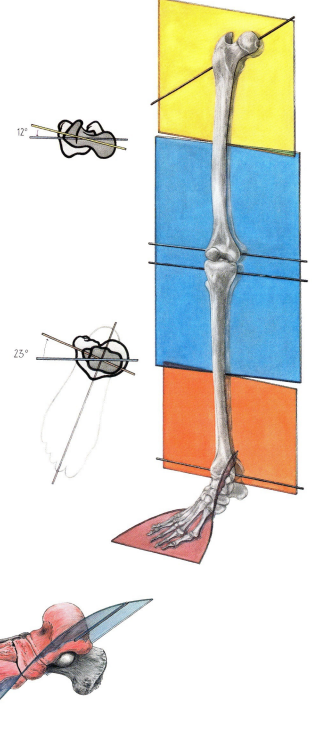

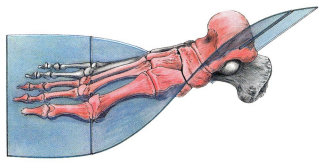

Die Bauprinzipien des Bewegungsapparates und die Mechanik der aufrechten Haltung

Skelett und Muskeln des Stammes im funktionellen Zusammenhang

Zum Stammskelett rechnet man Wirbelsäule, Brustkorb und Schädel. Wegen der engen Gelenkverbindungen mit der Wirbelsäule und der Anheftung zahlreicher Bauch- und Rückenmuskeln muß bei einer mechanisch-funktionellen Betrachtung auch der Beckengürtel zur Gesamtkonstruktion des Stammes gezählt werden.

Im Laufe der Evolution wurde die Wirbelsäule in einzelne Abschnitte gegliedert, die sich in erster Linie durch die verschiedene Differenzierung der Rippen in diesen Regionen unterscheiden. In der Brustregion sind die Verhältnisse ursprünglich geblieben. Hier stehen die Rippen mit insgesamt zwölf Wirbeln in Gelenkverbindungen. In typischer Weise besitzt eine Rippe zwei Gelenke mit der Wirbelsäule, eines mit einer Zwischenwirbelscheibe und den beiden angrenzenden Wirbelkörpern, das zweite mit einem Wirbelquerfortsatz. Durch die Zentren dieser beiden Gelenke ist die Bewegungsachse der Rippe festgelegt.

Es ist für den Menschen charakteristisch, daß die Bewegungsachsen eines Rippenpaares einen nach hinten offenen Winkel bilden und schräg nach hinten und oben verlaufen. Die sieben oberen Rippenpaare erreichen vorn das Brustbein, mit dem sie über einen biegsamen Knorpel verbunden sind. Die unteren Rippen werden zunehmend kürzer; sie legen sich entweder den jeweils oben liegenden an oder enden frei in der seitlichen Bauchwand.

In Ruhehaltung sind die Rippen leicht nach vorn und abwärts gerichtet. Aus diesem Grund und wegen der Schrägstellung der Bewegungsachse ihrer Gelenke mit der Wirbelsäule erweitert sich der Brustraum bei einer Hebung der Rippen, und zwar nicht nur in Richtung vom Brustbein zur Wirbelsäule, sondern auch in ihrem Querdurchmesser. Die Darstellung des Menschen auf der Farbseite 229 zeigt, wie der gesamte Brustkorb durch Muskeln, die jeweils nur von einer Rippe zur benachbarten ziehen, gehoben und gesenkt wird. Die äußeren Zwischenrippenmuskeln sind so gerichtet, daß ihr Hebelarm für das Gelenk der oberen Rippe kleiner ist als der Hebelarm für das untere Rippengelenk. Ein solcher Muskel besitzt für die jeweils untere Rippe ein größeres Drehmoment und zieht sie folglich mit größerem Effekt nach oben, als er die obere Rippe herunterholen kann. Da sich aber beide Rippen nicht unabhängig voneinander bewegen lassen, weil sie durch das Brustbein miteinander verbunden sind, können sie sich einander auch nicht nähern; so wird das gesamte System gehoben. Diese sinnreiche Konstruktion funktioniert, auch wenn keine zusätzlichen Kräfte am Brustkorb angreifen. Es gibt jedoch Muskeln, die vor allem an den oberen Rippen ansetzen und den Brustkorb an der Halswirbelsäule förmlich aufhängen. Tiefer in der Brustwand – bedeckt von den äußeren – liegen die inneren Zwischenrippenmuskeln. Sie verlaufen gegensinnig zu den äußeren von vorn oben nach hinten unten. Damit ist ihr Drehmoment jeweils für die obere Rippe größer als für die untere; sie senken den gesamten Brustkorb.

Hebung der Rippen bedeutet Erweiterung des Brustraums; dabei strömt Luft in die Lungen. Eine andere Form der Einatmung geschieht mit Hilfe des Zwerchfells, dessen Wölbung sich abflacht, was ebenfalls zu einer Raumvergrößerung der Brusthöhle und damit der Lunge führt. Die Rippenatmung, die auf der Hebung und Senkung des Brustkorbs beruht, ist eine typische Konsequenz der aufrechten Körperhaltung. Sie konnte sich erst ausbilden, nachdem die Rippen nicht mehr als Stützelemente für die Aufhängung der Vorderextremität benötigt wurden, was bei Vierbeinern noch der Fall ist. Aus diesem Grund ersticken Katzen bei einer Lähmung des Zwerchfells; beim Menschen kann das Zwerchfell jedoch zur Behandlung von Lungenerkrankungen stillgelegt werden.

Die an die Brustregion anschließenden Abschnitte der Wirbelsäule sind dadurch gekennzeichnet, daß hier die Rippen zu kleinen Resten rückgebildet wurden und als Anhängsel mit den Wirbeln verschmolzen.

Während die Brustwirbelsäule auch nach der Aufrichtung des Körpers die für den Vierbeiner typische kyphotische Krümmung beibehalten hat, sind Hals- und Lendenwirbelsäule lordotisch gekrümmt. Beide Lordosen werden von der Rückenmuskulatur verspannt, die damit für den Zweibeiner eine besondere Bedeutung gewinnt. Dementsprechend sind diese Muskeln vor allem im Nacken- und Lendenbereich kräftig ausgebildet. Der Lendenteil der Rückenmuskeln ist dabei am stärksten entwickelt, er hat die Last des Hauptanteils des Stammes und der beiden Arme zu tragen. Infolgedessen erfährt die Lendenwirbelsäule die höchste Beanspruchung, auf sie wirken etwa die Hälfte des gesamten Körpergewichts und die entsprechend großen Muskelkräfte ein. Der lordotische Bogen dieses Wirbelsäulenabschnitts ist in der Regel derart gekrümmt, daß in jeder Querschnittshöhe die Gesamtkraft (Resultierende), die sich aus Körpergewicht und Muskelkraft ergibt, fast im Zentrum der einzelnen Wirbelkörper bzw. der Zwischenwirbelscheiben liegt.

Diese Beanspruchungsweise ist unter den gegebenen Umständen die denkbar günstigste, denn wenn die Gesamtlast auch recht hoch ist (in der unteren Lendenwirbelsäule ist sie etwa so groß wie das gesamte Körpergewicht!), so kommen doch bei normaler Funktion des ganzen Apparats keine biegenden Kräfte ins Spiel, die stets eine besonders große Materialbeanspruchung darstellen.

Es ist verständlich, daß so vor allem die Form der Lendenwirbelsäule durch genau dosierte Muskelkräfte den jeweiligen Beanspruchungsverhältnissen angepaßt sein muß. Eine zu flache Krümmung bedeutet eine Vorverlagerung des Schwerpunktes der Körpermasse und damit eine Vergrößerung des Biegemoments. Eine übertriebene Lordose führt demgegenüber zu einem Ausknicken der Wirbelsäule nach vorn. Beides kann durch einen entsprechenden Einsatz der Bauchmuskeln verhindert werden. Rücken- und Bauchmuskeln greifen nämlich wie Zügel an der Wirbelsäule an, durch deren abgestimmte Anspannung stets die günstigste Krümmung eingestellt werden kann.

Schwache Bauchmuskeln wirken sich daher ungünstig auf die Beanspruchung der Lendenwirbelsäule aus. Dabei besteht noch das geringere Übel darin, daß sich der Bauchinhalt bei schlaffen Bauchdecken stärker nach vorn verlagert und somit ein größeres Biegemoment bewirkt. Wichtiger ist schon die fehlende Zügelung der Rückenmuskeln, die leicht Übergewicht bekommen und den Bogen überspannen können. Außerdem haben die Bauchmuskeln eine wesentliche Bedeutung für die Versteifung der Rumpfkonstruktion, welche durch ihre Schwächung erheblich gemindert werden kann. Zusammen mit einer Anspannung des Zwerchfells können die Bauchmuskeln nämlich den Inhalt der Bauchhöhle unter beträchtlichen Druck setzen. Die Bauchorgane, die im wesentlichen mit Blut und anderen Flüssigkeiten gefüllt sind, lassen sich dabei derart leicht verformen, daß man den ganzen Bauch als eine große Wasserblase ansehen kann. Wenn sie unter Anspannung ihrer Wand unter Druck versetzt wird, so breitet sich dieser Druck nach allen Richtungen gleichmäßig aus. Das ganze Gebilde wirkt wie ein prall gefüllter Sack, auf den man sich mit erheblicher Kraft stützen kann. Dabei wird die Lendenwirbelsäule, die gewissermaßen in die Wand dieses Sacks eingelassen ist, durch diesen Binnendruck gestützt, der vor allem der lordotischen Biegung entgegenwirkt. Ein anschauliches Beispiel für den Einsatz dieser »Bauchpresse« ist das Heben schwerer Lasten. Zunächst wird tief eingeatmet und dann der Kehlkopf verschlossen. Die luftgefüllte Lunge wirkt wie ein federndes Widerlager (Luftkissen) für das gespannte Zwerchfell. Der ganze Stamm bildet durch Anspannung der Bauchmuskeln eine kompakte, feste Säule. Nur so lassen sich schwere Lasten heben, ohne daß die dabei auftretenden enormen Kräfte die Wirbelsäule und ihre Bandscheiben schädigen. Bei schwacher Bauchmuskulatur ist die Fähigkeit zu schwerem Heben und Tragen empfindlich beeinträchtigt.

Kommt es bei schlaffen Bauchmuskeln dennoch zu erheblicher Belastung der Lendenwirbelsäule, so werden die Rückenmuskeln der Lendenregion besonders stark angespannt, und die Wirbelsäule gerät in die Gefahr einer Überlordosierung. Die resultierende Gesamtkraft, mit der die einzelnen Wirbel beansprucht werden, wird dabei schräg nach vorn gerichtet, so daß die Wirbelkörper nicht mehr ausschließlich in Längsrichtung durch Druck beansprucht werden, sondern zusätzlich einen vorwärts gerichteten Schub erfahren. Dieser Vorwärtsschub kann nur in den sogenannten kleinen Wirbelgelenken aufgefangen werden, in denen jeder Wirbel mit dem nächstunteren förmlich verhakt ist, so daß ein Abgleiten nach vorn verhindert wird. Wenn der Vorwärtsschub allerdings besonders groß ist, kann es zu einer Überlastung der Verbindung zwischen Gelenkfortsatz und Wirbelkörper, der »Bogenwurzel«, kommen, in der schließlich durch Knochenabbau ein Spalt auftritt. Der obere Wirbel beginnt nach Auflösung dieser knöchernen Verbindung, tatsächlich nach vorn zu gleiten, da diese Bewegung allein durch die Bandscheibe auf die Dauer nicht verhindert werden kann. Diese in der medizinischen Fachsprache als »Spondylolisthesis« bezeichnete Erkrankung ist eine – glücklicherweise seltene – durch die aufrechte Körperhaltung des Menschen bedingte Erscheinung.

Ein mechanisch kritischer Punkt der Rumpfkonstruktion ist ferner das Kreuzdarmbeingelenk. Diese enge Verbindung zwischen Beckengürtel und Wirbelsäule ist zwar einerseits eine der wichtigen konstruktiven Voraussetzungen für die zweibeinige Aufrichtung, andererseits aber auch eine recht anfällige Einrichtung angesichts der beträchtlichen Beanspruchung, die sie erfährt.

Es wurde bereits erwähnt, daß es sich hier im anatomischen Sinn um ein echtes Gelenk handelt, dessen Gelenkflächen aber so unregelmäßig gestaltet sind, daß sie eigentlich nur in einer einzigen Stellung genau aufeinanderpassen. Jede auch nur geringste Bewegung in diesem Gelenk führt zu einer Verkantung der Gelenkflächen und deswegen zu erheblichen Schmerzen. Bei aufrechter Körperhaltung liegt der Schwerpunkt des Stammes und der Arme vor der Wirbelsäule. Diese Körpermasse sucht also das Kreuzbein zwischen den beiden Darmbeinschaufeln nach vorn zu kippen, was durch die hinter dem Gelenk liegende Verspannung der Kreuzsitzbeinbänder normalerweise verhindert wird. Da in der Schwangerschaft der Baustoff Kollagen, aus dem die Bänder des Skeletts größtenteils bestehen, unter hormonellem Einfluß aufgelockert und dehnbar wird, können Kreuzschmerzen durch Dehnung der Kreuzsitzbeinbänder ausgelöst werden. Aber auch ohne Schwangerschaft ist eine Überdehnung dieses Bandapparats durch zu große Belastung möglich. Dies ist also ebenso ein Leiden, das in engem Zusammenhang mit der typisch menschlichen Körperhaltung steht.

Skelett und Muskeln des Beines im funktionellen Zusammenhang

Die Umwandlung der Hinterextremität des Vierbeiners zu einem menschlichen Bein wird ganz von der extremen Streckung in Hüft- und Kniegelenk beherrscht, die sich während der Individualentwicklung jedes einzelnen Menschen in ähnlicher Weise wiederholt wie in der Stammesgeschichte. Der junge Embryo hält im Uterus die Beine fast in der gleichen Stellung wie Amphibien oder primitive Reptilien, nämlich im Hüftgelenk abgespreizt, nach außen gedreht und in Hüft- und Kniegelenk gebeugt. Bei der Geburt sind die Beine in den großen Gelenken bereits weitgehend gestreckt, jedoch noch stark nach außen gedreht. Das Knie hat beim Säugling deutliche O-Bein-Form, die bei vielen Vierbeinern gefunden wird. Erst mit dem Erlernen des zweibeinigen Laufens verschwinden diese urtümlichen Merkmale, und das Bein nimmt die für den Menschen typische Gestalt an.

Der aufmerksame Untersucher erkennt am Bein des Erwachsenen noch Spuren dieser Umwandlungen. Vor allem die starke Innenrotation ist am Verlauf einiger Muskeln abzulesen, besonders deutlich beim Schneidermuskel (Musculus sartorius), der sich schraubenförmig um die Vorderseite des Oberschenkels schlingt. Mit dieser Innendrehung hängt zusammen, daß wir nur noch über wenige Muskeln verfügen, die als Innenkreiseler tätig werden können. Sie haben sich gewissermaßen bereits dadurch erschöpft, daß sie das Bein in diese Stellung brachten. Dafür sind um so wirksamere Außenkreiseler vorhanden, die bei der Innenrotation gespannt wurden und von dieser Ausgangslage kraftvoll tätig werden können.

Besonders typisch für den Menschen sind die Gesäßmuskeln. Sie haben zwei wesentliche Aufgaben: Strecken der Hüfte und Abspreizen (Abduzieren) des Beines. Der große Gesäßmuskel (Musculus glutaeus maximus) ist der stärkste Strecker des

Hüftgelenks und damit für die aufrechte Körperhaltung von besonderer Bedeutung. Den großen Menschenaffen, unseren nächsten Verwandten unter den Primaten, die trotz ihrer gelegentlichen Aufrichtung doch eigentlich Vierbeiner geblieben sind, fehlt die Verwölbung eines Gesäßes. Der mittlere und kleine Gesäßmuskel (Musculi glutaei medius et minimus) liegen beim Menschen mehr an der Seite der Hüfte; deshalb können sie besonders gut das Bein seitwärts abspreizen. Von dieser Möglichkeit wird vor allem beim Gehen Gebrauch gemacht, um das Becken im Gleichgewicht zu halten. Während der Körper von einem Bein gestützt wird, müßte eigentlich das Becken unter der Last des Körpergewichts nach der Gegenseite absinken, wenn es nicht durch die Muskeln daran gehindert würde. Die Rolle, die den kleinen Gesäßmuskeln zukommt, wird dann deutlich erkennbar, wenn sie gelähmt sind: Das Becken sinkt bei jedem Auftreten des geschädigten Beines nach der Gegenseite ab, wodurch ein richtiger Watschelgang zustande kommt.

Ein weiteres menschliches Charakteristikum ist das leichte X-Bein, das sich beim Kleinkind ausbildet, wenn es laufen lernt. Durch Wachstumsvorgänge, die durch die neue Belastung ausgelöst werden, formt sich das O-Bein des Säuglings zu einem X-Bein um, das etwa zu Beginn des Schulalters seine stärkste Ausprägung erreicht. Es kann bei manchen Kindern ein solches Ausmaß annehmen, daß die besorgten Eltern einen Orthopäden um Rat fragen. Meist handelt es sich allerdings nur um eine vorübergehend über das Ziel hinausschießende Reaktion, die später durch gegenläufige Wachstumsprozesse kompensiert wird.

Die X-Bein-Form des aufrecht gehenden Menschen ist als eine Anpassung aufzufassen, die es gestattet, den Fuß bei jedem Schritt mit etwa senkrecht stehendem Unterschenkel unter den Körperschwerpunkt zu setzen. Nur auf diese Weise ist das Stehen mit geschlossenen Knien und Unterschenkeln möglich. Gerade diese Körperhaltung zeigt übrigens deutlich, daß der stärkere X-Bein-Winkel bei Frauen mit dem breiteren Becken in Zusammenhang steht.

Beim Stehen und Gehen muß das Kniegelenk gestreckt beziehungsweise in Streckstellung gehalten werden. Dafür wird eine sehr kräftige, an der Vorderseite des Oberschenkels liegende Muskulatur benötigt, in deren gemeinsame Ansatzsehne, die sich am Schienbein anheftet, die Kniescheibe als großes Sesambein eingelassen ist.

Bei gestrecktem Bein liegt die Kniescheibe dem Oberschenkelknochen, auf dem sie mit einer Gelenkfläche gleitet, nur lose auf. Sobald das Knie jedoch gebeugt wird, drückt sie mit erheblicher Kraft auf ihre Unterlage. Dieser Druck führt gelegentlich zu einer Verschleißerkrankung, der Arthrose – ein deutlicher Hinweis darauf, wie groß diese Beanspruchung werden kann.

Die gesamte Körperlast aber ruht letztlich auf dem Fuß, der den Kontakt zum Boden vermittelt. Diese große Belastung erfordert besondere konstruktive Anpassungen, die zum Ziel haben, das vom Bein zu tragende Gewicht über die an sich schon stark eingeschränkte Stützfläche möglichst gleichmäßig zu verteilen.

Gegenüber dem Unterschenkel stellt die Fußsohle eine Verbreiterung der Auflagefläche dar, die beim Stehen auf einem Bein mit der gesamten Standfläche identisch ist. Wenn Gleichgewicht herrscht, liegt der Körperschwerpunkt senkrecht über ihr. Beim beidbeinigen Stehen ist die Standfläche wesentlich größer, und zwar wird sie durch die Tangenten begrenzt, die an beiden Fußflächen angelegt werden können. Somit kann die Standfestigkeit erhöht werden, wenn man beide Füße weiter auseinander setzt; diese Erfahrung nutzen wir vor allem in einem schnell fahrenden Autobus oder auf einem schwankenden Schiff. Davon ist allerdings die Lastübertragung vom Fuß auf den Boden völlig unberührt; sie wird allein durch den Quotienten Gewicht dividiert durch Auflagefläche bestimmt. Diese Rechnung stimmt allerdings nur dann, wenn sich die Last gleichmäßig auf die ganze Fläche verteilt.

Wird eine ebene Fußfläche über eine senkrechte Stütze belastet, so kann der Druck nur dann gleichmäßig auf den Boden übertragen werden, wenn die Fußfläche absolut starr ist und sich nicht durchbiegt. Dies aber trifft für kein Material wirklich zu. Die Beanspruchung wird am Angriffspunkt der Stütze am größten sein und gegen den Rand der Fußfläche abnehmen, die dabei auf Biegung beansprucht wird. Dem kann begegnet werden, indem die Fläche zuvor bereits nach oben konvex gekrümmt ist. Sie liegt dann zwar zunächst nur mit ihrem Rand dem Boden auf, wodurch die eigentliche Tragfläche eingeschränkt wird. Mit wachsender Belastung wird sie sich aber zunehmend abflachen, wodurch immer mehr Flächenabschnitte Bodenkontakt gewinnen und dadurch die Tragfläche vergrößern. Nach diesem Prinzip ist der menschliche Fuß konstruiert.

Im Laufe der Embryonalentwicklung ordnen sich die Skelettelemente des Fußes, die zu Beginn in einer Ebene nebeneinander ausgebreitet angelegt sind, zu einer Wölbungskonstruktion. In der Literatur ist dieser Bau oft mit einem Gewölbe verglichen worden, wie es aus der Bautechnik bekannt ist. Dieser Vergleich ist jedoch unzutreffend, weil das Wirkungsprinzip des architektonischen Gewölbes darauf beruht, daß die Widerlager am Boden aufgrund von Reibung und Erddruck seitlich nicht weggleiten können. Besondere Auflagesteine an den Fußpunkten des Gewölbes, sogenannte »Kämpfer«, unterstreichen die Bedeutung dieses Widerstandes. Es wäre also auch nicht denkbar, ein derartiges Gewölbe vom Boden hochzunehmen und an anderer Stelle unter voller Belastung wieder aufzusetzen. Demgegenüber ist das Fußskelett des Menschen nach dem gleichen Prinzip konstruiert wie die Wirbelsäule des Vierbeiners, nämlich als Gliederbogen, der durch Muskeln, lange Sehnen und Bänder auf seiner Konkavseite verspannt ist. Die Verspannungen sind gewissermaßen in verschiedenen Etagen angeordnet: Dicht am Skelett, also ganz in der Tiefe der Fußsohle, liegen kräftige Bänder, die praktisch alle Gelenke zwischen den Fußwurzel- und Mittelfußknochen überbrücken. Oberflächlich kommen lange Sehnen hinzu, die zu den Muskeln gehören, die in der Tiefe auf der Rückseite des Unterschenkels liegen; sie sind in kurze Fußmuskeln eingebettet und werden von ihnen, besonders vom »kurzen Zehenbeuger« (Musculus flexor digitorum brevis), auch nach der Oberfläche der Fußsohle hin bedeckt. Ganz oberflächlich liegt schließlich eine

Neben dem Menschen gibt es viele Tiere, die sich entweder wie die Vögel auf zwei Beinen fortbewegen, oder doch wenigstens zeitweise auf zwei Beinen aufrichten und mit abwechselnder Belastung der hinteren Extremitäten aufrecht gehen. Dabei bewegen sich Tiere nicht immer ökonomisch gemäß den Erfordernissen der eigentlichen Lebensfunktionen. Der Skelett-Muskel-Apparat, der der Fortbewegung dient, wird nicht selten für Leistungen in Anspruch genommen, die im Grenzbereich der Funktionsmöglichkeiten liegen. Das Aufrichten auf die Hinterbeine spielt dabei eine ganz wesentliche Rolle. Zum einen erscheint

der Körper größer und damit furchterregender, zum anderen erreichen Tiere so einen höheren Standpunkt zur Beobachtung ihrer Umwelt. Im Unterschied zu den Säugetieren liegt der ständigen Zweibeinigkeit der Vögel ein Funktionswandel der Vorderextremitäten zugrunde, der eine Rückkehr in eine Vierbeinigkeit unmöglich macht.

In der Dressur ist die Zweibeinigkeit oft herausragendes Ziel zur Demonstration der Lernfähigkeit und Konditionierung eigentlicher Vierbeiner an eine für den Menschen selbst wohl sinnvolle Bewegungsart, für das Tier aber eine Ausnahmesituation.

Der Mensch kann sich nicht nur auf zwei Beine aufrichten, er muß vielmehr in dieser Stellung verharren, weil ihm durch zahlreiche Umkonstruktionen im Bereich des Bewegungsapparates, die für diese Stellung eine optimale Anpassung bedeuteten, die Rückkehr zur vierbeinigen Körperstellung erschwert und auf Dauer sogar unmöglich ist. Das Typische der menschlichen Zweibeinigkeit liegt in der vollständigen Streckung der großen Gelenke des Beines. Dies aber kann vom Kleinkind noch nicht geleistet werden. Für das Stehen und Gehen wird eine sehr kräftige, an der Vorderseite des Oberschenkels liegende Muskulatur benötigt. Durch Wachstumsvorgänge, die durch die neue Belastung des aufrechten Ganges ausgelöst werden, formt sich das O-Bein des Säuglings zu einem X-Bein, das bis zum Beginn des Schulalters seine stärkste Ausprägung erhält.

Die Vorteile des aufrechten Ganges aber verlangen eine energieeinsparende Ruhehaltung. Bei

intensivem Ruhebedürfnis macht es der Mensch wie das Tier, er legt sich hin. Dabei behält in der Rückenlage die Wirbelsäule auf flachem Grund im wesentlichen ihre Gestalt, wie sie sie auch beim Stehen hat. Andere Formen des Ausruhens bestehen in der Hockstellung und dem Sitzen. Hierbei werden vor allem die Beine entlastet. Die ursprünglichste Art des Ausruhens ist das Hocken auf dem Erdboden. In unserer Kultur entwickelte sich vor allem das Sitzen auf Stühlen. Unter besonderen Bedingungen kann der Mensch auch wieder zu einem Vierbeiner werden, d. h. er setzt Arme und Beine wieder für die Fortbewegung ein. Da er aber die aufrechte Körperhaltung zur Fortbewegung nicht mehr aufgeben kann, die Arme den Boden also nicht erreichen, müssen diese künstlich verlängert werden, wenn sie zur Abstützung des Körpers dienen sollen. Aus der Zuhilfenahme von Stökken ergaben sich verschiedene Formen von Krücken. Sie entlasten den Bewegungsapparat.

kräftige sehnige Membran (Plantaraponeurose), über der sich nur noch ein dikkes Polster aus Unterhautfettgewebe befindet.

Von der Bogenkonstruktion der Wirbelsäule unterscheidet sich das Fußskelett allerdings dadurch, daß es in zwei Richtungen zugleich gewölbt ist. Der eine Bogen verläuft in der Längsrichtung, also von der Ferse zu den Zehen, der andere Bogen quer dazu vom seitlichen zum mittleren Fußrand. Die Querwölbung erreicht den Boden jedoch nur an der äußeren Seite. Das Bauprinzip läßt sich als Viertel einer Kugelschale verdeutlichen, das mit seinem halbkreisförmigen Rand dem Boden aufliegt.

Die hier beschriebene Konstruktion umfaßt anatomisch die Fußwurzel und den Mittelfuß. Der Fuß liegt im wesentlichen mit der Ferse, den Köpfchen der Mittelfußknochen und (weniger fest) mit seinem seitlichen Rand dem Boden auf. Die Stellen stärkster Druckübertragung sind durch Hornhautschwielen auf der Fußsohle deutlich gekennzeichnet. Die genaue Analyse der Verteilung des Bodendrucks hat gezeigt, daß beim Stehen die Zehen nur wenig am Tragen des Körpergewichts beteiligt sind; sie haben eine größere Bedeutung beim Abrollen der Fußsohle während des Gehens oder für die Balance beim Stehen auf den Fußspitzen.

Die Wölbung des Fußskeletts schützt überdies die Blutgefäße und Nerven, die fast ausschließlich an der Fußsohle verlaufen, vor direktem Druck. So kann man verstehen, daß bei einer abnormen Abflachung der Fußwölbung, dem Plattfuß, Beschwerden auftreten. Dabei werden die Bänder gedehnt und der Gelenkkontakt zwischen den Fußwurzelknochen gestört; kleine Muskeln, die druckfrei unter der Wölbung liegen, werden gequetscht, im Extremfall sogar Nerven und Blutgefäße. Der Plattfuß ist eine Zerstörung der Längswölbung des Fußes, die durch das Tragen von Schuhwerk und die daraus resultierende mangelnde Inanspruchnahme vor allem der kurzen Fußmuskeln sowie durch langes Stehen stark begünstigt wird. Eine relative Überlastung des Vorfußes, wie sie sehr leicht in Schuhen mit hohen Absätzen vorkommen kann, führt demgegenüber zu einem Spreizfuß, einer Zerstörung der Querwölbung.

Beide Leiden sind ausgesprochene Folgen der Zivilisation. Sie zeigen einerseits, daß die Gesamtkonstruktion »Fuß« unter natürlichen Bedingungen an die zweibeinige Körperhaltung und die damit verbundene hohe Beanspruchung durchaus angepaßt ist. Andererseits beweisen sie aber auch, daß diese Regulationsfähigkeit auch ihre Grenzen hat, die durch scheinbar geringe Störungen des Systems überschritten werden können.

Die Entwicklung dieser für den Menschen so typischen Form des Fußskeletts kann als eine Änderung der Beziehungen der einzelnen Knochen aufgrund einer Verdrehung (Torsion) des Fußes in sich angesehen werden. Obwohl inzwischen feststeht, daß die Unterstellung einer tatsächlichen Verwindung nur eine Hilfsvorstellung ist, während der wirkliche Vorgang auf komplizierten Wachstumsprozessen beruht, hat sich dieser Begriff wegen seiner Anschaulichkeit so stark durchgesetzt, daß allenthalben von »Torsionen« des Beinskeletts gesprochen wird und sich dies keineswegs nur auf den Fuß beschränkt. So wird eine »Torsion« des Oberschenkelknochens (Femur) dafür verantwortlich gemacht, daß die quer verlaufende Kniegelenksachse senkrecht auf der Mittelebene des Körpers steht, in der die Fortbewegungsrichtung liegt. Auch daß die Bewegungsachsen von Kniegelenk und oberem Sprunggelenk gegeneinander gedreht sind und nicht in der gleichen Ebene liegen, wird auf eine entsprechende »Unterschenkeltorsion« zurückgeführt. Wir wissen heute, daß es sich nur um scheinbare Torsionen handelt, denn die einzelnen Knochen werden nicht etwa in sich verdreht wie ein Tuch, das man auswringt, sondern oberes und unteres Knochenende werden durch ein gesteuertes Wachstum jeweils in verschiedener Richtung gegenüber dem Mittelteil, dem Schaft, abgewinkelt oder verbreitert. Diese Formänderung vollzieht sich während des Wachstums der Knochen und wird in einer geradezu genial anmutenden Weise durch die mechanische Beanspruchung selbst derart beeinflußt, daß die daraus resultierende Gestalt an die Art der Beanspruchung optimal angepaßt ist.

Das Prinzip dieses Anpassungsvorgangs läßt sich anhand der Entwicklung eines Extremitätenknochens sehr einfach beschreiben: Das Längenwachstum eines solchen Röhrenknochens beruht auf der Existenz zweier Knorpelfugen nahe den Knochenenden. Im Gegensatz zum Knochengewebe, das nur äußerst langsam wächst, zeigt dieser Epiphysenknorpel ein wesentlich lebhafteres Wachstum. Zugleich wird er beständig in Knochengewebe umgewandelt, er verknöchert. Solange der Epiphysenknorpel über seine ganze Breite gleichmäßig in die Dicke wächst, verlängert sich der Knochen geradlinig in Richtung seiner Achse. Wenn das Dickenwachstum des Epiphysenknorpels von der Verknöcherung eingeholt wird, verschwindet das Knorpelgewebe; das knöcherne Gelenkende verbindet sich mit dem Schaft des Knochens, und das Längenwachstum ist im wesentlichen abgeschlossen.

Der Regulationsmechanismus beruht nun darauf, daß die Intensität des Knorpelwachstums durch die Größe der mechanischen Beanspruchung gesteuert wird. Trifft die beanspruchende Kraft das Zentrum des Epiphysenknorpels, so ist die Beanspruchung über seine ganze Breite gleichmäßig verteilt; er wächst ebenso gleichmäßig, und der Knochen verlängert sich geradlinig. Trifft die beanspruchende Kraft, die aus Gründen des Gleichgewichts durch den Drehpunkt des Gelenks verlaufen muß, den Epiphysenknorpel dagegen exzentrisch, so wird er ungleichmäßig beansprucht. Der Knorpel wächst dort stärker, wo die Beanspruchung größer ist. Durch diesen ungleichen Zuwachs wird das Knochenende gegenüber der Schaftachse abgewinkelt. Der Prozeß läuft so lange, bis der Epiphysenknorpel mit seiner Fläche senkrecht zur beanspruchenden Kraft eingestellt und damit zentrisch beansprucht ist. Das Knochenende erfährt dann eine reine Druckbeanspruchung und ist folglich optimal orientiert. Alle Anpassungen, insbesondere die scheinbaren Torsionen, kommen durch diesen im Grunde sehr einfachen und sicher funktionierenden Regelmechanismus zustande.

Skelett und Muskeln des Armes im funktionellen Zusammenhang

Anpassungsvorgänge, wie sie im letzten Abschnitt dargestellt wurden, können selbstverständlich nur an einem bereits vorhandenen Substrat angreifen und es verändern, nicht aber neue Strukturen aus dem Nichts hervorzaubern oder einen gegebenen Grundbauplan abrupt durch etwas völlig Neues ersetzen. In diesem Zusammenhang wurde schon darauf hingewiesen, daß der Funktionswandel der vorderen Extremität vom Vorderbein zum menschlichen Arm weder den Bau des Skeletts noch die Anordnung der Muskeln grundsätzlich verändert hat. Vielmehr ist es so, daß bestimmte konstruktive Gegebenheiten den Einsatz im Dienst einer neuen Funktion überhaupt erst möglich machten.

Diese bauplanmäßigen Voraussetzungen, die von manchen Evolutionsforschern als »Präadaptation«, also Voranpassung, bezeichnet werden, sind beim Arm vor allem die bewegliche Aufhängung des Schultergürtels; die Pronations- und Supinationsmöglichkeit im Unterarmskelett und die entwicklungsgeschichtlich primitive Konstruktion der Hand mit dem besonders beweglichen Daumen, der den übrigen Fingern gegenübergestellt werden kann.

Ausgedehnte, platte Muskeln, die im Laufe der Evolution von der Extremität auf den Stamm zurückgewandert sind und nun die eigentlichen Rückenmuskeln oberflächlich vollständig bedecken, erweisen sich auch bei der neuen Haltung des Armes als eine ebenso perfekte wie vielseitige Aufhängung für den Schultergürtel.

Ein Trapezmuskel (Musculus trapezius), der sich vom Hinterkopf und den Dornfortsätzen aller Hals- und Brustwirbel zum Schulterblatt zieht, hält mit seinem oberen Teil, der die seitliche Kontur der Weichteile des Nackens bildet, wie ein breiter Traggurt die Schulter und den daran hängenden Arm. Der Musculus latissimus dorsi entspringt an der Lendenwirbelsäule bis hinunter zum Becken und heftet sich hoch am Oberarm in Nähe des Schultergelenks an. Er hängt den ganzen Körper am Arm auf, sobald man sich auf eine Hand stützt oder unter Zuhilfenahme eines Stocks oder einer Krücke den Arm auch beim aufrechten Gang wieder hilfsweise als Fortbewegungsextremität mitbenutzt. Besonders deutlich wird seine Funktion beim Hang am Reck. Dann wird der ganze Körper von beiden Musculi latissimi wie in einer Hängematte getragen. Da sie direkt vom Becken zu den Oberarmknochen verlaufen, entlasten sie die Schultergelenke, die sonst einer zu großen Zugbeanspruchung ausgesetzt wären.

Da das Schulterblatt rückwärts auf dem seitlich verbreiterten Brustkorb liegt, ist das Schultergelenk gegenüber den Verhältnissen beim Vierbeiner stärker seitwärts gerichtet. Das verschafft dem Arm einen größeren Spielraum und bietet letztlich die Voraussetzung dafür, daß man sich mit der eigenen Hand an den Rücken greifen kann.

Beim Heben schwerer Lasten wird der Arm zweckmäßig in Supinationsstellung gehalten. Das hängt damit zusammen, daß der kräftigste Beuger des Ellenbogengelenks, der Bizeps, an der Speiche des Unterarms ansetzt. Seine Sehne heftet sich an einem Knochenvorsprung an, der bei der Pronation der Hand, die ja im wesentlichen auf einer Rotation der Speiche beruht, nach innen gedreht wird. Dabei wickelt sich die Bizepssehne um den Radius. Bei der Anspannung des Muskels besteht also die Tendenz, den Radius in seine Ausgangsstellung zurückzudrehen und damit die Hand zu supinieren. Der Bizeps ist ein kräftiger Supinator. Beim Versuch, eine Last mit pronierter Hand unter Beugung des Ellenbogengelenks zu heben, wird folglich entweder ein Teil der Kontraktion des Bizeps durch Supination der Hand verlorengehen, oder – was häufiger geschieht, wenn die Pronationsstellung beibehalten wird – es müssen zusätzliche, nicht unerhebliche Muskelkräfte eingesetzt werden, was recht anstrengend ist. Die Tragfähigkeit bei proniertem Unterarm ist deutlich geringer.

Der Bewegungsspielraum des Menschen und seine typischen Körperhaltungen

Der Mensch kann sich nicht nur auf zwei Beine aufrichten, er muß vielmehr in dieser Stellung verharren, weil ihm zahlreiche Umkonstruktionen im Bereich des Bewegungsapparates, die optimale Anpassungen an diese Haltung darstellen, die Rückkehr zur vierbeinigen Körperstellung erschweren und auf die Dauer sogar unmöglich machen. Bisher war vor allem die Rede davon, was wir durch diese Umstellung gewonnen haben; aber haben wir nicht auch manches an Bequemlichkeit aufgegeben? Es steht außer Zweifel, daß die kleinen Unbequemlichkeiten, die wir uns eingehandelt haben, den großen Gewinn – vor allem die geistige Entwicklung – nicht schmälern können. Dennoch gibt es biomechanische Probleme, mit denen unsere Vorfahren fertig werden mußten – offensichtlich auch fertig geworden sind.

In der Ruhehaltung muß Energie gespart werden. Der Mensch macht es daher bei intensiver Ruhe, vor allem beim Schlafen, wie viele Vierbeiner: Er legt sich hin. Damit sind alle Gleichgewichtsprobleme mit einem Schlag beseitigt, es wird praktisch keine Muskelarbeit benötigt, die Belastung aller Gelenke ist drastisch herabgesetzt – kurz, der gesamte Bewegungsapparat kann sich von der zum Teil sehr hohen mechanischen Beanspruchung erholen. Wie viele Vierbeiner legt sich auch der Mensch auf die Seite, mit krummem Rücken und angewinkelten Extremitäten, er »rollt sich zusammen«. Diese Haltung, die in freier Wildbahn vor allem deshalb von Bedeutung ist, weil sie eine zu große Wärmeabgabe verhindert und wohl auch die Verletzbarkeit des Körpers mindert, wird heute vom Menschen schon nicht mehr regelmäßig eingenommen. Bei vielen sogenannten »Naturvölkern« ist sie allerdings noch die Regel. Die Bewohner fester und warmer Häuser, insbesondere wenn sie in einem Bett schlafen und sich dabei zudecken, strecken den Körper aus. Sie liegen nur äußerst selten auf dem Bauch wie ihre vierbeinigen Vorfahren, sie ruhen in Rückenlage. Dabei ist das Gesicht nach oben oder zur Seite gewandt, die Atemwege sind frei, und wenn man die Augen aufschlägt, erblickt man sofort seine Umgebung. Ein entscheidender Umstand mag wohl auch darin zu sehen sein, daß

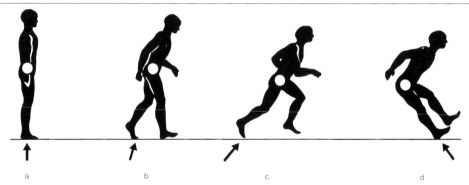

Abb. 6: Veränderung der Schwerpunktslage beim Gehen, Laufen und Springen. Je größer die Beschleunigung ist, um so größer wird auch die Trägheitskraft und damit die Notwendigkeit, den Schwerpunkt des Körpers gegenüber der Stützfläche des Fußes nach vorn oder hinten zu verlagern.

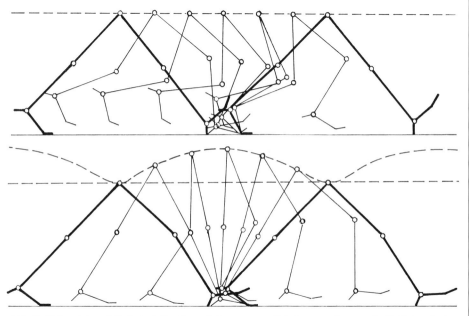

Abb. 7: Gehen ist so definiert, daß während eines ganzen Schrittes wenigstens ein Fuß den Boden berührt. Durch Einknicken des Stützbeines werden Höhenschwankungen des Beckens vermieden (oben). Wäre das Stützbein starr wie ein Stab, würde der Körper von einem Stützbein zum anderen jeweils auf einem Kreisbogen befördert.

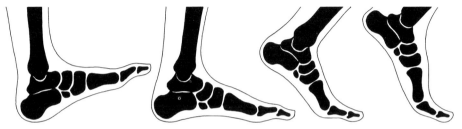

Abb. 8: Genaue Analysen haben gezeigt, daß beim Stehen die Zehen nur wenig am Tragen des Körpers beteiligt sind. Sie haben ihre größte Bedeutung beim Abrollen der Fußsohle während des Gehens, aber auch für die Balance beim Stehen auf den Fußspitzen.

die Wirbelsäule bei der Rückenlage auf einem flachen Untergrund im wesentlichen die Gestalt beibehält, die sie beim Stehen hat. Wegen der durchgehenden Kyphose der ganzen Rumpfwirbelsäule ist diese Lage für Vierbeiner nicht bequem. Man sieht sie selten für längere Zeit zum Ruhen auf dem Rücken liegen, abgesehen von Tieren, die eine sehr bewegliche Wirbelsäule haben wie Katzen oder manchmal auch Hunde.

Im Liegen sind Menschen wie Tiere relativ wehrlos. Wohl auch aus diesem Grund schlafen manche Vierbeiner (insbesondere Huftiere) oft im Stehen. Beim Menschen ist dies allein wegen des labilen Gleichgewichts nicht ohne weiteres möglich. Zwar wird gelegentlich unter der Bedingung höchster Beanspruchung (vor allem im Krieg) von einem »Schlafen im Stehen« berichtet; der Körper ist dann jedoch immer irgendwo angelehnt. Dennoch gibt es Menschen, die aufrechtes Stehen auch als langwährende Ruhestellung bevorzugen. Sie haben die Fähigkeit, ihren Schwerpunkt so zu legen, daß die Beingelenke in Streckstellung durch gespannte Bänder, vor allem durch passiv angespannte Muskeln förmlich verriegelt werden. Ebenso merkwürdig wie eindrucksvoll ist die Körperhaltung der Niloten (Nordost-Afrika), die, wie große Stelzvögel auf einem Bein stehend, lange in Ruhe verharren können.

Ausruhen im Stehen ist aber nicht jedermanns Sache. Häufiger werden die Beine entlastet, der Stamm aber möglichst aufrecht gehalten; nicht zuletzt um die Arme für verschiedene Verrichtungen frei zu haben. Zu diesen Haltungen gehören die diversen Formen des Hockens und Sitzens. Die ursprünglichste Art ist das Hocken auf dem Erdboden. Dabei werden die Beine nur selten vom Körper weggestreckt, sondern meist untergeschlagen (»Schneidersitz«), während das Gesäß auf dem Boden ruht. Weltweit verbreitet ist eine Hockstellung mit stark gebeugten Hüft- und Kniegelenken, wobei die Fußsohle dem Boden vollständig aufliegt. Kleine Kinder können beim Spielen stundenlang in dieser Stellung verharren und sogar kurze Strecken gehen, wobei sie das Gesäß kaum vom Boden abheben. Menschen, die in dieser Haltung wirklich ausruhen, sitzen auf den eigenen Fersen; nicht selten stützen sie dabei die Arme auf die stark angewinkelten Knie. Die Wade liegt der Rückseite des Oberschenkels eng an, und der Fuß ist in den Sprunggelenken extrem abgewinkelt. Auf diese Weise hängt der Körper förmlich in den Oberschenkelmuskeln; insbesondere diejenigen Muskeln, die im Englischen so treffend als »hamstrings« bezeichnet werden (sog. ischiokrurale Muskeln), spielen dabei eine entscheidende Rolle.

Häufiges und langes Verharren in dieser Stellung hinterläßt deutliche Spuren am Skelett: Am Sprungbein (Talus) sind besondere, mit Knorpelgewebe überzogene Gelenkfacetten ausgebildet (»squatting facets«); Schienbein (Tibia) und Oberschenkelbein (Femur) sind in der Richtung von vorn nach hinten stärker gekrümmt als normal. Diese zuletzt genannte Eigentümlichkeit des Beinskeletts war es, die früher zu der Vorstellung geführt hat, der Neandertaler sei mit gebeugten Beinen »halbaufgerichtet« gegangen. Das ist nach unserem heutigen Wissen unwahrscheinlich: Die Skelettmerkmale der Neandertaler und ihrer Verwandten weisen vielmehr darauf hin, daß sie sich offenbar in dieser Hockstellung ausgeruht haben.

Die Entwicklung vor allem der europäischen Kultur brachte es mit sich, daß man sich auf eine niedrigere oder höhere Unterlage setzte. Dabei kann mitbestimmend gewesen sein, daß der Boden in nördlichen Breiten oft feucht und kalt ist. Andererseits erhebt sich der erhöht Sitzende über seine Umgebung und unterstreicht damit seinen Herrschaftsanspruch. So wurde schließlich der Stuhl zum Thron.

Auch beim Sitzen wird die Wirbelsäule im wesentlichen auf Längsdruck beansprucht, allerdings anders als beim Stehen, da sich das Becken in einer anderen Stellung befindet. Der Körper ruht auf beiden Sitzbeinhöckern (Tubera ischiadica) – die daher ihren Namen haben –, stützt sich aber auch auf die Rückseiten der Oberschenkel. Die Sitzhaltung hängt vor allem davon ab, ob man auf einem Hocker oder auf einem Stuhl mit Rückenlehne sitzt. Auf einem Sitzmöbel ohne Lehne kann man sich nur dann wirklich ausruhen, wenn der Körper nach vorn abgestützt wird. Am häufigsten werden die Ellenbogen oder Unterarme auf die Oberschenkel gelegt, seltener die Hände bei gestreckten Armen aufgestützt. Im ersten Fall sitzt man mit rundem Rücken (Kyphose), im letzteren mit gestreckter Wirbelsäule.

Die Sitzhaltung auf einem Stuhl hängt von so vielen einzelnen Gegebenheiten ab, daß diese Zusammenhänge hier nicht vollständig erörtert werden können. Im allgemeinen ist es so, daß man gerade sitzt und die Lendenwirbelsäule fast die gleiche Lordose wie im Stehen aufweist, wenn man weiter nach hinten rückt, wobei die Hüftgelenke stärker gebeugt werden. Rückt man dagegen auf der Sitzfläche mehr nach vorn, so werden die Hüftgelenke stärker gestreckt, die Schultern stützen sich gegen die Lehne, und die ganze Wirbelsäule ist kyphotisch nach vorn gekrümmt.

Haltung und Bewegungsmöglichkeiten der meisten Menschen sind heute weitgehend durch das Sitzen auf Bänken, Stühlen und Sesseln geprägt. Vor allem macht sich das in einer Einschränkung der Beweglichkeit bemerkbar. Insbesondere geht die Fähigkeit zum Bücken mit gestreckten Kniegelenken und zum Sitzen in der tiefen Hocke, die bei Kindern durchweg vorhanden ist, mit zunehmendem Alter verloren. Der Zusammenhang dieser Bewegungseinschränkung mit der europäischen Sitzweise läßt sich durch die Entwicklung in Japan illustrieren. Vielen modernen Japanern fällt es bereits schwer, lange Zeit in der klassisch-japanischen Sitzhaltung zu verharren, da sie sich weitgehend an das Sitzen auf Stühlen gewöhnt haben.

Gehen, Laufen, Springen

Es wurde schon darauf hingewiesen, daß der Körper in bestimmten Phasen des zweibeinigen Gehens nur durch ein Bein unterstützt wird und daß in jedem Augenblick der Bewegung das Gleichgewicht gewahrt sein muß. Beim Stehen ist die Gleichgewichtsbedingung erfüllt, wenn der Körperschwerpunkt senkrecht über der Stützfläche liegt. Während der Bewegung ändert sich die Lage des Schwerpunktes. Bei einer Geschwindigkeitsänderung (Beschleunigung) von Massen kommt ein durch die Masse selbst bedingter Widerstand ins Spiel, der als Trägheitskraft in

Rechnung gesetzt werden muß. Je größer die Beschleunigung ist, desto größer wird die Trägheitskraft. Aus diesem Grund darf beim Sprint der Schwerpunkt des Sportlers keinesfalls senkrecht über der jeweiligen Stützfläche des Fußes liegen, sondern mehr oder weniger weit davor. Der »Vorlagewinkel« des Körpers ist um so flacher, je größer die Beschleunigung ist.

Der Gang des Menschen wird selbstverständlich von mechanischen Notwendigkeiten beherrscht; er wird darüber hinaus aber auch durch psychische Einflüsse modifiziert. Aufgrund mancher individueller Gewohnheiten kann man einen guten Bekannten schon von weitem an seinem Gang erkennen. Auch die augenblickliche Gemütsverfassung kann sich in der Art des Gehens ausdrücken, so der schleppende, kraftlose Gang des Müden und Verzweifelten oder das flotte, beschwingte Gehen des Glücklichen (s. auch Bd. V dieser Enzyklopädie). Jeder gute Schauspieler kennt diese Ausdrucksmöglichkeiten. Die Charakteristika des Ganges liegen vor allem in der Geschwindigkeit und Kraft, mit der ein Schritt angesetzt wird, in der Schrittweite und in der Haltung des Beines beim Schreiten. Dabei besteht zwischen Schrittweite und Beinhaltung eine gewisse Abhängigkeit.

Das Gehen ist dadurch definiert, daß während eines ganzen Schrittes wenigstens ein Fuß den Boden berührt. Man unterscheidet dabei eine Phase der zweibeinigen Unterstützung von der Einbeinunterstützung. Das jeweils belastete Bein ist das Stand- oder Stützbein, das vom Boden abgehobene das Schwung- oder Spielbein. Während der Stützbeinphase bildet das belastete Bein einen langen Hebel, der um das Sprunggelenk des auf dem Boden ruhenden Fußes schwingt und dabei den ganzen Körper nach vorn mitnimmt. Wäre dieser Hebel ein gerader, starrer Stab, wie es bei einem in Streckstellung fixierten Kniegelenk der Fall wäre, so würde der Körper von einem Stützpunkt zum anderen jeweils auf einem Kreisbogen befördert. Der Körperschwerpunkt würde dabei mit jedem Schritt gegenüber dem Boden zunächst gehoben und dann wieder gesenkt, so daß sich der Körper bei mehreren Schritten auf einer auf und ab schwankenden Wellenlinie vorwärts bewegen müßte. Je größer die Schrittweite, desto länger wäre der Kreisbogen und um so größer die Höhenschwankung. Diese Höhenschwankung wird teilweise oder ganz vermieden, wenn das Stützbein während des Vorhebelns des Körpers im Kniegelenk mehr oder weniger stark eingeknickt wird. Die Kniebeugung muß sich verständlicherweise nach der tiefsten Lage des Körpers richten. Da der Körper bei weit ausgreifenden Schritten besonders tief gesenkt wird, muß in diesem Fall das Knie auch besonders stark gebeugt werden, wenn eine Höhenschwankung während des Gehens vermieden werden soll. Das Schleichen in gebückter Haltung ist der typische Ausdruck dieser Bewegung. Die hierzu gegensätzliche Bewegungsform ist der wippende Gang mit betonter Streckung des Kniegelenks, die durch ein affektiertes Abheben der Ferse bei jedem Schritt in ihrer Wirkung noch unterstützt wird.

Eine besondere Problematik stellt der Einfluß des Schuhwerks auf den Gang dar. Am geschmeidigsten wirkt das Barfußgehen auf weichem Boden, etwa auf Rasen oder auf einem Teppich, wobei die Fußsohle auf der Unterlage von der Ferse zu den Zehen »abrollt«. Dies ist zugleich der natürlichste Gang, der bei den barfußgehenden Naturvölkern selbst auf hartem und steinigem Grund kaum anders aussieht. Nur der Zivilisationsmensch mit seinen weichen Fußsohlen führt barfuß auf rauhem Gestein einen wahren Eiertanz auf. Schuhe mit weichen, biegsamen Sohlen erlauben einen weitgehend natürlichen Gang. Je härter das Schuhwerk aber wird, desto eckiger wird der Gang und um so schwerer der Schritt. Spezielle Probleme bringt der Damenschuh mit seinem hohen Absatz mit sich. Bei extrem hohen Absätzen mit oft minimaler Standfläche ist das Kippmoment besonders groß und die Standsicherheit gering. Hinzu kommt, daß in der durch den Schuh erzwungenen Spitzfußstellung das Sprunggelenk sehr locker und labil ist, was ein Umknicken des Fußes begünstigt. Bänderzerrungen oder -abrisse können die Folge sein. In diesen Schuhen wird die Hauptlast auf den Vorfuß gelegt, was – wie schon erwähnt – der Entwicklung eines Spreizfußes Vorschub leistet.

Laufen ist mehr als ein schnelles Gehen, denn es gibt bei jedem Schritt eine Phase, in der kein Fuß den Boden berührt, der Körper also fliegt. Setzt die Körpermasse einer Beschleunigung auch den Trägheitswiderstand entgegen, so zeigt die gleiche Massenträgheit das Bestreben, eine einmal erreichte Geschwindigkeit der Bewegung beizubehalten. Diese Trägheitskraft ist es, die den Körper des Läufers über den nach vorn aufgesetzten Fuß »weiterhebelt«. Im übrigen gelten ähnliche Gesetzmäßigkeiten wie für das Gehen. Auch beim Laufen kann man die eher gerade Linienführung des Körpers auf gleicher Höhe über dem Boden von einer stark auf und ab schwankenden Wellenbewegung unterscheiden. Letzteres ist vor allem bei Langstreckenläufern zu beobachten, ersteres mehr bei Sprintern.

Das Laufen mit nur kurzdauernder Flugphase leitet über zum Springen, bei dem der Körper eine längere (oder höhere) Flugstrecke zurücklegt. Im allgemeinen ist es so, daß die Bewegung nach einem Sprung nicht weiter fortgesetzt, sondern abgebremst wird. Dabei ergibt sich die gleiche Problematik wie bei der Beschleunigung, nur daß diesmal die Massenträgheit den Körper vorantreiben will. Die Kraft, mit der er beim Aufsprung auf den Boden drückt, ist die Resultierende aus dem Körpergewicht und der Trägheitskraft. Daraus ergibt sich die Richtung des Bodendrucks als Kompromiß aus dem Schwerpunktslot und der (horizontalen) Richtung der Trägheitskraft. Aus diesem Grund werden die Beine beim Aufsprung weit nach vorn gehalten, der Körper aber ist in Rücklage.

Meist wird vor einem Sprung ein Anlauf genommen, um die notwendige Geschwindigkeit zu erreichen. Aus diesem Anlauf heraus wird dann in der Regel mit einem Bein abgesprungen. Mit beiden Beinen zugleich kann man dagegen besser aus dem Stand abspringen. Aus dem beidbeinigen Springen läßt sich eine zweibeinige Fortbewegungsart ableiten, die sich deutlich vom Gehen unterscheidet: das Hüpfen. Der Mensch ist zwar durchaus auch in der Lage zu hüpfen, doch spielt das für seine normale Fortbewegung keine große Rolle, im Gegensatz zu anderen, sich vorwiegend zweibeinig bewegenden Säugetieren wie Känguruhs, Springhasen oder Springmäuse. Bei den Vögeln kommen beide Arten der zweibeinigen Fortbewegung nebeneinander vor, doch entscheiden sich die einzelnen Arten entweder für das Hüpfen oder für das Laufen.

Das Bergsteigen: Ohne seine Zweibeinigkeit aufgeben zu müssen, bedient sich der Bergsteiger am steilen Felsen zur Fortbewegung der Arme wie der Beine. Dabei übernehmen die Hände weniger die Funktion des Stützens als die des Greifens und Festhaltens.

Klettern, Schwimmen und weitere Bewegungsformen

Unter besonderen Bedingungen kann der Mensch wieder zum »Vierbeiner« werden. Das heißt, er kann auch die Arme und Hände wieder für die Fortbewegung einsetzen.

Zunächst ist der Fall zu betrachten, bei dem zumindest ein Bein durch Erkrankung so stark geschädigt oder geschwächt ist, daß es für das Tragen des Körpergewichts teilweise oder ganz ausfällt. Für einen Zweibeiner bedeutet das eine schwere Behinderung, denn Hüpfen auf einem Bein ist keine sehr sichere und zudem eine kraftraubende Fortbewegungsweise. Es wurde schon mehrfach erwähnt, daß der Mensch die aufrechte Körperhaltung nicht mehr aufgeben kann. Da nun die Arme bei dieser Stellung den Boden nicht erreichen, müssen sie künstlich verlängert werden, wenn sie zum Abstützen des Körpers beitragen sollen. Diese selbstverständliche Konsequenz führt zur Zuhilfenahme von Stöcken, woraus sich schließlich die verschiedenen Formen der Armkrücken entwickelten. Bei Schwächung – aber nicht vollständigem Funktionsausfall – eines Beines wird der Körper in der Stützphase des kranken Beines durch einen Stock oder eine Krücke auf der Seite des gesunden Beines unterstützt. Ist ein Bein nicht belastbar oder sogar amputiert, dann müssen zwei Krücken zu Hilfe genommen werden, abwechselnd mit dem noch funktionstüchtigen Bein. Der Kranke geht dann ähnlich wie ein Vierbeiner mit einem verletzten Hinterbein, der auf drei Beinen hinkt.

Abgesehen von dieser unnatürlichen Ausnahmesituation gibt es andere, natürlichere Fortbewegungsarten, bei denen der Mensch regelmäßig die Arme gebraucht. Geht es auf unebenem Gelände steil aufwärts, kann es einen Neigungswinkel des Bodens geben, bei dem der Körper auch mit den Händen abgestützt werden muß. Von diesem »Bergaufkrabbeln« gibt es fließende Übergänge zu echtem Klettern. Dabei wird weniger eine Stützfunktion als vielmehr die Greifmöglichkeit der Hände in Anspruch genommen. Ihre Aufgabe ist jetzt mehr das Halten und Nachziehen des Körpers, während die Beine auch unter diesen Umständen vor allem zum Abstemmen benutzt werden. Für das Prinzip der mechanischen Inanspruchnahme spielt es hierbei weniger eine Rolle, ob es sich um ein Klettern in steilem Gebirge, auf einer Leiter, an einem Baum oder gar an einem Seil handelt. Nur bei letzterem wird von den Unterschenkeln und Füßen noch die besondere Fähigkeit des Anklammerns verlangt.

Wie viele landbewohnende Wirbeltiere kann der Mensch durch Benutzung seiner Extremitäten auch schwimmen. Einmalig ist allerdings die Vielseitigkeit des Extremitätengebrauchs, die zu den verschiedenen Schwimmstilen führt. Sicher standen hierbei am Anfang das Probieren und instinktive Bewegungsabläufe, die es gestatteten, die Nase zum Atmen über Wasser zu halten. Nicht anders machen es die Tiere; auch bei ihnen kann man beobachten, daß bessere Fertigkeit durch Übung erreicht wird. Was aber den Menschen unter allen gelegentlich schwimmenden Wirbeltieren auszeichnet, ist die Tatsache, daß er neue Bewegungsformen bewußt erfindet, sozusagen am Reißbrett konstruiert und dann unter Kontrolle des

Das Laufen: Laufen ist mehr als nur schnelles Gehen. Bei jedem Schritt gibt es eine Phase, bei der kein Fuß den Boden mehr berührt. Der Körper fliegt für einen kurzen Augenblick. Die Schwere des Körpers hat dabei das Bestreben, eine einmal erreichte Geschwindigkeit beizubehalten.

Verstandes einübt. Brust- und Rückenschwimmen, Kraulen und Schmetterlingsstil sind eher das Ergebnis von Überlegungen und Training als angeborene oder spielerisch erworbene Schwimmarten. Ursprünglich scheint nur das »Paddeln« mit Händen und Füßen zu sein, wie man es bei Hunden beobachten kann und das bei manchen Naturvölkern die einzige Art ist, den Kopf für kurze Zeit über Wasser zu halten.

Zusammenfassend läßt sich feststellen, daß Körperhaltung und Fortbewegung des Menschen zwar entscheidend durch die Aufrichtung auf zwei Beine geprägt sind, daß sich aber daraus keine einseitige und einschränkende Spezialisation entwickelte. Durch einen in vielen Merkmalen ursprünglich gebliebenen Bau des Bewegungsapparats ergab sich eine Vielseitigkeit der funktionellen Möglichkeiten, die in der Tierwelt ihresgleichen sucht. Mit Ausnahme des Fliegens ohne künstliche Hilfsmittel verfügt der Mensch über alle sonst möglichen Fortbewegungsarten; in jeder einzelnen aber wird er von Spezialisten im Tierreich übertroffen, die ihm dafür in anderen unterlegen sind.

Einmalig ist schließlich die durch ein hochentwickeltes Zentralnervensystem gesteuerte universelle und zugleich hochdifferenzierte Funktion der Hand, die ihn zum Beherrscher der Erde gemacht hat (s. dazu den Beitrag von M. Klima in diesem Band).

Literatur

Kummer, B.: Bauprinzipien des Säugerskeletes. Stuttgart 1959

Biomechanik des Säugetierskeletts. Kükenthals Handbuch d. Zool., 6, (2), 1959, 1–80

Das mechanische Problem der Aufrichtung auf die Hinterextremität im Hinblick auf die Evolution der Bipedie des Menschen. In G. Heberer (Hg.): Fortschritte der Anthropogenie 1863–1964. Stuttgart 1965, 227–248

Biomechanik fossiler und rezenter Wirbeltiere. Natur und Museum, 105, 1975, 156–167

Form und Funktion. In A. N. Witt, H. Rettig, K. F. Schlegel, M. Hackenbroch, W. Hupfauer (Hg.): Orthopädie in Praxis und Klinik. Stuttgart, New York ^{2}1980

Primärer Bewegungsapparat der Chordaten. In R. Siewing (Hg.): Allgemeine Zoologie. Stuttgart, New York ^{3}1980, 410–438

Passives und aktives Fliegen der Vertebraten. In R. Siewing (Hg.): Allgemeine Zoologie. Stuttgart, New York ^{3}1980, 438–450

In diesen Bänden findet man auch eine Zusammenstellung der älteren Literatur.

Das Schwimmen: Was den Menschen unter allen Wirbeltieren auszeichnet, ist seine Fähigkeit, neue Bewegungsformen bewußt zu erfinden und mit Hilfe seines Verstandes zu trainieren. Brust- und Rückenschwimmen, Kraulen und Schmetterlingsstil sind nicht angeboren, sondern das Ergebnis von Überlegungen und Übung.

Milan Klima

Die Hand des Menschen

Übersicht: Als sich der Mensch aufrichtete, um, statt auf allen vieren, fortan auf zwei Beinen zu gehen und zu stehen, da gewann er zwei wichtige Präzisionsinstrumente, ohne die menschliche Kultur und Zivilisation nicht denkbar wären: seine Hände. Befreit von ihrer ursprünglichen Tätigkeit als Bewegungsorgan, ist die menschliche Hand nun frei für andere Aufgaben. Diese Tatsache spiegelt sich in ihrer anatomischen Beschaffenheit: Sie weist einige Besonderheiten im Skelettgerüst auf wie auch ein äußerst flexibles Gelenksystem mit einer Vielfalt von Muskeln, Sehnen, Gefäßen, Nerven und Sinnesorganen der Haut. Außerdem bilden sich wichtige Verbindungen zum zentralen Nervensystem, und in der Großhirnrinde entstehen leitende koordinierende Zentren für sämtliche Funktionen der Hand. Als Werkzeug des Gehirns ist die Hand des Menschen sowohl in der Lage, fest zuzugreifen als auch feinfühlig zu tasten. Fast alles, was der Mensch geschaffen hat, ist durch seine Hände verwirklicht worden.

Auch wenn wir im allgemeinen Auge und Ohr mehr Beachtung schenken, spielt die Hand unter allen menschlichen Körperteilen eine ganz besondere Rolle. In einem älteren Anatomiebuch findet sich der Satz: »Kein Teil unseres Körpers ist so weitgehend in unser Bewußtsein und seine sprachliche Gestaltung eingegangen wie die Hand. Alles Handeln leitet sich von der Hand her, alles Erfassen, Begreifen, aber auch alles Fühlen, Empfinden. Selbst die Tasten des Klaviers haben ihre Bezeichnung von der Tastfunktion der Hand erhalten« (Braus, Elze [3]1954).

Die menschliche Hand ist aber nicht nur ein kräftiges Greiforgan, sie ist auch ein feinfühliges Tastorgan. Darüber hinaus ist die Hand Ausdrucksmittel, Sprachersatz – man »redet« mit den Händen. Sie kann auch als Waffe dienen, zum Schlagen, zum Werfen. Sicherlich spielten gerade die letztgenannten Anwendungsarten in der Stammesgeschichte der Menschwerdung eine bedeutende Rolle. Ihre wichtigste Funktion jedoch bleibt das Greifen und das Tasten. Greifen und Tasten machen die Hand zu einem vielseitigen Präzisionsinstrument, ohne das die Entstehung und die Entwicklung des Menschen kaum denkbar wären. Dadurch daß die Hand von ihrer ursprünglichen Tätigkeit als Bewegungsorgan befreit wurde (s. den Beitrag von B. Kummer in diesem Band), konnte sie neue Aufgaben übernehmen, wurde zu einem Werkzeug des Gehirns. Fast alles, was der Mensch geschaffen hat, ist durch die Arbeit seiner Hände verwirklicht worden. Anatomisch betrachtet führt der Weg zu diesem vielseitigen Instrument über die nicht allzusehr spezialisierte Hand der Primaten, mit der es viele Übereinstimmungen gibt.

Anatomische Beschreibung der menschlichen Hand

Dieses universelle Werkzeug, die Hand, besitzt ein für die meisten Säugetiere typisches fünfstrahliges Skelettgerüst. An die distalen Enden der zwei Unterarmknochen Elle (Ulna) und Speiche (Radius) schließen sich die einzelnen Abschnitte der Hand (Manus) an: die Handwurzel (Carpus), die Mittelhand (Metacarpus) und die Finger (Digiti manus).

Die *Handwurzelknochen* sind in zwei Reihen angeordnet (s. Abb. 5). Die erste (proximale) Reihe setzt sich aus drei Knochen zusammen. Es sind in der Richtung vom Radialen- oder Daumenrand zum Ulnaren- oder Kleinfingerrand folgende Knochen: das Kahnbein (Os scaphoideum), das Mondbein (Os lunatum) und das Dreieckbein (Os triquetrum). Zu diesen drei Knochen gesellt sich noch ein viertes Skelettelement, das Erbsenbein (Os pisiforme), das nicht zu dem primären Skelettschema gehört und erst sekundär als eine verknöcherte Sehne, das sogenannte Sesambein, entsteht. Die zweite (distale) Reihe setzt sich aus vier Knochen zusammen. Es sind – in derselben Richtung genannt wie bei der proximalen Reihe – das große Viereckbein (Os trapezium), das kleine Viereckbein (Os trapezoideum), das Kopfbein (Os capitatum) und das Hakenbein (Os hamatum). Alle Handwurzelknochen sind relativ klein und von vielfach verformter Gestalt. Man zählt sie zu den kurzen oder unregelmäßig gebauten Knochen.

Die *Mittelhand* besteht aus fünf länglichen Röhrenknochen. Das proximale Ende bezeichnet man als Basis, den Schaft als Corpus und das distale Ende als Kopf (Caput). Der erste Knochen (Os metacarpale I), der unter dem Daumen sitzt, ist der kürzeste von allen. Die Mittelhandknochen sind gewölbt: Sie bilden die Grundlage der Hohlhand (Palma manus), in der zahlreiche Muskeln, Sehnen, Nerven und Gefäße einen Schutzraum finden. Nur am Handrücken (Dorsum manus) lassen sich die Mittelhandknochen in ganzer Länge abtasten.

Die fünf Mittelhandknochen setzen sich in das fünfstrahlige Fingerskelett fort. Die einzelnen *Fingerglieder* (Phalanges) sind ebenfalls kleine Röhrenknochen. Der Daumen besitzt zwei, die übrigen vier Finger je drei Fingerglieder, und zwar ein Grund-, ein Mittel- und ein Endglied (Phalanx proximalis, media und distalis). Die Oberfläche jedes Fingergliedes ist an der dorsalen Seite abgerundet, an der palmaren Seite flach mit einer leichten Aushöhlung, die als Führungsrinne dient. Ihr Rand fungiert als Befestigungsstelle für das Gleiten bzw. für die Anheftung von Sehnen der langen Fingerbeuger. Das Endglied trägt dorsal eine verbreiterte Fläche als Lagerbett für den Nagel und palmar eine rauhe Stelle für die Anheftung der tiefen Hautschichten des Tastballens, der die Fingerspitze abrundet.

Von besonderer Bedeutung sind die *gelenkigen Verbindungen* einzelner Knochen des Handskeletts und die daraus resultierenden Bewegungsmöglichkeiten (s. Abb. 1 und 2). Bis auf die Drehung sind sämtliche Bewegungen und ihre Kombinationen in den Gelenken der Hand möglich. Die Drehung (Rotation) der ganzen Hand, die für alle anderen Bewegungen bestimmend ist, erfolgt schon eine »Etage« höher, im Ellbogengelenk. Liegen Elle und Speiche parallel nebeneinander,

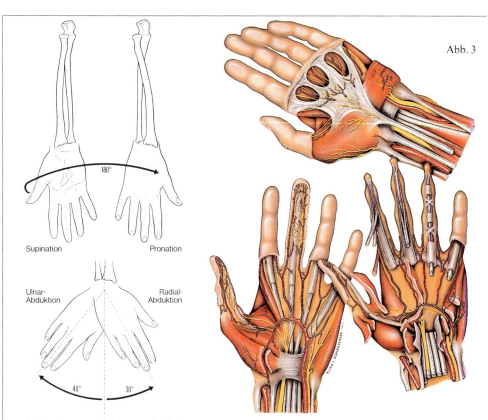

Abb. 1: Bewegungsrichtungen in Unterarm- und Handwurzelgelenken.
Abb. 2: Bewegungsrichtungen in Handwurzel-, Mittelhand- und Fingergelenken.

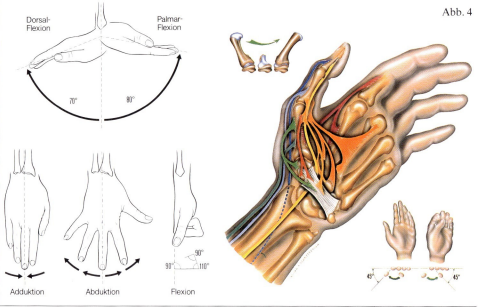

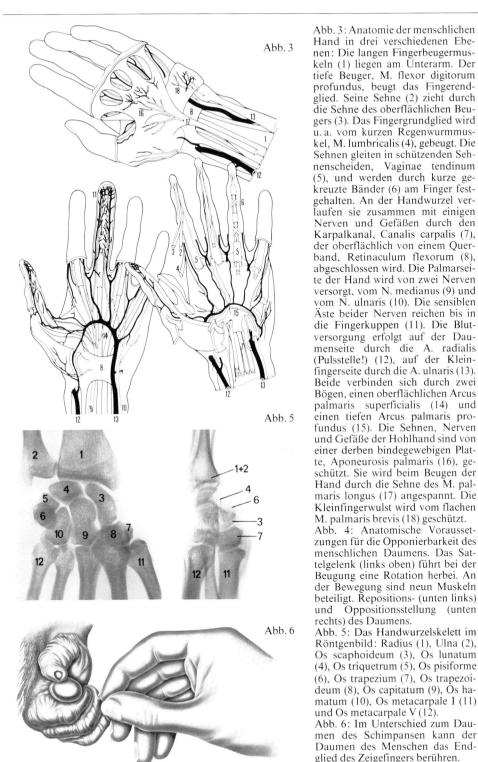

Abb. 3: Anatomie der menschlichen Hand in drei verschiedenen Ebenen: Die langen Fingerbeugermuskeln (1) liegen am Unterarm. Der tiefe Beuger, M. flexor digitorum profundus, beugt das Fingerendglied. Seine Sehne (2) zieht durch die Sehne des oberflächlichen Beugers (3). Das Fingergrundglied wird u. a. vom kurzen Regenwurmmuskel, M. lumbricalis (4), gebeugt. Die Sehnen gleiten in schützenden Sehnenscheiden, Vaginae tendinum (5), und werden durch kurze gekreuzte Bänder (6) am Finger festgehalten. An der Handwurzel verlaufen sie zusammen mit einigen Nerven und Gefäßen durch den Karpalkanal, Canalis carpalis (7), der oberflächlich von einem Querband, Retinaculum flexorum (8), abgeschlossen wird. Die Palmarseite der Hand wird von zwei Nerven versorgt, vom N. medianus (9) und vom N. ulnaris (10). Die sensiblen Äste beider Nerven reichen bis in die Fingerkuppen (11). Die Blutversorgung erfolgt auf der Daumenseite durch die A. radialis (Pulsstelle!) (12), auf der Kleinfingerseite durch die A. ulnaris (13). Beide verbinden sich durch zwei Bögen, einen oberflächlichen Arcus palmaris superficialis (14) und einen tiefen Arcus palmaris profundus (15). Die Sehnen, Nerven und Gefäße der Hohlhand sind von einer derben bindegewebigen Platte, Aponeurosis palmaris (16), geschützt. Sie wird beim Beugen der Hand durch die Sehne des M. palmaris longus (17) angespannt. Die Kleinfingerwulst wird vom flachen M. palmaris brevis (18) geschützt.

Abb. 4: Anatomische Voraussetzungen für die Opponierbarkeit des menschlichen Daumens. Das Sattelgelenk (links oben) führt bei der Beugung eine Rotation herbei. An der Bewegung sind neun Muskeln beteiligt. Repositions- (unten links) und Oppositionsstellung (unten rechts) des Daumens.

Abb. 5: Das Handwurzelskelett im Röntgenbild: Radius (1), Ulna (2), Os scaphoideum (3), Os lunatum (4), Os triquetrum (5), Os pisiforme (6), Os trapezium (7), Os trapezoideum (8), Os capitatum (9), Os hamatum (10), Os metacarpale I (11) und Os metacarpale V (12).

Abb. 6: Im Unterschied zum Daumen des Schimpansen kann der Daumen des Menschen das Endglied des Zeigefingers berühren.

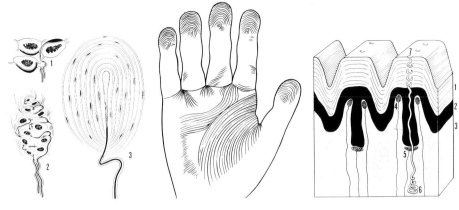

Abb. 7: Die Tastkörperchen der Haut: 1 Merkelsche Tastscheiben, 2 Meißnersches Tastkörperchen, 3 Vater-Pacinisches Lamellenkörperchen.

Abb. 8: Bildung des Leistenmusters an den Fingerbeeren und in der Hohlhand eines 15 Wochen alten Fetus.

Abb. 9: Querschnitt durch die Leisten der Fingerhaut: Die epitheliale Oberhaut besteht aus einer oberflächlich liegenden verhornten (1) und einer tiefer liegenden unverhornten (2) Schicht. Sie liegt auf deutlich ausgeprägten bindegewebigen Papillen der Unterhaut (3). In der Unterhaut befinden sich die Meißnerschen Tastkörperchen (4) und die Merkelschen Tastscheiben (5). Die in der Tiefe des Unterhautzellgewebes liegenden Schweißdrüsen (6) durchbohren die Oberhaut und münden an der Oberfläche der Hautleisten (7).

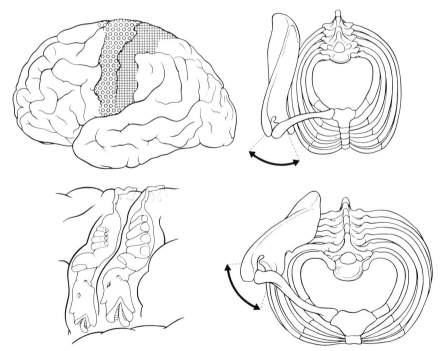

Abb. 10: Projektion des funktionellen Abbildes des Menschen (unten) in die koordinierenden Zentren der Großhirnrinde (oben). Links die vordere, motorische Zentralwindung, rechts die hintere, sensible Zentralwindung.

Abb. 11: Brustkorb und Schultergürtel des Menschen im Vergleich mit Brustkorb und Schultergürtel eines Makaken (oben). Aus der jeweiligen Bauform ergibt sich die unterschiedliche Bewegungsrichtung des Oberarms.

zeigt die Hohlhand nach vorn bzw. nach oben (Supination). Kreuzt die Speiche die Elle, so zeigt der Handrücken nach vorn bzw. nach oben (Pronation). Echte »Supination« und »Pronation« zeigen sich erst bei den höheren Primaten; beim Menschen haben sie ihre Vollendung gefunden. Das Bewegungsausmaß zwischen den beiden Stellungen beträgt etwa 180 Grad, in extremen Fällen sogar mehr.

Das untere Speichenende und die drei proximalen Handwurzelknochen bilden zusammen das proximale Handgelenk (Articulatio radiocarpea). Der Form nach handelt es sich um ein Ei- oder Ellipsoidgelenk, in dem man um die große, quergestellte Achse die Hand beugen und strecken, um die kleine, dorsopalmar gerichtete Achse die Hand zur Elle oder zur Speiche heranziehen kann. Zwischen der proximalen und der distalen Reihe der Handwurzelknochen liegt eine wellenförmige verzahnte Gelenklinie, das distale Handgelenk (Articulatio mediocarpea). Dieses Gelenk erlaubt die Streckung der Hand. Da sie weit über die Streckachse hinausgeht, entspricht diese Bewegung einer Beugung in der Dorsalrichtung (Dorsalflexion). »Proximales« und »distales Handgelenk« summieren ihre Bewegungen zu folgenden Leistungen: Palmarflexion 80, Dorsalflexion 70, Ulnarabduktion 40 und Radialabduktion 30 Grad.

Die Gelenke zwischen den Handwurzel- und Mittelhandknochen (Articulationes carpometacarpeae) sind straffe Verbindungen, die lediglich geringfügige Verschiebungen der einzelnen Knochen erlauben und praktisch nur zur Federung des ganzen Handwurzel- und Mittelhandskeletts beitragen. Einzige Ausnahme bildet die Articulatio carpometacarpea pollicis, die Verbindung zwischen dem großen Viereckbein (Os trapezium) und dem Mittelhandknochen des Daumens (Os metacarpale I). Dieses »Carpometacarpalgelenk« des Daumens ist ein selbständiges Gelenk mit einer weiten schlaffen Gelenkkapsel, die eine große Beweglichkeit der beiden beteiligten Skeletteile ermöglicht (Abb. 3 u. 4.). Der Form nach handelt es sich um ein modifiziertes Sattelgelenk, das sich fast wie ein Kugelgelenk verhält. Das »Metacarpale« sitzt auf dem »Trapezium« wie ein »Reiter im Sattel«. Gleitet der »Reiter« in diesem Sattel nach vorn oder hinten, erfolgt eine »Adduktion«, d. h. der Daumen wird zum Zeigefingerrand der Hand herangezogen, oder eine »Abduktion«, d. h. der Daumen wird vom Zeigefinger abgespreizt. Die »Abduktion« ist bis zu 40 Grad möglich. Gleitet der »Reiter« im Sattel zur Seite, erfolgt eine »Extension«, d. h. der Daumen wird in der Richtung zum Handrücken gestreckt, oder eine »Flexion«, d. h. der Daumen wird in der Richtung zur Hohlhand gebeugt. Der Umfang der Beuge- und Streckbewegung beträgt etwa 60 Grad. Die Kreiselbewegungen, die sonst nur einem Kugelgelenk vorbehalten sind, werden hier durch eine besondere Form des »Trapezium« ermöglicht. Der »Sattel« ist nämlich spiralförmig gebogen; seine Oberfläche entspricht der Hälfte eines einschaligen Rotationshyperboloids. Gleitet der »Reiter« in seinem Sattel zu weit in einer Richtung, so muß er sich zwangsläufig drehen. Diese zwangsläufige Kreiselung bildet die Voraussetzung der wichtigsten Bewegungsart des Daumens, die Opposition. Der Daumen steht den übrigen Fingern so gegenüber, daß seine Tastballen die Tastballen aller übrigen Finger berühren können. Erst dadurch wird die Hand zum zangenarti-

Die Hand nimmt sowohl Informationen aus unserer Umwelt auf (links), wie sie auch unseren geistigen Gestaltungswillen zum Ausdruck bringt (unten). Die gemeinsame Geste bedeutet Solidarität wie Konfrontation zugleich. Mit unseren Händen teilen wir mit und wird uns mitgeteilt. Dem Blinden ersetzt die Hand das Sehen; dem Taubstummen dient sie als Verständigungsorgan. Als Sinnesorgan bestimmt die Hand unsere Erfahrungen nach innen und drückt unser Bewußtsein nach außen aus.

gen Greiforgan, erst dadurch wird die Präzisionsarbeit der Hand möglich. Kein anderer Finger kann den Daumen in seiner Funktion ersetzen. Schon bei einigen subhumanen Primaten befindet sich der Daumen in Opposition zu den übrigen Fingern. Beim Menschen aber ist sie am weitesten fortgeschritten (s. Abb. 6). Schon in der Ausgangsposition neigt sich der menschliche Daumen zur Hohlhand hin, da das »Trapezium« um etwa 45 Grad schräg zur Hohlhandfläche steht. Durch die Opposition kann sich der Daumen um weitere 90 Grad der Hohlhandfläche zuwenden.

Die Köpfe der Mittelhandknochen verbinden sich mit den Fingergrundgliedern in den Fingergrundgelenken (Articulationes metacarpophalangeae). Der Form nach handelt es sich fast um Kugelgelenke, in denen die Finger um etwa 90 Grad nach palmar und um etwa 10 Grad nach dorsal aktiv gebeugt werden können. Eine passive Dorsalbeugung ist um etwa 60 Grad möglich. In diesen Gelenken können die Finger auch »abduziert« (abgespreizt) werden, wobei die Abspreizwinkel zwischen den einzelnen Fingern individuell sehr verschieden sind. Theoretisch müßte ein Kugelgelenk auch eine Drehbewegung (Rotation) erlauben. Eine aktive Drehung in den Fingergrundgelenken ist jedoch unmöglich, weil die entsprechenden Muskeln fehlen. Man kann nur passiv die Finger um etwa 50 Grad drehen.

Die letzten Verbindungen des Handskeletts bilden die Mittel- und Endgelenke der Finger (Articulationes interphalangeae). Es sind reine Scharniergelenke, die nur eine Bewegung um eine Achse erlauben, also Beugung und Streckung. Die Streckung führt die Fingerglieder in eine gerade Linie; eine leichte Überstreckung ist nur passiv möglich. Die Beugung in den Mittelgelenken kann bis um etwa 110 Grad, in den Endgelenken um etwa 90 Grad erfolgen.

Um die zahlreichen Elemente des Handskeletts in den kompliziert gebauten Gelenken sinnvoll zu bewegen, wird eine Fülle von *Muskeln* benötigt. Sie sind so angeordnet, daß die kräftigsten unter ihnen am Unterarm entspringen und nur ihre langen Sehnen die Hand bzw. die Finger erreichen. Die Hauptmasse der Muskulatur liegt nahe am Oberarm, also in Richtung zum Körper. Dadurch wird der Unterarm in Richtung zur Hand schmaler, leichter und beweglicher.

Unterarm und Hand besitzen insgesamt 39 Muskeln, die Hand und Finger bewegen. Die meisten dieser Muskeln haben mehr als einen Ursprung und mehr als einen Ansatz. Insgesamt gibt es 122 Ursprungs- und Ansatzpunkte, die miteinander durch mehr oder weniger selbständige Muskelzüge in Verbindung stehen. Die große Anzahl an Bewegungskombinationen, die sich mathematisch berechnen läßt, würde aber zu falschen Ergebnissen führen, weil in Wirklichkeit weit mehr Kombinationen möglich sind, da manche Muskeln zugleich mehrere Bewegungsarten durchführen können – je nachdem, wie sich die Lage des Armes und der Hand durch die Bewegung ändert.

Die kräftigsten Fingermuskeln entspringen am Unterarm. Ihre Muskelmasse ist in der Nähe des Ellbogengelenkes konzentriert; zu den Fingern entsenden sie nur lange Sehnen. Faßt man mit einer Hand um das dicke Muskelpaket des Unterarms nahe am Ellbogen der anderen Hand und beugt man die Finger, so spürt man deutlich, wie sich die Unterarmmuskulatur anspannt. Diese »langen Muskeln« sorgen für die grobe, kräftige Arbeit der Finger. Ihre feinen Präzisionsbewegungen führen die »kurzen Muskeln« durch, die viel schwächer sind. Ihre Muskelmasse befindet sich unmittelbar im Bereich der Hand, wo auch ihre kurzen Sehnen oder ihre direkten Muskelansätze liegen. Ihre Spannung bei der Kontraktion kann man kaum spüren.

Unter den »langen Muskeln« sind die »Beuger« die kräftigsten. Ihre Sehnen verlaufen an der Handwurzel vorbei zur Hohlhand, wo sie sich zu den einzelnen Finger verteilen. An der Handwurzel liegen sie in einer tiefen Rinne, dem sogenannten »Karpalkanal« (Canalis carpi), zwischen dem Daumen- und Kleinfingerballen. Hier werden sie durch ein kräftiges Querband (Retinaculum flexorum) an der Handwurzel festgehalten; sonst würden sie bei der Beugung von der Hand abspringen. Nur eine einzige Sehne liegt oberhalb dieses Querbandes. Sie gehört zu dem »langen Hohlhandmuskel« (Musculus palmaris longus), der die sehnige Schutzplatte der Hohlhand (Aponeurosis palmaris) spannt und außerdem bei der Beugung der ganzen Hand mitwirkt. Er ist sehr variabel ausgebildet. In etwa 20 bis 30 Prozent der Fälle kann er auch fehlen. Es ist ganz einfach festzustellen, ob man ihn besitzt oder nicht: Seine Sehne – gerade weil sie oberhalb des Querbandes liegt – ist bei gebeugter Hand deutlich unter der Haut sichtbar. Die Sehnen der »langen Fingerbeuger« verlaufen in zwei Schichten durch den »Karpalkanal«. Oben liegen die Sehnen des oberflächlichen Fingerbeugers (M. flexor digitorum superficialis), die an den Mittelgliedern der Finger ansetzen. Darunter befinden sich die Sehnen des »tiefen Fingerbeugers« (M. flexor digitorum profundus), die bis zu den Endgliedern der Finger verlaufen. Um die Endglieder überhaupt zu erreichen, müssen sie die kürzeren Sehnen des oberflächlichen Muskels »durchbohren«. Dies ist kein Konstruktionsfehler, sondern eine sinnvolle Einrichtung, die dazu dient, die beiden Sehnen eng am Fingerskelett zu halten. Den gleichen Zweck hat auch die Umhüllung der beiden Sehnen – die Sehnenscheiden (Vaginae tendinum), die als osteofibröse Kanäle entlang des Fingerskeletts liegen und die Sehnen schützen. Sie sind mit einer synovialen Flüssigkeit ausgefüllt, die mit einer Gelenkschmiere vergleichbar ist und die das reibungslose und voneinander unabhängige Gleiten beider Sehnen ermöglicht.

Der »tiefe Beuger« beugt also das Endglied, der »oberflächliche« das Mittelglied der Finger. Das Grundglied der Finger wird von »kurzen Regenwurmmuskeln« (Mm. lumbricales) gebeugt. Sie sind viel schwächer als die langen Beuger; die Beugekraft in den Grundgliedern ist dementsprechend gering. Schwere Lasten, zum Beispiel ein Koffer oder eine große Tasche, sind nie an den Grundgliedern, sondern stets an den gebeugten Mittel- und Endgliedern aufgehängt. Die »Regenwurmmuskeln« beugen nicht nur die Grundglieder, sondern helfen gleichzeitig die Mittel- und Endglieder zu strecken. Sie heften sich nämlich an den Zipfel der sogenannten Dorsalaponeurose der Finger, einer derben bindegewebigen Sehnenplatte, die zu den langen Fingerstreckern gehört und den ganzen Fingerrücken umhüllt. Ihr Zipfel, zu dem sich die »Regenwurmmuskeln« befestigen, liegt unterhalb der Drehachse der Grundglieder in der Richtung zur Hohlhand. Daher führt die Kontraktion der Regenwurmmuskeln zur Beugung der Grundglieder. Am Mittel- und Endglied liegt die Dorsalaponeurose oberhalb ihrer Drehachsen in der Richtung zum Fingerrücken. Daher führt die Kontraktion der Regenwurmmuskeln gleichzeitig zur Streckung der Mittel- und Endglieder der Finger.

An der »Dorsalaponeurose« der Finger heften sich noch weitere kurze Muskeln an, nämlich die »Zwischenknochenmuskeln« (Mm. interossei), die den Raum zwischen den Mittelhandknochen in zwei Schichten ausfüllen. Die dorsale Schicht die an der Rückenhandseite liegt, spreizt (abduziert) die Finger. Die ventrale Schicht, die an der Hohlhand liegt, zieht (adduziert) die Finger wieder zusammen. Weil die Muskeln beider Schichten zusammen mit den Regenwurmmuskeln denselben Ansatzpunkt besitzen, führen auch sie die Beugung der Grundglieder bei gleichzeitiger Streckung der Mittel- und Endglieder herbei.

Die fünf Finger der Hand besitzen insgesamt 37 Muskeln; davon kommen allein neun auf den Daumen, also fast ein Viertel. Die übrigen vier Finger teilen sich die verbleibenden Muskeln folgendermaßen: Zeigefinger 7, Mittel- und Ringfinger je 6, Kleinfinger 9. Die Randfinger haben also die meisten Muskeln. Es ist aber nicht nur die hohe Zahl der Muskeln, sondern vielmehr ihre Anordnung, die den Randfingern eine größere Beweglichkeit verschafft. Die menschliche Hand, die von der Aufgabe der Fortbewegung völlig befreit ist, wird erst dann zu einem vollkommenen Präzisionsinstrument, wenn ihre einzelnen Finger selbständig, weitgehend voneinander unabhängig arbeiten können und einen möglichst unbeschränkten Bewegungsspielraum erreichen. Im Verlauf der Evolution, die zweifellos heute noch andauert, haben sich zuerst die Randfinger selbständig gemacht. Dies gilt nicht nur für den Daumen und den Kleinfinger, die hauptsächlich als Greiffinger dienen, sondern auch schon für den Zeigefinger, der sich zu einem Tastprobefinger entwickelt hat.

Die Selbständigkeit des Daumens ist am weitesten fortgeschritten. Neben den vier Bewegungsmöglichkeiten (Beugung und Streckung, Abspreizung und Zusammenziehung) kann er ja noch die für den Menschen so wichtige Oppositionsbewegung durchführen. Verlauf und Anordnung seiner neun Muskeln sind auf Abb. 4 dargestellt.

Zur Versorgung der Muskeln, der Gelenke und Skeletteile der Hand mit sauerstoffreichem *Blut* dienen zwei große Arterien, die auf der Hohlhandseite liegen. Auf der Kleinfingerseite handelt es sich um die Arteria ulnaris, die über das Querband (Retinaculum flexorum) die Hohlhand erreicht, hier einen oberflächlichen Bogen (Arcus palmaris superficialis) bildet und einen rückläufigen Verbindungsast zu der auf der Daumenseite liegenden Arterie entsendet. Diese oberflächliche Arterie liegt nicht unmittelbar unter der Haut, sie wird wie die Nerven, Muskeln und die empfindlichen Sehnenscheiden durch eine derbe bindegewebige Platte, die Palmaraponeurose (Aponeurosis palmaris), geschützt. Die zweite Arterie gelangt in die Hand an der Daumenseite. Es ist die A. radialis, die kurz vor ihrem Eintritt in die schützende Muskulatur des Daumenballens die bekannte tastbare Pulsstelle bildet.

Ihr tiefer Bogen (Arcus palmaris profundus) liegt in der tiefen Etage der Hohlhand, unter den Sehnen der langen Fingerbeuger. Ein rückläufiger Ast stellt die Verbindung zu der A. ulnaris an der Kleinfingerseite her. Durch die bogenförmigen Verbindungen beider Arterien wird gewährleistet, daß die Hand unter allen Umständen mit sauerstoffreichem Blut versorgt wird. Das sauerstoffarme, venöse Blut der Hand fließt vor allem durch die Venen, die neben den Arterien liegen, in der Gegenrichtung. Außer diesen »Begleitvenen« gibt es ein weitverzweigtes »Venennetz« (Rete venosum manus), das unter der Haut des Handrückens deutlich zu sehen ist.

Die Hand wird motorisch von drei *Nerven* innerviert (s. Abb. 3). Der Nervus radialis versorgt sämtliche »Strecker« des Armes und der Hand, der N. ulnaris die »ulnare« Seite des tiefen langen »Beugers« der Finger, die entsprechenden »Regenwurmmuskeln«, die Muskulatur des Kleinfingerballens, alle Zwischenknochenmuskeln sowie zwei der Daumenballenmuskeln. Sämtliche übrigen »Beuger« und die meisten Muskeln des Daumenballens werden vom N. medianus innerviert. Außer den motorischen Fasern entsenden alle drei Nerven zusätzlich sensible Äste zur Haut der Hand und der Finger. Diese Äste teilen sich in den Fingern in zwei Endnerven an der Rückenseite (Nn. digitales dorsales) und in zwei Endnerven an der Hohlhandseite (Nn. digitales palmares). Die sensiblen Nerven der Hohlhandseite entfalten sich besonders reichlich. Sie geben zahlreiche feine Äste ab, die entweder frei in der Haut oder an den verschiedenen Tastkörperchen der Haut enden.

Im Grunde genommen ist die ganze Haut unseres Körpers eine einzige Tastfläche. Besonders gehäuft finden sich Sinnesorgane in den Fingerspitzen und in der Hohlhandhaut. Diese empfindlichen Rezeptoren können morphologisch sehr unterschiedlich gestaltet sein. Eine genaue Zuordnung einzelner Formen zu bestimmten Funktionen läßt sich nicht einwandfrei abgrenzen. Hier stimmen unsere anatomischen Kenntnisse mit den Ergebnissen der Physiologie noch nicht ganz überein. Mit Sicherheit kann man nur sagen, daß eine starke Konzentration von Rezeptoren die allgemeine Sensibilität der Haut steigert.

Die einfachste Form von Rezeptoren bilden die freien Nervenendigungen. Es sind einfache oder verästelte Dendriten der Nervenzellen, die an zahlreichen Stellen in das Bindegewebe der Unterhaut reichen oder bis in das Epithelgewebe der Oberhaut dringen. Man vermutet in ihnen die Sinnesempfindungen für mechanische, thermische und schmerzauslösende Reize. Solche »freien Nervenendigungen« findet man nicht nur in der haarlosen Haut der Hand oder der Fußsohle, sie kommen regelmäßig auch in der behaarten Haut vor, wo sie die Haarwurzeln umwickeln.

Eine komplizierte Form von Rezeptoren stellen die »Endkörperchen« dar (s. Abb. 7). In ihnen verzweigt sich das Ende einer oder mehrerer Nervenfasern zwischen besonders angeordneten Zellen, die sich offenbar auf das Aufnehmen ganz bestimmter Reize spezialisiert haben. Sie funktionieren nach heutiger Auffassung als »Mechanorezeptoren«; allgemein werden sie als »Tastkörperchen« bezeichnet. Die größten unter ihnen, die »Vater-Pacinischen Lamellenkörperchen«, sind 3 bis 4 Millimeter groß und bei sorgfältiger Präparation mit bloßem Auge im Unterhaut-

Die menschliche Hand – ein Greiforgan. Sie ist dabei sowohl ein Präzisionsinstrument (rechts) wie Übertragungsorgan starker Hebelkräfte (unten). Ohne ihre vielseitigen Einsatzmöglichkeiten, die der menschliche Verstand ihr schuf, ist die Entstehung und Entwicklung des Menschen nicht denkbar. Fast alles, was der Mensch zustande gebracht hat, ist durch die Arbeit seiner Hände bewirkt worden.

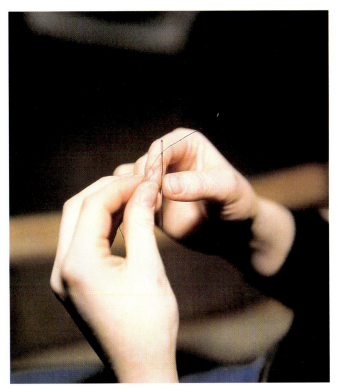

bindegewebe sichtbar. Im Inneren des Körperchens befindet sich ein länglicher Kolben, umhüllt von 50 bis 60 zwiebelschalenförmig angeordneten Lamellen. Die »Meißnerschen Tastkörperchen« sind dagegen viel kleiner, etwa nur 100 µm lang. Sie sind aus mehreren, fast spiralenförmig angeordneten keilförmigen Zellen aufgebaut, zwischen denen sich eine Nervenfaser aufwindet. Sie liegen in den oberen Polen der Lederhautpapillen. In den Vertiefungen zwischen den Lederhautpapillen, in den Basalschichten der sich einsenkenden Oberhaut, befinden sich die »Merkelschen Tastscheiben«, Gruppen von großen abgeflachten Zellen, die von feinen Endzweigen einer Nervenfaser umgeben sind. Sie entsprechen in ihrer Größenordnung den »Meißnerschen Tastkörperchen«. Beide Rezeptoren stehen in unmittelbarem Zusammenhang mit der Form des Hautreliefs.

Die Haut besteht aus einer epithelialen »Oberhaut« (Epidermis), einer strafffaserigen, bindegewebigen »Lederhaut« (Corium) und einer tiefen, fettreichen »Unterhaut« (Subcutis). Die Hautoberfläche, die ein feines Relief von »polygonalen Feldern« erkennen läßt, bedeckt den weitaus größten Teil des Körpers. An der haarlosen Haut des Handtellers und der Fußsohle zeigt das Oberflächenrelief parallel verlaufende Furchen und Leisten. Diese Leisten oder »Papillarlinien« sind besonders stark an den Tastballen der Fingerendglieder entwickelt. Schon sehr früh scheinen diese eigenartigen Hautleistenzeichnungen das Interesse des Menschen gefunden zu haben, was sich an den Steingravierungen der Indianer oder den Tonsiegeln der Chinesen aus vorchristlicher Zeit nachweisen läßt. Den ersten Versuch, in der verwirrenden Vielfalt der Hautleistenmuster Gesetzmäßigkeiten zu finden, unternahm Jan Evangelista Purkinje (1787–1869) in seiner 1823 erschienenen Arbeit »Commentatio de examine physiologico organi visus et systematis cutanei«. Die Hautleisten mit ihrer individuell charakteristischen Anordnung in Bogen, Schleifen oder Wirbeln dienen heute als ein wichtiges Identifikationsmerkmal in der Kriminalistik.

Die Leistenhaut an Händen und Füßen hat der Mensch mit den meisten Primaten gemeinsam. Sie beginnt sich schon im frühen Embryonalzustand zu formen. Gegen Ende des vierten Embryonalmonats werden die Leistenmuster an den Fingerbeeren und in der Hohlhand deutlich sichtbar (s. Abb. 8). Alle Hautleisten, die beim Erwachsenen vorkommen, sind zu diesem Zeitpunkt bereits angelegt. Die Entfaltung der Leisten hängt zweifellos mit der Tastfunktion der Haut zusammen. Ein histologischer Querschnitt durch die Leistenhaut zeigt eine ganz eigenartige Gliederung. Das Bild der Fingerbeere läßt sich mit einem Schnitt durch eine Vulkanlandschaft vergleichen (s. Abb. 9). Wie in einer solchen Landschaft Vulkanberge und Täler einander folgen, so wechseln in der Tasthaut die Hautleisten und Hautfurchen in regelmäßigen Abständen ab. In der flachen Spitze des Vulkans öffnet sich ein Krater – die Mündung der Schweißdrüse an der Oberfläche der Hautleiste. In der Tiefe unter dem Krater befindet sich ein Meßgerät, das den steigenden Druck der Bergmassen des Vulkans registriert – die »Merkelsche Tastscheibe« unter dem »epidermalen Drüsenkamm« der Leiste. An den steilen Abhängen des Vulkans sind empfindliche seismographische Geräte angebracht, die die seitlichen

Die menschliche Hand – mehr als ein Werkzeug. Das »Händegeben« weist auf Begegnung, Offenheit und Verbundenheit. Das »an die Hand nehmen« wird zum Ausdruck von Geborgenheit und Führung. Wir legen unser Schicksal in die Hand eines anderen. Die Hand bringt zum Ausdruck, ob wir aufgenommen werden oder abgewiesen. Sie »begreift« unsere Beziehung zu unserer Umwelt wie zu uns selbst.

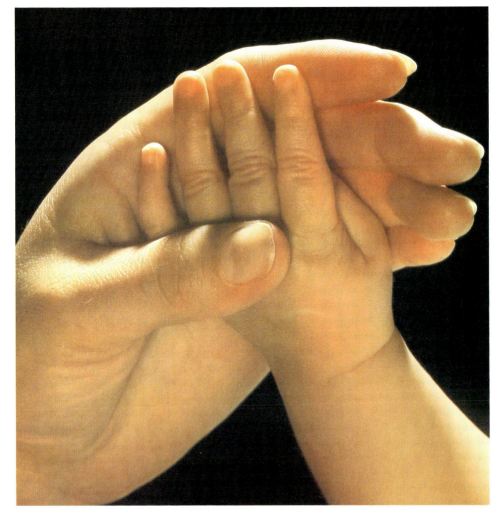

Erschütterungen und Bewegungen des ganzen Berges aufzeichnen – die »Meißnerschen Tastkörperchen« in den hohen Lederhautpapillen. In einem Quadratmillimeter der Leistenhaut gibt es etwa 25 bis 30 solcher Seismographen und fast die gleiche Anzahl druckregistrierender Scheiben. Eine Fingerbeere besitzt insgesamt etwa 35 000 derartiger hochempfindlicher Tastkörperchen; der Zeigefinger weist als Probierfinger dabei deutlich mehr auf als die übrigen Finger. Die Meldungen aller dieser »Geräte« werden einem hochleistungsfähigen Computer zugeleitet – dem *Zentralnervensystem,* das sie blitzschnell verarbeitet und für eine entsprechende Antwort sorgt. Ohne dieses koordinierende, übergeordnete Zentrum wäre ein Funktionieren dieser komplizierten Strukturen des Bewegungsapparates »Hand« mit seinen Gelenken, Sehnen, Muskeln und den zahlreichen Sinnesorganen der Haut undenkbar. »Die einzigartige und bewundernswerte Funktionsfähigkeit unserer Hände liegt weit weniger in ihrer Form und Konstruktion als in ihrer enorm verfeinerten zerebralen motorischen Kontrolle, die es uns ermöglicht, unendlich vielfache Kombinationen von Bewegungen auszuführen« (Schultz 1965).

Wie wichtig die zerebrale Kontrolle über unsere Hände ist, wird uns klar, wenn wir die unterschiedlichen Fähigkeiten der rechten und der linken Hand bedenken. Fast niemand ist in der Lage, mit beiden Händen gleichwertige Arbeit zu leisten; die meisten Menschen bevorzugen die eine oder die andere Hand. Als Rechtshänder kann man kaum mit der linken Hand schreiben oder eine Präzisionsarbeit vollbringen. Dabei besitzt die linke Hand dieselben Muskeln, Sehnen und Nerven wie die rechte Hand; in ihrer Konstruktion sind beide Hände völlig gleich. Ungleich dagegen sind die für jede Hand koordinierenden, getrennten Zentren im Gehirn und ihre Verbindungen zu der entsprechenden Hand. Durch Veranlagung, frühzeitige Übungen und durch Lernprozesse entwickelt meist ein Zentrum seine Verknüpfungen zur entsprechenden Hand besser als das andere.

Der Sitz aller höheren Leistungen des Zentralnervensystems und damit auch das leitende, koordinierende Zentrum für die Funktionen der Hände, befindet sich in der *Großhirnrinde.* Sie besteht aus mehreren Schichten leistungsfähiger Nervenzellen. Dabei gilt die allgemeine Regel: Je komplizierter die Aufgaben sind, desto mehr Nervenzellen werden zu ihrer Ausführung benötigt. In einer Windung der Großhirnrinde, die als vordere Zentralwindung (Gyrus praecentralis) bezeichnet wird, befindet sich das leitende Zentrum für die gesamte Muskeltätigkeit des Körpers. Dieses motorische Zentrum steuert in der linken Hirnhemisphäre die Leistungen der rechten Körperhälfte und umgekehrt. Zeichnet man in diese Windungen die Umrisse der entsprechenden Körperhälfte ein und berücksichtigt dabei die Zahl der für die einzelnen Körperteile zuständigen Nervenzellen, dann ergibt das ein Bild des Körpers mit völlig ungewöhnlichen Proportionen (s. Abb. 10). Zunge, Lippen, Gesichtsmuskulatur und vor allem die Hand sind übermäßig groß dimensioniert. Diese Proportionen richten sich aber nicht nach den tatsächlichen Größenverhältnissen einzelner Körperteile. Sie richten sich nach ihrer funktionellen Bedeutung und nach der Kompliziertheit ihres anatomischen Aufbaues. Bei diesem überdimensionalen Bild der Hand fällt auf, daß der Daumen – im Vergleich mit den übrigen vier Fingern – besonders groß ist. Dies ist auf die hohe Zahl von Daumenmuskeln und ihre vielfältigen Bewegungsmöglichkeiten zurückzuführen. Auch für die hintere Zentralwindung des Großhirns (Gyrus postcentralis), die für die Sensibilität des Körpers verantwortlich ist, läßt sich nachweisen, daß der Anteil der Hand außerordentlich groß ist. Vergleichen wir die einzelnen Finger untereinander, so nimmt der Zeigefinger den größten Bezirk der Hirnrinde für sich in Anspruch; er besitzt auch als Probefinger in seiner Fingerbeere die meisten Tastkörperchen, die in der Großhirnrinde der hinteren Zentralwindung ihr koordinierendes Zentrum haben.

Die stammesgeschichtliche Entwicklung der menschlichen Hand

Ein derart kompliziertes Organ wie die menschliche Hand mit allen ihren anatomischen Besonderheiten und mit ihren übergeordneten Zentren in der Großhirnrinde kann nur als Ergebnis eines langen Entwicklungsprozesses verstanden werden. Der Verlauf dieser Entwicklung läßt sich nicht mehr genau nachzeichnen, aber wenigstens einige wichtige Etappen können wir anhand von vergleichend anatomischen Befunden rekonstruieren (s. Abb. 13).

Heute gelten die Spitzhörnchen (Gattung *Tupaia* und andere) als die auf der niedrigsten Stufe der Evolution stehenden Vertreter der rezenten Primaten. In ihnen oder in ähnlich gebauten Formen vermutet man die Basis aller späteren Primaten. Spitzhörnchen haben einen kleinen, aber relativ langen Körper mit kurzen, annähernd gleich proportionierten vorderen und hinteren Extremitäten. Die Hände und Füße, die ähnlich gebaut sind, haben schmale, nicht allzu lange Finger und Zehen, die spitze Krallen tragen. Der Daumen bzw. die große Zehe spreizt von den übrigen Fingern und Zehen nicht besonders ab. Im ganzen erinnern sie im Bau der Extremitäten an manche Insektenfresser oder auch Nagetiere. Sie können sich blitzschnell am Boden wie in den Bäumen bewegen. Man kann sie als »unspezialisierte Vierfüßer« bezeichnen.

Offensichtlich ging von dieser »unspezialisierten« Bewegungsart die weitere Entwicklung in Richtung auf die baumlebenden Halbaffen und Affen aus. Die vorzügliche Anpassung an das Leben in den Bäumen ist aber – anatomisch gesehen – keine ausgesprochene Spezialisation, die zu gravierenden einseitigen Änderungen im Körperbau führt. Es handelt sich um eine sehr breit gefächerte Anpassung, die noch genügend Spielraum für weitere Abänderungen läßt. Solche Abänderungen führten schließlich zu zwei extremen Richtungen der Anpassung an das Leben in Bäumen. Eine davon ist die Entwicklung von überlangen hinteren Extremitäten, wie man dies zum Beispiel beim Koboldmaki (Gattung *Tarsius*) beobachten kann. Die zweite extreme Spezialisierung auf das Baumleben führt zur Entwicklung von überlangen Armen, wie wir sie zum Beispiel beim Orang-Utan *(Pongo pygmaeus)* oder bei den Gibbons (Gattung *Hylobates*) sehen. Der Daumen scheint hier fast überflüssig und ist bei den Gibbons schon stark reduziert.

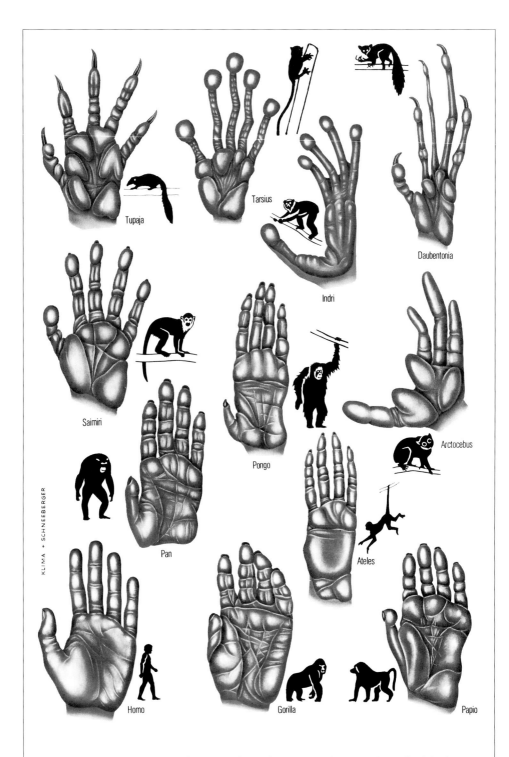

Abb. 12: Unterschiedliche Handformen einiger Primaten und des Menschen, die sich als unterschiedliche Grade der Anpassung an die jeweiligen Lebensbedingungen deuten lassen.

An das Leben am Boden haben sich unter den sogenannten »Hundsaffen« nur wenige Gruppen angepaßt, vor allem Makaken (Gattung *Macaca*) und Paviane (Gattung *Papio*). Offensichtlich hat sich das Bodenleben direkt aus der vierbeinigen, baumangepaßten Fortbewegung entwickelt. Die vorderen und die hinteren Extremitäten sind fast gleich lang. Hände und Füße haben breite und lange Handteller bzw. Fußsohlen, die Finger und die Zehen sind kurz, der Daumen ist nicht besonders groß.

Der Mensch gehört ebenso wie seine nächsten Verwandten im Tierreich, die afrikanischen Menschenaffen (Schimpanse und Gorilla), zu denjenigen Primaten, die sich an das Leben am Boden angepaßt haben. Seine Entwicklung in dieser Richtung wird aber durch mehrere Besonderheiten gekennzeichnet. So hat sich der Mensch mit Sicherheit nicht direkt aus vierfüßigen, baumangepaßten Formen entwickelt. Zahlreiche anatomische Merkmale zeigen vielmehr auffällige Übereinstimmungen mit den Hangelkletterern. Zunächst einmal entsprechen die Proportionsverhältnisse von Armen und Händen zur Körperlänge und zu den Beinen und Füßen eindeutig dem Proportionsschema der Hanglertypen und weichen von dem der übrigen Primaten deutlich ab. Auch die typische Verbreiterung des Brustkorbes hat der Mensch mit den Hanglern gemeinsam (s. Abb. 11). Die Schultern sind breit, die weit seitlich gerichteten Schultergelenkpfannen erlauben umfangreiche seitliche Kreiselungen der Arme. Die meisten übrigen Primaten besitzen einen schmalen Brustkorb; ihre Schultergelenkpfannen blicken nach vorn bzw. nach unten, ihr Bewegungsradius ist beschränkt. Auch die für den Menschen so bedeutsame aufrechte Haltung seines Körpers ist bei den Hanglern bereits entwickelt. Die eigentliche Evolution des Menschen, seine Abspaltung von den Menschenaffen, mußte also in einem relativ frühen Hanglerstadium erfolgt sein. Auf dieser Entwicklungsstufe war die Hand der Hominiden sicher noch nicht so weit an die Fortbewegungsart des Schwingkletterns angepaßt, daß sie ihre Vielseitigkeit eingebüßt hätte. Der Daumen blieb noch relativ lang, die übrigen Finger waren kräftig, frei beweglich und nicht zu bloßen Aufhängungshaken degradiert wie bei Orang und Gibbon. Solch eine Hand konnte sich nach dem Übergang zum »bipeden Leben« am Boden und nach ihrer völligen Befreiung von den Fortbewegungsaufgaben zu einem wahrhaftig vielseitigen Präzisionsinstrument entwickeln.

Die Anpassungen der Primaten an die verschiedenen Lebensbedingungen und die Änderungen ihrer Bewegungsart spiegeln sich in der Form ihrer Hände wider (s. Abb. 12). Die Hand der Spitzhörnchen *(Tupaiiformes)* können wir als ein ursprünglich gebautes »Krallenkletterlauforgan« (Biegert 1961) bezeichnen. Die beiden Randfinger, Daumen und Kleinfinger, zeigen zwar eine sehr freie Beweglichkeit im Vergleich mit anderen, ähnlich gebauten Säugetieren; aber die ganze Hand ist noch nicht zu einer eigentlichen Greifhand geworden, wie alle Halbaffen und Affen sie entwickelt haben. Auch der Handteller ist noch nicht abgeflacht, wie dies bei den meisten übrigen Primaten der Fall ist, sondern trägt mehrere stark vorspringende, warzenartige Ballen.

Von dieser ursprünglichen, noch wenig affenähnlichen Hand können wir – der

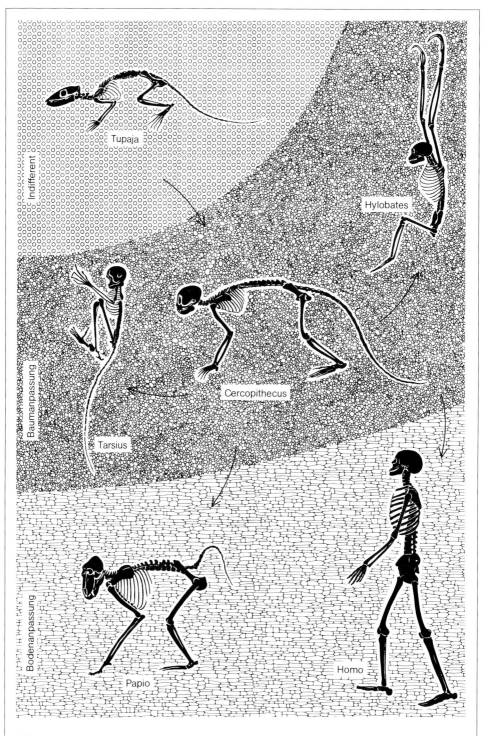

Abb. 13: Bewegungsarten und Körperbau einiger Primaten und des Menschen im Zusammenhang mit der stammesgeschichtlichen Entwicklung der menschlichen Hand.

Form nach – zwei andere, sehr stark spezialisierte Handformen ableiten: die Hände der Koboldmakis (Gattung *Tarsius*) und des Fingertiers (Gattung *Daubentonia*). Beide zeigen eine Kombination von ursprünglichen, konservativen Merkmalen mit sehr einseitig spezialisierten Eigenschaften. Zu den ursprünglichen Merkmalen gehören der schmale, ballentragende Handteller, die begrenzte Greiffähigkeit der Hand und die schlanken langen Finger, die bei beiden Formen ganz besondere Spezialisationen entwickelt haben. Bei den Koboldmakis wandelten sich die Fingerendglieder zu platten rundförmigen Haftscheiben um, die den Tieren auch an glatten Flächen Halt geben. Beim Fingertier hat sich der Mittelfinger zu einem langen, dünnen, verdorrt wirkenden Gebilde entwickelt, das in die feinsten Löcher im Holz eindringen kann, um aus der Tiefe das Mark oder Insekten herauszuholen.

Von der ursprünglichen Hand des Spitzhörnchens läßt sich aber auch die typische zum Greifen geeignete, noch nicht allzu sehr spezialisierte Hand der meisten Affen ableiten. Am Beispiel des neuweltlichen Totenkopfäffchens (Gattung *Saimiri*) fallen uns vor allem der breite flache Handteller ohne weit vorspringende Ballen, die langen breiten Finger mit ihren abgerundeten nägeltragenden Kuppen und schließlich der abgespreizte Daumen auf, der schon die Fähigkeit einer mäßigen Opponierbarkeit besitzt. Von dieser »Affenhand« führen die Formenkonstruktionen der Hand in drei Richtungen: Die erste Richtung, veranschaulicht durch die Hände zweier Halbaffenfamilien, der Indriartigen (Familie *Indriidae*) und der Loriartigen (Familie *Lorisidae*) führt zu einem hochspezialisierten zangenartigen Klammerorgan. Dabei entsteht im Handteller ein tiefer Einschnitt, aus dem beiderseits die Mittelhand und die Finger als Zangenarme abspreizen. Die Finger haben dabei ihre Selbständigkeit eingebüßt, einige, wie der Zeigefinger beim Bärenmaki, können sogar rückgebildet sein. Die zweite Entwicklungsrichtung führt von der »normalen« Primatenhand zur Hand der Hangelkletterer. Die zunehmenden Spezialisierungen, die hier erfolgten, lassen sich an der Formenreihe Schimpanse–Orang–Klammeraffe sehr gut veranschaulichen. Der Schimpanse bewohnt sowohl Bäume als auch offene Graslandschaften; dementsprechend ist seine Hand in hohem Maße ein Vielzweck-Werkzeug, ähnlich der des Menschen. Beim Orang-Utan, dem einzigen wirklichen Baumbewohner unter den Menschenaffen, sind die Hände mit den langen Fingern und dem verkürzten Daumen hochgradig an das Hangel- und Schwingklettern angepaßt. Die Klammeraffen schließlich, die perfektesten Brachiatoren unter den Neuweltaffen, haben das Hangeln und Schwingen in höchster Vollendung ausgebildet. Der Handteller wird im Verlaufe dieser Anpassungsreihe immer schmaler; auch der zweite bis fünfte Finger, die der Aufhängung und dem Schwingen in den Ästen dienen, werden schmaler und länger. Der Daumen verliert allmählich seine Greiffunktion, verkürzt sich oder kann – wie bei den Klammeraffen – völlig rückgebildet werden.

Eine dritte Entwicklungsrichtung führt schließlich zu einer Hand, die dem Laufen am Boden angepaßt ist; sie ähnelt der Fußsohle, da sie einen besonders großen Handteller mit kurzen plumpen Fingern aufweist. Beispiele dafür zeigen uns die Hände der Paviane; aber auch die Hände der vorwiegend auf dem Boden lebenden

Gorillas, der größten und schwersten aller rezenten Menschenaffen, lassen durch ihre Breite und ihre starken Finger erkennen, daß es sich nicht so sehr um Kletterwerkzeuge als vielmehr um Geh- und Greifwerkzeuge handelt.

Beim Vergleich der menschlichen Hand mit den verschiedenen Händen der spezialisierten Primaten kann man feststellen, daß sie sich nur wenig von der ursprünglichen »Affenhand« unterscheidet. Sie ist weder zu einer Klammerzange noch zu einem Aufhängungshaken oder einem Gehwerkzeug umkonstruiert worden. Die geringfügigen Abweichungen lassen sich wie folgt zusammenfassen: größerer Handteller; schlankere, nicht so weit voneinander abgespreizte Finger; breitere Fingerkuppen mit sehr großen, flachen Nägeln; ein kürzerer, tief unten abzweigender Daumen mit stark ausgeprägter Opponierbarkeit und mächtigem Daumenballen. Dies alles sind Merkmale, die eine mäßige Umkonstruktion in Richtung zu den Hangelkletterern zeigen, die aber gleichzeitig bezeugen, daß die menschliche Hand ganz besondere Eigenschaften entwickelt hat. Phylogenetisch gesehen hat sich die Menschenhand vom ursprünglichen Typ der »Affenhand« nicht sehr weit entfernt; der Fuß dagegen ist für die Aufgabe der Fortbewegung völlig umkonstruiert worden. Dadurch, daß die Hand frühzeitig von der Aufgabe der Fortbewegung befreit wurde, bevor sie sich in irgendeiner Richtung zu sehr spezialisierte, wurde es möglich, sie so vielseitig einzusetzen. Ihrer Form nach ist die menschliche Hand recht ursprünglich. Der schweizerische Anthropologe Adolph H. Schultz drückte das 1965 mit den Worten aus: »... Im Laufe der menschlichen Evolution aus frühen hominiden Vorfahren ist die Hand glücklicherweise konservativ geblieben.«

Literatur

BIEGERT, J.: Volarhaut der Hände und Füße. In: Primatologia 2, Liefer. 3, 1961

BRAUS, H., ELZE, C.: Anatomie des Menschen. Bd. I. Berlin, Göttingen, Heidelberg ³1954

CUMMINS, H., MIDLO, C.: Finger prints, Palms and Soles. Philadelphia 1943

NAPIER, J. R.: A classification of primate locomotor behaviour. In: Perspectives on Human Evolution 1. o. O. 1968

Vom Primaten zum Menschen. Unesco Kurier 8/9, 1972

SCHULTZ, A. H.: Vertebral column and thorax. In: Primatologia 4, Liefer. 5, 1961

Die rezenten Hominoidae. In G. Heberer (Hg.): Menschliche Abstammungslehre. Stuttgart 1965

John C. Eccles

Sprache, Denken und Gehirn

Übersicht: Die menschliche Sprache läßt sich in vier einander übergeordnete Funktionen einteilen. Die beiden niederen Sprachformen, die Ausdrucks- und die Signalfunktion, kommen auch bei Tieren vor. Die beiden höheren Sprachformen gibt es nur beim Menschen: Nur er kann seine Erfahrungen beschreiben (deskriptive Funktion), nur er kann kritisch argumentieren (argumentative Funktion). Die menschliche Sprache stellt nicht bloß ein Mittel zur sozialen Verständigung dar, sondern auch ein Denk- und Untersuchungsinstrument. Im Spracherwerb des Kleinkindes äußert sich ein erstaunlicher Selbstorganisationsprozeß. Dabei unterstützen sich die sprachliche und geistige Entwicklung gegenseitig. Eingehende Untersuchungen an Menschenaffen ergaben, daß Affen weder in einer kognitiven Weise denken noch Sprache deskriptiv und schon gar nicht argumentativ gebrauchen können. Sie verfügen auch über keine Hirnstrukturen, die mit den in der dominanten Hirnhemisphäre sitzenden menschlichen Sprachzentren vergleichbar wären. Diese Befunde unterstützen den Dualismus des französischen Philosophen René Descartes, der annimmt, die menschliche Psyche könne sich durch ihr Einwirken auf das Gehirn sprachlich äußern. Im Gegensatz zur Ansicht von Descartes verfügen aber Affen durchaus über eine gewisse Art von Bewußtsein.

Die verschiedenen Sprachstufen

Die umfassendste Darstellung der verschiedenen Aspekte der Sprache gab Bühler (1934) mit seiner Sprachtheorie, die von Popper weiterentwickelt wurde (1962, Absch. 12; 1972, Kap. 6; Popper, Eccles 1977, Kap. P 3). Bei der Behandlung des Phänomens Sprache sollte man die verschiedenen Formen tierischer Sprache mitberücksichtigen. Zu einer Sprache gehört normalerweise ein Sender, ein Übertragungsmittel sowie ein Empfänger. Sprache ist eine besondere Art signalübermittelndes System.

Die Einteilung von Bühler und Popper (Tab. 1) postuliert zwei niedere Formen von Sprache (Stufe 1 und 2), die die menschlichen und tierischen Sprachen gemeinsam haben, und zwei höhere Sprachformen. Über die beiden höheren Sprachformen verfügt nur der Mensch, auch wenn dies, wie wir noch sehen werden, sehr umstritten ist.

Die vier Sprachstufen präsentieren sich wie folgt:
1. Die symptomatische oder Ausdrucksfunktion der Sprache. Tiere drücken wie Menschen ihre emotionalen Zustände oder Empfindungen durch Rufen, Schreien, Lachen usw. aus.

2. Die auslösende oder Signalfunktion der Sprache. Der »Sender« versucht beim »Empfänger« eine bestimmte Reaktion hervorzurufen, indem er ihm einen Hinweis gibt. Beispielsweise macht ein Vogel mit einem Alarmruf seine Kumpane auf eine drohende Gefahr aufmerksam. Ethologische Untersuchungen fanden eine enorme Vielfalt an derartigen Signalen, besonders bei sozial lebenden Tieren. Ferner kommen beim Umgang zwischen Menschen und Tieren äußerst mannigfaltige und feine Signale vor, wie beispielsweise zwischen einem Menschen und seinem Schäferhund oder zwischen dem Reiter und seinem Pferd.

3. Die deskriptive Funktion der Sprache. Auf dieser Stufe ist der größte Teil der menschlichen Kommunikation einzuordnen. Wir beschreiben anderen unsere Erfahrungen; beispielsweise den Einfluß des Wetters auf den Garten oder die Preise und Qualität von Gegenständen in den Geschäften oder eine kürzlich gemachte Reise oder das Verhalten von Freunden und Nachbarn oder neuere Entdeckungen der Wissenschaft; die Aufzählung ließe sich endlos fortsetzen. Man beachte, daß es bei den beiden niederen Sprachfunktionen um Äußerungen geht, die sowohl Ausdruck als auch Signalcharakter haben. Das besondere Merkmal der deskriptiven Sprachfunktion besteht darin, daß die Angaben tatsächlich wahr oder tatsächlich falsch sein können. Hierin inbegriffen ist die Möglichkeit zu lügen.

4. Die argumentative Funktion fehlte in der ursprünglichen Bühlerschen Dreiteilung und wurde von Popper (1962, Kap. 4) hinzugefügt. Sie stellt Sprache in ihrer höchsten Form dar. Wegen ihrer hoch entwickelten Eigenart entstand sie sicher als stammesgeschichtlich letzte Stufe. Dieser Umstand kommt auch in der individualgeschichtlichen Entwicklung zum Ausdruck. Die Kunst, kritisch argumentieren zu können, ist eng an die menschliche Fähigkeit des rationalen Denkens gebunden. Popper schreibt: »Wie der deskriptive Gebrauch der Sprache hat der argumentative zur Entwicklung idealer Kriterien oder (mit einem Ausdruck Kants) ›regulativer Ideen‹ geführt: die hauptsächliche regulative Idee für den deskriptiven Gebrauch der Sprache ist die *Wahrheit* (Gegensatz: *Falschheit*); die für den argumentativen Gebrauch der Sprache in kritischen Diskussionen ist die *Gültigkeit* (Gegensatz: *Ungültigkeit*)« (1973, 263).

Die vier Stufen der Sprache lassen sich durch die Entwicklung vom Säugling zum Jugendlichen veranschaulichen, wo ein aufsteigender Erwerb der verschiedenen Stufen stattfindet, vom ursprünglich reinen Ausdrucksniveau über das Signalniveau zum deskriptiven Niveau und schließlich zum argumentativen Niveau. Dabei schließt jedes Sprachniveau die jeweils niederen Stufen mit ein. Beispielsweise werden beim Argumentieren auch Gefühle ausgedrückt, Signale zum Umstimmen des

Stufe	Funktionen	Werte	
4	Argumentative Funktion	Gültigkeit/Ungültigkeit	
3	Deskriptive Funktion	Wahrheit/Falschheit	**Mensch**
2	Signalfunktion	Wirksamkeit/Unwirksamkeit	
1	Ausdrucksfunktion	Offenbarend/nicht offenbarend	

Tab. 1 Die vier Stufen der menschlichen Sprache mit den damit verbundenen Werten (nach: Popper 1962, 1972).

Gegners verwendet und die Argumente untermauert durch Beschreiben der tatsächlichen Zusammenhänge. Zudem begleiten Mimik und Gebärden die sprachliche Ausdrucksweise, verlieren aber mit dem Aufsteigen über die Stufen 1, 2, 3 und 4 zunehmend an Bedeutung.

Popper unterstreicht die Bedeutung der »Tradition und Disziplin des verständlichen Sprechens und klaren Denkens; es ist die entscheidende Tradition, die Tradition der Vernunft. Die modernen Feinde der Vernunft wollen diese Tradition zerstören. Sie wollen dies durch Zerstören und Verdrehen der argumentativen und vielleicht sogar der deskriptiven Funktion der menschlichen Sprache tun; durch einen romantischen Rückfall in die Gefühlsfunktionen – die Ausdrucksfunktion (man spricht zuviel von ›Selbstdarstellung‹) und vielleicht die Signal- oder Anreizfunktion. Wir sehen die Auswirkungen dieser Tendenz sehr deutlich in gewissen Arten von moderner Poesie, Prosa und Philosophie – in einer Philosophie, die nicht argumentiert, weil sie keine argumentierbaren Probleme hat« (1962, 135).

Weiter hält Popper fest: »Der Physikalist wird versuchen, das Phänomen Sprache physikalisch und somit kausal-analytisch zu erklären. Nach diesem Ansatz drückt die Sprache nichts anderes als den Zustand des Sprechers aus, besitzt also nur die Ausdrucksfunktion. Die Folgen dieser Betrachtungsweise sind jedoch verheerend. Wenn man Sprache lediglich als Ausdrucks- und Kommunikationsmittel betrachtet, so läßt man all das außer acht, was die menschliche Sprache gegenüber den bei Tieren vorkommenden Formen von Sprache auszeichnet: ihre Fähigkeit, wahre und falsche Aussagen zu machen, sowie gültige und ungültige Argumente hervorzubringen. Dies wiederum hindert den Physikalisten daran, den Unterschied zwischen Propaganda, verbaler Einschüchterung und vernünftiger Argumentation erklären zu können« (Popper, Eccles 1977, 59).

Auf ähnliche Weise scheitert der Behaviourist, weil er nichts anerkennt, was oberhalb der Signalfunktion der Sprache (Stufe 2) steht.

Sprachliche Ausdrucksweise

Zunächst muß Poppers philosophisches Modell der drei Welten vorgestellt werden, das alles Bestehende und alle Erfahrungen umfaßt. Welt 1 ist die Welt der physikalischen Gegenstände und Zustände, einschließlich des menschlichen Gehirns. Welt 2 ist die gesamte Welt der subjektiven Erfahrungen und Bewußtseinszustände. Welt 3 ist die Gesamtheit des Wissens im objektiven Sinne. Sie beinhaltet die vom Menschen geschaffene Kultur, einschließlich der Sprache (Abb. 3).

In seinem subjektiven Sinne bezieht sich das Wort »Denken« auf eine mentale Erfahrung oder einen mentalen Vorgang. Diesen Vorgang können wir als Denkprozeß bezeichnen. Er gehört zur Welt 2. Im Gegensatz zu ihm steht Poppers Welt 3: die Welt der durch Denkprozesse geschaffenen Erzeugnisse, die Welt der menschlichen Kreativität. Im sprachlichen Ausdruck erreichen subjektive Denkprozesse einen objektiven Zustand (Welt 3), und bei ganz besonderen Gelegenheiten kann der sprachliche Ausdruck eine hohe ästhetische Form erreichen, wie beispielsweise in einer Ode von Hölderlin.

Zu diesem Thema gibt Chomsky eine treffende Darstellung, indem er schreibt: »Wenn wir jemals verstehen wollen, wie Sprache gebraucht oder erlernt wird, so müssen wir, um eine selbständige und unabhängige Untersuchung durchführen zu können, ein kognitives System voraussetzen, ein System von Wissen und Glauben, das sich in frühester Kindheit entwickelt und das, in Wechselwirkung mit vielen anderen Faktoren, diejenigen Verhaltensweisen determiniert, die wir beobachten; um einen terminus technicus einzuführen: Wir müssen das System der *Sprachkompetenz* isolieren und untersuchen, das dem Verhalten zugrunde liegt, jedoch in keinerlei direkter oder einfacher Weise im Verhalten realisiert wird« (1973, 15.).

Chomsky lehnt die Ansätze, die der moderne Behaviorismus und die Automatentheorie in die Sprachwissenschaft brachten, ab und ist der Ansicht, daß die klassischen Probleme richtungweisend für die heutige sprachwissenschaftliche Forschung und Lehre sein können. In ähnlicher Weise äußert sich auch Limber: »Sprache war für Descartes der sichere Indikator des Denkens, in dem die Sprache die menschliche Fähigkeit spiegelt, völlig neue Formulierungen von Gedanken erzeugen und verstehen zu können. Damals wie heute dient syntaktische Kreativität oder Produktivität der menschlichen Sprache mehr als irgend etwas anderes dazu, die menschliche Sprache von den symbolischen Aktivitäten aller anderen Lebewesen qualitativ abzuheben« (1980, 200).

Descartes schrieb diese menschliche Einzigartigkeit der Wirkung eines Prinzips zu: der über dem Gehirn stehenden menschlichen Seele, deren Essenz das Denken ist und die den Tieren fehlt. Chomsky stellte fest: »Dieses neue Prinzip hat einen ›kreativen Aspekt‹, der sich am klarsten in dem zeigt, was wir als den ›kreativen Aspekt des Sprachgebrauchs‹ bezeichnen können, nämlich die prinzipielle menschliche Fähigkeit, neue Gedanken formulieren und völlig neue Formulierungen von Gedanken verstehen zu können, und zwar im Rahmen einer ›instituierten Sprache‹, einer Sprache, die als Produkt einer Kultur Gesetzen und Prinzipien unterliegt, die teilweise für sie allein gelten, teilweise aber auch generelle Eigenschaften des Geistes reflektieren« (1973, 18).

In ähnlicher Weise sprechen Bronowski u. Bellugi (1970) von »der Verinnerlichung der Sprache, so daß sie nicht mehr bloß ein Mittel zur sozialen Verständigung darstellt, sondern auch zu einem Denk- und Explorationsinstrument wird, mit dem der Sprecher mögliche Mitteilungen entwirft, bevor er eine davon zum Aussprechen auswählt« (1970, 670).

Bevor wir diesen kreativen Vorgang betrachten, durch den subjektive Denkprozesse sprachlich ausgedrückt und sogar zu einem Kunstwerk werden können, müssen zuerst die Verfahren beschrieben werden, die gut gebaute Sätze erzeugen. Wie Chomsky darlegte, ist der Bau eines Satzes ein einmaliges Ereignis. Im Verlaufe eines Gespräches können wir einzigartige, nie zuvor erzeugte Sätze bilden. Wir haben tatsächlich die Fähigkeit, eine unendliche Anzahl verschiedener Sätze zu bilden.

Die sprachliche Ausdrucksweise läßt sich auf drei Ebenen betrachten. Erstens ist für all die verschiedenen Teile einer Rede ein zweckmäßiger, gut verstandener Wortschatz notwendig, das sogenannte Lexikon. Zweitens müssen die Wörter grammatikalisch richtig angeordnet werden. Dies sind die Anforderungen der Syntax. Das Kriterium besteht darin, daß erfahrene, ein natürliches Sprachgefühl besitzende Benützer dieser Sprache die Sätze als gut gebaut beurteilen. Drittens müssen die Sätze sinnvoll sein, also die Kriterien der Semantik erfüllen. Sätze, die eine befriedigende syntaktische Struktur aufweisen, können trotzdem unsinnig sein. Einen solchen Satz zeigt das folgende Beispiel von Chomsky: »Farblose grüne Ideen schlafen ungestüm.«

Diese Kriterien der menschlichen Sprache sind entscheidend, wenn man beurteilen will, wie weit die in Zeichensprachen ausgebildeten Affen fähig waren, Spuren einer Art menschlicher Sprache – also Sprache auf Stufen 3 und 4 – zu zeigen.

Die wesentlichen zwischenmenschlichen Eigenschaften der Sprache hat Hampshire (1959) treffend beschrieben: »Ich kann nicht daran zweifeln, daß es andere denkende Wesen gibt, die mich mit nicht von mir stammenden Gedanken konfrontieren und die auf mich, genauso wie ich auf sie, mit ›Du‹ verweisen. Jeder von uns nimmt die anderen von seiner eigenen Stellung her wahr. Ich erkenne Deutungen und Absichten in ihren Gebärden, Worten und Handlungen, die nicht meine eigenen sind. Mein Vertrauen in meine eigene Stellung in der Welt und mein Wissen über andere Dinge entwickeln sich durch diese Kommunikation, und es ist nicht denkbar, daß sie ohne diesen sozialen Zusammenhang entstehen könnten. Als Kind eine Sprache verstehen und sprechen zu lernen, bedeutet den Eintritt in eine Reihe sozialer Beziehungen, in denen einerseits meine eigenen Absichten durch andere verstanden und erfüllt werden und andererseits ich den entsprechenden Absichten anderer begegne. Nur durch diesen Austausch und durch die sozialen Konventionen, die der Gebrauch einer Sprache herbeiführt, lerne ich Dinge zu beschreiben sowie über Dinge und meine eigenen Handlungen nachzudenken« (1959, 89).

Das Erlernen einer menschlichen Sprache

Nach Lenneberg (1969) entwickeln sich die motorischen und sprachlichen Fertigkeiten eines Kindes Hand in Hand. Tab. 2 zeigt die Stufen dieser Entwicklung bis zum Alter von viereinhalb Jahren. Die Übereinstimmung zwischen der motorischen und sprachlichen Entwicklung ist von allgemeinem Interesse. Sie darf aber nicht allzu wörtlich genommen werden, denn auch ein motorisch schwer behindertes Kind, das beispielsweise an den Folgen einer Kinderlähmung leidet, kann sich in sprachlicher Hinsicht durchaus normal entwickeln. Überdies entwickelt ein Schimpansenbaby seine motorischen Fähigkeiten schneller als ein Menschenkind, kommt aber, selbst wenn es in einer menschlichen Umgebung aufgezogen wurde, beim Erlernen einer Zeichensprache nicht über ein elementares Anfangsniveau hinaus. Auf die Berichte über die Versuche, mit Affen in sprachlichen Kontakt zu treten, wird später eingegangen werden.

Alter (Jahre)	Motorische Entwicklungsstufen	Sprachliche Entwicklungsstufen
0,5	Sitzt und gebraucht die Hände zum Stützen; greift mit einer Hand nach Gegenständen	Das Gurren wird zu einem Lallen durch Einführen von konsonantischen Lauten
1	Geht, wenn es an einer Hand gehalten wird	Bildet Doppelsilben; scheint einige Wörter zu verstehen; gebraucht regelmäßig bestimmte Lautsequenzen, um Personen oder Gegenstände zu bezeichnen; die ersten Wörter treten auf
1,5	Greifen und Loslassen voll entwickelt; propulsives Gehen; kriecht rückwärts die Treppe hinunter	Repertoire von drei bis fünfzig Wörtern, aber noch keine Satzbildung; Lautfolgen und Intonationsmuster, die einem Gespräch ähneln; schnelle Fortschritte im Verstehen
2	Läuft, aber fällt dabei noch um; kann treppensteigen, setzt aber immer nur einen Fuß vor	Vokabular umfaßt mehr als fünfzig Wörter; bildet häufig Sätze mit zwei Wörtern; größeres Interesse an verbaler Kommunikation; kein Lallen mehr
2,5	Springt mit beiden Füßen in die Luft; steht eine Sekunde lang auf einem Fuß; baut einen Turm aus sechs Würfeln	Jeden Tag kommen neue Wörter hinzu; Äußerungen bestehen aus drei und mehr Wörtern; scheint fast alles zu verstehen, was zu ihm gesagt wird; immer noch viele grammatikalische Abweichungen
3	Geht drei Meter auf Zehenspitzen; Treppensteigen mit alternierendem Vorsetzen der Füße; springt 90 cm	Vokabular von mehr als tausend Wörtern; ungefähr 80 Prozent der Äußerungen sind auch Fremden verständlich; die Grammatik der Äußerungen nähert sich der umgangssprachlichen Erwachsenensprache; Syntax-Fehler werden weniger mannigfaltig, dafür systematisch und voraussagbar
4,5	Springt über ein Seil; hüpft auf einem Bein; kann auf einer Linie gehen	Die Sprache ist gut entwickelt; grammatikalische Abweichungen beschränken sich entweder auf ungewöhnliche Konstruktionen oder auf die anspruchsvollen Teile eines Gesprächs

Tab. 2 Korrelationen zwischen motorischer und sprachlicher Entwicklung (nach: Lenneberg 1969).

Wie wir alle wissen, übt ein Säugling bereits in den ersten Lebensmonaten (Halliday 1975) mit großer Ausdauer den Gebrauch seines Stimmapparates und beginnt auf diese Weise die komplizierteste aller motorischen Koordinationsleistungen zu erlernen. Sprechen lernen wird durch Hören gelenkt. Der Säugling imitiert zunächst die gehörten Laute. Dies führt zu den einfachsten Wörtern, wie dada, mama, papa, die etwa gegen Ende des ersten Lebensjahres auftreten. Bemerkenswerterweise hängt Sprechen von der auditiven Rückmeldung der gesprochenen Worte ab. Der Taube ist auch stumm. In der sprachlichen Entwicklung kommt das Wortverständnis vor der Fähigkeit, die betreffenden Wörter auch aussprechen zu können. Kinder haben einen wahren Worthunger. Sie fragen nach den Namen der sie umgebenden Dinge und üben unablässig, sogar wenn sie allein sind. Sie getrauen sich, durch das Anwenden eigener Regeln Fehler zu machen, wie beispielsweise bei der irregulären Mehrzahlbildung von Hauptwörtern. Sprache entsteht nicht durch einfache Nachahmung. Vom Gehörten abstrahiert das Kind Regelmäßigkeiten und

Beziehungen und wendet diese syntaktischen Prinzipien beim Bilden seiner sprachlichen Äußerungen an.

Hill (1980) zitiert und bekräftigt die Ansichten von Halliday (1975) über die kindliche Sprachentwicklung: »Die frühesten Stadien der funktionellen Entwicklung sind vermutlich fast durchwegs pragmatisch, da das Kind mit seiner Protosprache die Personen seiner Umgebung benennt, Gewünschtes zu erlangen versucht und zur Interaktion auffordert. Diejenigen Protofunktionen, bei denen das Kind Gegenstände als Aufhänger für Interaktionen benutzt, entwickeln sich zur reiferen gedankenbildenden Funktion« (1980, 348), die das Kind dazu verwendet, um über die kognitiven Aspekte der Welt – sein Nicht-Ich – zu lernen. Die gedankenbildende Sprachfunktion dient dem Aufbau einer subjektiven Wirklichkeit. In den frühen Äußerungen eines Kleinkindes kommt die gedankenbildende Funktion nicht gleichzeitig mit der pragmatischen vor. Zuerst werden diese beiden verschiedenen Funktionen auseinandergehalten. Später, meint Halliday (1975), »weisen alle Äußerungen gleichzeitig gedankenbildende (mathetische) und zwischenmenschliche (pragmatische) Dimensionen auf.«

Nach Bronowski u. Bellugi »umfassen die Frühstadien nicht bloß die Fähigkeit, Namen so zu lernen, wie die das Kind umgebenden Personen sie lehren. Viel grundlegender und wichtiger ist die Fähigkeit des Kindes, Regelmäßigkeiten in der Sprache zu entdecken, ungewohnte Äußerungen so in ihre Bestandteile zu zerlegen, wie sie sich auf die Welt beziehen, und diese Einzelteile wiederum in neuen Zusammensetzungen zu verstehen. Diese Gesamtaktivität des Zergliederns und neuen Zusammenfügens wird mit dem Begriff Rekonstitution umschrieben« (1970, 672).

Auf ähnliche Weise beurteilt auch Lenneberg die erstaunlichen Selbstorganisationsprozesse, die das Kleinkind anwendet: »Normale Kinder ... können nur das richtig wiederholen, was durch ihnen bereits bekannte Regeln gebildet ist. Dies ist das beste Anzeichen dafür, daß Sprache nicht durch bloßes Nachahmen entsteht. Vielmehr abstrahiert das Kind Regelmäßigkeiten und Beziehungen aus der gehörten Sprache und benützt sie dann als Grundausrüstung zum Aufbau einer eigenen Sprache« (1969, 638).

Bronowski u. Bellugi folgern: »Die Lernerfahrung in bezug auf die Welt besteht aus einer inneren Aufgliederung und einer anschließenden Synthese. Auf diese Weise bringt die menschliche Sprache eine spezifisch menschliche Art zum Ausdruck, wie wir unsere Erfahrung der äußeren Welt analysieren. Diese Analyse ist ebenso Bestandteil des Spracherwerbs wie der augenfälligere Zusammenbau von Sätzen mit Elementen eines vorhandenen Wortschatzes. In der Sprache kommt nicht eine spezifische linguistische Fähigkeit zum Ausdruck, sondern eine Konstellation von allgemeinen Fähigkeiten des menschlichen Gehirns« (1970, 673).

Im gleichen Zusammenhang erklären Terrace u. Bever: »Die Fähigkeit eines Kindes, auf sich, seine Wünsche und die sozialen Zwänge seiner Umwelt aufmerksam zu machen, erfordert wenig oder gar keine syntaktische Fähigkeit. Dennoch hat diese grundlegende Sprachfunktion tiefgreifende Wirkungen. Wir vermuten, die sprachliche Fähigkeit, Gefühle zu äußern sowie sozial erwünschte und unerwünschte Verhaltensweisen zu bezeichnen, könnte Motivationsquellen für einen ausgefeilteren Sprachgebrauch schaffen – einen Sprachgebrauch, der Syntax erfordert. Eine notwendige Bedingung für menschliche Sprache könnte die Fähigkeit sein, *sich selbst* zu versinnbildlichen« (1980, 180).

Nach meiner Ansicht sind das sich entwickelnde Selbstbewußtsein des Kindes sowie sein Ringen um Selbstverwirklichung und Selbstdarstellung für die bemerkenswerten sprachlichen Fortschritte verantwortlich, die das Kind in seinen ersten Lebensjahren macht. Seine geistige und seine sprachliche Entwicklung unterstützen sich gegenseitig.

Lenneberg machte höchst interessante Beobachtungen an Kindern, deren beide Elternteile von Geburt an taubstumm waren. Diese Kinder hörten nichts Gesprochenes von ihren Eltern, und mit ihrer eigenen Vokalisation konnten sie nichts bei diesen erreichen. Dennoch begannen die Kinder rechtzeitig zu sprechen und zeigten eine normale Sprachentwicklung. Dies vermutlich deshalb, weil die zufälligen außerhäuslichen Begegnungen als Anleitung zum Sprechenlernen ausreichten. Aus diesen und ähnlichen Beobachtungen schließt Lenneberg, »... daß die Sprachfähigkeit ihrem eigenen natürlichen Verlauf folgt. Das Kind kann von dieser Fähigkeit Gebrauch machen, wenn die Umwelt ein Minimum an Stimulation und Gelegenheiten bietet. Die Umweltbedingungen können seine sprachliche Aktivität begrenzen, aber die zugrundeliegende Fähigkeit ist nicht so leicht aufzuhalten« (1969, 637).

Sogar mit minimalem sprachlichem Kontakt sprechen lernen zu können, ist Teil unseres biologischen Erbes. Diese Ausstattung an Neigungen und Empfindungsfähigkeiten besitzt eine genetische Grundlage, aber Lenneberg stimmt mit Dobzhansky (1967) überein, daß man nicht von Genen für Sprache sprechen kann. Auf der anderen Seite liefern die Gene den Bauplan für die speziellen Sprachzentren der Hirnrinde sowie all die zusätzlichen Strukturen, die an der Verbalisierung beteiligt sind. Diese Hirnstrukturen werden später behandelt.

Die Sprachuntersuchungen an Menschenaffen

Descartes behauptete, zwischen Mensch und Tieren bestehe ein qualitativer Unterschied, der in der Sprache zutage trete. Tiere seien Automaten, denen irgend etwas Ähnliches wie das menschliche Selbstbewußtsein fehle. Sie verständigen sich durch ein beschränktes Vokabular an Signalen. Es mangelt ihnen aber an Sprache, die »mentale Prozesse reflektiert oder den Ablauf und Charakter des Denkens formt« (Chomsky 1973, 10).

Menschliche Wesen werden durch die Vernunft geleitet, Tiere dagegen durch Instinkte. Für Descartes ist die menschliche Sprache eine Aktivität seiner Seele.

Erst die Darwinsche Revolution festigte unsere Erkenntnis über die stammesgeschichtliche Stellung des Menschen als Primat und naher Verwandter der Menschenaffen. Nachzuweisen, daß in *jeder Beziehung* eine Kontinuität mit lediglich quantitativen Unterschieden bestehe, wurde zu einem attraktiven Forschungsprogramm (s. auch Band I dieser Enzyklopädie). Das große Hindernis für diesen fließenden Übergang bildete die Einzigartigkeit der menschlichen Sprache. Offensichtlich bestand ein deutlicher qualitativer Unterschied zwischen menschlichen und tierischen Sprachen. Deshalb entstand eine ganze Reihe von Forschungsprogrammen, um bei Menschenaffen sprachliche Fähigkeiten nachzuweisen und zu belegen, daß der Unterschied bloß quantitativer Natur sei. Dadurch würde die stammesgeschichtliche Lücke geschlossen und bestätigt, was Griffin (1976) als die »evolutionäre Kontinuität der mentalen Erfahrung« bezeichnet.

Brown beschreibt die diesen Untersuchungen zugrundeliegende Motivation auf anschauliche Weise: »Warum kümmert man sich überhaupt darum? Vielleicht aus demselben Grund, der hinter der Raumfahrt steht. Als einzige Art im Universum, die sprechen kann, kommt man sich einsam vor. Wir wollen einen sprechenden Schimpansen, um ihn fragen zu können: ›Hallo, da draußen? Wie kommt man sich als Schimpanse vor?‹«(1980, 88).

Die ersten Projekte waren eine Reihe tapferer Versuche von Furness, Keith und Cathy Hayes sowie Winthrop und Louise Kellog, Affen in einer menschlichen Familie aufzuziehen und ihnen das Sprechen beizubringen. Auch nach jahrelangen Bemühungen konnte aber beispielsweise die Schimpansin Vicky nur die vier Worte Pappa, Mamma, cup und up aussprechen (Hayes, Hayes 1954)! Diesen Mißerfolg schrieb man den anatomischen Gegebenheiten des Stimmapparates zu, die die Artikulation auf einige Vokale begrenzen (Lieberman 1975).

Über die Beschaffenheit des Stimmapparates der Hominiden wurden zahlreiche Vermutungen aufgestellt (Lieberman 1979). Der Bau der Schädelbasis und seine Verbindung mit der Wirbelsäule legen den Schluß nahe, der Stimmapparat der Hominiden sei ungeeignet, Laute wie die Vokale i und u zu erzeugen. Man postulierte einen stammesgeschichtlichen Zusammenhang zwischen der Form des Hominiden-Stimmapparates und dem sprachlichen Kommunikationsvermögen. Die entscheidende, im Verlaufe der Hominidenentwicklung entstandene evolutive Errungenschaft bilden jedoch die erst das Sprechen ermöglichenden äußerst komplizierten neuronalen Vorgänge.

Die überragende Bedeutung des neuronalen Apparates wird durch Befunde bestätigt, die zeigen, daß der Mensch auch dann sprechen lernen kann, wenn sein Stimmapparat große Verletzungen aufweist. Beispielsweise können Kinder, die den ganzen Kehlkopf oder die ganze Zunge verloren haben, verstehbar sprechen (Limber 1980). Auch verschiedene experimentelle Behinderungen des Stimmapparates lassen sich durch erstaunliche Anpassungsleistungen kompensieren. Deshalb folgert Limber: »All diese Fakten sollten jedermann mißtrauisch gegenüber der Behauptung machen, der Stimmapparat des Menschen sei der wesentliche Teil der menschlichen Sprache. Ein normaler menschlicher Stimmapparat ist weder notwendig noch hinreichend, um die menschliche Sprachfähigkeit zu gewährleisten. Dies war schon die Schlußfolgerung von Descartes. Es erscheint nicht übertrieben zu sagen, daß die verschiedenen, seit dem achtzehnten Jahrhundert bei Primaten

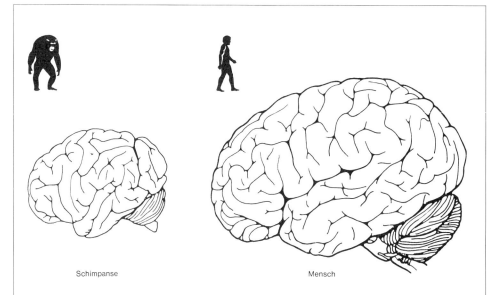

Abb. 1: Gehirn von Mensch und Schimpanse. Beide Gehirne sind im gleichen Maßstab dargestellt. Trotz unzureichender Funde scheint sich das Gehirn der heutigen Menschenaffen gegenüber ihren Vorgängern nur wenig verändert zu haben. Im Gegensatz zum Menschen haben sie keine höhere Form von Intelligenz entwickelt.

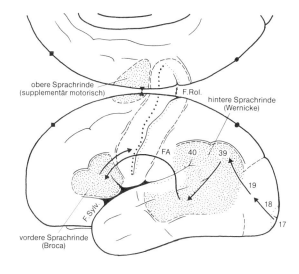

Abb. 2: Die kortikalen Sprachzentren der dominanten linken Hirnhemisphäre. Gezeigt ist die Ansicht, wie sie sich von der Seite (unten) und von der Mitte (oben) her präsentiert. Die Pfeile geben die Bahnen an, die bei lautem Lesen in Funktion treten. Von den visuellen Feldern 17, 18 und 19 geht der Weg nach Feld 39 und von dort zum Wernickeschen Sprachzentrum. Der Fasciculus arcuatus (FA) stellt die Verbindung zum Brocaschen Sprachzentrum her, das seinerseits mit der den Sprechvorgang steuernden motorischen Hirnrinde verbunden ist.

entdeckten anatomischen Unterschiede die Grundlage der menschlichen Sprache kaum besser erklären können als die sich auf das Konzept der Seele abstützende Erklärung von Descartes« (1980, 211) ... »Die neueren biologischen Entdeckungen haben unser Verständnis der menschlichen Sprache kaum verbessert, sondern vielmehr dazu gedient, den Materialismus in eine a-priori-Annahme einzubauen, statt das Wesen der Sprache als die offene Frage zu belassen, so wie sie es für Descartes war« (1980, 213 f).

Die erfolglosen Versuche, Affen das Sprechen beizubringen, führten zu verschiedenen Projekten mit anderen Dressurmethoden. Diese Untersuchungen stießen auf ein enormes Interesse, weil ein Durchbrechen der zwischen dem Menschen und anderen Lebewesen stehenden Schranke möglich erschien. Gleichzeitig wurden auch Affen in ihrem natürlichen Habitat systematisch untersucht, beispielsweise die Schimpansen des Gombe-Strom-Nationalparks durch Jane van Lawick-Goodall. Kürzlich erschien nun eine bemerkenswerte Zusammenstellung der an Affen durchgeführten Sprachuntersuchungen. Diese Übersicht enthält sowohl Berichte der beteiligten Forscher als auch die kritische Beurteilung der ermittelten Befunde durch eine Reihe namhafter Sprachwissenschaftler. Ebenso heftig ist aber auch die gegenseitige Kritik der verschiedenen Experimentatoren. Ich habe den Eindruck, diese Kritik führte in einem Forschungsgebiet, das an zu großer unkritischer Publizität litt, zur dringend notwendigen Läuterung.

Den umfassendsten und sorgfältigsten Versuch, sprachliche Fähigkeiten bei Affen nachzuweisen, führten die Gardners seit 1966 durch. Sie verwendeten die amerikanische Taubstummensprache ASL, was den Vorteil bietet, daß die Schimpansen ein System von Handzeichen verwenden konnten, das gewisse Beziehungen zu ihrer natürlichen Gebärdensprache aufweist. Die Schimpansen hatten also die Gelegenheit, ohne Benachteiligung durch die angebliche stimmliche Unzulänglichkeit, ihre sprachlichen Lernfähigkeiten zu zeigen. Die meisten Untersuchungen führten die Gardners mit der jungen Schimpansin Washoe durch, doch in jüngerer Zeit kamen noch drei weitere Versuchstiere hinzu. Washoe verbrachte all ihre wachen Stunden zusammen mit Menschen, die sich sowohl untereinander als auch mit ihr in der Taubstummensprache unterhielten. Sie erreichte ein Vokabular von 130 Zeichen, die sie in Folgen bis zu vier »Wörtern« anordnen konnte. Mit den signalisierten Mitteilungen wurden fast ausschließlich Futter und soziale Zuwendung verlangt. Es fand also lediglich eine pragmatisch orientierte instrumentelle Kommunikation statt. Ein Kind dagegen lernt und erkundigt sich mit seiner Sprache über die »Welt«, im Vordergrund steht die oben erwähnte gedankenbildende Funktion.

Die Gardners (1980) verglichen die Geschwindigkeit, mit der Schimpansen- und Menschenkind einen Wortschatz erwerben können. In den ersten anderthalb Jahren mag das Schimpansenbaby dem Kleinkind überlegen sein, aber mit zwei Jahren hat dieses den größeren Wortschatz. Der Wortschatz allein ist aber kein brauchbares Kriterium zur Beurteilung der Sprachfähigkeit. Es kommt darauf an, wie die Worte gebraucht werden. Schimpansen können zweifellos Absichten durch Zeichen ausdrücken, das heißt, sie zeigen in der Taubstummensprache eine semantische Fähigkeit. Es ist jedoch fraglich, ob die durch die Schimpansen erstellten Zeichenfolgen (Wortfolgen) irgendwelchen syntaktischen Regeln gehorchen. Beispielsweise werden die Zeichen für »mich«, »kitzeln« und »du« in jeder möglichen Reihenfolge zusammengestellt, um dieselbe Aufforderung zu machen, nämlich »kitzle du mich«. Im Gegensatz dazu hat ein zweieinhalbjähriges Kind bereits die syntaktischen Vorstellungen, um passende Sätze für Aufforderungen, Befehle, Verneinungen und Fragen bilden zu können (Lenneberg 1967, Halliday 1975).

Die Pionierarbeit der Gardners wurde verschiedentlich kritisiert. Umiker-Sebeok u. Sebeok (1980) beispielsweise weisen auf die Gefahr hin, die Zeichengebung der Affen könnte – trotz den sehr strengen Beurteilungskriterien der Gardners – überschätzt werden. Noch schwerer wiegt der Einwand, die Zeichengebung der Affen könnte von Signalen abhängen, die der Versuchsleiter unbewußt gibt. Die Verhaltensleistung wäre dann häufig ein sogenannter »Kluger-Hans-Effekt« (Hediger 1980, 1981). Die Gardners (1980) bemühten sich, diesen Einwand mit einem Doppelblindversuch zu entkräften, doch wurde selbst dieser von den Sebeoks (1980) und von Rumbaugh (1980) kritisiert.

Mit großer Zuversicht hatte man auch gehofft, ein kompetenter »Zeichengeber« wie Washoe würde darauf erpicht sein, die Zeichensprache naive Schimpansen zu lehren, die nur elementare Vorkenntnisse besaßen. Bei derartigen Versuchen konnte man jedoch nur eine minimale innerartliche Kommunikation durch Zeichengebung feststellen (Fouts, Rigby 1980). Außerdem wurde auch die Hoffnung enttäuscht, Washoe würde ihren eigenen Kindern die Taubstummensprache beibringen: »Washoe – die selber wie eine menschliche Tochter aufgezogen wurde – zeigte nicht viel mütterliches Interesse gegenüber ihren eigenen Jungen, die inzwischen gestorben sind« (Umiker-Sebeok, Sebeok 1980, 50).

Das Ausbleiben einer innerartlichen Weitergabe wirft die Frage auf, ob die in der Taubstummensprache ausgebildeten Affen diese Zeichengebung überhaupt als ein Kommunikationsmittel bewerten.

Auch über spontane Zeichengebung gibt es ausführliche Berichte, in denen die Meinung vertreten wird, daß sich der Affe dadurch sprachlich ausdrücke. Lenneberg (1980) jedoch bezeichnet diese Beschreibungen als erfindungsreiche Deutungsversuche von »Verhaltensweisen, die – soviel wir wissen – zufälligerweise aufgetreten sind. Es ist immer möglich zu behaupten, der Affe habe *beabsichtigt*, uns etwas zu sagen – den in der letzten Nacht gehabten Traum oder einen Gedanken, der ihm gerade in den Sinn kam« (1980, 81).

Zu erwähnen ist ferner eine Versuchsserie von Francine Patterson, die dem Gorillaweibchen Koko eine Zeichensprache beibrachte. Diese Forscherin bringt ziemlich kühne Behauptungen vor über die Anzahl der gelernten Signale, nämlich 700, und den Inhalt der gemachten Mitteilungen, wie beispielsweise Aussagen über Glücks-, Traurigkeits- und Einsamkeitsgefühle. Hier dürfte einiges in die Beobachtungen hineininterpretiert worden sein, und die Untersuchung strotzt von Gelegenheiten für Kluge-Hans-Effekte (Hediger 1980; Umiker-Sebeok, Sebeok 1980).

Was haben nun diese Studien mit der Taubstummensprache erbracht? Erstens haben Affen die Fähigkeit, Zeichen für Dinge und Handlungen zu erlernen. Zweitens können sie diese sinnbildliche Darstellung als Instrument benützen, um Futter und Annehmlichkeiten zu verlangen sowie ihre Empfindungen auszudrükken. Folglich ist diese mit der Taubstummensprache durchgeführte Kommunikation den beiden unteren Sprachebenen (s. Tab. 1) zuzuordnen. Es gibt keinen eindeutigen Beweis, daß die Sprache in einem beschreibenden Sinne verwendet wurde, nicht einmal auf einem so einfachen Niveau, wie es beispielsweise die Aussage »Hund beißt Katze« und ihre Umformung »Katze wurde durch den Hund gebissen« darstellen. Ferner weist Hill (1980) darauf hin, daß der Schimpanse die einfache Einbettungsstrategie nicht beherrscht. Ein dreijähriges Kind hingegen versteht, daß sich die Aussage »Sarah hat den Lehrer gern, der Schokolade bringt« ableitet von »Sarah hat den Lehrer gern« und »der Lehrer bringt Schokolade«, was ein einfaches Beispiel einer doppelten Verweisung darstellt.

Im Bestreben, sprachähnliche Fähigkeiten bei Affen mit einer sachlicheren, weniger Fehlerquellen aufweisenden Kommunikationsmethode zu untersuchen, entwickelte Premack (1976) ein ausgeklügeltes System mit Plastikmarken als Wortsymbole. Die Farbe und die Form dieser Plastikmarken dienten als Hinweise, das heißt, jedem im Sprachtraining zu verwendenden Wort oder Ding wurde eine Marke mit einer bestimmten Form und Farbe zugeordnet. Zur Kommunikation konnten die magnetisierten Plastiksymbole an eine Art Wandtafel geheftet werden, die zwischen dem Schimpansen und dem Versuchsleiter stand. Die Symbole hatten keine Ähnlichkeit mit ihrem Bezugsgegenstand. So bedeutete beispielsweise ein blaues Dreieck »Apfel«. Entsprechend der operanten Konditionierungsmethode wurden die richtigen Reaktionen beim Lerntraining belohnt. Auf diese Weise konnte die junge Schimpansin Sarah ein Vokabular für Objekte, Farben und Handlungen (»gib«, »nimm« sowie das Verhältniswort »auf«) entwickeln. In den Testdurchgängen wurden Symbole für »gleich wie«, »verschieden von«, »Name von«, »Farbe von« verwendet und Sarah dabei veranlaßt, eine Wahl zu treffen. Premack benutzte diese Verfahren sehr geschickt, um das Lern- und Unterscheidungsvermögen der Affen zu untersuchen.

Diese Versuche stießen jedoch auf harte Kritik (Terrace 1979, 1980). Die Gardners (1980) und Mounin (1980) bemängelten generell die ungünstigen Lebensbedingungen von Sarah, die kein Sozialleben hatte, das zum Sprechenlernen notwendig sei. Ferner könne mindestens ein Teil von Sarahs Verhaltensleistungen dem Klugen-Hans-Effekt zugeschrieben werden, da das Lerntempo ebenso vom Versuchsleiter wie vom Versuchstier abhängig war (Umiker-Sebeok, Sebeok 1980). Mehrere Kritiker (Sebeoks 1980, Hill 1980, Gardners 1980) sind der Ansicht, daß sich alle die von Sarah gelernten Reaktionen mit Auswendiglernen hinreichend erklären ließen. Die Gardners meinen: »Ein im Lösen von sogenannten Lernset-Aufgaben geübter Affe hätte Premacks Transfertests auf dem von ihm geforderten Leistungsniveau bestanden« (1980, 317).

Von besonderer Bedeutung in diesem Zusammenhang sind die von Lenneberg 1975 beschriebenen Versuche. Er trainierte normale Mittelschüler mit dem von

Premack entwickelten Verfahren und wiederholte Premacks Untersuchungen so genau wie nur möglich. Zwei Versuchspersonen machten bald bedeutend weniger Fehler als die Schimpansin in der Vergleichsuntersuchung. Sie waren aber nicht in der Lage, auch nur einen einzigen von ihnen vervollständigten Satz in die entsprechenden Worte zu übertragen. Sie hatten gar nicht begriffen, daß die Plastiksymbole sprachliche Äußerungen darstellten, sondern waren der Meinung, ihre Aufgabe hätte im Lösen von Puzzles bestanden. Außerdem neigten sie dazu, die Lösung einer Aufgabe fast sofort zu vergessen, wenn ihnen eine neue gestellt wurde. Lenneberg schlug vor, das Verständnisvermögen von Premacks Schimpansin sollte mit Methoden getestet werden, die umfassender und objektiver als die bisher verwendeten sind.

Rumbaugh (1980) setzte Computer-Techniken ein, um Schimpansen eine Zeichensprache beizubringen. Er entwickelte eine raffinierte Lehrmaschine, die im wesentlichen aus zwei Konsolen mit je 25 Tasten bestand. Jede Taste symbolisierte ein Wort oder einen Satz. Das Vorgehen glich der von Premack entwickelten Methode, wobei aber der Computer rund um die Uhr alle Tastenbetätigungen des Versuchstiers Lana registrierte. Die Versuchsanlage war besonders so konzipiert, daß das Versuchstier Futter, Getränke und Dienstleistungen verlangen konnte. Die Wünsche mußten aber in der richtigen grammatikalischen Form der für die Versuchsanlage entworfenen Symbolsprache geäußert werden. Um beispielsweise einen Apfel zu erhalten, hatte Lana die Tastenfolge »bitte – Maschine – gib – Apfel« zu drücken. Jede andere Reihenfolge dieser vier Wörter blieb dagegen wirkungslos. Es wurde ein ausgeklügeltes Test- und Registriersystem entwickelt, das alle von Lana geäußerten Wünsche über einen Computer ausdruckte. Terrace (1979) weist jedoch darauf hin, es gebe keinerlei Beweise, daß Lana irgendwelche Vorstellungen über die Bedeutung der im obigen Beispiel erwähnten Wörter »bitte« oder »Maschine« hatte. Diese Zeichen waren bloß Teil eines erlernten Tricks, um Gewünschtes anzuzeigen. Offenbar hat man das Problemlösungsvermögen der Schimpansen geprüft und nicht ihre sprachlichen Fähigkeiten. Diese Ansicht bestätigt auch die folgende Zusammenfassung von Rumbaugh: »Lana war ganz eindeutig immer dann dazu geneigt, die Symboltasten zu betätigen, wenn sie es tun mußte, um irgend etwas Besonderes zu erhalten, oder wenn etwas vorkam, was mit der normalen Abgabe von Futter und Getränken nicht übereinstimmte – kurz ausgedrückt: wenn sich ihr ein praktisches Problem stellte. Sie hat nie *durch Konversation* über dieses oder jenes weitergehende Bemerkungen gemacht, wie es Kinder oder Erwachsene zu tun pflegen, wenn ihre Aufmerksamkeit oder Motivation sich plötzlich verändert. Für Lana ist Sprache ein Anpassungsverhalten mit beträchtlichem instrumentellem Wert zur Erreichung bestimmter Ziele, die auf andere Weise nicht so leicht zu erreichen wären« (1980, 249 f).

Diese Beschreibung stimmt mit der generellen Aussage überein, daß Schimpansen sich mit Symbolen nur pragmatisch äußern, im Gegensatz zum gleichzeitigen pragmatischen und gedankenbildenden Sprachgebrauch bei Kindern.

Wie bei den von Premack mit der Schimpansin Sarah durchgeführten Untersuchungen sind auch Lanas Äußerungen nach meiner Ansicht den beiden unteren Sprachebenen zuzuordnen (s. Tab. 1). Ferner scheint es in beiden Fällen zweifelhaft, ob die Affen überhaupt syntaktische Fähigkeiten zeigten (Fouts, Rigby 1980). Die Gardners (1980) kritisieren diese Methoden, weil sie dem Versuchstier Wahlantworten abverlangen. Schließlich wird auch gegenüber den Verhaltensleistungen von Lana eingewendet, diese könnten auf bloßem Auswendiglernen von Signalisierungsaufgaben beruhen (Umiker-Sebeok, Sebeok 1980; Hill 1980), was der Sprachstufe 2 (s. Tab. 1) entsprechen würde.

Zu all den Versuchen, Affen eine Sprache beizubringen, läßt sich zusammenfassend sagen, daß sie eine bemerkenswerte Lernfähigkeit für symbolische Kommunikation nachwiesen. Die Affen benützten die ihnen gebotene Kommunikationsmöglichkeit pragmatisch – zum Verlangen von Futter oder Sozialkontakten. Sie verwendeten die Kommunikation aber nicht gedankenbildend, um etwas über die sie umgebende Welt zu lernen, wie dies beispielsweise ein dreijähriges Kind sehr wirkungsvoll tut. Zweifellos sind Affen sehr geschickt, Symbolsprachen auf Ebene 2, also die Bedeutung von Signalen, zu lernen. Es ist jedoch zweifelhaft, ob sie je die beschreibende Sprachform von Ebene 3 erreichen, und Ebene 4 bleibt selbstverständlich ganz außer Betracht. Sogar bei den aufwendigsten Lernprogrammen zeigten Affen nie die für die menschliche Sprache charakteristischen Merkmale der Ebenen 3 und 4. Affen können eine Sprache semantisch gebrauchen, besonders die Taubstummensprache. Es gibt aber keine eindeutigen Belege dafür, daß ihre sprachlichen Äußerungen eine syntaktische Form aufweisen (Lenneberg 1980; Brown 1980; Bronowski, Bellugi 1970; McNeill 1980; Limber 1980; Hill 1980; Chomsky 1980; Terrace 1979).

Terrace (1979) versuchte festzustellen, ob in den von Schimpansen gemachten Zeichenfolgen Ansätze eines einfacheren grammatikalischen Verständnisses vorhanden sind. Bemerkenswerterweise blieb die mittlere Anzahl Zeichen in den Äußerungen des Schimpansen Nim während einer zwanzigmonatigen Trainingsperiode unverändert auf einem tiefen Niveau von etwa 1,4. Die Äußerungen von Kindern jedoch werden über dieselbe Zeitperiode hinweg um ein Mehrfaches länger, nämlich von 1,6 bis 4 und mehr Wörter pro Äußerung. Im Gegensatz zu Kindern zeigten beim Schimpansen die Folgen mit 2 und mehr Zeichen keine sinnvolle grammatikalische Anordnung, sondern leiteten sich weitgehend von den Zeichen des Lehrers ab. Eine Analyse der Videobänder aus den Untersuchungen der Gardners mit der Schimpansin Washoe zeigte dieselbe Abhängigkeit von den durch den Versuchsleiter gemachten Zeichen. Überdies könnte die stark hochgejubelte Neubildung Wasser-Vogel, die Washoe für einen auf dem Wasser schwimmenden Schwan machte, nichts anderes als eine getrennte Zeichengebung für Wasser und Schwan sein (Terrace 1979). Terrace schreibt: »Die Schlußfolgerung, die Zeichenkombination eines Schimpansen zeige dieselben Strukturen wie die Sätze eines Kindes, erscheint so lange verfrüht, bis sich all die einleuchtenden Erklärungen nicht widerlegen lassen, die ohne die Annahme einer intellektuellen Fähigkeit für grammatikalisch richtiges Wörteranordnen auskommen. Die Tatsache, daß Nims

Äußerungen einerseits weniger spontan und weniger erfinderisch als die eines Kindes waren sowie andererseits mit dem Erlernen neuer Signale und zunehmender Erfahrung im Gebrauch der Zeichensprache nicht länger wurden, weist darauf hin, daß die Struktur und Bedeutung seiner Kombinationen zu einem großen Teil durch die Äußerungen seines Lehrers bestimmt oder zumindest nahegelegt wurden« (1979, 221).

Zum unterschiedlichen Sprachgebrauch von Kindern und Schimpansen äußert sich auch Chomsky: »Der so elementare und einfache Sprachgebrauch, wie man ihn typischerweise bei Kleinkindern findet, wenn sie beispielsweise eine Geschichte erzählen, Fragen stellen, um etwas besser verstehen zu können, eine Meinung oder einen Wunsch (soweit verschieden von einer instrumentellen Aufforderung) äußern, Selbstgespräche führen oder sich beiläufig mit jemandem unterhalten usw., scheint überhaupt keine Beziehungen zu dem bei Affen gefundenen Sprachgebrauch zu haben, der sich als ausschließlich instrumentell und von der menschlichen Sprache völlig verschieden herausstellt« (1980, 436). Chomsky schließt: »Neuere Arbeiten scheinen ganz generell die nicht sehr erstaunliche traditionelle Ansicht zu bestätigen, daß die menschliche Sprache, die sich sogar bei sehr tiefem Intelligenzniveau sowie schweren körperlichen Behinderungen und sozialen Benachteiligungen entwickelt, bereits in ihren einfachsten Erscheinungsformen außerhalb der Fähigkeiten anderer Lebewesen steht. Auf diese Sonderstellung der menschlichen Sprache haben in den letzten Jahren Eric Lenneberg, John Limber und andere hingewiesen. Die Unterschiede sind qualitativer Natur: nicht ein ›Mehr oder Weniger‹, sondern eine verschiedene Art von intellektueller Organisation« (1980, 439).

Als außenstehender Beobachter der mit Affen durchgeführten Sprachlernversuche habe ich den Eindruck, daß die anfänglich hohen Erwartungen, mit Affen auf einer menschlichen Ebene Gespräche führen zu können, arg enttäuscht wurden. Es scheint nichts Interessantes zu geben, das uns die Affen mitteilen möchten. Sie haben offenbar keine mit dem menschlichen Denken vergleichbare Fähigkeit. Trotzdem sind zur Zeit mehrere neue Projekte im Gange, besonders mit der Taubstummensprache arbeitende Projekte der Gardners und von Fouts. Man versucht, die Affen von ganz jung an zu trainieren, und die Programme untersuchen auch das Fragenstellen und die Verneinung zusammen mit Sätzen, die eine Einbettung oder die zeitliche Aufeinanderfolge von Ereignissen darstellen. Ein besonders interessantes Projekt kündigten Terrace u. Bever (1980) an, die versuchen wollen, Schimpansen den Begriff des Selbst zu lehren. Bereits Gallup (1977) hat nachgewiesen, daß der Schimpanse sich in einem Spiegel erkennen kann. Terrace u. Bever erklären ihre Absichten wie folgt: »Wir möchten auch betonen, daß ein Begriff des Selbst, mit dem ein Schimpanse seine Empfindungen, Absichten, usw. bezüglich anderer Individuen seiner Umwelt erfassen kann, einen entscheidenden Schritt darstellen könnte, um den Schimpansen zu motivieren, die für die menschliche Sprache typische syntaktische Fähigkeit zu erwerben. Soviel uns bekannt ist, entwickelten weder Sarah noch Lana den sprachlichen Begriff des Selbst; bei Washoe ist das Beweismaterial bestenfalls als nicht eindeutig anzusehen« (1980, 188).

Terrace u. Bever legen ein höchst ambitiöses Forschungsprogramm vor. Sie wollen Schimpansen beibringen, daß sie ihre Beziehungen zu anderen sowie räumliche und zeitliche Zusammenhänge beschreiben und andere täuschen. Ein Gelingen dieses Vorhabens würde Schimpansen den Zugang zur Sprachebene 3 (s. Tab. 1) eröffnen, die bisher spezifisch menschlich war. Zieht man aber das bisher Erreichte in Betracht, so erscheinen die Erfolgschancen äußerst gering.

McNeill (1980) und Malmi (1980) schlagen vor, man sollte das Kommunikationsverhalten freilebender Schimpansen in ihrem natürlichen Lebensraum ganz systematisch untersuchen. Eine Beschreibung des Schimpansenverhaltens durch Jane van Lawick-Goodall (1971) weist einerseits auf einen Interessenmangel der Schimpansen an Gegenständen hin sowie andererseits auf die Wichtigkeit sozialer Interaktionen und der Dominanzhierarchie. Schimpansen interessieren sich nur so weit für ihre gegenständliche Umwelt, als sie etwas zu tun hat mit Futter, dem Erhalten von Futter und den Beziehungen zu anderen Schimpansen, insbesondere dem Aufbau und Erhalt einer Rangordnung in der sozialen Hierarchie. Dies paßt zum pragmatischen Gebrauch, den Schimpansen von Zeichen- und Symbolsprachen machen, sowie zum Fehlen gedankenbildender Interessen. Versuche, Schimpansen eine Sprache beizubringen, sollten dem natürlichen Kommunikationssystem der Schimpansen mehr Bedeutung schenken, das offensichtlich sehr verschieden von einer menschlichen Sprache ist.

Die Evolution der Hominoiden
Evolution der Menschenaffen

Nach neuesten Schätzungen teilten sich die Primaten vor etwa 6 bis 10 Millionen Jahren in zwei Entwicklungsrichtungen auf (Jerison 1973, Simons 1977, Libassi 1975). Der eine Ast entwickelte sich rasch zur Gattung Homo, der andere führte zu den drei heute noch lebenden Menschenaffenarten Schimpanse, Gorilla und Orang-Utan. Von den Menschenaffen liegen nur unzureichende fossile Funde vor (Jerison 1973; Simons 1977; Walker, Leakey 1978), doch scheint es, daß sie sich seit der Aufspaltung nur wenig verändert haben. Insbesondere ist das Gehirn der heutigen Menschenaffen immer noch etwa gleich groß wie damals. Evolutionsgeschichtlich betrachtet waren die Menschenaffen erfolglos. Die spärlichen fossilen Funde weisen darauf hin, daß sie sich nie sehr stark vermehrten oder wie ihr Vorgänger Dryopithecus über weite Gebiete ausbreiteten. Ihr Vorkommen beschränkte sich auf Zentralafrika und Sumatra-Borneo. Heute bevölkern sie ihre Habitate sehr dünn, es existieren nur noch ein paar tausend Vertreter. Wir können uns fragen, warum dies so sein kann, da sie doch mit einem relativ großen Gehirn und einer beachtlichen Hirnrinde (Abb. 1) ausgestattet sind. Untersuchungen an freilebenden Menschenaffen ergaben, daß sie trotz großer Hirnkapazität im täglichen Kampf ums Dasein kaum höhere Formen von Intelligenz benutzen. Die Beschreibungen über ihren sogenannten Werkzeuggebrauch weisen auf ein sehr primitives Niveau hin. Es kommen keine Versuche vor, Werkzeuge zu verbessern oder aufzubewahren. In ihrem Sozialleben gibt es eine gewisse Zusammenarbeit beim Jagen. Doch ist die Todesrate unter den Jungtieren groß, und innerhalb der Gruppe wird häufig getötet. In einer etwa fünfzigköpfigen Herde des Gombe-Strom-Nationalparks beispielsweise wurden innerhalb von fünf Jahren zwölf Mitglieder getötet, acht Jungtiere und vier Erwachsene (Lancaster, Whitten 1980).

Die experimentellen Untersuchungen über das Sprachvermögen und die in freier Wildbahn gemachten Beobachtungen zeigen, daß die Menschenaffen bei vier wichtigen Eigenschaften die folgenden Mängel aufweisen:

1. kein Interesse an der sie umgebenden Welt, das die unmittelbare pragmatische Bedeutung – das Beschaffen von Futter, wenn notwendig auch mit improvisierten Werkzeugen, und das Erlangen von angenehmen sozialen Beziehungen – übersteigen würde;

2. kein Zeitgefühl, kein Sinn für die Zukunft – daß es ein Morgen geben wird –, doch haben sie selbstverständlich gewisse Erinnerungen an die Vergangenheit;

3. kein Zahlbegriff, wie er sich von Anhäufungen ähnlicher Objekte abstrahieren läßt;

4. keine Fähigkeit, Sprache deskriptiv und argumentativ zu verwenden.

Zusammenfassend läßt sich sagen, daß es keine Anzeichen dafür gibt, daß Menschenaffen in einer kognitiven Weise denken. Ihre sprachlichen Leistungen zeigen, daß sie wenig oder gar nichts zu sagen haben. Sie können uns nicht erzählen, wie es ist, ein Schimpanse zu sein! Ihr großes Gehirn (Abb. 1) hilft ihnen offenbar nicht, auf wirkungsvollere Art und Weise leben und überleben zu können. Evolutiv betrachtet stehen sie still, und man muß sie fast zu den vom Aussterben bedrohten Arten zählen. Im folgenden können wir sie als Vergleichsbasis für den erstaunlichen Erfolg der Hominiden heranziehen.

Evolution der Hominiden

Im Verlaufe der beiden letzten Jahrzehnte machten besonders die Leakeys großartige Funde fossiler Hominiden in Ostafrika. Die Urform der Hominiden, der Australopithecus afarensis (Johanson, White 1979), lebte vor 4 bis 2,5 Millionen Jahren. Er ging aufrecht, doch sein Gehirn war kaum größer als jenes der heutigen Menschenaffen. In kleinen isolierten Fortpflanzungsgemeinschaften entstanden vor etwa 2,5 bis 1,5 Millionen Jahren Hominiden mit einem bedeutend größeren Gehirn, nämlich der Homo habilis, dessen Gehirngröße bis 770 cm^3 betrug. Walker u. Leakey (1978) haben nun mehrere Schädel in einem erstaunlich gut erhaltenen Zustand gefunden. Die weitere evolutionäre Entwicklung führte zum Homo erectus, der vor 1,5 Millionen bis 500 000 Jahren lebte und über ein noch größeres Gehirn (800 bis 1050 cm^3) verfügte. Die Vertreter dieser Art verbreiteten sich über weite Teile von Afrika und Asien. Sie besaßen eine fortgeschrittene Werkzeugkultur und kannten den Gebrauch des Feuers. Schließlich entstand über die Vorstufen des Homo praeneandertalis vor 80 000 Jahren der Homo sapiens neandertalis mit einem Gehirn von rund 1400 cm^3, das mindestens so groß wie das Gehirn des heutigen Menschen (Homo sapiens sapiens) war. Die aufeinanderfolgenden Etappen der sprachlichen Entwicklung und ihre Beziehungen zur Gehirnentwicklung werden wir nie kennen. Die Annahme, daß sich Gehirn und Sprache Hand in Hand entwickelten, stellt jedoch eine verlockende Evolutionshypothese dar. Chomsky äußert sich dazu wie folgt: »Es erscheint vernünftig anzunehmen, die Evolution der Sprachfähigkeit sei eine spezifisch menschliche Entwicklung gewesen, die sich erst nach der Abtrennung von den übrigen Primaten vollzog. Ferner verlieh vermutlich der Besitz des Sprachvermögens außerordentliche Selektionsvorteile. Er muß ein Hauptfaktor für den bemerkenswerten biologischen Erfolg der Spezies Mensch, das heißt seiner Ausbreitung, gewesen sein. Es wäre so etwas wie ein biologisches Wunder, wenn wir entdecken würden, daß eine andere Spezies eine ähnliche Fähigkeit besitzt, jedoch trotz der damit zu gewinnenden einzigartigen Vorteile nie daran dachte, sie zu gebrauchen, bis der Mensch dazu anleitete. Es wäre so, als ob wir in einem abgelegenen Gebiet eine Vogelart entdecken würden, die das Flugvermögen besitzt, jedoch nie daran dachte zu fliegen« (1980, 433).

Die höheren Formen der Sprache entstanden vermutlich im Zusammenhang mit dem Jagen und Futtersammeln der primitiven Hominiden. Die pragmatische Funktion der Affensprache könnte sich zu objektiveren Beschreibungen der Standorte, Mengen und Bewegungen der Beutetiere oder der Fundorte und Natur eßbarer Früchte entwickelt haben. Die verbesserten Beschreibungen führten einerseits dazu, daß der Wahrheitsgehalt dieser Beschreibungen überprüft wurde, wodurch Diskussionen von der Art entstanden, wie man sie etwa bei Kindern beobachten kann (s. Bd. II dieser Enzyklopädie). Andererseits brachten sie die wichtigen Konzepte der Zeit und der Zukunft. Mit dieser Grundlage an sprachlichen Möglichkeiten wurde schließlich das eigene Selbst und das Phänomen Tod erkannt. Nach überzeugenden Beweisen traten diese Erkenntnisse vor 80 000 bis 60 000 Jahren auf, als die Neandertaler zeremonielle Bestattungen durchführten. Mit Gewißheit können wir annehmen, daß zu dieser Zeit Denken und Sprache als Eigenschaften des großen Neandertaler Hirns gut entwickelt waren. Diese Zeitperiode brachte auch eine verbesserte Werkzeugkultur mit künstlerisch gestalteten Gegenständen. Wie konnte es zu dieser erstaunlichen evolutiven Entwicklung kommen, die innerhalb einiger Millionen Jahre von affenähnlichen Vorfahren zum Menschen führte?

Wie Gould u. Eldridge (1977) sowie Gould (1978) vorschlugen, konnte die Erhaltung und Anhäufung vorteilhafter genetischer Mutationen nur in kleinen Fortpflanzungsgemeinschaften stattfinden, die während mehrerer Generationen oder sogar Tausenden von Jahren von anderen Artgenossen isoliert waren. In ganz seltenen Fällen konnte eine solche Gemeinschaft eine äußerst vorteilhafte genetische Ausstattung erhalten. Dies führte zu einer »Bevölkerungsexplosion« und ist heute erkennbar als die Fossilienfunde der Arten Homo habilis, Homo erectus und Homo neandertalis. Die fossilen Funde weisen auf große Entwicklungsschritte hin. Dieser Eindruck beruht jedoch auf einem Artefakt der fossilen Zeugnisse. Die klei-

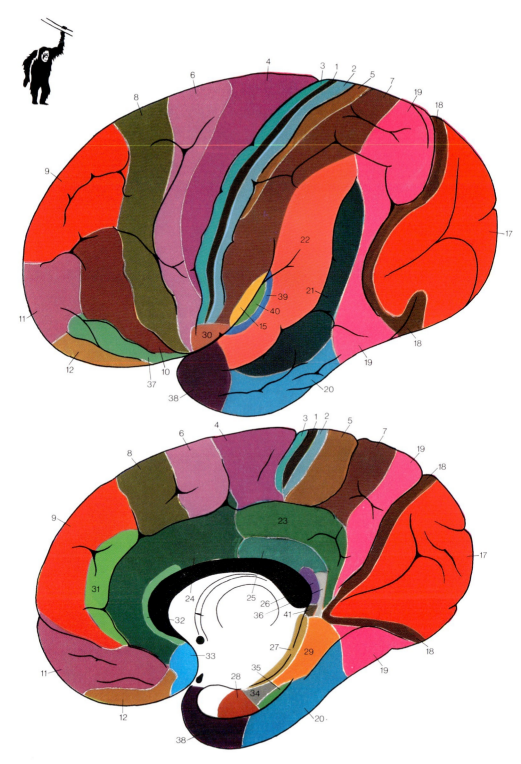

Zytoarchitektonische Karte der Hirnrinde des Orang-Utan. Sie wurde nach den gleichen Kriterien gezeichnet, wie die Karte der Hirnrinde des Menschen (rechts). Oben: linke Hemisphäre von der Seite betrachtet, unten: linke Hemisphäre von der Mitte her betrachtet.

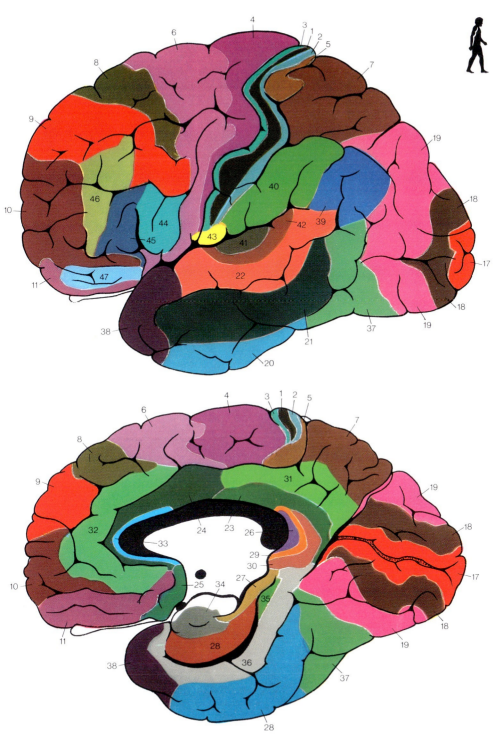

Zytoarchitektonische Karte der menschlichen Hirnrinde. Die verschiedenen Felder sind farblich hervorgehoben, die Zahlen werden im Text näher erläutert. Oben: linke Hemisphäre von der Seite betrachtet, unten: linke Hemisphäre von der Mitte her betrachtet.

nen isolierten Gemeinschaften werden nicht entdeckt, weil vermutlich nicht mehr als einer auf hunderttausend Schädel erhalten bleibt und als Fossil entdeckt wird (Walker, Leakey 1978).

Die Sprachzentren des menschlichen Gehirns

Seit dem letzten Jahrhundert ist bekannt, daß die meisten Menschen in der linken Hirnrinde zwei ausgedehnte Zonen besitzen, die in enger Beziehung zur Sprache stehen (Abb. 2). Die Zerstörung dieser Zonen führt zu Sprachstörungen, die man als Aphasien bezeichnet. Eine Verletzung des hinteren Wernickeschen Sprachzentrums, das besonders mit den gedankenbildenden Aspekten der Sprache verknüpft ist, bewirkt eine sensorische Aphasie. Sowohl gehörte wie gelesene Sprache wird nicht mehr verstanden. Obwohl der Patient mit normalem Tempo und Rhythmus sprechen kann, ist seine Rede ganz offensichtlich ohne Sinn. Sie stellt eine Art verworrenes »Jargon«-Sprechen dar. Die von Broca beschriebene motorische Aphasie entsteht durch Verletzungen der unteren Stirnwindung (Frontalwindung), ein Gebiet, das man heute als vorderes Brocasches Sprachzentrum bezeichnet. Der Patient kann nicht mehr sprechen, obwohl das Sprachverständnis weiterhin vorhanden ist. Das Brocasche Sprachzentrum liegt unmittelbar vor den Hirnrindenfeldern, die die Muskeln des Stimmapparates steuern; trotzdem beruht die motorische Aphasie nicht auf einer Lähmung der Sprechmuskulatur, sondern auf Störungen in ihrem Gebrauch. Verletzungen in irgendeinem Gebiet der rechten Hirnhemisphäre bewirken dagegen keine ernsthaften Sprachstörungen. Etwa 5 Prozent der Menschen weisen eine umgekehrte Sprachlateralisierung auf, das Wernickesche und das Brocasche Sprachzentrum liegen dann auf der rechten Seite.

Wie Untersuchungen über Hirnverletzungen bei Kindern zeigen, sind zunächst beide Hirnhemisphären an der Sprache beteiligt (Basser 1962). Normalerweise wird dann die linke Hemisphäre sowohl für die Interpretation als auch die Erzeugung der Sprache allmählich dominant, vermutlich infolge überlegener neurologischer Ausstattung. Unterdessen fällt die andere Hemisphäre, normalerweise die rechte, bezüglich der Spracherzeugung zurück, behält aber ein gewisses Sprachverständnisvermögen. Dieser Vorgang der Sprachübertragung ist normalerweise im Alter von vier bis fünf Jahren abgeschlossen (Kimura 1967).

Über die am Sprechvorgang beteiligten Hirnmechanismen wissen wir noch recht wenig Bescheid. Die Pfeile in Abb. 2 geben die Bahnen an, die beim lauten Lesen zum Zuge kommen. Von den visuellen Feldern 17, 18 und 19 geht der Weg nach Feld 39 (Gyrus angularis). Verletzungen von Feld 39 bewirken eine Dyslexie (Schwierigkeiten beim Lesen und Buchstabieren). Auf der nächsten Stufe folgt die semantische Deutung durch das Wernickesche Sprachzentrum, dann die Übertragung durch den Fasciculus arcuatus (FA) in das Brocasche Zentrum. Dort findet die Aufbereitung der komplexen motorischen Reaktionsmuster statt, die erforderlich sind, um die den Sprechvorgang steuernde motorische Hirnrinde zu aktivieren.

Diese vereinfachte Darstellung vernachlässigt die ungeheure Komplexität der beteiligten Hirnvorgänge, die unser Verständnisvermögen bei weitem übersteigen. Nach Brodmann, der 1909 die menschliche Hirnrinde aufgrund subtiler histologischer Untersuchungen in 47 getrennt identifizierbare Felder einteilte (S. 295), ist aber die Struktur der Sprachzentren spezifisch genug, um sie von den übrigen Hirnrindenarealen abgrenzen zu können. Nach der Definition von Penfield u. Roberts (1959) besteht das Wernickesche Sprachzentrum in seiner umfassendsten Ausdehnung aus den Feldern 39, 40, 41, 42, 37 und den hinteren Abschnitten der Felder 21 und 22, während das Brocasche Zentrum die Felder 44 und 45 enthält. Die einzige vergleichbare Hirnkarte eines Menschenaffen erstellte Brodmanns Schüler Mauss (1911) für den Orang-Utan. Auf der auf S. 294 wiedergegebenen Darstellung läßt sich erkennen, daß hier die meisten der spezialisierten menschlichen Sprachfelder fehlen. Im besten Falle findet man als Wernickesches Zentrum die hinteren Abschnitte der Felder 21 und 22 sowie ein kleines, aus der Fissura lateralis Silvii herausschauendes Gebiet mit der Bezeichnung 39 und 40, während von einem Brocaschen Zentrum überhaupt nichts zu erkennen ist. Leider gibt es keine vergleichbare Hirnrindenkarte für das in Abb. 1 gezeigte Schimpansenhirn. Bailey, von Bonin u. McCulloch (1950) haben zwar alle vorhandenen anatomischen Befunde zusammengetragen. Daraus geht hervor, daß möglicherweise ein Teil von Feld 39 auch beim Schimpansen vorhanden ist. Es sollte aber unbedingt eine Brodmannsche Karte erstellt werden. Wenn die Karte des Schimpansenhirns der auf S. 294 gezeigten Karte gleicht, so ließe sich die Unfähigkeit der Schimpansen, eine Sprache auf dem menschlichen Niveau der Funktionen 3 und 4 (s. Tab. 1) zu lernen, einfach durch das Fehlen der für die menschliche Sprache spezialisierten Hirnrindenfelder erklären. Leider wissen wir noch viel zuwenig Bescheid über die ultramikroskopischen Strukturen, die den kortikalen Sprachfeldern ihre einzigartigen Eigenschaften verleihen. Wie bereits erwähnt, gibt es während der ersten Lebensjahre auch in der rechten Hirnhemisphäre funktionstüchtige Sprachfelder. Sie gelangen zur vollen Entwicklung, wenn die Sprachfelder der linken Hirnhemisphäre, beispielsweise durch einen Unfall, zerstört werden. Dieses Substitutionsvermögen geht aber während der Adoleszenz verloren. Die Gründe für diese Plastizitätsabnahme in den potentiellen Sprachfeldern der rechten Hirnhemisphäre kennen wir nicht.

Geschwind (1965) stellt die Vermutung auf, im Verlaufe der Evolution hätten bestimmte Hirnregionen eine Sonderstellung erworben, weil bei ihnen Informationen von zwei oder mehreren Sinnesmodalitäten zusammenliefen. Wenn beispielsweise Information vom Tast- und Gesichtssinn auf dieselben Neuronen einfließt, so könnten diese Neuronen anzeigen, ob ein betasteter Gegenstand mit einem gesehenen übereinstimmt. Dies könnte zur Objektivierung und dadurch zur Benennung des betreffenden Gegenstandes führen. Eine Region, wo sensorische Informationen zusammenlaufen, ist der Sulcus temporalis superior der Primaten (Jones, Powell 1970). Nach Geschwind entwickelte sich diese Region im Verlaufe der Evolution, um Dinge benennen und so schließlich eine Sprache gebrauchen zu können. In ähnlicher Weise äußert sich auch Teuber: »Die Sprache ... macht es möglich, daß wir uns abwesende Gegenstände geistig vorstellen können ... Die Sprache befreit uns weitgehend von der Tyrannei der Sinne ... Sie gibt uns Zugang zu Konzepten, die Informationen von verschiedenen Sinnesmodalitäten zusammenfügen und somit intersensorisch oder suprasensorisch sind. Wie dies erreicht wird, bleibt aber ein Rätsel« (1967, 205).

Bis vor kurzem unterstützten die vorhandenen experimentellen Befunde die Annahme, daß ein Schimpanse (Davenport 1976), nicht aber ein unterhalb der Menschenaffen stehender Affe (Ettlinger, Blakemore 1969), das Erkennen eines Gegenstandes von einer Sinnesmodalität auf eine andere übertragen kann, beispielsweise fähig ist, einen im Dunklen betasteten Gegenstand mit einem gesehenen zu identifizieren oder umgekehrt. Kürzlich wurde nun aber gezeigt (Cowey, Weiskrantz 1975; Jarvis, Ettlinger 1977), daß Rhesusaffen beim kreuzweisen Erkennen mit verschiedenen Sinnesmodalitäten fast ebenso gute Leistungen erbringen wie Menschenaffen. Selbstverständlich lösen Menschen derartige Aufgaben viel besser, und sogar Kleinkinder sind dazu fähig, bevor sie sprechen können. Eine verlockende Idee besagt, im Verlaufe der Evolution habe sich die Region des Sulcus temporalis superior, wo sensorische Informationen zusammenlaufen, in die Felder 39 und 40 des Wernickeschen Sprachzentrums entwickelt. Leider liegen aber die kleinen, auf Seite 294 mit 39 und 40 bezeichneten Felder im Sulcus lateralis Silvii und nicht im Sulcus temporalis superior.

Bemerkenswerterweise werden die Sprachzentren des menschlichen Gehirns bereits vor der Geburt gebildet. die ontogenetische Entwicklung stellt sie zum Sprachlernen bereit. Dies ist ein genetisch gesteuerter Vorgang. Erstaunlicherweise haben die so gebildeten Sprachzentren die Fähigkeit, irgendeine menschliche Sprache zu lernen. Mit großer Sicherheit konnte nachgewiesen werden, daß Kinder verschiedener Rassen für jede Sprache durchschnittlich gleiche Voraussetzungen haben. Aufgrund dieser Tatsache entwickelte Chomsky (1967, 1968) seine Ideen über die allgemeinen Prinzipien einer universellen Grammatik. Ich vermute, daß sich die Tiefenstrukturen der Grammatik mit der Mikroorganisation der kortikalen Sprachzentren homologisieren lassen. In diesem Sinne ist es verständlich, daß das Kind bei seiner Geburt die Tiefenstruktur der Sprache »kennt«, denn sie liegt verschlüsselt in der Mikrostruktur der kortikalen Sprachzentren, die schon vor der Geburt durch genetische Instruktionen gebildet wurden (Wada u. a. 1975).

Denken und Gehirn

Zu Beginn dieses Beitrages wurde auf die Art und Weise hingewiesen, wie Gedanken sprachlich ausgedrückt werden. Wir können nun nach der Rolle des Gehirns fragen, die es als Instrument bei diesem Übertragungsvorgang spielt. Sperry u. Mitarbeiter (1979) machten die wichtige Entdeckung, daß Patienten nach Durchtrennen der Verbindungsbahnen zwischen den beiden Großhirnhemisphären praktisch keine Schwierigkeiten hatten, ihre Gedanken sprachlich zu äußern, weil ihr Selbst auf offenbar normale Weise über die Sprachzentren der linken Hemisphäre wirksam war. Im Gegensatz dazu zeigte die rechte Hirnhemisphäre zwar ein gewisses Verstehen von geschriebener und gesprochener Sprache, konnte sich aber weder mündlich noch schriftlich ausdrücken. Dennoch ließ sich nachweisen, daß die rechte Hirnhemisphäre Gesichter und sogar das eigene Selbst erkennen kann. Da die rechte Hirnhemisphäre keine Sprachzentren besitzt, gleicht ihr Leistungsvermögen – allgemein betrachtet – dem Affenhirn, obschon sie bezüglich des Erkennens von geschriebener und gesprochener Sprache diesem überlegen ist. Es läßt sich voraussagen, daß die rechte Hirnhemisphäre besser als das Affenhirn lernen könnte, wenn sie mit den Methoden trainiert würde, die man benützt hat, um Affen eine künstliche Sprache beizubringen. Ein solches Sprachtraining der rechten Hirnhemisphäre ließe sich bewerkstelligen, indem man Patienten mit operativ getrennten Hirnhälften anleitet, mit ihrer linken Hand die Tasten in den von Premack und Rumbaugh entwickelten künstlichen Kommunikationssystemen zu betätigen.

Die Verbindung zwischen Sprache und Geist beschreibt Chomsky treffend wie folgt: »Soweit wir wissen, ist der Besitz der menschlichen Sprache mit einem spezifischen Typ von mentaler Organisation verbunden, nicht einfach ein höherer Grad von Intelligenz. Es scheint mir kein Grund zu der Annahme zu bestehen, daß die menschliche Sprache nur ein komplexerer Fall von etwas ist, was anderswo in der Tierwelt gefunden werden kann. Das wirft ein Problem für den Biologen auf, denn falls dies zutrifft, ist es ein Beispiel für einen echten ›Entwicklungssprung‹ – für das Auftreten eines qualitativ anderen Phänomens auf einer spezifischen Stufe der Organisationskomplexität. Die Erkenntnis dieses Umstandes – obwohl in völlig anderen Begriffen formuliert – war für viele, deren hauptsächliches Interesse der Natur des Geistes galt, der Anlaß zu den klassischen Sprachstudien. Und es scheint mir, daß es auch heute noch keinen besseren oder vielversprechenderen Weg gibt, die wesentlichen und kennzeichnenden Eigenschaften der menschlichen Intelligenz zu erforschen, als den einer detaillierten Untersuchung der Struktur dieses einzigartigen menschlichen Besitzes« (1973, 117 f).

Die Gedanken der Welt 2 (Popper) können über die Sprachzentren der linken Hemisphäre durch Sprache ausgedrückt werden. Dieser Vorgang stellt ein besonders deutliches Beispiel des in Abb. 4 dargestellten dualistischen Interaktionismus dar. Die hier gegebene Erklärung entspricht im wesentlichen dem Vorschlag von Descartes, daß der sich seiner selbst bewußte Geist oder die Seele sich durch Einwirken auf das Gehirn sprachlich ausdrücken kann. Wir müssen aber die Tiere nicht als Automaten betrachten, wie Descartes dies tat. Tiere haben bewußte Erfahrungen, doch ist es trotz den Untersuchungen von Gallup (1977) auch beim Schimpansen unklar, wieweit er sich selbst erkennen kann. Da Schimpansen – außer ihrer begrenzten pragmatischen Kommunikationsfähigkeit – sich nicht sprachlich äußern können, bleibt es fraglich, ob sie überhaupt irgendwelche Erfahrungen haben können, die dem menschlichen Denken auf dem Niveau der Sprachfunktionen 3 und 4 (s. Tab. 1) entsprechen.

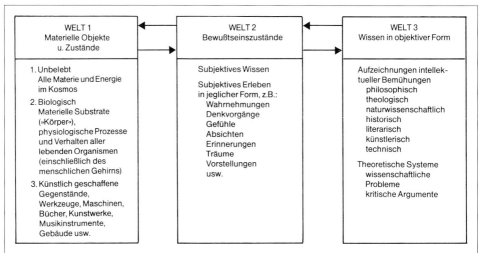

Abb. 3: Darstellung des Modells der drei miteinander verbundenen Welten nach K. Popper. In ihm sind alles Existierende und alle Erfahrungen zusammengefaßt (nach Eccles, Zeier 1980).

Abb. 4: Darstellung des Informationsflusses zwischen Gehirn und Geist. Das Diagramm stellt die drei Komponenten der Welt 2 dar. Sie bestehen aus dem äußeren Sinn, dem inneren Sinn und dem Ich oder Selbst. Angedeutet sind die vorhandenen Verbindungen und die Kommunikationslinien, die über die Grenzen zwischen Welt 1 und Welt 2, das heißt vom Liaisonhirn aus zu diesen Komponenten der Welt 2 hin- und von ihnen wegführen. Der säulenartige Aufbau des Liaisonhirns ist durch gestrichelte Linien angedeutet. Die Ausstattung des Liaisonhirns mit offenen Moduln ist jedoch ungeheuer groß und beträgt mehr als eine Million und nicht bloß etwa vierzig wie hier angedeutet (nach Eccles, Zeier 1980).

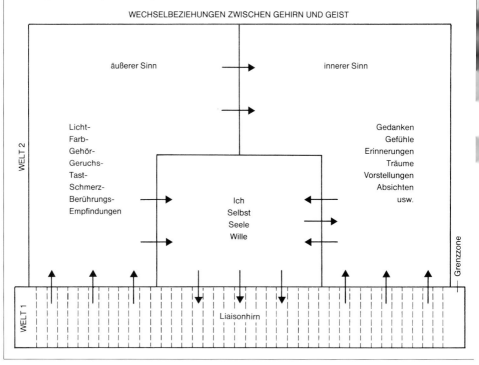

Eine Eigenschaft des Sprachverhaltens findet selten nähere Beachtung. Wenn wir scharfsinnige und besonders neue und somit noch unklare Gedanken zu äußern versuchen, läßt sich beobachten, daß wir probeweise bald diesen, bald jenen sprachlichen Ausdruck wählen. In der Tat mache ich genau das, um diesen Abschnitt zu schreiben. Ich habe Schwierigkeiten, meinen Gedanken eine befriedigende sprachliche Form zu geben. Ich suche die passenden Worte und einen geeigneten Satzbau, damit ich hoffen kann, daß meine Gedanken klar zum Ausdruck kommen und vom Leser verstanden werden.

Wie können wir nun diese kreative Tätigkeit erklären? Ich versuche dies mit einer dualistisch-interaktionistischen Hypothese über das Problem von Gehirn und Geist (Abb. 4), die eng verwandt ist mit der oben erwähnten kartesianischen Sprachtheorie. Zuerst befinden sich die subjektiv erfahrenen Gedanken im Geiste (Welt 2). Die Übertragung in eine sprachliche Form kommt zustande, wenn die mentalen Ereignisse bestimmte Aktivitätsmuster in den Sprachzentren des Gehirns hervorgebracht haben. Diese Aktivitätsmuster treten zuerst im Wernickeschen Zentrum auf, dann im Brocaschen Zentrum und gelangen so durch Sprechen oder Schreiben zum Ausdruck. Als Ergebnis resultieren Ereignisse der Welt 1. Wie wir aber bereits gesehen haben, besitzen gedankliche Äußerungen auch einen Welt-3-Status. Der Geist beurteilt fortlaufend, wieweit die ausgedrückten Gedanken die geistigen Vorgänge der Welt 2 in eine annehmbare Welt-3-Darstellung gebracht haben.

Zu diesen Vorgängen lassen sich drei Bemerkungen machen. Erstens kann diese Beurteilung erfolgen, bevor es zu irgendeiner seh- oder hörbaren Äußerung kommt. Feinfühlige Redner oder Schreiber beurteilen eine sprachliche Formulierung, sobald sie in ihrem Bewußtsein auftritt. Wir können in unserem Geiste mit Worten spielen, bevor wir überhaupt etwas sagen oder schreiben oder, wie man zu sagen pflegt, »bevor wir einen Gedanken zu Papier bringen«. Dies kann auch während eines freigesprochenen Vortrages geschehen. Unsere Sätze scheinen unmittelbar vor dem Aussprechen erzeugt zu werden. Sie können augenblicklich modifiziert oder in verbesserter Form neu gebildet werden. Bei einem geübten Redner geschieht dies wie durch Zauberei. Manchmal macht man die Erfahrung, besser gesprochen zu haben, als man eigentlich hoffen konnte! Wir haben es hier mit einer wunderbaren und intensiven Interaktion von Gehirn und Geist zu tun. Wenn Gedankenvorgänge – auch in unausgesprochenen Wörtern – zum Ausdruck gelangen, so sind sie nach meiner Hypothese in neuronale Aktivitätsmuster umgeformt worden. Dennoch stehen wir in Welt 2, als bewußte Begutachter unserer sprachlichen Leistung, außerhalb der sich in Welt 1 abspielenden Hirnvorgänge und ihrer in Welt 3 zutagetretenden Erzeugnisse. Diese Betrachtungsweise ermöglicht es, das Wunder und Geheimnis einer großen Dichtung zu würdigen. Beispielsweise wie die Gedanken Hölderlins in seinen Oden zur Unsterblichkeit gelangten. Materialisten können die Leistung eines kreativen Genies gar nicht richtig erkennen und schätzen. Es gelingt ihnen nur, indem sie sich »einen anderen Hut aufsetzen«!

Zweitens können wir durch unsere Formulierungsbemühungen etwas klar verstehen lernen, was uns bisher verborgen blieb. Ich habe deshalb häufig meine Studenten aufgefordert, ihre Gedanken aufzuschreiben oder sie in Form eines Schemas darzustellen. Dies kann einem Studenten zwar mißlingen, bringt er es aber zustande, hat er dabei viel gelernt, und man hat nun ein Welt-3-Objekt, das sich besprechen läßt.

Drittens besitzen wir Erfahrungen und Vorstellungen, für die kein bestimmter sprachlicher Ausdruck existiert und die vielleicht auch nie geäußert werden. Man denke beispielsweise an visuelle und auditive Erfahrungen, die in uns eindringen, wenn wir durch die freie Natur wandern. Es gibt Behaviouristen, die die absurde Ansicht vertreten, derartige Erfahrungen seien von still in sich hineingesprochenen Äußerungen abhängig. Aber wie könnte man die Erfahrung formulieren, die wir machen, wenn wir einen Baum mit all seinen komplexen Verästelungen betrachten? Es gibt tatsächlich ganze Erfahrungsbereiche, die nicht mit verbalen Äußerungen verbunden sind. Dies wird sofort deutlich, wenn wir beispielsweise an Musik oder Malerei denken. Gegen Ende seines Lebens wurde Gilbert Ryle durch die starre behaviouristische Lehre beunruhigt, die er in seinem 1949 erschienenen Werk »Der Begriff des Geistes« (deutsch 1969) zum Ausdruck gebracht hatte. Eine nach seinem Tode erschienene Veröffentlichung (Ryle 1979) erklärt, wie er sich Gedanken vorstellt, die existieren können, ohne sich durch verbales oder sonstiges Verhalten zu äußern.

Auf der höchsten Stufe von bewußter Erfahrung können wir äußerst verschiedenartige Gedanken haben, die häufig stark emotional getönt sind: Gefühle von Freude, Zufriedenheit oder Verständnis; ein grenzenloses Gefühl von Erstaunen und Verehrung; Entzücken über die Schönheit und Lieblichkeit in Natur, Literatur, Musik, Kunst und Mitmenschen. Es gibt aber auch traurige und schreckliche Erfahrungen wie Einsamkeit, Besorgnis, Angst und Schrecken. Nach meiner Ansicht benötigen diese geistigen Erfahrungen (Welt 2) kein neuronales Gegenstück in Form von Gehirnaktivität (Welt 1). Selbstverständlich werden derartige Erfahrungen in Gehirnaktivität umgeformt, sobald wir sie deutlich zu bestimmen versuchen, um sie durch Worte oder andere Verhaltensäußerungen auszudrücken. Dann findet eine wechselseitige Kommunikation über die in Abb. 4 angegebene Grenze statt, besonders wenn die Äußerung einer selbstkritischen Beurteilung unterzogen wird.

Zusammenfassend läßt sich sagen, daß der dualistische Interaktionismus Licht auf ein weites Spektrum unserer feinen Bewußtseinserfahrungen wirft, die wir Gedanken nennen, sowie auch auf die Art und Weise, wie diese Gedanken geäußert werden. Diese Vorgänge können auf der höchsten Interaktionsstufe von Körper und Geist bzw. Gehirn und Geist stattfinden.

Ich teile im wesentlichen die Ansicht von Descartes, daß es die menschliche Seele oder Psyche ist, die sich durch ihr Einwirken auf das Gehirn sprachlich äußern kann, und daß Affen die menschliche Sprache nicht gebrauchen können, weil sie keine Psyche haben. Ich spreche aber den Affen nicht das Bewußtsein ab, wie Descartes dies tat. Im Einklang mit dieser Betrachtungsweise steht auch Chomsky, da er die menschliche Sprache einem neuen Prinzip zuschreibt.

Aus dem Englischen übertragen von Hans Zeier

Literatur

BAILEY, P., BONIN, G. VON, MCCULLOCH, W. S.: The isocortex of the chimpanzee. Urbana 1950

BASSER, L. S.: Hemiplegia of early onset and the faculty of speech with special reference to the effects of hemispherectomy. Brain, 85, 1962, 427–460

BRODMANN, K.: Vergleichende Lokalisationslehre der Großhirnrinde. Leipzig 1909

BRONOWSKI, J., BELLUGI, U.: Language, name, and concept. Science 168, 1970, 669–673

BROWN, R.: A first language: The early stages. Cambridge, Mass. 1973

The first sentences of child and chimpanzee. In Th.A. Sebeok, D. J. Umiker-Sebeok (Eds.): Speaking of apes. New York 1980

BÜHLER, K.: Sprachtheorie: die Darstellungsfunktion der Sprache. Jena 1934

CHOMSKY, N.: The formal nature of language. Appendix A. In E. H. Lenneberg: Biological foundations of language. New York 1967. Deutsch: Biologische Grundlagen der Sprache. Frankfurt/M. 1972

Language and the mind. New York 1968. Deutsch: Sprache und Geist. Frankfurt/M. 1973

Human language and other semiotic systems. In Th.A. Sebeok, D. J. Umiker-Sebeok (Eds.): Speaking of apes. New York 1980

COWEY, A. L., WEISKRANTZ, L.: Demonstration of cross-modal matching in rhesus monkeys, Macaca mulatta. Neuropsychologia 13, 1975, 117–120

DAVENPORT, R. K.: Cross-modal perception in apes. In: Conference »On origins and evolution of language and speech«. Ann. N.Y. Acad. Sci. 280, 1976, 143–149

DOBZHANSKY, TH.: Mankind evolving: The evolution of the human species. New Haven 1962

The biology of ultimate concern. New York 1967

ECCLES, J. C.: The human mystery. Berlin, Heidelberg, New York 1979

The human psyche. Berlin, Heidelberg, New York 1980

ECCLES, J. C., ZEIER, H.: Gehirn und Geist. Biologische Erkenntnisse über Vorgeschichte, Wesen und Zukunft des Menschen. München 1980

ETTLINGER, G., BLAKEMORE, C. B.: Cross-modal transfer set in the monkey. Neuropsychologia, 7, 1969, 41–47

FOUTS, R. S., RIGBY, R. L.: Man-chimpanzee communication. In Th. A. Sebeok, D. J. Umiker-Sebeok (Eds.): Speaking of apes. New York 1980

GALLUP, G. G.: Self-recognition in primates. Amer. Psychol., 32, 1977, 329–338

GARDNER, R. A., GARDNER, B. T.: Comparative psychology and language acquisition. In Th. A. Sebeok, D. J. Umiker-Sebeok (Eds.): Speaking of apes. New York 1980

GESCHWIND, N.: Disconnexion syndromes in animals and man. Part I. Brain, 88, 1965, 237–294

GOULD, S. J.: Ever since Darwin. Reflections in natural history. London 1978

GOULD, S. J., ELDRIDGE, N.: Punctuated equilibria. The tempo and mode of evolution reconsidered. Paleobiology, 3, 1977, 115–151

GRIFFIN, D. R.: The question of animal awareness. New York 1976

HALLIDAY, M. A. K.: Learning how to mean. New York 1975

HAMPSHIRE, S.: Thought and action. London 1959

HAYES, H. J., HAYES, C.: The cultural capacity of chimpanzees. Hum. Biol., 26, 1956, 288–303

HEDIGER, H.: Tiere verstehen. Erkenntnisse eines Tierpsychologen. München 1980

Mit Affen sprechen. Ist Kommunikation mit Tieren Konversation oder Dressur? Umschau in Wissenschaft und Technik, 81, 1981, 175–178

HILL, J. H.: Apes and language. In Th. A. Sebeok, D. J. Umiker-Sebeok (Eds.): Speaking of apes. New York 1980

JARVIS, M. J., ETTLINGER, G.: Cross-modal recognition in chimpanzees and monkeys. Neuropsychologia, 15, 1977, 499–506

JERISON, H. J., Evolution of the brain and intelligence. New York, London 1973

JOHANSON, D. C., WHITE, T. D.: A systematic assessment of early African hominids. Science, 203, 1979, 321–330

JONES, E. G., POWELL, T. P. S.: An anatomical study of converging sensory pathways within the cerebral cortex of the monkey. Brain, 93, 1970, 793–820

KIMURA, D.: Functional asymmetry of the brain in dichotic listening. Cortex, 3, 1967, 163–178

LANCASTER, S. B., WHITTEN, P.: Family matters. The Sciences, Jan. 1980, 10–15

LAWICK-GOODALL, J. VAN: In the shadow of man. New York 1971

LENNEBERG, E. H.: Biological foundations of language. New York 1967. Deutsch: Biologische Grundlagen der Sprache. Frankfurt/M. 1972

On explaining language. Science, 164, 1969, 635–643

A neuropsychological comparison between man, chimpanzee and monkey. Neuropsychologia, 13, 1975, 125

A word between us. In Th. A. Sebeok, D. J. Umiker-Sebeok (Eds.): Speaking of apes. New York 1980

LIBASSI, P. T.: Early man, nearly man. The Sciences, Mai 1975, 13–18

LIEBERMAN, P.: On the origins of language. New York 1975

Hominid evolution, supralaryngeal vocal tract physiology and the fossil evidence for reconstructions. Brain and Language, 7, 1979, 101–126

LIMBER, J.: Language in child and chimp. In Th. A. Sebeok, D. J. Umiker-Sebeok (Eds.): Speaking of apes. New York 1980

MCNEILL, D.: Sentence structure in chimpanzee communication. In T. A. Sebeok, D. J. Umiker-Sebeok (Eds.): Speaking of apes. New York 1980

MALMI, W. A.: Chimpanzees and language evolution. In Th. A. Sebeok, D. J. Umiker-Sebeok (Eds.): Speaking of apes. New York 1980

MAUSS, T.: Die faserarchitektonische Gliederung des Cortex cerebri der anthropomorphen Affen. J. Psych. u. Neurol., 18, 1911, 410–467

MOUNIN, G.: Language, communication, chimpanzees. In Th. A. Sebeok, D. J. Umiker-Sebeok (Eds.): Speaking of apes. New York 1980

PENFIELD, W., ROBERTS, L.: Speech and brain-mechanisms. Princeton, N.J., 1959

POPPER, K. R.: Conjectures and refutations. New York, London 1962

Objective knowledge. Oxford 1972. Deutsch: Objektive Erkenntnis. Ein evolutionärer Entwurf. Hamburg 1973

POPPER, K. R., ECCLES, J. C.: The self and its brain. Heidelberg, Berlin, New York 1977

PREMACK, D.: Intelligence in ape and man. Hillsdale, N.J., 1976

RUMBAUGH, D. M.: Language behaviour of apes. In Th. A. Sebeok, D. J. Umiker-Sebeok (Eds.): Speaking of apes. New York 1980

RYLE, G.: The concept of mind. London 1949. Deutsch: Der Begriff des Geistes. Stuttgart 1969

On thinking. Oxford 1979

SEBEOK, TH. A., UMIKER-SEBEOK, D. J. (Eds.): Speaking of apes. New York 1980

SIMONS, E. L.: Ramapithecus. Sci. Amer., 236, 5, 1977, 28–35

SPERRY, R. W., ZAIDEL, E., ZAIDEL, D.: Self-recognition and social awareness in the deconnected minor hemisphere. Neuropsychologia, 17, 1979, 153–166

TERRACE, H. S.: Nim. New York 1979

Is problem-solving language? In Th. A. Sebeok, D. J. Umiker-Sebeok (Eds.): Speaking of apes. New York 1980

TERRACE, H. S., BEVER, T. G.: What might be learned from studying language in the chimpanzee? The importance of symbolizing oneself. In Th. A. Sebeok, D. J. Umiker-Sebeok (Eds.): Speaking of apes. New York 1980

TEUBER, H. L.: Lacunae and research approaches to them. I. In C. H. Millikan, F. L. Darley (Eds.): Brain mechanisms underlying speech and language. New York, London 1967

UMIKER-SEBEOK, D. J., SEBEOK, TH. A.: Introduction: Questioning apes. In Th. A. Sebeok, D. J. Umiker-Sebeok (Eds.): Speaking of apes. New York 1980

WADA, J. A., CLARKE, R., HAMM, A.: Cerebral hemispheric asymmetry in humans. Arch. Neurol., 32, 1975, 239–246

WALKER, A., LEAKEY, R. E. F.: The hominids of East Turkana. Scientific American, 239, 2, 1978, 44–56

Dieter Platt

Altern, Alter und Tod

Übersicht: In diesem Beitrag wird einleitend auf die Bedeutung von Veränderungsprozessen auf zellulärer Ebene hingewiesen und die Bedeutung der Erbmasse für das biologische Alter herausgestellt. Biologisches und kalendarisches Alter sind sehr häufig nicht identisch, wie aufgrund von Tierexperimenten und auch durch klinische Daten erhärtet werden kann. Die Organe des Menschen altern nicht gleichzeitig und auch nicht gleich schnell. Anhand einiger Organe werden typische altersbedingte Veränderungen besprochen. Physiologisches Altern wird durch krankhafte Umwandlungen überlagert. Der Mensch stirbt nicht am Alter, sondern an Erkrankungen, die mit zunehmendem Alter vermehrt nachweisbar sind. Der Aufenthalt älterer Menschen im Krankenhaus wird sehr häufig durch psychische Beeinträchtigungen erheblich erschwert. Eine große Rolle spielt die persönliche psychologische Betreuung und Pflege des älteren Menschen.

Altern ist ein biologischer Vorgang, der nach Max Bürger mit der Geburt beginnt und »jede irreversible Veränderung der lebenden Substanz als Funktion der Zeit umfaßt«. R. Bertolini (1970) spricht dann von Altern, wenn regressive Veränderungen des Organismus nicht mehr beseitigt werden können. Weitere Definitionen des Alterns finden sich bei N. W. Shock (1960), B. L. Strehler (1965) und A. Comfort (1964). Vor hundert Jahren betrug die mittlere Lebenserwartung etwa 36 Jahre, um die Jahrhundertwende 46 Jahre. Heute liegt sie für den Neugeborenen bei etwa 72 Jahren. Nach statistischen Schätzungen nimmt man an, daß die Lebenserwartung beim Menschen 120 Jahre nicht übersteigt. Angaben über Menschen mit einem Lebensalter von über 140 Jahren haben wissenschaftlichen Nachprüfungen nicht standgehalten.

Theorien des Alterns

An der Erforschung des komplexen Phänomens »Altern« sind verschiedene Gebiete der Biologie beteiligt. Während in früheren Arbeiten der Schwerpunkt auf den Gebieten der Pathologie und der Physiologie zu suchen war, stehen heute im Zentrum der Forschung Molekularbiologie und Genetik. Es ist daher leicht zu verstehen, daß aus den unterschiedlichen Forschungsrichtungen verschiedene »Theorien des Alterns« entwickelt wurden. Aus der Vielzahl dieser Theorien haben sich in den letzten Jahren zwei Haupttheorien herauskristallisiert: die Mutationstheorien und die Programmtheorien. Im Zentrum beider Theorien steht der Zellkern, speziell die Desoxyribonukleinsäure (DNS). Nach Paul Weiss werden alle Entwicklungsphasen des Organismus durch spezifische Programme, die durch eine gesteuerte Gen-Aktivität reguliert werden, kontrolliert. Mutationen – erbliche Änderungen der DNS – können auf den verschiedensten Stufen der Makromolekülsynthese (DNS, RNS, Protein-Synthese) auftreten (s. Bd. I dieser Enzyklopädie).

Eines der wesentlichsten Argumente für die Theorie des Alterns durch somatische Mutationen war die Entdeckung von P. S. Henshaw im Jahre 1947, daß Tiere, die ionisierenden Strahlen ausgesetzt waren, schneller alterten und eine kürzere Lebenserwartung hatten als Kontrolltiere. Zugunsten der Mutationstheorie sprachen auch die 1963 durchgeführten Untersuchungen von H. J. Curtis und seinen Mitarbeitern, aus denen hervorgeht, daß die Zahl der Chromosomenaberrationen mit zunehmendem Alter ständig steigt. Seit langer Zeit ist bekannt, daß Röntgen- und Gamma-Strahlen – in fraktionierten Dosen verabreicht – in bezug auf die Lebenserwartung nur etwa 25 Prozent der Wirkung einer einmaligen Dosis haben.

Neuere Untersuchungen haben jedoch gezeigt, daß eine Verkürzung der normalen Lebenserwartung durch mutagene Mittel Dosen erforderlich macht, die zwölf- bis zwanzigmal mehr Mutationen erzeugen als die, die während des normalen Lebens ablaufen (Strehler 1976). Es scheint daher unwahrscheinlich, daß genetische Störungen, wie sie durch gewöhnliche Mutagene erzeugt werden, die primäre Rolle für die Altersveränderungen spielen.

Diese Annahme wird durch Untersuchungen an haploiden und diploiden Linien von Wespen bestätigt (Strehler 1976). Mutationen, die entweder nicht erkannt oder aber nicht schnell genug durch entsprechende »Reparatur-Systeme« der Zelle beseitigt werden, können auf irgendeiner Stufe der Synthese von Makromolekülen zu fehlerhaften Endprodukten führen und damit zum zellulären Altern beitragen (Zahn, Müller 1975). Handelt es sich bei den synthetisierten Produkten um Enzyme, die möglicherweise an der DNS-, RNS- und Protein-Biosynthese teilnehmen, so würde eine Anreicherung fehlerhafter Makromoleküle zur »Fehlerkatastrophe« und damit irreversiblen Zellschädigung führen (Orgel 1963).

Aufgrund der Forschungsergebnisse von R. W. Hart u. R. B. Setlow, die 1969 eine Korrelation zwischen der Fähigkeit, Fehler zu reparieren, und der mittleren Lebensspanne höherer Organismen feststellten, war zu erwarten, daß die DNS-Moleküle älterer Organismen sich von denen jugendlicher Organismen unterscheiden. R. Johnson u. B. L. Strehler konnten 1972 an Hunden einen mit zunehmendem Alter signifikant höheren Stückverlust der DNS nachweisen. Störungen in den DNS-Reparatur-Mechanismen wurden von Johnson u. Strehler als Alternative für die Mutationstheorie bezeichnet. Die Reparatur läuft dann normal ab, wenn die Stränge symmetrisch angeordnet sind; sie kann jedoch dann nicht erfolgen, wenn durch eine Zerstörung eine unpaare Einzelstrang-DNS-Schleife entstanden ist. Z. A. Medvedev (1961), der die sogenannte »Error-Theorie« aufstellte, nahm an, daß der Reparaturvorgang weniger deutlich oder sogar unmöglich sei, wenn Irrtümer in einem einzelnen Ribonukleinsäure-Strang (RNS) und während der Protein-Synthese erfolgen – unter der Voraussetzung, daß die DNS gegenüber unterschiedlichen Störungen durch eine Vielzahl von Reparatur-Systemen (die den komplementären unzerstörten Strang verwenden) geschützt ist. Obwohl eine Änderung in der RNS und in den Proteinen nicht direkt mit einer Vererbung der Information von Zelle zu Zelle verbunden ist, kann sie trotzdem zu einer Anhäufung von Fehlern in der biologischen Information führen. Folgende mutagene Faktoren können zufällige Änderungen in der DNS und im DNS-Protein-Komplex innerhalb der Zellkerne hervorrufen: innere und äußere Bestrahlung, freie Radikale (reaktionsfähige Atome), ferner Einbau von Nukleotid-Analogen, Fehler durch veränderte Polymerasen, DNS-Viren, lysosomale Desoxyribonukleasen, veränderte Repressoren und De-Repressoren.

Auf die Bedeutung der DNS-Reparatur-Systeme für die Regulation der Alternsrate wurde im Jahre 1967 erstmals von P. Alexander hingewiesen. Hart u. Setlow konnten 1974 zeigen, daß bei Fibroblasten verschiedener Tierarten mit unterschiedlicher Lebenserwartung die Fähigkeit, durch Bestrahlung zerstörte DNS zu reparieren, direkt mit der spezifischen Lebenserwartung der Tiere korreliert. Die Reparatur an defekten Stellen ist nur dann möglich, wenn das geschädigte Strangstück ein entsprechendes antiparalleles intaktes Stück zur Verfügung hat. Ausgelöst wird die Reparatur durch »Beulen«, zum Beispiel an solchen Stellen, an denen gegenüberliegende Basen nicht mehr komplementär sind. DN-Säuren, die in der Nachbarschaft der Strang-Deformität eine Strangtrennung herbeiführen, bewirken, daß eine Lücke entsteht, die wiederum als spezifisches Substrat für DNS-abhängige DNS-Polymerasen dient. An der defekten Stelle des Stranges wird eine Analog-Synthese vollzogen und durch eine Ligase die fehlende Hauptvalenzbindung geschlossen.

Bekanntlich kommt es im Bereich der DNS ständig zu Brüchen von Einzelsträngen, die durch die »Reparatur-Systeme« der Zelle sehr schnell beseitigt werden. So ist eine intakte Zelle in der Lage, pro Minute 300 Brüche zu reparieren (Epstein u. a. 1973). Eine Erkrankung, die unter dem Namen Progerie (vorzeitiges Altern) bekannt ist, weist klinisch in der ersten Dekade Veränderungen auf, die üblicherweise erst im hohen Lebensalter festgestellt werden können (s. Abb. 1). Patienten mit dieser Erkrankung sterben zwischen dem zwanzigsten und dreißigsten Lebensjahr – meist an den Folgen erheblicher Gefäßwandumbauvorgänge. Fibroblasten, die aus der Haut von Progerie-Patienten in Kultur gehalten werden, weisen eine stark verminderte Fähigkeit auf, durch Röntgenstrahlen induzierte DNS-Strangbrüche zu reparieren. Zwischen einzelnen Zelltypen der gleichen Spezies bestehen signifikante Unterschiede hinsichtlich der Translations-Kapazität. Strehler konnte zeigen, daß Änderungen der Translation einen wesentlichen Mechanismus der Zelldifferenzierung und des Alterns darstellen und daß bei der Differenzierung einzelner Zell-Linien von einem genetischen Code zu einem anderen die Fähigkeit, gewisse – vorher bedeutungsvolle – Wörter zu übersetzen, verlorengeht.

»Altern ist nicht nur – mit Minot [1908] – der Preis, den wir für unsere im Laufe der Entwicklung erzielte Differenzierung zahlen mußten – Altern *ist* Entwicklung«, wie es Paul Weiss 1966 ausdrückte. Der Zellkern steht in Wechselwirkung mit dem

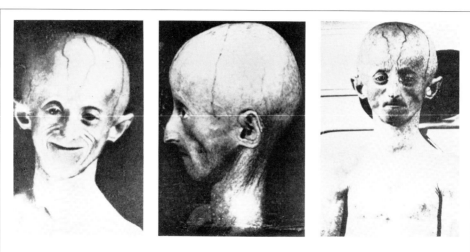

Abb. 1: Das Hutchinson-Gilford-Syndrom (Progerie). Die Erkrankung weist bereits in der ersten Dekade Veränderungen auf, die üblicherweise erst in hohem Alter feststellbar sind.

Abb. 2: Lebensbahnen in Abhängigkeit von Krankheiten. Ia ideale Lebensbahn mit höchster Lebenserwartung (entspricht der Rasterfläche), Ib verkürzter Lebenslauf durch Arteriosklerose, Alterspolypathie und späterer Altersmultimurbidität, Ic verkürzter Lebenslauf durch Emphysembronchitis α, Gallensteine β und schließlich Herzinfarkt γ bei Kardiosklerose, Id verkürzter Lebenslauf aufgrund eines Carzinoms mit Metastasen. II verkürzter Lebenslauf eines Menschen mit genetisch reduzierter Lebenserwartung, III verkürzter Lebenslauf eines Menschen mit genetisch maximal reduzierter Lebenserwartung (z. B. Progerie-Syndrom) (nach Franke 1973).

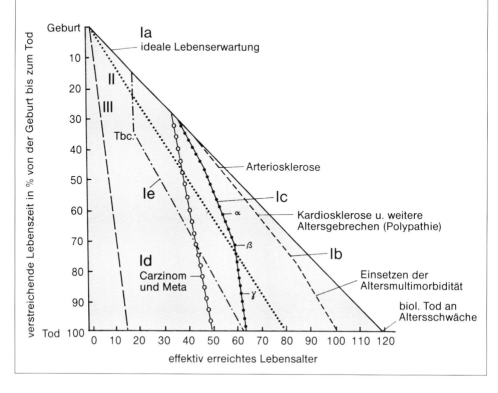

Zytoplasma, der inneren Umgebung, die ihrerseits mit anderen Zellen, der äußeren Umgebung, in Verbindung steht. Diese Art der Entwicklung bietet eine Menge Störanfälligkeiten. Tritt zum Beispiel im Genom G eine Mutation (G'↑) ein, so wird sich dies auf die folgenden Zellgenerationen auswirken. Das Programm der verschiedenen Verläufe der Differenzierung führt zu der Vielzahl unterschiedlicher Gewebe mit völlig verschiedenen Eigenschaften und Funktionen: Zellen mit einer Lebenserwartung von einigen Tagen (Mukosazellen), von Wochen (Epidermis-Zellen und Blutzellen) und von Jahren (Knochenzellen). Nach Weiss (1966) muß »Altern« vom biologischen Gesichtspunkt aus als eine Art gestörte normale Relation gesehen werden – nicht aber als das Ergebnis von »Kräften«, »Altersfaktoren« oder »Stoffwechselschlacken«.

Kalendarisches und biologisches Alter

Nicht immer korreliert das kalendarische Alter mit dem biologischen Alter. Zur Charakterisierung des biologischen Alters auf zellulärer oder suprazellulärer Ebene werden vorwiegend vier Modelle verwendet:
1. Bestimmung der »Lag-Phase« (s. unten);
2. Bestimmung der proliferativen Kapazität (Zahl der Populationsverdoppelungen);
3. physikalische Eigenschaften des Skleroproteids Kollagen;
4. Bestimmung der »Latenz-Periode«.

Nach R. C. Adelman (1970, 1975) ist die Adaptation auf molekularer Ebene durch Synthese und Abbau von Enzymen sowie anderen Proteinen und durch eine Modifizierung ihrer angeborenen physiologischen Funktionen charakterisiert. Mit zunehmendem Alter kann es nun zu einer Abnahme der Adaptationsfähigkeit kommen. Adelman und seine Mitarbeiter untersuchten die Frage der Adaptationsfähigkeit an dem bekannten biochemischen Modell der »Induktion von Enzymen«. Nach einem dreitägigen Nahrungsentzug wurde bei zwei Monate und zwei Jahre alten Ratten das Aktivitätsverhalten der Leber-Glukokinase untersucht. Dabei zeigte sich, daß die Aktivität bei den jungen Tieren um 90 Prozent, bei den alten Tieren um 80 Prozent abgenommen hatte. Durch eine vierundzwanzigstündige Gabe von Glukose konnte bei den zwei Monate alten Tieren eine Normalisierung der Glukokinase-Aktivitäten erzielt werden, während dies bei den alten Ratten nicht möglich war. Kinetische Studien ergaben dann, daß die Aktivität bei jungen Tieren innerhalb von vier Stunden einen Anstieg aufwies, während bei alten Tieren erst nach vierundzwanzig Stunden ein entsprechender Aktivitätswert gemessen werden konnte. Die Zeit bis zum Aktivitätsanstieg, die sogenannte »Lag-Phase«, wird im höheren Alter länger.

Im Jahre 1961 konnten L. Hayflick u. P. S. Moorhead nachweisen, daß Fibroblasten normaler menschlicher fetaler Lungen eine begrenzte proliferative Kapazität von 50 ± 10 Populationsverdoppelungen besitzen. Weitere Untersuchungen erga-

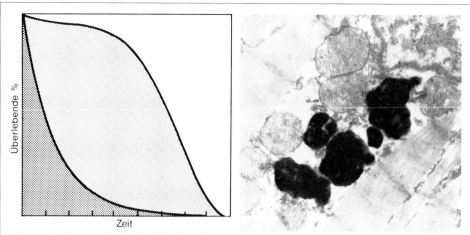

Abb. 3: Zwei unterschiedliche Überlebenskurven einer Bevölkerung. Mit dunklem Raster Überlebenskurve bei einer konstanten Absterberate von 50% pro Zeiteinheit, mit hellem Raster Überlebenskurve einer alternden Bevölkerung (nach Comfort 1964).

Abb. 4: Ablagerung des Alterspigmentes Lipofuszin in der Herzmuskulatur. Lipofuszin gilt als das bisher einzige mit Sicherheit erkannte altersabhängige Zellphänomen, auch wenn es in Leberzellen von Neugeborenen schon festgestellt worden ist (nach Spoerri u.a. 1974).

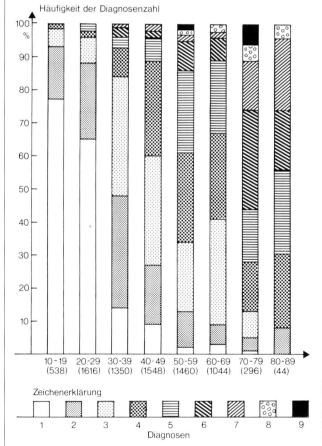

Abb. 5: Anzahl der Diagnosen in den einzelnen Altersstufen. Die Zahlen in der Klammer geben die absolute Anzahl der untersuchten Patienten wieder (nach Franke).

ben eine umgekehrte Korrelation zwischen Populationsverdopplungspotential kultivierter Zellen und Spenderalter, also Hinweise auf eine mögliche direkte Korrelation zwischen dem durchschnittlichen Höchstalter der Spezies und der in vitro Proliferationskapazität, sowie eine Begrenzung der proliferativen Kapazität normaler Zellen, die wiederholt in vivo in syngenische Werte verpflanzt wurden. Gleichzeitig konnten die beiden Forscher zeigen, daß funktionelle Einschränkungen, wie sie normalerweise in der Zellkultur vor dem Verlust der Proliferationsfähigkeit nachweisbar sind, bei alten Tieren auftreten.

Grundlegende Untersuchungen über Alterungsvorgänge am Bindegewebe, speziell am Kollagen – dem Gerüsteiweiß –, wurden von F. Verzár im Jahre 1965 durchgeführt. Schwanzsehnen von Ratten stellen ein geeignetes Objekt für die Untersuchung physikalischer Eigenschaften von Sehnenfasern dar. Solche Fasern, die praktisch aus reinem Kollagen bestehen und makroskopisch eine Kabelstruktur aufweisen, haben eine charakteristische Eigenschaft: Bei Denaturierung tritt eine Verkürzung auf etwa 25 Prozent der ursprünglichen Länge ein, die Kabelstruktur verschwindet, und die Faser wird glasig durchsichtig; darüber hinaus wird sie gummi-elastisch. Diese Änderungen beginnen bei Säugetieren bereits bei 54°C und laufen bei 58°C schnell ab. Um eine maximale Verkürzung durch eine Belastung zu erreichen, müssen die Fasern weiter erwärmt werden. Bei geringer Belastung (50–100 mg) heben die Sehnenfäden bei dieser thermischen Kontraktion das Gewicht maximal. Wird die Belastung größer, so wird Arbeit geleistet, und die Verkürzung wird entsprechend geringer. Schließlich läßt sich ein Gewicht finden, das die Kontraktion völlig hemmt. Diese »thermische Kontraktion« kann einmal mit der geschilderten »isotonischen Methode« untersucht werden, zum anderen mit der »isometrischen«, bei der – bei gleichbleibender Belastung – die Spannung gemessen wird, die bei der Erwärmung entsteht. Verzár, der diese Methode entwickelte, konnte nun beweisen, daß die Spannung, die bei der thermischen Kontraktion entsteht, altersabhängigen Veränderungen unterworfen ist.

Zahlreiche Untersuchungen haben gezeigt, daß die Zeit, die erforderlich ist, damit ein Gewebe-Explantat in der Kultur zu wachsen beginnt, von dem Alter der Spendertiere abhängt (Cohn, Murray 1925; Soukopova, Holeckova 1964). Ähnliche Untersuchungen an neugeborenen, jugendlichen und alten Ratten haben ergeben, daß die »Latenz-Periode« für jedes Organ mit dem Alter ansteigt.

Die Erhöhung der mittleren Lebenserwartung ist in erster Linie durch die Fortschritte auf dem Gebiet der Medizin bedingt. So konnten Krankheiten, an denen in früheren Zeiten Menschen in der Kindheit oder im jugendlichen Alter starben (Infektionskrankheiten, Ernährungsstörungen und andere), behandelt und geheilt werden. Dieser Erfolg darf jedoch nicht zu der Vermutung führen, daß durch weitere medizinische Fortschritte die Lebenserwartung in nächster Zeit unermeßlich ansteigen könnte. So hat man in zahlreichen amerikanischen Statistiken errechnet, daß durch Beseitigung aller Herz-Kreislauf-Erkrankungen sowie aller bösartigen Geschwülste die mittlere Lebenserwartung lediglich um neun Jahre gesteigert werden könnte. Wie sehr die Beseitigung der Erkrankungen in den frühen Lebensjahren zu einer Erhöhung der mittleren Lebenserwartung geführt hat, zeigt auch die Tatsache, daß heute bei den Sechzigjährigen die Sterbeziffer genauso hoch ist wie vor hundert Jahren. Welche Bedeutung jedoch der Behandlung und Beseitigung von Erkrankungen für die Lebenserwartung zukommt, geht aus einer eindrucksvollen schematischen Darstellung von H. Franke (1973; s. Abb. 2) hervor: Personen, die aufgrund ihrer Erbanlage ein Alter von 120 Jahren erreichen könnten, werden durch das Auftreten von Herz-Kreislauf-Erkrankungen, bösartigen Tumoren, Stoffwechselerkrankungen, Tuberkulose und anderen weitverbreiteten Krankheiten in ihrer Lebenserwartung so sehr eingeschränkt, daß sie vielleicht nur 50 Jahre oder weniger leben.

Die Kenntnis von Sterberaten bzw. Überlebensraten ist eine wesentliche Voraussetzung für die Beurteilung von Alternsvorgängen. Im Jahre 1825 glaubte Benjamin Gompertz (1779–1865) die Korrelation zwischen Mortalitätsrate und Alter gefunden zu haben und hielt sie in Form einer logarithmischen Darstellung fest: $R_m = R_o \cdot e^{\alpha t}$. Hierbei bedeutet: R_o = extrapolierter Wert der Todesrate bei $t = o$; e = Basis des natürlichen Logarithmus; α = Richtungskoeffizient; t = Alter in Jahren. Auf diese Interpretation (s. Abb. 3) haben sich später unter anderem mathematische Alternstheorien (Strehler, Mildvan 1960) gestützt.

Alterungsprozesse im Körper des Menschen

Während des Alterungsprozesses kommt es zu charakteristischen morphologischen und biochemischen Veränderungen auf zellulärer und suprazellulärer Ebene. Unter den zellulären Veränderungen ist vor allem die Ablagerung des »Alterspigmentes« (Lipofuszin) zu nennen (Abb. 4). Obwohl S. Goldfischer u. J. Bernstein (1969) nachweisen konnten, daß Lipofuszin bereits in Leberzellen menschlicher Neugeborener festzustellen ist, gilt es dennoch als das einzige mit Sicherheit alterskorrelierte Zellphänomen (Strehler 1965; Whiteford, Getty 1966). Die Lipofuszin-Körnchen lagern sich vorwiegend in der Nähe des Zellkerns ab, vor allem in Gehirn, Herz und Leber. Aufgrund der goldgelben Eigenfluoreszenz des Lipofuszin ist eine quantitative Beurteilung dieser Ablagerung leicht möglich. So beträgt nach Strehler (1965) die mittlere Zuwachsrate pro Dekade 0,3 Prozent des Herzvolumens bzw. 0,6 Prozent des Volumens der Herzmuskelzellen. Somit würde bei einer neunzigjährigen Testperson der mittlere Lipofuszingehalt etwa 6 bis 7 Prozent des Volumens der Herzmuskelzellen ausmachen.

Neben dem intrakardialen Zuwachs findet man vor allem eine altersabhängige intraneuronale Zunahme des Lipofuszins. Mit Hilfe biochemisch-analytischer Methoden war es möglich, aus verschiedenen Organen isolierte Lipofuszin-Granula zu gewinnen. Dabei zeigte sich, daß isolierte Granula verschiedener Organe unterschiedliche Aminosäure-Spektren aufwiesen. Die Ablagerung von Lipofuszin erfolgt in den einzelnen Organen nicht gleichzeitig.

Ein weiterer wichtiger Parameter, der sich während der Alternsvorgänge ändert und auch schon äußerlich an der Haut wahrnehmbar ist, ist der Wasserhaushalt. Neuere Untersuchungen des amerikanischen Gerontologen N. O. Calloway (1971) ergaben, daß die Rate des Wasserverlustes für eine bestimmte Tierart (und also auch für den Menschen) stets konstant ist. Sie kann als ein Gesetz des Alterns angesehen werden. So besteht eine direkte signifikante Beziehung zwischen der Hitzeproduktion und dem Wassergehalt. Das Verhältnis zwischen Hitzeproduktion und Wasserverlust stellt keinen absoluten Wert bei den unterschiedlichen Arten dar; jedoch bleibt die Rate des Wasserverlustes stets konstant.

Alternsprozesse laufen an den einzelnen Organen des Organismus unterschiedlich schnell ab. Als typische Alternsveränderungen des Herzens findet man in den Lehrbüchern die »braune Atrophie«, die durch eine vermehrte Ablagerung des Alterspigmentes Lipofuszin bedingt ist. Das *Herzgewicht* nimmt vom dreißigsten bis achtzigsten Lebensjahr bei Männern jährlich um etwa 1 Gramm, bei Frauen um 1,4 Gramm zu. Umfangreiche Untersuchungen von A. J. Linzbach (1973) ergaben eine jährliche Zuwachsrate des mittleren Herzgewichtes bei Männern für fünf Jahrzehnte (vom dreißigsten bis achtzigsten Lebensjahr) von 1 Gramm pro Jahr oder 0,27 Prozent des Herzgewichtes im dritten Lebensjahrzehnt. Bei Frauen findet sich ein jährlicher Zuwachs von 1,5 Gramm oder 0,5 Prozent. Selbst bei 110jährigen Untersuchungspersonen liegt das mittlere Herzgewicht noch über den Werten des dritten Lebensjahrzehnts. Die Zunahme des Herzgewichtes nach dem dreißigsten Lebensjahr ist nach Linzbach eine Folge der Widerstandserhöhung im großen Kreislauf.

Weitere alternstypische Veränderungen in der Herzmuskelfaser stellen die *basophilen Degenerationen* dar. Hierbei handelt es sich um zentral gelegene, spindelförmige Vakuolen mit homogenem oder fein granulärem basophilem Material (Umeda 1940). Durch die Weiterentwicklung der Bindegewebsforschung konnte in den letzten Jahren im Herzen mit zunehmendem Alter eine Substanz nachgewiesen werden, die früher nur als Symptom einer speziellen Erkrankung galt: das Amyloid. Das Glykoprotein Amyloid stellt sich im Lichtmikroskop homogen dar; ultrastrukturelle Untersuchungen ergaben aber Fibrillen mit einem Durchmesser zwischen 150 und 300 Å, die sich aus aggregierten Filamenten aufbauen. Die Filamente selbst sind 75–80 Å dick. Aminosäurenanalysen haben gezeigt, daß es sich bei den Fibrillen um Bestandteile von Immunglobulinen handelt, die sich um die Zellen herum zu Fibrillen aneinanderlegen. Amyloid wird nach der Synthese von ortsständigen Zellen in den Interzellularraum ausgeschleust, wo es sich zu Fibrillen anhäuft. Mit zunehmendem Alter weist Amyloid, wie verschiedene Untersuchungen ergeben haben, im Herzen eine charakteristische Verteilung auf.

Ein altbekanntes Kriterium der Altersrückbildung des Gehirns stellt das Gewicht dar. Nach Max Bürger wird im jugendlichen Alter das Mittelfeld für das höchste *Gehirngewicht* bei Männern 1370 Gramm, bei Frauen 1250 Gramm angegeben. Mit zunehmendem Alter nimmt das Gehirngewicht bis zum achtzigsten Lebensjahr deutlich ab: bei Männern etwa auf 1170 Gramm, bei Frauen auf etwa 1060 Gramm. Nach M. Reichardt (1965) ist jedoch eine isolierte Betrachtung der Hirngewichte

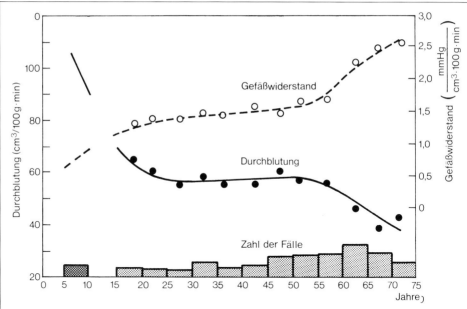

Abb. 6: Abhängigkeit von Hirndurchblutung und Gefäßwiderstand vom Alter. So nimmt nach dem 50. Lebensjahr die Durchblutung ab, während der Gefäßwiderstand im gleichen Zeitraum ansteigt (nach Bernsmeier u. Gottstein 1964).

Abb. 7: Vitalkapazität und Atemstoßtest (gerastert) in Abhängigkeit vom Alter. Während die Totalkapazität (Vitalkapazität und Residualvolumen) für die Dauer des ganzen Lebens konstant bleibt, fällt die Vitalkapazität bis ins hohe Alter ständig ab (nach Luther u. Schleusing, zit. bei Ries 1972).

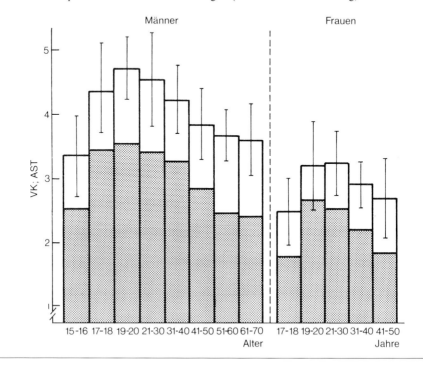

nicht vertretbar; ein besseres Kriterium für den Schwund des Gehirns stellt der Zwischenraum zwischen Gehirnvolumen und Schädelkalotte dar (s. Abb. 8). Zu der Exaktheit der Hirngewichtsbestimmungen muß einschränkend auch gesagt werden, daß verständlicherweise Erkrankungen, Blutfülle oder Hirnschwellungen zur Zeit der Entnahme die Werte sehr verfälschen können. Die Atrophie des Gehirns ist mit einer Verschmälerung von Rinde und Mark verbunden – bedingt durch einen Untergang der Ganglienzellen (täglich etwa zehntausend). Nach H. Haug u. J. Rebhahn (1956) muß bei zukünftigen Forschungen am Gehirn – speziell bei Fragen, die die Änderung des Gehirngewichtes betreffen – auf die Akzeleration geachtet werden, da aufgrund der Beziehungen zwischen Körperlänge und Gehirngewicht die jüngeren Individuen einer Untersuchungsreihe größere Höchstgewichte des Gehirns besitzen müssen als die älteren während ihrer Jugend.

Auch die von Max Bürger erhobenen Befunde am Gehirn (Verschiebung des Gel-Sol-Zustandes) müssen beachtet werden. Mit zunehmendem Alter kommt es in den Nerven von Menschen und höheren Tieren zu einer Abnahme der sogenannten »Nissl-Substanzen«, die als granuläre, RNS-enthaltende Konzentrationen des endoplasmatischen Retikulums gelten. Quantitative chemische Analysen des Gehirns wurden unter anderem von der Schule um Max Bürger durchgeführt. So findet sich eine Abnahme der Neutralfette, der Cerbroside, der Phosphatide und der Gesamt-Sterine, während der Sulfatgehalt ansteigt. Das Gehirn, das als einer der stoffwechselaktivsten Organe des menschlichen Organismus angesehen werden kann, verfügt über keine Energiereserven, die es gestatten würden, eine vorübergehende Störung in der Substratzufuhr zu überbrücken. Daher ist das Gehirn auf eine ständige Energiezufuhr angewiesen. In erster Linie wird diese Energie durch den oxydativen Abbau von Glukose gewonnen. Etwa 7 bis 8 Prozent der vom Gehirn aufgenommenen Glukose wird nicht oxydativ verändert, sondern nach dem glykolytischen Abbau in Form von Milchsäure an das venöse Blut des Gehirnkreislaufs abgegeben (Gottstein u. a. 1964, Hoyer 1970). A. Bernsmeier u. U. Gottstein (1958) haben die *Hirndurchblutung* in Abhängigkeit vom Alter gemessen; sie konnten zeigen, daß die Durchblutung nach dem fünfzigsten Lebensjahr abnimmt, während der Gefäßwiderstand im gleichen Zeitraum ansteigt (s. Abb. 6).

Morphologische und biochemische Veränderungen der *Lunge* mit zunehmendem Alter erklären die Beeinträchtigung ihrer Funktion, die sich unter anderem in den Anfangsstadien durch spezielle Untersuchungsmethoden und bei fortgeschrittenen Veränderungen sogar klinisch schon spontan feststellen läßt. Die alternde Lunge ist durch eine Erweiterung der Alveolen und durch eine Abnahme der Alveolarzellzahl mit entsprechenden Veränderungen des Strukturfasergerüstes charakterisiert. Die bereits mit lichtoptischen Methoden nachweisbaren Veränderungen der elastischen Anteile der Lunge können durch biochemische Analysen bestätigt werden. Ultrastrukturelle Untersuchungen an Lungenkapillaren ergaben, daß sich im höheren Alter die Basalmembran verdickt und daß darüber hinaus an den Arteriolen ein Ersatz der glatten Muskulatur durch kollagenes Bindegewebe erfolgt (Lindner 1972).

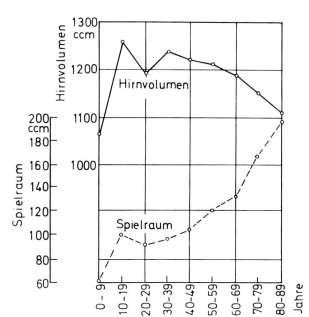

Abb. 8: Änderung von Ventrikelgröße und Ventrikelform mit dem zunehmenden Alter. Ein bekanntes Kriterium der altersbedingten Rückbildung des Gehirns stellt das Gehirngewicht dar. Doch kann das Hirngewicht nicht isoliert betrachtet werden, ein besseres Kriterium stellt der Zwischenraum zwischen Gehirnvolumen und Schädelkalotte dar (nach Böning, zit. bei Arendt 1972).

Abb. 9: Konzentrationsfähigkeit der Nieren in Abhängigkeit vom Alter. Verminderter Blutdurchfluß, physiologische Altersveränderungen sowie Zunahme der Nieren- und Nierenbeckenentzündungen führen im Alter zu Funktionseinschränkungen der Nieren (nach Nádvorniková 1968).

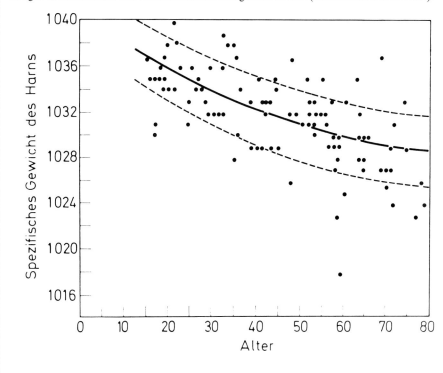

Die Lungenfunktion ist aber nicht nur vom Zustand der Lungen selbst abhängig, sondern wird auch durch die Funktionsfähigkeit des gesamten Thorax beeinflußt. Durch eine mit zunehmendem Alter vermehrt auftretende Verknöcherung der Rippenknorpel ist die Ventilationsbewegung erheblich eingeschränkt, so daß es zu einer inspiratorischen Starre kommen kann (Fischer 1954). Untersuchungen zur Dehnungsfähigkeit der Lunge, der sogenannten Compliance, in Abhängigkeit vom Alter ergaben, daß die statische Compliance zwischen dem zwanzigsten und sechzigsten Lebensjahr um etwa 10 Prozent abnimmt, während im gleichen Zeitraum die dynamische Compliance – bei einer Atemfrequenz von 45/min. – um etwa 20 Prozent abnimmt (Worth, Muysers 1967). Altersabhängige Untersuchungen verschiedener Parameter, wie Vitalkapazität, Residualvolumen, Totalkapazität, Komplementärluft und Reserveluft, Atemstoßwert, Sekundenkapazität, Atemzugvolumen und Atemminutenvolumen, wurden in umfangreichen Arbeiten durchgeführt (s. Abb. 7). Die Vitalkapazität fällt bis ins hohe Lebensalter ab, während die Totalkapazität (Vitalkapazität und Residualvolumen) für die Dauer des gesamten Lebens konstant bleibt. Reserveluft und Komplementärluft lassen mit zunehmendem Alter eine Abnahme erkennen. Das maximale Atemvolumen (Atemgrenzwert) nimmt ebenso wie der Atemstoßwert (die Luftmenge, die bei normaler Atmung mit einem Atemzug ventiliert wird) im höheren Lebensalter ab. Die Hauptfunktion der Lunge, der Gasaustausch, wird sowohl durch die bereits oben erwähnten morphologischen und biochemischen Veränderungen am Strukturgerüst als auch durch die alternsabhängigen Veränderungen des intrapulmonalen Kreislaufs beeinflußt.

Alternsabhängige Veränderungen der *Nieren* sind insofern schwer zu beurteilen, als sie – wie auch bei anderen Organen – durch Krankheiten, die mit zunehmendem Alter vermehrt auftreten, überlagert sind. Das Nierengewicht nimmt mit zunehmendem Alter deutlich ab. Nach L. Oliver (1973) beträgt das durchschnittliche Gewicht bei Sechzigjährigen 250 Gramm, bei Siebzigjährigen 230 Gramm und bei Achtzigjährigen 190 Gramm. Die Gewichtsabnahme der Nieren geht mit einer allgemeinen Größen- und Gewichtsabnahme aller Organe im höheren Alter einher (Rößle, Roulet 1932). So haben lichtmikroskopische Untersuchungen gezeigt, daß es im höheren Alter zu einer Abnahme der Zahl der Glomerula sowie der Nephronen kommt (s. Bd. III dieser Enzyklopädie). Der verminderte Blutdurchfluß der Nieren im Alter, die physiologischen Altersveränderungen an den Glomerula und am Tubulussystem sowie die Zunahme der Nieren- und Nierenbeckenentzündung bei älteren Menschen lassen verständlich werden, warum es mit zunehmendem Alter zu einer Funktionseinschränkung der Niere kommt. Die Konzentrationsfähigkeit der Niere sowie die glomeruläre Filtrationsrate, die Kreatinin-, Inulin und PAH-Clearance nehmen ab (s. Abb. 9).

E. N. Thompson u. R. Williams (1965) fanden eine Wechselbeziehung zwischen dem Körpergewicht und dem Gewicht der *Leber*. Beide Gewichte fielen nach dem fünfzigsten Lebensjahr ab, und zwar war der Gewichtsunterschied bei Männern größer als bei Frauen. Nach lichtmikroskopischen Untersuchungen kommt es in der Leber zu einer Vermehrung des Bindegewebes sowie zu einer Zunahme von

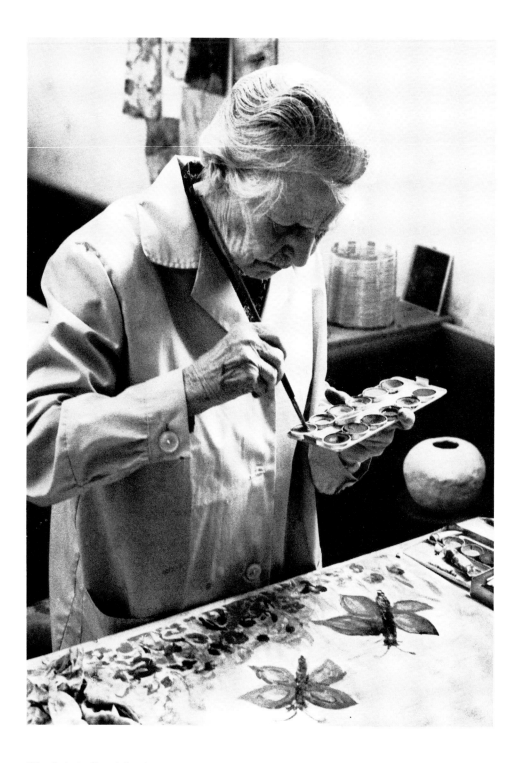

Künstlerische Kreativität ist an kein Alter gebunden. Sie spielt aber gerade im Alter eine wesentliche Rolle: bei der Meisterung der unabwendbaren Furcht vor der Abnahme geistiger Leistung, vor Einsamkeit und körperlicher Unzulänglichkeit.

Zelluntergängen (Weinbren 1961). Über die Funktionen der Leber im Alter liegen bisher nur wenige Untersuchungen vor. Ein wesentlicher Test, der die Funktion der Leber für gewisse Bereiche charakterisiert, stellt die BSP-Probe (Bromsulphthalein-Probe) dar. Thompson u. Williams (1965) konnten zeigen, daß es mit zunehmendem Alter zu einer linearen Abnahme der Aufnahmefähigkeit der Leberzellen gegenüber Bromsulphthalein kommt; die maximale sekretorische Transportleistung ist jedoch nicht verändert.

Altern und Krankheit

Neben den physiologischen Alternsveränderungen, die – je nach Geschwindigkeit ihres Ablaufes – die Lebenserwartung eines Organismus mehr oder weniger begrenzen, spielt die Tatsache eine wesentliche Rolle, daß mit zunehmendem Alter die Zahl gleichzeitig auftretender Erkrankungen zunimmt. Diese *Polypathie* bzw. *Multimorbidität* führt zu Wechselwirkungen mit den physiologischen Alternsvorgängen. Umgekehrt beeinflussen Alternsvorgänge die einzelnen Krankheiten in ihrem Ablauf. In diesem Zusammenhang ist der Einfluß von Stress auf den Alternsprozeß zu erwähnen. Das allgemeine Adaptationssyndrom, wie es H. Selye (1950) beschreibt und das sich unter dem Einfluß eines lang anhaltenden Stresses entwickelt, zeigt Parallelen zu Alternsvorgängen. Die Adaptation an einen Stress läuft in drei Phasen ab: Alarmphase, Resistenzphase und Erschöpfungsphase. Selye definiert den Begriff der Adaptationsenergie – im Gegensatz zur kalorischen Energie – als die Kapazität, die bei der Adaptation verbraucht wird. Die drei Phasen der Adaptation erinnern an die drei Stadien des Alterns: 1. die Kindheit mit ihrer großen Möglichkeit der Adaptation; 2. die Jugend, während der der Organismus eine gewisse Resistenz gegenüber den meisten Agenzien erwirbt; 3. das Alter mit der charakteristischen Verminderung der Resistenz, die schließlich im Tod endet.

Altern ist ein biologischer Vorgang, der zwar mit zahlreichen Krankheiten mehr oder weniger intensive Wechselwirkungen zeigt, aber keine eigentliche Krankheit ist. Es gibt keine spezifischen Alterskrankheiten; bestimmte Erkrankungen jedoch weisen eine deutliche Altersabhängigkeit auf (s. Abb. 5). So findet man im höheren Lebensalter eine Zunahme arteriosklerotischer Veränderungen, einen Anstieg der Hypertonie-Rate mit ihren Folgen, eine Zunahme der Hörstörungen, das Auftreten von grauem Star, ferner Lungenemphysem, seniler Schwund des Knochengewebes und Alterszucker. Diese Zunahme gilt jedoch nur bis zu einem Alter von etwa 70 bis 75 Jahren, während bei hochbetagten Menschen wieder eine Abnahme dieser Erkrankungen nachweisbar wird. Die wohl umfangreichsten klinischen und laborchemischen Untersuchungen an Menschen mit einem Alter über hundert Jahren wurden von H. Franke in den Jahren 1970 bis 1973 durchgeführt. Der älteste von Franke und seinen Mitarbeitern klinisch untersuchte, in Westdeutschland lebende Bürger war 110 Jahre alt. Laborchemische Untersuchungen dieser hochbetagten Menschen zeigten danach Werte, die einem biologisch jüngeren Alter entsprechen.

Durch das gleichzeitige Auftreten zahlreicher unterschiedlicher Erkrankungen kann das diagnostische Prinzip: »subjektive Symptome entsprechen objektiven Krankheitszeichen« beim alten Patienten – auf einen einzigen krankhaften Nenner zurückgeführt –, nicht mehr angewandt werden.

Erkrankung	m	w	Erkrankung	m	w
1. Herzinsuffizienz	145	272	10. Cholelithiasis	30	68
2. Hypertonie	125	195	11. Leberzirrhose	104	66
3. Diabetes mellitus	148	155	12. Karzinome	68	65
4. Harnweginfekt	156	131	13. Adipositas	34	61
5. Arteriosklerose	93	114	14. Lungenemphysem	111	58
6. Angina pectoris	99	80	15. Struma	19	54
7. Varikosis	21	79	16. Apoplexie	57	47
8. Spondylosis def.	57	77	17. Myokardinfarkt	83	20
9. Pneumonie	67	76	18. Intoxikationen	96	182

Tab. 1 Häufigste Erkrankungen bei einer Stichprobe von 1000 Männern und 1000 Frauen.

Die häufigsten Erkrankungen, die bei älteren Menschen nachweisbar sind, gehen aus einer Zusammenstellung von O. Lindner (1973) hervor. Schwierigkeiten entstehen durch die Multimorbidität nicht nur hinsichtlich der Diagnostik, sondern auch der Behandlung. Sehr oft wird versucht, die einzelnen Erkrankungen isoliert zu behandeln, und damit eine große Zahl von Medikamenten eingesetzt.

Der physiologische Alternsprozeß sowie das vermehrte Auftreten von Erkrankungen bringen es mit sich, daß im höheren Lebensalter – wie wohl in keiner anderen Altersgruppe – eine enge Beziehung zum Sterben und zum Tod bestehen muß. Leidensdauer und Länge der Erholungsphase nehmen im hohen Alter zu. Nach amerikanischen Statistiken sind 65- bis 75jährige während 34 Tagen im Jahr durch Krankheiten (davon 11 Tage im Bett) in ihrer Beschäftigung eingeschränkt. Bei alten Menschen über 75 Jahre betragen diese Zahlen 45 bzw. 19 Tage pro Jahr. Selbstverständlich ist die Rekonvaleszenzperiode von der Art der Erkrankung bzw. von den verschiedenen Erkrankungen abhängig. Während sie nach einer schweren Influenza bei Patienten von 10 bis 45 Jahren etwa vier Wochen beträgt, erstreckt sie sich bei 70- bis 90jährigen auf 12 bis 20 Wochen (Franke 1970).

Neben der medikamentösen Behandlung älterer Patienten, die unumgänglich ist, darf jedoch nicht vergessen werden, wie wichtig es ist, den Patienten rechtzeitig zu mobilisieren. Wir unterscheiden nach B. Steinmann (1976) drei Arten der Rehabilitation im Alter: 1. prophylaktische oder präventive Rehabilitation; 2. allgemeine Rehabilitation; 3. gezielte Rehabilitation bei speziellen Krankheiten.

Der Aufenthalt älterer Menschen im Krankenhaus wird sehr häufig durch psychische Beeinträchtigungen, vor allem durch Abbauerscheinungen, die mit Verwirrtheitszuständen, Gedächtnisstörungen, Desorientiertheit und Depression einhergehen, erheblich erschwert (Steinmann 1976). Mit zunehmendem Alter wird trotz aller zur Verfügung stehenden therapeutischen Maßnahmen bei einem hohen Prozentsatz kein Erfolg zu erzielen sein; die älteren Menschen sterben viel häufiger an den Folgen ihrer Erkrankungen als in anderen Altersgruppen. Es ist daher ver-

Die Gebrechlichkeit des Alters. Während des Alterungsprozesses kommt es sowohl zu morphologischen wie biologischen Veränderungen, doch laufen die Alterungsprozesse an den einzelnen Organen unterschiedlich schnell ab. Eine wesentliche Rolle spielen die mit zunehmendem Alter gleichzeitig auftretenden Erkrankungen, die unter anderem auch die Beweglichkeit einschränken.

Altern ist ein biologischer Vorgang. In weit stärkerem Maße als je zuvor sind heute ältere Menschen unter sich. Dies geschieht nicht immer freiwillig. Durch den zunehmenden Anteil alter Menschen an der Gesamtbevölkerung werden die Probleme des Lebensabends auch zu gesellschaftlichen Problemen.

Altern und Tod. Der physiologische Alterungsprozeß, das vermehrte Auftreten von Erkrankungen und das Erleben des Verlustes von nahen Angehörigen und Freunden bringen es mit sich, daß eine engere Beziehung des alternden Menschen zum Sterben und zum Tod sich entwickelt.

ständlich, daß gerade in der Geriatrie – der Altersheilkunde – im besonderen Maße über Lebensverlängerung und Ethik diskutiert wird. Sowohl Ärzte als auch Pflegepersonal und Familienangehörige, die ältere kranke Menschen zu betreuen haben, werden mit diesem Problem tagtäglich konfrontiert (s. dazu auch den Beitrag von G. Condrau in diesem Band).

Darüber hinaus machen sich verständlicherweise ältere Menschen häufiger darüber Gedanken, ob die Fortsetzung ihres Lebens überhaupt einen Sinn hat. »Die Geriatrie als die Heilkunde der Alten grenzt bei jedem ihrer Patienten an das nahestehende Lebensende und an den unvermeidlichen Tod«, schrieb im Jahre 1974 der Gerontologe O. Gsell. Er unterscheidet die aktive, die passive und die indirekte Sterbehilfe. Die aktive Sterbehilfe führt – im Hinblick auf Beendigung von Schmerz und Leid – direkt zur Beschleunigung des Todeseintritts. Von massiver Sterbehilfe kann man dann sprechen, wenn bei Patienten in einem schwerkranken Zustand ohne therapeutische Hoffnung Medikamente weggelassen oder abgesetzt werden. Die indirekte Sterbehilfe nimmt bei der Verordnung von Schlaf- oder Schmerzmitteln mit bestimmten Nebenwirkungen einen rascheren Todeseintritt in Kauf.

Der Tod – ein Phänomen des Lebens

Das Phänomen Tod ist die letzte und unausweichliche Folge des Phänomens Leben. Nach N. D. West (1972) scheinen sechs wesentliche Punkte bei älteren Patienten eine Rolle zu spielen, um ihren Gefühlen über den unabwendbaren Tod und ihre Furcht davor zu meistern: 1. Abnahme der geistigen Leistung – z. B. auf der Basis einer organischen alternsbedingten Veränderung; 2. Tod als das Ende eines langen physischen Leidens; 3. Tod als Beendigung von Einsamkeit; 4. Tod als das Ende körperlicher Unzulänglichkeit; 5. der Tod als eine Chance, mit geliebten Angehörigen in einer anderen Welt wieder vereinigt zu sein; 6. Todesverweigerung.

Aus der Sicht des Naturwissenschaftlers bedeutet der Tod, wie Paul Lüth es in seinem Buch »Kritische Medizin« formuliert, »das Ende der das Leben charakterisierenden Funktionen und Regulationen und damit auch die Aufhebung der regulativen Anpassung an das innere und äußere Milieu. Das Aufhören der Assimilationsvorgänge setzt dabei zunächst die Möglichkeit anderer biochemischer Reaktionen frei: Es kommt zur Autolyse; die Fermente und Enzyme greifen nunmehr die Substanz des Körpers an und führen auf diese Weise zu seiner Zersetzung und Auflösung. Dieser Prozeß setzt nicht homochron in allen Teilbereichen gleichmäßig ein, sondern eines der hochdifferenzierten Organe macht den Anfang.«

Von diesem Aspekt aus wäre der natürliche Tod der Gehirntod. »Erst mit der Ausbildung von Nerven treten Altern und Tod in der Entwicklung des Lebens in Erscheinung – langsam und gleichsam zögernd, noch widerruflich bei diffus ausgebreitetem Nervensystem, aber einschneidend und unwiderruflich bei ausgeprägtem zentralem Nervensystem.« Das Höhersteigen der Organisation mit seiner Zentralisierung, Individualisierung und Differenzierung wird – mit den Worten von

Ludwig von Bertalanffy – »um den Preis des Todes erkauft . . . Naturwissenschaftlich gesehen gehen demnach Altern (als eine Phase), Sterben (als ein Prozeß) und Tod (als ein Zustand) ineinander über«.

Literatur

ADELMAN, R. C.: In: Biochem. Biophys. Res. Commun., 38, 1970, 1149
 In: Exp. Geront., 6, 1975, 75
ALEXANDER, P.: In H. W. Woolhouse (Ed.): Aspects of the biology of ageing. Cambridge 1967, 29
ARENDT, A.: Altern des Zentralnervensystems. In: Handbuch der Allgemeinen Pathologie, VI/4. Heidelberg, New York 1972
BERNSMEIER, A., GOTTSTEIN, U.: Verh. Dtsch. Ges. Kreisl.-Forsch. Darmstadt 1958
BERTOLINI, R.: In: Wiss. Z. Karl-Marx-Univ. Leipzig, Math.-naturw. Reihe, 19, 1970, 475
BÜRGER, M.: Altern und Krankheit. Leipzig 1957
CALLOWAY, N. O.: In: J. Am. Geriatrics Soc., 19, 1971, 773
COHN, A. E., MURRAY, H. A.: In: J. Exptl. Med., 42, 1925, 275
COMFORT, A.: Ageing, the biology of senescence. London 1964
CURTIS, H. J.: In: Radiat. Res., 19, 1963, 337
EPSTEIN, J., WILLIAMS, J. R., LITTLE, J. B.: In: Proc. Nat. Acad. Sci., 70, 1973, 977
FISCHER, E.: In: Z. Alternsforsch., 8, 1954, 144
FRANKE, H.: In: Gerontologie, 3, 1970, 1
 In: Med. Klin., 66, 1971, 896
 In: Ärztl. Prax., 24, 1972, 1373
 In: Klin. Wschr., 51, 1973, 176
GOLDFISCHER, S., BERNSTEIN, J.: In: J. Cell. Biol., 42, 1969, 253
GOTTSTEIN, U., BERNSMEIER, A., SEDLMEYER, I.: In: Klin. Wschr., 42, 1964, 310
GSELL, O.: In: Akt. Geront., 4, 1974, 427
HART, R. W., SETLOW, R.: In: Agents and Actions, 1, 1969, 3
 In: Proc. Nat. Acad. Sci. U. S., 71, 1974, 2169
HAUG, H., REBHAHN, J.: In: Acta anat., 28, 1956, 259
HAYFLICK, L., MOORHEAD, P. S.: Exp. Cell. Res., 25, 1961, 585
HENSHAW, P. S., RILEY, E. R., STAPLETOW, G.: In: Radiology, 9, 1947, 349
HOYER, S.: In: Klin. Wschr., 48, 1970, 1239
JOHNSON, R., STREHLER, B. L.: In: Nature, 240, 1972, 412
LINDNER, J.: Altern des Bindegewebes. In G. Holle (Hg.): Handbuch der Allgemeinen Pathologie VI/4 – Altern. Berlin, Heidelberg, New York 1972
LINDNER, O.: In R. Schubert, A. Störmer (Hg.): Schwerpunkte in der Geriatrie. München 1973
LINZBACH, A. J., AKKAMOA-BOATENG, E.: In: Klin. Wschr., 51, 1973, 164
LÜTH, P.: Kritische Medizin. Zur Theorie – Praxis – Problematik der Medizin und der Gesundheitssysteme. Reinbek ²1977

MEDVEDEV, Z. A.: Error theories of ageing (1961). In D. Platt (Hg.): Alternstheorien. 3. Gießener Symposion über Experimentelle Gerontologie. Stuttgart 1976
MINOT, C. S.: The problems of age, growth and death. New York, London 1908
NÁDVORNIKOVÁ, H.: Z. Ges. In. Med., 23, 1968, 810
OLIVER, L.: Zit. nach L. B. Sourander, in: J. C. Broclehurst (Ed.): Textbook of geriatric medicine. Edinburgh, London 1973, 280 ff
ORGEL, L. E.: In: Proc. Nat. Acad. Sci. U. S., 49, 1963, 517
REICHARDT, M.: Schädelinnenraum, Hirn und Körper. Stuttgart 1965
RIES, W.: Physiologie des Alterns. In: Handbuch der Allgemeinen Pathologie, VI/4. Heidelberg, New York 1972
RÖSSLE, R., ROULET, F.: Maß und Zahl in der Pathologie 1932
SELYE, H.: Stress. Montreal 1950
SHOCK, N. W.: Aging. Some social and biological aspects. Amer. Assoc. for the Advancement of Science, Washington 1960
SOUKOPOVA, M., HOLECKOVA, E.: In: Exp. Cell. Res., 33, 1964, 361
SPOERRI, P. E., u. a.: Mech. Age. Dev., 3, 1974, 311
STEINMANN, B.: In: Akt. Geront., 6, 1976, 223
STREHLER, B. L.: Time, cells and aging. New York, London 1965
 Elements of a unified theory of ageing – Integration of alternative models. In: D. Platt (Hg.): Alternstheorien. 3. Gießener Symposion über Experimentelle Gerontologie. Stuttgart, New York 1976
STREHLER, B. L., MILDVAN, A. S.: In: Science, 132, 1960, 14
THOMPSON, E. N., WILLIAMS, R.: In: Gut, 6, 1965, 266
UMEDA, K.: In: Virchows Arch. path. Anat., 307, 1940, 1
VERZÁR, F.: Experimentelle Gerontologie. Stuttgart 1965
WEINBREN, K.: In G. H. Bourne (Ed.): Structural aspects of ageing. London 1961
WEISS, P.: Ageing: A corollary of development. In N. W. Shock, Ch. C. Thomas (Eds.): Perspectives in experimental gerontology. Springfield (Ill.) 1966, 311 ff.
WEST, N. D.: In: J. Amer. Ger. Soc., 20, 1972, 340
WHITEFORD, R., GETTY, R.: In: J. Geront., 21, 1966, 31
WORTH, G., MUYSERS, K.: In: Arbeitsmed. Sozialmed. Arbeitshyg., 2, 1967, 97
ZAHN, R. K., MÜLLER, W. E. G.: Verh. Dtsch. Ges. Path. Stuttgart 1975

Das seelische Dasein
des Menschen

Heini Hediger

Zur Psyche von Tier und Mensch

Gemeinsamkeiten und Unterschiede

Übersicht: Dieses Thema könnte Bände füllen; in diesem Aufsatz werden vor allem einige neuere, weniger beachtete Gesichtspunkte behandelt, die einem heute weitverbreiteten Bestreben entgegentreten, den Menschen ausschließlich als Tier zu verstehen, und die zeigen, daß er auch Eigenschaften besitzt, die ihn außerhalb der Tierwelt stellen. Eigenschaften, die wir im ganzen Tierreich auch nicht in Andeutungen finden. Dazu gehört zum Beispiel alles Geistige. Ein Tier kann sich freuen, kann Lust, Unlust und sogar Trauer empfinden, aber es kann sich darüber keine Gedanken machen. Jedoch finden sich bei höheren Tieren Vorformen des Bewußtseins, deren Existenz auf ein sehr viel differenzierteres Sozialleben schließen läßt, als man bisher dachte.

Der Mensch als Primat

Während es noch vor wenigen Jahrzehnten in der Zoologie, Anthropologie und anderen einschlägigen Disziplinen allgemein üblich war, kurz und einfach von Menschen und Tieren, auch von Affen und Menschen zu sprechen, ist heute weit häufiger die Rede von Primaten, womit Menschen und Affen gemeint sind. Es muß daher in umständlicher Weise unterschieden werden zwischen humanen und infrahumanen Primaten. Mit dem letzten Ausdruck sind die Affen gemeint. In der schwerfälligen Bezeichnung humane und infrahumane Primaten wird zweifellos das heute weitverbreitete Bestreben deutlich, bei jeder Gelegenheit zu betonen, daß auch der Mensch nichts weiter sei als ein Affe, ein Primat, d. h. ein Glied des Tierreichs und somit Gegenstand der Zoologie. Den Menschen auch als etwas anderes zu betrachten gilt zur Zeit weitgehend als »Art-Chauvinismus«, als unangebrachte Überheblichkeit eben des Homo sapiens (Hall u. Sharp 1978).

Sie stellen klipp und klar fest (a. a. O., 56): »Homo sapiens is an animal: a mammal, nothing less and nothing more« (Homo sapiens ist ein Tier: ein Säugetier, nichts weniger und nichts mehr). Desmond Morris (1968) charakterisierte den Menschen kurzerhand als »nackten Affen«.

Da »alles Tier im Menschen« steckt, aber nicht umgekehrt, ist es durchaus zulässig, in einem Werk der Speziellen Zoologie diesen tierischen Teil des Menschen zu betrachten und den nichttierlichen anderen zu überlassen. So nennt z. B. V. Ziswiler (1976) in seiner ausgezeichneten Darstellung als Unterschiede zwischen den beiden Primaten-Gruppen der Menschenaffen (Pongidae) und Menschen (Hominidae) folgende Charakteristika:

	Menschenaffe	**Mensch**
Gliedmaßen:	vorne länger als hinten	hinten länger als vorn
Zehen:	Großzehe opponierbar	Großzehe nicht opponierbar, mit anderen Zehen in einer Reihe liegend
Lebensweise:	terrestrisch, teilweise arboricol, tagaktiv, vorwiegend Pflanzenfresser, Tendenz zu aufrechtem Gang	aufrechter Gang, omnivor, Benutzung und Erzeugung von Feuer und Werkzeugen, kulturell-schöpferische Tätigkeit mit Erfahrungsüberlieferung
Schwanz:	fehlt	fehlt
Gliederung:	vier Arten	nur eine rezente Art, Homo sapiens, aber verschiedene Rassen

Natürlich könnte diese notwendig knappe tabellarische Gegenüberstellung noch wesentlich ergänzt werden durch viele weitere anatomische, physiologische und psychologische Unterschiede wie etwa die Asymmetrie der Gehirn-Hemisphären oder die Sprachregionen (Broca, Wernicke nach Eccles; s. seinen Beitrag in diesem Band), das extrauterine Früh-Jahr (nach Portmann; s. den Beitrag von H. Hemminger u. M. Morath in diesem Band) beim Menschen usw.

Ein wesentlicher Unterschied ist die – von Ziswiler genannte – Benutzung und Erzeugung von Feuer. Für den Biologen ist es immer wieder eine höchst beeindruckende Feststellung, daß es unter den Millionen von Tierarten keine einzige gibt, die imstande wäre, Feuer zu manipulieren und zu erzeugen. Hier besteht eine überaus scharfe Grenze, bei der es keine schrittweisen Übergänge gibt wie z. B. beim viel besser untersuchten aufrechten Gang oder beim Werkzeuggebrauch (s. den Beitrag von B. Kummer in diesem Band). Entweder beherrscht man das Feuer, oder man beherrscht es nicht. In der Vorgeschichte des Menschen waren die Feuerträger und Feuermacher bereits eindeutig Menschen – etwa der Stufe des Neandertalers entsprechend. Die Feuerbeherrschung bedeutet aber nicht nur den Beginn des Homo faber, d. h. der Technik, sondern nach dem, was die Paläoanthropologen uns mitteilen, fällt das Feuer in der Hand des Menschen auch mit dem Beginn transzendenter Vorstellungen zusammen (Hediger 1980). Das Feuer ist nicht nur eine technische, sondern auch eine entscheidende psychologische Angelegenheit; nicht nur eine hochwirksame Waffe, sondern auch Symbol verschiedenartigster Bedeutung. Hier müssen wir uns mit der objektiven Tatsache begnügen, daß die Manipulation des Feuers eindeutig ein Monopol des Menschen darstellt.

In der vergleichenden Zusammenstellung von Ziswiler ist als eine weitere Besonderheit des Menschen auch »kulturelle schöpferische Tätigkeit« aufgeführt. Im Gegensatz zum Feuer, an dessen Monopolcharakter nicht gerüttelt werden kann, hat man in letzter Zeit wiederholt versucht, den Begriff Kultur zu überdehnen, um zu zeigen, daß Kultur keine Besonderheit des Menschen darstelle, sondern auch bei infrahumanen Primaten vorkomme, ja sogar bei infraprimaten Säugetieren, die im zoologischen System unterhalb der Affen stehen, nämlich beim Wolf.

Auf diesem Gebiet haben sich u. a. die bereits erwähnten Autoren Hall u. Sharp hervorgetan in ihrem Werk »Wolf and man – Evolution in parallel« (1978). Sie stellen fest (a. a. O., 17), daß auch der Wolf ein Kultur-Träger sei (»the wolf is a culture-bearing species«). Oder noch deutlicher (a. a. O., 207): »Wolves are cultural animals.«

Kultur – ein menschliches Monopol

Man hat den Begriff Kultur auf verschiedene Weise definiert; aber normalerweise hat man ihn mit schöpferischer Tätigkeit in engsten Zusammenhang gebracht, wie das auch in dem Tabellenauszug von Ziswiler zum Ausdruck kommt, und die schöpferische Tätigkeit – z. B. auch die Entwicklung von Werkzeugen – mit der Funktion der Hände. Nun hat aber der Wolf wirklich keine Vorderextremitäten, die man irgendwie als Hände bezeichnen könnte, und von Werkzeuggebrauch finden wir beim Wolf keine Spur.

Trotzdem soll er aber nach Hall u. Sharp im Besitze von Kultur sein. Die Lösung dieser Schwierigkeit fanden die beiden Autoren darin, daß sie erklärten, Werkzeuggebrauch habe nichts mit Kultur zu tun. Deswegen kann man nach ihrer Meinung beim Wolf ohne weiteres von Kultur sprechen. Begreiflicherweise können nicht alle Verhaltensforscher diese Gedankengänge akzeptieren.

Den Biologen, die es darauf abgesehen haben, zu zeigen, daß Kultur nicht ein Monopol der humanen Primaten ist, sondern durchaus auch bei infrahumanen Primaten vorkommt, steht noch eine andere – im Vergleich zum Wolf etwas einleuchtendere – Möglichkeit offen: Die in Japan in großem Stil organisierte Beobachtung des japanischen Affen *(Macaca fuscata)* hat in den letzten Jahren folgendes ergeben: Die z. T. auf Inseln gehaltenen, großen Affenkolonien, die weitgehend unter natürlichen Verhältnissen leben, aber regelmäßig gefüttert werden, haben es mit der Zeit gelernt – vor allem die Jungen –, die ihnen auf den Sandboden hingestreuten Süßkartoffeln zunächst in einem Bach, dann im Meer zu waschen, also gewissermaßen auch mit Salz zu würzen, und schließlich nach Muscheln und anderen nahrhaften kleinen Meerestieren zu suchen. In diesem Verhalten der in künstlichen Kolonien gehaltenen Makaken, das im Tierreich durchaus nicht einzig dasteht, haben nun einzelne Forscher gewissermaßen Vorformen einer Kultur gesehen. Sie sprachen zurückhaltend von Prä- oder Protokultur.

Wer um jeden Preis Kultur bei infrahumanen Primaten, ja bei infraprimaten Säugetieren (Wölfen) nachweisen will, läßt das einschränkende Prä oder Proto weg und spricht schlechthin von Kultur der japanischen Makaken.

Es muß hier zudem daran erinnert werden, daß auch ganz andere Tiere gelernt haben, ihr Futter zu »waschen«, z. B. die in jedem Zoo zu sehenden, in Farmen massenhaft gezüchteten und in weiten Gebieten Nordamerikas – neuerdings auch in Europa – als Schädling auftretenden Waschbären *(Procyon lotor)*, ein Raubtier, das zu den Kleinbären gehört. Ob diese Waschbären auch im natürlichen Freileben ihr Futter »waschen«, ist meines Wissens heute noch umstritten.

Sicher ist, daß der in Südafrika lebende Pavian *(Papio ursinus),* sofern er nicht im Landesinnern, sondern in Küstengebieten lebt, im Gegensatz zu seinen zahlreichen Verwandten, ganz natürlicherweise nach allerlei Meerestieren fischt. Auch Kapuzineraffen *(Cebus capucinus),* die auf Gorgona Island leben, fischen eßbare Tiere aus dem Meer – eine naheliegende Anpassung an den Lebensraum wie bei den japanischen Makaken auch. B. B. Beck (1980, 50 ff) nennt eine Reihe ähnlicher Fälle.

Manche Arten öffnen Austern und andere Muscheln mit Steinen als Werkzeugen. Bisher ist niemand auf die Idee gekommen, dieses Verhalten als Kultur zu bezeichnen. Beispiele von Tieren, welche durch Tradition, durch das Vorbild von Artgenossen, sich auf gewisse Futtereigenarten spezialisieren, könnten hier in großer Zahl angeführt werden; sie sind jedem Verhaltensforscher bekannt; auch Vögel, z. B. freilebende Kakadus, gehören dazu.

Zum Begriff Kultur sei erwähnt, daß man sich darunter mit Recht meistens etwas anderes vorstellt als Kartoffeln waschen oder Muscheln essen.

Man denkt z. B. an die Schaffung unsterblicher Gemälde, Skulpturen, Symphonien, philosophischer Werke, Gedichte, an religiöse Bauwerke, Religionen usw. Von alldem finden wir natürlich im Tierreich keine Spur.

Das Geistige

Kultur gilt weiterhin als der Inbegriff geistiger Werte, also des Geistigen schlechthin, zu dem Wissenschaft, Kunst, Religion gerechnet werden – und auch die menschliche Sprache. Früher haben auch K. von Frisch, O. Heinroth, K. Lorenz und viele andere prominente Biologen und Verhaltensforscher von den »geistigen Fähigkeiten« nicht nur von Säugetieren und Vögeln, sondern ebenfalls von wirbellosen Tieren, z. B. Ameisen und Bienen, gesprochen.

Heute ist von Geistigem im Tierreich praktisch nicht mehr die Rede. Der Ausdruck ist aber auch deshalb in der Verhaltensforschung (Ethologie) weitgehend abgeschafft worden, weil »Geist« sich nicht fassen läßt in einer rein mechanistisch-materialistischen Auffassung aller Lebewesen, auch des Menschen. Nach der Meinung von J. Monod (1971) und seiner Gesinnungsgenossen sind ja sowohl Tiere als auch Menschen nichts weiter als Maschinen. Wie ich 1980 ausgeführt habe, ist das eine höchst verhängnisvolle Theorie. Ein Lebewesen – sei es Tier oder Mensch – töten heißt demnach nichts weiter als eine Maschine abstellen. Damit wird nicht nur jeder Tierquälerei, sondern auch jeder Kriminalität bis zum Massenmord, bis zum Genozid, Tür und Tor – im Namen der Wissenschaft – geöffnet.

Die Auffassung, daß Tiere nur Maschinen seien, wie sie Nobelpreisträger Monod in unseren Tagen postuliert hat, ist übrigens keineswegs neu: Vor rund dreihundert Jahren wurde sie von dem französischen Philosophen René Descartes (Cartesius) bereits einmal aufgestellt. Nur den Menschen hat er von dieser Maschinentheorie ausgenommen, im Gegensatz zu den modernen Monod-Anhängern.

Daß die Maschinenauffassung auch im medizinischen Bereich eine bedeutende

Rolle spielt, sei hier nur nebenbei bemerkt. Insbesondere für viele Chirurgen ist der Patient lediglich ein Komplex von Organen, die es zu reparieren oder zu entfernen gilt. Aber gerade die medizinische Praxis zeigt uns heute in ständig wachsendem Maß, daß der Mensch nicht nur eine Maschine, sondern ein beseeltes Wesen ist, dessen Beschwerden keineswegs allein mechanisch oder chemisch bedingt sind, sondern – zu einem größeren Teil – psychisch. Die zunehmende Bedeutung der psychosomatischen Medizin, heute wohl an jeder medizinischen Fakultät vertreten, beweist das hinreichend (s. Bd. III dieser Enzyklopädie).

Kommen wir zurück auf das Geistige, auf das, was den Menschen vom Tier scharf unterscheidet, wie etwa die vorher erwähnte Manipulation des Feuers. Zum Geistigen haben wir auch die menschliche Sprache gerechnet, eine Sprache, die sich bekanntlich nicht auf die Gegenwart beschränkt, sondern die auch Vergangenes und Zukünftiges umfaßt. Dazu ist kein Tier fähig; denn das Tier lebt ganz in der Gegenwart. Es kann zwar Erfahrungen sammeln und auf Grund seiner Intelligenz daraus lernen; es kann jedoch nicht in die Zukunft denken und handeln.

Deswegen gibt es beim Tier keine echte Vorsorge. Das Anlegen von Wintervorräten ist ganz anders bedingt, meist durch die innere physiologische Uhr, wie ich 1973 ausgeführt habe. Die Alpen-Murmeltiere verlassen nach dem Winterschlaf nicht dann ihren Bau, wenn sie denken, daß draußen die Krokusse blühen und saftige Kräuter locken, sondern wenn ihre innere Uhr sie dazu antreibt, auch wenn noch eine fünf Meter hohe Schneeschicht ihr Winterheim überdeckt. Nur der Mensch kann sich Gedanken über Vergangenes und Zukünftiges machen und diese Gedanken durch Reflexion bearbeiten.

Weil dem Tier Vergangenheit (Geschichte) und Zukunft verschlossen sind, ist es ihm auch nicht gegeben, sich darüber zu äußern, selbst wenn es ein Sprachvermögen besäße. Darin liegt ein bedeutender Unterschied; ein weiterer liegt in der Beschränktheit der Interessensphären. Ein Tier interessiert sich nicht für das, was über den Stoffwechsel, über Komfort-, Sozial- und Geschlechtsverhalten hinausgeht. Es kann uns nichts über sein Vorleben oder seine Pläne, nichts aus »der Welt des Tieres« berichten, was uns so brennend interessieren würde.

Zur Sprache von Tier und Mensch

Die Sprache der Tiere zu verstehen ist einer der ältesten Wunschträume der Menschheit. Er hat sich bis heute leider nur in Märchen und Legenden erfüllt. Alle paar Jahrzehnte werden wir aufgeschreckt durch die Meldung, jetzt sei es endlich gelungen, diese Mauer zu durchbrechen und mit dem Tier in direkten sprachlichen Dialog, in Konversation zu treten.

Das war z. B. der Fall vor dem Ersten Weltkrieg, als in Berlin der Kluge Hans vorgeführt wurde, ein Pferd, das angeblich rechnen und sprechen konnte. Leider hat sich die Sache mit den denkenden Tieren – es sind dutzendweise weitere Pferde, Hunde usw. dazugekommen – als Bluff erwiesen. In den sechziger Jahren unseres

»Sokrates und seine Schüler«, Mosaik aus Pompei. Bedeutende Linguisten halten an der These fest, daß Tiere keine dem Menschen vergleichbare Sprache besitzen und folglich die menschliche Sprache nicht tierlichen Ursprungs sein kann. Unsere Sprache bleibt nicht auf die Gegenwart beschränkt, sie bezieht Vergangenes wie Zukünftiges mit ein. Sie wird zum Ausdruck dessen, worin der Mensch das reine Dasein des Tieres überschreitet. Die Bedeutung des Gesprächs weist zurück auf die Grundlagen unserer Kultur, ja auf die Grundlagen unseres Menschseins überhaupt.

Jahrhunderts kam aus Florida plötzlich die Nachricht, es sei gelungen, mit Delphinen in Konversation zu treten. Man glaubte in weiten Kreisen – wissenschaftlichen wie politischen –, daß solche Spezialisten auch in der Lage wären, mit extraterrestrischen, z. B. Mars-Lebewesen, sprachlichen Kontakt aufzunehmen. Mit Dollar-Millionen wurden derartige »Forschungen« gefördert. Sie erwiesen sich indessen als Seifenblase: Delphine können nicht mit Menschen sprechen, und auf anderen Planeten haben sich bisher keine Gesprächspartner gefunden (Hediger 1980).

In den siebziger Jahren unseres Jahrhunderts schien sich eine andere Möglichkeit zu zeigen, mit Tieren – nämlich mit Menschenaffen und zwar vorwiegend Schimpansen – Konversation aufzunehmen. Nachdem bereits um 1951 durch das amerikanische Psychologen-Ehepaar K. u. C. Hayes klar bestätigt wurde, daß Menschenaffen sich der menschlichen Sprache nicht zu bedienen vermögen (nicht aus sprechtechnischen, sondern aus gehirnphysiologischen Gründen), versuchte es das Ehepaar R. A. und B. T. Gardner (1969), einer Schimpansin namens Washoe die amerikanische Taubstummensprache (American Sign Language, Ameslan, ASL) beizubringen. Der Erfolg dieser Methode war – höflich ausgedrückt – umstritten. Deshalb versuchte es das Ehepaar A. J. und D. Premack (1972) mit einer völlig neuen Methode. Es verwendete Plastiksymbole (etwa in Biskuitgröße), die magnetisch an einer Art Wandtafel angebracht werden konnten. Da gab es z. B. Symbole für Banane, Apfel usw. Auf diese Weise konnten die Schimpansen – als erste die berühmt gewordene Sarah – gewissermaßen Sätze bilden, und zwar nach bestimmten grammatikalischen Regeln. So hieß es wenigstens.

Weil aber diese Methoden zu viele Fehlerquellen zu enthalten schienen, entwickelte D. M. Rumbaugh 1977 ein ganz neues, angeblich viel objektiveres System. Er und seine Mitarbeiter führten in ihrem Lana-Projekt den Computer ein, um möglichst sachliche Ergebnisse zu erhalten, d. h., die Schimpansin Lana drückte sich dadurch aus, daß sie durch Betätigung bestimmter Tasten ihre Wünsche äußerte. Eine grundsätzliche Schwierigkeit bei allen Sprachexperimenten mit Tieren – insbesondere mit Affen – liegt darin, daß es meistens nicht mit absoluter Sicherheit gelingt, zu unterscheiden, ob das Tier auf die wie immer gearteten Sprachelemente reagiert oder auf Ausdruckserscheinungen und unwillkürliche Zeichen des Untersuchers. Prominente Linguisten wie Thomas A. Sebeok (1979) lassen auch diese ausgeklügelte Methode nicht gelten und halten an der These fest, daß Tiere keine irgendwie der menschlichen vergleichbare Sprache haben und daß infolgedessen keine Möglichkeit besteht, die menschliche aus tierlichen Sprachen abzuleiten.

Das heißt natürlich nicht, daß im Tierreich keine Kommunikationsmöglichkeiten bestehen. Es ist vielmehr von vielen Forschern eindeutig nachgewiesen worden, daß viele Tiere hochdifferenzierte Kommunikationssysteme besitzen. Es sei nur an die großartigen Forschungen von Karl von Frisch über die Sprache der Bienen erinnert. Viele Vögel und Säugetiere verfügen über ein lautliches Repertoire von zwanzig oder mehr Signalen zur gegenseitigen Verständigung. Doch reichen alle diese Verständigungsmöglichkeiten bei weitem nicht an die – noch so einfache – menschliche Sprache heran, wie sie oben charakterisiert wurde. Über die z. T. erstaunlichen Kommunikationsmöglichkeiten im Tierreich gibt das von Th. A. Sebeok (1977) herausgegebene, umfangreiche Werk eine umfassende Übersicht.

Viele höhere Tiere, insbesondere viele Vögel und Säugetiere, haben die Fähigkeit, Dinge und Lebewesen mit Namen zu belegen, auch Artgenossen und sich selber. Jeder Hundebesitzer weiß, daß sein Hund auf den gerufenen Eigennamen reagiert; das tun auch Pferde, Kühe und viele andere Tiere. Bei den in letzter Zeit zu Sprachversuchen verwendeten Menschenaffen hat sich bestätigt, daß sie ihre eigenen Namen (z. B. Washoe, Sarah, Lana usw.) kennen, ebenso wie die Namen ihrer Pfleger. Kürzlich (1980) habe ich gezeigt, daß viele Tiere ihre natürlichen Eigennamen haben, und zwar nicht nur akustische, sondern auch optische, geruchliche usw. Das Kennen bzw. Erkennen des eigenen Namens führt uns unwillkürlich zur Frage des Bewußtseins, das während allzulanger Zeit aus der Verhaltensforschung ausgeklammert war und irrtümlicherweise als grundsätzlich unerforschbar galt. Zu Unrecht, wie wir heute wissen.

Eigennamen und Selbstbewußtsein

Das Wissen um den eigenen Namen bekundet ein bestimmtes Wissen um sich selbst, also ein gewisses Selbstbewußtsein, eine Unterscheidung vom Ich und Nicht-Ich. Es handelt sich um ein Wissen um seinen eigenen Körper, seine Anhänge (Schwanz, Gehörn, Geweih usw.), auch seinen eigenen Schatten, in seltenen Fällen (Menschenaffen) liegt sogar ein Wissen um das eigene Spiegelbild vor.

Das Wissen um den eigenen Körper und seine Dimensionen kommt auch besonders deutlich bei der Körperpflege zum Ausdruck, beim Sichputzen, wobei die bearbeitete Körperstelle und das bearbeitende Putzorgan einander begegnen. Nach B. Rensch (1970, 94) ist eine solche Vorstufe des Ich-Begriffs auch beim Kind festzustellen, wenn es seinen Körper entdeckt und die doppelte Empfindung der tastenden Hand und der betasteten Körperstelle erlebt. Es besteht demnach bei vielen höheren Tieren ein Wissen um seinen eigenen Körper, eine Vorstufe des menschlichen Selbstbewußtseins, aber kein Selbstbewußtsein im menschlichen Sinne, kein Wissen um das primäre Wissen, d. h. keine Reflexion. Die Fähigkeit, über das eigene Ich nachzudenken, zu reflektieren, ist wiederum eines der menschlichen Monopole. Ein Tier kann sich freuen, kann Lust, Unlust und sogar Trauer empfinden, aber es kann sich darüber keine Gedanken machen. Von der Reflexion ist es ausgeschlossen, ebenso wie z. B. vom Feuer, von einem Denken in die Zukunft usw.

Mit dem einfachen Selbstbewußtsein des Tieres, mit seiner Ich-Empfindung, ist eng verknüpft die Frage nach dem tierlichen Willen, nach der Willensfreiheit beim Tier. Auch die Willensfreiheit, die Freiheit des Entschlusses, scheint nach unserem bisherigen Wissen zu den Besonderheiten des Menschen zu gehören. Das Tier im Naturzustand hat keine Möglichkeit der gedanklichen Erwägung zwischen Pro und Kontra. Es hat auch keine ethischen Beweggründe, welche diese oder jene Verhaltensweise bestimmen könnten.

Wir wissen zwar, daß ein freilebendes Tier z. B. zu einer vom Menschen gestellten Köderfalle in der Regel nicht ohne weiteres blindlings hingeht und zubeißt. Das gilt sogar für die Maus. Aus Spuren sowohl wie aus direkter Beobachtung weiß man, daß das Tier oft lange wegen der zahlreichen Verdachtsmomente bzw. Warnsignale, die von der Falle ausgehen, zögert. Sie ist ein unbekannter Fremdkörper in der vertrauten Umgebung mit Metallgeruch und meistens auch menschlichem, d. h. feindlichem Geruch. Viele berufsmäßige Fallensteller rechnen – zu Recht oder zu Unrecht – damit, daß es mindestens drei Tage dauert, bis ein Tier – Maus, Wolf oder Bär – den Lockungen des Köders erliegt. Voraus gehen vorsichtige, mißtrauische Erkundungen gegenüber dem unheimlichen Ding. Flucht und Verlockung stoßen abwechselnd ab und ziehen an. Entscheidend ist schließlich nicht ein Willensentschluß, das Wagnis einzugehen oder nicht. Entscheidend sind die Triebe Hunger und Feindvermeidung. Es kommt zu einer Ambitendenz, in welcher die Entscheidung nicht qualitativ willens-, sondern quantitativ triebbedingt ist.

Das Tier kann in solchen Situationen zwischen zwei Trieben – z. B. Flucht und Annäherung – buchstäblich hin- und hergeworfen werden. Dabei kommt es nicht selten zu den von N. Tinbergen beschriebenen Übersprungbewegungen, besonders wenn die beiden miteinander nicht zu vereinbarenden Verhaltensweisen gleichzeitig und gleich stark aktiviert werden und sich gegenseitig unter Hemmung setzen. Flucht und Annäherung oder Flucht und Angriff können dann plötzlich »überspringen« in eine ganz andere, zur Situation gar nicht passende Handlung wie z. B. symbolischer Nestbau, symbolische Futteraufnahme, ja sogar Schlaf. Beim Menschen tritt ein derartiges Umklappen in eine situations- und sinnwidrige Handlung in derart krasser und spezifischer Form nicht auf. Das oft zitierte Bartstreichen beispielsweise ist mit den echten Übersprunghandlungen im Tierreich schon deswegen nicht gleichzusetzen, weil der Mensch jederzeit die Möglichkeit hat, einen Entschluß zu fassen, diese Tätigkeit zu unterlassen. Er hat Willensfreiheit.

Wille und Arbeit

Bei Tieren im Machtbereich des Menschen, besonders bei dressierten Wild- und Haustieren, kann es zu Erscheinungen kommen, die nicht ohne weiteres von Willenshandlungen zu unterscheiden sind. Denken wir z. B. an einen Hund, dem es verboten ist, auf dem Sofa zu liegen. Trotz der Verlockung der weichen und warmen Unterlage tut er es nicht, wahrscheinlich aber nicht aufgrund eines Willensentschlusses, sondern aufgrund der Straferwartung. Oder wenn im Zirkus ein dressierter Panther seinen Dompteur anspringen muß und dabei die Krallen in ihren Scheiden zurückhält, so sieht das einem Willensakt verflixt ähnlich. Es könnte aber auch sein, daß der Panther seinen menschlichen Partner nicht z. B. wie einen Baumstamm betrachtet, an dem er Halt finden muß, sondern als einen Artgenossen, der – im Spiel – nicht verletzt werden soll. Auch hier sind klärende Untersuchungen noch sehr erwünscht.

Die meisten der in diesem kurzen Überblick erwähnten psychologischen Unterschiede zwischen Tier und Mensch zeigen, daß sich der Mensch nicht in der herkömmlichen Weise nahtlos vom Tier ableiten läßt. Abgesehen von diesen mit den Stichworten Geist und Kultur umschriebenen Tatsachen, abgesehen auch davon, daß das Tier sozusagen in der Gegenwart gefangen ist, seien abschließend noch einige weitere Punkte angeführt. Wenn auf morphologischer Ebene so banale Unterschiede wie die Nichtopponierbarkeit der Zehen oder das Fehlen eines Schwanzes zur Charakterisierung des humanen Primaten angeführt werden, so ist es zulässig, auch daran zu erinnern, daß kein Tier eine Anthropologie geschaffen hat, sondern der Mensch ist es, der die Tiere untersucht. Kein Tier hat Menschen oder überhaupt irgendwelche Lebewesen domestiziert. Die Zoologischen Gärten sind eine spezifisch menschliche Erfindung (s. auch Bd. II dieser Enzyklopädie).

Das Tier ist – in seiner Gegenwartsgebundenheit – ausgeschlossen von Hoffnung, aber auch von Glauben und Beten. Wir finden beim Tier keine Andeutung von Transzendentem. Das »Ora et labora« bedeutet dem Tier nichts, weil auch der Begriff Arbeit ihm fremd ist. Früher kamen alle paar Jahre erstaunliche Berichte aus Florida oder Louisiana, daß es gelungen sei, Schimpansen zu eintönigen Arbeiten am Fließband einzusetzen. Natürlich kann man durch zirkusmäßige Dressur einen Schimpansen zum Anzünden einer Kerze oder zum Handhaben eines Schraubenschlüssels in einer einfachen Situation bringen; aber nur für kurze Zeit, für weniger als eine halbe Stunde. Wohl sind auch Menschenaffen – entsprechend ihrem artspezifischen Aktogramm – rund zwölf Stunden am Tag aktiv, aber mit zielgerichteter Arbeit hat das nichts zu tun. Vielmehr handelt es sich um die Befriedigung primärer, natürlicher Triebe. Hier drängt sich eine einfache Überlegung auf: Wenn Menschenaffen wirklich über das enorme Verständigungsvermögen und die erstaunliche Intelligenz verfügten, wie das in letzter Zeit behauptet worden ist, warum müssen dann in allen Zoologischen Gärten und in allen Primaten-Stationen der Welt Menschen angestellt werden, um sozusagen die einfachsten Haushaltarbeiten der Infrahumanen zu besorgen wie Reinemachen, Futterzubereitung usw. Bis heute ist der Mensch immer noch der Herr über alle Tiere, aber auch – in Zoo und Labor – ihr Diener.

Literatur

BECK, B. B.: Animal tool behavior. New York 1980

GARDNER, R. A., GARDNER, B. T.: Teaching sign language to a chimpanzee. Science. 165, 1969, 664–672

HALL, R. L., SHARP, H. S. (Eds.): Wolf and man. Evolution in parallel. New York, San Francisco 1978

HAYES, C.: The ape in our house. New York 1951

HEDIGER, H.: Tiere sorgen vor. Zürich 1973
Tiere verstehen. Erkenntnisse eines Tierpsychologen. München 1980

MONOD, J.: Zufall und Notwendigkeit. München 1971

MORRIS, D.: Der nackte Affe. München 1968

PREMACK, A. J., PREMACK, D.: Teaching language to an ape. Scientif. Amer., 227, 1972, 92–99

RENSCH, B.: Homo sapiens. Vom Tier zum Halbgott. Göttingen 1970

RUMBAUGH, D. M.: Language learning by a chimpanzee. The Lana Project. New York, San Francisco, London 1977

SEBEOK, TH. A. (Ed.): How animals communicate. Bloomington, London 1977
The sign and its masters. Austin, London 1979

ZISWILER, V.: Spezielle Zoologie. Wirbeltiere. Bd. 2 Amniota. Stuttgart 1976

Detlev von Uslar

Psychologische Anthropologie

Übersicht: Gegenstand einer psychologischen Anthropologie muß das sein, was den Menschen kennzeichnet. Darum sind unsere Themen: der Mensch als sprechendes Wesen, Menschsein und Kunst, der Mensch als politisches Wesen, die Religion als das, was uns transzendiert. – Seelische Wirklichkeit steht immer im Bezug zur Welt. Von daher sind Denken und Handeln, Trieb, Affekt und Stimmung, Traum und Phantasie zu verstehen. – Aber Seele ist auch die Präsenz und Lebendigkeit eines leiblichen Wesens. Sie ist auch Begegnung und Beziehung. Sie ist auch Zeit, Erinnerung und Hoffnung. Dies alles verbindet sich in der Wirklichkeit der Situation.

Was den Menschen von anderen Lebewesen unterscheidet, das ist vor allem die Tatsache, daß er spricht, daß er Kunstwerke schafft, daß er durch Jahrtausende hindurch Religionen hervorgebracht hat und daß er eine Geschichte hat und ein politisches Wesen ist. Eine Psychologie, die dem Menschen als Menschen gerecht werden will, muß darum von diesen Phänomenen ausgehen. Sie müssen eine zentrale Stellung in ihr einnehmen. Sprache, Kunst, Religion und Geschichte sollen deshalb in diesen Überlegungen zur psychologischen Anthropologie an erster Stelle behandelt werden.

Von daher erschließt sich auch eine neue Perspektive auf die Phänomene, die seit jeher Gegenstand der allgemeinen Psychologie gewesen sind, wie Wahrnehmung, Phantasie und Denken, Trieb, Affekt und Handeln oder die Stimmungen und der Traum. Alle diese Phänomene sollen aber nicht nur als Ausdruck seelischer Innerlichkeit und als Aspekte des Bewußtseins betrachtet werden, sondern es gilt, davon auszugehen, daß der Mensch in einer *Welt* lebt und daß sich ihm die Welt in diesem allem spiegelt und ereignet.

Hinter allem psychologischen Forschen und Handeln steht, ausgesprochen oder unausgesprochen, eine bestimmte Vorstellung davon, was Seele ist. Eine psychologische Anthropologie muß sich diese Frage ausdrücklich stellen. Wir sehen hier das Seelische nicht nur als Innerlichkeit und Bewußtsein oder Unbewußtes, sondern als die Wirklichkeit unseres Existierens, als die Wirklichkeit unseres leiblichen, zeitlichen und gemeinsamen Auf-der-Welt-Seins. Darum sollen diese Überlegungen zur psychologischen Anthropologie sich am Schluß den Aspekten der Leiblichkeit, Weltlichkeit und Gemeinsamkeit seelischen Seins und seiner Zeitlichkeit zuwenden. Die Einheit dieser vier Aspekte entfaltet sich in einer Psychologie der Situation, denn die Situation ist die Art und Weise, wie wir in die Welt und die Zeit und in das Miteinandersein eingelassen sind und wie wir leiblich da sind.

Die Betrachtungsweise einer anthropologisch orientierten Psychologie muß also durch das Bestreben bestimmt sein, den Menschen als Menschen ernst zu nehmen. Wenn wir in diesem Zusammenhang von der Sonderstellung des Menschen sprechen, so haben wir dabei aber schon vorausgesetzt, daß der Mensch einen ganz bestimmten Ort im Tierreich einnimmt. Ehe wir uns den Phänomenen zuwenden, die den Menschen zum Menschen machen, nämlich Sprache, Kunst, Religion und Geschichte, wollen wir darum hier ausdrücklich nach der Beziehung von Mensch und Tier fragen.

Mensch und Tier

Was wir mit den Tieren teilen, ist vor allem die elementare Tatsache der Leiblichkeit. Wir sind Organismen, die in ganz bestimmter Art in ihre physische Umwelt eingepaßt sind. Diese Umwelt ist eine andere für uns als für viele andere Lebewesen. Tieren, die fliegen können, erschließt sich der Raum anders als solchen, die an die Erde gebunden sind. Das Tempo, mit dem wir die Wirklichkeit wahrnehmen, unterscheidet sich entsprechend dem Tempo der uns eigenen Bewegungsweise von demjenigen anderer Lebewesen. Die Art, wie uns die Wirklichkeit erscheint, ist bestimmt durch die Struktur unserer Sinnesorgane. Wir haben als Organismen einen ganz bestimmten Ort im Tierreich, der bestimmte Tiere uns näher verwandt erscheinen läßt als andere. Es ist richtig, uns als Wirbeltiere, Säugetiere oder Primaten zu bezeichnen. Auch innerhalb des Tierreiches gibt es große Unterschiede und Verschiedenheiten. Man kann darum den Menschen nicht einfach »den« Tieren gegenüberstellen.

Neben dieser Zugehörigkeit zum Tierreich gibt es aber die Unterschiede, die uns kennzeichnen und die alle zusammen mit dem Wort Geist ausgedrückt werden können. Wenn man aber ernst damit macht, daß wir sowohl einen ganz bestimmten Ort im Tierreich haben, in diesem Sinne also selber zu den Arten der Tiere gehören, als auch durch Sprache, Kunst, Religion und Geschichte gekennzeichnet sind, so kann man daraus den Schluß ziehen, daß es durch die Tatsache unserer Existenz im Grunde eben Tiere gibt, die sprechen können und die Geist haben. Aristoteles hat darum den Menschen als das zoon logon echon, das Tier, das Sprache hat, bezeichnet. Die Tiere, die nicht sprechen können, mögen uns in vielem fremd bleiben, aber sie sind auf der anderen Seite doch immer unseresgleichen, haben am Leben teil wie wir. Wir haben darum einen tiefen Zugang zu ihnen, können uns mit ihnen identifizieren und in irgendeiner Weise auch ihnen begegnen. Die Verhaltensforschung unserer Zeit hat besonders die Andersartigkeit der Tiere betont, die nur einer sorgfältigen Beobachtung zugänglich ist, wobei wir uns vor den Gefahren anthropomorpher Deutungen hüten müssen. Daneben aber muß man sehen, daß es eine geheimnisvolle Verwandtschaft mit den Tieren gibt, daß wir in ihnen ein Stück unserer eigenen Leiblichkeit und das Geheimnis des Lebens wiedererkennen. So ist es zu verstehen, daß durch die Religionen vieler Völker und Zeiten hindurch die Götter immer wieder Tiergestalt angenommen haben oder halb Mensch, halb Tier gewesen sind. Wenn wir uns also jetzt dem zuwenden wollen, was die Sonderstellung des Menschen ausmacht, vor allem der Sprache, so müssen wir dabei im Auge behalten, daß uns dies alles als Wesen zukommt, die zugleich mit den Tieren eine tiefe Verwandtschaft verbindet.

Sprache, Kunst, Religion, Geschichte
Sprache und Gespräch

Sprache ist nicht nur der Ausdruck von Innerlichkeit, von Gefühlen, Stimmungen und Erlebnissen und auch nicht nur der Ausdruck von Gedanken und Begriffen, sondern in der Sprache verweilt die Wirklichkeit der angesprochenen Dinge und mit ihnen das Ganze der Welt. Der Mensch kann von Dingen sprechen, die nicht gegenwärtig und wahrnehmbar sind und die er doch im Reden heraufbeschwört, er kann Vergangenes wieder gegenwärtig sein lassen und Zukünftiges antizipieren.

Indem wir ein Ding benennen, fügen wir es zugleich in das Ganze des Seinszusammenhangs ähnlicher Dinge und die Konstellation seines Umfeldes ein. Damit zusammen hängt eine wesenhafte Vieldeutigkeit des Wortes, die Verwandtes anklingen läßt, wenn wir es aussprechen, und gleichsam Unter- und Obertöne anschlägt. Nehmen wir zum Beispiel das Wort »Weg«. Wenn wir es aussprechen, so denken wir unbewußt oder bewußt mit: das Woher und das Wohin, das Ziel und die Herkunft des Weges, Menschen, die ihn gehen, gingen oder gehen werden, die Verbindung von Orten und Städten. Mit dem Wort »Weg« sind Wiesen, Hügel und Felder da, die Vielfalt der Arten von Wegen, wie etwa ein Waldweg, der Weg in einem Park oder durch die Felder. Das Wort »Weg« meint aber auch das Gehen, und im Hintergrund schwingen Bedeutungen mit wie die des Lebensweges, des Weges in die Zukunft, in das Unbekannte, oder auch der Scheideweg, der uns zu einer Entscheidung zwingt. Schon dieses Beispiel zeigt, daß die Sprache stets die Welt als ganze gegenwärtig sein läßt, wenn sie etwas Einzelnes benennt. Die Fülle dessen, was hier mitschwingt, ist aber nicht etwas bloß Subjektives, »nur« Psychisches, sondern es ist ja gerade die Fülle der Wirklichkeit selbst, die sich dem Menschen in der Sprache repräsentiert.

Aber der Mensch ist nicht mit der Welt allein, wenn er spricht, denn Sprache ist ihrem Wesen nach Gespräch. Zur Sprache gehört das Hören ebenso wie das Reden, das Vernehmen ebenso wie die Äußerung. In der Sprache teilen wir uns gegenseitig mit. Wir können einander Liebe und Haß ausdrücken. Wir handeln miteinander, indem wir sprechen, können uns gegenseitig großes Glück oder großen Schmerz bereiten. Wir können miteinander verhandeln, Abmachungen treffen, Entscheidungen weitergeben. Unser situatives Zusammenleben vollzieht sich weitgehend durch das Wort.

Wir können uns aber auch gegenseitig in der ganzen Einmaligkeit und Unverwechselbarkeit unserer Existenz ansprechen, zum Beispiel wenn wir das Wort Du im vollen, unbeschränkten Sinne gebrauchen. Im Gespräch verwirklicht sich menschliche Existenz. Das drückt sich etwa in Hölderlins Worten aus, wenn er sagt: »Viel hat erfahren der Mensch, der Himmlischen viele genannt, seit ein Gespräch wir sind und hören können voneinander« (Friedensfeier, zweite Stufe). Sprache als Gespräch ist ein Ereignis, in dem die Wirklichkeit durch uns hindurchgeht. Darin verwirklicht sich die Geschichtlichkeit des Menschen. Sie läßt auch längst Vergangenes wiederkehren und nimmt ahnend und denkend Zukünftiges vorweg. Sie eröffnet also auch in einer besonderen Weise den Horizont der Zeit.

Bei allem diesem darf man aber nicht vergessen, daß das Sprechen auch ein Stück unserer Leiblichkeit ist und zu uns als Lebewesen gehört. Sicher wird man jedoch dem Wesen der Sprache nicht gerecht, wenn man sie nur von außen registrierend und messend betrachtet. Man muß sich aufs Gespräch einlassen, um dem Menschen gerecht zu werden. Die ganze Sagekraft des Wortes zeigt sich am deutlichsten dort, wo es zum Kunstwerk verdichtet ist, in der Dichtung; zum Beispiel in einem Vers, wie demjenigen Goethes im Gedicht »An den Mond«, wo es heißt: »Füllest wieder Busch und Tal still mit Nebelglanz, lösest endlich auch einmal meine Seele ganz.« Wie in der Sprache, so zeigt sich das Wesen des Menschen und seiner seelischen Wirklichkeit auch in der Kunst überhaupt.

Kunstwerk und Lebensstil

Einer Psychologie der Kunst muß es nicht darum gehen, das Kunstwerk psychologisch aufzulösen, es gleichsam psychologistisch wegzuerklären, sondern sie muß es in seinem eigenen Anspruch ernst nehmen und sich fragen, was die Tatsache, daß der Mensch durch Jahrtausende hindurch Kunstwerke hervorgebracht hat, für das Verständnis psychischer Wirklichkeit bedeutet. Ein architektonisches Kunstwerk, zum Beispiel, gestaltet den Raum, läßt ihn in einer besonderen Weise da sein und bezieht den in sich ein, der es betritt, ermöglicht ihm eine besondere Weise der Präsenz. Im architektonischen Kunstwerk zeigt und ereignet sich, daß unser Dasein räumlich ist, daß die Welt uns einen Platz zum Existieren einräumt. Es ist dabei in einer besonderen Weise auf unsere Leiblichkeit bezogen und verbindet uns zugleich mit der Existenz anderer vergangener Menschen der Zeit, aus der es stammt. Das Kunstwerk eröffnet Welt und läßt uns selbst in betonter Weise da sein. Es erschließt und ordnet nicht nur den Horizont des Raumes, sondern zugleich auch den der Zeit. Im Kunstwerk begegnen wir dem Stil vergangener Zeiten, er berührt uns so, als ob das Sein jener vergangenen Zeit Gegenwart wäre. Es spricht uns im geschichtlich entstandenen Werk die damalige Zeit so an, als ob sie jetzt wäre. Je entschiedener dieser Anspruch ist, um so mehr erscheint er wie ein solcher, der auch aus der Zukunft kommt. In der Berührung mit der Intensität vergangener Stile, zum Beispiel dem des Barockzeitalters in der Musik von Bach oder Händel, löst sich das bloße Nacheinander der Zeit auf in ein Begegnen über die Zeiträume hinweg. Es ist das spezifisch Menschliche, das uns anspricht und uns in unserem eigenen Sein trifft und bestätigt. Die Tatsache, daß jedes Kunstwerk einen Stil hat, bedeutet nicht nur eine Trennung der Zeiten, sondern wir begegnen im andersartigen Stil gerade uns selbst. In einem antiken oder ägyptischen Kunstwerk kann uns der Blick eines Menschen, der vor Jahrtausenden lebte, als Gegenwart anrühren. Stil ist der besondere Bezug des Menschen zur Zeit, die Art, wie er in der Gegenwart verweilt und zugleich vergangene Gegenwarten und künftige sich ihm zusprechen.

Es gehört zum Wesen des Menschen, daß er nicht nur in der Welt vorhanden ist, sondern daß ihm sein Sein fühlbar wird und er dazu Stellung nehmen kann und muß. Er muß in allem, was er tut und fühlt, seine Existenz gestalten. Er hat stets einen Stil, dazusein, ebenso wie er seine Umwelt gestaltet, indem er mit ihr umgeht. Stil ist der Vollzug der Existenz, die Art und Weise der Präsenz und Gegenwärtigkeit unseres Daseins und zugleich die Art und Weise, wie die Welt sich uns zeigt. Im Stil vollzieht sich die persönliche und die geschichtliche Wirklichkeit, an der wir teilhaben. Es ist zugleich die Art und Weise, wie wir einander präsent sind, und diese ist in jedem Augenblick geschichtlich, so daß uns das Sein vergangener Menschen aus ihren Zeugnissen und Spuren, aus ihren künstlerischen Gestaltungen unmittelbar ansprechen kann.

Eine Psychologie der Kunst kann aus der Eigenständigkeit des Kunstwerkes etwas über das Wesen des Menschen und seines Lebensstils erfahren. Sie muß darum eine zentrale Stelle in der Psychologie einnehmen. Dasselbe gilt von der Psychologie der Religion, denn gerade die Fülle der Religionen durch die Geschichte der Menschheit hindurch zeigt, daß der Mensch in seinem Sein sich selbst transzendiert, in Berührung zu etwas absolut anderem steht.

Religion

Eine Psychologie der Religion muß nach den anthropologischen Quellen des Religiösen im Menschen fragen. Diese Quellen zeigen sich überall dort, wo etwas geschieht, das uns aus der Bahn wirft, das den berechenbaren Zusammenhang der Zwecke auflöst. Dieses Geschehen kommt über uns und zugleich aus uns selbst. Es liegt nicht nur im Furchtbaren und Erschreckenden, zum Beispiel in der Undurchdringlichkeit und Unbegreifbarkeit des Todes, sondern es liegt zugleich im Faszinierenden und Beglückenden, zum Beispiel im Ereignis der Begegnung, das über uns kommt und mit einem Schlage alles verändert. In jeder echten Begegnung begegnen wir im einzelnen Du dem Absoluten. Aus dem Sein des anderen spricht uns etwas in völliger Einmaligkeit und Neuheit an, in dem doch zugleich Uraltes, unser eigenes Sein und frühere Begegnungen, bestätigt werden. Jede Begegnung ist eine Beziehung zum Ganzen. Sie wirft uns aus der Bahn. Wir können uns nicht mehr aus den gewohnten Regeln verstehen. Es liegt etwas Faszinierendes und zugleich Furchterregendes in ihr. Sie ist sinnstiftend und schafft eine neue Welt. Martin Buber hat gezeigt, wie in jedem irdischen Du uns das absolute göttliche Du anspricht.

Die Frage, die sich einer Psychologie der Religion hier stellt, lautet: Ist Gott nur eine Projektion aus dem Absolutheitserlebnis der zwischenmenschlichen Begegnung, oder ist umgekehrt diese nur ein Symbol für das Göttliche? Aber eine tiefere Besinnung zeigt, daß dies keine echte Alternative ist, denn es gehört geradezu zu unserem Sein und Geschick, daß sich in unserer Existenz selbst etwas ereignet, das den Rahmen sprengt. Wir überschreiten uns in unserem Sein selbst, und das Absolute begegnet uns in der Einmaligkeit und Unauswechselbarkeit des irdischen Du.

Rudolf Otto hat das Wesen des Religiösen als die Erfahrung des Heiligen gekennzeichnet, des Numinosen, das uns zugleich als faszinierendes und erschreckendes Geheimnis, als mysterium tremendum und fascinosum entgegentritt. Dieses Unheimliche, das uns in seinen Bann zieht und zugleich unserem Leben Sinn verleiht, tritt uns auch aus der Welt und der Natur entgegen. In vielen Religionen kann zum Beispiel der Erdboden, den wir betreten, oder der Boden eines Tempels heilig sein. Ein Beispiel dafür ist die Geschichte vom brennenden Dornbusch, bei dem Moses die Worte hört: »Ziehe deine Schuhe aus, denn der Boden, auf dem du stehst, ist heilig« (2. Mose 3,5). Wo liegen hier die anthropologischen Quellen der religiösen Erfahrung? Die Erde ist gleichsam der Grund unserer Existenz, der Ort, der uns zum Dasein eingeräumt wird. Sie ist in ihrer Verborgenheit und tragenden Kraft undurchschaubar und wird gleichsam zum Inbegriff der Dinghaftigkeit und Materialität. Sie vermittelt uns aber zugleich auch, indem wir sie mit dem Fuß berühren, die Erfahrung unserer eigenen Leiblichkeit. Es geht um elementare Bezüge, die unsere ganze Existenz durchziehen und die immer schon vorausgesetzt sind, wo wir über menschliches Sein und seelische Wirklichkeit nachdenken. Martin Heidegger hat in diesem Zusammenhang von der Geworfenheit des Daseins gesprochen. Wir finden uns immer schon in einer Welt und auf der Erde, in einer Zeit und an einem Ort vor. Dies sind sozusagen Ur-Gegebenheiten, die sich in unserer Existenz anmelden.

Das Numinose kann auch in der Leiblichkeit liegen, zum Beispiel in der gewaltigen Macht der Triebe, die wir in uns als Lust erfahren. In dionysischen Religionen zeigt sich das Absolute in der Evidenz der Lust. In der Erfahrung des Triebes haben wir eine eigene Beziehung zum Ganzen und Totalen, die uns in unmittelbare Verbindung mit dem Sein bringt. Die Evidenz der Lust verbindet uns mit der im Augenblick liegenden Ewigkeit. Das spiegelt sich in Nietzsches Wort (am Ende des Zarathustra): »Doch alle Lust will Ewigkeit – will tiefe tiefe Ewigkeit!«

In besonderem Maße ist die Zeit ein Sitz des Numinosen. Die Geheimnisse des Anfangs unseres eigenen Seins und der Welt und die undurchdringliche Offenheit der Zukunft überschreiten ebenso den Rahmen des Denkbaren und Vorstellbaren wie die Unausschöpflichkeit des Raumes in seiner Unendlichkeit, die uns beim Anblick des Sternhimmels deutlich werden kann. Friedrich Schleiermacher hat darum die Quellen des Religiösen in der Beziehung des Menschen zum Unendlichen gesehen. Er knüpft dabei an Spinoza an, für den die Natur in ihrer hervorbringenden Kraft und Gewalt mit dem Göttlichen identisch ist. Die Quelle des Religiösen liegt hier in der für uns erfahrbaren Teilhabe am Sein der Natur, von der wir selbst ein Teil sind und die sich in uns verwirklicht. Unausschöpfbar wie der Grund der Natur ist aber auch der Grund des Bewußtseins und des eigenen Ich. Wenn wir versuchen, die Quelle unseres Bewußtseins, das, was wir mit dem Wort Ich benennen, zu erfassen, geraten wir ebenso in eine auslotbare Tiefe, wie wenn wir nach dem Grund der Welt fragen. Die Frage nach dem Hintergrund des eigenen Seins führt uns in die Tiefe des Unbewußten. C. G. Jung hat gezeigt, wie die religiöse Erfahrung in den Gestalten und Konfigurationen des allgemein menschlichen Unbewußten wurzelt. Auch hier stellt sich für eine Psychologie der Religion die Frage: Ist denn dann der religiöse Umgang mit den Mächten und Gewalten, der sich im Glauben und im Ritus manifestiert, nur eine Projektion aus dem Unbewußten, oder ist dies umgekehrt nur ein Ort, wo sich das Transzendente zeigt? Die Antwort auf diese Frage kann lauten: Der unerforschliche Grund des eigenen Seins, der tief im Unbewußten ruht, und der unbekannte Grund des Seins der Welt sind ein und dasselbe. Es ist das Sein in seiner Unheimlichkeit, das uns in beiden anspricht und das sich in der Erfahrung des Numinosen ereignet. Die Berührung mit dem Heiligen geht durch die Geschichte der Menschheit hindurch, ja, sie gehört gerade zu demjenigen, was diese Geschichte eigentlich ausmacht und sie stiftet.

Geschichtlichkeit und politische Wirklichkeit

Eine psychologische Anthropologie muß davon ausgehen, daß der Mensch nicht ein bloßer Naturgegenstand ist, der sich ein für allemal festlegen und berechnen läßt. Unser Sein ist in jedem Augenblick mehr als das, was die Gegenwart enthält. Es ist bestimmt durch die Beziehung zur Vergangenheit, die wir erinnern und vergessen, und zur Zukunft, die mit einem offenen Horizont von Möglichkeiten auf uns zukommt. Seelische Wirklichkeit ist in sich geschichtlich. Wir wiederholen im gegenwärtigen Augenblick Möglichkeiten früherer Lebensepochen und leben ständig in eine Zukunft hinein, auf die wir uns vorbereiten und in die sich unsere Wünsche, Hoffnungen, Pläne und Befürchtungen richten. Nur der Lebenslauf als ganzer macht die eigentliche psychische Wirklichkeit aus.

Ein geschichtliches Wesen ist der Mensch nicht nur durch die persönliche Lebensgeschichte, sondern auch durch die Teilhabe an einem weit größeren, die Jahrhunderte und Jahrtausende überdauernden Zusammenhang, in den er einbezogen ist. Die Sprache, die wir sprechen, hat ihre Jahrhunderte alte Geschichte. Die Urteile und Vorurteile, mit denen wir an die Welt herangehen, sind im Laufe vieler Generationen geformt und tradiert worden. Unser Handeln ist bestimmt von der Sorge um die Zukunft. Unsere individuelle Wirklichkeit bleibt stets abhängig von der politischen Wirklichkeit unserer Umgebung, die ihre eigene Geschichte hat und ständig weiter Geschichte macht. Indem der Mensch ein geschichtliches Wesen ist, ist er zugleich immer auch ein politisches Wesen. Zu seiner politischen Wirklichkeit gehört, daß die Ordnungen seiner Umgebung in einem ständigen, manchmal langsamen, manchmal eruptiven Wandel begriffen sind. Staatliche und gesellschaftliche Wirklichkeiten sind nicht naturhaft von selber da, sondern sie müssen stets geschaffen werden. Der Einzelne ist an ihrer Fügung beteiligt und ebensosehr in jeder Rolle von ihnen abhängig und auf sie angewiesen. Die Gesellschaftlichkeit unseres Seins durchzieht alle Lebensbereiche vom Familiären und Beruflichen bis hin zu den großen Ordnungen der Weltgeschichte und der Weltpolitik. Die Wirklichkeit unserer Zeit ist dabei entschieden bestimmt durch die technische Beherrschung und Verwandlung der Natur, die auch unser eigenes Sein und – zum Beispiel durch die Medizin – unsere leibliche Existenz betrifft.

Ein technisches Wesen ist der Mensch aber nicht erst durch die Entstehung der modernen Maschinentechnik, sondern schon durch seine gesamte Konstitution. Er ist ein Wesen, das auf den handwerklichen Umgang mit der Wirklichkeit angewiesen ist und zu dessen biologischer Existenz schon der Umgang mit den Gegenständen und Werkzeugen zu gehören scheint. Auch die sogenannten primitiven Kulturen sind geschichtlich. Überall hinterläßt menschliches Verhalten, Leben und Planen Spuren, an denen es sich erkennen läßt. Und diese Spuren werden in den folgenden Zeiten durch neue Spuren überdeckt und verwandelt. Die stete Verwandlung der Spuren ist für die menschliche Geschichtlichkeit charakteristisch. Auch die Psychoanalyse ist im Grunde nichts anderes als ein ständiges Aufdecken und Neu-Deuten solcher Spuren der Vergangenheit. Die Geschichtlichkeit des Menschen muß darum auch in allen einzelnen psychologischen Betrachtungen, wie zum Beispiel in der von der Psychoanalyse angeregten Deutung des Traumes, berücksichtigt werden.

Phänomene der allgemeinen Psychologie

Auch die Themen der allgemeinen Psychologie, wie Traum, Wahrnehmung und Phantasie, Trieb, Affekt und Stimmung, Denken und Handeln, denen wir uns jetzt zuwenden wollen, müssen unter dem Aspekt der Geschichtlichkeit und des Weltbezugs des Menschen gesehen werden.

Traum

Trotz aller Deutbarkeit sind unsere Träume nicht nur Innerlichkeit und Phantasie, sondern solange sie geträumt sind, sind sie für uns ein Ereignis von Welt. Für den Träumenden ist das Geträumte nicht Traum, sondern Wirklichkeit. Er bewegt sich in der einen und einzigen Welt, in der er existiert. Erst im Erwachen bricht diese Welt zusammen, erweist sich als etwas, das eigentlich nicht wirklich war, und wird dadurch hintergründig und vieldeutig. Die geträumte Welt gerät im Erwachen in die Ding- und Seins-Zusammenhänge unserer wachen Wirklichkeit. Die beiden Welten durchdringen sich und deuten sich gegenseitig. Die Traumdeutung ist eigentlich nur ein Ausziehen und Explizitmachen der vielfältigen Perspektiven und Verweisungen, die sich in dieser Durchdringung der beiden Welten ergeben. So deutet also jede Traumdeutung nicht nur unser Inneres und unsere Gefühle, sondern sie deutet immer zugleich mit die Welt, in der wir leben. Wenn ich zum Beispiel von einem Ereignis meiner Kindheit träume, doch als der Mensch, der ich jetzt bin, und mit den Lebensbezügen, die mich jetzt bestimmen, so wird im Erwachen offenbar, wie Vergangenheit und Gegenwart zueinander in Beziehung stehen. Die Partner und Bezugspersonen meiner Gegenwart kommen in Berührung mit jenen meiner frühen Kindheit, und es kann sich etwas Gemeinsames in ihnen zeigen, etwas, worin das Vergangene weiterlebt und in eine Zukunft hinausweist. Auch unsere Träume sind eine Beziehung zur Welt und zu den Partnern und Mitmenschen, die uns in ihr begegnen. Besonders deutlich wird dieser Weltbezug alles Psychischen in den Phänomenen der Wahrnehmung, aber auch die Phantasie enthält ihn.

Wahrnehmung und Phantasie

Schon Aristoteles hat deutlich gemacht, daß wir in der Wahrnehmung in unserem eigenen Sein die Wirklichkeit der wahrgenommenen Dinge berühren, daß es hier zu einer geheimnisvollen Verbindung von Seele und Welt kommt. Was Wahrnehmung ist, kann man niemals verstehen, wenn man sie nur subjektiv auffaßt. Sie ist vielmehr die Art und Weise, wie die Wirklichkeit der Dinge uns in unserer leiblichen Gegenwart, vermittelt durch unsere Sinnesorgane, wie Auge und Ohr, gegenwärtig ist. Aber Wahrnehmung ist auch nicht nur die Summe der Empfindungen. Eine rein physiologische Erklärung kann ihr Wesen nicht erfassen. Wir nehmen stets mehr wahr als das, was zum Beispiel in Form von Lichtstrahlen auf unser Auge trifft. Wir sehen nicht Bilder, sondern Dinge. Wir erfassen das Ganze eines Gegenstandes, so daß auch seine unsichtbare Rückseite uns in seinem Anblick mitgegeben ist. Die Einbildungskraft und Phantasie sind in jeder einzelnen Wahrnehmung mit im Spiel. Sie ergänzen das Bruchstückhafte zu einem Ganzen, ordnen das Einzelne in den Zusammenhang des Seins und der Welt ein. Phantasie ist darum nicht nur das müßige Spiel der Vorstellungen, sondern sie gehört wesenhaft zu der Art und Weise, wie wir uns in der Situation zurechtfinden und die Wirklichkeit erfassen. Wir überschreiten in ihr die Grenzen des Ortes und der Zeit, ja, auch die Grenzen der faktischen Wirklichkeit, die sich in das Reich der Möglichkeiten öffnen.

Aber Leben ist ohne Bezug zum Horizont des Möglichen nicht denkbar. Zur Wirklichkeit der Situation, in der wir leben, gehört der Horizont von Möglichkeiten in jedem Augenblick ebenso unabdingbar wie die Summe der Fakten, die uns bestimmen. Wir könnten weder denken noch handeln, wenn wir nicht stets die Möglichkeit hätten, uns Konstellationen der Zukunft auszumalen. Wahrnehmung und Phantasie bilden darum in Wahrheit in unserem situativen Sein eine Einheit, die in unser Denken und Handeln eingeht.

Denken und Handeln

Was ist Denken? Sicherlich wird es nicht zureichend erfaßt, wenn man es nur als Assoziation von Vorstellungen, als einen unverbindlichen Vorgang in unserem Inneren betrachtet. Denken ist vielmehr gerichtet auf Wahrheit, auf das, was außer uns existiert, auf die Wirklichkeit und Möglichkeit der Welt. Es ist also vom Sein abhängig, das sich uns ereignet und zeigt. Es ist das Kennzeichen menschlichen Denkens, daß es immer wieder das Einzelne in den Zusammenhang des Ganzen bringt, die augenblickliche Situation aus der Kette von Situationen in der Zeit deuten kann und den Raum, der uns umfängt, letztlich ausweitet zum Weltganzen. Indem wir etwas denken, bringen wir es in Zusammenhang mit diesem Ganzen. Es wird in die Einheit des Wirklichen eingefügt. Das setzt aber voraus, daß unser Denken nur möglich ist, weil das Ganze, d. h. die Einheit des Wirklichen, die wir Welt nennen, sich uns zeigt. Denken ist also nicht nur ein subjektiver Vorgang, sondern sofern es wahres Denken ist, ist es immer die Beziehung zu etwas, das wir nicht selber sind. Das Denken ordnet uns selbst in den Zusammenhang des Ganzen ein.

Immanuel Kant hat in seiner Philosophie gezeigt, daß die Formen des menschlichen Denkens, wie Möglichkeit und Wirklichkeit, das Begreifen von Ursache und Wirkung oder das Erfassen eines Ding-Zusammenhangs, Formen der Einheit des Gegenstandes sind und daß das Ich als Einheit des Bewußtseins auch ein Spiegel der Einheit der Welt ist. Zum Denken gehört es zugleich wesenhaft, daß es das jeweils Wirkliche zum Horizont des Möglichen, des denkbaren Andersseins hin überschreiten kann. Nur weil der Mensch die Wirklichkeit in Frage stellen kann, kann er handeln und sie verändern.

Wenn wir von Handeln sprechen, so ist dabei stets mehr gemeint als das bloß beobachtbare und registrierbare Verhalten. Handeln ist stets ein Umgang mit der Wirklichkeit, der zugleich sich auf andere Menschen richtet. Nur darum können wir im Handeln schuldig werden. Die Möglichkeit von Schuld und Verantwortung setzt voraus, daß wir eine Beziehung zum Sein- und Nicht-sein-Können anderer Menschen haben, daß sie uns als Personen begegnen.

Im Handeln verwirklichen wir uns selbst und bewältigen unsere Situation. Doch wir geraten dabei zugleich immer wieder in Konflikte mit dem Handeln und der Situation der andern, ja, es ist gerade die Gemeinsamkeit der Situation, welche wir miteinander teilen, die das Handeln überhaupt erst möglich macht. Im menschlichen Handeln ereignet sich darum immer wieder die Gemeinsamkeit unserer Existenz und das gegenseitige Aufeinanderbezogensein. Wir sind für unser Handeln verantwortlich und können uns mit ihm identifizieren. Wo diese Identifikation uns unsere Grenzen deutlich macht, können wir unser Sein als das erfahren, das uns schuldig macht. Wir können aber auch im Handeln Bestätigung und Sinngebung erfahren.

Charakteristisch für das menschliche Handeln ist aber, daß es nicht nur rational und berechenbar und durchschaubar ist, sondern daß uns das Handeln der andern und unser eigenes Handeln in jedem Moment durch Unerwartetes überraschen kann. In unserem Willen und Tun schlägt etwas durch, das zu unserer Natur gehört und das wir doch zugleich wie eine fremde Macht in uns erfahren können. Unser Handeln ist bestimmt durch Trieb und Affekt.

Trieb, Affekt und Stimmung

In der Energie und Vehemenz der Triebe erfahren wir die Natur in uns. Wir erleben sie als etwas, das wir selbst sind, und doch zugleich oft als eine fremde Macht, die uns treibt und zu Dingen zwingt, die wir vielleicht gar nicht gewollt haben. Im Triebleben geht die biologische Wirklichkeit durch uns hindurch. Ohne die Macht der Triebe würden wir weder als Individuum noch als Art überleben. Die Menschheit hätte sich nicht über Jahrtausende hinweg erhalten, würde nicht die Macht der Sexualität für ihre Fortpflanzung gesorgt haben. Ebenso wie wir die Triebe als eine Gewalt erleben können, die über uns kommt, sind sie zugleich aber auch für uns eine Quelle höchster Evidenz im Gefühl der Lust. In der Lust erfassen wir unmittelbar den Sinn, der im Wirklichsein selbst liegt. Das Erleben der Lust ist darum zugleich eine Quelle höchster schöpferischer Leistung. Der Eros ist in allem im Spiel, was der Mensch schöpferisch hervorbringt, auch in den höchsten geistigen Leistungen. Er ist ein eigener Zugang zur Wahrheit und Evidenz des Seins. Aber Lust kann nur ein Wesen erleben, das auch Unlust erfährt. Mit dem Streben nach Lust ist die Sehnsucht gekoppelt und die Trauer beim Verlust des Ersehnten.

Die Triebe sind nicht nur mit Liebe verbunden, sondern auch mit Abwehr und Feindschaft. Das Wort Affekt leitet sich von dem lateinischen Wort afficere (antun) her. Die Affekte sind gleichsam das Bewußtwerden der Art, wie wir von den Dingen und dem Tun der Mitmenschen affiziert werden. Sie können uns in unseren Triebwünschen nicht nur fördern und diese erfüllen, sondern sie können uns auch entgegenstehen und hemmen und uns die Erfüllung versagen. Der Philosoph Spinoza hat in besonderer Deutlichkeit gezeigt, wie das Affektleben des Menschen eine Flutbewegung der Seele ist im Hin- und Hergeworfenwerden zwischen Erfüllung und Versagung, zwischen Haß und Liebe, Zuwendung und Feindschaft. Die Affekte sind also nicht nur etwas Innerliches, sondern sie sind der Zusammenstoß unseres Triebwillens mit der Welt, sie sind die Berührung der Natur in uns mit der Natur außer uns. Darum gehört die Heftigkeit des Spiels der Affekte zur Wirklichkeit des Lebens. Sie sind eine notwendige Folge des Lusterlebens der Triebe. Sie sind gerade in ihrer Intensität eine Äußerung der Realität und Leibhaftigkeit unseres Daseins.

Wie durch die Triebe und Affekte, so sind wir auch durch unsere Stimmungen in das Ganze der Welt eingebettet. Die Philosophie Heideggers hat besonders deutlich gemacht, in welcher Weise das Gestimmtsein eigentlich ein Eingestimmtsein in das Seiende im Ganzen ist. In der Angst, zum Beispiel, meldet sich dieses Ganze gerade in der Unheimlichkeit und in der Unverfügbarkeit alles einzelnen. Die Angst bringt den Menschen immer wieder in irgendeiner Weise in Beziehung zum Nichts. Es ist die Angst um das eigene Sein und die Angst vor der Situation. Angst kann aber auch Bereitschaft zum Handeln sein. Sie kann sich in Handeln verwandeln. Sie kann der Vorbote des Schöpferischen sein und die Zukunft erschließen. In der Beziehung zum Du kann sich in der Angst die Begegnung ankündigen. Rudolf Otto hat gezeigt, daß das mysterium fascinosum, das faszinierende Geheimnis des Heiligen, immer zugleich ein mysterium tremendum, ein zittern-lassendes Geheimnis, ist. Angst und Heiterkeit wohnen ganz dicht beieinander. Gerade in der Heiterkeit, in der erfüllten Stimmung zeigt sich die Übereinstimmung mit dem Ganzen der Wirklichkeit. Im erfüllten Augenblick scheint die Zeit stehenzubleiben, weil er der Ausdruck absoluter Präsenz und Gegenwärtigkeit ist. Die Stimmungen sind also keineswegs etwas nur unverbindlich Subjektives in unserem Inneren, sondern sie sind ebenso wie Denken und Wahrnehmung auch Bezug zur Welt. Zugleich stehen sie aber in besonders naher Beziehung zu unserer Leiblichkeit. Sie sind sozusagen die Art und Weise, wie wir leiblich da sind.

Das Wesen des Psychischen

Es geht jetzt in unseren Überlegungen zur psychologischen Anthropologie darum, aus der Betrachtung der einzelnen psychischen Phänomene, wie Wahrnehmung und Phantasie, Denken und Handeln, Stimmung, Trieb und Affekt, und aus der Beschäftigung mit den spezifisch menschlichen Erscheinungen, wie Sprache, Kunst, Religion und Geschichte, die Konsequenz zu ziehen für die Frage »Was ist Seele?«. Es hat sich gezeigt, daß Seele nicht nur Innerlichkeit und Bewußtsein, nicht nur Subjektivität ist, sondern unsere Beziehung zur Welt, die Art und Weise unserer leiblichen Präsenz und unseres Daseins, das Eingebettetsein in die Horizonte der Zeit, vor allem aber die Gemeinsamkeit unseres Lebens, die sich in der Wirklichkeit der Begegnung ereignet. Man kann darum Seele auffassen als die Wirklichkeit unseres leiblichen, zeitlichen und gemeinsamen Auf-der-Welt-Seins. Daraus ergeben sich vor allem vier Grundaspekte psychischer Wirklichkeit, denen wir uns jetzt zuwenden wollen, nämlich die Aspekte der Leiblichkeit, Weltlichkeit, Gemeinsamkeit und Zeitlichkeit des Psychischen.

Leiblichkeit und Organismus

Dasein ist als solches Leib-Sein. Seelische Wirklichkeit ist die Art und Weise der Präsenz eines leiblichen Lebewesens. Auch alles das, was wir im engeren Sinne das Psychische nennen, wie Stimmungen und Gefühle, Triebe und Gedanken, gehört zu der Art, wie wir leiblich da sind, wie wir einander präsent sind und wie wir uns selbst in der Welt vorfinden. Angst und Freude eines Menschen, der uns begegnet, sind für uns nicht Erlebnisse, die sich irgendwo in einer Seele im Inneren eines Körpers abspielen, sondern dieser Mensch ist uns in seiner Angst und in seiner Freude gegenwärtig. Wenn wir sagen: du hast Angst, oder: du freust dich, dann meinen wir diesen ganzen Menschen, der uns leibhaftig gegenübersteht. Leiblichkeit ist ein Grundzug seelischer Wirklichkeit. Alles Seelische ist gleichsam die lebendige Präsenz dieses leiblichen Gegenüber. Auch wir selbst erfahren uns als die, die leibhaft da sind in ihrer Freude und Trauer, ihrer Phantasie und Nachdenklichkeit.

Ein anderer Aspekt der Leiblichkeit unserer Existenz liegt in der gleichsam werkzeughaften Verbundenheit mit der Umwelt, welche schon Aristoteles dazu brachte, Seele als die lebendige Wirklichkeit eines werkzeugartigen Körpers aufzufassen. Werkzeug heißt griechisch organon; die Organe der Wahrnehmung, wie Auge und Ohr, oder der Handlung und Bewegung, wie die Hand und die Fortbewegungsorgane, sind ein Stück der Art und Weise, wie wir leiblich da sind. Wir haben aber diese Werkzeuge nicht nur, sondern in gewisser Weise sind wir diese Werkzeuge, weil wir unsern Leib nicht nur haben, sondern immer auch unser Leib sind. In der Betrachtung des Leibes als Organismus wird zugleich seine Eingelassenheit in die Welt deutlich, die dabei als Umwelt erscheint.

Welt und Umwelt

Mit den Tieren teilt der Mensch das Eingelassensein in eine durch die Strukturen seines Organismus bedingte Umwelt. Neben diese biologische Umwelt tritt die soziale, das Geprägtsein und Bestimmtsein durch die gesellschaftlichen Strukturen, in denen er aufwächst und die er allmählich im Lauf der Geschichte umformt. Auch die Sprache schafft uns ein bestimmtes Netz von Welt durch die Art der Worte, die gleichsam Ausschnitte aus der Wirklichkeit festlegen und bestimmen, was ein Ding ist.

Aber der Mensch ist nicht in den Käfig der Umwelt eingefangen, sondern das Wirkliche zeigt sich ihm als *die* Welt. Zu seinem Dasein gehört, daß er alles einzelne im Denken und Leben immer überschreitet, auf das Ganze der Wirklichkeit hin, das in allem einzelnen verweilt. In jeder Existenz, in jedem Leben und in jedem Augenblick der Lebensgeschichte ist für uns die eine einzige und ganze Welt da, in der wir existieren. Das Ereignis des Seins, das wir Natur oder die Welt nennen, wird in jedem Augenblick eigentlichen Daseins offenbar. Der Mensch hat einen unmittelbaren Bezug zur Wahrheit. Er kann das Sein und das Nichts denken. Die Welt ist nicht nur die Summe des jetzt Gegenwärtigen, sondern als Wirklichkeit des Seienden im Ganzen steht sie in einem geheimnisvollen Bezug zur Vergangenheit und Zukunft, zum Horizont der Zeit.

Zeitlichkeit und Lebensgeschichte

Seelische Wirklichkeit ist nicht nur das, was jetzt ist, sondern ebenso das, was war, und das, was sein wird. Unser Dasein erstreckt sich stets in den Horizont der Zeit. Die Gegenwart ist durchzogen von Erinnerung und von dem, was wir geworden sind, und sie öffnet sich gegenüber der Zukunft, aus der unser Dasein auf uns zukommt. Das Seelische ist in allen seinen Formen durch Zeitlichkeit bestimmt. Hoffen, Planen, Wünschen und Phantasieren richten sich auf die Zukunft und wiederholen Erinnerungen und Absichten aus der Vergangenheit. Überall da, wo wir den Augenblick eigentlich ausfüllen, ist er mehr als nur der flüchtig vorübergehende Moment. Er enthält in sich das Gewesene, das wir in ihm in gewandelter

Weise wiederholen und wieder aufnehmen, und er trägt in sich die Horizonte der Zukunft.

Unser Sein ist zeitlich auch in der Weise der Lebensgeschichte. Das Kind und der Jugendliche machen eine schnelle Entwicklung durch, die voller Verwandlungen und Überraschungen ist. Aber in jedem Augenblick unserer Kindheit sind wir dieser ganze Mensch in einer ganzen Welt, so wie wir es auch in der Gegenwart sind und in der Zukunft sein werden. Unsere Existenz vollzieht sich auch in der Verwandlung der Spuren unserer Vergangenheit, die wir immer neu interpretieren in dem, was wir jetzt tun; und all unser Dasein ist durchzogen von Hoffnung und Beziehung zur Zukunft. Der Mensch ist in jedem Augenblick ganz da, doch ist zugleich sein ganzes Dasein die Wirklichkeit seiner Lebensgeschichte. Diese Geschichte ist nicht nur die Geschichte der Erinnerungen, Pläne und Hoffnungen, der Ereignisse und Erlebnisse, sondern sie ist immer zugleich die Geschichte der Begegnungen.

Begegnung und Beziehung

Eine eigentliche Begegnung läßt sich nicht vorausberechnen, sondern sie überfällt uns und schafft eine völlig neue Situation. Das Du ist in ihr nicht objektivierbar und verfügbar, sondern es spricht uns unmittelbar und gleichsam mit einem totalen Anspruch an. Wir verhalten uns zu ihm nicht wie zu einem Gegenstand, sondern wir haben eine unmittelbare Beziehung zu seinem Sein, so wie wir sie sonst nur zu unserem eigenen Sein haben. In der Begegnung wird die Situation neu gedeutet. Wir verstehen uns anders als vorher. Es entstehen neue gemeinsame Maßstäbe und Beurteilungen der Welt.

Zugleich aber wiederholt sich in unseren Begegnungen längst Gewesenes. Es ist wie ein Wiederanklingen früherer Begegnungen. Der Absolutheitsanspruch der Beziehung erbt sich von einer Begegnung zur anderen fort. In gewisser Weise ist es immer dasselbe absolute Du, das uns in jedem Partner begegnet, das ihn zu diesem einen und einzigen unverwechselbaren ganzen Menschen macht. In der Begegnung konstituiert sich die Gemeinsamkeit unseres In-der-Welt-Seins. Es werden Beziehungen gestiftet, die uns in immer neuer Weise in das vielfältige Geflecht der zwischenmenschlichen Beziehungen verweben.

Dasein und Situation

Die Einheit der vier Aspekte Leiblichkeit, Weltlichkeit, Zeitlichkeit und Gemeinsamkeit des Psychischen liegt in der lebendigen, stets sich wandelnden Situation, die wir miteinander teilen, die aus der Vergangenheit kommt und in die Zukunft geht, und in der Fakten und Perspektiven, Ich und Du, Subjekt und Welt, zu einer unlösbaren Einheit verschmolzen sind. Die Situation ist das jeweilige Ereignis des gemeinsamen Daseins.

Literatur

BUBER, M.: Ich und Du. Heidelberg [10]1979

DILTHEY, W.: Ideen über eine beschreibende und zergliedernde Psychologie (1894). In: Ges. Schriften, Bd. V. Göttingen [6]1974; oder in: Philosophie des Lebens, eine Auswahl aus seinen Schriften. Göttingen 1961

FREUD, S.: Die Traumdeutung (1900). Ges. Werke Bd. II/III. Frankfurt/M. [6]1976; oder kart. Studienausgabe Bd. II. Frankfurt/M. [5]1980

GADAMER, H. G.: Wahrheit und Methode. Tübingen [4]1975; Nachdruck Studienausgabe 1975

HEIDEGGER, M.: Sein und Zeit (1927). Tübingen [15]1979
Der Ursprung des Kunstwerkes. Reclam TB 8446/47, Stuttgart 1970

JUNG, C. G.: Die Beziehungen zwischen dem Ich und dem Unbewußten. Ges. Werke Bd. VII. Olten [2]1974; oder Studienausgabe Ppbck, Olten [12]1980

OTTO, R.: Das Heilige (1917), 36.–40. Tsd. München 1971

SCHLEIERMACHER, F.: Über die Religion (1799). Philosophische Bibliothek, Bd. 255, Hamburg 1970

UEXKÜLL, J. VON: Streifzüge durch die Umwelten von Tieren und Menschen. Frankfurt/M. 1970

USLAR, D. VON: Der Traum als Welt. Pfullingen [2]1969
Die Wirklichkeit des Psychischen. Pfullingen 1969
Psychologie und Welt. Stuttgart 1972; Zürich 1977
Psychologie der Religion. Zürich 1978

WHORF, B. L.: Sprache, Denken, Wirklichkeit, RDE 174, Hamburg [14]1979

Anmerkung der Redaktion

Hinweise auf andere Artikel dieser Enzyklopädie, die sich ausführlich mit den hier behandelten Themen befassen: Auf die biologischen Grundlagen *der Sprache* geht auch J.C. Eccles in seinem Beitrag zu diesem Band ein; außerdem beschäftigen sich mit dem Themenbereich mehrere Beiträge in Band VI. – Das *geschichtliche Dasein des Menschen* wird ausführlich in Band V behandelt. – Beiträge über *Wahrnehmung, Trieb* und *Affekt* aus der Sicht der Physiologischen Psychologie findet der Leser in Band III. – *Erkenntnistheoretische Grundfragen* erläutert G. Vollmer in Band I; weitere Arbeiten zu diesem Aspekt enthält Band VII. – Mit dem Thema *Begegnung und Beziehung* beschäftigt sich ausführlich A. Hicklin in seinem Beitrag zu diesem Band.

Zwischen Mensch und Tier gibt es eine geheimnisvolle Verwandtschaft. In ihm erkennen wir ein Stück unserer eigenen Leiblichkeit, unserer ursprünglichen Natur, die in sich das Geheimnis des Lebens birgt. So ist es zu verstehen, daß in vielen Religionen Götter immer wieder Tiergestalt angenommen haben.

Im Kunstwerk wird der besondere Bezug des Menschen zu seiner Zeit deutlich. Jede Epoche deutet seine Geschichte und stellt seinen Glauben dar. Auch das religiöse Erlebnis besteht nicht unabhängig von der

Zeit. In der Art und Weise, wie Kunst Vergangenes und Geglaubtes in seine Zeit hineinnimmt, wird sie zu einem Dokument, aus dem uns der Künstler unmittelbar anspricht.

Das Wesen des Religiösen ist die Erfahrung des Heiligen. Faszinierendes und Unheimliches geht von Orten aus, auf unseren Bildern Jerusalem (oben: Felsendom als Moschee; unten: Klagemauer als jüdische Gebetsstätte), die von Gläubigen als heilig empfunden werden. Viele Religionen kennen geheiligte Städte, Plätze, Mauern, Wälder, Bäume.

Detlev von Uslar

Konzepte des Psychischen in der Geschichte des abendländischen Denkens

Übersicht: In der Geschichte der *philosophischen Psychologie* hat sich die Vielfalt der Aspekte gebildet, in der uns seelisches Sein heute erscheint. Als Beispiele dafür werden unter anderem behandelt: Der Mensch als Zeuge des Seins (Vorsokratiker) – Seele und Idee (Platon) – Seele als Wirklichkeit des Leibes (Aristoteles) – Seele als innere Welt (Augustinus) – Die Seele als das Unräumliche (Descartes) – Trieb als Wesen des Menschen (Spinoza) – Der Mensch als Spiegel der Welt (Leibniz) – Die Bedeutung der Erfahrung (Locke und Hume) – Strukturformen des Bewußtseins (Kant) – Das Unbewußte als Identität von Subjekt und Objekt (Schelling) – Die Geschichtlichkeit des Menschen (Hegel) – Phänomenologie als Lehre von den Erscheinungen (Husserl) – Die Stellung des Menschen im Aufbau der realen Welt (Nicolai Hartmann) – Dasein als In-der-Welt-Sein (Heidegger). Diese Konzepte des Psychischen und seiner Beziehung zur Welt und zum Sein interessieren uns aber nicht nur historisch, sondern in ihrer Gültigkeit für uns heute und in ihrer Fähigkeit, uns neue Perspektiven für die Psychologie der Zukunft zu erschließen.

Hinter allem psychologischen Denken und Forschen steht ausgesprochen oder unausgesprochen eine Konzeption davon, was eigentlich Seele ist, was eigentlich psychische Wirklichkeit ausmacht. Die Frage »Was ist Seele?« hat im Laufe des abendländischen Denkens immer wieder andere Antworten gefunden. Die Fülle dieser Antworten geht in unseren Begriff vom Seelischen ein. Eine psychologische Anthropologie muß auf diese Antworten zurückgehen, wenn sie ihrem Gegenstand gerecht werden will. Die Frage »Was ist Seele?« versetzt uns zugleich unmittelbar in das Fragen der Philosophie. Philosophie lebt von dem Erstaunen vor dem Sein. Es ist nicht selbstverständlich, daß es überhaupt eine Welt und eine Natur gibt, und es ist ebensowenig selbstverständlich, daß ich bin und daß seelische Wirklichkeit existiert. Die Fragen »Was ist Seele?« und »Was ist die Welt oder die Natur?« sind gleich ursprünglich.

Der Beginn der abendländischen Philosophie im sechsten Jahrhundert vor Christus ist dadurch gekennzeichnet, daß die Frage nach dem Sein der Welt nicht mehr durch eine Erzählung ihrer Entstehung, durch eine Schöpfungsgeschichte also, beantwortet wird, sondern daß die Frage als Frage ausgehalten wird. Die unglaubliche Verwunderung darüber, daß es Sein gibt und nicht Nichts, daß eine Welt existiert, daß die Dinge als Natur aufgehen, wachsen und verschwinden, diese ungeheure Verwunderung durchherrscht das philosophische Denken. Die ersten griechischen Philosophen fragten nach dem Wesen der Natur. Aber mit Natur ist hier nicht nur die Summe aller vorhandenen Gegenstände gemeint, sondern zugleich das Geheimnis ihrer Herkunft. Sie kommen aus dem Nichtsein ins Sein, sie wachsen und gehen auf, sie stehen im Licht des Tages und der Sichtbarkeit und verschwinden wieder in die Verborgenheit des Nicht-mehr-Seins. Der Mensch ist der Zeuge dieses Aufgehens und Erscheinens der Natur. Er ist der Zeuge des Seins.

Anaximander

Der erste schriftliche Satz der Philosophiegeschichte, der uns überliefert ist, der Spruch des Anaximander von Milet aus dem sechsten vorchristlichen Jahrhundert, spricht von diesem Aufgehen und Verschwinden der Dinge, ihrem Hineinkommen in das Sein und die Wirklichkeit und ihrem rätselhaften Zugrundegehen. Alles Seiende, das in seiner umgrenzten und erfaßbaren Form und Gestalt im Lichte der Wirklichkeit steht, ist aus dem Unbegrenzten und Gestaltlosen, aus dem verborgenen Grund seiner Herkunft hervorgetreten, und in diesen muß es nach der ihm zugemessenen Zeit wieder zurück. »Woraus den Dingen ihr Entstehen ist«, so sagt Anaximander, »da hinein geschieht auch ihr Vergehen nach der Schuldigkeit, denn sie zahlen einander Strafe und Buße für ihre Ungerechtigkeit nach der Zeit Ordnung« (Fragment 1). In diesem geheimnisvollen Spruch ist die Weltordnung als eine Fügung gesehen, die in Analogie steht zu der menschlichen Erfahrung von Recht und Unrecht. Das Wesen dieser Ordnung und des Entstehens und Vergehens, der Heraufkunft ins Sein und des Verschwindens ins Nichts, ist aber die Zeit. Damit sind bereits in diesem ersten schriftlichen Satz der Philosophiegeschichte, der uns überliefert ist, die wesentlichen Themen des Denkens, nämlich Sein und Nichts, Entstehen und Vergehen, Ordnung und Chaos, genannt. Die Natur erscheint als eine ungeheure Dynamik, an der auch der Mensch mit seinen Ordnungen und seinen geschichtlichen Gebilden Anteil hat. Der Mensch ist ein Teilhaber der Natur. Er teilt mit ihr die Unheimlichkeit des Entstehens und Vergehens, die Nähe zum Sein und zum Nichts, das Beherrschtsein vom Wesen der Zeit.

Diese Nähe des Menschen zum Wesen der Welt und der Natur wird eigens zum Thema in der Philosophie des Heraklit von Ephesos.

Heraklit

Heraklit denkt und erfährt die Natur als das, was immer im Fluß ist. Wir sind die Zeugen dieses ewigen Wandels. Damit ist aber zugleich auch unser eigenes Sein durch Wandlung bestimmt. Dies drückt Heraklit durch ein sehr anschauliches Gleichnis aus: »In dieselben Flüsse steigen wir und steigen wir nicht, wir sind und wir sind nicht« (fr 49a), oder wie es an anderer Stelle heißt: »Denen, die in dieselben Flüsse hineinsteigen, strömen andere und wieder andere Wasserfluten zu« (fr 12). Was ist eigentlich hier gemeint? Daß wir uns selbst wandeln und nach kurzer Zeit schon nicht mehr dieselben sind, oder daß die Natur sich wandelt, die Welt wie ein reißender Strom an uns vorbeifließt, wobei wir die Selben bleiben? Es ist das Faszinierende am Denken Heraklits, daß er unser Im-Fluß-sein und das stets sich wandelnde Sein der Natur nicht auseinanderreißt, sondern als eine Einheit sieht. Wir haben am ewigen Wandel Anteil und sind gerade darin dieselben. Was wir eben waren, sind wir jetzt schon nicht mehr, und was uns eben begegnete, ist jetzt schon ein anderes geworden. Es strömen uns immer andere und andere Wassermassen zu. Wir sind, und sind das Selbe schon nicht mehr. Mit diesem ständigen Fließen ist eine der grundlegenden Eigenheiten seelischen Seins erfaßt, das, was uns alle heute nach zweieinhalb Jahrtausenden noch ebenso anrührt, dieser unheimliche Wandel unserer eigenen Existenz, das Fortfließen dessen, was jetzt noch Gegenwart ist, in die Erinnerung, das ständige Heranströmen und Heranfluten neuer Ereignisse und Erlebnisse, neuer Wirklichkeiten. Aber diese Grundeigenschaften seelischen Seins sind nicht als etwas bloß Subjektives aufgefaßt, sondern sie werden erfahren als das, was wir mit der Natur schlechthin, mit dem Sein teilen. Alles fließt. Sein ist Wandel schlechthin. Natur besteht in dieser ständigen Veränderung.

Wenn Heraklit in einem anderen Fragment sagt: »Man kann nicht zweimal in denselben Fluß steigen« (fr 91), so scheint er damit etwas auszusprechen, was man als das Wesen der Biographie und des Lebenslaufes überhaupt bezeichnen könnte. Kein Augenblick ist wiederbringbar. Die Zukunft ist unausweichlich. Man kann den Fluß des Lebens nicht anhalten. Die Wirklichkeit seelischen Seins besteht gerade darin, sich diesem Fluß anheimzugeben, ihn zu genießen. Existieren ist Wandlung. Aber dieser Satz, »Man kann nicht zweimal in denselben Fluß steigen«, ist nicht nur als ein psychologischer Satz gemeint, er ist zugleich eine Aussage über die Natur. Sie ist es, deren Wesen darin besteht, sich zu wandeln. Wir sind nur die Teilhabenden an diesem Geschehen. Weil das Wesen der Wirklichkeit Wandlung ist, besteht sie aus der Einheit von Gegensätzen. Auch das drückt Heraklit in sehr eindringlichen Worten aus, zum Beispiel wenn er sagt: »Gott ist Tag, Nacht, Winter, Sommer, Krieg, Frieden, Sattheit, Hunger« (fr 67). Der Gott, also das Prinzip der Einheit und des Seins des Wirklichen, ist nicht nur Licht, sondern auch Finsternis, nicht nur Kälte, sondern auch Hitze, nicht nur Frieden, sondern auch Krieg. Er ist die lebendige Wirklichkeit der Gegensätze. Aber das gilt ebenso auch von uns selbst und von unserem seelischen Sein. Es ist auch das, was ständig in uns wohnt. So sagt Heraklit an einer anderen Stelle: »Und es ist immer dasselbe, was in uns wohnt: Lebendes und Totes und Wachendes und Schlafendes und Junges und Altes« (fr 88). Auch dieser Satz führt ganz tief in die Psychologie hinein. Denn was ist Leben? Alles Lebendigsein trägt in sich die Beziehung zur Möglichkeit des Todes. Die Auseinandersetzung mit ihm als dem Schatten unseres Daseins durchzieht unsere Existenz. Was ist Wachsein und Handeln und Bewußtsein des Tages, wenn man es nicht auf dem Hintergrund des Schlafes und der unheimlichen Dunkelheit der Nacht sieht? Was Jugend ist, kann man nur in Beziehung zum Altsein erfassen. Der Satz des Heraklit sagt aber mehr. Er spricht von der Einheit aller dieser polaren Gegensätze, er spricht von der Einheit dessen, was in den Fluß der Zeit auseinandergerissen ist. Die Identität des Menschen, seine seelische Wirklichkeit, liegt gerade in dem Zusammengehören dieser Gegensätze von Schlafen und Wachen, von Jugend und Alter, von Lebendigsein und Dem-Tode-Entgegengehen. Es ist die Einheit, die Goethe als die Einheit von Stirb und Werde, und die Sigmund Freud als die Identität von Eros und Thanatos, Liebestrieb und Todestrieb, erfaßt haben. Es ist jene ständige Wandlung, die C. G. Jung als Wesen der Menschwerdung betrachtet. Auch in unseren Träumen kann der Schlaf ein Gleichnis des Todes, ebenso der Tod ein Gleichnis der Wandlung sein. Seelisches Sein ist eigentlich die zusammenfassende Einheit aller dieser Gegensätze.

Der Einheit dieser Gegensätze und dem, was sie gemeinsam durchwaltet und zusammenhält, ist das Denken Heraklits gewidmet. Er nennt diese Einheit den Logos. Der Logos meint den Sinn und die Wahrheit des Ganzen. Der Mensch teilt mit der Natur nicht nur den ewigen Fluß und die Vielfalt der Gegensätze und ihrer Spannungen, sondern er wohnt zugleich in einer faszinierenden Nähe zu der Einheit der Welt und der Natur, die in all diesen Gegensätzen die selbe bleibt. Der Mensch ist mit seiner Seele im Prinzip des Ganzen, in der Einheit von allem verwurzelt. Darum hat seine Seele einen tiefen Zugang zu diesem Wesen des Ganzen. Auch das drückt Heraklit in einem außerordentlich lebendigen Gleichnis aus, wenn er sagt: »Der Seele Grenzen kannst du im Gehen nicht erreichen und wenn du jeglichen Weg zu Ende gehen würdest, einen so tiefen Logos hat sie« (fr 45). Dieser Logos, dieser Sinn des Seelischen, ist also die Beziehung zum Einen und Ganzen des Seins und der Natur. Der Horizont der Seele ist weiter als die Fülle aller Wege, die der Mensch im Raum gehen könnte, auch wenn es ihm erlaubt wäre, bis ans Ende der Welt zu gehen. Hier taucht ein Thema auf, das seitdem die abendländische Psychologie nicht mehr verlassen hat. Seele ist immer die Beziehung zum Ganzen der Welt und der Wirklichkeit. Die Welt als ganze spiegelt sich in unserem Sein. Geist ist das Erwachen zum Erfassen dieses Einen und Ganzen.

In seinem berühmten Fragment über den Traum heißt es dementsprechend: »Die Wachenden haben eine einzige und gemeinsame Welt, von den Schlafenden aber ist jeder in seine eigene abgewandt« (fr 89). Dieser Satz enthält zugleich eine außerordentlich tiefgehende Einsicht in das Wesen des Traums. Für den, der schläft und träumt, ist das, was er träumt, die wirkliche Welt. Träume sind nicht nur Bilder und Vorstellungen, sondern das Geträumte ist, solange wir schlafen, das Wirkliche. Nur wenn man so die Wirklichkeit des Traums ernst nimmt, kann man die ganze Tragweite und Bedeutsamkeit des Erwachens erfassen. In ihm wird der Mensch aus der Welt seines Traums herausgerissen und in eine gemeinsame Welt hineingeworfen, die er mit anderen Menschen teilt, über die er sich mit anderen verständigen kann. Das Wort Logos, mit dem Heraklit den Sinn und Zusammenhang des Ganzen, das Wesen seiner Einheit und Wahrheit bezeichnet, bedeutet zugleich soviel wie Sprache.

Seit Heraklits Denken sind das Wachsein und die Klarheit und Gemeinsamkeit des Geistes und der Vernunft zum Leitbild der abendländischen Philosophie geworden. Was diese bedeuten, kann vor allem erfassen, wer dem Geheimnis des

Schlafes und des Traums, des Versinkens in die Bewußtlosigkeit, nachgedacht hat. Davon zeugen Heraklits tiefsinnige Worte über den Schlaf: »Der Mensch zündet sich in der Nacht ein Licht an, wenn sein Augenlicht erloschen ist. Lebend rührt er an den Toten im Schlaf; im Wachen rührt er an den Schlafenden« (fr 26). Entsprechend heißt es in einer antiken Schrift: »Die Schlafenden nennt, glaube ich, Heraklit Werker und Mitwirker an den Geschehnissen der Welt« (fr 75). So sind hier Wachen und Schlafen, oder, in der Sprache unseres Jahrhunderts gesprochen, auch Bewußtsein und Unbewußtes, im Anfang des philosophischen Denkens zueinander in Beziehung gebracht. Die Faszination des Traums, der gleichsam ein Wachen im Schlafen und dabei doch ein Existieren in einer anderen Welt ist, bestimmt noch heute im Gefolge von Freud und Jung die Psychologie. Was man von Heraklit lernen kann, ist aber unter anderem, daß das Wesen des Traums zugleich vom Erwachen her gedacht werden muß und daß Wachheit und Bewußtsein nur auf dem dunklen Untergrund von Schlaf und Traum ganz verstanden werden können. Wachheit und Bewußtsein sind für Heraklit Teilhabe an dem Geheimnis der Einheit der Welt, am Sinn des Seins, das sich uns zeigt. Mit diesen Gedanken steht Heraklit in einer großen Nähe zu seinem Zeitgenossen Parmenides, von dem ihn zugleich durch seine Betonung der Gegensätze und des Flusses der Dinge Unendliches trennt.

Parmenides

Für Parmenides ist die Frage »Was ist Sein?« die alles beherrschende, und der Mensch ist der, der diese Frage stellen, der an das Sein denken kann. Aber was ist Sein?

Die Antwort, die Parmenides auf diese Frage gibt, ist erstaunlich: Es ist alles, es ist nirgendwo nicht, es ist das Ganze, denn das Nichts gibt es nicht. Dieser Gedanke ist in sich ungeheuer klar und einfach. Der Mensch kann versuchen, sich vorzustellen, daß Nichts ist, aber sein kann das Nichts seinem Wesen nach nie, es gibt nur Sein. Sein aber bedeutet zugleich Einheit, denn alles, was je ist, hat an ihm Anteil. Es wird allein dadurch, daß es ist, zur vollendeten und alles Seiende umfassenden Einheit des Seins zusammengeschmolzen. Es hat an ihr teil.

In einer Art von meditativem Denken versucht Parmenides die Einheit und Ganzheit des Seins zu schauen. Die Konsequenz aus dieser Schau is: Es gibt nichts Einzelnes jenseits des Seins, denn das Sein ist einzig und einmalig, es ist nur es selbst. Wie aber steht es mit der Zeit, mit dem Entstehen und Vergehen der Dinge? Das Denken des Parmenides versucht, durch den Wandel der Erscheinungen hindurchzuschauen auf das ihnen zugrundeliegende ewige Jetzt. Während die Erscheinungen dahinzufließen scheinen im Entstehen und Vergehen der Dinge, ist das einzige, was in ihnen wirklich ist, nämlich das Sein selbst, stets gegenwärtig. Es ruht in sich in einem ewigen unwandelbaren Augenblick. Dieses Denken versucht die Schau der Einheit des Ganzen. In ihm ist aber zugleich der Geist erfaßt als der, der diese Einheit sieht. Daraus folgt das tiefsinnige Wort des Parmenides: »Schaue mit dem Geist das Abwesende anwesend mit Sicherheit, denn nicht wird er das Seiende von seinem Zusammenhang mit dem Seienden abtrennen« (fr 4). Denken und geistiges Schauen erfassen also immer die Einheit des Ganzen, sie erfassen auch das scheinbar Vergangene und Zukünftige in seinem Sein als Teilhabe an diesem Ganzen.

Damit ist ein wesentliches Moment seelischen Seins erfaßt. Seele erstreckt sich in die Vergangenheit und in die Zukunft. Sie hat in sich eine Beziehung zum Ganzen, die immer schon weiter ist als alles einzelne Anwesende und Abwesende. Denken ist nicht Zertrennen, sondern Zusammenschau. Das ist es vor allem dann, wenn es die Dinge in ihrem wirklichen Sein erfaßt, weil dieses immer das Ganze und die Einheit von allem ist oder, wie Parmenides es ausdrückt: »Weil es Jetzt ist, zusammen, ganz, eins, zusammenhängend« (fr 8). Diese lapidaren Sätze des Parmenides geben ein Grundthema der abendländischen Philosophie an, die durch die folgenden Jahrtausende hindurch immer bemüht gewesen ist, das Sein als Einheit des Ganzen, als Einheit der Welt, der Natur und der Zeit zu erfassen. Dieselben Sätze geben aber zugleich ein Grundthema der Psychologie an: Seele ist als solche immer der Bezug zu diesem Ganzen. Seele ist als solche immer ein Horizont von Welt und von Wirklichkeit. Eben darum ist sie zugleich ein Horizont der Zeit. Sie existiert nur, sofern auch sie eine Teilhabe am Sein des Ganzen ist. Alle diese Konsequenzen ergeben sich aber nur aus dem einfachen Versuch, die Frage, was Sein ist, zu beantworten und jedem Ausweichen in das Nichts zu entgehen.

Aus diesem meditativen Denken ergeben sich Konsequenzen nicht nur für den Begriff des Seelischen im allgemeinen, sondern auch für die Psychologie des Denkens. Denken ist nicht ein unverbindlicher Ablauf von Vorstellungen und Assoziationen in unserem Inneren, sondern überall da, wo es wahres Denken ist, ist es der Bezug zur Wirklichkeit des Gedachten, zum Sein der Welt. Das Denken denkt die Wahrheit des Wirklichen, und nur solange es dies tut, ist es überhaupt Denken. Es existiert von Gnaden des Seins und seiner Wahrheit. Das drückt Parmenides in dem lapidaren Satz aus: »Das Selbe nämlich ist Denken und Sein« (fr 3), oder, wie es an anderer Stelle heißt: »Das Selbe ist Denken und dasjenige, worum willen Gedanke ist« (fr 8). Unser Sein ist Teilhabe an der Wahrheit des Ganzen. Es findet seine Krönung in jenem schauenden Denken, das in allem scheinbaren Wandel der Zeit die ewige Präsenz der Wirklichkeit schlechthin erfaßt, die immer da ist und an der wir alle teilhaben.

Diese Vorstellungen haben seither das Denken beherrscht, vor allem vermittelt durch die Ideenlehre Platons. In allen folgenden Jahrhunderten hat der Mensch versucht, das Unwandelbare, Wesenhafte festzuhalten. Im Christentum hat er es mit dem Göttlichen identifiziert. Aber nirgends ist in solcher Klarheit gesehen, daß das Unwandelbare nichts anderes ist als die ewige Präsenz des Seins selbst. Es ist die Gegenwart selbst und schlechthin, die in allem Wechsel und Wandel der Zeit immer da bleibt. Man kann also die Bedeutung des Parmenides nur erfassen, wenn man diesem durchdringenden und sich ganz auf den einen einzigen Gedanken konzentrierenden Denken wirklich folgt. Damit erfaßt man aber zugleich etwas vom Wesen der Meditation, der Beziehung zur Unveränderlichkeit und Absolutheit des Jetzt. Der Gedanke, daß wir an der Wahrheit der Welt teilhaben, daß irgend etwas in uns mit ihr identisch ist und wir sie darum erkennen können, hat die ganze abendländische Philosophie beschäftigt. In der Neuzeit hat sich dieser Gedanke immer mehr dahin gewendet, daß der Grund jener Einheit von Denken und Wahrheit in der Tiefe unserer Seele selbst liegen müsse. Bei Parmenides aber liegt er in der Einheit des Seins selbst, von der sowohl alles, was in der Welt erscheint, wie unser Denken abhängt.

Für Heraklit ist diese Einheit die Einheit der Gegensätze, die Identität des ewigen Wandels, für Parmenides aber ist aller Wandel nur Schein, das Denken hat sich ganz und gar an jene Einheit fixiert. Schon die Nachfolger der beiden Denker haben versucht, diese beiden Grundgedanken, den des ewigen Wandels und den der absoluten, unwandelbaren Präsenz des Jetzt und des Seins zusammen zu denken. Diese Versuche sind in vielem modellhafter ausgefallen. Besonders interessant ist in diesem Zusammenhang die Philosophie des Empedokles.

Empedokles

Für Empedokles sind Feuer, Wasser, Luft und Erde die unwandelbaren Grundelemente, aus denen alles Seiende besteht. Interessant ist aber nun, wie er den Wandel deutet: Wenn auch die Elemente selbst unwandelbar sind, so entsteht und vergeht doch ständig alles, was aus ihnen zusammengesetzt ist. Die Kräfte aber, die das Zusammenströmen der Dinge zu immer neuen Einheiten und ihr Auseinanderfliehen und Vergehen im Wandel und Untergang bestimmen, nennt Empedokles Liebe und Haß. Das Entzweiende und Verbindende im Sein der Natur wird also hier in Analogie zum Psychischen gesehen (vgl. fr 17). Es ist aber nicht eigentlich eine Übertragung seelischer Wirklichkeit auf die Natur, um die es hier geht, sondern umgekehrt, das Wesen des Seins der Natur, Verbindung und Entzweiung, manifestiert sich im Menschen als Liebe und Haß. Hiermit ist das Thema der Affekte formuliert, das seither in so entscheidender Weise das psychologische Denken beherrscht hat. In den Gewalten der Liebe und des Hasses erfahren wir die Natur in uns selbst.

Ihre eigentliche Fortführung finden die ontologischen Gedanken des Parmenides aber im Denken Platons.

Platon

Platon knüpft an den Gedanken des Parmenides an, der im Sein das ewig Gegenwärtige in sich selbst Ruhende gesehen hatte, dem gegenüber die Wandlung und Vergänglichkeit der Dinge nur Erscheinung ist. Auch Platon fragt nach dem gleichbleibenden eigentlichen Sein der Dinge, aber er erblickt dies nicht nur in der Einheit des Ganzen, sondern auch im jeweiligen Wesen des Einzelnen, in dem, was eine Sache zu dem macht, was sie ist. Es wachsen und vergehen immer wieder andere Bäume ein und derselben Art, zum Beispiel Eichen oder Linden, aber sie alle entsprechen dem Wesen dieser Art, sie alle erlangen ein Aussehen, das der Idee dieses Baumes entspricht. Ist nicht diese Idee, diese Gestalt, in die sie hineinwachsen, ihr eigentliches Sein, dasjenige, was in ihnen eigentlich ist? Das wahre Sein, das Unwandelbare sind für Platon die Ideen. Die einzelnen Dinge und Situationen sind gleichsam nur schattenhafte Abbilder von ihnen. Die Seele aber hat die Fähigkeit, in den Dingen und der Fülle und Buntheit der Welt das zu erschauen, was sie eigentlich sind. Sie kann in ihnen die Idee erfassen. Sie hat einen unmittelbaren Zugang zu der Wahrheit, die sich im einzelnen Ding verwirklicht.

Die Beispiele dafür findet Platon nicht nur in der organischen Natur, wo durch die Jahrtausende hindurch die Dinge immer wieder dieselbe Gestalt, dasselbe Wesen verwirklichen, so wie auch wir als Menschen immer wieder in jeder einzelnen Existenz die Gestalt des Menschen sind, sondern er findet auch Beispiele ganz anderer Art. Wenn wir zum Beispiel das Geschehen in einer Situation als schreiende Ungerechtigkeit empfinden, so müssen wir doch zuvor schon eine Idee davon haben, was Gerechtigkeit ist. Alles menschliche Handeln ist gleichsam nur wie ein schattenhaftes Abbild, das sich bemüht, die Idee des Guten zu verwirklichen. In allem einzelnen Schönen, das uns begegnet, erblicken wir gleichsam die Idee der Schönheit selbst, die ihm einen absoluten Glanz verleiht. Woher aber kann die Seele dieses wahre Wesen der Dinge erfassen, wenn sie doch allesamt nur Abbilder seiner Absolutheit sind? Es ist, als ob sie es schon vorher gesehen haben müßte. Darum sagt Platon, daß alles, was die Leute Lernen nennen, in Wirklichkeit Erinnerung ist. Es ist, als ob die Seele vor ihrer Geburt an einem anderen Ort schon die Ideen in ihrer Reinheit geschaut hätte (Phaidon 18, Menon 15).

Auch in Platons Ideenlehre finden wir also jene Entsprechung zwischen dem, was die Seele in sich selber findet, und dem Wesen und der Ordnung der Welt. Sie hat in sich selbst einen Zugang zu dem, was eigentlich ist. Ein anderer Bereich, an dem Platon diese These, daß Erkenntnis in ihrem Wesen Erinnerung ist, beweist, ist der der Mathematik. Die Gesetze der Geometrie, die Verhältnisse eines Dreiecks oder Quadrats zum Beispiel, kann man einem Menschen wohl zeigen, aber er kann sie nur einsehen, wenn es ihm innerlich aufleuchtet.

Was also ist hier seelisches Sein? Es ist die Fähigkeit, die Ideen zu schauen, etwas Anfängliches, das in uns wohnt, der Zugang zum Unwandelbaren in der Flut der Erscheinungen. Wir kennen alle das Phänomen der Evidenz, des Aufleuchtens, der Einsicht, mit dem etwas in seinen Zusammenhängen völlig klar wird, an das wir wohl hingeführt werden können, auf das wir uns vorbereiten können, das aber dann spontan von innen her sich ausbreiten muß. Interessant ist nun, daß Platon diesen Zugang zum wahren Seienden, zu den Ideen, nicht nur in der Erkenntnis findet, sondern auch in der Liebe. Was ist Eros?, fragt er in seinem Dialog »Symposion«, und er läßt Diotima im Gespräch mit Sokrates antworten: ein großer Dämon, ein Mittler zwischen Sterblichen und Unsterblichen. Er ist umhergetrieben, struppig und barfuß, schläft auf den Straßen und an den Türen, doch zugleich ist er kraftvoll und tapfer, nie erlahmend, stets das Absolute suchend, das er mit dem Endlichen vermittelt. Was bedeutet dieses Gleichnis? Darin, daß er arm und struppig ist, drückt sich das Getriebensein der Liebe aus, das sie dem Wahnsinn vergleichbar macht, doch darin, daß er zugleich tapfer und kraftvoll ist, die nie erlahmende Kraft der Liebe, die stets das Absolute sucht und die Quelle alles Schöpferischen ist. Der Eros, die Liebe, sucht ständig das Schöne. Sie strebt nach Zeugung im Schönen. Sie strebt danach, die eigene Art zu verewigen, indem alles Lebendige in ihr bemüht ist, ein Junges zu zeugen, das ihm gleicht. Aber wir lieben im einzelnen schönen Körper eigentlich die Schönheit selbst, wir lieben das Kreative und das Absolute im Du, dem wir begegnen. Die Zeugung drängt stets auf etwas Ewiges und Unsterbliches. Sie ist in Wahrheit auf die Uridee der Unsterblichkeit gerichtet. Im Schönen lieben wir das Ewige, die Ewigkeit im Augenblick. So ist es gerade die unwandelbare Idee, die in der Leidenschaft und Triebkraft des Eros sich durchsetzt. Die innere Evidenz der Zeugung, jene Klarheit, die wir auch in der leiblichen Lust und ihrer Evidenz verspüren, ist also eigentlich der Drang zum Absoluten der Idee, das der Mensch immer sucht, auch in der Kunst, der Religion und der Philosophie (Symposion, Kap. 23–26).

Menschen, die nur die Erscheinungen sehen und schon für die ganze Wirklichkeit halten, sehen also gleichsam nur die schattenhaften Abbilder der Ideen und gleichen solchen, die in einer Höhle gefesselt sind. Wer aus dieser Höhle befreit wird, muß sich erst an das Licht und die Strahlkraft der wahren Wirklichkeit gewöhnen. Er wird zunächst von der Gewalt der Sonne geblendet. Die Sonne ist für Platon das Gleichnis des Wesens der Ideen, das, was die Ideen zu Ideen macht, was ihnen die Kraft gibt, zugleich den einzelnen Dingen Leitbild zu sein und den menschlichen Geist so zu erleuchten, daß er das Einzelne auf das Ganze hin durchschauen kann. Wer diese Sonne geschaut hat und von da in die Höhle der Gefesselten zurückgebracht wird, muß diesen als ein Wahnsinniger und Verblendeter erscheinen, denn er kann die Schatten und ihre Ordnungen nicht mehr erkennen. Er kann nicht mehr verstehen, wie die Menschen in ihren Gerichtshöfen nur um Schatten der Gerechtigkeit streiten (Politeia, Buch 7, Kap. 1–3).

Das Befeuernde dieser Platonschen Gedankengänge hat die abendländische Philosophie seither befruchtet. Es hat die Seele in jene Nähe zum Absoluten gebracht, durch welche sie zu einer Vermittlerin zwischen der Endlichkeit des Daseins der Sterblichen und der Absolutheit des Göttlichen wird. Eine Psychologie, die an den Phänomenen der Religion, der Kunst und des Schönen vorbeigeht, wird schwerlich das ganze Wesen seelischen Seins erfassen können. Doch gilt es zugleich, diese Zugewendetheit der Seele zum Transzendierenden mit unserer Leiblichkeit und unserem organischen Wirklichsein zu verbinden. Um diese Verbindung hat sich schon der große Schüler Platons, Aristoteles, im vierten vorchristlichen Jahrhundert bemüht.

Aristoteles

Aristoteles wurde 384 vor Christus geboren. Er war zwei Jahrzehnte lang der Schüler Platons, danach Lehrer Alexanders des Großen und gründete schließlich 335 in Athen seine eigene Schule.

In den zehn darauf folgenden Jahren entstanden alle wesentlichen aristotelischen Schriften. Aristoteles verbindet die Intensität der Wesens- und Ideenschau Platons mit einer großen Nähe zur naturhaften und materiellen Wirklichkeit alles Realen. Das Wesen ist den Dingen nicht jenseitig, sondern es wohnt in ihnen, macht ihr Wirklichsein, die Form ihres Daseins aus. Seele ist für Aristoteles die Art und Weise der Präsenz eines leiblichen Lebewesens. Sie ist die Wirklichkeit des Leibes und seiner Art, da zu sein. Hiermit hat Aristoteles eine Konzeption der Seele entwickelt, die um vieles aktueller ist als alles, was heute über das Leib-Seele-Problem geschrieben wird. Es ist nicht übertrieben, zu sagen, daß die Psychologie des Aristoteles gerade im Hinblick auf die Psychophysiologie und Psychosomatik der Gegenwart die höchste Aktualität und Zukunftsträchtigkeit besitzt.

Was ist Seele? Seele ist nicht nur Innerlichkeit oder Bewußtsein, sie ist nicht das vom Körper Getrennte, sondern sie ist die Art und Weise, wie wir da sind, wie wir leiblich existieren, wie wir einander präsent sind. Diesen Gedanken, daß Seele eigentlich die Wirklichkeit und Lebendigkeit eines leiblichen Lebewesens ist, verbindet Aristoteles mit der Einsicht, daß der Leib als naturhafter Körper gleichsam werkzeugartig ist. Er ist das Werkzeug zur Erhaltung seines eigenen Seins sowie auch zur Erhaltung seiner Art. Werkzeug heißt auf griechisch »organon«. Ein werkzeugartiger Körper ist ein »Soma organikon«. Von hier rührt unsere Betrachtung des Körpers als Organismus. Wir haben aber diese Werkzeuge nicht nur, sondern wir sind diese Werkzeuge. Wir haben nicht nur einen Leib, sondern wir sind ein Leib. Seele ist dieses Leibsein selbst.

Ein Werkzeug ist zum Beispiel die Hand, mit der wir greifen können, sie ist sogar das Werkzeug der Werkzeuge, wie Aristoteles sagt, weil aller handwerkliche menschliche Werkzeuggebrauch von ihr abhängt. Werkzeuge sind aber auch die Flossen der Fische, die Flügel der Vögel, die Beine aller Landtiere. Sie sind Werkzeuge der Ortsbewegung. Werkzeuge sind Maul und Magen. Mit ihrer Hilfe erhalten wir uns durch die Ernährung im Sein. Was ist das Wesen des werkzeughaften Körpers? Das Kennzeichen jedes Organs ist, daß eine Möglichkeit in ihm wohnt, daß es ein Vermögen hat. Aber was dieses Vermögen ist, das kann man nur aus dem Vollzug dieser Wirklichkeit her verstehen. So wohnt im Auge zum Beispiel das Sehvermögen, doch was dieses bedeutet, erfassen wir nur vom Akt des Erblickens her. Doch auch das Erblicken kann nicht aus sich selbst allein verstanden werden, denn was es ist, begreifen wir erst, wenn wir es von dem her verstehen, worauf es sich richtet, von dem Erblickten, der Farbe und der Form der Dinge.

Alle Werkzeuge des Leibes und dieser als ganzer sind auf das ihm gegenüberliegende Wirkliche der Welt gerichtet. Im Akt des Erblickens berühren sich die Wirklichkeit des beseelten Leibes und die Farbigkeit und Gestalt des Erblickten in seiner eigenen Wirklichkeit. Aber nicht nur Auge, Ohr und Gefühl, die Organe der Wahrnehmung, haben ein solches Gegenüber. Auch das Strebungsvermögen und der Trieb, der uns Lust und Unlust empfinden läßt, richten sich auf etwas außer uns. Ihr Gegenüber ist das Erstrebte, sei dies nun wie bei allen Tieren die Nahrung, die zur Erhaltung der eigenen Existenz dient, oder sei es der Partner, mit dem wir uns vereinigen, um die eigene Art zu erhalten (Über die Seele, Buch II, Kap. 1–4).

Die Wirklichkeit des Trieb- und Affektlebens wird also ebenso wie die Wirklichkeit der Wahrnehmung von Aristoteles nicht nur als etwas Innerseelisches, rein Subjektives erfaßt, sondern sie definiert sich aus dem Vollzug, aus der Berührung mit dem Gegenüber, aus jener Identität der Wirklichkeit des Seelischen mit der Wirklichkeit der Welt, die sich darin ereignet.

Auf die Welt gerichtet sind aber nicht nur Wahrnehmung und Trieb, sondern auch das Denken. Die Wahrheit des Denkens liegt für Aristoteles immer in der Wahrheit des Gedachten. Im geistigen Sein berührt die Seele in ihrer eigenen Wirklichkeit die Wahrheit des Ganzen und der Welt. Wenn das Gegenüberliegende der Ernährungsorgane die Nahrung ist, dasjenige der Bewegungsorgane der Raum und dasjenige der Wahrnehmungsorgane die Farbigkeit oder Hörbarkeit der Dinge, so ist das Gegenüberliegende der Seele, sofern sie Geist ist und denken kann, das Seiende im Ganzen, die Welt als solche. So kann Aristoteles seiner ersten Definition des Seelischen – nämlich: Seele ist die Wirklichkeit des werkzeughaften Leibes – eine zweite Definition an die Seite stellen: Die Seele, sofern sie Geist ist, ist in gewisser Weise alles Seiende, weil alle Dinge entweder wahrnehmbar oder denkbar sind. Wenn aber der Geist und das Denken sich auf das Ganze des Seienden und seine Wahrheit richten, so müssen sie auch für dieses Ganze offen sein, gleichsam eine unbeschriebene Wachstafel, eine tabula rasa, in die sich alles eingraben und in der alles seine Spuren hinterlassen kann. Doch dieses allein genügt noch nicht, um das Wesen der Seele als Geist zu verstehen, denn der Geist muß nicht nur der sein, der gleichsam alles wird, indem er alles in sich aufnehmen kann, sondern er muß zugleich den Lichtkreis schaffen, in dem sich alles Wirkliche zeigt. Der in diesem Sinne schaffende Geist, wie Aristoteles ihn nennt, ist gleichsam das Licht, in dem alles erscheint. Das Licht wird hier zu einem Gleichnis der Wahrheit. So wie erst im Licht der Sonne die Farben der Dinge aufleuchten, so kann erst im Licht des Geistes die Wahrheit der Dinge als solche sich zeigen. Das Gegenüberliegende der Seele als Geist ist also eigentlich die Wahrheit und das Unwandelbare in den Dingen selbst. Es ist die Ewigkeit der Ideen, und nur sofern die Seele mit diesen in Berührung gerät, hat sie an ihrer Ewigkeit teil und ist sie unsterblich (Über die Seele, Buch III, Kap. 4–8).

Das Faszinierende dieser aristotelischen Psychologie liegt darin, daß sie in einem großen Bogen organische Wirklichkeit und geistiges Sein zu einer Einheit verbindet und als Einheit denkt. Wenn es uns gelingt, diesen Gedanken nachzuvollziehen, so werden wir darin einen Schlüssel für die Lösung einer Fülle von Problemen finden, die in dem Nebeneinander physiologischer und psychologischer Erkenntnisse und in der Frage nach ihrer gegenseitigen Beziehung liegen. Das Entscheidende ist: Aristoteles betrachtet weder den Organismus als bloß vorhandenes Objekt, in welchem gewisse Prozesse ablaufen, noch betrachtet er den Geist als bloße Innerlichkeit, sondern beide sind, was sie sind, nur durch die Aktualität des Vollzugs in der Beziehung zum Gegenüberliegenden der Welt. Beide sind gedacht als Sein und Wirklichkeit. Das Sein des Organismus liegt im Vollzug der Berührung mit den Dingen der Welt, in dem er sich verwirklicht, sei es in der Ernährung, in der er den Stoff der Umwelt in sich aufnimmt, sei es in der Zeugung und Empfängnis, in der er sich als Art erhält, sei es im Wahrnehmungsakt, in dem er das, was er ist, nur ist durch die Berührung mit der Wirklichkeit und Farbigkeit der Welt.

Aristoteles drückt dies durch ein Gleichnis aus. Wenn wir uns einmal vorstellen, das Auge sei ein Lebewesen für sich selbst, so wäre seine Seele das Erblicken, und zwar nicht nur das Erblickenkönnen, sondern auch jener Augenblick, in dem es die Wirklichkeit des Erblickten als solche berührt. In analoger Weise ist der Geist im Denken in Berührung mit der Wahrheit alles Seienden, das Wesen des Denkens kann nur aus dem Akt und Vollzug des Gedankens erfaßt werden, dieser aber nur aus der Wahrheit des Gedachten, d. h. aus dem Sein und der Wirklichkeit selbst.

Während die aristotelische Psychologie durch den Bezug zur Leiblichkeit und zur Außenwelt gekennzeichnet ist, hat die Neuzeit ihre Aufmerksamkeit ganz dem Reich des Bewußtseins zugewendet. Aber schon am Ende der Antike findet im Denken Augustins eine ungeheuer kraftvolle und faszinierende Wendung nach innen statt.

Augustinus

Was Augustinus fasziniert, ist die innere Welt, die Welt des Gedächtnisses. Erinnerung ist unsere Beziehung zum Sein der Vergangenheit, in ihr ist gewesenes Wirkliches als solches gegenwärtig. »Ich komme in die Gefilde und weiten Paläste der Erinnerung, wo die Schätze unzähliger Bilder sind«, heißt es im 10. Buch der »Konfessionen« (Kap. 8). Vergangene Wirklichkeit tritt in ihrer ganzen Lebendigkeit und Farbigkeit aus den verborgenen Höhlen und Gängen des Gedächtnisses zutage. Manchmal muß ich nach den Dingen suchen, und anderes stellt sich ein und drängt sich meinem Auge vor. Ganze Scharen von Gestalten stürzen aus geheimen Höhlen an das Licht des Bewußtseins. Es ist die Dynamik von Erinnern und Vergessen, Entborgenheit und Verborgenheit, um die es hier geht. In der gewaltigen Aula des Gedächtnisses sind Himmel und Erde und Meer, alles Wahrgenommene und Vergessene aufbewahrt. »Es ziehen die Menschen dahin, um zu bewundern die Höhen der Berge und die gewaltigen Wogen des Meeres, den breiten Fall der Flüsse, den Umfang des Ozeans, die Kreise der Gestirne – und verlassen sich selbst, ohne sich zu wundern, daß ich das alles, während ich davon redete, nicht mit Augen sah und doch von Bergen, Strömen und Flüssen und Gestirnen sprach, die ich schaute in diesem ungeheuren Raum meines Gedächtnisses, als schaute ich sie vor mir« (Confessiones, Buch 10, Kap. 8).

Es ist nicht eine unverbindliche Subjektivität, was Augustinus hier entdeckt, sondern die gewaltigen Ausmaße einer inneren Welt, in der sich die Gesamtheit alles Wirklichen abbildet. Es sind die Geheimnisse der Präsenz des Abwesenden, von denen Augustinus fasziniert ist. Auch im tiefsten Schweigen der Nacht kann ich mir leuchtende Farben und klingende Töne in Erinnerung rufen, ohne doch etwas zu sehen und zu hören. Ich kann den Geruch der Lilien in Gedanken wahrnehmen, ohne daß sie wirklich gegenwärtig sind. Das Gedächtnis ist ein Bezug zu vergangenem und entferntem Sein, es ist in sich selbst ein Bezug zur Welt, denn die ganze Welt ist im Gedächtnis. Der Weg nach innen und der Weg nach außen sind im Grunde dasselbe. Psychische Realität wird hier in ihrer ganzen Intensität und Dichte erfahren. Seele ist Gegenwart auch von Vergangenem und Zukünftigem, Seele ist Gegenwart des Ganzen in meinem Inneren. Diese Gegenwart aber ist mit einer ungeheuren Dynamik des Sich-Entbergens und -Verbergens verbunden. Die Dinge drängen sich mir ungefragt auf, oder sie entziehen sich, wenn ich verzweifelt nach ihnen suche.

Wir alle kennen die Erfahrung, die sich einstellt, wenn uns plötzlich irgendein Geruch an eine längst vergangene Zeit erinnert. Alle Einzelheiten sind wieder da, der Raum, in dem ich mich befand, die Wirklichkeit des Geschehens, in das ich verwickelt war, die Präsenz der Menschen, die mir in dieser Zeit begegnet sind. Ja auch ich selbst begegne mir im Gedächtnis. Ich begegne mir so, wie ich früher war, und erkenne mich doch zugleich als den, der ich jetzt bin.

Das Besondere an dieser Eroberung der inneren Welt bei Augustin liegt in ihrer Beziehung zur Zeit. Es ist die Zeitlichkeit des Psychischen, die in Verbindung gesehen wird mit der Zeitlichkeit alles Seins überhaupt. Aber was ist Zeit? Der Versuch, dieser Frage nachzugehen, führt in eine bestürzende Reihe von Einsichten. Alles was vergangen ist, existiert nicht mehr, alles Zukünftige ist noch nicht. Wirklich scheint also nur die Gegenwart zu sein. Doch, was ist Gegenwart? Wie lange dauert sie? Auch die kürzeste Dauer läßt sich wieder in Vergangenheit, Gegenwart und Zukunft trennen. Der Augenblick ist eigentlich nur die Grenze zwischen dem Noch-nicht-Sein der Zukunft und dem Schon-nicht-mehr-Sein der Vergangenheit, in welche er wegflieht. So erweist sich die Gegenwart als eine zeitlose Grenze zwischen Vergangenheit und Zukunft. Auch in ihr verschwindet das Sein, wenn man es im Hinblick auf die Zeit betrachtet. Der fliehende Moment ist nur eine nichtige Grenze zwischen dem Noch-nicht der Zukunft und dem Nicht-mehr der Vergangenheit. Zeit, Sein und Nichts sind also ineinander verschlungen.

Aber wie ist es dann möglich, die Zeiten zu messen? Die Gestirne, an deren Bewegung ich sie zu messen scheine, drehen sich doch vom Nichts der Vergangenheit durch das unausgedehnte Jetzt in das Nichts der Zukunft. Die Zeit als eine solche, die auch Vergangenheit und Zukunft enthält, enthüllt sich also eigentlich nur in meiner Seele. Sie geht durch mich hindurch. In meiner Seele messe ich die Zeiten im Vorübergehen. Eine lange Vergangenheit ist eigentlich nichts anderes als eine lange Erinnerung, und eine lange Zukunft ist in Wahrheit eine lange Erwartung. Die Seele ist ein Durchgangsort der Zeit (Confessiones, Buch 11, Kap. 14–28).

Wir können die Zeit in der Natur außer uns nur messen, weil wir selber zeitlich sind. Die erlebte Zeit ist nicht ein schattenhaftes Abbild der meßbaren Naturzeit, sondern die Seele ist vielmehr ein Ort, wo wahrhaft Zeit sich ereignet und sich als solche zeigt. In ihr vergleichen wir Vergangenheit und Zukunft und finden ein Maß der Dinge gegeneinander, etwa wenn wir ein Musikstück hören oder eine Melodie singen. Auch für Augustinus ist also Seele der Bezug zur Welt, aber es ist die Welt der Zeit in ihrer Hintergründigkeit und Verschlungenheit, der die geheimnisvoll verborgene innere Welt korrespondiert, die wir im Gedächtnis entdecken.

Mit dem Denken Augustins hat sich das christliche Mittelalter immer wieder auseinandergesetzt. Aber diese Auseinandersetzung verbindet sich bei seinem größten Vertreter Thomas von Aquin mit einer Neubelebung des aristotelischen Denkens, mit der Auffassung der Seele als Form des Leibes. Gegenüber dieser Bestimmung des Psychischen hat Descartes zwölf Jahrhunderte nach Augustin in einer um vieles radikaleren Wendung nach Innen die Eigenständigkeit des Psychischen und seine totale Unterschiedenheit von aller leiblichen Wirklichkeit betont.

Descartes

Descartes' große Entdeckung ist die eigene, mit nichts anderem vergleichbare Realität seelischen Seins. Wir alle erfahren in uns eine Wirklichkeit, die nicht dinghaft und nicht räumlich und doch von großer Lebendigkeit und Farbigkeit ist. Es ist die Wirklichkeit des Bewußtseins, die Wirklichkeit von Traum, Phantasie und Wunsch, von Denken, Gefühl und Empfindung. Das alles existiert. Aber es ist ganz ungreifbar. Man kann es nicht von außen sehen, sondern es ist jedem von uns in seinem eigenen Erleben gewiß. Dieses Sein hat seine Wahrheit und Wirklichkeit ganz unabhängig von der Frage der Übereinstimmung unserer Vorstellungen mit der Außenwelt. Phantasien, Wünsche und Träume sind genauso wirklich wie Wahrnehmungen, Empfindungen und Gedanken.

Descartes ist fasziniert von dieser eigenartigen und ganz unabhängigen inneren Wirklichkeit. Sie ist ja nicht weniger wirklich, als es die Dinge im Raum außer uns sind. So gibt es also zwei ganz verschiedene Arten von Realität, die eine von der Weise der ausgedehnten Welt im Raum, die andere von der Weise der Gedanken und Vorstellungen, Gefühle und Empfindungen. Descartes nennt sie zwei Substanzen und bezeichnet sie kurz als »Ausdehnung« und »Denken« oder: ausgedehnte und denkende Sache. Durch diese Absicherung der Eigenständigkeit des seelischen Seins hat er den Philosophen und Wissenschaftlern der folgenden Jahrhunderte ein riesiges Reich der Psychologie und der eigenständigen Wirklichkeit des Bewußtseins eröffnet. Zugleich aber hat er dadurch ein Problem geschaffen, das uns noch heute belastet, das Leib-Seele-Problem, die Frage, wie denn überhaupt zwischen zwei so grundverschiedenen Arten des Seins eine Beziehung und Wechselwirkung möglich sein könnte. Ebenso wichtig wie die Zweisubstanzenlehre ist aber auch der Weg, der zu diesem Ergebnis geführt hat.

Descartes sucht nach einem unerschütterlichen Fundament der Wahrheit, auf das man Philosophie und Wissenschaft bauen kann. Dieses muß in einem Seienden liegen, das über jeden Zweifel erhaben ist. Die Sinneswahrnehmung kann eine solche Sicherheit nicht bieten, denn wir erleben immer wieder, daß die Sinne uns täuschen. Aber, so kann man einwenden, wenn auch die Sinne im einzelnen täuschen können, so ist doch die Gesamtheit der natürlichen Erfahrung unbezweifelbar. Daß ich jetzt hier an meinem Kamin sitze, dieses Papier in Händen halte, mit meinem Winterrock bekleidet bin, wer könnte das bezweifeln, sagt Descartes. Doch halt, kann nicht dies alles mit genau derselben Gewißheit mir im Traum begegnen, und wenn ich dann aus diesem Traum erwache, erweist sich alles dies als unwirklich. Wer kann mir denn beweisen, daß ich nicht auch jetzt, wo ich eben dieses denke, in Wirklichkeit nur träume?

Descartes war fasziniert von der Realität der geträumten Welt. Solange wir träumen, ist das Geträumte völlig wirklich. Erst wenn wir aufwachen, verwandelt es sich in Bild und Phantasie, in etwas, das nicht wirklich real da war. Aus dieser Erfahrung des Träumens und Erwachens erschüttert Descartes die natürliche Selbstverständlichkeit unseres alltäglichen In-der-Welt-Seins. Könnte nicht alles wie ein Traum sein? Wer garantiert mir, daß ich nicht auch jetzt aus dieser Wirklichkeit wieder erwache? Habe ich nicht oft schon im Traum geglaubt, erwacht zu sein, und doch in Wahrheit nur in tieferer Weise geträumt, bis ich endgültig erwachte? Das Traumargument Descartes' erschüttert die Gesamtheit der natürlichen Erfahrung, mit der wir in der Welt verwurzelt sind. Es steht im Zentrum eines großen Zweifelsganges, in dem die Evidenz der Sinneswahrnehmung, die Sicherheit der Tradition und sogar die Evidenz der mathematischen Wahrheit in Frage gestellt werden. Doch überraschend ist das Ergebnis dieses Weges: Auch wenn mich alle meine Sinne täuschen, auch wenn alles nur wie ein großer Traum ist, ja selbst wenn es gar keine Welt und gar keinen Körper geben sollte, so bleibt doch eines gewiß, nämlich, daß ich selbst, so lange ich dieses denke und so lange ich zweifle, existieren muß. Aus dieser Einsicht, die Descartes in die Kurzformel: »Ich denke, also bin ich«, »cogito ergo sum«, zusammenfaßt, ergibt sich, daß seelisches Sein in sich selbst als Vollzug absolut gewiß ist. Es ist dasjenige Seiende, das mir am unmittelbarsten zugänglich ist, das seine Wirklichkeit in sich selbst trägt und an dem man darum nicht zweifeln kann. Durch diese Wendung des Denkens ist die seelische Realität zum Urbild der Wirklichkeit schlechthin geworden. Sie ist in ihrer Gewißheit unerschütterbarer als alle Wirklichkeit der Außenwelt, die uns ja erst durch das Bewußtsein vermittelt wird. Sie kann und muß darum auch ganz in sich selbst und nach ihren eigenen Gesetzen untersucht werden, unabhängig von der Frage nach ihrem Zusammenhang mit dem Körper. Psychische Wirklichkeit folgt psychischen Gesetzen, sie hat ihre Wahrheit in sich selbst. Der Körper dagegen ist für Descartes wie eine Maschine. Er muß ganz und gar nach physikalischen Gesetzen erkannt und verstanden werden. So kommt es zu einer Neuaufteilung der Gebiete der Wissenschaften, die noch heute den Wissenschaftsbetrieb beherrscht.

Hier aber liegen auch die Grenzen dieser Einsicht. Ist Seele wirklich nur Inner-

374

Edmund Husserl (1859–1938)

Friedrich Wilhelm von Schelling (1775–1854)

Nicolai Hartmann (1882–1950)

Martin Heidegger (1889–1976)

lichkeit? Begegnet mir nicht der andere Mensch als leibliches Lebewesen, als ein Ganzes, das denkt, fühlt, liebt und haßt und mir präsent ist? Bin ich nicht auch mir selbst als dieses leibliche Wesen gegeben? Leiblichkeit in diesem Sinne ist aber nicht identisch mit dem als Maschine aufgefaßten Körper. Wenn einmal die Trennung zwischen Seele und Körper vollzogen ist, so läßt sie sich nicht durch nachträgliche Addierung überwinden.

Schon in Descartes' eigenem Jahrhundert begann sich die Philosophie mit großer Intensität dem psycho-physischen Problem zuzuwenden. Besonders interessant ist die Lösung Spinozas, der in der schöpferischen Kraft der Natur die Einheit von Seelischem und Leiblichem sieht.

Spinoza

Spinoza erfaßt den Menschen in seinem Wesen als Teil der Natur. Aber was ist für ihn Natur? Sie ist nicht einfach die Summe der Gegenstände, der Inbegriff alles Vorhandenen, sondern sie ist auch die Kraft, die alles Seiende ins Sein setzt. Mit dem Wort Natur meint Spinoza ebensosehr das Hervorkommen und Wirklichwerden der Dinge wie ihr Gegenwärtigsein. Darum unterscheidet er zwischen der hervorbringenden und der hervorgebrachten Natur und nennt sie Natura naturans und Natura naturata. Wer aber bringt die Natur hervor? Die entscheidende Einsicht Spinozas ist diese: Die Natur bringt sich selbst hervor. Sie ist das, was von sich her anhebt. Sie ist Quell und Ursprung ihrer selbst.

Das, was Ursache seiner selbst, causa sui, ist, hat die mittelalterliche Philosophie Gott genannt. Aber für Spinoza ist dieses Prinzip des Seins, das Göttliche, nicht etwas, was außerhalb der Welt existiert, sondern es ist das Wesen und die Wirklichkeit der Welt selbst. Darum nennt er die Natur Gott und Gott die Natur (Deus sive natura). Sein Begriff der Natur knüpft an das Denken der vorsokratischen Philosophen an, für die »Physis« die alles hervorbringende Macht und Einheit des Wirklichen ist. Alles, was existiert, sagt Spinoza, ist nur insoweit wirklich, als es an dieser einheitlichen Kraft der Natur teilhat und sie ausdrückt.

Die Natur ist nur eine einzige. Sie ist darum zugleich das Unendliche und Ganze. Die einzelnen Dinge sind gleichsam nur Modifikationen dieser einen Substanz, sie haben ihr Sein aus dem Sein des Ganzen. Die Macht, mit der sie existieren, ist die Macht der Natur selbst. Das gilt auch vom Menschen, denn in dieser Schau sind wir nur Momente des Ganzen.

So kann Spinoza einerseits die Kleinheit des Menschen betonen. Der Mensch ist nur ein winziges Teilchen der Natur. Andererseits aber drückt sich in ihm die ganze unendliche Kraft des Seins aus, welche Spinoza Gott oder die Natur nennt. Die Macht, mit der der Mensch sich in seinem Sein erhält, ist darum nichts anderes als die Macht Gottes oder der Natur selbst, sofern sie sich in diesem Einzelnen ausdrückt (Ethik IV, 4, Beweis). Alles Existierende wurzelt unmittelbar im Sein, der Atem des Ganzen ist in ihm lebendig. Es hat an dem einzigartigen Ereignis der Natur Anteil. Diese Teilhabe drückt sich in uns in dem Streben aus, im Sein zu beharren, da zu sein und glücklich zu sein. Der Trieb ins Sein ist darum für Spinoza das Wesen des Menschen. Was die Natur in ihrer unerschöpflichen Kraft und Gewalt ist, das erfahren wir auch in uns selbst, im Trieb als Natur in uns.

Aber dieser Drang zum Dasein stößt zusammen mit den anderen Dingen der selben Natur. Sie können uns in unserem Seinwollen tragen und fördern. Sie können uns aber auch entgegenstehen und uns einengen und hemmen. Sie tun uns etwas an. Den Zusammenstoß unseres Triebwollens und Triebwunsches mit der Wirklichkeit der Dinge außer uns nennt Spinoza affectio (»afficere« ist das lateinische Wort für »antun«).

Trieb und Affekt sind die Grundelemente unseres seelischen Geschehens. Sie durchziehen unser ganzes Sein. Diejenigen Dinge, die uns in unserem Seinstrieb fördern, erzeugen in uns das Gefühl der Lust und der Freude. Diejenigen aber, die sich uns entgegenstellen, erfüllen uns mit Trauer und Unlust. Freude und Trauer, laetitia und tristitia, durchziehen darum als Grundstimmungen unser Leben. Wir lieben die Dinge, die uns tragen und vermehren, denn Freudigkeit und Lust verbinden uns mit ihnen. Das aber, was sich uns entgegenstellt und einengt, erfüllt uns mit Abwehr oder Haß. Liebe und Haß sieht Spinoza darum als die beiden Grundaffekte an, aus denen die ganze Vielfalt seelischer Regungen, die Flutbewegung der Seele zwischen Lust und Unlust, Heiterkeit und Traurigkeit, zu verstehen ist.

Wenn der Mensch den Sinn für seinen Platz im Ganzen verliert, wird er von dieser Flutbewegung, von der furchtbaren Gewalt der Affekte fortgerissen. Er hat aber auch die Möglichkeit, sich dem Ganzen einzufügen und von diesem sich tragen zu lassen. Diese Möglichkeit hat er darum, weil er selbst ein Teil des Ganzen ist und weil er selbst auf seine Weise die Natur in seiner Existenz ausdrückt. Er muß sich also auf seinen Ort im Ganzen besinnen. Wie ist ihm dies möglich? Spinozas Antwort lautet: in einem schauenden Denken. Der Mensch kann sein Teilhaben am Ganzen in einer geistigen Schau erfassen, weil er das Wesen und die Notwendigkeit der Natur, an der er teilhat, mit seinem Geist anschauen kann.

Es ist ein Sich-Versenken in das Sein und seine innere Notwendigkeit, das uns an die Philosophie des Parmenides erinnert. Das Sein ist das Göttliche, die Kraft des Ganzen. Jede Anschauung dieses Ganzen vermehrt in uns die Lust und Heiterkeit des Seins, sie führt zu einem Wachsen der laetitia, bis hin zur beatitudo, d. h. zur Glückseligkeit. Der Mensch kann des Spiels der Leidenschaften in seinem Innern Herr werden, weil die Leidenschaft des geistigen Einsehens in das Ganze größer ist und ihn in seinem Sein trägt.

So kommt Spinoza zu dem Schluß, daß wir nicht deswegen glückselig sind, weil wir die Triebkräfte besiegen, sondern umgekehrt, daß wir diese Kräfte beherrschen können, weil wir die Teilhabe am Ganzen, die Zugehörigkeit zur göttlichen Natur, uns geistig zu eigen machen können (Ethik V, 42). In dieser umfassenden Zusammenschau von seelischer Wirklichkeit und Naturwirklichkeit werden also die Kräfte der Triebe und Affekte im Menschen mit denen des Geistes und der inneren Anschauung ins Gleichgewicht gebracht.

Eine wieder anders akzentuierte Antwort auf die Frage nach dem Verhältnis des Einzelnen zur Ganzheit der Welt gab Spinozas Zeitgenosse Leibniz.

Leibniz

Jede Seele ist ein lebendiger, stets sich wandelnder Spiegel des Universums. Im Bewußtsein jedes Einzelnen ist ja die Welt als ganze repräsentiert. Aber weil jedes einzelne Individuum einen anderen Standort im Ganzen hat, spiegelt sich die Welt in jedem in einer anderen Perspektive. Diese Perspektiven ergänzen einander. Sie geben erst zusammen das wahre Bild der Wirklichkeit. Hier ist also die alte Frage nach der Einheit und Ganzheit der Welt mit der Frage nach der Wirklichkeit seelischen Seins verbunden. Die besondere Einsicht von Leibniz ist es dabei, daß das Ganze der Welt von jedem Ort in ihr sich anders zeigen muß; daß es also nicht ein einziges fertiges Bild der Welt geben kann, weil man sie ja nicht von außen sehen kann, so daß also die eigentliche Wirklichkeit sich nur in einer unermeßlichen Fülle von Aspekten erfassen läßt. Hierfür gibt er ein sehr anschauliches Gleichnis: Ein Maler, der ein zureichendes Bild von einer Stadt geben wollte, dürfte diese nicht nur von einer Seite aus zeichnen, sondern er müßte sie von vielen verschiedenen Blickpunkten aus darstellen, die erst zusammengesetzt und sich ergänzend das Bild des Ganzen geben würden. Wer ein wahres Bild der Wirklichkeit haben wollte, müßte sie zugleich von allen möglichen Standpunkten aus ansehen können (vgl. Monadologie § 57).

In analoger Weise ist die Einheit und Ganzheit des Universums etwas, das sich erst aus der Fülle aller möglichen Perspektiven darstellen kann. Sie ist also auf seelisches Sein angewiesen, um als solche erscheinen zu können. Das Entscheidende bei dem Gedankengang von Leibniz ist hier aber die Einsicht, daß nicht die Abspiegelung in einem einzelnen Individuum genügt, sondern daß es der gegenseitigen Ergänzung in der Vielheit der Perspektiven bedarf, wenn das Ganze sich zeigen soll.

Seelisches Sein ist hier nicht allein vom Ich oder von einem isoliert vorgestellten Individuum aus begriffen, sondern es ist die Vielheit und gegenseitige Ergänzung individueller Spiegelungen, die sich zum Ganzen potenziert. Insofern ist also seelisches Sein nicht eine bloß belanglose Wiederholung der Natur, sondern ihre Potenzierung zu einem dynamischen Ganzen. Es ist ein barockes Spiegelspiel, das sich in ihm abspielt. Das Wesen des Bewußtseins und des Seelischen überhaupt ist, daß es stets im einzelnen Individuum das Ganze repräsentiert. Wie aber hängen Sein und Repräsentation zusammen?

Das Einzelne kann nur durch seinen Bezug zum Ganzen und durch seinen Ort im Ganzen definiert werden. Das gilt auch von den Urelementen der Natur, die Leibniz Monaden nennt. Der Raum ist unendlich teilbar. Seine kleinsten Elemente müssen gleichsam unräumlich sein. Aber sie müssen differenziert sein und den Bezug zur Vielfalt in sich enthalten.

In seiner »Monadologie« faßt Leibniz das Ganze des Seienden als eine Fülle von individuellen Einheiten auf, von denen jede das Universum, gemäß ihrem Standort, in einer einzigartigen Perspektive widerspiegelt. Erst alle diese Spiegelungen zusammen ergeben das Ganze. Gott wird gedacht als ein Wesen, das gleichsam von allen diesen Blickpunkten zugleich die Welt erblickt. Das Sein des Einzelnen ist Repräsentation und der Bezug zum Ganzen. Das Sein des Ganzen ist es, im Einzelnen gespiegelt zu werden.

Diesen Gedanken verbindet Leibniz mit einem anderen, indem er sich fragt, warum es gerade diese und nicht irgendeine andere Welt gibt, denn man könnte sich doch auch viele andere mögliche Welten vorstellen. Seine Antwort lautet, daß nur dasjenige zusammen existieren kann, was zum selben Zeitpunkt miteinander vereinbar ist und sich nicht gegenseitig ausschließt. Existieren bedeutet also immer in irgendeiner Weise Vereinbarsein mit dem Ganzen, Teilhaben an der Harmonie des Ganzen. Existieren ist nichts anderes als Harmonisch-Sein.

Was bedeutet eigentlich dieser Gedanke, wenn wir ihn auf unsere eigene Existenz anwenden? Der Mensch ist ja ein Wesen, das über die Tatsache, daß er selbst existiert, erstaunen kann. Auch unsere Existenz ist, ebenso wie die der Welt im ganzen, keineswegs selbstverständlich. Sie ist im Grunde ein erstaunliches Wunder, ein Geheimnis, das uns immer wieder plötzlich berühren kann. Die Welt hat uns gleichsam einen Ort zum Sein eingeräumt. Wir sind nur das Glied einer großen Kette von Seienden, die miteinander vereinbar sind, und darum spiegeln wir auch als dieses einzelne Wesen in unserem Sein das Ganze wider.

Bewußtsein ist eigentlich nur das Explizitwerden dieser Spiegelung des Ganzen. Leibniz nimmt an, daß es viele Stufen der Klarheit und Deutlichkeit der Weltspiegelung gibt. Das wache, rationale Bewußtsein ist nur eine hohe Ausformung jenes Inneseins, das schon den Tieren und allem Lebendigen zukommt. Auch alles Leben spiegelt in seiner Weise das Ganze wider.

Man kann das System von Leibniz geschichtlich zusammen sehen mit den Spiegelsälen der barocken Architektur und mit der ungeheuren Perspektivität barocker Deckenmalereien. Es ist derselbe Zeitgeist, der sich darin offenbart. Etwas sehr Wesentliches und für die psychische Wirklichkeit Kennzeichnendes kommt dabei zum Vorschein, eben die Perspektivität seelischen Seins überhaupt, das Aufeinanderangewiesensein der Standpunkte, die Art, wie wir uns in unserem Bild der Welt gegenseitig ergänzen. Es ist ein polyphones Konzert, das sich in der seelischen Wirklichkeit abspielt. Existieren heißt, an diesem Konzert teilzuhaben, in das Spiegelspiel der Wirklichkeit seelischen und geistigen Seins einbezogen zu sein.

So wie für Spinoza die Triebwirklichkeit der Zugang zum Sein in der Seele war, so war es für Leibniz das Aufleuchten des Bewußtseins. Das Thema des Bewußtseins, das Descartes in die philosophische Diskussion gebracht hat, beherrscht das ganze Denken der Neuzeit. Während die Philosophen des europäischen Kontinents dabei immer wieder fasziniert wurden von dem, was der Mensch schon mitbringen muß, damit ihm überhaupt eine Welt erscheinen kann, von jenen Voraussetzungen also, die Platon gemeint hat, wenn er sagte, daß die Seele die Ideen gleichsam schon vor ihrer irdischen Existenz geschaut haben müßte, so waren auf der anderen Seite die englischen Philosophen ganz beherrscht von der Einsicht, daß unser Denken auf Erfahrung und auf der Prägung durch die Welt beruht.

Locke und Hume

Bei der Betrachtung der aristotelischen Psychologie haben wir gesehen, daß der Geist dort durch zwei Bestimmungen gekennzeichnet ist: Einerseits muß er wie eine leere Wachstafel, eine »tabula rasa«, gesehen werden, auf die noch nichts geschrieben ist und in die alles eingetragen werden kann. Der Geist muß also unendlich offen sein für die Erfahrung. Andererseits muß er in sich schon das Licht mitbringen, in dem alles erscheint. Er muß gleichsam schon den Horizont des Ganzen in sich tragen, damit ihm überhaupt eine Welt gegenwärtig sein kann. Im siebzehnten Jahrhundert hat sich die Einheit dieser beiden Einsichten in zwei verschiedene Ströme der Tradition des Denkens aufgelöst, die kontinentaleuropäische und die angloamerikanische. Während zum Beispiel Leibniz ganz beherrscht ist von der Idee, daß der Geist die Spiegelung der Welt spontan aus seinem eigenen Sein in sich hervorbringen muß, betonen sein Zeitgenosse John Locke und dessen Schüler David Hume vehement die Angewiesenheit allen Erkennens auf die Erfahrung. Die Seele, sagt Locke, ist eine tabula rasa, eine leere Tafel, auf die überhaupt erst durch die Erfahrung unseres Lebens etwas eingetragen wird. Wir sind darum ganz und gar abhängig von dieser Erfahrung. Dinge, die uns angeboren erscheinen, wie zum Beispiel die Idee der Kausalität oder auch moralische Prinzipien, sind im Grunde nur die Folge der Gewöhnung. Die Vorstellung einer notwendigen Verknüpfung von Ursache und Wirkung ist nur möglich als das Produkt der Erfahrung, daß immer wieder bestimmte Ereignisse aufeinander folgen. Auch die Imperative der Moral beruhen auf dem Einfluß der Umwelt, dem wir ausgesetzt sind.

David Hume hat diese Lehre zu einer differenzierten Philosophie und Psychologie der Assoziation verfeinert. In unserem Bewußtsein und unserer Erinnerung verbinden sich Vorstellungen von Dingen miteinander, die wir gleichzeitig erlebt haben oder die nach dem Prinzip der Ähnlichkeit und der räumlichen Berührung miteinander verknüpft sind. Die Vielfalt des Bewußtseins ist gleichsam ein Strom von solchen Verkettungen und Assoziationen. In diesen Gedankengängen kommt etwas von der Eigenständigkeit seelischen Seins zum Vorschein. Es gibt ein komplexes Geflecht innerer Beziehungen in unserem Bewußtsein, das eigenen seelischen Gesetzlichkeiten folgt.

Aus dieser Einsicht heraus hat sich in der folgenden Zeit eine ausgedehnte Psychologie der Assoziation entwickelt. Für die Psychologie menschlicher Gedanken und Vorstellungen ist hier nicht primär die Frage der Wahrheit und Richtigkeit ihres Inhalts entscheidend, sondern die Frage ihrer psychologischen Verkettungen und Zusammenhänge. Auch die Tiefenpsychologie unseres Jahrhunderts, die Traumdeutung etwa, die von der hintergründigen Assoziation der Vorstellungen und Gedanken in unserem Inneren ausgeht, lebt noch weitgehend aus dieser Tradition. Das zeigt sich etwa darin, daß C. G. Jung solche hintergründigen Zusammenhänge in unserer Seele als Komplexe, d. h. also als Verflechtungen von Vorstellungen und Gefühlen bezeichnet.

Die Betonung der Erfahrung im Empirismus von Locke und Hume hat eine Wissenschaftsgesinnung geprägt, die nicht von vorgefaßten Meinungen ausgehen will, sondern alles im Experiment überprüft und Wissenschaft mit Empirie gleichsetzt. Darauf beruht ein großer Teil der Erfolge der neuzeitlichen Wissenschaften. Leicht aber kann dabei die Frage vergessen werden, warum denn überhaupt Erfahrungen möglich sind, worin die Voraussetzungen bestehen, die unser Geist mitbringen muß, damit er überhaupt Erfahrungen sammeln kann. Genau das ist die Frage, die Immanuel Kant im achtzehnten Jahrhundert in der Auseinandersetzung mit David Hume gestellt hat. Es ist wohl wahr, sagt er, daß alle unsere Erkenntnis auf Erfahrung angewiesen ist, damit aber ist noch nicht bewiesen, daß sie auch nur allein auf Erfahrung beruht (Kritik der reinen Vernunft, 2. Aufl., B, 1787, 1).

Kant

Was muß der Geist mitbringen, damit er eine Welt erkennen kann, das ist die Frage, die Kant stellt. Wir können nur etwas im Raum erkennen, wenn unser Geist die Dimension der Räumlichkeit schon in sich trägt. Es kann uns nur etwas in der Zeit erscheinen, wenn wir die Anschauung der Zeitlichkeit schon in uns selber haben. Wer nicht weiß, was Zeit ist, dem könnte es keine Erfahrung demonstrieren. Einem Menschen, dem nicht der Raum als Urgegebenheit immer schon anschaulich ist, könnte nie ein Ding im Raum erscheinen. Es sind die Anschauungsformen des Raums und der Zeit, die wir als Horizont gleichsam immer schon mitbringen müssen.

Ein Geist, dem nicht die Idee der Einheit eingepflanzt wäre, könnte niemals die Fülle der Erscheinungen zu einem Ganzen zusammenfassen. Um etwas als Verkettung von Ursache und Wirkung begreifen zu können, muß er schon eine Idee in sich haben, was überhaupt Kausalität ist. Es wäre völlig unvorstellbar, daß er das Wesen von Ursache und Wirkung aus der Erfahrung allein begreifen könnte, wenn nicht diese Form der Verbindung von Erfahrungen wenigstens prinzipiell schon in ihm wohnen würde. Wer könnte denken, was ein Ding ist, wenn nicht die Fähigkeit, vieles zu einer Einheit zusammenzuschauen, schon ihm eingewurzelt wäre? Wie könnte man Möglichkeit und Wirklichkeit unterscheiden, wenn nicht schon ein Sinn für das Wirkliche in uns wohnte, wenn wir nicht schon die Fähigkeit in uns hätten, etwas als möglich zu denken. Gewiß, alles einzelne Mögliche und Wirkliche muß uns die Erfahrung lehren. Hierin liegt die Grenze unserer Erkenntnis. Sie bleibt auf Erfahrung angewiesen und gilt nur im Reich möglicher Erfahrung. Aber

Erfahrungen kann nur ein Wesen sammeln, in dem schon die Bahnen solchen Erfahrens vorgezeichnet sind.

Nur ein solcher Geist kann die Fülle dessen, was ihm begegnet, zur Einheit der Welt zusammenfassen, der in sich selbst schon das Prinzip der Einheit trägt. Wo liegt dieses Prinzip? Zeigt es sich nicht darin, daß alles, was wir erleben und erfahren, für uns zusammengehört in der Einheit unseres Ich? Spiegelt sich nicht die Einheit der Welt in der Einheit der Erfahrung? Die Vorstellung, daß ich es bin, der diese Erfahrung macht, daß ich es bin, der denkt, muß gleichsam alle anderen einzelnen Erfahrungen und Erkenntnisse begleiten können, die wir machen. Es ist die Einheit des Ich, die Einheit des Auffassens und Zusammenfügens zu einem Ganzen, die das Bewußtsein schon mitbringen muß, damit ihm eine einheitliche Welt erscheinen kann.

Das Bewußtsein überschreitet als Horizont immer schon die Fülle aller einzelnen Erfahrungen, es transzendiert sie. Kant fragt nach den Bedingungen und Strukturen dieses Überschreitens, nach den Strukturen des transzendentalen Bewußtseins. Transzendental heißt hier alles, was die Fülle einzelner Empfindungen und Wahrnehmungen immer schon übersprungen hat und ihnen einen Bereich und Horizont erschließt, in welchem sie geschehen können. Die Gesetze des Erscheinens der Natur sind darum für Kant notwendigerweise zunächst Gesetze möglicher Erfahrung, Gesetze und Horizonte des Bewußtseins von Wahrheit überhaupt. Die Wahrheit der Welt ereignet sich als solche im Bewußtsein. Das heißt aber keineswegs, daß das Bewußtsein sie hervorbringt, sondern es heißt nur, daß es in seinen Strukturformen einen Rahmen schafft, in dem die Natur als solche erscheinen kann. Es bleibt immer angewiesen auf die Zuwendung der Natur, es muß angerührt sein von dem Ding an sich. Wir können zwar nicht sagen, wie ein Ding jenseits der Horizonte unserer Erfahrung beschaffen sein könnte, aber wir wissen, daß es an sich selbst existiert und uns anrührt, wir wissen um die Eigenständigkeit der Natur.

Wir haben in uns selbst sogar einen eigenen Zugang zu diesem Sein des Dinges an sich. Aber diesen Zugang findet Kant nicht im Bereich der Erkenntnis und des erkennenden Bewußtseins, sondern er findet ihn dort, wo wir unser eigenes Wollen und Tun nach einem Gesetz bestimmen, das in uns wohnt und das uns mit einem zwingenden Imperativ anspricht. Unser Wille und unsere Verantwortung, die Tatsache, daß wir selbst in unseren Taten und unserem Handeln wirklich sind, verbindet uns mit einer Tiefe des Seins, die weiter reicht als der Horizont der Erkenntnis. Trotz aller Einsicht in die Verkettung der Dinge wissen wir genau, daß wir für unser Tun und Handeln verantwortlich sind, daß wir es selbst sind, die da handeln. Der Wille, für den wir verantwortlich sind und durch den wir schuldig werden können, ist für Kant der Ort, wo die Natur durch uns selbst hindurchgeht. Dort sind wir in ihr verwurzelt, dort begegnet sie uns nicht nur als die Erscheinung, welche die Inhalte des Bewußtseins bildet, sondern als das Ding an sich, das Sein selbst, das den eigentlichen Grund der Wirklichkeit ausmacht. In der Nachfolge Kants hat Schelling in seiner Schrift »Das Wesen der menschlichen Freiheit« diesen Gedanken in dem lapidaren Satz ausgesprochen: »Wollen ist Ursein« (SW VII, 350).

Im Willen durchstoßen wir den Schleier der Erkenntnis, das Eingefangensein in die Horizonte unseres Bewußtseins. Im Willensakt geht die Wirklichkeit durch uns selbst hindurch.

Schelling

Schelling knüpft an Kant an. Das Bewußtsein, sagt er, bringt im Grund in sich selbst den Erscheinungshorizont der Welt hervor, denn es muß ja selbst die Anschauungsformen des Raums und der Zeit mitbringen, damit ihm überhaupt etwas im Raum und in der Zeit erscheinen kann. Es muß selbst die Formen der Einheit, die Kategorien der Kausalität, der Substanz, der Möglichkeit und der Wirklichkeit mitbringen, damit es überhaupt Zusammenhänge in der Natur erfassen kann. Es muß selbst in sich die Einheit des Wirklichen tragen, damit ihm alle seine Erfahrungen als zusammengehörig erscheinen können. Aber dies alles ist ihm selber unbewußt. Es ist unmittelbar der Welt und der Wirklichkeit zugewendet. Es merkt nicht, wie sehr es der Natur die Formen ihres Erscheinens vorgibt. Es bleibt dem Bewußtsein unbewußt, daß es in sich selbst einen Horizont für die Welt hervorbringt. Es bleibt ihm also auch unbewußt, in welchem Maße es sich selbst mit seinen Anschauungs- und Erkenntnisformen und mit der Einheit seines Ich in der Räumlichkeit und Zeitlichkeit der Welt und ihrer Einheit spiegelt.

Schellings Frage geht nach dem unbewußten Grund des Erscheinens von Wahrheit und nach der unbewußten Identität von Ich und Welt, von Bewußtsein und Gegenstand. Durch diese Fragestellung ist er zugleich der eigentliche Entdecker des Unbewußten. In seiner Philosophie hat dieser Begriff eine entscheidende Prägung erfahren. Dabei knüpft er an das Denken von Leibniz an, für welchen es verschiedene Grade der Klarheit gibt, in denen sich das Seiende im Seelischen spiegelt, von der höchsten Durchleuchtetheit geistigen Denkens bis hinab zu den Urformen des Innewerdens der Welt im Leben und im organischen Sein.

Es ist dem Bewußtsein unbewußt, daß es in sich selbst einen Horizont für das Erscheinen der Welt hervorbringt, daß es selbst an dem Ganzen der Wirklichkeit, die ihm erscheint, beteiligt ist. Schelling fragt nach dem Grund und dem Prinzip des Bewußtseins überhaupt. Dabei ist ihm deutlich, daß diese Frage ebenso in einen unerforschbaren Hintergrund hineinführt wie die Frage nach dem Grund der Welt. Bewußtsein kann man nur aus sich selbst heraus verstehen. Es springt gleichsam unmittelbar auf und kann nicht durch eine Rückführung auf anderes Seiendes erklärt werden. Es ist etwas, was in sich selbst aufgeht.

Die Frage nach dem Quell und Grund des Bewußtseins verbindet sich bei Schelling mit der Frage nach dem Wesen des Ich und des Selbstbewußtseins. Was ist eigentlich das, was wir Ich nennen? Einerseits gehört dazu, daß dieses Ich gleichsam als Zeuge alles begleitet, was wir erleben. Die Einheit unserer Erfahrung ist zugleich auch die Einheit des Ich, durch das sie hindurchgeht. Das Ich und das Selbstbewußtsein haben aber noch eine andere Eigentümlichkeit, nämlich diese, daß sie zugleich das Subjekt dieses Bewußtseins und sein eigener Gegenstand sind. Irgendwann, wenn das Kind zum ersten Mal zu sich Ich sagt, muß ihm dieses Bewußtsein seiner selbst aufgegangen sein. Aber was ist das Sein des Selbstbewußtseins? Es existiert im Grunde nur, indem es sich vollzieht. Nur da, wo ich mich selbst erfasse, wo mir aufleuchtet, daß ich bin, gibt es überhaupt Selbstbewußtsein. Es ist eigentlich etwas, das sich selbst hervorbringen muß, indem es sich selbst vollzieht.

Der Vollzug des Selbstbewußtseins ist wie eine Spiegelung der Spiegelung. Zu seinem Wesen gehört es nicht nur, daß ich mich selbst zum Gegenstand mache, sondern ich muß auch noch erfassen und gleichsam durchschauen, daß ich selbst es bin, was hier mein Gegenstand ist, daß ich, der sich selbst denkt, identisch bin mit dem Gedachten. Ich muß mich also hierbei nicht als ein neutrales Gegenüber erfassen, als ob ich mich nur von außen sehe, sondern ich muß mich als den erfassen, der seiner selbst inne wird. Ich muß meine Identität in dieser Doppelheit begreifen, in der Doppelheit dessen, der sich erkennt und der von sich erkannt wird.

Was das bedeutet, läßt sich vielleicht anschaulich machen, wenn man sich an das erinnert, was man erlebt, wenn man sich unvermutet in einem Spiegel begegnet, ohne sich zunächst dabei selbst zu erkennen. Dieses Wesen, das einem da entgegenkommt, wird plötzlich in einem Augenblick ungeheuren Erstaunens identisch mit mir selbst. Ich begreife, daß ich es bin, was ich da sehe. Auch das Selbstbewußtsein muß in dieser Weise im Grunde immer wieder sich selbst aneignen, muß sich von innen erfassen. Aber allzu leicht vergißt es dabei sich in seinem Spiegelbild. Das Ich entgleitet mir, wenn ich es zu erfassen suche, und wird zu einem Objekt, als wenn es außerhalb von mir stünde. Das Selbstbewußtsein ist also eigentlich nicht ein Gegenstand, sondern eine Dynamik, ein Auf-der-Suche-sein nach sich selbst. Es ist nie möglich, das eigene Sein völlig zu durchleuchten. Es wirft gleichsam immer für sich selbst einen Schatten. Ein Teil von ihm bleibt unbewußt, nämlich der Teil, in dem es sich nicht ganz mit sich selbst identifiziert, sich nicht ganz ergreift.

Diese Gedanken über das Wesen des Selbstbewußtseins hat Schelling nun mit dem schon oben skizzierten und von Kant angeregten Gedanken verbunden, daß unser Bewußtsein auch in der Erkenntnis der Welt sich selbst verborgen bleibt, daß es ganz auf die Welt gerichtet ist und sich in ihr verliert und sich nicht selbst durchschaut.

Indem wir die Welt erkennen, spiegeln wir uns unbewußt in ihr. Ein Teil unseres Seins ist gleichsam immer in die Welt projiziert. Wir tragen in uns schon die Räumlichkeit und Zeitlichkeit, in deren Dimension uns die Dinge der Welt begegnen. Die Einheit und der Zusammenhang unseres Ich und des Bewußtseins eröffnen einen Horizont, in dem sich die Welt als Einheit und Ganzheit zeigt, obwohl wir sie nicht als ganze durchmessen können. Wir verstehen auch andere Lebewesen aus dem Wissen um uns selbst. Wir finden in ihnen unsere eigene Einheit wieder. Wir spiegeln uns nicht nur im anderen Ich, sondern auch im anderen Lebewesen, im Tier und im Organismus. Aber wir bemerken alle diese Spiegelungen nicht, wenn wir in die Welt versunken und auf sie gerichtet sind.

Diese Gedanken Schellings finden eine merkwürdige Wiederholung in den Einsichten der Tiefenpsychologie und Traumpsychologie unseres Jahrhunderts, die den Menschen ebenfalls als den sehen, der sich unbewußt in der Welt spiegelt. Man muß sich aber hüten, diese Zusammenhänge zu subjektivistisch aufzufassen. In Wahrheit ist es ja vielmehr so, daß die Frage nach dem Grund des Ich und des Bewußtseins, die Frage nach der Quelle ihrer Herkunft, in die selbe dunkle Tiefe führt wie die Frage nach dem Grund und Quell der Welt, dem Hintergrund der Natur. Beide Fragen richten sich letztlich auf das Sein, auf die Quelle des Ganzen, denn es ist ja auch das Ganze des Wirklichen, welches sich im Ich und im Bewußtsein spiegelt. Ich und Bewußtsein sind eigentlich nichts anderes als ein Aufscheinen des Lichtkreises, in dem das Ganze der Wirklichkeit gegenwärtig ist.

In diesem Sinne sind der Grund des Bewußtseins und der Grund der Natur ein und derselbe, sie sind identisch. Darum hat Schelling seine Philosophie als Identitätsphilosophie aufgefaßt, wobei er an die Traditionen von Parmenides, Spinoza und Leibniz anknüpft. Die Fragen nach dem Sein und nach der Wahrheit, nach der Natur und nach dem Bewußtsein, führen immer noch in das Selbe. Zum Sein selbst gehört schon, daß es sich zeigen kann, und zum Bewußtsein gehört, daß es nur existiert, sofern sich Wirklichkeit und Welt in ihm zeigen können. Es ist ein Ort, wo sich Natur und Welt als das, was sie wirklich sind, nämlich als die eine einzige und unendliche Einheit des Seins, zeigen können, die alles umfaßt, was je existiert. Der Mensch ist ein Wesen, das in einer rätselhaften Weise zu dieser Einheit Zugang hat, ein Wesen, das in rätselhafter Weise in Verbindung steht mit der Quelle und dem Ursprung der Natur.

Auch die Natur wird von Schelling nicht als ein bloß vorhandener Gegenstand gedacht, sondern er fragt von Anfang an nach der Quelle ihrer Herkunft, nach der Kraft, die sie hervorbringt. In diesem Fragen knüpft Schelling ebensosehr an Spinoza und seine Idee der hervorbringenden Natur an, wie er in der Frage nach dem Wesen des Bewußtseins auf Kant und Leibniz zurückgeht. In gewisser Weise sind die beiden großen Systeme des siebzehnten Jahrhunderts, dasjenige von Leibniz, das die Welt als Spiegelung und Repräsentation erfaßt, und dasjenige von Spinoza, das die Natur als Kraft und Dynamik denkt, in Schellings System zu einer Einheit zusammengefaßt. Das Unbewußte ist für Schelling letztlich der Grund der Identität von Subjekt und Objekt, von Bewußtsein und Natur, von Ich und Welt und von Notwendigkeit und Freiheit. Das ewig Unbewußte ist gleichsam die Sonne im Reich der Geister, die sich in ihrem eigenen ungetrübten Licht verbirgt (SW III, 600). Das Wesen des Bewußtseins ist in sich ähnlich ursprünglich wie das Wesen der Natur. Sie gehören so zusammen, wie Sein und Wahrheit zusammengehören. Die Natur kommt im Menschen zum Bewußtsein ihrer selbst.

Schellings Philosophie ist bestimmt durch die geistige Anschauung einer ursprünglichen Identität von Sein und Wahrheit. Diese Gebundenheit an das geistige Anschauen ist es aber zugleich, die Schellings Freund und Zeitgenossen Hegel unbefriedigt ließ. Es bedarf, wie Hegel sagt, der Anstrengung des Begriffs, eines mühsamen Weges geistiger Durchdringung, wenn man die wahre Einheit von Bewußtsein und Welt, von Subjekt und Objekt, durchdenken will. Was für Schelling gleichsam in einem einzigen Akt anschaulich erfaßt werden muß, das ist für

Hegel erst das Ergebnis eines langen geistigen Weges, den er als den Weg der Dialektik beschreibt, eines Weges, welchen das Bewußtsein zurücklegen muß, indem es an sich selbst und der Welt denkend Erfahrungen sammelt.

Hegel

Hegels eigentliche Entdeckung ist die Geschichtlichkeit des Bewußtseins – im einzelnen Menschen und in der Menschheit. Was wir sind, ist das Resultat dieser Geschichte. Wir werden in ihr. Während Schelling vor allem von der Anfänglichkeit und Ursprünglichkeit des Bewußtseins, seinem Aufspringen aus sich selbst berührt war, ist für Hegel das Wesen des Bewußtseins und des Geistes vor allem das, was es in seiner eigenen Geschichte wird. Das Absolute ist für ihn nicht nur Anfang, sondern wesentlich Resultat, Ergebnis und Ziel. Der Anfang ist dagegen das Offene und Unbestimmte, das erst zu dem werden muß, was es eigentlich ist. Hegel zeigt dies am Anfang seiner »Phänomenologie des Geistes«, in der er die Erfahrungen darstellt, welche das Bewußtsein mit sich selbst und der Welt macht, am Beispiel der sinnlichen Gewißheit.

Die sinnliche Gewißheit dessen, was jetzt und hier um mich ist, was ich unmittelbar anschauen kann, scheint doch das Sicherste und Gewisseste zu sein. Was aber ist dieses unmittelbar Gegebene der Wirklichkeit? Wenn ich versuche, diese Frage zu beantworten, merke ich, daß es eigentlich nur etwas ist, worauf ich zeigen kann. Es ist dieses da, was jetzt existiert, zum Beispiel die Wand hier vor meinen Augen. Aber wenn ich mich umdrehe, ist etwas anderes das, was mir unmittelbar gegenwärtig ist und auf das ich zeigen kann. Ich bin mit meinem Zeigen, ich bin mit meinem Ich also an dieser Unmittelbarkeit beteiligt. Das Hier ist von mir abhängig. Ganz ähnlich verhält es sich mit dem Jetzt und der Zeit. Wenn ich jetzt, in diesem Moment, so schreibt Hegel im Jahr 1806, aufschreibe, was wirklich ist, so werde ich den Satz niederschreiben: Jetzt ist Nacht. Dieser Satz ist absolut richtig und gibt die unmittelbare Wirklichkeit wieder, die mir gegenwärtig ist, aber schon morgen gilt dieser Satz nicht mehr. Das Jetzt ist, wenn es ausgesprochen wurde, schon gewesen. Ich muß diese stete Gewesenheit und das Nicht-mehr-sein eigens negieren, um das Jetzt als Jetzt festzuhalten. Ich muß das Nicht-mehr-sein des damaligen Jetzt gleichsam durchstreichen und aufheben, um es als das zu erfassen, was es damals war. Es bedarf also einer doppelten Verneinung, einer Negation der Negation, um diese einfache Wahrheit zu denken. Das unmittelbar Anschauliche des Hier und Jetzt, des Raums und der Zeit, erweist sich damit als etwas, das in seiner Unmittelbarkeit eigentlich erst im Denken festgestellt und festgehalten werden kann. Ich selber muß etwas hinzutun, um es in seiner direkten Gegebenheit erfassen zu können.

Ganz ähnlich verhält es sich mit der Wahrnehmung eines einfachen Gegenstandes, zum Beispiel dieses Salzkristalls hier. Er ist weiß, eckig, salzig und hart. Aber was weiß ist, erfasse ich erst im Gegensatz zu schwarz, was eckig ist, erfasse ich erst im Gegensatz zu rund, was salzig ist, erfasse ich in der Beziehung zum Süß-sein. Das unmittelbar Gegebene besteht eigentlich aus lauter Allgemeinheiten. Ich kann es nur erfassen, wenn ich es in eine Fülle von Beziehungen setze, die nicht in dem Salzkristall wohnen, sondern in meinem Geist, der hell und dunkel, schwarz und weiß, eckig und rund, salzig und süß gegeneinander setzen kann (Phänomenologie, A I–II).

So ist also das An-sich-sein des Gegenstandes eigentlich vermittelt durch mein geistiges Sein und durch das Bewußtsein. Gerade das Objektive am Gegenstand muß vom Subjekt im Denken ermessen werden, indem es weit über den einzelnen Gegenstand hinausgeht. Aber diese Erfahrungen, die das Bewußtsein mit dem Gegenstand macht, sind sie etwas rein Subjektives? Habe ich erfunden, was weiß und schwarz, salzig und süß, eckig und rund sind? Sind nicht vielmehr alle diese Inhalte meines Bewußtseins eigentlich Züge der Wirklichkeit? So erfahre ich mich und mein geistiges Sein nur in der Auseinandersetzung mit der Welt. Die Welt aber erscheint mir in der Auseinandersetzung mit meiner Erfahrung. Was der Gegenstand an sich selbst ist, das wird erst deutlich in seinem Für-mich-sein. Aber was ich selber bin, das erfahre ich erst, indem ich in die Welt hinausgehe. Ich erfahre mich an ihr. Die Gestalten des Gegenstandes und die Gestalten des Bewußtseins bedingen sich gegenseitig. Durch diese Einsicht wird alle Wissenschaft geschichtlich. Um einen objektiven Standpunkt zu erhalten, muß sie ihre subjektiven Perspektiven überwinden, sie muß ihren Standpunkt revidieren. Wenn sie aber glaubt, objektiv geworden zu sein, muß sie begreifen, wie sehr sie selbst mit ihrer Subjektivität und ihren Perspektiven gerade wieder in diesem Bild der Gegenstände, die sie von sich unabhängig denkt, enthalten ist.

Hegels Einsicht besteht nun darin, daß die geistige Wahrheit gerade in diesem Prozeß geschieht. Die Wahrheit ist das Ganze, das wir in ihm durchlaufen, sie ist selbst geschichtlich. Die Standpunkte, die wir im Lauf unserer Entwicklung einnehmen, müssen immer wieder aufgegeben und überwunden werden, wobei sie in ein größeres Ganzes eingehen, in dem sie nur Momente sind, die zu anderem in Beziehung stehen. Auf diese Weise muß das Bewußtsein des einzelnen Menschen im Laufe seiner Lebenserfahrung zu sich selbst kommen. In der selben Weise aber muß auch das Bewußtsein der Menschheit im Laufe ihrer Geschichte immer wieder zu sich selbst kommen. Sie muß die einmal erarbeiteten Standpunkte in Frage stellen und durchschauen können. Nur darin kommt der Geist zu sich selbst. Diesen Prozeß der geistigen Durchdringung der Welt und des menschlichen Seins sieht Hegel als ein Geschehen im objektiven Geist, der in seiner Geschichte die Einzelexistenzen übergreift, an dessen Geschehen wir alle beteiligt sind und der doch mehr ist als das, was ein einzelnes Menschenleben umfaßt.

Durch diese Hegelsche Betrachtungsweise wird es möglich, die seelische Wirklichkeit des einzelnen Menschen im Zusammenhang mit der geschichtlichen Wirklichkeit der Menschheit zu sehen, von der wir alle abhängen und an der wir irgendwie mitwirken. Wir werden hineingeboren in die Perspektiven und Sichtweisen unserer Zeit und unserer Welt. Wir eignen sie uns an und machen sie uns zu eigen, und wir lernen dabei langsam, sie zu durchschauen und eben dadurch sie zu wandeln. Dasselbe gilt aber auch von der persönlichen und einzelnen Lebensgeschichte. Was ein Mensch ist, das läßt sich nicht durch das Bild des Augenblicks allein erfassen, denn er ist seine Geschichte. Er ist in jedem Zeitpunkt das Ergebnis einer dialektischen Bewegung, in welcher Standpunkte und Perspektiven einander abwechseln und ergänzen.

Auch die Psychologie als Wissenschaft muß Konsequenzen aus dem Hegelschen Denkweg ziehen. Der Psychologe steht nicht nur als neutraler und objektiver Beobachter neben seinem Gegenstand, sondern er bringt seine eigenen Perspektiven und Erfahrungen, die Gesamtheit seiner Weltsicht mit ein. Nur weil er selber seelisch ist, kann er seelisches Sein erfassen, nur weil er selber geschichtlich ist, kann ihm die Geschichtlichkeit psychischer Existenz aufgehen. Er muß aber die Gewordenheit seiner eigenen Standpunkte dabei durchschauen und sich selbst am Werden des Allgemeinen messen können. Er ist also in den Prozeß seiner Wissenschaft einbezogen. Ein Ort, wo diese Konsequenz wirklich gezogen ist, ist die Psychoanalyse Freuds, der vom Analytiker verlangt, daß er zuerst selbst analysiert werde, damit er in seiner Beurteilung und Deutung der Existenz des anderen den Anteil seines eigenen Seins erkennen und mitdeuten kann. Psychologie als Wissenschaft ist in dieser Weise wesentlich Gespräch, eine Auseinandersetzung, in der die Standorte und Perspektiven im Austausch deutlich werden und sich ergänzen.

Hegels Denkstil hat einen breiten Einfluß auf die Entwicklung der Wissenschaften im neunzehnten Jahrhundert ausgeübt. Vor allem die Geisteswissenschaften verdanken ihm ganz wesentliche Impulse. Zugleich regen sich aber schon bald Widersprüche gegen seine Betrachtung. Vor allem Karl Marx hat betont, daß die Überwindung vergangener Standpunkte, die Auseinandersetzung mit der Welt und der geschichtlichen Wirklichkeit in ihren Fakten nicht im Denken und Bewußtsein allein geschehen dürfe, sondern sie müsse im Handeln vollzogen werden. Die Dialektik wird darum bei ihm von einer Bewegungsweise des Geistes zu einer Bewegungsweise des Handelns und der Politik. An die Stelle des geistigen Seins und seiner Geschichte tritt das gesellschaftliche Sein mit seinen revolutionären Umwälzungen.

Ein anderer Widerspruch regt sich von der Seite der empirischen Wissenschaften, denen es um die Feststellung objektivierbarer Faktizität geht und denen darum die komplizierten Gefüge und Beziehungen geistigen Seins in bezug auf die Wirklichkeit der Natur als Verstellung und Verwirrung erscheinen müssen. So herrscht gegen Ende des Jahrhunderts ein empirischer Positivismus in den Wissenschaften, wobei aber die Feststellung der Fakten und Gesetze der Natur immer mehr zur Entwicklung von Modellvorstellungen über ihren wirklichen Aufbau führt, die im Grunde abstrakt und unanschaulich sind. Dasselbe gilt im Bereich des Psychischen, wo die Suche nach Gesetzen und Elementen seelischen Geschehens, die man objektivieren und messen kann, leicht den Blick für die unmittelbare, anschauliche Wirklichkeit seelischen Seins verstellt.

Hiergegen hat Wilhelm Dilthey betont, daß seelisches Sein uns unmittelbar in uns selbst als ein lebensgeschichtliches Ganzes zugänglich ist, das erst in einem genauen, analysierenden Betrachten differenziert und akzentuiert wird. Dieses Ganze ist von Sinnbezügen und vielfältigen geschichtlichen Zusammenhängen durchzogen, die zu unserer seelischen Wirklichkeit gehören und als solche verstanden werden.

In umfassender Weise hat um die Jahrhundertwende Edmund Husserl durch die Devise »Zurück zu den Sachen« versucht, das Denken wieder auf eine unmittelbare Anschauung der Phänomene zu lenken.

Husserl

In der Wissenschaft seiner Zeit fand Husserl zwei Tendenzen herrschend, die er in gleicher Weise bekämpft. Die eine ist verbunden mit der Gefahr, die in der naturwissenschaftlichen Betrachtungsweise stecken kann, wenn sie hinter den Erscheinungen Dinge konstruiert, durch welche die Erscheinungen erklärt werden sollen. Dabei kann das, was sich zeigt, verwechselt werden mit dem Modell, das wir uns von ihm machen. Die andere Gefahr droht von der Psychologie, die die Dinge, welche uns erscheinen, psychologisch erklären und auf ein dahinter stehendes psychisches Subjekt zurückführen will, das sie hervorgebracht hat. Wenn man die Erscheinung an sich selbst erfassen will, muß man von psychologistischen Erklärungen ebenso absehen wie von positivistischen Modellvorstellungen. Man muß das Phänomen ganz in sich selber fassen, so wie es erscheint, unabhängig von den Erklärungen naturwissenschaftlicher oder psychologischer Art, die man dieser Erscheinung geben mag.

So ist zum Beispiel die Farbe Rot eine Urgegebenheit, auf die in ihrer Qualität man sich konzentrieren kann, ganz unabhängig von der Frage, was für ein Ding das ist, das da rot ist, und warum es so ist, und auch ganz unabhängig von der Frage, was für ein Ich und was für eine Seele es ist, die solche Empfindungen hat. Nur dann kann man die Rotheit als solche erfassen und sich ganz auf das konzentrieren, was einem in ihr erscheint. Es geht also darum, eine unmittelbare Anschauung festzuhalten und nicht in psychologische oder physikalische Modellvorstellungen auszuweichen. Das Rotsein kann uns ebensosehr in einer Wahrnehmung wie in der Phantasie oder Vorstellung gegeben sein. Ich kann es auch ganz unabhängig davon erfassen, daß es gerade mir erscheint. Ich kann von allen den empirischen Umständen absehen und das Wesen der Farbe als solches zu erfassen suchen (Die Idee der Phänomenologie, GW II, 56/57). In einer ähnlichen Weise kann ich zum Beispiel in einem solchen schauenden Denken zu erfassen suchen, was Zeit ist. Ich sehe dann Zeit als Zeit, so wie ich Farbe als Farbe sehe.

Man kann diese Denkweise auch auf psychologische Phänomene anwenden. So kann man sich zum Beispiel fragen, was ein Traum als Traum überhaupt ist, oder was das Du als Du und die Begegnung als Begegnung ist. Über solche Phänomene können wir uns verständigen, wobei wir von der Fülle einzelner Träume und einzelner Begegnungen absehen können. Wir können das Allgemeine des Phänomens als solches zur Anschauung bringen. Husserl spricht in diesem Zusammenhang von einer Wesensschau, in der die Sache selbst in ihrer Eigenart uns vor Augen steht. Eine phänomenologische Beschreibung muß immer versuchen, die Phänomene so zu erfassen, wie sie in sich selbst sind. Sie darf nicht vorschnell in Erklärungen ausweichen, die das Phänomen auf etwas anderes, das hinter ihm stehen mag, zurückführen wollen.

Es ist nun die Eigenart psychischer Gegenstände, daß sie sich als solche nur einem Denken zeigen, welches nicht vorschnell in Erklärungen ausweicht. Ein Beispiel dafür ist auch das Phänomen des Bewußtseins. Was Bewußtsein ist, kann nur sagen, wer es hat. Das Wesen des Bewußtseins läßt sich nicht erfassen dadurch, daß man es auf anderes, zum Beispiel auf das physiologische Hirngeschehen, zurückführt. Eine solche Rückführung und Erklärung hat einen wissenschaftlichen Sinn überhaupt erst dann, wenn man sich zuvor des Phänomens, das man Bewußtsein nennt, versichert hat. Man kann Phänomene nicht eigentlich beweisen, sondern nur aufweisen, man kann den anderen so auf sie hinführen, daß er sie auch sieht. Einer solchen Betrachtungsweise erschließt sich ein ganzer Kosmos seelischen Seins.

Eine Fülle von Phänomenen ist in der Sprache eingefangen. Wir verstehen uns gegenseitig, wenn wir mit einem Wort das Phänomen beschwören. Wir verstehen uns gegenseitig, wenn wir von Liebe und Haß, Trauer oder Freude sprechen. Ein solches unmittelbares Erfassen unterscheidet sich aber von allem erklärenden Zurückführen auf die Ursachen, die diese Liebe oder diesen Haß, diese Freude oder diese Trauer hervorgebracht haben mögen. Es sind aber auch andere, allgemeinere Dinge, die einem solchen schauenden Denken zugänglich sind. Was zum Beispiel Gerechtigkeit ist oder Treue, das kann eigentlich nur der verstehen, der irgendwie Einblick in das Wesen der Gerechtigkeit hat, dem es in irgendeiner Weise geistig vor Augen steht. Für ein Denken, das sich an eine phänomenologische Betrachtungsweise in diesem Sinne gewöhnt, wird das Sein immer mehr zu einem Sich-Zeigen.

Das phänomenologische Denken ist, als Ergänzung eines erklärenden und zurückführenden Verrechnens der Dinge in den Wissenschaften, immer wieder von größter Bedeutung. Vor allem sind es die Sinnzusammenhänge, die man als solche nur in einem schauenden Denken wirklich erfassen kann. Sinn muß uns einleuchten, er muß evident werden. Evidenz aber erschließt sich vor allem einem schauenden Denken. Husserls Devise »Zurück zu den Sachen« heißt also eigentlich soviel wie »Zurück zur Anschauung«. Diese Anschauung ist aber keineswegs nur die sinnliche Anschauung, sondern immer auch eine geistige Anschauung.

Durch das Absehen von psychologistischen und physikalistischen Erklärungen der Phänomene wird in gewisser Weise die Subjekt-Objekt-Trennung überwunden. Das Denken konzentriert sich auf die Fülle der Erscheinungen, die als solche erfaßt und aufgewiesen werden. Eine besondere Bedeutung hat die Phänomenologie Husserls für die Entwicklung der Existenzphilosophie Heideggers gehabt, für den das Sein in einer anderen Weise zugleich das ist, was sich lichtet und dessen Zeuge wir sind. Ehe wir uns diesem Denken zuwenden, soll aber zuvor noch eine andere Philosophie unseres Jahrhunderts zur Sprache kommen, die für das Verständnis der Stellung der Psychologie im Kreise der Wissenschaften besonders interessant ist, nämlich Nicolai Hartmanns Lehre vom »Aufbau der realen Welt«.

Hartmann

Nicolai Hartmann war immer wieder berührt von der unermeßlichen Weite und Größe des Kosmos, der in seinem Sein gleichsam völlig gleichgültig ist gegen die menschliche Existenz. Der Mensch ist nur ein winziger Teil der Natur, und diese ist, was sie ist, ganz in sich selbst. Man muß, um sie zu erkennen, darum auch völlig von menschlichen Wünschen, Gefühlen und Geschehnissen absehen können. Hartmann wendet sich darum gegen jede idealistische Mißdeutung der Natur. Sie ist, was sie ist, ganz und gar aus eigener Kraft.

Auf der anderen Seite sind aber seelische und geistige Wirklichkeit, ja schon das Leben selbst und das Sein der Organismen, eine eigene Gegebenheit in dieser Natur, die man nicht dadurch verstehen kann, daß man sie auf Physikalisches und Anorganisches zurückführt. Geistiges Sein ist zwar von der Existenz seelischer Wirklichkeit abhängig, diese von organischer und diese von physikalischer Wirklichkeit, aber die Eigentümlichkeiten des Lebendigen sind doch mehr und etwas anderes als die des Anorganischen; und seelische Wirklichkeit kann als solche nicht erfaßt werden, wenn sie nur auf das Organische reduziert wird. Ebenso kann das geistige und geschichtliche Geschehen in seinen Sinnzusammenhängen nicht zureichend erfaßt werden, wenn man es nur psychologisch zu erklären versucht.

Die Welt scheint also in ihrem Seinsaufbau gleichsam geschichtet zu sein: Auf die grundlegende Schicht der physikalisch-anorganischen Wirklichkeit baut sich eine andere und neue Schicht des Seins auf, wo Leben auftritt, wo Organismen entstehen, die sich selbst regulieren und vermehren. Und wieder etwas anderes tritt dort in die Welt, wo Bewußtsein auftritt, wo die spezifische Eigenart psychischer Innerlichkeit gegeben ist und wo wir in diesem Sinne von Seele sprechen. Über die Schicht seelischer Wirklichkeit aber kann sich noch einmal eine andere Schicht von Realität aufbauen, nämlich jene des geistigen Seins, das sich in der Sprache und in Sinnzusammenhängen artikuliert, die eigenen Gesetzen folgen und die Existenz einzelner Individuen überdauern. Hartmanns Schichten-Theorie geht also von zwei Gesetzlichkeiten aus, einmal von der Abhängigkeit der je höheren Schicht von der zugrundeliegenden tieferen, andererseits aber doch zugleich von der Überlegenheit der höheren über die primitiveren Strukturen der Schicht, von der sie abhängig ist.

Diese philosophische Sicht des Ganzen der Wirklichkeit birgt in sich die Möglichkeit, die Seinsgebiete verschiedener Wissenschaften in einer ausgewogenen Beziehung zueinander zu betrachten. Sie verbietet es, seelisches Sein einfach nur dadurch zu erklären, daß man es auf organisch-biologisches zurückführt, obwohl sie den Blick für die Abhängigkeit der Seele vom Leben schärft. Ebenso verbietet sie es aber auch, geistiges Sein, zum Beispiel das Sein der Kunst, der Sprache oder der Religion, einfach nur dadurch zu erklären, daß man es auf psychologische Gesetzmäßigkeiten zurückführt, obwohl es von diesen auch abhängt. Sprache, Kunst und Religion haben ihre eigenen Gesetze, die als solche erfaßt werden müssen.

Für das Sein des Menschen ist es nun charakteristisch, daß er durch alle diese Seinsschichten hindurchragt. Er ist als Lebewesen auch den Gesetzen der Physik unterworfen, und er ist als seelisches und bewußtseinsfähiges Wesen immer zugleich abhängig von den Gesetzen der Physiologie und Biologie. Er kann aber in seiner Eigenart nur erfaßt werden, wenn man ihn zugleich auch als sprechendes und geistiges Wesen in seiner Geschichtlichkeit ernst nimmt. Im geistigen Sein überschreitet er seine Individualität und das spezifische Auf-sich-selbst-Bezogensein, das der Subjektivität des Bewußtseins anhaftet. Er ist in einen größeren Zusammenhang gestellt, der ihn selbst übergreift und den Hartmann, in Anlehnung an Hegel, das Leben des objektiven Geistes nennt. Für eine solche Betrachtungsweise steht die Psychologie zwischen Natur- und Geisteswissenschaften und hat Beziehungen zu beiden, wie überhaupt die Wissenschaften nur in der Kommunikation miteinander leben können, die von dem Blick auf die ganze vielschichtige Fülle des Wirklichen geleitet sein muß. Es geht im Sinne einer solchen Philosophie also nicht an, naturwissenschaftliche gegen geisteswissenschaftliche Erklärungen auszuspielen, ebensowenig wie es im Rahmen eines solchen Denkens erlaubt ist, geistiges Geschehen allein psychologistisch wegzuerklären. Die besonderen Möglichkeiten der Philosophie Nicolai Hartmanns liegen in der Zusammenschau der Ergebnisse der Wissenschaften und in dem gegenseitigen Ausgleich ihrer Betrachtungsweisen.

Der Begriff des Seelischen, der sich aus diesem System ergibt, ist aber insofern eingeengt, als die von Hartmann erfaßte und gedachte spezifische Schicht seelischen Seins sich eigentlich auf das bloße Aufkeimen des Bewußtseins und der Innerlichkeit beschränkt. Man kann sich fragen, ob man die seelische Wirklichkeit des Menschen in einer solchen Betrachtung allein zureichend erfassen kann. Neben einem derartigen unterscheidenden und abgrenzenden Denken ist ein anderes notwendig, das den Menschen als Einheit aus seinem Sein heraus zu verstehen sucht. Darum bedarf die Psychologie in besonderer Weise der Anregungen der Existenzphilosophie. Die Frage, was eigentlich Seele ist, findet eine völlig andere und neue Antwort, wenn man seelisches Sein nicht vom Körperlichen und Geistigen abgrenzt, sondern Seele als die Wirklichkeit unseres Existierens, als die Wirklichkeit unseres Daseins und In-der-Welt-Seins auffaßt. Solche Konsequenzen ergeben sich vor allem aus der Philosophie Martin Heideggers.

Heidegger

Während die Philosophie der Neuzeit das Wesen des Menschen immer wieder vom Bewußtsein und Selbstbewußtsein her zu verstehen suchte, geht es Heidegger darum, ihn ursprünglicher aus seinem ganzen Dasein und seiner Existenz heraus zu erfassen. Dementsprechend muß auf dem Boden dieser Philosophie seelisches Sein nicht primär als die Wirklichkeit des Bewußtseins oder eines in ihm verborgenen Unbewußten, sondern als die Wirklichkeit und Präsenz des Daseins erfaßt werden. Seele muß aus dieser Sicht nicht als Innerlichkeit oder Spiritualität gesehen werden, sondern vielmehr als die Wirklichkeit unseres leiblichen, zeitlichen und gemeinsamen Auf-der-Welt-Seins.

Für Heidegger ist die Grundfrage der Philosophie die Frage, was eigentlich Sein ist. Das Sein ist ja nicht irgendwo als ein Ding oder Gegenstand vorhanden. Es ist auch nicht ein seiender Grund außerhalb der Welt, etwa ein Gott, der sie geschaffen hätte, denn dann würde ja die Frage nach dem Sein dieses Grundes auftreten. Es läßt sich nicht erklären und verstehen, indem man es auf ein anderes zurückführt, aber es ist gleichsam überall im Seienden gegenwärtig als das, was die Welt sein läßt, als das Geheimnis ihrer Herkunft und ihres Aufgehens in das Licht der Wirklichkeit.

Aber was ist Sein? Diese Frage wirkt beunruhigend, wenn man ihr nachdenkt und nicht in eine vorschnelle Antwort ausweicht, die das Sein auf etwas anderes zurückführt. Die Beunruhigung dieser Frage ist aber nicht erst das Ergebnis theoretischen Nachdenkens, sondern sie wohnt schon immer im menschlichen Dasein selbst. Der Mensch existiert so, daß ihm sein Sein und das Sein der Welt zur Frage werden kann. Er ist nicht nur als ein Ding oder Gegenstand vorhanden, sondern er muß sich zu seinem eigenen Seinkönnen und zur Möglichkeit seines eigenen Nichtseins verhalten. Das menschliche Dasein, sagt Heidegger, ist ein Seiendes, dem es in seinem Sein um sein Sein selbst geht. Am deutlichsten wird dies da, wo der Mensch mit der Möglichkeit seines Todes konfrontiert wird. Er erschrickt vor dem Nichts. In der Konfrontation mit unserem zukünftigen Nichtsein leuchtet auf, was es überhaupt bedeutet, daß wir da sind. Im Erschrecken vor dem Nichts leuchtet auf, was Sein ist.

Zu unserem Sein gehört aber nicht nur die Wirklichkeit des gegenwärtigen Augenblicks, sondern wir kommen gleichsam ständig aus der Zukunft auf uns zu, unser Sein steht uns bevor, es ist zukünftig; und wir finden uns immer schon in einer Welt vor, in der wir schon da waren. Unser Gewesensein gehört mit zu unserer Existenz. Man kann also das Dasein des Menschen nur zureichend erfassen, wenn man es im Horizont der Zeit denkt. Sein ist nicht nur Gegenwart, sondern auch Zukünftigkeit und Gewesenheit.

Zu unserem Dasein gehört aber auch, daß immer schon eine Welt uns umgibt. Indem wir existieren, lichtet und zeigt sich uns Welt. Mit unserer Existenz ist ein Horizont da, in dem das Ganze des Wirklichen erscheinen kann, und dieser Horizont ist immer schon weiter und größer als alles Einzelne, welches uns darin begegnet. Weltlichkeit ist darum ein Wesenszug des menschlichen Daseins selbst. Aber diese Welt ist nicht nur eine Ansammlung von neutralen Gegenständen, sondern in erster Linie haben wir es mit Dingen zu tun, die uns etwas bedeuten und die mit unserem Sein in einem Verweisungszusammenhang stehen. Ein Hammer, zum Beispiel, ist nicht in erster Linie ein physikalischer Gegenstand, sondern man kann ihn in die Hand nehmen. Er ist zuhanden und dienlich, um eine Arbeit auszuführen. Er gehört in einen Werkstattzusammenhang, der wieder auf anderes verweist, zum Beispiel auf die Möbel, die man in einer solchen Werkstatt herstellt. Doch auch diese haben ihre Bewandtnis nicht nur in sich selbst, sondern sie dienen zum Wohnen, das Wohnen zur Behausung des Daseins. Das letztlich Verwiesene im Bewandtnis- und Verweisungszusammenhang dieser zuhandenen Dinge ist eigentlich immer das Sein- und Nicht-sein-Können des Daseins selbst. Die Welt, in der wir sind, ist für uns durchzogen von Sinnzusammenhängen und Bedeutsamkeiten. Bedeuten gehört zum Sein des Wirklichen selber.

Das hängt auch damit zusammen, daß wir zu unserem eigenen Sein ständig Stellung nehmen, indem wir in unsere Zukunft hinein leben und sie auf uns nehmen. Aus der Zukunft kommt stets der Horizont von Möglichkeiten auf uns zu, den sie in sich birgt. In jeder Situation müssen wir uns durch unser Handeln und Unterlassen für einzelne dieser Möglichkeiten entscheiden, wobei wir notwendigerweise andere verfehlen. Die Endlichkeit, die zum Wesen des Daseins gehört, durchzieht es auch in der Weise, daß es nie allen Seinsmöglichkeiten gerecht werden kann, daß es ihnen gleichsam etwas schuldig bleiben muß. Das Dasein muß diese Endlichkeit entschlossen auf sich nehmen. Das kann es aber vor allem da, wo es der faktischen Wirklichkeit nicht ausweicht, wo es auch der Realität seines künftigen Todes in die Augen sieht. Aus diesem Vorlaufen in die Möglichkeit seines eigenen Endes kann es zurückkommen auf den gegenwärtigen Augenblick, der sich ihm darin in seiner ganzen Fülle und Weite erschließt und in welchem es ganz da sein kann. Dabei erschließt sich zugleich sein Gewesensein, aus dem es herkommt. Der Horizont von Möglichkeiten der Vergangenheit wird wieder offen, und das Gewesene wird in einem eigentlichen Sinne wiederholbar. Man könnte diese Betrachtungsweise Heideggers auch als eine philosophische Grundlegung dessen auffassen, was Freud in seiner Psychoanalyse gesucht hat, in welcher er dem Menschen die Möglichkeit geben wollte, unausgetragene Konflikte und Möglichkeiten der Vergangenheit, die seinem Leben im Wege stehen, wieder aufzunehmen und im deutenden Gespräch der Gegenwart zu wiederholen, damit er für die Zukunft frei wird. Aus der Philosophie Heideggers ergibt sich vor allem eine Psychologie der Zeitlichkeit, die den Menschen als geschichtliches Wesen auffaßt, das nur im Ganzen des Zeithorizontes seines Lebens zureichend gedacht werden kann.

Neben der Weltlichkeit und Zeitlichkeit des Daseins ist nun aber ein drittes Wesensmoment zu beachten: Wir sind nicht allein auf der Welt, sondern unser Dasein ist von Anfang an Miteinandersein. Wir teilen diese Welt mit anderen Menschen. Sie können uns in ihrem eigenen eigentlichen Sein angehen. Wir können ihnen die Freiheit zur Selbstentfaltung lassen. Auch die Dinge der Welt verweisen uns zugleich immer auf den Daseinszusammenhang unserer Mitmenschen. Wir sind von vornherein miteinander da und aufeinander bezogen. Seelische Wirklichkeit ist ebensosehr die Wirklichkeit der Beziehung, wie sie die Wirklichkeit meines Selbstseins ist.

Die Welt und die Existenz, wie sie in dieser Philosophie erscheinen, sind bedeutsame und gedeutete Wirklichkeit. Deuten und Bedeutsamkeit in der Psychologie können also von dieser Auffassung des Daseins her ontologisch begründet werden. In allem Einzelnen, das uns in der Welt begegnet, verweilt das Ganze. Heidegger hat in seinen späteren Schriften immer mehr das Ereignis dieses Ganzen, das Sich-Lichten des Seins, das eigenartige Rätsel des Hervorkommens von Welt überhaupt in das Zentrum seines Denkens gestellt. Das Sein kann uns als ein unglaubliches Wunder erscheinen. Es ist nicht irgendwo als ein Ding oder Gegenstand vorhanden, aber es durchzieht das menschliche Denken und die Sprache. Überall dort ist es gegenwärtig, wo wir im vollen Sinne das Wort »ist« aussprechen. Die Sprache ist darum für Heidegger das Haus des Seins. Es wohnt gleichsam in ihr, weil es in ihrem Geschehen sich zeigen kann.

Am deutlichsten wird das in der Dichtung, zum Beispiel in den Gedichten Hölderlins, dessen Denken auch durch das Gespräch mit Hegel und Schelling geprägt worden ist und in dessen Formulierungen Heidegger eine Bestätigung seiner philosophischen Gedanken findet. Das Sein wohnt aber auch im Heiligen, in seinem allen Rahmen sprengenden Ereignis, und es zeigt sich im Wesen der Kunst und des Kunstwerks. Das Kunstwerk läßt gleichsam eine Welt um sich herum gegenwärtig sein und aufleuchten. Es ist nicht einfach nur ein Ausdruck subjektiver Gefühle und Erlebnisse des Menschen, sondern ein Ort, wo Welt als Welt sich zeigt.

Heideggers Denken versucht den Subjektivismus der Neuzeit zu überwinden. Die Frage, um die es dabei geht und die immer wieder den Anstoß bildet, ist die Frage: Was ist eigentlich Sein? Sein ist nicht nur die Wirklichkeit von Allem, dasjenige, was Alles in ein Ganzes der Welt hervorkommen läßt. Sein ist nicht nur die geheimnisvolle Gewesenheit des Vergangenen und das ankommende Sich-Ereignen der Zukunft. Es ist zugleich immer auch das, was sich dem Menschen zuspricht und ereignet, was sich ihm zeigt. Der Mensch ist gleichsam der Zeuge des Seins.

Eine Psychologie, die von dieser Philosophie aus denken will, muß den Menschen als Zeugen des Ereignisses, als Zeugen des Seins und der Geschichte sehen. In diesem Denken knüpft sich ein Bogen zur Philosophie des Parmenides, mit der wir uns am Anfang dieser Überlegungen beschäftigt haben. Für Parmenides ist das Denken stets auf das Sein bezogen. Der Mensch ist für ihn das Wesen, das das ewige Jetzt des Seins denken kann. Durch die ganze Philosophiegeschichte hindurch wird seelische Wirklichkeit aus dem Bezug zur Welt und zur Natur gedacht, sei es nun als Spiegelung des Wirklichen, als Teil der Natur oder als Beziehung von Ich und Welt im Unbewußten. Für eine psychologische Anthropologie ist es wichtig, die Fülle der Standpunkte und Perspektiven, die sich im Laufe der Geschichte entwickelt haben, ernst zu nehmen und mitzudenken.

Literatur

VORSOKRATIKER (6. und 5. Jahrhundert v. Chr.)
Anaximander, Heraklit, Parmenides, Empedokles in: H. Diels: Fragmente der Vorsokratiker. Bd. 1, griechisch und deutsch. Dublin, Zürich ^{17}1974; oder: Fragmente und Quellenberichte. Kröner TB Nr. 119. Stuttgart ^{8}1973 (zitiert nach Fragmenten: fr ...)

PLATON (427–347 v. Chr.)
Politeia, deutsch: Der Staat. Philosophische Bibliothek, Bd. 80. Hamburg ^{10}1979 (besonders Buch 6, Kap. 17, bis Buch 7, Kap. 3)

Symposion, deutsch/griechisch in: Das Gastmahl. Philosophische Bibliothek, Bd. 81. Hamburg 1973 (besonders Kap. 23–26)

Phaidon, deutsch in: Reclam Nr. 918

Menon, deutsch/griechisch. Philosophische Bibliothek, Bd. 278. Hamburg 1972

ARISTOTELES (384–322 v. Chr.)
De anima/Über die Seele (insbesondere Buch II, Kap. 1–4: Seele als Wirklichkeit des Leibes, und Buch III, Kap. 4–8: Lehre vom Geist). Darmstadt 1973; oder: Über die Seele. Paderborn 1961; griechisch: Oxford-Klassiker, Oxford 1963

AURELIUS AUGUSTINUS (354–430)
Confessiones/Bekenntnisse. Buch X, 8–31 (memoria/Gedächtnis); Buch XI, 14–28 (tempus/Zeit). Reclam Nr. 2791–4b

RENÉ DESCARTES (1596–1650)
Meditationes. Lateinisch-deutsche Ausgabe. Philosophische Bibliothek, Bd. 250a. Hamburg ^{2}1977

BENEDICTUS SPINOZA (1632–1677)
Ethik (vor allem Buch 1 und 3), zweisprachige Ausgabe in: Werke/opera II. Darmstadt ^{2}1978; deutsche Übersetzung allein in: Philosophische Bibliothek, Bd. 92. Hamburg 1976 (zitiert nach Büchern und Lehrsätzen)

JOHN LOCKE (1632–1704)
Über den menschlichen Verstand. Philosophische Bibliothek, Bd. 75/76. Hamburg ^{3}1976

GOTTFRIED WILHELM LEIBNIZ (1646–1716)
Monadologie und Vernunftsprinzipien der Natur und der Gnade, zweisprachige Ausgabe. Philosophische Bibliothek, Bd. 253. Hamburg 1969

DAVID HUME (1711–1776)
Eine Untersuchung über den menschlichen Verstand. Philosophische Bibliothek, Bd. 35. Hamburg 1978

IMMANUEL KANT (1724–1804)
Kritik der reinen Vernunft (insbesondere §1–27: Raum, Zeit, Kategorien). Philosophische Bibliothek, Bd. 37a. Hamburg 1976

Kritik der praktischen Vernunft. Philosophische Bibliothek, Bd. 38. Hamburg 1974

GEORG WILHELM FRIEDRICH HEGEL (1770–1831)
Phänomenologie des Geistes. Philosophische Bibliothek, Bd. 114. Hamburg ^{6}1952

FRIEDRICH WILHELM JOSEPH SCHELLING (1775–1854)
System des transzendentalen Idealismus. Philosophische Bibliothek, Bd. 254. Hamburg 1962 (zitiert nach den Band- und Seitenzahlen der Sämtlichen Werke 1856 ff)

EDMUND HUSSERL (1859–1938)
Die Idee der Phänomenologie. Ges. Werke »Husserliana«, Bd. 2. Den Haag ^{2}1973

NICOLAI HARTMANN (1882–1950)
Das Problem des geistigen Seins (1933). Berlin ^{3}1962
Der Aufbau der realen Welt (1940). Berlin ^{3}1964

MARTIN HEIDEGGER (1889–1976)
Sein und Zeit (1927). Tübingen ^{15}1979

Wegmarken. Frankfurt ^{2}1978

Erläuterungen zu Hölderlins Dichtung. Frankfurt ^{5}1980

Holzwege. Frankfurt ^{6}1980

S. auch die Beiträge von W. Schulz in Bd. I, von H. Kleiner in diesem Band sowie Bd. VII dieser Enzyklopädie.

Hans Thomae

Konzepte des Psychischen in der modernen Psychologie

Übersicht: Die moderne Psychologie hat ihren eigenständigen wissenschaftlichen Status durch möglichst enge Anlehnung an naturwissenschaftliche Normen und Anschauungen erreicht und zu verteidigen gesucht. In diesem Bemühen gab man sowohl den aus Theologie und Philosophie übernommenen Begriff der Seele als auch die Idee einer Eigenständigkeit der menschlichen Natur auf, insbesondere der der menschlichen Psyche. Erst in den letzten beiden Jahrzehnten hat sich eine »humanistische Wende« durchgesetzt, durch welche eine Konzentration der Forschung auf bestimmte »Wesenseigentümlichkeiten« des Menschen eingetreten ist. Resultat dieser Wende ist die Erkenntnis, daß menschliches Verhalten bestimmt wird durch Einsichten und Grundüberzeugungen, durch bewußte Auseinandersetzung mit der Situation, durch Symbolisierung der Kommunikation, durch Sozialisation und durch Zukunftsorientierung.

Die moderne Psychologie sieht als ihren Gründer den Physiologen Wilhelm Wundt an, der im Jahre 1875 auf einen Philosophischen Lehrstuhl an die Universität Leipzig berufen wurde und dem ein königlich-sächsisches Ministerium am 31. Oktober 1879 die Erlaubnis erteilte, in einem Abstellraum der Universität Experimente durchzuführen. Auf dem XXII. Internationalen Kongreß für Psychologie (Leipzig 1980) wurde dieses Ereignis als Beginn einer naturwissenschaftlich fundierten, von allen Belastungen ihrer philosophischen Vergangenheit unabhängigen Psychologie gefeiert.

Man hat diese Wundtsche Psychologie als »Psychologie ohne Seele« charakterisiert. Die Seele als Substanz, »als reales Wesen, als dessen Äußerungen oder Handlungen die sog. Seelentätigkeiten aufgefaßt werden« (Wundt 1908, 10), hatte keinen Raum in dieser Wissenschaft, denn eine metaphysische Erscheinung wie die Seele konnte nicht Gegenstand einer experimentellen Wissenschaft sein. Sie konnte nur seelische Erscheinungen – oder wie Wundt vorschlug – Bewußtseinserscheinungen – hinsichtlich der Gesetzmäßigkeiten ihres Ablaufs und ihrer Bedingungen analysieren. Daß die Tatsache des Bewußtseins selbst ein metaphysisches oder zum mindesten anthropologisches Problem stellte, wurde dabei nicht reflektiert. Es wird als die Gesamtheit aller »inneren Erfahrungen« bezeichnet, deren Bedingungen zunächst vor allem im Wahrnehmungsversuch erfaßt werden können.

Es sollte sich zeigen, daß der Nachfolger von Wundt, Felix Krueger, mit Hilfe der experimentellen Methode die Notwendigkeit zu erweisen glaubte, um einen einfachen Wahrnehmungsakt begreifen zu können, müsse man die Existenz einer »Struktur«, d. h. einer dem metaphysischen Seelenbegriff sehr verwandten, annehmen.

Für die internationale Entwicklung der Psychologie und ihrer Auffassung vom Menschen sollte aber sowohl Wundts Konzeption einer Bewußtseinswissenschaft (ohne Reflexion auf das Bewußtseinsproblem) wie die Strukturpsychologie der Leipziger nach Wundt (bis 1938) ohne größere Bedeutung bleiben. Denn die amerikanischen Wundt-Schüler, die nach ihrer Graduierung in Leipzig in die Vereinigten Staaten zurückkamen, sahen sich bald vor die Notwendigkeit gestellt, entweder ihren in Deutschland erworbenen Grundanschauungen zu entsagen oder in die Isolierung zu geraten, besonders nach dem Sieg der »behaviorisierten Revolte« (Woodworth 1931) nach dem Ersten Weltkrieg. Geistiger Ahnherr dieser Bewegung war nicht Wilhelm Wundt, sondern Charles Darwin. Dessen Lehre von der Abstammung des Menschen aus dem Tierreich durfte zwar an kirchlich subventionierten Privatuniversitäten nicht verkündet werden; sie bestimmte aber die Methodologie und Strategie zunächst einiger, um 1930 der meisten amerikanischen, um 1950 der meisten »westlichen« Psychologie-Departments.

Die Grundannahme dieser Behavioristen ist jene der Übertragbarkeit von Gesetzen, die man etwa im Lernversuch im Rattenlabyrinth gewinnt. Mehrere Stämme weißer Ratten gehörten zur Standardausrüstung der experimentellen psychologischen Labors. Auch der Begründer einer der wichtigsten neobehavioristischen Schulen, Edward Chase Tolman, bemerkte einmal: »Was ist es, was wir Rattenfanatiker zu dem Verständnis der Taten und Missetaten, der Absurditäten und der Tragödien unseres Freundes und Feindes – des homo sapiens – beizutragen haben? Die Antwort ist folgende: Sicherlich sind die Erfolge des Menschen, seine Ausdauer und seine sozial untragbaren Abweichungen von der Norm – d. h. seine Intelligenzleistungen, seine Motivationen und seine emotionalen Zustände – letztlich geformt und gebildet von spezifischen Kulturen. Dennoch aber können wir die meisten der diesen zugrundeliegenden Intelligenzleistungen, Motivationen und emotionalen Zustände ebensogut, aber unter weit leichteren Bedingungen, bei Ratten als beim Menschen studieren. Und schließlich sei noch darauf hingewiesen, daß Ratten im Käfig leben; sie machen nicht ausgerechnet am Abend, bevor man ein Experiment angesetzt hat, irgendeine Dummheit; sie töten einander auch nicht in Kriegen; sie erfinden auch keine Maschinen zur Zerstörung, und wenn sie sie erfinden würden, wären sie wahrscheinlich nicht so unfähig wie wir, sie zu kontrollieren; sie kennen weder Rassen- noch Klassenkämpfe, sie vermeiden Politik, Wirtschaft und Abhandlungen über Psychologie. Sie sind wundervoll, arglos und reizend. Und sobald ich kann, werde ich auf jenen alten phylogenetischen Ast zurückklettern und dort neben ihnen sitzen ohne Scham. Ich werde meine Backenhaare verächtlich zucken lassen, wenn ich all die törichten, auf der anderen Seite viel zu komplizierten Exemplare der Gattung ›Mensch‹ betrachte, die ich tief, tief unter mir sehe, wie sie kämpfen und streiten und überall großes Unheil anrichten« (Tolman 1932).

Die Überzeugung von dem lediglich graduellen, nicht – essentiellen Unterschied zwischen der menschlichen und tierischen Natur, die letztlich auf Darwin zurückgeht, läßt jede Frage nach spezifisch menschlichen Erlebnissen und Verhaltensqualitäten in den Hintergrund treten. Der bekannteste Behaviorist der Gegenwart, Burrhus F. Skinner, rechnet den Glauben an die menschliche Wahlfreiheit und die Würde der Person zu den größten Hindernissen für einen wirklichen Fortschritt in der Ordnung der menschlichen Lebensverhältnisse. Diese sei abhängig von der Vollendung einer »reinen Wissenschaft des menschlichen Verhaltens«. Sie allein könne langfristig eine Linderung oder Behebung der Ängste und des Elends der Menschheit bringen. Als Argument für seine Hoffnungen führte er an, daß man inzwischen über Rattenkäfige verfüge, in denen das Tier nicht nur einen Hebel zu bedienen, sondern zwischen mehreren zu wählen habe, wodurch eine bedeutsame Annäherung an menschliche Lebenssituationen erreicht sei. Die Einschätzung dieser menschlichen Lebenssituation aber kommt in der These Skinners zum Ausdruck, »daß das, was wir das Verhalten des menschlichen Organismus nennen, nicht freier ist als seine Verdauung, die Schwangerschaft, der Prozeß der Immunisierung oder jedes anderen physiologischen Prozesses« (Skinner 1975, 47).

Nun – die Vorhersage von Geschehnissen (wie dem Verhalten) – ist zweifellos eines der Ziele einer exakten Wissenschaft, an dessen Leitbildern sich die Psychologie seit mehr als hundert Jahren orientiert. Gerade bei der empirischen Überprüfung solcher Verhaltensvorhersagen aber muß die Psychologie doch immer wieder erfahren, daß Gesetze, wie sie aus dem Tierversuch abgeleitet wurden, nur begrenzt auf die Vorhersage menschlichen Verhaltens in einigermaßen lebensnahen Situationen anzuwenden sind. Insofern haben sich auch die meisten Behavioristen im Sinne von Skinner heute zu der Einsicht in die Rolle »kognitiver Prozesse« bekannt, also von solchen, bei denen psychische Prozesse wie Bewußtsein, Einsicht, Vergegenwärtigung der jetzigen wie der künftigen Situation von Bedeutung sind.

Psychoanalytische Anthropologie

Neben Wundt und Darwin muß Sigmund Freud als ein weiterer Pionier der modernen Psychologie angesehen werden, wenn auch sein Erfahrungsfeld wie die Stellung der Psychoanalyse in der institutionalisierten Wissenschaft sowohl von den auf Wundt wie von den auf Darwin und Watson zurückgehenden Arbeitsrichtungen am stärksten abweichen. Bei diesen institutionalisierten Formen der Psychologie stellte die Universität Mittel für Forschung und Lehre bereit, im Falle der Psychoanalyse dagegen mußten die Erkenntnisse in der freien therapeutischen Praxis erarbeitet werden. Dadurch war hier der Erfahrungsgewinn auf Fälle von Fehlanpassung (Neurose) und anderen psychischen Störungen konzentriert. Der psychische Konflikt, seine Verdrängung bzw. seine Verarbeitung stehen im Mittelpunkt der Lehre. Alles, was uns im Seelischen begegnet, kann nur von einem beständigen Kampf zwischen verschiedenen konkurrierenden Systemen, dem »Es«, dem »Ich«, dem »Über-Ich«, verstanden werden. Das »Es« ist der Inbegriff aller Prozesse, »die auf Lustgewinn« durch möglichst rasche Beseitigung aller das psychische Gleichgewicht störenden Reize wie Hunger, Durst, Sexualität usw. gerichtet sind. Die einfachste Form dieser Beseitigung von Triebreizen ist ihre unmittelbare Befriedigung. Sie wird im Interesse der sozialen Anpassung aber durch das »Ich« und die im »Über-Ich« in das Innere der Person aufgenommenen sozialen Normen gebremst oder verhindert. Dadurch entstehen die Prozesse der Abwehr, der Verdrängung, der Projektion, der Symptombildung usw. Es entsteht der »psychische Apparat« des Unbewußten, der von Freud gelegentlich auch als der eigentlich psychische Bereich bezeichnet wurde. Nur über den Traum und über Fehlhandlungen wie Fehlanpassungen erfahren wir von den Nöten und Konflikten des Unbewußten.

In der Regel besteht das, was man »menschliche Existenz« nennt, aus einem ständigen Konflikt zwischen »Es«, »Ich« und »Über-Ich«. Während das »Es« als ein Subjekt erscheint, dem alle normalen Reaktionsweisen abgesprochen werden und das sich deshalb im wesentlichen unvernünftig und amoralisch benimmt, wird das Ich als Konzentrat aller rationalen Potenzen der menschlichen Natur dargestellt (Freud, XIII, 253f). Es vermittelt zwischen Es und der Realität, sucht das Realitätsprinzip gegen das Lustprinzip durchzusetzen und durch die Tätigkeit der »Realitätsprüfung« vom Bild der Außenwelt fernzuhalten, was »Zutat aus inneren Erregungsquellen ist« (XV, 82). Darüber hinaus kennzeichnet das Ich »der Zug zur Synthese seiner Inhalte, zur Zusammenfassung und Vereinheitlichung seiner seelischen Vorgänge« (XV, 82).

Auch die »Ansprüche seiner drei Zwingherrn«, der Außenwelt, des »Über-Ichs« und des »Es«, bemüht es sich, miteinander in Einklang zu bringen. »Wenn man die Anstrengungen des Ichs verfolgt, ihnen gleichzeitig gerecht zu werden, besser gesagt, ihnen gleichzeitig zu gehorchen, kann man nicht bereuen, dieses Ich personifiziert und als besonderes Wesen hingestellt zu sehen« (Freud, XV, 84).

An solchen Stellen geht die Schilderung oft ganz in die Darstellung dramatischer Szenen über; Vermitteln, Dienen, Lenken, Eingeengtsein, Zurückgestoßensein, Bestraftwerden usw. sind einzelne szenische Entwürfe für ein Leben, das »als nicht leicht« bezeichnet wird. Die Sympathie des Autors ist eindeutig auf seiten dieser weisen, wenn auch ohnmächtigen Person-Instanz. Sein Leitbild ist: »Wo Es war, soll Ich werden« (XV, 86).

Der Homo sapiens erscheint hier in der Gestalt kraftlosen, aber sehenden und wissenden Geistes. Er lenkt, er weist die Richtung, und wenn er Glück hat, vermag er die Kräfte, die ihn tragen und die ihn treiben, gelegentlich dahin zu bringen, wohin er möchte.

Das »Über-Ich« wird von Freud anhand der Besprechung von Symptomen des Beobachtungswahnes in der Melancholie (agitierte Depression) eingeführt. Beim Beobachtungswahn werde die »Doppelung des Ich« in ein übergeordnetes, beobachtendes und ein gequältes, angsterfülltes »Objekt-Ich« deutlich. Bei der Melancholie, d. h. dem »melancholischen Anfall«, zeige sich, wie das Über-Ich das

»arme Ich« überstreng behandele, es beschimpfe, erniedrige, ihm Strafen androhe und ihm Vorwürfe wegen längst vergangener Handlungen mache.

Nun – schon die frühesten Anhänger wie Alfred Adler, C. G. Jung oder Wilhelm Stekel haben dieses »Persönlichkeitsmodell« in Frage gestellt. Es wurde von verschiedenen neopsychoanalytischen Schulen mehr oder minder modifiziert oder durch David Rapaport (1960) in die Sprache des Neobehaviorismus übersetzt. Ich und Es erscheinen immer als »primäres« und »sekundäres« Reiz-Reaktion-System, und die Prinzipien der Homöostase, der Tendenz zur Wiederherstellung gestörten Gleichgewichts, beherrschen nach Rapaport Freuds Denken in gleicher Weise wie jenes von C. L. Hull. Insofern ist menschliches Verhalten nichts anderes als eine besonders komplexe Variation von Verhaltensregulationen, wie sie auch in tierischem Verhalten zutage treten.

Von der biologischen zur anthropologischen Psychologie

In gewisser Hinsicht kann die Geschichte der Psychologie in den Jahren zwischen 1940 und 1980 als eine Entwicklung von einer primär biologischen zu einer primär anthropologischen Orientierung umschrieben werden. Zweifellos gilt das nicht für jeden Vertreter dieses Faches und nicht für alle Forscher, die etwa im Grenzbereich von Physiologie und Psychologie arbeiten oder sich von den Experimenten und Dogmen der Verhaltensforscher wie Konrad Lorenz oder von Irenäus Eibl-Eibesfeldt bestimmen lassen.

Schon im Jahre 1953 sprach Helmut von Bracken von einer »humanistischen Wende« in der neueren Psychologie, im Jahre 1955 erschien das Buch des klinischen Psychologen George A. Kelly »The psychology of personal constructs« und zwei Jahre später die Abhandlung von Carl R. Rogers über »die Natur des Menschen«. Seit 1950 begann Abraham H. Maslow sein System einer humanistischen Psychologie auszubauen, nicht zu reden von der »personalistischen« Psychologie von Gordon W. Allport oder von H. A. Murray.

Die Basis der Veröffentlichungen der meisten hier genannten Autoren ist die »klinische« Erfahrung, d. h. eine Beratungstätigkeit, z. T. auch eine Behandlungstätigkeit, bei der die Kommunikation zwischen Klient und Psychologen mehr und mehr partnerschaftlich, nicht mehr autoritativ, durch Unterordnung des Klienten unter die Allmacht des Analytikers, bestimmt wird. Aus den Erfahrungen in einer derart verstandenen psychologischen Beratung stellte George A. Kelly die These auf, daß jeder Mensch im Grunde ein Wissenschaftler sei, der im Laufe seines Lebens bestimmte Annahmen über sich und seine Umwelt bilde und diese Annahmen oder Konstrukte gleichsam über jede neue Erfahrung lege. Ein Zugang zum anderen oder eine Veränderung seines Verhaltens ist daher nur durch das Verständnis des Konstruktsystems des anderen möglich. Es wird dabei ausdrücklich vor jeder rationalistischen Deutung menschlichen Verhaltens gewarnt, zugleich aber doch die These unterstützt, daß menschliches Verhalten nicht primär durch einen Mechanismus von Trieben und Instinkten, von Reiz-Reaktion-Verbindungen usw. zu verstehen sei, sondern durch Erfassung seiner Denk- und Deutungsweisen. In zahlreichen Experimenten und Feldbeobachtungen wurde die Bedeutung dieser individuellen Deutungs- und Denkweisen aufgewiesen. Der Inhalt unserer Gefühle erscheint nach der bekannten Theorie von J. S. Schachter als Ergebnis der Deutung einer bestimmten psychophysiologischen Erregung in ihrem jeweiligen situativen Zusammenhang. Bringe ich Versuchspersonen, die eine Adrenalindosis erhielten, aber über deren Wirkung nicht informiert wurden, mit einem fröhlichen Partner zusammen, so werden sie selbst auch fröhlich reagieren. Jene Versuchspersonen dagegen, die mit einem ärgerlichen, aggressiven Partner zusammengebracht werden, zeigen nach einiger Zeit auch Symptome einer gereizten Stimmung. Personen, welche über die erregende Wirkung der Injektion informiert wurden, werden dagegen von dem Verhalten des Partners in ihrer Stimmungslage nicht beeinflußt. Auch die Rolle von »kognitiven Kontrollen« oder Vorstellungen bei der Bewältigung von Schmerz und Angst wurde vielfach nachgewiesen und in verschiedenen Therapien praktiziert.

Dennoch ist diese Konzeption des Menschen nicht »motivationslos«. An die Stelle von Trieb- oder Instinktkatalogen treten aber die Annahmen über hierarchische Motivationssysteme, an deren Basis physiologische Bedürfnisse, an deren Gipfel eine Grundtendenz zur »Selbstverwirklichung«, zur »Entwicklung aller Fähigkeiten, welche die Person erhalten und erweitern« (Rogers 1959, 196), zur Ausfaltung und Realisierung von allem, was eine Person werden kann (Maslow 1973, 46), zu erkennen ist.

Von der Einsicht in die Wirksamkeit einer derartigen, nicht auf bloße Selbstbehauptung gerichteten Tendenz aus wird der zukunftgerichtete Charakter der menschlichen Natur betont. Die Zukunftsperspektive und ihre Differenzierung bzw. Schematisierung bestimmen die Verhaltensweisen (Nuttin 1980).

Wenn man von extremen Positionen absieht, so lassen sich heute aus den genannten und vielen anderen Arbeitsansätzen einige Aussagen über den Menschen formulieren, die empirisch ausreichend fundiert erscheinen und die Auffassung vieler »Schulen« der Psychologie widerspiegeln.

1. *Menschliches Verhalten wird nicht triebdynamisch, sondern durch Einsichten und Grundüberzeugungen bestimmt.* Wenn man darangeht zu erkunden, was Menschen, die sich um eine Entscheidung in bedeutsamen Lebenssituationen bemühen, wirklich erleben, dann zeigt sich zunächst einmal, daß dieses Gefühl der Freiheit keineswegs so positiv aufgenommen wurde, wie man das nach Ansicht mancher Determinationspsychologen annehmen würde. Bedeutend häufiger erscheint eine solche Entscheidungssituation als eine schwere Belastung.

Was aber noch weit wesentlicher ist: Auch wenn sehr starke Motive und Interessen gegeneinanderstehen, kann man nie davon sprechen, daß ein gleichsam physischer Kampf dieser als blind und irrational vorgestellten dynamischen Kräfte die Entscheidung herbeiführt. Dazu versucht man vielmehr, die einander entgegenstehenden Möglichkeiten an bestimmten Grundüberzeugungen zu messen bzw. ihre Abweichung oder Übereinstimmung mit solchen Grundüberzeugungen zu erfassen. Derartige Grundüberzeugungen können sich auf das eigene Selbst beziehen, wenn etwa entschieden wird: »So etwas tue *ich* doch nicht, so etwas Schlechtes.« Oder: »Das mag ja schlecht aussehen, aber in meiner Situation kommt es darauf ja nicht an.« Im einen Fall wird eine Grundüberzeugung, ein bestimmtes Tun sei mit dem eigenen Selbstbild unvereinbar, aktualisiert und damit bestimmend für den Ausgang. Im zweiten Fall dagegen wird sie gleichsam durch Hinweis auf die Notsituation aus dem Wege geräumt. Wir werden auf die Dynamik von Aktualisierung und Entaktualisierung von Grundüberzeugungen noch eingehen. Hier sei nur unterstrichen, wie bestimmend die Heranziehung von Grundüberzeugungen für die Entscheidungen ist.

Außer auf das eigene Selbst können sich diese Grundüberzeugungen auf Normen beziehen, wie sie für die eigene Gruppe, Familie, Institution als verbindlich angesehen werden, sie können sich auf bestimmte Leitbilder beziehen wie etwa: »Ein moderner Mensch kann sich durch solche Gefühle doch nicht beeinflussen lassen«, oder: »Ein Demokrat kann sich auf so etwas auf keinen Fall einlassen!« Schließlich können natürlich auch umfassendere Pläne und Zielsetzungen die Grundlage für die Beurteilung der Lage sein. Ich habe all diese Grundüberzeugungen, Werte, Normen und Pläne, welche die Entscheidungen beeinflussen, als »kognitive Systeme« bezeichnet und sehe in der Ein- und Ausschaltung solcher kognitiven Systeme das eigentlich Bedeutsame am Entscheidungsverlauf. Mit der Einschaltung, d. h. Aktualisierung einer solchen Grundüberzeugung wird die Situation sozusagen eindeutig, und der Entschluß wird bald fallen. Es kann aber auch die Überlegung eintreten, daß ein konkretes Verhalten solche übergeordneten kognitiven Systeme gar nicht berührt. Das häufigste Beispiel ist etwa die Selbstrechtfertigung eines Rauchers, dem der Entschluß zur Aufgabe des Nikotingenusses nahegelegt wurde. Das berühmte »Eine Zigarette kann ja wohl kaum etwas schaden!« beseitigt die Blockade des Verhaltens, die durch die Aktualisierung der Grundüberzeugung über die Schädlichkeit des Rauchens übernommen worden war.

Dieses Beispiel oder jenes von der Ausschaltung des Selbstbildes und der mit ihm verbundenen Überzeugungen, von der Vereinbarkeit oder Unvereinbarkeit von Grundüberzeugungen zeigen, daß eine kognitive Theorie des Verhaltens dann zu Fehlinterpretationen führt, wenn sie motivationale Einflüsse auf die Einbeziehung oder Ausschaltung solcher kognitiven Systeme nicht berücksichtigt. Der Mensch, der in der Überzeugung handelt, daß das, was er tun wird, mit bestimmten fundamentalen kognitiven Systemen oder Grundüberzeugungen übereinstimmt, handelt frei. Im Falle der fehlenden Übereinstimmung aber kommt es zweifellos zu Verzerrungen der kognitiven durch affektiv-motivationale Einflüsse. Ich weiß nicht, ob man in diesem Falle von einer freien Entscheidung sprechen kann.

Die Norm menschlichen Verhaltens ist zweifellos das Handeln in Übereinstimmung mit solchen Grundüberzeugungen. Das wurde im übrigen durch eine Serie von Experimenten bestätigt, in denen eine Art Widerstand (»Reaktanz«: Brehm

1966) gegen jede Bedrohung oder Verlust der Freiheit, sich so oder so zu entscheiden, konstatiert wurde. Die Erhaltung der Freiheit, das eine oder andere tun zu können, erscheint danach zumindest in unserer Kultur als ein Wert, den man möglichst nicht preisgeben möchte. Ob ein Wert aber mit einer Illusion gleichzusetzen ist, erscheint doch fraglich, es sei denn, man geht mit festgefügten Grundüberzeugungen an die Analyse menschlicher Entscheidungen heran.

2. *Menschliches Verhalten ist nicht reflektorisch, sondern reflektierend, d. h. durch bewußte Auseinandersetzung mit der Situation bestimmt.* Zu dem Programm des Behaviorismus gehörte eine Psychologie, in der die Begriffe »Geist«, »Seele«, »Bewußtsein«, »Gefühl« usw. keinen Platz mehr haben sollten. Die Begriffe »Geist« und »Seele« sind schon von Wundt gemieden worden, nicht, weil ihre Existenz geleugnet werden sollte, sondern weil sich die naturwissenschaftliche Psychologie für das Studium philosophisch und theologisch so stark vorbelasteter Problembereiche als unzuständig erklärte. Diese Einschätzung der eigenen Unzuständigkeit für die Bereiche »Geist« und »Seele« ist bis heute weitestgehend unverändert geblieben. Nicht nur das Gefühl und der Gedanke, sondern auch das Bewußtsein feiert aber seit etwa zweieinhalb Jahrzehnten wieder Auferstehung in der sowjetischen Psychologie, die stark an der marxistisch-leninistischen Philosophie orientiert war. Über Marx hatte der Hegelsche Bewußtseinsbegriff in der dortigen Psychologie eine verläßliche Heimat gefunden, auch als das Bewußtsein unter dem Einfluß der behavioristischen Ideologie im Westen verpönt war. S. Rubinstein, einer der wichtigsten Vertreter der sowjetischen Psychologie zwischen 1936 und 1960, hielt der primitiv-materialistischen Deutung des Menschen, wie sie von den Reflexologen Bechterew und Pawlow versucht wurde, entgegen, die Ausschaltung des Bewußtseins aus dem Begriffsinventar der Psychologie setze diese außerstande, spezifisch menschliches Verhalten zu verstehen. Eine bewußte Handlung unterscheide sich von der einfachen Reaktion durch eine andere Beziehung zum Objekt. Erst durch diese spezifische Objektbeziehung werde aus der Reaktion eine Handlung (Leontjew 1977).

In der westlichen Psychologie waren es verschiedene Umstände, welche die Einführung der Bewußtseinsproblematik gegen Skinner, Watson und andere erzwangen: einmal Untersuchungen zur Elektrophysiologie zentralnervöser Prozesse.

Mit der Entwicklung des EEG wurde es nämlich möglich, verschiedenen Graden und Formen des Bewußtseins verschiedene Typen von Hirnstromkurven zuzuordnen und den Alpha-Typus willkürlich herbeizuführen, und da dem Alpha-Typus ein entspannter Bewußtseinszustand entspricht, erhofft man sich psychotherapeutische Auswirkungen (Birbaumer 1974).

Ein zweiter Anlaß ergab sich mit der Entwicklung der Radartechnik und der automatisierten Produktion. Die Überwachung von Radaranlagen (nicht bei Flughäfen, sondern z. B. bei Kriegsschiffen) und Steuerungszentralen bei automatisierter Produktion führte zur Entdeckung des Vigilanz-Effekts, d. h. der Tatsache, daß bei äußerster Seltenheit des kritischen Reizes und monotoner Folge von neutralen Reizen ein Abfall der Aufmerksamkeit stattfindet – nicht aus Ermüdung oder ähnlichen physiologischen Gründen, sondern weil bestimmte Vorbedingungen der Aufmerksamkeitshaltung nicht gegeben sind.

Noch entscheidender aber hat wohl die Drogenszene in den USA die Psychologen in den sechziger Jahren veranlaßt, sich dem Problem des Bewußtseins und der Veränderung des Bewußtseinszustandes zuzuwenden. Denn in der Sucht bilden bestimmte Bewußtseinszustände das meist unbezwingliche Motiv. Ein extrem subjektiver Tatsachenbereich – der Behavioristen eines wissenschaftlichen Studiums nicht würdig erschien – erhielt auf einmal zentralsten Stellenwert im Verhalten.

In der internationalen Entwicklung der Psychologie sind schließlich Bemühungen zu erwähnen, Erfahrungen in der Technik der Meditation bzw. der Selbstkontrolle, wie sie im Zen-Buddhismus geübt wurde, für die Erweiterung psychologischen Wissens um die Varianten des Bewußtseins zu nutzen (Ornstein 1973).

Der neutrale, nur unterschiedlich erhellte Raum »Bewußtsein« erscheint nach diesen Erfahrungen in den verschiedensten Farben und Formen. Die Psychologie mußte einen weiten Umweg machen, um dies zu erkennen. Heute aber wendet sie sich den Bedingungen und Funktionen des Bewußtseins zu, das sie als eine wichtige Schaltstelle bei der Informationsverarbeitung betrachtet. Die Erwartung, es aus diesen oder jenen neurophysiologischen Prozessen erklären zu können, hat sich bisher nicht erfüllt. Man kennt zwar bestimmte subkortikale Zentren, welche die Helligkeit und Aktivität des Bewußtseins beeinflussen. Aber das Phänomen der »Widerspiegelung« der Realität läßt sich damit nicht erklären. Was bleibt, ist die Konstatierung der Tatsache, daß ohne dieses unerklärliche Faktum der Reflektierung der Realität im Bewußtsein menschliches Verhalten nicht adäquat erfaßt werden könne.

3. *Menschliches Verhalten ist durch zunehmende Symbolisierung der Kommunikation bestimmt.* Seit vielen Jahrhunderten gilt als eines der spezifischen Kennzeichen der menschlichen Natur deren Sprachfähigkeit. Man hat von den verschiedensten Beobachtungen aus gezeigt, daß alle sprachähnlichen Verständigungsformen unter Tieren wesentliche Merkmale einer Sprache im menschlichen Sinne vermissen lassen. Dies gilt auch für die sogenannte Bienensprache, da bei den Bienen ja die Verständigung nicht durch ein Symbol, sondern durch die Mitteilung einer Initialbewegung geschieht, welche spätere Bewegungen andeutend vorwegnimmt und damit ein Vollzugsschema für die auszulösenden Bewegungen schafft. Damit entbehrt das Kommunikationsmittel dessen, was echte Sprache ausmacht, nämlich die Lösung vom praktischen Tun und der Übergang zur symbolischen Verständigung. Die menschliche Sprache als Inbegriff eines Systems von expressiven, auffordernden und hinweisenden Symbolen ermöglicht eine Lösung des Handelns von »Hier und Jetzt«. Dadurch wird eine Orientierung des Artgenossen an der Realität über ein Minimum an Bewegung bzw. stofflicher Vermittlung ermöglicht. Dies aber schafft die Basis für eine Konfrontation momentanen Verhaltens mit einem Maximum an Information.

Vinzenz Rüfner (1969) hat auf Ergebnisse vergleichend psychologischer Forschung verwiesen, bei denen Schimpansenkinder mit Menschenkindern aufgezo-

Als geistiger Ahnherr der »behaviorisierten Revolte« in der Psychologie gilt Charles Darwin (1809–1882).

Als ihren eigentlichen Gründer sieht die moderne Psychologie den Leipziger Physiologen Wilhelm Wundt (1832–1920) an.

Durch den Begründer der Psychoanalyse, Sigmund Freud (1856–1939), wurde das »Unbewußte« und dessen Gesetzmäßigkeiten erstmals in den Mittelpunkt psychologischer Forschung gestellt.

Mit seinem »kollektiven Unbewußten« modifizierte C. G. Jung (1875–1961) das von Freud entwickelte Persönlichkeitsmodell.

Der Behaviorist Burrhus Frederik Skinner (*1904) leitet aus seinen Theorien Konsequenzen für die menschliche Gesellschaft ab.

Der Wiener Individualpsychologe Alfred Adler (1870–1937) suchte als die Triebfedern menschlichen Verhaltens Machtstreben, Minderwertigkeitsgefühle und Überkompensation nachzuweisen.

gen wurden. Hier werde schon im frühen Kindesalter die völlige Andersartigkeit der Verhaltensstruktur deutlich: Bei z. T. überlegener Entwicklung praktischer Intelligenz beim Schimpansenkind zeigt sich bei diesem vor allem im sprachlichen Bereich sehr früh ein Stillstand, der nicht lediglich auf quantitative Unterschiede in den kognitiven Prozessen, sondern auf substantielle Unterschiede verweise. Thesen, wie sie Herder vor über zweihundert Jahren formulierte, sind durch die moderne Psycholinguistik vielfach bestätigt worden. »Die menschliche Sprache scheint offenbar von einer spezifischen mentalen Organisation, wie sie eben nur der Mensch aufweist, geleitet zu sein« (Wenzel, Hartig 1977, 17). Lenneberg sieht die Sprache als Grundlage der spezifischen menschlichen kognitiven Tätigkeiten als Resultat bisher unbekannter artspezifischer biologischer Fähigkeiten an. Die Ausbildung solcher artspezifischer Fähigkeiten sei mit dem Grundgedanken der Evolution im Sinne von Darwin ohne weiteres vereinbar. Artspezifische Besonderheiten in der Strukturierung von Verhaltensweisen seien ja das, was die Evolutionslehre postuliere.

Nun, die Erklärung dieses artspezifischen Verhaltens im Sinne Darwins oder gegen Darwin geht über meinen Kompetenzbereich hinaus (s. dazu den Beitrag von J. Illies in diesem Band). Festzuhalten bleibt aber, daß die von Karl Bühler schon vor fast einem halben Jahrhundert konstatierte Kluft zwischen den expressiven und demonstrativen Lautäußerungen der Tiere und der menschlichen Sprache durch die moderne vergleichende Psycholinguistik bestätigt wurde.

4. *Menschliches Verhalten ist nicht vorgebildet, sondern zu »bilden« (Merkmal der interaktiven Sozialisation).* Daß die menschliche Persönlichkeit nicht mit fertig ausgebildeten Eigenschaften zur Welt kommt, sondern zur so und so gearteten Person durch einen Prozeß der Entwicklung wird, ist ein weitgehend anerkannter Tatbestand. Strittig ist freilich der Grad der Veränderung, die mit dieser Entwicklung verbunden ist, und strittig auch der Zeitraum, in dem diese Veränderung vor sich geht. Nach manchen Autoren, die heute wieder größeren Einfluß gewinnen als z. B. nach 1945, ist ein relativ großer Anteil der Persönlichkeitseigenschaften erblich festgelegt, nach anderen ist die individuelle menschliche Persönlichkeit Resultat einer Formung durch Kultur, Familie, Gruppe, Institution, kurz durch die Gesellschaft. Der einzelne ist Produkt eines Sozialisationsprozesses. Hierzu ist festzustellen: Die Ergebnisse der psychologischen Vererbungsforschung lassen lediglich den Schluß zu, einige sehr formale und weit zu fassende Verhaltenstendenzen, wie etwa Größe der allgemeinen Intelligenz, der Aktivität, Aspekte der Grundstimmung und Tendenz zur Extraversion seien in einem gewissen Umfang hereditär verankert (Gottschaldt 1960, Vandenberg 1966). Selbst hier scheinen jedoch noch viele Fragen offen zu sein, wenn man die sehr überzeugenden Befunde über diskordantes Verhalten von eineiigen Zwillingen berücksichtigt, die v. Bracken und neuerdings Zazzo vorlegten.

Auch ohne sich einer radikalen Tabula-rasa-Theorie zu verschreiben, wird man daher dem Vorgang der Bildung der Persönlichkeitsstruktur im lebenslangen Interaktionsprozeß zwischen Individuum und Umwelt seine Aufmerksamkeit schenken. Da diese Umwelt für den Menschen aber weitestgehend mit einer sozialen Umwelt identisch ist, wurde der Vorgang der kontinuierlichen Prägung des Persönlichkeitsgefüges durch die Gruppen und die Gesellschaft als Sozialisation umschrieben (Zigler, Child 1969, Fröhlich 1972, Walter 1973). Aggression und Angst, Leistungsmotivation und Selbstsicherheit, Bereitschaft, anderen zu helfen, und viele andere Persönlichkeitseigenschaften werden danach in der Auseinandersetzung mit einem vorübergehenden oder bleibenden Umweltschicksal gebildet.

Manche dieser durch Sozialisation geprägten Verhaltenstendenzen unterstreichen den Einfluß von sozialen Normen und insbesondere elterlichen Erziehungshaltungen. So hat man z. B. eine hohe Konstanz eines eher anlehnungsbedürftigen, abhängigen Verhaltens bei Mädchen bzw. Frauen vom achten bis zum dreißigsten Lebensjahr konstatiert, dagegen keine Konstanz hinsichtlich aggressiver Verhaltensweisen (Kagan, Moss 1962). Das Ausmaß der Aggressivität zeigte dagegen ein hohes Konstanzmaß bei der männlichen Teilstichprobe dieser Längsschnittstudie. Diese gesellschaftsspezifischen Unterschiede in bezug auf Konstanz bzw. Veränderlichkeit bestimmter Persönlichkeitsmerkmale werden jedoch unter Bezugnahme auf die in der Gesellschaft existierenden Normen hinsichtlich männlichen und weiblichen Verhaltens gedeutet. Die Eltern werden diesen Normen entsprechend stärker anlehnungsbedürftiges Verhalten bei den Mädchen, stärker aggressives Verhalten bei den Jungen tolerieren. Die kulturelle Abhängigkeit solcher Normen für männliche und weibliche Eigenart wurden u. a. von Margaret Mead und Simone de Beauvoir unterstrichen bzw. durch ethnologisches Material belegt. Selbst Unterschiede in der Intelligenzentwicklung von Jungen und Mädchen bzw. Männern und Frauen lassen sich von solchen kulturellen Normen her erklären (Lehr 1972). So sind im Kindes- und Jugendalter meist geringe geschlechtsspezifische Unterschiede gefunden worden, während beim Vergleich von heute siebzig- bis achtzigjährigen Männern und Frauen selbst bei vergleichbarer sozialer Schicht starke Unterschiede auffallen. Diese sind nur durch die unterschiedlichen Rollenerwartungen und Bildungschancen dieser Männer und Frauen in jüngeren Jahren zu erklären.

Die kulturvergleichende Forschung der letzten vier Jahrzehnte hat aber nicht nur Hinweise auf die kulturelle Abhängigkeit männlicher und weiblicher Persönlichkeitsentwicklung erbracht, sie verwies auch auf Zusammenhänge zwischen kulturell genormten Erziehungsweisen einerseits und kulturspezifischen Erklärungen von Krankheit oder Vorstellungen über den wohl- oder übelwollenden Charakter von Geistern und Gottheiten oder die Häufigkeit von Versündigungsideen (Thomae 1972a) andererseits.

Die kulturellen Normen, mögen sie definierbar oder nicht definierbar sein, sind nur eine Gruppe von Determinanten der Entwicklung. Seit vierzig Jahren liegen aus den verschiedensten Ländern viele Untersuchungsergebnisse vor, welche den Einfluß der sozialen Schicht auf die Persönlichkeitsentwicklung bekunden. Dabei ist der Zusammenhang nicht so einfach zu sehen, wie er häufig in politisch orientierten Darstellungen des Problems erscheint. Kinder niederer sozialer Schicht haben oft zweifellos ungünstigere Entwicklungsbedingungen, und zwar auch abgesehen von ihren Bildungschancen. Diese Entwicklungsbedingungen werden aber vor allem durch die erzieherischen Einstellungen der Eltern und durch den von ihnen erlebten »Freiraum« definiert. So scheinen die ökonomisch-soziologischen und sozialen Bedingungen der Unterschicht oft zusammenzuwirken, um den subjektiven Lebensraum oder den subjektiv empfundenen Freiraum so einzuschränken, daß das Gesamtniveau der leistungszentrierten Angepaßtheit durch zehn Jahre hindurch entweder auf einem niedrigen Niveau verbleibt oder aber allmählich ansteigt. Diesen zwei Formen der Persönlichkeitsentwicklung, die wir bei unserer Längsschnittuntersuchung bei den »Nachkriegskindern« (Coerper, Hagen, Thomae 1954) fanden, stehen drei bis vier Entwicklungsvarianten bei Kindern der mittleren und höheren Schicht gegenüber. Neben einem konstant höheren und sinkenden Niveau der leistungsbezogenen Aktivität können hier verschiedene Varianten von Zu- und Abnahme, von unregelmäßigem Verlauf usw. beobachtet werden (Thomae 1972b).

Generell kann man zweifellos festhalten, daß die »soziale Schicht« einen Inbegriff wesentlicher Entwicklungsdeterminanten darstellt, durch die unterschiedliche Verlaufsformen der Entwicklung bestimmt werden. Aber wichtig ist es, sie als Zusammenhang verschiedener Einflußfaktoren zu betrachten, zu denen immer auch jene bestimmter elterlicher Einflüsse gehören.

Zu einem scheinbaren Streit zwischen Entwicklungspsychologen einerseits und einigen Psychoanalytikern und Pädiatern andererseits kam es vor einiger Zeit hinsichtlich der Bedeutung eines kontinuierlichen Kontaktes zwischen Mutter und Kind im ersten Lebensjahr für die spätere Persönlichkeitsentwicklung des Kindes. Ich möchte hier nicht auf Einzelheiten eingehen, sondern nur hervorheben, daß die Notwendigkeit einer fördernden, warmherzigen Bezugsperson und Bereitstellung aller jener Pflege- und Erziehungshaltungen nicht strittig ist, die, wie Erikson das ausdrückt, eine Atmosphäre des Urvertrauens zu schaffen in der Lage sind. Aber wogegen die Entwicklungspsychologie sich wehrt, das ist eine vereinfachende, aber meist sehr lautstark propagierte Betrachtungsweise, der zufolge auf der einen Seite ein gewisses Quantum an Kontakt zwischen leiblicher Mutter und Kind als eine gleichsam monolithisch wirkende Ursache und auf der anderen Seite eine gestörte oder störungsfreie Persönlichkeitsentwicklung bis ins hohe Alter als deren Ergebnis stehen. Lehr (1974) hat die vielen Aspekte der Sozialisationswirkungen der Mutter anhand der umfangreichen internationalen Literatur zusammengestellt und gezeigt, wie verhängnisvoll gerade in diesem Zusammenhang ein stark vereinfachendes Kausaldenken ist.

Die Streitfrage um die Rolle der Mutter in der Sozialisation des Kindes führt uns erneut an das Problem von Determination und Freiheit heran. Immer stärker ist in den letzten Jahren die Forderung erhoben worden, statt nach allgemeinen »Entwicklungsgesetzen« forschen zu wollen, die Bedingungen zu analysieren, unter denen diese oder jene Form psychischer Entwicklung in Kindheit, Jugend- und Erwachsenenwelt auftritt. Bei der Erfüllung dieser Forderung aber wird sich stets die

Frage stellen, ob wir bestimmte Korrelationen zwischen Entwicklungsumständen und Entwicklungsergebnissen als Hinweise auf Ursache-Wirkung-Beziehungen sehen dürfen. Die statistischen Verfahren, mit denen wir solche Zusammenhänge überprüfen, lassen zunächst einmal keineswegs eine Aussage über Kausalbeziehungen zu. Sie sagen nur aus, ob ein gefundener Zusammenhang zwischen Variable A und B zufällig ist oder nicht. Von hier aus gesehen ist bei jenen biologischen, sozialen und psychologischen Korrelaten bestimmter Entwicklungsformen festzustellen, daß sie nicht als Ursachen anzusehen sind, die notwendigerweise zu dieser oder jener Wirkung führen müssen. Von den verschiedenen empirischen und theoretischen Standpunkten aus hat man Kritik z. B. an Sozialisationstheorien geübt, welche das Kind als passives Objekt der Sozialisationsbedingungen betrachten. Die Interaktion zwischen Mutter und Kind oder zwischen Pflegeperson und Kind wurde deshalb zum Forschungsthema, vor allem auch die Auswirkung des Verhaltens des Kindes auf das Verhalten der Mutter und der Pflegeperson. Ein aktiver Organismus steht in Interaktion mit bestimmten Entwicklungsbedingungen – das ist ein in sehr vielen Forschungsansätzen bestimmendes Interpretationsmodell von entwicklungspsychologischen Zusammenhängen, das gerade in der populären Diskussion oft vernachlässigt wird. Dabei bleibt auch in der wissenschaftlichen Diskussion das eigentliche Ziel die Vorhersage eines künftigen Geschehens oder die Erklärung eines Entwicklungsablaufs aus diesen oder jenen Lebensumständen. Der Entwicklungspsychologe als Wissenschaftler muß insofern von der Vorhersagbarkeit von psychischer Entwicklung überzeugt sein. Steht er aber damit nicht im Gegensatz zu der Idee der Person, deren Eigenart nicht allein Resultat biologischer oder sozialer Einflüsse, sondern jeweils »personaler Entscheidungen« ist?

Ich glaube, daß es sich hier um einen scheinbaren Gegensatz handelt. Erstens stellt jede Voraussage über menschliches Verhalten im theoretischen wie im praktisch-klinischen Bereich nur ein Wahrscheinlichkeitsurteil dar. Es ist eher ein Zeichen von kritikloser Überschätzung der diagnostischen Möglichkeiten oder von kritikloser Unterschätzung der Komplexität der Lenkung des Entwicklungsgeschehens, wenn man aus bestimmten erkannten Entwicklungsumständen notwendige Verhaltenskonsequenzen ableitet. Das trifft auf die Entwicklung im frühen Kindesalter in gleicher Weise zu wie auf jene in der Jugendzeit oder im Erwachsenenalter. Auch wenn wir Einblick in alle inneren und äußeren Entwicklungsbedingungen hätten und sogar die Situation vorhersagen könnten, in die ein Individuum gestellt wird, so bleibt es doch schwierig vorherzusagen, wie das Individuum diese Situationen erleben wird. Die Situation, so wie sie wahrgenommen, erlebt wird, erwies sich aber als die wesentlichste Variable, welche über die Wahl zwischen verschiedenen Verhaltensweisen entscheidet. Diese Wahrnehmung wird vor allem durch Überzeugungen, Werthaltungen, d. h. mehr oder minder übergreifende kognitive Systeme bestimmt. Insofern ist es nicht die dumpfe Gewalt von Trieben und Affekten, welche den Menschen in diese oder jene Richtung treibt, sondern der Aufbau, die Einbeziehung oder Ausschaltung bestimmter Grundüberzeugungen und Grundwerte. Dies ist, wie aufgewiesen, keine idealistische Philosophie, sondern Resultat empirischer Untersuchungen über den Entscheidungsvorgang (Thomae 1974).

Von allen diesen Einsichten aus erscheint uns ein Gegensatz zwischen dem wissenschaftlichen Ziel einer Entwicklungsprognose und einer Philosophie der Person heute nicht mehr zu bestehen. Denn jene Entwicklungsprognose muß durchaus nicht erst beim Jugendlichen und Erwachsenen Raum für jene personalen Entscheidungen lassen, deren Verlaufsform und Ergebnisse nur in bestimmten Annäherungsgraden erfaßt werden.

5. *Menschliches Verhalten ist zukunftsorientiert (Antizipation und Humanisation).* Sganzini wollte das Merkmal der Antizipation als »Urkategorie« alles Lebendigen bezeichnet wissen. Nun sei mit der Diskussion der hier zu erörternden anthropologischen Merkmale nicht die These verbunden, keines von ihnen könne in irgendeinerWeise bei irgendeinem Tier angetroffen werden. Probleme der vergleichenden Psychologie überlassen wir gerne anderen. Wesentlich scheint uns aber die Feststellung, daß das Merkmal der Antizipation der eigenen Zukunft nichtmenschlichen Lebewesen nur zugeschrieben wird, wenn man in Kauf nimmt, des Anthropomorphismus geziehen zu werden. Nachweisbar ist das Moment der »inneren Vorwegnahme« eines Zustandes nur beim Menschen. Hier wird die jeweilige Gegenwart in ständig wechselndem Maße durch das Hineinnehmen der Zukunft verändert, ein Sachverhalt, auf den theoretisch sehr unterschiedlich orientierte Autoren verweisen. Viele Überlegungen konzentrieren sich auf dieEinsicht, daß der Mensch »Vergangenheit und Zukunft verbindet« (Kelly).

»Zwar lebt der Mensch in der Gegenwart. Er steht jedoch mit gespreizten Beinen über der Kluft, welche die Vergangenheit von der Zukunft trennt. Er ist das einzige verbindende Glied zwischen beiden Welten. Er und nur er allein kann sie miteinander vereinigen« (Kelly 1958, 52).

Die Entwicklung des Kindes enthält ein spezifisch »menschliches« Gepräge, wenn sich die Dimension der Zukunft erschließt. William Stern (1914) und Kurt Koffka (1925) haben schon vor Jahrzehnten auf die Langwierigkeit und Schwierigkeit dieses Prozesses hingewiesen. Wenn auch die Dimension der Vergangenheit gemeinsam mit der Dimension der Zukunft zu wachsen scheint, insofern als aus Erfahrungen immer mehr Erwartungen über die Konsequenzen bestimmter Ereignisse abgeleitet werden, so hat kindliches Verhalten im Rollenspiel, in den zunächst »spielerisch«, dann immer »realistischer« vorgebrachten Berufswünschen, in den Identifikationsprozessen, wie sie Freud beschrieb, in manchem Phänomen »unerklärlicher« kindlicher Angst doch unverkennbare Merkmale eines größeren Gewichts der Zukunftsdimension gegenüber jener der Vergangenheit.

Wie sehr die Zukunftsperspektive in der Reifezeit an Bedeutung gewinnt, haben geisteswissenschaftliche, gestalttheoretische und psychoanalytische Entwicklungstheorien hervorgehoben.

Die Entwicklung im Erwachsenenalter wurde insbesondere von Martha Moers (1953) und Charlotte Bühler (1933) als eine solche des Erfassens einer Bestimmung, einer Aufgabe, d. h. sehr oft einer Vorwegnahme eines drohenden oder meisternden

Zustandes charakterisiert. Für das höhere Alter bringt das »Innewerden der entrinnenden Zeit« neue Aufgaben, die sich in einer entscheidenden thematischen Umstrukturierung des Verhaltens äußern. Die zum Teil merkbare Konzentrierung auf gegenwartsbezogene Themen hat die Funktion einer subjektiven Gleichgewichtsregulation unter den verschiedenen Segmenten des Zeitkontinuums. Indem die Kunst zur Kultivation der Gegenwart wächst und sich der »Innere Blick« auf sie konzentriert, erscheinen um diesen Fixationspunkt herum subjektiv gesehen die Ausweitungen der Zeitperspektive nicht nur in Richtung auf die Vergangenheit, sondern auch in jene der Zukunft immer noch unbegrenzt möglich.

Das Spezifische der menschlichen Motivation wie der Formung der Persönlichkeit wird durch die sich ständig ändernde, aber sich nie verlierende Hineinnahme des Künftigen in das Gegenwärtige bestimmt. Starke Störungen der Persönlichkeitsstruktur sind deshalb mit einem defizienten Zukunftsbezug verbunden. So wird vom Wahnkranken gesagt, daß ihm die zeitliche Verankerung seines Seins fehle. Für ihn gibt es nichts Zukünftiges, keine echte Vorhabe, »weil es ganz einfach keine mögliche Zukunft gibt« (Weitbrecht 1963).

Auch die depressive Psychose ist nach Weitbrecht durch einen Verlust der nach vorwärts gerichteten Tendenz gekennzeichnet. Einen defizienten Zukunftsbezug stellten Dietrich (1962) sowie Barndt u. Johnson (1955) bei kriminellen Jugendlichen fest.

Andererseits muß man vielleicht feststellen, daß die Fähigkeit zur »Vorwegnahme« künftiger eigener Befindlichkeit geradezu eine konstitutive Störung des Zukunftsbezuges beim Menschen herbeiführen kann. Diese Annahme liegt ganz offensichtlich der Existenzphilosophie von Martin Heidegger (1927) zugrunde. Die These von der Zukunftsbetonung der »Zeitlichkeit« könnte von den bisher erörterten Arbeitsansätzen aus bestätigt werden. Soweit seine Lehre jedoch die These enthält, alles menschliche Verhalten sei letztlich eine ausweichende Reaktion in bezug auf diese Störung der Zukunftsdimension, muß sie von vielen empirischen Befunden her eingeschränkt werden. Dies zeigt sich besonders in Untersuchungen über das Problem der Einstellung zum Tode (s. dazu den Beitrag von G. Condrau »Das Sein zum Tode« in diesem Band). Entscheidend bleibt offensichtlich, daß im eigenen Erleben das Verhältnis zwischen der zeitlichen Erstreckung von Vergangenheit, Gegenwart *und* Zukunft erhalten bleibt. Die Art, in der diese Proportionalität gewahrt wird, zu beschreiben, ist eine der fruchtbarsten Aufgaben einer Psychologie der menschlichen Existenz.

Literatur

ALLPORT, G. W.: Becoming. Basic considerations for a psychology of personality. New Haven 1955. Deutsch: Werden der Persönlichkeit. Bern, Stuttgart 1958; dt. Tb.-Ausg.: Reihe »Geist und Psyche«, Bd. 2127, München 1974

BARNDT, R. J., JOHNSON, D. M.: Time orientation in delinquents. Journal of Abnormal and Social Psychology, 51, 1955, 343-345

BIRBAUMER, K.: Zur Theorie der Angst. München, Wien 1974

BRACKEN, H. VON: Amerikanische Persönlichkeitstheorien. In A. Wellek (Hg.): Bericht über den 19. Kongreß der Deutschen Gesellschaft für Psychologie (1953). Göttingen 1954

BREHM, J. W. A.: A theory of psychological reactance. New York 1966

BÜHLER, CH.: Der menschliche Lebenslauf als psychologisches Problem. Leipzig 1933; 2. A. Göttingen 1959

COERPER, C., HAGEN, W., THOMAE, H. (Hg.): Deutsche Nachkriegskinder. Stuttgart 1954

DIETRICH, G.: Kriminelle Jugendliche. Bonn 1962

FREUD, S.: Das Ich und das Es (1923). G. W. XIII. Frankfurt/M. ⁷1972

Neue Folge der Vorlesungen zur Einführung in die Psychoanalyse (1933). G. W. XV. Frankfurt/M. ⁶1973

FRÖHLICH, W. D.: Zur Problematik des Sozialisationsbegriffes. In C. F. Graumann (Hg.): Handbuch der Psychologie, Bd. VII/2. Göttingen 1972

GOTTSCHALDT, K.: Das Problem der Phänogenetik der Persönlichkeit. In Ph. Lersch, H. Thomae (Hg.): Handbuch der Psychologie, Bd. IV. Göttingen 1960

HEIDEGGER, M.: Sein und Zeit. Halle 1927

HULL, C. L.: A behavior system. New Haven 1952

KAGAN, J., MOSS, H.: From birth to maturity. New York 1962

KELLY, G. A.: The psychology of personal constructs. New York 1955

Man's constructions of his alternatives. In G. Lindsey (Ed.): The assessment of human motives. New York 1958

KOFFKA, K.: Prinzipien der psychischen Entwicklung. Osterwieck 1925

LEHR, U.: Zur Sozialisation geschlechtsspezifischer Verhaltensweisen. In C. F. Graumann (Hg.): Handbuch der Psychologie, Bd. VII/2. Göttingen 1972

Die Rolle der Mutter im Sozialisationsprozeß. Darmstadt 1974

LEONTJEW, A. N.: Tätigkeit, Bewußtsein, Persönlichkeit. Stuttgart 1977

MASLOW, A. H.: Toward a psychology of being. Princeton 1962. Deutsch: Psychologie des Seins. München 1973

MOERS, M.: Die Entwicklungsphasen des menschlichen Lebens. Ratingen 1953

NUTTIN, J.: La théorie de motivation humaine. Paris 1980

ORNSTEIN, R. E.: The nature of human consciousness. San Francisco 1973

RAPAPORT, D.: Die Struktur der psychoanalytischen Theorie. Stuttgart 1960

ROGERS, C. R.: A note on the nature of man. Journal of Counseling Psychology, 4, 1957, 199-203

A theory of therapy, personality, and interpersonal relationships as developed in the clientcentered framework. In S. Koch. (Ed.): Psychology: A study of science, Vol. 3, New York 1959

RÜFNER, V.: Psychologie. In A. Meyer (Hg.): Handbuch der Philosophie, Bd. 3. Paderborn 1969

SCHACHTER, J. S., SINGER, J. E.: Cognitive, social, and physiological determinants of emotional state. Psychological Review, 69, 1962, 379-399

SKINNER, B. F.: The behavior of organisms. New York 1938

Beyond freedom and dignity. New York 1971

The steep and thorny way to a science of behavior. American Psychologist 30, 1975, 42-49

STERN, W.: Psychologie des Kindesalters. Leipzig 1914; New York 1952

THOMAE, H.: Kulturelle Systeme als Sozialisationsvariablen. In C. F. Graumann (Hg.): Handbuch der Psychologie, Bd. VII/2. Göttingen 1972a

Soziale Schichten als Sozialisationsvariable. In C. F. Graumann (Hg.): Handbuch der Psychologie, Bd. VII/2. Göttingen 1972b

Konflikt, Entscheidung, Verantwortung. Stuttgart 1974

Psychologie in der modernen Gesellschaft. Hamburg 1977

TOLMAN, E. C.: Purposive behavior in animals and men. New York 1932

VANDENBERG, S.: The contribution of twin research to psychology. Psychol. Bulletin, 66, 1966

WALTER, H. (Hg.): Sozialisationsforschung, Vol. 1-3. Stuttgart 1973

WEITBRECHT, J.: Psychiatrie im Grundriß. Heidelberg 1963

WENZEL, U., HARTIG, M. (Hg.): Sprache – Persönlichkeit – Sozialstruktur. Hamburg 1977

WOODWORTH, R. B.: Contemporary schools of psychology. London 1931

WUNDT, W.: Grundzüge der Physiologischen Psychologie. Leipzig 1908-1911

ZAZZO, R.: Les jumeaux. Paris 1960

ZIGLER, E., CHILD, I.: Socialization, Vol. I. Reading 1969

Wolfgang Wesiack

Das Leib-Seele-Problem

Übersicht: Das uralte Leib-Seele-Problem bewegt die Menschen in jeder Generation aufs neue. Der Berliner Physiologe Emil Dubois-Reymond allerdings meinte, das Leib-Seele-Problem sei eines der prinzipiell unlösbaren Welträtsel, und Positivisten unter den Philosophen behaupten, es handele sich nur um ein Scheinproblem. Der archaische Mensch machte keinen Unterschied zwischen Leib (griech.: soma) und Seele (griech.: psyche). Noch in Homers »Ilias« haben die Menschen keine Seele im abendländischen Sinn; »Psyche« ist hier gleichbedeutend mit »Leben« oder »lebend«. Erst Platon schuf einen im Gegensatz zum Körper deutlich spiritualistischen Begriff »Seele«, der dann das ganze abendländische Denken prägte. Der Autor erörtert das Leib-Seele-Problem aus dreifacher Sicht: Was sagt die philosophische Anthropologie? Was sagt die medizinische Wissenschaft? Wie stellt sich der methodologisch-wissenschaftstheoretische Aspekt des Leib-Seele-Problems dar?

Für die naive vorwissenschaftliche Erfahrung, für das Kind oder den Naturmenschen, gibt es kein Leib-Seele-Problem. Der Mensch erfährt sich zunächst als ganzer, lebendbeseelter Leib, an dem weder eine Seele noch ein rein materieller Körper wahrgenommen wird. In diesem Stadium des unreflektierten Lebens und Erlebens ist der Mensch ein leibhaftes lebend-erlebendes Wesen, das fühlt, denkt, empfindet und handelt. Auf seinen gegenwärtigen Zustand angesprochen, antwortet es: »Ich bin hungrig, durstig, müde, traurig«, oder: »Ich liebe, hasse, freue mich, arbeite oder ruhe mich aus.« Erst wenn dieses naive Leben und Erleben etwa durch Krankheit oder Verletzung gestört ist, wird uns auf unsere Frage plötzlich geantwortet: »Ich habe mir meine Hand verletzt, habe Schmerzen, kann meine Glieder nicht mehr gebrauchen.«

Es ist nicht schwer nachzuvollziehen, daß unser Körper im ungestörten Leiberleben anders erfahren wird als im gestörten. Im ersten Fall sind wir ein lebend-erlebender Leib, der zu unserem Selbst, unserem »Subjekt« wesenhaft dazugehört; im zweiten Fall haben wir gestörte Gliedmaßen, gestörte Organe und einen Körper, von dem wir uns partiell distanzieren können und der »Objekt« unserer Beobachtungen und unserer Sorgen ist.

Im Erleben des Schmerzes und der gestörten Funktion sind Subjekt- und Objekterleben oder – wie man auch sagen kann – innere und äußere Wahrnehmung zwar noch miteinander verbunden, es wird aber deutlich, daß es sich um zwei grundsätzlich verschiedene Erlebens- und Wahrnehmungsweisen meines Körpers handelt. Auch die Sprache macht hier einen feinen Unterschied. Während der subjektiv, durch innere Wahrnehmung erlebte Körper als »Leib« bezeichnet wird, bezeichnen wir den objektiv, durch äußere Wahrnehmung erfahrenen Leib als »Körper«, eine Bezeichnung für fremde, ja selbst für tote Objekte (z. B. Himmelskörper).

In diesem unterschiedlichen Erleben unseres Leibes bzw. Körpers, einmal als lebend-erlebender Leib *(Subjekt)* und dann wieder als äußerlich wahrnehmbarer und beobachtbarer Körper *(Objekt)*, erfahren wir zum ersten Mal bewußt das Leib-Seele-Problem. Wie kommt es, so fragte und fragt noch immer der philosophisch und wissenschaftlich reflektierende Verstand, daß Materie lebt, fühlt und denkt, daß »ich« bin, handle und erlebe, daß ich mich als Subjekt einer Welt von Objekten gegenübersehe und meinen Körper einerseits als meinen Leib (Subjekt), dann aber wieder als von diesem Subjekt getrenntes Objekt, als meinen Körper, erlebe und ihn als Werkzeug benütze?

Wir sehen, das Leib-Seele-Problem ist vielschichtig und sehr kompliziert. Es ist ein im wörtlichen Sinne metaphysisches Problem und zählt nach H. Heimsoeth (^{5}1965) zu den sechs großen Themen der abendländischen Metaphysik. Es gehört aber auch, wie Emil Dubois-Reymond (1818–1896) meinte, zu den transzendenten und somit prinzipiell unlösbaren Welträtseln, vor denen er sein »Ignoramus ignorabimus« bekannte. Positivistisch eingestellte Forscher deklarieren das Leib-Seele-Problem gern als Scheinproblem, aber so einfach läßt es sich nicht aus der Diskussion eliminieren. In der Anthropologie – der Lehre vom Menschen – und in der Heilkunde – vor allem in der psychosomatischen Medizin – kehrt es als Zentralproblem unabweisbar immer wieder.

Der philosophisch-anthropologische Aspekt des Leib-Seele-Problems

Wenn Überlegungen über den Zusammenhang zwischen Leib und Seele angestellt werden, dann hängen diese Überlegungen in sehr starkem Maße davon ab, was unter Leib bzw. Körper (= soma) und was unter Seele (= psyche) verstanden wird. Wir haben beide Begriffe aus der griechischen Antike übernommen. Die Inhalte dieser Begriffe sind nicht immer eindeutig festgelegt, auch haben sie sich im Laufe der Jahrhunderte gewandelt. Dabei ist der Körperbegriff weniger problematisch als der der Seele, er hat sich seit der Antike vor allem aufgrund unseres Detailwissens gewandelt und erweitert (s. den Beitrag von D. v. Uslar in diesem Band). Hippokratische Ärzte hatten einen anderen Körperbegriff als heutige Mediziner; unverändert geblieben ist jedoch die Tatsache, daß ein Körper räumlich ausgedehnt, sinnlich wahrnehmbar und daher auch meßbar ist. Diese Eigenschaften ermöglichen es, über den Körperbegriff – dem jeweiligen Wissensstand entsprechend – relativ leicht zu einer Übereinstimmung zu kommen.

Anders verhält es sich mit der »Psyche«. Dieser Begriff war mangels räumlicher und meßbarer Eigenschaften zu allen Zeiten in hohem Maße spekulativ und wurde von den jeweils herrschenden philosophischen und theologischen Positionen her bestimmt. Der Arzt, Naturforscher oder Psychologe von heute wird den Begriff »Psyche« nur ungern substantivisch im Sinne einer Sachvorstellung benützen; er wird lediglich bereit sein, die subjektiven Wahrnehmungen der Vorstellungen, Stimmungen und Affekte adjektivisch als »psychisch« zu kennzeichnen. Diese wissenschaftliche Zurückhaltung und Skepsis des modernen Forschers vermag aber kaum die jahrtausendealte philosophische und theologische Hypothek, die auf diesem Begriff lastet, zu eliminieren. Platons Ideenlehre, der christliche Seelenbegriff und schließlich Descartes' Teilung des Menschen in eine unräumliche res cogitans und in eine körperlich-räumliche res extensa schimmern noch immer aus geschichtlicher Vergangenheit zu uns herüber.

Die archaischen Anschauungen über den Leib und die Seele

Der Seelenglaube ist wohl so alt wie die Menschheit selbst, denn das Elementarerleben des Todes weist den Menschen von Anfang an darauf hin, daß es ein wie immer geartetes Lebensprinzip geben müsse, das den lebenden Körper, also den Leib, »beseelt« und das im Augenblick des Todes diesen Leib wieder »verläßt« und ihn so zum toten Körper macht. Da sich der Naturmensch, aber auch der Kulturmensch dieses Lebensprinzip am leichtesten verdinglicht vorstellen kann, haben wir hierin wohl die Wurzeln aller Seelenvorstellungen und Seelenmythologien zu suchen.

Ludwig Pongratz (1967) weist darauf hin, daß wir schon bei den ältesten Seelenvorstellungen zum einen mehr körperlich gebundene Seelenvorstellungen finden, gewissermaßen eine *Körperseele*, die nach dem Tode in einen anderen Körper übergeht oder als »Seelenwurm« aus dem zerfallenden Leichnam herauskriecht, zum anderen mehr geistige Seelenvorstellungen, eine *Hauchseele* (anima, animus, Atem) als ein selbständiges Wesen, die jeweils mit dem letzten Atemzug in Gestalt eines Hauches oder Wölkchens, manchmal auch in der eines Vogels oder Schmetterlings entweicht. Pongratz meint, daß wir also schon in den archaischen Seelenmythologien in Form von »Körperseele« und »Hauchseele« die zwei Seiten der psychologischen Betrachtungsweise, also eine mehr physisch-sichtbare und eine mehr metaphysisch-unsichtbare, in ihren ersten Ansätzen auffinden können.

Neben dem Todeserlebnis war es das Erlebnis des Schlafes und des Traumes, das zu den frühmenschlichen Vorstellungen von einer freien, leibentbundenen Seele führte, denn im Traum scheint die Seele umherzuwandern und die verschiedensten Taten zu vollbringen, während der Leib auf dem Lager ruht. Andererseits begegnen dem Träumenden auch Bilder längst Verstorbener. Hieraus bildete sich die Vorstellung von der *Schattenseele,* den Schatten der Verstorbenen, die nach der griechischen Mythologie im Hades, der Unterwelt, ein mehr oder weniger freud- und trostloses Dasein fristen.

Hermann Schmitz (1965) weist darauf hin, daß die ursprüngliche Vorstellung der Menschen eine ungebrochen ganzheitliche war. Die archaischen Menschen erlebten den beseelt-lebenden Leib als Einheit, nicht zweigeteilt in Körper und Seele. Schmitz stellt die These auf, daß mit der »Entdeckung des Geistes« bei den Griechen eine »Verdeckung des Leibes« einherging. Er macht darauf aufmerksam, daß die Menschen, die Homer in der »Ilias« beschreibt, keine »Seele« im abendländischen Sinne haben, daß in der »Ilias« »psyche« gleichbedeutend ist mit »Leben« bzw. »lebend«. Erst später, in ausgeprägtem Maße erst bei Platon, bezeichnet der Begriff »psyche« eine eigenständige Wesenheit. Demnach gab es für den archaischen Menschen noch kein Leib-Seele-Problem. Dieses wurde erst aktuell, als Platon einen im Gegensatz zum Körper dezidiert spiritualistischen Seelenbegriff schuf, der daraufhin das ganze abendländische Denken im dualistischen Sinne prägte.

Die Leib-Seele-Thematik bei Platon und Aristoteles

Platon und Aristoteles, die Erzväter der abendländischen Philosophie, schufen die beiden Seelenbegriffe, die mit Variationen über die Jahrtausende hinweg durch die Antike, das christliche Mittelalter und die Neuzeit bis in unsere Gegenwart hinein fortwirken. Der Seelenbegriff Platons ist dabei streng idealistisch-spiritualistisch, der von Aristoteles mehr naturalistisch, an den biologischen Phänomenen orientiert.

Platon (427–347) war ein strenger metaphysischer Dualist. Der Welt der Erscheinungen, eigentlich der des Scheins, steht die »wahre Welt« der Ideen, des *reinen Geistes*, gegenüber, von der wir, wie in dem berühmten Höhlengleichnis dargestellt, nur einen schattenhaften Abglanz und eine dunkle Erinnerung wahrnehmen. Die Seele entstammt der »wahren Welt« der Ideen, sie ist göttlichen Ursprungs und dem Körper, in den sie wie in einen Kerker bzw. ein Grab eingeschlossen ist, wesensfremd. Im Gleichnis vom Wagenlenker (Phaidros) wird sie als dreigliedrig beschrieben: Das edle Pferd steht für den gutartigen und mutigen Teil der Seele, das böse Pferd für den begehrlichen Teil; der Wagenlenker, die Geistseele, muß die auseinanderstrebenden Pferde zügeln, um zu verhindern, daß das ganze Gefährt zu Schaden kommt.

Nach Platon ist nur die Geistseele göttlichen Ursprungs, damit auch unsterblich. Die beiden anderen Seelenteile stellen »gleichsam Anpassungsleistungen an das irdische Leben« dar, wie L. J. Pongratz (1967, 80) schreibt, sie gehen nach dem Tode mit dem Körper zugrunde. Da die niederen Seelenteile untereinander und mit der Geistseele im Widerstreit stehen, haben wir es bei Platon erstmals mit einer dynamischen, ja, man könnte sagen mit einer triebdynamischen Seelenlehre zu tun. Mit Platon tritt der *Leib-Seele-Dualismus* oder – genauer gesagt – der Körper-Geist-Gegensatz ins abendländische Denken. Körper und Geist als getrennte Wesenheiten schaffen ein empirisch prinzipiell unlösbares Leib-Seele-Problem.

Im Gegensatz zu seinem Lehrer Platon schuf Aristoteles (384–322) eine an den Phänomenen der Natur orientierte *naturalistische* Seelenlehre. Für Aristoteles, der, wie man sagt, die Platonischen Ideen vom Himmel auf die Erde heruntergeholt hat, wird die Seele zum Lebensprinzip, zur *Entelechie* des Leibes. Sie ist »mit dem Leibe nicht zufällig, sondern wesenhaft verbunden, so wie Form und Materie: Sie ist das eigentliche Wesen eines so und so bestimmten Körpers« (Pongratz 1967, 21). In seinem Buch »Über die Seele« (II, 1) finden wir bei Aristoteles den Satz: »Wäre das Auge ein Tier, so wäre die Sehkraft seine Seele . . .«

Nach Aristoteles ist alles Lebendige beseelt. Er unterscheidet eine Pflanzenseele mit der Fähigkeit zur Ernährung und Fortpflanzung von der Tierseele, die außer den Eigenschaften der Pflanzenseele auch noch die Fähigkeit der Empfindung und Bewegung hat, sowie der Menschenseele, die neben den Eigenschaften Ernährung, Fortpflanzung, Empfindung und Bewegung über die rein menschlichen und geistigen Fähigkeiten des Denkens und Wollens verfügt. Aristoteles entwirft also eine grandiose »naturwissenschaftliche« Stufenlehre, in der die Seele, genauer gesagt ihr pflanzlicher und tierischer Aspekt, als Lebensprinzip wesenhaft zum Leibe gehört und mit diesem entsteht und vergeht. Als Schüler Platons übernimmt er aber auch Teile von dessen Seelenmetaphysik. Dem tätigen Intellekt (dem nus poietikos), der nur dem Menschen eignet, nicht an den Leib gebunden und auch nicht durch Zeugung vererbt wird, sondern von außen (»durch die Tür«) in den Menschen hineingelangt, schreibt er Unsterblichkeit zu.

Obwohl wir in der Seelenlehre des Aristoteles sowohl den Aspekt der Seelenbiologie als auch den der Seelenmetaphysik (im Sinne Platons) entdecken können, stellt sie bereits den ersten großen, wenn auch nur teilweise geglückten Versuch dar, den Leib-Seele-Dualismus Platons durch eine naturalistische Lehre vom ganzen Menschen zu überwinden. Die konträren philosophischen und psychologischen Lehren von Platon und Aristoteles ziehen sich dann unter verschiedenen Variationen wie eine These und Antithese durch die antike, die christlich-mittelalterliche und die neuzeitliche Anthropologie. Da es lediglich Aufgabe dieser historischen Einführung ist, die Hauptpositionen der Leib-Seele-Problematik herauszuarbeiten, kann auf die Darstellung dieser mannigfachen Variationen verzichtet und auf den Beitrag von D. von Uslar in diesem Band verwiesen werden.

Nur kurz sei abschließend noch auf eine dritte in der Antike entstandene Lehre hingewiesen, die bis ins achtzehnte und neunzehnte Jahrhundert hinein eine große Rolle spielende *Pneumalehre*. Pneuma bedeutet im Griechischen Hauch bzw. Atem, aber auch Leben, Seele und Geist. Sie geht auf den griechischen Naturphilosophen Anaximenes von Milet (585 – um 525) zurück, der die Luft als den Urstoff aller Dinge bezeichnete. Diese Lehre wurde von den Stoikern, später auch von vielen antiken Ärzteschulen, unter anderem auch von Galen, übernommen und ausgebaut. Es wurde die Vorstellung entwickelt, daß das Pneuma als ganz feine, sinnlich nicht wahrnehmbare, luftartige bzw. feurige Substanz den Organismus durchdringe und so eine Verbindung zwischen Leib und Seele darstelle. In der Lehre von den »Lebensgeistern«, den spiritus animales, hielt sich die Pneumalehre in der Medizin bis in die Neuzeit hinein und wurde erst von der modernen Naturwissenschaft endgültig aus der Diskussion der Leib-Seele-Problematik verdrängt. Eine mehr spiritualistische Auffassung der Pneumalehre wurde von der christlichen Theologie entwickelt.

Die Verschärfung des Dualismus durch Descartes und die darauf folgenden Lösungsversuche des Leib-Seele-Problems

Der durch Platon konzipierte und durch das Christentum vertiefte Leib-Seele-Dualismus, der durch die Seelenlehren des Aristoteles und der Pneumatiker nur unwesentlich abgeschwächt werden konnte, wurde von René Descartes (1596–1650) schließlich aufs äußerste verschärft. Nach Descartes gibt es außer Gott nur zwei völlig wesensverschiedene Seinsbereiche bzw. Substanzen: einerseits das Denken (= Bewußtsein, Ich und Seele), das er die res cogitans (= die denkende Substanz) nannte, andererseits die sinnlich wahrnehmbare Materie (= die physikalischen und organischen Körper sowie der menschliche Leib), die er die res extensa (= die ausgedehnte Substanz) nannte. Durch diese Zwei-Substanzen-Theorie entstand eine unüberbrückbare Kluft zwischen Körper und Seele. Die Frage nach der Beziehung zwischen Leib und Seele, diesen wesensverschiedenen Substanzen, wurde zu einem empirisch unlösbaren Problem.

Descartes selbst sah diese Kluft und versuchte sie spekulativ zu überbrücken. Da er die res cogitans nur dem Menschen zuerkennen konnte und wollte, wurden tierische Organismen in seiner Philosophie zu rein materiellen und seelenlosen Automaten. Bezüglich des Leib-Seele-Problems war Descartes der Meinung, daß zwischen beiden Substanzen eine Wechselwirkung in der Form bestünde, daß sie kausal aufeinander einwirkten, obwohl sie völlig getrennt voneinander seien. Dieser wechselseitige Austausch von Impulsen zwischen Körper und Seele sollte nach seiner Meinung im Bereich der Zirbeldrüse des Gehirns stattfinden. Da er aber die Wechselwirkung nicht konkret erklären konnte, nahm er dafür Gottes Allmacht und die alte Pneumalehre zu Hilfe.

Der Einfluß des Denkens von Descartes auf den weiteren Entwicklungsgang von Philosophie, Anthropologie und Psychologie, aber auch auf die Methodik der Naturwissenschaften, kann kaum überschätzt werden. Durch das zweifelnde Infragestellen aller bisherigen Lehrmeinungen und die Neubegründung des Philosophierens einzig auf der Grundlage des eigenen Bewußtseins (»cogito, ergo sum«) befreite er die Philosophie nicht nur aus den Fesseln der Theologie, deren »Magd« sie bis dahin gewesen war, sondern er begründete durch seine Methodenlehre den modernen Rationalismus und damit die methodenbewußte moderne Forschung.

Durch die prinzipielle Trennung der Welt in die res cogitans und die res extensa schuf Descartes die Voraussetzungen zur Trennung der Wissenschaften in die Geistes- und in die Naturwissenschaften. Er gab neue methodische Impulse und wurde so zum Ahnherrn sowohl der klassischen Bewußtseinspsychologie als auch der physiologischen Psychologie. In letzter Konsequenz führte sein dualistischer Denkansatz einerseits zur »Extramundanität des Geistes«, wie Erwin Straus das kartesianische Dogma von der »Weltlosigkeit des Bewußtseins« (zit. n. Pongratz 1967, 31) nannte, andererseits zu einer seelenlosen Biologie und einer reflexologischen und rein behavioristischen Psychologie, damit zu einer materialistischen

Maschinentheorie des Menschen, wie sie zum Beispiel später von Julien Offray de La Mettrie (1709–1751) in seinem berühmten, 1748 erschienenen Buch »L'homme machine« dargestellt wurde. In der Diskussion des Leib-Seele-Problems hatte Descartes mit seinem strengen Dualismus und seiner Lehre von der Wechselwirkung eine – wenn auch einseitige – bis ins zwanzigste Jahrhundert hinein wirksame Richtung gewiesen. Für seine *Wechselwirkungstheorie* sprach die Alltagserfahrung. Man konnte jederzeit beobachten, daß körperliche Veränderungen, etwa am Gehirn, psychische Folgen haben und daß umgekehrt psychische Akte, etwa das Wollen, körperliche Bewegungen nach sich ziehen. Die Situation blieb aber logisch äußerst unbefriedigend, denn es ist beim besten Willen nicht einzusehen, wie die wesensverschiedenen Substanzen Psyche und Soma kausal aufeinander einwirken können.

Aus dieser logischen Schwierigkeit versuchte man sich mit Hilfe der *Parellelitätstheorie* zu befreien. Körperliches und seelisches Geschehen sind danach völlig unvergleichbar und laufen, ohne sich wechselseitig zu beeinflussen, nebeneinander ab. Für Gottfried Wilhelm Leibniz (1646–1716) hatte Gott die Welt in »prästabilisierter Harmonie« geschaffen, in der Körperliches und Seelisches wie zwei gleichgehende Uhren nebeneinander laufen, ohne sich gegenseitig zu beeinflussen. Damit war zwar nichts erklärt, sondern nur ein Tatbestand der Alltagserfahrung beschrieben bzw. ein Postulat aufgestellt, das aber immerhin eine methodisch klare Trennung der wissenschaftlichen Bemühungen ermöglicht. Unter Zugrundelegung der Parallelitätstheorie ist also durchaus systematische – entweder somatische (physikalische) oder psychologische – Forschung möglich. Die philosophisch-metaphysische Frage nach dem Zusammenhang von Körper und Seele wurde einfach ausgeklammert.

Das Unbefriedigende dieser dualistischen Theorien hatte bereits Benedictus Spinoza (1632–1677) erkannt, der ihnen die *Identitätstheorie* gegenüberstellte, nach der Leibliches und Seelisches als verschiedene Äußerungsformen der gleichen Substanz definiert wurden, ohne sich damals jedoch mit dieser Theorie durchsetzen zu können.

Seit dem siebzehnten Jahrhundert bestimmten die Wechselwirkungstheorie, die Parallelitätstheorie und die Identitätstheorie die Diskussion um das Leib-Seele-Problem. Bereichert wurde die Diskussion noch durch monistische Thesen, die entweder in ihrer idealistischen Ausprägung nur dem »Geist« und der »Seele« die wahre Realität zuschrieben, der Körper war lediglich Ausdruck des »Seelisch-Geistigen«, oder umgekehrt in ihrer materialistischen Form, nach der nur die Materie als das wesenhaft Existierende und alle seelisch-geistigen Phänomene als bloße »Epiphänomene« der Materie zu gelten hätten. Der idealistische Standpunkt wurde vor allem von Vertretern des deutschen Idealismus und der Romantik eingenommen, während sich der materialistische Standpunkt vor allem unter den Naturforschern des neunzehnten Jahrhunderts großer Beliebtheit erfreute.

Die gegenwärtige Diskussion um das Leib-Seele-Problem

Im Gegensatz zum neunzehnten Jahrhundert, in dem das Leib-Seele-Problem unter den oben angeführten Positionen ziemlich heftig diskutiert wurde, ist es in der gegenwärtigen philosophisch-anthropologischen Diskussion um das Leib-Seele-Problem eher ruhig geworden. Metaphysische Spekulationen stehen nicht mehr hoch im Kurs und werden meist offen abgelehnt. Man erwartet heute in erster Linie Fortschritte in der Erkenntnis durch die empirische Forschung. Da Forschung aber immer streng methodengebunden ist, konzentrieren sich die philosophischen Überlegungen zunehmend auf wissenschaftstheoretische und methodologische Fragen. In diesem Zusammenhang sei vor allem an den vom »Wiener Kreis« ausgehenden »modernen Empirismus«, an die »analytische Philosophie« und an die Philosophien von Ludwig Wittgenstein und auch von Karl R. Popper erinnert.

Für die Vertreter des modernen Empirismus, vor allem in seiner radikal positivistischen Phase, gibt es eigentlich kein Leib-Seele-Problem. Sie gehen davon aus, daß alle Fragen, auf die es keine intersubjektiv überprüfbare Antworten geben kann, philosophische Scheinfragen und damit sinnlose Fragen sind. Da subjektives Erleben grundsätzlich nicht intersubjektiv überprüfbar ist und – ihrer philosophischen Position zufolge – sinnvolle Aussagen nur über Körpervorgänge und über Verhalten möglich sind, wird in letzter Konsequenz eine physikalistische Einheitswissenschaft angestrebt, in der seelisch-geistige Phänomene zwangsläufig zu abhängigen und im Prinzip ableitbaren Epiphänomenen des Körperlichen werden.

Für Ludwig Wittgenstein (1889–1951) ist das Leib-Seele-Problem vor allem eine Frage von »Sprachspielen« und »Lebensform«. »Die Grenzen meiner Sprache bedeuten die Grenzen meiner Welt«, heißt es in seinem »Tractatus« (5. 6). Nicht die Bedeutung, sondern der Gebrauch der Wörter ist nach seiner Sprachphilosophie entscheidend: »Die Bedeutung eines Wortes ist sein Gebrauch in der Sprache« (Wittgenstein 1967, 45). Und später heißt es: »Ein Bild hielt uns gefangen. Und heraus konnten wir nicht, denn es lag in unserer Sprache, und sie schien es uns nur unerbittlich zu wiederholen« (a. a. O., 115). Deshalb heißt es konsequent: »Wo unsere Sprache uns einen Körper vermuten läßt, und kein Körper ist dort, möchten wir sagen, sei ein Geist« (a. a. O., 32). Wenn wir von Körper und Geist oder von Leib und Seele sprechen, befinden wir uns nach Wittgenstein bereits innerhalb eines bestimmten Sprachspiels, das wir analysieren müssen. »Das Wort ›Sprachspiel‹ soll hier hervorheben, daß das Sprechen der Sprache ein Teil ist einer Tätigkeit oder einer Lebensform« (a. a. O., 23). Für Wittgenstein ist also das Leib-Seele-Problem, zumindest in seiner klassischen Form, durch Sprachverwirrung hervorgerufen. Er ist der Überzeugung, daß subjektive Empfindungen nur in einem erlernten Sprachspiel geäußert werden können, z. B. als eine bestimmte Form des Schmerzverhaltens. Private Sprachen, die subjektives Empfinden unmittelbar ausdrücken würden, gibt es für ihn nicht.

Die gründlichsten und am besten durchdachten Untersuchungen zu unserem

Thema aus dem Kreis der analytischen Philosophie verdanken wir Herbert Feigl (*1902). Im Gegensatz zu Wittgenstein, der der Meinung war, daß das Leib-Seele-Problem durch Begriffsverwirrungen entstanden sei und daß es aus grundsätzlichen Erwägungen keine »private Sprache« geben könne, die uns Zuverlässiges über Fremdseelisches mitteilt, und im Gegensatz auch zu den Behavioristen, die alle Begriffe von Psychischem auf beobachtbare Verhaltensweisen zu reduzieren suchen, akzeptiert Feigl neben der öffentlichen, intersubjektiven Sprache auch eine mentalistische, private Erlebnissprache. Für ihn besteht »die kritische und zentrale Frage des Leib-Seele-Problems ... in der Notwendigkeit, die Beziehungen zwischen den ›Rohempfindungen‹ und auch anderen Bewußtseinsphänomenen (Absicht, Gedanken, Willen, Wunsch usw.) und den zugehörigen neurophysiologischen Prozessen angemessen zu erklären« (Feigl 1973). »Die Lösung, die mir am vernünftigsten scheint und die mit einem durchgängigen Naturalismus ohne weiteres vereinbar ist, besteht in einer *Theorie der Identität* des Geistigen und des Physischen – in folgendem Sinne: Bestimmte neurophysiologische Begriffe bezeichnen (oder beziehen sich auf) genau dieselben Ereignisse, die durch bestimmte phänomenologische Begriffe bezeichnet oder gemeint werden« (a. a. O., 9). An anderer Stelle schreibt er: »Statt zwei verschiedene Bereiche oder zwei parallele Ereignistypen anzunehmen, gehen wir von nur einer Wirklichkeit aus, die in zwei verschiedenen Begriffssystemen dargestellt wird – einerseits in dem der Physik und andererseits in dem (nach meiner Meinung nur auf einen extrem kleinen Teil der Welt anwendbaren) der phänomenologischen Psychologie. Ich bin mir völlig der Tatsache bewußt, daß die so zustandegekommene Vereinfachung eine Angelegenheit philosophischer Interpretation ist« (a. a. O., 12).

Der Identitätstheorie schließen sich auch die Vertreter der philosophischen Anthropologie an, die von der Phänomenologie und der Existenzphilosophie kommen, obwohl sie auf der Suche nach dem Wesen und Sinn der Dinge, nach dem Dasein und nach der Existenzerhellung konträre Positionen zu denen des Empirismus und der analytischen Philosophie einnehmen, deren Vertreter ja Feigl ist. Sie gehen von der vordualistischen, unmittelbaren Leiberfahrung aus, wie sie in den Vorbemerkungen skizziert und unter anderem neuerdings von Plessner, Bollnow, Gehlen, Hengstenberg und Schmitz dargestellt wurde. Beispielhaft sei hier Max Scheler (1874–1928) zitiert. Er schreibt: »Der physiologische und psychische Lebensprozeß sind ontologisch streng identisch (wie es schon Kant vermutet hatte). Sie sind nur phänomenal verschieden, aber auch phänomenal streng identisch in den Strukturgesetzen und in der Rhythmik ihres Ablaufs: Beide Prozesse sind amechanisch, die physiologischen sowohl wie die psychischen, beide sind teleoklin und auf Ganzheit eingestellt. Die physiologischen Prozesse sind es um so mehr, je niedriger, nicht also je höher die Segmente des Nervensystems sind, in denen sie ablaufen; die psychischen Prozesse sind gleichfalls um so ganzheitlicher und zielhafter, je primitiver sie sind. Beide Prozesse sind nur zwei Seiten des nach seiner Gestaltung und nach dem Zusammenspiel seiner Funktionen einen übermechanischen Lebensvorganges« (1947, 68).

Was wir also »physiologisch« und »psychologisch« nennen, sind nach Scheler nur zwei Seiten der Betrachtung ein und desselben Lebensvorganges. Es gibt eine »Biologie von innen« und eine »Biologie von außen«. »Nicht also Leib und Seele oder Körper und Seele oder Gehirn und Seele im Menschen sind es, die irgendeinen ontischen Gegensatz bilden. Wir dürfen heute sagen, daß das Problem von Leib und Seele, das so viele Jahrhunderte in Atem gehalten hat, für uns seinen metaphysischen Rang verloren hat« (a. a. O., 73).

Die Identitätstheorie eliminiert den »metaphysischen Rang« des Leib-Seele-Problems. Das phänomenale Faktum, daß es einerseits subjektive psychische Erlebnisse und andererseits eine Welt der Objekte gibt, die irgendwie aufeinander wirken und miteinander verbunden sind, vermag sie jedoch auch nicht zu erklären. Zur Beschreibung dieses Faktums hat Helmuth Plessner (*1892) den Begriff der »exzentrischen Position« des Menschen geprägt; er ist Leib, aber er hat auch den Leib, er kann sich zu sich selbst verhalten, er erlebt sich im eigenen Körper wie in einem »Futteral«. In seinem Werk »Der Mensch als Lebewesen« schreibt Plessner: »Rückbezüglichkeit und Interiorität, das heißt In-seinem-Leib-Sein, wurzeln in der Ichhaftigkeit des Lebewesens Mensch. Dadurch hat er ein doppeltes Verhältnis zu seiner physischen Existenz: Er ist sie, und er hat sie. Einmal durchlebt er sie – was man wohl von allen Tieren annehmen muß. Das hat mit dem ›Wie mir zumute ist‹ allerdings nichts zu tun. Der eigene Leib wird durchlebt, lustvoll, schmerzhaft, satt, behaglich. Aber diese medialen Modi kippen jedenfalls beim Menschen in die spezifischen Modi des Körper-Habens beziehungsweise von ihm Gehabtseins um. Auch dieses Umkippen, das eine Vorbedingung für jede Art Beherrschung des eigenen Körpers ist, wird Tieren vertraut sein. Nur läßt es sich für sie nicht aus dem jeweiligen Verbund mit einem bestimmten Anlaß ablösen. Nur für den Menschen wird der Umschlag zum Körperhaben disponibel, entdeckt sich ihm die darin gegebene Instrumentalität der eigenen Leiblichkeit« (1972, 57 f).

In der Entdeckung der Instrumentalität der eigenen Leiblichkeit und der daraus ableitbaren Subjekt-Objekt-Spaltung steckt die existentielle Wurzel des Leib-Seele-Problems. Die Instrumentalität der eigenen Leiblichkeit befähigt den Menschen, sich Werkzeuge zu schaffen und damit eine »dritte Welt« zu erschaffen, wie dies Karl R. Popper ausgedrückt hat, mit dem wir diesen Überblick über die gegenwärtige Diskussion der philosophisch-anthropologischen Aspekte des Leib-Seele-Problems abschließen wollen.

Karl R. Popper (*1902) ist kein Vertreter der Identitätstheorie, er ist Vertreter einer *pluralistischen Philosophie*: »In dieser pluralistischen Philosophie besteht die Welt aus mindestens drei ontologisch verschiedenen Teilwelten, was ich so ausdrücken werde, daß es drei Welten gibt: als die erste die physikalische Welt oder die Welt der physikalischen Zustände; als zweite die Bewußtseinswelt oder die Welt der Bewußtseinszustände; als dritte die Welt der intelligibilia oder der Ideen im objektiven Sinne; es ist die Welt der möglichen Gegenstände des Denkens, die Welt der Theorien an sich und ihrer logischen Beziehungen, die Welt der Argumente an sich, die Welt der Problemsituationen an sich« (1973; s. Seite 300 dieses Bandes).

Eines der Grundprobleme dieser pluralistischen Philosophie ist die Frage der Beziehungen zwischen diesen drei »Welten«. Sie hängen so miteinander zusammen, daß die ersten beiden und die letzten beiden Welten aufeinander wirken können. Die zweite Welt, die Welt der subjektiven oder persönlichen Erfahrungen, steht also mit jeder der beiden anderen Welten in Wechselwirkung. Die erste und die dritte Welt können nicht aufeinander wirken außer durch das Dazwischentreten der zweiten Welt, der Welt der subjektiven oder persönlichen Erfahrungen (a. a. O., 174). Für Popper stecken in der Grundfrage nach der Beziehung zwischen den drei »Welten« zwei zu trennende Problemkreise, die er das *Comptonsche* und das *Descartessche Problem* nennt. Das Comptonsche Problem läßt sich beschreiben »als das Problem des Einflusses der abstrakten Bedeutung auf das menschliche Verhalten (und damit auf die physikalische Welt)« (a. a. O., 256). Es handelt sich dabei um die Problemkreise, mit denen sich die Informationstheorie und die Semiotik beschäftigen. Für Popper ist es »ein Schlüsselproblem und wichtiger als das klassische Leib-Seele-Problem«, das er hier das Descartessche Problem nennt (a. a. O., 256). Denn, so könnte man hinzufügen, wenn das Comptonsche Problem, also die Frage, »wie wirken Bedeutungen bzw. wie wirken Informationen«, gelöst ist, dann läßt sich wohl auf der gleichen Ebene auch das Descartessche Problem lösen.

Popper geht diesen Weg. Er sieht in den Bedeutungen und dem für den Menschen wichtigsten Bedeutungsträger, nämlich der Sprache und den damit verbundenen Bewußtseinszuständen (= psychischen Erlebnissen), Steuerungs- und Fehlerbeseitigungssysteme (a. a. O., 278). Da sich die menschliche Evolution, im Gegensatz zur pflanzlichen und tierischen, seit Erreichen der menschlichen Stufe »außerhalb unseres Körpers oder unserer Person: ›exosomatisch‹, wie die Biologen sagen, oder ›außerpersönlich‹« (a. a. O., 264), das heißt durch und mit Hilfe der vom Menschen geschaffenen »Welt 3«, also seiner geistigen Produkte, seiner Weltanschauungen und Theorien, vollzieht, sind diese Erzeugnisse der »Welt 3« die gleichsam neuen Organe des Menschen.

Evolution vollzieht sich durch Anpassung (durch Versuch und Irrtum). Während unangepaßte Tiere und Pflanzen aussterben, ermöglichen die »fehlerbeseitigenden Steuerungen« des Menschen (Alltagserfahrung, philosophische Reflexion und wissenschaftliche Forschung), »daß an unserer Stelle unsere Hypothesen sterben« (a. a. O., 271).

Die Gedankengänge Poppers scheinen mir deshalb so wichtig zu sein, weil in ihnen eine gewisse Konvergenz der unterschiedlichen Positionen in der philosophisch-anthropologischen Diskussion des Leib-Seele-Problems der Gegenwart sichtbar wird. Obwohl sein Denken in erster Linie die Thesen des Empirismus und der analytischen Philosophie berücksichtigt und weiterentwickelt, ist es doch auch mit vielen Positionen der von der Phänomenologie und vom Existentialismus ausgehenden philosophischen Anthropologie vereinbar. Darüber hinaus schlägt es eine Brücke zur Forschung und Philosophie der Kybernetik. Norbert Wiener (1894–1964), einer der Begründer der Kybernetik, hat wiederholt und nachdrücklich darauf hingewiesen, daß sich Information weder auf Materie noch auf Energie reduzieren lasse, sondern eine dritte, unabhängige Grundtatsache der Welt ist: »Information ist Information, nicht Materie oder Energie.« Und er fährt fort: »Kein Materialismus, der dies nicht einräumt, kann fürderhin bestehen« (zit. n. Frank 1966, 153). Hier scheinen sich Konvergenzen der Forschung und der philosophischen Reflexion abzuzeichnen.

In der Tatsache, daß Popper ein »Pluralist« ist und die Vertreter der philosophischen Anthropologie auf dem Standpunkt der Identitätstheorie stehen, sehe ich keinen unüberbrückbaren Gegensatz, denn die Identitätstheorie ist in erster Linie eine metaphysische Position, die letztlich nur aussagt, daß der Mensch ein Ganzes ist (was wohl auch Popper nicht bestreiten wird), während Poppers Standpunkt des »Pluralismus« eher eine Frage des methodischen Vorgehens ist. »Unsere Hauptaufgabe als Philosophen ist, so scheint mir, unser Weltbild dadurch zu bereichern, daß wir zur Erzeugung phantasievoller und gleichzeitig kritischer Theorien beitragen, insbesondere methodologisch interessanter Theorien. Die abendländische Philosophie besteht ganz überwiegend aus Weltbildern, die Variationen über das Thema des Leib-Seele-Dualismus sind, und aus Methodenproblemen, die damit zusammenhängen. Die wichtigsten Abweichungen von diesem abendländischen dualistischen Thema waren Versuche, es durch eine Art Monismus zu ersetzen. Diese Versuche scheinen mir erfolglos geblieben zu sein, und hinter dem Schleier der monistischen Beteuerungen scheint mir immer noch der Dualismus von Leib und Seele zu lauern« (a. a. O., 172).

Der ärztlich-medizinische Aspekt des Leib-Seele-Problems

Wie ein Blick in die Geschichte der Medizin lehrt, ist der ärztlich-medizinische Aspekt des Leib-Seele-Problems stark von geistesgeschichtlichen Strömungen abhängig. Auch der Arzt geht als denkender und handelnder Mensch von vorgegebenen, nur allzuoft völlig unreflektiert und unkritisch übernommenen »weltanschaulichen« Positionen aus. Dementsprechend werden seine Diagnosen und Therapien stark davon beeinflußt sein. Ein auf dem Boden einer materialistischen Weltanschauung stehender Arzt wird seine Patienten anders beurteilen und behandeln als einer, der mehr idealistisch-vitalistisch ausgerichtet ist, ein dualistisch eingestellter anders als ein Arzt, der von einer ganzheitlich psychosomatischen Auffassung ausgeht. Trotzdem scheinen mir Ausgangspunkt und Konsequenzen des Leib-Seele-Problems bei allen weltanschaulichen Abhängigkeiten für den Arzt andere zu sein als für den Philosophen.

Während sich dieser und der philosophierende Anthropologe vor allem mit den grundsätzlichen – und natürlich auch metaphysischen – Fragen nach dem »Wesen« des Menschen beschäftigt, interessiert sich der Arzt in erster Linie für praktische Fragen und Konsequenzen seines Tuns. Er will einerseits verstehen, wie seine diagnostischen Beurteilungen zustande kommen und wie sicher sie sind, andererseits will er wissen, wann und wie er therapeutisch intervenieren muß und wie sich diese Interventionen auswirken. Bei diesen Bemühungen stößt der Arzt sehr bald auf das Leib-Seele-Problem, denn er muß erkennen, daß seine Diagnosen, obwohl abhängig von (meist körperlichen) Befunden, immer das Resultat eines geistig-abstrahierenden Interpretationsaktes sind. Ihm stellen sich bei jeder therapeutischen Intervention, gleichgültig ob sie medikamentös, operativ, diätetisch oder psychotherapeutisch ist, die Frage: »Wie wirkt sich diese Intervention auf das Befinden, Erleben und Verhalten des Patienten, wie auf seine Körperfunktionen aus?« Darüber hinaus beschäftigt sich insbesondere die moderne psychosomatische Medizin mit den Bedingungen der gegenseitigen Abhängigkeit und der Wechselwirkung von körperlichen und seelischen Vorgängen, so daß dadurch zwangsläufig das Leib-Seele-Problem wieder ins Zentrum der ärztlichen Betrachtung rückt (s. Bd. III dieser Enzyklopädie).

Die Ärzte des Altertums, des Mittelalters und auch der Neuzeit bis ins achtzehnte und noch am Anfang des neunzehnten Jahrhunderts gingen im wesentlichen in ihren Leib-Seele-Vorstellungen sowohl von der Hippokratischen Physislehre als auch von der Pneumalehre der griechischen Ärzteschulen aus. Der Hippokratische Begriff der Physis umfaßt nicht nur Körper und Seele, sondern auch noch das dem beseelten Körper innewohnende Lebens- und Gestaltungsprinzip. Er ist also grundsätzlich ganzheitlich und vordualistisch. Unter *Pneuma*, später den »Lebensgeistern« (spiritus animales), stellte man sich einen feinkörperlichen, makroskopisch nicht wahrnehmbaren »Seelenstoff« vor, der die Vermittlung zwischen seelischen und körperlichen Vorgängen übernehmen sollte. Für die ganzheitlich denkenden Hippokratiker war die Vorstellung eines letztlich mikromateriellen »Seelenstoffes« noch kein Widerspruch in sich wie für uns moderne, vorwiegend dualistisch denkende Menschen, denn eine ganzheitliche Vorstellung des Menschen drängt sich dem praktizierenden Arzt geradezu auf.

Das kann aber nicht heißen, daß die enorme Verschärfung der dualistischen Leib-Seele- bzw. Körper-Geist-Vorstellung durch Descartes an der Medizin spurlos vorübergegangen wäre. Seit dieser Zeit haben wir nämlich in der Medizin materialistische Richtungen, die den Körper als komplizierte Maschine auffassen, und im Gegensatz dazu vitalistische, die sich den beseelten Leib nicht ohne ein immaterielles Lebens- und Gestaltungsprinzip, die vis vitalis (= die Lebenskraft), vorstellen konnten, nach der diese Richtungen dann ihren Namen hatten.

Trotz dieser Differenzierung der Ärzte in »Materialisten« oder, genauer gesagt, in »Mechanisten« (denn hier stand später die Newtonsche Mechanik Pate) einerseits und »Vitalisten« andererseits behielt durch die tägliche Erfahrung mit konkreten Patienten der Hippokratische Physisbegriff bis in die erste Hälfte des vergangenen Jahrhunderts hinein seine Gültigkeit. Erst durch den Siegeszug der physikalischen und chemischen Methoden erhielt der materialistische Standpunkt in der Medizin der zweiten Hälfte des neunzehnten und der ersten des zwanzigsten Jahrhunderts den eindeutigen Vorrang. Diesem materialistischen Übergewicht, das durch die erfolgreiche naturwissenschaftliche Methodik hervorgerufen war, konnte die Psychologie nichts Vergleichbares entgegenstellen. Die naturwissenschaftliche Methodik okkupierte bald die ganze wissenschaftliche Medizin, der kartesianische Körper-Geist-Dualismus verschob sich aus den Richtungskämpfen der Medizin immer mehr in die Persönlichkeit des Arztes: Als (natur)wissenschaftlich erzogener Arzt war man mehr oder weniger »Materialist«, als handelnder Arzt noch »Mensch«, in besonderer Perfektion auch »Künstler«. Die unglückselige, aber nicht ganz unberechtigte Unterscheidung zwischen »Arzt« und »Mediziner« kam in dieser Epoche auf. In zunehmendem Maße aber werden heute diese dualistischen Positionen wieder fragwürdig.

Das Leib-Seele-Problem bei Karl E. Rothschuh

Der deutsche Physiologe, Medizinhistoriker und Medizintheoretiker Karl E. Rothschuh (*1908) hat in seiner »Theorie des Organismus« (^{2}1963) das Leib-Seele-Problem behandelt. Durch die Unterscheidung zwischen der »biotechnischen« und »bionome« Betrachtungsweise des Organismus glaubt Rothschuh den alten Gegensatz zwischen »Mechanisten« und »Vitalisten« überwinden zu können. Unter der biotechnischen Betrachtungsweise versteht Rothschuh die ausschließlich kausalanalytische Untersuchung der Organismen mit Hilfe physikalischer und chemischer Methoden, die zu dem Schluß berechtigen, »daß sich das Geschehen im Organismus in strengen Kausalrelationen vollzieht, wenngleich sich ein solcher Schluß nie restlos verifizieren läßt« (^{2}1963, 59).

Die kausalanalytische, biotechnische Untersuchung organischer Gebilde, die sich im Prinzip von der kausalanalytischen Untersuchung anorganischer Körper nicht unterscheidet, genügt aber nicht, um lebende Organismen zu verstehen. Zur Kausalanalyse müsse noch das bionome Sinnverstehen hinzukommen, um organisches Leben hinreichend erfassen zu können. »Die in der Organisation objektiv verankerte Grundtendenz biologischer Systeme ist die Gerichtetheit aller Bau- und Betriebsglieder auf die Verwirklichung der Raumzeitgestalt des Organismus (a. a. O., 97). Diese Gerichtetheit organischer Systeme bezieht sich nach Rothschuh auf die Entfaltung der bionomen Organisation (Ontogenese), den Vollzug der arttypischen Lebensweise, auf die Fortpflanzung und Selbsterhaltung, schließlich auf eine Tendenz zum geselligen Zusammenleben mit artgleichen Partnern.

In dieser bionomen Organisation der Organismen ist »Seelisches« keine »substantielle Wesenheit«, sondern »umfaßt die Gesamtheit des inneren Erlebens« (a. a. O., 158) mit mannigfacher Abstufung an Klarheit und Helligkeit. Die Seele wäre demnach »kein Mitspieler und kein mitwirkender Faktor im neurophysiologischen Prozeß, der Verhalten bedingt, sondern bei aller Tatsächlichkeit und Realität ein hinzutretendes Phänomen, vielleicht die Innenansicht bestimmter organischer Prozesse« (a. a. O., 169). Nur wenige Zusammenhänge sind nach Rothschuh in der Biologie so eindeutig gesichert »wie die Abhängigkeit des Seelischen von der zentralnervösen Funktion« (a. a. O., 185). Demnach wären die Affektlage, der Drang und die Triebspannung »lediglich Erlebniskorrelate des Somatischen und rufen nichts hervor« (a. a. O., 190). Rothschuh kommt deshalb zu dem Schluß, »daß wir augenscheinlich einer Selbsttäuschung unterliegen, wenn wir glauben, daß Affekte, Triebe, Stimmungen und Willensentschlüsse, also seelische Phänomene, jene allbekannten körperlichen ›Begleiterscheinungen‹ hervorrufen, wie wir sie etwa an der Mimik des Gesichts und in der physiologischen Arbeitsweise der inneren Organe als ›Organresonanz‹ beobachten. Beides hat die gleiche Grundlage, nämlich die Aktivität nervöser Zentralapparate, die wir als Affekte und Triebe erleben, indem sie die Tätigkeit vegetativer Organe beeinflussen« (a. a. O., 191). Rothschuh lehnt es ab, »daß Seelisch-Immaterielles die organischen Prozeßgefüge regeln und steuernd beeinflussen kann« (a. a. O., 213). Er ist der Überzeugung, daß alle Auswirkungen seelischer Erlebnisse auf den Körper wie z. B. Stimmungen, Affekte, Vitalstrebungen, Triebe und Willenshandlungen »Täuschungen unseres Urteils« seien (a. a. O., 231).

Seine Leib-Seele-Theorie, die er als Leben-Seele-Theorie bezeichnet, um von vornherein keine dualistischen Vorstellungen aufkommen zu lassen, nennt Rothschuh die Lehre vom *partiellen bionomen Parallelismus*. Partiell ist dieser Parallelismus deshalb, weil Rothschuh der Überzeugung ist, daß nicht allen, sondern nur einigen bionomen zentralen Erregungsmustern seelisches Erleben in Gestalt von Wahrnehmungen, Vorstellungen, Erinnerungen, Willensakten und Urteilen parallel geht. Seelisches ist für Rothschuh »das innere Erleben somatisch-nervöser Vorgänge ... Seelisches hängt mit Körperlichem parallelistisch zusammen. Eines wirkt nicht auf das andere. Ihre Beziehung hat den Charakter von Zuordnung und Entsprechung« (a. a. O., 226). Dabei ist Seelisches ebenso wirklich wie Physisches, das seelische Erleben ist sogar »die reifste und schönste Frucht am Baum des Lebens« (a. a. O., 227). Aber das Seelische ist »kein Glied in der Kette physischer Vorgänge. Der psychische Zusammenhang von Motiv und Entscheidung oder Grund und Folge ist ein solcher des Erlebens und nicht des Bewirkens. Ein seelischer Vorgang ruft keinen anderen hervor, vielmehr vollzieht sich das ordnende Geschehen ausschließlich auf der Seite des Physisch-Organischen. Die Führung liegt auf der organischen Seite. Diese hat das Seelische als Entsprechung und zugeordnete Begleiterscheinung. Seelisches ist keine causa efficiens, sondern eine qualitas accidens« (a. a. O., 227).

Das Leib-Seele-Problem bei John C. Eccles

Im Gegensatz zu Rothschuh, der einen leib-seelischen Parallelismus mit Führung der organischen Seite annimmt, bei der Seelisches nichts bewirkt, sondern nur eine Entsprechung und zugeordnete Begleiterscheinung des körperlichen Vorgangs darstellt, vertritt der australische Hirnforscher John C. Eccles (*1903), der für seine Untersuchungen und Entdeckungen über die bei der Reizung der Nervenzellenmembranen ablaufenden Vorgänge 1963 den Nobelpreis für Medizin erhielt, einen streng dualistischen Standpunkt (s. auch seinen Beitrag in diesem Band). Eccles argumentiert gegen alle physikalisch-deterministischen, parallelistischen und epiphänomenalistischen Auffassungen in Anlehnung an Karl Popper, daß alle diese Auffassungen zu einer reductio ad absurdum führen müßten, denn »rein physikalische Ursachen, einschließlich unserer physikalischen Umwelt, würden uns dann also veranlassen, zu meinen oder für wahr zu halten, was immer wir meinen und für wahr halten« (Popper zit. n. Eccles 1977/78, 15). Er sieht dagegen »das Bewußtsein als eine in sich selbst gegründete Seinsform an. Eine Seinsform, die aus den vielfältigen Prozessen in der neuralen Apparatur der Hirnrinde jeweils das herausliest, was ihrer Aufmerksamkeit und jeweiligen Interessenlage entspricht, und die diese Auswahl auf eine Weise zusammenfaßt, welche die Einheit des bewußten Erlebens von einem Augenblick zum anderen gewährleistet. Dieses Bewußtsein wirkt umgekehrt aber auch von sich aus selektiv auf den neuralen Apparat ein« (a. a. O., 15 f). Eccles vertritt die Auffassung, »daß das Bewußtsein in die neuralen Vorgänge interpretierend und kontrollierend eingreift« (a. a. O., 16) und daß zwischen Gehirn und Bewußtsein bzw. zwischen Welt 1 und Welt 2 im Sinne von Popper eine »zweigleisige«, das heißt wechselseitige Verbindung besteht.

Unter dem Sammelbegriff »Verbindungshirn« (liaison brain) faßt Eccles jene Hirnregionen zusammen, in denen seiner Meinung nach eine Wechselwirkung zwischen »Bewußtsein« und Neokortex stattfindet. Er stützt sich dabei auf die Modul-Theorie von J. Szentágothai, der nachgewiesen hat, daß die Hirnrinde (Neokortex), die ja bekanntlich aus einer dichten Vernetzung von rund 10 Milliarden Neuronen (= Nervenzellen) besteht, in sich durch funktionelle und strukturelle Zusammenfassungen von Neuronen verschiedenster Art untergliedert ist. In ihnen werden – vergleichbar mit Schaltkreisen der Elektronik – in einem engmaschigen Gespinst von erregenden und hemmenden Verbindungen die Impulse und damit Informationen übertragen und gewandelt, d. h. selektiert, verstärkt, abgeschwächt und kombiniert. Diese funktionellen und strukturellen Neuronenzusammenfassungen, die manchmal bis zu 10 000 Neuronen umfassen können, nennt man Module.

In solchen Modulen findet eine ununterbrochene Informationsverarbeitung statt, die sich zum Teil in Form von neurophysiologischen Prozessen nachweisen läßt. Einige Module sind jedoch nach Eccles zum Bewußtsein hin »offen«. Das Bewußtsein vermag »die Aktivität eines jeden Moduls des Verbindungshirns abtastend zu erfassen« und »die Auswahl zu integrieren, die es dem ihm aus dem Verbindungshirn zufließenden gewaltigen Informationsstrom entnimmt ... und sich von Augenblick zu Augenblick Erfahrungen aufzubauen« (a. a. O., 53). Eccles nimmt an, »daß das Bewußtsein seinen Einfluß durch geringfügige Modulationen an einigen Modulen – einigen hundert vielleicht – ausübt, wobei diese Module auch alle zusammen auf diese geringfügigen Äußerungen reagieren, und daß diese gemeinsame Reaktion dann durch Assoziationsfasern und Kommissurenbahnen weitergeleitet wird. Außerdem berücksichtigt das Bewußtsein dabei ständig die Reaktionen, die es selbst durch seinen Einfluß auslöst« (a. a. O., 54). Wesentlich ist dabei, »daß die Beziehungen zwischen den Modulen und dem Bewußtsein auf Gegenseitigkeit beruhen, so daß das Bewußtsein sowohl als Auslöser als auch als Empfänger in Erscheinung tritt« (a. a. O., 55).

Die Vorstellung, daß die Beziehung zwischen dem Bewußtsein und den Modulen auf Gegenseitigkeit beruht, ist für Eccles in seiner dualistischen Argumentation sehr wichtig, denn das »Bewußtsein kann während des Schlafs zwar etwas erleben, aber nicht von sich aus wirksam handeln, eine Lage, die exakt der von den Parallelisten wie auch von den Epiphänomenalisten behaupteten, angeblich normalen Situation des Bewußtseins entspricht. Der unbestreitbare Unterschied zwischen dem Bewußtseinszustand im Traum und dem im Wachen ist ein gewichtiges Gegenargument gegen die Theorie vom Parallelismus zwischen Hirn und Bewußtsein. Eine parallelistische Welt könnte nur eine Traumwelt sein!« (a. a. O., 58).

Als konsequenter Dualist ist Eccles Neokartesianer. An Stelle seiner Begriffe »Gehirn« und »Bewußtsein« können wir ohne Schwierigkeiten die Descartesschen Begriffe der res extensa und der res cogitans einsetzen. Die Übereinstimmung mit Descartes scheint sogar so weit zu gehen, daß er mit diesem nur ein bewußtes Seelenleben, eben das »Bewußtsein als eine in sich selbst gegründete Seinsform« (a. a. O., 15), anerkennt.

Das Leib-Seele-Problem bei Viktor von Weizsäcker

Im Gegensatz zu den parallelistischen und dualistischen Lösungsversuchen wurde immer wieder der Versuch unternommen, den Leib-Seele-Dualismus durch den Entwurf einer Identitätstheorie zu überbrücken und zu ersetzen. In erster Linie ist hier Viktor von Weizsäcker (1886–1957) mit seiner Gestaltkreislehre (1940) zu nennen. Nach von Weizsäcker sind im »biologischen Akt« Wahrnehmung und Bewegung untrennbar miteinander verbunden. Sie können einander vertreten und ersetzen, was zu einer »quasi-quantitativen Gleichwertigkeit« führt, die er das »Prinzip der Äquivalenz« nennt (^{3}1947, 165). Demnach wären »Leib« (= Bewegung) und »Seele« (= Wahrnehmung) zwei Seiten desselben biologischen Aktes, die sich gegenseitig vertreten können. »Wenn ich den Augapfel bewege und trotz der Verschiebung des Bildes auf der Retina die Landschaft in Ruhe sehe, so vertritt diese Bewegung das ohne sie unvermeidliche Bewegtsehen der Umwelt. Es ist die innervierte Bewegung, durch welche wir beim Gehen, Springen, Reiten nicht nur das Fallen hindern, sondern auch das Erlebnis ersetzen, welches die Dislokationen sonst an unseren Sinnesorganen in der Wahrnehmung bewirken« (a. a. O., 169).

Die beiden Seiten des biologischen Aktes, das Wahrnehmen und das Bewegen, befinden sich nach dem »Drehtürprinzip« in gegenseitiger Verborgenheit. Nur jeweils eine Seite des biologischen Aktes vermag ich bewußt zu erleben; die andere ist zwar immer mitenthalten, bleibt jedoch verborgen. Wenn ich zum Beispiel einen Vogel im Fluge beobachte, nehme ich ihn und seine Ortsveränderung wahr. Daß ich aber gleichzeitig auch mich, etwa meine Augenmuskeln, bewege, bleibt mir verborgen. Wenn ich umgekehrt selbst eine Ortsveränderung vornehme, bleibt mir die Wahrnehmung kleiner Unebenheiten des Weges, nach denen sich unwillkürlich meine Gangart richtet, verborgen. Das Drehtürprinzip der gegenseitigen Verborgenheit versucht in der Biologie analog zur Mikrophysik etwas Ähnliches auszudrücken wie W. Heisenberg mit der Unschärferelation, derzufolge im subatomaren Bereich Korpuskel und Welle nicht gleichzeitig genau beschrieben werden können.

Mit der Gestaltkreislehre, deren philosophische Implikationen hier nicht reflektiert werden können, hat Viktor von Weizsäcker bewußt das Subjekt in die Biologie und Anthropologie eingeführt – in Antithese zur reduktionistischen und objektivistischen naturwissenschaftlichen Forschung.

Das Leib-Seele-Problem bei Thure von Uexküll

»Die Frage, wie seelische und körperliche Vorgänge sich gegenseitig beeinflussen und verändern sollen, läßt sich weder mit physikalischen noch mit psychologischen Methoden beantworten. Beide Methoden sehen nur ihre Ausschnitte, sind aber außerstande, die Beziehungen zu erkennen, die zwischen beiden bestehen. Hier stoßen wir innerhalb der Medizin also auf ein philosophisches Problem. Es ist unlösbar, solange wir im Sinne der traditionellen Vorstellungen davon ausgehen, daß die Wirklichkeit aus psychischen und physischen Bestandteilen zusammengesetzt ist. Hier muß die Medizin die eiserne Ration von Begriffen und Vorurteilen, die ihr die Schulphilosophie verkauft hat, über Bord werfen und ihre eigenen Lösungen suchen. Dazu ist aber die Besinnung auf die philosophische Ursituation nötig. Wir müssen uns darüber klarwerden, daß sowohl die physikalischen wie die psychologischen Methoden nichts weiter sind als Versuche, uns in einer unbekannten und rätselhaften Welt zurechtzufinden. Beide Methoden machen Ausschnitte und deuten das, was sich in ihnen zeigt, aufgrund bestimmter, in der Methode festgelegter Voraussetzungen einmal als physikalisch-chemische Vorgänge und das andere Mal als psychologische Abläufe. Psychische und physische Faktoren, die sich dann als inkommensurable Gegensätze gegenüberstehen, sind also – das ist das Ergebnis dieser Besinnung – nicht schon von Anfang an in der Wirklichkeit enthalten. Beide entstehen vielmehr erst innerhalb der Ausschnitte, die wir für bestimmte Umgangsmöglichkeiten dort abgrenzen. Wir sind es, die den Gegensatz in die Natur hineintragen.« Mit diesen Worten umriß der deutsche Mediziner Thure von Uexküll (*1908), der Sohn des namhaften Biologen Jakob von Uexküll, seine psychosomatische Modellvorstellung (1963, 42).

In den Mittelpunkt stellte von Uexküll die »Handlung«, die er später zum »Situationskreis« ausweitete. Seine Vorstellung vom Organismus geht von Ludwig von Bertalanffys Systemtheorie aus und entwickelt sie weiter.

Mit dem Vorstellungsmodell der *Handlung* (a. a. O., 93) meint Thure von Uexküll etwas Ähnliches wie Viktor von Weizsäcker mit dem »biologischen Akt«. In der Handlung sind Körperliches und Seelisches ursprünglich noch untrennbar miteinander verwoben und werden erst sekundär durch den methodisch-wissenschaftlichen Reduktionismus getrennt, wodurch dann das »unlösbare« Leib-Seele-Problem entsteht.

Die Theorie des *Situationskreises* stellt eine Fortführung der Umwelt- und Funktionskreislehre dar, die Jakob von Uexküll (1864–1944) begründete und derzufolge jedes Lebewesen durch die Merk- und Wirkorgane mit seiner Umwelt zu einem Funktionskreis verwoben ist. Auch hier sind Seelisches und Körperliches in Form von Bedeutungserteilung (etwas als Nahrung erkennen) und Bedeutungsverwertung (etwas als Nahrung verwerten) noch völlig ungeschieden. Beim Menschen erst wird der tierische Funktionskreis, der sogut wie ausschließlich nach angeborenen Programmen abläuft, durch persönliche Erfahrung zum Situationskreis mit einer individuell interpretierbaren »individuellen Wirklichkeit«.

Der Organismus wird in Anlehnung an Ludwig von Bertalanffy als »aktives offenes« System bzw. als »pragmatisches« (das heißt als handelndes) System aufgefaßt, das beim Tier im Funktionskreis mit seiner Umwelt, beim Menschen im Situationskreis mit seiner individuellen Wirklichkeit verwoben ist und mit ihr ein Suprasystem bildet. Erst durch die Bildung dieser Suprasysteme wird der Organismus zum aktiven offenen bzw. zum pragmatischen System.

Während der Embryonalentwicklung wird der Organismus nach angeborenen Programmen durch fortschreitende Arbeitsteilung der Organsysteme zu immer stärkerer Mechanisierung gebracht. Bei der Geburt ist sein »Kompartiment Körper« schon nahezu fertig entwickelt und bildet bis zu diesem Zeitpunkt ein fast noch geschlossenes System, das mit seiner Umgebung – abgesehen vom mütterlichen Organismus – noch kein Suprasystem bildet. Später finden wir diese relativ geschlossene, rein körperliche Form des Systems Organismus nur noch im Schlaf und in der Bewußtlosigkeit wieder, wenn sich der Organismus aus seinen Umweltbeziehungen zurückzieht. Als offenes System, das mit seiner Umwelt ein Suprasystem bildet, ist der Organismus aber durch die Notwendigkeit der Bedeutungserteilung und Bedeutungsverwertung zur Ausbildung eines Informationssystems, nämlich des sogenannten »psychischen Apparates«, gezwungen.

Im Gegensatz zum Tier läuft die menschliche Entwicklung aber nicht nur vorwiegend körperlich im Uterus, sondern zum Großteil extrauterin, im sogenannten »Sozialuterus« (s. den Beitrag von H. Hemminger u. M. Morath in diesem Band), ab. Dadurch gewinnen die erlernten neben den angeborenen Programmen ihre große Bedeutung. Im Situationskreis werden die Objekte der Umwelt ständig interpretiert und gedeutet; sie werden zum Bestandteil der individuellen Wirklichkeit. Das Informationssystem, das zum Zweck der Aufrechterhaltung des Suprasystems Mensch–Umwelt, das heißt des Situationskreises, nötig ist, nennt man seit Sigmund Freud (1856–1939) den seelischen bzw. psychischen Apparat.

Demnach können wir nach Thure von Uexküll am Menschen zwei verschiedenartige Subsysteme bzw. Kompartimente feststellen: ein relativ starres, weitgehend mechanisiertes und ausgedehntes, nämlich den Körper, und ein noch weitgehend variables und flexibles, nämlich die »Seele« bzw. den psychischen Apparat.

Da Organismen hierarchisch strukturiert sind, entstehen System- bzw. Integrationsebenen verschiedener Komplexität, zwischen denen es keine kontinuierlichen Übergänge, sondern nur Bedeutungssprünge gibt, wie zum Beispiel zwischen den anorganischen Systemen, dem System »Pflanze«, dem System »Tier«, dem System »Mensch« und weiter den kulturellen Systemen »Familie« und »Gesellschaft«. Die jeweils komplexere und – wenn man so will – »höhere« Systemebene ist von der einfacheren und niederen durch einen solchen Bedeutungssprung getrennt. Bei Tieren und Menschen können wir bei der Gegenüberstellung des Schlafzustands mit dem Zustand des Wachens sowohl eine relativ geschlossene als auch eine relativ offene Systemform unterscheiden. Der Bedeutungssprung, der beim Umschlag von der relativ geschlossenen in die jeweils offenere Systemform erfolgt, enthält nach Thure von Uexküll die »Lösung« des Leib-Seele-Problems.

Der methodologisch-wissenschaftstheoretische Aspekt des Leib-Seele-Problems

Hinter der vordergründig verwirrenden Vielfalt der Aspekte und Standpunkte zur Lösung des Leib-Seele-Problems scheinen trotz aller unüberbrückbaren Gegensätze doch einige Gemeinsamkeiten zu bestehen. Zwei unbestreitbare und faktisch wohl auch kaum bestrittene Feststellungen seien hier an den Anfang gestellt:

1. Was immer wir zu erforschen suchen, der Ausgangspunkt ist der Mensch mit seiner spezifisch menschlichen Art, die Welt zu sehen, zu erleben und zu denken. Wir können also niemals eine absolute oder gar völlig objektive, sondern immer nur eine aus der menschlichen Perspektive her eingeengte Wissenschaft betreiben.

2. Wie immer das uns unmittelbar nicht zugängliche »Wesen der Welt«, das »Ding an sich« bzw. der »Urgrund des Seins« auch beschaffen sein mag, uns abendländischen Menschen erscheint »Welt« bzw. »Sein« einmal als (Außen-)Welt der physikalischen Objekte, ein andermal als (Innen-)Welt des subjektiven Erlebens. Von den Phänomenen her gesehen läßt sich beim heutigen Entwicklungsstand der Dualismus von Subjekt und Objekt bzw. Innen und Außen nicht völlig eliminieren. Durch diesen »phänomenologischen« Dualismus wird natürlich einem »ontologischen« Dualismus Vorschub geleistet.

Hierzu sei noch angemerkt, daß – wie schon ausgeführt – Popper darauf hingewiesen hat, daß wir uns eigentlich drei Welten gegenübersehen, nämlich der physikalischen Welt der Objekte (»Welt 1«), dem subjektiven Erleben (»Welt 2«) und der vom Menschen geschaffenen Welt der Ideen und der Kultur (»Welt 3«).

Nimmt man die unter 1. angeführte Feststellung, derzufolge jede wissenschaftliche Erkenntnis perspektivisch eingeengt ist, ernst, dann gewinnt die Annahme Thure von Uexkülls, daß wir es sind, die den Gegensatz von physisch und psychisch in die Natur hineintragen, an Gewicht. Diese Annahme wird unter anderem auch von Viktor von Weizsäcker, von Helmuth Plessner und Max Scheler, aber auch von Herbert Feigl und letztlich auch von Ludwig Wittgenstein, der ja das Leib-Seele-Problem für ein Problem der Sprachverwirrung hält, geteilt.

Hier erhebt sich die schwerwiegende und bis heute – soweit ich sehe – nur unbefriedigend gelöste methodologische Frage: Läßt sich menschliches (psychophysisches) Sein erforschen, ohne daß wir den Menschen von vornherein in seine körperlichen und seelischen und darüber hinaus auch noch in seine sozialen Bestandteile zerlegen?

Wissenschaft ist immer in doppelter Hinsicht perspektivisch eingeschränkt – einmal durch die unter 1. angeführte Einschränkung aufgrund der menschlichen Konstitution, darüber hinaus aber auch durch die Tatsache, daß Wissenschaft methodenabhängig ist. Sie sieht und erfaßt nur, was durch die angewandte Methode aufzeigbar wird – alles andere bleibt im dunkeln. Wird der Mensch mit physikalischen und chemischen Methoden untersucht, so führt dies zu Aussagen, die nur physikalisch und chemisch von Gültigkeit sind. Wird das Verhalten des Menschen untersucht, dann lassen sich nur über das jeweils untersuchte Verhalten Aussagen machen; der physikalisch-chemische Aspekt etwa bleibt zwangsläufig verborgen.

Besonders schwierig ist das subjektive Erleben des Menschen zu untersuchen. Seit Sigmund Freud verfügen wir mit der Psychoanalyse über eine Methode, die uns subjektives Erleben zugänglich macht. Aber auch sie engt das von ihr Erfaßte methodenabhängig ein. Während allerdings physikalische und chemische Messungen und Untersuchungen ebenso wie die Beobachtung des Verhaltens intersubjektiv vermittelbar und damit objektivierbar sind, besteht für die Psychologie das Problem, daß subjektives Erleben primär nicht oder doch nur auf komplizierten Umwegen und dadurch nur unvollkommen objektivierbar ist. Strenge Empiristen haben deshalb dem subjektiven Erleben und allen Methoden, die dazu einen unmittelbaren Zugang suchen, jeglichen wissenschaftlichen Wert abgesprochen (s. den Beitrag von H. Thomae in diesem Band). Der so wichtige Aspekt des subjektiven Erlebens – das eigentlich Menschliche – bliebe damit ausgeklammert und zwangsläufig im dunkeln. Es wäre aber nicht richtig, wegen bestehender methodischer Unvollkommenheiten auf psychologische Erkenntnis grundsätzlich zu verzichten. Die materialistische Schlagseite, die bei den meisten anthropologischen Wissenschaften derzeit zu beobachten ist, läßt sich meines Erachtens darauf zurückführen, daß die Methoden der Physik und Chemie heute perfektionierter sind als etwa die der Psychologie und Soziologie.

Der gegenwärtige Stand der Forschung ist der, daß mit mehr oder weniger spezialisierten Methoden umschriebene Ausschnitte untersucht werden. So erforscht die Neurophysiologie das physikalisch-chemische Verhalten der Nerventätigkeit, die Verhaltenspsychologie das Verhalten und die Psychoanalyse das Erleben des Menschen. Gegen ein solches methodisch einwandfreies Forschen ist so lange nichts einzuwenden, als sich diejenigen, die diese Methoden benutzen, auch bewußt sind, daß sie damit nur jeweils *einen Aspekt* und keineswegs den ganzen Menschen beschreiben. Alle diese Methoden müssen daher vor dem Hintergrund eines umfassenderen Menschenbildes gesehen werden, wodurch sie zwangsläufig ergänzungsbedürftig werden.

Ein Ergebnis der Detailforschung kann und muß man meines Erachtens jedoch festhalten: Die subtilste und methodisch ausgefeilteste Technik der Hirnforschung vermag ebensowenig etwas über das subjektive Erleben auszusagen, wie umgekehrt psychoanalytische Motivforschung etwas über die physikochemischen Vorgänge in den Nervenzellen aussagen kann. Durch dieses Auseinanderklaffen der Methoden, das im allgemeinen durch immer weitere Perfektionierung größer, auf keinen Fall aber geringer wird, gewinnen dualistische oder parallelistische Vorstellungen an Boden. Beispiel für eine dualistische Vorstellung ist die Theorie von John C. Eccles. Parallelistische Vorstellungen erfreuen sich bei Forschern der verschiedensten methodischen Ausrichtung großer Beliebtheit, weil sie ein methodisch sauberes Arbeiten auf dem eigenen Fachgebiet ermöglichen, ohne sich dabei um die Problematik der Leib-Seele-Beziehung kümmern zu müssen. In diesem Zusammenhang sei der Psychoanalytiker Alexander Mitscherlich (*1908) zitiert: »Wie das Problem Leib-Seele-Einheit sich also auch metaphysisch ausnehmen mag, vom pragmatischen Standpunkt des Arztes aus kann ein somatisches Organisationsmodell nicht genügen. Die Anerkennung eines psychischen und eines somatischen Organisationskernes wird in dem Augenblick unerläßlich, in dem man die Organisationsform seelischer Abläufe verstehen will, und zwar über die Analyse des biologischen Funktionsträgers hinaus« (Mitscherlich 1961, 8).

Wenn wir mit dualistischen und parallelistischen Vorstellungen arbeiten, dann stehen wir vor der unüberwindlichen Schwierigkeit, unsere Forschungsergebnisse zu integrieren. Die in verschiedenen Wissenschaftssprachen ausgedrückten Befunde lassen sich nicht wechselseitig übersetzen. Wir können nur mangelhaft die in der Sprache der Neurophysiologie beschriebenen Befunde in die Sprache der Verhaltenspsychologie transferieren, beide überhaupt nicht in die der Erlebenspsychologie und umgekehrt. Hierfür wäre eine übergeordnete Sprache nötig, die alle diese drei Bereiche umfaßt.

In den letzten Jahrzehnten ist nun durch die Systemtheorie, die Kybernetik und die Informationstheorie eine Entwicklung in Gang gekommen, die uns hoffen läßt, den menschlichen Organismus als aktives, sich selbst steuerndes offenes System, das aus Subsystemen besteht und in Suprasysteme integriert ist, beschreiben und verstehen zu können. Damit gewinnt auch das uralte Leib-Seele-Problem wieder neue Aktualität. Der in dieser Richtung am weitesten entwickelte Entwurf scheint mir der von Thure von Uexküll zu sein. Es bleibt zu hoffen, daß die Diskussion um das Leib-Seele-Problem – das für eine allgemeine Theorie der Medizin, vor allem aber für eine Theorie der psychosomatischen Medizin, von großer Bedeutung ist – auf höherem Niveau wieder in Gang kommt.

Wer jedoch eine Antwort auf die Frage nach dem Wesen, dem metaphysischen Urgrund von Materie, Energie und Information bzw. von Körper, Leben und Geist sucht, dessen Frage muß genauso unbeantwortet bleiben wie die philosophische Urfrage, die da lautet: Warum ist überhaupt etwas und nicht vielmehr nichts? Eine solche Frage ist zwar nicht sinnlos, empirisch-wissenschaftlich aber nicht beantwortbar.

Literatur

BERTALANFFY, L. VON: Theoretische Biologie. Bern 1951
  General system theory. Foundations, developments, applications. New York 1968
BOLLNOW, O. F.: Die philosophische Anthropologie und ihre methodischen Prinzipien. In: Philosophische Anthropologie heute. Beck'sche Schwarze Reihe, Bd. 89. München 1972
DU BOIS-REYMOND, E.: Über die Grenzen des Naturerkennens (1872). In: Über die Grenzen des Naturerkennens. Die sieben Welträtsel. Zwei Vorträge. 1916, Nachdruck 1967
ECCLES, J. C.: Facing reality. Heidelberg, Berlin 1970
  Hirn und Bewußtsein. In: Mannheimer Forum 77/78. Mannheim 1977/78
FEIGL, H.: The »mental« and the »physical«. Minneapolis/Minnesota 1967
  Leib – Seele, kein Scheinproblem. In: Neue Anthropologie, Bd. V. Stuttgart 1973
FRANK, H. G.: Kybernetik und Philosophie. Erfahrung und Denken, Bd. 16. Berlin 1966
GEHLEN, A.: Die ethische Tragweite der Verhaltensforschung. In: Philosophische Anthropologie heute. Beck'sche Schwarze Reihe, Bd. 89. München 1972
HEIMSOETH, H.: Die sechs großen Themen der abendländischen Metaphysik. Darmstadt ^{5}1965
HENGSTENBERG, H.-E.: Die Frage nach verbindlichen Aussagen in der gegenwärtigen philosophischen Anthropologie. In: Philosophische Anthropologie heute. Beck'sche Schwarze Reihe, Bd. 89. München 1972
MITSCHERLICH, A: Anmerkungen über die Chronifizierung psychosomatischen Geschehens. Psyche, 15, 1, 1961
  Krankheit als Konflikt. Frankfurt/ M. Bd. I: 1966; Bd. II: 1967
PLESSNER, H.: Philosophische Anthropologie. Frankfurt/M. 1970
  Der Mensch als Lebewesen. In: Philosophische Anthropologie heute. Beck'sche Schwarze Reihe, Bd. 89. München 1972
PONGRATZ, L. J.: Problemgeschichte der Psychologie. Bern, München 1967
POPPER, K. R.: Objektive Erkenntnis. Hamburg 1973
REENPÄÄ, Y.: Über das Körper-Seele-Problem. In: Neue Anthropologie, Bd. V. Stuttgart 1973
ROTHSCHUH, K. E.: Theorie des Organismus. München, Berlin ^{2}1963
SCHELER, M.: Die Stellung des Menschen im Kosmos (1928). München 1947
SCHMITZ, H.: System der Philosophie, 2. Band, erster Teil: Der Leib. Bonn 1965
STEGMÜLLER, W.: Hauptströmungen der Gegenwartsphilosophie. Stuttgart ^{4}1969
UEXKÜLL, TH. VON: Grundfragen der psychosomatischen Medizin. Hamburg 1963
UEXKÜLL, TH. VON, WESIACK, W.: Das Leib-Seele-Problem in psychosomatischer Sicht. In Th. v. Uexküll (Hg.): Lehrbuch der psychosomatischen Medizin. München, Wien, Baltimore 1979
WEIZSÄCKER, V. VON: Der Gestaltkreis (1940). Stuttgart ^{3}1947
WITTGENSTEIN, L.: Philosophische Untersuchungen. Frankfurt/M. 1967
  Tractatus logico-philosophicus. Logisch-philosophische Abhandlung. Frankfurt/M. 1968

Valerie Gamper

Werden der Persönlichkeit
Reifung und Individuation

Übersicht: Entwicklung und Reifung des Menschen können unter verschiedenen Gesichtspunkten betrachtet werden. Dieser Beitrag richtet sein Hauptaugenmerk nicht auf den biologischen Aspekt von Wachstum und Reifung, sondern versucht dem langsamen Entstehen und Werden der Persönlichkeit nachzugehen. Im ersten Teil werden einige Entwicklungstheorien und -modelle vorgestellt und beschrieben, der zweite Teil befaßt sich mit den beobachtbaren Veränderungen im Kindes- und Jugendalter und dem Aufbau der Persönlichkeit. Wahrnehmung und Denken, Gefühle und Antriebe sind im Lauf der einzelnen Altersstufen vom Neugeborenen bis zum Erwachsenen einem Wandel und einer Entwicklung unterworfen, deren Ziel der reife Mensch ist. Den Weg über die rein biologische Reife hinaus bis hin zur reifen Persönlichkeit muß jeder selbst zurücklegen, eine Arbeit, die nicht zu einem bestimmten Zeitpunkt abgeschlossen ist, sondern andauert, solange der Mensch lebt.

Einleitung

Entwicklung bedeutet immer Bewegung, Veränderung. Auf dem Weg der Entwicklung schreitet der Mensch zur Reife, das Ziel dieses Weges, das er erreichen soll, ist Reifung in verschiedener Hinsicht: Er muß *biologisch* reif für die Übernahme der Aufgabe der Arterhaltung und sexuell liebesfähig werden, *sozial* reif, indem er sich aus dem Elternhaus löst und die Erfordernisse erfüllt, die Gesellschaft und Kultur, in der er lebt, an ihn stellen, und *geistig* reif werden, wodurch er schließlich einen selbständigen Zugang zur Welt der Werte erhält. Die geistige Entwicklung führt zum Aufbau einer an einer Wertordnung orientierten Persönlichkeit. Diese Entwicklung ist kein naturhafter biologischer Prozeß mehr, der in diesem Band von R. Knußmann bereits ausführlich beschrieben wurde, sondern ein Vorgang, der eine individuelle geistige Leistung des Einzelnen darstellt und durch das Zusammenwirken von Fremd- und Selbsterziehung entsteht. Mitwelt und Kultur versuchen den Menschen ständig zu formen, aber er gestaltet sich auch selber nach Ideen und Idealen, sobald er zur Selbstbewußtheit gelangt ist.

Eine »Person«, ein individuelles Selbst oder Ichwesen (Klages [5]1936, 87), ist jeder Mensch von Natur aus, eine »Persönlichkeit« dagegen muß er erst werden. Eine Persönlichkeit zu werden ist eine Aufgabe, bei der Naturhaftes und Kulturhaftes, Anlage, Formung seitens der Mitwelt, Begegnung mit der Kultur und aktive Selbstgestaltung schließlich eine Einheit bilden müssen, die zu erreichen mit Mühen und Anstrengung verbunden ist. Der Charakter wächst nicht von selbst, sondern wird durch eigene und fremde Leistung aufgebaut. Man muß dabei zwar an die natürlichen Entwicklungstendenzen anknüpfen, aber der fertige Charakter entsteht nicht ausschließlich aus der natürlichen Entwicklung, sondern ist das Ergebnis einer geistigen Aufbauarbeit.

Er bildet sich erst im Lauf der Entwicklung heraus, wird durch Mitwelt, Eltern und sonstige Erzieher geweckt und gefördert, muß aber vom Einzelnen selber fortgeführt und vollendet werden. Erziehungsziel und Entwicklungsziel sind inhaltlich nicht gleich: Das Ziel der Erziehung ist die reife Persönlichkeit, das der Entwicklung ist der ausgewachsene Mensch. Biologische Reife und Persönlichkeitsreife fallen auch zeitlich nicht zusammen, die Entwicklung der Persönlichkeit ist nicht zu einem bestimmten Zeitpunkt abgeschlossen, sondern dauert fort, solange der Mensch lebt. Gerade in dem Umstand, daß der Aufbau der Persönlichkeit nicht rein biologisch abläuft, sondern vom Menschen selbst mitzuleisten ist, liegt seine große Verantwortung.

Selbstgestaltung hat Selbsterkenntnis und Selbstbescheidung zur Voraussetzung. Der Mensch muß seine Fähigkeiten und Grenzen selbst kritisch erfassen und sich aufgrund dieser Einsicht in freier Entscheidung wesensgemäße Ideale und darum realisierbare Ziele der Selbstverwirklichung setzen. Selbstverwirklichung fordert vom Einzelnen Verzicht nicht nur auf äußere Güter, sondern auch innere Werdemöglichkeiten, da keiner alles haben kann, was er will, und keiner alles werden kann, was er entsprechend seiner Veranlagung und Neigung zu werden vermöchte. Nur wirklichkeitsnahe Ideale besitzen eine konstruktive Kraft zur Entfaltung der Anlagen und zum Aufbau einer gesunden ausgeglichenen Persönlichkeit. Illusorische Wunschbilder vom eigenen Selbst bedrohen eine gesunde Entwicklung, weil sie die Kräfte überfordern und in Enttäuschungen enden. Die unerfüllbaren Strebungen wirken desintegrativ, der Aufbau einer in sich geschlossenen Persönlichkeit wird so verhindert, der dauernde Konflikt zwischen dem »idealen« Streben und der Wirklichkeit führt zu einer gestörten Persönlichkeit und unter Umständen in eine Neurose.

Die Kenntnisse der Entwicklung des Menschen, besonders des Kindes- und Jugendalters, der Entwicklung der Wahrnehmung und kognitiven Fähigkeiten, der Affektivität, des Willens und der Strebungen, ermöglichen es dem Erzieher, durch das bessere Verständnis vom Wachsen und Reifen, das Kind in seiner Eigenart zu fördern und dem Heranwachsenden behilflich zu sein, die vollen Austragungsmöglichkeiten seines Daseins wahrzunehmen und ihn seine Selbständigkeit und sein Verantwortlichsein erleben zu lassen.

Der mögliche »Entwurf« eines Daseins kann aber nur gelingen, wenn das Kind eine Bezugsperson hat, an der es die ersten Wertungen, das erste Vertrauen zu einem Mitmenschen erfährt. Es kommt dabei nicht so sehr auf die Äußerlichkeit dieser Bezugsperson an, sondern auf die Art und Weise, wie *sie* den Auftrag des Daseins an das Kind weitergibt. Nur wo der Erziehende selbst seinen Daseinsmöglichkeiten gerecht wird und in Offenheit dem ihm Begegnenden antwortet, kann er durch sein Beispiel – verba docent, exempla trahunt – ein Vorbild und Führer sein. Die Zertrümmerung von Autorität und Leitbildern ist eine wesentliche Ursache für den seelischen Notstand wie Lebensangst, Haltlosigkeit, Hilflosigkeit und Unsicherheit, die sich heute überall zeigen. In vielen Fällen läßt sich die Haltlosigkeit und Unsicherheit aus dem Fehlen erzieherischer Autorität erklären (vgl. Affemann 1973). Gerade die heutige Gesellschaft braucht eine stabile Struktur mit Einfühlungsfähigkeit und Begegnungsaufgeschlossenheit, weil Ungleichgewicht und Dissonanz in ihr herrschen. Für Rollo May, den amerikanischen humanistischen Psychologen, ist die Lebensangst das Hauptproblem unserer Zeit, das nur im Kindesalter durch Herstellen des Gleichgewichts und Entstehung des Selbstvertrauens ausgeglichen werden kann. Selbstgefühl und -überzeugung ermöglichen es erst dem Menschen, nicht in Abhängigkeit vom anderen zu geraten und ihm und der Gesellschaft »verfallen« zu sein.

Allgemeines zum Entwicklungsbegriff und verschiedene Entwicklungstheorien

Der Gedanke der Entwicklung lag um die Mitte des neunzehnten Jahrhunderts, nach Kant, Goethe, Schelling, Hegel und Comte, gleichsam in der Luft. Er begann die Einzelwissenschaften zu beherrschen, nicht nur die Biologie, sondern zum Beispiel auch die Geologie, der sich durch ihn ungeahnte neue Horizonte eröffneten. Besondere Bedeutung für die Philosophie und darüber hinaus für das allgemeine Bewußtsein erlangte er aber durch die Biologie, eine Wissenschaft, die in der zweiten Hälfte des Jahrhunderts den bestimmenden Hintergrund des philosophischen Denkens bei einer Reihe von Denkern wie insbesondere Nietzsche und Spencer bildete – ähnlich wie ein Jahrhundert früher bei den englischen Empiristen und noch bei Mill die Psychologie und davor bei Descartes, Leibniz und anderen die Mathematik. Die Hauptwerke des Biologen Darwin, »Die Entstehung der Arten« (1859) und »Die Abstammung des Menschen und die geschlechtliche Zuchtwahl« (1871), waren der Anstoß dazu.

Die Entwicklungslehre Darwins geht aus von den biologischen Tatsachen der Veränderlichkeit – der Variabilität der Lebewesen, der Vererbung, der Überproduktion von Nachkommen (s. J. Illies in diesem Band). Infolge dieser Überproduktion entbrennt unter den Lebewesen der »Kampf ums Dasein«. Diejenigen, die wegen ungünstiger Eigenschaften den Kampf nicht bestehen, können sich nicht fortpflanzen und sterben aus. Die besser »Angepaßten« überleben und erhalten ihre Rasse, indem sie ihre Eigenschaften auf ihre Nachkommen weitervererben. Im Verlauf riesiger Zeiträume führte dieser Prozeß der Selektion zur Entstehung der Arten. Insbesondere konnten auf diese Weise allmählich immer höhere Formen von Lebewesen aus niederen entstehen. So ist auch der Mensch als bisher höchstorganisiertes Lebewesen aus tierischen Formen hervorgewachsen.

Es ist klar, daß die Bedeutung einer solchen Theorie, sei es selbst nur als wahrscheinliche und begründbare Hypothese, weit über das Gebiet der wissenschaftlichen Biologie hinausreichen muß. Steht sie doch zum Beispiel in schroffem Gegensatz zu der religiösen Lehre von der göttlichen Schöpfung der Lebewesen aus dem Nichts. Darwins Entwicklungslehre eröffnete aber auch die philosophisch bedeutsame Aussicht, auch das Zweckmäßige in der Natur auf kausal-mechanische Weise zu erklären: Das Zweckmäßige an den Organismen ist das den Lebensbedingungen am besten Angepaßte, es hat sich erhalten, fortgepflanzt und durch weitere Auslese gesteigert, während das schlechter Angepaßte, »Unzweckmäßige« zugrunde gegangen ist.

Das Auftreten und die Verbreitung der Entwicklungslehre in der Form, die ihr Darwin gab, kann wohl als das wichtigste Ereignis in der Geistesgeschichte des späten neunzehnten Jahrhunderts gelten. Das Eindrucksvolle an Darwins Lehre war, daß hier nicht bloß wie von anderen das allgemeine Prinzip der Entwicklung aufgestellt, sondern eine anschauliche Vorstellung von den tatsächlichen Entwicklungsvorgängen ermöglicht wurde. Der Entwicklungsgedanke begann unter diesem Eindruck die Natur- und Geisteswissenschaften zu beherrschen. Der Hauptunterschied zwischen der englischen Entwicklungslehre und der Hegels liegt darin – wenn man davon absieht, daß für Hegel alle tatsächliche Entwicklung in der Natur immer nur Entwicklung der Idee in ihrem Anderssein sein kann –, daß bei Hegel sich die Entwicklung in dialektischen Sprüngen vollzieht, von einem Gegenpol zum anderen, dann auf eine höhere Ebene und so weiter, also einen sehr bewegten Verlauf nimmt, während bei der englischen Ansicht der Akzent auf der ganz allmählichen, fast unmerklich über viele Zwischenglieder sich vollziehenden Wandlung liegt. Darwins bekanntester Schüler in Deutschland war Ernst Haeckel. Von ihm stammt die geläufige Formulierung des sogenannten Biogenetischen Grundgesetzes: Die Ontogenese ist eine Rekapitulation der Phylogenese, das heißt, die Entwicklung des einzelnen Lebewesens, die es von der Keimzelle bis zur vollen Ausbildung durchläuft, ist eine zusammengedrängte Wiederholung der Formenreihe, die seine Vorfahren von den ältesten Anfängen der Entwicklung bis in die Gegenwart durchlaufen haben. Für die geistige Entwicklung des Individuums war der gleiche Satz schon von Goethe, Hegel und Comte ausgesprochen worden. Spencer übertrug das Darwinsche Modell auf die Gesellschaft, Nietzsche wandelte die Evolutionstheorie in die Philosophie des Willens zur Macht. Als kritische Auseinandersetzung mit Darwins Evolutionstheorie kann Bergsons élan vital bezeichnet werden.

Entwicklung als Stufenfolge, Wiederholung, Prägung und Selbstgestaltung

In den modernen Lehrbüchern über Entwicklungspsychologie existieren verschiedene theoretische Konzeptionen je nach der Wahl der Kriterien für Entwicklung. Einmal wird in der Entwicklungslehre hauptsächlich der quantitative, ein andermal der qualitative Aspekt besonders betont. Bei der quantitativen Sicht der Entwicklung werden die beobachtbaren Veränderungen mengenmäßig verstanden, im Sinne einer Zunahme von Größe, Gewicht oder von Fähigkeiten, Wissen usw. Entwicklung wird in erster Linie als *Wachstum* gesehen. Die qualitative Entwicklungsvorstellung hat verschiedene Aspekte:

Dem Modell der Entwicklung als *Stufenfolge*, das von Kroh, Hetzer, Hurlock, Zeller u. a. vertreten wird, liegt die Erfahrung zugrunde, daß der Ablauf des menschlichen Lebens nicht geradlinig erfolge, sondern in mannigfachen Biegungen und Brechungen vor sich gehe (Kroh [19]1944).

In der Entwicklung eine *Wiederholung* ähnlicher Verhaltensweisen, Einstellungen, Haltungen usw. in ähnlichen Zeitabschnitten sehen Busemann und Gesell. Busemann bemüht sich um eine Abgrenzung der Begriffe Stufen, Stadien und Phasen und sagt, eine Phase »ist (im Gegensatz zur einmalig erreichten Entwicklungsstufe) ein in gleicher oder ähnlicher Form wiederkehrender Zustand und ... an eine feste Regel des zeitlichen Wechsels gebunden. Die Ganzheit im Zeitablauf, die von einer Phase bis zum Moment ihrer Wiederkehr reicht, bezeichnet man bekanntlich als Periode des Phasenwechsels« (Busemann 1953, 18).

Lersch, Rothacker, Rudert, Rüfner und Thiele bezeichnen Entwicklung als *Schichtung*, wobei Älteres von Jüngerem nicht ersetzt, sondern gleichsam überlagert wird und so auch später unter bestimmten Bedingungen wieder hervorbrechen kann.

Wenn bestimmte Reaktionsweisen in bestimmten Situationen sich verfestigen oder in einen ganz bestimmten Lebensraum eingebettet sind, sieht man Entwicklung als *Prägung* (s. den Beitrag von K. Immelmann u. K. E. Grossmann in diesem Band).

Um dem Vorwurf auszuweichen, die Psychologie, die ja den Begriff der Entwicklung aus der Biologie entnommen hat, sehe in der psychischen Entwicklung des Menschen auch nur den gesetzmäßigen Ablauf, entstand die Theorie von der Entwicklung als aktiver *Selbstgestaltung*, die das Spezifische und Andersartige der menschlichen Entwicklung gegenüber einem bloßen »Entwicklungsprozeß« hervorheben will. Diese Andersartigkeit wird vor allem darin gesehen, daß die Veränderungen in der Entwicklung Resultate aktiver Entscheidungen oder Eingriffe des Individuums selbst sind oder zumindest ein aktives Stellungnehmen zur Voraussetzung haben. Schon Eduard Spranger lehnte die »biologische« Entwicklungspsychologie und eine kausale Determinierung ab. Die Entwicklung als etwas Aktives zu sehen und nicht nur als etwas, das mit einem geschieht, ist ein Versuch, der rein biologischen Modellvorstellung und auch der milieutheoretischen Entwicklungslehre zu begegnen. Denn wenn auch bei der letzteren der Hauptakzent nicht mehr auf dem gesetzmäßigen Ablauf liegt, sondern die äußeren Einwirkungen für entscheidender als innere Gesetzmäßigkeiten angesehen werden, so bleibt der Grundgedanke bei beiden doch derselbe, daß nämlich Entwicklung etwas ist, das an einem »Objekt« ohne seinen Willen geschieht, so wie die Larve ohne aktiven Willen zum Käfer wird – nur daß es dann gesellschaftliche Einflüsse oder Eindrücke aus der frühen Kindheit sind, die ohne Zutun prägend wirken.

A. Petzelt, der Verfechter der Entwicklungstheorie der aktiven Selbstgestaltung, hebt hervor, daß sich dem Individuum in jeder Phase seines Lebens immer neue Aufgaben stellen, die es aktiv bewältigen muß. Diese »grundsätzliche Aufgabenhaftigkeit des Ich« (1951, 221) könne nur logisch und nicht bio-logisch erfaßt werden. »Der Logos liefert den Schlüssel zum Psychischen – nicht bloße Empirie, nicht Biologie oder gar das dunkle Unbewußte« (a. a. O., 101).

Aber Petzelt wehrt sich nicht nur gegen das biologische, sondern auch gegen das psychoanalytische Fundament der Entwicklungspsychologie, da durch die Einführung eines »Es« im »Ich« das Unverantwortlich-sein bestätigt wird, dem das »Ich« dann erliege. »Jegliche Verantwortung wird dann aufgehoben, man hätte das Recht, sich als passives Objekt zu sehen, einer Drüse ausgeliefert, man müßte jede Stellungnahme, jegliches Werten, jegliches Argumentieren ebenso wie jedes Motivieren aufgeben . . . Die gesamte naturwissenschaftliche, also geltungsindifferente Auffassung von der Psyche, die sie objektiviert, das heißt wie ein Objekt behandelt, kommt hier noch einmal zum Vorschein . . . Sie sieht nur Geschehnisse, wie sie die Natur liefert, und überträgt dann unkritisch das natürliche Geschehen, das man beobachtet, auf das Psychische, das immer Sinngebung bedeuten müßte – so muß es zu Ungereimtheiten kommen« (a. a. O., 220 f).

Hinter der Petzeltschen Entwicklungstheorie steht die Sicht des Menschen als ein freies, verantwortliches Geistwesen. So wird seine Entwicklung vor allem als eine Entwicklung des Denkens und Wollens, als geistige Entwicklung gesehen. Das Kind wird vom Erwachsenen her, als Vorstufe der Reifeform betrachtet. Der Erwachsene ist die Vollform des Menschen und das Zi5l der Entwicklung. Daher »bleibt Psychologie des Erwachsenen . . . Voraussetzung für jegliches Problem in der Kinderpsychologie!« (a. a. O., 35).

Diese theoretischen Ansätze finden sich in ähnlicher Form bei allen Vertretern einer aktiven Entwicklungspsychologie, so bei Ansemann, Brandt, Erismann, Hansen, Hillebrand, Moers und etwas abgewandelt, mit starker Betonung des Einflusses der Geschichtlichkeit, bei Blättner.

Für Hansen (^{3}1952) gibt es vor allem drei Phasen in der Entwicklung, die sich nicht nur formal durch Unterschiede in der Funktionsreifung ausdrücken, sondern jeweils ein eigenes Weltbild zeigen. Die Frühphase, bis zum dritten bzw. vierten Lebensjahr, habe ein ichbezogenes Weltbild und ist gefolgt von der Hauptphase bis zum zwölften bzw. dreizehnten Lebensjahr, die getragen ist von einem sachlich realistischen Weltbild, während schließlich die Reifezeit als Phase eigener Wertbildung gesehen wird.

Das Prinzip der Selbstgestaltung in der Entwicklung des Menschen wird aber wohl von Buytendijk (1953, 75 f) am stärksten betont. Der Mensch hat die entscheidende Möglichkeit, »seiner eigenen Natur gegenüber eine Position einzunehmen . . . Diese mögliche Freiheit ist der Inbegriff der Wirklichkeit des Menschen und das für seine Existenz Entscheidende. Dies bedeutet, daß der Mensch prinzipiell sich selbst, sein Dasein und seine Welt in Freiheit entwirft.« Diese Freiheit will Buytendijk auch auf das Körperliche ausgedehnt wissen, das bis anhin als am ehesten determiniert und durch den Willen des Trägers als nicht beeinflußbar betrachtet wurde. »Das Zufällige des Körpers ist zwar das Los, das er in der Lotterie des Lebens gezogen hat, es wird aber sein eigenes Los erst durch die Art und Weise, wie es angenommen, von ihm selbst übernommen wird« (a. a. O., 170).

Das entwicklungspsychologische Modell von Freud und Jung

Während die Selbstgestaltung in der Entwicklungslehre von C. G. Jung eine zentrale Stellung einnimmt, ist Entwicklung für Freud (1905) ein Bedürfniswandel des Sexualtriebes. Die Persönlichkeit des Kindes entwickelt sich nach Freud im Kampf mit seinen Bedürfnissen und den durch seine Umwelt auferlegten Versagungen. Freud unterscheidet in der Sexualentwicklung die *prägenitale Phase*, die *Latenzzeit* und die *genitale Phase*.

Schon das Neugeborene bringt Keime von sexuellen Regungen mit. Die Genitalzonen spielen aber noch nicht eine vorherrschende Rolle, weswegen Freud diese Art der Sexualität eine *prä*genitale nennt. Da die Sexualtätigkeit von der Nahrungsaufnahme noch nicht getrennt ist, das »Sexualziel« in der »Einverleibung« des Objektes besteht, bezeichnet er dieses Stadium der Entwicklung als *orale Phase*. Das Kind genießt schon bei der Nahrungsaufnahme sexuelle Befriedigung und sucht sie sich auch später, z. B. durch das Lutschen, wieder zu verschaffen.

Eine zweite prägenitale Phase ist die der *anal-sadistischen* Organisation. Hier sei die Gegensätzlichkeit, die das Sexualleben durchzieht, bereits ausgebildet, wird aber noch nicht männlich und weiblich, sondern aktiv und passiv genannt. Die Aktivität werde durch den Bemächtigungstrieb von seiten der Körpermuskulatur hergestellt, vor allem die Darmschleimhaut sei das Organ mit passivem Sexualziel. Abraham hat in seiner Arbeit »Versuch einer Entwicklungsgeschichte der Libido« 1924 die orale und die anal-sadistische Phase noch in zwei Unterabteilungen zerlegt, für die das verschiedene Verhalten zum Objekt charakteristisch sein soll.

Nach den beiden prägenitalen Organisationen führte Freud später selbst noch eine dritte, die *phallische Phase*, in sein Modell der Kindheitsentwicklung ein. Das Kind habe da bereits ein Sexualobjekt und zeige ein Maß von Konvergenz der Sexualstrebungen auf dieses Objekt, unterscheide sich aber in einem wesentlichen Punkt von der definitiven Organisation der Geschlechtsreife: Es kenne nämlich nur eine Art von Genitale, das männliche.

Die Objektwahl erfolge in zwei Schüben. Der erste Schub beginne zirka im Alter zwischen zwei und fünf Jahren und ist durch die infantile Natur seiner Sexualziele gekennzeichnet. Er wird abgelöst von der sogenannten *Latenzzeit*, einer Periode der scheinbaren Ruhe, in der die Produktion sexueller Erregung aber nicht vollständig eingestellt würde, sondern anhalte und die Energie liefere, die größtenteils nicht zu sexuellen Zwecken verwendet werde, sondern für soziale Gefühle und zum Aufbau der späteren Sexualschranken. Die Latenzzeit schaffe unter Mithilfe der Erziehung die Bedingung für die Entwicklung einer höheren Kultur des Menschen, beim Tier sei eine Latenzzeit nicht nachweisbar.

Der zweite Schub, die *genitale Phase*, setze mit der Pubertät ein und bestimme die definitive Gestaltung des Sexuallebens. Jeder Schritt während der Entwicklung kann zu einer Fixierungsstelle und zum Anlaß von Störungen des Geschlechtstriebes beim Erwachsenen werden.

Später fügte Freud zu seiner Theorie noch eine Schichtenlehre hinzu, gemäß deren das »Es« von den genetisch späteren Schichten des »Ich« und des »Über-Ich« überlagert wird (1923).

Anna Freud, seine Tochter, entwickelte 1968 mit ihrem Konzept der Entwicklungslinien ein Modell, das verständlich macht, wie Ich und Es zu einer gemeinsamen Wirkung zusammentreffen, wie die Beherrschung der Innenwelt und Anpassung an die Außenwelt stufenweise fortschreiten und wie Trieb- und Phantasiefreiheit langsam an Kraft verlieren und zugunsten von Triebbeherrschung und Rationalität in den Hintergrund treten.

Für C. G. Jung bedarf es zur Selbstgestaltung erst der Selbsterkenntnis, er sieht das Ziel der Entwicklung des Selbst in der Verbindung von Bewußtsein und Unbewußtem, das eben nicht durch Unterdrücken der natürlichen Triebe zustande kommt. Deshalb verwendet Jung lieber den Begriff der Selbst-Werdung als Endstufe eines Individuationsweges. »Individuation bedeutet: zum Einzelwesen werden, und insofern wir unter Individualität unsere innerste, letzte und unvergleichbare Einzigartigkeit verstehen, zum *eigenen Selbst werden*. Man könnte ›Individuation‹ darum auch als ›Verselbstung‹ oder als ›Selbstverwirklichung‹ übersetzen (⁷1972, 65). Selbstwerdung geschieht aber nicht ohne aktives Zutun des Menschen und ist erst das Ergebnis einer ständigen Arbeit an sich selbst.

Der Individuationsprozeß umfaßt vier Stufen, die jeweils ein anderes archetypisches Leitbild haben. Die erste ist die Stufe der »Begegnung mit dem Schatten«, den dunklen verdrängten Seiten der Persönlichkeit, dann folgt die Auseinandersetzung mit dem Animus und der Anima, dem gegengeschlechtlichen Seelenbild, dann die Begegnung mit dem Geist bzw. der Natur und schließlich die Einigung im Selbst.

Aus der Schule Jungs gingen spezielle entwicklungspsychologische Arbeiten hervor, die sich die Erkenntnisse der Analytischen Psychologie für die Betrachtung der Entwicklung des Kindes und Jugendlichen nutzbar machten. Besonders seien hier Francis G. Wickes (»Analyse der Kinderseele«) und M. Fordham (»Vom Seelenleben des Kindes«) sowie D. Kadinsky (»Die Entwicklung des Ich beim Kinde«) und E. Neumann (»Das Kind. Struktur und Dynamik der werdenden Persönlichkeit«) erwähnt.

Während in der übrigen Entwicklungspsychologie die Phasen als Abschnitte eines von innen gesteuerten Reifungsvorgangs betrachtet werden, sind die Stufen Jungs Stationen auf dem Wege zur Selbstwerdung und daher Teile des Prozesses der aktiven Selbstgestaltung.

Es gibt auch zahlreiche Thesen von der grundsätzlichen *Parallelität* zwischen körperlicher und seelischer Entwicklung. So schreibt zum Beispiel U. Undeutsch in Anlehnung an ein Zitat von Ternus, »daß weder der Leib für sich noch die Geistseele für sich eine naturganze Wesenseinheit bilden, sondern nur das Natureinige der beiden natürlichen Wesensbestandteile in einem ungeteilten Lebensganzen sein kann. Werdenssubjekt ist daher nicht der Leib, aber auch nicht die Seele, sondern der ganze Mensch« (1959, 329). Er meint damit, daß der menschliche Entwicklungsprozeß Leib und Seele derart umfasse, »daß zwischen der psychischen und der somatischen Entwicklung ein Zusammenhang besteht« (a. a. O.) – womit aber im Grunde an der Trennung von Leib und Seele festgehalten wird (vgl. auch Condrau 1977, 96). Für ihn besteht dieser Zusammenhang in einer Parallelität, die seelische Entwicklung laufe mit der leiblichen parallel.

Ebenso gibt es jedoch Argumente und Tatsachen, wie sie zum Beispiel von Thomae geliefert wurden, die gegen die absolute Geltung eines derartigen Prinzips von Synchronizität der Entwicklung in allen Bereichen sprechen. Thomae will Entwicklung verstanden wissen »als eine Reihe von miteinander zusammenhängenden Veränderungen, die bestimmten Orten des zeitlichen Kontinuums eines individuellen Lebenslaufs zuzuordnen sind« (1959a, 10).

Sybille Escalona versucht dem Dilemma der Parallelität dadurch zu entgehen, indem sie jeden Bereich des Wachstums und der Entwicklung als nur einen Aspekt desselben Prozesses betrachtet, »so als ob wir, wenn wir die Entwicklung der Sprache, der Motorik oder der Persönlichkeit studieren, jedesmal durch ein anderes Fenster schauen, um zu sehen, was in ein und demselben Gebäude vorgeht« (1968, 36).

Sei es nun, daß Entwicklung als Abfolge von Schüben, Phasen, Schichtungen usw. gesehen wird, einig sind sich die modernen Entwicklungstheorien nur weitgehend darüber, daß die Entwicklung Reifung voraussetzt. So schreibt Oerter: »Die Reifung des Nerven- und Muskelsystems ist für den Entwicklungspsychologen wegen der Funktionsreifung wichtig« (^{12}1973, 21).

Aber schon auf der biologisch-physischen Ebene genügt es nicht, Entwicklung nur als Ausformung keimhafter *Anlagen* oder Vervollständigung eines Bauplanes zu sehen. Ebenso müßten klimatische und regionale Einflüsse, Ernährungsform und hygienische Bedingungen berücksichtigt werden. Weder diese noch die gegenteilige Auffassung von Entwicklung, nämlich daß dem Faktor der *Umwelt* die entscheidende Bedeutung zukomme, kann die entsprechenden psychischen Veränderungen aber verständlich machen (s. Bd. V dieser Enzyklopädie).

Auch die Ethologie, die sich mit der Erforschung angeborenen Verhaltens beschäftigt, hat versucht, ihren Teil zum Verständnis des Menschen und seiner Entwicklung beizutragen. Ihre Methodik ist die der deskriptiven Erfassung durch Beobachtung, des systematischen Ordnens von Verhaltensweisen und schließlich der physiologischen Analyse des Verhaltens, wobei sie jedoch die »Umwelteinflüsse« nicht leugnet.

Die Entwicklung des Säuglings während der ersten Lebensmonate, in denen Erfahrungseinflüsse bekanntlich noch kaum zählen, wird für den Vergleich zwischen Mensch und Tier herangezogen. Sicher hat die vergleichende Verhaltensforschung zur Erklärung sozialen Verhaltens, des Gemeinschaftslebens, zum Besitz- und zum Raumanspruch interessante Beiträge geliefert (s. auch Bd. V dieser Enzyklopädie), doch wenn dem Säugling in den ersten Monaten bloß angeborenes oder dem Tier vergleichbares Verhalten zugesprochen wird, würde das ein Hinausschieben der Menschwerdung in spätere Entwicklungsphasen bedeuten (vgl. dazu Condrau 1981).

Ebenso haben Lerntheorie, Motivationspsychologie und die Sozialisationslehre den Versuch unternommen, die menschliche Entwicklung wissenschaftlich zu beschreiben.

Der Verlauf der Entwicklung ist nach Nickel durch *Reifung* und *Anpassung* gekennzeichnet, bei denen verschiedene Faktoren wirksam werden. Endogene (genetische) Faktoren, die im Menschen anlagemäßig vorhanden sind, wirken von innen heraus. Wie wirksam sie werden, ist durch die Vererbung festgelegt. Als »Reifung« bezeichnet Nickel die »Vorgänge, die spontan aufgrund solcher innerer Wachstumsimpulse einsetzen und deren weiterer Verlauf vorwiegend von ihnen gesteuert wird« (1972, 23).

Exogene Faktoren sind dagegen solche, die von außen auf den Menschen wirken. Es sind dies Umwelteinflüsse sowohl physikalisch-chemischer wie sozio-kultureller Natur. Darunter fallen sämtliche Einwirkungen von Klima, Ernährung, Krankheiten, zwischenmenschlichen Beziehungen, Gesellschaftsstrukturen, Lebensverhältnissen usw.

Diese Faktoren sind nicht nur für die emotionale Entwicklung des Menschen, sondern auch für die intellektuelle und kognitive Entwicklung maßgebend. »Alle Veränderungen, die vorwiegend durch exogene Faktoren ausgelöst und in Gang gehalten werden, stellen im Unterschied zu den oben genannten Reifungsprozessen Vorgänge der Anpassung an die jeweils einwirkenden äußeren Bedingungen dar. Es handelt sich dabei überwiegend um Lernprozesse im weitesten Sinn, doch spielen darüber hinaus auch Vorgänge rein physischer Anpassung eine Rolle, die man nicht ohne ungebührliche Ausweitung des Lernbegriffes unter diesen subsumieren kann. Reifung und Anpassung müssen daher als die grundlegenden Prozesse bezeichnet werden, die die psychophysische Entwicklung des Individuums bestimmen. Soweit es sich bei diesen Anpassungsvorgängen um Veränderungen handelt, die durch sozio-kulturelle Faktoren hervorgerufen werden, können wir ausschließlich von Lernprozessen sprechen ... Reifung und Lernen stellen beide unabdingbare Voraussetzungen jener Veränderungen dar, die wir als Entwicklung bezeichnen, und zwar derart, daß das Fehlen einer dieser Voraussetzungen jeweils dazu führt, daß entsprechende Entwicklungsfortschritte nicht oder nur in beschränktem Ausmaß und nur in recht unvollkommener Weise stattfinden können« (a. a. O., 25 f).

Oerter sieht die meisten Veränderungen in der Entwicklung ebenfalls als Lernvorgänge, der Entwicklungsvorgang selbst ist aber für ihn als ein Sozialisierungsprozeß aufzufassen, an dessen Ende die Gewinnung der Ich-Identität steht. Lern- und Reifungsprozesse gehen jedoch ineinander über, vor allem im frühen Alter des Kindes. »Je älter das Kind wird, desto weniger folgt der Lernprozeß unmittelbar auf die Funktionsreifung« ([12]1973, 66). Das Lernen besteht in der Übernahme von Verhaltensweisen, Gesinnungen und Leistungen, die die Gesellschaft verlangt, in der das Kind aufwächst, wobei natürlich den Motivationen eine bedeutsame Rolle zukommt, das heißt »alle Bedingungen, welche die Aktivität eines Organismus ankurbeln und die Variation dieser Aktivität nach Richtung, Quantität und Intensität bestimmen« (a. a. O., 96).

Als primäres Motivationssystem werden die angeborenen Bedürfnisse bezeichnet, die dem Lust-Unlust-Prinzip folgen, während das sekundäre Motivationssystem durch Erfolg und Mißerfolg gelenkt wird. Diese Begriffe sind schon von Freud her bekannt, der menschliche Entwicklung ausschließlich durch Triebe gesteuert und aktiviert denkt.

Das entwicklungspsychologische Modell von Erikson

Erikson setzte die Gedanken Freuds in einen weiteren Rahmen, indem er soziale und kulturelle Einflüsse auf die Entwicklung miteinbezog. In seinem Buch »Identität und Lebenszyklus« (1966) unter dem Titel »Wachstum und Krisen der gesunden Persönlichkeit« beschreibt er Anfänge der Identität und acht Stadien des Menschen in der Entwicklung. Er gründet auf der psychoanalytischen Theorie über die Entwicklung der infantilen Sexualität.

An den Anfang der Entwicklung stellt er das sogenannte epigenetische Prinzip, das für alles Wachstum einen Grundplan voraussetzt, dem die Teile eines biologischen Ganzen folgen. Jeder Teil hat dabei während einer gewissen Zeit das Übergewicht, bis alle dann zu einem funktionierenden Organismus herangewachsen sind. Für die menschliche Entwicklung heißt das, daß das Kind mit der Geburt in den sozialen Austausch mit der Gesellschaft eintritt, in der seine gradweise wachsenden Fähigkeiten auf die Möglichkeiten und Grenzen seiner Kultur treffen. Der reifende Organismus entwickelt sich aber nicht durch Hervorbringung von neuen Organen, sondern durch eine gegebene Abfolge der Entwicklung seiner Fortbewegungs-, Sinnes- und sozialen Fähigkeiten.

Die Psychoanalyse hat auf das persönliche Erleben und die inneren Konflikte der Entwicklung aufmerksam gemacht. Erikson meint dazu, daß jedes gesunde, normal betreute Kind außer seinen eigenen Erfahrungen auch noch inneren Entwicklungsgesetzen gehorcht, die eine Stufenfolge signifikanter Wechselwirkungen zwischen dem Kind und seinen Erziehungspersonen ermöglichen. So verschieden diese Beeinflussung auch sein mag, sie geschieht im Tempo und in der Abfolge, die das Wachstum der Persönlichkeit ebenso steuert wie das Wachstum des Organismus.

Erikson sieht in der Entwicklung der Persönlichkeit acht Stadien, die er in einem Diagramm darzustellen versucht. Hier sind die Theorien der infantilen Sexualität von Freud mit seiner eigenen Erweiterung auf den Bereich des physischen und sozialen Wachstums verschmolzen. Alle Stadien bestehen von Anfang an, jedes dieser acht Stadien gelangt im Entwicklungsverlauf zu seinem Höhepunkt, tritt in einen kritischen Abschnitt und erfährt seine bleibende Lösung. Der Gang der Entwicklung ist zu verstehen als *phasenartige Dominanzverschiebung*, das heißt als Verschie-

Entwicklungsstadien								
VIII Reife							Spätform zeugende Fähigkeit	Ich-Integrität gegen Verzweiflung
VII Erwachsenen-Alter						Spätform Intimität	Zeugende Fähigkeit gegen Stagnation	Frühform Ich-Integrität
VI Frühes Erwachsenen-Alter					Spätform Identität	Intimität gegen Isolierung	Frühform zeugende Fähigkeit	
V Pubertät und Adoleszenz				Spätform Leistung	Identität gegen Rollen-konfusion	Frühform Intimität		
IV Latenz			Spätform Initiative	Leistung gegen Minderwertig-keitsgefühl	Frühform Identität			
III lokomotorisch-genital		Spätform Autonomie	Initiative gegen Schuld-gefühl	Frühform Leistung				
II muskulär-anal	Spätform Urvertrauen	Autonomie gegen Scham und Zweifel	Frühform Initiative					
I oral-sensorisch	Urvertrauen gegen Urmißtrauen	Frühform Autonomie						
	1	2	3	4	5	6	7	8
				Phasen				

Tab. 1

bung des Bedeutungsgrades der einzelnen Stadien. Zum besseren Verständnis seien die Entwicklungsstadien nach Erikson in Tab. 1 graphisch dargestellt.

Ein Beispiel Eriksons zum Stadium »Autonomie«: »Ein Säugling kann von Anfang an so etwas wie Autonomie zeigen, etwa in der Art, wie er zornig die Hand zu befreien sucht, die man festhält. Normalerweise beginnt das Kind aber erst im zweiten Jahr den ganzen Konflikt als autonomes und zugleich abhängiges Wesen zu erfahren, und erst dann ist es genügend vorbereitet für eine entscheidende Begegnung und Auseinandersetzung mit seiner Umgebung, während diese wiederum sich gerade dann berufen fühlt, dem Kinde ihre besonderen Ideen und Begriffe von Zwang und Autonomie zu übermitteln, und zwar in einer Weise, die entscheidend beiträgt zu Charakter, Leistungsfähigkeit und Gesundheit seiner Persönlichkeit innerhalb seiner Kultur« (1966, 45).

Jedes Stadium wird zur Krise, weil das einsetzende Wachstum und Bewußtwerden einer wichtigen Teilfunktion einhergeht mit einer Verschiebung der Triebenergie (Libido) und damit das Individuum in diesem Teil besonders verletzlich macht. Auch wegen des radikalen Wechsels in der Perspektive ist jeder Schritt eine potentielle Krise. Am Anfang des Lebens steht die radikalste aller Veränderungen: vom intrauterinen zum extrauterinen Leben. Aber auch später müssen tiefgreifende Umstellungen der Perspektive zu bestimmten Zeiten vollzogen werden.

Es sollen nun die einzelnen Entwicklungsabschnitte nach Erikson kurz beschrieben werden. Tab. 2 zeigt in der Gegenüberstellung die entsprechenden Abschnitte bei Freud.

Entwicklungsabschnitte	nach Erikson	nach Freud
Lebensalter Jahre		
0 – 1½	Urvertrauen gegen Urmißtrauen	oral
1½ – 4	Autonomie gegen Scham	anal
4 – 7	Initiative gegen Schuldgefühl	phallisch
7 – 12	Leistung gegen Minderwertigkeit	Latenz
12 – 16	Identität gegen Rollenkonfusion	Pubertät

Tab. 2

Urvertrauen gegen Urmißtrauen. Erikson nennt als erste Komponente der gesunden Persönlichkeit das Gefühl eines Urvertrauens und meint damit das Gefühl des Sich-verlassen-Dürfens in bezug auf die Glaubwürdigkeit anderer wie die Zuverlässigkeit seiner selbst. Dieses Gefühl ist eine Grundhaltung, die Oberfläche und Tiefe, Bewußtes und Unbewußtes durchdringt. Das neugeborene Kind trifft mit seiner angeborenen, mehr oder weniger koordinierten Fähigkeit, Nahrung durch den Mund aufzunehmen, auf die ebenfalls mehr oder weniger koordinierte Fähigkeit und Bereitschaft der Mutter, es zu nähren und anzunehmen. Der Mund ist das Zentrum einer ersten allgemeinen Annäherung an das Leben auf dem Wege der Einverleibung (nach Freud: orale Phase).

Neben dem Nahrungsbedürfnis wird der Säugling bald in vielen Richtungen rezeptiv aufnehmen, er wird sehen und tasten. Dabei stößt das Kind auf die grundlegenden Modalitäten seiner Kultur. Die früheste soziale Verhaltensweise ist das »Nehmen«, im Sinne von etwas gegeben bekommen und dieses annehmen. Indem das Kind nimmt, was ihm gegeben wird, indem es lernt, die Mutter zum Geben zu veranlassen, werden die notwendigen Grundlagen dafür entwickelt, ein Gebender zu werden, sich mit der Gebenden zu identifizieren. Bei einem Versagen dieser wechselseitigen Regelung kann die Situation zu einem Muster für eine radikale Störung im Verhältnis zur Welt, zu den Menschen und besonders zu wichtigen geliebten Personen werden. Im zweiten Teil der oralen Phase reift die Fähigkeit und die Lust an aktiverer Einverleibungstätigkeit wie beißen, herausgreifen, verfolgen.

Die Krise der oralen Phase scheint im zeitlichen Zusammenfall von drei Entwicklungen zu bestehen:

1. einer physiologischen, dem heftigen Trieb zur aktiven Einverleibung;
2. einer psychologischen, dem wachsenden Bewußtsein seiner selbst als Einzelwesen;
3. einer Umweltentwicklung, der vermehrten Abwendung der Mutter, die sich wieder anderen Beschäftigungen zuwendet.

Gegen diese Eindrücke von Enttäuschung und Trennung, die zusammen einen Niederschlag von Urmißtrauen bilden können, muß das Urvertrauen gefestigt werden. Die Integration der oralen Phase mit allen folgenden Phasen führt beim Erwachsenen zu einer Kombination von Glauben – im weitesten Sinne verstanden – und Realismus.

Autonomie gegen Scham und Zweifel. Der Hauptakzent dieser Phase liegt auf der Reifung des Muskelsystems, der daraus erwachsenden Fähigkeit, eine Anzahl komplizierter Akte wie »Festhalten« und »Loslassen« zu koordinieren; ferner auf dem großen Wert, den das noch immer stark abhängige Kind auf seinen autonomen Willen zu legen beginnt. In der Psychoanalyse entspricht dieser Abschnitt der analen Phase. Darm- und Blasentätigkeit beinhalten den willentlichen Akt der Ausscheidung; daraus entwickelt sich die allgemeine Fähigkeit, das Bedürfnis, mit Willen fallenzulassen und festzuhalten. Die anale Zone ist – mehr als jede andere – geeignet, eigensinniges Beharren auf widerstrebenden Impulsen auszudrücken.

Daraus resultiert ein Kampf um die Autonomie; das Kind steht auf eigenen Füßen und beginnt die Welt abzugrenzen in »ich« und »du«. Es hat die Tendenz, Dinge zu horten und wegzuwerfen, wodurch das Verhältnis zwischen Erwachsenem und Kind schwierig wird. Bei strenger Sauberkeitserziehung wird die allmähliche Beherrschung der Schließmuskeln behindert. Das Kind gerät in einen Zustand doppelter Rebellion und Niederlage: machtlos im eigenen Körper und machtlos nach außen. Dieses Stadium wird deshalb entscheidend für das Verhältnis zwischen Liebe und Haß, Bereitwilligkeit und Trotz.

Aus einer Empfindung der Selbstbeherrschung ohne Verlust des Selbstgefühls entsteht ein dauerndes Gefühl von Autonomie und Stolz. Aus einer Empfindung muskulären und analen Unvermögens, aus dem Verlust der Selbstkontrolle und übermäßigem Eingreifen der Eltern kann dauerndes Gefühl von Zweifel und Scham entstehen. Wie bei allen Modalitäten können die Grundkonflikte letzten Endes sowohl zu feindseligen als auch zu angenehmen Erwartungen und Einstellungen führen.

So kann das Festhalten sowohl zu grausamem Umklammern wie liebendem Umfassen und Sorgetragen werden. Das Loslassen andererseits wird zum lockeren »Laß es laufen« oder zum toleranten »Laß es gehen, wie es will«. Fehlentwicklungen in der analen Stufe können Grundlagen für Zwangsneurosen und Zwangscharaktere sein.

Stand beim Urvertrauen das Grundbedürfnis des Glaubens im Vordergrund, so scheint es bei der zweiten Stufe eine Formgebung für die Autonomie zu sein im Prinzip »Gesetz und Ordnung«. Dieser Entwicklungsabschnitt ist gekennzeichnet durch das Erwachen der Aggression, die in das Autonomiestreben eingebaut werden muß. Die Gefühle schwanken zwischen den Polen Allmacht und Ohnmacht. Aggression ist dabei im weitesten Sinne zu verstehen, vorab als Tatkraft, als Motor, als Vitalität eines Menschen. Art und Quantität dieser Kraft sind stark anlagemäßig bedingt.

Initiative gegen Schuldgefühl. Drei kräftige Entwicklungsschübe kennzeichnen dieses Stadium: Das Kind kann sich freier bewegen, gewinnt ein größeres, scheinbar unbegrenztes Tätigkeitsfeld.

Sein Sprachvermögen vervollkommnet sich so weit, daß es sehr viele Fragen verstehen, aber auch mißverstehen kann. Sprache und Bewegungsfreiheit zusammen erweitern die Vorstellungswelt in positivem und auch negativem Sinn. Das Kind hat Ängste.

Mit der Lösung des Autonomieproblems weiß das Kind, daß es ein *Ich* ist. Nun muß es herausfinden, *was* für ein Ich es ist. Es kommt zur Identifikation mit den Eltern. Der Modus des »Eindringens« beherrscht dieses Stadium weitgehend, er umfaßt das Eindringen auf und in andere durch physischen Angriff, durch Eindringen in Ohren und Bewußtsein anderer durch aggressives Reden, Eindringen in das Unbekannte durch eine unersättliche Wißbegier. Es ist auch das Stadium der frühen geschlechtlichen Neugier, der genitalen Erregbarkeit, die ihren Niederschlag oft in Spielereien findet. Die Psychoanalyse nennt diese Phase die phallische und verweist auf den Ödipuskomplex.

Das beginnende Geschlechtsbewußtsein gibt der Art des Vorgehens, dem »Machen« des Kindes geschlechtsspezifische Nuancen. Die Knaben zeigen in ihrer Aktivität eher eine aggressive Färbung im Eindringen, Erobern, Planen; die Mädchen versuchen eher auf einschmeichelnde, wegnehmende, »Fallen stellende« Weise zum Ziel zu kommen.

Jetzt beginnt auch die Herrschaft des großen Lenkers der Initiative, des Gewissens. Das Kind soll nun lernen, eine in seinem Rahmen mögliche Verantwortung zu tragen, Wertgefühle auszubilden. Dazu wird oft für die Initiative ein erweitertes Feld geschaffen, indem oberflächliche Ersatzidentifikationen für die Eltern, zum Beispiel Feuerwehrmann oder Polizist, gesucht werden. Nur durch eine Kombination der Vermeidung und Verminderung von Haß- und Schuldgefühlen und im weiteren Rahmen durch Schlichtung der Haßgefühle in der freien Zusammenarbeit der Menschen, die dem Wert nach alle gleich sind, wenn auch verschieden in Art und Alter, kann eine friedliche Kultivierung von Initiative und Unternehmungsgeist entstehen. Das Erwachen des Geschlechtsbewußtseins in der phallischen Phase lenkt die Nachahmung und Suche nach Leitbildern in menschliche Richtung. In erster Linie werden die Vorbilder in der Familie, meist in den Eltern gesucht.

Leistung gegen Minderwertigkeitsgefühl. Die Persönlichkeit des Kindes kristallisiert sich in ihrem ersten Stadium um die Überzeugung: Ich bin, was man mir gibt. Im zweiten Stadium um das Gewahrwerden: Ich bin, was ich will. Im dritten Stadium um die Vorstellung: Ich bin, was ich mir zu werden vorstellen kann, und im vierten Stadium um die Erkenntnis: Ich bin, was ich lerne. Man soll dem Kind jetzt zeigen, wie es sich mit etwas beschäftigen und wie es mit anderen zusammen tätig sein kann. Eine große Rolle kommt dem kindlichen Spiel zu. Das Spiel bedeutet für das Kind – im Gegensatz zum Erwachsenen, für den das Spiel Erholung ist – ein Fortschreiten zu neuen Stufen der Realitätsmeisterung. Diese beschränkt sich nicht auf die technische Meisterung von Dingen, sie umfaßt auch einen Weg der Bewältigung von Problemen durch Nachdenken, Experimentieren und Planen, allein und mit anderen zusammen.

»Wer nicht spielen kann, lernt nicht arbeiten.« Das Kind versucht sich Anerkennung zu verschaffen, indem es Dinge produziert. Es entwickelt Fleiß und kann in einer Werksituation aufgehen. Die Gefahr dieses Stadiums ist die Entwicklung eines Gefühls von Unzulänglichkeit und Minderwertigkeit. Es kann durch die unzureichende Lösung der vorangegangenen Konflikte entstanden sein oder durch das Erleben von Enttäuschungen, die das Kind in der aktuellen Phase erlitten hat, indem es den Eindruck erhielt, daß nichts, was es gut zu können glaubt, etwas gilt.

So liegt in diesem Entwicklungsabschnitt – der Latenzzeit, psychoanalytisch gesehen – das Schwergewicht auf der Schule. Die Schule scheint in dieser Zeit eine Welt für sich zu sein, mit eigenen Zielen, Grenzen, Erfolgen, Enttäuschungen. Die Grundschulerziehung neigt zum Pendeln zwischen zwei Extremen: die Schule einerseits als Vorstufe des harten Erwachsenenlebens zu sehen, mit der Betonung von Disziplin und Pflichtgefühl, in der Erfüllung befohlener Aufgaben, oder andererseits im Nachgeben der kindlichen Tendenz, spielend zu lernen, im Ausprobierenlassen von dem, was Spaß macht.

Beide Methoden haben ihre Nachteile, wenn sie dauernd und für alle Kinder praktiziert werden. Die eine Form kann zu unerschütterlichem Pflichtgefühl, aber auch zu unnötiger Selbsteinschränkung führen, in der die Lust am Lernen und Arbeiten vergeht. Die andere Richtung läßt den Umstand außer acht, daß sich Kinder in diesem Alter gern einer milden, aber festen Disziplin fügen, die sie auf die Entdeckung von Dingen bringt, auf welche sie von selbst nicht gekommen wären. Dabei wird dem Kind ein Gefühl der Teilnahme an der Welt des Erwachsenen, an der Realität, vermittelt. In diesem ganzen Prozeß kommt der Figur des Lehrers, der sich vom Respekt der Eltern und der Schulkinder getragen fühlt, große Bedeutung zu. Der Lehrer soll wissen, wie er Spiel und Arbeit, Sport und Lernen abwechseln lassen muß, auch daß man manchen Kindern mehr Zeit geben muß als anderen und wie man verborgene Talente hervorlockt. In diesem Sinn ist das Latenzstadium in sozialer Beziehung höchst entscheidend. Das Tun mit und neben anderen läßt einen Sinn für Arbeitsteilung und gerechte Chancen aufkommen. Wird dieses Gefühl in der Realität enttäuscht, kann Schaden am Identitätsgefühl entstehen.

Identität gegen Rollenkonfusion. Mit der Aufnahme guter Beziehungen zur Welt des Schaffens und mit allgemein gefestigter Persönlichkeit verläßt der Heranwachsende die Kindheit. Aber in der beginnenden Jugendzeit der Pubertät werden alle Identifizierungen und Sicherungen, auf die man sich früher verlassen konnte, erneut in Frage gestellt. Zu dem raschen Körperwachstum gesellt sich die völlig neue Eigenschaft der physischen Geschlechtsreife. In dieser körperlichen Revolution ist der Jugendliche damit beschäftigt, seine soziale Rolle zu festigen. Er konzentriert sich oft in besonderer Weise darauf, wie er, im Vergleich zu seinem eigenen Selbstgefühl, in den Augen anderer wirkt und wie er seine früheren Rollen mit neuen Leitbildern verknüpfen kann. Dabei müssen die Jugendlichen in der Suche nach der Antwort auf die Frage »Wer bin ich?« oft die Kämpfe früherer Jahre nochmals durchfechten. Die Integration, die in der Form der Ich-Identität stattfindet, ist mehr als die Summe der Kindheitsidentifikationen. Erikson nennt diese Integration ein inneres Kapital. Dieses werde zuvor in den Erfahrungen einander folgender Entwicklungsstufen angesammelt, wenn eine erfolgreiche Identifikation zu einer erfolgreichen Ausrichtung der Grundtriebe des Individuums auf seine Begabung und auf seine Chancen geführt habe. Dieses Selbstgefühl, das am Ende jeder Hauptkrise wieder neu bestätigt werden muß, wächst zur Überzeugung, daß man sich zu einer bestimmten Persönlichkeit innerhalb einer nun verstandenen sozialen Wirklichkeit entwickelt.

Die Gefahr dieser Phase ist die Identitätsdiffusion (Rollenkonfusion). In Fällen, in denen dieser innere Zwiespalt auf starken früheren Zweifeln an der eigenen ethischen oder geschlechtlichen Identität beruht, kommt es nicht selten zu kriminellen oder gar psychotischen Episoden. Um sich selbst zusammenzuhalten, identifizieren sich junge Leute mit Helden von Banden und Massen, bis zu scheinbar völliger Aufgabe des Ich. Auf diesem Hintergrund werden sie jedoch exklusiv, intolerant nach außen oder gegen Schwache. Hier liegt der Anreiz, Identität in totalitären Doktrinen zu suchen.

So ist es in dieser Phase sehr wichtig, daß den Jugendlichen mit Verständnis begegnet wird – die Fragen, die sie bewegen, sind von größter Tragweite: Unsicherheit darüber, ob man ein richtiger Mann (eine richtige Frau) ist, ob man jemals einen Zusammenhang in sich finden und liebenswert erscheinen wird, ob man weiß, was man werden will, ob man verstehen wird, richtige Entscheidungen zu treffen, ohne sich ein für allemal mit dem falschen Partner, Führer oder Beruf anzulegen.

Es gibt teilweise wesentliche Unterschiede in der Entwicklung und im Verlauf der Pubertät bei Mädchen und Knaben. Aufgrund der Beobachtungen der letzten Jahre ist man versucht zu glauben, daß diese Unterschiede in der pubertären Entwicklung kleiner werden, oder gar zu sehen, daß sich eine Verwischung der Grenzen anbahnt.

Es ist anzunehmen, daß hier das oft beschriebene Phänomen der Akzeleration (s. den Beitrag von H. Hemminger u. M. Morath in diesem Band) mitspielt, dazu vermutlich auch die wachsende Leitbildproblematik, die Rollenverwischung oder -verwirrung, die allgemeine Tendenz mangelnder Zielvorstellungen. Die Annäherung des Entwicklungsverlaufs der Geschlechter scheint eher auf Verschiebungen bei den Mädchen als bei den Knaben zu beruhen. Das würde heißen, daß die bisher beobachtete und angenommene »ruhigere« Verlaufsform bei den Mädchen sich gegen die auffallendere, in den Äußerungen deutlichere »männliche« Pubertätsform hinbewegt. Äußere Erscheinungen dieses Trends können nebst harmlosen Formen wie vermehrtem Motorradfahren der Mädchen bis zu der steigenden Kriminalität und dem verhältnismäßig stark ansteigenden Rauschgiftkonsum (im Vergleich zur männlichen Jugend; vgl. Hell 1970, 331) in den Polizeistatistiken abgelesen werden. Die Angleichung des Pubertätsverhaltens könnte sich auch im Aufbau der Abwehrmechanismen in der Pubertät andeuten. Bei zwei klassischen Abwehrmechanismen, der Ich-Einschränkung und der Intellektualisierung, scheint sich allgemein als »modernere« Form die Intellektualisierung herauszuschälen.

Die Ich-Einschränkung hat ihren wesentlichen Effekt in einer vorsichtigen Anpassungshaltung, die in der Pubertät mit der gesteigerten Triebaktivität besonders aktuell sein kann. Diese Haltung könnte auch verglichen werden mit einer passiven Verteidigungsorganisation der Person. Eine solche Art Abwehr wird wichtiger gewesen sein zu einer Zeit, in der die Erziehungs- und Verhaltensnormen wesentlich umschriebener und strenger waren als heute.

Der Mechanismus der Intellektualisierung ist in seinen Auswirkungen gemäßigter. Basiert er auf einer geistigen Beweglichkeit, so beeinträchtigt er unter Umständen die Leistungsfähigkeit wenig, abgesehen von wirklich schöpferischen Impulsen. Da schöpferische Leistung aber keineswegs überall verlangt oder gefördert wird, wirkt sich dieser Abwehrmechanismus vielleicht nach außen hin positiv aus. Jedenfalls dürfte er in unserer Kultur weite Verbreitung erlangt haben, nicht nur bei Pubertierenden. Trotzdem darf nicht übersehen werden, daß die Intellektualisierung als Abwehrmechanismus der Person wertvolle Kräfte entzieht. Die Probleme werden sozusagen ausschließlich »mit dem Kopf« gelöst, Herz und Gemüt, eben die Affektseite, werden kaum konsultiert. Es wird erledigt, aber nicht verarbeitet, Probleme werden nicht ganzheitlich in die Persönlichkeit integriert. Dadurch gehen wertvolle Anregungen für die persönliche Entwicklung und Reifung verloren.

Aber – das ist der Sinn dieses Mechanismus – man wird nicht belastet, aus der Ruhe gebracht durch störende Gefühlseinflüsse, die ja in der Pubertät besonders hervortreten.

Das entwicklungspsychologische Modell von Piaget

Daß Erikson die Libidotheorie auf das Gebiet der Sozialanthropologie ausdehnte, bleibt sein besonderes Verdienst. In diesem Zusammenhang muß man aber auch J. Piaget (1948) nennen, dessen Theorie der Entwicklung von Intelligenz sowohl genetisch als auch sozial orientiert ist. Piaget hat seine Beschreibung der Denkentwicklung nicht nur unter individuelle, sondern auch unter soziale Gesichtspunkte gestellt. Er ordnet jeder Phase der intellektuellen Entwicklung eine Art der sozialen Beziehung zu und versucht die Wechselwirkungen miteinzubeziehen. Damit wird seine Psychologie des Denkens und Erkennens auf eine umfassende, verschiedene Wissenschaften verbindende Ebene gehoben. Er stellt seine Lehre auf die Seite jener Systeme der Biologie, die evolutionistisch sind, d. h. schöpferische Höherentwicklung des Lebens in Verhaltensformen annehmen, welche diese Entwicklung einer Wechselwirkung der sich entfaltenden Anlagen und der formenden Rückwirkung der Umwelt auf den Organismus zuschreiben.

Die Theorie Piagets besteht in der Beschreibung von Denkstrukturen, die im Verlauf der Entwicklung des Menschen gemessen und formalisiert werden können. Die in zeitlichen Abständen festgehaltenen kognitiven Verhaltensweisen bilden einen funktionellen Ablauf, der von Piaget als Intelligenz nicht im Sinne einer Summe von nebeneinander gesetzten Fähigkeiten aufgefaßt, sondern als eine *Richtung* der zunehmenden Strukturiertheit und Beweglichkeit definiert wird.

Es handelt sich also um eine dynamische entwicklungspsychologische Intelligenztheorie. Piaget orientierte sich am Verhalten des Menschen und sieht in der Funktion der *Anpassung* den zentralen Aspekt der Beobachtung. Im Begriff der Anpassung unterscheidet Piaget weiter die für seine Theorie grundlegenden Aspekte der *Assimilation* und *Akkommodation*. Unter Assimilation versteht er die Einverleibung eines Objekts in eine Verhaltensweise. Ein Beispiel ist das Kleinkind, das einen Gegenstand ergreift und in sein Greifschema einbezieht. Ein größeres Kind wendet den Prozeß des Zählens an, um zu sehen, wie viele Einheiten einer Sammlung von Dingen angehören. Greifen und Zählen werden damit als Assimilationsschemata verstanden, das Kind erfährt den Gegenstand oder die Sammlung als »greifbar« oder »zählbar«. Ganz allgemein kann so eine Verhaltensweise eine andere eingliedern, sie assimilieren, und es entsteht eine Verhaltensweise höherer Ordnung und Komplexität. Diese Assimilation kann nur dann erfolgreich und adäquat geschehen, wenn sie der Natur ihres Objekts gehorcht.

Daher ist eine ständige Akkommodation des Verhaltens an die Eigenart des Gegenstandes oder der Situation notwendig. Nach Piaget laufen die beiden Prozesse in entgegengesetzten Richtungen, die Assimilation vom Subjekt zum Objekt, die Akkommodation umgekehrt. In diesem Sinne wird der zentrale Begriff der Anpassung auch als Gleichgewicht zwischen Assimilation und Akkommodation verstanden.

Ein Beispiel: Im Symbolspiel verfährt das Kind mit den Dingen völlig eigenwillig, ohne Rücksicht auf ihre Eigenart zu nehmen; ein Stück Holz ist ein Pferd, Steine sind Boote usw. Hier muß von einem Ungleichgewicht zwischen der überragenden Assimilation und der geringen Akkommodation gesprochen werden. In der Nachahmung dagegen erfolgt das Tun ganz dem Verhaltensmodell, und es überragt die Akkommodation.

Im Gegensatz zu diesen Fällen erstrebt der Mensch im Erkennen ein Gleichgewicht zwischen der Erhaltung der assimilierenden Denkschemata (Begriffe, Operationen, Systeme) und ihrer Akkommodation an die Eigenart der Erscheinungen. Das Erkennen wird damit zur objektbezogenen Verhaltensweise. Es kann sich in praktischen Handlungen am vorhandenen Objekt als auch in verinnerlichten Handlungsvorstellungen am vorgestellten Objekt verwirklichen. In jeder Form aber gibt das objektbezogene Handeln Kenntnis des Gegenstandes. Im Tun erlebt der praktisch handelnde Mensch eine gelebte Kenntnis oder Wirklichkeit; ein Gegenstand wird als »greifbar« oder »formbar« erfahren.

Nun postuliert Piaget, daß diese gelebte oder gedachte Kenntnis der Wirklichkeit und damit die entsprechenden Erkenntnis- oder Assimilationsakte ihre charakteristische *Struktur* haben; das heißt, daß ihnen bestimmte Beziehungen innewohnen. Diese Beziehungen stellen den Kern jedes Wissens dar.

Damit hat jedes Verhalten seinen erkenntnismäßigen, *strukturellen* (kognitiven) Anteil. Von diesem hebt Piaget den *energetischen* Aspekt ab, in dem der Verlauf und

Das Neugeborene und der Erwachsene. Charakteristisch für den Säugling ist die Ganzheitlichkeit seines Ausdrucks (unten). Jede Erregung nimmt von ihm vollständigen Besitz, er antwortet mit seinem ganzen Körper, mit seiner Stimme, mit seinem Kopf, Armen und Beinen. Der Erwachsene hat sich beherrschen gelernt. Innere Bewegtheit verrät er nur mehr durch einen Blick (rechts) oder durch die Veränderung seiner Stimme.

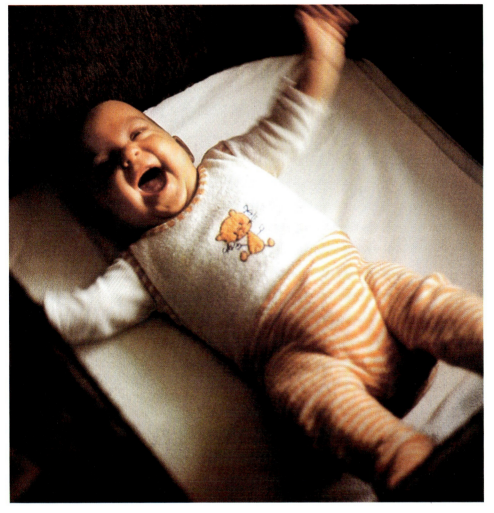

die Regulierung der Energieabgabe im Verhalten, also dessen gefühlsmäßige Tönung und Wertung, enthalten sind.

Der neue Gedanke Piagets war es dann, *Logik* und *Mathematik* als Maßstab zu verwenden, mit dem die Struktur der einfachen Verhaltensweise ebenso wie die der Denkprozesse erfaßt und dargestellt werden kann. Logik und Mathematik sind formalisierte, durchsichtige und bewegliche Systeme von Denkoperationen, an denen die unzusammenhängenden und starren Denkstrukturen des Kindes und des nicht geschulten Erwachsenen gemessen werden können.

Die auf diese Weise sichtbar werdende Abfolge von Verhaltensweisen, die von wenig strukturierten Reaktionen bis zu hochdifferenzierten Denkoperationen reicht, führt zur Beschreibung der Intelligenz als einer *Richtung* der zunehmenden Beweglichkeit, Anwendbarkeit, Strukturiertheit.

In verschiedenen Werken entwirft Piaget ein differenziertes Bild von der Entwicklung des kindlichen Denkens. Er sieht die Entwicklung gegliedert durch drei Einschnitte, die durch das Auftauchen von neuen Erkenntnisformen gekennzeichnet sind. Keine von diesen taucht aber plötzlich auf, jede wird in den vorangehenden Entwicklungsstufen vorbereitet.

Nachfolgend seien die Stadien der Intelligenzentwicklung wiedergegeben:

Formale Operationen	ab etwa 13 Jahren
Konkrete Operationen	ab etwa 7 Jahren
Anschauliches Denken	ab etwa 4 Jahren
Symbolisch vorbegriffliches Denken	ab etwa 2 Jahren
Sensomotorische Intelligenz	von der Geburt bis zu etwa 1½ Jahren

Die erste Hauptphase dauert von der Geburt bis zum Alter von etwa eineinhalb Jahren und findet ihren Abschluß mit dem Auftauchen der *Sprache*. Ihr Erscheinen wird in den vorangehenden Stufen u. a. dadurch vorbereitet, daß das Kind eine Reihe von praktischen *sensomotorischen Verhaltensweisen* erwirbt, über die es in verinnerlichter Form verfügt. Es braucht sie nicht mehr zu vollziehen, sondern vermag sie zu »denken«, sich vorzustellen. Gleichzeitig hat sich die Wahrnehmungstätigkeit gewandelt, die Welt der Dinge und des Raumes sind in Permanenz und Konstanz erfaßbar. Das Kind hat einen Grundstock verinnerlichter Gehalte erworben, die zu den Bedeutungen der Wortzeichen werden. Im Zusammenwirken schaffen die Zeichen und die Bedeutungen die *Symbolfunktion*, die es dem Kind ermöglicht, seine Vorstellungen in Worten auszudrücken und Worte in Bedeutung umzusetzen, somit zu verstehen.

Entscheidend für Piaget ist nun, daß man in diesem scheinbaren Einschnitt der geistigen Entwicklung die Kontinuität sieht. Das Denken ist einerseits ein verinnerlichtes Handeln, das in der neuen Funktionsweise fortschreitend rascher besser geordnete Strukturen aufzubauen vermag. Auf der anderen Seite verbessert das Denken – dank neugewonnener Einsichten – die Wahrnehmungstätigkeit des Forschens, Übertragens und Vergleichens. Damit werden die an sich eher starren Wahrnehmungstätigkeiten zu Denkabläufen am Objekt, die – in zunehmend beweglicher Form – fähig werden, Umwege zu beschreiben, vollzogene Handlungen rückgängig zu machen und beobachtete Prozesse in der Vorstellung umzukehren.

Die vorsprachliche sensomotorische Intelligenz wandelt sich so in das symbolisch-vorbegriffliche, sodann in das anschauliche und schließlich in das konkret-operatorische Denken.

Symbolisch-vorbegrifflich bleibt es so lange, als es die Symbolfunktion in einem »privaten« eigenen Symbolismus verwirklicht; die ersten Begriffe des Kindes weisen noch keine rechte Allgemeingültigkeit auf.

Mit dem Begriff des *anschaulichen Denkens* bereitet Piaget die Umschreibung des zweiten wichtigen Einschnittes in der Entwicklung vor, die Phase des Überganges zu den *konkreten Operationen* im Alter von sieben bis acht Jahren. Auf der anschaulichen Stufe denkt das Kind weitgehend in Bildern, ist auf Wahrnehmung angewiesen. Nun bilden sich beweglichere, von der wahrnehmungsmäßigen Vorstellung unabhängige Denksysteme, z. B. die Begriffe der Zahl, der Substanz, des Gewichtes und des Volumens. Dazu wird noch die Fähigkeit der wahrnehmungsmäßigen Konzentration entwickelt, die Möglichkeit, die verschiedenen Dimensionen einer Gegebenheit auf »einen Blick« zu erfassen und zum koordinierten Ganzen zu verschmelzen. Transformationen können im Geiste rückgängig gemacht werden, das Denken ist reversibel.

Das Denken des Menschen wird nach Piaget vom mächtigen, fundamentalen Bedürfnis nach *Gleichgewicht* und *Widerspruchslosigkeit* getrieben. Die Beseitigung der Widersprüche in den Wahrnehmungen und im Denken erfordern die Koordination der bisherigen Elemente zu Systemen höherer Ordnung. So entsteht z. B. aus dem eindimensionalen der mehrdimensionale Mengenbegriff als Grundlage der Systeme der Gruppe und Gruppierungen. Ein vertrautes Beispiel dieser Systeme ist das Einmaleins, die Gruppe der Multiplikation ganzer Zahlen. In diesem Operationssystem bewegen wir uns mit der gleichen Beweglichkeit wie in einem System von örtlichen Verbindungen, wir kennen direkte und umgekehrte Abläufe, Umwege und Variationen von Lösungswegen.

Die dritte und letzte große Übergangsperiode in der Denkentwicklung setzt Piaget bei einem Alter von elf bis zwölf Jahren an. Im induktiven Denken des Jugendlichen formt sich ein Denken, das nicht mehr als konkret, sondern als *formal-operatorisch* bezeichnet wird, allgemein auch als »abstraktes Denken« umschrieben.

Hier handelt es sich um Operationen zweiter Ordnung, die lediglich Zeichen manipulieren und nicht mehr die Wirklichkeit abbilden müssen, also bloße Hypothesen, reine Annahmen wiedergeben. Das Denken vollzieht sich deduktiv, die Richtigkeit ergibt sich aus der bloßen Beachtung der Operationsregeln, unabhängig davon, ob es die Wirklichkeit richtig abbilde. Das Denken umfaßt daher alle denkmöglichen Prozesse, von der reinen Hypothese bis zur exakten Beschreibung der Wirklichkeit.

Wollte man das Gemeinsame der hier kurz dargestellten Entwicklungstheorien herausgreifen, fällt auf, daß für alle das naturwissenschaftliche Denken die Grundlage bildet. Auch werden naturwissenschaftliche Methoden wie Beobach-

Das Kind im Kindergarten. Friedrich Fröbel verwirklichte als erster die Idee von frühkindlicher Erziehung in seinem »Kindergarten«. Seine Lehren bilden noch heute das Fundament des Kindergartens.

Sein pädagogisches Konzept gründet sich auf der tiefen Ehrfurcht vor den Eigengesetzlichkeiten der kindlichen Entwicklung. In der Gruppe erfährt das Kind sowohl die anderen wie sich selbst.

tung, Statistik, Experimente und Analysen von Kausalzusammenhängen zur Beschreibung der Entwicklung herangezogen. Eine solche Betrachtungsweise menschlichen Verhaltens ist aber doch wohl viel zu einseitig. Jedes Lernenkönnen setzt nämlich bereits ein Verstehenkönnen voraus, und gerade ein solches Verstehen ist weder meßbar, noch kann es kausal abgeleitet werden. Condrau stellt in seinem Artikel »Entwicklung und Reifung« (1981) die berechtigte Frage – da sich die Auffassungen über Entwicklung im Grunde nur innerhalb des gleichen Systems (des naturwissenschaftlichen) bewegen –, warum dieses System bisher nicht angezweifelt wurde, und weist darauf hin, daß es außer der naturwissenschaftlichen noch eine phänomenologische Zugangsweise gibt. Diese sei ebenso nüchtern und wissenschaftlich, da ihr Verständnis von Entwicklung und Reifung dem unmittelbar Wahrgenommenen und Beobachteten, eben den Phänomenen, entstammt, beschränke sich aber nicht auf rationales Denken.

Beobachtbare Veränderungen im Kindes- und Jugendalter und Aufbau der Persönlichkeit

Ob Entwicklung nun in Stufen, Stadien, Phasen oder kontinuierlich erfolgt, ist bis heute eine ungelöste Streitfrage geblieben. Manche Entwicklungspsychologen wie W. Metzger wollen ihr ausweichen und enthalten sich der Aufstellung eines Phasensystems. Als Begründung dafür führt er an, daß die verschiedensten Funktionen, Fähigkeiten und Möglichkeiten des Erkennens und der Auseinandersetzung mit der Wirklichkeit nacheinander erwachen. »Auf jeden solchen Einsatz könnte man, so scheint es, eine Phasengrenze ansetzen; und je nachdem, welche man für die bedeutsameren hält, ergeben sich die verschiedensten Phasensysteme. Doch selbst das ist vergebliches Bemühen, denn die wenigsten Neuerwerbungen schlafen wieder ein, und auch, wo es geschieht, wie vielfach bei der Fähigkeit zur Synästhesie, zur physiognomischen Erfassung der Dinge, zum Anschauungsbild, ist es ein ganz allmähliches Auslaufen. Aber auch daß eine Neuerwerbung von einem Tag zum anderen erfolgt, ist eine Ausnahme. Die Regel ist ein ganz allmähliches Erstarken. So erhalten wir das Bild einer verwickelten Überlagerung von Ausbildungs- und Festigungsperioden der verschiedensten Funktionen, in welchem man kaum irgendwo scharfe Einschnitte annehmen kann, ohne den Tatsachen Gewalt anzutun« (Metzger 1959, 436).

Ungeachtet dieser Streitfrage steht fest, daß wesentliche Unterschiede im Verhalten, Wahrnehmen und Denken von Säuglingen, Kleinkindern, Schulkindern, Pubertierenden, Adoleszenten und Erwachsenen bestehen und festzustellen sind. Es soll hier nun eine grobe Einteilung des Kindes- und Jugendalters wiedergegeben werden. Genauere Differenzierungen entstehen ja zumeist aus Einzelbeobachtungen, die nicht allgemeingültigen Charakter haben können. Außerdem kann die Vielfalt menschlicher Verhaltensweisen auch durch feinere Systematisierungen nicht erfaßt werden.

Frühe Kindheit	Säuglingsalter	Schlafalter	0 – 3 Monate
		Zuwendungsalter	3 – 12 Monate
	Kleinkindalter	Spracherwerbsalter	1 – 2,5 Jahre
		1. Trotzalter	2,5 – 3,5 Jahre
		Ernstspielalter	3,5 – 5,5 Jahre
Mittlere und reife Kindheit	1. Gestaltwandel		5,5 – 6,5 Jahre
	Mittlere Kindheit (Grundschulalter)		6,5 – 8,5 Jahre
	Schwatzalter		8,5 – 9 Jahre
	Reife Kindheit		9,5 – 12 Jahre (♀ 11 Jahre)
Jugendalter (Reifealter)	Vorpubertät (2. Trotzalter)		12 – 14 Jahre (♀ 11 – 13 Jahre)
	Hochpubertät		14 – 16 Jahre (♀ 13 – 15,5 Jahre)
	Jugendkrise		16 – 17 Jahre (♀ 15,5 – 16 Jahre)
	Adoleszenz		17 – 21 Jahre (♀ 16,5 – 20 Jahre)
Erwachsenenalter			

Tab. 3 (nach: Remplein 1971)

Mit Tab. 3, die in Anlehnung an Remplein (1971) zusammengestellt wurde, soll eine Gliederung der Entwicklung gegeben werden. Gleichzeitig mit der detaillierteren Betrachtung der einzelnen Abschnitte soll versucht werden, auch das Werden und den Wandel der Persönlichkeit aufzuzeigen und zu beschreiben.

Das Säuglingsalter

Das Neugeborene verschläft neun Zehntel des Tages. Schlafen und Wachen wechseln dabei nicht eigentlich ab, sondern gehen fließend ineinander über. In den kurzen Perioden des Wachseins zeigt das Neugeborene verschiedene Verhaltensweisen: Es beantwortet störende Reize wie grelles Licht, Lärm, Kälte und Schmerz mit Wimmern und Schreien und macht impulsive Abwehrbewegungen, angenehmen Reizen dagegen wie Wärme oder der Mutterbrust wendet es sich zu. Auffallend ist, daß im *Schlafalter* negative Reaktionen auf die Umwelt häufiger auftreten als positive, wahrscheinlich vor allem deshalb, da nach der Geborgenheit im Schoß der Mutter die Außenwelt fremd und unfreundlich erscheinen muß und auch Angst erzeugt, wenngleich verschiedene Autoren wie R. Spitz (1957, 47) und R. Meili (1957, 73) meinen, daß das Neugeborene zum Erleben der Angst noch gar nicht fähig sei.

Häufig kann man beim Neugeborenen auch impulsive, ungezielte Bewegungen beobachten, die aber trotz ihrer scheinbaren Ziellosigkeit einen bestimmten Zweck haben. Sie fördern das Wachstum und die Reifung des Organismus und bereiten die geordneten Bewegungen vor. Je mehr die zielgerichteten Bewegungen zunehmen, um so mehr verschwinden dann die impulsiven.

Auch verschiedene Ausdrucksformen lassen sich beim Neugeborenen bereits feststellen. Der geschulte Beobachter kann mehrere Arten von Weinen und Schreien unterscheiden, an der Mimik können Wohlbehagen und Unlust abgelesen werden. Charakteristisch für das Neugeborene ist wohl seine Ganzheitlichkeit im Ausdruck. Jede Erregung nimmt von ihm voll und ganz Besitz, es antwortet mit seinem ganzen Körper, mit Stimme, Kopf, Armen und Beinen. Ein Erwachsener, der sich beherrschen gelernt hat, verrät seine Erregung entweder überhaupt nicht oder vielleicht nur durch einen bestimmten Blick oder durch eine Veränderung in der Stimme. Es ist ein langer Prozeß, bis sich der Ausdruck auf einzelne Partien beschränken kann, die ersten Ansätze dazu muß man aber im Säuglingsalter suchen.

Auf allen Sinnesgebieten zeigt das Neugeborene schwachen Reizen gegenüber äußerst geringe Empfindlichkeit, auf starke Reize dagegen antwortet es schockartig mit einem schreckhaften Zusammenzucken. Diese Reaktion ist verglichen mit der eines Erwachsenen unangepaßt und unverhältnismäßig. Das hängt damit zusammen, daß das Kind dieser Altersstufe in seinem Erleben ausgesprochen ganzheitlich und wenig differenziert ist. Jedes Wahrnehmen ist noch mit den Gefühlen und den Antrieben eng verflochten. Die Umwelt erscheint ihm nicht gegliedert, die Eindrücke bleiben ganzheitlich verschwommen. Eigene leibliche Zustände wie auch Reize der Außenwelt lösen gleichermaßen gefühlsbetonte ungegliederte Sinneseindrücke aus. Verarbeiten kann das Neugeborene diese Reize nicht, es wird passiv von ihnen getroffen. Meili (1957, 157) sagt, es habe zwar Empfindungen, aber keine Wahrnehmungen. (Empfindungen sind rein organisch bedingt, da sie auf der Reizung eines Sinnesorgans beruhen, Wahrnehmungen dagegen sind ein bewußtes Aufnehmen eines Reizes und setzen frühere Eindrücke und Erfahrungen voraus, die dem Neugeborenen ja fehlen.)

Aber auch ohne eigentliches »Bewußtsein« lernt das Neugeborene, wie sich aus seinem Verhalten entnehmen läßt, sowohl durch seine impulsiven motorischen Tätigkeiten wie auch durch die gerichteten Verhaltensweisen der Reflexbewegungen. Besonders deutlich kann man dies in der Ernährungssituation beobachten. Alles, was irgendwie mit dem Saugen zusammenhängt, prägt sich das Neugeborene schon in den ersten Tagen ein, ein bedingter (assoziativer) Reflex bildet sich. Es lernt aber auch durch »Versuch und Irrtum«, was man an der deutlichen Nachwirkung von wiederholten Eindrücken auf das praktische Verhalten feststellen kann. Die Lernfähigkeit beschränkt sich vor allem auf motorische Vorgänge, die biologisch besonders wichtig sind, wie Nahrung und Schlaf. Das Lernen vollzieht sich jedoch unbewußt ohne Einsicht und Absicht.

Die beim Neugeborenen wirksamen Antriebe dienen vor allem der Selbsterhaltung und zielen einerseits auf Bedürfnisbefriedigung, andererseits auf die Abwehr von Außenreizen, die sein Dasein beeinträchtigen könnten. Darüber hinaus zeigt sich in seinem Verhalten das Verlangen nach der Nähe der Mutter, nach ihrem Schutz und nach Geborgenheit, nach dem Mitmenschen überhaupt – Ansätze, daß der Mensch ein geselliges Wesen ist.

Charakteristisch für die Neugeborenenzeit ist die zentrale Rolle der Gefühle. Alle Erlebnisse sind stark gefühlsbetont, jedoch undifferenziert. In den Gefühlen »spürt« sich das Kind, der ganze Zustand seines Organismus dringt ihm, wenn auch vorerst nur schwach, ins Bewußtsein. Der Erwachsene trennt ja zwischen Gefühlen und anderen Erlebnisarten wie Wahrnehmungen, Gedanken, Willenshandlungen, beim Neugeborenen ist *alles* gefühlsmäßiges Erleben. Das Gefühl ist quasi die »Urform«, aus der sich später die übrigen Formen des Erlebens ausdifferenzieren.

Alle gefühlsmäßigen Erlebnisse des Neugeborenen dienen der unmittelbaren Lebenserhaltung, jedoch kann man zwei Formen von Gefühlserlebnissen unterscheiden: leibliche Gefühle und sinnliche Gefühle. Leibliche Gefühle wie Hunger, Durst, Sättigung, Behagen, Müdigkeit usw. sind an Organempfindungen gebunden und lassen sich aus dem verschiedenen Verhalten und dem Ausdruck schließen. Es handelt sich dabei immer um vorübergehende Gefühlszustände, Stimmungen kennt das Neugeborene noch nicht. Mit den leiblichen nahe verwandt sind die sinnlichen Gefühle. So entstehen durch äußere Reize, die durch die Sinne vermittelt werden, Tast-, Geschmacks-, Geruchs-, Seh- und Hörerlebnisse, die auch am Verhalten und am Ausdruck abgelesen werden können. Das wohl Auffallendste am Gefühlsleben in dieser Altersstufe ist das schon anfangs erwähnte Überwiegen der Unlust- über die Lustgefühle, was sich in häufigem Schreiweinen und Schockreaktionen ausdrückt. Fast alles außer Nahrung, Wärme und Ruhe wird als unlustvoll erlebt, bedingt durch die Unbekanntheit und die dadurch ausgelöste Schreckwirkung aller Reize zu Beginn des Lebens. Wird der Körper kräftiger, die Umwelt bekannter und das Kind dadurch weniger hilflos, tritt diese negative Reaktion in den Hintergrund.

Während man im Schlafalter spontane Hinwendung zur Umwelt nur in der Ernährungssituation beobachten kann, tritt dann in der fünften bis achten Lebenswoche etwas Neues auf: Das Kind wendet sich nun auch dem biologisch nicht so Bedeutsamen zu. Das erste Merkmal dafür ist das Lächeln, das zuerst meist im mitmenschlichen Bezug auftritt und so die soziale Natur des Menschen offenbart. Die Hinwendung zur Sachwelt erfolgt erst später, das Kind lächelt vorerst keine Gegenstände an. Auch die sinnlichen Reize werden nun anders aufgenommen, das Kind stellt seine Sinne im *Zuwendungsalter* aktiv auf die Umwelt ein, wendet Auge und Ohr den Dingen zu, beginnt aufmerksam zu schauen und zu hören. Die Umwelt wird nun nicht mehr als bloß störend erlebt, sondern wird langsam interessant.

Die Sinne scheinen sich zunächst getrennt auszubilden. Das Schauen kommt vor dem Hören. Dabei bevorzugt das Kind alles, was sich bewegt, Menschen, Tiere, Gegenstände, die Welt des Säuglings ist eine dynamische. Später begnügt sich das Kind nicht mehr mit dem bloßen Schauen, sondern es greift nach den Gegenständen, bewußt und aktiv und nicht mehr unbewußt-reflexiv wie das Neugeborene nach dem Finger, den man in seine Hand gelegt hat.

Im Greifalter lernt das Kind seine Bewegungen mit dem, was es sieht, zu koordinieren, die Sinne beginnen zusammenzuspielen. Führend bleibt dabei zunächst noch die Hand und nicht wie beim Erwachsenen das Auge. Das Interesse des Säuglings liegt auf dem, was es be-greifen kann. Durch das Zusammenspiel der Sinne wird erst eine Durchgliederung der erlebten Wirklichkeit möglich. Hier setzt bereits die Eigentätigkeit des Kindes ein: Es baut sich seine eigene Welt, indem es sich durch seine Interessen mit der Außenwelt auseinandersetzt, und macht sich diese so allmählich verfügbar.

Die Dinge bestehen für das Kind noch nicht aus sachlichen Eigenschaften, sondern sind wie lebendige Wesen, die sich ihm gegenüber entweder freundlich oder böse verhalten. Das Wahrnehmen ist stark gefühlsgetragen, die Auffassung ist ganzheitlich, das Kind fühlt sich noch eng mit der Welt verbunden, alles ist belebt und beseelt.

Die Organempfindungen treten zurück, Eindrücke werden vor allem durch den Tastsinn und die höheren Sinne vermittelt, eine erste primitive Wirklichkeitserkenntnis kommt dadurch zustande. Das physiognomische Erleben bedeutet einen wichtigen Fortschritt, führt es doch zu den Anfängen des Ausdrucksverstehens, ohne Sprache verstehen zu müssen und ohne begriffliches Denken. Der Säugling vermag nun aus Mimik, Gestik und Tonfall der Stimme gefühlsmäßig den Sinngehalt eines Ausdrucks zu »verstehen«.

Mit der Entwicklung des Tastsinns und der höheren Sinne stellt sich auch die Fähigkeit des Wiedererkennens ein, der Ursprung des Gedächtnisses ist gelegt, Gefühlseinstellungen werden mit schon früher wahrgenommenen Inhalten verbunden. Das Wiedererkennen ist jedoch noch an die äußere Wahrnehmung gebunden.

Im letzten Viertel des ersten Jahres kommt noch eine neue Verhaltensweise hinzu: Das Kind gebraucht nun bewußt Gegenstände, um sich damit andere, die es interessieren, herbeizuschaffen. Dies setzt bereits eine gewisse Einsicht in bestimmte Zusammenhänge voraus, was allgemein als Zeichen erwachender Intelligenz angesehen wird. Dieses Denken des Säuglings ist immer an eine konkrete Situation gebunden, ist völlig unabhängig von Sprache und bewährt sich vor allem im Gebrauch von Gegenständen als Werkzeugen. Es ist ein »Werkzeugdenken« oder »praktische Intelligenz«, wie K. Bühler es nennt, das vorerst nur in einfachsten Situationen zu Erfolg führt, um sich später rasch zu steigern.

Mit dem Interesse, das der Säugling nun seiner Umwelt entgegenbringt, ist auch ein erhöhter Tätigkeitsdrang verbunden, der sich unmittelbar im Spielen des Kindes ausdrückt. Wenn das Kind nicht gerade ißt, trinkt oder schläft, füllt es seine Zeit ausschließlich mit spielerischem Tun. Das Spiel ist eine lustvolle Tätigkeit, Phantasie und Denken bringen durch das Verwerten bisher gemachter Erfahrungen immer wieder neue Einfälle. So ist das Spiel eine höchst individuelle Verhaltensweise. Die Formen des Spiels gehen vom Spielen mit dem eigenen Körper über zum Spielen mit Gegenständen, dann mit Personen, wobei das Kind vorerst nur mit *einem* Menschen spielen kann, auf mehrere kann es sich nicht konzentrieren. Meistens sucht der Säugling dabei zuerst den Kontakt durch Blick und Lächeln herzustellen und wartet dann, was vom anderen zurückkommt, ob der andere überhaupt bereit für diese Art von Begegnung ist. Er greift nach Haaren, Gesicht, Nase, Ohren und Augen, wiederholt am anderen die am eigenen Körper gemachten Erfahrungen. Er hat ein regelrechtes Bedürfnis, mit anderen Menschen zusammen, und eine Abneigung, allein zu sein. Daß das Kind spielen kann, ist von großer Wichtigkeit für seine

Entwicklung. Einerseits ist das Spiel nämlich funktionsübend, wie z. B. bei den Bewegungsspielen, andererseits werden bei den Spielen mit dem Mitmenschen soziale Gefühle geweckt, zunehmend werden auch Denken, Phantasie und Willen dabei geschult.

Der Säugling, der ja in der Gemeinschaft mit anderen Menschen aufwächst, entwickelt bald auch das Bedürfnis, den anderen nachzuahmen. Er macht die Bewegungen des Erwachsenen nach, versucht auch Laute der Sprache nachzubilden. Die Bedeutung der Nachahmung liegt darin, eine bessere Anpassung an die Umwelt durch die Neuerwerbung von Bewegungen und Verhaltensweisen zu erreichen. Das Lernen durch Nachahmung und das Lernen durch Werkzeugdenken beeinflussen das Verhalten des Kindes gegen Ende des ersten Lebensjahres stark.

Auch durch Identifikation mit der Mutter übernimmt das Kind Grundhaltungen von ihr, z. B. Ängstlichkeit. Auf diese Weise »vererben« sich manche Charakterzüge. Man spricht in solchen Fällen von »Symptomtradition« (Berna ^{2}1959, 178).

Im Zuwendungsalter differenzieren sich die Gefühle weiter aus. Zu den leiblichen und sinnlichen Gefühlen, die das Neugeborene hatte, kommen nun bestimmte »seelische« Gefühle, wie Erwartung, Freude, Angst, Ungeduld, Ärger. Besonders angsteinflößend ist um den achten Monat der Anblick eines fremden Menschen, da das Kind zu diesem Zeitpunkt meist schon zwischen bekannten und unbekannten Personen unterscheiden kann. Spitz nannte diese typische Angst vor dem Fremden daher die »Achtmonatsangst«. Ist die Mutter dabei, wird die Angst meist abgeschwächt. Sie allein bietet Sicherheit. Das Gefühl der Geborgenheit ist für die ungestörte Entwicklung wohl das wichtigste mitmenschliche Gefühl. Nur in Liebe und »Nestwärme« kann das Urvertrauen wachsen, das ausschlaggebend für die spätere Lebenseinstellung ist.

Die Bedeutung der frühen Kindheit und der Erziehung des Kleinkindes wurde von der Pädagogik auch immer wieder betont. Schon für Johann Comenius (1592–1670) war die »Mutterschule«, wie er die früheste Erziehung nannte, ein fester Bestandteil seines Schulkonzeptes. Seine Theorie der frühkindlichen Erziehung ist allerdings noch ganz in seinem spekulativen System verhaftet. Erst J.-J. Rousseau (1712–1778) verdanken wir die Beachtung der Eigenart des Kindes und die Einsicht, daß jede Lebensphase einen ihr eigenen Wert besitzt und ihrem inneren Gesetz gemäß durchlaufen werden muß, soll die Entwicklung später glücken. Auch das Werk Jean Pauls (1763–1825) liefert uns reiche Erkenntnisse über die Bedeutung der frühen Kindheit, und J. H. Pestalozzi (1746–1827) erwähnt in seinen »Briefen an Greaves« die Wichtigkeit der Erziehung auf der frühesten Lebensstufe. Aber erst F. Fröbel (1782–1852) verwirklichte zum ersten Mal die Ideen von frühkindlicher Erziehung in seinem »Kindergarten«, der von ihm Form und Namen bekam und dessen Lehre bis heute das Fundament des Kindergartens geblieben ist. Fröbels pädagogisches System gründet sich sowohl auf die lebendige und feinfühlige Erfassung der Eigenart des kindlichen Welterlebens als auch auf eine tiefe Ehrfurcht vor dem Eigengesetz der kindlichen Entwicklung.

Obwohl sich einige pädagogische Denker mit der Bedeutung der frühen Kindheit auseinandergesetzt und darauf hingewiesen haben, wie wichtig die frühesten Eindrücke des Kindes für seine spätere Entwicklung sind, muß man die eigentlich »wissenschaftliche« Entdeckung der frühen Kindheit erst um die letzte Jahrhundertwende ansetzen. Nach den Vorarbeiten von W. Preyer und K. Groos haben vor allem die Forscher der Wiener Schule, K. und Ch. Bühler, H. Hetzer und das Ehepaar W. und E. Stern, reichhaltiges Material über die kindliche Entwicklung vom frühesten Alter an zusammengestellt. Allerdings beschäftigte sich diese Forschung vorwiegend mit dem Sammeln und Katalogisieren von »Entwicklungstatsachen«. Der Frage nach der Bedeutung dieser frühkindlichen Erfahrungen für den weiteren Lebenslauf des Menschen wurde gar nicht oder erst von späteren Entwicklungspsychologen, und auch dann nur selten, nachgegangen, im europäischen Sprachraum am ehesten wohl von J. Piaget.

Um die Jahrhundertwende bemühte sich auch die Psychoanalyse S. Freuds speziell um die Untersuchung der Zusammenhänge zwischen der frühen Kindheit und dem späteren Lebensschicksal und Charakter der erwachsenen Persönlichkeit. Freuds Interesse galt vor allem dem »Ödipuskonflikt«, der ungefähr mit dem vierten Lebensjahr beginnen und um das sechste Lebensjahr beendet sein sollte – ein Lebensabschnitt, an den sich auch der Erwachsene noch erinnern kann –, während einige seiner Schüler sich der Erforschung der ganz frühen Kindheit zuwandten. Besonders ist hier R. Spitz zu nennen, dessen Studien über den Hospitalismus beim Säugling wohl am bekanntesten sind. Spitz konnte im Vergleich von zwei Säuglingsheimen deutlich zeigen, wie sehr schon Neugeborene auf menschlichen Kontakt und Ansprache angewiesen sind, um sich gesund entwickeln zu können.

Auch die englische psychoanalytische Schule hat ihren Teil zur Erhellung der frühesten Lebensstadien beigetragen (M. Klein, W. D. Winnicott). Sie geht vom Erwachsenen aus, wobei durch Beobachtung seines Verhaltens Rückschlüsse auf die Bedeutung der frühen Kindheitsstadien gezogen werden können, wenn sich auch nicht alle Einzelheiten durch Erinnerungen bestätigen lassen.

Jetzt hat auch die philosophische und pädagogische Anthropologie der Gegenwart begonnen, sich um die Bedeutung der ersten Lebensjahre des Kindes zu kümmern (H. Plessner, A. Flitner), während die »wissenschaftliche« Entwicklungspsychologie mehr dazu neigt, den wandelbaren, korrigierbaren und vorläufigen Charakter der frühkindlichen Erfahrungen in den Vordergrund zu stellen (Thomae 1959b, 264 f).

Nach dieser kurzen literaturhistorischen Zusammenfassung über die Bedeutung der frühen Kindheit wollen wir uns wieder der Entwicklung des Kindes zuwenden.

Das Kleinkindalter

Zwei entscheidende Neuerwerbungen beenden das Säuglingsalter: das Gehen und das Sprechen. In der Folge ist nun nicht mehr vom Säugling, sondern vom Kleinkind die Rede. Als *Kleinkindalter* bezeichnet man die Zeit vom Anfang des zweiten bis zur Mitte des sechsten Lebensjahres.

Das Spiel mit Tieren. Vier- bis Fünfjährige geben sich häufig ausgesprochen gefühlsbetont. In ihnen ist das Gemüt erwacht. In solchen Phasen kümmern sie sich fürsorglich um jüngere Geschwister und sind besonders liebevoll im Umgang mit Haustieren. Erziehung und Umwelt spielen bereits eine große Rolle.

Mit dem ersten freien Schritt erweitert das Kind seine Welt, die ja vorher nur auf das beschränkt bleiben mußte, was es ergreifen konnte. Es ist nicht mehr so auf die Hilfe der Mutter angewiesen, wenn es jetzt etwas haben möchte, das bislang außerhalb seiner Reichweite lag. Es wird nicht nur dem Raum gegenüber freier und unabhängiger, sondern auch den Menschen seiner Umgebung. Dem Menschen ist die Welt der Dinge und Sachverhalte nicht angeboren, er muß sie erst durch selbsttätige Auseinandersetzung mit allem, was ihm begegnet, erwerben. Nur so kann er sich eine Welt des Wissens um die Dinge aufbauen. Durch die veränderte Körperhaltung beim Gehen werden gewisse Veränderungen der Wahrnehmung verursacht. Dinge erscheinen aus der Nähe größer, als sie es aus der Ferne waren, der Raum gewinnt Tiefe, die Gegenstände erhalten Perspektive. Die Verfeinerungen in der Auffassung, die für die Dingwahrnehmung wichtig sind, nehmen jetzt im Kleinkindalter zu. Da die Dinge sich für das Sehen je nach Größe, Gestalt und Farbe unterscheiden, betreffen diese Verfeinerungen die Größen-, Gestalts- und Farbwahrnehmung.

Grundlegende Eigenschaften der Dinge kristallisieren sich durch ihre Größen-, Form- und Farbkonstanz heraus, wodurch ein erster bedeutender Schritt zur Stabilisierung und Objektivierung des kindlichen Weltbildes getan ist. Zusammenhängend damit kommt es zu einer Weiterentwicklung des Erinnerungsvermögens. Durch das Fragen nach bekannten Dingen und Vorgängen zeigt das Kind, daß es sich an vergangene Dinge erinnert, während der Säugling bloß ein diffuses Gefühl der Bekanntheit beim Wiederauftauchen einer schon gehabten Wahrnehmung hatte. Wahrnehmung und Vorstellung sind aber beim Kleinkind noch nicht deutlich voneinander getrennt, sondern durchdringen und beeinflussen sich gegenseitig. Das, was es sich einbildet, erzählt es dann auch so, als ob es wirklich gewesen wäre, wobei das Auftreten von Erinnerungsvorstellungen sehr von der Stärke des Gefühls, das bei einem bestimmten Eindruck auftrat, abhängig ist. Außer Erinnerungsvorstellungen treten auch noch Phantasievorstellungen auf, aus Teilen früherer Wahrnehmungen setzt das Kind nun für sich neue Bilder zusammen, die keine Entsprechung in der Wirklichkeit haben.

Die Entwicklung der Sprache ist mit der Entwicklung des Denkens aufs engste verknüpft, denken ohne zu sprechen ist zwar möglich, aber nicht umgekehrt. Das Auftreten der Sprache wird schon im vorangehenden Lebensabschnitt vorbereitet, zuerst durch das Schreien des Neugeborenen, dann durch die »Lall-Monologe« am Anfang des Zuwendungsalters. Das Kind hört seine eigenen produzierten Laute und wiederholt sie, indem es sich selbst nachahmt, entdeckt dabei auch neue Kombinationen. Die Wiederholungstendenz führt dann auch zu einfachen Lallworten wie mama, papa, die meistens die ersten Worte sind. Sind die Lallworte anfangs lange Zeit bedeutungsfrei, übernehmen sie später eine Ausdrucksfunktion. Die Periode der eigentlichen Sprache beginnt aber erst, wenn die Lautgebilde Darstellungsfunktion annehmen. Die einfachste Möglichkeit dafür ist, einen Gegenstand mit einem Wort zu benennen, ihm einen Namen zu geben. Das Kind hat bald entdeckt, daß jedes Ding einen Namen hat, und eignet sich nun ziemlich rasch

Phantasie und Wirklichkeit im Kindesalter. Für das Kind ist Phantasie genauso real wie die Wirklichkeit. Im Puppenspiel bewältigt es seine Umwelt (oben). Die Entwicklung schreitet über zunehmenden Realismus des Spielzeugs zur Anerkennung der Wirklichkeit (unten). In der Art des Spieles zeigt sich das Voranschreiten des Kindes zu neuen Stufen der Realitätsmeisterung.

Wörter an, die es beim Erwachsenen gehört hat, und will auch die Namen von neuen Dingen wissen. Das erste Fragealter ist angebrochen.

Zunächst drückt das Kind einen ganzen Sachverhalt in einem einzigen Wort aus, etwa um die Mitte des zweiten Jahres verbindet es zwei Wörter zu einem einfachen Satz, bald danach setzt es mehrere Wörter, allerdings flexionslos, aneinander. Erst im dritten Lebensjahr entwickeln sich Deklination und Konjugation, die anfangs rein mechanisch übernommen und ohne Einsicht gebraucht werden. Satzgefüge mit nebengeordneten und untergeordneten Sätzen beherrscht das Kleinkind erst im dritten bzw. vierten Lebensjahr. Da die sprachliche Entwicklung große individuelle Unterschiede aufweist, je nach Anlage, Stand innerhalb der Geschwisterreihe, Wohnort, Milieu usw., dürfen die zeitlichen Angaben nur als ungefähre Anhaltspunkte angesehen werden. Doch kann man sagen, daß durchschnittlich gegen Ende des vierten bis Anfang des fünften Jahres die Sprachentwicklung größtenteils abgeschlossen ist; später kommt es nur noch zu einem verfeinerten Gebrauch und einer bewußten Gestaltung der Sprache. Bleibt ein Kind auf dem Stadium des Einwortsatzes stehen und unfähig, geordnete Sätze zu bilden, liegt die Ursache der Störung in einem schweren Intelligenzdefekt (Stockert ^{2}1949, 10 u. 17 ff).

Der Spracherwerb ist auch von einem deutlichen Rede- und Mitteilungsdrang begleitet, besonders wenn das Kind von einem Erlebnis stark beeindruckt wurde. Es spricht auch während seiner Spielhandlungen zum Teil mit fingierten Partnern und führt, ohne zu spielen, oft lange Selbstgespräche.

Auch die Art des Spielens ändert sich. Im Zuwendungsalter waren die Spielobjekte entweder der eigene Körper oder brauchbare Gegenstände. Es kam dem Kind dabei vor allem auf die Verwendbarkeit zum Spielen an und nicht so sehr auf den Inhalt der Gegenstände. Jetzt erwacht das Interesse am subjektiv erlebten Inhalt, wobei der Inhalt der Gegenstände durch ein Projizieren von Vorstellungen in die wahrgenommenen Objekte zustande kommt. Solche »Illusions- oder Rollenspiele« sind zum Beispiel ein Spielzeug füttern, Schlafengehen spielen, die Rolle des Briefträgers übernehmen, in leeren Schüsseln herumrühren u. ä.

Wahrnehmungen und Vorstellungen sind stark von Gefühlen durchdrungen. In den Spielen kann das Kind sie ausleben, ja es überträgt seine Gefühle auf die Gegenstände, das lebhafte Gefühl belebt wiederum seine Vorstellungskraft, so daß ihm die Dinge, mit denen es spielt, sogar belebt erscheinen. Für das Erleben des Kleinkindes gilt vor allem, daß es nicht zwischen objektiv wirklich oder unwirklich unterscheiden kann. Seine Phantasien sind für es genauso real wie die Wirklichkeit. Manchmal wird es sich jedoch schmerzlich des Scheincharakters seiner Spielwelt bewußt, wenn man es z. B. genau über den Mechanismus aufklärt, der die Puppe zum Reden und Laufen bringt.

In den Rollenspielen bewältigt das Kind seine Umwelt, indem es die an den Mitmenschen beobachteten Verhaltensweisen nachahmt. Der Sinn dieser Spiele liegt im Üben der Wahrnehmung, des Beobachtens, der Erinnerungs- und Vorstellungskraft, des Denkens und Fühlens und weniger im unmittelbaren Erlernen der beobachteten Verhaltensweisen.

Zusätzlich zur verfeinerten Wahrnehmung treten im zweiten Lebensjahr erstmals einfache Wahlhandlungen auf. Das Kind trifft nun bereits eine Auslese unter mehreren Spielarten, es entscheidet sich lieber für Kuchen statt Brot u. ä. mehr. Daß es nun imstande ist, eine Entscheidung zwischen mehreren Möglichkeiten zu fällen, deutet auf das erste Aufbrechen des Willens hin.

Mit der Erweiterung der kindlichen Welt differenzieren sich auch die Gefühle weiter aus. Freude und Ärger, die der Säugling schon kannte, werden jetzt auch bei Erfolg oder Mißerfolg einer Wahlhandlung ausgelöst. Mißlingt ein Versuch, bemerkt man am Ausdruck des Kindes seinen Zorn oder seine Enttäuschung. Die Sprache vertieft zusätzlich die mitmenschlichen Gefühle, das Kind läßt sich sehr leicht von den Gefühlen anderer anstecken, besonders von denen der Eltern, mit welchen es sich unbewußt identifiziert. Die Gefühlswelt des Kleinkindes ist noch sehr labil, jeder Reiz kann andere und neue Gefühle wecken. Das Kind lebt noch völlig im Augenblick, es besitzt eine hohe Ansprechbarkeit der Gefühle, jedoch bei geringer Nachhaltigkeit. Der Sinn der leichten Ansprechbarkeit liegt darin, sich mit verschiedensten Gefühlserlebnissen auseinanderzusetzen.

Das Trotzalter

Im dritten Lebensjahr verändert das Kind sein mitmenschliches Verhalten auffällig. Gehorchte es bisher meist willig, widersetzt es sich nun plötzlich dem Begehren der Eltern, es will sich nichts mehr dreinreden lassen, alles allein tun, es sagt auf alles prinzipiell zuerst nein, ist nicht mehr willens, sich Spielsachen wegnehmen zu lassen oder mit anderen zu teilen, und ordnet sich nicht mehr so einfach in das Gemeinschaftsleben der Familie ein. Bisweilen isoliert es sich regelrecht von den anderen, spielt allein und spricht dabei mit sich selbst. Diese Mischung von Aufbegehren und Ablehnung wird in der Literatur als »Trotz«, dieser Lebensabschnitt allgemein als »Trotzalter« bezeichnet.

Hinter dieser Abhebung von der Mitwelt steht das Erwachen des Ich-Bewußtseins. In der Begegnung mit der Welt und im Handeln wird das Kind sich nun seiner selbst bewußt. Als sprachliches äußeres Zeichen kann man jetzt die Verwendung des Wortes »ich« bemerken, während das Kind vorher von sich selbst in der dritten Person sprach. Fast gleichzeitig redet es den Mitmenschen mit »du« an.

Auch das kindliche Weltbild erfährt eine Änderung. In der vergangenen Zeit war die Welterfahrung weitgehend durch die physiognomische Wahrnehmung bestimmt, jetzt im Trotzalter steht diese immer mehr hinter denkender Verarbeitung und Erfahrung zurück. Das Verlangen erwacht, die Wirklichkeit der Dinge, die hinter dem Ausdruck liegt, vorsichtig zu ergründen. Bei diesen Entdeckungsunternehmungen gelangt das Kind zu einer wichtigen Erkenntnis: Es erlebt, daß Dinge Schranken setzen und Widerstand bieten; einen Plastiksack kann man nicht einfach zerreißen, ein schiefgebauter Turm stürzt um usw. Diese Einsichten fördern die sachliche Ding-Erkenntnis.

Das Kind im Trotzalter hat einen natürlichen Drang, sich durchzusetzen, der individuell unterschiedlich ausgeprägt ist. Auch unterscheidet es jetzt genau zwischen

»mein« und »dein« und verteidigt seinen Besitz vehement. Dieser Besitzanspruch erstreckt sich ebenfalls auf geliebte Personen wie z. B. die Mutter, die es nun ganz für sich haben möchte. Sein starkes Zärtlichkeitsbedürfnis duldet neben sich keinen Nebenbuhler; wenn ihm ein Geschwister in die Quere kommt, ist ein heftiger Affektausbruch die Antwort. Alles, was ihm begehrenswert erscheint, möchte es; es geht dabei ziemlich rücksichtslos vor, da es die Folgen seines Tuns und Wollens noch nicht voll einsieht. Es ist daher eine wichtige erzieherische Aufgabe, diesem »Egoismus« entgegenzutreten und nicht alle Wünsche zu erfüllen, da sonst die Selbstsucht zu einem bleibenden Charakterzug wird. Die Entwicklungspsychologen sind sich darin einig, daß schon im Kleinkindalter durch die intentionale und funktionale Erziehung im Elternhaus die Charaktereigenschaften von Bescheidenheit und Zufriedenheit ebenso wie ihr Gegenteil grundlegend beeinflußt werden können.

Neben dem Besitzdrang regt sich auch das Machtstreben und der Geltungsdrang. Das Kind möchte sich seine Umgebung unterlegen machen und hat sehr bald herausgefunden, bei wem und wo dies leicht gelingt und wo nicht. Auch möchte es beachtet werden, Anerkennung und Bewunderung erhalten, wenn es etwas »geleistet« hat oder ein schönes Kleidungsstück trägt. Ebenso hat es großes Verlangen nach Freiheit von äußerem Zwang, es möchte, seit sein Ich-Bewußtsein erwacht ist, unabhängig, selbständig und selbstbestimmend sein. Normalerweise tritt dieses Bedürfnis bei jedem Kind auf – je nach Veranlagung bei einem stärker, beim anderen schwächer. Fehlen die »Trotzerscheinungen«, verläuft die Entwicklung anormal.

Das Kleinkind verliert nun auch zunehmend seine Naivität, mit der es der Umwelt begegnete; Tendenzen der Selbstsicherung bringen einen Verlust der Unmittelbarkeit des Auffassens und Sichgebens mit sich. Echtheit und Natürlichkeit des Verhaltens schwinden und machen gelegentlichem Verhalten von Berechnung, Schlauheit, Unoffenheit und Falschheit Platz, besonders wenn es verheimlichen will, daß es etwas angestellt hat, oder wenn es einen Vorteil für sich herausschlagen möchte. Es hängt weitgehend von der Erziehung ab, wieweit sich das Kind trotz Selbstsicherung natürlich und echt zeigen kann. Ist die Erziehung zu autoritär oder zu streng auf die Wahrung äußerer konventioneller Formen bedacht, werden die negativen Folgen der Selbstsicherung stärker in Erscheinung treten.

Das Neue in der Entwicklung im Trotzalter ist wohl darin zu sehen, daß das Kind sich nun bewußt wird, daß es wollen kann, während es vorher nur zu einfachen Wahlhandlungen fähig war, wo der Wille nur ansatzweise auftrat. Jetzt will das Kind von dieser Fähigkeit des Wollens dauernd Gebrauch machen, oft geht es ihm dabei nicht einmal um ein bestimmtes Ziel, sondern nur um das »Wollen an sich«. So läßt sich daraus leicht verstehen, warum es so labil ist, so rasch von einem Objekt zum anderen springt. Indem es eigentlich ziellos will, gerät es mit dem Willen des Erwachsenen in Konflikt, versucht seinen Willen durchzusetzen, Gebote und Verbote zu überschreiten und ihnen sein eigenes Wollen entgegenzusetzen.

Die Fähigkeit, sein Verhalten willentlich zu steuern, bringt es auch mit sich, daß das Kind nun seine Gefühle und Stimmungen nicht mehr so frei zeigt, wie es das jüngere Kind tut. Je mehr sich das Kind nun entfaltet, desto mehr verliert sein Sichgeben an Unmittelbarkeit; so verbeißt es seine Tränen, beherrscht sich, wenn man es von ihm verlangt, nimmt »gute Manieren« an. Der Verlust des unmittelbaren Sichgebens hat nicht nur positive Seiten, das Verhalten kann auch zur Pose und Verstellung des Ausdrucks werden.

Im Trotzalter tritt das Kind durch die Gebote und Verbote der Eltern auch erstmals mit dem Moralischen in eine erzwungene Beziehung. Gut- und Bösesein bedeutet für es vorerst nur, mit diesen Geboten der Erwachsenen in Einklang oder Mißklang zu stehen. Der erwachende Freiheitsdrang und der Wille zur Selbstbestimmung bringen es aber immer wieder mit den entgegengesetzten Wünschen der Eltern in Konflikt. Die Art und Weise jedoch, wie das Kind den Konflikt der Verselbständigung zu lösen imstande ist, wird beispielhaft dafür, wie das Kind sich in seinem späteren Leben durchsetzen und sich gleichzeitig in die gesellschaftlichen und moralischen Ordnungen einfügen kann. Erziehungsfehler in diesem Altersabschnitt, wie Verwöhnung oder Lieblosigkeit und Härte, lassen sich später kaum mehr ausgleichen.

Das Ernstspielalter

Das vierjährige Kind hat normalerweise einen Ausgleich zwischen sich und seinen Ansprüchen und der Mitwelt hergestellt. Die Trotzerscheinungen treten zurück, es ordnet sich williger ein und unter, mit seinen Spielen ist es ernsthaft und hingegeben beschäftigt, was diesem Altersabschnitt auch die Bezeichnung »Ernstspielalter« verliehen hat. Die physiognomische Wahrnehmung tritt nun völlig in den Hintergrund, die Dinge verlieren ihren Ausdruckscharakter, damit einher geht eine Desillusionierung und Versachlichung des Weltbildes. Die Wahrnehmung wird nun nicht mehr ausschließlich vom Gefühl, sondern vom Verstand bestimmt. Zunehmend werden früher gemachte Erfahrungen und Einsichten mitverarbeitet, durch neue Ordnungsprinzipien verfeinert sich die Wirklichkeitsauffassung. Neben das Ordnungsprinzip des räumlichen Beieinanders, das schon früher vorhanden war, tritt das Ordnungsprinzip der Ähnlichkeit, der Zeit und die Entwicklung des Zahlenbegriffs. Was schon durch das Werkzeugdenken vorgebildet war, entfaltet sich jetzt als Verständnis für die Abhängigkeit eines Geschehens vom anderen. Kinder suchen nun nach Erklärungen, es ist das eigentliche »Warum-Fragealter«, wobei ihnen die Feststellung der Wenn-dann-Beziehung meist genügt.

Das kleinkindliche Denken bleibt jedoch an die konkreten Dinge gebunden, es existieren nur wahrnehmbare Inhalte, keine abstrakten Beziehungen und Sachverhalte. Durch den teilweisen Verlust der physiognomischen Wahrnehmung, die dem Kind den scheinbaren inneren Zustand der Menschen und Dinge schon am Äußeren verraten hat, bleiben die vom kindlichen Verstand nicht völlig erfaßten Wirkzusammenhänge und Dinge aber hintergründig und geheimnisvoll. Begreiflicherweise entsteht beim Kind dadurch Furcht und demnach das Verlangen, gegen diese Kräfte etwas zu unternehmen. So erfindet es eine Reihe von magischen Praktiken, um einerseits die Kräfte hinter den Dingen zu erforschen und andererseits seine

Furcht zu beschwichtigen. Diese magische Geisteshaltung des Kindes klingt erst nach dem siebenten Lebensjahr langsam ab und bildet die Übergangsstufe zwischen physiognomischem Erleben und kausalem Denken; die magischen Praktiken sind eine Art Vorläufer für das technische Handeln. Aber selbst beim Erwachsenen ist die magische Denkweise noch wirksam, so wenn er z. B. Maskottchen aufhängt, Hals- und Beinbruch wünscht, auf Holz klopft usw. und auch sonst abergläubisch ist.

Die magische Geisteshaltung schafft auch phantastische Gestalten als Träger geheimnisvoller Kräfte. Aus dieser Haltung heraus entstand die mythische Welt der Götter, Zauberer, Riesen und Hexen, wie sie in Märchen und Sagen anzutreffen ist. Das Kind im vierten Lebensjahr hat nun eine Vorliebe für Märchen und Erzählungen, wo diese geheimnisvollen Wesen vorkommen, man kann sagen, es sei im »Märchenalter«. Interessant ist, daß es nicht nur gern Geschichten hört, sondern auch daran glaubt. Durch die Märchenwelt erfährt das Kind nicht nur eine Bereicherung seines Gefühlslebens, sondern übt überdies seine Phantasievorstellungen. Es zeigt auch sonst eine lebhafte Phantasie, erfindet ganze Geschichten, schmückt Begebenheiten bis zur Unkenntlichkeit aus. Seine Träume sind ebenfalls sehr lebhaft, bisweilen spielt ihm die Phantasie einen Streich, und es hat dann Angst vor seinen eigenen Ausgeburten.

Während es sich im Trotzalter zum Teil absonderte und isolierte, zeigt das Kind nun großes Verlangen, mit anderen Menschen zusammenzusein, mit ihnen zu reden und auch an ihren Gefühlen teilzuhaben. Es besteht eine starke Tendenz, Eltern und Geschwister nachzuahmen, auch ein Bedürfnis nach gemeinsamer Betätigung in einer Gruppe, wie sich an den Spielen beobachten läßt. Es handelt sich aber noch nicht um ein echtes Zusammengehörigkeitsgefühl, sondern um eine Gemeinsamkeit der momentanen Spielinteressen. Die Spiele bedürfen jedoch einer Leitung von außen her, von größeren Kindern oder Erwachsenen, die Anleitungen geben und Regeln aufstellen.

Im Gestaltungsspiel, wie Bauen, Ausschneiden, Sandspielen, Malen und Zeichnen, zeigt sich nun der Gestaltungs- und Betätigungsdrang des Kindes. Daneben steht das Bedürfnis, ein begonnenes »Werk« auch zu Ende zu führen.

Bei der Entwicklung des Zeichnens ist die Parallele zur Sprachentwicklung auffallend. Anfänglich hat das Kind beim Zeichnen keine Darstellungsabsicht, es ist reine Spielfreude und Nachahmung, wenn es kritzelt. Das Kritzelstadium würde demnach sprachlich der Lallperiode entsprechen. Später benennt das Kind nachträglich die zufällig entstandenen Gebilde, dann schon während des Zeichnens (»Das wird ein Haus!«); schließlich sagt es seine Zeichenabsicht schon vorher. Das Kind hält in seiner Zeichnung anfänglich nur das fest, was es am meisten gefühlsmäßig beeindruckt (Pars-pro-toto-Prinzip), so z. B. vom Menschen nur Gesicht, Arme und Beine ohne Rumpf. Während die Formen erst mannigfaltig sind, werden sie später nüchterner und schematischer. Diese »Schemazeichnungen« sind eigentlich Zeichnungen aus dem Gedächtnis, das Kind zeichnet nämlich alle vier Räder bei einem Wagen, auch die man nicht sieht, ebenfalls das Innere des Hauses gleichzeitig mit dem Äußeren, Frontal- und Profilseite zusammen usw. Sprachlich könnte man die Schemazeichnungen mit den Begriffen vergleichen, die ja auch nur die wesentlichen Merkmale der Gegenstände enthalten.

Das Kind im Ernstspielalter will bereits etwas leisten wie die Großen. Es übernimmt mit Freude kleine Aufträge, will sich nützlich machen und vermag auch zeitweise eine echte Arbeitshaltung einzunehmen. Der Unterschied zwischen Spiel- und Arbeitsverhalten ist aber noch fließend. Bei längerer Dauer einer Arbeit gleitet diese leicht ins Spielerische ab. Die Arbeitshaltung zeigt aber schon jetzt starke Ausprägungsunterschiede; das eine Kind ist fleißig und bleibt eher bei einem begonnenen Werk, bemüht sich auch beim Spiel um die Überwindung von Schwierigkeiten, ein anderes wird schnell ungeduldig, wenn ihm etwas nicht gleich gelingt, und ist eher verspielt. Im Zusammenhang mit dem Arbeitsverhalten wächst auch ein gewisser Sinn für Regeln und Ordnung, der ebenfalls individuell verschieden ist. So kann ein Kind sehr genau sein und verschiedene Handlungen immer in der gleichen Reihenfolge vornehmen, seine Spielsachen auch immer an den gleichen Ort räumen, ein anderes nimmt es mit der Ordnung viel weniger ernst.

Der Wandel von der Spiel- zur Arbeitshaltung führt auch zu einer weiteren Entwicklung des Wollens. Während das Kind im Trotzalter seine Fähigkeit zu wollen erstmals entdeckte und sie ziellos übte, hat das Kind jetzt eine Zielvorstellung bei seinen Absichten vor Augen. In zunehmendem Maße ordnet sich das Wollen der Einsicht unter. Das jüngere Kind lehnte impulsiv jeden fremden Willenseinfluß ab, nun wird es zugänglicher für eine einsichtsvolle Begründung: Es wird zusehends »vernünftiger«.

Gefühlsmäßig ist das Kind sehr auf den Mitmenschen eingestellt, es zeigt nun echtes Mitgefühl im Unterschied zur früheren bloßen Gefühlsansteckung. Es wird empfänglich für Freude und Nöte des Mitmenschen, während zuvor die Befriedigung der eigenen Wünsche und Bedürfnisse im Vordergrund stand; das Gemüt erwacht. Im allgemeinen geben sich Vier- bis Fünfjährige ausgesprochen gemütsbetont. Sie kümmern sich fürsorglich um ein jüngeres Kind, betreuen liebevoll Puppen und Tiere, pflücken Blumen für die Mutter u. ä. mehr. Das Ausmaß an Gemütsgaben ist jedoch individuell verschieden, allerdings sind an ihrer Entfaltung Erziehung und Umwelt maßgeblich beteiligt.

Der erste Gestaltwandel

Um die Mitte des sechsten Lebensjahres verändert sich das Kind schon rein äußerlich stark. Die Extremitäten strecken und verstärken sich, Kopf und Bauch verlieren ihr relatives Übergewicht. Der Rumpf ändert seine walzenartige Form, der Hals wird länger und kräftiger, die Taille bildet sich aus. Auch der Zahnwechsel setzt nun ein. Diese Veränderung im Körpererscheinungsbild wird allgemein als *erster Gestaltwandel* bezeichnet.

Auch im nichtkörperlichen Bereich ist eine Umstrukturierung festzustellen. Neue Kräfte setzen ein, anfangs noch disharmonisch, das Verhalten ist zum Teil widerspenstig, die Gefühle sehr labil und heftig in ihren Ausbrüchen. Die teilinhaltliche (analytische) Auffassungsweise setzt sich nun endgültig gegenüber der früheren ganzheitlichen durch. Selbst unter erschwerenden Bedingungen erfaßt das Kind nun die Teile eines Wahrnehmungsganzen, was zu einer erhöhten Genauigkeit und Objektivität der Auffassung führt. Die Formbeachtung steht jetzt vor der Farbauffassung, während das Kind des Ernstspielalters noch vorwiegend die Farbe beachtete. Die Ausprägung der teilinhaltlichen Wahrnehmungsweise ist die Voraussetzung für das spätere analytische Denken.

Mit dem körperlichen Wachstum des motorischen Systems der Arme und Beine geht auch ein erhöhter Drang nach Bewegung und Tätigkeit einher. Das Kind ist übermütig, tollt den ganzen Tag herum, balgt, schreit und lärmt und ist schwer zu bändigen. Das Verhalten schwankt allerdings zwischen Kraftüberschuß und Schlappheit, wirkt uneinheitlich. Nicht einmal bei den Spielen scheint das Kind mehr mit der gleichen Freude beteiligt, es beginnt sich zu langweilen.

Durch die Verstärkung des motorischen Systems kann das Kind nun auch sein Bewegungsfeld erweitern. Es strebt so wie in der Trotzphase wieder sehr nach Unabhängigkeit und Selbstbestimmung und läßt sich nur widerstrebend etwas sagen. Sein mitmenschliches Verhalten wechselt zwischen Zuneigung und Abneigung, zwischen Gehorsam und Widerspruch. Dieses Gegeneinander verschiedener Einstellungen führt zu einer vorübergehenden Desorientierung. Das Kind scheint zwischen zwei Polen hin- und hergerissen und weiß selbst nicht genau, was es will. Dadurch wird seine Entschlußfähigkeit herabgesetzt, was wiederum zu einem Mangel an Geduld und Ausdauer führt. Die typischen Interessen des Kleinkindes lassen nach, neue sind noch nicht erwacht, eine Art innere Leere tritt ein, die das Kind mit Unruhe und Umtrieben auszufüllen versucht. Allerdings verspürt es stark das Bedürfnis, neue Erfahrungsbereiche kennenzulernen. So wird es langsam reif für die Schule.

Die Stimmungen des Kindes sind stark schwankend, es wirkt unausgeglichen und launisch, fällt leicht und scheinbar grundlos von einem Extrem ins andere, dabei gerät es schnell in Wut, schon kleine Anlässe können zu Zornausbrüchen und Tränen führen. Es fühlt sich unsicher, es ist nicht mehr Kleinkind, aber auch noch nicht Großkind, das Selbstwertgefühl steht auf schwankendem Boden, was auch der Grund für die gesteigerte Labilität des Kindes dieser Altersstufe ist. So ist es schnell gekränkt, kommt sich zurückgesetzt vor und reagiert je nach Temperament mehr mit Tränen oder mit Widerspenstigkeit.

Viele Verhaltensstörungen, wie z. B. Bettnässen, Angstzustände, Aggressivität, Zerstörungsdrang, hysterische Reaktionen, Schlaf- und Sprachstörungen, können in dieser Periode des körperlichen und seelischen Wandels auftreten. Die Affekte, die in besonderem Maße die innere Ordnung stören, machen den ersten Gestaltwandel zu einer kritischen Zeit im Leben des Menschen. Gerade in diese Phase fällt jedoch für viele Kinder der Zeitpunkt zum Eintritt in die Schule. Kurz sei hier deshalb das Problem der Schulreife beleuchtet.

Als Definition der Schulreife wird nach H. Hetzer die Fähigkeit angesehen, »sich in Gemeinschaft gleichaltriger durch planmäßige Arbeit traditionelle Kulturgüter anzueignen«. Als wesentliche Voraussetzungen dafür werden genannt: »Bereitschaft zur Übernahme von Aufgaben, Unterscheiden von Spiel und Arbeit, Arbeitswille, Einordnung in die Schulklasse als Arbeitsgemeinschaft, zielstrebige ausdauernde Arbeitsweise, Unabhängigkeit von ständiger Betreuung durch die Familie« (^{5}1955, 40 f). Betrachtet man diese von einem schulreifen Kind verlangten Eigenschaften, so kann man drei Reifeformen außer der leiblichen unterscheiden: die intellektuelle, arbeitsmäßige und soziale Reife.

Als Anzeichen der erlangten körperlichen Reife ist die Wandlung der Kleinkindform zur Großkindform anzusehen, die intellektuelle Reife ist erreicht, wenn die Umstellung von der ganzheitlichen zur teilinhaltlichen Auffassungsweise vollzogen ist, denn erst sie ermöglicht die Auffassung der Details, die für das Erlernen von Lesen, Schreiben und Rechnen wichtig sind. Notwendig für die arbeitsmäßige Schulreife ist die Entwicklung der Aufmerksamkeit, die nicht mehr so labil und rasch nachlassend sein darf wie beim Kleinkind, da das Kind dem Unterricht ja konzentriert folgen soll. Für die soziale Schulreife ist es wichtig, daß das Kind nicht mehr so abhängig von der Mutter und der Familie ist, daß es mit fremden Menschen wie dem Lehrer und den Mitschülern zusammensein und arbeiten kann.

Die körperliche Schulreife wird einerseits vom Arzt, der seelisch-geistige Entwicklungsstand mit Hilfe verschiedener Entwicklungs- und Schulreifetests diagnostiziert. Sinnvollerweise sollten diese Untersuchungen vor Eintritt in die Schule erfolgen, um Kinder, bei denen einwandfrei Schulunreife festgestellt worden ist, von der Einschulung zurückzustellen und so zu vermeiden, daß sie durch die schlechten Leistungen, die sie erzielen, entmutigt werden und frühzeitig die Freude an der Schule verlieren. Schulunreife und trotzdem eingeschulte Kinder sind außerdem zum Sitzenbleiben prädestiniert.

Man muß sich aber darüber im klaren sein, daß mangelnde Schulreife nicht mit einem Mangel an Intelligenz gleichgesetzt werden darf. Schulreife sagt nur etwas über den augenblicklichen leib-seelischen Entwicklungsstand aus, der mit dem anlagemäßigen Grad der Intelligenz unmittelbar nichts zu tun hat. Selbstverständlich gibt es auch Kinder, die aufgrund von Intelligenz- oder Sinnesdefekten, geistigen Krankheiten usw. keine normale Schule besuchen können, doch gehört diese Problematik nicht zum Begriff der Schulreife. Deshalb spricht man heute statt von Schulreife besser von dem weiter gefaßten Begriff der Schulfähigkeit und meint damit den ganzen Komplex von Fähigkeiten und seelischer Verfassung (der natürlich die körperliche und seelische Reifelage mit einschließt), der vorhanden sein muß, wenn das Kind in der üblichen Form zusammen mit anderen dem Unterricht folgen soll.

Zwischen sechseinhalb und sieben Jahren ist die Großkindform durchschnittlich ausgeprägt. Nach dem Längenwachstum und den Proportionsverschiebungen bleibt die Körperform in der Folgezeit nun so, wie sie im Gestaltwandel entstanden war. Da sich vor allem die Affektivität auch nicht mehr so gleichgewichtsstörend auswirkt, tritt nun das Denken wieder mehr in den Vordergrund.

Die mittlere Kindheit

Im *mittleren Kindesalter*, dem Zeitraum zwischen sechseinhalb und neun Jahren, ist das Kind ganz nach außen gewandt und möchte die Umwelt geistig erobern. Während das Erleben des Kleinkindes vorwiegend von der Innenwelt getragen war, geht der Schwerpunkt jetzt auf die Außenwelt über. Das Kind betrachtet die Welt nicht mehr subjektiv von seiner Phantasie und seinen Vorstellungen aus, sondern nimmt Abstand mit Hilfe seines Verstandes. Das Weltbild verändert sich wieder: Zwar hat eine gewisse Versachlichung bereits im Ernstspielalter eingesetzt, doch vermochte das Kind Schein und Wirklichkeit in seinem Bewußtsein nicht zu unterscheiden. Jetzt lernt das Kind beides voneinander zu trennen; Schein und Realität bestehen aber gleichzeitig nebeneinander und behalten ihren Reiz. Doch im Verlauf der weiteren Entwicklung gewinnt die Wirklichkeit mehr an Interesse, während die Scheinwelt an Interesse verliert. Wirklich ist für das Kind die wahrgenommene, konkret-gegenständliche Welt. Diese jedoch noch weitgehend unreflektierte Geisteshaltung bezeichnet man als *naiven Realismus*.

Im Zuge der Versachlichung der Welt fällt nun auch die Märchenwelt dahin, da sie eine unwirkliche, aus der Phantasie entsprungene Scheinwelt ist. Obwohl das Kind nun Wirklichkeit und Nichtwirklichkeit voneinander unterscheiden kann, glaubt es mehr oder weniger noch an Märchen, wechselt aber immer wieder in die reale Welt hinüber, wenn es etwa bei einer Erzählung einwirft: »Aber das gibt es doch gar nicht.« Dieses Schwanken zwischen Realität und Illusion ist für die mittlere Kindheit sehr charakteristisch. Später findet das Kind die Märchen dumm und läßt nur mehr Sagen und Erzählungen aus früheren Zeiten gelten.

Die Wendung zum Realismus kann man auch an den Kinderzeichnungen feststellen. Das Kind verstreut nun die Figuren nicht mehr wahllos, sondern reiht sie auf, stellt Häuser auf einen Grundstrich, die Proportionen und die Einzelheiten sind richtiger dargestellt. Es entwickelt eine gesteigerte Beobachtungsgabe, die die Voraussetzung für die vermehrten Erfahrungen bildet, die es nun sammelt. Damit zusammen geht eine kritische Distanz gegenüber der Außenwelt, die das Kind jetzt einnimmt, die sich schon im Gesichtsausdruck, besonders dem der Augen, verrät. Es blickt nun nicht mehr naiv die Welt an, sondern nimmt die Umwelteindrücke kritisch prüfend zur Kenntnis. Auch mit seinen kritischen Äußerungen beweist das Kind, daß es nicht mehr alles glaubt, sondern bewußt denkend verarbeitet.

Beim Großkind kann man zwischen dem zweiten und dem vierten Schuljahr einen doppelt so großen Wortschatz feststellen. Auch gebraucht es mehr Zeitformen als früher, gleichzeitig damit wird der Satzbau durch Nebensatzbildung erweitert. Beim Lernen verhält sich das Kind ausgesprochen mechanisch-assoziativ, es prägt sich einen Inhalt ein, ohne nach dem Sinn zu fragen, auch ohne ihn zu verstehen, worin der Nachteil liegt, daß ohne Einsicht in die logischen Zusammenhänge Wissen angeeignet wird; das wiederum führt dazu, daß es leichter vergessen wird. Bei den meisten Kindern ist das Erlebnisgedächtnis gut ausgeprägt, vor allem das Sinnen- oder Anschauungsgedächtnis. Das, was man mit den Sinnen wahr- und aufgenommen hat, wird leicht gemerkt und behalten. Dieses Wahrnehmungsgedächtnis ist die Grundlage des anschaulichen Denkens, das diese Altersstufe kennzeichnet.

Das Kind im mittleren Kindesalter, das ganz nach außen auf die Mit- und Sachwelt gerichtet ist, strebt nun auch nach anderen Menschen jenseits der Grenzen der Familie. Es will sich in Gruppen Gleichaltriger eingliedern, mit Kameraden seine körperlichen und geistigen Kräfte messen. Doch ist die Kameradschaft noch nicht stabil; wer heute der beste Freund war, wird morgen verprügelt und umgekehrt. Bei den Spielen werden Gemeinschafts-, Gestaltungs- und Bewegungsspiele bevorzugt, was dem gesteigerten Bewegungsdrang und der Vitalität Rechnung trägt.

Auch in der Wahl des Spielzeugs drückt sich der zunehmende Realismus aus. Im Unterschied zum Kleinkind, das sich unter Umständen auch mit einem Stoffbündel als vorgestellter Puppe zufriedengab, muß es jetzt eine möglichst wirklichkeitsgetreue sein.

Der Wissensdrang, der sich in vielem Fragen, in Lesefreude und praktischer Betätigung äußert, führt nun zu einer ersten Differenzierung der Interessen. Entsprechend der individuellen Veranlagung legt sich die Wißbegierde des Kindes auf verschiedene Gebiete und verfestigt sich. Sonderinteressen können sich jetzt schon entwickeln, doch werden dabei Interessen für andere Gebiete nicht ausgeschlossen.

Auch die Einstellung zur Arbeit verfestigt sich. Im mittleren Kindesalter trennen sich Spiel- und Arbeitshaltung endgültig, das Kind weiß nun, daß Arbeit mit dem nötigen Ernst durchgeführt werden muß und Pflichtcharakter trägt, während es das Spiel wie auch der Erwachsene als Erholung, Unterhaltung oder Lohn nach der Arbeit ansieht. Beim jüngeren Kind gingen Spiel und Arbeit ja noch oft ineinander über und umgekehrt, es nahm die reine Arbeitshaltung nur gelegentlich ein und ermüdete rasch. Mit der Arbeitshaltung entfaltet sich auch die Konzentration der Wahrnehmungen und Gedanken auf bestimmte Gegenstände. Besonders wichtig ist dabei, daß die Wahrnehmungen durch die willkürliche Aufmerksamkeit nun bewußt gesteuert werden. Die Aufmerksamkeit schweift nicht mehr so schnell ab wie ehedem, sondern fixiert sich auf einen bestimmten Ausschnitt der Wirklichkeit. Dank der Erstarkung der Willenshaltung kann das Kind seine Energie für längere Zeit auf einen Inhalt konzentrieren, wodurch eine größere Ausdauer im Verhalten erreicht wird.

Lebensgefühl und Selbstgefühl erfahren im mittleren Kindesalter ebenfalls eine Steigerung. Das Lebensgefühl drückt sich sowohl in körperlicher Frische wie in der fast durchwegs gehobenen Stimmung aus und geht mit einem starken Eigenmachtsgefühl einher. Da das Kind nach der labilen Zeit des Gestaltwandels nun auch körperlich leistungsfähiger ist, entwickelt es eine Art gesunden Vertrauens in seine neuen leiblichen und geistigen Kräfte, was nicht selten zu einer Überschätzung dieser Kräfte führt, da Selbstreflexion und -kritik noch fehlen. Das starke Eigenmachtsgefühl zeigt sich vor allem im Auftreten des Kindes. Der Gesichtsausdruck ist offen, es redet freimütig, vorbei ist die kleinkindliche Ängstlichkeit und Scheu, oft ist es frech und übermütig. Im Zusammenhang mit der Verselbständigung und der Wendung nach außen tritt auch die Gemütsbetonung zugunsten einer langsam zunehmenden Verstandesbetonung in den Hintergrund. Kinder dieses Alters sind nicht mehr so zärtlich und anhänglich, wie die Kleineren es waren, eine Lockerung der Gefühlsbande zur Familie ist spürbar.

Die reife Kindheit

In der Zeit zwischen neun und elfeinhalb Jahren stellt der aufmerksame Beobachter eine erneute Veränderung im Verhalten des Kindes fest. Es gibt sich nun bewußter, sein Spiel zeigt neue Formen, die mitmenschliche Begegnung gestaltet sich anders. Dieser Verhaltensänderung liegt eine Veränderung des kindlichen Ich zur Welt zugrunde, die damit auch zu einem neuen Weltbild führt. Körperlich gesehen gelangt die Großkindform zur höchsten Ausprägung. Im jetzigen *späten Kindesalter* ist ein Gleichgewichtszustand der Kräfte erreicht: Leib, Seele und Geist befinden sich in einer harmonischen Ausgewogenheit, wie sie früher und später selten ist.

Auch der Realismus, der sich bereits im mittleren Kindesalter geltend gemacht hatte, erreicht nun seine vollste Ausprägung und kann manchmal in einen regelrechten Wirklichkeitsfanatismus ausarten, der alles Unbe-greifliche, Phantastische radikal ablehnt. Besonders Knaben nehmen jetzt einen betont nüchternen Charakter an, Sachlichkeit ist das Ideal dieses Alters, dem sich Phantasie und Gefühl beugen müssen.

Das Interesse des Kindes richtet sich besonders auf die Gesetzmäßigkeiten, die hinter den Dingen und Vorgängen wirken. Es will in die Erscheinungen Ordnung bringen, indem es versucht, allgemeingültige Beziehungen zwischen den Dingen herzustellen. Das Vermögen, allgemeine Beziehungen zu erfassen, hängt mit der Entwicklung der Abstraktionsfähigkeit zusammen, zugleich erwacht auch der Sinn für das Gesetzhafte. In Begriffsbildung und Urteil macht das Kind durch die erhöhte Abstraktionsfähigkeit und die Beziehungserfassung ebenfalls Fortschritte und ist nun imstande, echte Definitionen zu geben, während es früher unechte gebrauchte, wie Beschreibungen, Beispiele, Stoffangaben usw.

Erlebnisinhalte nimmt das Kind nicht mehr naiv-gläubig hin, sondern es beginnt über sich selbst und die Mitwelt zu reflektieren. Durch die Reflexion auf das eigene Ich wird die Nachinnenwendung der Pubertät vorbereitet. Die Einstellung zur Umwelt wird kritisch. Charakteristisch für das späte Kindesalter wird nun ein Regeldenken: Richtungweisend ist das, was »man« denkt und tut. Es reflektiert dabei sowohl über seine Leistungen wie sein Aussehen und Verhalten und deren Wirkung auf die Mitwelt. Da das Kind sich und seine Leistungen anerkannt haben möchte, prüft es sich selbst kritisch und kontrolliert sich in Hinblick auf seine Wirkung auf die Mitmenschen. Der eigentliche Antrieb zur Selbstkritik ist also im Geltungsstreben zu suchen.

So beherrscht es jetzt allmählich seine Mimik und Gestik, man kann nicht mehr so leicht wie früher jede seelische Regung ablesen. Mit seinen Bewegungen geht es sparsamer um, auch die sprachlichen Äußerungen nehmen eine Form der langsamen Überlegung an, da das Kind seine Worte nicht mehr unbekümmert heraussprudeln läßt und sagt, was es denkt und fühlt, sondern sie eben unter dem Gesichtspunkt ihrer Wirkung auf die Umwelt kontrolliert.

Die Kritik an fremden Personen richtet sich besonders auf Eltern und Lehrer, deren Worte und Handlungen auf ihren Wert und ihre Richtigkeit hin überprüft werden. Kameraden betrachtet das Kind in bezug auf ihre körperlichen Eigenschaften und Leistungen, die Bewertung erfolgt jedoch noch sehr nach reinen Äußerlichkeiten.

Im mittleren Kindesalter war das Kind erscheinungsgläubig an das konkret Wahrnehmbare gebunden. Jetzt sucht es kritisch nach einer Begründbarkeit eines Vorgangs durch eine allgemeine Gesetzlichkeit. Das heißt, daß an die Stelle des *naiven* Realismus ein *kritischer* Realismus tritt, der sich im höheren Jugendalter noch vertieft. Der kritische Realismus wirkt sich in sämtlichen Bereichen des kindlichen Erlebens und Handelns aus.

In der reifen Kindheit zeigt das Kind noch mehr überschäumende Vitalität, ist ständig unternehmungslustig mit ausgeprägtem Bewegungs- und Tätigkeitsdrang. Der vitale Kraftüberschuß verleitet besonders Knaben zu mancherlei Streichen, es ist ein regelrechtes Lausbubenalter – um sich ein Bild davon zu machen, denke man etwa an die »Lausbubengeschichten« von Ludwig Thoma. Auch die Sammlerleidenschaft erwacht; gesammelt wird systemlos alles, was unter die Finger kommt und irgendwie brauchbar erscheint. Das Verhalten in Spiel und Alltag ist stark vom Geltungsstreben beeinflußt. Zugleich verbindet sich damit ein Streben nach Macht und führt zur Ausbildung von Rangordnungen unter den Kindern und zur Wahl von Klassen-, Gruppen- und Spiel-»Chefs«.

In der Spielgemeinschaft macht sich nun langsam ein Unterschied der Geschlechter bemerkbar, sowohl in der Art der Spiele wie in der Struktur der Spielgruppen. Knaben bevorzugen eher Kampf-, Wett- und Laufspiele, Mädchen Geschicklichkeits- und gymnastische Spiele. Bisher war es den Kindern gleichgültig, ob ihr Spielpartner gleichen oder anderen Geschlechts war. Mit der nun vorherrschenden kritischen Einstellung ändert sich dies, da die Knaben als Maßstab vor allem körperliche Kraft und Leistung nehmen und die Mädchen dabei meistens nicht mithalten können. Umgekehrt finden Mädchen die Knaben oft zu grob, wild und großtuerisch. So besteht die Tendenz, die Spiele mit Kindern des anderen Geschlechts herabzusetzen, ein Junge, der bei den Mädchen mitmacht, wird schief angesehen und umgekehrt.

In bezug auf den Mitmenschen ist das Großkind fasziniert von imponierenden Erscheinungen, Verhaltensweisen und Leistungen und wählt sich nun Vorbilder, denen es nachzueifern versucht. Während beim Kleinkind ausschließlich die Eltern das Vorbild waren, haben nun fremde Menschen oder Heldenfiguren solche Vorbildwirkung. So entstehen Ideale, die einen bestimmenden Einfluß auf den selbstgesteuerten Persönlichkeitsaufbau nehmen, zunächst aber noch auf das Äußerliche und nicht auf den Charakter beschränkt sind.

Die Grundlagen für den Entwicklungsfortschritt im Großkindalter sind im vorangegangenen Altersabschnitt zu suchen, wobei die Neuerwerbungen weniger funktioneller als inhaltlicher Natur sind. Jede Funktionsübung und -vervollkommnung steht ausschließlich im Dienste der Erfahrungssammlung und ihrer Verarbeitung: So wird diese Periode zur eigentlichen Lernzeit des Menschen.

Der Einbruch des kommenden Jugendalters bedeutet einen Wendepunkt in alledem, eine völlig neue Einstellung zu sich und zur Welt erwacht. Die Jugendentwicklung verläuft auf drei Ebenen: der biologisch-sexuellen, der sozialen und der geistigen. Diese drei Entwicklungszüge lassen sich nach Inhalt, Ziel, Tempo und Verlauf deutlich voneinander trennen. Sie treten nicht nur in unterschiedlicher Ausprägung, sondern auch mit zeitlichen Verschiebungen auf. Die sexuelle, soziale und geistige Entwicklung verläuft nicht synchron. Der Beginn der sozialen und der sexuellen Reifung fallen zwar zusammen, sind jedoch nicht zur gleichen Zeit abgeschlossen, da die soziale Reife nicht vom körperlichen Reifungszustand, sondern vom Urteil der Gesellschaft abhängt. Die geistige Reifung, die ja besonders auf Weckung und Förderung von außen angewiesen ist, kann deshalb erheblich später als die sexuelle und soziale Reifung eintreten oder unter ungünstigen Umständen sogar völlig ausfallen.

Im Auftreten der ersten leiblichen Reifungszeichen wird im allgemeinen das Ende der Kindheit und der Anfang der *Frühpubertät* gesehen. In ihr beginnt die Umstellung des Drüsensystems, die den zweiten Gestaltwandel einleitet und als Abschluß die Funktionsreife der Keimdrüsen hat. In der sozialen Entwicklung kommt es zu einem stürmischen Verselbständigungsdrang. Der Höhepunkt der Geschlechtsreifung ist mit dem Einsetzen der Menarche und der ersten Ejakulation erreicht und bildet den Anfang der leiblichen *Hochpubertät*, die durch die volle Funktionsfähigkeit der Keimdrüsen abgeschlossen wird. Es scheint, daß die erlangte Geschlechtsreife die Tendenzen zur Lösung vom Elternhaus und die Gefühlserregbarkeit weiter steigert, so daß es zu einer kurzen *Jugendkrise* kommt, die nochmals die bisher errungenen Persönlichkeitswerte in Frage stellt. Abgeschlossen ist die Jugendentwicklung mit dem weiteren Ausbau der Persönlichkeit zur vollen Männlichkeit und Weiblichkeit in der *Adoleszenz*, die mit einer Stabilisierung im sozialen und persönlichen Bereich einhergeht.

Die Frühpubertät

Der Einschnitt zwischen Kindes- und Jugendalter fällt wie der zwischen Klein- und Großkind besonders durch Veränderungen im leiblichen Erscheinungsbild auf. Einerseits sind es beginnende Reifungszeichen, andererseits der zweite Gestaltwandel, der bis zum achtzehnten bzw. neunzehnten Lebensjahr dauert. Beide Entwicklungszüge zeigen nicht nur hinsichtlich ihrer Formen, sondern auch bezüglich des Beginns und Verlaufs deutliche geschlechtsspezifische Unterschiede. Bei den Mädchen werden die ersten Zeichen geschlechtlicher Reifung durchschnittlich um das elfte bis zwölfte Lebensjahr sichtbar, bei den Knaben etwa ein Jahr später. Der zweite Gestaltwandel beginnt mit einem Längenwachstumsschub, der bei Mädchen ungefähr zwischen elf und dreizehneinhalb Jahren und bei den Knaben zwischen dreizehn und fünfzehneinhalb Jahren einsetzt, wobei der Körper allerdings nicht gleichmäßig davon erfaßt wird, sondern es wachsen in erster Linie die Extremitäten, und zwar die Beine mehr als die Arme. Der Rumpf dagegen bleibt vorerst kindlich, was zu Proportionsverschiebungen führt, die die großkindliche Gestaltharmonie auflösen.

Mit der Disharmonisierung der leiblichen Gestalt werden auch die Ausdrucksbewegungen des Körpers unausgeglichener. Die Bewegungen werden ungeschickt, unbeherrscht, fahrig und eckig, den Jugendlichen sind ihre langen Beine immer irgendwie im Weg, auch die Handgeschicklichkeit läßt nach. Der Gesichtsausdruck wird grimassierend, die Stimme rauh und überlaut, wozu der Stimmbruch bei den Jungen seinen Teil beiträgt. Das ganze Benehmen ist disharmonisch, das Verhalten wechselt stark zwischen entgegengesetzten Formen, einmal sind sie ausgelassen, dann wieder müde, frech oder schüchtern, vertrauensvoll oder feindselig, kraftstrotzend oder schwach. In der mitmenschlichen Begegnung werden ebenfalls negative und extreme Verhaltensweisen sichtbar.

Der am Beginn des Jugendalters Stehende zeigt in seinem Betragen Auflehnung, Trotz, Kritiksucht, Aggressivität, Isolierung und Gleichgültigkeit, die Frühpubertät ist eine Art zweites Trotzalter. Der Trotz der Jungen, der einem starken Eigenwillen und übersteigertem Geltungsbewußtsein entspringt, macht sich besonders in Frechheit und Angriffslust bemerkbar, was dieser Zeit auch den Namen »Flegeljahre« gegeben hat. Der Trotz der Mädchen hingegen erwächst eher aus innerer Unsicherheit und dem Versuch der Selbstverteidigung und führt zu einer Tendenz der Isolierung und versteckter Feindseligkeit.

Die Labilität im Verhalten bedingt auch einen Leistungsrückgang in der Schule, wo die Jugendlichen unaufmerksam, zerstreut und interesselos dasitzen.

Der Disharmonie im Äußeren entspricht eine innere Uneinheitlichkeit, ähnlich wie beim ersten Gestaltwandel, die beide erst in der Adoleszenz ihre Harmonie in der äußeren leiblichen Gestalt und in der Persönlichkeitsstruktur des künftigen Erwachsenen wiederfinden.

Die Zwiespältigkeit, die den Beginn des Jugendalters kennzeichnet, läßt sich auch im Denken und im Gedächtnis wiederfinden. Erst einmal kommt es zu einem weiteren Fortschritt durch die Umstellung vom anschaulichen (konkreten) zum unanschaulichen (abstrakten) Denken, wodurch es eine gewisse Vorstellungsunabhängigkeit gewinnt. Im Kindesalter war das Denken bekanntlich stark an konkrete Anschauungsbilder gebunden, das Kind verfügte noch wenig über abstrakte Begriffe. Dadurch, daß die unanschaulichen Bedeutungen nicht mehr von anschaulichen Bildern und Vorstellungen abhängig sind, kommt es zu einer größeren Beweglichkeit im Denken und Sprechen.

Die Umstellung zum abstrakten Denken bewirkt auch einen Fortschritt im schlußfolgernden Denken. Statt der früheren sach-logischen kommt es jetzt zu formal-logischen Denkoperationen. Zwar war schon das Großkind dazu fähig, jedoch immer stark von konkreten Inhalten und Zusammenhängen abhängig. Jetzt aber

Je mehr Jugendliche sich mit sich selbst beschäftigen, um so mehr ziehen sie sich von der Mitwelt zurück, gründen eine eigene Welt, in der nur ihre eigenen Maßstäbe zählen. Geltungsstreben und Unabhängigkeitsstreben des Einzelnen verlagern sich auch auf die Gruppe, die sich bewußt in Konfrontation zur Erwachsenenwelt organisiert. Die Gruppe fördert und behindert die Findung der Identität jedes einzelnen Gruppenmitgliedes. Sie schafft eine Identifizierung der Jugendlichen mit Gleichaltrigen.

sehen die Zwölf- bis Vierzehnjährigen das Regelhafte der Schlußformen und können eine logische Aufgabe ohne konkreten Inhalt lösen. Sie sind nun imstande, hypothetisch-deduktiv zu denken, und so eröffnet sich ihnen die Welt des Möglichen.

Erstaunlich ist, daß gerade in der Zeit, in der die Denkentwicklung große Fortschritte macht, die Intelligenzleistungen, wie sie in der Schule und in Testuntersuchungen verlangt werden, abnehmen. Der Grund liegt wahrscheinlich einerseits im durch die innere Erregung dieser Altersstufe bedingten Nachlassen der Konzentrationsfähigkeit, andererseits im Zwiespalt zwischen anschaulichem Sachdenken und abstraktem Wortdenken. Das abstrakte Denken ist noch nicht so geübt und erfolgt daher langsamer, wobei es unter Zeitdruck eben zu schlechteren Leistungen kommt.

Mit der Entwicklung des Denkens hängt auch eine Umstellung des Gedächtnisses zusammen: Das mechanische Gedächtnis wird vom sinnvoll-logischen Gedächtnis abgelöst. Es fällt dem Zwölf- bis Vierzehnjährigen nun immer schwerer, sich unverstandenes Material rein assoziativ wie im Kindesalter einzuprägen, seine Merkfähigkeit hängt weitgehend von der Einsicht in die Bedeutung des Gelernten ab. Statt wörtlichen Auswendiglernens wird nun versucht, den Stoff mit Hilfe des logischen Denkens zu behalten.

Neben dem sich entwickelnden Gedankengedächtnis ist aber noch das Anschauungsgedächtnis wirksam. Die Jugendlichen dieses Alters haben ein besonders lebhaftes Vorstellungsvermögen, sowohl was die Erinnerungs- als auch die Phantasievorstellungen betrifft. Die große Bedeutung, die das Bildhafte im Erleben des Jugendlichen besitzt, wird vor allem in den häufigen Tagträumen deutlich. Hier malt sich der Jugendliche Bilder aus, die alle Wünsche erfüllen, die ihm in der Wirklichkeit versagt bleiben. Mädchen neigen häufiger zu Tagträumen als Jungen. Je größer der Unterschied zwischen Traumwelt und Wirklichkeit ist und je stärker die Differenzen mit seiner Mitwelt, um so häufiger flieht der sonst schon zu Introversion neigende Jugendliche aus der realen Welt in seine Wunschwelt. Die Phantasiewelt bietet ihm ja eine mühelose Ersatzbefriedigung der Wünsche, während das wirkliche Erreichen erstrebenswerter Ziele Kraft und Willenseinsatz erfordert. Schwache Charaktere bleiben auf dieser Reifungsstufe stehen und flüchten sich auch als Erwachsene in eine Scheinwelt, wodurch sie den Anforderungen der Wirklichkeit nicht nachkommen können.

Das körperlich gestörte Gleichgewicht in der Frühpubertät macht sich auch erlebnismäßig in einer triebhaften Unruhe bemerkbar. Der Jugendliche weiß selbst nicht, was er will, wendet sich bald diesem, bald jenem Gebiet zu. Zu einem zeitweise starken Tätigkeitsdrang kommt noch ein regelrechter Erlebnishunger, wobei es ihm nicht so sehr auf besondere Inhalte ankommt, sondern auf das Erleben als solches. Er sucht Situationen, die ihm spannungsvolle Erregungen bescheren. Wo er in der Wirklichkeit keine Erfüllung findet, flüchtet er sich in die Phantasiewelt und sucht Ersatz in Gespenster-, Abenteuer- und Gruselgeschichten. Der Erlebnishunger ist auch der Grund für die Lesewut mancher Jugendlicher. Die Kehrseite des Erlebnishungers ist die Langeweile; sobald kein Reizmaterial mehr vorhanden ist, tritt eine innere Leere ein, die im Herumlungern auch äußerlich sichtbar wird. In den Zeiten des Unausgefülltseins springt besonders bei den Jungen in die innere Leere der nunmehr erwachende Geschlechtstrieb ein, was zu mannigfachen sexuellen Spielereien führen kann. Die größere Bewußtheit des Sexuellen führt dazu, daß die Jugendlichen ihre Unbefangenheit gegenüber dem Geschlechtlichen verlieren.

Je mehr der Pubertierende mit sich selbst beschäftigt ist, desto mehr zieht er sich von der Mitwelt zurück. Sein Verhältnis verschlechtert sich nicht nur zu den Erwachsenen, sondern auch zu den Gleichaltrigen. Auch distanzieren sich nun die Jungen von den Mädchen und umgekehrt; sie wollen untereinander bleiben, das andere Geschlecht wird als dumm verachtet. Diese »Trennung der Geschlechter« hängt auch mit der größeren Bewußtheit des Sexuellen zusammen, das andere Geschlecht wird als unheimlich-geheimnisvoll erlebt, wobei man nicht recht weiß, wie man ihm begegnen soll. Folglich verhält man sich diesem gegenüber feindselig oder spielt sich auf. Es darf hierbei aber nicht übersehen werden, daß diese Trennung der Geschlechter auch ein kulturbedingter Vorgang ist.

Der Reifende erlebt das Andersartige am anderen Geschlecht und fühlt sich in seiner Sicherheit gestört. Hier jedoch muß der Erzieher durch die Maske der Kühlheit und Isolierung hindurch die Empfindlichkeit und Unsicherheit des Heranreifenden erkennen und berücksichtigen, ihm dabei helfen, sich zu entfalten und sein ihm zugehöriges Dasein frei zu wählen. Denn Reifung des Menschen versteht sich nur im Hinblick auf dessen Selbstentfaltung zu Offenständigkeit und Freiheit.

Das Geltungsstreben und das Unabhängigkeitsstreben erfahren am Beginn des Jugendalters abermals eine Steigerung. Die Renommiersucht ist ein typischer Zug dieses Alters. Knaben prahlen dabei mit Leistungen und »Heldentaten«, Mädchen neigen dazu, vor ihren Freundinnen mit Erlebnissen sexueller Art anzugeben, die sie oft gar nicht gehabt haben. Dabei täuscht der Jugendliche aber sich selbst, indem er sein Selbstwertgefühl künstlich so aufbläst, bis er schließlich glaubt, er sei so großartig. In Wirklichkeit sucht er durch die übertriebene Betonung der äußeren Form seine innere Hohlheit und Wertarmut zu verbergen.

Zunächst lehnt der Halbwüchsige fremde Werte ab, ohne bereits eigene in sich gefunden zu haben, und kämpft so nicht *für* bestimmte eigene Ziele, sondern gegen fremde aus Prinzip. Wie im ersten Trotzalter ist es eine rein formale Übung der Willensfunktion, deshalb jagt er auch so verschiedenen Zielen nach und probiert abwechslungsweise verschiedene Tätigkeiten aus. Die Erhöhung der Willenskraft bewährt sich erst in den nächsten Phasen, wo eine eigene Wertwelt aufgebaut werden soll, für deren Realisierung sich der Wille einzusetzen hat.

In der Frühpubertät bahnt sich aber gerade durch den Abbau der bisherigen Werte und des an sich ziellosen Wollens eine wichtige Entwicklung an. Erst so kann der Weg freigelegt werden für den künftigen Aufbau einer eigenen Wertwelt und damit einer geschlossenen Persönlichkeit. Das Suchen und Kämpfen dauert noch in der Hochpubertät an und erreicht erst in der Adoleszenz einen vorläufigen Abschluß.

Die Hochpubertät

Die für die Frühpubertät charakteristischen Verhaltensweisen nehmen mit dem Beginn der *Hochpubertät* ein plötzliches Ende. Sie beginnt bei den Mädchen mit dem Eintritt der ersten Regelblutung, bei den Jungen mit der ersten Ejakulation und ist auch durch einen Umschlag der Wachstumstendenzen gekennzeichnet. Während in der Frühpubertät vor allem die Beine und Arme gewachsen waren, wird nun der Rumpf größer, die Disproportioniertheit des äußeren Erscheinungsbildes läßt damit nach.

Nicht nur im Leiblichen, auch im Seelischen wird nun ein Höhepunkt der Reifung erreicht. Die Innenwelt blüht auf, die Nachinnenwendung, die sich in der vorangehenden Phase passiv vorbereitet hatte, gelangt nun als aktive Introversion zum Durchbruch, indem sich Interesse und Aufmerksamkeit absichtlich dem psychischen Bereich zuwenden. Die wichtigste Folge der Wendung nach innen ist eine neue Entdeckung des Ich. Im Trotzalter war das Kind auf sein tätiges, Widerstände überwindendes »praktisches« Ich gestoßen, im späteren Kindesalter erwachte die kritische Einstellung zum eigenen Selbst, die aber auf das Äußerliche beschränkt blieb und sich nur auf das in den leiblichen Erscheinungen und Leistungen zeigende »phänomenale« Ich bezog. In der Hochpubertät entdeckt der Mensch nun sein »seelisches« Ich, er wendet seinen Blick nach innen und findet in sich die Welt der Gedanken, Stimmungen, Gefühle, Affekte und Strebungen. Aus der Wendung nach innen folgt die Entdeckung, daß die eigene erlebte Innenwelt völlig anders als die konkrete Außenwelt ist, aber auch verschieden von der seelischen Welt der Mitmenschen. Es kommt dem Jugendlichen zum Bewußtsein, daß er, der da denkt und fühlt, unverwechselbar und einmalig ist. Es ist »das (metaphysische) Grunderlebnis der Individuation« (Spranger [24]1955, 38), das ihm zuteil wird. Der junge Mensch horcht in sich hinein und denkt über sich nach, er neigt zur Selbstreflexion und Selbstkritik, bleibt nun aber nicht mehr bloß bei Äußerlichkeiten stehen, sondern sucht seinen Eigenwert in seiner Eigenart und seinem Charakter zu ergründen. Auf diese Weise gelangt er zum Selbstverstehen, indem er allmählich fähig wird, sein Handeln auf seine Motive und bleibenden charakterlichen Dispositionen zurückzuführen. Allerdings bewahrt die Selbstkritik den Jugendlichen nicht vor Selbstüberschätzung. Da er sich wichtig nimmt, erwartet er Anerkennung seiner Person auch von seiten der Mitmenschen. Für ihn sind seine Gedanken, Erfahrungen und Erlebnisse einmalig, und er fühlt sich darin absolut unverstanden von den Erwachsenen, die die Einzigartigkeit seiner Person selten respektieren, sondern nur auf die Begrenztheit seiner Meinungen und Eindrücke hinweisen.

Mit der bewußteren verinnerlichten Einstellung zu sich selbst hängt auch eine veränderte Einstellung zur Zeit zusammen. Das Kind ist, je jünger es ist, völlig dem gegenwärtigen Augenblick hingegeben, das Bewußtsein des Unwiederbringlichen fehlt ihm noch ganz. Normalerweise hat es weder an der Vergangenheit zu tragen noch die Sorge um die Zukunft, auch die Verantwortung für die eigene Lebensführung übernehmen die Eltern. Der Pubertierende bekommt, besonders wenn er bereits in der Lehre ist, langsam den Ernst des Lebens zu spüren und wird sich auch der Flüchtigkeit der Zeit und der Vergänglichkeit menschlichen Lebens bewußt. Der Augenblick erhält plötzlich Gewicht für den Jugendlichen, und er erlebt, daß er selbst für sich die Verantwortung tragen und seinem Leben einen Sinn geben muß.

Neben die Beachtung des eigenen Seelenlebens tritt die reflektierende und kritische Betrachtung des Seelenlebens anderer. Der Jugendliche versucht die Handlungen der Mitmenschen, der Eltern, Lehrer, Kameraden, und deren äußeres Verhalten auf die inneren Beweggründe zurückzuführen. Wo ein Ergebnis negativ ausfällt, sucht sich der Heranwachsende dem Einfluß besonders von Autoritätspersonen zu entziehen.

Durch das Erfassen auch der inneren, psychischen Wirklichkeit im Gegensatz zu der rein äußerlichen räumlichen Wirklichkeit des Kindes hat nun das Weltbild des Pubertierenden eine bedeutsame Erweiterung erfahren. Dieser Fortschritt ist nur möglich durch den Erwerb von Auffassungskategorien für seelische Vorgänge und Zustände und durch eine Zunahme der sprachlichen Fähigkeit, sich über Seelisches zu äußern. Das Kind kannte nur die nötigen Kategorien zur Bewältigung der äußeren Wirklichkeit, der Jugendliche erfaßt nun auch die zur Verarbeitung der inneren Wirklichkeit. So erlangt er erst in der Hochpubertät die Fähigkeit, das Verhalten eines Menschen aus den seelischen Hintergründen zu verstehen und den Mitmenschen nach seiner Wesensart zu beurteilen.

Jetzt wird er reif für die verstehende Deutung des Geistigen, sowohl für das Geistige im Einzelnen wie auch für das Geistige in der Kultur. Dieses geisteswissenschaftlich-verstehende Denken verfeinert und vertieft sich im Lauf des Jugendalters und vervollständigt das durch die rein naturwissenschaftlich-erklärende Denkweise einseitige Weltbild des Kindes. Das naturkausale Erklären reicht ja nur aus, die den mechanischen Gesetzen folgende materielle Wirklichkeit zu erkennen, das teleologische Verstehen erst ermöglicht ein Eindringen in die Welt des Geistes und der Freiheit. Auch bezieht sich das geisteswissenschaftlich-verstehende Denken nicht auf die materielle Wirklichkeit, sondern auf das ideelle Reich der Werte. So erhält der Pubertierende nun auch Zugang zur Welt der Werte. Wertinhalte werden als Ideen bezeichnet und das auf sie bezogene Ideendenken als *Vernunft*, die mehr ist als der *Verstand*. Verstanden wird ein sachlich-logischer Zusammenhang. Die Fähigkeit, Wahrnehmungsinhalte gedanklich-begrifflich durchzugliedern, ist die unabdingbare Voraussetzung für ein zweckmäßiges Verhalten. »Vernunft« dagegen ist von »vernehmen« abgeleitet, vernommen wird der Ruf bestimmter Verbindlichkeiten, die aus dem Zusammenleben mit anderen in der gleichen Kulturgemeinschaft entstehen. Die Vernunft ist das eigentliche »Organ« der spezifisch menschlichen Verantwortlichkeit. Durch die Wertideen werden erst die Bindungen geschaffen, die den egoistischen Wünschen Schranken setzen und den Menschen dadurch für das selbständige Leben mit anderen in der Gemeinsamkeit einer Kulturwelt reif machen. Diese Entwicklung muß sich in der Hochpubertät vollziehen.

Der Pubertierende nimmt Erscheinungen und Zusammenhänge des geistigen Lebens nicht einfach hin, sondern durchdenkt sie kritisch, indem er zu geschichtlichen Ereignissen und Persönlichkeiten, zu verschiedenen Formen des Zusammenlebens oder zu moralischen Standpunkten, zu Kirche und Staat wertend Stellung nimmt. Der tiefere Sinn davon liegt im allmählichen Finden eines eigenen Wertstandpunktes.

Die Art der kritischen Stellungnahme zeigt deutlich die wesentlichen Züge des jugendlichen Denkens: Es ist rational, radikal, kompromißlos und voraussetzungslos. Der Jugendliche überschätzt meistens seine erst erworbene Fähigkeit des abstrakten Denkens und meint, das ganze Leben in wenigen Schlagwörtern und allgemeinen Sentenzen einfangen zu können. Der Fülle des Lebens aus Mangel an Erfahrung noch nicht gewachsen, tendiert er dazu, alles möglichst zu vereinfachen und zu rationalisieren. So beurteilt er auch den Wert oder Unwert eines Menschen vorschnell nach rationalen Formeln durch einfache Typisierungen und Verallgemeinerungen. Dadurch gibt es für den Heranwachsenden kompromißlos oft nur einen Standpunkt, er ist noch nicht imstande, Gegensätze vermittelnd auszugleichen wie der reife Mensch, möchte bei der Lösung aller kulturellen Fragen möglichst voraussetzungslos von vorne anfangen und ist insofern in seiner Grundhaltung unhistorisch und traditionslos.

Der Rationalismus des Jugendlichen steht in eigenartigem Gegensatz zum sonstigen Gefühlsüberschwang des Reifenden. Bei näherer Betrachtung geht aber auf, daß Wünsche und Sehnsüchte, Gefühle und Neigungen stark in das Denken mit eingehen. Man könnte sagen, der Verstand wird als Schutzwall gegen die allgemeine Gefühlsbetontheit gebraucht, gegen die Gefahr, vom überquellenden Gefühl fortgetragen zu werden.

Die jugendliche Kritik, die aber doch größtenteils nur an der Oberfläche des gesellschaftlich-traditionellen Lebens bleibt, hat hauptsächlich einen subjektiven Gewinn: Sie entfaltet Unterscheidungs- und Kritikvermögen, öffnet den Blick für Werte und bereitet eine künftige Mitarbeit an der Kultur vor. Aus dem Problemerlebnis wächst der Antrieb zur Verbesserung des Bestehenden und zur Weiterbildung an demselben, und nur dadurch gelangt der Heranwachsende zu einem lebendigen Verhältnis zu Kultur und Gesellschaft. Sozial- und Kulturkritik ist somit Voraussetzung für eine lebendige Tradition und eine weiterführende Neuschöpfung im kulturellen Bereich.

Unter den Strebungen nach individuellem Selbstsein treten in der Hochpubertät der Unabhängigkeits- und Geltungsdrang stark hervor, und zwar in der besonderen Form des Erwachseneinwollens. Schon in den äußeren Lebensformen wie Kleidung und Gewohnheiten vergleichen sich die Jugendlichen mit den Erwachsenen und wollen es ihnen gleichtun. Sie fühlen sich nicht mehr als Kinder und wehren sich, wenn man sie nicht für voll nimmt und sich in ihre Angelegenheiten einmischt. Die Vierzehn- bis Siebzehnjährigen, die im Begriff sind, sich selbst zu finden, betonen ihren Selbstwert und lehnen fremde Einflüsse ganz bewußt ab, während die Zwölf- bis Vierzehnjährigen nicht genau wissen, was sie wollen, und sich unbewußt gegen jede Autorität auflehnen (Tumlirz [3]1958, 58).

Das vorher erwähnte Streben nach selbständiger und kritischer Stellungnahme zu den überlieferten Werten hängt auch mit dem Erwachsenseinwollen zusammen. Der Reifende wendet sich nacheinander verschiedenen Wertgebieten zu, um das seiner Veranlagung und seinen Neigungen entsprechende zu finden, das später einmal eine zentrale Stellung einnehmen soll.

Die Bedeutung des eigenen Selbst wird durch die Hinlenkung der Aufmerksamkeit auf das Ich in der Hochpubertät von den Jugendlichen übersteigert erlebt. Sie nehmen sich selbst und ihre Gefühle ungeheuer wichtig, überschätzen ihre Erfahrungen und sind von der Bedeutsamkeit ihrer Urteile überzeugt. Jeder, der sie nicht ebenso ernst nimmt, ist ihr Feind. Sie sind hochgradig selbstbezogen, und da sie zu sehr mit sich beschäftigt sind, sind sie nicht fähig, sich in andere hineinzuversetzen. Auch in Freundschaften suchen sie letztlich sich selbst und erwarten vor allem Verständnis. Dadurch, daß sie sich in den anderen nicht echt einfühlen können, ist die Kontaktfähigkeit stark vermindert. Die Hochpubertät ist die Zeit der größten Kontaktarmut, die je nach bleibendem Einstellungstypus verschieden stark ausgeprägt ist und auch vom Verhalten der Mitwelt abhängt. Fehlt es in der Umgebung an wirklichem Verständnis für den Jugendlichen, wird er sich mehr verschließen und zurückziehen.

Zur Tendenz der Selbstbeachtung gehört auch das Streben nach Selbstdarstellung, aus dem die Versuche künstlerischer Gestaltung verständlich werden, die nun vermehrt zu beobachten sind. Fast jeder versucht vorübergehend zu zeichnen oder zu dichten. Auch das Schauspielern entspricht dem jugendlichen Darstellungsstreben. Viele entwickeln eine Leidenschaft fürs Theaterspielen, man muß dafür ja nicht eigentlich schöpferisch sein, es genügt, wenn man eine passende Rolle findet, um sich selbst darzustellen.

Das Erwachen des Eigenwertstrebens gehört zur »geistigen« Pubertät und tritt bei vielen Jugendlichen daher kaum oder gar nicht auf, da es ja kein zwangsläufig erfolgender biologischer Reifungsprozeß ist. Erwacht das Eigenwertstreben aber dank günstigen Umwelteinflusses, dann regt sich der Wille zur Selbstgestaltung und Selbstvervollkommnung sowohl im Sinne der Selbstbildung als auch der Selbsterziehung. Die Selbstbildung entfaltet die persönlichen Begabungen weiter und befriedigt die geistigen Interessen durch die Lektüre von Büchern aus bestimmten Wissensgebieten, durch den Besuch von Ausstellungen oder Konzerten, durch die Auseinandersetzung mit religiösen und philosophischen Fragen. Dieses Streben nach Selbstgestaltung steht in engem Zusammenhang mit der Selbstdarstellung, denn in allen Selbstdarstellungsversuchen gestaltet der Mensch unbewußt sich selbst mit. Die Selbsterziehung manifestiert sich im Einhalten von äußeren Sitten und Umgangsformen sowie von inneren sittlichen Normen. In der Selbsterziehung erstarkt auch die Fähigkeit zur Disziplinierung und Beherrschung der eigenen Regungen und zeigt sich in einer größeren Geordnetheit und Zielstrebigkeit des Verhaltens. Dieser einsetzende Wille zur Selbstgestaltung und -erziehung ist der eigentliche Beginn der geistigen Pubertät, die bewußte Selbstgestaltung ist der Anfang eines neuen Entwicklungsstadiums.

Es beginnt ein langer, mühsamer Weg, der in der Jugend mit größten Schwierigkeiten verbunden ist, auch im Erwachsenenalter weiter beschritten werden muß und als Aufgabe erst mit dem Ende des Lebens erfüllt ist. Im Säuglingsalter erfolgte das seelische Wachstum unbewußt nach biologischen Gesetzmäßigkeiten, im Klein- und Großkindalter vollzog es sich durch die Gebote und Verbote, womit die Erwachsenen auf den Willen des Kindes einwirkten, sowie auch durch den Einfluß der Bildung durch eine Steuerung von außen, jetzt in der Hochpubertät übernimmt der Jugendliche die eigene Lenkung und Führung und steuert nun seine weitere innere Entwicklung in hohem Maße selber. Er wird zum Selbstgestalter seines Schicksals.

Der Prozeß der Selbstgestaltung kommt sowohl durch ein Zusammenwirken von inneren Antrieben wie auch äußeren Anstößen zustande; Verlauf und Ausmaß der Selbstformung hängen vom Grad der Wertempfänglichkeit, der Willenskraft und von den Umwelteinflüssen wie Atmosphäre im Elternhaus, Bildungseinwirkungen und Kontakt mit verschiedenen Persönlichkeiten ab. So ist die Selbstgestaltung nicht bei jedem Jugendlichen gleich wirksam. Manche bleiben schon in den Anfängen stecken, andere beginnen vehement und erlahmen später, bei manchen erstreckt sie sich nur auf einen bestimmten Lebensbereich, z. B. den Beruf. Im Verlauf der Selbstgestaltung entsteht allmählich ein »Lebensplan«, eine Richtung, die das innere Leben nimmt, Leitlinien des Lebens. Das Leben erscheint dem Heranreifenden als ein kontinuierliches Ganzes und nicht mehr als eine Abfolge von Augenblicken wie noch dem Kind, und er weiß, daß er für dessen sinnvolle Gestaltung nun selbst die Verantwortung trägt. So beginnt er sein Leben in Hinblick auf die Zukunft zu führen, im Bewußtsein, daß das Erreichen bestimmter Lebensziele nicht vom Glück allein, sondern von seiner persönlichen Leistung abhängt.

Jugendkrise und Adoleszenz

Die vor der Adoleszenz auftretende *Jugendkrise* ist ähnlich wie die vorangegangenen emotionalen Phasen des ersten Trotzalters, des Gestaltwandels und des Flegelalters von motorischer Unruhe, Labilität und gesteigerter Affektivität gekennzeichnet. Der schon berufstätige Jugendliche wird plötzlich arbeitsunlustig, will den Arbeitsplatz wechseln, der Schüler hat keine Lust mehr, in die Schule zu gehen, er möchte lieber arbeiten und Geld verdienen. So schwanken beide in ihren Leistungen und in ihrer Konzentrationsfähigkeit.

Manchmal nimmt die Zeit zwischen sechzehn und siebzehn den Charakter einer ernsten Lebenskrise an, in Briefen und Tagebüchern werden oft ohne ersichtlichen äußeren Anlaß Selbstmordgedanken geäußert, was auf eine tiefe Verstimmung und geistige Desorientiertheit schließen läßt. Die Selbstmordziffer nimmt erschreckend zu.

In der darauffolgenden Zeit zwischen siebzehn und einundzwanzig, der *Adoleszenz*, tritt dann eine Harmonisierung des Menschen in allen Bereichen ein. Im

Selbstgestaltung und Selbstzerstörung. Die Lebensangst ist zu einem Hauptproblem unserer Zeit geworden. Ihre Wurzeln liegen im Kindesalter. Selbstverwirklichung fordert die Erkenntnis wirklichkeitsnaher Ideale. Neben der Entwicklung des Denkens (unten) besteht ein besonders lebhaftes Vorstellungsvermögen fort. Der Pubertierende zieht sich zurück (links) und öffnet sich gleichzeitig neuen Gruppierungen. Jugendliches Denken ist rational, radikal, kompromißlos und voraussetzungslos. Zu seinem Tätigkeitsdrang kommt sein Erlebnishunger, der ihn bei ausbleibender Erfüllung dazu bringen kann, aus Langeweile und mangelnder Sinngebung sein Leben zu verfehlen (rechts).

Leiblichen kommt es zur endgültigen Ausprägung der Gestalt und zur Vollendung der geschlechtsspezifischen Reifezeichen, auch im Ausdruck gewinnt die Motorik wieder Maß und Beherrschtheit, die Bewegungen werden ruhiger, geordnet und zielgerichtet, das ganze Wesen wird ausgeglichener, in Schule und Beruf nehmen die Leistungen wieder zu.

In der Hochpubertät hatte sich der Jugendliche von der Außenwelt abgewandt und seine eigene innere Welt entdeckt, sich kritisch mit seinem Ich auseinandergesetzt. Im Verlauf des Selbstfindungsprozesses versuchte er Klarheit über sich zu gewinnen und Stellung zur Welt zu beziehen. In der Adoleszenz wendet er sich nun vermehrt der Außenwelt zu, Kontaktbedürfnis und -bereitschaft treten an die Stelle der Verschlossenheit. Bisher stand die Reifung vor allem im Dienste der Ich-Findung, auch im Mitmenschen suchte der Jugendliche letztlich nur sich selbst, jetzt aber beginnt »der junge Mensch dadurch zu reifen, daß er sich von der dauernden Beschäftigung mit dem eigenen Inneren ab der Welt und dem Leben zuzuwenden anfängt, dessen Pulsschlag er fühlen, das er in allen Gestaltungen erfassen und in sich einsaugen will« (Ch. Bühler 1923, 117 f). Reisen und Fahrten, Geschichte und Tradition fremder Menschen und Völker beginnen ihn zu interessieren, und er tut den letzten Schritt zur sozialen Reifung. War der Jugendliche in der Hochpubertät ganz auf sein Eigenleben konzentriert und suchte jede nicht selbst gewählte Autorität als Zwang und Freiheitsberaubung abzustreifen, öffnet er sich in der Adoleszenz nun auch fremden Einflüssen und beginnt zu verstehen, daß Autorität, Gesetze und Ordnung notwendig sind. Erst wenn er sich selbst gefunden und seine Eigenart zu einem gewissen Grad verwirklicht hat, wird er auch reif für die gesellschaftliche und staatliche Ordnung.

In dem Maße, wie die starke Gefühlsbetonung der Hochpubertät abnimmt, treten Denken und Fühlen in ein ausgeglicheneres Verhältnis. Die Intelligenzentwicklung ist in der Hochpubertät im wesentlichen abgeschlossen, eine weitere Entfaltung besteht jetzt in der Übung der Gebrauchsfertigkeit der schon früher erlangten Funktionen des abstrakten und geisteswissenschaftlich-verstehenden Denkens, wobei starke interindividuelle Unterschiede auftreten, die einerseits in der anlagebedingten Denkbegabung, andererseits in den bildungs- und milieubedingten Übungsmöglichkeiten ihre Ursache haben.

Die für die Adoleszenz typische Wendung nach außen führt auch zu einer Versachlichung des Denkens, das Weltbild wird wieder realistischer. Der Jugendliche läßt sich nicht mehr, wie noch das Kind, von den oberflächlichen Erscheinungen beeindrucken; in der Hochpubertät kam ihm schon zu Bewußtsein, daß es neben der sinnlich-greifbaren Welt noch eine andere geben muß, die zwar nicht »real«, aber darum nicht minder wirklich ist und Gültigkeit besitzt. Diese Welt der Ideen und Werte wurde in der Hochpubertät von ihm teilweise stark überschätzt. Die Zuwendung zu der realen Welt in der Adoleszenz bringt den Jugendlichen wieder auf den Boden der Wirklichkeit, die er kritisch betrachtet, nun im Wissen auch um die Innerlichkeit. Die zunehmende Wirklichkeitsnähe in der Adoleszenz leitet zum Realismus des Erwachsenen über, ohne jedoch bereits in diesen zu münden. Idealismus und Realismus halten sich noch die Waage, der Jugendliche hat seine idealisierende Kraft und seine Begeisterungsfähigkeit für große Ideen und Ideale noch nicht verloren wie viele Erwachsene, ohne aber wie der Pubertierende die Wirklichkeit zu verkennen und zu übersehen. Jetzt beurteilt er auch den Einzelnen nicht mehr bloß nach allgemeinen Grundsätzen, die Kompromißlosigkeit macht einem besseren Verständnis der individuellen Veranlagung des Mitmenschen und seiner konkreten Situation Platz.

Die Versachlichung des Denkens führt dazu, daß der Jugendliche sich bemüht, die Fülle von Kenntnissen aus Schule und Beruf, die er sich in verschiedenen Wissensgebieten angeeignet hat, zu ordnen und zu einem geschlossenen Weltbild zu vereinen. Dieses Streben nach einer tragfähigen Weltanschauung wird auch noch größtenteils im Erwachsenenalter, eigentlich das ganze Leben hindurch, andauern. So kommt es, daß sich manche Jugendliche auf der Suche nach einem einheitlichen Weltbild mit den Weltbildern der großen Philosophen auseinandersetzen und selbst zu philosophieren beginnen. Allerdings sind solche »philosophischen Anwandlungen« noch kein Anzeichen für eine tatsächliche philosophische Begabung.

Die Interessen erfahren im Zuge der Wendung nach außen ebenfalls eine Versachlichung und eine zunehmende Verfestigung. Eine eigentliche Fixierung erfolgt aber erst in Zusammenhang mit der Festigung der Gesamtpersönlichkeit im Erwachsenenalter. Nachdem der Heranwachsende die Welt der Werte für sich entdeckt hat, möchte er diese als gültig erkannten Werte auch in die Wirklichkeit umsetzen, sei es in den Bereichen von Wissenschaft, Kunst, Technik, Wirtschaft, Politik, Recht oder Erziehung. Dieser Wunsch nach Verwirklichung beeinflußt so die Wahl seines Studiums und späteren Berufes.

Bei vielen Heranwachsenden zeigt sich der Schaffensdrang in der Form des Leistungsstrebens, der mit der Erlangung des leib-seelischen Gleichgewichts und dem daraus folgenden gesunden Lebensgefühl eng zusammenhängt. Ebenso trägt umgekehrt das Schaffen, besonders wenn es Erfolge erzielt, zu einer Vermehrung des Glücksgefühls und der Lebenslust bei.

Waren die Pubertierenden vom Gefühlsrausch erfüllt, subjektiv in ihrer Grundhaltung, zeigen die Adoleszenten allmählich eine objektivere Grundhaltung, die sie erst befähigt, die eigene Person hinter der Sache, der sie dienen, zurücktreten zu lassen. Die Realitätszunahme im Denken spielt in vielen rein sachlichen und wissenschaftlichen Berufen eine Rolle und stellt ein hohes Ziel der persönlichen Reife dar, das der Heranwachsende erst jetzt anstrebt, aber in der Adoleszenz noch nicht voll erreichen kann.

Die Entdeckung der persönlichen Wertwelt führt auch zu einem letzten Schritt der geistigen Verselbständigung: Die Formung des Charakters vollzog sich in den Pubertätsjahren durch den Einfluß einer geistig hochstehenden Persönlichkeit, die zu den Werten führte. Der Jugendliche vermochte die Werte des Guten, Schönen und Wahren nur in konkreter, vor allem personaler Darstellung zu erleben. Von jetzt an vollzieht sie sich in der unmittelbaren Bindung an die Werte selber, erhält allgemeine Gültigkeit und Verbindlichkeit, unabhängig von aller konkret an-

Die Eroberung der Welt. Seine eigene Wirklichkeit fordert der Jugendliche im Ausbruch aus der Wirklichkeit der Erwachsenen. Seine Sehnsüchte spiegeln sich im Film. Die Begegnung mit der Wirklichkeit,

die akzeptiert werden kann, geschieht nicht mehr dort, wo der Jugendliche selbst sich befindet, sie wird in die jugendliche Phantasie zurückverlagert.

schaulichen Darstellung. Das ist für die sittliche Entwicklung des Jugendlichen von größter Bedeutung. Der Heranwachsende kann nun von Wahrheitsliebe, Pflichtgefühl und Verantwortungsbewußtsein erfüllt sein, allein der Stimme seines Gewissens folgen ohne Rücksicht auf erzieherische Autoritäten.

Der Wille erhält durch den Schaffensdrang, in dem das starke Verlangen nach Wirken und Leistung zum Ausdruck kommt, ebenfalls neue Impulse. Die Organisation der *inneren* Energie auf die Bewältigung von Aufgaben stärkt und kräftigt auch die *äußere* Willenshaltung. Damit ist ein wichtiger Schritt vom Jugend- zum Erwachsenenalter getan, denn Reife besteht unter anderem darin, daß eine geformte Persönlichkeit in der Welt zu wirken vermag. Die Selbstgestaltung ist also nicht bloßer Selbstzweck, sondern eine Vorbedingung zu einer Gestaltung der Außenwelt. Soll diese gelingen, muß es in der Adoleszenz zu einem Ausgleich zwischen innerer und äußerer Willenshaltung kommen.

Der wichtigste Schritt zur geistigen Reife vollzieht sich aber im Bereich des Werterlebens durch die Konsolidierung der eigenen Wertwelt. Das Kind war in seinem Werterleben noch weitgehend unselbständig, schwankend und einseitig. Im Verlauf des Großkind- und Jugendalters trat dann eine immer weiter fortschreitende Differenzierung ein. Erst in der Hochpubertät aber begann eine bewußte Verselbständigung, wenngleich sie nur unvollständig blieb, da der Pubertierende ja noch von anschaulichen Vorbildern abhängig war. In der Adoleszenz kann der Jugendliche sich von diesen personalen Verkörperungen der Wertwelt lösen, die Verselbständigung gelingt, und er kann sich nunmehr an allgemeine Menschheitsideale binden.

Charakteristisch für die persönliche Wertwelt ist, daß die verschiedenen Wertrichtungen nicht in einem Verhältnis der Nebenordnung, sondern der Über- und Unterordnung stehen. Für den Aufbau dieser persönlichen Welt ist es daher vonnöten, daß sich die verschiedenen Wertrichtungen einer führenden unterordnen. Welche Wertrichtung bestimmend ist, hängt sowohl von der Anlage als auch von den Bildungseinflüssen ab. Aus der Differenzierung der Werte entsteht eine Strukturierung, die führende Wertrichtung tritt in den Mittelpunkt des Erlebens. Je nachdem, welche Richtung die zentrale Stellung innehat, unterscheidet dann Spranger (1930) verschiedene Typen von Menschen: den mehr theoretischen, praktischen, ästhetischen, sozialen, religiösen oder politischen. Diese Typen bezeichnet er als »Lebensformen«.

In diesem Sinne hat das Kind, das ganz im Erlebnis des Augenblicks aufgeht und von Eindruck zu Eindruck springt, noch keine Lebensform und kein »Zentrum der Person«, das seinem Erleben eine einheitliche Richtung und einen geschlossenen Zusammenhang gäbe. Erst wenn sich ein Zentrum herausgebildet hat, das entsprechend seiner individuellen Organisation bestimmte Eindrücke auswählt und bewahrt, entsteht als Lebensform die Einheit und Geschlossenheit der Persönlichkeit, deren Ausbildung in der Hochpubertät ihren Anfang nahm. Dort begann ja das versuchsweise Durchprobieren der verschiedenen Wertgebiete, das dann in der Adoleszenz seinen Fortgang nahm, mit dem Ziel, das persönliche, eigene, dem Wesen entsprechende zu finden. Der Aufbau der persönlichen Wertwelt verfestigt gleichzeitig auch die Werterlebnisse und Werturteile, die nicht mehr so wie beim Kind noch von außen beeinflußbar und von den veränderlichen subjektiven Einstellungen abhängig sind, da das Werterleben nunmehr im Kern der Persönlichkeit verankert wird.

Der Adoleszenz kommt eine große Bedeutung für den Aufbau des Charakters zu. Einerseits verfestigt sich der Kern des Charakters durch die persönliche Werthaltung, andererseits zeigt sich auch der Erfolg der bisherigen Fremd- und Selbsterziehung im Bereich des Willens. Willensstarke und -schwache lassen sich ebenso wie Anstrengungsbereite und -scheue deutlich erkennen. So bildet sich schließlich in der Adoleszenz der Charakter als relative Konstante bezüglich des persönlichen Wertstrebens, Wollens und Fühlens aus, der im weiteren Verlauf des Lebens ziemlich unveränderlich bestehen bleiben wird, wenn der Mensch nicht allzu großen Erschütterungen ausgesetzt ist.

Die Entwicklung des Einzelnen weicht vom durchschnittlichen Entwicklungsverlauf in Tempo und Rhythmus vielfach ab. Diese Verschiedenheiten liegen in der Anlage begründet, aber auch durch die Umwelteinflüsse kann der Grad der Ausprägung der einzelnen entwicklungsspezifischen Züge bestimmt werden. Insgesamt stellt sich die ganze Entwicklung als ein fortlaufender Individuierungsprozeß dar, dessen Ergebnis ein individuell geprägter Mensch ist, unverwechselbar mit jedem anderen. Der tiefste Sinn der ganzen Kindes- und Jugendentwicklung liegt in der mehr und mehr fortschreitenden Verselbständigung.

Schlußbemerkungen

Mit dem Ende des Jugendalters ist die Entwicklung des Menschen aber nicht abgeschlossen. Zwar gibt es künftig keine raschen tiefgreifenden und deutlichen Veränderungen mehr, die Entwicklung vollzieht sich langsam, kaum merklich, in feinen Details. Die weiter zunehmende Versachlichung und Verfestigung trägt zu einer immer deutlicheren Profilierung der Individualität bei. Das Gefühl, in der Jugend überschwenglich und überbetont, tritt immer mehr hinter Denken und Wollen zurück. Auch die Intelligenzleistungen verschieben sich von den zu Anfang des Erwachsenenalters noch starken formal-logischen Operationen immer mehr in Richtung Erfahrung, Kritik und Urteilsselbständigkeit. Diese vielfältigen Umstrukturierungen bilden die unerläßliche Voraussetzung für die Reife der Persönlichkeit.

Dieses ideale Ziel liegt jenseits der biologischen Entwicklung und wird daher nicht naturnotwendig erreicht, sondern muß von jedem einzelnen durch ständiges Bemühen angestrebt werden. Es ist die Aufgabe der Selbsterziehung, diesem Ziel näherzukommen, und verlangt viel Anstrengung und Verzicht auf selbstische Wünsche, zu dem aber nicht jeder in gleichem Maße fähig und bereit ist. Daher erlangt auch nicht jeder den gleichen Grad von Persönlichkeitsreife.

Die Reifung des Menschen muß, um mit Condrau (1981) zu sprechen, vor allem in Hinblick auf dessen Selbstentfaltung zu Offenheit und Freiheit, zu Verantwortung und Gewissen verstanden werden, wobei »Offenheit« und »Freiheit« meint, auf etwas eingehen können, ohne sich zugleich anpassen zu müssen oder davon absorbiert zu werden. Zu einem freien Offensein gehört die Möglichkeit, nicht ja sagen zu müssen, sondern auch nein zu sagen, nicht durch andere bestimmt und manipuliert zu werden, sondern sich selbst sein zu können, Konflikte auszuhalten, Entscheidungen zu treffen, aber auch die eigenen Grenzen zu erkennen. Freiheit darf nicht als ein völlig ungebundenes egoistisches Ausleben aller triebhaften Strebungen aufgefaßt werden, nicht als eine ausschließliche Freiheit *von* etwas, sondern hauptsächlich als Freiheit *zu* und *für* etwas.

Reif ist ein Mensch nur dann, wenn er in diesem wahren Sinne frei ist. Frei sein heißt Offensein des Menschen für das Begegnende und darauf entsprechend seiner ihm gegebenen Möglichkeiten sachgerecht antworten. Für Condrau (a. a. O.) heißt dieses »sachgerecht«: »unmittelbar auf die Welt bezogen, frei von Vorurteilen, frei von fremder Meinung, frei von der Gebundenheit an das ›man‹, heißt aber auch: freies Verhältnis zu den Mitmenschen und Gegebenheiten dieser Welt, offen für den Reichtum der begegnenden lebenden und toten Natur, erschlossen auch für die Begegnung mit dem Irrationalen, Unerforschten und Unerforschbaren, frei für das Leben und das Sterben. Der Mensch steht immer zu diesem Ende seines Seins in einem Verhältnis – dieses aber bestimmt auch weitgehend letztlich seine Reifung.«

Literatur

ABRAHAM, K.: Versuch einer Entwicklungsgeschichte der Libido auf Grund der Psychoanalyse seelischer Störungen. Neue Arbeiten zur ärztlichen Psychoanalyse, 11, 1924, 1–96

AFFEMANN, R.: Krank an der Gesellschaft. Stuttgart 1973

ANSEMANN, A.: Ist die menschliche Jugend ein bloßer Entwicklungsprozeß? In F. Blättner, A. Busemann u. a. (Hg.): Die pädagogischen Gezeiten. Freiburg 1956

BERNA, J.: Erziehungsschwierigkeiten und ihre Überwindung. Bern ²1959

BLÄTTNER, F.: Probleme einer Theorie des Lernens. Beitrag zu einer historischen Jugendkunde. Die Erziehung, 9, 1934

BÜHLER, CH.: Das Seelenleben des Jugendlichen. Jena 1923
Kindheit und Jugend. Leipzig 1931

BÜHLER, K.: Die geistige Entwicklung des Kindes. Jena 1921

BUSEMANN, A.: Krisenjahre im Ablauf der menschlichen Jugend. Ratingen 1953

BUYTENDIJK, F. J. J.: Die Frau. Köln 1953

COMENIUS, J. A.: Informatorium der Mutterschul. Hg. v. J. Heubach, Päd. Forschungen, 16. Heidelberg 1962

CONDRAU, G.: Psychosomatik und Psychotherapie. In G. Condrau, A. Hicklin (Hg.): Leiben und Leben. Beiträge zur Psychosomatik und Psychotherapie. Bern 1977
Entwicklung und Reifung. In F. Böckle, F.-X. Kaufmann, K. Rahner, B. Welte (Hg.): Christlicher Glaube in moderner Gesellschaft, Bd. 6. Freiburg, Basel, Wien 1981

DARWIN, CH.: Die Entstehung der Arten durch natürliche Zuchtwahl (1859). Stuttgart 1967
Die Abstammung des Menschen und die geschlechtliche Zuchtwahl (1871). Stuttgart 1966

ERIKSON, E. H.: Identität und Lebenszyklus. Frankfurt/M. 1966

ERISMANN, TH.: Was ist Entwicklung? Die Erziehung, 3, 1928

ESCALONA, S.: Betrachtungen zum Wandel der Kleinkindpflege in neuerer Zeit. In G. Bittner (Hg.): Erziehung in früher Kindheit, Texte. München 1968

FLITNER, A. (Hg.): Wege zur pädagogischen Anthropologie. Heidelberg 1963

FORDHAM, M.: Vom Seelenleben des Kindes. Zürich 1948, Tb.-Ausg. München 1970

FREUD, A.: Wege und Irrwege in der Kinderentwicklung. Bern, Stuttgart 1968

FREUD, S.: Drei Abhandlungen zur Sexualtheorie (1905). G. W. V. Frankfurt/M. ⁵1972
Das Ich und das Es (1923). G. W. XIII. Frankfurt/M. ⁷1972

FRÖBEL, F.: Ausgewählte Schriften. 2 Bde. Hg. v. E. Hoffmann. Bad Godesberg 1951

GESELL, A., : The ontogenesis of infant behavior. In L. Carmichael (Ed.): Manual of child psychology. New York ²1954

GROOS, K.: Das Seelenleben des Kindes. Berlin 1911

HANSEN, W.: Entwicklung des kindlichen Weltbildes. München ³1952

HELL, D.: Der Gebrauch von Cannabis unter den Jugendlichen Zürichs. Präventivmedizin, 15, 1970, 331–357

HETZER, H.: Kind und Jugendlicher in der Entwicklung. Wolfenbüttel ²1950

Das Kleinkind wächst heran. Geistig-seelische Gesundheitsführung. Lindau ⁵1955

HILLEBRAND, M. J.: Die Aktivität der Seele in ihrer anthropologischen und pädagogischen Bedeutung. Z. Päd. Psychol., 36, 1935

JEAN PAUL: Flegeljahre. Sämtl. Werke, I/10. Weimar 1934

JUNG, C. G.: Wirklichkeit der Seele. Zürich ³1947

Die Beziehungen zwischen dem Ich und dem Unbewußten. Olten ⁷1972

KADINSKY, D.: Die Entwicklung des Ich beim Kinde. Bern, Stuttgart 1964

KLAGES, L.: Grundlegung des Wissens vom Ausdruck. Leipzig ⁵1936

KLEIN, M.: Das Seelenleben des Kleinkindes. Stuttgart 1962

KROH, O.: Entwicklungspsychologie des Grundschulkindes. Langensalza ¹⁹1944

LERSCH, PH.: Der Aufbau der Person. München ⁸1962

MEILI, R.: Anfänge der Charakterentwicklung. Methoden und Ergebnisse einer Längsschnittuntersuchung. Bern, Stuttgart 1957

METZGER, W.: Die Entwicklung der Erkenntnisprozesse. In: Hdb. der Psychologie, Bd. III: Entwicklungspsychologie. Göttingen 1959, 404–441

MOERS, M.: Die Entwicklungsphasen des menschlichen Lebens. Ratingen 1953

NEUMANN, E.: Das Kind, Struktur und Dynamik der werdenden Persönlichkeit. Zürich 1963

NICKEL, H.: Entwicklungspsychologie des Kindes- und Jugendalters. Bern, Stuttgart, Wien 1972

OERTER, R.: Moderne Entwicklungspsychologie. Donauwörth ¹²1973

PESTALOZZI, J. H.: Mutter und Kind (Briefe an Greaves). Hg. v. H. Lohner u. W. Schohaus. Zürich, Leipzig o. J.

PETZELT, A.: Kindheit – Jugend – Reifezeit. Grundriß der Phasen psychischer Entwicklung. Freiburg 1951

PIAGET, J.: Psychologie der Intelligenz. Zürich, Stuttgart 1948, Tb.-Ausg. München 1976

PREYER, W.: Die Seele des Kindes. Leipzig 1895

REMPLEIN, H.: Die seelische Entwicklung des Menschen im Kindes- und Jugendalter. München, Basel 1971

ROTHACKER, E.: Die Schichten der Persönlichkeit. Bonn ⁸1969

ROUSSEAU, J.-J.: Emile. Hg. v. M. Rang. Stuttgart 1963

RÜFNER, V.: Die Entfaltung des Seelischen. Einführung in die vergleichende Psychologie. Bamberg 1947

SPITZ, R.: Die Entstehung der ersten Objektbeziehungen. Stuttgart 1957

Hospitalismus, I, II: Die anaklitische Depression. In G. Bittner (Hg.): Erziehung in früher Kindheit, Texte. München 1968

SPRANGER, E.: Lebensformen. Halle 1930

Psychologie des Jugendalters. Heidelberg ²⁴1955

STERN, W.: Psychologie der frühen Kindheit. Heidelberg 1952

STOCKERT, F. G. v.: Einführung in die Psychopathologie des Kindesalters. Berlin, München ²1949

TERNUS, J.: Die Abstammungsfrage heute. Regensburg 1948

THOMAE, H.: Entwicklungsbegriff und Entwicklungstheorie. In: Hdb. der Psychologie, Bd. III. Göttingen 1959a, 3–20

Entwicklung und Prägung. In: Hdb. der Psychologie, Bd. III. Göttingen 1959b, 240–311

TUMLIRZ, O.: Die Reifejahre. Bad Heilbrunn ³1958

UNDEUTSCH, U.: Das Verhältnis von körperlicher und seelischer Entwicklung. In: Hdb. der Psychologie, Bd. III. Göttingen 1959, 329–357

WICKES, F. G.: Analyse der Kinderseele. Untersuchung und Behandlung nach den Grundlagen der Jungschen Theorie. Stuttgart 1931

WINNICOTT, W. D.: Collected papers. Through pediatrics to psycho-analysis. London 1958. Dt.: München 1976

ZELLER, W.: Wachstum und Reifung. In: Hdb. der Erbbiologie des Menschen, Bd. II. 1940

Alois Hicklin

Menschliche Begegnungen und Beziehungen

Übersicht: Man sagt, der Mensch sei heute einem Überangebot an Kontaktmöglichkeiten ausgesetzt, wenn nicht gar von ihnen dank der elektronischen Übertragungsmöglichkeiten überschwemmt, andererseits leide er an einer zunehmenden Kontaktarmut, möglicherweise sogar am meisten dort, wo Menschen unmittelbar beieinanderwohnen. Vor allem ist der Frei-Raum des heutigen Menschen für Begegnungen und Beziehungen eingeengt, welche das Offen- und Freisein für ein tieferes, emotionales und zeitlich längerfristiges Engagement erfordern. Störungen im Bereich des Kontaktes und der Beziehungsfähigkeit liegen allen sogenannten seelischen und psychosomatischen Krankheiten zugrunde; diese Formen eines spezifisch menschlichen Krankseins entpuppen sich in ihrem Wesen als Einschränkungen des freien Vollzugs menschlicher Beziehungsmöglichkeiten. Letzten Endes ist sogar das, was Sinn und Wesen menschlicher Existenz ausmacht, ein »In-Beziehung-Stehen«. In diesem Beitrag wird versucht, über derartige Zusammenhänge etwas genauer nachzudenken und sie etwas besser auszuleuchten, ohne allerdings genaue Rezepte für dieses oder jenes Beziehungsproblem vorzulegen. Er erarbeitet jedoch Verstehungsgrundlagen, von welchen aus Lösungsmöglichkeiten für individuelle Beziehungsschwierigkeiten gesucht und versucht werden können.

Es gehört zu meinem Arbeitsalltag, morgens früh mit meinem Auto in die Praxis zu fahren. Ich schätze mich glücklich, daß ich dabei zu einem großen Teil über Land und eine kleine Hügelkette fahren kann und mich nicht in schleichenden Wagenkolonnen durch städtische Engpässe und künstliche Verkehrshindernisse in Form von Verkehrsampeln zwängen muß. Den einzigen Verkehrspolizisten auf meinem Wege an einer Straßenkreuzung, wo zwei Verkehrsachsen mit Tausenden von Fahrzeugen allmorgendlich aufeinandertreffen, empfinde ich wie einen liebgewordenen Bekannten, obwohl weder er mich näher kennt noch ich mit ihm persönlich bekannt bin. Ich grüße ihn immer mit einem kleinen Lächeln, gelegentlich mit einem Kopfnicken und einem kurzen Handzeichen. Wenn einmal sein Kollege dort steht, fehlt er mir.

Was mir auf meinem Weg sonst noch alles so begegnet? Wie verschieden die Sonne am Horizont aufgehen kann, die unterschiedlichen Stimmungen des Himmels und der Wolken, die Berge im Hintergrund, bald klirrend vor Schnee, bald grau vor sich hindämmernd, bald in morgenlichen Purpur getaucht, die verschiedenen Farben der Felder und des Bodens im jahreszeitlichen Wechsel, »mein Berg«, einmal schneefrei, dann wieder mit verschneiten oder vereisten Straßen.

Heute höre ich noch Radio, ein Kunterbunt von Melodien, Nachrichten und

Zwischenbemerkungen des Sprechers. Etwas macht mich stutzig! Halb glossierend, halb ernst gemeint berichtet der Sprecher von der »Entdeckung« eines amerikanischen Psychiaters. Dieser habe herausgefunden, daß Weinen gesund sei. So weit, so gut. Was mich nachdenklich stimmt, ist dessen Begründung: In den Tränen fänden sich nämlich bestimmte Stoffe, deren Ausscheidung für die Gesundheit von Wichtigkeit sei! Seine Devise: Weinen Sie, um die Ausscheidung des Stoffes X oder Y zu fördern. Das Thema beschäftigt mich, ich werde nachdenklich, ich übersehe Natur und Wetter, fahre völlig automatisch und grüble vor mich hin: Wie *begegnet* dieser Psychiater wohl einem Menschen, der weint? Was sieht er? Was für ein Menschenverständnis muß er haben? Warum ist er denn Psychiater geworden und nicht Chemiker? Wie wird sich ein weinender Mensch in der Begegnung mit diesem Psychiater fühlen? Warum kommen um Himmels willen ausgerechnet Psychiater, also Menschen, welche sich mit den seelischen Gestimmtheiten des Menschen befassen, zu solch abstrusen Ideen? Man könnte das Ganze natürlich mit einem Achselzucken und einem lachenden und einem weinenden Auge ad acta legen, wenn diese Meldung nicht ein Schlaglicht auf eine für unsere Zeit und den technisierten Kulturkreis charakteristische Denk- und Sehweise werfen würde. Ich kenne diesen Psychiater nicht, weder dem Namen nach noch persönlich, sein Name tut sowieso nichts zur Sache. Obwohl jenseits des großen Wassers wohnend, wo dem menschlichen Pioniergeist scheinbar keine Grenzen gesetzt sind, ist er mir, dank den enormen technischen Möglichkeiten, die in der elektro-magnetischen Wellenübertragung liegen, heute morgen begegnet, ebenso wie der Verkehrspolizist, der »Berg«, meine Straße, die Wolken, der Himmel, das Wetter und die Farbe und der Duft der Jahreszeit. Was einem an einem gewöhnlichen Morgen, selbst wenn man noch halbverschlafen durch die Gegend fährt, doch alles begegnen kann: Was aber ist das, Begegnung?

Begegnung mit einer Welt des Messens und Rechnens

Man wird in der Annahme kaum fehlgehen, daß jener Psychiater, welcher mich heute morgen nachdenklich stimmt, von einem Denkmodell und einer Sehweise ausging, die man die *naturwissenschaftliche* nennen kann. Nicht nur begegnet man dieser Sicht heutzutage auf Schritt und Tritt, so häufig, daß wir es gar nicht mehr sehen und spüren, wenn wir mit ihren Augen sehen. Nicht nur begegnet man ihren Dingen und Objekten, den Produkten der Technik, auf Schritt und Tritt. Sie gibt auch Handlungsanweisungen, wie man mit den Dingen der Mit- und Umwelt umzugehen hat, einen Verhaltenskodex für einen »vernünftigen« Umgang mit dem Begegnenden. Werner Heisenberg (1959, 165) sagt es so: »Gleichzeitig hatte sich die menschliche Haltung gegenüber der Natur aus einer kontemplativen in eine pragmatische verwandelt. Man war nicht mehr so sehr interessiert an der Natur, wie sie ist, sondern man stellte eher die Frage, was man mit ihr machen kann.« Diese menschliche Haltung der Natur und den Dingen gegenüber, von der Werner Heisenberg spricht, und die spezifische Art der Fragestellung ist nun aber in sich kein aus naturwissenschaftlichen Methoden erschließbares Resultat, sondern beruht auf einem keiner naturwissenschaftlichen experimentellen Beweisführung zugänglichen philosophischen Welt- und Daseinsverständnis des Menschen, welches sich im Laufe der Zeit und der Kulturen vielfach änderte. Der Ansatz der Naturwissenschaften fußt letztlich auf dem philosophischen Denken von René Descartes.

In ihm begegnen dem Menschen die Welt und die Dinge, insofern an ihnen quantitative Größen der Räumlichkeit und des Wirkens feststellbar sind. Descartes nannte sie die »res extensae«. Letztlich ist dies eine philosophische Interpretation von Welt durch den Mathematiker, die den Dingen nur Wirklichkeitscharakter zugesteht, sofern sie meßbar und in ihrer Veränderung durch die Mathematik beschreibbar sind. Die mathematisch beschreibbaren Zustände und Veränderungen werden zu Gesetzen, sobald sie wiederholbar und beweisbar werden. Auf solcher Wiederholbarkeit und Beweisbarkeit beruht die Kausalität, aus solcher Sicht ebenfalls wieder eine mathematische Größe, weil sie die Wahrscheinlichkeit beschreibt, mit welcher sich unter gegebenen Bedingungen aus dem Zustand A ein Zustand B entwickelt, oder – was dasselbe ist – die Unwahrscheinlichkeit, daß sich der Zustand A ohne äußere Einflüsse in den Zustand B verwandelt. Was dabei nur allzuoft vergessen wird: »Die Naturwissenschaft beschreibt und erklärt die Natur nicht einfach, wie sie ›an sich‹ ist. Sie ist vielmehr ein Teil des Wechselspiels zwischen der Natur und uns selbst. Sie beschreibt die Natur, die unserer Fragestellung und unseren Methoden ausgesetzt ist« (Heisenberg 1959, 60). In dieser Formulierung wird übrigens bereits eine Grundposition des kartesianischen Denkansatzes und der auf ihm fußenden Naturwissenschaften, die auch als metaphysischer Realismus (Heisenberg 1959, 61) bezeichnet wird, in einer gewissen Weise in Frage gestellt, und zwar dort, wo von einem Wechselspiel zwischen der Natur (im Sinne der obigen Definition) und uns selbst (als Menschen) gesprochen wurde. Dieser Einbezug des Experimentators als einem, der mit spezifischen Fragestellungen und Methoden an die Dinge herantritt, wurde in der Physik dort nötig, wo sie die bisherigen Größenordnungen der klassischen Physik verließ und sich in den Bereich der kleinsten Teilchen und abseits der »physikalischen Massenphänomene« ins Gebiet der einzelnen Phänomene begab. »Das einzelne Phänomen scheint hier nicht mehr voraussagbar zu sein, aber von einer sehr großen Zahl von Elementarphänomenen kann man voraussagen, daß sich der und der Zustand auf diese Weise und der und der Zustand auf jene Weise ergeben wird. Es verhält sich hier wie bei der Statistik von Ereignissen, die vom menschlichen Willen abhängig sind« (Broglie 1958, 61). Physikalisch ehemals klar und scharf umschriebene Begriffe wie Ort und Geschwindigkeit, Wellen und Korpuskeln erhalten in diesem Grenzbereich des Anorganisch-Atomaren und Subatomaren einen Unschärfebereich, ähnlich wie die Begriffe Raum und Zeit im Grenzbereich der Geschwindigkeiten relativiert werden (Einstein). Wie weit die Auffassungen der modernen von derjenigen der klassischen Physik und deren philosophischen Grundlagen von Descartes entfernt sind, zeigen die folgenden Sätze Heisenbergs: »Wenn man eine genaue Beschreibung des Elementarteilchens geben will – und hier liegt die Betonung auf dem Wort ›genau‹ –, so ist das einzige, was als Beschreibung niedergeschrieben werden kann, die Wahrscheinlichkeitsfunktion. Aber daraus erkennt man, daß nicht einmal die Eigenschaft des ›Seins‹, wenn man hier überhaupt von Eigenschaft reden will, dem Elementarteilchen ohne Einschränkung zukommt. *Es ist eine Möglichkeit oder eine Tendenz zum Sein*« (1959, 51). Arthur Mach spricht von der Entsubstantialisierung der physischen Welt. Allerdings begeht er alsobald wiederum eine fragwürdige Grenzüberschreitung, wenn er behauptet: »Die *Gesamtheit* der einem Ding zukommenden Eigenschaften, die sich *allein* (sic!) mit den Begriffen der Mathematik erschöpfend beschreiben lassen, nennt man die das Ding kennzeichnende Struktur« (1957, 116). Entsprechend der naturwissenschaftlichen Fragestellung handelt es sich dabei nur um jene Eigenschaften, welche sich in Zahlen fassen lassen. Eine solche Physik, »die nicht mehr an den Stoff, sondern an die (mathematische) Form glaubt« (a. a. O., 122), hat mit den materialistischen Vorstellungen der klassischen Physik und der Descartesschen Philosophie, auf welcher diese beruhten, nur noch einen wichtigen gemeinsamen Zug, nämlich die Fragestellung, die Zugangsart und damit auch die Antwort des befragten Dinges: Gefragt wird nach mathematisch erfaßbaren Größen, und die Struktur, welche uns die Dinge enthüllen, ist demgemäß ebenfalls eine mathematische. In Frage gestellt ist durch die neuen Entwicklungen, die selbst einem genialen Mann wie Einstein in ihren Grenzüberschreitungen zu weit gingen, beispielsweise die klare Subjekt-Objekt-Trennung, wie Descartes und die klassische Physik sie forderten, die eindeutige Bestimmung von Raum und Zeit sowie die einfache und eindeutige Kausalität des Geschehens. Einfache und scheinbar klare sprachliche Begriffe wie Substanz, Welle, Ort, Zeit, Raum verlieren in diesen Grenzbereichen ebenfalls ihre klaren Grenzen.

Was aber hat dies alles mit dem vorliegenden Thema der Begegnung zu tun?

Wie mir scheint, recht viel! Naturwissenschaftliches Denken begegnet uns heute auf Schritt und Tritt. Es ist sogar so etwas wie die geistige Muttermilch, mit der wir aufwachsen. Die Anwendung dieses Denkens begegnet uns in der Technik und ihren Apparaten, mit denen wir ständig umgehen, ebenso Tag für Tag.

Aber nicht nur das! Letzten Endes sind die Art der Fragestellungen und die Antworten, die wir auf diese bestimmten Fragestellungen von der Umwelt erhalten, eine ganz bestimmte Art des Umgangs von Menschen mit ihrer Umwelt, eine ganz bestimmte Art des Zwiegesprächs zwischen Mensch und Welt, und zwar eine Art des Dialogs, der gerade wegen seiner relativen Neuartigkeit – er entwickelte sich in wenigen Jahrhunderten zur heutigen Form – und seinen unbestreitbaren und imponierenden, um nicht zu sagen grandiosen Erfolgen oftmals vergessen läßt, daß es sich dabei nur um eine ganz bestimmte Art des Dialogs und eine ganz bestimmte Sicht der Dinge und der Welt handelt. Allzu rasch vergessen wir das philosophische Ordnungsgefüge, die Prämissen und die daraus resultierenden Fragestellungen, die dem Ganzen zugrunde liegen. Allzu rasch sind wir, wie vorhin bei Mach aufgezeigt, bereit, von der *Gesamtheit* der einem Ding zukommenden Eigenschaften zu reden,

Moderne Technik schafft auch neue Kontaktformen der Menschen untereinander. Dennoch scheint offensichtlich, daß wir von einer Kontaktarmut unserer Zeit sprechen müssen. Somit treffen unsere technischen Möglichkeiten nicht immer unsere menschlichen Möglichkeiten. Der innere Halt und die richtige Einschätzung dessen, was wir zu tun und zu leisten vermögen, scheint mit den äußeren Gegebenheiten nicht mehr Schritt zu halten. Die Überwindung von Zeit und Raum hat neue Maßstäbe in den Formen menschlicher Begegnung gesetzt. In der schier grenzenlosen Verfügbarkeit durch moderne Technologien scheint sich der Mensch selbst zunehmend zu verlieren. Wir erleben eine Vernetzung von Kontakten, zu denen wir keine eigenen Beziehungen mehr entwickeln können.

wenn wir eigentlich von einer Gesamtheit von Eigenschaften sprechen müßten, die sich einer speziellen Perspektive oder Sehweise zeigen. Es kommt dann noch dazu, daß das allgemeine Bewußtsein der Menschen, auch der einigermaßen technisch Versierten und Interessierten, kaum in jenen Grenzbereich vorgedrungen ist, wo zumindest in Ansätzen die Grenzen dieses philosophischen Denk- und Verstehensansatzes offenbar werden. Mit andern Worten, unser naturwissenschaftliches Denken ist, da einfacher und uns vertrauter, noch weitgehend jenes der klassischen Physik, vor allem das der Mechanik und der klassischen Atomphysik.

All dies hat noch eine zusätzliche Bedeutung in einem anderen als dem bisher besprochenen Grenzbereich, nämlich dort, wo wir von den sogenannten leblosen Dingen zu den Lebewesen, zum Lebendigen übergehen, eine Spaltung, welche von Anfang an im Descartesschen Denkansatz enthalten war und mit welcher dieser auch später nie so recht fertig wurde. Die Spaltung begann damit, daß Descartes einem geistigen, denkenden Wesen (dem Menschen, der res cogitans) als Lebendigem die leblosen Dinge oder Objekte (die res extensae) gegenüberstellte. Nun hatte aber in diesem Ordnungsgefüge etwas anderes, was auch als lebendig angesehen wird, nämlich die Pflanzen und vor allem die Tiere, keinen rechten Platz. Wollte man dieses Ordnungsgefüge, den philosophischen Ansatz – ohne solche Ansätze gibt es keine wie auch immer geartete Begegnung des Menschen mit seiner Welt (und für ihn sprach immerhin auch einiges) – noch retten, mußten Lösungen gefunden werden. Die Pflanzen konnte man relativ einfach den leblosen Dingen zuordnen. Bei den Tieren wurde dies etwas schwieriger. Entweder entschied man sich, die Tiere ebenfalls den Dingen zuzuordnen und sie damit als mehr oder weniger komplizierte Maschinen aufzufassen. Aber wieso sollte dann der Mensch mit seiner Tierähnlichkeit – worauf vor allem Darwin hingewiesen hat – nicht ebenfalls als Maschine betrachtet werden, obwohl man ihn vorher als res cogitans von den Dingen abgehoben hatte? Oder sollte man versuchen, sich den Menschen und vielleicht auch die Tiere als aus zwei Teilen – einem geistigen und einem körperlichen – zusammengesetzt vorzustellen? Aber wie sollten die beiden Teile aufeinander einwirken können – was sie zu tun schienen –, ohne daß man mit den Gesetzen der körperlichen Dinge, beispielsweise mit der Kausalität, in Schwierigkeiten geriet, wobei es ebenso schwierig war, den umgekehrten Vorgang, das Einwirken des Körperlichen auf das Geistige zu verstehen? Oder sollte man die Einheit wieder retten, indem man das Geistige als Eigenschaft einer bestimmten hochkomplizierten Körperlichkeit verstand?

Naturwissenschaft als »Verständnis«grundlage menschlicher Begegnung

Mit anderen Worten, das Problem, das sich der naturwissenschaftliche Ansatz, das Descartessche Ordnungsmodell, von Anfang an schuf, blieb in der einen oder anderen Weise bestehen und konnte von diesem Ansatz her bis auf den heutigen

Tag in keiner Weise befriedigend gelöst werden. Das hat zweierlei Konsequenzen. Je mehr sich von diesem mathematischen Weltverständnis oder Weltentwurf her die Dinge dieser Welt »verstehen«, lenken und leiten, vielleicht auch manipulieren ließen, um so mehr blieb auf diese Weise der Mensch als Mensch unverstanden. Irgendwie paßte er nirgends so recht ins Konzept. Zum zweiten lief er gerade wegen dieses geistigen Vakuums in bezug auf das Verständnis seiner selbst dauernd Gefahr, letztlich doch den nunmehr »verstehbar« gewordenen Dingen gleichgestellt, auch als Ding, als komplexe Maschine »verstanden« zu werden. Die Tatsache, daß es von diesem Denk- und Verstehensansatz her plötzlich keinen rechten Platz – zumindest keinen dem menschlichen Leben Sinn gebenden – mehr gab, scheint mir von grundlegender Bedeutung zu sein, wenn man die Geschichte der Zivilisation in den Industrieländern und das ambivalente Verhältnis verstehen will, das diese Kulturländer zur Technik und zur Maschine haben. Im Frühkapitalismus hat die Maschine den Menschen tatsächlich verdrängt und versklavt. In diesen äußeren soziologischen Strukturen hat sich allerdings sehr vieles geändert. Das »innere« oder – man müßte vielleicht besser sagen – das geistige Problem des Verlorenseins des Menschen in diesem Weltverständnis, das viel schwerer oder überhaupt nicht durch statistische Untersuchungen und Fakten belegbar ist, das sich geradezu dem mathematischen Zugriff entzieht, wurde damit in keiner Weise berührt und wurde gerade dadurch, daß die sogenannten handfesten äußeren Begründungen mit der Zeit weniger ins Gewicht fielen, um so offensichtlicher.

Alfred J. Ziegler sagt es etwas pointierter: »Soviel kausales Verständnis gewachsen ist, soviel Sinnverstehen ist untergegangen« (Ziegler o. J., 10).

Dabei scheint Descartes ursprünglich gerade etwas anderes gewollt zu haben. Er wollte dem säkularisierten Menschen, der sich allmählich aus den religiösen Bindungen zu befreien versuchte, die ihm zu eng wurden, ihm aber andererseits auch eine gewisse Sicherheit und Geborgenheit gaben, eine neue Orientierung und Sicherheit in der Welt geben. Der mathematische Weltentwurf sollte ihm dies ermöglichen. Heidegger spricht in diesem Zusammenhang vom eigentlichen metaphysikgeschichtlichen Grund des Vorranges der Gewißheit, die erst die Übernahme und metaphysische Entfaltung des Mathematischen ermöglichte (Heidegger 1975, 77). Der mathematische Entwurf sollte dem Menschen jene Gewißheit verschaffen, der er durch den Verlust der Heilsgewißheit in der Abkehr von religiösen Bindungen und einem religiösen Selbstverständnis bedurfte. Um es noch einfacher auszudrücken: Letzten Endes diente auch dieser Weltentwurf der Angstbewältigung. Nun hat der Mensch tatsächlich im Laufe der neuzeitlichen Entwicklung in dieser Hinsicht wesentliche Schritte getan. R. Alewyn (o. J., 4) weist ausführlich darauf hin.

Die Natur hat ihren Schrecken teilweise verloren. Die Berge, die früher aus Angst vor den mächtigen Gewalten und unberechenbaren Geistern kaum erforscht und bestiegen wurden, bekamen immer mehr den Aspekt, vom Menschen besiegt und bestiegen werden zu können. Die Lüfte, das Wasser, Blitz und Donner verloren ihren Schrecken. Ebenso die Nacht, in welche künstliches Licht getragen werden

Begegnung mit der Natur. Nach einer kontemplativen Haltung gegenüber der Natur hat der Mensch eine pragmatische Haltung eingenommen. Mit Hilfe komplizierter Technik beherrscht er auch den Raum, der ihm von seiner Konstitution her verwehrt war: den Luftraum. Natur mit ihren Wirkungskräften wird hier nur mehr erfahren über komplizierte Instrumente.

konnte. Unheimliche Weiten und Distanzen ließen sich bewältigen, immer kühnere Brücken verbanden bisher kaum überwindbare Schluchten. Die Wege wurden breiter und direkter, die Fahrzeuge beweglicher und schneller. Die dem Menschen von der Natur und den Göttern gesteckten Grenzen konnten immer mehr und ohne allzu große Risiken erweitert werden. Mit der Angst hat der Mensch auch einen Teil seiner Interessen an der Natur verloren (Alewyn 1980, 10). Allerdings kann die generelle Schlußfolgerung von Alewyn, daß der heutige Mensch dadurch angstfreier geworden sei, wohl kaum unterschrieben werden, ebensowenig wie die oftmals gehörte gegenteilige Behauptung, das heutige Zeitalter sei das Zeitalter der Angst. Mir scheint, die Angst hat einfach ihr Gesicht gewechselt. Während sie früher ihren Ursprung eher außerhalb des Menschen in der bedrohlichen Außenwelt hatte, scheint sie heute immer mehr aus dem Menschen und seinem Werk direkt zu stammen. Sie ist deshalb nicht anders und wohl kaum leichter zu bewältigen.

Wohin hat uns aber dieser Weg nun geführt, wem und was sind wir begegnet? Der Natur, den Dingen dieser Welt, Gott. Einem Gott, der vom Menschen in einer ganz bestimmten Weise begriffen wurde, dessen unbeweglichem autoritärem Gefüge er zu entrinnen, von dem er sich zu befreien versuchte. Einem Menschen, der es unternahm, der Welt ein neues Gefüge und eine neue Ordnung zu geben, welche diese Welt beherrschbar werden ließ. Letztlich konnte man auch diesem Tun noch einen biblischen Anstrich geben: Macht euch die Erde untertan. Schließlich einem Menschen, der nach dem ersten Enthusiasmus an neue Grenzen stieß, an die Grenzen innerhalb des physikalisch-mathematischen Systems, aber auch an die eingrenzende Erkenntnis, daß aus diesem System erwachsende Fragen immer nur systemimmanente Antworten nach sich ziehen können und daß damit möglicherweise ein gewaltiger Teil der Wirklichkeit weder befragt noch auf ihre Antworten hin gesehen und erfahren werden kann.

Vielleicht kann auf diese Weise sogar vieles von dem, was das Leblose, Anorganische ausmacht, nie gesehen werden. Der mathematische Ordnungssatz läßt nämlich immer nur bestimmte Fragen und ebenso bestimmte Antworten zu. »Es könnte doch sein«, schreibt Heidegger (1949, 14) im Humanismusbrief, »daß die Natur in der Seite, die sie der technischen Bemächtigung durch den Menschen zukehrt, ihr Wesen geradezu verbirgt.« Noch mehr könnte es allerdings sein, und diese Vermutung erwächst bei vielen Denkern immer mehr zur Gewißheit, daß dies vor allem auf das Lebendige, die pflanzliche und tierische Natur, vor allem aber auf den Menschen zutrifft. Diese Lücke läßt sich, wie aus dem bisher Gesagten hervorgeht, mit der naturwissenschaftlichen Methode, und sei sie noch so ingeniös, nicht auffüllen, sie bedarf eines neuen Denkens. Vielleicht jenes Denkens, das Heidegger das besinnliche nennt. »So gibt es zwei Arten von Denken, die beide jeweils auf ihre Weise berechtigt und nötig sind: das rechnende Denken und das besinnliche Denken« (Heidegger 1959, 13), wobei er gleichzeitig beifügt: »Dieses Nachdenken aber meinen wir, wenn wir sagen, der heutige Mensch sei auf der Flucht vor dem Denken.« Seine Besorgnis gilt dem Umstand, daß dies »am innersten Mark der heutigen Menschen zehrt« (a. a. O., 12). Und Abhilfe zu schaffen ist deshalb schwierig, weil es sich bei diesem Vorgang um einen gesellschaftlichen Verleugnungsprozeß handelt. »Zu dieser Flucht vor dem Denken (vor dieser Art des Denkens) gehört es aber, daß der Mensch sie weder sehen noch eingestehen will. Der heutige Mensch wird diese Flucht vor dem Denken sogar rundweg abstreiten. Er wird das Gegenteil behaupten. Er wird – und dies mit vollem Recht – sagen, zu keiner Zeit sei so weithinaus geplant, so vielerlei untersucht, so leidenschaftlich geforscht worden wie heute« (a. a. O., 12). Nun ist natürlich Martin Heidegger, obwohl er vielleicht am konsequentesten einen neuen Ansatz gesucht und auch gefunden hat, beileibe nicht der einzige, der sich um ein neues Verständnis für den Menschen und seine Art der Welterfahrung bemühte. Namhafte Philosophen, Mediziner, Psychiater und Psychotherapeuten – neben Vertretern anderer wissenschaftlicher Fachrichtungen – haben sich mit dieser Situation auseinandergesetzt. Von den Philosophen seien nur Karl Barth, Martin Buber und andere Existentialphilosophen wie Jean-Paul Sartre, Gabriel Marcel, von den Psychiatern und Psychotherapeuten Sigmund Freud, Carl Gustav Jung, Ludwig Binswanger, Medard Boss, Erwin Straus, Victor Emil v. Gebsattel und Viktor E. Frankl, von den Medizinern Viktor v. Weizsäcker erwähnt. Es würde wohl den Rahmen dieser Arbeit sprengen, auf alle die vielen Ansätze näher einzugehen und trotz sprachlicher Unterschiede nachzuzeichnen, wo gemeinsame Auffassungen und wo unterschiedliche Bewertungen zum Vorschein kommen. Bei allen sprachlichen und sachlichen Differenzen ist ihnen die eine Auffassung gemeinsam, daß menschliches Existieren und damit auch das, was Begegnung und Beziehung beinhaltet, nur von einem Ansatz her verstanden werden kann, welcher den naturwissenschaftlichen Rahmen sprengt.

Vielleicht sind nur wenige Forscher in dieses Dilemma, den Menschen einerseits von einem naturwissenschaftlichen Ansatz her erklären zu müssen und der Ahnung, daß dies letztlich doch nicht geht und genügt, so verstrickt gewesen wie Sigmund Freud. Von der Ausbildung her Mediziner, Wissenschaftler, Neurologe, geprägt von einem physiologisch-physikalisch-chemischen Naturverständnis der beginnenden Hochblüte der Naturwissenschaft, das getragen war von einem durch die ersten Erfolge in Gang gesetzten unglaublichen Enthusiasmus und einer grenzenlosen Experimentier- und Entdeckungslust, geschult von berühmten Meistern einer neuorientierten Medizin, die eben ihren ersten Siegeszug antrat, ließen ihn seine Forschungen an Menschen, welche an hysterischen, aber auch an anderen Neurosen erkrankten, immer wieder gerade diesen Rahmen sprengen. Er führte wieder und jetzt anhand wissenschaftlicher Beobachtungen ein, was soeben durch die Naturwissenschaft aus der Medizin vertrieben wurde: ein Kranksein des Menschen – nicht als Folge von anatomischen Defekten oder Infektionserregern oder schädigenden stofflichen Einwirkungen, sondern durch *traumatische Begegnungen und Beziehungen*. Dachte er ursprünglich eher an punktuelle traumatische Erlebnisse, die es entweder in der Hypnose oder später in der freien Assoziation zu erinnern galt, wobei die begleitenden Affekte im gefühlsmäßigen Nacherleben aus ihrer »Vergessenheit« befreit und abgeführt werden sollten (sogenannte Katharsis als reinigendes Ausleben und Bewältigen), standen später immer mehr Störungen im

Aufbau und in der Entwicklung der Libido, also Reifungs- und gleichzeitig mitmenschliche Beziehungsstörungen, im Vordergrund. Als libidinös galten jene Kräfte, welche der menschlichen Beziehung, der Aufnahme von Beziehungen mit »Objekten« der Außenwelt zugrunde lagen und in einem generellen Sinne auch im Dienste der Sexualität standen, den man etwas vereinfacht als den Beziehungstrieb bezeichnen könnte. Auch die Therapie war keineswegs etwa nur eine Psychotherapie, welche sich ähnlich wie der Chirurg mit dem Skalpell am Körper einfach nur mit der Beobachtung einer Seele oder eines seelischen Apparates und entsprechenden Manipulationen begnügte. Sie fußte ganz eindeutig auf der *menschlichen Beziehung von Patient und Therapeut*, welche als Übertragung und Gegenüberstellung bezeichnet wurde, die zusammen mit der Lehre vom Widerstand, ebenfalls ein menschliches Beziehungsphänomen, als die tragenden Säulen der Psychoanalyse galten und es auch heute noch sind.

Im Werk Sigmund Freuds ist immer wieder, sowohl in seinen theoretischen Schriften, aber noch viel mehr in seinen praktisch-therapeutischen Anweisungen, von menschlichen Beziehungen und ihren Störungen die Rede. Daneben wird natürlich häufig der Versuch Freuds offensichtlich, doch wieder zu einer Vereinigung mit der klassischen, körperlich-dinghaft orientierten Medizin zu gelangen. Immer wieder versucht er Ansatzpunkte im somatischen Geschehen zu sehen und zu postulieren. E. Künzler (1980, 280) hat diese Doppelgesichtigkeit in Freuds Werk in einer Arbeit in der »Psyche« sehr übersichtlich herausgearbeitet. Dieser Zwiespalt ist auch charakteristisch für sehr viele wissenschaftliche Arbeiten auf dem Gebiet der Psychotherapie und der Psychoanalyse, welche das ursprüngliche Konzept Freuds nachvollzogen und erweitert haben. Allerdings legen die neueren Arbeiten doch immer mehr Gewicht auf die Beziehungsaspekte und die damit verknüpften seelischen Vorstellungen und Empfindungen. Sie verzichten mehr oder weniger bewußt auf eine Verknüpfung mit einem materiell-leiblichen Konzept, obwohl sie menschliche Beziehungen nach wie vor in einer der Physik und der einfachen Mechanik entlehnten Sprache darstellen. Inhaltlich sprechen sie von menschlichen Bezügen und meinen wohl auch solche; wenn man sie nur sprechen hört oder ihre Formulierungen liest, wird man eher an ein Physikbuch mit der Beschreibung intrakorpuskulärer Abläufe und ihres interaktionellen energetischen Austauschs erinnert. So sind Begriffe, die ursprünglich aus dem alltäglichen Umgang der Menschen miteinander und mit den Dingen dieser Welt stammten, zusammen mit der mathematischen Theorie vorerst in die Physik und in die modernen Naturwissenschaften getragen worden – Arbeit, Leistung, Energie, Kraft, Bewegung, Widerstand, Masse, Raum, Zeit –, um sekundär wieder als Erklärung für menschliches Verhalten aufzutauchen. Die Verwirrung wird damit nicht kleiner, weil man nie so recht weiß, mit welchem Inhalt letzten Endes der in diesem oder jenem Zusammenhang gebrauchte Begriff nun eigentlich gefüllt ist. Nach einer Anthropomorphisierung der unbelebten Welt mit einer sukzessiven Reduzierung der betreffenden ursprünglichen Begriffsinhalte auf einfache mathematisch verwendbare Parameter erfolgte somit sekundär eine Physikalisierung der menschlichen Erlebniswelt aus dieser reduzierten, wenn auch mathematisch eindeutig definierbaren Begrifflichkeit heraus. Die Orientierungslosigkeit des Menschen zeigt sich nicht nur in seinem ungeklärten Selbstverständnis, sondern auch im Verlust der Orientierung in seiner Sprache. In seinem Wesen hängt wohl beides zusammen.

So stehen denn Beziehung und Begegnung, indem sie den Umgang des Menschen mit dem Menschen oder mit den Dingen und all dem, was auf dieser Welt ist, meinen, im Zwielicht dieser sprachlichen Unklarheiten, damit natürlich auch in einer Unklarheit, die ihr eigentliches Wesen trifft. Entweder werden sie mehr oder weniger absichtlich dort belassen, letztlich auch aus einem Gefühl der eigenen Ohnmacht heraus, oder sie geraten sehr rasch wieder in den Sog des naturwissenschaftlichen Denkens, wobei dann menschliche Begegnungen und Beziehungen mit physikalischen Begriffen »verstanden« werden.

Das phänomenologische Verständnis menschlicher Begegnung und Beziehung

Die Phänomenologie und die Daseinsanalytik M. Heideggers hat für diesen »Grenzbereich Mensch« einen neuen Ansatz gefunden, der einerseits nicht sehr einfach nachvollziehbar ist, andererseits aber für alle jene Wissenschaften, die auf ein Verständnis des Menschen und seines Wesens als das, was den Menschen zum Menschen macht, angewiesen sind, wie die Psychologie, die Psychotherapie und die Medizin, von großer Tragweite sein könnte. Ihr Ansatz, wenn man will, ihre Ordnungsstruktur besteht im Versuch, das Dasein – den Menschen und seine Welt – so vorurteilslos wie möglich zu sehen, um zu erfahren, was sich einer solchen Sehweise zeigt und wie es sich zeigt. Sie versucht, sich sowohl den »Vorurteilen« zu entziehen, die aus philosophischen Theorien entspringen (eine davon ist die der naturwissenschaftlichen Fragestellung zugrundeliegende) – als solche sind sie mehr oder weniger explizit –, als vor allem die impliziten zu »befragen«, welche viel gefährlicher und hartnäckiger sind, da sie der *natürlichen Auffassung* und Deutung der Dinge durch die alltägliche Verständigung des Daseins entspringen (Heidegger 1975, 82). Dieser philosophische Ansatz darf in diesem Zusammenhang gerade deshalb erwähnt werden, weil in ihm die vorliegende Thematik zum zentralen Punkt wird. Aus dieser Sicht wird nämlich der Mensch als derjenige verstanden, *der Begegnung ist*. Das, was das Wesen des Menschen ausmacht, ist damit nicht einfach etwas Gegenständliches, ein Körper, der an der Körperoberfläche endet und der dann mit anderen Körpern und Dingen über irgendwelche physikalischen Kräfte in einem Energieaustausch steht und sich in seinem Inneren aus diesen Außensignalen eine innere Welt abbildet. Dieses Vorstellungsmodell entstammt vielmehr dem naturwissenschaftlichen Weltbild. Der Mensch ist gerade nicht ein isoliertes psychisches oder physisches Subjekt, dem sich dann sekundär beim Auftauchen von Außenobjekten noch so etwas wie eine Beziehung hinzugesellt. Vielmehr ist der Mensch gar nicht, es sei denn als ein »In-Beziehung-Stehender«. Entscheidend für sein

Menschsein ist nicht eine in Zahlen und Größen formulierbare Struktur, sondern eine »Struktur«, deren Wesen die Durchsichtigkeit oder Offenheit ist, in welche hinein dieses oder jenes, was wir als die Dinge und Gegebenheiten dieser Welt bezeichnen, erscheint. Indem sie sich in diesem Offenheitsbereich »Mensch« zeigen, *sind* sie. Sie sprechen den Menschen in ihren vielfachen Bedeutungen an, die nur insofern und insoweit »zur Sprache kommen«, gesehen und erkannt werden, als sie dem Erscheinenden zugehörig und im Offenheitsbereich und Frei-raum des Menschen aufleuchten, das heißt in Erscheinung treten können. So sehr sind die Dinge und der Mensch aufeinander bezogen, daß die ersten gar nicht sein können ohne diesen Erkenntnisbereich des Menschen, weil außerhalb des menschlichen Vernehmenkönnens so etwas wie »sein« oder »ist« gar keinen Sinn erhält. Aber nichtsdestoweniger ist der Mensch auf die Dinge angewiesen, die als seiend in seinem Offenheitsbereich auftauchen. Dieses tiefe und existentielle Aufeinanderangewiesensein vom Begegnenden und dem Menschen, in welchem das eine ohne das andere nicht ist, obwohl sie beide doch nicht einfach ein und dasselbe sind, dieses Einssein und doch Anderssein umreißt das tiefste Geheimnis dessen, was wir als Begegnung umschreiben. Sie umreißt dermaßen die gesamte Existenz des Menschen (Existenz, von ek-stare kommend, hier in der ursprünglichsten und tiefsten Bedeutung des Wortes genommen als ein Aus-stehen, Offen-halten), sie umfaßt so sehr den Sinn und das Wesen menschlichen Existierens, daß dessen Leben in solchem Maße sinn-los zu werden droht, als er sich dieser seiner menschlichen Aufgabe zu entziehen versucht. Ganz kann er dies ja nie, solange er lebt. In dem Ausmaß, in welchem er dies tut, ist er auch schon gestorben (wir sagen dann »seelisch gestorben«), auch wenn Hirn, Herz und Nervenbahnen noch funktionieren. Ganz besonders eindrücklich erleben wir das häufig bei schwer depressiven Patienten, die sich in ihrer Depression aus diesem Offenheits- und Lebensbereich immer mehr zurückziehen (aus diesen oder jenen jeweils durchaus einfühlbaren Motiven heraus), bis sie sich selbst als tot, in der Zeit stillstehend und ihr Leben als sinnlos erleben. Gerade die Depression ist ein gutes Beispiel dafür, daß sich die Sinn-frage des Lebens ohne die Frage nach dem Selbstverständnis des Menschen nicht stellen läßt. Und hier wird vielleicht auch für den letzten Zweifler einsichtig, daß beides auf dem Boden eines mathematischen Weltverständnisses nicht zu lösen ist. Es ist dies übrigens auch ein gutes Beispiel dafür, daß das, was wir als das gesunde Existieren bezeichnen, sich oftmals erst so recht deutlich aus den kranken oder defizienten Modi des Existierens erfassen läßt, wie umgekehrt das Kranksein nur aus einem zureichenden Verstehen gesunden Existierens begriffen werden kann. Wenn auch andere Denker in der Klärung dieses Begegnungs- und Beziehungscharakters menschlicher Existenz weniger weit und weniger in die tiefsten Tiefen philosophisch-besinnlichen Denkens vorgestoßen sind als Martin Heidegger, es sind ihrer sehr viele, deren denkerische Auseinandersetzung um eine ähnliche Thematik kreisen. Schließlich dreht sich auch das etwas mehr »handgreifliche« Bemühen der Psychotherapeuten, angefangen bei den Psychoanalytikern verschiedenster Richtungen bis zu den Ehetherapeuten, um denselben Themenkreis, selbst dann, wenn ihnen die Voraussetzungen fehlen, den ganzen philosophischen Hintergrund ihres Tuns zu erahnen – aber schließlich ist ja auch nicht jeder gute Pfarrer ein guter Theologe, selbst wenn ihm einige theologische Zusatzkenntnisse oftmals nicht nur nichts schaden, sondern seinen Bemühungen einen solideren Boden geben könnten.

Das Wesen menschlichen Existierens als Offenheitsraum ist also nicht materiell-korpuskulär faßbar, sondern von geistiger Art und muß nun in seinem Begegnungs- und Beziehungscharakter eingehender und deutlicher umschrieben werden.

Das Verständnis dieses Offenheitsbereiches, dieses geistigen Begegnungsraumes, in welchem das Nichts zum Sein erwacht, in welchem das Verborgene sich entbirgt, in welchen hinein sowohl der Mensch existiert und die Dinge und Gegebenheiten dieser Welt »aufleuchten«, ist von grundlegender Bedeutung. Wichtig ist, daß es aus einer solchen unmittelbaren, unspekulativen Sicht heraus weder Menschen an sich noch irgendwelche Dinge an sich gibt. Dabei sind für dieses Offenbarwerden beide Partner von derselben Wichtigkeit und Bedeutung. Die Gegebenheiten sind ebensosehr auf den Menschen angewiesen wie der Mensch auf sie. Dabei werden die Gegebenheiten, die in diesem Offenheitsbereich erscheinen, keineswegs einfach vom Menschen gemacht, sie existieren nicht etwa bloß in seiner Vorstellung oder Phantasie. Vom Helligkeitsbereich nicht erreicht, fristen sie im Dunkeln ein unerkanntes, nichtiges, eingenebeltes »Etwas«, das, da unerkannt, unerfaßt, in keiner Art und Weise genauer umschrieben werden kann, schon gar nicht in seinem Sein als etwas Seiendes erfaßt werden könnte. Denn sobald es erfaßt würde – und dafür müßte der Mensch mit seinem Offenheitscharakter dazukommen –, wäre es auch als Seiendes erkannt. Hier gilt, was Heisenberg (1959, 51) in bezug auf die Elementarteilchen im Grenzbereich der Physik schon feststellte: »Aber daraus erkennt man, daß nicht einmal die Eigenschaft des ›Seins‹, wenn man hier überhaupt von Eigenschaft reden will, dem Elementarteilchen ohne Einschränkung zukommt.« Es erscheint in seinem Sein immer nur einem es so oder anders beobachtenden Menschen. Was hier von der Angewiesenheit der Elementarteilchen auf den beobachtenden Menschen gesagt wurde, gilt außerhalb der physikalischen Denkvorstellung im makrophysikalischen Bereich für alle Dinge und Gegebenheiten dieser Welt. In gleicher Weise, wie die Dinge auf den Menschen angewiesen sind, ist auch der Mensch auf die Dinge und Gegebenheiten dieser Welt angewiesen. Auch er vermöchte nicht zu sein, es sei denn als einer, dem sich eben diese Dinge und Gegebenheiten mit ihren verschiedensten Bedeutungen zeigen – ihn ansprechen. Nur indem er von ihnen angesprochen wird und sich von ihnen ansprechen läßt, existiert er. Die beiden »Beziehungspartner« – der eine, der sich zu erkennen gibt, und der andere, der erkennt –, in ihrem Wesen höchst ungleichartig, sind für den Begegnungsvorgang von derselben Wichtigkeit und Bedeutung, sie sind eine Art »gleichberechtigte« Partner, keiner ist wichtiger als der andere, keiner dominiert den anderen, keiner kommt ohne den andern aus, keiner kann überleben, ohne den andern, der »Tod« des einen ist gleichzeitig der Untergang des anderen. Das alles ist durchaus keine akademische Spielerei irgendwelcher Philosophen am grünen Tisch, sondern unmittelbare Voraussetzung, ebenso bekannte wie banale und für den Menschen höchst bedeutsame Geschehnisse zu verstehen. Nur aus dieser »Beziehungsverschränkung« von Mensch und Ding (Gegebenheit) im offenen, freien Beziehungsbereich sind beispielsweise jene Grenzsituationen verstehbar, in welchen der Mensch künstlich aller Sinnesempfindungen und -eindrücke beraubt wird. Es handelt sich um sogenannte Deprivationsexperimente, in welchen man den Menschen von allen optisch, akustisch oder mit dem Tast- oder Geruchssinn erfaßbaren Dingen – quasi wie unter einer künstlichen Glasglocke – isoliert. Diese Menschen beginnen zu halluzinieren, das heißt, sie existieren, überleben mit einer sinnenhaft wahrgenommenen Welt, welche für den unbeteiligten Beobachter inexistent ist. Nur so ist zu verstehen, daß der Tod eines Freundes oder einer sonstigen wichtigen Beziehungsperson immer auch ein Stück eigenen Todes bedeutet. Indem ein Freund stirbt, stirbt auch ein Stück von mir, das ja gerade in meiner Beziehung zu ihm bestand. Erst aus diesem »Stück eigenen Todes« ist das Wesen der Trauer, aber auch das Ausbrechen einer schweren Depression im Anschluß an einen solchen Beziehungsverlust bei Menschen verstehbar, denen diese Beziehung den einzigen und alleinigen Offenheitsbereich bildete. Nur aus einer solchen Sicht ist das Sterben und das Sterblichsein des Menschen als das Wissen um das Aufgebenmüssen sämtlicher, ein Menschenleben ausmachender Bezüge verständlich, und nur von daher ist einfühlbar, daß Menschen in ihren depressiven Abwendungen aus einem solchen Offenheitsbereich sich zu Recht als unlebendig, tot und abgestorben erleben, selbst wenn viele Körperfunktionen noch im Gange sind, wenn meist auch stark gedämpft und verlangsamt, fast wie in einer Agonie. Auch eine Depression im Anschluß an eine Pensionierung und der sogenannte Pensionierungstod, beides bei Menschen, deren Leben ihre Arbeit war und bei denen mit der Pensionierung gerade diese einzigen Bezüge abrupt abbrechen, sind auf diese Weise zu verstehen, ohne daß im Arsenal psychologischer Hilfskonstruktionen herumgesucht werden muß.

Dort, wo der eine Beziehungspartner sich des anderen bemächtigt, den andern nicht sein läßt, ihn zu beseitigen droht oder gar beseitigt, erlischt mit der Beseitigung des einen der Offenheitsbereich und damit auch der andere. Dabei ist es im Prinzip gleichgültig, ob beispielsweise der Mensch die ihm begegnenden Dinge (oder Gegebenheiten) vernichtet oder diese umgekehrt den Menschen bedrohen oder vernichten. Immer dort, wo solche Gefährdung droht, wo die Möglichkeit der Vernichtung besteht, herrscht die Gestimmtheit der *Angst*. Deshalb ist die Offenheit in der Begegnung nur dort möglich, wo der eine das andere beläßt und dieses den einen. Dieses *Belassen* des Gegebenen an seinem Ort hat aber mit desinteressierter Abwendung oder tatenlosem »Die-Hände-in-den-Schoß-Legen« überhaupt nichts zu tun, ja es ermöglicht erst richtiges Handeln. Denn dort, wo nicht vorerst einmal das Begegnende belassen wird, wo man nicht hinhorcht auf das Begegnende, wo man sich nicht zuhörend und antwortend öffnet, ist ein der Sache angepaßtes, das heißt sachgerechtes Handeln überhaupt nicht möglich.

So beinhaltet Offensein und Begegnung immer sowohl eine Annäherung im Hinzugehen auf etwas, ein Ent-gegen-Gehen, als auch ein Sich-nicht-auffressen-

Lassen vom Begegnenden, also ein Stück Abstand, Distanz, ein Stück »gegen« als Entfernung. Begegnung als ein »Gegen« im zweifachen Sinne. Erst eine solche Art von Offen- und Freisein umschreibt einen Freiheitsbegriff, der sich vom bisherigen, der nur die Freiheit »von etwas« kennt und dabei das Freisein und die Freiheit »zu etwas« vergißt, unterscheidet. »Freiheit ist nicht identisch mit Libertinage, Egoismus und Narzißmus. Freiheit in einem menschenwürdigen Sinne meint immer eine *Freiheit für und zu etwas*« (Condrau 1976, 128). Das Verhältnis dieser beiden »Freiheiten« zueinander wird später noch etwas genauer zu untersuchen sein. Vorerst soll im Sinne einer ersten und grundlegenden Klärung nur aufgezeigt werden, wie dieses Verständnis von Mensch und Welt als ein Sich-Zeigen, Offenbarwerden, Vernehmen und Antworten in diesem Begegnungsraum zu einem völlig neuen Verständnis der Art des menschlichen Existierens, von Welt, vom gegenseitigen Aufeinander-angewiesen-Sein von Mensch und Umwelt, von Freiheit, von Beziehung im Sinne einer freien Verfügung über Nähe und Distanz und eines gegenseitigen Sich-sein-Lassens führt. Und dies gilt selbstverständlich ebenso für die Beziehung von Mensch zu Mensch wie auch für diejenige vom Menschen zu den Dingen und zu den sonstigen Gegebenheiten dieser Welt. Und genauso wie in der Mikrophysik, im Grenzbereich der Physik, Raum und Zeit eine andere Dimension und eine neue Art von Begrifflichkeit bekommen – da sonst die Vorgänge in diesem Grenzbereich nicht mehr zu verstehen wären –, kann die Räumlichkeit und Zeitlichkeit dieses menschlichen Offenheitsbereiches nicht einfach unbesehen von einer spezifischen Untersuchungsmethode, nämlich der mathematischen der Makrophysik, abgeleitet und übernommen werden.

Die räumlichen Dimensionen dieses Offenheitsbereiches »Mensch – Um- und Mitwelt« sind nicht korpuskulär, materiell, zahlenmäßig erfaßbarer und meßbarer Art mit Länge, Breite und Tiefe. Sie hängen vielmehr mit dem »besorgend-vertrauten Umgang mit dem begegnenden Seienden« (Heidegger 1963, 104) zusammen. Nah ist mir das, womit ich mich auseinandersetze, womit ich mich denkend und fühlend in Beziehung setze. »Das vermeintlich ›Nächste‹ ist ganz und gar nicht das, was den kleinsten Abstand von uns hat« (a. a. O., 106); für den, der zum Beispiel eine Brille trägt, die in Zentimeter und Millimeter meßbar so nahe ist, daß sie ihm auf der »Nase sitzt«, ist diese Brille weiter entfernt als das Bild an der gegenüber befindlichen Wand, wenn er dieses betrachtet, sich darüber Gedanken macht und sich von der Aussage des Künstlers ansprechen läßt. Desgleichen ist mir im Moment der Stuhl, auf dem ich sitze, wenn ich den vorliegenden Satz schreibe, und der Boden den Füßen abstandsmäßig (metrisch) so »nahe«, daß sie meinen Leib berühren, wirklich nahe geht mir aber die Auseinandersetzung mit dem vorliegenden Thema, obwohl sich dieses in einem geometrisch-physikalischen Raum überhaupt nicht lokalisieren läßt. Und zwei Menschen, die sich aus irgendwelcher Gewohnheit und ritueller Handlung heraus dauernd in die Arme nehmen und sich aneinanderpressen, können bei Abwesenheit irgendwelcher gefühlsmäßiger Regungen meilenweit voneinander entfernt sein, während zwei andere, die meilenweit voneinander entfernt sind, sich in Wirklichkeit sehr nahe sind, wenn sie sich von gegenseitiger Liebe getragen fühlen. Menschliche Räumlichkeit bestimmt sich daher vom Engagement her, von der Art und Weise, ob und wie uns etwas angeht, ob und wie wir uns von etwas angehen lassen und auf etwas hinzugehen – nicht im leiblichen Sinne –, sondern in der Art und Weise, wie wir uns auseinandersetzend ihm nähern. In dieser Art von Räumlichkeit liegt das Wesen menschlicher Begegnung und Beziehung begründet. Sie ist immer schon auf dieses oder jenes ausgerichtet und läßt es sich nahe-kommen, auf diese Weise ist sie auch immer schon ein Zeit-haben-für-Etwas. Diese Zeitlichkeit des Menschen bestimmt sich ebensowenig wie die Räumlichkeit von physikalischen Größen her, also beispielsweise von der Uhr-zeit her. Wenn wir ganz intensiv bei etwas sind, können Tage, Wochen, ja ganze Lebensabschnitte in wenigen Sekunden und in Bruchteilen von Sekunden »Platz finden«, beispielsweise in Träumen oder beim Wiedererleben von tausend kleinen Lebensabschnitten bei Menschen, die einen lebensgefährlichen Sturz erleiden. Umgekehrt können bei depressiven Menschen Tage und Wochen vergehen, ohne daß die Zeit vergeht; sie steht still, auch wenn die Uhren weiterlaufen.

Begegnung: zum Beispiel die Brücke

Dies alles sei in diesem Zusammenhang nur sehr kurz und summarisch angetönt. Welcher Art ist nun aber die Begegnung, die aus einem solchen Verstehen des Menschen als Hinausstehen in den Offenheitsbereich eines solchen Raumes und einer solchen Zeit hervorgeht. Heidegger hat in einem kleinen Aufsatz mit dem Titel »Bauen Wohnen Denken« das, was einem angesichts einer Brücke begegnen kann, sehr eindrücklich geschildert (1967, 26): »Die Brücke schwingt sich ›leicht und kräftig‹ über den Strom. Sie verbindet nicht nur schon vorhandene Ufer. Im Übergang der Brücke treten die Ufer erst als Ufer hervor. Die Brücke läßt sie eigens gegeneinander über liegen. Die andere Seite ist durch die Brücke gegen die eine abgesetzt. Die Ufer ziehen auch nicht als gleichgültige Grenzstreifen des festen Landes den Strom entlang. Die Brücke bringt mit den Ufern jeweils die eine und die andere Weite der rückwärtigen Uferlandschaft an den Strom. Sie bringt Strom und Ufer und Land in die wechselseitige Nachbarschaft. Die Brücke versammelt die Erde als Landschaft um den Strom. So geleitet sie ihn durch die Auen. Die Brückenpfeiler tragen, aufruhend im Strombett, den Schwung der Bogen, die den Wassern des Stromes ihre Bahn lassen. Mögen die Wasser ruhig und munter fortwandern, mögen die Fluten des Himmels beim Gewittersturm oder der Schneeschmelze in reißenden Wogen um die Pfeilerbogen schießen, die Brücke ist bereit für die Wetter des Himmels und deren wendisches Wesen. Auch dort, wo die Brücke den Strom überdeckt, hält sie sein Strömen dadurch dem Himmel zu, daß sie es für Augenblicke in das Bogentor aufnimmt und daraus wieder freigibt.

Die Brücke läßt dem Strom seine Bahn und gewährt zugleich den Sterblichen ihren Weg, daß sie von Land zu Land gehen und fahren. Brücken geleiten auf mannigfache Weise. Die Stadtbrücke führt vom Schloßbezirk zum Domplatz, die Flußbrücke vor der Landstadt bringt Wagen und Gespann zu den umliegenden Dörfern. Der unscheinbare Bachübergang der alten Steinbrücke gibt dem Erntewagen seinen Weg von der Flur in das Dorf, trägt die Holzfuhre vom Feldweg zur Landstraße. Die Autobahnbrücke ist eingespannt in das Liniennetz des rechnenden und möglichst schnellen Fernverkehrs. Immer und je anders geleitet die Brücke hin und her die zögernden und die hastigen Wege des Menschen, daß sie zu anderen Ufern und zuletzt als die Sterblichen auf die andere Seite kommen. Die Brücke überschwingt bald in hohen, bald in flachen Bogen Fluß und Schlucht; ob die Sterblichen das Überschwingende der Brückenbahn in der Acht behalten oder vergessen, daß sie, immer schon unterwegs zur letzten Brücke, im Grunde danach trachten, ihr Gewöhnliches und Unheiles zu übersteigen, um sich vor das Heile des Göttlichen zu bringen. Die Brücke sammelt als der überschwingende Übergang vor die Göttlichen. Mag deren Anwesen eigens bedacht und sichtbarlich bedankt sein wie in der Figur des Brückenheiligen, mag es verstellt oder gar weggeschoben bleiben.«

Was zeigt sich hier dem Menschen im Frei-raum der Begegnung als in Stein gehauene, in Holz gezimmerte oder in Stahl verschweißte »Idee«? Es zeigt sich: das Hinüberschwingen, das Verbindende, das Versammelnde, das Tragende, das (in Strombett und Ufer) Ruhende – während Wasser und Leute hindurch- und darüberziehen, das Überdeckende, das Gewährende (dem Strom seine Bahn, den Leuten ihren Weg), das Geleitende, das den Menschen Gemahnende – an seine Grenzen, an seine Versuche, diese zu übersteigen, und an seine Sterblichkeit. So und in dieser Art und Vielfalt *ist* die Brücke und der Mensch, wenn sich die eine dem andern entgegenstellt.

Der Mensch braucht dazu Ruhe und Besinnlichkeit und vor allem die geduldig erarbeitete Fähigkeit, sich nur bei dem Gegebenen aufzuhalten, dieses zu sehen und sich von den gängigen »Vorurteilen« zu lösen, die ein unverdorbenes und naives Sehen immer wieder zuzudecken trachten. Solche Vorurteile suggerieren dem Menschen beispielsweise immer wieder, die Brücke sei zunächst und eigentlich bloß eine Brücke, so quasi ein vorerst völlig sinn- und nutzloses Holz- oder Steingerüst, das dann nachträglich noch mancherlei auszudrücken vermöchte und darin zu einem Symbol werde, althergebrachter Gewohnheit folgend, daß vorerst das Wesen der Dinge zu dürftig angesetzt wird, wobei sie dann im nachhinein noch mit diesen oder jenen Eigenschaften oder Symbolen behängt werden müssen.

Wie dürftig und unstabil ist im Gegensatz dazu jene Brücke, welche einer 36jährigen Frau in einem Traum beggenete. Sie träumte: »Ich bin mit meinem Mann in Venedig. Wir steigen zusammen in eine Gondel, und wir fahren unter einem steinernen Brückenbogen hindurch. Dieser schließt sich dann über uns und senkt sich so auf uns hernieder, daß ich ganz ohne Aussicht auf ein Entrinnen eingesperrt bin.«

All das Hinüberschwingende, Verbindende, Tragende, Versammelnde, Überdeckende, Gewährende und Geleitende, dem die Frau anfänglich im steinernen Brückenbogen – wenn auch nicht eigens bedacht und schon gar nicht eigens er-

Die Brücke als Ort der Begegnung. Die Straßenbrücke ist eingespannt in das Liniennetz des Straßenverkehrs. Nach Heidegger bringt sie mit den Ufern jeweils die eine und die andere Seite der rückwärtigen

Uferlandschaft an den Strom. Sie bringt Strom und Ufer und Land in wechselseitige Nachbarschaft, zeigt uns, daß wir immer unterwegs sind.

fahren – kurzdauernd begegnet, hat keinen Bestand und keine Zeit. Es sinkt in sich zusammen, und die Weite des Raumes schließt sich zu minimaler Enge. Verbinden, Tragen, Gewähren und Geleiten, was dem Menschen in seinen vielfältigsten Formen erst einen weiten Lebensbereich eröffnen könnte, werden hier im mangelnden Durchhaltevermögen erfahren, als kümmerliche Privativformen und als solche kaum noch Raum gebend. Wie ist es wohl um das Verbindende, Tragende, Versammelnde, Vereinende, aber auch Gewährende und Geleitende im menschlichen Beziehungsrahmen dieser Frau bestellt? Der Traum sagt darüber fast nichts aus, vor allem auch keine Details. Nur etwas ist vielleicht doch nicht so ganz zufällig: Am Anfang des Traumes ist sie mit ihrem Mann zusammen, ein Stück Verbindung-Beziehung zu einem Menschen ist da, nicht zu einem x-beliebigen, sondern zu einem, mit dem sie wohl schon eine längere gemeinsame Beziehungsgeschichte verbindet. Am Schluß des Traumes scheint sie allein zu sein, *sie* ist eingesperrt, und es ist keine Rede mehr davon, daß er bei ihr wäre, mit ihr das Eingesperrtsein teilen würde oder sie daraus befreien möchte. Die Beziehung zu ihrem Mann bricht auch hier zusammen. Abgesehen von dieser diskreten Andeutung über die mitmenschliche Beziehungssituation ist im Traum selber allerdings gerade nicht das zwischenmenschlich Tragende und Verbindende und dessen Gefährdung angesprochen. Angesprochen sind diese Weltbezüge nur im Mensch-Ding-Bereich. Die Frage nach Bestand oder Flüchtigkeit dieser Weltbezüge in einem generellen Sinne wäre aber im Zusammenhang mit einem solchen Traum sicher zu bedenken. Auf diese Weise versucht die daseinsanalytische Psychotherapie Träume von Patienten in ähnlicher Weise wie Geschehnisse und Begebenheiten des Wachlebens zu sehen. Diese Psychotherapierichtung, auf dem phänomenologischen Menschenverständnis ruhend, versucht somit, ohne Hineindeuten an das Traumerleben heranzugehen, es auszulegen und in seinem Wesensgehalt besser zu sehen und zu verstehen, ohne spekulativen Über- und Hinterbau. Medard Boss (1974, 1975) hat in zwei Publikationen sehr ausführlich und im großen und ganzen auch recht leichtverständlich diese Art des Traumverständnisses dargelegt.

Aber abgesehen von der ganz anderen und reduzierteren Art, wie diese Frau eine Brücke erlebt, ist bei beiden Darstellungen noch speziell auf etwas hinzuweisen. Der dem Menschen zugängliche und offenstehende Begegnungsraum, sei es in der Begegnung mit Dingen oder Menschen, im vorliegenden Fall mit der Brücke, wird ganz wesentlich konstelliert durch ein Bezugsganzes, das man als Wertbezug, als Wertbedeutung, als Ordnungsbezug, als bewertenden Maßstab oder als vorgegebene Überzeugung bezeichnen könnte, wie die Welt ist und wie sie sein sollte. Es handelt sich dabei um einen wertenden Bezug, der in diesem Sinne auch ein moralischer ist und der letzten Endes mit dem zusammenhängt, was wir im weitesten Sinne als Gewissen bezeichnen. Ich nenne derartige Bezüge in diesem Zusammenhang Ordnungsbezüge, weil ich damit ausdrücken möchte, daß die vorfindliche, erlebte und erfahrene Welt vom Menschen immer daraufhin beurteilt wird, inwieweit sie einer vorgegebenen und vorgefaßten Auffassung von Ordnung entspricht oder widerspricht, insofern in ihm die Frage mitklingt, »ob die Welt in Ordnung oder aus der Ordnung ist«.

Die Frage, wie der Mensch zu seinen Ordnungsbezügen kommt, können wir im Moment beiseite lassen. Wir stellen fest, daß wir sogar bei der Beschreibung von Heidegger, die von einer faszinierenden Offenheit zeugt, Spuren solcher Ordnungsbezüge in und zwischen den Zeilen finden. Teilweise dürfte er sie vielleicht ausgeklammert haben. »Durch die Zeilen« dürfen wir vermuten, daß ihm die Stadtbrücke, die vom Schloßbezirk zum Domplatz führt, und die Flußbrücke, welche Wagen und Gespann von der Landstadt zu den umliegenden Dörfern begleitet, mehr am Herzen liegen als die Autobahnbrücke, die »eingespannt in das Liniennetz des rechnenden und möglichst schnellen Fernverkehrs« ist. Während sonst das Ausgespannte, Tragende, Verbindende, Hinüberschwingende wohl eine positive, »eröffnende« Bewertung erfährt, dürfte das »Eingespanntsein« vermutlich als von weniger offener Wesensart erfahren werden. Wer die übrigen Schriften von Heidegger kennt, wird sich in diesem Eindruck noch bestärkt wissen. Zwar hat er nie ein Geheimnis daraus gemacht, daß es ihm keineswegs einfach um eine blindwütige Verteufelung der Technik oder des technischen Denkens geht, und er wurde nie müde, zu erklären, daß es gerade auch für den heutigen Menschen von besonderer Wichtigkeit ist, zur Welt der Technik ein freies und offenes Verhältnis zu finden. Nicht weniger müde wurde er allerdings auch, immer wieder auf die besonderen Gefahren, die dem Menschen von der Technik und dem technischen Denken her drohen, hinzuweisen. Es ist wohl kaum übertrieben, ihn hier als einen modernen »Savonarola« zu sehen, der etwas weniger emotionell zwar, aber mit kaum geringerer Eindrücklichkeit immer wieder den Mahnfinger erhebt und vor allem von der durch das technische Denken hervorgerufenen apokalyptischen Gefährdung des Menschen spricht und vor ihr warnt.

Es geht in diesem Zusammenhang nicht darum, sich solcher Mahnung zu verschließen oder mit einem mitleidigen Lächeln einfach darüber hinwegzugehen wie über die Drohungen eines Sektenpfarrers. Aber es geht darum, die Bezüge zu sehen, unter denen auch sein Denken steht. Es sei nur darauf hingewiesen, daß beispielsweise Gion Condrau – ebenfalls Phänomenologe und Daseinsanalytiker und die Gefährdung des Menschlichen durch die Technik durchaus realisierend – zu einer weniger beängstigenden Schlußfolgerung kommt, wenn er feststellt: »Was uns im Grunde beunruhigt, ist nicht so sehr die Unfreiheit als vielmehr die *Freiheit*, die unser Zeitalter gerade auch als technisches uns schenkt« (1976, 127). Noch viel deutlicher werden solche Ordnungsbezüge am Schluß der Darstellung Heideggers, wenn er von der Brücke als Sammlung des überschwingenden Übergangs vor das Göttliche spricht und weiterfährt: »Mag deren Anwesen eigens bedacht und sichtbarlich bedankt sein ... mag es verstellt oder gar weggeschoben bleiben.« Es ist kaum denkbar, daß dem Verstellen oder gar Wegschieben derselbe Wert, dieselbe Sinnhaftigkeit zukommt.

Mag ontologisch Schatten noch so sehr zum Licht gehören, wie das Verstellen zum Erhellen, sind ontische Bezüge undenkbar ohne ein solches wertendes Ordnen.

Auch der daseinsanalytische Therapieprozeß will dem Menschen seine größtmögliche Weltoffenheit und Beziehungsfähigkeit eröffnen, sie »will« den Menschen damit seinen Lebenssinn und die größtmögliche Erfüllung seiner Lebensmöglichkeiten finden lassen. In diesem Therapieziel liegt Wertung und damit Ordnung, wenn auch im gleichen Atemzug hervorgehoben werden muß, daß sich das therapeutische Beziehungsklima gerade durch eine ganz besondere und sehr differenzierende Einstellung zu diesem Therapieziel auszeichnet. Man mag anfügen, daß wir Heidegger gewisse Ordnungsbezüge »anhängen«, die in dieser Weise in der vorliegenden Darstellung nicht allzu deutlich nachweisbar seien, daß wir ihm damit etwas unterstellen, das aus der Sache – aus der Darstellung – gar nicht aufweisbar sei, was letzten Endes völlig unphänomenologisch sei. Dem kann man durchaus zustimmen, allerdings muß dann beigefügt werden, daß Heidegger zwar versucht, diese Elemente aus der Darstellung herauszuhalten, gerade weil es ihm darum geht, in einer offenen und möglichst uneingeschränkten Sehweise über solche »Wertungen« hinweg- und hinauszusehen. Nichtsdestoweniger gehören sie zu jedem menschlichen Sehen, und wenn sie fehlen, ist dies genauso auffällig, wie wenn ein Träumer einen Traum erzählt, ohne auf seine gefühlsmäßige Gestimmtheit hinzuweisen.

Jede Beurteilung, jedes Urteil, aber auch jedes Vorurteil hängen von einem solchen in die Beziehung hineingegebenen Ordnungs- oder Wertgefüge ab. Kein Mensch wird eine Brücke sehen, ohne daß diese in seine Sicht hineinverwoben ist. So wird für denjenigen, der die Brücke täglich braucht, indem sie beispielsweise seinen Wohnsitz mit seinem Arbeitsplatz verbindet, ihre Brauchbarkeit im Vordergrund stehen: Und je mehr er sie braucht und in ihrer Brauchbarkeit drinsteht, desto weniger wird er möglicherweise das Wesen der Brücke bedenken, obwohl er diese tagtäglich gebraucht. Für einen Naturschützer werden wohl wieder ganz andere Wertmaßstäbe gültig sein: einer alten Steinbrücke im Verzascatal wird er wohl einen ganz anderen Stellenwert zuordnen als beispielsweise den weitausholenden Verkehrsbrücken im oberen Misox-Tal, südlich des San-Bernardino-Tunnels. Für ihn wird die Erhaltung des natürlichen Biotops oder dessen Störung durch technische Einrichtungen und Eingriffe des Menschen im Vordergrund stehen. Wieder anders stellt sich die Beurteilung für einen Bauern oder einen Gastwirt in der Nähe der Brücke dar, dessen Existenz möglicherweise von dieser Brücke abhängt, wieder anders für einen Feldherrn und seine Truppen, die um einen Brückenkopf kämpfen. Eine Anthologie von Literatur rund um »Brücken« ließe sich sammeln, und nirgendwo besser ließe sich die Verschiedenheit der Wert- und Ordnungsbeziehungen, die dann wieder diese oder jene Bedeutung der Brücke in die Helle rücken und andere in die Dunkelheit des Hintergrundes drängen, besser darstellen, wie ja überhaupt gerade dem Dichter und Künstler die Vielfalt und Buntheit von Bedeutungen, welche in der Begegnung des Menschen mit den Mitmenschen und Dingen der Welt zum Klingen kommen, viel mehr aufgehen als dem reinen Naturwissenschaftler.

Wert- und Ordnungsbezüge als Strukturelemente von Begegnung und Beziehung

Damit ist aber in keiner Weise ausgesagt, daß solche Wert- und Ordnungsbezüge den Dingen etwa vom Menschen zugesprochen oder übergestülpt würden. Dies ist ebensowenig der Fall wie bei den sogenannten Eigenschaften, die diesen auch nicht sekundär zukommen, so als ob es primär so etwas wie ein Ding an sich gäbe, das dann sekundär noch zu diesen oder jenen Eigenschaften käme – und dem dann auch noch ein bestimmtes Ordnungssystem zugeteilt würde. Wer versucht, vorurteilslos – das heißt so phänomenologisch wie möglich – an diese Phänomene heranzugehen, kann nicht anders als stets aufs neue feststellen, daß wo und wie auch immer der Mensch und ein Ding sich in einem gemeinsamen Begegnungsraum aufhalten, dieser »bedeutungsorientiert« *und* »wertorientiert« ist. In der Daseinsanalytik Heideggers hängt dies mit der Sorgestruktur des Daseins (Menschseins) zusammen, mit seiner Gestimmtheit, mit seinem »Entwurfcharakter« (Heidegger 1963, 145), mit seinem durchschnittlichen »Seinverständnis« (a. a. O., 8), mit dem »Sein-im-Man« (als Bestimmtsein des Menschen von den Bedeutungs- und Ordnungsstrukturen der momentan und gegenwärtig gängigen Meinungen, zum Beispiel einer Gruppe, einer Sozietät, eines Kulturraumes, einer geschichtlichen Epoche – zum Beispiel des technischen Zeitalters), mit dem Sich-selbst-Sein und nicht zuletzt auch mit dem, was wir als das Gewissen-Haben oder -nicht-Haben bezeichnen. Philosophisch unbedachter, aber ähnliches meinend sprechen wir von Weltanschauungen oder Lebensdevisen, welche diesen oder jenen Menschen prägen und charakterisieren, aber auch von Überzeugungen und Glaubenssätzen, die häufig unbesehen übernommen und nur selten hinterfragt werden, ja deren Hinterfragen, ganz abgesehen von deren In-Frage-Stellen, häufig bereits als ungerechtfertigter und böswilliger Angriff auf die eigene Persönlichkeit gewertet wird (s. Bd. V dieser Enzyklopädie). Hierher gehören auch politische und religiöse Überzeugungen, deren In-Frage-Stellen noch fast mehr als die Tangierung wirtschaftlicher Interessen massivste narzißtische Kränkungen und dementsprechend massivste aggressive Gegenreaktionen auslösen, die die Menschheit wohl mehr Tote gekostet haben als alle Seuchen und Naturkatastrophen zusammen. Entsprechende Beispiele müssen durchaus nicht im dunklen Mittelalter gesucht werden, sie stehen für jeden, der die Fernsehnachrichten und das Zeitunglesen nicht nur als täglichen Nervenkitzel oder Routinehandlung betrachtet, unmittelbar vor der Tür. Es sei nur daran erinnert, mit welcher Intoleranz, Phantasie- und Humorlosigkeit, mit welcher Gehässigkeit und radikalen Kompromißlosigkeit – die von der Wahngewißheit eines sogenannten Wahnkranken oftmals nicht weit entfernt ist – die »linken« und die »rechten« politischen Ideologen miteinander verkehren, nicht selten, wenn die Überzeugungskraft der Worte versiegt, mit Prügeln und Gewalt. Nur in einem sind sie sich beide einig: Eine Politik der Mitte wird als blutleer, uninteressant, fad und schal, jeder festen Überzeugung bar, als bürgerlich verschrien.

»Verblüffend ist die Ähnlichkeit der Diktion aller Radikalen, ihre Vorliebe für Klischees, Stereotypen und Gemeinplätze« (Charakterisierungen, die – soweit ich dies sehe – von ihnen gern allein dem sogenannten Spießbürger zugeschoben werden, geradezu ein Paradebeispiel einer sogenannten projektiven Abwehr), »wie wir sie schon in der Weimarer Republik bis zum Überdruß von Rechts und Links gehört haben. Von der Kompromißlosigkeit der Fanatiker hebt sich die rationale Einsicht in die Notwendigkeit des Ausgleichs mit den Andersdenkenden – dieses Grundphänomen einer demokratischen Einstellung wird bei der Exploration der bürgerlich-demokratischen Studenten erkennbar – wohltuend ab«, schreibt W. de Boor im Vorwort zu einer Arbeit über den »Radikalismus« von R. Grossarth-Maticek (1979, VIII). In der »Spießerideologie« attestiert Hermann Glaser (1980, 23) dem Kleinbürger, daß er mediocre, provinziell, fanatisch, brutal, engstirnig, ressentimentgeladen, unbeweglich, lügenhaft, gemein, verbrecherisch, verlogen und von einer unheimlichen »idyllischen Innerlichkeit« erfüllt sei. Darüber hinaus sei er asozial, der Mitmensch sei ihm nur manipulierbarer, verwertbarer Gegenstand, er sei ohne Menschlichkeit, voll heilloser innerer Leere, und seine Geliebte ist ihm selbstverständlich nur Geschlechtstier. Es ist überhaupt nichts dagegen einzuwenden, wenn die Wert- und Ordnungsbezüge des »Bürgers«, die vermutlich doch vielfältiger sein dürften, als solche Schablonisierungen annehmen, unter die Lupe genommen werden. Aber etwas mehr Vorsicht und Toleranz wäre vielleicht durchaus angezeigt, eingedenk der Frage, wie es wohl mit dem Balken im eigenen Auge bestellt sei. Leider macht die Hellsichtigkeit der Menschen häufig vor der eigenen Türe halt. Ähnliche absolute und radikale Ordnungssysteme finden sich heute bei sehr vielen Gruppierungen, seien sie mehr politischer, religiöser, ethnischer, sozial-engagierter, aber auch wirtschaftlicher, ja sogar »psychotherapeutischer« Art.

Starrheit und Wandel der Beziehungsstrukturen

In der psychotherapeutischen Beziehung wird die Spannung zwischen der Erstarrung in bestimmten spezifischen Beziehungsmustern und deren Wandlungsmöglichkeiten in eine eigene freiere Verfügbarkeit meist sehr rasch zu einem zentralen Problem. So unterschiedlich die theoretischen Voraussetzungen der verschiedenen therapeutischen Richtungen auch sein mögen, die Auseinandersetzung mit solchen Fragen ist wohl allen ein zentrales Anliegen. Die Verhaltenstherapie geht davon aus, daß bestimmte gezielte Verhaltensänderungen am besten durch umschriebene und wohldosierte erzieherische Maßnahmen im Sinne von Bestrafung und Belohnung erreichbar sind. Was bisher in diesem Bereich eher mit dem vielzitierten gesunden Menschenverstand praktiziert wurde – in Erziehungsfragen hält sich zweifelsohne jedermann für kompetent, und der Streit über verschiedene Erziehungsmethoden erinnert mehr an einen Glaubenskrieg als an sachliche Auseinandersetzungen –, wird hier zu einer mit Hypothesenbildung und Beweisführung erhärteten wissenschaftlichen Theorie und Praxis. Die dieser Wissenschaftstheorie zugehörigen Grundannahmen und deren Begrenzung beziehungsweise unbegrenzte Tauglichkeit für das Verständnis des Menschen und seiner Beziehungsmöglichkeiten werden von ihr allerdings keiner kritischen Prüfung unterzogen, sondern mit erstaunlicher Selbstverständlichkeit als adäquat vorausgesetzt. Die Transaktionsanalyse spricht im Zusammenhang mit der Unveränderlichkeit und Starrheit eines bestimmten menschlichen Beziehungsmusters von einem Skript. »Beim Skript handelt es sich um ein kontinuierliches, fortlaufendes Programm, das in der Zeit der frühen Kindheit unter elterlichem Einfluß entwickelt wird und das das Verhalten eines Individuums in den wichtigsten Aspekten seines Lebens bestimmt« (Berne 1975, 343). Die *Zwangsläufigkeit des Ablaufs* und das Fehlen autonomer Möglichkeiten gehören zur Definition des Skripts. »Bei einem ›Nicht-Skript‹ würde es sich danach um ein reversibles Verhalten handeln – ohne besondere zeitliche Festlegungen; es würde erst zu einem späteren Zeitpunkt im Leben entwickelt werden, und zwar ohne jeden elterlichen Einfluß. Dies ist eine ziemlich gute Beschreibung der Autonomie, die tatsächlich genau das Gegenteil eines Skripts ist« (a. a. O., 343). Ähnlich wie die Psychoanalyse geht auch die Transaktionsanalyse von einer frühkindlichen Prägung durch die Eltern aus und führt alle zwanghaften Verhaltensstrukturen auf diese zurück (s. K. Immelmann u. K. E. Grossmann in diesem Band). Das Kollusionsprinzip von Jürg Willi als Erklärungs- und Behandlungsprinzip einer gestörten, konflikthaften Zweierbeziehung befaßt sich in analoger Weise mit solchen zwanghaften Beziehungsabläufen. J. Willi umschreibt das Kollusionsprinzip folgendermaßen (1975, 47): »Das Paar trägt seine Konflikte meist in der *unablässigen* Variation eines immer *gleichbleibenden* Themas vor. Die alltäglichen Begebenheiten, die zum Streit führen, drehen sich fortwährend um ähnliche ›Grundmelodien‹. Wenn wir von den akzidentiellen Umständen abstrahieren, so ergibt sich für den Ehekonflikt eine meist engumschriebene Grundthematik, die das betreffende Paar beunruhigt. Diese den Partnern gemeinsame Grundthematik bildet ein gemeinsames Unbewußtes. Die Vereinfachung unserer Arbeit in der Ehetherapie liegt darin, daß wir uns für die Ehetherapie auf diesen gemeinsamen Nenner beschränken und viele Bereiche des Unbewußten, die nicht in den Ehekonflikt verwoben sind, außer Betracht lassen können. Das Zusammenspiel der Partner auf Grund dieses gemeinsamen Unbewußten bezeichne ich – in Anlehnung an H. Dicks – als Kollusion.«

Auf einem teilweise etwas anderen theoretischen Hintergrund geht es auch der systemorientierten Familientherapie um die Erkennung und Behandlung – das heißt Veränderung – solcher eingeschliffener, zwanghafter Beziehungsmechanismen eines Paares oder eines größeren Familienverbandes. Leopold Szondi sieht noch eine andere Dimension des zwanghaften Verhaltens. Er spricht von einem »Zwang der Ahnen«. Vererbung und Triebnatur des Menschen spielen hier eine dominante Rolle als Zwangsfaktoren des »Triebschicksals«. Anders als viele vergleichende Verhaltensforscher, welche sich nur mit der Instinkteingebettetheit menschlichen Verhaltens befassen und dieses dem tierischen weitgehend gleichsetzen, weist Szondi bei aller Instinktgebundenheit des Menschen auf einen Ausweg aus dem zwanghaften Schicksal hin: »Schicksal ist die Gesamtheit aller Existenzmöglichkeiten der Person, welche durch die Zwangsfaktoren (das Erbe, die Triebnatur, die sozialen und mentalideologischen Faktoren) und durch das Freiheitsschicksal (das Ich und den Geist) zustande kommt« (Szondi, zit. n. Huth 1978, 67), und betont ausdrücklich: »Zwang und Freiheit machen zusammen das Schicksal des Einzelnen aus« (a. a. O., 67).

Sigmund Freud befaßt sich mit demselben Sachverhalt, wenn er vom sogenannten Wiederholungszwang spricht und damit bestimmte Verhaltensformen von Menschen beschreibt, die immerzu in ein- und derselben Weise ablaufen (zum Beispiel die Wahl eines Beziehungspartners oder gewisse Beziehungs- und Verhaltensmuster), obwohl sie gelegentlich jeder Vernunft, vielfach auch dem vordergründigen Wollen oder jeder verstandesmäßigen Einsicht ins Gesicht schlagen. Mit diesen Widersprüchlichkeiten befaßt sich die Tiefenpsychologie seit ihrem Beginn. Ausgangspunkt dieser Untersuchungen war Freuds Annahme, aber auch Hoffnung, neurotisch Kranke würden bei Einsicht in die Zusammenhänge der Entstehung ihrer neurotischen Fehlhaltungen, also beim intellektuellen oder (entsprechend einer späteren Hypothese) beim affektiven Bewußt- und Innewerden ihrer prägenden Einflüsse und Beziehungen, die in verschiedene Entwicklungsphasen ihrer Kindheit zurückdatiert werden können, eo ipso ihre krankhaften Symptome verlieren. Es besteht zwar kein Zweifel, daß dies tatsächlich gelegentlich der Fall sein kann. Es sind sogar einzelne Fälle bekannt, bei denen ein Patient beim Lesen eines Buches, das die Gestimmtheit eines bestimmten Weltbezuges einer seelischen Fehlhaltung beschrieb (zum Beispiel einer jahrelang bestehenden Schlaflosigkeit), sich selbst in seiner eigenen Gestimmtheit wiedererkannte, worauf eine plötzliche Umstimmung erfolgte, die den Patienten daraufhin wieder Nacht für Nacht schlafen ließ. Aber solche »Wunderheilungen« im Sinne einer plötzlichen Umstimmung und einer tieferen Umorientierung von Weltbezügen, vor allem auch im Sinne einer Wandlung von Ordnungs- und Wertbezügen, sind keineswegs die Regel. Wir alle kennen zwar Fälle eines plötzlichen »Gesinnungswandels«: wenn beispielsweise ein leidenschaftlicher Bergsportler von einer Stunde zur anderen sein Hobby an den Nagel hängt oder ein süchtiger Raucher unvermittelt und plötzlich zu rauchen aufhört, möglicherweise sogar, ohne daß ein anderes Suchtmittel (Süßigkeiten, Arbeit) in die Bresche tritt, oder wenn ein eingefleischter Junggeselle im Zusammenhang mit der Begegnung einer »besonderen« Frau mit gesetzten Segeln in den Hafen der Ehe einfährt. Plötzliche und unvermittelte Wandlungen sind keineswegs allzuselten, häufig hängen sie mit einer speziellen Begegnung und mit dem richtigen Augenblick zusammen, was unter anderem auch besagt: Sie sind weder vorauszusehen und schon gar nicht zu planen, sie geschehen einfach. Die Regel sind sie dennoch nicht, und je gefangener, in der Freiheit eingeschränkter Menschen sind, je neurotischer sie sind, desto seltener werden solche »spontanen« Veränderungen, desto hartnäckiger hängen diese Menschen an den einmal erworbenen Begegnungsstrukturen, welche ihnen beinahe jede Neu-entdeckung verunmöglichen. Die Psychoanalyse spricht in diesem Zusammenhang von Abwehr und

Widerstand und meint damit jene »geheimnisvollen« Kräfte, welche für die Aufrechterhaltung der einmal gebahnten Verhaltensorientierungen verantwortlich sind und sich vehement gegen jede Änderung zur Wehr setzen. Ihnen ist weder mit logischen Schlußfolgerungen noch mit Argumenten beizukommen. Ein Großteil der psychotherapeutischen Arbeit und Auseinandersetzung geschieht im Versuch, durch Geduld, verständnisvolle Zuwendung, durch ein Klima des Vertrauens, welches vor allem darin besteht, daß der Patient realisiert und in tiefstem Herzen spürt, daß der Therapeut die Grenzen seiner Persönlichkeit respektiert, diesen fähig werden zu lassen, diese Abwehr »versuchsweise« aufzuheben und die mit einer Um- und Neuorientierung verbundenen Ängste aus- und durchzuhalten. Die Motive, die solche Schranken aufrechterhalten, sind vor allem Scham- und Angstgefühle, die bei einem in seinem Selbstwert schwer gestörten Menschen nicht auf andere Weise bewältigt werden können. Deshalb hat in diesen Fällen auch eine gewaltsame Durchbrechung solcher Abwehrstrukturen nicht nur keinen Sinn, sondern verschlimmert meistens noch die Situation, indem die Bedrohlichkeit der Gewalt die Ängste erst recht mobilisiert und reaktiviert. Solchem menschlichen Gefangensein in einem bestimmten eingeengten Welt- und Ordnungsgefüge kann nur mit Liebe, in schwereren Fällen nur mit der sogenannten psychotherapeutischen Liebe (Seguin 1965) begegnet werden, ohne daß es dieser allerdings in jedem Falle gelingen könnte, durch diese Schranken hindurchzudringen. »Liebende Beziehung als persönlicher, einmaliger, einzigartiger menschlicher Beziehungsraum, in den hinein Menschen sich entfalten, gedeihen, ihr Wesen verstehen und annehmen können und dementsprechend reifen können, gibt es auch außerhalb der Psychotherapie im strengen Sinn des Wortes. Eine Freundschaft und eine Liebesbeziehung können einen Menschen ebenfalls verändern und ihm neue Dimensionen freilegen. Wenn die diesbezüglichen Schwellen allerdings zu hoch werden, die Ängste zu massiv, die Abwehr zu groß, gelingen auf diesem Weg im allgemeinen kaum mehr echte Fortschritte, kaum mehr als vorübergehende Winterblüten, meist nur fortwährende Wiederholungen derselben Verhaltens- und Leidensmuster« (Hicklin 1980, 20).

Wir wollen uns vorerst weiterhin mit dieser Abwehr befassen, mit welcher sich Menschen zu verteidigen pflegen, wenn sie in ihren Welt- und Wertbezügen »angegriffen« werden. Das aggressive Potential, das durch solche vermeintliche oder tatsächliche »Angriffe« auf die Weltstruktur eines Menschen mobilisiert wird, kann kaum überschätzt werden. Solange Menschen um ihre nackte Existenz und um ihr physisches Überleben zu kämpfen haben, steht es oftmals – aber selbst dann manchmal nur scheinbar – im Hintergrund. Dort, wo sich Menschen von diesen unmittelbaren existentiellen Sorgen befreit haben, und vor allem in einem Zeitalter, wo sich die Menschen von einheitlichen Weltanschauungen von großräumiger Ausdehnung gelöst haben und durch eine noch nie dagewesene Intensität der Kommunikationsmöglichkeiten von »Andersdenkenden« kaum isolieren können, wird die Bedrohung und der Kampf um die eigene »geistige Existenz« (gemeint sind eben diese Welt- und Wertbezüge) von vorrangiger Bedeutung. Wir brauchen uns gar nicht nur auf die rassistischen und ethnischen Auseinandersetzungen unserer Zeitepoche zu besinnen. Denken wir an einen viel kleineren Rahmen, an den Rahmen der persönlichen Beziehungen. Wir alle wissen darum, wenn wir uns selbst befragen, Psychotherapeuten und Ehetherapeuten können ein langes und tristes Lied darüber singen, und vor allem die Dichter, die, wenn sie wahre Dichter sind, den Puls der Zeit und die verschwiegenen Wahrheiten wie kaum andere Menschen fühlen, sprechen Bände. Von Menschen, die einander in Liebe verbunden sind und sich dieses gemeinsame Leben gegenseitig zum Gefängnis, zur fegefeuerlichen Marter, wenn nicht gar zur Hölle machen, erzählt Gabriele Wohmann in ihren Erzählungen: »Paarlauf« (Wohmann 1979). Da ist Gertrud, Albert, ihr Ehemann, und Dandy (!), ihr Kind, in der Erzählung »Gertruds Interessen«. Nach außen scheinbar tolerante Eltern: wenig Zwang für das Kind. »Wenig? Gar kein Zwang. Sofern nicht bereits das Kind ebenfalls, ganz wie Albert, bewußtlos geknechtet war von der großen vitalen Übermacht Gertruds. Von sehr viel Liebe also, nichts Schlimmes, dachte Gertrud.« So als ob Liebe schon an und für sich etwas Gutes wäre. So als ob Liebe nur sehend machen und befreiend wirken könnte und nicht auch blind und als ob sie nicht auch zur subtilsten und oftmals grausamsten Kerkermeisterin werden könnte. So als ob nicht in ihrem Namen schon ebenso viele und ebenso grausame Verbrechen begangen worden wären wie aus anderen Motiven. Vor allem sehr stille und rechtlich kaum faßbare Verbrechen (Hicklin 1980). Gertrud aber war der Meinung, daß noch mehr Haushalte derart strikt und gewissenhaft unter dem Motto »Absolutes Gernhaben« geführt werden sollten. Die Geschichte zeigt nun, wie ein solches an und für sich durchaus ehrbares Motto wie dieses Gernhaben in seinem absoluten Ordnungsbezug Menschlichkeit, Persönlichkeit und Beziehung zerstört, zu deren Erhaltung und Förderung es möglicherweise ursprünglich gedacht war. Und schon nimmt das selbst- und mitweltzerstörerische Unterfangen seinen verheerenden Verlauf. Auch die Psychoanalyse hat derartige Zusammenhänge schon lange aufgedeckt, wenn auch ihre Erklärungsversuche für solche Phänomene im Sinne von Reaktionsbildungen und verdrängten Aggressionen zumindest neu diskutiert werden müßten. »Sie konnten wirklich kaum noch Luft holen, ihre zwei Männer ... nicht in Gertruds Anwesenheit, nicht unter der Knute ihrer Forderung nach erfüllten Augenblicken.« Und doch: »Liebe, so wie wir drei sie ausüben und wie ich sie verstehe, sie ist und bleibt das elementar Wichtigste zwischen Menschen.« Wenn das Ganze gelegentlich zur Strapaze wird, so einfach deshalb, weil der Mensch, gemessen an solchen Idealen, einfach zu unvollkommen, zu fehlerhaft gebaut ist – eine gewaltige Fehlkonstruktion angesichts so hehrer Lebensdevisen. Natürlich kommt auch ihr nicht in den Sinn, *den Sinn* solcher Devisen in Frage zu stellen – und wehe, wenn dies jemand zu tun wagte. Eigene Gefühle des Grolls und der Unzufriedenheit werden im Keime erstickt: »Und schließlich wußte nur sie allein, Gertrud, daß sie Abend für Abend, wenn es halb sechs war, diesen Becher (für das Kind) ungeduldig mit Milch füllte, überhaupt und auch bei den übrigen Vorbereitungen von Ungeduld erfüllt war, einem Gefühlsgemisch ziemlich nah bei Ingrimm oder so was, ziemlich nah bei einem stillen tiefen Zorn.« Was Wunder, daß Kind und Mann in diesem Klima nicht gediehen,

Einzelgänger beide, beziehungslos, abgesehen von dieser wichtigsten, alles tragenden, alles erfüllenden mütterlichen Zuwendung, die niemandem Selbständigkeit und Eigenständigkeit beließ. Das arme Kind hatte etwas schwer Gestörtes an sich, »das Kind sah jetzt schon aus, als spiele es das Spielen nur mehr, es bewegte seine etwas zu schweren Gliedmaßen wie in einer Rolle, an der es Gertrud zuliebe herumprobierte, ermüdet und verdrossen. Das Kind sah radikal einsam aus.« Und dann war da plötzlich ein Gespenst im Haus: die Langeweile. Niemand fiel es ein, nach ihrem eigentlichen Grund zu fragen, dem sie entsproß. Was nicht sein durfte, konnte nicht sein. Also hing in dieser Familie vor ihr ein richtiges Verbotsschild. »Es wäre sträflich von ihr, einer Erwachsenen, das Kind bei der Geduldsarbeit, dem lebenslänglichen Kampf gegen die Langeweile, zu stören. Das Kind mußte mit sich und dem Spiel weitermachen, so lang es das nur vermochte. Früh genug konnte ein menschliches biologisches System überhaupt nicht mit den Aktionen gegen Überdruß, Verlorenheit, Wirklichkeitsentzug beginnen.« Und wie sich Vater und Sohn ähnlich waren und immer ähnlicher wurden: »Kam das von der gleichen Behandlung durch Gertrud? Von leichter Überernährung, von zu viel schwachem Widerstand gegen zu viel starken Fütterungstrieb? Diese zwei mußten sich behaupten, in diesem Haushalt, und von einer solchen Daueraufgabe unter dem Joch der großen mästenden Liebe stammte der immer etwas ermüdete, beanstrengte Ausdruck ab.« Tatsächlich ein überfordertes Dasein.

Das vorliegende Beispiel ist sehr treffend, weil es sehr schön zeigt, daß Überforderungen nicht einfach eine Sache des beruflichen Stresses sind, sondern ihre feinsten Verästelungen bis tief hinein in menschliche Beziehungen strecken und stecken. »Der arme Albert, zu viel und nicht genug geliebt.« Gertrud blieb in ihrem Freundeskreis die Frau ohne Probleme mit einem unkomplizierten Selbstverständnis. Aber dann insgeheim doch immer wieder diese nagenden Zweifel, die es täglich zu besiegen galt: ob sie imstande wäre, ihren Mann zu überleben, allein überhaupt existenzfähig (»wie ganz entsetzlich sie doch zusammengehörten«), die Probleme mit der »Lebensmitte«, jetzt schon, bevor sie diese so recht erreichte, ein Gebilde von Zielen, das sich vor ihr auftürmte, Ziele, die sie nie mehr erreichen würde und die sich schließlich als ein Fremdkörper in der Form eines Nußsplitters eines Bündner Kuchens oder von etwas Neurovegetativem in ihrem Schlund festsetzten und ihr im psychologisch dicht besiedelten Kehlkopfbereich schwer zusetzten: »Was für ein sündiges, was für ein räudiges Leben, dachte sie, das ich führe, wie friedfertig nach außen, keinem tue ich was (getreu ihrer Maxime) zuleide, keinem so richtig, und doch, wie verfehlt.« Unter einem ähnlichen Lebensmotto stand unsere Träumerin mit dem Brückentraum von Venedig. Das ihre lautete: Wenn zwei Menschen sich lieben, dann haben sie keine Geheimnisse voreinander. Und da sie ihren Ehemann liebte und dieser sie liebte – was auch tatsächlich in einer echten und emotional tiefen Art der Fall war –, blieben ihre Herzen sich gegenseitig so offen, wie dies nur menschenmöglich war. Die geheimsten Gedanken und Vorstellungen, ja selbst die Träume und geheimen Begierden wurden vollumfänglich miteinander geteilt. Und wehe, wenn der eine von diesem absoluten Pfad der Offenheit und Ehrlichkeit abwich. Immer wieder wurde er zur Offenheit zurückgerufen: »Wenn du nicht offen wärst, dann würdest du mich ja nicht mehr lieben!« Dem Ganzen konnte nach außen noch ein Mäntelchen der »neuen, progressiven Beziehung« umgehängt werden: »echte Partnerschaft«, keine vermoderte patriarchalische Beziehung, in welcher die beiden Partner ihre dunklen Seiten voreinander versteckten und sich gegenseitig die Seite der Ehrbarkeit und Lauterkeit zuwandten, während sie insgeheim und im Verborgenen ihren dunklen Trieben und Gelüsten frönten. Sie saßen miteinander wie in einem Glashaus, in dem es keine Zwischenwände mehr gab, und wenn, dann waren auch diese aus Glas, eine Art Großraumbüro des Privatlebens. Niemand merkte, wie schmal der Übergang von einer beziehungsfördernden Offenheit zu einer Zwangsoffenheit und einem gegenseitigen Liebeszwang war, in der keiner sich selbst sein konnte und jeder der ständigen und jederzeit überprüfbaren (da offenen) Gegenwart des anderen bedurfte, weil keiner auch nur eine Minute allein zu sein vermochte. Wie soll aber ein Mensch beziehungsfähig sein, wenn er nicht einmal für sich allein zu sein und zu leben vermag. Ist dies nicht der Fall, gleicht das Zusammenleben einer Anklammerung zweier Einbeiniger, bei denen jeder dem anderen ein Bein leiht und eines von diesem erhält. Das führt einerseits zu viel zu großer gegenseitiger Verschmelzung, zu viel zu großer gegenseitiger Abhängigkeit – lebensfähig ist man immer nur als Paar, aber nie als einzelnes Individuum – und damit zu einer allzu großen Einengung und Beschneidung der Freiheit. Der Partner wird auf diese Weise zum Ersatz für eine noch nicht vollzogene oder verfehlte oder gescheiterte Entwicklung zu einer Persönlichkeit mit eigener Identität. Das menschliche Gewissen läßt sich aber zumindest auf die Dauer meist nicht täuschen. Mehr oder weniger im dunkeln, aber doch nie ganz zum Schweigen gebracht, ist das »schlechte« Gewissen da und damit die innere Unzufriedenheit, die sich – je mehr die Beziehung durch eine gegenseitige Verschmelzung charakterisiert ist – nie so recht von einer gegenseitigen Unzufriedenheit trennen läßt. Aus scheinbarer jahrelanger Harmonie naht dann plötzlich über Nacht die lang verschobene Katastrophe: Dem einen der beiden Partner wird es plötzlich zu eng, er sieht sich um die Verwirklichung eigener Möglichkeiten geprellt und betrogen. Die Unzufriedenheit und das »schlechte« Gewissen dahinter nagen weiter. Bei unserer Patientin zeigte sich diese Unzufriedenheit vor allem in einem ständigen Liebäugeln und Flirten mit anderen Männern. Es kam noch dazu, daß sie dies vor ihrer Heirat in ihrer Jungmädchenzeit und Teenagerzeit nie so recht tun konnte. Eine andere »Offenheit« stand ihr damals im Wege, eine innige Beziehung zu einer Mutter, vor der es ebenfalls keine Geheimnisse gab, die immer alles mitbekam und aus einem herausfrug und bei deren spürbarer Abwehr von allem körperlich Sexuellen solche Flirts auch keinen Platz in ihrem gemeinsamen Beziehungsraum hatten. Meldeten sie sich jetzt in der Therapie erneut zu Wort und trieb sie die Enge der Beziehung gleichzeitig »aus dem Haus«, brachte die »Offenheitsmaxime« sie und ihre Beziehung zum Ehemann immer mehr in Bedrängnis. An beiden festhaltend, führte nach anfänglicher Großzügigkeit des Ehemannes (getreu der Maxime einer möglichst offenen Beziehung) das Ganze nahe an einer Katastrophe vorbei, die auch der Therapeut nur mit knapper Not aufhalten konnte. Während die Patientin wie immer nur einen Flirt beabsichtigte, fing ihr außerehelicher Freund Feuer. Er selbst war in einer unübersichtlichen Beziehungslage. Von einer Freundin verbal, aber mehr noch averbal zu Verlobung und Ehe gedrängt, kam ihm jede Möglichkeit zur Flucht nur recht. Es war übrigens nicht das erste Mal, daß ihm dies an derselben kritischen Stelle auf der Schwelle zum Standesamt geschah. Die Patientin hatte ihn auch nie im Zweifel darüber gelassen, daß sie nicht im entferntesten daran dachte, ihre Beziehung zum Ehemann abzubrechen, den sie nach wie vor und zu ihrem eigenen Erstaunen mehr denn je liebte (erstaunlich braucht dies allerdings keineswegs zu sein, denn Liebesgefühle können wie Blumen dann am besten blühen, wenn sie nicht in Enge gehalten und von Zwang und Druck überschattet sind), auch nicht darüber, daß das Ganze ein Spiel mit dem Feuer sein sollte. Unsere Patientin geriet nun in größte Gewissensbisse: Sie kam sich als böse und gemeine Person vor, die letztlich nur alle Menschen unglücklich machte. So wie sich in ihr etwas regte, führte es immer zur Katastrophe, führte es dazu, daß sie den nächsten Menschen, ihrem Mann, aber auch ihrem »Freund«, weh tat. Der Liebesschmerz des Freundes bestärkte sie noch in diesen Selbstvorwürfen. Dieses Stück Geschichte einer Beziehung aus einer Psychotherapie – etliche Details wurden weggelassen, auch der weitere Verlauf – ist in vieler Hinsicht aufschlußreich. Zentrale Fragen, welche die menschliche Begegnung und Beziehung betreffen, werden hier angeschnitten. Was ist das aber, menschliche Begegnung, menschliche Beziehung?

Begegnung, Beziehung, Kontakt

Die Beziehungen und die Beziehungsfähigkeit dieser Patientin wurden anhand dieses Therapieausschnitts angesprochen. Die Grundlagen für das Verständnis menschlicher Beziehungen wurden bereits dargelegt. In einem weiteren Rahmen umfassen sie alles, was dem Menschen in seinem spezifischen Offenheitsbereich begegnet, wo der Mensch vom Begegnenden angesprochen wird, ihm denkend und handelnd antwortet, wo Bedeutungen, Ordnungs- und Wertbezüge zur Geltung kommen. »In der Beziehung ist Engagement, Antwort auf Begegnendes, Gefordertsein« (Condrau 1976, 71). Zur Beziehung gehört aber auch die Freiheit *zum* Begegnenden. »Nur wer sich auch dem Partner verweigern kann, hat die Freiheit, voll zu ihm zu stehen« (a. a. O., 71). Man kann, wie die Berliner Psychotherapeutin M. Seiff es einmal formulierte, schlecht *mit* jemandem leben, wenn man nicht *ohne* ihn leben könnte, oder anders ausgedrückt, zugleich Verharren und Verändern riskieren kann« (H. Bach, in Hicklin 1980, 146). Nur dort, wo die Freiheit, Eigenständigkeit und Beweglichkeit eines Menschen genügend weit entwickelt werden konnte und wo sie erhalten bleibt, ist jene Form menschlichen Zusammenlebens möglich, die wir als Beziehung bezeichnen. Nur dann ist es auch möglich, den anderen als eigenständige Person zu akzeptieren und sein zu lassen. »Bindungsfähigkeit setzt die Anerkennung des anderen als eigenständig voraus. Nicht selten entsteht

Bindungs- und Beziehungsfähigkeit in dem Zeitpunkt, wo der Bindungsscheue trennungsfähig wird, sich also in seinen Ich-Funktionen sicher genug fühlt, eine mögliche Partnerschaft auch beenden zu können, falls er es wünschen sollte« (H. Bach, in Hicklin 1980, 145). Erst auf diesem Boden ist sowohl jene Tiefe als auch jene Weite und jener Bestand eines menschlichen Begegnungsraumes möglich, den wir als menschliche Beziehung bezeichnen. In einer solchen totalen und freien Weise kann sich aber nur der Eigenständige und Freie engagieren, nicht der Selbstunsichere und Gefangene. Für den letzteren ist Engagement immer »ein Müssen, ein Verpflichtetsein« (Condrau 1976, 71). Erst durch dieses Offenwerden auch in die zeitliche Dimension der Dauer hinein wird aus der Begegnung Beziehung, aber auch erst in der Weite eines dauernden Prozesses einer kreativen Auseinandersetzung, die nicht in diesem oder jenem Beziehungsmodus erstarrt, wo das Paradoxe geschieht, daß sowohl dem Verbleiben, Verweilen *und* der Erneuerung, der Veränderung der Zutritt offen bleibt.

Demgegenüber ist Kontakt ein wesentlich defizienterer Modus menschlichen Mit-seins als die Begegnung und Beziehung. Kontakt meint im Grunde nur Berührung, aber wohl meist keine tiefere emotionale Berührung, schon gar nicht ein inneres Engagement, am allerwenigsten aber Dauerhaftigkeit. Kontakt wehrt sich gerade gegen ein zu tiefes Engagement, gegen Dauer. Kontakt sucht Vielfalt, Abwechslung, Unterhaltung, Ablenkung, nur ja kein Behaftet-, Verhaftet- oder Verpflichtetsein. Nun geht es natürlich nicht darum, menschliches Kontaktbedürfnis und solche Kontaktmöglichkeiten generell einfach zu verunglimpfen oder ihm generell das Odium moralischer Minderwertigkeit zu geben. Jeder Mensch wäre grenzenlos überfordert, müßte oder sollte er zu allem und jedem in ein Engagement der Begegnung oder gar der Beziehung treten. Innerlich verarmt ist nur jener Mensch, der nur noch auf der *Kontaktebene* und gleichzeitig auf jener der *weitgehenden Beziehungslosigkeit* existieren kann. Problematisch wird ein Aufgehen in einem Heer von Kontaktmöglichkeiten nur dann, wenn es als Flucht aus der Beziehungsarmut, wenn es aus Bindungsangst und Beziehungsunfähigkeit geschieht. Auf die Dauer läßt sich das Gewissen über die Leere und Sinnlosigkeit eines solchen menschlichen Betriebs nicht täuschen. Zu Recht weist Condrau (1980, 70) einerseits auf die Tatsache hin, daß wir von der Kontaktarmut unserer Zeit sprechen, auf der anderen Seite aber wohl noch keine Zeit dem Menschen derart viele Kontaktmöglichkeiten geboten hat wie die heutige. Diese inflationäre Kontaktvermehrung ist wohl einerseits die Folge einer gewaltigen Bevölkerungszunahme der letzten hundert Jahre und der zunehmenden Verstädterung, noch mehr aber durch die enorme Fülle der Kontaktmöglichkeiten bedingt, welche uns die Welt der Technik erschloß. Man hat dabei nur an die modernen Reisemittel, an Radio, Telefon, Fernsehen, an die Telegrafen- und an die Satellitenübermittlung zu denken. Daraus geht hervor, daß es uns keineswegs an Kontaktmöglichkeiten fehlt, sondern daß wir im Gegenteil von diesen Möglichkeiten überschwemmt werden und daß wir zu diesem Zustrom und Überfluß noch gar kein freies, wählendes Verhältnis gefunden haben. Von daher ist vielleicht verständlich, daß heutzutage nicht nur viele Menschen beziehungsgestört, sondern auch in erheblichem Maße kontaktgestört sind. Vermutlich ist die »Massen-flucht« aus dem Beziehungs- und Kontaktangebot ein deutliches Zeichen dafür, daß die heutigen Menschen von zu vielem überflutet, gefordert und überfordert werden, weil der innere Stand und Halt und eine gesunde Einschätzung dessen, was man zu tun und zu leisten vermag und was nicht, mit der Entwicklung der äußeren Gegebenheiten nicht Schritt halten kann. Mit anderen Worten, wer nur deshalb der dörflichen Nähe und Gemeinschaft entfloh und in die Stadt gezogen ist, weil er sich in diesem dörflichen Beziehungsgefüge gefangen fühlte, erlebt wohl in der Stadt vorerst eine gewisse Befreiung, aber merkt dann meist sehr bald, daß sie zu einer ebenso schlimmen Vereinsamung führt, wenn es ihm nicht gelingt, hier einen neuen und freieren Beziehungsraum aufzubauen. Die Probleme um die existentielle Nähe und Distanz des Menschen lassen sich eben mit Mitteln, welche nur die physikalische Nähe und Distanz verändern, allein nicht bewältigen. Ähnliches gilt es wohl auch zu bedenken, wenn die heutige Ehe- und Familiensituation reflektiert werden soll. Veränderungen der äußeren familiären Struktur – von der in der vorindustriellen Gesellschaft dominanten Großfamilie zur heutigen Kleinfamilie bis hin zur unvollständigen Familie als Folge der ansteigenden Scheidungsziffer – führen nicht automatisch zu weniger einengenden, freieren Beziehungsverhältnissen – ebensowenig wie die Proklamierung einer antiautoritären Erziehung. Vielmehr weisen sie auf eine tiefergehende Krise in den zwischenmenschlichen Beziehungen hin. Der unaufhaltsam vor sich gehende Wandel eines autoritären, vom Mann dominierten in ein mehr partnerschaftlich orientiertes Rollenverständnis zwischen den erwachsenen Partnern führt *beiderseits* sowohl zu freiheitlicheren wie auch zu mit starken Unsicherheitsfaktoren belasteten Ansätzen. Die neugewonnene und noch nicht recht verwirklichte Freiheit macht diese Kleinfamilie anfälliger gegen Ausbruchs- und Auflösungserscheinungen. Die Kinder befinden sich ebenfalls in einer neuen Situation: Teilweise sind sie von väterlich-mütterlichen Autoritätsansprüchen befreit, zum Teil aber gerade dadurch in eine mehr partnerschaftliche Rolle gehoben und durch ebendiese Erwartungen überfordert, und dies um so mehr, als sie durch ihre kleine Zahl – als Einzelkinder oder in der Zweikinderehe – kaum einen äußeren oder inneren Halt bei ihren Geschwistern finden können. Dem scheinbar schwindenden Autoritätsdruck der Eltern steht eine Vielzahl neurotisierender elterlicher Erwartungshaltungen gegenüber, die sich ebenso massiv und verheerend auswirken können, auch wenn hinter ihnen weder Stock noch Rute stehen. Weder eine bloße Um- oder Reorganisation der Familie noch Alternativmodelle führen hier weiter, selbst wenn diese den einen oder anderen Vorteil gegenüber der herkömmlichen Kleinfamilie haben können. Zu einfach und am Ziel vorbeischießend wäre es aber auch, das ganze Problem beispielsweise nur der außerhäuslich beruflichen Tätigkeit der Mutter in die Schuhe zu schieben, wie das gewisse simplifizierte Sozialprogramme bestimmter politischer Parteien tun. Dringlich erscheint weniger der Familienersatz noch deren forcierte Umstrukturierung – eine im Gang befindliche Entwicklungstendenz wird sich so oder so nicht aufhalten lassen –, als eine Umbesinnung auf das, was eine freie Beziehung beinhaltet, wo sie gefördert werden kann und wo sie gefährdet erscheint. Dies setzt aber ein grundsätzliches Umdenken und Neubedenken menschlichen Existierens voraus.

Begegnung und Beziehung als Grundpfeiler der Psychotherapie

Ist die Neurose der Preis, welchen der Mensch für die Freiheit zahlt, und ist das neurotische Symptom, mag es auf den ersten Blick noch so absurd und beziehungsfremd erscheinen, letzten Endes doch Ausdruck einer tief gestörten menschlichen Beziehungsfähigkeit, dann ist ganz klar, daß jeder Heilungsversuch, der nicht auf der Ebene der bloßen Symptombeseitigung steckenbleiben soll, sich mit der gestörten Beziehung eines Menschen auseinanderzusetzen hat. Das Wesentliche in der Psychotherapie geschieht deshalb weder in einer hochgeistigen und gescheiten Diskussion über die Feinmechanik spezieller Beziehungsschwierigkeiten noch in der Erörterung über deren Rückführung auf bestimmte frühkindliche Entwicklungsperioden – so sinnvoll dies im Gesamtkontext einer Psychotherapie auch sein kann –, sondern in der direkt gelebten und somit auch ganzmenschlich erfahrenen Beziehung zum Therapeuten. »Jede wirksame Psychotherapie gründet de facto auf den analytischen Grundpfeilern der sogenannten ›Übertragung‹ und des ›Widerstandes‹, mit anderen Worten: auf der Gestaltung der Arzt-Patient-Beziehung. Sie bildet den wesentlichen Heilfaktor in der Psychotherapie« (Brenner 1980, 2). Mit den Begriffen Übertragung und Widerstand hat Freud als Begründer der psychoanalytischen Therapie wichtige Aspekte der psychotherapeutischen Beziehung angesprochen, und zwar jenen Teil, der vornehmlich vom Patienten konstituiert wird. Als Übertragung bezeichnen wir in der Psychotherapie das spezifische Beziehungsgepräge, das der Patient in seiner Beziehung zum Therapeuten entwickelt, seine Gefühle, Erwartungen, Hoffnungen und Befürchtungen sowie den ihn charakterisierenden Umgang mit Nähe und Distanz, seine mehr oder weniger offene oder scheuklappenartig verengte Sicht menschlicher Beziehungspartner, sein mehr oder weniger weites Spektrum menschlicher Beziehungsmöglichkeiten. Die Couchlage ebenso wie die Aufforderung zum »freien Assoziieren« und zum Einhalten der sogenannten Grundregel (nämlich frei und offen alles zur Sprache zu bringen und nichts zu verschweigen) haben nur den Sinn, diese Übertragungsbeziehung des Patienten sich möglichst ungehindert entfalten und damit erfahrbar werden zu lassen. Demselben Ziel dient die sogenannte Abstinenzhaltung des Therapeuten, die ihn anweist, die Beziehung von seiner Seite her in keiner Weise forciert zu lenken, zu beeinflussen oder zu konstituieren, der persönlichen Entwicklung des Patienten in keiner Weise hinderlich zu sein und sich auch dort nicht allzu aktiv einzumischen, wo dessen Beziehungsmöglichkeiten noch sehr stark beschränkt und einseitig verengt sind. An den Therapeuten ergeht vielmehr die Aufforderung, den Patienten so, wie er ist, mit allen seinen Beziehungsschwierigkeiten und -beschränkungen, anzunehmen. Dieses Verstehen und Annehmen macht den wesentlichen Teil dessen aus, was wir als die psychotherapeutische Liebe des Therapeuten zum Patienten bezeichnen. Sie soll diesem ermöglichen, vorerst sich selbst einmal – auch und gerade seine Schwierigkeiten und Beschränkungen – anzunehmen. So selbstverständlich ein solches »Sich-selbst-Akzeptieren« als der, der man ist, auf den ersten Blick erscheint, so schwierig ist dies für uns Menschen ganz allgemein, besonders aber für den in seinen Beziehungen gestörten (= neurotischen) Menschen. Dieser ist aber unabdingbare Voraussetzung jeglichen Wandels im eigenen Beziehungsverhalten, sosehr auch die gegenteilige Ansicht, nur die Ablehnung und Verurteilung, wenn nicht gar die rücksichtslose Austilgung und Zerstörung mit Stumpf und Stiel all dessen, was einem als fehlerhaft, unvollkommen oder verfehlt erscheint, seien die unabdingbare Voraussetzung jeder Besserung, nicht nur bei neurotischen Menschen verbreitet sein mag. Diese letztere Auffassung hat nicht nur eine lange christliche Tradition, sie bildet nicht nur das Fundament eines wesentlichen Teils unserer Erziehungsmaßnahmen (auch derjenigen unter den Erziehern, die sich durchaus als gesund zu bezeichnen pflegen), sie ist vermutlich ganz außerordentlich tief im Menschen verwurzelt, ohne daß sich heute schon die einzelnen Aspekte eines solchen Verhaltens genügend umfassend und klar verstehen ließen. Ein solches Akzeptieren-seiner-Selbst, so fürchten die meisten Menschen immer wieder, würde zur Stagnation, zur Erstarrung, zur satten Selbstzufriedenheit führen. Mit dieser hat es aber am allerwenigsten zu tun. Umgekehrt verunmöglicht nichts so sehr jeglichen Wandel, jegliche Entfaltung und Bereicherung menschlicher Beziehungsmöglichkeiten, verkrustet nichts so sehr den Menschen und läßt ihn erstarren wie ein solches radikales, andauernd sich selbst verurteilendes – im Grunde masochistisches – Verhalten. Es ist eine wichtige, möglicherweise die wichtigste Wurzel, welche zusammen mit der Angst vor der Freiheit, die mit jeder Erweiterung des menschlichen Beziehungsraumes verbunden ist, solche Entfaltungsansätze und Entfaltungsanlagen verkümmern läßt, auch wenn das Umgekehrte auf der Willensebene noch so sehr versucht und gewollt wird. Alle jene Kräfte, die eine diesbezügliche Erweiterung verhindern, werden in der Tiefenpsychologie als Widerstandskräfte bezeichnet.

Eine solche psychotherapeutische Auseinandersetzung auf der Beziehungsebene ist harte Arbeit, sowohl von seiten des Patienten als auch des Therapeuten. Sie läßt sich deshalb nicht einfach wie ein Medikament verschreiben, sondern erfordert aktive Mitarbeit und Durchstehvermögen des Patienten. Psychotherapie kann deshalb nicht einfach am Patienten gemacht oder verschrieben werden. Sie ist immer ein Stück Lebens- und Beziehungsschule. Sie ist aus diesen Gründen als Beziehung nicht weniger *echt* als andere menschliche Beziehungen. Wieso sollte auch eine Mutter-Kind-Beziehung, die doch keineswegs das Kind immer zu einem selbständigen und eigenständigen Menschen entfalten läßt, von vornherein echter sein als eine psychotherapeutische Beziehung? Oder warum sollte eine Mann-Frau-Beziehung, bei der die Förderung des einen durch den anderen durchaus nicht immer im Vordergrund steht, von vornherein echter sein als eine psychotherapeutische, welche die Förderung und Entfaltung des einen (des Patienten) nur allzuoft gegen dessen massive Widerstände und Ängste als oberstes Ziel ansieht und ihn deshalb mehr als anderswo zu »Wort kommen läßt«? Das Ganze zeigt nur, wie rasch wir Menschen – und durchaus nicht nur die neurotischen – mit Begriffen und Bezeichnungen zur Hand sind und wie schwer es uns fällt, zu sagen und darüber nachzudenken, was im Grunde genommen wirklich echt oder unecht im Rahmen menschlicher Beziehungen ist. Im vorliegenden Zusammenhang gehören solche Redewendungen aber vornehmlich zu jener Mischung von Unwissen, Halbwissen, vor allem aber von Vorurteilen, denen die Psychiatrie ganz allgemein, vor allem aber die Psychotherapie und der seelisch kranke Mensch in unserer Gesellschaft ausgesetzt sind. »Psychiater und Psychologen, insbesonders die Analytiker, leben vom Wohl- oder Übelwollen ihrer medizinischen Berufskollegen. Sie bekommen dies in den Fakultäten zu spüren, in den Ärztegesellschaften, in ihren öffentlichen, politischen Funktionen. Selbst die Versicherungsträger und die Sozialdienste stehen ihnen eher mißtrauisch gegenüber« (Brenner 1980, 27). Und zu all dem gesellen sich dann noch die Vorurteile und der Spott einer Gesellschaft – nicht umsonst gehören die Couch und die analytische Situation wohl zu den beliebtesten Sujets für Witze und Karikaturen. So reicht die Palette der »natürlichen« Beziehung der sogenannten gesunden Gesellschaft zum Psychotherapeuten – auch eine Übertragungsbeziehung, die eines tieferen Gedankens würdig wäre – ganz offensichtlich von der maßlosen Überschätzung bis zum tiefsten Mißtrauen und Spott. Warum ist eigentlich eine natürliche und ungezwungene Haltung so selten – ähnlich selten wie gegenüber der Sexualität? Wobei ich unter »natürlich« und »ungezwungen« ganz einfach eine primär *vorurteilsfreie* Einstellung verstehen möchte.

Eigentlichkeit und Uneigentlichkeit

Die Beziehung der Patientin mit dem Brückentraum zu ihrem Ehemann ebenso wie diejenige von Gertrud zu ihrem Manne wurden kurz charakterisiert. Anhand der gestörten, das heißt in ihrem freien Austrag beengten Beziehung, lassen sich die Merkmale einer gesunden Beziehung ablesen. In einer gesunden, das heißt sowohl für den einen wie den anderen Partner offenen Beziehung liegt *sowohl Nähe* im Sinne von Interesse, emotionaler Zuwendung, eine Gestimmtheit des »Mögens«, ein »Gegen« im Sinne eines Hin-zu, *als auch Distanz,* nicht im Sinne einer Abwendung, sondern im Sinne eines Raumgebens und -lassens für das Eigene, Persönliche des einen wie des anderen, ein Belassen von sich und dem anderen, so wie er ist, eine Verfassung der Gelassenheit. Doch ist dies leichter gesagt als getan. Letztlich sind solche Beziehungen und Begegnungen nur dort möglich, wo ein Mensch vorerst auf *eigenen* Beinen steht. Das heißt aber, daß er eigene Identität und ein zuverlässiges Selbstwertgefühl erworben hat. Solches zu erwerben, schuldet nach daseinsanalytisch-phänomenologischem Gewissens- und Schuldverständnis der Mensch sich und seiner Welt. Diese Schuld kann aber einem Menschen kein anderer Mensch, nichts Begegnendes, kein Beziehungspartner abnehmen. Der Kristallisationspunkt der meisten Beziehungsstörungen beginnt aber oft an dieser Überforderung an die Beziehung und den Partner. Es werden Erwartungen an den Partner und Ordnungs- und Wertbezüge an die Beziehung gestellt (wie erwähnt: absolutes Gernhaben, absolute Offenheit usw.), um diese höchst persönliche, oftmals nicht erkannte und vielfach vertuschte Schuld, die sich im Gefühl der Unzufriedenheit, des Unausgefülltseins und der Langeweile meldet, »ins Lot zu bringen«. An dieser Fehl- und Überbeanspruchung scheitern wohl die meisten Beziehungen, sofern es nicht einfach darum geht, daß zwei Menschen in ihrer persönlichen Entwicklung immer mehr auseinander streben.

Was ist nun aber Identität, was ein gesundes, zuverlässiges Selbstwertgefühl? Über beides wurden selbstverständlich schon ganze Bibliotheken geschrieben, ohne daß sich die verschiedenen Auffassungen dadurch vereinheitlichen und die einzelnen Auffassungen immer klären lassen. Unter Identität wird im allgemeinen all das zu erfassen versucht, »was ich bin«. Da der Mensch nie primär im luftleeren Raum existiert, ist er immer nur in so oder anders gearteten Beziehungen zu irgend etwas oder zu irgend jemandem. Trotzdem kann er das, was er ist, niemals von außen erfahren. Nur er selbst kann, mehr vage oder mehr bestimmt, darum wissen. Dieses Wissen ist ein Teil dessen, was wir Gewissen nennen. Nun ist der Mensch meist und zunächst, wenn er von sich als jemandem spricht, der er ist, gar nicht er selber, sondern er übernimmt, hineingestellt in eine bestimmte Mitwelt (eine bestimmte soziale Schicht mit bestimmten religiösen, kulturellen Auffassungen, geprägt durch bestimmte Beziehungspersonen), deren Welt- und Wertbezüge. Er lebt damit als Man-selbst, seine Identität ist nicht eine in freier und eigener Entscheidung übernommene persönliche Identität, ein eigentliches Ich-selbst, sondern ein uneigentliches. Die Entscheidung über »eigentliches Selbstsein und Man-selbst ist nicht an bestimmten Merkmalen von außen ablesbar« (Kohli-Kunz 1977, 147). Die Tatsache, daß jemand dieselben Lebensauffassungen und Lebensmaximen hat wie der Vater oder die Mutter, sagt über dessen eigentliches oder uneigentliches Sein überhaupt noch nichts aus, ebensowenig wie das Ablehnen oder noch so heftige Verwerfen solcher Ansichten für ein eigentliches Selbstsein spricht. Eigentliches Sichselbst-Sein bedarf eines freien Entscheidungsraumes, und Voraussetzung für solche Öffnung ist eine Relativierung absolut gesetzter und als solche übernommener oder ebenso absolut verleugneter Welt-, Ordnungs- und Wertbezüge. Eine solche eigene und persönliche Öffnung der Welt gegenüber, ein solches Ablassen von absoluten und dogmatischen Wertmaßstäben setzt aber ein gesundes und zuverlässiges Selbstwertgefühl voraus. Dies deshalb, weil die Übernahme fixer Weltbezüge und Wertmaßstäbe ja nicht einfach aus einer dummen Laune heraus geschieht und zu allerletzt einfach ein sinnloser Vorgang ist. Ohne Maßstäbe sind nämlich menschliches Leben und menschliche Beziehungen völlig undenkbar. Die Gemeinsamkeit solcher Welt- und Wertbezüge hat eine bedeutende Funktion in der Stabilisierung eines gemeinsamen Lebens- und Beziehungsraumes. Eine Relativierung solcher Bezüge setzt Distanznehmen und Akzeptieren von Einsamkeit und Auf-sich-selbst-gestellt-Sein voraus, damit zusammenhängend ein großes Stück Angst-

Vermutlich stärker als frühere Generationen sind wir heute sensibilisiert gegenüber Machtstrukturen innerhalb eines Beziehungsgefüges. Es geht um die Zuspitzung von Freiheit und Freisein. Dabei polarisiert sich in der demonstrativen Begegnung die Bedrohung der Freiheit durch den jeweils anderen. Die Durchsetzung von Freiheit produziert auf beiden Seiten Gewalt.

bewältigung. All dies kann nur dann erreicht werden, wenn ein Mensch sich in seinen Möglichkeiten, aber auch in seinen Grenzen (in dem, was ihm nicht möglich ist) in einer freundlichen, vielleicht sogar humorvollen Weise annehmen kann. Diese Fähigkeit der wohlwollenden Selbsteinschätzung, die mit Selbstüberschätzung nicht das geringste, aber ebensowenig mit Selbstunterschätzung etwas zu tun hat, ist das Fundament eines zuverlässigen Selbstwertgefühls, das wie die Brücke sicher in sich selbst ruht und gerade deshalb den Bogen weit als Verbindung zu den gegenüberliegenden Ufern und allem, was sich in diesen versammelt, hinausspannen kann. Nur unter diesen Voraussetzungen kann man sich selbst sein und vermag dennoch in Beziehung zu stehen, nur dann bedeutet Sich-selbst-Sein nicht gleichzeitig Flucht vor der Welt und Flucht aus Beziehungen. Obwohl die ganze Welt von Selbstbestimmung und dem Recht auf Entfaltung der eigenen Persönlichkeit spricht, scheint dies heute kaum leichter zu sein als früher. Vielleicht die hartnäckigste und verheerendste »Lebensmaxime«, die solches verhindert, obwohl sie gerade das Sich-selbst-Werden und Sich-selbst-Sein meint und beabsichtigt, ist wohl die Maxime oder ein das Leben und die meisten Lebensbezüge durchwaltender Wertbezug: »Du mußt oder sollst mehr als du bist« oder »Du kannst mehr als du meinst«. Es ist jene *Leistungsmaxime*, jener *Leistungszwang*, der nicht nur gelegentlich im Sinne einer einmaligen Herausforderung oder um des Spieles oder Spaßes willen etwas mehr versucht, die Grenzen der eigenen Möglichkeiten erkundend, sie etwas verschiebend oder auch erneut anerkennend, sondern jener pausenlose, immerwährende, nie nachlassende, Tag und Nacht durchwaltende Leistungszwang, der prinzipiell nie befriedigt werden kann, seine Ziele dauernd so viel höher steckt, als daß noch Spaß und Befriedigung daraus entstehen könnte, der letzten Endes immer das Gefühl der Ohnmacht, des Versagens und Ungenügens hinterläßt. Der zutiefst ohnmächtige Mensch ist in dieser makabren Geschichte das immerwährende Opfer. Die einer solchen Wertorientierung und einem solchen Gewissen zugeordnete Gestimmtheit ist jene der Unzufriedenheit, der ständigen Gewissensbisse oder schließlich der Flucht vor dem schlechten Gewissen in die Zerstreuung, die Sucht oder die Depression.

Auch unsere Träumerin, die Patientin, deren Beziehungen oben dargelegt wurden, hatte ein »schrecklich« schlechtes Gewissen, einmal ihrem Ehemann, vor allem aber ihrem Freund gegenüber: Sie kam sich schlecht und böse vor, daß sie beide in diese schwierige Situation gestürzt hatte. Sicher ist nichts dagegen einzuwenden, daß ihr der Schmerz des Ehemannes und des Freundes nicht einfach gleichgültig war. Aber wenn sie sich durch dieses Gewissen schließlich klein, eklig, gemein und böse vorkam, war im Grunde überhaupt nichts gewonnen. So ließ sie dabei völlig unberücksichtigt, daß weder ihr Ehemann noch ihr Freund kleine Kinder sind, für deren Tun und Lassen sie selbst die volle und alleinige Verantwortung trägt. Schon darin überfordert sie sich und die Beziehung maßlos, wenn auch der Versuch einer solchen totalen »Sorge« und mütterlichen Übernahme aller Verantwortlichkeit einen starken beziehungsstabilisierenden Anteil erkennen läßt (er perpetuiert letztlich eine Mutter-Säuglings-Beziehung oder die vollkommenste Variante einer sogenannten einspringenden Fürsorge nach Heidegger). Aber das ist noch bei weitem nicht alles: Eine solche Schuldauffassung bleibt bei einer rigorosen Gesetzesmoral, der man bestenfalls nachkommen und vor der man schlimmstenfalls immer wieder versagen kann. Sie übersieht aber, und das scheint mir von größter Bedeutung und Tragweite, die eigentliche Schuld. Diese besteht nämlich bei der Patientin darin, daß sie sich – und ihren Beziehungspartnern – eine eigene, von einer richtigen und wohlwollenden Selbsteinschätzung und einem damit verbundenen Selbstwertgefühl getragene Identität schuldet. Hier und insofern sie sich selbst nicht liebte und nicht lieben konnte, brauchte – mißbrauchte – sie ihre Partner als »immerwährende« Stütze, bis ihr diese zu eng und zu unfrei wurden. In diesen Bereichen mußte eine Neuorientierung erfolgen. Darauf und auf die Erfüllung dieser ihrer Lebensaufgabe wollen ihr Gewissen und die damit zusammenhängenden Schuldgefühle hinweisen.

Leider sind die meisten Menschen im Verständnis dessen, was menschliches Gewissen und menschliche Schuld eigentlich von ihnen wollen, in den letzten paar tausend Jahren nicht sehr viel weitergekommen. Nach wie vor verbirgt sich deren wahrer Charakter hinter einer reinen Gesetzesmoral, hinter Geboten und Verboten, hinter den mosaischen Tafeln. Und obwohl Jesus Christus diese Art von Gesetzesmoral und die Berufung auf das moralische Gesetz wiederholt sehr heftig kritisiert und angeprangert hat, haben auch die christlichen Kirchen diese Mahnungen kaum recht ernstgenommen und weiterhin Gewissen mit diesen oder jenen Forderungen verknüpft. Auf jeden Fall haben sie kaum dazu beigetragen, den Menschen zu helfen, ihr Gewissen und ihre Schuld besser zu verstehen, von der Lieblosigkeit ihrer Gesetzesmoral in vielen Bereichen des menschlichen Lebens und von der gnadenlosen und überfordernden Leistungs- und Bestrafungshaltung ihres Vatergottes gar nicht zu sprechen, die unzähligen Menschen das Rückgrat gebrochen hat und es immer noch tut. Es braucht nicht speziell erwähnt zu werden, daß diese Schuldauffassung letztlich zutiefst unchristlich ist. In bezug auf die seuchenhafte Ausbreitung einer chronischen, den Menschen quälenden, ihn der Unzufriedenheit und Ohnmachtsgefühlen ausliefernden Grundstimmung ist diese Schuldauffassung aber leider noch von großer Bedeutung. Erfahrene Psychotherapeuten werden dies bestätigen – und sie sehen alle nur den Gipfel eines Eisberges. Hier scheint mir ein tiefergehender Wandel fällig zu sein, der in Ansätzen auch immer wieder zu erkennen ist. Leider waren bisher die Macht und die zwanghafte Unverrückbarkeit der Dogmatik – die nicht nur im religiösen Bereich jeglichen Wandel vereitelt, und sei er auch noch so evolutionär – stets stärker. Ist es eigentlich immer nur die Gewalt, die Veränderungen herbeiführen kann – und führt die Gewalt letzten Endes wirklich zu Veränderungen? Es muß auch gesagt werden, daß die Säkularisierung, die Loslösung von den religiösen und religiös-institutionellen Bindungen, an dieser »masochistischen Gewissens-Struktur«, an diesem selbstzerstörerischen Welt- und Wertverhältnis des Menschen nur sehr wenig geändert hat. Dort, wo religiös-dogmatische Bindungen aufhörten, traten andere, meist ebenso dogmatische, ebenso rigoros fordernde Ideale und Maßstäbe an ihre Stelle, die in ihrem Absolutheits-

und Intoleranzcharakter den kirchlichen in nichts nachstehen. Wehe dem Menschen, der es sich erlaubt, frohen Mutes und mit innerer Zufriedenheit sein in einem begrenzten Rahmen sich abspielendes Leben zu leben, wehe ihm, wenn er sich sogar erlaubt, dies nach außen noch sichtbar zu zeigen, wehe, wenn er nicht über die gesellschaftlichen und wirtschaftlichen Zwänge schimpfte und unter ihnen nicht pausenlos litte bis an sein Lebensende. Wehe, wenn er eigene Zwänge, der Überforderung durch eigene Wertbezüge absoluten Charakters eingedenk, lebensfeindliche, zerstörerische, sadistische, repressive Züge nicht nur in der Außenwelt, sondern auch bei sich selbst entdeckte, sich von eigenen »Absolutismen« zu befreien versuchte und durch dieses freundliche Gebaren sich selbst gegenüber sein Lächeln wiedergewänne: die Verachtung aller jener, die, von missionarischem Eifer beseelt, nicht genug über die Gesellschaft und die Menschen schimpfen und klagen können, wäre ihm so gewiß wie das »Amen in der Kirche«. Das Krebsgeschwür der ätzenden Selbstzerfleischung wächst munter weiter. Und vor allem wuchert es im kleineren Lebensbereich der persönlichen Beziehungen weiter. Hier zeigt es sein wahrhaft fratzenhaftes Gesicht, hier zeigt sich das wahre Ausmaß solcher menschlichen Tragödien, wie sie wohl jeder, der mit wachem Herzen und wachen Augen am Schicksal der Mitmenschen teilnimmt, immer wieder antrifft. Die beiden erwähnten Beispiele – das Stück Beziehungsgeschichte aus der Literatur und aus einer Therapie – geben darin nur einen kleinen Einblick. Wem dies nicht genügt, der orientiere sich in der neueren Literatur oder versuche mit dem einen oder anderen Menschen in ein persönliches Gespräch zu kommen.

»In vielen menschlichen Beziehungen wird die Abwehr von Schuld zum Hauptthema, angefangen bei Kind-Eltern-Beziehungen über partnerschaftliche Beziehungen als auch in den Beziehungen verschiedener gesellschaftlicher, politischer, ethnischer Gruppen innerhalb eines Staates als auch im zwischenstaatlichen Bereich. In vielen partnerschaftlichen Beziehungen, in vielen Ehen wird der Partner vorwiegend als Sündenbock benützt, der es erlaubt, von eigenen Schuldgefühlen abzulenken und den Partner für das Gefühl der eigenen Leere und Unzufriedenheit verantwortlich zu machen. Das kommt nicht nur daher, daß Schuldgefühle enorm unangenehm und quälend sind oder daß die Menschen nicht mehr fähig oder bereit wären, das Unangenehme und Quälende solcher Gefühle zu ertragen und auszuhalten. Es hängt auch damit zusammen, daß die meisten Menschen gar nicht verstehen, warum sie Schuldgefühle haben, was diese Schuldgefühle von ihnen wollen, was Sinn und Wesen menschlicher Schuld eigentlich bedeutet« (Hicklin 1980, 9).

Selbstwerdung und Selbstfindung

Schuld verweist den Menschen auf den Weg der Selbstwerdung und Selbstfindung. Im alten Mißverständnis verharrend, verstehen die meisten Menschen darunter auch wieder nur Selbstquälerei, nie endenwollende Selbstanklagen, ein ständiges Grübeln und Sich-Schuld-Anwerfen. Damit aber kommt die Schuld gerade

Massenflucht in der Massenbewegung. Zu kaum einer anderen Zeit verfügte der Mensch über so viele Kontaktmöglichkeiten wie wir heute. Und dennoch wird von der Kontaktarmut unserer Zeit gespro-

chen. Von der inflationären Kontaktvermehrung zeigt sich der Einzelne überflutet und überfordert. Die Begegnung der Massen auf den großen Veranstaltungen unserer Zeit bleibt anonym.

nicht an den Menschen heran, und der Mensch nicht an die Schuld. Dieser Weg hat viele Ähnlichkeiten mit dem Erklettern eines Alpengipfels. Bei beiden geht es letzten Endes um Erfahrung, um Erkennen und Akzeptieren der eigenen Möglichkeiten und Grenzen. Hier wie dort ist es wichtig und notwendig, sich selbst richtig einzuschätzen, sich weder zu unterschätzen noch zu überschätzen. »Die große Kunst beim Bergsteigen ist es, die Grenze zwischen Feigheit (gemeint ist wohl jene der Selbstunterschätzung) und Wahnsinn (gemeint ist wohl jener der Selbstüberschätzung) zu erkennen, so schwierig wie jede Selbsteinschätzung«, schreibt R. Messner (1978, 55) in »Grenzbereich Todeszone« sowie: »das Können ist des Dürfens Maß«.

All dies gilt nicht nur für die Bergsteigerei, sondern gleichermaßen für das tägliche Leben, für den täglichen Umgang mit den Dingen und den Menschen. Das Können ist des Dürfens Maß. Man darf, sofern und soweit man kann. Man muß nicht, wo man nicht mehr kann. Man sollte nicht, wo man nicht mehr kann. Solange man im Bereich der eigenen Möglichkeiten bleibt, wird man vom »Berg« nicht überfordert und hat auch keinen Grund, ihn nicht sein zu lassen. Das hat weder mit Minimalismus noch mit Faulheit etwas zu tun, schon gar nicht mit Egoismus. Nur derjenige Mensch, der sich zunächst auf seine Möglichkeiten besinnt und diese auch anzunehmen bereit ist und sich nicht in einem ständigen Kampf um und gegen seine Grenzen zermürbt, gewinnt jenes Vertrauen und jene Freude, die ihn gegebenenfalls etwas Größeres »in Angriff« nehmen läßt. Vorerst ist auch hier das Bessere des Guten Feind. Weil man der Freiheit nicht traut, weil man nie gelernt hat, mit ihr umzugehen, weil man befürchtet, daß sie zur Auflösung von Beziehungen führt, getraut man sich nicht, den Menschen auf sich selbst und vor sich selbst zu stellen, am allerwenigsten in der Erziehung. So kittet man die Beziehungen mit dem, was man für den besten »Beziehungskitt« hält: Zwang und Unterwerfung, Überforderung und Hilflosigkeit. Solches Erproben und Anerkennen von eigenen Möglichkeiten und Grenzen geschieht auch nicht, und gerade nicht, im ständigen Vergleich und Messen mit anderen. »Identität ist das Privileg dessen, der sie hat. Nicht durch den Neid auf fremde Identität erlangt man die eigene« (Messner 1980, 58) und: »Neid ist eine ätzende Krankheit (a. a. O., 119). Packende und eindringlichste Beispiele für das Gesagte finden sich in Messners »K 2, Berg der Berge« (1980). So sagt sich A. Gogna, ein Expeditionsteilnehmer R. Messners, bei der Besteigung des K 2 (die nur R. Messner und M. Dacher gelang): »Ich bin nur etwas niedergeschlagen, weil ich mich ein wenig unnütz fühle. Vielleicht hatte ich bisher keine Gelegenheit, mich ins rechte Licht zu rücken? Ich muß endlich lernen, daß es im Leben nur wichtig ist, daß ich ›ich selbst bin‹ «(a. a. O., 10). Aber dies ist gar nicht so leicht, vielleicht ist es das Schwerste und Wichtigste, das dem Menschen aufgetragen ist, dieser Selbstwerdungsprozeß, ohne den die Regelung der anderen Probleme immer nur Stückwerk bleiben kann. Wie schwierig er ist, läßt sich gerade in den Zeilen A. Gognas so fesselnd wie kaum anderswo nachlesen: wie er immer wieder um dieses Sich-selbst-Sein und -Bleiben ringt und dies ständig als gefährdet erlebt angesichts seines »großen Bruders« (R. Messner) und letztlich in dieser Situation und für diesen Zeitpunkt darin scheitert. Es scheint, daß es ihm aus diesem Grund auch nicht gelingt, den Berg zu besteigen, den Gipfel zu erreichen. Denn: »um zu einem Gipfel zu gelangen, muß man von Zuflucht zu Zuflucht gehen« (R. Daumal, zit. n. Messner 1980, 18). Und wo gäbe es wirklich Zuflucht, denn bei sich selbst? Immer wieder spürt A. Gogna, wie ihm das Entscheidende mißlingt: »Die Lieder und Tänze der Balti lassen uns nicht schlafen. Ich denke an die Wehwehchen, die mich quälen: Leberstechen, Schnupfen, Rückenschmerzen. Renato, mit dem ich das Zelt teile, hat Flöhe. Diese Krankheiten sind nun tagein, tagaus meine geistige Hauptbeschäftigung. Bis mir plötzlich der Verdacht kommt, daß sie auf das Minderwertigkeitsgefühl zurückzuführen sind, das ich den anderen gegenüber empfinde. Sind sie wirklich stärker als ich? Ein solches Gefühl, die Projektion von Kraft, Beweglichkeit, Ausdauer und anderer väterlicher Eigenschaften auf die anderen, ist wie Unkraut in meiner Seele. Ich kann es nicht ausmerzen« (A. Gogna, in Messner 1980, 19).

Freiheit, Freisein

Vieles mag für die geistige Auseinandersetzung unserer Zeit typisch sein. Etwas scheint mir auf jeden Fall charakteristisch: Vermutlich in einem größeren Ausmaß als frühere Generationen sind die heutigen Menschen gegenüber den Machtstrukturen innerhalb eines Beziehungsgefüges – seien es Beziehungen in größerem oder kleinerem Rahmen – sensibilisiert. Gelegentlich wird man sogar von einer Allergie – also einer abnormen Überempfindlichkeit – sprechen müssen. Es liegt mir nichts so ferne, als diese einfach als »krank« zu bezeichnen und nur von ihrer negativen Seite zu sehen. Es geht hier letzten Endes um die Zuspitzung der Auseinandersetzung mit der *Freiheit und dem Freisein* des Menschen. Bedenklich stimmt höchstens, daß die Menschen auch heute noch nicht von einem alten Freiheitsbegriff loskommen und dabei in fast paranoider Weise immer und überall nur mehr »Macht« wittern und sich bis zur Selbstzerfleischung gegenüber all diesen »Mächten« zur Wehr setzen. Bedenklich ist auch die »projektive« Abwehr, welche diesem Freiheitsbegriff zugrunde liegt, der die Macht immer nur von außen kommend sieht: der Staat, das Establishment, die Polizei, die Alten, die Wirtschaft werden dann einseitig und allein zum Kristallisationskern der Macht, der bekämpft werden muß. Darin liegt eine große Gefahr. Wenn dies nicht in blutigem oder unblutigem Kampf aller gegen alle in einer Welt der universellen Bedrohtheit eines jeden durch (beinahe) jeden enden soll, tut Besinnung not. Was die Menschen aus solcher Sicht nicht sehen und was sie ihrem Sehen schuldig bleiben ist die Tatsache von Macht- und Suppressionsphänomenen durch inadäquate und dogmatische Richtlinien und Forderungen im eigenen Beziehungs- und Wertsystem. Denn, so Condrau (1977, 96) in seinem Buch »Aufbruch in die Freiheit«: »Freiheit bedeutet zunächst Aufgeben von liebgewonnenen Wertmaßstäben, von tradiertem Gedankengut. Sie gründet in der möglichst weiten Realisierung der menschlichen Beziehungsmöglichkeiten, in der unvoreingenommenen Wahrnehmung alles Begegnenden. Die

Menschen haben verlernt, sich selbst und den anderen so anzunehmen, wie sie wirklich sind.« Paradox ist, wie blind wiederum die Menschen gegenüber diesen eigenen Wert- und Ordnungsstrukturen sind, die ihr Leben bestimmen, ihm möglicherweise sogar jede Freiheit nehmen und es zur reinen Selbstquälerei werden lassen. Dies betrifft keineswegs etwa nur die verschrienen Bürger, sondern ebenso häufig auch jene, die ihre Gesinnung gerne als revolutionär bezeichnen. Ihre Haltung ist nicht weniger stur als diejenige, die sie bekämpfen. Man wird sich natürlich fragen, wieso Menschen derart fest und unerschütterlich an solchen Wert- und Ordnungssystemen hängen, die ihnen vielfach nur Unglück bringen und ihren Beziehungsraum vergiften, letztlich sogar zerstören. Man wird sich zu Recht fragen, wieso Menschen so »masochistisch« sind. Die Frage und ihre Beantwortung ist von enormer Tragweite, sowohl für das Verständnis als auch für das Los einzelner sich krank fühlender Menschen als auch für ähnliche Vorgänge in größeren Gruppen. Schon Freud hat sich mit dem Problem des Masochismus und der unbewußten masochistischen Tendenzen beschäftigt, deren Wurzel er schließlich im Todestrieb zu sehen glaubte (Freud, ^{4}1972, XVI, 88). Den (masochistischen) Über-Ich-Widerstand hielt er für den stärksten und oftmals unbesiegbaren Widerstand gegen das Gelingen der psychotherapeutischen Kur und damit gegen die Befreiung des Menschen von seiner neurotischen Einengung. Eine ausführliche Diskussion dieser Theorie und ein Vergleich mit anderen (zum Beispiel jener von E. Fromm, der in einem ähnlichen Zusammenhang von nekrophilen Menschen oder einem nekrophilen Charakter spricht) würde hier zu weit führen. Mir persönlich scheint von entscheidender Bedeutung zu sein, daß solche Wert- und Ordnungsstrukturen primär immer auch der Sicherung und dem Haltgeben dienen, daß sie anfänglich immer eine solche beziehungssichernde Funktion haben und dieser vermutlich auch ihre Entstehung verdanken. Letzten Endes wird kein Mensch ohne sie auskommen: *Lebensfeindlich* und damit auch beziehungsfeindlich und selbstzerstörerisch werden sie immer dann, wenn sie zuviel Einfluß gewinnen, wenn sie nicht mehr relativiert werden können, wenn es nicht mehr gelingt, sich von ihnen zumindest zeitweise zu lösen, um andere zu verstehen, anzunehmen, eventuell auch einmal zu übernehmen. Das hat damit zu tun, was Heidegger als die heitere Gelassenheit bezeichnet. Das hat etwas mit »Sein-lassen« zu tun. Solches Sein-lassen weckt aber sofort die Angst oder den Verdacht, es sei gleichbedeutend mit Gleichgültigkeit, Resignation, »laissez-faire, laissez-aller« oder mit einem Rückzug aus dieser Welt, wie ihn gewisse indische Weise predigen. Gerade hierin zeigt sich aber, wieweit wir von wirklicher Freiheit noch entfernt sind, wenn wir annehmen, daß Handeln immer nur als »Ausfluß dogmatischer Intoleranz« möglich sei. Sinn-volles Handeln ist vielleicht aber nur aus dem Geist einer solchen Gelassenheit heraus möglich, auch wenn diese nicht immer sofort die Faust macht oder zum Schwert greift. Daß solche Gelassenheit auch noch etwas mit Heiterkeit zu tun hat, scheint für viele erst recht unergründlich. Für sie gibt es überzeugtes Handeln immer nur im Zeichen des Ingrimms und der Verbissenheit, letztlich der Humorlosigkeit, möglicherweise nicht zufällig das Insignum der Menschenretter jeglicher Observanz. Diese Intoleranz hat einen inneren Bezug zum »Wirklichkeitsmenschen« Musils, für den nur wirklich ist, was *er* tut, denkt und ist. Ihm gegenüber stehen die »Möglichkeitsmenschen«. Sie sind ständig von einem Kranz von zur Zeit, vielleicht auch nie realisierten eigenen Möglichkeiten umgeben, woraus ihre Wirklichkeit ein Ausschnitt, eine getroffene Wahl ist (1978, I, 16). Es scheint nicht nur für neurotische Menschen zutreffend, daß ihnen so recht unwohl erst und immer dann wird, wenn sie sich wohler zu fühlen beginnen: Wenn der Druck der Prinzipien sich zu lockern beginnt und das »Leben« aufatmen könnte, meldet die sich mit dieser Lockerung verknüpfte Angst, welche mit dem Unabhängigwerden, dem Sich-selbst-Sein und dem Freisein verknüpft ist. Freisein ist eben nie einfach ein Geschenk der Götter, auch nicht einfach ein zu erkämpfendes Recht, sondern immer auch eine Auseinandersetzung mit der Angst. Nur wer sich selber mag, sich nicht überfordert, aber auch nicht einfach tatenlos herumsitzt, wer sich selbst ehrlich ins Auge blickt und sich so annehmen kann, wie er ist, wird mit dieser Angst fertig und schließlich auch die anderen Menschen sein-lassen, annehmen und zu lieben vermögen. Dies läßt sich kaum besser formulieren, als es G. Condrau (1978) in einem Artikel im Badener Tagblatt unter dem Motto: »Wo mich der Schuh drückt . . .« getan hat: »Würde ich meine Tätigkeit als Arzt-Psychiater, als Hochschuldozent und Politiker am Erfolg bemessen, am Leistungsprinzip orientieren, am Echo der Umwelt bewerten, müßte ich resignieren. Nicht etwa, weil ich weniger Erfolg habe als andere, nicht weil ich weniger gut Frustrationen ertragen kann als andere, nein, sondern weil ich mich damit einem Prinzip verschrieben hätte, das von vornherein den Keim des Versagens enthält. Wir alle müssen lernen, daß unserem Tun Grenzen gesetzt sind, daß wir unsere Erwartungen herabschrauben müssen, daß menschenwürdiges Leben, damit das Denken und Handeln, nur die Freiheit zum Ziele haben kann. Zur Freiheit gehört aber der spielerische Weg. Jener leidet an Depressionen, der überfordert ist; jener leidet an der Sinnlosigkeit des Lebens, der einen sucht, den es möglicherweise gar nicht gibt; jener reibt sich in der Politik auf, der vergißt, daß seine Vorstöße lediglich ›Denkanstöße‹ sind, der Abstimmungs- oder Wahlniederlagen als persönliche Beleidigungen empfindet.« Und, so meine ich, an die Stelle der Politik ließen sich beliebige andere Tätigkeiten und Aktivitäten setzen, die uns »stressen« – und beileibe nicht nur solche beruflicher Natur.

So wurzelt menschliche Begegnung, menschliche Beziehung immer zutiefst im mehr oder weniger freien Umgang mit Wertbezügen und damit im eigenständigen Menschen. Erreichbar ist solches immer nur im Mut, sich selbst mit seinen eigenen Grenzen zu sehen, anzuerkennen, sich darin zu mögen und zu belassen. Solche heitere Gelassenheit ermöglicht es dem Anderen, Begegnenden, *zu sein,* und eröffnet damit Beziehungsraum. Solches Mögen ist also gerade *nicht* egoistisch, sondern geradezu auf das Mit-sein ausgerichtet. Ohne dieses Mögen von sich selbst hat dieses Mitsein überhaupt kein tragendes Fundament und bleibt höchstens Drill, Dressur, Müssen. Wo aber dieses Triumvirat herrscht, ist die Freiheit bereits wieder ausgezogen.

Literatur

ALEWYN, R.: Die Lust an der Angst oder Die Unfähigkeit, überhaupt noch Angst zu haben. In: Mit der Angst fertig werden. Musik + Medizin (Sonderheft) Neu-Isenburg o. J.

BERNE, E.: Was sagen Sie, nachdem Sie guten Tag gesagt haben? München 1975

Boss, M.: Der Traum und seine Auslegung. Reihe »Geist und Psyche«, München 1974

»Es träumte mir vergangene Nacht ...« Bern, Stuttgart, Wien 1975

BRENNER, H.: Das Selbstverständnis des Therapeuten in der Psychoanalyse Sigmund Freuds und der Daseinsanalyse von Medard Boss. Referat gehalten am Daseinsanalytischen Institut für Psychotherapie und Psychosomatik, Zürich, Juli 1980 (gekürzte Fassung einer Lizentiatsarbeit an der Universität Fribourg 1980)

BROGLIE, L. DE: Licht und Materie. Frankfurt/M. 1958

CONDRAU, G.: Der Januskopf des Fortschritts. Gesellschaftspolitische Gedanken eines Psychiaters. Bern 1976

Aufbruch in die Freiheit. Philosophische und politische Gedanken zum Zeitgeschehen. Bern 1977

»Wo mich der Schuh drückt ...« Badener Tagblatt vom 9. August 1978

FREUD, S.: Die endliche und die unendliche Analyse (1937). Gesammelte Werke, Bd. XVI. Frankfurt/M. ^{4}1972

GLASER, H.: Spießerideologie (1964). Aus: Programmheft. Schauspielhaus Zürich 18. Jan. 1980

GROSSARTH-MATICEK, R.: Radikalismus. Untersuchungen zur Persönlichkeitsentwicklung westdeutscher Studenten. Schriftenreihe des Instituts für Konfliktforschung, Heft 5. Basel, München 1979

HEIDEGGER, M.: Über den Humanismus. Frankfurt/M. 1949

Gelassenheit. Pfullingen 1959

Sein und Zeit (1927). Tübingen 1963

Bauen Wohnen Denken (1952). In: Vorträge und Aufsätze, Teil II. Pfullingen 1967

Die Frage nach dem Ding. Tübingen, 1975

Gesamtausgabe, Band 24: Die Grundprobleme der Phänomenologie. Frankfurt/M. 1975

HEISENBERG, W.: Physik und Philosophie. Ullstein Taschenbücher, Nr. 249. Frankfurt/M. 1959

HICKLIN, A.: Der Mensch zwischen gestern und morgen – verharrend – sich verändernd? Gion Condrau zum 60. Geburtstag, Notizen zu seinem Leben und zu Zeitproblemen. Bern 1978

Selbstverwirklichung – Selbsthingabe. Das Liebesverständnis in der Psychotherapie. Vortrag an der Evang. Akademie in Tutzing, Frühjahr 1980 (unpubliziert)

Wandel und Tradition. Verharren und Verändern: Gestaltende Kräfte im Menschen und in der menschlichen Gesellschaft. Bern 1980

HUTH, W.: Wahl und Schicksal. Voraussetzungen, Grundprinzipien und Kritik der Schicksalanalyse von Leopold Szondi. Bern, Stuttgart, Wien 1978

KOHLI-KUNZ, A.: Identität und Selbstsein. In G. Condrau, A. Hicklin (Hg.): Individuum – Familie – Gesellschaft im Spannungsfeld zwischen Zwang und Freiheit. Göttingen, Zürich 1977

KÜNZLER, E.: Zur Kritik der Freudschen Triebtheorie. Psyche, 34, 1980

MACH, A.: Das neue Denken der modernen Physik. Hamburg 1957

MESSNER R.: Grenzbereich Todeszone. Köln 1978

K 2, Berg der Berge. Rüschlikon, Zürich 1980

MUSIL, R.: Gesammelte Werke in neun Bänden, hg. v. A. Frisé. Reinbek b. Hamburg 1978

SEGUIN, C. A.: Der Arzt und sein Patient. Ein Beitrag zum Problem des therapeutischen Eros. Bern, Stuttgart 1965

WILLI, J.: Die Zweierbeziehung. Spannungsursachen/ Störungsmuster/ Klärungsprozesse/ Lösungsmodelle. Reinbek b. Hamburg 1975

WOHMANN, G.: Paarlauf. Erzählungen. Darmstadt, Neuwied 1979

ZIEGLER, A. J.: Über die sogenannte Zeitkrankheit. Der Herzinfarkt als Paradigma. Herausgegeben von der Klinik und Forschungsstätte für Jungsche Psychologie, Zürich o. J.

Gion Condrau

Träume und ihre Deutung

Übersicht: Die Traumdeutung darf wohl als eine der ältesten »psychologischen« Wissenschaften betrachtet werden. Traumdeuter besaßen hohes Ansehen und Macht. Könige und Feldherren ließen sich von ihnen die Zukunft deuten und faßten ihre Entschlüsse nicht selten aufgrund solcher Traum-Wahrsagungen. In der Zeit der Aufklärung und der aufkommenden Naturwissenschaften dagegen verlor die Deutung der Träume weitgehend ihren im Volksbewußtsein verankerten Wert. Erst mit der Begründung der Psychoanalyse durch Sigmund Freud erhielt sie einen festen Platz im Bereich der analytisch orientierten psychotherapeutischen Verfahren. Nach Freuds Auffassung sollten sich im Traum unterdrückte, unbewußte Wunschregungen melden und erfüllt werden. Aufgabe des therapeutischen Geschehens war, den Traum zu dechiffrieren und dessen verborgenen Gehalt zu erkennen. Dieser Deutung der Träume vermochten jedoch andere Forscher, insbesondere C. G. Jung, nicht zu folgen: Nicht nur das individuelle Unbewußte sollte durch die Träume in das Bewußtsein gebracht werden können, sondern auch archetypische Bildsymbole, die dem kollektiven Unbewußten zugeordnet werden müßten. Die Daseinsanalyse schließlich, wie sie durch Ludwig Binswanger, Medard Boss und den Autor dieses Beitrags vertreten wird, ging wieder neue Wege. Sie spricht nicht mehr von einer Deutung der Träume, da »deuten« allzu leicht ein »umdeuten« meint, sondern von einer Auslegung der Träume.

»Was ich auf meinem Lager vor Augen hatte, war dies: Da stand ein Baum mitten auf der Erde; er war sehr hoch. Der Baum wuchs zusehends und wurde immer mächtiger; seine Höhe reichte bis an den Himmel; er war bis ans Ende der ganzen Erde zu sehen. Er hatte prächtiges Laub und trug so viele Früchte, daß er für alle Nahrung bot. Unter ihm fanden die wilden Tiere des Feldes Schatten; die Vögel nisteten in seinen Zweigen; alle Lebewesen ernährten sich von ihm. Während ich auf meinem Lager noch das Traumbild sah, stieg ein Wächter, ein Heiliger, vom Himmel herab. Er befahl mit mächtiger Stimme: Fällt den Baum und schlagt seine Äste ab! Streift sein Laubwerk ab und zerstreut seine Früchte! Die Tiere sollen aus seinem Schatten fliehen und die Vögel aus seinen Zweigen. Aber laßt ihm den Wurzelstock in der Erde, im Gras des Feldes, mit einer Fessel aus Eisen und Erz. Der Tau des Himmels soll ihn benetzen, und mit den Tieren soll er teilhaben am Gras der Erde. Sein Herz sei nicht mehr ein Menschenherz: Ein Tierherz soll ihm gegeben werden, und sieben Zeiten sollen über ihn hingehen. Dieser Befehl beruht auf einem Beschluß der Wächter; ein Spruch der Heiligen fordert es. Die Lebenden sollen erkennen: Über die Herrschaft bei den Menschen gebietet der Höchste; er verleiht sie, wem er will, selbst den Niedrigsten der Menschen kann er dazu erheben« (Dan. 4, 10–14).

So träumte der König Nebukadnezar einen Traum, der ihn erschreckte, in Angst versetzte. Darum ließ er alle Weisen Babels zu sich rufen, damit sie ihm den Traum deuteten. Da kamen die Zeichendeuter, Wahrsager, Chaldäer und Astrologen, doch keiner konnte ihm den Traum deuten. Zuletzt erschien Beltsazar, der Oberste der Zeichendeuter, uns besser bekannt als der Prophet Daniel, von dem Nebukadnezar wußte, daß der Geist der heiligen Götter in ihm sei und ihm kein Geheimnis verschlossen bleibe. Daniel war zunächst »eine Zeitlang ganz verstört, denn seine Gedanken machten ihm Angst«. Als Nebukadnezar ihm Mut machte, sprach er: »Dieser Baum bist du, König; du bist groß und mächtig geworden; deine Größe ist immer mehr gewachsen; sie reicht bis zum Himmel und deine Herrschaft bis ans Ende der Erde . . . (aber) man wird dich aus der Gemeinschaft der Menschen verstoßen, und du mußt bei den wilden Tieren des Feldes leben. Du wirst dich von Gras ernähren, wie die Ochsen, und der Tau des Himmels wird dich benetzen. So gehen sieben Zeiten über dich hin, bis du erkennst, daß der Höchste über die Herrschaft bei den Menschen gebietet und sie verleiht, wem er will. Schließlich hieß es, man solle den Wurzelstock des Baumes stehenlassen; das bedeutet: Deine Herrschaft bleibt dir erhalten, sobald du anerkennst, daß der Himmel die Macht hat.« Und Daniels (therapeutische) Empfehlung folgt der Deutung des Traumes: Der König soll seine Sünden durch rechtes Tun löschen, seine Vergehen tilgen, indem er mit den Armen Erbarmen habe. Dann möge sein Glück vielleicht von Dauer sein.

Soweit wir dem Buch Daniel des Alten Testamentes entnehmen können, machten weder der Traum selbst noch des Traumdeuters Ermahnungen großen Eindruck auf Nebukadnezar. Er tötete, wen er wollte, er stürzte, wen er wollte; vor der Macht, die ihm verliehen war, zitterten alle Völker, Nationen und Sprachen. Als jedoch sein Herz überheblich und sein Geist hochmütig wurde, stürzte man ihn von seinem königlichen Thron und verstieß ihn aus der Gemeinschaft der Menschen. Sein Herz wurde dem der Tiere gleich gemacht, er mußte sich von Gras ernähren wie die Ochsen auf dem Felde, er mußte bei den wilden Eseln hausen, seine Haare wurden so lang wie Adlerfedern und seine Nägel wie Vogelkrallen. Erst als die Zeit verstrichen war, kehrte sein Verstand zurück: Er lobte den Herrn und gewann Herrlichkeit und königlichen Glanz zurück.

Traumdeutung als Machtmittel

Der Glaube an die besondere Bedeutung des Traumerlebens hat sich die ganze Menschheitsgeschichte hindurch erhalten. Bedeutungsvolle Träume galten als Offenbarungen einer Gottheit, als Botschaft aus dem Jenseits, als prophetische und zukunftsweisende Eingebung, als Warnung höherer Mächte, oder im späteren »aufgeklärten« Zeitalter zumindest als Ausdruck bestimmter Körperzustände, als Reflexe auf äußere und innere Reize, wenn nicht einfach als Hirngespinste. So wurden die Träume in den frühgeschichtlichen und antiken Epochen vorwiegend auf göttliche oder dämonische Einflüsse zurückgeführt, später auf geistige und physiologische Phänomene reduziert. In alten Zeiten wurden die Traumdeuter geehrt, da man ihnen ein besonderes Wissen um die Geheimnisse der Seele zutraute und die Deutung der Träume als hohe Kunst galt; manch ein Herrscher mutete ihnen sogar zu, nicht nur den im Wachen wiedergegebenen Traum auszulegen, sondern auch den (nicht erzählten) Trauminhalt zu erraten. Andererseits wurden die Traumdeuter auch bestraft, wenn sie sich irrten oder ihre Deutung den Träumenden mißfiel. So war denn auch das Zögern des Propheten Daniel anläßlich der Begegnung mit Nebukadnezar durchaus verständlich, riskierte er doch mit seiner wahrheitsgetreuen Auslegung des Traumes Kopf und Kragen. Selbst in unseren Zeiten noch ist die Traumdeutung – obwohl in die psychotherapeutisch-analytische Neurosenbehandlung als anerkanntes »Therapeuticum magnum« (Boss 1980) längst eingebaut – nicht problemlos. C. G. Jung (G. W. VIII, 323) meinte denn auch, jede Deutung eines Traumes sei eine psychologische Aussage über gewisse seelische Inhalte und daher »nicht ungefährlich«, da der Träumer wie die meisten Menschen eine »oft erstaunliche Empfindlichkeit« nicht nur für unrichtige, sondern vor allem auch für richtige Bemerkungen über sein Seelenleben an den Tag lege. Oft sei es besser, auf Fragen nach dem Sinn eines Traumes überhaupt keine Antwort zu geben.

Dies kann sich ein Analytiker leisten. Die großen Traumdeuter des Altertums hatten kaum eine wissenschaftliche Berechtigung, sich hinter ihr Schweigen zu verschanzen. Sie waren *berufen* und aufgrund eben dieser Berufung auch *mächtig*. Macht hat, wer mehr weiß und dieses Mehrwissen nutzen kann. Nachweisbar haben Träume und deren Deutungen, ob diese nun von einem »professionellen« Visionär oder dem Träumenden selbst stammten, den Lauf der Weltgeschichte bestimmt. Ich denke in diesem Zusammenhang nicht nur an Joseph in Ägypten, der durch seine berühmt gewordenen Traumdeutungen das Land vor Hungersnot bewahrte; ich denke auch nicht nur an den Perserkönig Xerxes, der nach Xenophons Bericht aufgrund einer ihm im Traum mitgeteilten Aufforderung den Krieg gegen die Griechen, gegen den Rat seines Ratgebers Artabanos, begann. Möglicherweise wären Xerxes die Niederlagen bei Salamis und Plataä sowie die spätere Ermordung durch eben diesen Artabanos, den Anführer seiner Leibwache, erspart geblieben, hätte er sich *nicht* auf die ihm träumend erschienene Gestalt verlassen. *Ein* Traum jedenfalls hat welthistorische Bedeutung erlangt: jener, den nach einer Schilderung des christlichen Gelehrten Laktanz der erste christliche Kaiser, Konstantin der Große, vor der Schlacht gegen Maxentius an der Milvischen Brücke hatte. Damals (312) soll ihm, am Vorabend des entscheidenden Kampfes im Traum ein Engel das Kreuz mit den Worten gezeigt haben: »In diesem Zeichen wirst du siegen.« Der Legende nach bewog dieser Traum Konstantin I., den christlichen Glauben anzunehmen, beziehungsweise jenes tausendjährige Reich einzuleiten, das den Ruhm Konstantinopels und auch des Papsttums begründete. Der italienische Maler Piero della Francesca (um 1416–1492) hat in einem Fresco um 1460 Konstantins Traum dargestellt. Das Wandgemälde befindet sich in der Kirche S. Francesco in Arezzo.

Mag auch die geschichtliche Wahrheit anders aussehen als die Legende, so steht zweifellos fest, daß in der damaligen Zeit solche Traumgesichte vor kritischen Entscheidungen nichts Außergewöhnliches waren. In einer Weltsicht, die Rationales und Irrationales nebeneinander bestehen ließ, waren nicht nur Träume während des Schlafes, sondern auch Wachvisionen von ebensolcher Bedeutung wie das verstandesmäßig erfaßbare Kalkül.

Traumbücher

Folgten die Traumdeuter anfänglich bei der Auslegung rein intuitiven Eingebungen oder scharfsinnigen Überlegungen, so griffen sie schon bald zu systematisch geordneten, schriftlichen Aufzeichnungen und waren bestrebt, die aus der Beobachtung und Erfahrung gewonnenen und gesicherten Deutungen festzuhalten. Es wurde grundsätzlich angenommen, daß die Träume von bestimmten äußeren und inneren Einflüssen, denen der Träumer ausgesetzt ist, abhängig seien. Dies galt vor allem hinsichtlich seines moralischen Lebenswandels. So sollten Träume unter anderem die Folge von unvernünftigen Begierden und unbotmäßigen Ängsten sein. Aus der moralisierenden Einstellung ergab sich dann von selbst die Einteilung der Träume in »gute«, das heißt Glück verheißende, und »böse«, Unglück ankündigende Träume. Die guten Träume kamen von Gott, die bösen vom Teufel oder von sonst irgendeinem dämonischen Geist. Verbunden damit war die Auffassung, daß nur böse Menschen böse Träume haben könnten, was den Traumdeutern Gelegenheit gab, in pädagogischen Ermahnungen auf Moral und Sitte ihrer Zeitgenossen einzuwirken (Jacobi 1945, 3570). Während Aristoteles und Hippokrates in der griechischen, Cicero und Petronius in der römischen Antike dem Traume jegliche göttliche Sendung absprachen, bedeuteten die Träume für Homer und Sokrates göttliche Vorahnungen. In Homers »Ilias« und »Odyssee« sendet Zeus sowohl den oulon oneiron, den schlimmen Traum, wie den theion oneiron, den göttlichen Traum. So läßt der Dichter in der »Odyssee« Penelope klagen (19, 560–569):

> »Fremdling, es gibt doch dunkle und unerklärbare Träume,
> Und nicht alle verkünden der Menschen künftiges Schicksal.
> Denn es sind, wie man sagt, zwo Pforten der nichtigen Träume:
> Eine von Elfenbein, die andre von Horne gebauet.
> Welche nun aus der Pforte von Elfenbeine herausgehn,
> Diese täuschen den Geist durch lügenhafte Verkündung;
> Andere, die aus der Pforte von glattem Horne hervorgehn,
> Deuten Wirklichkeit an, wenn sie den Menschen erscheinen.
> Aber ich zweifle, ob dorther ein vorbedeutendes Traumbild
> Zu mir kam. Oh, wie herzlich erwünscht wär' es mir und dem Sohne!«

Die Hilfe, die der Mensch zu allen Zeiten aus der Traumdeutung erwartete, bezog sich zumeist auf die Vorhersage zukünftigen Schicksals. So hoffte Penelope aus dem

Traum zu erfahren, was der Adler bedeutete, der ihre Gänse getötet, und ob wirklich ihr Gatte Odysseus als Adler zurückgekehrt sei, daß er »den Freiern allen ein schreckliches Ende bereite«.

Traumdeutung als Lebenshilfe reduziert sich in diesem Kontext auf die zukunftsträchtigen, prophetischen Träume, die, im Altertum fast ausschließlich beachtet, heute immer noch die Menschen beunruhigen oder trösten. Nur konnte bisher niemand eine wirklich zufriedenstellende Erklärung solcher Traumphänomene vorweisen. Medard Boss (1953, 198 ff) begnügte sich mit dem Hinweis, daß des Menschen Existenz im Sinne Heideggers ein Ek-stare, ein Hinausstehen in die ursprüngliche Räumlichkeit und Zeitlichkeit sei. Daraus ergebe sich ein Bezogensein-Können auf Vorfälle und Dinge, das völlig unabhängig von der meßbaren Raum- und Zeitqualität sei, ja die Grenzen des sinnlich Wahrnehmbaren bei weitem sprenge. Nur so ließen sich die als »telepathisch« und »prophetisch« bezeichneten Träume verstehen. »Ebenso wie die ekstatische Offenheit gegenüber dem *räumlich* nicht unmittelbar leibsinnlich erreichbaren Begegnenden gehört auch ein möglicher Bezug des Menschen auf alles *zeitlich* noch Ausstehende und erst aus seiner Zukunft auf ihn Zukommende zum Menschenwesen. Dieser Bezug ist aber die Bedingung der Möglichkeit prophetischer Träume, in denen sich Dinge ereignen, die den überlieferten Vorstellungen sowohl des Raumes wie der Zeit spotten« (a. a. O., 208). Gewiß: falls es im wahrsten Sinne des Wortes prophetische Träume gibt, dann kann die *Bedingung* für diese Phänomene nur im Wesen des Daseins als Weltoffenheit, als Ek-Sistenz gesehen werden. Die Bedingung verweist jedoch als ontologisches Existenzial noch nicht auf die ontisch verfügbare Möglichkeit. Mit anderen Worten: aus einem Traum kann keineswegs zwingend, ich möchte sagen, nicht einmal mit einer gewissen Wahrscheinlichkeit, Zukünftiges prophezeit werden. Dies ist besonders im Hinblick auf die Bedeutung des Traumes für die Psychotherapie von enormer Wichtigkeit. Wie mancher träumt, er sei schwer krank, ja er sterbe oder sei gestorben? Wie mancher wird durch derartige Träume zutiefst beunruhigt? Und in wie vielen Fällen trifft das zuvor Geträumte im Wachleben wirklich zu?

Boss meint, es gebe Übereinstimmungen, die man nicht als »zufällig« bezeichnen könne. Den Beweis für diese Aussage bleibt er uns aber schuldig. Denn immer nur kann *nachträglich* festgestellt werden, daß ein in unser Leben eintretendes Ereignis bereits zuvor *auch* geträumt wurde. Vielleicht sollte man eher einmal den vielgeschmähten »Zufall« gelten lassen, zumindest um zu vermeiden, daß ein Kausalzusammenhang konstruiert wird, wo lediglich ein Neben- und Nacheinander zu sehen ist. Diese Ansicht kommt auch bei Alfred Adler (^{5}1947, 85 ff) zum Ausdruck, der in diesem Fall einen beachtenswerten »phänomenologischen« Zugang zum Traume vertritt. Er erwähnt einen von Cicero in dessen Traumbuch erzählten Traum des Dichters Simonides, der von einem Toten im Traume gewarnt wurde, eine Schiffsreise zu unternehmen. Wenn er führe, würde er durch Schiffbruch umkommen. Beeindruckt durch diese Traumwarnung fuhr er nicht; das Schiff versank tatsächlich mit allen Passagieren in den Fluten.

Dieses Ereignis soll im Zusammenhang mit dem Traum »auf Jahrhunderte hinaus ungeheures Aufsehen und einen tiefen Eindruck auf die Menschen gemacht haben«. Adler meint dazu, daß in jener Zeit wohl sehr oft Schiffe untergegangen seien, daß vermutlich aber auch viele Menschen von ähnlichen Tragödien geträumt hätten, »und wäre dieses Schiff nicht untergegangen, dann hätte die Welt von der ganzen Geschichte wahrscheinlich nie etwas erfahren«. Allerdings ist auch Adlers »Erklärung« des Traumes nicht ganz stubenrein. Der Dichter, so führt er nämlich aus, habe in der Sorge um sein leibliches Wohlergehen »wohl nie besonders Lust gezeigt«, die Reise zu unternehmen, und habe deshalb, als die Entscheidung nahte, zu einer *Verstärkung* gegriffen. »Er ließ sich gleichsam den Traum kommen . . .« Hier wird also dem Träumenden eine *Absicht* unterschoben, die weder aus dem Traume hervorgeht noch vom Träumenden selbst erfragt werden kann, die demnach lediglich hypothetischer Natur ist.

Hypothesen sind eigentlich Unterstellungen. Erweisen sie sich durch Experiment und Statistik als richtig, heben sie sich als solche auf. Nirgends scheint sich hingegen die Welt in dem Maße mit Hypothesen zufriedenzugeben wie auf dem Gebiet der Traumdeutung. Das Unerklärliche hat den Menschen schon immer gefesselt. Somit ist es auch verständlich, daß die Traumdeuter schon früh dazu übergingen, ihre Deutungskunst in Traumbüchern schriftlich festzuhalten, dabei eine Literatur heraufbeschwörend, die von einem ägyptischen Papyrus aus der Zeit der 12. Dynastie (2000–1700 v. Chr.) über die Griechen und Römer bis in unsere Zeit hineinreicht. Erwähnenswert ist im besonderen das fünfbändige Werk des Artemidoros von Daldis aus dem zweiten nachchristlichen Jahrhundert, der sich allerdings im wesentlichen darauf beschränkte, die Traumbilder nach Gebieten geordnet schematisch darzustellen und anhand eines einfachen Traumschlüssels zu dechiffrieren. Immerhin finden sich in dem uns heute noch erhaltenen Traumbuch des Artemidoros – der fünf Klassen von Träumen (Traum, Vision, Orakel, Phantasie, Erscheinung) unterschied – Deutungen von erheblicher Sinntiefe. Insbesondere setzte er den Traum mit der jeweiligen Persönlichkeit des Träumers in Beziehung.

Im Zentrum seiner Traumlehre stand jedoch bei ihm die Symboldeutung. Ob dies tatsächlich als eine Vorwegnahme späterer Freudscher und Jungscher Thesen bezeichnet werden darf, wie Ania Teillard (1944, 47 ff) in überschwenglich-elegischer Bewunderung für den Herausgeber der »Oneirokritika« andeutet, ist ebenso fragwürdig wie die schlichte Behauptung, der »Verehrungswürdige« sei »im Wurzelwerk des Archetypus der Mutter befangen« gewesen.

Im dreizehnten und vierzehnten Jahrhundert befaßten sich dann die meisten großen Ärzte, Theologen und Philosophen sehr eingehend mit der Traumdeutung, wie es vor ihnen schon die Mystiker und Alchemisten getan hatten. Der berühmte spanische Arzt und Philosoph Arnald von Villanova war beispielsweise offizieller Traumdeuter an den Höfen von Aragonien und Sizilien.

Der Beginn der Renaissance war auch eine Blütezeit der Traumdeutung. In der neuzeitlichen Aufklärungsperiode des siebzehnten und achtzehnten Jahrhunderts verlor sich der mittelalterliche Glaube, daß die Träume Einblick in die tieferen

Schichten menschlichen Seelenlebens erlaubten. Der aufklärerisch-sachliche Geist, der sich des Abendlandes bemächtigte, anerkannte ja nur das, was aus dem Prinzip von Ursache und Wirkung verstanden werden konnte. Die Träume wurden lediglich als inhaltsarme Zufälligkeiten und als Begleiterscheinung körperlicher Reize betrachtet. So waren sie für Voltaire lediglich Ausgeburten körperlicher oder leidenschaftlicher Reizzustände, und Kant setzte sie in den Reflexionen zur Anthropologie mit Aberglaube und Zauberei, nicht zuletzt mit dem »Magendrücken« in Beziehung. In diesem Zusammenhang müßten noch andere Philosophen und Autoren genannt werden, die sich mit dem Phänomen des Traumes befaßten, so Herbart, Binz, Fechner und Maury, die aber immer mehr den physiologischen Aspekt der Traumgenese als den psychologisch bedeutsamen Trauminhalt im Auge hatten.

Bevor die Traumlehre Freuds, Jungs und der Vertreter der Daseinsanalyse dargestellt wird, sei kurz auf eine in den letzten zwanzig Jahren deutlich erkennbare Tendenz eingegangen. Einerseits hat sich die experimentelle Wissenschaft dieses Phänomens angenommen und eine eigentliche *Traumforschung* ins Leben gerufen. Auf diese soll hier nicht eingegangen werden, da ihre Auswirkungen auf die *Traumdeutung* noch völlig im dunkeln liegen. Der Verfasser hat sie andern Orts (Condrau 1974, 256 ff) dargestellt, verweist aber insbesondere auf die Arbeiten von R. Jung (1980), H. Cramer (1980) sowie M. Koukkou u. D. Lehmann (1980). Auch diese Forschungen haben eine lange Geschichte. Frühe Arbeiten sind natürlich in der Genauigkeit ihrer Methoden keineswegs mit der modernen Traumforschung vergleichbar, dafür möglicherweise auch weniger prätentiös. F. Veronese (1910, 38) erklärte zwar den Traum bedenkenlos als »eine lebhafte Tätigkeit der Elemente der Rindensubstanz«, fügte jedoch gleich bei, daß damit »keine annehmbare Erklärung« für viele Traumphänomene, insbesondere auch für die Traum-Amnesie gefunden sei.

Über Methoden, Ergebnisse und Probleme der modernen experimentellen Traumforschung berichtet auch Inge Strauch (1968), die wie William Dement (1968) eine biologische Notwendigkeit des Träumens postuliert. Ob allerdings von »zukünftigen Untersuchungen« mit der experimentellen Methode (Strauch a. a. O., 365) neue Aufschlüsse über die *psychologischen* Aspekte oder gar zur *Phänomenologie* des Traumes zu erwarten sind, ist zu bezweifeln. Phänomenologie und Experiment sind wohl unvergleichbare Größen. Damit sei keineswegs die große Bedeutung der naturwissenschaftlichen Methode geschmälert, sondern höchstens ihr Erwartungsanspruch relativiert.

Weniger ernst ist die Flut populärwissenschaftlicher Bücher, Schriften und Artikel zu nehmen, die dem heutigen Menschen das Deuten der Träume als einfache Lebenshilfe anbieten. Sie erreichen in überwiegendem Maße nicht einmal den Gehalt der alttestamentlichen Traumdeutungen. Dem Zeitgeist des ausgehenden zwanzigsten Jahrhunderts entsprechend, der das Individuum weitgehend von der Mühe eigenen Denkens entbindet, offerieren sie lexikonartig »Traumsymbole«, derer man sich wie aus einem Discountladen nach Wunsch und Laune bedienen kann. Daran ändert sich auch nicht das geringste, wenn vorgängig zur alphabetischen Aufzählung der Traumgegenstände und ihrer Symbolgehalte eine (zumeist pseudowissenschaftliche) Einleitung ad scientiam gegeben wird. Damit soll nichts gegen die *Symbolik* an sich gesagt sein (empfehlenswert in diesem Zusammenhang das »Lexikon der Symbole« von Gerd Heinz Mohr ³1974). Aber wenn geglaubt wird, Traumdeutungen könnten wie billige Horoskope verkauft werden, kann man sich ebensogut an das »goldene ägyptische Traumbuch«, das »große arabische Traumbuch« oder das »vollständige Zigeunerinnen-Traumbuch« (Volkmer 1954) halten. Man wird dann nicht ohne eine gewisse Befriedigung zur Kenntnis nehmen, daß ein (Traum-)»Briefträger« dem aus dem Schlaf Erwachten nur »gute Nachrichten« bringt, daß sich durch ihn auf mühelose Art die Vermögenslage verbessern läßt sowie geheimste Wünsche und Hoffnungen erfüllt werden. Schon fragwürdiger dürfte sein, daß ein im Traum »herabfallender Dachziegel« Gewinn und Erbschaft bedeutet und das träumenderweise »Sich-selbst-am-Galgen-hängen-Sehen« für die nächste Zeit »Glück« in Aussicht stellt!

Die psychoanalytische Traumlehre Sigmund Freuds

Freud (1900/01) war es vorbehalten, in die Vielfalt physiologischer und psychologischer Deutungen des Traumlebens einigermaßen Ordnung zu bringen. Die Traumdeutung löste sich von der unwissenschaftlichen, intuitiven, wahrsagerischen Auslegung der von der Persönlichkeit losgelösten Träume und von einer schematischen Festlegung der Bedeutung einzelner Traumsymbole; sie wurde zu einer wohlausgearbeiteten und differenzierten medizinpsychologischen Methode. Der Sinngehalt eines Traumes wurde mit der Persönlichkeit des Träumenden und dessen besonderer Lebenssituation in Zusammenhang gebracht. Freud postulierte, daß jeder Traum einen bestimmten Sinn habe, daß er logisch, zweckmäßig und verständlich sei, ja er meinte, daß es erst über das Verstehen der Träume möglich werde, Eigentliches über das Wesen eines neurotischen Menschen zu erfahren. Allerdings wurden zur Zeit Freuds nur diejenigen Phänomene einer wissenschaftlichen Untersuchung für würdig befunden, deren Existenz aus dem Zweck- und Leistungsprinzip verstanden werden konnten. Der *Zweck* des Träumens wurde zunächst darin gesehen, dem Träumenden den Schlaf zu erhalten. Werden die Reize der Außenwelt für einen Schlafenden zu laut und zu massiv, so erwacht er. Sind jedoch die Reize schwächer, so kann es vorkommen, daß sie sich in harmlosen Traumbildern zeigen, welche den Träumer nicht so sehr stören, daß der Schlafzustand gefährdet ist. Freud meinte zudem, daß sich in sämtlichen Träumen eine Wunscherfüllung zeige. Würden nun alle Träume den Charakter der Wunscherfüllung tragen, dann dürfte das Rätsel des Traumes als gelöst betrachtet werden. Es verhält sich aber keineswegs so. Nur ein sehr kleiner Bruchteil unserer Träume zeigt einen solchen Charakter. Hier setzt nun das Gedankengebäude Freuds an. Seine Lehre besagt, daß die Traumbilder, derer wir uns erinnern, meist gar nicht den wah-

Aus der Salzburger Bibel: »Traum Nebukadnezars«. »Was ich auf meinem Lager vor Augen hatte, war dies: Da stand ein Baum mitten auf der Erde; er war sehr hoch« (4,7). Der Baum, der diesmal dem schlafenden König erschien, ähnelte jenem prächtigen Baum, mit dem Ezechiel (31, 3–14) den Pharao verglichen hatte. Der König von Babel hatte vielleicht durch ähnlichen Größenwahn gesündigt. Während die Fichte des ägyptischen Königs nach der Prophetie Ezechiels (31, 12) gefällt wird, wird der Baum Nebukadnezars zwar viele seiner Äste verlieren, sein Wurzelstock aber wird als Unterpfand des Wiederauflebens in die Erde gelassen. Die Strafe, die ihn erwartet, wird von einem der »Wächter«, das heißt einem Engel angedeutet (4, 10–14): Anstelle des menschlichen Herzens, in dem nach der Vorstellung des Alten Orients der Verstand seinen Sitz hat, soll ihm »ein Tierherz« gegeben werden – eine seltsame, schwere Krankheit wird den König befallen, so daß er nicht mehr imstande sein wird, sein Amt auszuüben. Nach »sieben Zeiten«, vermutlich nach ebenso vielen Jahren, wird er jedoch geheilt werden, wenn er seine Sünden und seine Vergehen »auslöscht durch rechtes Tun« (4, 24).

ren Traum darstellen, daß vielmehr hinter diesem »*manifesten* Trauminhalt« die »*latenten* Traumgedanken« verborgen seien, die durch eine sogenannte *Traumzensur* eine völlige Entstellung erfahren würden und nur durch die Psychoanalyse entdeckt werden könnten. In einem Kapitel seines Traumbuches untersuchte er die Regeln, welche die Umwandlung vom latenten Traumgedanken in einen manifesten Trauminhalt bestimmen. Diese »Traumarbeit« bestehe aus verschiedenen Gesetzmäßigkeiten:

– Im Vergleich zur Reichhaltigkeit der Traumgedanken sei der erinnerte, das heißt manifeste Trauminhalt knapp und lakonisch, so daß ein Trauminhalt nicht vollständig und erschöpfend behandelt werde. In der Regel, so Freud (a. a. O., 285), unterschätze man das Maß der Kompression, »indem man die ans Licht gebrachten Traumgedanken für das vollständige Material« halte, während weitere Deutungsarbeit neue, hinter dem Traum versteckte Gedanken enthüllen könnte.

– Es müsse des weiteren bei der Traumarbeit eine Macht am Werke sein, welche die psychischen Intensitäten und Wertigkeiten der einzelnen Elemente verschiebe. Dies eben geschehe durch die Zensur, jene endopsychische Abwehr, welche durch die Traumverschiebung die unbewußten Wünsche entstelle.

– Die Umsetzung von Gedanken in visuelle Bilder und Symbole sei eine weitere Leistung des Traumes. Ein farbloser und abstrakter Ausdruck werde in der Regel durch einen bildlichen und konkreten ersetzt. Hier dürfte sich Freuds Ansicht in etwa mit derjenigen treffen, die Boss (1975, 229) vertritt, wenn er von der »Einengung der Traumexistenz auf die sinnenhaft wahrnehmbare Gegenwärtigkeit des Begegnenden« spricht.

– Aus diesem Grunde finde auch eine sekundäre Bearbeitung statt: Die Traumarbeit bezwecke letztlich, den Anschein von Absurdität und Zusammenhanglosigkeit zu verlieren und sich dem Vorbild eines verständlichen Erlebnisses zu nähern.

Freuds Lehre ist im wesentlichen eine Psychologie der Triebe. Im Traum soll, wie bereits gesagt, die Befriedigung eines verdrängten Triebwunsches oder mindestens der Versuch einer Wunscherfüllung vorliegen. Eine Ausnahme macht der Angsttraum, aus dem wir plötzlich erwachen. Auch dieser soll nach Freud einen unerledigten Wunsch zum Motor haben, doch die damit verbundenen peinlichen Regungen führten zum Erwachen, bevor die Entstellungen so weit gediehen seien, daß sie das Peinliche auslöschen. Die Angstträume wären demzufolge als nichtbeendete Träume aufzufassen, und so fügten sie sich der Wunscherfüllungstheorie gut ein.

Die unbewußten Tendenzen, gegen die sich die Traumzensur richte und welche die latenten Traumgedanken in den manifesten Trauminhalt verwandelten, seien »durchaus verwerflicher Natur, anstößig in ethischer, ästhetischer, sozialer Hinsicht, Dinge, an die man gar nicht zu denken wagt oder nur mit Abscheu denkt« (G. W. XI, 142). Wörtlich fügte Freud hinzu: »Das aller ethischen Fesseln entledigte Ich weiß sich auch einig mit allen Ansprüchen des Sexualstrebens, solchen, die längst von unserer ästhetischen Erziehung verurteilt worden sind, und solchen, die allen sittlichen Beschränkungsforderungen widersprechen. Das Luststreben ... wählt seine Objekte hemmungslos, und zwar die verbotenen am liebsten. Nicht nur

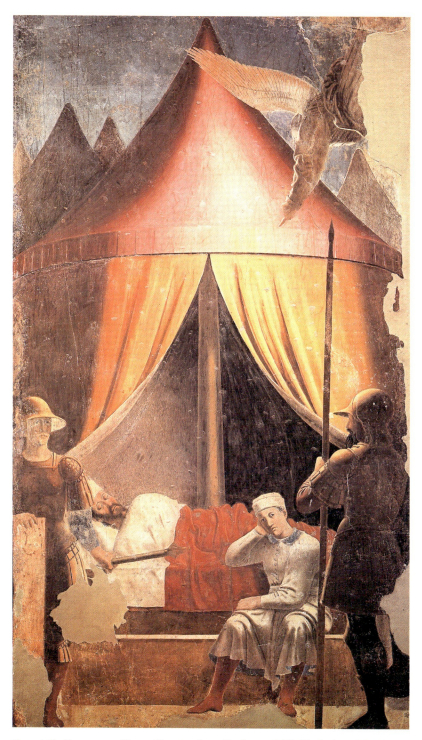

Piero della Francesca: »Traum Konstantins«, Fresko um 1460. Nach einer Schilderung des christlichen Gelehrten Laktanz soll Kaiser Konstantin I. vor der Schlacht gegen Maxentius einen Traum gehabt haben, der ihn zum Übertritt ins Christentum motivierte.

das Weib des andern, sondern vor allem inzestuöse, durch menschliche Übereinkunft geheiligte Objekte, die Mutter und die Schwester beim Mann, den Vater und den Bruder beim Weibe ... Gelüste, die wir ferne von der menschlichen Natur glauben, zeigen sich stark genug, Träume zu erregen. Auch der Haß tobt sich schrankenlos aus. Rache- und Todeswünsche gegen die nächststehenden, im Leben geliebtesten Personen, die Eltern, Geschwister, den Ehepartner, die eigenen Kinder sind nichts Ungewöhnliches. Diese zensurierten Wünsche scheinen aus einer wahren Hölle aufzusteigen; keine Zensur scheint uns nach der Deutung im Wachen hart genug gegen sie zu sein« (a. a. O., 143). Der weitere Weg zum Verständnis der Träume ergebe sich dadurch, daß man die im Traum verwendeten *Symbole* in ihren ursprünglichen Dinggehalt zurückübersetze. Hauptsächlich würden sexuelle Strebungen im Traume symbolisch dargestellt.

Die Aufgabe der therapeutisch wirksamen psychoanalytischen Traumdeutung liegt nun darin, die Traumarbeit in umgekehrtem Sinne wieder aufzunehmen, dieselbe also rückgängig zu machen und aufzuheben. Dies geschieht, indem die Assoziationen des Träumenden in seinen Traum einbezogen werden. Assoziationen sind sogenannte »freie« Einfälle; der Träumer soll dadurch, daß er alles, was ihm gerade zum Traume einfällt, ausspricht, selbst zur Interpretation desselben beitragen. Die »freien« Einfälle sind psychoanalytischer Auffassung gemäß nämlich nur scheinbar »frei«. In Wirklichkeit sollten sie jedoch in bedeutungsvoller Beziehung gerade zum latenten Traumgedanken stehen und demzufolge diesen entlarven.

Freuds Traumdeutung rief aus verschiedenen Gründen heftige Kritik hervor. Für viele schien die einseitig »sexual« ausgerichtete Wunscherfüllungstheorie zu fragwürdig, andere nahmen Anstoß an der unbeweisbaren Annahme eines »hinter« dem manifesten Trauminhalt versteckten latenten Traumgedankens; die allzu vereinfachte Symbolik Freuds wurde kritisiert, und schließlich gibt es Traumforscher, die sogar den Begriff des »Unbewußten« in Bausch und Bogen verwerfen. Im psychoanalytischen Lager selbst ist die Situation heute nicht mehr so eindeutig wie zu Freuds Lebzeiten. Der Schöpfer der Psychoanalyse bezeichnete noch die Traumdeutung als die via regia, die königliche Straße zur Kenntnis des Unbewußten im menschlichen Seelenleben. Die mit dieser Aussage verbundenen Hoffnungen, welche zunächst eine beinahe exklusive Verwendung des Traumes zur Kenntnis unbewußter Vorgänge ermöglicht hätten, wurden nur teilweise erfüllt. Die Technik der psychoanalytischen Pioniere hat sich inzwischen weitgehend überlebt. Pierre-Bernard Schneider (1976) bemerkt, daß »die therapeutische Verwendung des Traumes nicht mehr so systematisch wie von Freud angegeben« erfolgt; der detektivische Entdeckergeist, der die frühen Psychoanalytiker kennzeichnete, ist in der nachfreudianischen psychoanalytischen Praxis zugunsten einer vorsichtigeren Deutungsweise gewichen. So zumindest berichtet Schneider, sich auf die Tendenzen der Autoren romanischer Sprache beim Madrider Kongreß von 1974 berufend. Auch habe im Verlaufe der letzten Jahre das Studium des manifesten Trauminhaltes vermehrtes Interesse gefunden, wobei diese Aussage dadurch relativiert wird, daß der »latente« Inhalt des Traumes »selbstverständlich« sei. Wenn jedoch gerade etwas nicht »selbstverständlich« ist, das heißt: sich nicht von sich selbst her verständlich zeigt, so ist es die Hypothese, der erinnerte (manifeste) Traum sei entstellt und entspreche nicht dem *eigentlichen* Trauminhalt. Daß dies eine metapsychologische Konstruktion ist, wurde längst nachgewiesen. C. G. Jung vermeinte zwar noch in einer frühen Arbeit »Über die Energetik der Seele« (1928), daß Freud den verborgenen Traumsinn »empirisch und nicht deduktiv« gefunden habe. Abgesehen davon, daß gerade die Empirie nicht nur nichts für die Annahme latenter, das heißt: anders gearteter Trauminhalte als jene des manifest Geträumten beisteuert, sondern dieser geradezu widerspricht, ist auch die Bestätigung Jungs zu dieser Frage nicht schlüssig. Zudem lehnte er bereits damals (G. W. VIII, 315) die Auffassung der Träume als »infantile Wunscherfüllungen« als »viel zu eng« ab; diese bildeten jedoch nach Freud gerade ubiquitär den Inhalt der latenten Traumgedanken. Auch lag Jung (G. W. VIII, 306) »nicht das geringste« am Beweis, daß die Träume überhaupt Wunscherfüllungen seien. So sollte wohl die psychoanalytische Traumdeutung, ob sie nun im klassischen Sinne oder in liberalerer Art gehandhabt wird, als *eine* von vielen Möglichkeiten angesehen werden, ohne aber den Anspruch auf »Wissenschaftlichkeit« allzusehr zu strapazieren. »Sosehr man nämlich auf der einen Seite die psychologische Bedeutung des Traumes unterschätzt, so groß ist auch die Gefahr für den, der sich viel mit Traumanalyse beschäftigt, daß er das Unbewußte in seiner Bedeutung für das reale Leben überschätzt.« Jung (G. W. VIII, 291) warnt nicht zu Unrecht vor einem »Psychopompos«, der »aus überlegener Kenntnis heraus dem Leben eine untrügliche Richtung zu verleihen imstande sei«.

Jung selbst, aber auch Maeder, Silberer, Stekel und andere übten an der Freudschen Auffassung Kritik, wonach sich der Traum einer Art Hieroglyphensprache bediene. Sie wandten ihre Aufmerksamkeit wieder dem »manifesten«, das heißt dem erinnerten Trauminhalt zu. Alfred Adler und unabhängig von ihm Alphonse Maeder betonten den *finalen*, das heißt zweckmäßigen Aspekt des Traumes, wodurch der Traumdeutung ein pädagogischer Wert zugemessen wurde. Insofern rückte dieselbe als Lebenshilfe in den Vordergrund. Jung (1958, 187) billigte den Träumen »oft Erhebliches zur Selbsterkenntnis« zu.

Traumdeutung in der Jungschen Psychologie

C. G. Jung verglich den Traum einem Drama, das meist mit einer Ortsangabe beginnt und dann die handelnden Personen vorstellt. Diese erste Phase wird als Exposition bezeichnet. In einer zweiten Phase, jener der Verwicklung, wird die Situation kompliziert, es tritt eine gewisse Spannung und Unsicherheit ein. In der dritten Phase, als Kulmination oder Peripetie bezeichnet, geschieht Entscheidendes, eine plötzliche Wendung, während die vierte Phase, die Lysis, das durch die Traumarbeit erzeugte Resultat bekanntgibt. Diese letzte Phase kann fehlen, was einen für den Träumer prognostisch ungünstigen Aspekt bedeute. Bei der Deutung der Träume spielen bei C. G. Jung folgende Faktoren eine ausschlaggebende Rolle:

Der Traum kann nur aus dem Kontext heraus gedeutet werden, das heißt: Es gilt den je individuellen Bedeutungsgehalt eines Traummotivs herauszufinden. Träume sind vieldeutig; nur mit Hilfe des Träumers gelinge es, den jeweiligen Sinn des Geschehens zu enträtseln.

Im Gegensatz zu Freud nimmt Jung eine Hierarchie der Triebe an. Beim Vollzug höherer Antriebe schwingen auch niedere mit. Das bedeute für das Traumgeschehen, daß ein stark sexuell gefärbter Traum nicht ausschließlich Sexuelles meine und eine asexuelle Traumbeziehung eine erotische Triebkomponente nicht ausschließe.

Der Traum könne auf der *Subjekt-* und auf der *Objektstufe* gedeutet werden. Der Trauminhalt wird auf der Objektstufe gedeutet, wenn man die ganz konkrete Außenwelt damit in Beziehung setzt, beispielsweise ein Kind mit einem eigenen, leiblichen Kind, während die subjektstufige Deutung im Trauminhalt lediglich ein Symbol, eine Darstellung eigener Subjektivität, sieht, hier beispielsweise die kindliche Seite des Träumers selbst.

Der Traum stelle sich häufig »in grellen Gegensatz zu den Absichten des Bewußtseins«. Jung spricht deshalb von *Kompensation*, die von der *Komplementierung* zu unterscheiden ist. Letztere bedeutet ein Ergänzungsverhältnis, erstere eine Gegeneinanderhaltung und Vergleichung verschiedener Daten oder Standpunkte, wodurch ein Ausgleich oder eine Berichtigung entstehe. Dabei gebe es drei Möglichkeiten: bei einseitiger bewußter Lebenseinstellung stelle sich der Traum auf die Gegenseite (Beispiel: eine brave Nonne träumt vom Leben in einem Bordell). Hält sich die bewußte Lebenshaltung in der »Mitte«, so begnüge sich der Traum mit Varianten. Ist die Bewußtseinseinstellung adäquat, so koinzidiere der Traum. Schon daraus werde ersichtlich, daß eine Traumdeutung ohne Befragung des Träumers »im vornehrein ausgeschlossen« sei.

Die Matrix der Träume sei das Unbewußte, wobei nicht jeder Traum auf Verdrängtes zurückgeführt werden könne. Vielmehr gebe es auch Träume, die das Bewußte durch symbolische und metaphorische Inhalte bereicherten. Jung unterscheidet demnach Träume nach ihrer Herkunft in solche, die dem *kollektiven Unbewußten* entspringen, deren Inhalte die sogenannten *Archetypen* sind, und solche, die ihre Wurzeln im individuellen Unbewußten haben. In den ersten kommen mythologische Motive vor, wie sie gerade zur Zeit des Individuationsprozesses besonders häufig sind. Die großen beziehungsweise bedeutungsvollen Träume zeichnen sich durch ihre plastische Gestaltung aus, die nicht selten dichterische Kraft und Schönheit zeige. Sie sollen sich besonders in schicksalsentscheidenden Abschnitten des Lebens einstellen, in der ersten Jugend, in der Pubertätszeit, um die Lebensmitte und angesichts des Todes. Es handle sich bei den archetypischen Gebilden nicht mehr um persönliche Erfahrungen, sondern gewissermaßen um allgemeine Ideen, deren Hauptbedeutung in dem ihnen eigentümlichen Sinn und nicht in irgendwelchen persönlichen Erlebniszusammenhängen bestünden. Zur Deutung solcher Träume führte Jung die *Amplifikation* ein. Die Interpretation solcher Träume sei eine anspruchsvolle Aufgabe, die psychologische Einfühlung, Kombinationsfähigkeit, Intuition, Welt- und Menschenkenntnis voraussetze.

In diesem Zusammenhang stellt Jung das von mir eingangs berichtete Beispiel des von Daniel gedeuteten Traums Nebukadnezars. Dieser Traum sei ein klassisches Beispiel von »Cäsarenwahnsinn« (G. W. VIII, 92). Daniel habe den Traum »durchaus fachmännisch«, allerdings ohne Gehör zu finden, gedeutet. Da Nebukadnezar den unbewußten regulierenden Einfluß unterdrückt habe, sei er der Psychose verfallen. Unmißverständlich sei der Sinn des Traumes eine versuchsweise Kompensation des Cäsarenwahnsinns. Neben seiner kompensatorischen besitze der Traum jedoch auch eine *prospektive* Funktion, die imstande gewesen wäre, »der bewußten Einstellung eine gänzlich veränderte und der früheren gegenüber verbesserte Richtung zu geben« (G. W. VIII, 293). Schließlich aber sei der Baum ein »alchemistisches Symbol« (G. W. VIII, 334), womit der archetypische Zusammenhang bereits angedeutet ist.

Die Jungsche Traumdeutung stellt zweifellos eine wesentliche Bereicherung der psychotherapeutischen Trauminterpretation dar, auch wenn sich in ihr noch Elemente nachweisen lassen, die einer kritischen Überprüfung wert sind. Aber hier gilt dasselbe, das bereits von der Psychoanalyse gesagt wurde: Die Praxis der Traumdeutung hält sich nicht unbedingt an die von ihren Schöpfern ursprünglich aufgestellten, strikten Regeln, ohne daß dies in der wissenschaftlichen Literatur in genügendem Maße zum Ausdruck kommt.

Die phänomenologische Auslegung der Träume in der Daseinsanalyse

Sowohl Ludwig Binswanger wie Medard Boss haben in ihren Schriften zur Traumdeutung die Frage gestellt, was uns wohl berechtige, den Traum anders zu verstehen, als wie er sich uns unmittelbar zeigt. Das Traumerleben sei doch eine ebenso wirkliche und eigentliche Daseinsart des Menschen wie das wache Leben. Dieses verwirklicht sich im wachen wie im träumenden Dasein. Deshalb könne der Traum weder für etwas anderes dastehen noch gleichsam »Schirmbild« eines Unbewußten sein oder gar einen Zweck verfolgen. Der daseinsanalytische Umgang mit den Träumen wird denn auch nicht mehr als Traum*deutung* bezeichnet, sondern als »Auslegung« der Träume. Man könnte darin ein wenig sinnvolles Wortspiel sehen. Die Intention der Daseinsanalyse geht jedoch davon aus, daß »Deutung« bereits Sinngebung oder Umdeutung meint, während die »Auslegung« den hermeneutischen Charakter des Vorgehens anzeigt. Träume sind »nicht als irgendwelche Gegenstände von einem Menschen losgelöst« zu betrachten und können auch nicht »mit anderen von ihm hergestellten Objekten verglichen« werden. Der Mensch wird sich wachend oder träumend immer in seiner Offenheit zu den Dingen und Mitmenschen erfahren, wobei er »träumend ebenso wie wachend in sehr verschiedenen Arten von Verhaltensweisen und Weltbezügen seine Existenz austragen kann«. In der phänomenologischen Auslegung der Träume fragen wir deshalb nicht nach einem »verborgenen« Traum-»Sinn«, wir sprechen nicht von »latenten Traumgedanken« und von einer Traumzensur, ebensowenig von Symbolen oder Traum-»bildern«. Die phänomenologische Traumauslegung überwindet die Traumdeutungen auf einer »Objektstufe« oder auf einer »Subjektstufe« wie auch die Theorie vom Traum als Wunscherfüllung. Das intensive eigenleibliche Erleben unserer Träume macht deutlich, daß die Traumerscheinungen in ihrer unmittelbaren Gegebenheit weder als Bilder noch als Sinnbilder wahrgenommen werden. Vielmehr erfahren wir sie träumend »als wirkliche, physische Gegebenheiten: ein Ding als ein wirkliches Ding, ein Tier als ein wirkliches Tier, einen Menschen als einen wirklichen Menschen, ein Gespenst als ein wirkliches Gespenst. Wir sind in unseren Träumen in einer ebenso echten, handgreiflichen Welt wie in unserem Wachen und tragen dort wie hier unser Dasein in unseren Beziehungen und in unserem Verhalten zu den Dingen und Mitmenschen aus« (Boss 1953, 117).

Eine Abgrenzung der daseinsanalytischen Traumauslegung von den psychoanalytischen und neoanalytischen Traumdeutungen besteht ferner darin, daß ein Trauminhalt unabhängig von den sogenannten Assoziationen des Träumers verstanden werden kann. Wohl wird der Träumer auch in der Daseinsanalyse auf seinen Traum hin befragt. Diese Befragung hat ein zweifaches Ziel: einmal die Ergänzung möglicher Lücken in der Traumerzählung, dann die hermeneutische Freilegung des Sinngehaltes für den Träumer. Im ersten Fall geht es somit um den Trauminhalt, der von den Träumern oft unvollständig wiedergegeben wird. So kann ein Analysand von der Begegnung mit einer Schlange im Traum erzählen, ohne zu erwähnen, ob ihn diese mit Angst, Schrecken, Abscheu, Ekel oder andererseits mit ästhetischer Freude erfüllt oder ob ihn die Begegnung unberührt ließ. Zum Trauminhalt gehört nicht nur das Geschehen als solches, sondern auch die *Stimmung*, in der er erlebt wird. In zweiter Linie hat die Befragung einen therapeutischen Zweck. Durch die Erhellung des Trauminhaltes, durch das Verstehen des Traumes, geschieht »Analyse«. Träumend und im Wachen den Traum *verstehend*, kann sich der Mensch seinem eigenen Wesen eröffnen. Es kann ihm aufgehen, *wo* er sich befindet, *wie* seine Welt beschaffen ist, *was* er bereits zulassen kann und was er noch abwehrt. So wird ihn ein Traum, in welchem gewaltsam getötet wird, darauf hinweisen, welche Lebensmöglichkeiten nicht »leben« dürfen; ein Traum, in welchem eine wichtige Bezugsperson stirbt, läßt den Träumer möglicherweise die bevorstehende oder bereits vollzogene Ablösung von dieser erfahren. Unzulässig schiene es jedoch, bei solchen Todesträumen von unbewußten Todeswünschen zu sprechen, die im Traume ihre Erfüllung fänden – abgesehen davon, daß ein »unbewußter« Wunsch eine Contradictio in adjecto darstellt, da jeder Wunsch bereits ein Wissen um das Gewünschte voraussetzt. Ebenso unzulässig scheint es der Daseinsanalyse zu sein, die Dinge und Mitmenschen, denen wir im Traume begegnen, lediglich als »Symbole« zu deuten. Eine Schlange, um auf dieses Beispiel zurückzukommen, das der Verfasser anhand eines konkreten Traumbeispiels von C. G. Jung im Kapitel über die Träume in der »Einführung in die Psychotherapie« (1974, 268) erwähnt hat, wird dann weder als »phallisches« Symbol im Sinne Freuds gedeutet noch als (durch Amplifikation verwandeltes) Mythologem. Gewiß

Traum bedeutet verändertes Zeitgefühl, setzt ältere Formen geistiger Aktivität wieder frei. Im Traum nimmt Vertrautes die Gestalt von Unwirklichem an. Unsere Einbildungskraft ist von phantastischen Figuren bevölkert, in denen sich unsere Wirklichkeit spiegelt.

In der Stille der Traumwelt löst sich das Individuum auf, verbindet sich mit Schwerelosigkeit, Verhüllung und Öffnung lösen sich ab. Die innere Welt besitzt eine eigene Form der Realität.

Die unsichtbare Welt in unserem Kopf durchdringt die gewohnte, alltägliche und sichtbare Welt. Dabei werden die Elemente des Lebens transponiert und auf neue Weise zugänglich gemacht.

nimmt der Mensch eine Schlange in verschiedener Hinsicht wahr; immer handelt es sich dabei um Ausschnitte der Gesamtwirklichkeit. Wer in ihr das »Phallushafte« sieht, nimmt zunächst lediglich eine (zudem fragwürdige) gestaltliche Ähnlichkeit mit einem männlichen Geschlechtsglied wahr; möglicherweise erscheint ihm in der Schlange auch etwas Triebhaftes, sofern er eben auch die Sexualität unter dem reduzierenden Aspekt der Triebhaftigkeit sieht. Entdeckt er jedoch in der Schlange ein auf den Individuationsprozeß hinweisendes Mythologem, dann nimmt er statt der im Traume als sinnenhaft wahrgenommenen Schlange nur das für sinnvoll an, was sich in Sagen und Mythen um sie im Laufe der Menschheitsgeschichte gerankt hat. Wenn Schlangen beispielsweise als Gottheiten verehrt wurden, wenn ihnen eine besondere geistige Bedeutung zugesprochen wurde, wenn sich um sie Legenden gebildet haben, dann offenbart sich darin gerade nicht das Wesen der Schlange, sondern weit wahrscheinlicher die Angst und Unsicherheit und Abwehr diesem animalischen Wesen gegenüber, das dem Menschlichen doch so fremd ist. Eine Schlange ist jedoch ihrem Wesen entsprechend ein Tier, ein Kaltblüter, ein an den Boden gebundenes, im Wasser oder in den Bäumen hausendes, schleichendes, instinktgebundenes, kreatürliches Wesen, das durch die Unberechenbarkeit seiner Bewegungen und die gelegentliche (sprichwörtliche) Giftigkeit bedrohlich wirken, aber auch von ästhetischer Schönheit sein kann. Ihre Doppelzüngigkeit und Undurchschaubarkeit, die Tatsache ihres Hautwechsels (die Häutung) und vieles andere verweisen auf Möglichkeiten, die auch dem Menschen eigen sind. So spricht der Volksmund von einer »falschen Schlange«, von einem »doppelzüngigen« Menschen, von einem »Giftzahn« usw., doch wohl niemals von einem schlangenähnlichen Sexual- oder Geistwesen.

Dies muß als Hinweis genügen. Wie schwierig es ist, sich streng an die Erfassung des sich im Traume zeigenden Phänomens zu halten, erfährt derjenige, der sich die Mühe nimmt, überhaupt alles, was ihm begegnet – also nicht nur seine Träume –, unvoreingenommen zu betrachten und zu versuchen, dessen vollen Bedeutungsgehalt zu erfassen. Wir alle sind doch so sehr in Vorurteilen befangen, daß uns die Wirklichkeit nur in beschränktem Maße zugänglich ist. Diese Wirklichkeit, die uns selbst angeht, eröffnet sich uns aber in den Träumen, sofern wir bereit sind, sie ohne »wissenschaftliche« Konstruktionen zu sehen und auf uns einwirken zu lassen.

Daß die Traumdeutung zu einem wesentlichen Bestandteil moderner Psychotherapie geworden ist, steht außer Zweifel. Da der unfreie, neurotisch eingeengte Mensch sich zumeist gerade allem gegenüber verschließt, das ihn im Grunde auf seine eigentliche Verfassung verweist, wehrt er auch jene Möglichkeiten ab, die ihn einsichtig werden ließen. Aus diesem Grunde bedarf er einer Hilfe. So kann denn der Therapeut nicht selten mittels der ihm von seinem Patienten mitgeteilten Träume auf manches aufmerksam machen, das er im wachen Leben abwehrt oder dem er besonders verfallen ist.

Nun bedarf es zur Auslegung der Träume durchaus nicht immer eines Traumdeuters oder eines Therapeuten. Gesunde Menschen sind in der Lage, aus ihren Träumen ohne jegliche professionelle Mithilfe Einsichten in ihre existentielle

Grundverfassung zu gewinnen. Es kann ihnen aufgehen, was sie zur Zeit am meisten beschäftigt, was ihnen Sorgen oder Freude bereitet, wie sie zu ihren Mitmenschen, zu ihrem Beruf, zur Welt stehen. Dazu bedarf es keiner komplizierten Fragestellung. Zumeist genügt das »Wo«, »Was« und »Wie«. *Wo* befinde ich mich im Traum, *was* begegnet mir im Traum und *wie* begegnet es mir im Traum. Erst dann wird sich der Träumer die Frage stellen, ob und allenfalls wie er sich wachend zu dem ihm träumend Begegnenden stellt, ob sein Verhalten im Wachleben demjenigen des Traumlebens entspricht oder widerspricht. Es träumt, wie die Wissenschaft heute weiß, jeder Mensch. Es erinnert sich jedoch nicht jeder seiner Träume. Die einen träumen Nacht für Nacht, andere eher selten. Grundsätzlich darf gesagt werden: Wer viel träumt und sich seiner Träume erinnert – weiß viel über sich selbst.

Aus solcher Sicht gewinnt auch die Traumerfahrung des babylonischen Königs Nebukadnezar, die ich an den Anfang des Beitrages gestellt habe, eine neue Bedeutung. Der Baum, der bis zum Himmel wächst und mit seiner Krone die ganze Erde umspannt, muß weder im Sinne des Propheten Daniel noch in jenem C. G. Jungs subjektstufig als Symbol des Königs oder als überhebliche Wucherung pflanzlichen, tierischen oder menschlichen, gemeinhin biologischen Lebens, gedeutet werden. Wohl erfährt Nebukadnezar im Traume das machtvolle Wachstum des Baumes. Gehört es aber nicht ausgesprochen zu dessen Wesen, in den freien Himmelsraum hinein zu wachsen, Schatten zu spenden und Früchte zu tragen? Gewährt der Baum nicht schon aus seiner Natur heraus Schutz und Nahrung? Und ist nicht gerade das Gedeihen und Wachsen Austrag einer natürlichen Entwicklung in die Offenheit und Freiheit hinein, ein Paradigma für den Menschen, dessen Dasein wesensmäßig offen und frei ist? Nicht von ungefähr besitzt dieser Traum-Baum ein Menschenherz, ist doch das Herzhafte des Menschen immer auf Offenheit, Freiheit, Liebe, Zuwendung und Fürsorge gestimmt.

Gewiß sind einem Baum als Pflanze Wachstumsgrenzen gesetzt. Man pflegt zu sagen, kein Baum wachse in den Himmel. Ein Traum-Baum kann jedoch diese Grenzen mühelos übersteigen, so wie eben dem menschlichen Herzen in dessen vollem Bedeutungsgehalt keine Grenzen gesetzt sind. Der Träumer, Nebukadnezar, tritt in seinem Traum selbst nicht in Erscheinung. Er hat das Geschehen »vor Augen«; er ist weder Baum noch Gott, noch einer der Wächter. Er wird aber Zeuge des Titanenkampfes zwischen der gesetzgebenden Autorität und der Macht der Freiheit. Warum muß denn diesem paradiesischen Zustand eines früchtetragenden, die Tiere ernährenden, Schatten spendenden Baumwesens ein Ende gemacht werden, was hat der Baum verbrochen, daß er bestraft werden muß, zerschlagen, gebändigt, in Ketten gelegt?

Die Antwort darauf hätte der Träumer finden können, wäre ihm aufgegangen, welche Bedeutung für ihn die unumschränkte Macht hatte. Die Freiheit, das Wachsen in die Offenheit hinaus, stellt sich der absoluten Autorität in den Weg. Solche Autorität beansprucht der alttestamentliche Herrscher, der in Manier des Tyrannen stürzte, wen er wollte, tötete oder zu Ämtern auserkor, wen er wollte. Solche Macht bedeutet Vernichtung. Einem Herrscher wie Nebukadnezar war der

Gedanke, daß etwas aus sich heraus wachsen und sich entfalten kann, fremd. Er war blind für die Möglichkeit, Freiheit zuzulassen oder gar zu fördern. Hingegen ging ihm auf, daß es Mächtigeres gibt als das, was sich auf Erden ereignet. Aus seiner eigenen Haltung heraus konnte er jedoch auch diese Macht, die Macht Gottes und der Heiligen, nur als destruktiv erfahren. Einen gütigen, liebenden Gott kannte er nicht; für diese Art von Göttlichem war er nicht offen. Diese Offenheit fehlte ihm, weil er sie in seinem faktischen, ontischen Menschsein nicht lebte. Jede destruktive Macht muß damit rechnen, daß es eine noch höhere, sie selbst wiederum vernichtende gibt. Hätte dies Nebukadnezar in seinem wachen Leben erkannt, hätte er dem Freien, Wachsenden und Natürlichen Raum gewährt, wären ihm möglicherweise sowohl dieser Traum als auch seine spätere Psychose erspart geblieben.

Literatur

ADLER, A.: Menschenkenntnis. Zürich ⁵1947

ARTEMIDOR VON DALDIS: Das Traumbuch. Übersetzt, erläutert und mit einem Nachwort von Karl Brackertz. Zürich, München 1979

BOSS, M.: Der Traum und seine Auslegung. Bern, Stuttgart 1953

»Es träumte mir vergangene Nacht . . .«. Bern, Stuttgart, Wien 1975

Das Träumen: ein Therapeuticum magnum. Hexagon-Roche, 8, H. 1, 1980, 15–24

CONDRAU, G.: Einführung in die Psychotherapie. Geschichte, Schulen und Methoden, praktische Arbeit und konkrete Fälle. München 1974

CRAMER, H.: Neurologie und Pathologie des Traumschlafes. Hexagon-Roche, 8, H. 2, 1980, 10–15

DEMENT, W.: Die Wirkungen des Traumentzuges. In J. v. Graevenitz (Hg.): Bedeutung und Deutung des Traumes in der Psychotherapie. Darmstadt 1968, 321–330

FREUD, S.: Die Traumdeutung (1900). G. W. Bd. II/III. Frankfurt/M. ⁵1973

Vorlesungen zur Einführung in die Psychoanalyse (1916/17). G. W. Bd. XI. Frankfurt/M. ⁶1973

HOMER: Odyssee. Übersetzt von J. H. Voss. Basel 1943

JACOBI, J.: Traumbücher. Ciba Zeitschr., 9, 1945, 3567–3580

JUNG, C. G.: Das Gewissen in psychologischer Sicht. In: Das Gewissen. Studien aus dem C. G. Jung-Institut. Zürich, Stuttgart 1958, 185–207

Über die Energetik der Seele (1928). G. W. Bd. VIII. Zürich 1967, 3–73

Die Transzendente Funktion (1958). G. W. VIII, Zürich 1967, 75–104

Vom Wesen der Träume (1945). G. W. Bd. VIII. Zürich 1967, 319–338

Von den Wurzeln des Bewußtseins. In J. von Graevenitz (Hg.): Bedeutung und Deutung des Traumes in der Psychotherapie. Darmstadt 1968, 288–297

JUNG, R.: Neurophysiologie und Psychologie von Schlaf und Traum. Hexagon-Roche, 8, H. 2, 1980, 1–9

KOUKKOU, M., LEHMANN, D.: Psychophysiologie des Träumens und der Neurosentherapie: Das Zustands-Wechsel-Modell, eine Synopsis. Fortschr. Neur. Psychiatr., 48, 1980, 324–350

MOHR, G. H.: Lexikon der Symbole. Düsseldorf, Köln ³1974

SCHNEIDER, P.-B.: Einige Gedanken über die aktuelle Stellung und Bedeutung des Traumes in der Theorie und Praxis der Psychoanalyse. In R. Battegay, A. Trenkel (Hg.): Der Traum. Aus der Sicht verschiedener psychotherapeutischer Schulen. Bern, Stuttgart, Wien 1976, 9–18

STRAUCH, I.: Methoden, Ergebnisse und Probleme der modernen experimentellen Traumforschung. In J. v. Graevenitz (Hg.): Bedeutung und Deutung des Traumes in der Psychotherapie. Darmstadt 1968, 331–372

TEILLARD, A.: Traumsymbolik. Zürich 1944

USLAR, D. VON: Der Traum als Welt. Pfullingen 1964

VERONESE, F.: Versuch einer Physiologie des Schlafes und des Traumes. Leipzig, Wien 1910

VOLKMER, A.: Die Deutung deiner Träume. Frankfurt/M., Wien 1954

Leben in der Gewißheit des Todes

Gion Condrau

Todesangst, Todesfaszination, Todessehnsucht

Übersicht: Der Autor folgt der Philosophie Martin Heideggers, wenn er sagt, Todesangst beruht auf dem akzeptierten oder abgewehrten Wissen um die eigene, unausweichliche Sterblichkeit. Sie ist um so größer und quälender, je mehr sich der Mensch von seinem Selbst- und Frei-Sein entfernt. Die Angst vor dem Tode ist immer eine Angst um das Dasein, um das Existieren-Können in dieser Welt; es geht in ihr um das Sein-Dürfen und die Gefährdung desselben. Aber auch Todesfaszination und Todessehnsucht als Absage an das Leben haben letztlich die gleichen Ursachen wie die Todesangst. Wer sich nämlich am meisten vor dem Sterben fürchtet, fürchtet sich auch vor dem Leben.

»Wenn wirklich das Empfinden, daß das Leben sinnvoll ist, eine Bejahung des zweifellos Unvermeidlichen in ihm bedeutet, so ist die Bejahung des Lebens zugleich eine Bejahung des Todes«, schrieb Leszek Kolakowski (1976, 216). Gleichzeitig zitiert er Spinoza: »Ein freier Mensch denkt an nichts weniger als an den Tod, und seine Klugheit ist nicht sein Denken an den Tod, sondern an das Leben.« In beiden Aussagen liegt eine tiefe philosophische Weisheit, zugleich aber eine große faktische Fragwürdigkeit. Bejahen Menschen, die das Leben sinnvoll finden und damit den Tod akzeptieren, wirklich »den Tod«, und ist nicht ein Mensch, der an den Tod denkt, weniger klug und frei als jener, der sich nur dem Leben zuwendet?

Beides bedarf einer Überprüfung und Klärung. Das Verhältnis des Menschen zum Sterben und zum Tode ist es ja gerade, was im alltäglichen Leben das »Sein zum Tode« konkretisiert. Ob an den Tod gedacht wird oder nicht, ob wir uns bewußt mit der unabänderlichen Tatsache der Endlichkeit unseres Daseins auseinandersetzen oder dieser Konfrontation ausweichen: Immer und überall sind wir einer *Angst* ausgeliefert, das »Sein« zu verlieren. In der Angst geht es ja letztlich immer um unser In-der-Welt-sein (Heidegger), um unser Existieren-Können und -Dürfen in dieser Welt, die für den Menschen Offenheit und Freiheit bedeutet, selbst wenn beide nur defizient erfahren werden. Die Erfahrung mit angstgepeinigten Menschen weist auf ein zunächst als paradox erscheinendes Phänomen hin: Angst und Abwehr sind nicht einfach Reaktionen auf eine vermeintliche oder tatsächliche Bedrohung, sondern recht häufig und in besonderem Maße Flucht vor einem Fascinosum. So scheint es nicht abwegig zu sein, Todesfurcht und Todesfaszination, die Angst und die Sehnsucht als grundlegende Motive für das Verhältnis des Menschen zum Tode und sein Verhalten zum Sterben zu betrachten.

Die Angst vor dem Tode, aber auch die Todesfaszination beherrschen heute noch des Menschen Fühlen, Träumen und Handeln nicht minder als in früheren Jahrhunderten. Zwei Phänomene sind für das Verhältnis des modernen Menschen zum Tode besonders charakteristisch: einmal der sozial sanktionierte, hektische Versuch der Todesvermeidung um jeden Preis, andererseits eine Lebenshaltung, die geradewegs zum Tode führen muß. Moderne Hygiene, Wohlstand, Technik, Präventiv-und Rehabilitationsmedizin, Unfallverhütung und Lebenshilfen in allen Lagen führen einen aussichtslos scheinenden Kampf gegen die lebenszerstörenden Kräfte des Menschen, gegen die tödlichen Gefahren ungesunder Lebensweise, gegen Alkohol und Nikotin, gegen zwanghafte Arbeits- und Leistungssucht, gegen Rauschgift, Langeweile und seelische Depression. Todesfurcht, Todesvermeidung und Todessucht scheinen sich im Kreise zu jagen.

Im Zentrum jeder Frage nach dem Sinn des Lebens und Sterbens ist zunächst die Ungewißheit darüber erkennbar, was *nach* dem Tode geschehe, ob der Mensch wirklich sterblich sei oder ob nicht zumindest die Seele Unsterblichkeit beanspruchen dürfe.

Nachdem Physik, Chemie und Mathematik den Menschen »vergegenständlicht« haben, muß die These vom Nichtsein nach dem Tode als die direkte Konsequenz naturwissenschaftlichen Denkens betrachtet werden. Diese Grundauffassung des Todes als Übergang ins Nichts versucht nun auch aufzuzeigen, daß Todesfurcht a priori sinnlos sei und keine Berechtigung habe. Bis zum Moment des Sterbens soll der Mensch im unbestrittenen Besitz aller Lust einmal erlebter Erfüllungen sein. Nach dem Eintreten ins Nichtsein dagegen schwinde zusammen mit diesem Besitz auch jede Möglichkeit, an dem Verlust zu leiden. Das Fürchterliche, der Schmerz ob der Trennung, der Verlust des Besitzes werde nie Wirklichkeit, womit von vornherein die Basis für das Fürchten entfalle. Die Beweisführung gibt zwar das Eintreten der Katastrophe – des Todes – vollinhaltlich zu, doch zeigt sie zugleich auf, daß die Katastrophe nicht stattgefunden hat, da der Mensch in ihr aus dem Sein entschwindet. Trotzdem bringt es auch diese naturwissenschaftliche Akribie nicht zustande, die Angst vor dem Tode zu vermindern.

Vielfach wird von der Todes*angst* eine Todes*furcht* unterschieden. Die Abhebung der Angst von der Furcht gehört heute zu den Selbstverständlichkeiten des philosophischen, psychologischen und anthropologischen Sprachgebrauchs. Für Freud stand fest, daß die Furcht ein bestimmtes Objekt voraussetze, vor dem man sich fürchtet, während die Angst einen unbestimmten, von einer konkreten Gefahrensituation unabhängigen Zustand bezeichne. Schon Kierkegaard vertrat die Ansicht, *Angst* entstehe dann, wenn die Freiheit im Nichts erstarrt sei, auf dessen Grund die Sünde lauert, so daß jede Angst wesentlich Schuldangst sei. *Furcht* dagegen beziehe sich auf einen bestimmten Gegenstand oder eine bestimmte Situation. Heidegger (1927, 185) betrachtet die Furcht als einen »Modus der Befindlichkeit«. Das Wovor der Furcht, nämlich das »Furchtbare«, sei jeweils ein innerweltlich Begegnendes von der Seinsart des Zuhanden-, des Vorhanden- oder des Mitdaseins. Das *Wovor* der Furcht habe den Charakter der Bedrohlichkeit, das »Fürchten selbst« sei »das sich-an-gehenlassende Freigeben« des Bedrohlichen, währenddem das *Worum* der Furcht »das sich fürchtende Seiende selbst, das Dasein« sei. Nur Seiendes, dem es in seinem Sein um dieses selbst geht, könne sich fürchten. Auch wenn wir um einen Mitmenschen oder um unser Vermögen »fürchten«, liege kein Widerspruch zum eben Gesagten vor, da ja das Dasein als In-der-Welt-sein »je besorgendes Sein ist«. Die Furcht könne zum *Erschrecken* werden, wenn das Bedrohliche plötzlich hereinbreche, oder zum *Grauen*, wenn das Bedrohliche den Charakter des ganz und gar Unvertrauten enthalte. Begegne dem Menschen das Erschreckende und Grauenhafte gleichzeitig, so werde Furcht zum *Entsetzen*. Die *Angst* hingegen gehöre als Befindlichkeit *unmittelbar* zum In-der-Welt-sein. Sie zeige demnach das Dasein als faktisch existierendes In-der-Welt-sein, und demzufolge sei sie eine Grundbefindlichkeit der wesenhaften Daseinsverfassung. Wir fürchteten uns immer vor diesem oder jenem bestimmten Seienden, das uns in dieser oder jener bestimmten Hinsicht bedrohe, die Angst aber offenbare das »Nichts«.

Heidegger visiert mit dem Begriff der Angst nicht die Ebene der Gefühle oder Stimmung an, sondern eine ontologische, seinsgemäße oder existenziale Bestimmung, die nicht einem individuellen Erleben gleichzusetzen ist. Das Dasein wird in der Angst vor sein eigenstes Sein gestellt, in seine ursprüngliche »Erschlossenheit«.

Die Unterscheidung Heideggers hinsichtlich einer wesenhaften Aussage über die Angst und einer faktisch erlebten Furcht ist für unser Thema nicht ohne Bedeutung. Heidegger hat sich zwar immer vehement dagegen gewehrt, daß seine Aussagen »anthropologisch« mißbraucht würden oder gar zu einem anthropologischen System gehörten. Er verwies mehrfach auf Passagen in »Sein und Zeit«, wo eindeutig und expressis verbis ausgedrückt ist, daß es ihm nicht um den »Menschen«, sondern um das *Sein* und die Erfahrung des Seins gehe. Trotzdem sind, wo von »Dasein« – womit Heidegger immer den Menschen meint – die Rede ist, anthropologische, humanwissenschaftliche Aspekte notwendigerweise mitvertreten (Adler-Vonessen 1971, 697). Zudem gründet jede anthropologische und psychologische Erkenntnis immer in einem philosophischen, ontologischen Vor-Urteil. So wäre es auch »unsinnig zu fragen, zu welcher Art des Angsterlebnisses, bis zu welcher Tiefe der ängstlichen Erschütterung man es bringen muß, um die von Heidegger gemeinte Angst, die mit der Transzendenz gleichzusetzen ist, zu erfahren. Das Wesen der Angst, oder was sich als Wesen des Sich-Ängstens erschauen oder beschreiben läßt, ist in jeder Angsterfahrung enthalten: die Enge und Leere, in der wir uns vereinsamt fühlen, das Entschwinden räumlicher, zeitlicher und personaler Bindungen, die Aufhebung des uns umfassenden Zusammenhalts – all das meinen wir unausgesprochen mit, wenn wir von Angst sprechen.«

Immer also, wenn von Todesfurcht oder Todesangst die Rede ist, befinden wir uns auf einem bestimmten ontologischen Hintergrund, ist dieser miteinbeschlossen. Dies gilt nicht nur für die Daseinsanalyse, sondern auch für die Psychoanalyse. Die Angst ist bei Freud in der biologischen Natur des Menschen begründet. Psychische Vorgänge, meint er, könnten wie Naturereignisse beobachtet werden. Die Annahme eines räumlich ausgedehnten, zweckmäßig zusammengesetzten, psychischen

Apparates habe »ihn in den Stand gesetzt, die Psychologie auf einer ähnlichen Grundlage aufzurichten wie jede andere Naturwissenschaft, z. B. wie die Physik« (G. W. XVII, 126). Mit anderen Worten: auch Freuds Psychoanalyse ist in einem philosophischen »Vorurteil« begründet, sosehr er sich immer wieder gegen die Philosophie wehrte. Diese philosophische Grundlage ist aber grundverschieden von jener der Existentialphilosophie. Sie ist im dualistischen Weltverständnis verankert.

Eine Abgrenzung der Todesangst gegenüber der Todesfurcht läßt sich jedoch bei genauerem Hinsehen kaum aufrechterhalten. Dies schon deshalb nicht, weil die Angst vor dem Sterben nicht erst angesichts der realen Todesbedrohung, beispielsweise durch eine Krankheit oder eine andere unmittelbar bevorstehende Gefahr, auftritt. Todesangst ist völlig unabhängig von »realer« Todesgefahr. Und insofern es dem Dasein in der Angst immer um sein Seinkönnen geht, ist letztlich jede Angst Todesangst. Wir gehen mit M. Wandruszka (1959, 15 ff) einig, der bereits vom Sprachlichen her Zweifel an der Trennung von Angst und Furcht äußerte. An Hand vieler Beispiele kann nachgewiesen werden, daß gerade im vulgären Sprachgebrauch zwischen »sich ängstigen« und »sich fürchten« kein Unterschied gemacht wird. Auch die Dichter, Meister der Sprache, beispielsweise Rilke, wenden die Ausdrücke Todesfurcht und Todesangst beliebig an. Hermann Hesse bezeichnet die Todesfurcht als die Angst aller Ängste. Wandruszka kommt zum Schluß, daß der Versuch, die Angst von der Furcht zu scheiden, die lebendige Sprache vergewaltige. »Angst vor und um etwas, vor dem Bösen, dem Haß, um das Gute, die Liebe, das ist das umfassende Bild der Angst, das wir der Sprache entnehmen können.«

Das *Wovor* der Angst ist das In-der-Welt-sein als solches – hörten wir von Heidegger. Das *Worum* der Angst ist aber nicht einfach eine bestimmte Seinsart oder Möglichkeit des Daseins. Vielmehr erweist sich auch das In-der-Welt-sein selbst als das, worum die Angst sich ängstigt. Die Selbigkeit des *Wovor* der Angst und ihres *Worum* erstreckt sich sogar auf das Sich-Ängstigen selbst. Denn dieses ist als *Befindlichkeit* ein Grundcharakter des In-der-Welt-seins.

Befindlichkeit heißt, »wie einem ist« – und in der Angst ist einem unheimlich; »unheimlich« meint die Unbestimmtheit des Daseins, das Nichts und Nirgends. Das Nichts ist jedoch nicht einfach die Negation des Seins, hingegen kann es als eine »Drohung« gegen das Sein bezeichnet werden. Die Seinsbedrohung meint indessen nicht lediglich die Möglichkeit des Todes, des Sterbens. Das Nichts ist eben jenes Etwas, das Seiendes nichtet, in dem Sinne etwa, daß das Dasein in seiner *Selbstverwirklichung* gefährdet ist. Angst vor dem Leben und dem Tode hat, wer sich seine ihm zugehörigen Daseinsmöglichkeiten noch nicht als die seinen angeeignet und demgemäß sein Dasein nicht verwirklicht hat. Angst wird überall dort sichtbar, wo eine Erfüllung verunmöglicht wird, handle es sich bei dieser um den Fortbestand des Lebens, um die Befriedigung eines wichtigen Bedürfnisses, um die Vollendung einer gestellten Aufgabe, um die Reifung der Persönlichkeit oder ein Hinauswachsen über sich selbst. Indem das Dasein die Selbstverwirklichung verfehlt, wird es in existentiellem Sinne *schuldig*. Angst vor dem Tode ist auch Angst vor dem Leben.

A. Jores (1959, 177) erklärt die Tatsache, daß die meisten Menschen ohne Angst sterben, durch das entscheidende psychologische Moment des Fehlens der Hoffnung, »noch einmal die Möglichkeiten zu einem erfüllten Leben, zu einer Lebensentfaltung zu finden«. Während Kranke mit Herzinsuffizienz, insbesondere solche mit Angina pectoris und jene mit gestörter Atemfunktion, Angsterlebnisse in der Todesstunde erleiden, erlebe der Mensch mit zum Tode führenden Erkrankungen der Bauchorgane oder des Gehirns keine Angst. Wenn wir allerdings die Bedeutung des Herzens und der Atmung für das menschliche Dasein kennen, verstehen wir auch, daß zumal dort, wo das »Herzhafte«, Gemüt- und Gefühlshafte, das »Leben« bedroht wird, Angst auftritt. Die Lethargie, die hoffnungslose Selbstaufgabe, bildet andererseits keinen Gegensatz zur Angst, sondern eher eine Form der Angstabwehr. Die Angst verschwindet, wenn sich der Mensch ins »Unvermeidliche« schickt und nicht mehr flüchten kann – also auch angesichts des Todes. Daher starben manche Menschen in Konzentrationslagern wie Tiere im Käfig ohne Angst, stumpf und ergeben. Sie waren ja schon gestorben als Gefangene und psychisch vernichtete Menschen. Lebenserhaltung kann unwichtig werden, wenn Lebensentfaltung behindert ist. Der Mensch ist – in wesentlichem Gegensatz zum Tier – relativ »instinktenthoben«, aus der Zwangsjacke der Instinkthandlungen weitgehend befreit. Wie er sein Leben gestaltet, bleibt ihm selbst anheimgestellt. Die »Lebensentfaltung« ist ihm als Problem, als Aufgabe gegeben. Jores (a. a. O., 181) gelangt allerdings zur Feststellung, daß der heutige Mensch in geradezu erschreckendem Maße diese Aufgabe vernachlässigt und »daß die heutigen Lebensbedingungen nicht zuletzt durch die technische Zivilisation ihm eine möglichst vielfältige Entfaltung seiner Möglichkeiten immer schwerer und schwerer machen«. Die technische Entwicklung habe zwar einerseits die Möglichkeiten des Menschen zur Lebensbewältigung unendlich vervielfacht, andererseits aber zur Bequemlichkeit wesentlich beigetragen. Die Technik nehme dem Menschen so viel ab, daß er sich selbst, oft rein passiv, von ihr bedienen lasse und eigene Fähigkeiten dabei verkümmerten und brachlägen. Mindestens die Hälfte aller Menschen erfahren in ihrem Beruf keine Befriedigung mehr. Wenn die Berufsarbeit getan ist, gibt sich der Mensch der sogenannten »Zerstreuung« hin, er erleidet wiederum passiv, ohne Entfaltung eigener Möglichkeiten, dieses oder jenes lediglich, um die Zeit auszufüllen, um nicht der Langeweile und der Existenzangst zu erliegen. Jores findet hier den Anschluß an die Gewissensbildung und den christlichen Glauben, wenn er schreibt, der Mensch habe ein Mitwissen um die Erfüllung jenes Grundgesetzes alles Lebendigen. Es gebe ein Mitwissen des Menschen darum, was eigentlich sein soll, was ihm adäquat und gemäß ist; dies sei die tiefste Wurzel des Gewissens.

Damit erhebt sich tatsächlich die Frage, ob nicht eine Quelle der Angst auf einem tiefen, nicht reflektierten Mitwissen darum beruht, daß der Mensch im Begriff steht, sein Leben entscheidend zu verfehlen. Diese Angst wird und muß gleichzeitig auch Todesangst sein, denn es droht ja das Verhängnis, daß wir von dieser Welt abtreten müssen, ohne die Aufgaben, die uns gestellt sind, wirklich vollbracht zu haben. »Wir dürfen also sagen, eine Quelle der Angst ist das tiefe Mitwissen des Menschen

Arnold Böcklin: »Toteninsel«, Gemälde 1880. Es ist Böcklins wohl bekanntestes Bild. Ursprünglich nannte er es »ein stiller Ort«, dann »ein stilles Eiland«, schließlich »eine Gräberinsel«. Der Tod wird

hier stimmungsmäßig, atmosphärisch eingefangen, die Insel liegt in absoluter Stille, sie ragt trostlos und düster aus dem schwarzen Wasser, unausweichlich für die einsame Gestalt im Boot.

um die Verfehlung seines Lebens. Hier verstehen wir jetzt auch das ungeheuer Alarmierende, das solche Angstzustände in sich bergen, insbesondere dann, wenn wir sie schon bei etwas älteren Menschen beobachten, bei denen sie viel häufiger auftreten als bei Jugendlichen« (a. a. O., 182).

Eine zweite, nicht weniger wichtige Quelle der Todesangst entspringt der Entborgenheit des modernen Menschen. Die Ungeborgenheit versetzt ihn in Angst, denn der Mensch bedarf der Geborgenheit zu seinem Leben, die allerdings nicht nur in einer vertrauten äußeren Umgebung liegt, sondern auch durch das Wissen um eine Ordnung gegeben ist, durch die Ausrichtung seines Lebens auf höhere, nicht von ihm selbst bestimmte Ideale und Zielvorstellungen, zum Beispiel im unerschütterlichen Glauben an die Güte Gottes. Wesentlich aber ist, daß offensichtlich die Liebe aus unserer Welt verschwunden ist, denn Angst und Liebe schließen sich weitgehend, wenn natürlich auch nicht ganz, aus. Timor non est in caritate, sagte bereits der Evangelist Johannes.

Über eines müssen wir uns im klaren sein: Angst ist keineswegs etwa lediglich ein krankhaftes Phänomen, auch wenn sich der moderne Mensch in seiner Existenzangst an den Psychiater und Psychotherapeuten wendet oder sich durch die massive Werbung einer mächtigen pharmazeutischen Industrie zur Bekämpfung seiner Angst dazu verleiten läßt, nach der psychopharmakologischen Krücke zu greifen. Zweifellos erhält aber der Psychiater gerade in der Begegnung mit krankhaften Angst- und Schuldgefühlen Einblick in das *Wesen* der Todesangst und deren Abwehr. Die Erfahrungen der Psychotherapeuten haben jedoch auch den ubiquitären Charakter der Angst bestätigt. Diese gehört nämlich so unmittelbar und obligat zur menschlichen Existenz, daß es einem verheerenden Irrtum gleichkäme, zu glauben, die Psychotherapie sei berufen und befähigt, Angst aus der Welt zu räumen und damit den Menschen wiederum in einen Zustand paradiesischer Glückseligkeit zu versetzen. Sie versucht den Menschen zu befähigen, die ihm von seiner Existenz her aufgegebene Angst um sein Dasein zu tragen und zu ertragen. Diese Verpflichtung erwächst ihr besonders dort, wo der Mensch infolge einer äußeren oder inneren Fehlentwicklung neurotisch so eingeengt wurde, daß er dieser Anforderung nicht mehr gewachsen ist und ihr durch die Flucht in die körperliche Krankheit oder in die neurotische Fehlhaltung zu entgehen sucht oder dem völligen Chaos der Psychose verfällt. Es gibt viele Möglichkeiten, sich der Verpflichtung zum Ertragen von Angst zu entziehen: Die einen werden krank, die anderen stürzen sich in den Rausch anonymer Genüsse oder lassen ihr Dasein völlig in der gierigen Raffung irdischer Güter, in der machtstrebigen Befriedigung ihres Ehrgeizes oder einfach in der Emsigkeit der täglichen Arbeit aufgehen. Wieder andere werden von der ängstlichen Grundstimmung derart überwältigt, daß ihr Existenzaustrag gänzlich von dieser Gestimmtheit beherrscht wird und demzufolge keine genügende Grundlage zu gesundem Leben mehr bieten kann. Solche Menschen werden von Schuldgefühlen gequält, sie fallen schwersten Ängsten anheim oder versinken in selbstquälerische, tiefste Depressionen. Hier eröffnet sich nunmehr der Psychotherapie die Möglichkeit, dem Menschen zu wahrem Selbstsein zu verhelfen und ihm die Augen zu öffnen für die Möglichkeit, dieses Selbstsein in verantwortungsvoller Reife zu übernehmen. Der Weg der Psychotherapie führt von der Abhängigkeit zur Selbständigkeit, von der Uneigentlichkeit zur Eigentlichkeit, von der Verantwortungslosigkeit zur Verantwortung, vom Zwang zur Freiheit.

Die Angst wird gemeinhin als die Krankheit unseres Jahrhunderts bezeichnet. Dies ist nur bedingt richtig. Angst hat es immer gegeben und wird es immer geben; sie durchwaltet die Menschheitsgeschichte in solchem Maße, daß man sie geradezu als den treibenden Faktor des Fortschritts bezeichnete. Die nackte Existenzangst unserer Vorfahren zwang dieselben, nach immer neuen Sicherungsmöglichkeiten und wirksamen Abwehrmaßnahmen gegen die das Leben bedrohenden Gefahren zu suchen. Dieser Kollektivangst verdanken die sozialen und politischen Gesellschaftsstrukturen weitgehend ihre Entstehung. Wirtschaftliche, politische und militärische Maßnahmen dienen der Sicherung des Individuums und damit der Angstbewältigung. Trotzdem gelang es der Menschheit nicht, die Angst auch nur zu vermindern, geschweige denn, sie zu bannen. Ganz im Gegenteil macht es den Anschein, als ob die Angst zunehme, als ob sie zwar ihr Gesicht geändert habe, im übrigen jedoch nur intensiver denn je das Leben beherrsche. Wir pflegen gelegentlich die abergläubische Angst der Naturvölker vor Dämonen, Götzen, Naturgewalten, vor Blitz und Donner, geheimen Zauberkräften oder Zeichen der Natur zu belächeln. Die Ängste unserer aufgeschlossenen, in der abendländischen Zivilisation erzogenen und rationalistisch aufgeklärten Menschen stehen jedoch keineswegs hinter der scheinbar irrationalen Angst der Primitiven zurück.

Zunächst sind es die kleinen Ängste des Alltags, die dem Menschen keine Ruhe lassen. Das Kleinkind fürchtet sich bereits vor dem Lärm vorüberbrausender Flugzeuge, dem Hupen der Automobile, dem Bellen des Hundes, aber auch vor der Dunkelheit, vor fremden Menschen, vor dem Verlassenwerden durch die Mutter. Das Schulkind ängstigt sich vor den sozialen Anforderungen, vor Strafen für schlechte Noten und schlechtes Betragen, vor dem Lehrer, den Eltern und Kameraden. Die Pubertät birgt weitere Angstquellen, indem vor allem die aufkeimende Sexualität zusätzliche Konfliktstoffe mit sich bringt. Später kommen Examensängste; selbst das Heiraten geht heute kaum ohne ängstliche Erwartungsspannung und Sorge vor sich, ja schon die Berufswahl ist problematisch. Der Angestellte fürchtet das Urteil seines Chefs, dieser den Zugriff der Konkurrenz. Der Politiker bangt um sein Mandat, der Anwalt um den Ausgang des Prozesses, der Arzt um das Wohlergehen seines Patienten, der Seelsorger um das Seelenheil der ihm anvertrauten Gläubigen. Man fürchtet sich vor der Freiheit, vor der Verantwortung, vor dem Leben. Gewiß sind diese Ängste nicht immer vordergründig, unmittelbar erfahrbar. Aber sie sind vorhanden, wenn auch verhüllt. Davon zeugen die mannigfachen Schutzmaßnahmen, und wären es nur die zahllosen Möglichkeiten von Unfall-, Krankheits- oder Haftpflichtversicherungen unserer heutigen Welt.

Neben diesen durchaus als »normal« erscheinenden Ängsten des menschlichen Alltags kennen wir aber jene Angst, die bereits krankhaft wirkt, ja gelegentlich so sonderbar anmutet, daß der Arzt sich mit ihr befassen muß. So wird beispielsweise die Angst vor Krankheit in vielen Fällen zur Hypochondrie. Ein leises Unwohlsein wird in der Vorstellung zum schweren, lebensbedrohenden Krankheitsbild. Eine Hautentzündung läßt die Entstehung eines Krebsgeschwüres vermuten – die Ärzte sprechen dann von Karzinophobie. Die Medizin gebraucht nämlich für diese Ängste den Ausdruck »Phobie«, abgeleitet vom griechischen »phobos«, was soviel bedeutet wie Furcht, Befürchtung, Angst, Schrecken, Besorgnis, aber auch gleichzeitig den Gegenstand der Furcht, das Schreckbild, das gefahrvolle und bedrohende Mittel. Die Phobien charakterisieren sich dadurch, daß das Gefahr anzeigende Moment entweder unsinnig oder dann so harmlos ist, daß es bei vernünftiger Überlegung gar nicht angsterzeugend sein kann. Beispielsweise fürchtet sich einer, sich in einem Saal voller Menschen aufzuhalten (Klaustrophobie) oder einen Platz zu überqueren (Agoraphobie). Ein anderer hat Angst vor spitzen Gegenständen (Aichmophobie), vor dem Blitz (Keraunophobie), vor Berührung (Mysophobie), vor der Nacht (Nyktophobie) oder vor der Angst selbst (Phobophobie). Freud bemerkte dazu, die ganze Reihe dieser Phobien in prunkender griechischer Namengebung klinge wie die Aufzählung der zehn ägyptischen Plagen, nur daß ihre Anzahl weit über zehn hinausgehe.

An psychologischen Deutungen dieser Ängste fehlt es nicht. Freud zählte die Phobien zur Angsthysterie, andere sprachen von Angstprojektionen, in der Meinung, daß zwar tatsächlich eine innere Angst vorhanden, deren Gefahrenobjekt jedoch nicht erkannt, deshalb nach außen projiziert werde. Zbinden (zt. n. Condrau ^{2}1976, 25) schrieb einmal, die Ängste des heutigen Menschen schienen sich im Zeitalter des rationalen Denkens, der Technik, der allgemeinen Schulung aus den Heilformen des aufgeklärten Sinnes, aus den klugen Deutungen der Psychologie und Seelenheillehre ebensowenig zu machen wie bei den Primitiven aus den Zaubersprüchen der Medizinmänner und Beschwörer. So habe statt einer Austilgung im Grunde nur eine Verlagerung der Ängste stattgefunden, eine Wandlung in den Formen, in den Masken und Fratzen, nicht aber eine Verringerung ihrer Zahl und ihrer oft lähmenden Macht. Es lasse sich sogar annehmen, daß unser Jahrhundert noch vermehrt der Angst verfallen sei als frühere.

Wohl hat es seit Menschengedenken Ereignisse gegeben, die beunruhigend und angstauslösend wirkten, doch dürften sie selten in diesem bedrohlichen Ausmaß und mit dieser Intensität aufgetreten sein wie in der jüngsten Zeit. Indem der Mensch dank der technischen Entwicklung fast über seine eigenen Möglichkeiten hinausstieg und nicht mehr der Beherrscher, sondern der Beherrschte der Technik geworden ist, sah er sich plötzlich Kräften ausgeliefert, die ohne sein Dazutun über sein Schicksal entscheiden können. Dazu kommt, daß sich in der gesellschaftlichen Struktur der Welt eine gewichtige Wandlung vollzog. Die auf der Tradition beruhenden institutionalisierten Formen der Kollektivsicherung haben weitgehend ihre Funktionen eingebüßt, sofern sie nicht überhaupt verschwunden sind. Die Familie hat sich von der ursprünglich patriarchalisch oder matriarchalisch geleiteten Sippe und Dreigenerationen-Gemeinschaft zu einer recht losen und oft zufällig entstandenen Verbindung individueller Prägung gewandelt. Sie umfaßt nicht selten nur noch zwei, ja gelegentlich nur noch eine Generation. Galt sie früher als eine meist lebenslange und stabile Institution, begründet in den traditionellen Banden des Blutes, gleicher Bildung und Interessen, so verdankt sie heute ihre Entstehung oft der Laune des Zufalls und ist unabhängig von tradierten Werten. Auch ist ihr Bestand keineswegs mehr gesichert, was die zunehmende Häufung von Ehescheidungen beweist. So wächst denn auch die Jugend nicht mehr in der bergenden Sicherheit der Familie, sondern in der Ungeborgenheit einer weitgehend anonymen Welt auf.

Aber auch andere Gemeinschaften, insbesondere solche religiöser oder weltanschaulicher Art verloren ihre sichernde und schützende Bedeutung. Mit dem Verlust von Halt und Sicherheit schwand auch das Pflichtbewußtsein gegenüber der Gemeinschaft, und der einzelne sieht sich in seinen Entscheidungen auf sich selbst verwiesen.

Allerdings darf der aufkeimende Individualismus unserer Zeit nicht lediglich als eine negative Auswirkung des Verlustes an tradierten Werten verstanden werden, vielmehr äußert sich gerade hierin der vehemente und unbändige *Drang zur Freiheit*, zu einer Freiheit, die letztlich dem Menschsein seinen Wert verleiht. Freiheit bedeutet aber immer auch Unabhängigkeit von Schutz und Sicherheit, bedeutet Wagnis und Mut. Ein nicht aufzuhaltendes Streben nach Freiheit geht durch die Menschheitsgeschichte, und wenn wir sagten, daß das heutige Weltbild weitgehend von der Technik beherrscht werde, so müssen wir andererseits darauf hinweisen, daß gerade unsere Zeit, wie vielleicht keine vor ihr, von der eigentlichen Emanzipation des Menschen und seinem Drang nach Selbstbefreiung gekennzeichnet ist. Dieser Trend ist so stark, daß auch Menschen mitgerissen werden, die für die Übernahme der damit verbundenen Aufgaben gar nicht reif sind. Sie werden überfordert und neurotisch krank.

Sowohl die Psychoanalyse wie die nachfolgenden anthropologischen Psychotherapierichtungen haben versucht, über die unmittelbaren Erscheinungsformen der Angst hinausgehend, etwas über ihr Wesen auszusagen. Die Psychoanalyse setzte ihre Hoffnung auf die Möglichkeit einer kausalgenetischen Erklärung der Angst. Dabei mußte sie aber so viel gedankliche Präsuppositionen vornehmen, daß das Phänomen »Angst« selbst fast in den Hintergrund geriet. Freud war jedoch einer der ersten, der das Todesproblem und die Angst in die psychologische Forschung einbezog. Die voranalytische, idealistische Psychologie beschrieb den Menschen ausschließlich »als einen, der nichts vom Tode weiß, dessen Leben fein säuberlich vom Tode geschieden ist, als ob der Tod nicht allgegenwärtig *im Leben* sei« (Caruso 1968, 195). In Freuds Lehre nimmt nun der Tod eine zentrale Stellung ein: in »Totem und Tabu« (G. W. IX), »Das Motiv der Kästchenwahl« (G. W. X), »Zeitgemäßes über Krieg und Tod« (G. W. X), in »Jenseits des Lustprinzips« (G. W. XIII).

Freud selbst kam eher auf Umwegen zur Theorie des »Todestriebes«. Bekanntlich war der Ausgangspunkt seiner Überlegungen, daß sich das menschliche Seelenleben nach zwei Prinzipien, nämlich dem Lustprinzip und dem Realitätsprinzip, ausrichte, bis er entdeckte, daß es Verhaltensweisen des Menschen gibt, die sich nicht auf diese beiden Prinzipien reduzieren lassen. Diese erklärte er zum Teil aus dem Wiederholungszwang, der ihn »zuerst zur Aufspürung des Todestriebes führte« (G. W. XIII, 60). Damit, so meinte er, sei er unversehens in den Hafen der Philosophie Schopenhauers eingelaufen, für den der Tod »das eigentliche Resultat« und insofern Zweck des Lebens war; die Verkörperung des »Willens zum Leben« sei jedoch der Sexualtrieb (a. a. O., 53). Der Todestrieb wurde denn auch, insbesondere von den Nachfolgern Freuds, mit dem Destruktions- und Aggressionstrieb identifiziert. Erwähnenswert ist aber die Feststellung, daß Freud die unmittelbare Verbindung des Todestriebes mit der Angst nicht herstellte, obwohl indirekt eine solche angenommen werden mußte. Die Todestriebe sollten nämlich unabhängig vom Lustprinzip wirksam sein, aber auch die Angst entzog sich demselben. Zum Begriff des zum Antagonisten des Eros werdenden Todestriebes gelangte Freud aufgrund der Überlegung, daß die Triebe danach trachteten, »ein altes Ziel auf neuen Wegen zu erreichen« (a. a. O., 40). Das Endziel müßte demnach »ein alter, ein Ausgangszustand sein«, den das Lebende einmal verlassen habe und zu welchem es auf Umwegen zurückstrebe. »Wenn wir es als ausnahmslose Erfahrung annehmen dürfen, daß alles Leben aus inneren Gründen stirbt, ins Anorganische zurückstrebt, so können wir nun sagen: Das Ziel alles Lebens ist der Tod, und zurückgreifend: Das Leblose war früher als das Lebende« (a. a. O., 40).

Eigentlich hätte Freud aufgrund dieser Theorie zu einer neuen Bestimmung der Angst kommen müssen. Dies war aber nur teilweise der Fall. Die Todesangst, so meinte er, gebe der Psychoanalyse ein schwieriges Problem auf, da der Tod als »abstrakter Begriff von negativem Inhalt« keine unbewußte Entsprechung besitze. Im Unbewußten sei nichts vorhanden, was dem Begriff der Lebensvernichtung Inhalt geben könnte. Die Todesangst wurde für ihn zum »Analogon der Kastrationsangst« (G. W. XIV, 160); »etwas dem Tod Ähnliches« habe der Mensch nie erlebt, zumindest habe es wie die Ohnmacht keine Spuren hinterlassen. Die Kastrationsangst hingegen entspreche einer (verdrängten) Erfahrung des Menschen; die Angst werde zur »Reaktion auf einen Verlust, eine Trennung«.

Die These eines »Todestriebes« blieb nicht unwidersprochen, und die Psychoanalyse ist keineswegs die einzige psychotherapeutische Richtung, die sich mit der Todesproblematik, insbesondere mit der Todesangst, beschäftigt hat. Zahlreiche Forscher, die einer sogenannten »anthropologischen« Denkweise verpflichtet waren und sind, haben ganz wesentliche Einsichten zum Thema Sterben, Tod und Angst beigetragen. Stellvertretend für viele sei hier V. E. von Gebsattel genannt.

Die Angst ist ein unerträgliches Erlebnis, das dennoch er-lebt werden muß. Sie ist eine Last, die zu ertragen menschliche Verpflichtung bleibt. Allerdings zeigt sich ihr Urgrund oder ihre Spitze sehr selten, »denn wie Berggipfel häufig im Nebel stecken, bleibt auch die Spitze der Angst verborgen; wirksam zwar, aber nur ausholender Meditation zugänglich. Zur Natur der Angst gehört geradezu, daß ihr eigentlicher Sinn dem Bewußtsein des einzelnen sich entzieht und daß vordergründige oder periphere Befürchtungen die Grundangst verdecken« (v. Gebsattel 1959, 107).

Worum geht es aber in der »Grundangst«? Doch immer um das Dasein selbst, um sein Sein-Können, Sein-Dürfen und um die Gefährdung dieses Sein-Könnens und -Dürfens. Da-Sein meint aber Offen-Sein, Frei-Sein, Gestimmt-Sein und Leiblich-Sein. Voraussetzung, daß der Mensch überhaupt je etwas vernehmen und verstehen kann, ist sein primäres Offensein für die Welt. Er steht der Welt also nicht im alten Descartesschen Sinne wie ein Subjekt einem Objekt gegenüber, sondern er *ist* immer schon ein Bezugsverhältnis zur Welt. Folglich stehen der menschlichen Existenz die Dinge der Außenwelt zunächst nicht als fremde Gegenstände gegenüber, um schließlich eine Bedeutung übergeworfen zu erhalten, sondern der Mensch erfährt seine Umwelt vielmehr immer schon ihrem Bedeutungsgehalt nach als das, was sie faktisch ist. »Welt« – sagt Heidegger (1962, 45) – »ist eben nicht lediglich eine bloße Ansammlung vorhandener, abzählbarer Dinge. Sie ist aber auch nicht ein nur eingebildeter, vorgestellter Rahmen des Vorhandenen. Noch weniger ist sie einfach die Summe alles Vernehmbaren und Greifbaren. Stein, Pflanze und Tiere sind welt-los. Dagegen hat die Bäuerin eine Welt, weil sie sich in der Offenheit des Seienden aufhält. Indem eine Welt sich öffnet, bekommen die Dinge ihre Eile und Weile, ihre Nähe und Ferne, ihre Enge und Weite.«

Wenn wir deshalb vom Menschen sagen, er sei »in-der-Welt«, so bedeutet dies, daß er Mitmenschen, Tiere, Pflanzen, Dinge unmittelbar als solche erfährt. Der Mensch steht je schon in einer voraussetzungslosen Beziehung zu den Dingen. Durch ihn gelangen sie zu ihrer Entfaltung, durch ihn wird Seiendes erhellt; denn Weltoffenheit bedeutet die Lichtung, menschliches Dasein, die Erhellung alles dessen, was ist. So wie durch die Beleuchtung eines dunklen Raumes die darin sich befindenden Gegenstände sich nun erst als solche zeigen, gelangen auch die Dinge unserer Welt erst durch das lichtende Wesen menschlichen Daseins zu ihrer Entfaltung und Entbergung.

Besagt nun das primäre Weltoffensein menschlichen Daseins, daß der Mensch je schon draußen bei den Mitmenschen und Dingen dieser Welt ist, und zwar dergestalt, daß er von diesen her als erschließende Möglichkeit in Anspruch genommen wird, so gehört zum Menschen zweifellos die Freiheit, sich dieser Aufgabe zu widmen oder sich ihr zu entziehen. Die menschlichen Weltbezüge sind immer schon *gestimmt*, und es ist die Grundstimmung, welche die Auswahl und Tönung unserer Weltbezüge maßgeblich festlegt. In der Liebe nehmen wir einen Menschen anders wahr als im Haß, in der Angst oder der Trauer. Stimmungen können umschlagen, verdorben werden, sich aufhellen. Die Stimmung ist gehoben oder bedrückt, ausgelassen, fröhlich, überbordend oder dumpf, traurig, beklemmend, eingeengt. Wenn Angst das menschliche Verhalten beeinflußt, so wird der Mensch neurotisch eingeengt. »Angst« kommt von angustiae oder angor und bedeutet »Enge«. In der Angst herrscht also eine Stimmung vor, die be-engt, bedrückt und demgemäß die Bezüge zur Welt einschränkt.

Während die Psychoanalyse von Angstneurose spricht, in der ein latenter Sexualkonflikt manifest wird, hat die Anthropologie in der Bezeichnung »phobische Fehlhaltung« einen ihr gemäßen Ausdruck gefunden. Mit *Fehlhaltung* ist nicht nur ein situationsgebundenes, aktuelles Erleben gemeint, sondern eine dauerhafte Einstellung, eine strukturelle Veränderung im Gesamtgefüge der Persönlichkeit. Eine solche Fehlhaltung, bzw. ein solches Fehlverhalten, liegt aber weder in der Konstitution des Kranken noch lediglich im auslösenden Schreckerlebnis begründet. Vielmehr *erfährt* der Ängstliche eine Situation in anderer Weise als der Furchtlose. So kann das Erlebnis beispielsweise eines Erdbebens beim einen bleibende Angst auslösen, während der andere, abgedichtet gegen die mögliche Bedrohung, gelassen und angstfrei dahinlebt, wie v. Gebsattel überzeugend nachgewiesen hat. Der Ängstliche lebt in ständiger Fühlung mit der bedrohlichen Möglichkeit, weil ihm die Erde nicht mehr beständig und vertrauenswürdig erscheint. Maßgebend für eine derartige Erfahrung von Welt ist die ängstliche Gestimmtheit und die ängstliche Erwartung. Die Angst kann dermaßen anschwellen, daß auch der Leib in das Geschehen miteinbezogen wird. Es kommt dann zu leiblichen Schreckreaktionen mit Gehörüberempfindlichkeit und vegetativ-dystonen Symptomen wie Schweißausbrüchen, Herzjagen, Zittern, Schwindelgefühlen, Brechreiz, Erbrechen. Beim Schreckbasedow wird sogar die Schilddrüse in schwerster Weise mitbetroffen. Die körperlichen Begleiterscheinungen der Angst zeigen einmal mehr, wie unmittelbar Seelisches und Leibliches aufeinander abgestimmt sind und wie künstlich jeder Versuch anmutet, Leib und Seele als zwei verschiedene Wirklichkeiten voneinander zu trennen.

Eine typisch phobische Fehlhaltung ist die bekannte *Höhenangst*. Ängstliche Reaktionen beim Blick aus hochgelegenen Standorten in die Tiefe, von Fenstern, Terrassen, Brücken, Türmen oder Berggipfeln etwa, können sich zum »Zwangsimpuls« steigern, in die Tiefe springen zu müssen. Der Phobiker, sagt v. Gebsattel (1959, 119), erlebt eben die Tiefe anders als der Schwindelfreie, nämlich als »Abgrund«. Der »Zug in die Tiefe« ist völlig unabhängig von der Tatsache, ob überhaupt ein Sturz im Bereich der Möglichkeit liegt oder nicht. Auch wo die Sicherheit, beispielsweise durch eine Balustrade, gewährleistet ist, wanken dem Phobiker die Knie. Oft genügt schon die phantasierte Vorstellung eines Absturzes oder der Anblick eines Komikers der Filmleinwand, der seine halsbrecherischen Kunststücke am offenen Fenster eines Wolkenkratzers ausführt, um den Ängstlichen in Schweiß ausbrechen zu lassen.

Die Höhenangst befällt vor allem Menschen, die tatsächlich in ihrer Existenz noch nicht recht Fuß gefaßt haben. Das Stürzen bedeutet Zusammenbruch, Vernichtung, Aufhören der Existenz, Nicht-mehr-sein-Können. Durch den realiter sich zeigenden Abgrund wird der Mensch immer wieder und erst recht vor die Möglichkeit des Absturzes gestellt. Der Unreife schrickt vor ihr zurück, und zwar dermaßen, daß er den Zug in die Tiefe unmittelbar leiblich als ein Versagen des Bewegungsapparates oder der Herztätigkeit erleben kann. Die Angst in großer Höhe läßt den Menschen eindrücklich erfahren, daß er keinen tragenden und sicheren Grund unter den Füßen hat.

Ein Mensch, der an Höhenangst leidet, sucht aber ihretwegen höchst selten den Psychiater auf. Er findet sich im allgemeinen damit ab und tröstet sich mit dem

Wissen, daß in seinem Bekanntenkreis noch andere darunter leiden. Auf jeden Fall kann er dieser Angstmöglichkeit leicht entfliehen, da ihn kaum jemand zwingt, große Höhen aufzusuchen und sich der Gefahr des Absturzes auszusetzen. Trotzdem konfrontiert gerade die Höhenangst den Menschen in besonderer Weise mit dem Tode, mit dem Absturz in das »Nichts«, mit der Ver-nichtung, besonders dann, wenn er sich »verstiegen« hat.

Nun gibt es allerdings Formen der Angst, welchen man sich nicht so leicht entziehen kann. In voller Nacktheit zeigt sich die Todesangst vieler Menschen vor unheilbaren Erkrankungen. Eine 39jährige Patientin wurde dem Verfasser (Condrau ²1976) zur Behandlung überwiesen, weil sie an einer quälenden *Karzinophobie* litt. Diese stellt bekanntlich eine der destruktivsten Phobien dar. Selten wird ein Mensch so geplagt wie durch die Krebsangst – sie wird zum folternden Dämon für jene, die von ihr befallen werden, sie tyrannisiert aber auch die Familie, die ganze Umgebung des Patienten. War die Angst der Kranken »berechtigt« oder »unberechtigt«? In ihrer Familie waren mehrere Fälle karzinomatöser Erkrankungen bekannt. Dies mochte eine gewisse psychische »familiäre« Belastung für die Patientin darstellen. Auslösend jedoch für den akuten Angstanfall wirkte das eigene Erlebnis einer rechtsseitigen totalen Brustamputation »wegen Krebsverdacht«. Sie selbst erlebte die Operation als »fürchterlich«; alle Versicherungen der operierenden Ärzte, die mikroskopische Untersuchung habe keine krebsverdächtigen Zellen aufgedeckt, fruchteten nichts (es handelte sich um eine gutartige kleine Geschwulst; die Totaloperation wurde offenbar deshalb notwendig, weil diese sich in der Nähe der Brustwarze befand und die Möglichkeit einer späteren Entartung in ein Malignom nicht auszuschließen war). Die Patientin wurde zunehmend depressiv, interesselos und apathisch. Sie vernachlässigte vollständig ihren Haushalt, die beiden Kinder, sich selber. Früher immer elegant gekleidet, trug sie jetzt wochenlang dasselbe Kleid und sah äußerlich, wenn auch nicht verwahrlost, so doch vernachlässigt aus.

Soweit nun, müßte man meinen, habe die Angst der Patientin doch einen einfühlbaren, realen Grund in der Möglichkeit einer krankhaften Bedrohung gehabt. Nicht unverständlicher scheint uns die Angst vor dem Herannahen einer tödlichen Krankheit zu sein als etwa diejenige vor einem angreifenden Raubtier. Und wer möchte das Verständnis der depressiven Ängstlichkeit einer Frau verweigern, die an ihrer fraulichen Leiblichkeit einen so verstümmelnden Eingriff ausstehen mußte? Wurde damit aber die Angst durch eine Bedrohlichkeit determiniert – und folglich zur Furcht? Oder zeigte sich nicht gerade hier, daß eine solche Unterscheidung nicht nur nicht möglich, sondern sogar irreführend ist?

Die Karzinophobie ist immer eine schlecht verhüllte Angst vor dem Tode. Dort, wo sie derart den Menschen befällt, daß tatsächlich ein Zerfall, nicht des Gewebes, sondern der Persönlichkeit eintritt, ist die Indikation für eine psychotherapeutische Kur gegeben. Alle rationalen Versicherungen der Ärzte nutzen nämlich nichts. Es gilt vielmehr, die lebensgeschichtlich motivierten Ängste aufzudecken und sich dem Reifeprozeß eines Lebens zu stellen, in welchem der Tod nicht aus dem Bewußtsein ausgeschaltet zu werden braucht. Die Angst, an Krebs erkrankt zu sein, verweist nämlich nach v. Gebsattel (1954, 384) auf die Angst vor der Unmöglichkeit, in sich die »personale Eigentlichkeit des Ich-selbst-sein-Könnens durchzusetzen«, sie verweist auf die »Grundmöglichkeit, werdend sich selbst verfehlen zu können«, wie sie auch in Gestalten von Schicksalsangst, Verarmungsangst, Berufsangst und Angst vor sozialem Untergang aufdroht.

Die Patientin war einzige Tocher eines einige Jahre vor ihrer Erkrankung verstorbenen, äußerst tüchtigen und gewissenhaften, in seinem Beruf aufgehenden Landarztes, dessen Frau starb, als das Mädchen sechs Jahre alt war. Da der Vater von seinem Beruf fast vollständig absorbiert war, wurde die Erziehung der Tochter von der Großmutter und einem Dreigestirn von ledigen Tanten übernommen, deren Erziehungsmethoden abwechselnd alle Formen von der maßlosen Verwöhnung bis zur kalten autoritären Versagung umfaßten. Sie hätte »eigentlich« ein Knabe sein sollen. Weder der Vater noch die große Verwandtschaft, am allerwenigsten jedoch die Patientin selbst, konnten sich damit abfinden, daß sie kein Stammhalter geworden war. Sie spielte denn auch nur mit den Buben des Dorfes, balgte sich mit ihnen herum und wurde von ihnen als vollwertiger Partner ihrer wilden Knabenspiele aufgenommen. Zwei Erfahrungen trübten jedoch ihre Kindheit. Die eine war das Vermissen der unmittelbaren väterlichen Liebe: Der Vater hatte keine Zeit für sie, war immer abwesend, und wenn er da war, dann nicht für sie. Ist es da erstaunlich, daß sich bei diesem Fehlen der väterlichen Geborgenheit auch eine zweite Störung bemerkbar machte, nämlich die Angst? Sie fürchtete sich vor allen möglichen unheimlichen Gewalten. Wurde im Dorf ein Schwein geschlachtet – was meist so öffentlich geschah, daß die Kinder zuschauen konnten und das Mark und Bein durchdringende Geschrei des Tieres bis ins letzte Haus hören mußten –, wurde ihr übel. Sie machte dann tagelang auf ihrem Schulgang Umwege um das betreffende »Schlacht«-Haus, wurde deswegen von ihren Kameraden, ja selbst von Erwachsenen ausgelacht. Ihre kindlichen Phobien betrafen ferner die »unheimlichen Gestalten«, mit denen ihre Phantasie die Kellerräume des Hauses bevölkerte. Allerdings konnte sie ihre Angst so »beherrschen« und »verdrängen«, daß sie immer noch überzeugt war, ihre Kindheit und Jugendzeit sei eine restlos glückliche gewesen. Nur selten gelang der Durchbruch der Ängste. Dann jeweils geriet sie in »Tobsuchtsanfälle«. Mit ihrem Vater konnte sie Auftritte provozieren, die in lautstarken Auseinandersetzungen endeten. Solche »Auftritte« wurden von ihr scheinbar grundlos herbeigeführt; sie benahm sich »hysterisch«, wollte sogar einmal aus dem Fenster springen. Auch in ihrer Ehe wiederholte sie dieses Verhalten, indem sie ihrem Ehemann gegenüber wegen kleinlicher Meinungsverschiedenheiten »explodieren« konnte. Sie war von jeher gespannt, betriebsam, unruhig. Es mußte stets etwas »los« sein, sie konnte »keine Sekunde ruhig sein«, rannte im Haus herum, raste mit ihrem Sportwagen in die Stadt, traf ihre Freundinnen und hatte tausenderlei Besorgungen zu machen.

Die gefühlshafte Seite der Patientin kam bei dieser Entwicklung entschieden zu kurz. Eine sexuelle Aufklärung fand nie statt, alles Triebhafte galt zu Hause (bei ihren ledigen Tanten) als schmutzig und sündhaft. Die Ehe, nach ihren eigenen Anga-

Angst vor der Tiefe. Der von Angst beherrschte Mensch lebt in ständiger Furcht vor bedrohlichen Möglichkeiten. Die Erde erscheint nicht mehr vertrauenswürdig. Der Zug in die Tiefe ist völlig unabhängig davon, ob die Gefahr eines Absturzes überhaupt besteht.

ben »äußerst glücklich«, blieb in Wirklichkeit nicht viel anderes als eine konventionelle Partnerschaft. Die außerordentliche Verdrängungsbereitschaft der Patientin ermöglichte es ihr auch, die nicht geringen Schicksalsschläge relativ gut zu ertragen. Ihr Vater starb, nachdem er im tiefen Winter bei einem Hausbesuch auf dem Lande einen Hirnschlag erlitt; dann starb die von der Patientin geliebte Großmutter, schließlich eine Tante an Brustkrebs. Die Patientin selbst mußte sich einer schweren Augenoperation unterziehen. Nachdem sie bereits einen zwölfjährigen Sohn hatte, der an Asthma und an Heuschnupfen litt, und nach einem Spontanabort im vierten Monat, wurde sie wieder schwanger. Die Schwangerschaft verlief sehr schwer, die Patientin erkrankte an einer Nephropathie und erlitt eine Frühgeburt mit Todesgefahr für das Kind im Wochenbett. Damals mußte sie sich in psychiatrische Behandlung begeben, weil sie von Zwangsgedanken gequält wurde, sich selbst und ihr Kind umbringen zu müssen. Einige Monate später wurde eine Verhärtung in der rechten Brust festgestellt, was schließlich zur operativen Entfernung des Tumors führte. Seither suchte sie täglich ihren Körper nach neuen Tumoren ab – jeder entdeckte »Pickel« löste bei ihr panischen Schrecken aus.

Verweigerte die Patientin zunächst in ihrer »Verdrängungstendenz« den Einblick in den wahren Ur-grund ihrer Angst, so bietet gerade die Psychotherapie, und nur sie, einen hervorragenden Zugang zur Erhellung eben dieses Verdrängten an: den Traum. Die Patientin erlebte den – vom »chirurgischen« Standpunkt aus »harmlosen« – Eingriff dermaßen vernichtend, daß sie mehrmals träumen mußte, ihr ganzer Körper falle blutig auseinander; in einem Traum grub sie ihr eigenes Grab, während sie ihren geistigen Zerfall wiederum träumend als Angst vor dem Verrücktwerden erlebte.

Nun könnte jemand einwerfen, solche Träume seien im Anschluß an eine derartige Operation verständlich; sie seien nichts anderes als ein Nachschwingen der Seele rücksichtlich des körperlichen Eingriffs; sie seien nicht mehr und nicht weniger als die Folge einer eben erlebten tödlichen Bedrohung. Warum aber, so müßte man dann ebenfalls fragen, kann die Patientin nicht auch träumend aufatmend feststellen, daß sie die Operation überlebt hat, daß ihr die Geschwulst, vor der sie sich so fürchtete, entfernt wurde; vor allem jedoch ließe man die Persönlichkeit der Patientin völlig außer acht, wenn man die Träume lediglich als »Folge« der Brustamputation deutete. Denn in ihren Träumen zeigte sich ihre existentielle Beengtheit, von der her auch die ängstliche Fasziniertheit des jungen Mädchens beim blutigen Abschlachten von Tieren, ihre spätere Vorliebe zu »hysterischen« Selbstmorddrohungen (durchwegs mit einem Küchenmesser!), ja vielleicht sogar der schicksalsmäßige Einbruch ihrer Krankheiten und schließlich die verstümmelnde Operation verständlich werden konnten. Ihr Ehemann war immer überzeugt, daß bei ihr die Angst nicht als eine Folge der Operation auftrat, sondern als zu ihrem Wesen gehörend vorbestand und möglicherweise sogar zur Bildung eines krebsähnlichen Geschwüres führte. Die Patientin zeigte im Doppelaspekt des Horrors und der Faszination, daß unsere Haltung angesichts des »Nichts« widersprüchlich ist. Die Menschen verspüren, wie W. von Siebenthal (1956, 176) nachwies, »die

Immer hat es Situationen in der Menschheitsgeschichte gegeben, die für den Menschen beunruhigend und angstauslösend wirkten. Selten aber hatten sie ein für die ganze Menschheit so bedrohliches Ausmaß angenommen. Mit den gleichen Verstandeskräften, mit denen der Mensch den Kampf gegen den unerwartet auftretenden Tod bei Unfällen, Epidemien und Krankheiten aufnahm, vervollkommnet er die Möglichkeiten seiner eigenen Vernichtung. Es scheint, daß mit dem Einsatz der Technik der Mensch über seine eigenen Fähigkeiten, diese noch zu beherrschen, hinausgelangt ist, daß er sich Zwängen ausgesetzt sieht, die über sein zukünftiges Schicksal entscheiden können.

Versuchung, sich in diesen Abgrund zu stürzen, um so der Angst zu entgehen, wie ja die Angst die Preisgabe an das, wovor wir Angst haben, gerade provozieren kann, möglicherweise getrieben durch den Drang zur Selbstaufhebung, Selbstaufgabe, zur Destruktion . . .« Dies an die Oberfläche zu bringen, nicht nur die Angst, sondern auch die Faszination dem offenständigen »Wissen« zugänglich zu machen war denn auch der Weg zur Befreiung dieser Patientin aus ihrem selbstzerstörerischen Verfallensein an Tod und Vernichtung.

Abwehr der Angst, Flucht vor dem Todesbewußtsein, sich verschließendes Verhalten gegenüber der Gewißheit des Sterbenmüssens bilden nur *eine* Möglichkeit einer menschlich verständlichen, in extremen Ausmaßen aber neurotischen oder gar psychotischen Fehlhaltung. Die andere Form, letztlich aus gleicher Quelle gespeist, ist die *Todesfaszination*, die sich bis zur *Todessehnsucht* und ein suizidales Verhalten steigern kann. Die eigentliche Selbstvernichtung, der vollendete Suizid, ist jedoch nicht einfach Ausdruck eines Fasziniertseins durch den Tod, sondern ein viel komplexeres Geschehen.

Todesfaszination und Todessehnsucht finden sich häufig in verschiedenen Formen, nicht nur bei Menschen, die offensichtlich und willentlich den Tod suchen. Es sind jene, deren Verhalten darauf schließen läßt, daß sie – möglicherweise unreflektiert – ihr Leben aufzugeben bereit sind oder dasselbe bereits aufgegeben haben. Es ist dies kein eigentliches Phänomen der Neuzeit. Die Geringschätzung des leiblichen und weltlichen Lebens fand in allen Zeiten und Kulturen ihre Anhänger. Am eindrücklichsten fand die Todessehnsucht wohl – wenn auch in verbrämter Form – ihren Ausdruck im religiösen Bereich. Asketische Lebensformen, Geißelung des (sündigen) Leibes, Rückzug in die Einsiedelei oder in gleichgeschlechtliche Ordensgemeinschaften, dort gelegentlich sogar unter Einschränkung der sprachlichen mitmenschlichen Begegnung durch Schweigegelübde, überhaupt die Gelübde zur Keuschheit und Armut müssen in diesem Zusammenhang erwähnt werden. Dazu kommt die gewollte und verherrlichte Opferbereitschaft. Wer sich für den anderen aufopfert, gibt eigene Ansprüche auf. Im Bewußtsein, sich selbst aufzuopfern, wird die Todessehnsucht erkennbar und durch die selbstlose Hingabe legitimiert. Keuschheit, Armut, Opferbereitschaft, Demut und Gehorsam bedeuten unter anderem auch Verzicht auf Leben, auf eigenständiges, selbstbestimmendes Erleben menschlicher Grundbedürfnisse. Beim Eintritt in eine Einsiedelei oder ein Kloster vollzieht sich eine noch unauffälligere Art, aus der Welt zu scheiden. Nonnen und Ordensbrüder befinden sich nicht mehr »draußen in der Welt«. Sie zeigen damit auch die Distanz, die sie zum profanen, irdischen Lebensweg eingenommen haben, und ihre Sehnsucht nach der ewigen Ruhe, der Ewigkeit, nach dem Erlöser, dem himmlischen Bräutigam, der sie gleichermaßen liebt. Sie leben in der Überzeugung, hier im »Jammertal« leben zu müssen, während ihnen die Jenseitsvorstellung zeitlebens alle unvergängliche Herrlichkeit des Himmels verheißt. So wird das Sterben ein willkommener »rite de passage«, hinter welchem im Sinne des »Stirb und Werde« unmittelbare Hoffnungserfüllung folgt: gemäß dem Wort des heiligen Paulus: »Ich habe Lust, abzuscheiden und bei Christus zu sein.«

Aber nicht nur in christlichen und buddhistischen Klöstern, nicht nur bei jenseitsorientierten, religiösen Menschen treffen wir diese Todessehnsucht. Auch Dichter und Schriftsteller haben sie besungen. Herder, Novalis, Kleist, selbst Goethe, Rilke, Hölderlin, die Romantiker und die Dichter des Sturm und Drang legten Zeugnis davon ab.

Die Todessehnsucht ist aber außerdem ein kollektives Phänomen. Psychologen haben sie der Sehnsucht nach der Mutter, dem Heimweh, gleichgestellt. Bekanntlich wurden in früheren Jahrhunderten die berühmten Schweizersöldner, die in fremden Diensten standen, von starker Sehnsucht nach ihrer Heimat befallen, aber auch von einer derartigen Todessehnsucht, die sie in extremen Situationen zu berserkerhafter Todesraserei trieb. Diese Todesraserei ist auch heute noch zu beobachten; wir haben sie in den afrikanischen Befreiungswirren erfahren, man kann sie in kleinerem Ausmaß bei Jugendlichen sehen, die in halsbrecherischer Weise auf rasenden Motorrädern und in Autos ihr Leben aufs Spiel setzen.

Es sei dahingestellt, ob tatsächlich die Todessehnsucht letztlich eine Sehnsucht nach der Mutter, gar der Urmutter sei, von der sich der reifende Mensch trennen mußte. Heutige Menschen beschäftigt auch nicht mehr die Todesraserei der Kriegshelden oder Märtyrer, sondern eine ganz andere Form der Todessehnsucht, die nicht so laut und schreiend ist, sondern still und zehrend. Sie begegnet uns in den mannigfaltigen Formen psychopathologischer Erscheinungen, beispielsweise in der *Psychose*.

Daß die Todesangst, wie die Angst überhaupt, bei psychotischen Prozessen in entscheidender Weise das Krankheitsbild bestimmt, ist bekannt. Diese Angst meint immer eine Verletzbarkeit, sei es durch Verfolgung (Paranoid), durch Zerstückelung, Verlust der Persönlichkeit usw. Die Psychose selbst aber ist ein Prozeß, der tatsächlich zum Tode führt, wenn auch nicht unmittelbar zum leiblichen Ende. Der Zerfall der Persönlichkeit ist an sich ja schon ein Zu-Tode- und Zu-Grunde-Gehen.

Viele Psychotiker erleben jedoch die Angst und die Sehnsucht nach dem Tode ganz bewußt. So erklärte eine schizophrene Patientin, alle spitzen und schneidenden Gegenstände machten ihr Angst. Zeitweise sprachen sie sie selbst »auf Selbstmord« an, so daß sie kaum an ihnen vorbeigehen konnte. Dann wieder hatte sie Angst, andere Menschen um sie herum könnten sich verletzen oder verbluten. Auch machten sie alle Maschinen krank, weil sie Menschenleiber zerschneiden oder verschlingen könnten. In dieser schrecklichen Welt erwartete sie oft, daß die Erde sich auftun und sie verschlingen würde. Niemand würde davon wissen, niemand würde bemerken, daß sie einmal gewesen sei. Niemand würde um sie trauern. Es wäre, als hätte sie nie gelebt.

Die Patientin warf ihrer Therapeutin immer wieder und immer häufiger vor, sie daran zu hindern, sich dem Sterben hinzugeben. Die einzige Lösung für sie wäre, sich total fallen zu lassen, immer weiter, bis nichts mehr da wäre. Dann endlich könnte sie sterben. Dort wäre dann eine Grenze zu erreichen, die sie wenigstens spüren könnte. Das Sterben wäre zumindest ihr eigenes. Sie spüre, daß sie nur die Tür aufmachen müsse für den Tod. Dem Tode sei sie ausgeliefert, er sauge sie ein,

Religion und Todessehnsucht. In allen Zeiten und Kulturen fand die Geringschätzung des Leiblichen und damit auch des weltlichen Lebens Verkünder und Anhänger. Keuschheit, Armut, Demut und Ge-

horsam bedeuten Verzicht auf ein eigenes, selbstbestimmtes Leben. Im Bewußtsein, sich aufzuopfern, wird die Todessehnsucht erkennbar und durch die selbstlose Hingabe legitimiert.

sie sei von ihm fasziniert. Gelegentlich sprach sie davon, in ihrem Leib »wühlen« zu wollen; sich in ihn zurückzuziehen wie in eine Höhle, dort die Erinnerungen zu betrachten wie alte Spielsachen, auf der Lebensleitung zu liegen und in den Knochen zu wühlen. Jedoch all dies dürfe man nicht, denn solange man am Leben bleiben müsse, brauche man immer noch eine schützende Schicht.

Manchmal wünschte sie sich, sich wie eine Rakete ins Weltall hinausschleudern zu lassen, dort wäre sie endlich völlig allein, und alles wäre vorbei. Es gab Phasen, da ihre Sehnsucht, zu sterben, so intensiv wurde, daß sie sich wie in hohem Fieber oder in einer Feuersbrunst befand (v. Castelberg 1976).

In besonders eindrücklicher Weise beschrieb Ludwig Binswanger (1945) die Todessehnsucht einer an Magersucht leidenden, schizophrenen Patientin. Bereits mit siebzehn Jahren schrieb dieselbe Gedichte, die ihrer Todessehnsucht Ausdruck verliehen. »Küß mich tot« war das eine betitelt. Sie rief darin den finstern, kalten Meerkönig an, er solle zu ihr kommen, sie in heißer Liebesgier in seine Arme nehmen, drücken und totküssen. In einem anderen Gedicht wuchsen graue, feuchte Abendnebel um sie her, streckten ihre Arme nach ihrem kalten, längst gestorbenen Herzen aus. Die Bäume schüttelten, ein altes, wehes Lied singend, trostlos ihre Häupter, kein Vogel ließ den späten Sang erklingen, kein Licht erschien am Himmel, der Kopf war leer, das Herz bang. In späteren Jahren erschien ihr der Tod nicht mehr so schrecklich, er war kein Sensenmann mehr, sondern eine herrliche Frau, mit weißen Astern im dunklen Haar, großen Augen, traumtief und grau. Das einzige, was die Patientin lockte, war das Sterben: »So ein wohliges Ausstrecken und Hindämmern. Dann ist's vorbei. Kein Aufstehen wieder und ödes Schaffen und Planen. Hinter jedem Wort verberg ich eigentlich ein Gähnen«, schrieb sie an einen Freund. »Jeden Tag werde ich ein bißchen dicker, älter und häßlicher. Wenn er mich noch lange warten läßt, der große Freund, der Tod, dann mache ich mich auf und suche ihn.« Sie sei nicht schwermütig, bloß apathisch. »Es ist mir alles so einerlei, so ganz gleichgültig, ich kenne kein Gefühl der Freude und keines der Angst.« Der Tod »sei das größte Glück des Lebens, wenn nicht das einzige. Ohne die Hoffnung auf das Ende wäre das Dasein unerträglich. Nur die Gewißheit, daß früher oder später das Ende kommen muß, tröstet mich ein wenig.«

Aber nicht nur in ihren Gedichten und Briefen äußerte sich ihr Wunsch zu sterben. Auch ihr leibliches Dasein zeugte davon. Die Menstruationsperiode blieb aus, sie magerte extrem ab, nahm kaum mehr Nahrung zu sich, verlor rapide ihre Kräfte. Sie schlief bis zu zwölf Stunden am Tag. Ihre Stimmung war jedoch in diesem Zustand nicht mehr depressiv, sondern heiter. Schließlich machte sie aber doch einen Selbstmordversuch, nachdem sie schon früher Selbstmordabsichten geäußert hatte. Ein zweiter Selbstmordversuch folgte, schließlich ein dritter und vierter, so daß sie in eine psychiatrische Klinik eingewiesen werden mußte.

Der Wunsch der Patientin zu sterben zog sich durch ihr ganzes Leben hindurch. Schon als Kind fand sie es »interessant«, tödlich zu verunglücken, beispielsweise beim Schlittschuhlaufen auf dem Eis eines Weihers einzubrechen. Beim Reiten machte sie die tollkühnsten Kunststücke, sie brach sich bei einem Sturz das Schlüsselbein, fand es schade, daß sie nicht ganz »zerstört« sei. War sie als junges Mädchen krank, so war sie jedesmal enttäuscht, wenn das Fieber herunterging und die Krankheit wich. Als sie sich mit 22 Jahren auf das Abitur vorbereitete, wollte sie von ihrem Lehrer immer wieder den Satz hören: »Wen die Götter lieben, der stirbt jung.« Hörte sie vom Tode ihrer Freundinnen, so beneidete sie diese und hatte bei den Todesnachrichten leuchtende Augen. Als sie im Kinderheim tätig war, besuchte sie trotz Warnungen ihrer Vorgesetzten an ansteckenden Krankheiten leidende Kinder, in der Hoffnung, selbst angesteckt zu werden. Sie versuchte auch, sich dadurch Krankheiten zuzuziehen, daß sie sich nach einem warmen Bad nackt auf den Balkon stellte, daß sie ihre Füße in eiskaltes Wasser setzte, daß sie sich mit 39 Grad Fieber bei Ostwind auf die vordere Plattform der Straßenbahn stellte. Ihr damaliger Analytiker bezeichnete ihr Verhalten als einen »langsamen Suizidversuch«.

Nach Entlassung aus der Kuranstalt Bellevue nahm die Patientin eine Dosis Gift, wodurch sie ihr lebenslanges Ziel – den Tod – erreichte.

Binswanger hat an dieser Fallbeschreibung die Gleichzeitigkeit der Todesfurcht und der Todessehnsucht sehr eindrücklich aufgezeigt. Ellen Wests Angst war überhaupt Angst vor dem In-der-Welt-sein als solchem. Sie hatte Angst vor allem, vor dem Dunkel und der Sonne, vor der Stille und dem Lärm. Die ganze Welt bekam bei ihr den Charakter des Bedrohlichen. Das Selbst wurde feig. Daher die Selbstverachtung und Apathie. Sie hatte Angst vor allem ihr Begegnenden, im Grunde auch vor dem Tode. Und doch erschien ihr als einziger Retter aus diesem Dasein wieder der Tod, der ihr nun nicht mehr, wie früher, als finsterer Meerkönig oder Gott-Vater, sondern erdennäher vorkam; bald als »der große Freund«, bald als eine herrliche Frau. Gleichgültig, ob Mann oder Frau, wenn er nur »das Ende« bedeutete. Aber auf dieses Ende konnte die Patientin nicht warten. Das langsame Absterben, Verrosten, Verdorren, Verkümmern, Schal- und Erdig-Werden waren ihr verhaßt. Die Patientin lebte in einem schweren Konflikt zwischen Angst und Sehnsucht. Ihre Leiblichkeit wurde in diesen Konflikt mit hineingerissen. Sie hatte Angst vor dem Dickwerden und einen gesteigerten Drang nach Essen. Sie lebte im Gegensatz zwischen dem Leben in einer ätherischen Welt und dem Leben in der Welt der Erde. Ellen wollte nicht leben, wie der Wurm der Erde lebt, alt, häßlich, stumpf und dumm, mit einem Wort: dick. Sie wollte lieber sterben, wie der Vogel stirbt, der sich die Kehle sprengt in höchstem Jubel, oder sich im eigenen Feuer wild verzehren. Die Todessehnsucht leuchtete aus der ätherischen Welt selbst auf. Auch der Daseinsjubel, die festliche Daseinsfreude, das »Daseinsfeuer« wurden in den Dienst des Todes gestellt, waren Ausdruck der Todessehnsucht. Der Tod wurde ersehnt »als Gipfel der Vollendung des festlichen Daseins«.

Das Krankheitsbild dieser Patientin entspricht keineswegs nur demjenigen einer psychotischen, schizophrenen Persönlichkeit. Den Ärzten und Psychotherapeuten ist es auch unter dem Namen *Anorexia nervosa* bekannt, jener Krankheit, die vornehmlich junge Mädchen und Frauen befällt und durch die Symptomtrias Abmagerung, Ausbleiben der Menstruation und Darmverstopfung gekennzeichnet ist. Eines ist diesen Patienten gemeinsam: die Verweigerung des leibhaftigen Lebens in dieser Welt. Aber auch in ihrem Verhalten zeigt sich die Doppelnatur von Abwehr und Faszination. Sie sind im Grunde dem »Essen« derart verfallen, daß man ebensogut von einer Freßsucht wie von einer Magersucht sprechen könnte. Das Essen gehört in den Weltbereich des Aufnehmens, somit des Offenseins, auch der Begegnung und des Ergreifens, Wahrnehmens und Begreifens. Der Mensch kann aber dem Begegnenden völlig ausgeliefert, verfallen sein, was zu Angst und Abwehr führt. So verschließen sich die Magersüchtigen nicht nur der Nahrungsaufnahme, sondern auch dem Existieren als reife Geschlechtswesen, was sich leiblicherweise im Ausbleiben ihrer Menstruationsregel, eben in der Amenorrhöe, zeigt. Die leibhaftige Obstipation schließlich bedeutet keineswegs lediglich eine Verstopfung des Darmausgangs, sondern in umfassenderer Weise ebenfalls ein Verstopftsein dem Begegnenden gegenüber, ein Nicht-hergeben-Können und damit ein wirkliches Abgeschnittensein von »Geben und Nehmen«. Solche Existenz ist völlig auf die Abwehr aller Lebens- und Weltbezüge sinnlich-erotischer, ja leiblicher Art gerichtet. Alles Irdische, Materielle vermag sich der Patientin nur als sumpfig, verwesend, schlecht zu erschließen. Nicht von ungefähr hört man immer wieder von Anorexie-Patienten, daß sie am liebsten nur noch als Geistwesen existieren möchten. Menschen, die unter keinen Umständen als leibhaftige Wesen in der Welt existieren wollen, begehen in Tat und Wahrheit einen Selbstmord in refracta dosi, sie hungern sich buchstäblich zu Tode. Todessehnsucht und Todesangst fallen deshalb zusammen, weil beide eine Gemeinsamkeit haben, das *Verfallen*. Zur Angst – sagte bereits Binswanger (1945) – kommt es immer nur da, wo das Dasein dem, vor dem es sich ängstigt, »im Grunde« bereits verfallen oder verhaftet ist.

Solches Verhaftetsein zeigt sich sowohl bei psychotischen wie bei magersüchtigen Menschen. Aber jede Seinsweise, die ein Aufgeben eines Teiles unseres Wesens *für* etwas, z. B. für ein Ideal, verlangt, weist im Keim auch eine Todessehnsucht, mindestens eine Endbezogenheit auf, einen Seinsbezug allerdings, der die Begegnung mit der Welt noch erträgt. Anders verhält es sich mit Menschen, die weder sich noch die Welt zu ertragen vermögen. Sie flüchten in eine Welt, die ihnen Aufgelöstheit, Unbeschwertheit verspricht, eine Welt, die vergessen läßt. So erleben wir gerade in unserer Welt die Todessehnsucht als kollektives Phänomen einer Jugend, die zunehmend der Langeweile und dem Drogenkonsum verfallen ist. Der *Drogensüchtige* »entrückt« sich von dieser Welt, er geht »auf die Reise«, die ihn vom Hier und Jetzt weg in das gelobte Land – ins Nirwana – führt.

Der Verfasser hatte selbst einen 21jährigen jungen Mann psychiatrisch zu begutachten, der in großem Ausmaße drogenabhängig war und Drogenhandel trieb. Die Welt, in der er zu Hause war, war die Welt der Drogen und der Ausgeflippten. Die Arbeitsplätze kamen ihm leer und fade vor, die bürgerliche Welt langweilte ihn, auf seinen Reisen fühlte er sich einsam, aber inmitten der Rauchschwaden einer muffigen Bar, umgeben von seinen Kollegen, da fühlte er sich wohl. Die Einstellung des jungen Mannes dem Leben gegenüber war durch eine fatalistische Resignation gekennzeichnet, gemischt mit der inneren Ablehnung der bestehenden Gesellschaftsordnung, jedoch ohne klares politisches Ziel und ohne den Versuch, seinem Leben einen eigenen Sinn abzugewinnen. Er gehörte in die Gruppe jener jungen Menschen, die einer jahrelangen Drogengewöhnung verfallen waren. Wollte man seine Neurose beschreiben, dann am ehesten im Sinne der heute vielfach gerade bei Jungen anzutreffenden *Langweiligkeitsneurose* oder *Sinnentleerungsneurose*. Ärger, Unlust, Widerwille, Gleichgültigkeit, Resignation, Apathie, abgelöst vom Drang nach Veränderung, nach Wandern, gehört dazu. In dieser Leere finden die derart in ihrer Weltoffenheit beschränkten Menschen Zuflucht zur Droge, die es ihnen ermöglicht, der Eintönigkeit und Lebensunlust für eine kurze Zeit wenigstens zu entrinnen. Gefühle des Unterdrücktseins durch die wohlangepaßte Gesellschaft, diffuse Vorstellungen einer blockierten Zukunft, Mangel an Initiative und Schuldgefühle fördern die Fluchttendenz. Es ist die Selbstentfremdung, welche Langweiligkeit und Sinnentleerung hervorruft und damit auch die Sucht, immer wieder Neues zu erleben, um sich von der Monotonie und Stagnation zu befreien. Die Liebesfähigkeit ist blockiert, ebenso die Aggressivität. Die Menschen werden passiv, sie können nur noch besitzen und genießen. Jegliche Fähigkeit, Unangenehmes zu ertragen, Konflikte zu lösen, sich aktiv mit der Welt auseinanderzusetzen, ist ihnen abhanden gekommen. Die Frustrationstoleranz ist auf Null gesunken. *Der Tod ist für sie die letzte große Reise.* Die Geschichte dieses Mannes ist die Geschichte einer ganzen Generation. Todesfurcht und Todessehnsucht, Merkmale *unserer* Zeit, möglicherweise auch *jeder* Zeit, haben hier und jetzt Ausmaße angenommen, die den denkenden und verantwortlichen Menschen zum *Handeln* bewegen müssen.

Literatur

ADLER-VONESSEN, H.: Angst in der Sicht von S. Kierkegaard, S. Freud und M. Heidegger. Psyche, 25, 1971, 692–715

BINSWANGER, L.: Der Fall Ellen West. Schweiz. Archiv für Neurologie und Psychiatrie, 53, 54, 55, 1945, 3–131

CARUSO, I. A.: Die Trennung der Liebenden. Eine Phänomenologie des Todes. Bern, Stuttgart, Wien 1968. Tb.-Ausg.: Reihe »Geist und Psyche«, Bd. 2141. München 1974

CASTELBERG, M. VON: Lebensgeschichte, Welt-Erfahrungen und Therapie eines schizophrenen Mädchens. Ther. Umschau. 33, 1976, 489–503

CONDRAU, G.: Angst und Schuld als Grundprobleme der Psychotherapie. Frankfurt/M. ²1976

FREUD, S.: Totem und Tabu (1912) G. W. IX. Frankfurt/M. ⁵1973, 1–194

Das Motiv der Kästchenwahl (1913). G. W. X. Frankfurt/M. ⁶1973 23–37

Zeitgemäßes über Krieg und Tod (1915). G. W. X. Frankfurt/M. ⁶1973, 324–355

Jenseits des Lustprinzips (1920). G. W. XIII. Frankfurt/M. ⁷1972, 1–69

Hemmung, Symptom und Angst (1926). G. W. XIV. Frankfurt/M. ⁵1972, 111–205

Abriß der Psychoanalyse (1953). G. W. XVII. Frankfurt/M. 1953, 63–138

GEBSATTEL, V. E. VON: Prolegomena einer medizinischen Anthropologie. Berlin, Göttingen, Heidelberg 1954

Die phobische Fehlhaltung. In: Handbuch der Neurosenlehre und Psychotherapie, II. München, Berlin 1959, 102–124

HEIDEGGER, M.: Sein und Zeit. Tübingen 1927

Der Ursprung des Kunstwerkes. Stuttgart 1962

JORES, A.: Lebensangst und Todesangst. In: Die Angst. Studien aus dem C. G. Jung-Institut. Zürich, Stuttgart 1959, 175–187

KOLAKOWSKI, L.: Der Mensch ohne Alternative. München 1976

SIEBENTHAL, W. VON: Schuldgefühl und Schuld bei psychiatrischen Erkrankungen. Zürich 1956

WANDRUSZKA, M.: Was weiß die Sprache von der Angst? In W. Bitter (Hg.): Angst und Schuld. Stuttgart 1959

Gion Condrau

Schuld, Gewissen, Selbstverwirklichung

Übersicht: Schuld und Gewissen sind Phänomene, die ihrem Wesen entsprechend sich einer psychologischen (insbesondere auch einer psychoanalytischen) Bestimmung entziehen. Sowohl Schuld als auch Gewissen sind Grundzüge menschlichen Existierens und nicht einfach im Leben erworbene, durch Erziehung herangebildete Dressate. Trotzdem ist im faktischen Lebensvollzug eine Entwicklung und Wandlung hinsichtlich des Schuldbewußtseins und der Gewissensfunktion erkennbar. Dies besonders dann, wenn der Mensch in die sogenannte Individuationsphase eintritt. Sozialisation und Individuation bilden die Grundlage der Selbstverwirklichung.

Schuld und Gewissen

Welche Bewandtnis haben Todesangst und Todesfaszination mit der Schuld beziehungsweise mit dem Schuldbewußtsein des Menschen? Leben nicht gerade besonders gesetzestreue, brave und hohen sittlichen Werten verpflichtete Menschen zeitlebens in größter Angst vor dem Tode? Kann dann überhaupt von »Schuldangst« gesprochen werden, und wie verhält sich die Schuldangst zur Todesangst?

Um diesen Fragen nachzugehen, müssen vorerst einige Begriffe geklärt werden. Tatsache ist, daß keine Betrachtung über die menschliche Existenz, sei sie nun philosophischer, theologischer oder tiefenpsychologischer Natur, am Phänomen von Schuld und Gewissen vorbeisehen kann, ohne sich einer unverzeihlichen Nachlässigkeit »schuldig« zu machen. Lediglich die Naturwissenschaften haben zu diesem Problem nichts beizutragen, da das Gewissen ihren auf Meßbarkeit und Wägbarkeit beruhenden Methoden nicht zugänglich ist. Es gibt zwar Medikamente gegen die Angst, es gibt auch Präparate zur Beruhigung des Menschen gegen ihn quälende Schuldgefühle, es gibt Drogen zur Betäubung von Gewissensqualen, eine spezifisch wirkende Substanz zur Aufhebung von Schuld gibt es nicht und wird es vermutlich nie geben. Warum nicht? Weil die Schuld ein Grundcharakter des Daseins ist, demzufolge ein existenziales Phänomen, und keineswegs lediglich ein künstliches Produkt soziokultureller Entwicklung oder gar ein überflüssiges Produkt einer autoritären Erziehung. Auch die Schuld verweist den Menschen auf sein »Sein«, und sie verweist ihn auf die Möglichkeit des Todes.

So waren die Beziehungen zwischen der Todesangst und der Schuld schon immer

Gegenstand weltanschaulicher und philosophischer Betrachtungen. Insbesondere die christlichen Kirchenväter und Magister, die Schuld vornehmlich mit der Sünde identifizierten, ließen keinen Zweifel darüber aufkommen, daß Schuld im theologischen Sinne Sünde ist. Insofern die theologische Schuld stets auf Gott bezogen ist, kann der Mensch auch nur im sittlichen Akt schuldig oder unschuldig sein. Er hat ein »Schuldbewußtsein«. Darin scheinen vordergründig Theologie und Psychologie übereinzustimmen. Aber eben nur scheinbar. Sofern letztere nämlich Freuds Metapsychologie im Sinne einer »Tiefenpsychologie« und damit den auch von späteren Forschern, unter ihnen C. G. Jung, gebrauchten Begriff des »Unbewußten« akzeptieren, spricht sie auch von »unbewußten Schuldgefühlen«. Was ist aber eigentlich »Schuld«? Etymologisch vom althochdeutschen sculd oder scult herstammend, bedeutet sie »Verpflichtung«, das, was man soll oder jemandem schuldet. Schuld ist in diesem Sinne ein *debitum*, etwas Geschuldetes. Nun gibt es auch eine Schuld im Sinne der *culpa*, was sowohl eine moralische, juristische, ethische Schuld als auch Ursache bedeuten kann. Die ethische Bedeutung der culpa wurzelt in der altgermanischen Rechtsanschauung, dergemäß eine Übertretung durch Zahlung eines Bußgeldes ausgeglichen wurde, ebenso in der Auffassung der Kirchenlehre, die für jede Sünde eine »satisfactio operis« – eine Schuldabtragung durch die Tat – verlangt. Auch die »culpa« gründet letztlich in einem »debitum«.

Einblicke in die zwischen Mystik und Kirchenrecht stehenden liturgisch-seelsorgerischen Deutungen der Schuld gewinnen wir aus den Sakramenten und den bis ins zwölfte Jahrhundert reichenden Bußbüchern, schließlich aus der Pönitentialsumme und den pastoral-kasuistischen Werken, die nach der abendländischen Glaubensspaltung bereits ein psychologisches Verständnis miteinbeziehen. Ein Verhalten, das dem Sittengesetz widerspricht, wird nur dann als sittliche Schuld betrachtet, wenn es im vollen Bewußtsein und aus innerer Freiheit geschieht. Nun eignet gerade der im Christentum gegebenen Begegnungsmöglichkeit mit der Schuld, nämlich der Vergebung und Verzeihung, ein gegenüber dem rechtlichen und gesellschaftlichen Standpunkt völlig neuer und differenzierter Aspekt. Den Gegenpol zur Schuldhaftigkeit bildet hier nicht die Strafe, sondern die Liebe, in der auch ein schuldbeladener Mensch sich geborgen fühlen kann. Im »Vergib uns unsere Schuld, wie auch wir vergeben unseren Schuldigern« (Matthäus 6,12) ist bereits jene aus der Liebe entspringende Befreiung von der Schuld aufgewiesen. Und doch vollzieht sich im Christentum die Aufhebung der Strafe als direkte Folge der Schuld nicht allein aufgrund des Angenommenwerdens des schuldigen Menschen in der Allmacht der Liebe, vielmehr wird von diesem die Einsicht in sein Schuldigsein zur Erlangung des Heils verlangt, seelsorgerisch gesprochen: die Reue. Da das Eingestehen des »mea culpa« zumeist schwerfällt und der Mensch es nicht liebt, an seine Schuld und die Notwendigkeit der Auseinandersetzung mit ihr erinnert zu werden, verstehen wir leicht, warum das Schuldgefühl so häufig aus dem Bewußtsein verdrängt wird. Die christliche Religion stellt indessen der Schuld nicht nur die Liebe entgegen, sondern auch die Gnade, aufgrund deren erst die Möglichkeit einer Schuldentlastung besteht. Gnade ermöglicht die Vergebung der Schuld.

Die alltägliche Begegnung mit den Schuldgefühlen und mit der Schuld entspricht jedoch nicht der christlichen Auffassung; vielmehr spiegelt sie weitgehend die innere Einstellung des schuldigen Menschen zu seiner eigenen Schuldhaftigkeit wider. Wesentlich dafür bleiben der Einfluß von Kultur und Weltanschauung, der Einfluß gesellschaftlicher Normen, ferner das Nachwirken einer individuell strengen oder freien Erziehung, letztlich jedoch die Macht der öffentlichen Meinung und der davon abhängigen Angst. Diese Angst bestimmt auch jenes mit dem Begriff der Schuld untrennbar verbundene Anliegen unserer Gesellschaftsordnung: die Strafe. Die Schuld kann als solche nicht in sich bestehen; ohne Sühne und Strafe wäre sie wie ein Pol ohne Gegenpol, ein einseitig ausschlagendes Pendel. Diese »Ordnung« entspricht einem dem Menschen innewohnenden Bedürfnis, das im wesentlichen die Begegnung mit der Schuld und dem schuldigen Menschen im alltäglichen Leben kennzeichnet. Im Strafbedürfnis liegt auch mindestens eine Wurzel des juristischen Bezugs zur Schuld. Die andere dürfte im Boden menschlicher und gesellschaftlicher Überzeugung liegen, daß die Strafe ein Mittel der Prävention von Schuld sei. Die wichtigste Antwort auf die alltägliche moralische und juristisch faßbare Schuld liegt nicht, wie im Christentum, in Vergebung und Verzeihung, sondern in Strafe und Sühne.

Gerechterweise muß jedoch hinzugefügt werden, daß auch die christliche Beurteilung des Schuldigen »Bestrafung« und »Sühne« keineswegs ausschließt. Die Schuld im Sinne der Sünde wird von den Kirchenvätern als »Tod der Seele« (Augustinus) bezeichnet. Jeder, der sündige, sterbe. Gregorius von Nazianz spricht es Ende des vierten Jahrhunderts deutlich aus: »Jede schwere Sünde gibt der Seele den Tod«, und sein Zeitgenosse Gregorius von Nyssa glaubt, daß wegen der Verbundenheit von Leib und Seele der schuldbeladene Mensch den Tod erleide. Leichtere Formen der Schuld werden von den Vätern mit Wunden oder Krankheiten der Seele verglichen. Diese aus der Schrift begründete Redeweise – »nicht die Gesunden bedürfen des Arztes, sondern die Kranken« – ist noch heute gebräuchlich, wirkte sich aber in der Beurteilung z. B. der Geisteskrankheiten oder hinsichtlich der somato-psychisch adäquaten Deutung mancher mit Schuld und Angst zusammenhängender Leiden verwirrend aus.

Haben wir es bei der moraltheologischen und juristischen Bewertung der Schuld nur mit dem Schuld*bewußtsein*, das heißt mit einer wesentlich und willentlich vom Subjekt erfahrenen Schuldhaftigkeit zu tun, so war es Freud vorbehalten, die These von »unbewußten Schuldgefühlen« aufzustellen. Ein Schuldgefühl entstehe dann, meinte Freud, wenn einem Menschen die Abwehr seiner von ihm verworfenen Regungen und Vorstellungen mißlinge. Allerdings gelte dies nicht für den gesunden Menschen, sondern für den Neurotiker, da der Gesunde den Widerspruch einer unverträglichen Vorstellung mit seinem Ich durch Denkarbeit lösen könne. Der Neurotiker erliege der Dialektik zwischen Lustprinzip und Realitätsprinzip. Dem Lustprinzip diene die Triebbefriedigung des »Es«, während das »Über-Ich« stets die Forderungen der Realität vertrete. Beim Kind wie beim Primitiven sei ursprünglich allein das Lustprinzip maßgebend. Es werde jedoch durch die Gebote der

Außenwelt, durch Eltern, Erzieher, Gesellschaft eingeschränkt. Das Kind müsse gehorchen lernen, der Primitive unterwerfe sich den Riten und Gebräuchen des Stammes. Allmählich würden die fremden, von außen herangetragenen Gebote und Verbote »aufgenommen«, vom Individuum zu seinen eigenen gemacht, als die seinen angeeignet. Darin besteht nach Freud der Prozeß der »Über-Ich-Entwicklung«, die zur Trägerschaft der Selbstbeobachtung, des Gewissens und der Idealfunktion führe. Mit dem Begriff des »Über-Ich« verteidigte sich Freud gegen jene, die der Psychoanalyse moralisches Niveau und sittlichen Ernst absprachen. »Es ist der Psychoanalyse unzählige Male zum Vorwurf gemacht worden, daß sie sich um das Höhere, Moralische, Überpersönliche im Menschen nicht kümmere. Der Vorwurf war doppelt ungerecht, historisch wie methodisch. Ersteres, da von Anbeginn an den moralischen und ästhetischen Tendenzen im Ich der Antrieb zur Verdrängung zugeteilt wurde, da man nicht einsehen wollte, daß die psychoanalytische Forschung nicht wie ein philosophisches System mit einem vollständigen und fertigen Lehrgebäude auftreten konnte, sondern sich den Weg zum Verständnis der seelischen Komplikationen schrittweise durch die analytische Zergliederung normaler wie abnormaler Phänomene bahnen mußte. Wir brauchten die zitternde Besorgnis um den Verbleib des Höheren im Menschen nicht zu teilen, solange wir uns mit dem Studium des Verdrängten im Seelenleben zu beschäftigen hatten. Nun, da wir uns an die Analyse des Ichs heranwagen, können wir all denen, welche, in ihrem sittlichen Bewußtsein erschüttert, geklagt haben, es muß doch ein höheres Wesen im Menschen geben, antworten: gewiß, und dies ist das höhere Wesen, das Ich-Ideal oder das Über-Ich, die Repräsentanz unserer Elternbeziehung. Als kleine Kinder haben wir diese höheren Wesen gekannt, bewundert, gefürchtet, später sie in uns selbst aufgenommen« (G. W. XIII, 264).

Es bleibt erstaunlich, wie unterschiedlich die Freudsche Auffassung von Schuld und Schuldgefühlen bewertet und interpretiert wird. Blum (1958, 181) geht so weit, von einer auffallenden »Übereinstimmung Freuds mit Heidegger, Jaspers, Kierkegaard und anderen anthropologisch und existentiell ausgerichteten Philosophen und Psychologen« zu sprechen, während Boss (1962) die Ansicht vertritt, Freud kenne überhaupt keine »Schuld«, sondern lediglich »Schuldgefühle«. Indessen dürfte sich die Freudsche Deutung zwischen diesen beiden extremen Interpretationen halten. Tatsächlich spricht Freud vorwiegend von Schuld*gefühlen* oder Schuld*bewußtsein*. Letzteres beispielsweise erwähnt er im Zusammenhang mit dem Kastrationskomplex bei der masochistischen Perversion. Was aber Freud immer wieder – und mit Recht – hervorhebt, ist dies, daß das Schuldbewußtsein inhaltlich nicht einer bestimmten Schuld zu entsprechen braucht. In einem Vortrag vor Juristen erklärte er wörtlich: »Sie können nämlich bei ihrer Untersuchung vom Neurotiker irregeführt werden, der so reagiert, als ob er schuldig wäre, obwohl er unschuldig ist, weil ein in ihm bereitliegendes und lauerndes Schuldbewußtsein sich der Beschuldigung des besonderen Falles bemächtigt... Es kommt vor, daß ein Kind, dem man eine Untat vorwirft, die Schuld mit Entschiedenheit leugnet, dabei aber weint wie ein überführter Sünder... Das Kind hat die Untat, die Sie ihm zur

Last legen, wirklich nicht verübt, aber dafür eine andere, ähnliche ... Es leugnet also mit Recht seine Schuld – am einen –, und dabei verrät sich doch sein Schuldbewußtsein – wegen des anderen« (G. W. VII, 13). Oder an einer anderen Stelle: »Wenn eine Mesalliance zwischen Vorstellungsinhalt und Affekt, also zwischen Größe des Vorwurfs und Anlaß des Vorwurfs vorliegt, so würde der Laie sagen, der Affekt sei zu groß für den Anlaß, also übertrieben, die aus dem Vorwurfe gezogene Folgerung, ein Verbrecher zu sein, sei also falsch.« Der Arzt sage im Gegenteil: »Nein, der Affekt ist berechtigt, das Schuldbewußtsein ist nicht weiter zu kritisieren, aber es gehört zu einem anderen Inhalte, der nicht bekannt (unbewußt) ist und der erst gesucht werden muß. Der unbekannte Vorstellungsinhalt ist nur durch falsche Verknüpfung an diese Stelle geraten. Wir sind aber nicht gewohnt, starke Affekte ohne Vorstellungsinhalt in uns zu verspüren, und nehmen daher bei fehlendem Inhalt einen irgendwie passenden anderen als Surrogat auf, etwa wie unsere Polizei, wenn sie den richtigen Mörder nicht erwischen kann, einen unrechten an seiner Stelle verhaftet« (G. W. VII, 399). Diese für das Verständnis des psychoanalytischen Schuldproblems so wichtigen Sätze gehören zu einer Fallbesprechung Freuds. Der Patient, ein junger Akademiker, litt an Zwangsvorstellungen, seinem Vater und einer von ihm verehrten Dame werde »etwas geschehen«. Er verspürte Zwangsimpulse, z. B. sich mit einem Rasiermesser den Hals durchzuschneiden, und produzierte Verbote, die sich auf gleichgültige Dinge bezogen. Dieser Patient, dessen Vater starb, während er schlief, wurde von schweren Schuldgefühlen gepeinigt. Er stellte nun bald nach Beginn der Analyse an Freud die Frage, »wie eigentlich die Mitteilung, daß der Vorwurf, das Schuldbewußtsein, recht habe, heilend wirken könne«. Freud meinte, nicht diese Mitteilung wirke, »sondern die Auffindung des unbekannten Inhaltes, zu dem der Vorwurf gehört«. Es geht aus dieser Antwort hervor, daß Freud das Schuldbewußtsein nicht einfach als eine Täuschung, als irreal betrachtete, sondern für berechtigt hielt, jedoch die Schuld als falsch »lokalisiert« ansah. Hierin liegt wohl eine gewisse Übereinstimmung mit dem daseinsanalytischen Denken vor: daß nämlich ein Schuldbewußtsein sich nicht unbedingt auf die eigentliche, vielmehr auf eine vermeintliche »Schuld« bezieht. Die Anerkennung der Berechtigung des Schuldbewußtseins von seiten Freuds enthält auch die Anerkennung einer eigentlichen Schuld. Die Frage stellt sich nun, ob die »Schuld« Freuds sich mit der »existentiellen« Schuld deckt. Blum (a.a.O., 181) bejaht dies mit dem Hinweis, daß die Verinnerlichung der Aggression, ihre Legierung mit dem Eros und ihre Sublimierung das Gewissen zur sittlichen Instanz machten. »Wir meiden das Unrecht, das Böse nun nicht mehr, weil es verboten ist, weil uns Strafe und Liebesentzug drohen, sondern aus dem inneren Gebot, aus unserem Wesen heraus. Das primitive Schuldgefühl, das aus der Angst vor der Autorität entspringt, wandelt sich zu unserem inneren Schuldigsein, zwingt uns zu einer inneren Auseinandersetzung als dialogisches Geschehen zwischen Ich und Über-Ich.« Wie bedeutungsvoll diese Einsicht in die Gewissensfunktion bei allen Erscheinungen moralischen, ethischen Zerwürfnisses und Versagens, krankhafter Art oder Ausdruck menschlichen Scheiterns und Irrens im Kampf mit unseren Leidenschaften sei, könne man kaum ermessen, gehe doch unser Bestreben, ob therapeutisch, erzieherisch oder sozial, dahin, den Menschen zu einer Verinnerlichung ethischer Forderungen zu führen. Diese bestehe nicht nur in der Bildung einer harmonischen Über-Ich-Instanz, sondern in der Reifung zu einer Ich und Über-Ich ergänzenden Ganzheit. Dies bilde in letzter Linie das Streben unseres Gewissens. Aus diesem Bestreben erwachse dessen Wesen als »die Bereitschaft, sich schuldig zu fühlen«, und solcherart habe Freud »die Verbindung seiner Grundauffassung des Gewissens mit allen philosophischen und theologischen Lehren vollzogen«.

Damit dürfte aber Blum den Begründer der Psychoanalyse in einer Weise interpretiert haben, die zumindest frag-würdig ist. Für Freud nämlich ist die Schuld nicht ein primärer Grundzug des Mensch-Seins; sie entsteht vielmehr *sekundär* infolge der Inkongruenz von Es und Ich mit den Forderungen des Über-Ich. Insofern ist also der Mensch nie a priori schuldig. Daß damit Freuds These keineswegs mit jener »aller philosophischen Lehren« übereinstimmt, liegt auf der Hand.

Vor allem stellt das Gewissen als Funktion eines Über-Ich, das heißt jener Instanz, die introjektierte *äußere* Normen repräsentiert, nie das eigentliche Gewissen dar, selbst dann nicht, wenn es einem Schuld*bewußtsein* gleichgestellt wird. Der Begriff »Gewissen« stammt vom 950 n. Chr. geborenen Notker Labeo (der Großlippige), auch Notker Teutonicus genannt. Er übersetzte das lateinische »conscientia« in »gewizzeni«, das zum mittelhochdeutschen »gewizzen« und schließlich zum neuhochdeutschen »Gewissen« wurde. Es war bereits bei ihm im heute noch gültigen Sinne gebraucht als ein Gefühl sittlicher Verpflichtung, als innere Stimme, als Mahner und Ratgeber sowie Ankläger und Richter. Im Laufe der Zeit wurde das Gewissen schlicht auch zum »Bewußtsein«.

Bewußtsein ist ein erst im achtzehnten Jahrhundert von der deutschen Philosophie als Synonym der griechischen »syneidesis« und des lateinischen »conscientia« geschaffenes Wort und umfaßt nicht nur ein Wissen, vielmehr die Gesamtheit innerer Wahrnehmungen sowie einen dauernden Gegenwartsbezug zum eigenen Selbst. Die Vorsilbe »Ge-« steht häufig für die Erfassung einer Ge-samtheit. So sprechen wir beispielsweise vom Ge-hölz, vom Ge-birge, von der Ge-sellschaft und eben auch vom Ge-wissen. Das Schuldbewußtsein ist höchstens *eine* Facette, die im Ganzen des Gewissens eine Rolle spielt. Die scholastische Einteilung seiner Aspekte in vorhergehende, gebietende, warnende und nachfolgende, lobend-gute oder tadelnd-schlechte Gewissensfunktionen setzt eine Deckung des Begriffs des Schuldbewußtseins mit dem des schlechten Gewissens voraus.

Freud leitete nun das Gewissen sowohl aus einer phylogenetischen wie aus einer ontogenetischen Wurzel ab. Die erste sei der Vatermord in der Urhorde – eine mythologische Annahme –, die zweite liege im Ödipuskomplex. Tabuvorschriften gegen unbewußte, auf Vatertötung und Inzest bezogene Triebregungen wirkten als Schuldmotive. Es sei möglich, meint Freud (G. W. XI, 344), »daß vielleicht die Menschheit als Ganzes ihr Schuldbewußtsein, die letzte Quelle von Religion und Sittlichkeit, zu Beginn ihrer Geschichte am Ödipuskomplex erworben« habe.

Die Schuldgefühle ließen sich auf eine Spannung zwischen dem Ich und dem Gewissen reduzieren, das letztere – wie gesagt – als eine Funktion des »Über-Ich« verstanden. Dieses bilde eben die »Vertretung aller moralischen Beschränkungen«, sei der »Anwalt des Strebens nach Vervollkommnung . . . Träger der Tradition, all der zeitbeständigen Wertungen, die sich auf diesem Wege über Generationen fortgepflanzt haben . . .«. In den Ideologien des »Über-Ich« lebe die Vergangenheit, die Tradition der Rasse und des Volkes fort. Es sei leicht zu zeigen, daß das »Ich-Ideal« allen Ansprüchen genüge, die an das höhere Wesen im Menschen gestellt würden. Vatersehnsucht, Vaterrolle und moralische Zensur des Gewissens, Gebote und Verbote, ursprünglich von der Vaterautorität, später von Lehrern und anderen Autoritäten, würden vom Menschen als die seinen übernommen, introjiziert und als Schuldgefühle wirksam (G. W. XIII, 265). »Das Schuldgefühl«, meinte Freud (G. W. XIV, 492) weiter, sei der Ausdruck des Ambivalenzkonfliktes, des »ewigen Kampfes zwischen dem Eros und dem Destruktions- oder Todestrieb«. Hier gelangte er endlich zur Erklärung der scheinbar »grundlosen« Schuldgefühle. Nach der Tötung des Urvaters, die in den Söhnen als Folge der »uranfänglichen Gefühlsambivalenz« Reue erzeugte (die Söhne haßten und liebten ihn zugleich), identifizierten sie sich in ihrem »Über-Ich« mit dem Vater. Dieses Vater-introjizierende »Über-Ich« rächte sich nun für die gegen jenen verübte Tat. Zudem schuf es die Voraussetzungen und Einschränkungen, um deren Wiederholung zu verhindern, nämlich die Schuldgefühle beziehungsweise das *Gewissen*. Damit ist ein Zweifaches festgehalten: der Anteil der Liebe an der Entstehung des Gewissens und die verhängnisvolle Unvermeidlichkeit des Schuldgefühls. Dieser Konflikt wiederhole sich nicht nur in der Beziehung des Sohnes zum Vater, sondern überall dort, wo dem Menschen die Aufgabe des Zusammenlebens gestellt werde. Innerhalb der Familie äußere er sich im Ödipuskomplex, in der erweiterten Gemeinschaft in anderen Formen. »Was am Vater begonnen wurde, vollendet sich in der Masse.« Sogar der Preis für den Kulturfortschritt werde »in der Glückseinbuße durch die Erhöhung des Schuldgefühls bezahlt . . .« (a.a.O., 494).

Es war nun Freuds Anliegen, dem Über-Ich jene autoritäre und gegen das Glück des Ich gerichtete Spitze zu nehmen. »Wir sind daher in therapeutischer Absicht sehr oft genötigt, das Über-Ich zu bekämpfen, und bemühen uns, seine Ansprüche zu erniedrigen« (a.a.O., 503). Die gleichen Vorwürfe wie gegen das individuelle Über-Ich richtete Freud auch gegen das »Kultur-Über-Ich«, mit anderen Worten gegen die überindividuelle Ethik, die mit dem irrigen Glauben an den Menschen herantrete, dem Ich stehe »die unumschränkte Herrschaft über sein Es« zu, und von ihm die Befolgung von Geboten verlangt, die ihn unter Umständen zur Auflehnung oder zur Neurose treibe. Freud meinte nun, Schuldbewußtsein und Strafbedürfnis beruhten auf der Gleichwertung von böser Tat und Absicht. So hat er auch eine Erklärung für die Feststellung, daß das Gewissen gerade »bei den Besten und Fügsamsten« (a.a.O., 487) besonders streng ist. Ursprünglich sei nämlich die Angst, die zum Gewissen werde, Ursache des Triebverzichts. Dann kehre sich das Verhältnis um: Jeder Triebverzicht werde zur dynamischen Quelle des Gewissens, »jeder neue Verzicht steigert dessen Strenge und Intoleranz . . . das Gewissen ist die Folge des Triebverzichts, oder der (uns von außen auferlegte) Triebverzicht schafft das Gewissen, das dann weiteren Triebverzicht fordert« (a.a.O., 488).

Es darf wohl nicht übersehen werden, daß Freud seine Psychologie in das Wissenschaftssystem der Naturwissenschaften zu integrieren versuchte; daß er jeglichen Versuch einer philosophischen Infragestellung von sich wies, dabei offenlassend, ob es auch eine solche gebe. Für die von ihm geschaffene Metapsychologie schien sie ihm unwesentlich. Dies mag ihm als Entschuldigung dienen, aber auch als Irrtum angekreidet werden. Denn es gibt keine Psychologie, keine Wissenschaft, die nicht auf philosophischen Grundlagen beruht, ob diese nun eigens bedacht werden oder nicht. Zudem muß sich jede Aussage über den Menschen vor der philosophischen Kritik bewähren. Dies gilt im besonderen für Aussagen, die ethische Wertsysteme betreffen, wie es bei der menschlichen Schuldhaftigkeit der Fall ist.

Dies berücksichtigte beispielsweise C. G. Jung, der die Hypothese verwarf, wonach zuerst Moralgesetze »erfunden« wurden, welche schließlich aufgrund ihrer suggestiven Wirkung zur Gewissensbildung geführt hätten. Schuldgefühle und Gewissensbildung sind ihm zufolge älter als die Moralgesetze der frühesten Menschheit; auch die moralische Reaktion entspreche einem ursprünglichen Verhalten der Psyche, während die Moralgesetze »eine späte, in Sätzen erstarrte Folgeerscheinung des moralischen Verhaltens« darstellten. »Sie scheinen infolgedessen mit der moralischen Reaktion, das heißt mit dem Gewissen, identisch zu sein. Diese Täuschung aber wird offenbar in dem Augenblick, in dem eine Pflichtenkollision den Unterschied zwischen Sittenkodex und Gewissen klarmacht« (1958, 193). Somit entstehen Schuldgefühle teilweise wenigstens aus dem Widerspruch zwischen inneren Wünschen und äußeren Geboten. Jung unterschied ein moralisches von einem ethischen Gewissen. Das moralische Gewissen rege sich, wenn der Mensch den herkömmlichen Sittenkodex überschreitet, das ethische Gewissen dagegen entspringe einer bewußten Auseinandersetzung. Diese trete dann ein, wenn zwischen dem herkömmlichen Sittenkodex und der inneren Stimme eine Pflichtenkollision entstehe. Beispielsweise ist im herkömmlichen Sittenkodex die Forderung verankert, daß der Untergebene dem Vorgesetzten zu gehorchen hat. Wenn dessen Befehl jedoch der inneren Stimme des Untergebenen widerspricht, kann nur die schöpferische Kraft des Ethos die endgültige Entscheidung treffen.

Nicht alle Schuldgefühle entstehen jedoch aus dem Widerspruch innerer Wünsche und äußerer Gebote. Jung nannte des weiteren die schleichenden Schuldgefühle des Menschen, der sich keiner bestimmten verbotenen Tat oder Unterlassung bewußt ist. Sie können jeden Tag die Stimmung wie ein grauer Schleier überziehen und sich beim geringsten Anlaß zu unglaublicher Intensität steigern. Jung führte sie auf das zurück, was er als das »ungelebte Leben« oder den »positiven Schatten« bezeichnete, auf unterdrückte Lebensmöglichkeiten und Bedürfnisse. An einen nicht genannten Adressaten schrieb Jung (1951) einmal: »Wenn Sie trozdem von Schuldgefühlen geplagt sein sollten, so überlegen Sie sich einmal, welche Sünden Sie nicht begangen haben, die Sie doch gerne hätten begehen wollen. Das kann Sie dann vielleicht von Ihren Schuldgefühlen ... kurieren« (1973, 309).

Es braucht wenig Phantasie, um an Hand dieser Aussage zu erkennen, wie nahe Jung hier dem später von der Daseinsanalyse gebrauchten Begriff des existentiellen Schuldigseins stand. Es ging ihm vermutlich keineswegs um die Verleitung zur »Sünde«, wohl aber um den Aufweis, daß der Angesprochene sich offenbar im Leben etwas schuldig blieb. Dies mag durchaus der »Schatten« sein, den der Mensch an und bei sich selbst nicht zu sehen gewillt ist, den er, um Schuld von sich fernzuhalten, auf andere projiziert. Das Erkennen solcher Projektionsmechanismen und das Zurücknehmen der Projektion, das Annehmen der eigenen Schuld ist von größtem therapeutischem Wert. Es sei nicht von Vorteil, meinte Jung, auf der Schuld des anderen zu insistieren, wichtiger sei vielmehr, »seine eigene Schuld zu kennen und zu besitzen, denn sie ist ein Teil des eigenen Selbst und eine Bedingung, ohne welche sich nichts in dieser sublunaren Welt verwirklichen kann« (G. W. XIV/1, 185).

Bei C. G. Jung bleibt das Gewissen mit Angst und Schuldgefühlen verknüpft. Schuld entsteht durch Ablehnung der »Zentrierungstendenz« im Individuationsprozeß. Das Unbewußte ist für Jung autonom, »ontogenetisch und phylogenetisch älter als das Bewußtsein« – eine Annahme, die er allerdings nie beweisen konnte – und vom bewußten Willen weitgehend unabhängig. Das Gewissen ist eine Funktion nicht nur des Bewußtseins, sondern vor allem des Unbewußten. Die von Freud als Über-Ich gesetzten, ins Unbewußte reichenden Normen sind bei Jung teilweise in der Persona, teilweise im Ich verankert. Sie entsprechen der Erwartung der Gesellschaft mit ihrem traditionsgebundenen Moralkodex. Trotzdem ist das Gewissen nach Jung nicht psychodynamisch entstanden, sondern strukturell und wesensmäßig der Psyche zugehörig. Dies gilt insbesondere für das »ethische Gewissen«, das in den Bereich des kollektiven Unbewußten gehört, als archetypisches Phänomen betrachtet wird und als Vox dei einen numinosen Imperativ bedeutet, dem eine höhere Autorität eignet als dem menschlichen Verstande. Das »moralische Gewissen« hingegen scheint weitgehend identisch zu sein mit dem Begriff des Freudschen Über-Ich; es regt sich, wenn der Mensch den herkömmlichen Sittenkodex überschreitet. Ethisches und moralisches Gewissen können in eine »Pflichtenkollision« geraten. In diesem Fall hat die Autorität des ethischen Gewissens den Vorrang vor dem moralischen. Nur der infantil, unselbständig gebliebene und neurotisch gebliebene Mensch fühlt sich dem angeeigneten, weitgehend von »außen« manipulierten Gewissen verpflichtet, was u. U. in der praktischen kirchlichen Seelsorge (beim Umgang mit Skrupulanten) und in der Psychotherapie von Zwangsneurotikern, aber auch bei der Rechtsprechung Beachtung verdient.

Damit kommen wir zum Begriff der »existentiellen Schuld«, wie er in der Daseinsanalyse verwendet wird, und damit zur Überlegung, daß das Gewissen ein Phänomen menschlicher Beziehung (siehe Hicklin 1978, 1979) ist. Weder die Freudsche noch die Jungsche Definition des Gewissens vermögen voll zu befriedigen. Dies unter anderem deshalb nicht, weil bei beiden das Gewissen in einen Bereich der menschlichen Psyche verlegt wird, der eben unbewußt sein soll und sich demgemäß der vernünftigen und freien Entscheidungsinstanz entzieht. Zweifellos besitzen beide Gewissensauffassungen einen wichtigen Stellenwert in der Beurteilung alltäglich erfahrener Gewissensphänomene. Ontogenetisch mag diese Art der Gewissensbildung von außen als erste Gewissenserfahrung gelten, existentiell ist sie nichts anderes als die Privationserscheinung eines offenen und freien Weltverhältnisses. Das Über-Ich-Gewissen Freuds und das moralische Gewissen Jungs würden wir demzufolge als das »uneigentliche« Gewissen bezeichnen, weil in ihm gerade das Eigene des Menschen nicht ersichtlich ist. Es ist das Gewissen des »man«. Es verbindet uns mit dem, was der Vater tat oder tut, was andere tun und lassen, was *man* denkt, was *man* liest, wie *man* urteilt, wie *man* sich verhält, was *man* sieht oder wie *man* es zu sehen hat. Dieses Gewissen entspricht nicht der Selbst-, sondern der Fremdbestimmung, dem Verfallensein an das Begegnende, letztlich dem Verlust an Freiheit. Das uneigentliche Gewissen ist kompromißlos, festgefahren im Absoluten und Polaren. Wir treffen es zwar auch bei »Gesunden«, aber vor allem bei zwanghaften Persönlichkeiten und in unerbittlicher Schärfe bei Depressiven an. Der Mensch jedoch, der solcherart seinem uneigentlichen Gewissen verfallen ist, gerät auf einen unheilvollen Kurs. Denn, zum Gehorsam verdammt, vergrößert er täglich seine Schuldhaftigkeit. Das mag paradox klingen, ist es aber nicht. Das Verfallensein der Uneigentlichkeit gegenüber läßt den Menschen erstarren. Erstarrung verhindert Entfaltung und Reife. Einengung verhindert ein Sich-Öffnen und Frei-Werden für den Reichtum des Begegnenden. Aus diesem Grunde kann auch ein Normverhafteter nie die volle Erfahrung numinosen Erlebens machen, nie die Fülle tiefer Gläubigkeit vernehmen. Freiheit ist ja immer ein Freisein *für* etwas, nie lediglich *von* etwas. Gewissen kann somit immer nur als Ruf zur Freiheit verstanden werden, zu einer Freiheit allerdings, die den Mitmenschen einschließt. Mitmenschlichkeit ist als Mit-Dasein ebenso ein Grundzug menschlichen Existierens wie das Offen- und Freisein. Daher kann eben der Ruf des Gewissens nur verstanden werden als ein Ruf zu Offenheit und Beziehung.

Die Daseinsanalyse (Condrau 1962, Boss 1962) spricht vom Gewissen, indem sie weitgehend sowohl von (unbewußten) Schuldgefühlen als auch von einem Schuldbewußtsein abstrahiert und den Begriff der Schuld in den Vordergrund stellt. Daseinsanalytisch ist der Mensch ja schon schuldig, insofern als er seinem Dasein etwas »schuldet«. Solches »Schulden« beziehungsweise »Schuldigsein«, völlig verschieden von einem unbestimmten Sich-schuldig-Fühlen, beginnt mit der Geburt und endigt mit dem Tode; innerhalb beider Ereignisse bleibt der Mensch vom Dasein dazu aufgerufen, sich zu entfalten und sich die ihm einwohnenden Möglichkeiten als die seinen anzueignen. Jedoch kann er nur eine Auswahl von ihnen verwirklichen – die anderen bleibt er sich schuldig. Dieses Schuldigsein nennt Heidegger ein Existenzial, d. h., es gehört wesenhaft zum menschlichen Dasein. Die existentielle, »ontische« Schuld äußert sich im Gewissen. Sie ist, wie schon gesagt, mehr als bloß ein Schuldgefühl oder Schuldbewußtsein, mehr als nur eine Funktion eines irgendwie gearteten Über-Ich, sie bleibt wirkliche Schuld und läßt sich niemals durch eine psychoanalytische Kur ausmerzen. Die Aufgabe der Psychotherapie kann nicht darin bestehen, den Menschen in einen »paradiesischen Urzustand der Schuldlosigkeit« zu führen, vielmehr ihm zu helfen, seine Schuld zu erkennen und abzutragen. Deren Bejahung führt aber nie zu einer Glorifizierung der Schuld, noch wird sie dadurch entgiftet oder »neutralisiert«. Die »Bewußtmachung« der existentiellen Schuld hebt diese nicht auf. Sie stellt im Gegenteil Forderungen und Ansprüche, woraus sich wiederum erklärt, weshalb gegen ihre Annahme Widerstände entstehen. Wozu aber wird der Mensch vom stets bereiten Ruf seines Gewissens aufgerufen? Es handelt sich um die gleiche Aufforderung, die Christus im Gleichnis der Talente dem Menschen überbürdete: die Aneignung aller ihm gebotenen Möglichkeiten zur Entfaltung seines Daseins, zur Reifung und Vervollkommnung. Die Kirche stellt dieselbe Forderung an den Gläubigen zur Gewinnung des Himmelreiches, wobei die Schuld (Sünde) in der Nichterreichung der Heiligkeit liegt. Heilig wird jedoch der Mensch nicht auf Erden, sondern erst im Jenseits.

Ein Mensch, der sein existentielles Schuldigsein anerkannt und im Innersten (nicht nur intellektuell!) angenommen hat, bleibt frei von neurotischen Schuldgefühlen. Er ist aber auch befreit von einem sogenannten Über-Ich, welches nichts anderes verkörpert als die Aneignung fremder Normen. Je mehr ein Mensch sich der moralischen Fremdherrschaft unterwirft, desto größer wird seine existentielle Schuld. Er kann gerade in der Befolgung verbreiteter und üblicher Sittengesetze oder staatlicher Erlasse existentiell schuldhaft werden. Bekannt sind jene »Gerechten«, die gemäß dem Gesetz leben, von denen aber schon Christus sagte: »Ihr gebt euch vor den Menschen als Gerechte aus, Gott aber kennt eure Herzen. Was den Menschen groß erscheint, ist vor Gott ein Greuel« (Lukas 16, 15).

Der Schuldbegriff, von dem wir in der Daseinsanalyse sprechen, geht ursprünglich auf die fundamentalontologische Betrachtungsweise Heideggers zurück. Das Dasein ist in seiner Grundstruktur schuldig, das heißt, die Schuld bildet nicht etwas zufällig oder akzidentiell dem Menschen Anhaftendes, kein »Attribut« des Daseins, sondern wird im Begriff des Daseins mitbegriffen. Schuld ist »im Sein des Daseins als solchem«, und zwar so, daß es schuldig ist, sofern es je faktisch existiert. In der alltäglichen Verständigkeit zeigt sich das Schuldsein in mehreren Formen. Zunächst kennen wir es als »eine Schuld haben«, jemandem »etwas schuldig sein«, womit es »eine Weise des Mitseins mit anderen im Felde des Besorgens als Beschaffen, Beibringen« wird. Weiter hat das Schuldigsein die Bedeutung der Urheberschaft, des ursächlichen Bezuges, der Veranlassung; es ist das »schuld sein an«. Beide Formen können in ihren vulgären Bedeutungen zusammenfließen im »Sichschuldig-Machen«, worin das »Sich-strafbar-Machen« eingeschlossen ist. Im ontologischen Sinne impliziert nun das Schuldigwerden an anderen nicht lediglich eine Rechtsverletzung, sondern eine existentielle Schuld »dadurch, daß ich Schuld habe daran, daß der Andere in seiner Existenz gefährdet, irregeleitet oder gar gebrochen wird« (Heidegger 1927, 282). Dieses Schuldigwerden an Anderen ist möglich ohne Verletzung des »öffentlichen« Gesetzes. Der formale Begriff des Schuldigseins im Sinne des Schuldiggewordenseins am Anderen läßt sich also bestimmen: Grundsein für einen Mangel im Dasein eines Anderen, so zwar, daß dieses

Grundsein selbst sich aus seinem Wofür als »mangelhaft« bestimmt. Diese Mangelhaftigkeit ist das Ungenügen gegenüber einer Forderung, die an das existierende Mitsein mit Anderen ergeht.

Im Begriff des Schuldigseins liegt also bedeutend mehr als nur eine Verschuldung oder gar ein Schuldbewußtsein. Die Verschuldung ist nicht der Grund des Schuldigseins, sondern sie wird umgekehrt erst möglich aufgrund eines ursprünglichen Schuldigseins. Insofern das Sein des Daseins die »Sorge« ist, ist sie auch »in ihrem Wesen durch und durch von Nichtigkeit durchsetzt«. Das heißt nichts anderes als: Das Dasein ist als solches schuldig. Daher ist das Schuldigsein »ursprünglicher als jedes Wissen darum« und damit jedem Schuldbewußtsein vorgängig. Die Schuld ist also nicht da, wenn ein Schuldbewußtsein wach wird, sondern sie bekundet sich als ursprüngliches Schuldigsein gerade dort, wo die Schuld »schläft«. Der Ruf des Gewissens ist der Ruf der Sorge. In dieser »Sorge« – ein zentraler Begriff der Heideggerschen Philosophie – geht es dem Dasein um sein Sein. So ist das Gewissen nichts anderes als der Anruf beziehungsweise Rückruf des Daseins aus dem »Man« zu seinem »Selbst«. Dem Man-Selbst bleibt das Schuldigsein verschlossen. Im »Man«, das wir als das uneigentliche Selbstsein, als das Bestimmt-sein-durch-Andere, als Durchschnittlichkeit, Alltäglichkeit, Anonymität, Unverantwortlichkeit und Verflachung kennen, hat die Schuldigkeit lediglich den Sinn der Regel, der öffentlichen Meinung und Norm. »Verstöße dagegen verrechnet es und sucht Ausgleiche. Vom eigensten Schuldigsein hat es sich fortgeschlichen, um desto lauter Fehler zu bereden. Im Anruf aber wird das Man-Selbst auf das eigenste Schuldigsein des Selbst angerufen. Das Rufverstehen ist das Wählen – nicht des Gewissens, das als solches nicht gewählt werden kann. Gewählt wird das Gewissenhaben als Freisein für das eigenste Schuldigsein. Anrufverstehen besagt: Gewissen-haben-Wollen« (1927, 288). In diesem Gewissen-haben-Wollen ist das Gewissen nicht einfach als gutes Gewissen gemeint, sondern einzig Bereitschaft für das Angerufenwerden. Das Gewissen-haben-Wollen steht einem Aufsuchen faktischer Verschuldungen ebenso fern wie der Tendenz zu einer Befreiung von Schuld im Sinne des wesenhaften »schuldig«.

Entfaltung und Erfüllung bedeuten »Bereicherung« des gelebten Daseins. Insofern ist der Mensch aufgerufen, jene Möglichkeiten zu realisieren, die ihm eignen. Dafür bleibt er verantwortlich, was nichts anderes als das Einstehen für sein eigenes Schuldigsein besagt, Ablehnung der Verantwortung bedeutet Flucht, Flucht aber vermehrt die Schuld. Dies gilt auch für jene Menschen, denen von klein auf eine Moral addressiert worden ist, die ihr Eigenwesen verstümmelt, weil sie sie die leiblich-sinnlichen Beziehungsmöglichkeiten als grundsätzlich sündig und unterdrückungswürdig sehen lehrte. Ein solcher Mensch, sagt Boss (1962, 61 ff), mache sich der Unterschlagung ganz wesentlicher Weltbereiche schuldig, da er sich dem Zuspruch vieler Phänomene, denen eigentlich ein Recht auf ihr Erscheinenkönnen zukäme, verschließe. Derartige Unterschlagung führt tatsächlich zu Schuldgefühlen und Gewissensbissen. »Sie rufen ihn zu seinem Besser- und Ganz-Werden auf, um so drängender, je mehr er bisher hinter der Erfüllung seines Lebens zurückblieb.«

Ein Besser-Werden jedoch könne ein derart verstümmelter Neurotiker immer nur in einem noch rigoroseren Befolgen der ihm bekannten, von früher Jugend auf eingebrannten, wesensfremden Gebote und Verbote verstehen. Er werde sich deshalb bemühen, seine als sündhaft mißverstandenen Lebensmöglichkeiten noch radikaler zu verleugnen. Gerade dadurch vergrößere er indessen nur seine wahre menschliche Schuld, bleibe immer weiter hinter der Erfüllung seines »Hüteramtes« zurück. »So steigern die verborgenen, uneigentlichen, von fremden Mentalitäten andressierten Schuldgefühle das eigentliche, wesensmäßige Schuldig-Sein.«

Solche und ähnliche Aussagen, hier lediglich von Jung und Boss zitiert, wären an sich geeignet, die Moraltheologen, jedenfalls die in der praktischen Seelsorge tätigen Vertreter der Kirche auf den Plan zu rufen, zumindest zu beruhigen. Leider hat diese Auseinandersetzung meines Wissens bisher grundsätzlich nicht stattgefunden. Und dies aus einem einfachen Grunde. Jung wie Boss sprechen in diesem Zusammenhang mit Vorliebe, wenn nicht ausschließlich von *neurotischen* Menschen. Meines Erachtens handelt es sich jedoch um eine ubiquitäre Problematik, die am Mark vor allem der abendländisch-christlichen, aber auch der jüdischen oder muslimischen Erziehung zehrt. Die Moraltheologie beruft sich darauf, daß Krankheit entschuldigt und entschuldet; sie verbindet sich gleichsam mit der Medizin, um den solcherart sich schuldig fühlenden Menschen objektiv schuldfrei zu erklären. Darin liegt der Irrtum sowohl der Medizin wie der Moraltheologie. Denn die Neurose ist nicht einfach eine den Menschen »befallende« Krankheit, sondern immer auch mit dessen Eigenverantwortung verknüpft. Mit anderen Worten: Der Mensch ist für seine neurotische Fehlhaltung verantwortlich. Wäre er dies nicht, hätten alle Psychotherapien, die ihn im Sinne der psychoanalytischen und daseinsanalytischen Grundhaltung fordern, nicht die geringste Aussicht auf Erfolg, vor allem aber nicht die methodische Berechtigung. Zum anderen, und dies scheint mir das noch wichtigere Argument, darf keineswegs jeder, der sich einem bestimmten Sittenkodex verpflichtet fühlt, als Neurotiker bezeichnet werden. Es stellt sich somit die unausweichliche Frage, ob nicht gerade der Sittenkodex selbst in krassem Gegensatz zur Forderung eines freien und verantwortungsvollen In-der-Welt-Seins steht, denn Schuld als Sünde gehört in den Bereich des Bösen und Verwerflichen. Jung meint aber nicht zu Unrecht, »daß nicht Gesetzestreue, sondern vielmehr Liebe und Güte dem Wesen des Bösen im Gegensatz entsprechen« (G. W. XIV/1, 186). Schuld kommt, wie gesagt, nicht durch Gesetzesnormen in die Welt. »Existenz und Leben« bedeuten »an sich schon Schuld« (a.a.O., 183). Wenn »Schuld« und »Angst« wesenhaft zur menschlichen Existenz gehören, dann sind beide Phänomene untrennbar mit dem »Sein zum Tode« verbunden. Beide nämlich, die Angst als Angst vor dem Tode, die Schuld als Das-noch-nicht-Erreichte verweisen auf das Sterblichsein, denn erst im Tode sind sie aufgehoben. Der Versuch des Menschen, sich vor der Angst und vor der Schuld zu drücken, entspricht dem Versuch, die Gewißheit des Todes abzuwehren. Wissentliche und willentliche Auseinandersetzung mit Angst und Schuld dagegen bedeutet die Akzeptation des Sterblichseins, der Möglichkeit, nicht mehr in dieser Welt sein zu dürfen.

Hans Thoma: »Selbstbildnis«, Gemälde, 1875. Thoma wurde vorgeworfen, die Natur allzu naturgetreu, unmittelbar und unverschönert wiederzugeben. Das »Selbstbildnis« malte er mit 36 Jahren. Heute würde man die Darstellung wohl als künstlerischen Ausdruck einer Midlife-Crisis bezeichnen. Während Amor über seinem Haupte schwebt, schaut ihm der Tod bereits über die Schulter. Der Künstler hat seine Unbefangenheit dem Leben gegenüber, seine jugendliche Unbekümmertheit verloren.

Dazu bedarf der Mensch häufig der Hilfe. Angesprochen sind in unserer Zeit vor allem die Psychotherapeuten, aber auch die theologischen Seelsorger. Solche Fürsorge bei Menschen, die mit ihren Angst- und Schuldgefühlen nicht zurechtkommen, ist denn auch bereits im besten Sinne *Sterbehilfe*. Der Weg zu einem guten Sterben führt ja über die menschliche Reifung.

Individuation und Sozialisation

Die bisherigen Ausführungen lassen erkennen, daß ein »Sein zum Tode« (Heidegger) nur dann als solches sinnvoll wird, wenn der Tod einerseits als zum Leben gehörend, das Leben andererseits im Tode nicht lediglich das Ende, sondern eine Vollendung erfährt. Das Ende kann vieles meinen. Ein Weg findet sein Ende, wenn der Wanderer am Ziel ist; letzterer kann aber auch am Ende seiner Kräfte angelangt sein, ohne das Ende des Weges, sein Ziel nämlich, erreicht zu haben. Das Ende einer Aufgabe fällt mit dem Zeitpunkt zusammen, da deren Zweck erfüllt ist. Es wird auch von einem Endzweck (causa finalis) gesprochen. End-lich trifft das längst Erhoffte ein.

Der Terminus »Individuation« hat sich seit C. G. Jung in der Literatur eingebürgert und wird darüber hinaus vielerorts verwendet. So spricht beispielsweise auch Martin Buber (^{4}1978, 30) von der »Strenge und Tiefe der menschlichen Individuation«. Für Jung bedeutet Individuation »zum Einzelwesen werden und, insofern wir unter Individualität unsere innerste, letzte und unvergleichbare Einzigartigkeit verstehen, zum *eigenen Selbst werden*« (G. W. VII, 191). Man könnte, so meinte er, statt Individuation auch »Verselbstung« oder »Selbstverwirklichung« sagen. Individuation ist sinngemäß die Befreiung der Individualität aus der Kollektivpsyche. Eine solche Befreiung ist somit ein Werdensprozeß, der nach Jung vornehmlich in der zweiten Lebenshälfte stattfindet. Für den erwachsenen Menschen der zweiten Lebenshälfte ist »die beständige Erweiterung des Lebens offenkundig nicht mehr das richtige Prinzip, denn der Abstieg am Nachmittag des Lebens verlangt Vereinfachung, Einschränkung und Verinnerlichung, also individuelle Kultur. Der Mensch der biologisch-orientierten ersten Lebenshälfte hat, dank der Jugendlichkeit seines Organismus, im allgemeinen die Möglichkeit, die Erweiterung des Lebens zu ertragen und etwas Taugliches daraus zu machen. Der Mensch der zweiten Lebenshälfte ist natürlicherweise auf Kultur orientiert, während ihm die abnehmenden Kräfte seines Organismus eine Unterordnung der Triebe unter die Gesichtspunkte der Kultur ermöglichen« (G. W. VIII, 66). Viele Menschen, so meint Jung, scheiterten gerade am Übergang aus der biologischen Sphäre in die Kultursphäre, da unsere Kollektiverziehung für diesen Übergang so gut wie gar nicht vorgesorgt habe, dabei sei völlig unklar, mit welchem Recht immer vorausgesetzt werde, der Erwachsene habe keine Erziehung mehr nötig. Der Individuationsprozeß besteht nach Jung in einer schrittweisen Annäherung des Menschen an seine psychische Ganzheit, zu welcher die Erfahrung des »Schattens«, die Begegnung mit der Anima beziehungsweise mit dem Animus gehören, sowie die Erarbeitung des geistigen Prinzips und die Erarbeitung des Selbst mit völlig veränderter Lebenseinstellung und Lebensauffassung. Das Individuum soll sich als ein Wesen erkennen, das es von Natur aus ist, und nicht als jenes, das es sein möchte. »Werde, der du bist« lautet die anthropologische Forderung, die über dem Begriff der Individuation steht.

Das Ziel der Individuation soll dann erreicht sein, wenn sich die Empfindung des »Selbst« als etwas Irrationales, Undefinierbares, um welches das Ich »gewissermaßen rotiert wie die Erde um die Sonne« (G. W. VII, 185 ff), einstellt. Mit dem Wort »Empfindung« will Jung »den Wahrnehmungscharakter der Beziehung von Ich und Selbst kennzeichnen«. Was aber ist das »Selbst«? Zumindest »etwas übermächtig Lebendiges, dessen Deutung jedenfalls meinen Möglichkeiten nicht gelingt«. Es könnte aber auch charakterisiert werden als »eine Art von Kompensation für den Konflikt zwischen Innen und Außen«. Das Selbst habe den Charakter von einem Resultat, von einem erreichten Ziel, von »etwas, das nur allmählich zustande gekommen und durch viele Mühen erfahrbar geworden ist«. Es sei somit auch »das Ziel des Lebens, denn es ist der völligste Ausdruck der Schicksalskombination, die man Individuation nennt, und nicht nur des einzelnen Menschen, sondern einer ganzen Gruppe, in der einer den anderen zum völligen Bilde ergänzt«.

Der Mantel, den das Ich in seiner Beziehung zur normativen Umwelt um sich legt, wird von Jung als »Persona« bezeichnet. Diese spielt deshalb, in Anbetracht der Kollektiverziehung, besonders beim jungen Menschen eine einschneidende Rolle. Die Lebensmitte, das heißt: der Beginn des Individuationsprozesses, wird von Jung zwischen 35 und 40 Jahren angesetzt. Selbstredend kann es sich dabei nur um eine allgemeine Angabe handeln, die im einzelnen Leben nicht mit dem effektiven Alter des Individuums übereinstimmen muß. Nicht von ungefähr sieht die Jungsche Psychologie das Ziel einer psychotherapeutischen Befreiung des neurotischen Menschen gerade in der vollen Selbstverwirklichung, Selbstfindung, oder eben in der Individuation. Boss (1957, 36) meinte denn auch, daß Jungs Definition des Selbst sogar die übliche gegenständliche Vorstellung vom Menschen in so hohem Maße überwinde, »daß sie das Selbst in paradoxer Weise zugleich als Mittelpunkt und als eine Wesenheit von unbestimmbar weiten Grenzen« fasse. Individuation besteht nämlich in der wissentlichen Übernahme aller einem Menschen mitgegebenen Möglichkeiten. Sie schließt die Welt nicht aus, sondern ein, »weil die Lebensmöglichkeiten eines Menschen immer nur in seinen Beziehungen zu sich selbst und der Welt« bestünden. Darum begreife das Selbst des Menschen unendlich mehr als ein bloßes Ich in sich.

Der eigenen Freiheit sowie der damit verbundenen Verpflichtung, die Existenz faktisch aus der normativen Anonymität herauszuholen, wird Jung sicher gerechter als Freud. Trotzdem fehlt auch seiner Psychologie der entscheidende philosophische Boden, um der Ganzheit des Werde-Phänomens Klärung zu verschaffen. Boss muß recht gegeben werden, wenn er sagt, Jung sei »in den eigentlichen Explikationen seiner Theorie« nicht weiter gelangt als bis zur Absicht, phänomenologisch vorgehen zu wollen (a.a.O., 36 f). Die Ausführung seiner Intentionen habe er sich von vornherein selbst verbaut, indem er zwar Phänomenologie treiben, aber zugleich immer noch naturwissenschaftlicher Forscher bleiben wollte. Eher jedoch vermöchte einer ein hölzernes Eisen zu erfinden, als eine naturwissenschaftliche Phänomenologie zu schaffen. »Denn naturwissenschaftlich denken heißt doch, alle Dinge einzig und allein daraufhin zu stellen, was sie an allgemeingültigen und vorausberechenbaren Prinzipien sehen lassen und welche Quantitäten von qualitätsloser Energie sie unter welchen Erpressungen dem Menschen zu liefern bereit sind. Der Phänomenologe dagegen will sich, in einer damit völlig unvereinbaren Art und Weise und ohne jedes Schielen nach irgendwelchem energetischen Nutzen, den vollen Wesensgehalt der Dinge von diesen selbst zusprechen lassen« (a. a. O., 37). Aus phänomenologischer Sicht kann aber auch der menschliche Werdens- und Reifungsprozeß nicht in verschiedenen Lebensaltern nach verschiedenen Gesetzen verlaufen. Der Individuationsprozeß, das heißt die Selbstverwirklichung, beginnt mit der Geburt und endet mit dem Tode.

In diesem Zusammenhang müssen zwei Philosophen genannt werden, die – beide von der Psychiatrie kommend – der »Wissenschaft« die Möglichkeit absprechen, über das Wesen des Menschen Gültiges aussagen zu können. Karl Jaspers (1953, 66) stellte fest, unsere Erforschung des Menschen habe vielerlei Wissen gebracht, »aber nicht das Wissen vom Menschen im Ganzen«. Es sei überhaupt eine Frage, ob der Mensch erschöpfend begriffen werden könne, »in dem, was von ihm wißbar ist«, und ob er darüber hinaus nicht etwas sei, »nämlich Freiheit, die sich jeder gegenständlichen Erkenntnis entzieht, aber ihm doch als unentrinnbare Möglichkeit gegenwärtig ist . . . Was der Mensch ist, können wir nicht erschöpfen in einem Gewußtsein von ihm, sondern nur erfahren im Ursprung unseres Denkens und Tuns. Der Mensch ist grundsätzlich mehr, als er von sich wissen kann.« Und Ludwig Binswanger (^{2}1961, 77) meinte, daß auf die Frage, wer denn eigentlich »wir Menschen« seien, keine Zeit weniger Antwort zu geben vermochte als die unsrige. »Auch hier haben Dichtung, Mythos und Traum eher Antwort gegeben als Wissenschaft und Philosophie.« So ist denn auch die Frage nach der Selbstverwirklichung des Menschen eine Frage nach dem Sinn und Gehalt der menschlichen Existenz selbst.

Wenn vom naturwissenschaftlichen Denkmodell die phänomenologische Zugangsart zur Wirklichkeit des Menschen und der Dinge abgehoben wird, sprechen wir vom »Dasein« im Sinne Heideggers. Mit *Dasein* ist vor allem anderen die Weltoffenheit des Menschen gemeint, eine Offenständigkeit dem Begegnenden gegenüber, die allem nichtdaseinsmäßig Seienden abgeht. Diese Weltoffenheit wurde für den Menschen nicht nur von Heidegger, sondern von vielen Philosophen und auch von Entwicklungspsychologen neuerer Zeitgeschichte postuliert. Bereits Thomas von Aquin beschrieb die Menschenseele als »anima intellectiva, quia est universalium comprehensiva« (Summa Theol. 76,5 ad quartum). Weil also die Verstandesseele das Allgemeine erkennend umfaßt, hat sie eine Kraft, die auf Unendliches geht – dies im Gegensatz zu anderen Sinnenwesen, die nur eine auf bestimmte Einzeldinge beschränkte Wahrnehmung und Kraft besitzen. Und an anderer Stelle: »intellectus noster ... est cognitivus universalis ... et per consequens non finitur ad aliquod individuum, sed, quantum est de se, ad infinita individua se extendit« (Summa Theol. 86,2 ad quartum), »unser Verstand ... erkennt auch das Unendliche (das Nicht-Begrenzte) und erkennt das Allgemeine. Infolgedessen ist er nicht auf ein Einzelding begrenzt, sondern erstreckt sich ... auf unbegrenzt viele Einzeldinge.« Mit anderen Worten: Menschliches Dasein ist nicht lediglich auf das Erkennen faktisch vorhandener, ontischer Phänomene ausgerichtet, wie es möglicherweise andere Lebewesen sind, sondern auch auf das Universale, das heißt auf das deren Sinn und Bedeutung ausmachende Wesen; somit auf das ontologisch feststellbare Wesenhafte des Begegnenden. Wenn also von Offenheit oder Offenständigkeit gesprochen wird, so ist damit keineswegs eine Leere gemeint, sondern ausschließlich ein Offen-Sein als Ansprechbar-Sein für Begegnendes.

Aus diesem Grunde vermögen auch die modernen Wissenschaften, insbesondere jene, die sich mit Entwicklungs- und Reifungsproblemen des Menschen befassen, mit ihren Motivations- und Informationstheorien nicht das Wesentliche der Selbstverwirklichung in den Griff zu bekommen. Es wird zwar immer wieder behauptet, daß die meisten entwicklungspsychologischen Veränderungen während eines Menschenlebens auf Lernprozessen beruhten, wie auch der Entwicklungsvorgang selbst als Sozialisierungsprozeß aufzufassen sei, die Sozialisation wiederum als Gewinnung von Ich-Identität. Der Lernvorgang wird unter anderem als Reiz-Reaktion-Koppelung beschrieben (Oerter 1973, 66). Mit einem »Reizmuster«, beispielsweise »Heimat«, werde ein »Verhaltensmuster«, z. B. die positive Zuwendung, gekoppelt, was die »Liebe zur Heimat« ergebe. Lernprozesse während der Entwicklung würden überdies in die Reifungsprozesse eingreifen. Die Verzahnung von Reifen und Lernen scheine aber hauptsächlich im frühen Alter gegeben zu sein. Je älter das Kind werde, desto weniger folge der Lernprozeß unmittelbar auf die Funktionsreifung. So könne beispielsweise das Kind mit vier Jahren lesen lernen, aber in unserer Kultur erfolge dieser Lernprozeß später. In frühester Kindheit sei der Mensch zudem »ein asoziales, unangepaßtes und egozentrisches Wesen« (a.a.O., 67). Er lebe nur seinen eigenen Bedürfnissen entsprechend und kümmere sich nicht darum, ob seine Wünsche und Verhaltensweisen von der Umwelt gebilligt oder abgelehnt werden. Der Erwachsene hingegen zeige ein mehr oder weniger angepaßtes Verhalten. Das Lernen bestehe eben in der Übernahme der von der Gesellschaft vorgeschriebenen Verhaltensweisen, Gesinnungen, Haltungen und Leistungen. Es gehe aber nicht nur darum, soziale Rollen zu erlernen, sondern vor allem darum, die Ich-Identität zu finden. Bei diesem Lernprozeß spielten natürlicherweise Motivationen eine ausschlaggebende Rolle, das heißt »alle Bedingungen, welche die Aktivität eines Organismus ankurbeln und die Variation dieser Aktivität nach Richtung, Quantität und Intensität bestimmen« (a.a.O., 96). Die angeborenen Bedürfnisse werden als primäres Motivationssystem (dem Lust-Unlust-Prinzip gehorchend) bezeichnet. Das sekundäre Motivationssystem wird demgegenüber durch das »Erfolgs-Mißerfolgs-Prinzip« gesteuert. Die Fragwürdigkeit solcher Begriffsbestimmungen und Theorien liegt auf der Hand. So muß beispielsweise darauf hingewiesen werden, daß »Lernen« bereits ein Verstehen von etwas als dieses oder jenes, also etwas Bedeutungsvolles, voraussetzt und ohne solches gar nicht möglich wäre. Gerade dieses Verstehen ist aber weder meßbar noch irgendwie kausal ableitbar. Das gleiche gilt von der Motivation. Diese könnte bestenfalls dann gemessen und statistisch erfaßbar werden, wenn sie im Sinne der Kausalität mißverstanden würde. Kausalität ist jedoch ein philosophisches Axiom, das möglicherweise in der leblosen Natur anwendbar ist, niemals jedoch im Bereich des Lebendigen oder gar des Menschlichen sinnvoll sein kann. Motivationszusammenhänge der wahrnehmbaren Gegebenheiten des menschlichen Existierens im besonderen sind immer sinnvoll und verstehbar, im Gegensatz zu den sinnleeren Ketten von kausalen Sachzusammenhängen. Dazu kommt, daß Motivation Freiheit voraussetzt. Welche Antwort der Mensch dem Begegnenden und ihm Entsprechenden gibt, ist letztlich der freien Entscheidung überlassen. Freiheit entzieht sich aber der Meßbarkeit. Meßbar an einem verstehbaren Beweggrund, als welchen wir die Motivation betrachten, ist dann höchstens etwas davon Abgeleitetes, wie z. B. der leibliche Austrag (Muskelspannung) eines in besonderer Weise gestimmten Weltverhältnisses. Eine unmittelbare Ableitung jedoch von psychischen Funktionen aus chemophysikalischen und informativen Daten, die beispielsweise an der Materie des Gehirns und an deren Prozessen abgelesen werden können, ist unmöglich, womit auch MacLeans Theorie, alle psychischen Phänomene seien im Grunde neurologisch bestimmte Prozesse, fragwürdig wird. Demzufolge kann sich auch Wieners Behauptung, »Information« sei meßbar, nicht halten, es sei denn, man identifiziere Chemie und Sprache miteinander und verzichte auf das ursprünglich mit dem Begriff »Information« Gemeinte: nämlich die Übermittlung einer Nachricht zwischen Menschen und Menschengruppen, mit anderen Worten: die mitmenschliche Übermittlung von Bedeutungsgehalten.

Was bedeutet aber »mitmenschliche Übermittlung«, was eine »gemeinsame Welt«, was sind »Bedeutungsgehalte«? Handelt es sich nicht um Begriffsbildungen, die wir bereits im technisch-naturwissenschaftlichen Menschenverständnis, wenn auch in anderem Vokabular, vorgefunden haben? Gewiß nicht. Wenn Haseloff (1970, 14) meint, die Psychologie könne ihren humanen Auftrag nur mit einer nüchternen und rationalen Interpretation, nicht aber mit Emphase erfüllen, dann übersieht er, daß es außer der naturwissenschaftlichen und emphatischen noch eine dritte, nämlich eine phänomenologische Zugangsweise gibt. Diese ist ebenso nüchtern und wissenschaftlich, beschränkt sich aber nicht auf rationales Denken und ist trotzdem nicht Emphase. Die phänomenologisch-daseinsanalytische Auffassung vom Sein des Menschen, von dessen Wesen, Entwicklung und Reifung, vom Dasein als In-der-Welt-Sein, als Ek-sistenz steht auf anderem philosophischem Boden als die Naturwissenschaften.

Nicht minder fragwürdig ist die Annahme, Lernprozesse beim Menschen seien als Reiz-Reaktion-Koppelung zu verstehen, wie Oerter am bereits angeführten Beispiel der »Liebe zur Heimat« darzustellen versuchte. Die Reduktion bereits der »Liebe« zur »positiven Zuwendung« wie noch viel mehr jene der »Heimat« zu einem »Reizmuster« vernachlässigt völlig den Sinn- und Bedeutungsgehalt, den die Sprache diesen beiden Begriffen verleiht. Die Liebe ist ein viel umfassenderes und tieferes Offensein als eine bloße Zuwendung, die Heimat bedeutet dem einen oder anderen gerade dann, wenn er sie liebt, möglicherweise Verschiedenes, aber immer ein Zuhause-Sein, Verwurzelt-Sein, Zugehörig-Sein. Handelte es sich lediglich um ein Reizmuster, dann wäre es auch beliebig austauschbar. Dann könnten wir tatsächlich jedes Ding und jeden Menschen mit dem Begriff Liebe koppeln, von der Liebe zur Natur, der Liebe zum Partner, der Liebe zum eigenen Besitz usw. sprechen und dabei völlig in der bedeutungslosen Anonymität steckenbleiben. Seit der Spaltung der Welt in zwei Wirklichkeiten, den geistig-seelischen Bereich einerseits, die materielle Weltordnung andererseits, hat es immer wieder Versuche gegeben, diesen Dualismus aufzuheben. Der Mensch, so wurde zunächst gesagt, sei von einheitlichem und ganzheitlichem Wesen, die Trennung in Leib und Seele nur die Folge abstrakten Denkens, faktisch jedoch nicht nachweisbar. Aber selbst die Überbrückung solch letztlich gegenständlichen Denkens durch die Einführung des »Subjektes« (V. v. Weizsäcker), der »Person« (u. a. H. Binder) vermochte kaum eine überzeugende Abkehr vom dualistischen Denken zu bewirken. Auch die Beziehung des Subjektes zur sogenannten Außenwelt, zur Welt schlechthin, blieb ungeklärt. Die Beantwortung dieser Fragen ist den Philosophen vorbehalten, deren Resonanz auf die Naturwissenschaften aber zunächst ausblieb.

Sozialisation, Sozialisierung, soziale Persönlichkeitsentwicklung sind Begriffe, die aus dem terminologischen Instrumentarium der modernen Psychologie nicht mehr wegzudenken sind. Im Grunde handelt es sich um Sammelbegriffe für Prozesse, die das Individuum in eine Gesellschaft hineinwachsen läßt, gemäß der Vorstellung, daß dasselbe flexibel genug sei, sich von den kulturellen Normen der Erziehung in eine bestimmte, gesellschaftskonforme Richtung weisen zu lassen. Das Ergebnis der Sozialisationsprozesse wäre dann der angepaßte Mensch. Wenn Oerter diesen Vorgang durch das Reiz-Reaktion-Modell erklärt, so darf nicht verhehlt werden, daß die neuere Sozialpsychologie über diese allzu einfache Reduktion menschlicher Entwicklung hinausgeht. Wurde noch vor wenigen Jahren angenommen, der Sozialisationsvorgang nähere das Kind in seiner ganzen Passivität dem »kulturspezifischen Wunschbild« der Erwachsenen an, so wird heute betont, daß es sich bei der Sozialisation um einen Interaktionsprozeß zwischen Individuum und Gesellschaft handle und daß sich der Vorgang keineswegs auf das Kindes- und Jugendalter beschränke. Sozialisation ist demnach nicht mehr ein begrenzter, gleichsam mechanischer Prägungsprozeß, sondern ein ständiger Vorgang der »Auseinandersetzung zwischen Individuen und Gruppen, Individuen und Institutionen, Gruppen und Institutionen« (Bornewasser u. a. ^{2}1979, 154). Sozialisation ist, wie die Individuation, ein lebenslanger Prozeß. Wichtige Veränderungen menschlichen Verhaltens treten von der Geburt bis zum Tod auf. Die Umwelt mag sich verändern, die Menschen, mit denen man im Kindesalter Umgang pflegte, werden durch andere, mit anderen Weltanschauungen und Interessen, ersetzt; der eigene Reifungs- und Bildungsprozeß, die Berufswahl, politische Verhältnisse ändern sich fortwährend im Leben der meisten Individuen. Die Erforschung menschlicher Verhaltensweisen ist zweifellos ein wichtiger Bestandteil der Erkenntnis unserer Wirklichkeit. Sie muß auch Einfluß nehmen können auf die eben »sich wandelnde Gesellschaft« und findet bereits in der »Gestaltpsychologie« und der »kognitiven Feldtheorie« des Lernens (Lefrancois 1976) ihre praktische Auswirkung.

Fassen wir das Beobachtungsmaterial hinsichtlich der Selbstverwirklichung des Menschen zusammen, so finden wir tatsächlich in der Kindheit und Jugendzeit signifikante Entwicklungs- und Reifungsschritte. Es bestehen tatsächlich wesentliche Unterschiede im Wahrnehmen und Verhalten bei Säuglingen, Kleinkindern, Schulkindern, Pubertierenden, Adoleszenten und Jugendlichen. Vom Erwachsenenalter an wird die Systematisierung, Typisierung und Differenzierung schwieriger, was die meisten Entwicklungspsychologen wohl bewog, ihre Forschungen mit dem Jugendalter abzuschließen. Eine löbliche Ausnahme bildet C. G. Jung, der auch im Erwachsenenalter eine Entwicklung feststellt. Die Reifungsanforderungen des jüngeren Erwachsenen sind danach nicht die gleichen wie jene des älteren. Während der Mensch im dritten Lebensjahrzehnt an die Bewältigung der ihm offenstehenden Welt extratensiv herantritt, zeigt diese ihm zwischen 35 und 40 Jahren vorwiegend ihre Begrenztheit und Ausschnitthaftigkeit. Mit Zunahme des »ungelebten« Lebens tritt im Individuationsprozeß eine introvertierte Orientierung auf innere Werte bis hin zur Weisheit des Alters ein. Wer diese Umorientierung verpaßt, soll eines Tages durch eine Krise, Krankheit oder durch einen schweren Schicksalsschlag zur Einkehr und Wandlung gezwungen werden. Ob allerdings die hier nach Jung gekennzeichnete Entwicklung im Zuge der neuzeitlichen Fitneßbestrebungen und der gerontologisch-sozialpsychologischen Anstrengungen noch Allgemeingültigkeit besitzt oder ob sie vielmehr nur Wunschtraum eines selbst weise gewordenen Menschen darstellt, dürfte in unserer Zeit mit ihrem Umbruch aller Werte noch kaum feststehen.

Das Bedenken der menschlichen Existenz allein und keine naturwissenschaftliche Theorie versetzt uns in die Lage, die Reifung des Menschen im Hinblick auf dessen Selbstentfaltung zu Offenständigkeit und Freiheit, zu Verantwortung und Gewissen sowie zur Sozialisation verstehen zu können. Offenheit und Freiheit meinen die Möglichkeit des Sich-ansprechen-Lassens dem Begegnenden gegenüber. Der Gesunde, Reife kann die Dinge »sein lassen«. Das Begegnende zeigt sich ihm, so wie es ist. Der eingeengte, unfreie, kranke Mensch leidet darunter, daß die Dinge nicht so sind, wie er sie haben möchte. Offensein bedeutet: auf etwas eingehen, ohne aber sich anpassen zu müssen, ja sagen zu müssen, sich absorbieren zu lassen. Menschen, die sich allem oder einem Teil des Begegnenden verschließen, empfinden Angst vor dem Offensein, weil sie sich bedroht fühlen, Angst davor haben, sich zu verlieren. Zum freien Offensein gehört die Möglichkeit, nein zu sagen, Konflikte auszuhalten, sich zu entscheiden, standzuhalten, aber auch die eigenen Grenzen zu erkennen. Freiheit wiederum bedeutet nicht ein völlig ungebundenes, anarchisches und egoistisches Ausleben aller dem Menschen auch gegebenen triebhaften Strebungen. Es gibt für den Menschen keine Libertas indifferentiae, nicht eine ausschließliche Freiheit *von etwas*, sondern vornehmlich eine Freiheit *zu* und *für* etwas. Diese Freiheit gründet in der Möglichkeit, sich dem Anruf des Gewissens zu öffnen oder zu verschließen. Im ursprünglichen Seinsverständnis, so wurde bereits gesagt, gründet auch jede Einzelerkenntnis. Primäre Weltoffenheit ermöglicht nicht nur die Erkenntnis vorhandener Dinge, sondern auch das Verständnis für die anderen Menschen, die gemäß ihrer Seinsart als Dasein wie ich selbst in der Welt sind. Die Welt des Daseins ist Mitwelt. Das Dasein ist Welt-Erschlossenheit. So kann der Mensch sich selbst, seine ihm begegnenden Mitmenschen und Dinge unmittelbar verstehen. Nur so ist zu begreifen, was unter »Sozialisation« verstanden werden darf. »Sozial« ist vielfach zu einem gesellschaftlich festgelegten Image geworden, dessen existentielle Grundlagen schon gar nicht bedacht werden. Letztlich kann es sich doch nur um das ursprüngliche Wahrnehmen des Mitmenschen als meinesgleichen und die sein Wesen erschließende Beziehung zu ihm handeln. Menschsein bedeutet immer und in jedem Fall wesensmäßig Mitmensch sein. Von daher stammt unsere Verantwortlichkeit, aber auch unsere Freiheit der Entscheidung, solche Verantwortung auf uns zu nehmen oder uns ihr zu entziehen. In die so verstandene Freiheit und Verantwortung gehören des Menschen soziales und asoziales Verhalten dem Mitmenschen gegenüber.

Reife ist gleichbedeutend mit Freiheit. Reif und gesund ist der Mensch, der seine Existenz den ihm gegebenen Möglichkeiten entsprechend austragen kann, dessen In-der-Welt-Sein so gestimmt ist, daß er sachgerecht vernehmen und antworten kann. Sachgerecht heißt hier: unmittelbar auf die Welt bezogen, frei von Vorurteilen, frei von fremder Meinung, frei von der Gebundenheit an das »man«, heißt aber auch: freies Verhältnis zu den Mitmenschen und Gegebenheiten dieser Welt, offen für den Reichtum der begegnenden lebenden und toten Natur, erschlossen auch für die Begegnung mit dem Irrationalen, Unerforschten und Unerforschbaren, frei für das Leben und das Sterben. Der Mensch steht immer zu diesem Ende seines Seins in einem Verhältnis – dieses bestimmt letztlich auch weitgehend seine Reifung.

Der hier skizzierte Freiheitsbegriff, von Heidegger fundamentalontologisch begründet und in der daseinsanalytischen Psychotherapie bewährt, besitzt keineswegs etwa nur Bedeutung für eine elitäre Gruppe der Menschheit. Die Entwicklungs- und Reifungslehre des Menschen ist keine theoretische Wissenschaft, der es nur um die Erforschung menschlicher Entwicklungs- und Verhaltensgesetzmäßigkeiten geht. Sie ist ganz im Gegenteil von fundamentaler gesellschaftsbildender Bedeutung. Ihr Einfluß auf die Sozialpolitik, die Erziehungs-, Schul- und höhere Bildungspolitik, auf das Verhältnis des Menschen zu Staat und Kirche, letztlich auf sein Verhältnis zum Glauben und zu Gott ist unübersehbar. Heidegger wurde vorgeworfen, sein Freiheitsbegriff sei »bürgerlich« und »individualistisch« und damit »abstrakt«; er berücksichtige die Tatsache nicht, daß Milliarden von Menschen aufgrund ihrer äußeren, sozialen, politischen Lebensumstände von einer so beschriebenen Freiheit nur träumen können – oder vielleicht aufgrund ihrer Lebensumstände nicht einmal träumen können. Philosophisch wurde dieser Freiheitsbegriff in der Nähe des deutschen Idealismus angesiedelt; von daher stammen auch die Einwände der »politischen Theologie« gegen die Heidegger nahestehenden Theologen Bultmann und Rahner. Pesch fragte (in einem persönlichen Schreiben an den Verfasser dieses Beitrags) denn auch konkret: Wie können nach diesem Freiheitsbegriff ein »Unberührbarer« in Indien, ein Campesino in Lateinamerika oder auch ein Gastarbeiter in Deutschland »reif« werden, mit anderen Worten: sich selbst verwirklichen?

Zweifellos sind dies wichtige, zentrale Fragen, an deren Antwort sich die ganze Konzeption unseres Begriffes der Selbstverwirklichung bewähren muß. Dies allerdings kann sie um so mehr, als der Kritik Mißverständnisse zugrunde liegen, die zunächst sichtbar gemacht werden sollen. Für Heidegger ist Freiheit ein Existenzial, also ein ontologischer Grundcharakter menschlichen Seins, der nicht nur *jedem* Menschen als Menschen zukommt, sondern den Menschen erst zu dem macht, was er ist: nämlich *Dasein*. Als solches ist die Freiheit weder dem Individuum noch gar dem Bürgertum vorbehalten. So wie das Offen-Sein, Leiblich-Sein, Räumlich- und Zeitlich-Sein, das Mit-Sein und Sterblich-Sein, um nur einige Seinscharaktere des Daseins zu nennen, ist also auch das Frei-Sein allen Menschen gemeinsam. Aber der faktische, ontische Vollzug dieser existenzialen Möglichkeiten im Leben des einzelnen ist von vielen Faktoren abhängig, daran besteht kein Zweifel. Ein Mensch kann aus irgendeinem Grunde blind geboren sein oder erblinden. Seine Blindheit verweist aber gerade auf das Sehen! Blindheit ist nicht Gegensatz zum Sehen, sowenig wie der Schatten Gegensatz zur Sonne ist, sondern Privation. Von einem Stein sagen wir auch nicht, er sei blind oder stumm, da dem Stein wesensmäßig weder das Sehen noch das Sprechen zukommt. So wie Blindheit auf das Sehen verweist, verweist auch die Unfreiheit des Menschen auf dessen Freiheit. Die unbestreitbare Feststellung, daß es in unserer Welt mehr unfreie als freie Menschen gibt, spricht nicht nur nicht gegen den von uns dargestellten Freiheitsbegriff, sondern verweist direkt auf ihn. Nicht nur der Campesino, nicht nur der Unberührbare, nicht nur der Gastarbeiter ist unfrei. Unfrei sind auch Menschen im scheinbaren Wohlbehütetsein einer bürgerlichen Welt- und Wertordnung, unfrei sind Kinder, die in einer von Normen und Gesetzen durchfluteten manichäistisch-puritanischen Erziehungsatmosphäre oder in einer kollektivierenden und nivellierenden staatlichen Gesellschaftsordnung aufwachsen. Der Freiheitsbegriff Heideggers ist letztlich ein flammender Protest gegen soziale Ungerechtigkeit und Einengung. Er allein bietet die philosophische Legitimation für alle Freiheitsbewegungen. Denn eine Bewegung zur Freiheit hin kann es nur geben, wenn das Wesen der Freiheit erkannt ist, wenn wir wissen, woraufhin wir uns bewegen.

Freiheit ist aber nicht nur Freisein von einengenden Fesseln, sondern immer ein Freisein für das Begegnende. In der Freiheit kann es wie erwähnt nicht um die Libertinage gehen, um ein egoistisches, rücksichtsloses Freisein von allen Gesetzen mitmenschlicher Beziehungen, um ein Freisein von Gott und der Welt. Menschsein ist in ebensolchem Maße wie Freisein auch Mit-Dasein. Freiheit meint das eigene Freisein wie auch jenes des anderen.

Reifung ist Freiwerden des Menschen für die ihm zur Verfügung stehenden existentiellen Möglichkeiten. In solchem Freiwerden wird der Mensch verantwortlich für seine Freiheit. Freiheit und Reifung bestimmen auch das Verhältnis des Menschen zu seinem Sterblichsein. Denn so wie die reife Frucht vom Baum fällt, ist es auch des Menschen Bestimmung, den letzten Grad der Reife, die Reifungsfülle erst angesichts des Todes verwirklichen zu können (Condrau ²1977).

Selbstverwirklichung bedeutet Frei-Werden. Werde der du bist! lautet das Befreiungsmotiv der analytischen Psychotherapeuten. Dies bedeutet denn auch, daß wir nicht zwischen Sein und Werden unterscheiden können. Heidegger schrieb von einer Scheidung und Entgegensetzung, die am Anfang des Fragens nach dem Sein stehen. In der Aussage Sein *und* Werden meine das »und« solches, das dazugehört, und solches, wogegen sich »Sein« unterscheidet. »Aber zugleich meinen wir in diesen formelhaften Titeln solches mit, was doch wieder zum Sein als von *ihm* Unterschiedenes irgendwie eigens gehört, wenn auch nur als sein Anderes« (1953, 71). Bei Parmenides gab es (scheinbar) kein Werden, nur Sein. Bei Heraklit ist alles »Werden«: Panta rhei! Heraklit sagt aber in Wahrheit dasselbe wie Parmenides, sofern man seine Lehre vom Werden nicht nach den Vorstellungen der Darwinisten des neunzehnten Jahrhunderts auslegt. Das Werden ist im Sein enthalten.

Literatur

BINSWANGER, L.: Traum und Existenz. In: Ausgewählte Vorträge und Aufsätze. Bern ²1961, 74–97

BLUM, E.: Freud und das Gewissen. In: Das Gewissen. Studien aus dem C.-G.-Jung-Institut. Zürich 1958, 167–184

BORNEWASSER, M., HESSE, F. W., MIELKE, R., MUMMENDEY, H. D.: Einführung in die Sozialpsychologie. Heidelberg ²1979

BOSS, M.: Psychoanalyse und Daseinsanalytik. Bern 1957

Lebensangst, Schuldgefühle und psychotherapeutische Befreiung. Bern, Stuttgart 1962

BUBER, M.: Urdistanz und Beziehung. Heidelberg ⁴1978

CONDRAU, G.: Angst und Schuld als Grundprobleme der Psychotherapie. Bern 1962, Frankfurt/M ²1976

Aufbruch in die Freiheit. Bern ²1977

FREUD, S.: Tatbestandsdiagnostik und Psychoanalyse (1906). G. W. VII. Frankfurt/M. ⁵1972, 1–15

Bemerkungen über einen Fall von Zwangsneurose (1909). G. W. VII. Frankfurt/M. ⁵1972, 379–463

Vorlesungen zur Einführung in die Psychoanalyse (1918). G. W. XI. Frankfurt/M. ⁶1973, 1–482

Jenseits des Lustprinzips (1920). G. W. XIII. Frankfurt/M. ⁷1972, 1–69

Das Ich und das Es (1923). G. W. XIII. Frankfurt/M. ⁷1972, 235–289

Das Unbehagen in der Kultur (1930). G. W. XIV. Frankfurt/M. ⁵1972, 419–506

HASELOFF, O. W.: Struktur und Dynamik des menschlichen Verhaltens. Stuttgart 1970

HEIDEGGER, M.: Sein und Zeit. Tübingen 1927
Einführung in die Metaphysik. Tübingen 1953

HICKLIN, A.: Unveröffentlichter Vortrag. Berlin 1978
Phänomenologie des Gewissens. In G. Condrau (Hg.): Transzendenz, Imagination und Kreativität. In: Die Psychologie des 20. Jahrhunderts, Bd. XV. Zürich 1979, 446–453

JASPERS, K.: Einführung in die Philosophie. Zürich 1953

JUNG, C. G.: Über die Energetik der Seele (1928a). G. W. VIII. Zürich 1967, 3–73

Die Beziehungen zwischen dem Ich und dem Unbewußten (1928b). G. W. VII. Zürich 1964, 131–264

Mysterium Coniunctionis (1954). G. W. XIV/1. Zürich 1968

Das Gewissen in psychologischer Sicht. In: Das Gewissen. Studien aus dem C.-G.-Jung-Institut. Zürich 1958, 185–207

Briefe, II. Olten 1973

LEFRANCOIS, G. R.: Psychologie des Lernens. Berlin 1976

OERTER, R.: Moderne Entwicklungspsychologie. Donauwörth ¹²1973

THOMAS VON AQUIN: Summa Theologica, Bd. ²6. Salzburg 1937

Gion Condrau

Der Tod im Bewußtsein des Menschen von der Antike bis zur Gegenwart

Übersicht: Der Gedanke an die Unvermeidlichkeit und das Geheimnis des Todes hat die Menschheit von der Antike bis zur Gegenwart nicht nur vom persönlichen Erleben des Einzelnen her, sondern auch in seiner kulturellen Bedeutung schon immer beschäftigt. In besonderer Weise wurde das dem Menschen nach seinem Tode beschiedene Schicksal zu einem Anliegen der Theologen und Philosophen. Von theoretischem und praktischem Interesse sind heute noch die in den tibetanischen und ägyptischen Totenbüchern niedergelegten Anschauungen, des weiteren die Auseinandersetzungen um die Frage nach dem postmortalen Fortleben, nach Wiedergeburt und Seelenwanderung sowie die Verflochtenheit des Todesgedankens mit jenem des (göttlichen) Gerichtes. Der Gegensatz zwischen Epikurs Vorstellung, dem Tod unerschrocken und mutig zu begegnen, da er nun einmal das endgültige Ende sei, und den Stoikern, die Gelassenheit, Unempfindlichkeit empfahlen, findet sich auch in der heutigen Philosophie, wobei immerhin die Tendenz unverkennbar ist, den Tod nicht als absolutes Ende zu sehen, sondern wie Heidegger, der das Leben als ein »Sein zum Tode« charakterisiert: als Vollendung und damit zum Leben gehörend.

Das Wissen um das Sein verweist den Menschen auf die Endlichkeit des Daseins, auf das Ende unseres Seins, auf den Tod. Nicht von ungefähr werden die Menschen seit Parmenides *die Sterblichen* genannt. Darüber wissen nicht nur die Philosophen Bescheid. Aber sie formulieren es am deutlichsten. Der Ausspruch: »Sobald ein Mensch zum Leben kommt, ist er alt genug zu sterben«, besagt, daß der Tod zum Leben selbst gehört, daß er »eine Weise zu sein« ist, die das Dasein übernimmt, sobald es ist. Solange das Dasein ist, ist es auch sein Noch-Nicht. Denn das Dasein ist nie »fertig«. Eine Frucht vollendet sich in der Reife. Das Dasein kann auch als »Unvollendetes« enden. Lediglich Vorhandenes und Zuhandenes kann als beendet gelten, nicht aber die menschliche Existenz, die sich eben als »Da-Sein« versteht, als Existenz im Sinne eines Ek-stare, eines Offenheitsbereichs. »Im Tod ist das Dasein weder vollendet noch einfach verschwunden, noch gar fertig geworden oder als Zuhandenes verfügbar. So wie das Dasein vielmehr ständig, solang es ist, schon sein Noch-nicht *ist*, so *ist* es auch schon immer sein Ende. Das mit dem Tod gemeinte Enden bedeutet kein Zu-Ende-sein des Daseins, sondern ein *Sein zum Ende* dieses Seienden« (Heidegger 1927, 245).

Heidegger zeichnet hier allerdings das Bild des »Sterblichen« in wesentlich anderer Weise als etwa Parmenides oder vor diesem Heraklit. Für letzteren galt der Satz: Panta rhei – alles fließt. Seine Lehre vom ständigen Fluß aller Dinge, von der Bewegung, vom Vorübergehen des Seienden, von der Gleichzeitigkeit von Sein und Nichtsein, wurde von Parmenides scharf angegriffen. Für ihn gab es nur das Sein. Sein und Denken waren für ihn identisch. Nicht-Seiendes könne gar *nicht gedacht* werden, demzufolge könne es gar *nicht sein*. In diesem Licht erhält die Bezeichnung »die Sterblichen« eine besondere Bedeutung.

Parmenides war jedoch nicht der erste, der die Menschen als »die Sterblichen« bezeichnete. Schon der Prophet Jesaja (40, 3–5), beziehungsweise seine Schüler, verkündeten um 1000 vor Christus, daß »alle Sterblichen« die Herrlichkeit des Herrn sehen werden. Auch die griechische Antike kannte die Sterblichen, allerdings nicht unter dem Wort brotoi (wie Parmenides), sondern als nêtoi, wie sie Homer in der »Odyssee« beschrieb. Hier kommt etymologisch auch der Unterschied von »thanatos« und »mors« zum Tragen. Thanatos ist männlich: der Tod. Bei den Römern war »mors« weiblich. Brotoi soll ursprünglich mrotoi (von »mors«, »morituri« abstammend) geheißen haben. Es wurde von Parmenides in eher abschätzigem Sinne gebraucht. Die morituri galten allerdings im alten Rom nicht einfach als die Sterblichen. Es waren die zum Tod Bereiten. So grüßten die Gladiatoren in der römischen Arena die Cäsaren mit den Worten: Ave Caesar, morituri te salutant (Condrau [2]1977). Der moriturus war und ist eigentlich dem Wortsinne nach der »Sterbende«, der dem Tod Geweihte.

Parmenides hat seine Philosophie, wie später auch Empedokles, als Lehrgedicht in Hexametern dargestellt. Für ihn gab es nur Sein und Schein, keinesfalls ein Nichtsein. Die Sinne seien trügerisch, die sinnlich wahrnehmbaren Dinge bloß Täuschung. Für Parmenides gab es grundsätzlich kein Werden und Vergehen, keine Veränderung. Es gab auch keine Gegensätze, wie etwa bei Heraklit, und so konnte auch der Tod nicht Gegensatz zum Leben sein, höchstens ein »Fehlen« von Leben. Für Parmenides gab es nur das Sein:

»Es ist erforderlich, daß ein Aussagen und Denken dessen was Ist, Ist;
Aber Nichts Ist nicht. Dies bitte ich dich zu beherzigen,
denn das ist der Weg des Suchens, vor dem ich dich zunächst warne,
Danach aber vor jenem, auf dem Sterbliche, die nichts wissen,
umherirren, Doppelköpfe; denn Hilflosigkeit innerhalb ihrer eigenen
Brust steuert ihren umherirrenden Geist, und sie lassen sich treiben,
stumm und zugleich blind, in Blödigkeit, unentschiedene Haufen,
denen das Sein und Nichtsein als dasselbe gilt
und nicht als dasselbe, und in allem läuft der Weg rückwärts wie vorwärts«
(fragm. 15).

Für die »Sterblichen« hatte Parmenides nur Spott übrig. Vermutlich machte er schlechte Erfahrungen in den Debatten mit seinen Gesprächspartnern, wenn er ihnen die Frage nach dem »Ist oder Ist nicht?« vorlegte. So wurden sie, nach Fränkel ([3]1969, 404), gezwungen, auch dem Negativen, zum Beispiel dem Tod, positive Wirklichkeit zuzuschreiben und »damit Sein und Nichtsein halb zu unterscheiden und halb zu identifizieren«. Und ein weiteres Mal erwähnte er in diesem Sinne die Sterblichen:

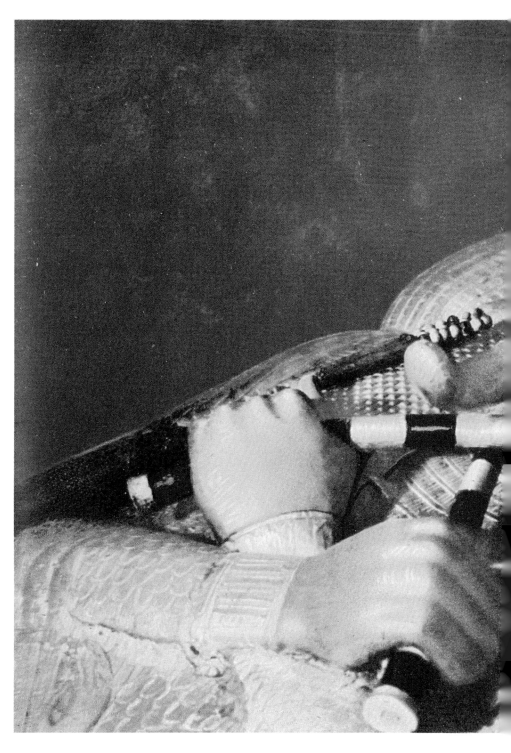

Sarkophag des ägyptischen Königs Tutanchamun (1347–1338). Für die Ägypter trennte sich im Tod der Leib von der Seele, aber in jeder Nacht vollzieht sich die Wiedervereinigung. Durch die Mumifizierung

wird der Körper bewahrt. Sogar die Eingeweide werden in den Kanopenkrügen aufbewahrt, damit sie nicht verlorengehen. Der Tote erhält seine irdische Gestalt lebendig und verjüngt im Jenseits.

»Von diesem Weltplan entwerfe ich dir ein genaues Abbild,
damit dich niemals eine Ansicht der Sterblichen überhole« (fragm.26,8,53).
Auch im »König Ödipus« von Sophokles, der etwa zur gleichen Zeit wie Parmenides (540 – um 480 v. Chr.) lebte, finden sich die »Sterblichen« in ähnlichem Sinne wieder:

>»Ihr Völker der Sterblichen,
>O wie achte ich euch dem Nichts
>Gleich, solang ihr am Leben!
>. . . unseliger
>Ödipus: von den Sterblichen
>Nichts preise ich selig.«

Fest steht wohl, daß der Mensch von dem Zeitpunkt an, da er um sein spezifisch menschliches Leben weiß, auch Kenntnis davon hat, daß er nur als Sterblicher existiert. Die Thematik des Todes, überhaupt das Thema »Tod«, beherrscht, wie Ulrich Mann (1976, 41) sagt, »ob bewußt oder unbewußt, eingestanden oder verdrängt, alles menschliche Leben als Generalthema«. Es kann nicht Aufgabe dieses Beitrags sein, die Todesthematik in ihrer ganzen weltgeschichtlichen Bedeutung von den sogenannten Primitiven bis zu unserer aufgeklärten Zeit aufzurollen. Einige ausschnitthafte Angaben müssen genügen, um uns von der Ubiquität und Allgegenwart des Todesbewußtseins des Menschen zu überzeugen.

Drei Feststellungen sind zunächst augenfällig: einmal der Dualismus von Seele und Körper, dann die Bedeutung eines Lebens nach dem Tode und schließlich die Beziehung der Todesauffassung zum Begriff des Göttlichen.

In fast allen Kulturen wird der Tod nicht als das Ende einer leib-seelischen Ganzheit gesehen, sondern immer nur – mit Ausnahmen – als ein Teil-Ende menschlichen Daseins. In der Frühgeschichte etwa Altamerikas und Altchinas wie vermutlich auch in anderen frühen Gesellschaften war das, was evident im Tode zugrunde geht, der Körper, was aber ebenso evident den Tod überdauert, der Geist oder die Seele. Diesen Dualismus finden wir auch im abendländischen Denken, vorab bei den Griechen und später im Christentum sowie in anderen großen Religionen, die bis in unsere Zeit noch lebendig sind. Totenkulte in allen Kulturen dienten denn auch verschiedenen Zwecken: der Abwehr von Gespenstern, der Verehrung guter Ahnengeister, der Sorge für das Wohl der Abgeschiedenen. Das Verhalten des Menschen dem Toten gegenüber, die Leichenbestattung, die Trauerarbeit, die Riten und Kulte, Totenhäuser und Totenschiffe, Mausoleen, Einbalsamierungen bis hin zu den heutigen Gedenktafeln und Grabsteininschriften, hat ja nur dann einen Sinn, wenn der Tote nicht einfach aus dieser Welt gänzlich verschwunden ist. Der Tod bedeutet zwar einen »Weltverlust«, eschatologisch den Untergang der Welt mit der Verheißung auf eine neue Welt. Insofern hat die menschliche Seele Transzendenzcharakter. Sie weist auf das Jenseits, gleichzeitig auf eine Gottheit, denn ohne diese wären menschliches Leben und Sterben, ein Sein vor und nach dem Tode, das Werden und Vergehen, aber auch die Wiederauferstehung, ob als Reinkarnation, Seelenwanderung oder Resurrektion, illusorisch.

U. Mann hat dies sehr schön aufgezeigt. Der Tod allein wäre noch nicht transzendent, das heißt in eine Wirklichkeit ragend, die zwar wirklich, aber gleichzeitig dem Verfügen des einzelnen entzogen ist. »Gott und die Seele machen den Tod zu einer transzendenz-bestimmenden Wirklichkeit« (a.a.O., 45). Gott und Seele müssen mitgedacht werden, wenn »Tod« gedacht wird: »das ist offenbar die der Grenzerfahrung Tod eigene und zwingende Logik«. Das Todeswissen allein, als schlicht objektive Kenntnis des Lebensendes, wäre an sich harmlos. Wie wichtig dieses Wissen aber für den Menschen aller Kulturen ist, beweist unter anderem die Verbindung des Todes mit dem Opfer.

Der *Opfertod* ist vermutlich die älteste Form der Ergebenheit der Gottheit gegenüber. Menschenopfer, ob bei den Azteken Mittelamerikas, bei den sogenannten Wilden aller Naturvölker, im Alten Testament als Zeichen höchsten Gehorsams von Jahve gefordert, waren alles andere als etwa die heute vielerorts noch übliche Todesstrafe, sondern immer – trotz ihrer Grausamkeit – von einem Seins- und Todesverhältnis getragen, das unserer modernen Zeit völlig abgeht. In diesem Zusammenhang müssen auch die freiwilligen Opfer genannt werden, die mit dem eigenen Tode erbracht wurden, etwa durch die christlichen Märtyrer oder die sogar *in* unserer Zeit *an* unserer Zeit Verzweifelnden, die, sich als Protest selbst verbrennend, die Welt anklagen. Die nachgewiesene Tatsache, daß den toten Herrschern Ägyptens ihre Diener und Sklaven in den Tod mitgegeben wurden, die Witwenverbrennungen in Indien wie auch die Funde von Leonard Woolley (Mann a.a.O., 54), wonach ganze Hofstaaten freiwillig dem Herrscher in den Tod folgten, mögen für unser abendländisches Denken und Fühlen unvorstellbar grausam erscheinen. Im Grunde ging es auch hier immer wieder um den Versuch, im Tode nicht das Ende, sondern lediglich den Übergang in ein neues Leben zu sehen: letztlich also um eine Art von Unsterblichkeitsglauben. Während der Shang-Dynastie, um 1600 vor Christus, wurden beim Tode des Kaisers dessen Freunde, Krieger und Hofleute umgebracht und mit dem Potentaten beerdigt. Erst später scheint mit der Überwindung des Menschenopfers eine naturalistische Gestaltungsweise die lebendigen Menschen durch einen künstlichen Doppelgänger ersetzt zu haben. Das damalige magische Denken unterschied offenbar nicht mehr zwischen lebendiger Wirklichkeit und deren genauer Nachbildung. Seit in China bei archäologischen Ausgrabungen Funde aus der altchinesischen Kultur zutage gefördert wurden, ist die Welt nicht nur mit einem unglaublichen Reichtum an Kunstschätzen beglückt worden, sondern auch mit einem Wissenszuwachs über die Todesvorstellungen Altchinas. Bauern entdeckten 1974 rund 1200 Meter östlich des Kaisergrabes von Quin Shihuang Di (259–210 v. Chr.) ein ganzes, die heilige Stätte bewachendes Heer mit Offizieren, Soldaten, Pferden und Streitwagen, Faustkämpfern, Bogenschützen und 6000 Infanteristen. Der chinesische Chronist berichtet, daß die Figuren Abgüsse von lebenden Menschen seien, die hernach getötet wurden, eine Annahme allerdings, die sich nicht belegen läßt. Immerhin deutet sie darauf hin, daß der chinesische Kaiser, wie auch die Herrscher Ägyptens oder Perus, der Ansicht war, das Leben nach dem Tode gehe auf die gleiche Weise weiter wie das diesseitige. In einigem

Kontrast dazu ist aber bekannt, daß der Kaiser zu Lebzeiten das Wissen um seine Unsterblichkeit verleugnete und Expeditionen durchs ganze Land schickte, um die Droge der Unsterblichkeit zu finden. Bereits dreitausend Jahre früher hatte sie Gilgamesch, der Held der sumerischen Sage, ebenso vergeblich gesucht. Als er nämlich das Lebenskraut nach unsäglichen Mühen aus der Meerestiefe geborgen hatte, wurde es ihm von der Schlange gestohlen, die sich sofort häutete und damit die ersehnte Verjüngung gewann an Stelle des Menschen, der seither dem Tode nie mehr entgehen konnte.

Um so mehr wurde in allen Kulturen der Gewißheit des diesseitigen Todes durch die Hoffnung auf das Jenseits beziehungsweise auf eine postmortale Existenz begegnet. Dies hatte zunächst Einfluß auf die Totenbestattungen. Zerstörungs- und Erhaltungsriten lösten sich ab. Relativ spät tauchen die Feuerbestattungen auf, erst dann die Särge und Gebeinurnen. Während im Neolithikum die später vor allem in Innerasien üblichen Aussetzungen der Toten die Regel bedeuteten, gab es bereits auch Heiligtümer unter den Wohnhäusern, in denen besonders auserlesene Menschen beigesetzt waren. Auch die Ost-West-Orientierung spielte eine Rolle: Der Osten gehört dem Tod, der Nacht; der Westen der Sonne. Das Reich der Seligen wurde im Westen gedacht, eine Vorstellung, die aus dem kaukasischen Raum nach Ägypten und in die minoische Kultur, möglicherweise bis zu den Griechen gelangte. Tod und Auferstehung sollen das geheime Lebensthema des minoischen Menschen gewesen sein. Die minoischen Paläste waren vermutlich sowohl Wohnstätten der Herrscher und deren Hofstaaten wie auch Stätten des Totenkults, was auf die innige Verflochtenheit von Leben und Tod hindeutet.

Eng verbunden mit dem Tod ist von jeher auch die Annahme gewesen, daß das Leben nach dem Diesseits wesentlich davon abhänge, wie dieses diesseitige Leben gelebt wurde. Die tapferen Krieger der Indianer kamen in die ewigen Jagdgründe, die gefallenen Helden der Germanen wurden von Odin in die Walhalla berufen. Schon hier zeigt sich das menschlich-allzumenschliche Vorurteil, daß es auch hinsichtlich des jenseitigen Lebens Klassenunterschiede gibt. Aber nicht nur männliche Tugenden, Tapferkeit und Treue sollten belohnt werden. Auch über ein gutes oder schlechtes Leben wird im Tode gerichtet, und dies nicht erst, seit das Christentum für den Verstorbenen die Hölle wie den Himmel bereithält. Bei den Griechen mußten die Verstorbenen, falls sie nicht zu den Göttern emporstiegen, was äußerst selten war, in den Hades. Allerdings wandten sich dann bereits Pythagoras, später auch Platon gegen eine bloße Hades-Resignation durch den Gedanken der Metempsychose, der Seelenwanderung, sowie mit der Hoffnung auf die Palingenesie, der Wiedergeburt, die einem »idealen Seelenteil« die Möglichkeit einer »gottnahen künftigen Existenz« (Mann, a.a.O., 58) eröffnete. Auch in der altiranischen Religion und später unter ihrem Einfluß im Islam macht sich die Seele nach der Auflösung des Körpers auf die Reise, von einem persönlichen Schutzengel begleitet, der ihr in der großen Krise beim Überschreiten der Cinvat-Brücke, die über einen feuerlodernden Abgrund in Gottesreich führt, behilflich ist. Mit dem persischen Propheten Zarathustra treten dann drei Heilande nacheinander auf, die das Gericht Gottes einleiten. Der Islam kennt seither die Gerichtsbrücke und die Paradiesjungfrauen, zwei Engel, die während des Lebens eines Menschen dessen gute und böse Taten aufschreiben. Im Iran verbinden sich bereits moralische Gedanken mit der postmortalen Vorstellung, was U. Mann (a.a.O., 60) zur Ansicht veranlaßt, daß sowohl in den Islam wie auch ins spätere Judentum und in die christliche Eschatologie zahlreiche iranische Ideen eingeflossen seien. Die indischen Religionen weisen schließlich unterschiedliche Anschauungen auf, wobei insbesondere auf die Seelenwanderung zu verweisen ist. Nach älteren Vorstellungen soll der Mensch je nach seinen Taten als irgendein anderes Lebewesen, beispielsweise als Wurm, Vogel, Tiger oder aber auch als ein anderer Mensch, wieder auf die Welt kommen. Daneben gibt es noch das »karman«, eine geheimnisvolle Entelechie, die Identifizierung von Makrokosmos und Mikrokosmos, und schließlich im diesseitigen Leben bereits die buddhistische Versenkung, die bis zur völligen Abgeschiedenheit vom Diesseits führt. In ihr ist das Nirvana bereits zeitweise, im Tode jedoch das vollendete Erlöschen erlangt. Nirvana meint nun nicht einfach ein bloßes Nichts, sondern schlicht das »ganz andere«, als solches *Erlösung*. Im nachbuddhistischen Hinduismus kommt eine Ambivalenz von Leben und Tod zum Ausdruck, »welche unseren heutigen, von einer Opposition dieser beiden Begriffe ausgehenden Denkgewohnheiten widerspricht« (v. Stietencron, 1976). Nach hinduistischer Auffassung wird das Leben durch den Tod nicht beendet, sondern lediglich in seinen Bedingungen verändert. Das Sein selbst ist unvergänglich. Die Behauptung Husemanns (^{3}1977, 18) hingegen, daß der Inder in der Sterbestunde das größte Glück seines Lebens erlebt, dürfte trotzdem zumindest fragwürdig sein; v. Stietencron jedenfalls ist der Ansicht, daß selbst die Aussicht auf einen Wandlungsprozeß keineswegs bedeute, daß man den Tod »als das Ende eines uns vertrauten Daseinszustandes in Indien nicht gefürchtet hätte« (a.a.O., 148). Die Sehnsucht nach Unsterblichkeit und die Todesfurcht kommen schon in den vedischen Hymnen und in zahlreichen Sprüchen zur Abwehr von Tod und Krankheit vor. Der Tod im Hinduismus ist allerdings kein Zustand, sondern ein intensiver Wandlungsprozeß, wobei wiederum das Schicksal des Toten für den Guten anders ist als für den Schlechten wie auch verschieden für den rituell Versorgten und den rituell Vernachlässigten. Die beiden hinduistischer Tradition entsprungenen Vorstellungen vom Schicksal der Toten haben über 2500 Jahre lang nicht nur sich erhalten, sondern auch das gesellschaftliche System Indiens in höchstem Maße geprägt. Die ältere, archaische Tradition überliefert die Vorstellung, daß die Toten noch mit den Lebenden in Verbindung stehen und von deren Opfergaben »leben«; die jüngere Lehre von der Wiedergeburt ergänzt diese Vorstellung. Das Fortleben nach dem Tode ist somit durch zwei Stadien gekennzeichnet: Eine erste Phase liegt zwischen Tod und Wiedergeburt, die zweite Phase führt schließlich nach einem grenzenlosen Kreislauf von Werden und Vergehen durch zahlreiche Existenzen hindurch zur Erlösung.

Die Konsequenzen für das menschliche Verhalten gegenüber dem Leben und Sterben liegen für den Hindu zunächst darin, daß er die Verstorbenen in sein soziales Denken und Handeln miteinbezieht. Die rituelle Fürsorge für die Toten erreicht im Hinduismus ein sonst nirgendwo gekanntes Maß, auch wenn für die Trauer kein Platz ist. Die Hinterbliebenen bedauern nicht den Toten, sondern sich selbst, ihren eigenen Verlust, ihren ihnen entzogenen Besitz. Inwiefern allerdings diese Art von Trauer nicht auch für den westlichen Menschen angesichts des Todes eines geliebten Elternteils, eines Kindes, Freundes oder Verehrten gilt, sei in diesem Zusammenhang nicht weiter verfolgt. Die Trauer nämlich hat so viele Facetten, daß es schwierig sein dürfte, aufgrund irgendeiner philosophischen oder religiösen Konzeption des Todes eine derartige Ausscheidung vorzunehmen. Tod bedeutet immer Trennung, und Trauer gibt es immer dort, wo Trennung bevorsteht oder eingetreten ist. Nicht von ungefähr beschrieb Caruso (1968) die Phänomenologie des Todes unter der Überschrift: »Die Trennung der Liebenden«.

Doch damit sind wir dem Thema des Beitrags weit vorausgeeilt. Erwähnung, wenn auch nur fragmentarische, müssen insbesondere die berühmten tibetanischen und ägyptischen Totenbücher finden. Das Tibetanische Totenbuch enthält das Totenritual für die 49 Tage nach dem Abscheiden, wobei die Gebete wie im Islam dem Sterbenden und dem eben Gestorbenen ins Ohr gesprochen werden, da auch der Tote sie zunächst noch hören kann. C. G. Jung hat das Totenbuch als »Anamnesen« pränataler Seelenentwicklung gedeutet. Er bekannte in einem Geleitwort zu dem von W. Y. Evans-Wentz ([12]1978) herausgegebenen Tibetanischen Totenbuch, dem »Bardo Thödol« (oder Bar-do thos-grol; s. Kindlers Literatur Lexikon, Bd. I, 1332), es sei ihm seit dem Jahre seines ersten Erscheinens (1927) »sozusagen ein ständiger Begleiter gewesen«, dem er nicht nur viele Anregungen und Kenntnisse, sondern auch sehr wesentliche Einsichten verdanke. Unähnlich dem Ägyptischen Totenbuch, über das man nur allzuwenig oder allzuviel sagen könne, enthalte der »Bardo Thödol« eine menschlich begreifbare Philosophie und spreche zum Menschen, nicht zu Göttern oder zu Primitiven.

Die Lehren des »Bardo Thödol« werden einem großen buddhistischen Apostel namens Padmasambhava zugeschrieben, der um die Mitte des achten Jahrhunderts n. Chr. auf Einladung des Königs Thî-Srong-Detsan den Buddhismus nach Tibet brachte und dort das erste Kloster gründete. Seine Lehren beruhen nicht auf der Wiedergabe philosophischer Traktate, sondern auf den Erkenntnissen meditativer Erfahrungen. Da zu Beginn des neunten Jahrhunderts in Tibet unter einem Thronusurpator eine Buddhistenverfolgung einsetzte, wurden die Schriften Padmasambhavas geheimgehalten, verborgen und blieben für lange Zeit unentdeckt.

Der »Bardo Thödol« ist das tibetanische Buch der »spontanen Befreiung vom Zwischenstand – zwischen Leben und Wiedergeburt –, den wir ›Tod‹ nennen, in symbolische Sprache gekleidet« (Govinda [12]1978, 22) oder die »Befreiung durch Hören auf der Stufe nach dem Tode« (Evans-Wentz [12]1978, 77). Es wird, wie gesagt, heute wie ein Brevier beim Sterben eines Menschen oder kurz nach dessen Tod gelesen, war jedoch ursprünglich für die Lebenden gedacht, die befähigt werden sollten, die Illusion des Sterbens zu durchschauen und sich von der Todesfurcht zu befreien. Die Eingeweihten sollten durch das Erlebnis des Todes gehen, um zur inneren Befreiung zu gelangen. Jeder Augenblick des Lebens müsse mit dem gleichen

Ernst betrachtet werden, als wäre es der letzte; der aus dem Leben Geschiedene, der sich noch tagelang in einem traumartigen Zustand befinde, sollte mit Liebe und hilfreichen Gedanken in den neuen Daseinszustand begleitet werden – vermutlich auch als Hilfe für die Zurückgebliebenen, die ihr eigenes Verhältnis zum Toten und zum Tode klärten, ohne in den Zustand morbider Depression zu verfallen.

Geburt und Tod gelten dem Buddhisten und Hinduisten nicht als einmalige Ereignisse in einem menschlichen Leben, sondern als ununterbrochen sich vollziehende Phänomene. In jedem Augenblick stirbt etwas in unserem Leben und wird etwas wiedergeboren. Es gibt sechs Bardos, beziehungsweise sechs verschiedene Bewußtseinszustände im Leben: das (normale) Wachbewußtsein, das Traumbewußtsein, den Zustand des Versenkungsbewußtseins, das Todeserlebnis, das Erleben der Wirklichkeit und das Wiedergeburtsbewußtsein. Dieses allein beweist schon, daß es sich beim Tibetanischen Totenbuch nicht einfach um eine Anweisung zum Sterben oder gar um eine »Totenmesse« handelt, sondern um eine Schrift, die sich an alle jene wendet, »die das Leben noch vor sich haben und denen zum ersten Mal die volle Bedeutung ihres Daseins – insbesondere ihres Menschseins – zum Bewußtsein kommt« (Govinda a.a.O., 35), denn in menschlicher Daseinsform geboren zu sein wurde schon von Buddha als Privileg anerkannt. Es bietet nämlich die Möglichkeit der Schicksalsentscheidung, der Befreiung durch eigenen Entschluß und die Möglichkeit innerer Umkehr.

Trotzdem ist der »Bardo Thödol« ein Buch der Belehrung des eben Gestorbenen« (Jung [12]1978, 41). Ähnlich wie das Ägyptische Totenbuch dient es, wie gesagt, als Führer durch die Zeit der Bardo-Existenz, eines Zwischenzustandes von symbolischen 49 Tagen, bis zur Wiedergeburt. Der Text enthält drei Teile. Der erste (Tschikhai-Bardo) schildert die seelischen Ereignisse im Moment des Todes, der zweite (Tschönyi-Bardo) die nach erfolgtem, definitivem Tod eingetretenen Traumzustände oder die sogenannten karmischen Illusionen, während der dritte Teil (Sipa-Bardo) das Einsetzen der Wiedergeburt und die pränatalen Ereignisse betrifft. Der Tote legt keinen leichten Weg bis zur Reinkarnation zurück. Findet im ersten Teil, unmittelbar im Prozeß des Sterbens noch höchste Einsicht und Erleuchtung statt und damit die größte Erlösungsmöglichkeit, so erscheinen bereits im Tschönyi-Zustand 28 mächtige und grauenhafte Göttinnen und 58 bluttrinkende Gottheiten sowie als Summe aller Schrecken der vernichtende Todesgott. Jung vergleicht diesen Zustand, einen bedrohlichen »Traum- und Degenerationszustand«, der im Sipa-Zustand zu Höllentorturen führt, mit einer Zerstückelung in die »psychische Dissoziation«, in ihrer deletären Form mit der Schizophrenie (a.a.O., 51). Dabei verweist er auf eine entsprechende Textstelle aus dem »Gericht« (Das Tibetanische Totenbuch [12]1978, 145): »Darauf schlingt (eine der ausführenden Furien) des Todesgottes ein Seil um deinen Hals und zerrt dich weg; sie schneidet deinen Kopf ab, nimmt dein Herz heraus, reißt deine Eingeweide heraus, leckt dein Hirn aus, trinkt dein Blut, ißt dein Fleisch und nagt an deinen Knochen; du aber bist unfähig zu sterben. Selbst wenn dein Körper in Stücke zerhackt wird, erholt er sich wieder. Das wiederholte Zerhacken bereitet furchtbaren Schmerz und Qual.«

Gleichwohl wird dem Verstorbenen empfohlen, den Gott des Todes nicht zu fürchten; da der Körper ein Geist-Körper sei, könne er nicht sterben, »selbst wenn er geköpft und geviertelt wird. Dein Körper ist in Wirklichkeit von der Natur der Leere; so brauchst du keine Angst zu haben. Die Todesgötter sind deine eigenen Halluzinationen.«

Ohne Gericht scheint es in keiner der großen Erlösungsreligionen nach dem Tode auszugehen. Während jedoch das Jüngste Gericht im christlichen Glauben nur die Möglichkeit der ewigen Seligkeit oder der ewigen Verdammnis kennt, läßt das Gericht des Buddhismus-Hinduismus den Gläubigen oder Yogi, der im Verstehen fortgeschritten ist, ohne den Zwischenstand durchschreiten zu müssen, auf dem Großen-aufwärts-Pfad verscheiden und gibt denen, die mit schlechtem Karma in Verbindung stehen, »deren Verdunklungsmasse (ob) schlechter Handlungen sehr groß ist« (a.a.O., 273), die weiter hinunter zum Sipa-Bardo wandern müssen, dem Einfluß von Schauer und Schrecken verfallen, noch eine Möglichkeit der Rettung. »Selbst die geringsten von ihnen, die der Tierordnung gleichstehen, werden – durch Anwendung des Zufluchtnehmens – fähig, sich vom Ins-Elend-Gehen abzuwenden, und, indem sie die große (Gabe) eines vollkommen ausgestatteten und befreiten Menschenkörpers gewinnen, in der nächsten Geburt einen *Guru* zu treffen, der ein tugendreicher Freund ist, und so die (rettenden) Gelübde zu erreichen« (a.a.O., 273 f).

Es wäre anmaßend, aufgrund dieser kurzen und unvollständigen Übersicht über die Reinkarnationslehre und das Tibetanische Totenbuch einen auch nur einigermaßen kompetenten Kommentar abzugeben. Immerhin seien einige Bemerkungen zu den in der deutschen Ausgabe dem eigentlichen Inhalt vorgegebenen Vor- und Geleitworten gestattet. Ob beispielsweise die Schriften des Bardo Thödol, wie Lama Anagarika Govinda schreibt, lediglich »auf den Tatsachen meditativer Erfahrung« beruhen und ursprünglich mehr für die Lebenden als für die Toten geschrieben wurden, mag dahingestellt bleiben. Wir müßten aber zumindest wissen, was eigentlich mit »Tatsachen« gemeint ist und welchen Stellenwert beziehungsweise welchen Wirklichkeitscharakter den meditativen »Erfahrungen« zukommt. Die christlichen Mystiker, unter ihnen beispielsweise Heinrich Seuse, haben ebenfalls meditative Erfahrungen gesammelt, ohne daß diese in die offizielle Lehre der katholischen Kirche eingegangen sind. Zudem wird auch im Totenbuch selbst immer wieder von *Halluzinationen* gesprochen, von denen abgesehen »es in Wirklichkeit außerhalb unserer selbst keine solchen Dinge wie Todesgott oder Gott oder Dämon oder Stierköpfiger Todesgeist« gibt ([12]1978, 246). Trotzdem wird die Wiedergeburt nicht angezweifelt. Es gibt keinen Menschen, der nicht von den Toten zurückgekehrt ist, antworten die Weisen Tibets denjenigen, die auf dem Standpunkt stehen, niemand könne authentisch über den Tod sprechen, der nicht selber schon gestorben und von den Toten zurückgekehrt sei. Govinda (a.a.O., 21) vertritt denn auch die Ansicht, wir alle seien bereits viele Tode gestorben, ehe wir in dieses Leben traten, »denn was wir Geburt nennen, ist nichts als die andere Seite des Todes, ein anderer Name für denselben Vorgang, vom entgegengesetzten Standpunkt aus gesehen, so wie wir dieselbe Tür als Eingang und Ausgang bezeichnen . . .« Die Frage, warum die meisten Menschen nicht glauben, den Tod erfahren zu haben und sich nicht an den letzten Tod erinnern, beantwortet er mit dem Hinweis, daß die Menschen in gleicher Weise sich auch nicht ihrer Geburt erinnern und dennoch keinen Augenblick daran zweifeln, daß sie geboren wurden. Nun scheint mir aber gerade dieser Vergleich keineswegs gültig zu sein. Auch wenn wir uns unsere Geburt nicht vergegenwärtigen können, so erfahren wir doch das Geborenwerden des Kindes in einer Unmittelbarkeit als Menschwerdung, die der Erfahrung des Sterbens eines anderen völlig abgeht. Das Kind tritt ins Leben als Menschenwesen, bereits mit den Möglichkeiten seines Existierens als Weltoffenheit, Leiblichkeit, Mit-Sein und Gestimmt-Sein, um nur einige Grundzüge des In-der-Welt-seins (Heidegger) zu nennen. Der Mensch tritt, um bei einem Vergleich Govindas zu bleiben, *in* das Innere eines Raumes oder Hauses, in dem bereits Menschen wohnen; ja dieses Innere, dieser Raum, würde ohne den Menschen gar nicht vorhanden sein. Was der Mensch, der die Tür als Ausgang benutzt, der den Raum und die Mitmenschen verläßt, der als In-der-Welt-sein aufhört zu existieren, »draußen« erfährt und begegnet, entzieht sich unserer Kenntnis. Dies hat nichts mit dem zugegebenermaßen rudimentären menschlichen Erinnerungsvermögen zu tun. Es ist eben doch nicht die gleiche Tür, die als Ein- und Ausgang dient! Die Frage bleibt demnach im Raum stehen, ob nicht auch die buddhistisch-hinduistisch-tibetische Todesauffassung wie viele andere, aus dem Volksglauben erwachsene Anschauungen letztlich der Todesvermeidung und -abwehr dienen, da ja in ihnen ein natürlicher Tod gar nicht möglich ist. Darauf deutet auch die etwas profane Feststellung, das Tibetanische Totenbuch sei eine Art »Reiseführer« (Woodroffe [12]1978, 59) für die Seelenwanderung. Mehr als fragwürdig dürfte zudem die Behauptung von Evans-Wentz ([12]1978, 110) sein, der »Bardo Thödol« scheine »auf beweisbaren Tatsachen menschlicher physiologischer und psychologischer Erfahrungen zu beruhen . . .« und sei »daher in der Hauptsache wissenschaftlich.« Der Bibel der Christen wie dem Koran der Moslems wirft Evans-Wentz dagegen vor, »niemals in Betracht zu ziehen, daß die geistigen Erfahrungen der Propheten oder Frommen in der Form eingebildeter Visionen . . . sich in der letzten Analyse als nicht wirklich erweisen könnten«, während der »Bardo Thödol« seine Versicherungen »so eindringlich« bringe, daß er seinem Leser »den klaren Eindruck hinterläßt, daß jede Vision ohne Ausnahme . . . rein illusorisch ist«. Mit anderen Worten: Es geht im »Bardo Thödol« nicht um den Tod, sondern um das Ziel, »den Träumer zum Erwachen in der Wirklichkeit zu bringen, befreit von allen Verdunkelungen karmischer und samsârischer Illusionen«. Es geht somit nicht eigentlich um ein Leben als »Sein zum Tode«, sondern um den Tod als »Sein zum Leben«.

C. G. Jung hat es sich mit der Deutung dieses Werkes nicht leichtgemacht. Es stellt sich allerdings die Frage, wieweit die Psychologie des »Bardo Thödol« tatsächlich unverkennbar »aus den archetypischen Inhalten des Unbewußten«, gemeint ist natürlich des »kollektiven Unbewußten«, geschöpft ist ([12]1978, 55), dem nachgewiesenermaßen spekulativsten Teil der Jungschen Lehre. Das Buch schildere einen »umgekehrten Initiationsweg«, der gleichsam im Gegensatz zur christlichen eschatologischen Erwartung »den Abstieg ins physische Werden vorbereitet«. Die östliche Anschauung des Karma sei eine Art psychischer Vererbungslehre. Die psychische Vererbung soll in ihren Formen a priori den Charakter von Bildern besitzen, und zwar von besonders typischen Bildern, die »ich deshalb auch, in Anlehnung an die Antike, als Archetypen bezeichne« (a.a.O., 48). Diese Archetypen seien »etwas wie Organe einer prärationalen Psyche«, ewig vererbte, identische Formen und Ideen ohne spezifischen Inhalt, der sich jeweils erst im individuellen Leben und der persönlichen Erfahrung ergebe. Die Archetypen gelten als Dominanten des Unbewußten; die Schicht der unbewußten Seele, die aus diesen dynamischen Formen bestehe, nannte Jung eben das kollektive Unbewußte. Der archetypische Initiationsprozeß, der während einer Analyse stattfindende Wandlungsprozeß des Unbewußten, wäre dann das natürliche Analogon der künstlich durchgeführten religiösen Initiationen, welche sich vom natürlichen Vorgang dadurch prinzipiell unterscheiden, daß sie die natürliche Entwicklung vorwegnehmen und an Stelle der natürlichen Symbolproduktion absichtlich gewählte, durch Tradition festgelegte Symbole setzen, wie dies z. B. bei den Exerzitien des Ignatius von Loyola oder bei den buddhistischen und den tantrischen Yoga-Meditationen der Fall sei.

Es ist hier nicht der Ort, auf die Kritik am Begriff des »Unbewußten« – ob individuell (Freud), kollektiv (Jung) oder familiär (Szondi) – einzugehen. Doch hat sich die Annahme einer archetypisch-dynamisch gesteuerten Psyche wie insbesondere einer »psychischen Vererbung« ganz gleich welcher Art nicht minder als eine »metapsychologische« Hypothese erwiesen als etwa Freuds These vom »psychischen Apparat«. So bringt denn auch Jungs psychologische Deutung kaum eine wesentliche Erweiterung unseres Verständnisses des »Bardo Thödol«, sondern höchstens einen ebenso spekulativen Ersatz. Dies heißt nun nicht, daß wir nicht beiden, sowohl den Lehren des Padmasambhava wie denen Jungs, ein Höchstmaß an Ehrerbietung und Bewunderung entgegenbringen. Es gibt Menschen, die vieles, insbesondere das Numinose, erahnen, ohne es wissenschaftlich belegen zu können. Nicht alles, was beweisbar ist, kann für sich absolute Wirklichkeit beanspruchen, und nicht alles, was wirklich ist, ist auch beweisbar. So mag denn auch die Kritik an vielem, was große Geister *gesehen* haben und *wissenschaftlich zu begründen* versuchten, darin gründen, daß »sehen« und »beweisen« zwei grundverschiedene Wege der Erkenntnis sind. Was gesehen wird, bedarf keines Beweises.

Es soll somit offenbleiben, was es mit der »Seelenwanderung« der buddhistisch-hinduistischen Erlösungsvorstellung auf sich hat. Glaubenswahrheiten lassen sich nicht in unser rationales Denken einordnen. Dies gilt bekanntlich nicht nur für den Buddhismus, sondern für alle großen und kleinen Weltreligionen. Nicht gleichgültig kann uns aber sein, welche gesellschaftlichen Folgen in bezug auf das Sein oder Nichtsein des Menschen aus ihnen erwachsen. Das Verhältnis des Homo faber zu Leben und Tod entspringt nämlich zumeist nicht eigener philosophisch-religiöser Überlegung, sondern der ihm durch die Philosophen und Religionsstifter aufgegebenen Überzeugung, welche wiederum in gesellschaftlich anerkannten Verhaltensweisen, rituellen Handlungen, Normen und Gesetzen sanktioniert ist.

Diese Darlegungen haben sich vorerst auf das Tibetanische Totenbuch beschränkt. Das »Totenbuch der Ägypter« ist wesentlich älter. Es besitzt aber nicht die gleiche Prägnanz wie die tibetanische Schrift und dürfte dem heutigen Menschen weniger Anreiz zur philosophischen Betrachtung über den Sinn des Lebens und des Sterbens geben. Bereits die Quellen sind uneinheitlich. Die dem Verfasser zugängliche Ausgabe beinhaltet 190 Sprüche, die aus dem ältesten Zeitraum, nämlich aus der achtzehnten Dynastie (dem fünfzehnten Jahrhundert v. Chr. entsprechend) stammen. Die Texte beziehen sich auf das Leben nach dem Tode und wurden seit dem Neuen Reich dem Toten als »schriftlicher Paß« mit ins Grab gegeben.

Der ägyptische Titel des Totenbuches lautet: »Das Buch vom Herausgehen am Tage«. Wie das Tibetanische Totenbuch lehrt auch das Ägyptische auf besondere Art die Kunst des Sterbens und die Erreichung eines neuen Lebens in einer esoterischen und symbolischen Weise. Die beiden Bücher gleichen sich in ihrer Jenseitsmystik derart, daß nach Evans-Wentz (a.a.O., 77) »eine ursprüngliche kulturelle Verwandtschaft« zwischen ihnen vermutet werden kann. Dies wird allerdings von E. Hornung (1979, 12) bestritten. Die Gleichstellung des Ägyptischen Totenbuches mit dem Tibetanischen und mit fernöstlicher Yoga-Weisheit gehe an den großen prinzipiellen Unterschieden zwischen ägyptischer und fernöstlicher Denkweise vorbei, auch wenn es zusätzliches Interesse geweckt habe. Ebenso übertrügen alle modernen Versuche, die Sprüche des Totenbuches als Mysterienweisheit zu deuten, zu schematisch moderne oder hellenistische Formen auf das pharaonische Ägypten. Hingegen würden in den Unterweltbüchern der thebanischen Königsgräber Fahrten durch tiefste Räume der Seele beschrieben, im Totenbuch mit dem Licht der Sonne in tiefste Schichten menschlicher Existenz hineingeleuchtet, elementare Wünsche und Ängste freigelegt, so daß man von einer »Tiefenpsychologie in nahezu modernem Sinne« (a.a.O., 26) sprechen könne. Gleichzeitig aber würden außerdem Informationen über das Jenseits gesammelt und in Wort und Bild mitgeteilt.

Das Ägyptische Totenbuch war jedermann zugänglich. Es wurde von Königen, Beamten, Angestellten und Handwerkern benutzt, auch wenn sich in späterer Zeit eine gewisse Hierarchie aufbaute, in der bestimmte Formen und Texte, z. B. die Unterweltbücher und die Sonnenlitanei, dem König vorbehalten waren. Bei aller Demokratisierung blieben aber die Totenbücher aus rein wirtschaftlichen Gründen den Staatsangestellten vorbehalten, da ihr Kauf für die unteren Volksschichten unerschwinglich war. Hingegen war der Erwerb oder Besitz dieses kostbaren Buches keine Frage der »Einweihung«.

Auch für den Ägypter trennte sich im Tode der Leib von der Seele. Die Verfallserscheinungen des Körpers galten nur als Übergang zu einem erhöhten Sein im Reich des Osiris. Eine Wiedergeburt zu irdischem Dasein wurde vom Verstorbenen nicht erstrebt, sondern nur das Eingehen in das beruhigende Gleichmaß der Gestirne. Der Mensch ist sowohl auf die lichte Sonnenwelt des Re wie auf die dunkle Todeswelt des Osiris angewiesen. Während der Körper in der Unterwelt bleibt, begleitet der Ba die Sonne zum Himmel; aber jede Nacht vollzieht sich die Wiedervereinigung von Körper und Ba – dies ist der entscheidende Moment des Wiederauflebens im Jenseits. Das ist von Bedeutung für die Bestattungsriten: Durch die Mumifizierung wird der Körper bewahrt. Sogar die Eingeweide werden in den Kanopenkrügen aufbewahrt, damit sie nicht verlorengehen. Der Tote erhält seine irdische Gestalt lebendig und verjüngt im Jenseits. Allerdings muß sich auch der ägyptische Verstorbene einer Reinigung und Prüfung unterziehen, einer Art Gerichtssitzung, in welcher über den Menschen und sein Herz ein Urteil gefällt wird. Wo des Menschen Herz in Einklang mit der Maat ist, das heißt mit der richtigen Ordnung der Welt, wartet ein harmonisches Jenseitsgeschick auf ihn; ist er jedoch aus dieser Ordnung, aus der Maat herausgetreten, verfällt er der Tiefe, dem verschlingenden Untier.

Das Ägyptische Totenbuch scheint mir hingegen »menschlicher« zu sein als das Tibetanische. Es enthält zwar auch Stationen größter Bedrohung, gleichzeitig dient es als Zauberbuch und gibt konkrete Anweisungen, wie sich der Tote vor Gefahren, Schlangen, Krokodilen, Insekten und verführerischen Frauen sichern kann. Vor allem aber scheint sich im Tode die im Leben nicht mögliche unmittelbare Kommunikation mit den Göttern zu erfüllen. Auf Erden nämlich begegnet der Ägypter ihnen nur in Abbildern, während er nach seinem Absterben ihnen von Angesicht zu Angesicht gegenübersteht, ja selbst einer von ihnen wird und zwischen den großen Göttern wohnt. Daß Tote auch ängstlich oder überheblich, unfrei oder gelassen, erhaben oder lächerlich sein können, verweist auf die »tiefe Menschlichkeit der alten Ägypter« (Hornung a.a.O., 37 f) hin, die auf ihrer Fähigkeit beruht, alles Menschliche zu sehen, Erhabenes und Lächerliches miteinander zu verbinden und im Gleichgewicht zu halten.

Versucht man aus den Totenbüchern und ganz allgemein aus dem Verhältnis der Menschheit zum Tode Rückschlüsse auf die Haltung zum Leben zu gewinnen, dann fällt zunächst der stark moralisierende Charakter aller Weltanschauungen auf. Es ist, als ob des Menschen Taten immer nur unter dem Aspekt des Guten oder Bösen bewertet würden. Eine ausgleichende Gerechtigkeit, eine alles überdeckende Liebe, Toleranz und Vergebung scheinen tatsächlich erst durch das Urchristentum in diese Welt der Irdischen gekommen zu sein. Gleichermaßen fällt auf, daß im Reich der Toten offenbar weiterhin jene Kasten- und Klassenunterschiede herrschen sollten wie im diesseitigen Leben. Dies kam vor allem durch die Bestattungsrituale zum Ausdruck, aber auch in den Auffassungen, daß das Leben post mortem dem hier auf Erden gelebten gleiche. So wie diesseits der Lebensgrenze eine Hierarchie von Macht und Werten besteht, sollte auch jenseits dieser Grenze dieselbe weiter Geltung besitzen. Der Tod als großer Ausgleicher und Gleichmacher, der Bettler und Könige unterschiedslos zu Staub werden läßt, schien damals noch nicht diese übermenschliche Macht zu haben. Wenn, wie angedeutet und behauptet wird, tatsächlich ganze Hofstaaten einem Herrscher in den Tod *freiwillig* nachfolgten, so mag dies uns die Überlieferung glaubhaft machen. Wie sich de facto das einzelne Mitglied dieses Hofstaates dazu einstellte und wie freiwillig es sich dem Tode hingab, muß als Frage offenbleiben, zumindest dem Zweifel Raum gewähren. Ein freier Entschluß dazu dürfte wohl ferner gelegen haben als eine widerspruchslose Ergebenheit in ein von Tradition geprägtes Schicksal. Auch war nicht allen Ägyptern beschieden, gleich einem toten König für die Ewigkeit in einem Grabbau wie den Pyramiden konserviert zu werden. Die Feierlichkeiten der Bestattung zudem, wie sie offenbar früher wie heute besonderen Menschen zuteil wurden und werden, dürften im Grunde auch durch nichts anderes gerechtfertigt sein als durch eine mystische Vorstellung, daß auch im Tode der eine nicht dem anderen gleichzusetzen sei.

Bei alldem muß in Betracht gezogen werden, daß die begrifflichen Grenzen zwischen Gottheit, Seele, Körper und Tod seit Beginn der Hominisation nie klar gezogen wurden. U. Mann (1976) ist den verschiedenen Auffassungen darüber insbesondere bei den Urvölkern nachgegangen. Begräbnisriten und Opfer an höhere Mächte gab es bereits im Neandertaler-Zeitalter, letztere im späten Paläolithikum. Ethnologie und Ethnographie zeitigten weitere Forschungsergebnisse hinsichtlich menschlichen Seins- und Todesverständnisses. So kennen die Ngadju-Dajak auf Borneo bis zu fünf Seelenteile; die Seele ist als ein Zusammengesetztes gedacht, als Einheit in der Vielfalt. Ähnliche Vorstellungen finden sich bei den Toba-Batak auf Sumatra. Ein Seelenanteil, Tondi, sucht die Wiederverkörperung, ein anderer, Begu, geht zeremoniell begleitet ins Totenreich ein. Die Ethnologen unterscheiden zwischen einer »Lebensseele« und einer »Totenseele«; erstere ist die Lebenskraft, der Lebensodem, von der Gottheit herstammend, letztere ist das Ergebnis der individuellen Biographie. Vielfach finden sich auch Zerstückelungsmotive, so beispielsweise im Hainûwele-Mythos auf West-Ceram und in der Osiris-Mythologie.

Mit zunehmender Entwicklung und der Entstehung der Hochkulturen werden Gottheiten und Todesvorstellungen immer profilierter. Es treten neue Götter auf, nicht nur solche des Totesreiches, obwohl die Hades-Imagination noch sehr stark prävaliert. Bei den Sumerern war es Inanna, die Göttin der Liebe, die das Totenreich der Gewalt ihrer finsteren Schwester Ereschkigal zu entreißen versucht und dabei, als Gottheit, selbst stirbt, um später wieder ins Leben zurückzukehren. In der minoischen Kultur auf Kreta galten Tod und Auferstehung als Lebensthema. Die vorherrschende Gottheit war aber jene der Fruchtbarkeit, die alljährlich den immer wieder sterbenden Frühjahrsgott gebar und zu ihrem Geliebten machte, jedes Jahr das gleiche Schicksal erfahrend. Was der minoischen Religion ihren besonderen Charakter gab, war nach Schachenmeyr (^{2}1979, 140) die Angst vor den göttlichen Kräften im Erdinnern, die sich in katastrophalen Erdbeben offenbarten. Aus solchen Angstgefühlen läßt sich »die so betonte Frömmigkeit und Ehrfurcht« erklären, welche den Erscheinungsformen der großen weiblichen Erdgottheit noch über den Fruchtbarkeitskult hinaus gezollt wurde.

Mit dem Auftreten weiblicher Gottheiten veränderte sich überhaupt vieles hinsichtlich des Lebens- und Todesgefühls des Menschen. Gottheit, Erde, Mutterschaft, Fruchtbarkeit und Liebe, natürlich auch andere Eigenschaften wie Untreue,

Rache, Neid, Eifersucht, erhielten zunehmende Bedeutung. Die Götter und Göttinnen der griechischen Antike, zum Teil aus der minoischen Kultur übernommen, benahmen sich gar menschlich, selbst wenn sie, wie Hera, Aphrodite, Artemis und Athene, Zeus und viele andere als unsterblich galten. Nach den großen Epen des Homer, in denen sich der begnadete Dichter mit der menschlichen Seele, mit den Heroen Griechenlands, mit den Göttern und der Unterwelt des Hades auseinandersetzte, traten die *Philosophen* auf den Plan. Die Todesfrage wurde von der Ratio her gestellt. Die Philosophie unserer Tage ist in der Beantwortung dieser Frage kaum weitergekommen als jene der Antike. Dies vor allem auch deshalb, weil sich die Geister noch immer über das Wesen der menschlichen »Seele« uneinig sind.

Das Wort »Psyche« begegnet uns erstmals bei Homer, wobei die heute gebräuchliche Übersetzung als »Seele« nicht die ganze Begrifflichkeit Homers wiedergibt. Nach neueren Forschungen soll die Seele des lebendigen Menschen bei Homer »thymós« heißen. Sie ist es, die im Tode den menschlichen Körper verläßt. Auch die Psyche entfloh beim Sterben und wurde beim Verbrennen des Leichnams befreit, um eigentlich erst dann als Totengeist zu existieren. Die Psyche wird demnach, im Leibesleben unbemerkt geblieben, erst wenn sie »gelöst« ist, kenntlich; sie entweicht (Rohde ^{8}1921, 3) aus dem Munde oder der klaffenden Wunde des Sterbenden, um als »Abbild« (eidolon) im Reiche der »Unsichtbaren« am Rande des Hades körperlos wie ein Schatten (skia) zu schweben. Trotzdem weist sie nach dem Tode des Menschen dessen äußere Erscheinung auf; wie eine Traumgestalt setzt sie gespensterhaft das Leben der Verstorbenen fort, so daß Odysseus in einem Schattenbild seine Mutter erkennt. Aber jeder Versuch, ihre Psyche zu umarmen, bleibt fruchtlos:

»Dreimal sprang ich hinzu, an mein Herz die Geliebte zu drücken;
Dreimal entschwebte sie leicht, wie ein Schatten oder ein Traumbild,
Meinen umschlingenden Armen« (Odyssee, 11, 206 ff).

Die Mutter aber macht ihn auf das Los der Menschen aufmerksam,

» ... wann sie gestorben.
Denn nicht Fleisch und Gebein wird mehr durch Nerven verbunden,
Sondern die große Gewalt der brennenden Flamme verzehrt
Alles, sobald der Geist die weißen Gebeine verlassen.
Und die Seele entfliegt, wie ein Traum, zu den Schatten der Tiefe«
(Odyssee, 11, 218 ff).

Im sechsten Jahrhundert v. Chr. wurde schließlich die Identifikation von Psyche und Thymos vollzogen, möglicherweise unter dem Einfluß der orphisch-pythagoreischen Seelenlehre, die der Seele göttlichen Ursprung und metaphysische Bestimmung zuschrieb. Mit dem Einzug der griechischen Philosophie in die abendländische Geistesgeschichte, mit den Ioniern, kam die Idee der Beseeltheit des Weltganzen auf, eine Art Pantheismus, in dem »für ein Fortleben der menschlichen Einzelseele nach dem Tode noch kein Platz war« (Rozelaar 1976, 105). Thales von Milet, Anaximandros und Anaximenes vertieften zwar nacheinander die Einsicht in das Wesen der Seele, doch trat erst um 500 v. Chr.

mit Heraklit von Ephesos jener Philosoph auf den Plan, der sich ernstlich um eine neue Seelenbestimmung bemühte. Für ihn stand fest, daß sich alle Wirklichkeit, der Mikrokosmos wie der Makrokosmos, in ununterbrochener Wandlung befinde. Der Seelen Tod ist, Wasser zu werden, des Wassers Tod, Erde zu werden; aus Erde aber werde Wasser und aus Wasser die Seele. Ob Heraklit wirklich an eine Art materieller Seelenwanderung gedacht hat, die schließlich zu einem Wiederaufleben der Verstorbenen führte, wie Rozelaar meint, sei dahingestellt. Immerhin erklärte er feierlich, daß die Menschen nach ihrem Tode etwas erwarte, was sie weder hoffen noch glauben könnten. Mitbestimmend für das Schicksal nach dem Tode sollte aber auch die Art und Weise des Sterbens sein, nach dem Motto: »Größerer Tod erlangt auch größeren Todeslohn.«

Es erübrigt sich hier, der Beschränkung auf eine zusammenfassende Orientierung zuliebe, auf die Gegensätzlichkeit von Heraklit und Parmenides, aber auch auf deren Gemeinsamkeiten näher einzugehen (s. dazu den Beitrag von D. v. Uslar in diesem Band)[1]. Die Welt Hesiods und Homers, der Optimismus der Homerischen Epen mit ihren Helden »von idealer Körperkraft und Schönheit«, mit ihrem Ideal menschlicher Vollkommenheit und Göttergleichheit, werden nach dem Pandora-Mythos und der Sage von den fünf Weltaltern zu einer Zeit der Krankheiten, der Armut und des Weltschmerzes. Orphische, dionysische, eleusinische Mysterien, thrakische Einflüsse sind noch bei Pythagoras und Heraklit nachweisbar. Die neue Religion des Propheten Orpheus versprach insbesondere den sozial schlechtgestellten Volksschichten eine Entschädigung im Jenseits für das kummerbeladene Diesseits. Empedokles, Physiker, Politiker und Religionsstifter in einem, sandte sogar aus der Verbannung seine in Gedichtform gekleideten Ermahnungen unter dem Titel »Reinigungen« an die ihm treugebliebenen Jünger in seiner Heimat. Es entstehen die Tragödien, die Aischylos begründet; Sophokles läßt den Ödipus zum Bild einer fluchbeladenen, einer schuldlos schuldig werdenden und dem Untergang geweihten Menschheit erstehen. Die Gottergebenheit macht den Dichter zum Dulder. Der Glaube an das Fortleben der Guten »verleiht dem Dichter die Kraft, das Leben trotz des überwiegenden Unheils gottergeben zu ertragen und diese Gottergebenheit auch bei den schwersten Schicksalsschlägen seiner Helden zu bekennen« (Diels 1921, 19). Bei Euripides dagegen ist von solcher Harmonie keine Rede mehr. Er war der Grübler, der sich mit den Schattenseiten des Lebens nicht abfinden konnte, dessen pessimistische Sentenzen im »Polyidos« ihren Höhepunkt erreichen:

»Wer weiß, ob nicht das Leben hier ein Sterben ist
Und unser Sterben drunten nicht als Leben gilt ...«

Herodot und Thukydides vermittelten zahlreiche Beispiele des antiken Pessimismus, während dann Xenophon bereits auf den sokratischen Kreis verweist. Bei Platon fehlen zwar die pessimistischen Äußerungen nicht. Immerhin verwirft er im »Phaidon« mit aller Deutlichkeit den Selbstmord. Wer den ihm von der Gottheit im Leben angewiesenen Posten verlasse, sei ein ehrloser Deserteur. Berühmt geworden ist die Richterrede aus »Gorgias«, wo er Sokrates sagen läßt:

»So höre denn, wie man zu sagen pflegt, einen sehr schönen Logos. Du wirst ihn zwar, wie ich glaube, für einen Mythos halten, ich halte ihn für einen Logos; denn was ich dir jetzt berichten will, erzähle ich dir als etwas, was wahr ist . . . Nun galt zur Zeit des Kronos für die Menschen das Gesetz, und bei den Göttern gilt es auch jetzt noch immer: Wer von den Menschen sein Leben gerecht und fromm gelebt hat, der gelangt nach seinem Tode nach den Inseln der Seligen und wohnt dort, fern von allen Leiden, in völliger Glückseligkeit. Wer aber ungerecht und gottlos gelebt hat, der kommt in das Gefängnis der Vergeltung und Strafe, das man Tartaros nennt. Unter Kronos und noch zu Beginn der Herrschaft des Zeus waren hier Lebende Richter über Lebende, und sie hielten am Tage, da der Mensch sterben sollte, Gericht über ihn. Die Urteile, die gefällt wurden, waren deshalb schlecht. Da gingen Pluton und die Vorsteher von den Inseln der Seligen zu Zeus und beklagten sich, es kämen an beide Orte Menschen hin, die nicht dorthin gehörten. Da sprach Zeus: ›Ich will dem ein Ende machen. Denn jetzt sind die Urteile schlecht, weil die zu Richtenden in ihren Kleidern beurteilt werden; denn sie leben ja noch, wenn sie gerichtet werden. Mancher, der eine schlechte Seele hat, ist mit einem schönen Körper, mit Adel und Reichtum umhüllt, und wenn die Entscheidung gefällt wird, treten viele Zeugen für ihn auf und bestätigen, daß er ein gerechtes Leben geführt hat. Die Richter lassen sich von diesen Dingen beeindrucken; außerdem richten ja auch sie in einer Umhüllung, indem sie ihre Augen und Ohren und den ganzen Körper wie Schleier vor ihre Seelen spannen. Das alles steht ihnen also im Wege, die eigenen Umhüllungen und die der Gerichteten . . . Das Gericht darf also erst nach ihrem Tode stattfinden. Und auch der Richter muß entblößt und ein Gestorbener sein und darf mit seiner Seele nichts als die Seele eines jeden gleich nach seinem Tode schauen, wenn sie geschieden ist von allen Verwandten und all jenen Schmuck auf Erden zurückläßt, damit das Urteil gerecht sei . . .‹ Und ich (Sokrates) ziehe aus diesen Geschichten folgenden Schluß: Der Tod ist offenbar nichts anderes als die Trennung zweier Dinge voneinander, der Seele und des Körpers. Wenn sie aber voneinander getrennt sind, dann haben beide noch etwa dieselbe Beschaffenheit wie zur Zeit, als der Mensch noch lebte. Der Körper behält seine eigene Natur und die sichtbaren Merkmale seiner Lebensweise und seiner Erlebnisse. Wenn einer von Natur oder infolge seiner Ernährung oder durch beides bei Lebzeiten einen großen Körper hatte, so ist nach seinem Tode auch sein Leichnam groß . . . Ich glaube nun aber, daß es mit der Seele ganz dasselbe ist. Wenn sie vom Körper befreit ist, dann wird an ihr alles sichtbar, sowohl ihre natürliche Anlage als auch die Merkmale, die der Mensch durch Beschäftigungen aller Art in seiner Seele empfangen hat« (Platon 1948, 212 ff).

Platon meint nun, die meisten der abschreckenden Beispiele seien von den Tyrannen, Herrschern, Machthabern und Politikern hervorgegangen, »denn diese begehen wegen ihrer Machtfülle die größten und gottlosesten Verbrechen«, weswegen sie auch von Homer in den Hades geschickt wurden, wo sie ewige Strafen erdulden mußten. Einen »schlechten Kerl aus gewöhnlichem Stande«

dagegen habe niemand als unheilbar mit schweren Strafen behaftet dargestellt. So gehe denn des Sokrates' Rat auch dahin, ein frommes und ehrliches Leben zu führen.

An dieser Stelle müssen auch die Vorstellungen Platons zur »Unsterblichkeit« und seine »Ideenlehre« erwähnt werden, die in der Philosophiegeschichte von weit größerer Bedeutung sind. H. M. Baumgartner (1980, 67) hat einen ausführlichen und äußerst interessanten Essay über Platons Argumente wider den endgültigen Tod des Menschen und für die Unzerstörbarkeit der Seele im Dialog »Phaidon« geschrieben. Hier sei lediglich vermerkt, daß Platon zweifellos Elemente der pythagoreischen Seelenwanderungslehre übernommen hat und daß das Platonische Verständnis von Leib und Seele nicht mit demjenigen der jüdischen und christlichen Tradition zu vergleichen ist. Auch stammt der Unsterblichkeitsgedanke ursprünglich nicht aus der griechischen Philosophie; er fand zwar nicht im frühen Judentum, wohl aber in der Zeit der Propheten und der jüdischen Apokalyptik eine gewisse Entsprechung, mit dem Unterschied allerdings, daß nicht lediglich eine Unsterblichkeit der Seele, sondern auch die Auferstehung des Fleisches, die Auferweckung somit des ganzen Menschen (Luyten 1980, 106), bedacht wurde.

Platons Philosophie ist uns fast vollständig überliefert. Seine Ideenlehre sollte einen Brückenschlag zwischen Heraklit und Parmenides herstellen. Der ethische Idealismus seiner Lehre vom Menschen und vom Staat hat weit über das Mittelalter hinaus, bis in die Neuzeit die Metaphysik inspiriert und im Neuplatonismus (Plotin) Wiederauferstehung gefeiert. Noch nach der Renaissance sind Platonische Ideen in der Philosophie bei Descartes und Leibniz zu finden, im neunzehnten Jahrhundert im deutschen Idealismus sowie in der Phänomenologie Husserls. Für die Scholastik des Mittelalters war jedoch besonders die Auseinandersetzung zwischen Platon und Aristoteles maßgebend.

Die Todesproblematik bei Platon wird bekanntlich, wie die eben zitierte Stelle, Sokrates in den Mund gelegt. Die Sokrates-*Dichtung* bildet den wesentlichsten Teil aller Sokratiker, von Aristippos, Antisthenes, Aischines und Euklid bis zu Platon, während über den *historischen* Sokrates kaum etwas bekannt ist. Er selbst hat nichts Schriftliches hinterlassen, eine Sokrates-Biographie gibt es nicht. Wir wissen lediglich, daß er von etwa 470 bis 399 v. Chr. gelebt hat und durch ein Athener Gericht zum Tode verurteilt wurde. Bereits in mittleren Jahren muß er einen gewissen Bekanntheitsgrad gehabt haben, wurde er doch von Aristophanes in dessen Komödie »Die Wolken« porträtiert, allerdings in einer für die Sokratiker unannehmbaren Weise. Gigon (1947, 20) meint denn auch: »Wenn die Sokratiker überhaupt in einem Punkte einig sind, so sind sie es in dem Bestreben, einen Sokrates zu schildern, der das genaue Gegenteil des aristophanischen ist.« Platon verwarf nicht einmal die Idee, daß letztlich gerade die Komödie des Aristophanes – der Sokrates als einen hochmütigen, weltfremden Gelehrten, mit verheerendem Einfluß auf die Jugend schilderte – für das tragische Schicksal des Philosophen verantwortlich war. Er wurde nämlich, soweit wir aus der Anklageschrift gegen ihn wissen, aus zwei

Gründen hingerichtet: einmal wegen der (angeblichen) Verweigerung der Anerkennung der Staatsgötter und der Einführung neuer Gottheiten, dann wegen Verführung der Jugend. Lange noch nach seinem Tode bekämpften sich Ankläger und Verteidiger des Sokrates; Polykrates verfaßte eine Anklageschrift mindestens sechs Jahre nach Sokrates' Tod, Lysias und Xenophon schrieben ihre Verteidigungsschriften ebenfalls in dieser Zeit und Platon schließlich noch später. Fest scheint zu stehen, daß Sokrates als erster die von Thales ins Leben gerufene Naturphilosophie durch eine philosophische Ethik ablöste und zur klassischen Epoche der antiken Philosophie überleitete.

Über den Prozeß und die Gründe, die zur Verurteilung von Sokrates führten, bestehen eine ganze Reihe völlig divergierender Meinungen. Festzustehen scheint lediglich, daß Sokrates selbst dem Sterben mit innerer Gelassenheit entgegensah und alle Vorbereitungen für seine Leichenbestattung ablehnte. Der Tod schien eine Angelegenheit zu sein, die ihn innerlich nichts anging und sein geistiges Wesen unbeeinflußt ließ, die Eudaimonia nicht zu zerstören vermochte. Auch die Gleichgültigkeit gegenüber Totengebräuchen, bereits bei Heraklit sichtbar, dürfte damit in Verbindung gestanden haben, daß dem Leib keinerlei Bedeutung zukam. Der Leib, den die Seele verlassen hatte, war wertlos und deshalb keiner Ehrung würdig. Einzig das Nachleben der Seele war wesentlich für das menschliche Sein.

Finden wir nun gerade in der philosophischen Ethik der Sokratiker in ausgesprochenem Maße das moralisierende Element vertreten, die immer wiederkehrende Belehrung und Ermunterung zu einem sittlich einwandfreien Leben, deren Nichtbeachtung schwerste Folgen nach dem Tode mit sich bringen sollte, so hat sich in der Folge das Todesproblem in der Antike nochmals in zwei großen Richtungen entwickelt, die einander diametral gegenüberstehen. Auf der einen Seite finden wir die Aussagen Epikurs, auf der anderen jene der Stoiker.

Die These Epikurs über den Tod ist denkbar einfach. Der Tod geht uns nichts an, an diesen Gedanken soll man sich gewöhnen. Denn alles Gute, aber auch alles Schlimme beruhe auf der Wahrnehmung. Die sinnliche Wahrnehmung galt ihm als Maßstab der Wahrheit. Da der Tod den Verlust der Wahrnehmung bedeute, mache die rechte Einsicht, daß er uns nichts angeht, die Sterblichkeit des Menschen genußreich. »Denn im Leben gibt es für den nichts Schreckliches, der in echter Weise begriffen hat, daß es im Nichtleben nichts Schreckliches gibt ... Das schauerlichste Übel also, der Tod, geht uns nichts an; denn solange wir existieren, ist der Tod nicht da, und wenn der Tod da ist, existieren wir nicht mehr ... Wir sind ein einziges Mal geboren. Zweimal geboren zu werden ist nicht möglich. Die ganze Ewigkeit hindurch werden wir nicht mehr sein« (zit. n. Hahn 1975, 96).

Von einem Weisen verlangt Epikur, daß er weder das Leben ablehne noch das Nichtleben fürchte, während die Menge bald den Tod als das ärgste Übel fliehe, bald ihn aber auch als Erholung von den Übeln dieses Lebens suche. Er findet es jedoch lächerlich, zum Tode zu laufen aus Überdruß am Leben, »da du ja durch die Art deines Lebens bewirkst, daß du zum Tode laufen mußt«, lehnt also den Selbstmord ab. Ähnliche Gedanken hatte bereits Diogenes von Sinope, der nach Laertios

Anton Sohn aus Zizenhausen (Württemberg): »Tod und Königin«, gebrannter Ton, Anfang 19. Jh. (nach einer heute verlorenen Totentanzdarstellung in Basel). Der Basler Totentanz aus dem Jahre 1470 an der Klingentaler Klosterkirche wurde von Anton Sohn in gebranntem Ton als plastisches Bildwerk von 41 Figuren geschaffen.

Bild 1: Der Tod spricht zum Fürsprech und zum Arzt.

Sechs Bilder aus Niklaus Manuel: »Berner Totentanz«. Das Verhältnis des mittelalterlichen Menschen zum Tode fand seinen Ausdruck unter anderem in den berühmt gewordenen, zum größten Teil leider zerstörten Totentänzen. Als Skelett mit Stundenglas, Sichel und Sense wird der Tod, der mit den Menschen jeglichen Standes einen makabren Reigen aufführt, anzeigt, daß die Stunde seiner Ernte gekommen ist, dargestellt. So sprechen die Franzosen bezeichnenderweise von einer Danse macabre, und

Bild 2: Der Tod spricht zum Patriarch und zum Bischof.

Stephan Cosacchi ordnet den »Makabertanz« in die Eigenart mittelalterlicher Vergänglichkeitskunst ein, welche die Ganzheit mittelalterlichen Seinsverständnisses erkennen läßt. Wenn auch die Danse macabre ihre Wurzeln bereits in der Dichtung des 12. Jahrhunderts besitzt, so traten die ersten eigentlichen Totentänze doch erst nach 1350 auf, um ihre höchste Blüte im 15. Jahrhundert zu erreichen und mit dem Lyoner Totentanz des Basler Malers Hans Holbein d. J. 1538 in neuzeitliche Formen überzu-

Bild 3: Der Tod spricht zur Witfrau und zur Tochter.

Bild 4: Der Tod spricht zum Kriegsmann und zur Mätz.

gehen. In Frankreich entstanden, verbreitete sich der Totentanz als symbolische Darstellung der damaligen, jenseitsorientierten Weltansicht besonders unter dem Eindruck der Pestepidemien rasch nach Deutschland, Österreich, England und Italien. Nicht selten wurden den Totentanzbildern, beispielsweise in Paris, Lübeck und Bern, Verse beigegeben, welche die einzelnen Darstellungen dichterisch erläuterten. Ursprünglich wurden die Totentänze auf Mauern von Kirchhöfen, Kapellen oder

Bild 5: Der Tod spricht zum Handwerksmann und Armen.

Beinhäusern gemalt. Ein berühmter, leider verloren gegangener Totentanz soll 1424 den Friedhof der »Saints Innocents« in Paris geziert haben. Durch Kopien und Nachzeichnungen überliefert wurden die Totentänze der Marienkirche in Lübeck (1463) und der Dominikanerklöster in Basel, um 1470, sowie der bekannte Berner Totentanz des Niklaus Manuel (1816–1859) mit seinem Menetekel und, wie gesagt, jener von Hans Holbein d. J. (1497–1543), der aus vierzig Holzschnitten bestand.

Bild 6: Der Tod spricht zum Doktor und zum Meister.

Niklaus Manuel Deutsch: »Der Tod umarmt eine junge Frau«, Ölgemälde auf Holz, um 1500. Der Tod – mit dem deutlichen Hinweis auf die besondere Beziehung zur Erotik, wie sie in den von vielen Meistern gestalteten Bildern »Der Tod und das Mädchen« zur Darstellung gekommen ist – wird von Manuel als Verführer gemalt.

als erster Pädagoge unter den Philosophen gilt, geäußert. Sein höchstes Ideal war die Furchtlosigkeit, insbesondere dem Tode gegenüber, die man durch die Einsicht erreichen konnte, daß der Tod kein Übel sei; der Mensch merke es gar nicht, wenn er da sei. Besondere Bedeutung schrieb Diogenes der Bekämpfung der Todesfurcht bei den Kindern zu.

Für die epikureische Theologie galt, daß es zwar in einer Zwischenwelt unsterbliche und glückselige Götter gebe, die sich aber nicht im geringsten um die Dingwelt und die Menschen kümmerten: sonst nämlich könnten sie nicht glücklich sein. Eine Darstellung dieser Theologie ist Ciceros Schrift »De natura deorum« zu entnehmen. Die epikureische Ethik anerkannte als Ziel menschlichen Lebens die Gesundheit des Körpers und die Leidenschaftslosigkeit der Seele. Erst dann werde als das höchste Ziel das glückselige Leben, die Lust (hedoné), erreicht.

In die beinahe gleiche Zeit fällt der Beginn der *Stoa* und damit auch der Anfang der hellenistisch-römischen Philosophie. Die politisch kulturellen Veränderungen und geschichtlichen Ereignisse dieser Epoche begannen mit dem Untergang der griechischen Staaten, dem Zerfall des Alexandrinischen Imperiums und der Entstehung neuer Staatengebilde: Ägypten, Asien, Makedonien. Mit dem Zweiten Punischen Krieg (218–201 v. Chr.) wird Rom zur Großmacht im Westen, im zweiten Jahrhundert schließlich gewinnt es die Herrschaft über die hellenische Welt, wobei der Einfluß der griechisch Gebildeten auf das geistige Leben Roms deutlich wird. Griechische Philosophen und Literaten weilen in Rom, Römer reisen nach Griechenland. Die bedeutendste Persönlichkeit der lateinischen Geistigkeit, die diese Diffusion zweier Kulturen verkörpert, ist Marcus Tullius Cicero, der auf Rhodos studierte und gegen Ende seines Lebens das griechische Gedankengut in die lateinische Welt übertrug. Parallel zu diesem Prozeß in Europa entwickelte sich ein reges kulturelles Leben in Alexandrien. Die bedeutsamste Frucht dieser Entwicklung sind die 13 Bücher der euklidischen Geometrie.

Die ältere Stoa (300–150 v. Chr.) wurde von Zenon aus Kition gegründet. Der Name »Stoa« stammt von der »bunten Halle« (stoa poikilé) auf dem Marktplatz in Athen, wo Zenons Schule stand. In hohem Alter schied Zenon freiwillig aus dem Leben – ein für die Stoa bezeichnender Abgang. Die Stellung der frühen Stoa zum Tode als einem natürlichen Vorgang ist zunächst durch ihr materialistisches Weltbild bestimmt, in welchem Psychisches und Stoffliches aufgrund der Interpretationen eines physikalischen Vorganges auf die gleiche Stufe gestellt werden. Durch den Tod tritt etwas aus dem Gesamtorganismus weg, durch dessen Verschwinden die gesamte Lebensfunktion gestört wird, wie E. Benz (1929, 2) ausführt. Für den Stoiker ist die Seele selbst Körper. Erst in der späteren Stoa wird dieser materialistische Monismus bei Seneca durch den Dualismus und bei Mark Aurel durch die Überwindung des Materialismus aufgehoben. Der Auflösung der psychophysischen Einheit bei Seneca entspricht in der Psychologie der Differenzierung der vitalen und sittlichen Funktionen. Die vitalen werden dem Organismus, die sittlichen der Seele zugesprochen. Für Seneca besteht die »Hauptpflicht des Weisen« darin, »sich über seine Stellung in der Natur und im Kosmos klarzuwerden« (Benz a.a.O.,

31). Die größte Pflicht liegt auf dem sittlichen Gebiet, und aus der Einsicht in die naturgesetzmäßige Tatsache, daß der Tod die endgültige und notwendige Abschlußphase jeglichen Lebewesens ist, schuf die stoische Ethik Senecas die Lehre von der ars moriendi, von der richtigen Art zu sterben.

Bereits Seneca erkannte eine Weisheit, die heute wiederum im Zeitalter der »Sterbehilfe« neu entdeckt wurde: daß nämlich der Mensch im unmittelbaren Angesicht des Todes mutiger ist als bei seiner Annäherung. »Ist der Tod zur Stelle, verleiht er auch dem Unerprobten Mut, sich ins Unvermeidliche zu fügen ... Der Tod jedoch, der sich erst nähert, aber unvermeidlich kommt, verlangt gelassenen, festen Mut, und der ist selten und findet sich nur bei Weisen.« Und weiter: »Wer den Tod ablehnt, lehnt das Leben ab. Denn das Leben ist uns nur mit der Auflage des Todes geschenkt: es ist sozusagen der Weg dorthin« (Briefe an Lucilius, zit. n. Hahn 1975, 236).

Es wäre Wahnsinn, meint Seneca, den Tod zu fürchten, denn fürchten könne man nur das Ungewisse. Das Gewisse *erwarte* man, insbesondere da der Tod auf einem gerechten, wenn auch unerbittlich strengen Naturgesetz beruhe. Wie das Alter der Jugend folge, so folge dem Alter der Tod. Vor Eintritt des Alters sei er, Seneca, darauf bedacht gewesen, in Ehren zu leben, im Alter jedoch darauf, in Ehren zu sterben. Und das bedeute: gern sterben.

Wenn auch der Selbstmord Senecas im Jahre 65 n. Chr. ein befohlener, also nicht in Freiheit vollzogener war, so stand er doch in einer der Stoa inhärenten Beziehung. Seneca betrachtete den Selbstmord unter gewissen Umständen, dann nämlich, wenn das Tugendstreben im Leben nicht mehr möglich wäre und das Leben seinen Sinn verloren habe, als einzigen Ausweg, einem »malum« zu entgehen, sogar als Pflicht. Er konnte seinen Dialog »De vita beata« nur schreiben, wenn er die »vita«, das Leben, mit den Begriffen »natura«, »ratio« und »virtus« in Beziehung brachte; wo diese Tugenden fehlten, sprach er nicht mehr von »vivere«, sondern nur noch von einem »in vita morari« oder »esse«; Menschen, deren Daseinsakt nur noch »in vita morari« oder »esse«, aber kein »vivere« mehr ist, sind nach Seneca gestorben, noch bevor sie der natürliche Tod dahingerafft hat.

Dieser »Tod der Seele« tritt dann ein, wenn das Leben von der »voluptas« statt von der »virtus« her seinen Sinn erhält. Hier ließe sich auch Plotin erwähnen, der von einer Seele, die ihre Lust am Häßlichen und Sinnlichen findet und nicht mehr nach der reinen Schönheit strebt, sagt, sie sei gleichsam vom Bösen durchsäuert, schmählich verunstaltet, ein vielfach vom Tode durchdrungenes Leben. Seneca setzt denn die letzte und entscheidende Lebenswertung vom Todesgedanken aus. Es gibt für ihn eine »mors honesta« (anständiger Tod; Cato) und eine »mors turpis« (schändlicher Tod; Brutus). Bekannt geworden ist aber besonders Senecas Hohelied auf den Tod (in einem Brief an Marcia), das er in seinen berühmten »Consolationes« noch oft wiederholt. Es soll als Beispiel hier in der Übersetzung von Regenbogen (1930, 213) folgen: »O über die Toren, die nicht wissen, wie elend sie sind, wenn sie nicht den Tod als die beste Gabe der Natur preisen und erharren, mag er nun die Seligkeit umschließen oder das Unglück vertreiben oder des Greises

Lebenssattheit und Müdigkeit enden oder den Jüngling aus der Blüte der Jahre und der Hoffnung auf schönere Zukunft entraffen oder den Knaben vor der härteren Stufe des Lebens heimrufen: allen ein Ende, vielen Erlösung, manchem Sehnsucht: am gütigsten denen, die er antritt, ehe er gerufen wird. Er gibt den Knecht frei gegen des Herrn Willen, er läßt der Gefangenen Ketten leicht werden, er löst aus dem Kerker, wen des Tyrannen Befehl in ihn bannte; er zeigt den Verbannten, deren Herz und Auge unablässig das Vaterland sucht, wie gleichgültig es ist, welches Landes Boden einen deckt; er ist's, der den Ausgleich schafft, wenn die Launen des Schicksals die Güter des Lebens schlecht verteilen, wenn sie Menschen, zur Freiheit geboren, einander zu eigen gaben. Er ist's, nach dem niemand mehr fremder Willkür unterworfen ist, er ist's, in dem niemand mehr seine Niedrigkeit verspürt; er ist's, der jedem offen ist; er ist's, Marcia, den dein Vater ersehnt hat; er ist's, sage ich, der macht, daß Geborenwerden keine Strafe ist, er ist's, der macht, daß ich vor des Schicksals Drohen nicht ins Knie sinke, daß ich den Willen frei und mächtig seiner selbst bewahre: es ist eine Macht, an die mir Berufung freisteht. Dort sehe ich aufgerichtet die Kreuze, die Folterwerkzeuge, die Ruten und Geißeln: aber ich sehe auch den Tod. Dort stehen die blutdürstigen Feinde, die frevelmütigen Bürger; aber ich sehe auch den Tod. Dienstbarkeit drückt nicht, wo ich mit einem Schritt zur Freiheit gelangen kann, wenn des Dienstes mich ekelt. Leben, du bist mir lieb durch des Todes Gnade!«

Die »felicissimis optanda mors« wird auch in »Ad Polybium de consolatione« gepriesen: Der Tod ist der einzige Hafen für die Schiffer, die auf diesem stürmischen und allen Wetterschlägen ausgesetzten Meere dahinfahren. Die »necessitas moriendi« wird als große Glückseligkeit, als »magna felicitas«, erlebt. Man sieht sich tatsächlich vor die Frage gestellt, ob Senecas »vita beata« nicht außerhalb des irdischen Daseins überhaupt zu suchen ist. Verstärkt wird diese Vermutung durch Senecas Denken über das Verhältnis von Leib und Seele. Dieses Denken nämlich legt den letzten metaphysischen Grund für eine Bewertung von Leben und Tod zugleich. Ein kurzer Rückblick ist hier angezeigt. Das Problem des Verhältnisses Seele – Leib ist seinem Wesen nach nicht neu. Neu beziehungsweise neuartig, wirkt es nur in der Vielfalt seiner Erscheinung.

Für den *homerischen* Menschen in seiner durchaus positiven Einstellung zu Leben und Leib stand auch deren Wert nicht in Frage. Wohl hat der Dichter der Leiden und Klagen viel zu berichten, aber die Moiren haben seinen Menschen ein leidensfähiges Herz gegeben. In heroischer Frömmigkeit wird die Göttlichkeit der Welt mit ihrem ewigen Wandel anerkannt. Ein Lebenspessimismus als Zustand widersprach homerischer Religiosität. Das Leben im Leibe war das wirkliche Leben, und es wurde geliebt – der Tod werde schon einmal kommen. »Von dem Leben im Ganzen sich abzuwenden, kommt keinem homerischen Menschen in den Sinn« (Rohde 1921, I, 2). Bereits in der zweiten Hälfte des sechsten Jahrhunderts sehen wir, wie diese Immanenzhaltung durch eine transzendente abgelöst wird. Wir denken an das geheimnisvolle Phänomen der *Orphik* mit ihren Ideen der Reinigung, der Ablösung von irdisch Vergänglichem, der Askese, deren Berührung mit den

Grundvorstellungen der thrakischen Dionysos-Religion nicht zu verkennen ist. Die dualistische Einstellung zu Leib und Seele findet ihre Begründung in der Genesis des Menschengeschlechts, im Dionysos-Zagreus-Mythos. Dem Menschen, als einem Gemisch von Gutem, das von Dionysos-Zagreus stammt, und Schlechtem, dem titanischen Element, ist der Weg klar vorgezeichnet: Loslösung des Guten, des Göttlichen, der Seele vom Bösen, dem Titanischen, dem Körper. Hinwendung zu Gott, Abwendung vom irdischen Dasein. Diese Befreiung durch Selbstmord herbeizuführen ist nicht nur *nicht erlaubt*, sondern wäre *sinnlos*: Die Seele ist zur Verbüßung einer Schuld in den Leib verbannt. Der natürliche Tod würde sie nur für kurze Zeit frei machen. Ihre Reinigung vollzieht sich gemäß der Lehre von der Seelenwanderung durch den Aufenthalt in mehreren Körpern. Der Heilsweg ist der »orphikos bios«, in der Askese bestehend, die letzte Erlösung wird Dionysos als »lyseus« bringen. Die Einstellung zum Leib ist somit klar: Als Strafgefängnis für die Seele ist er dem orphischen Menschen eine drückende Last. Die moralische Pflicht seiner Verachtung dürfte einem überzeugten Orphiker nicht allzuschwer gefallen sein.

Dies gilt nicht weniger für die Anhänger der *pythagoreischen* Lehre. Die Seele, ein dämonisch unsterbliches Wesen, ist aus göttlicher Sphäre in den Kerker Leib strafversetzt. Ihre Katharsis erfolgt in der sühnenden Wanderung durch Menschen- und Tierleiber unter Mitwirkung des Menschen im Streben nach dem Göttlichen.

Diese alte Vorstellung der orphisch-pythagoreischen Lehre verbindet nun Platon mit seiner Philosophie und überträgt den Gegensatz von Werden und Sein auf das Verhältnis von Seele und Leib, wodurch der Pythagoreerglaube seine philosophische Grundlage erhält und zu der Macht wird, die er durch Platon geworden ist. Die Seele als ein rein geistiges Wesen, das, von jeher ungeworden, im Reich des Unsichtbaren der höchsten Erkenntnis der Ideen teilhaftig ist, wird in die Materie eingeschlossen als etwas Fremdes. Wenn auch nicht vom Körper in ihrem Sein abhängig – Leib und Seele verschmelzen sich nie –, so hat der Körper doch einen Einfluß auf sie. Mit der Einschließung in den Leib wachsen Triebe und Begierden – die platonische Trichotomie –, welche die Jagd nach dem Sein behindern. Unverstand, wilde Leidenschaften stammen vom Leibe. Die Tragik der Seele wird auch hier dadurch erhöht, daß der steile Weg zum Besitz der Vernunft durch eine unbestimmte Reihe von Körpern geht. Daher die moralische Summa: die Seele möglichst vom Leib zu trennen. Denn das »soma« ist der Seele »sema«, »der Körper ist das Grab der Seele«.

Platons größter Schüler, Aristoteles, kennt diesen Dualismus nur in den ersten Jahren jener Phase, in der er dem großen Meister Gefolgschaft leistete. Vom Schicksal des göttlichen Dämons in sterblicher Hülle spricht sein nach Form und Gehalt platonisch gehaltener Jugenddialog »Eudemos«. Der reife Aristoteles dachte nicht mehr so. Er konnte es nicht als Hylemorphist – Form und Stoff, Akt und Potenz sind nur begriffliche Unterschiede – und nicht als Metaphysiker: der »nous« (Geist), von außen in den Körper kommend als ein »theion« (Göttliches), bleibt unbeeinflußt vom Leibe. »Der Drang ins reine Jenseits hinüber, die Verleugnung und Verwerfung des irdischen Genossen, des belebten Leibes, ist dem ›Geist‹ des Aristoteles fremd; er hat keinen Trieb zur ›Erlösung‹, zur Selbstbefreiung« (Rohde 1921, II, 307).

Noch haben wir, bevor wir wieder zu Seneca zurückkehren, dem gleichen Problem bei seinen Vorgängern und Zeitgenossen in der Stoa nachzugehen. Tertullian überliefert uns den zenonischen Beweis für die Körperlichkeit der Seele: »ergo consitus spiritus corpus est: consitus autem spiritus anima est, ergo corpus est anima« (Der eingesäte Hauch ist Körper, er ist auch Seele, also ist der Körper Seele). Diese körperliche Seele ist das »Aufdampfen« des starren Leibes, das nichts anderes ist als der warme Feuerhauch. Die Seele wird in das System der Elemente eingeordnet. »So wird durch eine Gleichordnung auf einer elementaren physikalischen Grundlage der Ausgleich der Spannung Körper – Seele, wie sie in der dualistischen platonischen Lehre bestand, geschaffen« (Benz 1929, 3). Der Monismus der alten Stoa ist die Folge ihres Materialismus, was trotzdem einen gewissen Lebenspessimismus, entstanden aus der Betrachtung allgemein menschlichen Elends und menschlicher Verderbnis, nicht ausschließt.

Auf dem Boden des Materialismus basiert auch die Seelenlehre von Panaitios, der trotz seiner Verehrung für Platon zur Leugnung der Unsterblichkeit, auch der beschränkten der stoischen Lehre, kam. Poseidonios ist in dieser Frage eher eine umstrittene Persönlichkeit, jedenfalls wieder bahnbrechend für die dualistische Geisteshaltung bei den Römern, Cicero und Seneca. Die Stoa kommt, insgesamt gesehen, in ihrer Entwicklung von Zenon bis zu Mark Aurel auf eine diametral entgegengesetzte Ansicht über das Wesen der Seele. Bei ihrem Begründer ist sie etwas Körperliches, bei ihrem letzten großen Vertreter ein »noeron« (Vernunftartiges), das dem aristotelischen »nous« (Geist) sehr nahekommt.

Seneca steht mitten in dieser Entwicklung. Noch scheint er den Materialismus der alten Stoa nicht ganz überwunden zu haben. Er geht zwar mit der Spannung von »materia« und »causa« zum Äußersten und kommt, da er in der »materia« einen Faktor annehmen muß, der Gott hinderte, sie unsterblich zu machen, auf eine »creatio continua«, eine »fortwährende Schöpfung«. Platonisierend erkennt er Gott als den Weltenschöpfer, weicht also von der elementar-physikalischen Kausalität der alten Stoa ab: Gott ist die »prima et generalis causa« alles geschaffenen Seins überhaupt, die »ratio faciens«, die handelnde Vernunft. Als solche steht Gott hoch über aller Materie. Die Seele ist aus der Welt des Göttlichen in den menschlichen Leib herabgestiegen, wird aber nicht zum »mancipium corporis« (Besitz des Körpers), sondern wohnt frei in ihm. Die letzte und endgültige Befreiung der Seele vom Körper ist aber der Tod und die letzte Willenskonsequenz der Selbstmord, wenn der »animus« Gefahr laufen würde, sein Ziel zu verfehlen. Das Leben ist nur ein Vorspiel für ein besseres, ein Heranreifen im Mutterleib für eine andere Geburt: Der Todestag, der letzte Tag für den Körper, ist der Geburtstag der Seele für die Ewigkeit. Nie ist die Seele göttlicher, als wenn sie ans Sterben denkt. Der schlagendste Beweis für die Abkunft der Seele aus höheren Regionen ist es, wenn sie diese Behausung, in der sie wohnt, für niedrig und eng erachtet, wenn sie den Austritt aus ihr nicht fürchtet. Denn wer sich seiner Herkunft erinnert, der weiß, wohin er gelangen wird. Dann wird, was der Gefangenen für Momente durch die Philosophie gewährt wurde, für die Befreite ein um vieles vollkommenerer und ewiger Zustand.

Senecas Denken über das Verhältnis der Seele zum Leib ist die letzte und tiefste metaphysische Begründung seines Bekenntnisses: »coram te, vita, beneficio mortis habeo« – »angesichts des Lebens besitze ich das Glück des Todes«. Dieses philosophische Bekenntnis mag unter anderem auf dem dunklen Hintergrund der damaligen Kaiserzeit gesehen werden. Auch persönliche schwere Schicksalsschläge mögen mitgeholfen haben, das Leben als eine »vita tota flebilis«, das ganze Leben als ein beklagenswertes, zu erfahren. Körperliche Leiden trugen nicht wenig dazu bei, über Leib und Leibesleben gering zu denken und sich einem Lebenspessimismus hinzugeben. Ob Senecas »schizoide« Veranlagung, wie Theo Schöb in einem unveröffentlichten Manuskript (1944, 1948) sagte, eine fehlende Voraussetzung zur polaren Lösung von Spannungen darstellte, muß hier offengelassen werden. Aber als letzten und entscheidenden Ausgangspunkt für Senecas Bewertung von Leben und Tod sieht Schöb das rationale Erfassen und irrationale Umfassen der Wesenheiten von Leib und Seele. Diese hohe Wertung des Todes, so Schöb, sei durchaus unstoisch; für die Stoa bedeutet nämlich der Tod ein Faktum, »das sich der natürlichen Bestimmung der Realisierung des Tugendideals vereitelnd in den Weg stellt« (Benz 1929, 54).

Die Umwertung von Leben und Tod mit ihrer metaphysischen Begründung in der Auffassung über das Verhältnis von Leib und Seele begründet notwendigerweise ein entsprechendes Lebensgefühl. Die Selbstbesinnung und Selbsterfahrung, das Innewerden des eigenen »Selbst«, der Persönlichkeit, die Offenständigkeit den Mitmenschen und Dingen gegenüber, erhält neue Bedeutung. Primär wird dieses Lebensgefühl nicht nur vom *Sein* her bestimmt, sondern vom Erlebnis des *Werdens*, in welchem wiederum wesentlich die Voraussetzung und Möglichkeit des *Vergehens* gesehen wird.

Solche Geisteshaltung erinnert an Heraklit. Seneca selbst hat in diesem Zusammenhang denn auch den großen Epheser zitiert. Der Gedanke des »cotidie mori«, des täglichen Sterbens, gründet in der Annahme, daß »geboren werden« nicht nur »sterben werden« und »sterben müssen« bedeutet, sondern bereits ein Sterben *ist*. Der Mensch ist von allem Anfang, von seiner ersten Lebensstunde an, ein »periturus« (ein Zugrundegehender); alles, was er schafft, ist nicht weniger dem Untergang geweiht als er selber: »omnia mortalium opera mortalitate damnata sunt, inter peritura vivismus« (alle Werke der Sterblichen sind zum Sterben verurteilt, wir leben unter Vergänglichem) steht in den Briefen an Marcia. Die Vergänglichkeit alles Irdischen findet ihren Ausdruck im berühmten Satz Senecas: »summa in unum venit: accipimus peritura perituri« (alles in allem: als Vergängliche empfangen wir Vergängliches). Da die Zeit eilt, das Leben kurz ist (»nulla vita est non brevis«), der Körper dem Zerfall, die Seele der Reife zugesprochen wird, kommt es gar nicht darauf an, ob ein Mensch das Greisenalter erreicht oder nicht. Wichtig ist, daß er in den Besitz der »virtus« gelangt. Ist er dieses höchsten Gutes, des »summum bonum« teilhaftig geworden, dann ist das Leben voll, sein Sinn erfüllt, dann kann man bereits von einem langen Leben sprechen: »longa est vita, si plena est«. Es ist aber nicht ein Gut, zu leben, vielmehr ein Gut, *gut* zu leben – »non enim vivere bonum est, sed bene vivere«.

Trotz dieser Zeitrelativierung durch Seneca gibt es aber auch eine »mors immatura« (unreifer Tod): das Sterben eines Menschen inmitten seiner Jugendblüte oder in seinen besten Jahren. Des öfteren sagt man, eines Menschen Leben habe sich früh erfüllt, sei früh vollendet gewesen. Die Tatsache allein eines frühen, unerwarteten oder durch langes Leiden bedingten Todes läßt diesen Schluß nicht zu. Cicero schrieb im Jahre 45 eine leider verlorengegangene Consolatio unter einem solch schmerzlichen Ereignis; ähnliches Leid erfuhr Marcia, die Tochter des Geschichtsschreibers Cremutius Cordus, als sie ihren Sohn Metilius, der bereits Gatte, Vater und Priester war, verlor. An sie richtete Seneca nach drei Jahren, in denen sie sich völlig dem Schmerz hingegeben hatte, eine Consolatio, eine Trostschrift, in welcher er sich, wie auch in anderen Episteln, z. B. an Marullus, der einen Sohn im zarten Jugendalter verloren hatte, mit der »immatura mors« auseinandersetzte. Eine »immatura mors« an sich gibt es nicht; es gibt sie nur dort, wo Leben nicht »bene«, also sinnerfüllend gelebt wurde. Dann aber ist der Tod auch dort »unreif«, wo das Leben hundert und mehr Jahre dauerte. So kann der frühe Tod gerade die bekannte Aussage deuten: »Jung stirbt, wen die Götter lieben.« Nicht dem jungen Menschen an sich gelten das Wohlgefallen und die Liebe der Götter, sondern der »perfecta virtus«, der vollkommenen Tugend.

An diesem Punkte findet jedoch die Philosophie des Todes zunächst ihre Grenze. Heraklit, Parmenides, Sokrates, Platon, Epikur, Seneca, Epiktet, Mark Aurel oder später Plotin, Plutarch oder Philon, ja viele andere mehr, mögen in ihrer eigenen Philosophie Zuflucht und Trost gefunden haben. Sie mögen durchaus in der geistesgeschichtlichen Welt ihren Platz einnehmen. Das Rätsel »Tod« konnten sie nicht enträtseln, das Wesen des »Sterblichen« nicht ergründen.

Wer aber wäre eher prädestiniert, dem Menschen den Tod näherzubringen, wenn nicht die großen Heilslehren unserer *Weltreligionen*? Sie, deren Missionare die ganze Welt durchkämmten, die Heilsbotschaft dem Armen wie dem Reichen brachten und immer noch verkünden? Wie verhält sich das Judentum, der Islam und das Christentum zum Tode, und welche Hilfe hat der Sterbende, vor ihm bereits der »Sterbliche« von seiner Religion zu erwarten?

Es ist naheliegend, daß die großen monotheistischen Religionen sich grundsätzlich von allen anderen Kulturen sowohl hinsichtlich des Sinnes menschlichen Lebens wie auch hinsichtlich der Todeserwartung unterscheiden. Die Bezugnahme auf einen einzigen Gott ändert zudem auch das Verhältnis des Menschen zum Göttlichen in einer absoluten Weise. Zunächst werden wesentliche Züge einer projektiven Gottesvorstellung fallengelassen. *Ein* Gott kann sich in vielerlei Hinsicht nicht mehr so verhalten, wie es die Menschen unter sich tun; er kann sich weder in einem Konkurrenzverhältnis mit anderen Gottheiten befinden, noch kann er alle

Die Todesangst verschwindet, wo sich der Mensch in seiner eigenen Identität aufgibt. Menschen in einer fanatisierten Masse zeigen die Bereitschaft, auf ein selbstbestimmendes Erleben eigener Grundbedürfnisse zu verzichten (oben). Menschen im Konzentrationslager (unten) starben ohne Angst, wo sie aufgrund entmenschlichender Behandlung abgestumpft wurden.

jene Züge aufweisen, die man – wie etwa bei den Göttern der hellenisch-römischen Epoche – als menschlich-allzumenschlich zu bezeichnen pflegt. Hinzu kommen zwei Wesensmerkmale: Gott als Schöpfer des Menschen und seiner Welt und Gott als Erlöser. Letzteres findet besonders im Christentum seine letzte Ausformung und Sinngebung.

Der Gott des *Alten Testaments*, der Gott des Judentums, ist ein Gesetzesgott. Er ist auch der Gott der Offenbarung. Nach alttestamentlicher Aussage ist nicht der Tod, sondern das Leben als höchstes Gut gekennzeichnet. Sinnvoll allerdings ist Leben nur in der gelebten Kommunikation. Jahve ist die Quelle des Lebens, wie den Psalmen zu entnehmen ist. Die Beziehung des Menschen zum Leben wird immer von dieser Quelle gespeist, so daß des Menschen Dasein auch immer Beziehung zu Gott ist und als solche verwirklicht werden muß. Dadurch wird das Leben zur *Aufgabe*. Diese Aufgabe hört mit dem Tode auf, zu dem allerdings der Mensch ursprünglich kein besonderes Verhältnis gehabt haben soll. G. Greshake (1980, 95 ff) jedenfalls verweist darauf, daß die ältere alttestamentliche Literatur die Tatsache der zeitlichen Befristung des Lebens »nahezu problemlos« hingenommen habe. Auch wurde die Frage oft untersucht, aber nie ganz geklärt, warum Israel zunächst kein Leben über den Tod hinaus kannte, da doch die altorientalische Umwelt von einem Weiterleben nach dem Tode überzeugt war.

Zwei Gründe werden dafür ins Feld geführt: einmal, daß Israel weiterlebt, auch wenn der einzelne stirbt, dann die Erfahrung des Gottes Israels als des schlechthin lebenden und lebensspendenden Gottes, was ihn von den Totengöttern der Heiden abhebt.

Allerdings änderte sich dies im Laufe der Geschichte Israels. Denn auch der Tod konnte nicht lediglich als das absolute Ende gedacht werden. Wenngleich das Eingehen in das Totenreich, die Scheol, in ein Schattendasein auch noch keine Unsterblichkeit des Menschen bedeutete, so wird doch die Treue zu Gott belohnt, insbesondere der Gehorsam, für Gott auf dessen Wunsch und Befehl sogar das Leben hinzugeben, indem eine vollendete, unvergängliche Gemeinschaft mit ihm gewährt werden soll. Die Beeinflussung durch außerisraelitische, vermutlich iranische Ideen läßt dann auch für den alttestamentlichen Menschen eine Hoffnung der Auferstehung der Toten aufkommen. Immer mehr setzt sich der Theodizee-Gedanke durch, daß Gott dem, der für ihn stirbt, ein neues, endgültiges Leben mit ihm, von Angesicht zu Angesicht, in Aussicht stellt. Der Preis des Lebens wird allerdings im Alten Testament als höchstes Opfer verlangt. Bereits die Geschichte von Abraham, der seinen Sohn Isaak Gott zu opfern bereit ist, zeugt davon: »Nach diesen Ereignissen stellte Gott Abraham auf die Probe. Er sprach zu ihm: Abraham! Er antwortete: Hier bin ich! Gott sprach: Nimm deinen Sohn, deinen einzigen, den du liebst, Isaak, geh in das Land Morija und bring ihn dort auf einem der Berge, den ich dir nenne, als Brandopfer dar« (Mose, I, 22, 1–3). Noch mehr wird jener belohnt, der sein Leben für Gott freiwillig hingibt: der Märtyrer. Die Allmacht Gottes über Leben und Tod erhält im Alten Testament jedoch eine neue Bedeutung: die Beziehung von Tod und Sünde. Der Mensch stirbt nicht nur, wenn seine Tage gezählt sind,

Seit den beiden Weltkriegen mit ihren Millionen Toten hat der Tod eine politische Dimension dazugewonnen: Die Toten mahnen die Lebendigen nicht mehr nur an ihr eigenes Sterblichsein, sie mahnen sie an die selbstverschuldete Vernichtung des Menschen durch sich selbst.

Ehrung der Toten durch die Lebendigen. Im Staatsbegräbnis gedenkt eine Nation der Taten eines der ihren. Die Feierlichkeiten dienen dabei sowohl dem Toten wie den Lebendigen. Nur noch in wenigen Fällen wird in aller Öffentlichkeit der Tote aufgebahrt und beigesetzt.

nach einer friedvollen Erfüllung des Lebens. Es gibt auch den jähen, verfrühten, »bösen« Tod, den Tod in der Mitte des Lebens, dessen Vorboten, Krankheit, Leid, Armut, Not, Einsamkeit und Beziehungslosigkeit, in heutiger Sprachregelung als Todesäquivalente zu sehen sind. Ein solcher Tod, damit aber auch bereits Krankheit und Not sind Erscheinungsbild und Konsequenz der Sünde, denn der Sünder will das Leben aus sich heraus, ohne Gott und gegen Gott gewinnen und festhalten. Nicht nur der Sünder wird vom »bösen«, plötzlichen, unerfüllten Tod bedroht, auch der Gerechte, de facto also jeder Mensch. Beide, der Sünder und der Gerechte, werden vom Tode in gleicher Weise heimgesucht, denn das Los des Sterben-Müssens ist beim Jahvisten und im Buch der Weisheit eine Konsequenz, die sich dann im Neuen Testament voll ausfalten wird. Jeder Mensch, auch der Gerechte, ist letztlich ein »Sünder« vor Gott.

Ist somit die Unausweichlichkeit des Todes letztlich der Grund für eine tiefe Hoffnungslosigkeit? Ist nicht jedes Menschen »Sein zum Tode« der Beweis für die Nichtigkeit des Lebens, nicht auch gerade ein Grund zur Auflehnung gegen einen Gott, der im Menschen »nur« den Sünder sieht, ein Wesen, das seiner absoluten Macht ausgeliefert ist und auch bei absolutem Gehorsam und gutem Willen als »Sterblicher« dem totalen Untergang geweiht ist? Klagte nicht bereits Hiob: »Wozu das Leben?«

> »Hiob hob an und sprach:
> Ausgelöscht sei der Tag, an dem ich geboren bin,
> die Nacht, die sprach: Ein Mann ist empfangen ...
>
> Warum starb ich nicht vom Mutterschoß weg,
> kam aus dem Mutterleib hervor und schied nicht gleich dahin?
>
> Still läge ich jetzt und könnte rasten,
> entschlafen wäre ich und hätte Ruhe« (Hiob, 3, 1–13).

Die Tragik wird ihm besonders deutlich durch die Worte seiner Frau vor Augen geführt: »Hältst du immer noch fest an deiner Frömmigkeit? Lästere Gott und stirb!« Dazu kann er sich aber nicht aufraffen, er wird die Prüfung bestehen, auch wenn Gottes Schweigen ihn fast erdrückt.

Die letzten Fragen über Leben und Tod kann das Alte Testament nicht lösen, doch ist seit dem zweiten vorchristlichen Jahrhundert auch der Auferstehungsglaube im Alten Testament bezeugt. Im Buch Daniel heißt es: »Von denen, die im Land des Staubes schlafen, werden viele erwachen, die einen zum ewigen Leben, die anderen zur Schmach, zu ewigem Abscheu. Die Verständigen werden strahlen, wie der Himmel strahlt; und die Männer, die viele zum rechten Tun geführt haben, werden immer und ewig wie die Sterne leuchten« (Daniel, 12, 2,3). Deutlicher ist das zweite Buch der Makkabäer, wo das Martyrium der sieben Brüder und ihrer Mutter eine kaum zu überbietende blutrünstige Schilderung erhalten hat. Die Verstümmelungen und der Märtyrertod deuteten noch plastischer, eindrücklicher auf die Reinkarnation aus der Zerstückelung. Als wahres »Zeichen« des Menschseins galt der Leib. Um 120 n. Chr. entstand das für den orthodoxen Juden bis auf den heutigen Tag täglich zu betende »Achtzehngebet«, dessen zweite Preisung lautet: »Du belebst die Toten in einem Augenaufschlag, gepriesen bist du Herr, der die Toten lebendig macht.«

Unter dem Einfluß von Moses Maimonides (1135–1204) setzte dann ein Kampf zwischen der Auffassung von der Auferstehung des Fleisches und jener der Unsterblichkeit der Seele ein, der im neunzehnten Jahrhundert eher zugunsten letzterer entschieden wurde. Maimonides, auch als einer der ersten Ärzte bekannt geworden, die psychosomatisches Gedankengut vertraten, war ein scharfsinniger Denker, ein kompromißloser Scholastiker, für den der Intellekt die allein maßgebende Instanz war. Kein Wunder, daß ihm die Unsterblichkeit der Geistseele näherlag als die Auferstehung des Fleisches.

Gilt im Alten Testament und im modernen Judentum das Prinzip des unbedingten Gehorsams dem Schöpfer von Himmel und Erde gegenüber sowie der absoluten Gesetzestreue, die über das Schicksal im Schattenreich entscheiden, so sind der Islam und das Christentum schon bedeutend konkreter in ihren Auffassungen über Leben und Tod. Der *Islam* kennt keine Erbsünde, der Tod ist auch nicht der Sünde Lohn, er ist keine Strafe, sondern »sozusagen in die Schöpfung eingeplant, die conditio sine qua non für die Erreichung des Schöpfungszieles« (Gräf 1976, 135). Trotzdem wird aber auch nach dem Koran der Gehorsame, Gute nach dem Tode belohnt, der Ungehorsame, Schlechte bestraft. In der dritten Sure des Korans (1962–1964) heißt es denn auch: ». . . jede Seele erhält dann verdienten Lohn; keiner wird Unrecht. Sollte denn der, welcher nach Allahs Wohlgefallen gelebt, gleich dem, der Allahs Zorn auf sich geladen hat, dahinfahren und die Hölle seine Wohnung sein? Es ist eine unglückselige Reise dorthin. Bei Allah gibt es verschiedene Grade der Belohnung und Bestrafung, und er weiß alles, was ihr tut.« Gott setzt aber bereits bei der Erschaffung des Menschen dessen Todesdatum fest. Hier wird ein Determinismus deutlich, der nicht ohne Konsequenz für das praktische Leben des moslemischen Glaubensangehörigen sein kann. Läßt sich zu einem Gott beten, der den Tod bereits vorbestimmt hat? Ist es sinnvoll, sich bei schweren Krankheiten behandeln zu lassen, sich überhaupt im Leben zu schützen? Auf der anderen Seite ist es gerade heute noch eindrücklich zu sehen, wie sich die muslimische Frömmigkeit erhalten hat und öffentlich bezeugt wird, in einer Zeit, da diese Frömmigkeit in der christlichen Welt immer mehr zurücktritt. So widersprüchlich es scheinen mag: Es gibt auch in der muslimischen Prädestinationslehre kanonische Anweisungen für das Bittgebet, als ein Beten um Gottes Barmherzigkeit. Der Sinn der menschlichen Existenz ist nämlich nach dem Koran nichts als ein Gottesdienst, »dessen Ausführung, wenn sie auch unvollkommen ausfällt, gnädig honoriert, dessen bewußte Unterlassung bestraft werden kann« (Gräf a.a.O., 128). Die menschlichen Handlungen werden zwar nach orthodoxer Auffassung von Allah erschaffen, ebenso das menschliche Verhalten, aber der Mensch besitzt doch immerhin so viel Freiheit, daß er dazu Stellung nehmen kann.

Bezeichnend für den Islam beziehungsweise für die Vielfalt islamischer Anthropologien ist das Verhältnis der Toten zu den Lebenden. Der Tod bedeutet das Ende der Verfügungsgewalt über den Körper und dessen Möglichkeit, als Werkzeug zu dienen. Von Gottes Gnade hängt alles ab. Die Geister der Toten leben vorerst in anderen Dimensionen als die Lebenden, in einer Art Zwischenzustand (barzach), wenn nicht schon im Paradies bei Gott. Nach muslimischer Auffassung stehen sie aber mit den Zurückgebliebenen noch in einer Art Verbindung. Sie können ihnen im Traumgesicht erscheinen und über ihr eigenes Ergehen berichten, sie können aber auch andere Verstorbene nach ihren Freunden und Verwandten befragen. Bei den Schiiten dürfen fromme Tote für ihre lebenden Bekannten bei Gott Fürsprache einlegen, während die Sunniten dies prinzipiell verneinen. Für sie gibt es nur eine Fürsprache: die des Propheten Mohammed beim Jüngsten Gericht.

Damit ist auch der Kern der islamischen Vorstellung über das Schicksal des Menschen nach dem Tode angesprochen und die Brücke zum Christentum geschlagen. Der Körper zerfällt zwar im Tode, wird aber wieder auferstehen. Der Koran spricht von Auferstehung, Belohnung, Bestrafung, von Paradies und Seligkeit, aber auch von Hölle und Feuer. Am Tag der Auferstehung wird der Mensch wieder in seinen ursprünglichen leib-seelischen Zustand zurückgeführt, wobei Einzelheiten oder subtile Erkenntnisse darüber nicht erforderlich sind. Gott, Allah, ist der oberste Richter. Nach dem Tode des Individuums untersteht der Geist dem »judicium speciale«, im Jüngsten Gericht, der Auferstehung von den Toten, dem »judicium generale«.

Im Christentum wird das Todesverständnis noch einmal schärfer als im Judentum und im Islam gefaßt. Das *Neue Testament* kennt zunächst den Tod lediglich als Folge der Sünde. Im Sinne der paulinischen Theologie ist das Sterben nicht einfach ein biologischer Vorgang, sondern die »Sichtbarkeit der Schuld«, die Folge sowie »Ausdruck und Erscheinungsbild des Wesens der Sünde in der Leiblichkeit des Menschen« (Rahner 1958, 45). Andererseits sind gerade der Opfertod und die Auferstehung Jesu eine Garantie für das paradiesische ewige Leben aller Menschen, die mit Christus im Glauben verbunden sind. »Ich bin die Auferstehung und das Leben. Wer an mich glaubt, der wird leben, ob er gleich stürbe« (Johannes, 11, 25). Der Tod ist mit der Übertretung Adams in diese Welt gekommen, seine Macht wird erst am Ende der Zeiten gebrochen werden. Dann wird er – nach der Offenbarung (21, 4) – »nicht mehr sein«. Mit dem Kreuzestod Christi ist die Menschheit frei geworden; Gott ist im Neuen Testament nicht nur Schöpfer, sondern Erlöser der Menschheit aus der todbringenden Erbsünde. Jesus ist den Sühnetod gestorben, er hat den »dunklen Tod des Sünders« (Rahner a.a.O., 57) für die Menschheit übernommen. »Sünde« ist »Schuld«, aber »nicht bloß eine Fehlhandlung, insofern sich diese schädigend, zerstörend, krankmachend, mit der physischen oder gesellschaftlichen Umwelt in Konflikt bringend auswirkt. Sünde und Schuld gibt es vielmehr im theologischen Sinne nur dort, wo der von Gott angesprochene Mensch, Gottes Willen entsprechend, vor Gott und mit Gott handelt, wenn auch das verdrängende Nichtwahrhabenwollen dieser Tatsache, das Niederhalten dieser Wahrheit, nämlich der dialogischen Struktur der Schuld zu den wesentlichen Momenten der Schuld gehört und erst in der Umkehr aus Gnade eingestanden wird: »Tibi soli peccavi«. Die Theologie, so sagt Rahner (^{4}1960, 279) weiter, hat es mit Gott zu tun und mit seinem Wort an den Menschen. »Dieses Wort aber, das den Menschen in der Totalität seines Wesens anspricht, erklärt den Menschen als Sünder vor Gott, der von Gott und durch seine Tat erlöst wird.«

Das Christentum und sein Todesverständnis wären jedoch einseitig begriffen, wenn es ausschließlich nur vom Terminus der Sündhaftigkeit, des Gerichts und des Gesetzes her rezipiert würde. Keine andere Religion nämlich hat die *Liebe* zu einem derart zentralen Phänomen erklärt wie die christliche. Dem theologischen Nichtgebildeten mögen Liebe und Schuldhaftigkeit als unüberbrückbare Gegensätze vorkommen. Dem Verfasser scheint auch, daß sich die offizielle Lehrmeinung der institutionalisierten Kirchen katholischer und protestantischer Provenienz im Verlaufe ihrer Geschichte mehr von teilweise außerchristlichem Gedankengut von Fegfeuer und Hölle beeinflussen ließ als von der Liebesbotschaft Jesu.

Wenn man vorerst von der Diskrepanz abstrahiert, die in der christlichen Glaubenslehre zwischen der theologischen Dogmatik und Exegese einerseits, dem in der praktischen christlichen Erziehung andererseits vermittelten »Volksglauben« mit der ständigen Bedrohung durch eine ewige Verdammnis offenkundig ist, läßt sich gerade der Opfertod Christi und die Überwindung der Sünden mit der Liebe Gottes zum Menschen vereinen.

Der Münchner Theologieprofessor Leo Scheffczyk hat sich in »Die Überwindung von Sünde und Tod in der Auferstehung Christi« (1980, 227 ff) eingehend damit auseinandergesetzt, wobei er insbesondere auf die Dialektik des christlichen Todesverständnisses hinwies. Der Tod hat für den Christen etwas Doppeldeutiges an sich: Er ist Lebensvollendung wie Lebensverwerfung, so daß er »weder einseitig verharmlosend-naturalistisch« noch »einseitig tragisch-pessimistisch« verstanden werden darf. Zunächst scheinen die Aussagen des Paulus (Römerbrief 6, 3), daß der Tod »der Sünde Sold« ist, und jene des heiligen Franziskus von Assisi, der im »Sonnengesang« in der »Todesstrophe« einmal vom »Bruder Tod« spricht, der uns mit Gott verbindet, der aber die tiefe Bedrohlichkeit erwähnt (»Wehe denen, die sterben in tödlicher Schuld«), wirklich nur die »Negativität des Todes« anzuzeigen. Im Tode des Erlösers wird diese Negativität zwar anerkannt, aber zugleich aufgehoben, negiert; die Negation des Negativen schafft jedoch »etwas Positives«. Der vom Gottmenschen als Mensch freiwillig und ohne Sünde übernommene »Liebestod« konnte den »Sündentod« entmachten und die absolute »Negativität des Todes aufheben« (Scheffczyk 1980, 240). Das natürliche Sterben ist damit nicht aus dieser Welt eliminiert, und die Frage bleibt zunächst offen, was mit dem Menschen nach seinem Tode geschieht. Der Tod bedeutet keine Zerstörung des einzelnen oder des Ganzen, sondern lediglich die Verwandlung, und zwar zu einem besseren »Leben«. Dies wird beispielsweise in der Präfation der Totenliturgie ausgesprochen: »Tuis fidelibus vita mutatur, non tollitur« (Deinen Gläubigen wird das Leben nicht genommen, sondern nur verändert). Bei einem »Gott der Lebenden« (Lukas-Evangelium) kann das Endschicksal des Menschen nicht auf einen endgültigen Tod angelegt sein, denn Gott wird nichts von ihm Geschaffenes jemals wieder zerstören, so daß auch alles Vergehen in der Schöpfung nicht als »Zurückversetzung in das Nichts« verstanden werden darf.

Ob diese letzte Aussage tatsächlich einer »logischen« Überprüfung standhält, erscheint zweifelhaft. Gerade weil Gott der Schöpfer ist, kann er auch seine Schöpfung rückgängig machen. Doch die Tradition hält an der Unvergänglichkeit des Erschaffenen fest. Die Frage bleibt nur, wie sich das Christentum die *Verwandlung* nach dem Tode vorstellt. Die christlichen Denker haben die Lehre von der Seelenwanderung immer aufs heftigste bekämpft. Schon gar nicht sollte ein Mensch dazu verdammt sein, in einer anderen leibhaftigen oder materialen Form wieder auf die Welt kommen zu müssen. Hingegen sieht sie in der Auferstehung Christi nach seinem Tode die eigentliche Erlösung und beantwortet gleichzeitig die Frage, warum gerade der Tod von Gott als die Möglichkeit zur Tilgung der Sünden gewählt wurde. Die Kirchenväter ließen keinen Zweifel darüber bestehen, daß Christus nach seinem Kreuzestod »leibhaftig« auferstanden sei. Scheffczyk fügt bei, »daß eine Überwindung des Todes für den einzelnen wie für das Leben der Welt im ganzen als Hoffnungsziel der Menschheit nur auf dem Glauben an eine leibliche Auferstehung Christi begründet« (a.a.O., 249) werden könne. Ohne diesen Grund komme es selbst im günstigsten Falle der Beibehaltung einer postmortalen Existenz lediglich zu einer platonischen Philosophie von der Unsterblichkeit der Seele oder zu einer pantheistischen Auffassung des Eingehens des Individuums in einen absoluten Geist oder, wie etwa bei Friedrich Engels, in den Kreislauf der Natur.

Das Hoffnungsziel der Menschheit auf eine Überwindung des Todes kann somit, christlicher Auffassung gemäß, nur in der leiblichen Auferstehung gesehen werden. Inwiefern sich in dieser Frage die Lehren der Kirchenväter von einer Auferstehung des Fleisches und jene der Scholastik über die Unsterblichkeit der Seele, möglicherweise unter dem Einfluß platonischer Ideen, unterscheiden, ist nicht Gegenstand dieser Untersuchung. Hingegen stellt sich die Frage, ob der Erlösungstod Christi nur für den christlichen Menschen, und da wiederum nur für den »Gläubigen«, sinnvoll gewesen sei oder für die ganze Welt. Das Christentum hat darüber nie einen Zweifel gelassen. Christi Sühnetod erfolgte aus Liebe *zur ganzen Menschheit*, nicht nur für eine »elitäre« Glaubensgemeinschaft. Die Universalität des christlichen Erlösungsglaubens beruht auf dem christlichen Personalismus, auf einer Konzeption des Personenbegriffs, »in dem das Selbstsein erst durch das Mitsein zur höchsten Selbstverwirklichung geführt wird« (a.a.O., 242). Hier scheinen mir Anklänge an und weitgehende Übereinstimmung mit den modernen Philosophien der Existenz gegeben zu sein. Wo das Mitsein, ob man es nun als Kommunikation oder wie immer bezeichnet, als Wesensstruktur der Person anerkannt wird, ist bereits die Solidarität der Menschen in metaphysischer Weise begründet.

Wenn hier von einem »christlichen« Seins- und Todesverständnis gesprochen wird, dann ist das vor vierhundert Jahren eingetretene Schisma nicht miteinbezogen. Die reformierte Theologie hat teilweise andere Wege beschritten als die katholische. Rudolf Bultmann (1884–1976) gilt als moderner Initiator der Kritik an der leiblichen Auferstehung Christi. Auch lehnt die evangelische Kirche die Vorstellung eines »locus purgatorii«, des Fegfeuers, des Ortes der Reinigung, ab. Die Entscheidung über Seligkeit oder Verdammnis sei im Zeitpunkt des Todes bereits endgültig gefallen. Auch ist der Protestantismus hinsichtlich der von der katholischen Theologie angenommenen verschiedenen Qualität der Seligkeit oder von der Verdammnis »gewöhnlich mehr als zurückhaltend« (Schiller, 1971, 112). Diese nämlich vertritt die wohl stark an irdische Jurisprudenz erinnernde Meinung, daß im Himmel nicht alle Seligen die gleichen Freuden genießen und umgekehrt auch die Verdammten nicht gleich viel leiden; der Grad ihrer Seligkeit oder Verdammnis soll von dem Ausmaß ihres Glaubens oder ihrer Sünden abhängen. Wesentlich für die christliche Eschatologie ist jedenfalls, daß der Tod das endgültige Ende des »Pilgerstandes« ist, die personale Geschichte der Freiheit des Menschen mit dem Tode beendet ist (eine Seelenwanderung somit ausgeschlossen). Die Frage, ob der Zusammenhang zwischen Tod und personaler Endgültigkeit aus dem Wesen des Todes sich ergebe oder freie Anordnung Gottes sei, berührt das (kirchliche) Lehramt nicht (Rahner ^{4}1960, 222). Auch die Allgemeinheit des Todes ist Glaubenslehre. Paulus (1. Kor., 15, 51) betont, daß auch die Menschen der Endzeit durch eine radikale Verwandlung, durch das Wesen des entmachteten Todes, hindurch müssen.

Die Frage allerdings, wann die »Endzeit« zu erwarten sei, kann nicht beantwortet werden. Augustinus (Gottesstaat, 18, 52 f) hält sie auch für eine »ganz unpassende Frage«. Würde dem Menschen nämlich die Kenntnis des Zeitpunktes nutzen, so hätte ihn doch am besten »der göttliche Lehrer selbst den Jüngern auf ihre Fragen mitgeteilt«. Laktanz (zit. n. Heilmann 1964, 479) verweist allerdings auf die Seher und Propheten: »Wenn der Welt allmählich das letzte Ende naht, nimmt die Bosheit überhand, und alle Arten von Lastern und Freveln vervielfältigen sich. Die Gerechtigkeit geht unter, Treue, Friede, Barmherzigkeit, Scham und Wahrheit sind nicht mehr, Gewalt und Vermessenheit gewinnen die Oberhand. Niemand besitzt mehr ein Eigentum, das er nicht mit der Faust erworben und mit der Faust verteidigt hat . . . Kriege herrschen nicht bloß mit auswärtigen und angrenzenden Völkern, sondern auch unter den eigenen Volksgenossen . . . Es wird dann eine fluchwürdige Zeit sein, in der niemand mehr Freude am Leben hat.« Man werde die Lebenden beklagen und die Toten beglückwünschen. Der Vorgang wiederhole sich nach einem »tausendjährigen Reich« der »Gerechten«: dann jedoch das endgültige Ende. Das Reich Gottes, das »kein Ende haben wird«, biete den Gerechten im »Gewand der Unsterblichkeit« das ewige Leben, den Gottlosen die »ewigen Feuergluten«.

»Dies irae, dies illa, solvet saeclum in favilla« – »der Tag des Zorns, der letzte Tag, wird die Welt in Asche zerfallen lassen« – lautet der Anfang eines von einem Franziskaner gedichteten Hymnus, der beim katholischen Trauramt, dem »Requiem«, gesungen wird. Ob dieser Tag bevorsteht? Sind nicht die »Zeichen« da, von denen in der Schrift immer wieder gesprochen wird? Ist nicht die Prophezeiung Laktanz' bereits eingetroffen, leben wir nicht in einer Zeit der verlorengegangenen Werte, des Faustrechts? Ist das Leben noch menschenwürdig zu leben, oder stehen wir, die »Sterblichen«, bereits in der Agonie eines unerfüllbaren Lebens?

Mit der im Mittelalter beginnenden Säkularisierung der Welt, mit dem Verschwinden der antiken Mythologien, der »Entgöttlichung der Götter« im griechischen und römischen Altertum, mit der zunehmenden Entchristlichung des Christentums, dem Verlust traditioneller Werte und Normen, dem Ersatz der Gottesunmittelbarkeit im Gebet durch eine juristisch ausgeklügelte Sitten- und Moralnormierung und der Auflösung überholter patriarchalischer Strukturen hat sich die Welt der »Sterblichen« grundlegend verändert. Die Sicherheit tradierter Wertvorstellungen wurde für eine zunehmende Wertfreiheit eingetauscht, die wiederum für den Menschen weitgehend eine Überforderung darstellt und dadurch Angst erzeugt. Das Gefühl des drohenden Weltuntergangs ist nicht neu. Insbesondere scheinen Jahrtausendwenden dazu prädestiniert zu sein, die apokalyptische Vision der totalen Weltzerstörung aufleben zu lassen; das war vor tausend Jahren so und wird es vermutlich wieder werden, je näher wir dem Jahre 2000 kommen. Trotzdem ist die Welt als solche noch nie untergegangen, wohl aber ganze Kulturen. Warum sollte nicht eine neue Welt heraufziehen?

Für viele Menschen schien es eine Zeitlang so, als ob nur der *Marxismus* eine festgefügte und auch praktisch sich durchsetzende Wertsicherheit anzubieten hätte. Für Marx selbst und die Marxisten des neunzehnten Jahrhunderts war das Todesproblem noch kaum von Bedeutung, obwohl es sich keine Ideologie leisten kann, dieses zu ignorieren. Sein einziger expliziter Satz über den Tod (zit. n. Greshake 1980, 77) lautet: »Der Tod scheint als ein harter Sieg der Gattung über das bestimmte Individuum und ihrer Einheit zu widersprechen; aber das bestimmte Individuum ist nur ein *bestimmtes Gattungswesen*, als solches sterblich.« Leben und Geschichte der Gattung sind somit eigentlicher Inhalt und Sinn der Wirklichkeit. Durch ein neues Bewußtsein (Feuerbach) und durch die Veränderung der gesellschaftlichen Bedingungen kann der einzelne ein neues Verhältnis zu seinem Tod finden, während der Jenseitsglaube als ein religiöses Phantasma unnötig ist (s. den Beitrag v. H. H. Holz in diesem Band). Wie jedoch dieses »neue« Verhältnis zum Tode aussieht, war zunächst unklar; das marxistische Verhalten zum Tode konnte in der Frühzeit zumindest noch am ehesten mit der epikureischen Tradition verglichen werden. Seit dem Zweiten Weltkrieg, seit der Zeit also, da sich kein Mensch angesichts der Millionen Toten um die Frage nach dem Sinn des Lebens und den Sinn des Todes mehr drücken konnte, spätestens aber bei den Neomarxisten, wurden auch die marxistischen Bemühungen um ein sinnvolleres Todesverständnis sichtbar. Es knüpft an die These vom »natürlichen Tod« an; eine individuelle Bekämpfung des Todes setzt ein natürliches Verhältnis zum Ende des Lebens voraus. Wenn auch bei einigen Marxisten, beispielsweise Schaff, Gardavsky, Bloch und Kolakowski, Ansätze da sind, das Sterben und den Tod in einen transzendentalen Sinnzusammenhang mit dem Leben zu stellen, so bleiben immer noch Fragen übrig, die aufgrund des marxistisch-gesellschaftsorientierten Menschverständnisses vermutlich unbeantwortbar sind. So meint Greshake wohl zu Recht, daß die Sinnfrage, die der Tod auslöst, lediglich vom Individuum weg auf die Gesellschaft verschoben, aber nicht gelöst wird. Wie denn könnte eine Gesellschaft wirklich »Ziel-

Kinder und der Tod: In extremen Ausnahmefällen wird der Tod heute Teil der eigenen Lebenserfahrung. Seine Bewältigung ist abhängig vom Alter, in dem die Erfahrung gemacht wird. Wo er Kindern begegnet, scheint sich das Leben zu behaupten und nimmt ihn unbeeindruckt wahr.

punkt der Transzendenzbewegung des Individuums sein, da doch auch sie selbst dem Tod geweiht ist?« (a.a.O., 79). Die marxistische Todesphilosophie vermag überdies dem Sterben des Individuums kaum einen Sinn abzugewinnen. »Wenn der Sinn des endlichen Lebens im schöpferischen Engagement für die Gesellschaft besteht, fällt sterbendes, leidendes, behindertes Leben sowie Leben, in dem jetzt schon der Tod in besonderer Weise am Werk ist, aus der Sinngebung heraus« (a.a.O., 80).

Seit der Renaissance hat es in der abendländischen Geistesgeschichte nicht an philosophischen Versuchen gefehlt, das Problem von Tod und Sein, von Vergänglichkeit und Sinn des Lebens, teils auf christlicher, teils auf freidenkerischer Grundlage zu klären. Die »hermeneutische Funktion des Todes« (Greshake 1980) für das Leben wurde und ist immer noch das Ziel philosophischer Besinnung und Spekulationen. Bereits in der Stoa gründete die Freiheit, die es im Leben zu erringen galt, in der *Freiheit zum Tode*. Freiheit zum Tode bedeutete aber gerade, daß »der Philosoph«, wie Mark Aurel in seinen »Selbstbetrachtungen« sagte, den Tod »mit heiterem Gemüte« erwarte, da er in ihm nichts anderes als den Zerfall in die Urstoffe sehe, aus denen jedes Lebewesen aufgebaut ist. »Wenn aber für die Elemente selbst nichts Schlimmes darin liegt, daß jedes einzelne von ihnen beständig in ein anderes übergeht, warum sollte man dann die Umwandlung und den Zerfall aller mit bedenklichen Augen ansehen? Es ist doch nur ein natürlicher Vorgang, und es ist nichts schlecht, was aus natürlichen Ursachen geschieht.«

Wenn Epikur die »ataraxia«, die Unerschrockenheit gegenüber dem Tode, »der uns nichts angeht«, als Lebenshaltung empfiehlt, so ist die Freiheit zum Tode in der Stoa auch nur relativ zu sehen. Die Stoiker machten im Grunde die »apatheia«, die Unempfindlichkeit gegenüber Sterben und Tod, zur Lebensmaxime. Apatheia, auch wenn sie nicht ganz unserem heutigen Begriff von »Apathie« entspricht, bedeutet nämlich noch nicht die volle Freiheit zum Begegnenden, hier also zum Tod. Anders Michel de Montaigne (1533–1592), der französische Essayist, der sich über die Angst der Menschen vor dem Tode lustig machte und nachwies, unter welch lächerlichen Umständen bedeutende Männer starben. Der Mensch, so meinte er, könne dem Tode nicht entfliehen. Man nehme ihm seine Unheimlichkeit, mache ihn sich vertraut, halte mit ihm Umgang und bedenke nichts so häufig wie den Tod. Die Besinnung auf den Tod sei Besinnung auf die Freiheit.

Von Montaigne ist der Weg zeitgeschichtlich, nicht inhaltlich, weit bis zu den Philosophen der Neuzeit, insbesondere bis zu den Denkern der Existenz. Viele wären zu erwähnen, Schopenhauer vor allem, Nietzsche, Nicolai Hartmann und andere. Neues wurde kaum erbracht. Wenn die Freidenker des siebzehnten Jahrhunderts und die radikalen Vertreter der Aufklärung die epikureische Haltung, polemisch gegen die christliche Todesschau, wieder aufnahmen, war die Reaktion darauf auch von philosophischer Seite unausweichlich. Blaise Pascal, Sören Kierkegaard, zum Beispiel, als Antagonisten Rousseaus, Voltaires, Hegels, verbanden die Philosophie der Existenz mit ihrem religiösen Gewissen. Dies kann von Jaspers, Heidegger und Sartre nicht mehr behauptet werden, wohl noch von Gabriel Marcel.

Letzterer brachte den Gedanken der »Verzweiflung« ins Spiel. Die Tatsache, daß Verzweiflung möglich ist, sei zentral. Der Mensch sei fähig zu verzweifeln, fähig, seinen Tod zu umarmen (vgl. Cottier 1980, 119). Sartre stellte die absolute Absurdität des Todes heraus, eines Todes, der keine Möglichkeit des Daseins ist, sondern »eine jederzeit mögliche Nichtung meiner Möglichkeiten, die außerhalb meiner Möglichkeiten liegt« (1962, 677). Der Sinn des Lebens kann somit nur in der Revolte gegen diese Absurdität liegen. Jeder Versuch, den Tod wie einen auflösenden Akkord am Schluß einer Lebensmelodie zu betrachten, muß als verfehlt angesehen werden. »Die Freiheit, die meine Freiheit ist, bleibt ganz und unendlich; nicht daß der Tod sie nicht begrenze, sondern weil die Freiheit niemals auf diese Grenze trifft, ist der Tod durchaus kein Hindernis für meine Entwürfe; er ist bloß ein Schicksal, anderswo als diese Entwürfe. Ich bin nicht frei ›um des Sterbens willen‹, sondern ich bin ein freier Sterblicher« (a.a.O., 689).

Zum Abschluß unserer Betrachtung verbleiben noch zwei Namen: Karl Jaspers und Martin Heidegger.

Für Jaspers ist der Tod eine *Grenzsituation*. Damit wird der Tod zum Existieren selbst gerechnet, denn »Grenzsituationen erfahren und Existieren ist dasselbe« (1956, 204). Jaspers verwirft, nicht ohne Verachtung, die Vorstellungen von einer jenseitigen Hölle, von ewigem Feuer und von der Macht kirchlicher Gnadenmittel. Es sind für ihn Absicherungen, die man sich zulegt in der Angst, auf der Ebene der Existenz zu leben. Ebenso sollen sinnlose Jenseitsvorstellungen den Tod als Grenze aufheben, der Tod verliert somit »den Schrecken des Nichtseins«, »das wahrhafte Sterben« hört auf (a.a.O., 225). Cottier meint nicht zu Unrecht, Jaspers' Gegenentwurf, die Tapferkeit, »wahrhaft zu sterben ohne Selbsttäuschungen«, entbehre nicht einer gewissen Überheblichkeit und des Stolzes. Der Tod sei »als Faktum ein bloßes Aufhören meines Zeitdaseins«, sagt Jaspers im dritten Band seiner »Philosophie« (1956, 89). Vom Tod jedoch als »Grenzsituation« werde der Mensch auf sich selbst verwiesen: »ob ich als *ein Ganzes* und *nicht bloß am Ende* bin«. Der Tod ist nicht nur »Ende des Prozesses«, sondern »als *mein* Tod beschwört er unerbittlich diese Frage nach meinem Ganzsein: was ich, da nunmehr mein Leben wurde und war und Zukunft nicht mehr als Prozeß ist?« Somit muß der Tod als *Grenzsituation* vom Tod als *Faktum* des Daseins unterschieden werden. Der Tod des Nächsten offenbart die Einsamkeit: Jeder stirbt allein. Dieser Einsamkeit desjenigen, der stirbt, entspricht die Einsamkeit des Zurückbleibenden, jenes Menschen, den der Sterbende verläßt. Hier wird also die Kommunikation einer Prüfung unterzogen. Wer wirklich geliebt ist, bleibt »existentielle Gegenwart«. So kann denn Jaspers zu dem Ergebnis kommen: Wir sind sterblich, wo wir lieblos sind, unsterblich, wo wir lieben. Und Hans Saner (1979, 471), Schüler und philosophischer Sachwalter Jaspers', meint: »Daß wir im Tod Einsame und Einzelne sind, macht uns im Leben nicht zu Vereinzelten. Wir sind als Dasein auch Gemeinschaft und Gesellschaft, und in ihnen können wir kommunikativ und solidarisch sein mit anderem Dasein. In dem Maß, wie wir es sind, ist unser Dasein nie, auch nicht in der Möglichkeit des Todes, auf sich allein zurückgeworfen, sondern es verwirklicht sich in der Kommunikation. Wenn jeder Anfang meines Daseins angesichts meines Todes schon absurd wäre, so wäre doch mein Handeln in seiner Solidarität nicht zugleich absurd für alle anderen. Mein Tod ist somit nicht das einzige Maß für den Sinn meines Handelns. Indem wir Anfangende sind und darin Solidarische, besiegen wir zwar nicht den Tod, aber seine nackte Negativität und die von ihr ausgehende Sinnlosigkeit des Daseins.«

In diesem Sinne ist auch das Bekenntnis von Jaspers zur Philosophie nicht als Wissenschaft, sondern als Lebenshaltung zu verstehen: Philosophieren ist in eins »Lebenlernen und Sterbenkönnen«; wenn »Philosophieren sterben lernen ist, so ist dieses Sterbenkönnen gerade die Bedingung für das rechte Leben«, denn »Leben lernen und sterben können ist dasselbe« (1953, 130). Gilt dies somit nur für die Philosophen? Keineswegs. Jaspers spricht davon, daß die philosophischen Gedanken sich nicht einfach »anwenden« lassen, denn sie sind die »Wirklichkeit« selbst. Das Leben ist somit vom philosophischen Denken durchdrungen, Menschsein und Philosophieren sind untrennbar.

Entspricht nun dieses »Leben lernen und sterben können« dem Heideggerschen »Sein zum Tode«? Oder ist es einfach eine Antwort auf Nicolai Hartmann, der die Philosophen des Todes »selbstquälerische Metaphysiker« nannte und die Betroffenheit über den Tod als »Unmoral zuchtloser Selbstquälerei«? »Relativ gleichgültig« nämlich werde der Tod »für den, der sich selbst in unverfälscht ontischer Einstellung als geringfügiges Individuum unter Individuen sieht, als Tropfen im Gesamtstrom des Weltgeschehens« (Hartmann 1935, 197). Oder ist damit dasselbe gemeint, was N. A. Berdjajew (1953, 325) dahingehend interpretiert, daß »der Sieg über den Tod stets als das eigentliche fundamentale Problem des Lebens« erscheine?

Für Heidegger ist das »Sein zum Tode« eine zunächst rein ontologische Aussage. Es geht ihm weder um ein »lernen« noch um einen »Sieg«. »Der Tod im weitesten Sinne«, heißt es in »Sein und Zeit« (1927, 246), »ist ein Phänomen des Lebens«. Als solches braucht er weder erlernt noch besiegt zu werden. Wäre solches nämlich notwendig, dann wäre ebenfalls eine andere Voraussetzung unumgänglich: daß Leben nur vom Biologischen her verstanden wird. »Leben« aber ist nach Heidegger als eine Seinsart zu verstehen, »zu der das In-der-Welt-sein gehört«. Als »pures Leben« rückt es in den Seinsbezirk der Tier- und Pflanzenwelt. Dort können durch ontische Feststellungen Daten und Statistiken gewonnen, Zusammenhänge zwischen Lebensdauer, Fortpflanzung und Wachstum hergestellt, Todesarten, Todesursachen erforscht werden.

Die *Sterblichkeitsforschung* ist zu einem festen Bestandteil moderner Gesundheitspolitik geworden. Dabei handelt es sich jedoch keineswegs um eine Erforschung des Sterblichseins in philosophischem oder wissenschaftlichem Sinne, sondern ganz banal um das, was Heidegger als »ontische Feststellung« beschrieb. Heute sind es vor allem versicherungsmathematische Überlegungen, die an Hand sogenannter Sterbetafeln erkennen lassen, wie groß die Sterbenswahrscheinlichkeit von Personen bestimmter Altersgruppen ist. In grauer Vorzeit soll die mittlere Lebenserwartung zehn bis fünfzehn Jahre betragen haben. Im Mittelalter wurden, wohl auf Grund der Pestepidemien kaum Fortschritte erzielt. Erst in der ersten Hälfte des achtzehnten Jahrhunderts wurde die Grenze von zwanzig Jahren überschritten. Die Fortschritte der Medizin begannen sich im neunzehnten und zwanzigsten Jahrhundert auszuwirken. Vergleicht man nun die Zahlen der mittleren Lebenserwartung bei Geburt der Bevölkerungen, so stellt man bereits 1974 eine mittlere Lebenserwartung in europäischen Ländern von über 70 Jahren bei den Männern und über 76 Jahren bei den Frauen, gegenüber 1790 von zirka 34 bzw. 37 fest. Hishinuma (zit. n. Kupper 1980) erhielt auf Grund des demographischen Jahrbuchs der UNO sogar noch höhere Werte, wobei allerdings beim jetzt verlangsamten Tempo die Traumgrenze von 80 (Männer) beziehungsweise 85 (Frauen) noch »in nebelhafter Ferne« liegen dürfte (Kupper 1980, 2090). Damit wissen wir eigentlich nicht viel mehr als vor etwa dreitausend Jahren. Es gibt Forscher, die annehmen, die Lebenserwartung des Menschen sei genetisch auf 70 bis 80 Jahre programmiert (Künzler 1980, 2445). Was uns allerdings die Genetik in Zukunft noch bringen wird, dürfte so ungewiß sein wie vieles andere. Vielleicht halten wir uns vorläufig an Psalm 90, 10: »Unser Leben währet siebzig Jahre, und wenn's hoch kommt, so sind's achtzig Jahre . . .« Optimisten dagegen mögen an die Prognosen wissenschaftlicher Zukunftsforscher glauben, wonach die mittlere Lebenserwartung des Menschen im einundzwanzigsten Jahrhundert hundert Jahre und mehr betragen wird.

Doch dies alles ist »ontische Feststellung«. Der biologisch-ontischen Erforschung des Todes liegt jedoch eine ontologische Problematik zugrunde. Zu fragen bleibt, meint Heidegger (1927, 246 f), »wie sich aus dem ontologischen Wesen des Lebens das des Todes bestimmt«. Das Enden von Lebendem nennt er *Verenden*, das Enden des Daseins *Ableben*. »Die existenziale Interpretation des Todes liegt vor aller Biologie und Ontologie des Lebens. Sie fundiert aber auch erst alle biographisch-historische und ethnologisch-psychologische Untersuchung des Todes. Eine ›Typologie‹ des ›Sterbens‹ als Charakteristik der Zustände und Weisen, in denen das Ableben ›erlebt‹ wird, setzt schon den Begriff des Todes voraus. Überdies gibt eine Psychologie des ›Sterbens‹ eher Aufschluß über das ›Leben‹ des ›Sterbenden‹ als über das Sterben selbst. Das ist nur der Widerschein davon, daß das Dasein nicht erst stirbt oder gar nicht eigentlich stirbt bei und in einem Erleben des faktischen Ablebens. Im gleichen erhellen die Auffassungen des Todes bei den Primitiven, deren Verhaltungen zum Tode in Zauberei und Kultus, primär das *Daseinsverständnis*, dessen Interpretation schon einer existenzialen Analytik und eines entsprechenden Begriffes vom Tode bedarf . . .«

Das Auf-den-Tod-hin-Sein hat für Heidegger eine ganz wesentliche Bedeutung für den Lebensvollzug, es ist ein Sich-vorweg-Sein. Denn zum Wesen der »Grundverfassung des Menschen« gehört seine »ständige Unabgeschlossenheit« (a.a.O., 447), ein Ausstand an Möglichkeiten. Der Mensch ist nur *ganz*, wenn er sein Ende einbegreift, in Freiheit antizipiert als eine Weise zu *sein*, vorlaufend auf dieses Ende. Der Tod ist die *eigenste* Möglichkeit des Menschen, der auf sich selbst verwiesen wird, da Mitwelt und Gebrauchswelt versinken. Gewißheit und Unbestimmtheit des Todes erzeugen die *Angst*, die dem Menschen seine Verlorenheit an das »man«, an Oberflächlichkeit, Geschäftigkeit und illusionäre Behaglichkeit, an Alltäglichkeit und Flucht aufdeckt. Gleichzeitig ist der Tod als unüberholbare Möglichkeit die radikalste Selbstbestimmung des Subjekts. Er »befreit von der Abhängigkeit vom bloß Zufälligen und lehrt dagegen, die tatsächlichen Möglichkeiten, die der äußersten voraufgehen, erst vollständig begreifen und ergreifen. Der Vorgriff auf den Tod zerbricht jede Fixierung auf den jeweiligen Besitzstand« (Ebeling 1979, 17).

So knüpft Heidegger wiederum an Heraklit an, wenn sinngemäß auch von ihm verschieden. Denn der Mensch stirbt »fortwährend« (^{3}1967a, 24 f). In der Hölderlin-Interpretation wird Heidegger noch deutlicher: »Der Mensch west als der Sterbliche. So heißt er, weil er sterben kann. Sterbenkönnen heißt: den Tod als Tod vermögen. Nur der Mensch stirbt – und zwar fortwährend, solange er auf dieser Erde weilt, solange er wohnt« (^{3}1967b, 70).

Kaum eine Aussage Martin Heideggers hat zu derart vielen Mißverständnissen und Fehldeutungen Anlaß gegeben wie jene, daß menschliches Dasein ein Sein zum Tode wäre. Von der naiven Behauptung abgesehen, dieser Satz Heideggers beweise, seine Philosophie sei »diesseitig, materialistisch« und habe deshalb auch nur säkulare Bedeutung, erblicken viele in ihm den Ausdruck eines nihilistischen Pessimismus, einer eigentlichen »Todesversessenheit«. So kann jedoch nur derjenige das Heideggersche »Sein zum Tode« mißverstehen, dem eine andere Schau des Todes vorschwebt. Tatsache jedenfalls ist, daß das leibhaftige In-der-Welt-sein mit dem Tode ein unwiderrufliches Ende findet, weshalb die Sterblichkeit des Menschen sogar als ein Kennzeichen menschlicher Existenz gilt. Diese Sterblichkeit oder dieses Sein zum Tode hat nichts mit dem Glauben oder Nichtglauben an das Jenseits, an ein Leben nach dem Tode zu tun. Dem Schicksal des Sterbens entgeht niemand, selbst bei aller Überzeugung davon, das Dasein finde damit noch kein Ende. Und zwar stirbt einzig der Mensch in der Weise, daß ihm sein Sterblich-Sein schon immer präsent ist. Solches Wissen zwingt ihn, sich ständig dem Tode gegenüber in irgendeiner Weise zu verhalten, weswegen man eben durchaus richtig von einem »Sein zum Tode« spricht. Es vollzieht sich in den mannigfaltigsten Verhaltensweisen: Viele Menschen fliehen vor der Erkenntnis ihres Sterblich-Seins, und die täglichen Versuche, sich vom Tode abzuwenden, sind zahlreich. So wird das Sterben anderer (naher Verwandter oder lieber Freunde, eines Kindes etwa) nur selten zum Anlaß genommen, über die eigene Sterblichkeit nachzudenken. Meistens werden sogar die Sterbenden selbst vom Gedanken des Todes abgelenkt, man versucht jedenfalls, sie mit der Hoffnung auf eine doch noch mögliche Rettung zu trösten – oder, wo dies nicht mehr angebracht ist, mit der Hoffnung auf ein jenseitiges Weiterleben nach dem Tode. Dort, wo nackte Angst das Verhältnis zum Tode festlegt, wie dies bei vielen Menschen der Fall zu sein scheint, wird das Sterben als eine totale Vernichtung und Zerstörung der Existenz »erlebt«. Eben hier aber eröffnet sich dem Mit-Menschen die Möglichkeit, ein solches Mißverständnis in Frage zu stellen. Ist denn Sterben, sofern wir überhaupt darüber etwas wissen können, wirklich nur ein Zugrundegehen wie bei den leblosen Dingen? Oder lediglich ein Verenden wie bei den Tieren? Und was bedeutet es eigentlich, daß wir Menschen gerade vor dem Gewissesten unseres Lebensschicksals Angst haben? Das sind keineswegs einfach zu beantwortende Fragen. Weder Philosophie noch Theologie, weder Medizin noch Biologie haben bisher etwas Gültiges über dieses Mysterium aussagen können. Eines aber kann gesagt werden: Die Gewißheit des Sterben-Müssens vermag durchaus die Möglichkeit der Umwandlung einer leibhaftigen Weise des In-der-Welt-Seins in eine andere Art zu sein in sich einzuschließen.

Mit dem Sterben kann sich derjenige abfinden, ja befreunden, der bereit ist, materielles und geistiges Besitztum aufzugeben, mitmenschliche Bindungen zu lösen, in die Einsamkeit des Auf-sich-selbst-verwiesen-Seins zurückzukehren. So gibt es Menschen, die dem Tod in »heiterer Gelassenheit« entgegensehen. Es sind jene, die ihn als den letzten Vollzug ihrer Existenzmöglichkeiten betrachten und ihr Leben in Offenheit beenden. Auf diese Weise stirbt der Mensch, in dessen Dasein der Vollzug der wesentlichen Verhaltensmöglichkeiten zustande kam, der den ihm von seiner Existenz her gestellten Auftrag erfüllt hat, der die existentielle Schuld zeitlebens abzutragen bemüht war. Dies ist auch der Sinn des den Menschen immer begleitenden Wissens um seine Sterblichkeit: die Aufforderung zur möglichst umfassenden Erfüllung des Lebens. Wer Angst vor dem Leben hat, fürchtet sich auch vor dem Sterben. Die Stimmung, welche das Wissen um die Möglichkeit des eigenen Todes begleitet, ist immer ein Hinweis auf die jeweilige Reifung des Menschen. Nur jener, der solchermaßen eigenes Sterblich-Sein bedenkt, der weder an die Dinge dieser Welt verloren und ihnen verfallen ist noch resigniert und passiv dem Tode entgegensieht, kann einem Sterbenden selbst eine wahrhaftige Sterbehilfe sein.

Anmerkung

1
Vgl. vor allem auch Heideggers Interpretation von Heraklits »Logos«, Fragment 50, von Heraklits »Aletheia«, Fragment 16, und von »Moira«, Parmenides VIII, 34–41 (^{3}1967a, ^{3}1967b, ^{3}1967c). Des weiteren sei auf die Abhandlungen von J. Schlüter (1979) und von H. Diels u. W. Kranz (^{8}1956) verwiesen. Auch eine wertvolle Schrift ist immer noch die von Hermann Diels über den »antiken Pessimismus« (1921), in der er u. a. auf die überhandnehmende »praktische Konsequenz des Pessimismus«, den Selbstmord, hinweist.

Literatur

BENZ, E.: Das Todesproblem in der stoischen Philosophie. Stuttgart 1929

BERDJAJEW, N. A.: Selbsterkenntnis. Darmstadt 1953

CARUSO, I. A.: Die Trennung der Liebenden. Eine Phänomenologie des Todes. Bern, Stuttgart, Wien 1968. Tb.-Ausg.: Reihe »Geist und Psyche«, Bd. 2141, München 1974

CONDRAU, G.: Aufbruch in die Freiheit. Bern ^{2}1977

COTTIER, G.: Die Todesproblematik bei einigen Existenzialphilosophen. In N. A. Luyten (Hg.): Tod – Ende oder Vollendung? Freiburg i. Br., München 1980, 111–159

DIELS, H.: Der antike Pessimismus. Berlin 1921

DIELS, H., KRANZ, W.: Die Fragmente der Vorsokratiker. ^{8}1956

EBELING, H. (Hg.): Der Tod in der Moderne. Königstein 1979

EVANS-WENTZ, W. Y. (Hg.): Das Tibetanische Totenbuch. Olten, Freiburg i. Br. ^{12}1978

FRÄNKEL, H.: Dichtung und Philosophie des frühen Griechentums. München ^{3}1969

GIGON, O.: Sokrates. Bern 1947

GOVINDA, A.: Die Bedeutung des Bardo Thödol vom religiösen, historischen und textkritischen Standpunkt aus. In W. Y. Evans-Wentz (Hg.): Das Tibetanische Totenbuch. Olten, Freiburg i. Br. [12]1978, 21–40

GRÄF, E.: Auffassungen vom Tod im Rahmen islamischer Anthropologie. In J. Schwartländer (Hg.): Der Mensch und sein Tod. Göttingen 1976, 126–145

GRESHAKE, G.: Tod und Auferstehung. In: Christlicher Glaube in moderner Gesellschaft, Bd. V. Freiburg i. Br., Basel, Wien 1980, 63–130

HAHN, G.: Vom Sinn des Todes. Texte aus drei Jahrtausenden. Zürich 1975

HARTMANN, N.: Zur Grundlegung der Ontologien. Berlin 1935

HEIDEGGER, M.: Sein und Zeit. Tübingen 1927

... Dichterisch wohnet der Mensch ... In: Vorträge und Aufsätze, II. Pfullingen 1967, 61–78

Logos (Heraklit, Fragment 50). In: Vorträge und Aufsätze, III. Pfullingen [3]1967a, 3–25

Aletheia (Heraklit, Fragment 16). In: Vorträge und Aufsätze, III. Pfullingen [3]1967b, 53–78

Moira (Parmenides VIII, 34–44). In: Vorträge und Aufsätze, III. Pfullingen, [3]1967c, 27–52

HEILMANN, A.: Texte der Kirchenväter, IV. München 1964

HORNUNG, E. (Hg.): Das Totenbuch der Ägypter. Zürich, München 1979

HUSEMANN, F.: Vom Bild und Sinn des Todes. Geschichte, Physiologie und Psychologie des Todesproblems. Stuttgart [3]1977

JASPERS, K.: Einführung in die Philosophie. Zürich 1953
Philosophie, Bd. II. und III. Berlin, Göttingen, Heidelberg 1956

JUNG, C. G.: Geleitwort und psychologischer Kommentar zum Bardo Thödol. In W. Y. Evans-Wentz (Hg.): Das Tibetanische Totenbuch. Olten, Freiburg i. Br. [12]1978, 41–56

KINDLERS LITERATUR LEXIKON, Bd. I. München 1974

DER KORAN, hg. von L. Ullmann. München 1959

KÜNZLER, D.: Sterblichkeitsforschung im Wandel der Zeit: Was bringt die Zukunft? Schweiz. Ärztezeitung, 61, 1980, 2445

KUPPER, J.: Sterblichkeitsforschung im Wandel der Zeit. Schweiz. Ärztezeitung, 61, 1980, 2087–2090

LUYTEN, N. A. (Hg.): Tod – Ende oder Vollendung? Freiburg i. Br., München 1980

MANN, U.: Der Tod in der religiösen Vorstellungswelt der Zeiten und Kulturkreise. In: A. Paus (Hg.): Grenzerfahrung Tod. Graz 1976, 41–71

MARCEL, G.: Philosophie der Hoffnung. Die Überwindung des Nihilismus. München 1964

PLATON: Die Werke des Aufstiegs. Zürich 1948

RAHNER, K.: Zur Theologie des Todes. Freiburg i. Br. 1958

Schriften zur Theologie, II. Einsiedeln, Zürich, Köln [4]1960

REGENBOGEN, O.: Schmerz und Tod in den Tragödien Senecas. Warburg 1930

ROHDE, E.: Psyche. Seelencult und Unsterblichkeitsglaube der Griechen. Tübingen 1921

ROZELAAR, M.: Das Leben mit dem Tode in der Antike. In A. Paus (Hg.): Grenzerfahrung Tod. Graz 1976, 83–127

SANER, H.: Das Sein zum Tode aus philosophischer Sicht. In G. Condrau (Hg.): Transzendenz, Imagination und Kreativität. In: Die Psychologie des 20. Jahrhunderts, Bd. XV. Zürich 1979, 464–471

SARTRE, J.-P.: Das Sein und das Nichts. Hamburg 1962

SCHACHENMEYR, F.: Die minoische Kultur des alten Kreta. Stuttgart, Berlin, Köln, Mainz [2]1979

SCHEFFCZYK, L.: Die Überwindung von Sünde und Tod in der Auferstehung Jesu Christi. In N. A. Luyten (Hg.): Tod – Ende oder Vollendung? Freiburg i. Br., München 1980, 227–251

SCHILLER, K. E.: Sterben und Tod. In W. Bitter (Hg.): Lebenskrisen. Stuttgart 1971, 105–123

SCHLÜTER, J.: Heidegger und Parmenides. Bonn 1979

SCHÖB, TH.: Sterben und Tod im Wort und in der Struktur der Tragödien Senecas. Unveröffentl. 1944
Studie zum Todesproblem in den philosophischen Werken Senecas. Unveröffentl. 1948

STIETENCRON, H. VON: Vom Tod und vom Leben im Tode: Bemerkungen zur hinduistischen Auffassung von Tod. In J. Schwartländer (Hg.): Der Mensch und sein Tod. Göttingen 1976, 146–161

DAS TIBETANISCHE TOTENBUCH, hg. von W. Y. Evans-Wentz. Olten, Freiburg i. Br. [12]1978

DAS TOTENBUCH DER ÄGYPTER, hg. von E. Hornung. Zürich, München 1979

WOODROFFE, J.: Die Wissenschaft vom Tode. In W. Y. Evans-Wentz (Hg.): Das Tibetanische Totenbuch. Olten, Freiburg i. Br. [12]1978, 57–75

Gion Condrau

Menschlich sterben

Das Verhältnis des Menschen zur Gewißheit des Todes

Übersicht: Hat der moderne Mensch das Sterben verlernt? Zumindest ist die Problematik um Sterbehilfe, Euthanasie, Selbstmord und Lebensverlängerung zu einem zentralen Thema der öffentlichen Diskussion geworden. Die neuesten Möglichkeiten der Medizin, der naturwissenschaftlich-biologischen Forschung mit ihren hochkomplizierten Techniken haben es mit sich gebracht, daß viele Menschen heute nicht mehr wohl vorbereitet im Schoß ihrer Familie sterben, sondern angeschlossen an lebensverlängernde und schmerzstillende Apparaturen, umgeben von Ärzten und Klinikpersonal. Damit wurde der Tod weitgehend seiner »Menschlichkeit« beraubt. Nun melden sich die Gegenkräfte: Es wird ein Recht auf den eigenen Tod gefordert, ein Recht auf den »natürlichen« Tod, vor allem aber ein Recht auf ein menschenwürdigeres Sterben, als dies in der Anonymität moderner Krankenhäuser geschieht.

Wenn wir davon ausgehen, daß nur der Mensch um sein Sterblichsein weiß, daß demzufolge nur der Mensch in des Wortes wahrstem Sinne *stirbt,* dann ist auch jedes Sterben »menschlich«. Wie läßt sich jedoch dann die oft gehörte Äußerung erklären, daß der moderne Mensch das Sterben verlernt habe, daß unsere moderne Industriegesellschaft den Menschen dazu zwinge, unter »unmenschlichen« Bedingungen sterben zu müssen? Tatsächlich hat das Sterben heute in vielen Bereichen einen ganz anderen Stellenwert erhalten, als dies in früheren Zeiten der Fall war. Die gesellschaftlichen Umwälzungen der vergangenen Jahre, insbesondere seit dem Zweiten Weltkrieg, und die ungeheure technische Explosion haben in bezug auf das Sterben zweierlei bewirkt. Einerseits stirbt der Mensch heute unter anderen sozialen Umständen als früher, sofern er in einem sogenannten zivilisierten Land und unter optimalen technischen Bedingungen lebt. Die Zeiten scheinen vorbei zu sein, da der alternde Mensch, wohl vorbereitet im Schoße seiner Familie, nach Regelung aller sozialen Verpflichtungen und Aufsetzung eines Testaments, die Augen für immer schließt. Heute wird in den Spitälern gestorben, angeschlossen an lebenserhaltende oder schmerzlindernde Apparaturen, zumeist in einer recht distanzierten, anonymen Atmosphäre. Die letzten Begleiter des Sterbenden sind vornehmlich die Ärzte und das Krankenhauspersonal, es sei denn, ein Angehöriger ist zufällig zum Zeitpunkt des Todes am Krankenbett. Man spricht deshalb vom »weißen Tod«. Ob zu Recht oder zu Unrecht diese Art des Sterbens als »unmenschlich« oder »würdelos« bezeichnet werden darf, ist eine Frage, die sich nicht ohne weiteres beantworten läßt. Auf der einen Seite ist der Krankenhaustod für den Sterbenden ein trauriges Abschiednehmen von seiner Welt, da tatsächlich die sein Leben ausfüllenden mitmenschlichen Beziehungen durch die technische Zuwendung der modernen Medizin ersetzt werden. Andererseits dürfte es kaum je eine Zeit gegeben haben, in der sich die Medizin in einer derart intensiven Zuwendung des Sterbenden angenommen hat. Wenn auch der Kliniktod trotz der aufopfernden Betreuung des Pflegepersonals die »trostlose Vereinsamung« nicht aufheben kann, so scheint es doch fragwürdig zu sein, von einer »Scheinhumanität« zu sprechen, wie dies Johannes Schwartländer (1976, 11) tut.

Das zweite Phänomen, welches das Verhältnis unserer Zeit mit dem Tode charakterisiert, scheint gegensätzlicher Natur zu sein. Der Mensch fordert heute mehr denn je eine humanere Begegnung der Medizin mit dem Kranken im allgemeinen und dem Sterbenden im besonderen. Diese Forderungen werden nicht etwa nur als Wunsch vorgetragen, sondern im Sinne eines absoluten Rechts gefordert. Wie widersprüchlich jedoch diese Situation ist, kann daraus ermessen werden, daß die Gesellschaft einerseits von der Medizin erwartet, Leben zu erhalten, wenn möglich zu verlängern, und andererseits für das Individuum den Anspruch erhebt, den eigenen Tod frei bestimmen zu können. So sind denn auch die Auffassungen über den »würdigen« Tod äußerst verschieden. Der eine möchte erst im hohen Alter eines »natürlichen« Todes sterben, der andere fürchtet sich vor dem Altern und wünscht frühzeitig aus dem Leben zu scheiden; ein Dritter wiederum ängstigt sich dermaßen vor dem Sterben, daß er von der Medizin die künstliche Lebenserhaltung um jeden Preis verlangt, was so weit gehen kann, daß er sich am liebsten »einfrieren« ließe. Wiederum ein anderer beansprucht für sich das Recht der Selbstvernichtung. Die große Illusion scheint nun tatsächlich der sogenannte »natürliche Tod« zu sein. Diese Forderung verleugnet nämlich die Tatsache, daß der Tod des Menschen nicht lediglich dessen biologisches Ende bedeutet. »Die aktualisierende Rede vom natürlichen Tod« orientiert sich einerseits »an einem human-biologischen Begriff von der Natur des Menschen« und enthält andererseits »ein gesellschaftskritisches Postulat« (Schwartländer a.a.O., 20). Verhindert werden soll also jeder *gewaltsame* Tod durch Unfall, Verbrechen oder Krieg; verhindert werden soll der *vorzeitige* Tod durch Krankheit oder durch Mangel an notwendigen Lebensbedingungen; verhindert werden sollen die *Zufälligkeit* und *Willkürlichkeit* des Todes. Übersehen wird dabei jedoch, daß diese Forderung nach einer »Altersgarantie weniger die Betroffenheit des Menschen durch den Tod« als vielmehr »die Furcht vor dem Sterben« (a.a.O., 21) meint und daß es dabei gar nicht um ein Recht des Menschen auf das Leben geht. Des weiteren bedingt die Verwirklichung dieser Forderung nicht nur die totale Veränderung unserer Gesellschaft, was völlig utopisch wäre, sondern eine noch größere »Perfektionierung« der naturwissenschaftlich-technischen Medizin, gegenüber welcher der Mensch auch Vorbehalte anbringt. Wichtiger aber scheint mir zu sein, daß der natürliche Tod im Grunde den totalen Tod bedeutet, das totale Ende.

Mag man auch mit der Grundabsicht und Grundintention der Forderung nach

Kaum weniger als in früheren Jahrhunderten beherrschen Angst vor dem Tod und Todesverachtung das Fühlen, die Träume und das Handeln der Menschen. Zwei scheinbar unvereinbare Phänomene sind dabei für den modernen Menschen in seinem Verhältnis zum Tode besonders charakteristisch: zum einen der gesellschaftlich sanktionierte Versuch, um jeden Preis den Tod zu vermeiden, andererseits eine nicht weniger von der Gesellschaft akzeptierte Lebensweise, die vor allem durch Nikotin- und Alkoholgenuß tödliche Gefahren für die Gesundheit jedes Einzelnen mit sich bringt. Unten: Szene aus A. Winkelmanns Film »Jede Menge Kohle«.

einem natürlichen Tode durchaus sympathisieren, so ist die Frage doch unumgänglich, welches Verständnis vom Tode ihr zugrunde liegt. Zweifellos ist es nicht jene Auffassung, die von Heidegger als »Sein zum Tode« bezeichnet wurde (s. den Beitrag »Der Tod im Bewußtsein des Menschen« in diesem Band). Vielmehr scheint mir die Sinnhaftigkeit des Seins wie auch jene des Todes ausgeklammert zu sein. Der Tod in dieser Sicht wird nicht mehr als zum Leben gehörend betrachtet. Auch Leiden und Krankheit, selbst die Freiheit des Menschen würden sinnlos, ebenso die den Menschen auszeichnende Trauerarbeit beim Tode anderer und damit die Besinnung auf das eigene Sterblichsein. Somit stellt sich für uns die ernsthafte Frage, in welcher Weise die Biologie überhaupt vom Tod spricht und ob der Tod eine biologische Notwendigkeit darstellt oder nicht. Adolf Faller (1956, 260ff) stellt fest, daß vom Biologischen her die Abgrenzung von Leben und Tod nicht einfach sei. So gebe es auch kaum absolut zuverlässige Anhaltspunkte für eine genaue Zeitangabe über den definitiven Tod. Das, was wir als Tod bezeichnen, sei »nur eine besonders eindrückliche Phase eines länger dauernden Geschehens, des Sterbens«. Tatsächlich erlischt das leibliche Leben in den verschiedenen Organen verschieden schnell. Der Tod ist somit ein »stufenweises Geschehen«, und die Medizin sieht im Tode »ein körperliches Geschehen«.

Nun hält es schwer, das »Leben« allein vom Biologischen her in seinem Wesen zu erfassen. Viele Einzeller pflanzen sich ungeschlechtlich durch Zweiteilung der Zelle fort und erleben Tausende von Generationen hindurch keine nachweisbaren Veränderungen. Sie altern somit nicht und sind potentiell »unsterblich«. Gibt es also doch unsterbliches Leben? Eine genaue Betrachtung führt zur Erkenntnis, daß die eben gemachte Aussage nur bedingt richtig ist, da es sich ja keineswegs um eine individuelle Unsterblichkeit handelt. Bei der Teilung entstehen aus einem Individuum nämlich zwei neue. Würde man generell von »Unsterblichkeit« sprechen, dann wäre auch jener Mensch »unsterblich«, der Nachkommen zeugt.

Faller meint, es bestehe sowohl eine biologische wie auch eine soziale Notwendigkeit des Todes. Biologisch sei diese Notwendigkeit deshalb gegeben, weil die Bausteine aller Lebewesen sich auf einer »dauernden Wanderschaft« befänden, weil Altes Neuem Platz machen müsse. »Biologisch gesehen, stirbt ein Mensch und sterben die entwickelteren Tiere mehrmals in ihrem Leben, und das in verschieden einander überlagernden Stirb- und Werdeprozessen«, schreibt Robert Leuenberger (1971, 43), sich auf den Chirurgen R. Nissen berufend. Im Zeitraum von etwa zehn Jahren ersetzen sich die Zellen im Gesamthaushalt eines menschlichen Körpers vollständig, so daß ein Mensch, welchem wir nach zehn Jahren wieder begegnen, »organisch gesehen« ein völlig neuer Mensch ist. Altes muß also untergehen, damit Neues entstehen kann – dies weist angeblich die biologische Notwendigkeit des Todes auf. Warum aber, so müßte man sich fragen, kann dieser Prozeß nicht ad infinitum weitergehen? Warum muß er einmal zu einem endgültigen Stillstand kommen?

Diese Frage kann die Biologie nicht beantworten. Von ihr her läßt sich mit Sicherheit die Notwendigkeit des Sterben-Müssens nicht nachweisen. Die Feststellung, daß sich im Laufe eines Lebens die Zellen vollständig erneuern, ließe eher die gegenteilige Vermutung zu: daß es biologisch eigentlich keine Notwendigkeit für den Tod – das definitive Ende – geben müßte. Wie steht es nun mit dem zweiten Argument Fallers? »Ohne Tod«, sagt er, »würden die heranwachsenden Generationen sich ihren Lebensunterhalt nicht mehr verdienen können.« Auch hier müsse das Alte dem Neuen Platz machen. Dies gilt aber auch nur dann, wenn tatsächlich Neues nachdrängt. Sosehr jedoch der Mensch dazu verdammt ist zu sterben, sowenig ist er dazu verpflichtet, neues Leben zu schaffen. Somit bleiben auch in bezug auf die soziale Notwendigkeit des Todes zumindest einige Fragen offen und ungeklärt. Was bleibt, ist die Frage nach der spezifischen Differenzierung der Körperzellen, wodurch der Tod zu einer »Organisationserscheinung« des vielzelligen Organismus wird. »Der Tod ist der Kaufpreis für unser unabhängiges Menschsein« (Faller a.a.O., 268), »da hochwertige Differenzierung ungleiche Abnützung und Abhängigkeit der Zellen voneinander bedingt.« Von der »Konstanz der Nervenzellen« hänge unsere psychische Einheit und unser Gedächtnis ab. Könnte es aber nicht gerade umgekehrt sein?

Die Frage nach dem Todeszeitpunkt hat nun im Zeitalter der Organtransplantationen auch nach rechtsstaatlichen Normen gerufen. Bei aller Geringschätzung, die dem menschlichen Leben heute zuteil wird, da zu Millionen Menschenleben vernichtet werden, muß sich der Rechtsstaat Beschränkungen auferlegen in Grenzfällen, wo es darum geht, mit einiger Sicherheit den Tod zu definieren. In der Schweiz wie auch in der Bundesrepublik Deutschland wurden entsprechende Bestimmungen erlassen. Nach den Regeln der Schweizerischen Akademie der medizinischen Wissenschaften müssen eine oder beide von folgenden Bedingungen erfüllt sein, um einen Menschen als tot zu erklären: irreversibler Herzstillstand mit dadurch unterbrochener Blutzirkulation (Herz-Kreislauf-Tod); irreversibler Funktionsausfall des Gehirns (zerebraler Tod).

Wie kompliziert im übrigen die Verhältnisse sind, beweist das gehäufte Auftreten des sogenannten »apallischen Syndroms«. Als Pallium (Mantel) wird die Hirnrinde bezeichnet, die das Großhirn mantelförmig überzieht. Beim apallischen Syndrom fällt die Funktion der Hirnrinde aus, zumindest dann, wenn die Wiederbelebung zu spät einsetzt, um den Sauerstoffmangel zu verhindern. Die Funktion des Mittelhirns bleibt erhalten, der Apalliker ist somit noch nicht hirntot. Rückbildungschancen bestehen aber nicht mehr. So ist der menschliche Tod ein zeitlich dissoziierter Vorgang (Wunderli 1973), an dessen Anfang ein zunächst noch manipulierbares Sterben und die Agonie stehen, an dessen Ende aber der biologische Tod, also der endgültige Zelltod auch besonders langlebiger Gewebe. Die Medizin ist heute sogar in der Lage, künstlich gewisse Partialfunktionen bei einem Leichnam aufrechtzuerhalten. Daß somit die Grenze zwischen Leben und Tod unscharf geworden ist, liegt auf der Hand. Und daß die Medizin über das *Wesen* des Todes nichts Gültiges aussagen kann, ist auch den Ärzten bekannt. Dieses ist höchstens philosophischer oder weltanschaulicher Fragestellung zugänglich.

Die heute zumeist vertretene Ansicht läßt sich wie folgt zusammenfassen: Der

Tod kann medizinisch am Absterben lebenswichtiger Organe, insbesondere des Gehirns, festgestellt werden. Es besteht danach keine Verpflichtung mehr, die anderen Organe am Leben zu erhalten. Aus diesem Grunde fällt auch die ärztliche Pflicht weg, »einen Sterbenden Tag für Tag ins Leben zurückzuholen, damit er Nacht für Nacht wieder stirbt« (Moltmann 1973). Der Mensch hat ein Recht auf sein Leben, aber auch ein Recht auf seinen eigenen Tod. Die wissenschaftliche Technik, Frucht des Forschens vieler Generationen seit der Renaissance, gibt der Medizin heute zwar die Möglichkeit, Leben über den von Krankheit oder Verletzung gesetzten »natürlichen« Endpunkt hinaus zu verlängern. Aber bloße Lebensverlängerung macht menschliches Leben noch nicht sinnvoll. Der Kampf gegen Krankheit und Tod darf nicht zur *Verdrängung* des Todes führen.

Wer aber entscheidet darüber, ob und wie lange ein Leben noch sinnvoll ist? Der Arzt, der Patient, eine von der Gesellschaft eingesetzte Kommission? Der Verfasser verhehlt nicht, daß ihm solche Forderungen, so vernünftig sie zu sein scheinen, ein ungutes Gefühl vermitteln. Gibt es überhaupt »sinnloses« menschliches Leben? Ist nur ein Leben bei vollem Bewußtsein sinnvoll? Oder gehört die Möglichkeit der Aktivität, des Tätig-sein-Könnens dazu?

Es dürfte schwerfallen, die eben gestellten Fragen in einer Zeit zu beantworten, die offensichtlich sowohl im biologischen wie im sozialen Umfeld in stetigem Wandel begriffen ist. Die moderne Technologie hat sich ja keineswegs etwa nur der Wissenschaft bemächtigt. Sie hat vielmehr im öffentlichen Bereich, in der staatlich organisierten Infrastruktur, das gesellschaftliche Bewußtsein in weit größerem Maße verändert als etwa die Französische Revolution und alle späteren gesellschaftsverändernden Revolutionen.

Die Feststellung, daß weder die biologische Bestimmung des Todes noch dessen biologische und soziale »Notwendigkeit« so recht zu überzeugen vermögen, bedeutet noch nicht, daß wir wesentlich mehr über ihn wissen, wenn wir es auf philosophischem oder theologischem Wege versuchen. Heidegger (1927, 234) sagt, das »Ende« des In-der-Welt-seins sei der Tod. Anders jedoch als die biologische Bestimmung des »Endes« betrachtet er dieses Ende als »zur Existenz gehörig«. Der Tod ist also nicht vom Leben ausgeschlossen, sondern immer noch eine Möglichkeit der Existenz. »Der Tod als Ende des Daseins ist die eigenste, unbezügliche, gewisse und als solche unbestimmte, unüberholbare Möglichkeit des Daseins. Der Tod ist als Ende des Daseins im Sein dieses Seienden zu seinem Ende« (Heidegger 1927, 258f). Als »geworfenes« In-der-Welt-sein ist das Dasein »je schon seinem Tode überantwortet. Seiend zu seinem Tode, stirbt es faktisch, und zwar ständig, solange es nicht zu seinem Ableben gekommen ist. Das Dasein stirbt faktisch, sagt zugleich, es hat sich in seinem Sein zum Tode immer schon so oder so entschieden« (a.a.O., 259). Man sagt, der Tod komme gewiß, aber vorläufig noch nicht. Heidegger nennt dies das »alltäglich verfallende Ausweichen vor ihm«, ein »uneigentliches« Sein zum Tode. Das »man«, womit Heidegger gerade die Alltäglichkeit meint, spreche nämlich durch das »vorläufig noch nicht« dem Tode die Gewißheit ab. Diese Alltäglichkeit schiebe den Tod hinaus auf ein »später einmal« und ver-

Sicherheit im Straßenverkehr. Mit großem Aufwand betreibt die heutige Automobilindustrie Unfallforschung. Die moderne Technik soll menschliche Fehlleistungen mit einkalkulieren, um Unfallfolgen zu verringern. Sie suggeriert damit eine Sicherheit, die ihren Einsatz rechtfertigt, indem sie die Bedrohlichkeit scheinbar in sich selbst aufhebt. Der Einzelne wird sich der Gefährlichkeit seines Handelns nicht mehr bewußt.

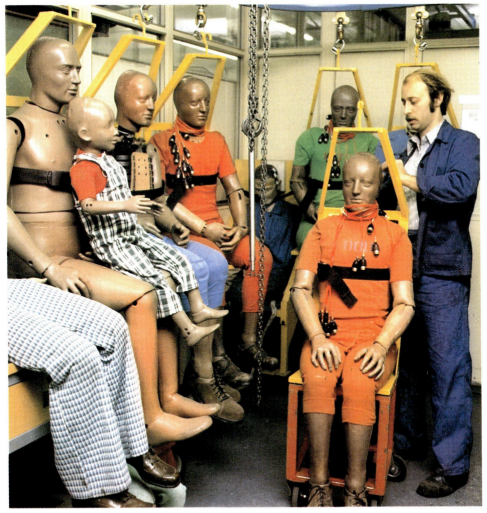

decke somit die Eigentümlichkeit der Gewißheit des Todes, »daß er jeden Augenblick möglich ist«. Eigentliches Sein zum Tode kann nicht ausweichen und verdecken.

Es sei zugegeben, daß Heideggers »Sein zum Tode« in der von ihm gemeinten existenzialen Bedeutung nicht leicht nachzuvollziehen ist. Das ist im Rahmen dieses Beitrags auch nicht erforderlich; immerhin sei auf die eingehende Explikation von James M. Demske »Sein, Mensch und Tod« (1963) verwiesen, in der das Todesproblem bei Martin Heidegger ausführlich dargestellt ist.

Zwei Aussagen Heideggers bedürfen jedoch in diesem Zusammenhang der Erwähnung. Einmal betrifft es die Beziehung zwischen »Sein zum Tode« und der Angst, dann das Verhältnis von »Sein zum Tode« zur Freiheit. »Im Vorlaufen zum unbestimmt gewissen Tode öffnet sich das Dasein für eine aus seinem Da selbst entspringende ständige *Bedrohung . . . Die Befindlichkeit aber, welche die ständige und schlechthinnige, aus dem eigensten vereinzelten Sein des Daseins aufsteigende Bedrohung seiner selbst offen zu halten vermag, ist die Angst*. In ihr befindet sich das Dasein vor dem Nichts der möglichen Unmöglichkeit seiner Existenz. Die Angst ängstet sich *um* das Seinkönnen des so bestimmten Seienden und erschließt so die äußerste Möglichkeit. Weil das Vorlaufen das Dasein schlechthin vereinzelt und es in dieser Vereinzelung seiner selbst der Ganzheit seines Seinkönnens gewiß werden läßt, gehört zu diesem Sichverstehen des Daseins aus seinem Grunde die Grundbefindlichkeit der Angst« (1927, 265f). Und dann kommt der entscheidende Satz: »Das Sein zum Tode ist wesenhaft Angst.«

Die Angst stellt den Menschen tatsächlich vor das Nichts. Ver-nichtung heißt die Möglichkeit des Nicht-mehr-da-seins, eben die Nicht-ung. Als endliches In-der-Welt-sein ist das Dasein sterblich. So wie jedoch das Nichts nicht einfach »nichts« ist, etwa als Gegensatz zum Sein, gehört auch das Sterblichsein zum Leben. Das Sterblich-Sein durchwaltet die menschliche Existenz als eine ihr zugehörige Seinsmöglichkeit. Aus diesem Grunde weiß der Mensch auch um sein Sterblich-Sein, selbst wenn nicht aus eigener Erfahrung, sondern nur durch das Sterben anderer. Die Menschen als die »Sterblichen« grenzen sich einerseits von den Dingen als bloß vorhandenen Seienden, andererseits von den »Unsterblichen«, von Hölderlin als die »Himmlischen«, die »Göttlichen« und die »Götter« bezeichnet, ab. Mit dem Begriff »die Sterblichen« wird eine wesentliche Seinsweise des Menschen erfaßt. »Der Mensch west als der Sterbliche. So heißt er, weil er sterben kann. Sterben können heißt: den Tod als Tod vermögen. Nur der Mensch stirbt – und zwar fortwährend, solange er auf dieser Erde weilt, solange er wohnt« (Heidegger ^{3}1967b, 70).

Dies bedeutet, daß das »Sein zum Tode« wesentlich ein Sich-zum-Tode-Verhalten meint. Dieses Verhalten setzt die »Freiheit zum Tode« voraus (Heidegger 1927, 266). Die meisten Menschen allerdings haben Mühe, sich zu ihrem Sterben-Müssen frei zu verhalten. Das Wissen um den Tod wird zumeist aus der Alltäglichkeit unseres Lebens verbannt. Auch wenn wir an die Endlichkeit unseres Daseins täglich durch das Sterben anderer erinnert werden, versuchen wir doch, uns diesem Wissen zu verschließen. Der eine geht in der Geschäftigkeit des Lebens auf und füllt dieses süchtig in immerwährender Leistungs- und Konsumgier aus; für den anderen beginnt das Leben eigentlich erst nach dem Tode. Dem ersten Fall liegt die Vorstellung vom Tode als das unwiderrufliche Ende, die totale Destruktion, das hereinbrechende Nichts zugrunde. Im zweiten Fall verliert das Leben seine eigenständige Sinn- und Werthaftigkeit, gilt es doch lediglich als Vorbereitung auf ein Sein nach dem Tode: Der Mensch befindet sich gleichsam im Vorraum des eigentlichen Lebens.

So hat jeder sein eigenes Verhältnis zum Sterben, ein Verhältnis, das von Wissen und Glauben, von gesellschaftlichen, weltanschaulichen, religiösen und familiären Einflüssen abhängig ist, vom Erleben des Todes eines Angehörigen, von der eigenen »gesunden« oder »neurotischen« Lebensentwicklung. Die Sterbensgewißheit kann verdrängt werden oder aber den Menschen angstvoll lähmen. Corey (1961) unterschied vier Arten des Umgangs mit dem Wissen um die Sterblichkeit: avoidance, acceptance, neutralization, suppression; das Bewußtsein des Sterben-Müssens kann demnach umgangen, angenommen, neutralisiert oder unterdrückt werden. Angeblich sollen junge Menschen eher zu acceptance beziehungsweise neutralization, alte mehr zu avoidance neigen. Zwei Wesensmerkmale des Sterbens sind für die Verarbeitung des Wissens um den Tod von besonderer Bedeutung: die Hora incerta – die Ungewißheit des Todeszeitpunkts – und die Tatsache, daß man allein stirbt. Sartre erkannte, daß man auf den Tod nicht warten könne, sondern höchstens auf ihn gefaßt sein müsse, denn das *Wann* des unbestimmten Todes könne jeder Augenblick sein. Jaspers hob die Einsamkeit des Todes für den Sterbenden wie für den Zurückbleibenden hervor. So ist das Erschreckende an der Todesahnung das Wissen um die Trennung von dieser uns vertraut gewordenen Welt, von unseren Lieben, von unserem Leben. Diesen »Tod« erlebt der Mensch aber immer wieder, zeit seines Lebens – das Kind etwa, das von seiner Mutter getrennt wird, der Liebende beim Abschied von der Geliebten.

Die empirische Sozialforschung wies nach, daß Kinder im Alter zwischen ein und drei Jahren den Tod in seiner Bedeutung noch nicht erfassen. Mit fünf bis neun Jahren hingegen, besonders vom achten Lebensjahr an, konkretisiert sich das persönliche Sterben als Vorstellung einer irreversiblen Auflösung des Körpers. Die Möglichkeit, selbst zu sterben, wird bewußt. Im Vordergrund des Erlebens stehen jetzt die naiv-realistische Einschätzung des Todes und die Neugier für die Begleitumstände des Sterbens. Während der Adoleszenz und des frühen Erwachsenenalters findet man oft eine ungewisse Todesangst, wobei hier allerdings eingehende Untersuchungen fehlen (auffallend ist die hohe Suizidalität in der Zeit zwischen Pubertät und abgeschlossener Maturität). In den mittleren Lebensjahren sind die Ergebnisse einheitlich; einer der wichtigsten Adaptationsmechanismen an das Altwerden scheint jedoch die Verleugnung des Todes bei den über Fünfzigjährigen zu sein, wobei Unterschiede in der Abhängigkeit von Religiosität und sozialer Integration erkennbar sind. Menschen, die in der Familie oder im Altersheim leben, zeigen zumeist eine positivere Einstellung zum Tode als Alleinstehende (Meyer

1979). Moltmann führte in seiner Betrachtung über »Die Menschlichkeit des Lebens und des Sterbens« aus, jeder wisse, daß menschliches Leben sterblich sei, nur wenige jedoch wüßten, wo und wie heute gestorben werde. Es fehle, je länger, je mehr, die bewußte Einstellung zum Tode. Während früher die direkte Erfahrung des Todes anderer einen Teil der eigenen Lebenserfahrung bildete, verschwinden heute bereits die Schwerkranken aus dem aktiven Leben der Familie in die Krankenhäuser und Sterbekliniken. Zudem leben die Alten immer häufiger unter ihresgleichen in Altersheimen; die Bestattung mit den entsprechenden Ritualen wird an Beerdigungsinstitute delegiert, und so entgleitet die Todeserfahrung dem Individuum. Man erwartet vom modernen Menschen, daß er sich immer beherrscht gibt und funktionstüchtig erhält, auch wenn er einen geliebten Menschen verloren hat. Überdies sollte jeder, wie Meyer schreibt, möglichst lautlos, ohne Aufsehen und Last für andere, abtreten. Der moderne Mensch hat tatsächlich kaum mehr Gelegenheit, sich an das Sterben zu »gewöhnen«. Durch die Wandlungen der Begräbnisriten, die ursprünglich der Trauerarbeit dienten, wurden Sterben und Tod aus dem Blickfeld der Lebenden entfernt und damit »dem Menschen eine lebensbegleitende Vertrautheit mit dem Sterben« unmöglich gemacht. Heute wird anders gestorben als früher. Die Zeiten, da der Mensch im Kreise seiner Lieben sanft entschlief, da er wohlvorbereitet und in Frieden mit sich selbst und der Welt die Augen für immer schloß, nach Regelung aller nötigen Formalitäten bis hin zum persönlichen Testament, scheinen unwiderruflich vorbei zu sein. Bereits findet kaum mehr ein Trauerzug hinter dem Sarg statt, bereits wird nur noch »still beigesetzt«. Der Verfasser hat noch im Elternhaus als Kind erlebt, daß die Leiche der Mutter während dreier Tage und Nächte im Wohnzimmer aufgebahrt lag; daß das ganze Dorf an diesem Tode teilgenommen hat; daß an der offenen Bahre Tag und Nacht, 24 Stunden lang, gebetet wurde. Heute verschwinden die Leichen bereits nach wenigen Stunden im Leichenschauhaus. Der Tote ist aus dem Wohnbereich der Lebenden verbannt.

Das Verhältnis des Menschen unseres Industriezeitalters zum Tode bestimmt auch seine Beziehung zum Sterbenden. Man stirbt, wie gesagt, nicht mehr zu Hause, sondern im Spital. Man stirbt den »weißen Tod« in der Klinik. Das Sterben ist »hygienisch« geworden. Der Mensch stirbt angesichts von Unbekannten. Gewiß wäre es ungerecht, den Spitalärzten und dem Pflegepersonal jegliches Mitgefühl abzusprechen. Aber irgendwie müssen sie sich doch, um des eigenen seelischen Überlebens willen, innerlich vom Sterben des anderen distanzieren. Daher rührt wohl auch zu einem großen Teil die Geschäftigkeit auf den Spitalabteilungen, die Schwerkranke beherbergen. Die moderne Medizin muß, wenn sie überhaupt effizient sein will, weitgehend mitmenschliches Gefühl durch rationales Verhalten ersetzen.

Die Geschäftigkeit kennzeichnet jedoch keineswegs nur das Verhalten der *Medizin* zum Sterbenden, sondern in noch weit größerem Maße jenes der *Gesellschaft* als Kollektiv, des Menschen als *Individuum*. Die Medizin ist ja immer in die Gesellschaft eingebettet, sie vertritt die Meinung dieser Gesellschaft und wird von ihr mitbestimmt. Der Glaube an die Machbarkeit der Dinge, an die Allmacht der Technik, der Biologie und Chemie ist inhärenter Bestandteil moderner Welt-»anschauung«. Diese bestimmt weitgehend auch das durchschnittliche, alltägliche Verhalten des Menschen zum Tode, den er je als eigenen zu bestehen hat. In vielen Belangen kann sich der Mensch vertreten lassen, nie jedoch im Sterben. Ist es da nicht erstaunlich, daß er immer wieder versucht, diesem seinem Schicksal auszuweichen, den Tod zu verleugnen? Hängt dies tatsächlich, wie Boss (1979, 458) meint, mit unserer »heutigen possessiven Leistungsgesellschaft« zusammen, in der das Leben, wie alles, was es gibt, nur noch als Besitz gesehen werden kann? Die Unzahl von Verhaltensweisen der Todesverleugnung sind uns bekannt. Das völlige Aufgehen des Menschen im Leistungs- und Konsumzwang, das süchtige Raffen materieller Güter, die Gier nach einem aktiven Ausfüllen der Freizeit, verbunden mit dem Unbehagen vor der Ruhe des Nichtstuns, die Verachtung der Faulheit, verbunden mit der sinnlosen Hochschätzung von Arbeit, Ehrgeiz und Erfolg, sind nur oberflächliche Anzeichen der Flucht vor dem Sterben-Müssen. In ihnen zeigt sich ja gerade nicht ein freies Verhältnis zum Leben, ein sinnvolles Ausfüllen der uns diesseitig zugestandenen Zeit, in welcher sowohl Leistung wie Genuß in vernünftigem Rahmen durchaus ihren Platz hätten. Es ist nicht die Zuwendung zu einem wahrhaft menschlich gelebten Leben in Harmonie und Gelassenheit in diesem Verhalten zu sehen, sondern gerade deren Gegenteil, nämlich ein hektisches, die Zeit im wahrsten Sinne des Wortes »totschlagendes« und damit auch das Menschliche des menschlichen Lebens desavouierendes Gebaren. Aber nicht nur diese Seite des Abwehrverhaltens gegenüber dem Tode ist feststellbar. »Wir können unser eigenes Sterblichsein auch dadurch in einer gewissen Entfernung halten, daß wir das Sterben psychologisch untersuchen« (Boss a.a.O., 458). Im Grunde untersuchen die Psychologen tatsächlich nur das Verhalten der Lebenden zum Tode. Dieser selbst nämlich entzieht sich einer psychologischen Untersuchung, ist er doch als ein »Wesenszug des Menschen« höchstens einer philosophischen Betrachtung zugänglich und nicht irgendeiner psychologischen oder gar tiefenpsychologischen Theorie.

Zum Sterblichsein, zum »Sein zum Tode« hat der Mensch aber nicht nur eine philosophische Beziehung, etwa indem er über den Tod meditiert, schreibt, malt, dichtet oder komponiert. Jeder Mensch verhält sich zu seinem Sterblichsein, selbst dann, wenn er nicht denkend dabei verweilt. Zeit und Raum verweisen ihn in ihrer Veränderlichkeit und Vergänglichkeit auf die Möglichkeit, nicht mehr »da«, nicht mehr »anwesend« zu sein; Leiden und Krankheit, die gemüthaften Verstimmungen, aber auch die Freude, Lebenslust und das ständige Wahrnehmen der Natur in all ihrer Schönheit sind nur möglich, solange der Mensch »sterblich« ist. Ein »unsterblicher« Mensch ist das Un-denkbarste, was es gibt. Er wäre zu tödlicher Langeweile verurteilt. Es gäbe keine »Grenzsituationen« mehr, die Suche nach dem Sinn des Lebens wäre überflüssig, weil ein solcher Sinn gar nicht existierte.

Trotzdem scheint sich der Mensch, der heutige im besonderen, nicht recht mit seinem Sterblichsein abzufinden. Im Zeitalter der Naturwissenschaften und der Technik wird mehr nach »Lebensqualität« als nach »Lebenssinn« gefragt. Die gesellschaftlichen Veränderungen unserer Zeit, ja nur der letzten zwanzig Jahre, mit dem Verlust der tradierten Familienstrukturen, der Entwertung weltanschaulicher Werte, der Aufhebung sinngebender religiöser Institutionen, mit anderen Worten: die totale Säkularisierung unserer Welt, haben auch dem Verständnis des modernen Menschen für Sterben und Tod ihren Stempel aufgedrückt. Eigentlich müßte man von einem »Mißverständnis« sprechen. Es wäre allerdings verfehlt, anzunehmen, daß die Begegnung mit dem Tode anderer, daß die Besinnung auf das eigene Sterblichsein, das Wissen um seinen eigenen Tod den Menschen nur in die Abwehr treiben würde. Es gibt auch heute, in unserer durchaus rationalen, technokratischen und säkularisierten Zeit vermutlich mehr Menschen als wir glauben, die dem Tode mit ruhiger Gelassenheit entgegensehen, die aufgrund ihrer eigenen Reife, aufgrund ihres religiösen Glaubens oder eines vertieften Innewerdens ihrer Existenz als Offensein und Freisein das Sterben-Müssen als eine ihnen zugehörige Existenzweise akzeptieren können. Demske (1963) wies darauf hin, daß es Menschen gibt, die den Tod als Vollzug einer Existenzmöglichkeit sehen, welche das Dasein in seiner Ganzheit umfaßt und abschließt, wenn sie auch in einem Unverfügbaren gründet.

Dies führt naturgemäß zur Feststellung, daß ein freies Verhältnis zum Tode ein freies Verhältnis zum Leben voraussetzt. Wer Angst vor dem Tode hat, hat auch Angst vor dem Leben. Dies ist an sich nichts Neues. Bereits Seneca stellte in einem seiner Briefe an Lucilius fest: »Vivere noluit, qui mori non vult« – »wer nicht sterben will, wollte auch nicht leben«.

Sterben *wollen*? Bedeutet dies in Wirklichkeit ein freies Verhältnis zum Tode? Oder könnte sich darin nicht gerade das Gegenteil sichtbar machen, nämlich eine andere Art der Todesabwehr, eine Verleugnung des »Sein zum Tode«? Seneca meinte es gewiß nicht in dieser Hinsicht. Ihm ging es darum, aufzuweisen, daß der Mensch sein Schicksal als Sterblicher im wahrsten Sinne des Wortes, das heißt bereits im Leben, akzeptiert. Es entspricht dies auch der bereits erwähnten Erfahrung, daß jene Menschen sich am meisten vor dem Tode fürchten, die auch vor dem vollen Austrag ihrer Freiheit, beziehungsweise ihres Lebens, Angst haben. Trotzdem muß in Betracht gezogen werden, daß es die Stoa war, die aus ihrem »Gleichmut« dem Tode gegenüber auch die Selbstvernichtung als sittliche Tat nicht ausschloß. Es wäre die Frage zu prüfen, ob nicht das Verhältnis jener Zeit zum Tode gewisse Parallelen zu unserem Zeitalter aufweise. Gleichmut ist nicht unbedingt mit »Freiheit« identisch, obwohl es sprachlich in die Nähe dessen kommt, was Heidegger als »Gelassenheit« bezeichnet. Nun ist Gelassenheit ein »Sein-Lassen«, während Gleichmut verschiedene Bedeutungen hat. Er kann Gelassenheit und Ausgeglichenheit bedeuten, aber auch Stumpfheit und Resignation. Von einem gleichmütigen Menschen sagt man auch, er sei »unerschütterlich« und unbeweglich. Kann man sich, selbst wenn das Sterblich-Sein als ontologisch bestimmtes Existenzial, als ein Grundzug des Daseins, akzeptiert wird, ontisch, das heißt im faktisch vollzogenen Existieren, diesem Wissen gegenüber unerschütterlich und somit gleichmütig verhalten? Ist nicht auch die Angst eine unabdingbare menschliche Möglichkeit, so wie es die Freiheit und Offenständigkeit ist? Zilboorg und viele andere, unter ihnen Max Scheler, betrachteten die Angst vor dem Tode, sogar den Verdrängungsprozeß als zweckmäßig und für das soziale Funktionieren als notwendig (Condrau ²1977). Nun sind Angst und Verdrängung sicher nicht das gleiche. Es ist auch fraglich, ob ein Verdrängungsprozeß für ein wirklich »soziales«, das heißt mitmenschliches Verhalten notwendig ist. Im Begriff »Gelassenheit«, die für Heidegger (1959) ein gleichzeitiges Ja- und Nein-Sagen ist, ist die Möglichkeit enthalten, etwas vollständig hinzunehmen und dem Akzeptierten gleichzeitig zu verwehren, daß es uns ausschließlich beansprucht und somit unser Wesen verwirrt. In der Gelassenheit ist folglich das freie Verfügenkönnen enthalten. Der moderne Mensch leitet aus dieser Freiheit ein »Recht auf . . .« ab. So auch u. a. ein »Recht auf den Tod«. Für das Verhältnis des Menschen zum Tode scheint nun in besonderer Weise immer auch die Einstellung der menschlichen Gesellschaft zur Frage der Selbstvernichtung und der Fremdvernichtung, hier nicht einfach im Sinne des Mordes, sondern in jenem der aktiven Euthanasie, aufschlußreich zu sein. Die Forderung nach einem Recht auf den eigenen Tod, die heute vielerorts erhoben wird, sowie die von den Philosophen formulierte »Freiheit zum Tode« stellen den Menschen unvermittelt vor die Frage nach der ethisch-sittlichen Zulässigkeit von Selbstmord und »aktiver« Euthanasie, in weiterführendem Maße auch nach der staatsethischen Zulässigkeit der Todesstrafe.

Freiheit zum Tode und Selbstvernichtung

Zweifellos beruht die heutzutage festzustellende Zunahme der »Suizidrate«, wie sich die Selbstmordforschung ausdrückt, nicht auf der wissentlich und willentlich vollzogenen Befreiung, die ein »Recht auf den eigenen Tod« oder gar die »Freiheit zum Tode« beinhaltet. Der Selbstmord ist zum überwiegenden Teil gerade nicht der existentielle Austrag eines Freiseins und Freiwerdens, sondern eine Tat der Verzweiflung, der Flucht aus diesem Leben, das entweder aus verschiedensten Gründen unerträglich geworden ist oder seinen Sinn verloren hat. Im Suizid ist der Tod kein »Sein zum Tode« mehr, sondern eine Abkehr vom Leben. Der Selbstmörder sucht die *Selbstvernichtung*. Ob geplant und bedacht oder spontan aus einer aktuellen Notsituation heraus, ob infolge einer länger dauernden Depression, einer akuten Verstimmung, oder in der Panik, ist er die letzte Konsequenz einer wirklich oder scheinbar ausweglosen Situation. Dies war vermutlich zu allen Zeiten so und wird es auch in Zukunft bleiben. Von daher gesehen, gehört der Selbstmord beziehungsweise die Selbstmordforschung in den Bereich der Psychiatrie und Psychotherapie sowie in jenen der Sozialforschung. Diese Problematik kann im Rahmen dieses Beitrags nur gestreift werden. Eine ausführliche soziologische Interpretation des Selbstmordes ist Émile Durkheim (1973) zu verdanken. Es seien daraus nur einige Feststellungen entnommen. Die eine ist, daß in jeder Gesellschaft eine bestimmte Zahl von Menschen innerhalb eines bestimmten Zeitabschnittes in den

Oben: Käthe Kollwitz: »Frau mit totem Kind«, Radierung 1903. Eine depressive und resignierende Grundhaltung liegt dieser Darstellung zugrunde. Unten: Hans Jorg Limbach: »Rauschgift I«, Gipsmodell. Ausgedrückt wird die Zerstörung des Menschen, die sinnlose Bedrohung seiner Existenz.

Tod gehen, die andere, daß sowohl Wirtschafts- und Finanzkrisen wie auch deren gegenteilige gesellschaftlich-ökonomische Entwicklung, die Konjunkturen, die Selbstmordzahlen nach oben treiben. Dies legt Durkheim dahin aus, daß die Selbstmorde »einfach wegen der Krisen« zunehmen, »das heißt wegen der Störungen der kollektiven Ordnung« (a.a.O., 278). »Störungen der kollektiven Ordnung« werden jedoch heute nicht nur als Folge konjunktureller Schwankungen betrachtet, sondern auch als gesellschaftsinhärente Phänomene der Gegenwart. Die Zunahme der Depressionen, der Langweiligkeitsneurosen, der Zuflucht zu den Drogen, des Alkoholismus einer rast- und ratlosen Jugend kann keinesfalls lediglich als ein Anwachsen individueller neurotischer Entwicklung betrachtet werden. Die Erscheinungen sind in den gesellschaftlichen Gesamtzusammenhang zu stellen und rufen demzufolge nach einer gesellschaftspolitischen Überprüfung unseres Zeitgeschehens.

Ebenso wäre es fragwürdig, die erschreckende Zunahme der Selbstmorde in allen Ländern lediglich einer (anonymen) Gesellschaftsordnung zuschreiben zu wollen. Der Mensch, der junge wie auch der alte, ist nicht einfach Spielball seiner Gesellschaft. Allzuoft muß diese als Alibi dafür herhalten, eigenes, individuelles Versagen zu decken. Erwin Ringel (1976, 244), der sich besondere Verdienste um die Selbstmordforschung und -prophylaxe durch die Errichtung eines eigens dafür geschaffenen Instituts erworben hat, meint denn auch, daß es sich beim Selbstmord um ein enorm kompliziertes, ein »komplexes« Problem handle. Die praktische Erfahrung lehre aber immerhin, daß der Selbstmord »in der überwiegenden Mehrzahl der Fälle in einer seelisch krankhaften Verfassung« begangen werde, für die dementsprechend der Mediziner, insbesondere derjenige, der sich mit der Psyche beschäftigt, also der Psychiater und Tiefenpsychologe, zuständig sei. Die immer wieder gestellte Frage, ob auch ein seelisch Gesunder, also »Normaler«, Selbstmord begehen könne, wird von ihm bejaht. Die Erfahrung lehre jedoch, daß diese theoretische Möglichkeit in der Praxis nur »äußerst selten« vorkomme. Der Verfasser selbst hat in seiner Dissertation (Condrau 1944) die Frage nach einem »physiologischen« beziehungsweise »Bilanz«-Selbstmord in eher negativem Sinne beantwortet. In dem dort gemeinten Sinne scheint ihm dies auch heute noch richtig zu sein. Trotzdem ist eine gewisse Revision der Auffassung angezeigt, wonach nicht auch durchaus gesunde Menschen sich zu einem freiwilligen Ausscheiden aus dem Leben entschließen können. Diese Überprüfung ist in unserer Zeit insofern notwendig, als sich sowohl der Begriff der »Gesundheit« gewandelt hat als auch die Situation, in die der Mensch heute geraten kann. Damit sei nicht einfach das Wort jener modernen Jugendbewegung gesprochen, die sich die Neue Linke nennt und die jeden Selbstmörder aus ihren Reihen zu einem Mord-Opfer der bürgerlichen Gesellschaft emporstilisiert (Brenner u. a. 1981). Anderseits muß ihr beigepflichtet werden, daß nicht jeder jugendliche Selbstmörder als »psychiatrischer Fall« eingestuft werden darf.

Nachweisbar haben die Selbstmordzahlen Jugendlicher in aufsehenerregender Weise in den letzten Jahren zugenommen. Im Zeitraum von nur zehn Jahren hat sich, wie Statistiken verschiedener Länder zeigen, die Suizidrate der jungen Menschen mehr als verdoppelt (Graziani 1981, 299f). Gleichzeitig darf nicht übersehen werden, daß der Selbstmord im Alter ebenfalls zahlenmäßig zunimmt. Ringel (a.a.O., 261) hält es für eine »tragische Tatsache, daß mehr als ein Drittel aller Menschen, die Selbstmord begehen, über sechzig Jahre alt ist«. Dafür sei nicht etwa der geistige Abbau verantwortlich, sondern vor allem das Mißlingen des Versuchs, mit diesem schwierigen Zeitabschnitt fertig zu werden. Die psychiatrisch an erster Stelle genannten Diagnosen mit der größten Selbstmordhäufigkeit sind denn auch die endogenen Depressionen, die mißglückte Altersadaptation und schließlich neurotische Fehlentwicklungen.

Nun ist der Selbstmord keineswegs lediglich ein Problem der Ärzte und Psychotherapeuten. Seine Bedeutung reicht weit in kulturgeschichtliche, religiöse und philosophische, ja selbst rechtliche Aspekte hinein. Insbesondere wird davon auch die Euthanasie-Diskussion berührt.

In der Geschichte der Religionen fand der Selbstmord in zweierlei Hinsicht seinen Niederschlag.

Im Hinduismus erweist sich der Tod als »direkter Anstoß für das Erlösungsstreben des Menschen« (v. Stietencron 1976, 155), womit er auf die mögliche Überwindung des Lebens hindeutet. Der Sterbende löst sich von seiner »grobstofflichen Daseinsform, um sich auf eine neue, vielleicht bessere, vorzubereiten«. Zum einen wird somit eine Indifferenz gegenüber dem Tode und dem Leben gefordert, zum anderen führte der Erlösungsaspekt in Indien auch zeitweilig zur Legitimierung des religiösen Selbstmordes, der zumeist an heiligen Stätten ausgeführt wurde.

Antikes Griechentum und Römertum stellten den Selbstmord wiederum in den Bezug zur Tragödie einerseits, in den Zusammenhang mit dem schuldbeladenen Helden, in jenen zur Philosophie und zur Staatsraison andererseits. Aristoteles und Platon wehrten sich zwar gegen die Zulässigkeit des Selbstmordes, vermochten jedoch nicht durchzudringen. Aristoteles' Ablehnung beruhte allerdings nicht auf philosophischer Logik. Der Selbstmord, so meinte er, sei gemäß Urteil der menschlichen Vernunft ein Übel und demzufolge nur erlaubt, wenn ihn die Staatsgesetze gebieten würden. Da sie dies nicht täten, sei die Selbsttötung ein Unrecht. Immerhin mußte Sokrates – letztlich auch aus Gründen der Staatsraison – seinen Schierlingsbecher trinken. Ähnlich erging es Seneca, der sein Leben auf Befehl seines ehemaligen Zöglings, des Kaisers Nero, beendete, worüber Tacitus im 15. Buch seiner »Annalen« berichtet. In ähnlicher Weise muß auch der Selbstmord des greisen Cato gesehen werden, der in ihm den letzten Weg erblickte, sich dem Dolch der Caesarianer zu entziehen. Sosehr für beide Männer der Freitod als Sache der persönlichen Freiheit in ihren philosophischen Gesprächen immer wieder herausgehoben wurde, so darf die Tragik doch nicht übersehen werden, daß ihre »Freiheit« zu sterben auch von der kaiserlichen Gnade abhing, von ihr Gebrauch zu machen. Benz (1929, 111ff) beschreibt denn auch die »tragische Parallelität« dieser beiden Männer, die, am Ende ihrer politischen Karriere angelangt, um den Erfolg ihrer Lebensarbeit betrogen, sich nur mühsam in die große Freiheit des Todes begeben konnten: »als ob ihnen das Schicksal in einer schlimmen Ironie ihre Tat erschweren und verhöhnen wollte«. Beide hatten größte Mühe, den Selbstmord zu vollenden. Cato mußte sich die durch das Schwert beigebrachten Wunden aufreißen und seine Gedärme zerzerren, Seneca schnitt sich die Adern auf, nahm Gift und mußte sich schließlich im Dampfbad ersticken. Im Rom der späten Kaiserzeit, als das Denunziantentum seine Blütezeit erlebte, wurde die Selbsttötung für viele zu einer Notwendigkeit, um sich den unerträglichen Folgen einer Urteilsvollstreckung zu entziehen, die ihnen nur Ehrverlust und Güterentziehung zusätzlich zum Tode eingebracht hätten. So erfüllte der Selbstmörder auch eine Pflicht gegenüber seiner Familie. Erst unter Kaiser Hadrian (76-138 n. Chr.) nahm die Selbstmordwelle in Rom etwas ab; trotzdem galt der Selbstmord auch weiterhin als eine sittlich erlaubte Tat.

Eine grundlegende Umwälzung in der Wertung und Beurteilung des Selbstmordes kam erst durch das Christentum. Der Christ betrachtete das Leben als ein Geschenk Gottes, als ein Lehen. Somit konnte es kein größeres Verbrechen geben, als eben dieses Lehen zu veräußern, dieses Geschenk wegzuwerfen. Die Kirchenlehrer insbesondere haben eindeutig gegen den Selbstmord Stellung bezogen. Augustinus (354-430) berief sich auf das göttliche Gesetz »Du sollst nicht töten«. Für ihn war der Selbstmord ein »Mord«, und er mußte auch dementsprechend bestraft werden. In seinem großen Werk »De civitate dei« ging er ausführlich dieser Frage nach. Selbst Judas habe durch seinen Selbstmord nach dem Verrat an Christus nichts gutgemacht, sondern seine Sünde nur vergrößert. Aber auch eine Selbsttötung aus »sittlichen« Motiven lehnte Augustinus ab. Am berühmtgewordenen Fall Lucretias, die sich durch ihren Selbstmord der Schändung entzogen hatte, argumentierte er dafür, daß das Leben den Vorrang auch vor solcher Konfliktlösung genieße. Der Selbstmord als sittliche Heldentat, wie er im sogenannten »Heidentum« gerühmt wurde, selbst jener Catos, fand bei Augustinus nur Verdammnis. Die Lehren der Kirche wurden diesbezüglich in späteren Synoden, in Orléans 533, in Braga 563, bestätigt. Es wurde festgelegt, daß alle, die sich gewaltsam den Tod beibringen, im Opfer keine Erwähnung finden sollten, daß ihre Leichen keines kirchlichen Begräbnisses und ihr Seelenheil keines Gebetes würdig seien. Eine Ausnahme sollten nur jene Selbstmorde bilden, die aufgrund einer schweren Geisteskrankheit begangen wurden. Von der kirchlichen Selbstmordauffassung wurde später auch das deutsche Recht beeinflußt; in England stand bis vor wenigen Jahren noch eine Strafdrohung auf der Selbsttötung.

Eine von dieser Lehre abweichende Haltung nimmt Schwartländer ein, der die Ansicht vertritt, man müsse zwischen Selbstmord und »Selbsttötung aus sittlicher Verantwortung« (1976, 28) unterscheiden. In diesem Sinne nimmt er Cato in Schutz, dessen Selbsttötung angesichts der hereinbrechenden Diktatur »als überzeugtes Bekenntnis zur römischen Republik«, zu ihrer politischen Freiheit und Gerechtigkeit verstanden werden könne. Er verweist auf die Selbstverbrennung des tschechischen Studenten Jan Palach im Jahre 1969, der durch sein Selbstopfer seinem Volke Mut und Kraft spenden wollte, für die politische Freiheit zu kämpfen.

Auch denkt Schwartländer »an den politischen Gefangenen, der sich das Leben nimmt, weil er fürchten muß, unter Anwendung weniger der Folter als vielmehr der modernen ›medizinischen‹ Manipulationstechniken, seine Freunde zu verraten und ihr Leben zu gefährden«. In einem solchen Fall vollziehe sich doch offensichtlich eine personale Verantwortung, die gleichzeitig einen tieferen Sinn menschlicher Freiheit vergegenwärtigen könne, »als dies jede Art von Selbstbehauptung vermag«.

Bedeutet die »Freiheit zum Tode« wirklich eine ethische Begründung des Selbstmordes? Immanuel Kant bestritt dies und Martin Heidegger ebenfalls. Jede Selbstentleibung ist für Kant eine Selbstzerstörung der Persönlichkeit; diese zu vernichten bedeutet, die Sittlichkeit aus der Welt vertilgen. Heidegger (1927, 261) vertrat die Ansicht, der Tod sei »als Mögliches« kein Zuhandenes oder Vorhandenes, sondern eine *Seinsmöglichkeit* des *Daseins*. Wenn nämlich das Sein zum Tode den Charakter eines »besorgenden Aus-seins auf seine Verwirklichung« hätte, müßte »das Besorgen der Verwirklichung dieses Möglichen eine Herbeiführung des Ablebens« bedeuten. Damit aber entzöge sich das Dasein »gerade den Boden für ein existierendes Sein zum Tode«.

»Sein zum Tode« und »Freiheit zum Tode« sind somit nicht zwei verschiedene Weisen des Seins. Die Freiheit zum Tode im Sinne Heideggers ist weder Grundlage noch Aufforderung zur Selbsttötung. Anders sieht es Karl Löwith (1969, 167), der dem Menschen die spezifische Möglichkeit zuspricht, sich zu seinem Leben und Ableben als dem Seinen verhalten zu können. Er habe die Freiheit, »das Faktum seines leibhaftigen Daseins nicht bloß hinzunehmen, sondern es eigens anzunehmen oder abzulehnen und das Nichtmehrdasein in Gedanken, oder auch in der Tat, vorwegzunehmen«. Er räumt allerdings ein, daß eine solche Vorwegnahme des Todes »keine Freiheit zu ihm, sondern Angst vor ihm« bedeute. Diese Angst gelte aber nur für denjenigen, der glaubt, eine »Seele« zu haben, die den Zerfall des Leibes überlebe. Heute denke man die Seele mit dem Leib zusammen »psychosomatisch«; wer nicht an die Unsterblichkeit der Seele glaube und somit die Endlichkeit auf den ganzen Menschen beziehe, werde auch die Freiheit zum Tode »in dem Sinne behaupten müssen, daß der Mensch ein Recht auf Selbstvernichtung hat«. Löwith wirft Heidegger die »Moral des ›Sich-selbst-Übernehmens‹ und damit der Verantwortung für das Faktum des eigenen Daseins, an dem ich nicht schuld bin« vor. Denn die »Freiheit zum Tode« beruhe bei Heidegger gerade darauf, daß kein menschliches Dasein je frei darüber entschieden habe, ob es ins Dasein kommen wolle oder nicht. Der Mensch »ist in sein Da geworfen und muß sich darum selbst mit seinem nichtigen Ende übernehmen, um frei existieren zu können und sich auf seine Möglichkeiten zu entwerfen«. Die wirkliche Freiheit zum Tode kann sich nach Löwith (a.a.O., 176) aber »sowohl in der Selbstvernichtung bezeugen wie in dem Gleichmut zum bevorstehenden Ende«. Es sei das Verdienst von David Hume, in seiner Schrift über den Selbstmord diese beiden Möglichkeiten wieder zu Ehren gebracht zu haben.

In ähnlicher Weise argumentieren heute teilweise auch Psychotherapeuten, allerdings von etwas anderer Warte aus. Immerhin scheint man sich allmählich zu der Ansicht durchzuringen, daß es nicht nur unmöglich ist, einen zur Selbstvernichtung entschlossenen Menschen an der Ausführung seiner Tat zu hindern – Selbstmorde kommen selbst unter bester Überwachung in geschlossenen Abteilungen der psychiatrischen Institutionen vor –, sondern daß dem Menschen auch diese Freiheit zu gewähren sei. Eine solche Ansicht ist zwar nicht unumstritten. Immer noch wird erwartet, daß der Psychiater seinen Patienten aus der Verzweiflung und Hoffnungslosigkeit retten und ihm wieder einen Lebenssinn vermitteln könne. Dies ist zweifellos oft der Fall. Es setzt jedoch ein Minimum an Kooperationsbereitschaft des Hilfesuchenden voraus. Wo diese nicht vorhanden ist, kann man nur hoffen, daß der zwangsweise Aufenthalt in einer Klinik eine solche heranreifen lasse. Der Arzt gerät in jedem Fall in ein Dilemma zwischen seinem Berufs*ethos,* das ihn zwingt, Leben zu erhalten, und seinem Berufs*ziel,* den Menschen für die Freiheit offen werden zu lassen. Im ersten Fall ist es seine Pflicht, unter allen Umständen den Kampf gegen den Tod aufzunehmen, der bei Menschen, die keine Bereitschaft zum Gespräch zeigen, lediglich ein zeitliches Hinausschieben des Todeszeitpunkts bedeutet. Im zweiten Fall geht es darum, die zur Depression und Verzweiflung führenden Konflikte aufzudecken, zur Sprache zu bringen, zu lösen und möglicherweise auch den Sinn des Lebens miteinzubeziehen. Solches kann häufig nur geschehen, wenn die Möglichkeit des »Freitodes« dem Gesprächspartner nicht von vornherein genommen wird. Daß dadurch wiederum Konflikte mit der Umgebung des Patienten, mit seiner Familie, mit der Gesellschaft, selbst mit der Rechtsprechung entstehen können, liegt auf der Hand.

James Hillman (1966, 23) hat in einer Studie als Psychotherapeut auf dieses Dilemma des Arztes hingewiesen. »Der Standpunkt, den das medizinische Vorstellungsbild den Arzt einzunehmen verpflichtet, ist hochstehend und achtenswert, aber seine Grenzen werden dort sichtbar, wo es sich um die Erforschung des Selbstmords handelt. Selbstmord ist Tod – und der ist der Feind. Vom medizinischen Denkmodell aus wird der Selbstmord a priori verurteilt. Er kann medizinisch nur als Symptom, als eine Verirrung, verstanden werden, der man einzig und allein im Sinne der Verhütung begegnen kann« (a.a.O., 23).

Dieses Verhalten der Medizin kennzeichnet über den Selbstmord hinaus die Begegnung des Arztes mit dem todkranken Patienten. Die Medizin wäre überfordert, wenn sie die Sinnhaftigkeit des Sterbens in ihr Denken einbeziehen müßte. Anders verhält es sich in der Psychotherapie. Da deren Selbstverständnis nicht ausschließlich naturwissenschaftlichen Kriterien unterworfen ist, sieht sie ihre Aufgabe anders gelagert, selbst wenn dies in unserem rationalistischen Zeitalter von der Gesellschaft nicht voll akzeptiert wird. Das Verhältnis des Psychotherapeuten zum Selbstmord wird getragen von den eigenen Erfahrungen mit Menschen, die Selbstmordabsichten äußern, die Selbstmordversuche überlebt haben, die von Selbstmordgedanken gequält werden, die von ihrem eigenen Selbstmord träumen oder den Selbstmord ihnen nahestehender Menschen emotional zu verarbeiten haben. Er kennt aber auch die Berichte über den Selbstmord bekannter Schriftsteller, berühmter Gestalten der Weltgeschichte, er weiß um die heroischen Taten, die in vollem Bewußtsein zum eigenen Tode führten.

Gewiß: Jeder Selbstmord eines Menschen ist ein erschütterndes Ereignis, wie letztlich jeder Tod eines geliebten Menschen auch. Der Mensch muß sich hier dem Unfaßbaren, dem Unergründlichen der menschlichen Natur beugen. Dies hat weder mit einer Verherrlichung noch mit einer Verdammung des Selbstmordes zu tun. Er ist, und hierin ist Hillman beizupflichten, »eine menschliche Möglichkeit«, er »kann gewählt« werden. Was sich dahinter verbirgt, kann nur erahnt werden. Denken wir an Cesare Pavese, an Ernest Hemingway, an Klaus Mann, deren Selbstmorde uns, gerade wegen ihrer »literarischen« Bedeutung, ein hohes Maß an Einsicht in das Seelenleben des am Leben verzweifelten Menschen gewähren. Hans Jürgen Baden (1965) hat sie dargestellt und gedeutet. Er will durch die Einbeziehung des »schöpferischen einzelnen«, das heißt des Schriftstellers, das »anthropologische Feld auf eine bemerkenswerte Weise erweitern und der Selbsterkenntnis einige Türen öffnen, die gemeinhin verschlossen bleiben«. Denn, das sei hinzugefügt, der Selbstmord gehört immer noch in den Bereich des Unaussprechbaren, des Verschwiegenen, des Schamhaften. Früher wurde die Sexualität mit dem Mantel des Schweigens verhüllt, heute ist es der Tod. Innerhalb der Sexualität ist die Onanie, die »Selbstbefriedigung«, bis in unsere Tage im Vulgärverständnis der Allgemeinheit eine »Selbstbefleckung« und innerhalb des Sterbens der Selbstmord eine Angelegenheit, über die nicht öffentlich gesprochen werden darf. Geoffrey Gorer (1956) beschrieb dieses Verhalten als »Pornographie des Todes«. Nur selten, wenn überhaupt, werden in Abdankungsreden beim Begräbnis von Selbstmördern die Beweggründe, für sich selbst den Tod zu wählen, in angemessener Weise gewürdigt. Es wäre für den Pfarrherrn, die Angehörigen und die Trauergemeinde zu »peinlich«. Die Schriftsteller genießen da ein Ausnahmerecht. Von ihnen darf man einiges mehr über ihre seelische Verfassung erfahren, da sie ja dies in einer »literarischen« oder »künstlerischen« Form anbieten. » . . . auf dem literarischen Friedhof nimmt die Ecke der Selbstmörder einen beträchtlichen Raum ein . . .« (Baden a.a.O., 227). Baden denkt hier auch an Stefan Zweig, Kurt Tucholsky und andere, deren Selbstmorde jedoch nicht die »Rechtfertigung« des Schriftstellers beanspruchen könnten, weil sie eigentlich politische Opfer waren, die möglicherweise unter normalen geschichtlichen Verhältnissen nie die Hand gegen sich erhoben hätten. Er ignoriert auch den Selbstmord aus »Verworrenheiten des persönlichen Schicksals«, aus Liebeskummer, aus manisch-depressiver Veranlagung, aus Neigung zu sexuellen Perversionen oder aus wirtschaftlicher Not. Dort nämlich verliere der Selbstmord sein »Profil«, er unterscheide sich nicht mehr von dem Selbstmord »irgendeines anonymen Zeitgenossen«. Es gebe eine »Anonymität des Selbstmordes, die dem Schriftsteller unangemessen« sei. Denn ein Autor, der sich wie jeder beliebige das Leben nehme, habe sich den inneren Schwierigkeiten seiner Autorschaft entzogen.

Die eingehende Betrachtung des Selbstmordes von Pavese, Mann und Hemingway läßt allerdings Zweifel darüber aufkommen, ob der Suizid des Schriftstellers anders zu bewerten sei als jener eines »beliebigen« Zeitgenossen. Gewiß ist der Versuch einer »Rechtfertigung«, der bereits im theologischen Bereich so oft diskutierten »justificatio«, ein zentrales Anliegen der genannten Schriftsteller. Pavese nahm sich 1950 das Leben, zu einem Zeitpunkt, da er bereits zu den bedeutendsten Prosaisten Italiens zählte. In seinem Werk, insbesondere in seinen Tagebüchern und in den »Gesprächen mit Leuko«, dringt doch eine tiefe Einsamkeit eines Mannes durch, der vergeblich darnach trachtete, »den Kerker seiner selbst zu sprengen« (Baden a.a.O., 232). Der Wille zu sterben dringt darin durch. Die Rettung in das Engagement und den Mythos war ihm verschlossen. Eine unglückliche Liebesgeschichte mag den Todeswunsch noch beeinflußt haben. Pavese konnte die Absurdität des Lebens nicht mehr ertragen, er starb den Tod, den viele vor ihm gestorben sind, vermutlich in ebenso depressiver Weise wie diese. Ähnliches kann von Klaus Mann gesagt werden, dem Sohn von Thomas Mann, dessen Autobiographie durch das Thema der Sehnsucht nach dem Tode beherrscht wird. Abgesehen von der Häufung des Selbstmordes in seiner Familie und bei seinen Freunden ist bei ihm eine persönliche, zunehmende Einsicht in die Sinnlosigkeit des Lebens nachweisbar, die schon Jahre vor seinem Freitod literarischen Niederschlag fand. In seinen Tagebüchern finden sich 1942 Eintragungen über eine »furchtbare Traurigkeit«. Er »wünsche sich den Tod, das Leben sei ihm unangenehm, er möge nicht mehr leben«. Alles schien ihm »umsonst«, ein Stichwort, von dem er zeit seines Lebens nicht mehr wegkam. Dieses »Umsonst« führte schließlich auch Ernest Hemingway 1961 ins Verhängnis. Der Jagdunfall, den seine Frau nach seinem Tode inszenierte, erwies sich bald durch den Nachweis der bewußten Handlung als Täuschung. Inwiefern vielerlei persönliche Erfahrungen, die kurz vor seinem Tode festgestellte körperliche Krankheit, auch wiederum die familiäre Selbstmord-»Anlage«, eine Rolle spielten, ist in diesem Zusammenhang von sekundärer Bedeutung. Richtig dürfte sein, daß der Schriftsteller sich wie kaum ein anderer Mensch mit seinem Werk identifiziert und daß er im Zeitpunkt, da er nicht mehr von seinem Werk getragen wird, dem Leben keinen Sinn mehr abzugewinnen vermag.

So bleibt schließlich der Selbstmord ein Rätsel. Die Sehnsucht nach dem Tode ist letztlich eine Absage an das Leben. In dieser Hinsicht ist es unerheblich, ob wir von Selbst*mord,* von Selbst*tötung,* von Selbst*entleibung* oder nach einem Vorschlag Amérys vom *Freitod* sprechen. Von ebensolcher Fragwürdigkeit bleiben alle Versuche, den Selbstmord »psychologisch« als Umkehrung des Aggressionstriebes auf die eigene Person oder als »narzißtische Krise« (Henseler 1974) zu bestimmen. Daß er die letzte Konsequenz einer totalen Hilflosigkeit, Verlassenheit und Ohnmacht ist, ist ein Wissen, das keiner psychologischen Deutung bedarf. Der Entscheid zum Tode ist auch für den Selbstmörder schwer. Jean Améry (1976, 57) schreibt wohl zu Recht, daß der Freitod im Grunde als ebenso natürlich oder unnatürlich zu werten sei wie jeder Tod. Wenn in allen fortgeschrittenen Gesellschaften die Minderheiten als vollwertig akzeptiert würden, so sei es nicht einzusehen, »warum der Suizidär der letzte große Außenseiter bleiben soll«.

Außenseiter oder nicht: Der Mensch, der sich freiwillig aus dem Leben stiehlt, nimmt immer ein Stück von den anderen mit in den Tod. So ist der Selbstmord – wie im übrigen jeder Tod – nie die Angelegenheit eines einzelnen, sondern immer ein Geschehen, das in unser Sein als »Mitsein« einbricht. Insofern ist die Rede vom »Außenseiter« richtig und falsch zugleich. Richtig deshalb, weil sich der Suizidale *aus*schließt aus der Gemeinschaft der Mitmenschen, falsch, weil er, solange er lebt, auch wenn der Entschluß bereits zum Suizid gefaßt ist, immer noch *in* dieser Gemeinschaft steht. Der Mensch, der sich zum Tode des »anderen« zu verhalten hat, verhält sich auch zum Selbstmord des anderen. Wie verarbeiten Eltern den Suizid ihres Kindes, die Kinder jenen des Vaters, der Mutter, eines Geschwisters? Welche Trauerarbeit müssen Menschen leisten, denen ein Freund durch den Selbstmord die Freundschaft kündigt? Wieviel an Schuldgefühlen wird wach, wie groß ist der Trennungsschmerz, den Selbstmörder den Hinterbliebenen bereiten? Immer mischen sich in den persönlichen Erlebnissen angesichts eines Selbstmordes Gefühle der Schuldhaftigkeit mit jenen der Aggression. Warum hat er sich in seiner Not nicht an mich gewendet, der ich am Abend zuvor noch mit ihm zusammensaß? Warum habe ich selbst nicht *gemerkt,* wie es um ihn stand, warum habe ich nicht hinter seine joviale Fassade gesehen? Hätte ich es verhindern können? Warum hat er *mir,* seiner Familie, seinen Freunden dies angetan? Der Selbstmörder betrügt seine Freunde. Aber nicht nur er. Jeder, der geliebt wird, betrügt die, die ihn lieben, wenn er aus dem Leben scheidet.

Die daseinsanalytische Auffassung des Suizids ist nicht trennbar von der Grundeinsicht, daß das Sein immer als Mitsein konstituiert ist. In diesem Mitsein erhält letztlich auch jedes Kranksein und Leiden seinen Sinn. Menschliche Not ist nicht nur die Not des einzelnen, sondern die des anderen, der aufgerufen ist, zu helfen. Sein ist grundsätzlich Mitsein. Aus diesem Mitsein scheren im faktischen Vollzug ihres Lebens jene Menschen aus, die in die Isolation der Melancholie versinken, von der halluzinatorischen Welt der Schizophrenie überwältigt werden oder Suizid begehen. Auf diese Bezüge hat unter anderem Ludwig Binswanger (1957, 1960) hingewiesen. Das Grundthema ist und bleibt der »Verlust«. Es läßt sich nicht trennen »von den so leidenschaftlich geschilderten Themen des qualvollen Leidens, der unaushaltbaren Angst und des unwiderstehlichen Dranges zum Selbstmord« (1960, 50). Wenn das Licht ausgelöscht ist, wenn man auf der Welt nichts mehr hat, kein »Worüber«, an dem man sich halten und verankern kann, die Angst vorherrscht – wenn man sich so selber aufgebe und aus seinem Haushaltungsbuch auslösche, dann komme man wirklich »zum vollen und ganz eindeutigen Entschluß des Selbstmordes« (a.a.O., 54). Der Suizid ist ein Bankrott, ein Ausweichen vor dem Leben, eine Resignation. Aber nicht nur das, er ist ein »volles und eindeutiges ›Worüber‹, als das letzte ›Brennmaterial‹, das noch ›in den Schmelzofen des Leidens‹ geworfen werden kann, und zwar *nachdem* man ›sich schon selbst ausgelöscht und aus dem Haushaltungsbuch gestrichen‹ hat! Das Thema Selbstmord ist . . . das letzte, das ›unüberholbare‹ Worüber, zu dem sich das Dasein hier aufzuraffen, das heißt im vollsten Sinne des Wortes noch zum ›vollen und ganz eindeutigen‹ Entschluß zeitlich zu konstituieren vermag«. An anderer Stelle meint Bins-

Sport und Spiel. Was seinen Ursprung in der körperlichen Vervollkommnung hatte, ist heute zur gesundheitsgefährdenden Leistungssucht ausgeartet. Persönlicher Einsatz und Sozialprestige haben sich im Leistungssport zu einer lebensgefährlichen Einheit verbunden.

wanger, der Suizid sei als Entschluß bereits ein Sprung »aus dem Dasein ins Nicht-da-Sein«. Ist ein solcher Sprung nun die Folge des Mutes, des Versuchs, die Erstarrung des Daseins, den Kerker des Lebens noch einmal zu durchbrechen, zu sprengen? Oder ist er Austrag einer Angst, die nicht mehr erträglich scheint, die ihren Sinn verloren hat, die den Menschen nicht mehr an seine Vergänglichkeit, an sein *Sein* zum Tode gemahnt, sondern in die Flucht davor treibt? Der Selbstmord ist nicht eine Bewegung *zum* Tode *hin,* sondern eine Bewegung *vom* Sein zum Tode *weg.*

So führt denn die Betrachtung des Selbstmordes wiederum zurück zu der Frage, wie denn der Mensch überhaupt das Sterblichsein wahrnimmt und wie er sich zu diesem Wissen verhält. Zunächst ist, wie bereits einmal zusammenfassend ausgeführt, das Sterben-Müssen im Verlaufe der menschlichen Entwicklung in durchaus verschiedener Weise vernehmbar. Das Kind erfährt den Tod in anderer Weise als der junge, der Pubertät entwachsene Mensch; er ist seinem Leben gegenüber in anderer Weise verpflichtet. Die Kinderärzte haben darüber reichliche Erfahrung gesammelt. Kaspar Kiepenheuer (1978, 284ff) beschrieb die innere Welt des sterbenden Kindes, W. H. Hitzig u. Kiepenheuer (1976) veröffentlichen eine Studie »Das Kind und der Tod«. Robert A. Furmann (1966) meinte, daß sogar zwei- bis vierjährige Kinder mit dem Wesen des Todes vertraut gemacht werden sollten, und C. Bennholdt-Thomsen (1959) legte klinische Beobachtungen zum Sterben und Tode des Kindes vor. Eindrücklich ist auch Ginette Raimbaults »Kinder sprechen vom Tod« (1980), ein Buch, in dem u. a. die klinischen Probleme der Trauer besprochen werden. Dies sollen nur einige Hinweise sein; die wissenschaftliche Literatur ist viel umfangreicher. Gleiches gilt für das Thema »Tod und Jugend«, das nicht nur in wissenschaftlichen Abhandlungen, sondern auch in der Belletristik seinen Niederschlag findet (Gutter 1980). Aufschlußreich ist auch eine Studie von M. Müller-Küppers u. E. R. Schön (1979) über »Selbstmord und Selbstmordversuche bei Jugendlichen«, in der sie feststellen, daß »Suizidanten an den gleichen Schwierigkeiten zerbrechen, mit denen wir alle ringen«. Trotzdem: Der erwachsene Mensch im mittleren Lebensalter steht in anderer Weise in der Welt; er wird vom Alltag persönlich, beruflich und familiär, je nach sozialer und gesellschaftlicher Stellung, in anderer Weise absorbiert, obzwar ihn gerade dieses Alter durch seine erhöhte Krisenanfälligkeit vermehrt auf den Tod verweist. Der alternde und alte Mensch hingegen steht dem Sterbenmüssen besonders nahe; nicht selten erlebt er bereits den sogenannten »sozialen Tod«, bevor er wirklich gestorben ist, sei es durch die physiologischen Degenerationserscheinungen, die psychische Depression, die soziale und berufliche Isolierung. Ein zweites Fazit: Das Verhältnis zum Tode ist individuell ein völlig verschiedenes. Es gibt hier keine Gesetzmäßigkeiten. Selbst in der Krankheit, selbst im Stadium eines mit Sicherheit zum Tode führenden Leidens, gibt es keine eigentliche »Gesetzmäßigkeit«, auch wenn von verschiedenen Autoren, insbesondere von E. Kübler-Ross ([7]1978) und dem Verfasser dieses Beitrags in Verbindung mit P. Sporken (Condrau, Sporken 1980), verschiedene »Phasen« von der Unwissenheit über die Verneinung, Auflehnung, Depression bis zur Annahme des Todes unterschieden werden. Sporken bemerkt mit Recht, daß der Begriff »Phasen« Anlaß zu Mißverständnissen geben könne, »wenn und insofern er primär als Bestimmung eines chronologischen Verlaufs verstanden wird« (a.a.O., 101).

Sterbehilfe

Das Sichverhalten des Menschen dem Tode gegenüber erweist sich nun nicht nur in der Beziehung zu seinem eigenen Sterblichsein, sondern in besonderer Weise in der *Hilfe,* die er als Mitmensch *einem Sterbenden zuteil* werden läßt. Zumeist sind es heute die Ärzte, denen die eigentliche Sterbehilfe obliegt, nachdem die theologische Seelsorge diese Aufgabe zwar keineswegs ablehnt, aber doch weitgehend der Medizin übergeben hat. Der Begriff »ärztliche Sterbehilfe« ist allerdings mehrdeutig geworden, nämlich im Sinne des Beistandes beim sterbenden Patienten und im Sinne der *Euthanasie* – der Beihilfe zum Sterben –, die ihrerseits nicht nur heftig diskutiert, sondern in diesen Diskussionen auch noch differenziert wird. Sie läßt sich allerdings in ethischer Sicht nicht so klar trennen, und das Problem der Euthanasie besteht keineswegs allein als juristischer Diskussionsgegenstand, sondern ist ebensosehr von der Frage abhängig, wie der Patient, der Arzt und die Gesellschaft zum Tode eingestellt sind – ist also letztlich ebenfalls ein philosophisch-medizinisch-psychologisches Problem. Die Begegnung des Arztes mit dem Sterbenden ist vielfältig; am häufigsten fordert sie wohl den Notfallarzt und den Allgemeinpraktiker heraus – letzteren vornehmlich auf dem Lande –, sei es, daß er alte Patienten – gelegentlich natürlich auch Kinder – sterben sieht, sei es, daß er zu einem tödlichen Unfall gerufen wird. Der Hausarzt ist zumeist persönlich engagiert; oft hat er den Patienten gekannt, ihn vielleicht jahrelang behandelt, oft ist ihm auch dessen Familie bereits vertraut. Im Spital, auf den Intensivstationen und in den Abteilungen für chronisch Kranke, gestaltet sich diese Begegnung unpersönlicher. Der Sterbende geht in der Anonymität des Spitals unter, nicht selten räumlich abgesondert und allein gelassen.

Dies hat sich in neuester Zeit, das darf nicht verschwiegen werden, gebessert. Das Unbehagen über die Anonymität im Spital hat zu besseren psychosozialen Betreuungen geführt. Holländische Ärzte gaben eine Broschüre als Anleitung für einen »sanften Tod« heraus, wobei die »Sanftheit« des Sterbens allerdings durch Medikamente gewährleistet werden soll. Für eine bessere Gesprächskommunikation mit sterbenden Menschen wirbt eine in der Schweiz herausgegebene Schrift (Herzig 1978), die auch Anleitungen zur Frage gibt, wie der Arzt mit der »Wahrheit« umgehen soll. »Allen diesen Bemühungen zum Trotz«, schreibt der Chefarzt einer medizinischen Klinik (Senn 1981, 295), »muß doch klar gesagt werden, daß das psychosoziale Betreuungsniveau unserer ... Kliniken immer noch hinter dem fachlich-technischen Niveau unseres ärztlich-pflegerischen Behandlungsangebots zurückbleibt.« Er empfiehlt denn auch die Rückführung bzw. primäre Nichthospitalisation »potentiell Sterblicher«, die terminale Pflege im häuslichen Milieu. Andererseits entstehen jedoch auch Kliniken, die sich speziell den Sterbenden widmen, sogenannte »Sterbekliniken«. In England wurde im April 1967 das St. Christopher's Hospice, die erste »Sterbeklinik«, eröffnet, mit dem Ziel, die Einsamkeit des Todes in der Gesellschaft zu überwinden und dem Menschen beim Sterben etwas von seiner Würde zurückzugeben. Diese Klinik nimmt Patienten auf, deren Lebenserwartung im Durchschnitt etwa zwei Wochen beträgt, also Kranke, die von den Ärzten aufgegeben worden sind. Trotzdem herrscht in diesem Krankenhaus nicht eine Friedhofsstimmung, sondern eine lebensbejahende Atmosphäre. Keiner der Patienten weiß, daß er in einer Sterbeklinik ist; das Wort »Krebs« wird nie ausgesprochen. Schwestern und über hundert freiwillige Helfer verrichten hier ihre Arbeit.

Neuerdings werden sogar Projekte verfolgt, Sterbekliniken einzurichten für Menschen, die für sich den »sanften« Euthanasietod wünschen (Ringel 1976). Wieweit sich derartige Institutionen realisieren lassen, ist allerdings fraglich. Persönlich würde ich mit aller Entschiedenheit solche »Totenhäuser für Lebende« ablehnen. Gewiß: Die Frage der aktiven Euthanasie ist keineswegs endgültig beantwortet; sie wird die Rechtsgelehrten, die Ärzte, Philosophen und Theologen noch lange beschäftigen, aber auch das Volksempfinden in Atem halten. Umfragen in der BRD haben ergeben, daß es dem Bürger gar nicht schwerfällt, ein »Recht« auf Tötung unheilbar Kranker und dem Tode Geweihter in extremer Situation zu fordern. In der Schweiz hat der Kanton Zürich sogar mit deutlicher Mehrheit eine Volksinitiative lanciert, die das »Töten« eines Sterbenden – allerdings unter gewissen Bedingungen – legalisieren sollte. Die Parlamente auf kantonaler und eidgenössischer Ebene haben dies jedoch mit großer Einmütigkeit abgelehnt. Ähnliche Diskussionen fanden über die Legalisierung oder Verwerfung der Todesstrafe statt, die wiederum eine Kluft zwischen dem Volksempfinden und der gesetzgebenden Behörde aufbrechen ließ. Die Widersprüchlichkeit, die dem Problem inhärent ist, zeigt sich auch bei jenen, die die Todesstrafe bejahen, aber die Euthanasie ablehnen. Felix Hammer (1976, 120) sagt denn nicht ohne eine gewisse Berechtigung: »Wer Todesstrafe oder Kriegseinsatz verteidigt, spricht der Gesellschaft, die dem einzelnen das Leben ebensowenig gab wie er selbst, zu, was er dem Individuum verweigert.«

»Euthanasie« war ursprünglich lediglich der sanfte, leichte, leidlose Tod. Schopenhauer faßte ihn noch als ein »allmähliches Verschwinden und Verschweben aus dem Dasein«, das sich im hohen Alter »auf unmerkliche Weise« und natürlich vollziehe (zit. n. Saner 1976, 10). Erst seit Beginn des siebzehnten Jahrhunderts wird der Begriff auch als ein »Hinwirken auf einen sanften und leichten Tod« verstanden. Damit ist aber eine Eskalation eingeleitet, die mit der ärztlichen »Sterbehilfe« kaum mehr etwas gemeinsam hat.

Rezepte zur ärztlichen Sterbehilfe gibt es nicht. In Notfällen wirkt die distanzierte, naturwissenschaftliche Haltung des Arztes oft lebenserhaltend. Für die Rettung von Selbstmordkandidaten genügt weder die Magenspülung noch die chirurgische oder internistische Intervention. Hier ist – bei vollem Bewußtsein des Patienten – ein ärztliches Gespräch dringend am Platze, das möglicherweise in die eigentliche

Psychotherapie überführt. Beim todkranken Kind gilt es, auch die Eltern psychologisch zu betreuen. Chronisch Kranke mit infauster Prognose machen mehrere Phasen durch, die jede für sich ein angepaßtes unterschiedliches Verhalten des Arztes erfordern. In der Anfangsphase steht das Vertrauensverhältnis im Vordergrund, schon damit der Patient nicht von Praxis zu Praxis geht oder schließlich Opfer von Kurpfuschern und Wundertätern wird. Während dieser Zeit ist bei dem Kranken eine Tendenz zur Verleugnung und Aufhebung des »Todes-urteils« die ihm einzig mögliche Abwehr. Solche Abwehrtendenz sollte nicht aufgebrochen werden. Zumeist folgt auf die Anfangsphase eine sogenannte Latenzperiode. Der Abwehrmodus ist in diesem Zeitabschnitt die Verdrängung. Nach anfänglicher Aufregung finden sich Patient und Umgebung mit dem Leiden ab, man gewöhnt sich an die Krankheit. In der terminalen Phase dagegen bricht die Abwehr vollständig zusammen. Hier nun besteht die Gefahr der Isolierung – die Gefahr, daß der Patient vom Arzt und von den Angehörigen aufgegeben wird. Eine Geheimhaltung der Situation wäre jetzt – sowohl dem Kranken wie den Angehörigen gegenüber – sinnlos. Häufig sind noch dringende Geschäfte zu erledigen; zudem bedeutet der Tod oft wirklich eine Erlösung für den Patienten und die Familie.

Damit stellt sich das eigentliche Problem des sterbenden Patienten. Ansohn (^{2}1969) hat ein aufschlußreiches Buch über »Die Wahrheit am Krankenbett« geschrieben, das in keiner Arztbibliothek fehlen sollte. Auch Leuenberger hat sich mit ihr in einem Kapitel seines Buches »Der Tod. Schicksal und Aufgabe« (1971) auseinandergesetzt. In bezug auf diese »Wahrheit« stehen sich grundsätzlich zwei extreme Auffassungen gegenüber: die, wonach der Patient über seinen Zustand nichts erfahren soll, jene, derzufolge er informiert werden muß.

Für die erste Ansicht werden als Gründe die Schonung des Patienten, die »moralische Schweigepflicht« des Arztes, die Unsicherheit der Prognose, die Begrenztheit des ärztlichen Handelns, die Sicherung des leichten Sterbens (der »schöne Tod«) ins Feld geführt. Der Kranke wolle die Tatsachen gar nicht kennen, zumindest dürfe keine Hoffnung zerstört werden, und schließlich habe der Arzt der Natur zu dienen. Immer wieder wird darauf verwiesen, daß Menschen nach Mitteilung der »Wahrheit« Selbstmord begingen. Patienten mit infauster Prognose müsse man schonen, weil sie die Wirklichkeit nicht ertragen könnten. Es gebe keinen Modus vivendi mit dem Tode. Das Mißtrauen der Kranken gegenüber der Aufrichtigkeit ihres Arztes entspreche ihrem Nichtwissenwollen. Der Arzt als »minister naturae« solle dem Kranken keinesfalls mehr mitteilen als die Natur selbst – und die schweige bekanntlich. Zur Tröstung der Seele bedürfe es zudem höherer Kategorien, als sie der Biologie und damit der ärztlichen Kunst zur Verfügung stehen.

Die andere Ansicht wird damit begründet, daß die Wahrhaftigkeit Aktivität und Widerstandskraft auslöse und mit ihr die Persönlichkeit des Kranken geachtet werde, wohingegen die Autorität des Arztes durch Lügen zerstört würde.

Es dürfte wohl klar sein, daß weder die Begründung für die schonungslose Aufklärung noch die für das Verschweigen gänzlich zu überzeugen vermag. Eine allgemeingültige Antwort auf diese Frage gibt es wohl nicht. Es hängt vielmehr wesent-

Der Arzt im Kampf um das Leben. Links: Ivo Salinger: »Der Arzt«, Radierung. Unten: Intensivstation. Verhindert werden soll der vorzeitige Tod durch Krankheit oder Unfall. Verhindert werden soll die Zufälligkeit des Sterbens. Die Fortschritte in der modernen Medizin begannen sich im 19. und 20. Jahrhundert auszuwirken. Die allgemeine Lebenserwartung stieg um 100 Prozent. Doch zeigt sich deutlich auch die Kehrseite: Mitmenschliche Beziehung wird durch technische Zuwendung der modernen Medizin ersetzt. Der moderne Arzt ist Techniker, der über ein äußerst feines System von Apparaturen gebietet und weitgehend unpersönlich einem unpersönlichen Patienten den unpersönlichen Tod fernzuhalten versucht.

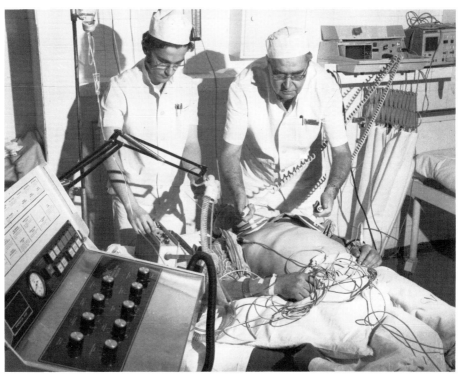

lich davon ab, wie reif ein Patient ist, die Wahrheit zu hören, und wie reif der Arzt ist, darüber in der rechten Weise zu sprechen. Das Annehmen der Wahrheit ist jedoch letztlich notwendig; die Klarheit über den eigenen Zustand kann dem Patienten eine ungeahnte seelische Kraft erschließen. Die meisten Menschen besitzen mehr Mut und Vitalität, als sie sich selbst zutrauen und als normalerweise von ihnen verlangt wird. Einen Todkranken der Möglichkeit zu berauben, dem Ende gefaßt entgegensehen zu können, widerspricht ärztlicher Ethik. Hier ist eine kurze Reflexion über den Begriff der Wahrheit angezeigt. Alle zitierten Aussagen beziehen sich in doppeldeutiger Weise darauf. Einmal ist damit die Mitteilung der Diagnose gemeint, zum anderen aber auch die Tatsache der infausten Prognose beziehungsweise des voraussehbaren Todes. Wahrheit heißt in altgriechischer Sprache »aletheia«, was bei Heidegger auf deutsch das »Unverborgene« bedeutet. Es muß also ein Tatbestand so ausgesagt werden, wie er sich de facto verhält, und er muß voll erschlossen werden. Die alleinige Benennung eines Sachverhalts, beispielsweise die Mitteilung einer Diagnose, deren Bedeutung entweder nicht voll erfaßt oder aber verdrängt würde, entspräche nicht dieser Definition der Wahrheit, obwohl sie exakt wäre. Ansohn unterscheidet denn auch zu Recht zwischen »Wahrheit« und »Richtigkeit«. »Wahrheit«, sagt Heidegger ([3]1954), »ist mehr als ›Richtigkeit‹.« Angewandt auf unser Thema wäre es allen zitierten Autoren nicht eigentlich um die Mitteilung der Wahrheit an ihre Patienten oder um das Verschweigen gegangen, sondern vielmehr um die Mitteilung oder das Verschweigen von Richtigem. Auch die Formulierung der Prognose ist lediglich richtig, nicht aber wahr. »Wahrheit am Krankenbett ist niemals die Ankündigung des Sterbens, Wahrheit am Krankenbett bedeutet die Sinnerschließung des Sterbens. Erst damit wird der Schritt in die volle Wirklichkeit getan« (Ansohn [2]1969, 61). Die Sinnerschließung des Sterbens jedoch ist unabhängig vom Zeitpunkt des Sterbens, ist unabhängig von Gesundheit oder Krankheit. Sie ist ein Prozeß der Wahrheitsfindung, der Seinserschließung menschlicher Existenz und damit wesenhaft von medizinpsychologischer Bedeutung für den Arzt.

Nicht von ungefähr stellt sich demnach heute immer dringender die Frage, wie einem Menschen, der in der Anonymität des modernen technischen Zeitalters »zugrunde« zu gehen droht, geholfen werden kann. Das Problem des Sterbebeistands ist zu einem der dringendsten Anliegen nicht nur der modernen Medizin, sondern unserer Gesellschaft ganz allgemein geworden. »Die Sterblichen wohnen«, sagt Heidegger ([3]1967, 24f), »insofern sie ihr eigenes Wesen, daß sie nämlich den Tod als Tod vermögen, in den Brauch dieses Vermögens geleiten, damit ein guter Tod sei. Die Sterblichen in das Wesen des Todes geleiten, bedeutet keineswegs, den Tod als das leere Nichts zum Ziel zu setzen; es meint auch nicht, das Wohnen durch ein blindes Starren auf das Ende verdüstern.«

»Die Sterblichen in das Wesen des Todes geleiten« – damit meint Heidegger gewiß nicht die heute so mannigfaltig propagierte ärztliche und seelsorgerische Sterbehilfe. Es geht ja nicht nur darum, einen Sterbenden in den faktisch bevorstehenden, individuellen Tod zu »geleiten«, sondern um die Aufgabe, dem Sterblichen als dem *Menschen,* der lebt, unabhängig vom Zeitpunkt seines Lebens, das *Wesen* des Todes aufgehen zu lassen. Dieses Wesen ist gerade nicht das »Ende«, das vulgär verstandene »Nichts«. Der Mensch »wohnt« im Sein, aber immer als Sterblicher. Heidegger sagt es wiederholt: »Der Mensch west als der Sterbliche«, er stirbt »fortwährend, solange er auf dieser Erde weilt, solange er wohnt« (^{3}1967b, 70).

Sterbehilfe heißt somit in einer ersten Bestimmung eigentlich *Lebenshilfe.* Diese kann weder rezeptiert noch kategorisiert werden. Echtes Leben ist im freien Verhaltenkönnen des Menschen dem ihm Begegnenden gegenüber, nicht nur dem Sterblichsein, gegeben. Solches zu vermitteln ist Aufgabe des Psychotherapeuten, gleich welcher Schulrichtung er angehört. Die Weise, in der er dies tut, ist nicht so sehr von der Theorie der psychoanalytischen Schule her gegeben als vielmehr von der Persönlichkeit und Weltanschauung des Therapeuten selbst, von dessen Reife und Weltkenntnis.

Heidegger hat in »Sein und Zeit« (1927, 122) bereits zwei Möglichkeiten der »Fürsorge für den Anderen« dargelegt, die als Grundlage für jede therapeutische Haltung gelten können. Er spricht von der »einspringend-beherrschenden« und der »vorspringend-befreienden« Fürsorge. Die »einspringende Fürsorge« übernimmt das, was zu besorgen ist für den Anderen, während die »vorspringende Fürsorge« für den Anderen »nicht sosehr einspringt, als daß sie ihm in seinem existentiellen Seinkönnen vorausspringt, nicht um ihm die ›Sorge‹ abzunehmen, sondern erst eigentlich als solche zurückzugeben«. Das alltägliche Miteinandersein der Menschen hält sich zumeist zwischen den Extremen der positiven Fürsorge. Im allgemeinen warnt Heidegger jedoch vor der allzu großen Bereitschaft, dem Mitmenschen im Sinne der »einspringenden Fürsorge« beizustehen. Der Andere nämlich, dem geholfen werden soll, »wird dabei aus seiner Stelle geworfen, er tritt zurück, um nachträglich das Besorgte als fertig Verfügbares zu übernehmen beziehungsweise sich ganz davon zu entlasten. In solcher Fürsorge kann der Andere zum Abhängigen und Beherrschten werden, mag diese Herrschaft auch eine stillschweigende sein und dem Beherrschten verborgen bleiben. Die einspringende, die ›Sorge‹ abnehmende Fürsorge bestimmt das Miteinandersein in weitem Umfang, und sie betrifft zumeist das Besorgen des Zuhandenen.« Nun ist das Sterben keineswegs etwas »Zuhandenes«, sondern, wie bereits mehrfach ausgeführt, eine Seinsmöglichkeit menschlichen Existierens. Trotzdem sucht die moderne ärztliche Sterbehilfe immer mehr nach Möglichkeiten einer »einspringenden Fürsorge« für die Schwerkranken. So ist auch das Verleugnen der Wahrheit am Krankenbett, das Vermitteln falscher Hoffnungen, die Tröstung, die Abgabe von bewußtseinsmindernden Medikamenten oder neuerdings sogar die Verabreichung von LSD (Grof, Halifax 1980) im Sinne dieser Art von Fürsorge zu sehen. Eine Einschränkung gegenüber Heidegger muß aber doch gemacht werden. Wenn auch für das Verhalten eines Analytikers die »vorspringende Fürsorge« *prinzipiell* die einzig richtige Haltung ist, so gibt es doch Menschen, denen diese Art der Therapie nicht genügen kann. Dies gilt beispielsweise bei Kindern, bei Depressiven, bei konstitutionell benachtei-

Oben: Edvard Munch: »Sterbebett«, Gemälde um 1900. Munchs eigenes depressives Weltverhältnis kennzeichnen Gestalten und Situation.
Unten: Ferdinand Hodler: »Die tote Valentine Godé-Darel«, Gemälde um 1915. Hodlers Darstellungen der kranken, sterbenden und toten Geliebten schildern einen Leidensweg, der in der Kunstgeschichte seinesgleichen kaum wieder finden läßt.

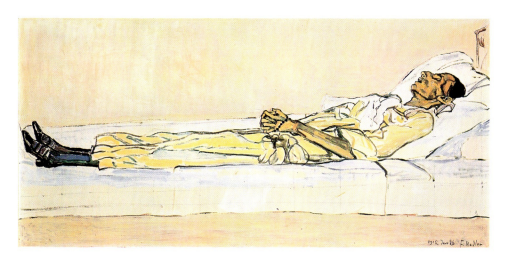

ligten Menschen, denen eine selbständige Reifung weder spontan noch durch eine analytische Therapie möglich ist oder die willentlich darauf verzichten, ohne deshalb gleich abhängig werden zu müssen. Im besonderen aber scheint mir, daß der Schwerkranke und der Sterbende ein Anrecht auf eine solche Hilfe haben. In ausgesprochenem Maße gehört auch jenes ärztliche Verhalten in den Begriff der »einspringenden Fürsorge«, das mit einem modernen Wort als »Euthanasie« bezeichnet wird. Dort allerdings handelt es sich nicht mehr um einen eigentlichen Sterbebeistand, sondern um eine »Beihilfe« zum Sterben. Für den praktischen Gebrauch unterscheidet die Medizin zwischen einer aktiven und einer passiven Euthanasie. Die aktive Euthanasie besteht in der gewollten Tötung des Sterbenden, beispielsweise durch eine sogenannte »Todesspritze«; der Arzt führt den Tod des Patienten, auf dessen oder der Angehörigen Wunsch, durch eine aktive Handlung herbei. Bei der passiven Euthanasie dagegen werden dem Kranken einfach die lebenserhaltenden Möglichkeiten entzogen. Daß diese Unterscheidung einer *ethischen* Überprüfung nicht standhält, ist augenfällig, denn die Intention ist im Grunde dieselbe: Man will den Tod des Patienten herbeiführen. Für die *politische* Situation ist sie wohl von ausschlaggebender Bedeutung, wie die Diskussion in allen Ländern bisher gezeigt hat.

Echte Sterbehilfe aber scheint nach wie vor durch die »vorspringende« Fürsorge gewährleistet zu sein. Diese kann nur darin bestehen, daß es demjenigen, der sie zu leisten hat, gelingt, das »Sein zum Tode« vorzuleben. Wer selbst noch mit seinem Sterben-Müssen nicht ins klare gekommen ist, kann auch dem Sterbenden keine Hilfe anbieten. In dieser Hinsicht ist der Therapeut oder Seelsorger allein auf sein eigenes Weltverhältnis zum Tode angewiesen. Hier helfen keine intellektuellen Diskussionen und hypothetischen Erörterungen über den Tod, sondern nur die oft unaussprechliche, aber erspürte Freiheit und Gelassenheit dem Unabwendbaren des Schicksals gegenüber. Wichtiger als alles andere ist, daß sich auch die Sterbehilfe immer noch an einen Lebenden wendet. Leben ist aber in der Isolation nicht möglich. So bedeutet Sterbehilfe letztlich nichts anderes als die menschliche Zuwendung zum Kranken, als die bis zum Ende durchgehaltene Wärme und Liebe, als ein faktisch gelebtes Mit-Sein mit dem Sterbenden, die Möglichkeit, dessen Ängste, dessen Traurigkeit, dessen Verzweiflung, aber auch dessen Hoffnungen mit ihm zu teilen.

In der Ruhe und Sicherheit des Begleiters kann erst der Sterbende seinem Ende entgegensehen. Keine Glorifizierung ist angebracht, aber auch keine Panik. Hans Saner (1980) hat meines Erachtens zu Recht darauf hingewiesen, daß sich im Schatten der Ungewißheit über den Tod eine »neue frohe Botschaft vom Sterben« entwickelt habe, die Lehre, »daß Sterben schön ist«, jenes End-Erleben nämlich, in dem sich im Gefühl absoluter Befreiung und Seligkeit die Seele oder der Astralleib über die sterbliche Hülle erhebe. »Dürftig«, so schreibt er, »scheint mir diese Sterbelehre im Vergleich mit den religiösen Sterbe- und Todesmythen zu sein, weil sie bloß über einen ängstigenden Augenblick hinwegtröstet, ohne von ihm her dem Leben neue Sinngehalte zu geben . . .« Ebenso fragwürdig wie die Verherrlichung des Sterbens ist aber auch die Aussage von Cesare Pavese (zit. n. Hahn 1975, 205): »Nichts kann uns über den Tod hinwegtrösten. Das große Gerede, das man macht von der Notwendigkeit, von Geltung und Wert dieses Schrittes, läßt ihn immer nackter und schreckenserregender zurück und ist nichts als ein Beweis seiner Ungeheuerlichkeit – ist wie das verächtliche Lächeln des Verdammten.« Sterben ist also weder ein herrliches noch ein ungeheuerliches Ereignis.

Der Arzt ist der Herausforderung durch seine sterbenden Patienten nur in dem Maße gewachsen, als er stets die eigene Sterblichkeit vor Augen hat. Das Verhältnis nämlich zur eigenen Endlichkeit, zum eigenen Sterben, zum eigenen Tod bestimmt auch das Verhalten des Arztes gegenüber dem Sterben des von ihm betreuten Kranken. Doch selbst nach dessen Tode besteht die Aufgabe des Arztes weiter: Nun gilt es, den Hinterbliebenen ebenfalls beizustehen, ohne dabei zu vergessen, daß er selbst ja auch nur ein Mensch ist, kein über Leben und Tod erhabener Gott. Allein wer zur eigenen Not steht, zur eigenen Angst, der kann die Angst und die Not des anderen verstehen.

Der Umgang mit der Angst vor dem Tode führte zur Geburt einer neuen »Wissenschaft«, der Thanatologie. Es gibt bereits eine umfangreiche Literatur zum Thema »Sterben«, »Tod« und »Sterbehilfe«. Einige Publikationen sind in Anm. 1 aufgeführt.[1]

Die Auseinandersetzung mit dem Tod bleibt die wichtigste Voraussetzung, das Leben zu verstehen. Der Mensch wird angesichts des Todes – so paradox dies klingen mag – auf das Leben verwiesen. Wer einem Sterbenden beistehen will, muß zuerst seine eigenen Verleugnungen, Rationalisierungen und Phobien zu bewältigen suchen. Erst dann tritt bei ihm und bei jenem, der seiner Hilfe bedarf, an die Stelle der Panik, des Chaos die Ordnung und Geborgenheit, in welcher das »Sein zum Tode« erst sinnvoll wird.

Anmerkung

1

Erwähnt seien hier stellvertretend für viele lediglich die Publikationen von Elisabeth Kübler-Ross (^{4}1978, ^{7}1978), die durch ihre Arbeit mit Sterbenden weltweite Anerkennung gefunden hat. Eine umfassende Darstellung soziologischer Art gibt Jean Ziegler (1977) mit seinem Buch »Die Lebenden und der Tod«, aus christlicher Sicht Ladislaus Boros mit »Mysterium mortis« (^{10}1973) und »Erlöstes Dasein« (^{10}1968); die »Kunst des Sterbens« von Albert Mauder (^{5}1979) bietet eine Sterbehilfe mittels des christlichen Gebets an, während Ulrich Eibachs »Recht auf Leben – Recht auf Sterben« (^{2}1977) die anthropologische Grundlegung einer medizinischen Ethik beinhaltet. Eine sozialphilosophische und wissenschaftsphänomenologische Analyse bietet Arnold Metzgers »Freiheit und Tod« (^{2}1972), und wer sich für die neuere Reinkarnationsforschung interessiert, möge sich an den Schriften Raymond A. Moodys (1977, 1978), Thorwald Dethlefsens (1980), Morris Nethertons u. Nancy Shiffrins (1979) sowie an J. Martin Sorges »Reise gegen die Zeit« (1980) orientieren. Ebenso interessant ist das Buch von Karlis Osis u. Erlendur Haraldsson »Der Tod – ein neuer Anfang« (1978), zu welchem Elisabeth Kübler-Ross eine Einführung schrieb. Nicht zuletzt sei auf Karl-Heinz Blochings »Tod« (1973) hingewiesen, der sich insbesondere den ganz konkreten Fragen der Sterbehilfe stellt und praktische Anweisungen gibt.

Literatur

AMÉRY, J.: Über das Altern. Revolte und Resignation. Stuttgart 1971

Hand an sich legen. Diskurs über den Freitod. Stuttgart 1976

ANSOHN, E.: Die Wahrheit am Krankenbett. Grundfragen einer ärztlichen Sterbehilfe. Salzburg, München ^{2}1969

BADEN, H. J.: Literatur und Selbstmord. Wege des Menschen, 17, 1965, 225-242

BENNHOLDT-THOMSEN, C.: Sterben und Tod des Kindes. Dt. Med. Wochenschrift, 84, 1959, 1437-1442
BENZ, E.: Das Todesproblem in der stoischen Philosophie. Stuttgart 1929
BINSWANGER, L.: Schizophrenie. Pfullingen 1957
Manie und Melancholie. Pfullingen 1960
BLOCHING, K.-H.: Tod. Mainz 1973
BOROS, L.: Erlöstes Dasein. Mainz ^{10}1968
Mysterium mortis. Der Mensch in der letzten Entscheidung. Olten ^{10}1973
BOSS, M.: Sinn und Gehalt der sexuellen Perversionen. Bern 1947
Das Sein zum Tode in tiefenpsychologischer Sicht. In: G. Condrau (Hg.): Transzendenz, Imagination und Kreativität. In: Die Psychologie des 20. Jahrhunderts, Bd. XV. Zürich 1979, 454-463
BRENNER, H. (Hg.): alternative, 24, 1981, H. 136
CONDRAU, G.: Selbstmord als Unfallfolge, speziell nach Hirntrauma. Disentis 1944
Medizinische Psychologie. München ^{2}1975
Aufbruch in die Freiheit. Bern ^{2}1977
CONDRAU, G., SPORKEN, P.: Sterben – Sterbebeistand. In: Christlicher Glaube in moderner Gesellschaft. Freiburg i. Br. 1980, 85-116
COREY, L. C.: An analogue of resistance to death awareness. Gernotology, 16, 1961, 59-60
DEMSKE, J. M.: Sein, Mensch und Tod. Das Todesproblem bei Martin Heidegger. Freiburg i. Br., München 1963
DETHLEFSEN, Th.: Das Leben nach dem Leben. Gespräche mit Wiedergeborenen. München ^{8}1974
DURKHEIM, É.: Der Selbstmord. Berlin, Neuwied 1973
EIBACH, U.: Recht auf Leben – Recht auf Sterben ^{2}1977
FALLER, A.: Biologisches von Sterben und Tod. Anima, 11, 1956, 260-268
FURMANN, R. A.: Der Tod und das Kind. Psyche, 20, 1966, 766-777
GORER, G.: Die Pornographie des Todes. Der Monat, 8, 1956, 58-62
GRAZIANI, C.: Internationale Zusammenarbeit auf dem Gebiet der Depressionsbehandlung. Bedeutung und Arbeit der Internationalen Comitees für Prophylaxe und Therapie der Depression. Schweiz. Ärztezeitung, 62, 1981, 299-301
GROF, H., HALIFAX, J.: Die Begegnung mit dem Tod. Stuttgart 1980
GUTTER, A.: Alter, Krankheit und Tod in der Jugendliteratur. Informatio, 25, 1980, 86-99; 127-131
HAHN, G.: Vom Sinn des Todes. Zürich 1975
HAMMER, F.: Euthanasie philosophisch beurteilt. In: H. Saner, H. Holzhey (Hg.): Euthanasie. Basel, Stuttgart 1976, 95-141
HEIDEGGER, M.: Sein und Zeit. Tübingen 1927
Gelassenheit. Pfullingen 1959
Vom Wesen der Wahrheit. Frankfurt/M. ^{3}1954
... Dichterisch wohnt der Mensch... In: Vorträge und Aufsätze, II. Pfullingen 1967, 61-78
Logos (Heraklit, Fragmente 50). In: Vorträge und Aufsätze, III. Pfullingen ^{3}1967d, 3-25
Aletheia (Heraklit-Fragment 16). In: Vorträge und Aufsätze, III. Pfullingen ^{3}1967b, 53-78
HENSELER, H.: Narzißtische Krisen. Zur Psychodynamik des Selbstmords. Hamburg 1974
HERZIG, E. A. (Hg.): Betreuung Sterbender Basel 1978
HILLMAN, J.: Selbstmord und seelische Wandlung. Zürich 1966
HITZIG, W. H., KIEPENHEUER, K.: Das Kind und der Tod. Hexagon-Roche, 4, 7, 1976, 1-10
KIEPENHEUER, K.: Die innere Welt des sterbenden Kindes. In: Familiendynamik. Stuttgart 1978, 284-298
KÜBLER-ROSS, E.: Was können wir noch tun? Antworten auf Fragen nach Sterben und Tod. Stuttgart, Berlin ^{4}1978
Interviews mit Sterbenden. Stuttgart ^{7}1978
LEUENBERGER, R.: Der Tod. Schicksal und Aufgabe. Zürich 1971
LÖWITH, K.: Die Freiheit zum Tode. In: H. Campenhauser, H. Schäfer (Hg.): Was ist der Tod? Heidelberg, München 1969, 167-178
MAUDER, A.: Kunst des Sterbens. Regensburg 1979
METZGER, A.: Freiheit und Tod. Freiburg i. Br. ^{2}1972
MEYER, J. E.: Todesangst und das Todesbewußtsein der Gegenwart. Berlin 1979
MOLTMANN, J.: Die Menschlichkeit des Lebens und des Sterbens. Schweiz. Ärztezeitung, 54, 1973, 367-370; 400-403
MOODY, R. A.: Leben nach dem Tod. Hamburg 1977
Nachgedanken über das Leben nach dem Tod. Hamburg 1978
NETHERTON, M., SHIFFRIN, N.: Bericht vom Leben vor dem Leben. Reinkarnations-Therapie. Bern, München 1979
OSIS, K., HARALDSSON, E.: Der Tod – ein neuer Anfang. Freiburg i. Br. 1978
RAIMBAULT, G.: Kinder sprechen vom Tod. Klinische Probleme der Trauer. Frankfurt/M. 1980
RINGEL, E.: Suizid und Euthanasie. In: A. Paus (Hg.): Grenzerfahrung Tod. Graz 1976, 241-317
SANER, H.: Vom Anspruch auf ein humanes Sterben. In H. Saner, H. Holzhey (Hg.): Euthanasie. Basel, Stuttgart 1976, 9-23
Moody, Kübler & Co. Tagesanzeigermagazin, Zürich 22.3.1980
SCHWARTLÄNDER, J. (Hg.): Der Mensch und sein Tod. Göttingen 1976
SENN, H. J.: Leiden und Sterben bei chronischen internmedizinischen Krankheiten. Schweiz. Ärztezeitung, 62, 1981, 290-296
SORGE, J. M.: Reise gegen die Zeit. Ergebnisse neuester Jenseits- und Reinkarnationsforschung. Genf 1980
STIETENCRON, H. VON: Vom Tod und vom Leben im Tode: Bemerkungen zur hinduistischen Auffassung von Tod. In: J. Schwartländer (Hg.): Der Mensch und sein Tod. Göttingen 1976, 146-161
WUNDERLI, J.: Die Verantwortung des Arztes gegenüber dem sterbenden und todkranken Patienten. Schweiz. Ärztezeitung, 54, 1973, 1538-1540
ZIEGLER, J.: Die Lebenden und der Tod. Darmstadt, Neuwied 1977

Hans Heinz Holz

Betrachtungen eines Atheisten über Sterben und Tod

Übersicht: In der stoischen Philosophie wird der Tod, frei von religiösen Vorstellungen und Jenseitserwartungen, unter zwei Aspekten betrachtet: als ein Moment des Naturgeschehens, eine Naturnotwendigkeit, weil es ohne Tod auch kein Leben gäbe, und als ein Ende, das uns die Frage nach dem Sinn des Lebens akut werden läßt. Allerdings können Stoizismus und die davon beeinflußte bürgerliche Weltanschauung der irrationalen Todesfurcht nur den Appell an die Einsicht der Vernunft entgegensetzen.
Die stoische Einstellung behält ihre Gültigkeit, wo sie nicht auf religiöse, nicht auf abergläubische, sondern auf philosophische Weise die Todesfurcht überwindet, nämlich begreift, daß der Sinn des Lebens in jedem Augenblick vollendet sein kann und daß die Existenz des Individuums im Leben der Gattung aufgehoben ist.

»Ein und dasselbe ist Lebendiges und Totes und Wachendes und Schlafendes und Junges und Altes; denn dies schlägt um und ist jenes, und jenes wiederum schlägt um und ist dies« (Heraklit B 88). Die hier ausgesprochene *philosophische* Einsicht in den dialektischen Zusammenhang von Leben und Tod, ihre Einheit als Einheit des Seins des Ganzen gegenüber der Möglichkeit des Nichtseins des einzelnen, bezeichnet eine geschichtlich entscheidende Stelle in der Entwicklung des Selbstbewußtseins der Menschheit. Noch ist die im Mythos sich ausdrückende naturhafte Einstellung des Menschen zur Welt bestimmend für Vergegenwärtigung und Vergegenständlichung der Prozesse, in die das Individuum (als zugleich natürlich-biologisches und sich gesellschaftlich reproduzierendes Wesen) eingelassen ist; zyklische Wiederholung der Ereignisse – Tages- und Jahreszeiten, Aussaat und Ernte, Inthronisation von Herrschern zum Beispiel – läßt die Zeit nicht von den Einschnitten *Anfang und Ende* her erfahren, sondern als umfassende Bewegung der Rückkehr des Ganzen zu immer gleichen, durch Rituale und Feste artikulierten Sinnabschnitten, in denen die individuellen Lebensmomente an wiedererkennbaren Stellen des Gesamtverlaufs »aufgehoben« waren (nämlich geborgen, auf das Niveau des Gattungsgeschehens versetzt und damit als individuelle ausgelöscht).
»Das im Kyklos geordnete Weltgefüge kennt den Tod nur als organisches Phänomen. Wo die Kette nicht abreißt, genauer gesagt, die Vergänglichkeit unter dem Gesetz der Wiederkehr steht, bleibt die Bedeutung des individuellen Todes begrenzt und verdeckt« (Plessner 1952, 352). Diese Sicherheit, die den Tod nicht fürchtet,

spricht noch aus den Worten Heraklits, von dem ein anderes Fragment überliefert ist, das den biologischen Sinn des Todes hervorhebt: »Da sie geboren sind, nehmen sie auf sich zu leben und den Tod zu haben (oder vielmehr zur Ruhe zu kommen), und Kinder hinterlassen sie, daß neuer Tod geboren wird« (Heraklit B 20). Universeller noch ist für ihn der Tod das Prinzip des kosmischen Stoffwechsels: »Der Seelen Tod ist Wasser zu werden, Wassers Tod Erde zu werden; aus Erde aber gewinnt Wasser Leben und aus Wasser die Seele« (Heraklit B 36).

Zur gleichen Zeit, in der Heraklit schreibt, vollzieht sich der Übergang vom naturhaft-gattungsmäßigen zum individuell-geschichtlichen Denken. Bruno Snell hat »das Erwachen der Persönlichkeit in der frühgriechischen Lyrik« überzeugend dargestellt und die Bedeutung dieser Geistesentwicklung für die Philosophie hervorgehoben (Snell 1946, 57 ff; 1965, 65–144). Damit ändert sich aber auch die Auffassung vom Tode. Gesteigertes Ich-Bewußtsein erfährt das eigene Leben als eine zeitliche Abfolge mit Anfang und Ende, also linear, und insbesondere das Ende, der Tod als das Aufhören dieser Ich-Existenz, wird mir am nahen Mitmenschen und an mir selbst zum Problem. Jetzt erscheint »der Tod als eine Bedrohung, deren Schwere von Art und Maß der Abgrenzung des Individuums gegen die Welt und in der Kette der Generationenfolge abhängt. Steigerung des Ichbewußtseins, Problematisierung des Todes, Aktualisierung der in Vergangenheit, Gegenwart und Zukunft sich entfaltenden linearen Zeit gehören also zusammen« (Plessner 1952, 354). Wenn ich mein Leben als eine Sinn-Einheit verstehe, so stellt sich unabweisbar die Frage, was der Tod *bedeute*. Nichts? Übergang zu einem anderen Leben? Lohn oder Strafe? Bei Heraklit spiegelt sich schon dieses neue Selbst-Bewußtsein, wenn er auch noch mit dem Denkmodell darauf antwortet, das ihm eine (nun allerdings nicht mehr mythologisierte) Naturdialektik liefert: »Die Menschen erwartet nach ihrem Tode, was sie nicht hoffen noch glauben« (Heraklit B 20). Der sowohl mythische, als auch moralphilosophische Erwartungshorizont des Individuums wird abgewiesen und kosmische Gesetzlichkeit, von der so viele Fragmente Heraklits künden, ist unpersönlich und umfaßt die Gegensätze von Werden und Vergehen.

Heraklit denkt schon über den Tod nach, das heißt, das biologische Faktum ist ihm »existentiell« nicht mehr selbstverständlich; den Stachel hat er schon erfahren, die Klage der Sappho hat ihn ergriffen: »Wenn du gestorben liegst: nimmermehr wird jemand gedenken dein noch sich sehnen dereinst« (Sappho 31, 1 f). Die Lyriker, die der Einmaligkeit des Ich Ausdruck gaben, empfanden den Tod als Bedrohung des Daseins, über dem nach Simonides »unentrinnbar die Todesdrohung herabhängt« (Simonides 24,4) – wie das Damoklesschwert, scheint das Verbum zu assoziieren; Heraklit aber setzt dagegen den Logos des Weltlaufs, der den Tod so sinnvoll und notwendig enthält wie das Leben. Die Grundmotive philosophischen Todesverständnisses sind hier angeschlagen: der Vorrang des Universellen und die ontologische Realität des Negativen, die Macht des Gegensatzes.

Helmuth Plessner hat, wie erwähnt, den Zusammenhang von Ich-Bewußtsein und Todes-Problematik herausgestellt. Reflexion des eigenen Seins – also Vergegenwärtigung von eigener Vergangenheit und Zukunft, Vergegenständlichung seiner selbst – ist die Voraussetzung dafür, daß der Tod als Ende erfahren wird. Ich gewinne zwar das Wissen von meiner eigenen Sterblichkeit aus dem Erlebnis des Todes der anderen, biographisch wohl vor allem der Großeltern und Eltern (oder überhaupt der Menschen, mit denen ich zusammenlebe). Doch jene Bedrohlichkeit, von der Simonides spricht, gewinnt der Tod erst dadurch, daß ich ihn mir als notwendige Möglichkeit meines Hier-und-Jetzt-Seins vorstelle, also mein eigenes Ende vergegenwärtige. Logisch gründet sich diese Vorstellung wohl auf die Analogie innerhalb der Zugehörigkeit zur selben Gattung. Doch damit diese Analogie die Apodiktizität gewinnen kann, welche die Gewißheit des Todes auszeichnet, muß zu ihr ein apriorisches Moment hinzukommen, das durch die Reflexionsstruktur des Selbstbewußtseins gegeben ist: Reflexion ist per se solche eines endlichen Wesens; das Unendliche reflektiert nicht, weil nichts außer ihm ist, das es reflektieren könnte; und es kann sich nicht selbst spiegeln, denn der Spiegel spiegelt etwas von ihm Verschiedenes. Meine Endlichkeit ist mithin durch die Reflexivität meines Seins a priori gegeben, und die biologische Verfassung meiner Sterblichkeit ist der materiale Gehalt dieses Apriori, weil meine organische Existenz die materielle Basis meiner Reflexivität ist. Plessner hat in diesem Sinne von einem »materialen Apriori personhaften Seins« gesprochen (Plessner 1952, 379).

Der Tod gewinnt die Schärfe seiner Erlebnisqualität erst unter der Bedingung des bewußten Abhebens der Individualität vom Naturgeschehen und Gattungsschicksal; dies ist jedoch ein nicht umkehrbarer Prozeß der Menschheitsgeschichte, der mit dem Heraustreten des Gattungswesens Mensch aus dem Tierreich beginnt und mit der Entwicklung der Gesellschaft bis zum extremen Individualismus unter kapitalistischen Produktionsverhältnissen fortschreitet. Eben dieser Individualismus – und die damit wachsende Unfähigkeit, den Tod als ein materiales Universale zu begreifen und in das eigene Lebensverständnis zu integrieren – führt zu jener Tabuisierung des Sterbens (und des Alterns als der Antizipation des Endes), die als ihr Korrelat die Fetischisierung der Jugend nach sich gezogen hat. (1972 haben vier Museen eine bemerkenswerte Ausstellung von Bildern und Dokumenten des Fetischs Jugend und des Tabus Tod gezeigt und durch soziologische und psychologische Untersuchungen untermauert; »Altersbewältigung« oder schamhafte »Seniorenprogramme« sind in zunehmendem Maße staatlich geplante und geförderte Sozialaktivitäten, ein Indiz dafür, wie wenig der Individualismus der bürgerlichen Gesellschaft dem materialen Apriori des Menschseins zu entsprechen vermag.) Die anthropologische Grundverfassung des Menschen manifestiert sich, je nach ihren gesellschaftlichen Realisationsbedingungen, auf sehr verschiedene Weise.

In der Tat rückt das Ende des eigenen Lebens in ein trüberes Licht, wenn der *Sinn* menschlichen Daseins vorwiegend oder ausschließlich individualpsychologisch in der *Selbst*verwirklichung, gar biologistisch in der Selbsterhaltung gesehen wird. Zweifellos ist Selbsterhaltung (oder Überleben) das primäre Bedürfnis jedes Lebewesens, und ein großer Teil seiner Instinkte sind genau auf die Erfüllung dieses Bedürfnisses gerichtet. In besonderen Situationen, etwa während der Paarungszeit beim Kampf um den Geschlechtspartner oder während der Aufzucht der Brut beim Schutz der Jungen, können der Arterhaltung dienende Instinkte zeitweilig in den Vordergrund treten, so daß die Gefährdung des eigenen Lebens in Kauf genommen wird. Aber gerade der Ausnahmecharakter solcher »Opferhandlungen« bestätigt die natürlichen Fundierungsverhältnisse der Bedürfnisse (Holz 1978, 110–118). Selbsterhaltung als biologisches Grundbedürfnis ist zwar unverzichtbare Voraussetzung für die Konstituierung weiterer Sinnsphären – denn gäbe es den lebenden Menschen nicht, dann auch nicht den sinnvoll lebenden. Desungeachtet führt die Reflexionsstruktur menschlichen Seins ja gerade auf das Wissen um die eigene Sterblichkeit, die Faktizität des Todes wird also als Notwendigkeit unserer Natur *begreifbar,* darum kann Selbsterhaltung immer nur im Hinblick auf ihre unausweichliche Negation, die Auslöschung der individuellen Existenz, ein Moment der Sinnhaftigkeit des menschlichen Lebens im ganzen sein.

Selbstverwirklichung als Lebenssinn hingegen bleibt ein Leerbegriff, solange die Konstitutionsbedingungen des *Selbst,* also das Verhältnis von Ich-Persönlichkeit und objektiver, gesellschaftlich vermittelter und selbst gesellschaftlicher Welthaltigkeit dieser Persönlichkeit, unbestimmt sind (Kon 1971, Sève 1972, Dormagen-Kreutzenbeck 1979). Es gibt kein Selbst, das nicht erst durch Entäußerung an Anderes zu einem solchen würde; ein potentielles »Selbst« an sich, das sich verwirklichen könnte, ist eine Fiktion: Was *Ich* bin, ist nur das Resultat aller Engagements, die ich eingegangen bin (und auch aller Fremdbestimmtheiten, denen ich mich ausgesetzt habe), nicht ein vorweltliches Substrat.

So bleibt dem Individuum, das nur von sich selbst ausgeht und sich letztlich allein auf sich selbst stellt, der Tod immer ein unzeitiges Abschneiden des Lebensfadens; unzeitig, weil Selbsterhaltung auf Dauer angelegt ist und es darum nie einen Augenblick geben kann, zu dem ihre Negation »an der Zeit« wäre (hier gründet die Verdrängung des Alterns); unzeitig auch, weil ein auf ein leeres Selbst bezogenes Verwirklichungsziel in die »schlechte Unendlichkeit« des immerwährenden Weitermachens verweist, so gleichsam ein perpetuum mobile der Geschäftigkeit erheischend. Die Frage nach dem Verhältnis des Menschen zum Tode ist also nicht ablösbar von der Frage nach dem Sinn des Lebens, und diese Frage ist zu entfalten nur auf dem Boden einer Untersuchung der Reflexionsstruktur des menschlichen Daseins. Darauf werden wir zurückkommen.

Das stoische Paradigma

Die Stoiker, in vielem von Heraklit beeinflußt, haben den Doppelaspekt der Sterblichkeit – Element der Notwendigkeit des Naturlaufs zu sein und zugleich die Frage nach dem Sinn des Lebens zuzuspitzen – zu einer Philosophie des Gleichmuts gegenüber dem Tode entwickelt, die für die philosophische Haltung beispielgebend und verbindlich geworden ist. Alles, was existiert, existiert in der Zeit; das Wesen der Zeit aber ist Veränderung, also Entstehen und Vergehen. Nur so gibt es ein

Gleichgewicht in der Natur. »Die Harmonie der Welt wird erhalten sowohl durch die Veränderungen der Grundstoffe als auch der daraus bestehenden Körper«, schreibt Kaiser Marcus Aurelius Antoninus, der Philosoph auf dem Thron (II,3). Was sich nicht veränderte und immer sich selbst gleichbliebe, das wäre nicht in der Zeit und besäße mithin auch keine Existenz; sein Sein wäre vom Nichtsein nicht zu unterscheiden (ein Gedanke, den Hegel am Anfang der »Wissenschaft der Logik« wieder aufnimmt: Sein ist nur *im* Werden). Ohne den Tod hätte die Natur keine Existenzform, er ist deren Bedingung: »Was ist der Tod? Wenn man ihn für sich allein betrachtet und in Gedanken das davon absondert, was in der Einbildung damit verbunden ist, so wird man darin nichts anderes erblicken als eine Wirkung der Natur. Wer sich aber vor einer Naturentwicklung fürchtet, ist ein Kind. Noch mehr, der Tod ist nicht bloß eine Wirkung der Natur, sondern eine für die Natur heilsame Wirkung« (Marc Aurel II,12). Heraklitisch bleiben Tod und Leben, Vergehen und Entstehen also aufeinander bezogen als Momente ein und desselben materiellen Prozesses, in dem (nach dem Vorbild der Atomenlehre des Demokrit, der Elementenlehre des Empedokles) die stofflichen Bestandteile der Welt ihre Verbindung wechseln, aber nicht vernichtet werden. »Der Tod ist ebenso wie die Geburt ein Geheimnis der Natur, hier Verbindung, dort Auflösung derselben Grundstoffe« (Marc Aurel IV,5). Als Individuen werden wir geboren und sterben, aber unsere Bestandteile werden nicht ausgelöscht, sondern gehen in andere Verbindungen ein. Wer das Entstehen für gut erachtet, der darf das Vergehen nicht für ein Übel halten, denn das eine hängt mit dem anderen untrennbar zusammen. Wer aber das Entstehen für ein Übel ansieht – nach dem pessimistischen Satz eines griechischen Philosophen, das Beste sei, nicht geboren zu werden, das Zweitbeste, früh zu sterben –, dem muß der Tod eine Erlösung sein. So also gibt es keinen logischen Grund, das Sterben zu fürchten, weder wenn man das Leben als gut, noch wenn man es als schlecht bewertet.

Nun ist aber das Leben, wenigstens nach Auffassung der späteren Stoiker, nicht grundsätzlich und an sich gut, sondern erst durch die Art und Weise, wie der Mensch es erfüllt. In seinen Betrachtungen »Über die Kürze des Lebens« hat Seneca diesen Gedanken immer wieder aufgenommen und ausgeführt: »Lange genug ist das Leben und reichlich gegeben für das Vollbringen der größten Dinge, wenn es nur gut genützt würde« (Seneca, Über die Kürze des Lebens, 1). Es kommt nicht darauf an, ob man alt wird, denn der Sinn, den man verwirklicht, ist in jedem Augenblick ganz und gar existent: »Gegenwärtig ist jeder Tag nur für sich, und dies nur in Augenblicken« (a. a. O., 10). »Wie kurz das Leben auch immer sei, es ist daher im Überfluß ausreichend, und wann auch der letzte Tag komme, der Weise wird nicht zaudern, mit festem Schritte in den Tod zu gehen« (a. a. O., 11).

Es ist kein Zufall, daß die Fragen nach dem Sinn des Lebens und der Überwindung der Todesfurcht gerade in der Spätantike thematisch wurden und daß sie in der Philosophie des bürgerlichen Zeitalters starken Widerhall fanden. Ernst Hoffmann hat die gesellschaftlichen Wurzeln dieser individualistischen Akzentuierung der lebensphilosophischen Urfrage nach Sein oder Nichtsein klar herausgestellt:

»Um den stoischen Typus zu verstehen, muß man daran denken, daß die griechische Menschheit zur Zeit des Hellenismus eine seelische Katastrophe von größtem Ausmaß durchgemacht hat. Alles, woran der griechische Mensch der klassischen Zeit einstmals seinen Halt gehabt und worin er sittlich sein Dasein verankert hatte, war oder schien plötzlich verloren. Dieser Halt hatte bestanden in dem Glauben an den griechischen Staat und an die griechischen Götter... So ist es zu verstehen, daß alle philosophischen Richtungen dieser Zeit eigentlich nur um ein einziges Problem ringen: Wie ist in dieser Katastrophe das Selbst des Menschen zu retten? Wie kann sich das Ich behaupten?« (Hoffmann 1946, 6 und 9). Die aus gesellschaftlichen (und/oder religiösen, mythologischen) Bindungen herausfallenden, auf sich selbst gestellten Einzelnen haben keinen sie übergreifenden Rahmen ihres Daseins und ihres Selbstverständnisses mehr, in dem die Differenz ihrer biologischen und geistigen Existenz vermittelt würde. Sie sind allein auf ihr Ich zurückgeworfen und angewiesen.

Die Einsicht, daß der Tod zur Natur des Lebens gehört und daß der dem Tod ruhig entgegensehen kann, der in jedem Augenblick seines Lebens des Sinns seines Daseins und Tuns gewiß sein darf, ist natürlich eine intellektuelle, auf logischen Überlegungen beruhende und dem emotionalen Lebenswillen entgegengesetzte Einstellung. »Der Tod an und für sich ist nichts Schreckliches, vielmehr ist die vorgefaßte Meinung von ihm, daß er etwas Schreckliches sei, erschreckend« (Epiktet, Handbüchlein, 5). Der Stoiker muß sich darum dazu erziehen, die Kontrolle der Vernunft über die Leidenschaften zu erlangen, und das heißt für ihn: sich gegenüber der animalischen Natur als Mensch, als denkendes Wesen, zu bewähren. Allerdings bleibt die Vernunft, an die der Stoiker appelliert, immer die des isolierten Individuums. Seine Überwindung der Todesfurcht entspringt nicht dem Bewußtsein, in der Geschichte der Gattung aufgehoben zu sein; sondern sie hat ihre Wurzel in einer Absage an die alltägliche Welt; Sinn und Selbstbestätigung findet sich allein in der Muße, im inneren Reichtum der Bildung, der Unabhängigkeit, der Unerschütterlichkeit. Hegel hat die Grenze dieser Einstellung festgestellt: »Die Freiheit des Selbstbewußtseins ist *gleichgültig* gegen das natürliche Dasein.« Sie ist es, »welche sich beständig aus der Bewegung des Daseins, aus dem Wirken wie auch dem Leiden, in die *einfache Wesenheit des Gedankens zurückzieht*... Aber diese Sichselbstgleichheit des Denkens ist nur wieder die reine Form, in welcher sich nichts bestimmt; die allgemeinen Worte von dem Wahren und Guten, der Weisheit und der Tugend, bei welchen er (der Stoizismus) stehenbleiben muß, sind daher wohl im allgemeinen erhebend, aber weil sie in der Tat zu keiner Ausbreitung des Inhalts kommen können, fangen sie bald an, Langeweile zu machen« (Hegel III, 157 ff).

Eine neue Haltung zum Tode

Der Stoizismus vermag zwar das Modell der denkenden Überwindung des Todesproblems formal anzugeben, kann aber dem Stachel des Todes seine reale Spitze nicht nehmen; denn seine bloß individuelle Sinn-Setzung schlägt in Skeptizismus um (wie Hegel gezeigt hat). So wird schließlich der Tod nicht angenommen, sondern verdrängt, das Sterben kein ethisches, sondern ein therapeutisches Problem. Aus Seneca könnte noch Ernst Blochs Vorwurf stammen: »Man lebt derart in den Tag wie in die Nacht hinein, des dicken Endes soll nirgends gedacht werden. Gewünscht wird lediglich, nichts davon zu hören und zu sehen, selbst wenn das Ende da ist« (Bloch 1959, 1299). Immer aber wird einmal der Schleier gehoben, hinter dem der Tod verdrängt wurde; dem Miterleben des Sterbens können wir nicht immer entgehen. Und dann dringt erschreckend ins Bewußtsein: »Nichts ist so fremd und finster wie der Hieb, der jeden fällt... Hinter dem Sterben wurde noch keiner als anwesend gesehen, es sei denn als Leiche« (Bloch 1959, 1299). Die Trugbilder einer nie einlösbaren Utopie vom Leben nach dem Tode sind für den Menschen »im wissenschaftlichen Zeitalter« (Brecht) wie ein gefälschter Wechsel; selbst wer es sich nicht eingesteht, ist im Unterbewußten davon beunruhigt. Es ist eine große Erkenntnis Elias Canettis, daß er das Politisch-Werden dieser Unruhe im Willen zur Macht entdeckte und beschrieb. Der Augenblick des (wenn auch immer temporären) Siegs über den Tod ist das Erlebnis des Überlebens: »Der Augenblick des Überlebens ist der Augenblick der Macht. Der Schrecken über den Anblick des Todes löst sich in Befriedigung auf, denn man ist nicht selbst der Tote. Dieser liegt, der Überlebende steht« (Canetti 1960, 259). Macht ist die Fähigkeit, sein eigenes Überleben zu sichern, wenn andere sterben müssen. Da findet die psychologische, dann ideologische Umkehrung der Verdrängung des Todes statt: Der eigene Tod wird verdeckt, solange es ein anderer ist, der stirbt. Der Anblick des Toten schiebt sich vor die Universalität des Todes.

Dies ist sicher die elementarste Form des Verhältnisses zum Tode (Canettis Beispiele aus Ethnologie, Geschichte und Psychologie zeigen es). Unbewältigt durch die Vernunft, geht diese Form ein in das politische Verhältnis der Herrschaft (sicher nicht, wie Canetti meint, als deren Grund – Herrschaft entspringt den Produktionsverhältnissen –, aber doch als bestimmendes Moment ihrer Färbung). Auch bei Hegel erscheint als Voraussetzung für das Verhältnis von Herrschaft und Knechtschaft ein »Kampf auf Leben und Tod« (Hegel III, 148 ff). Dessen Schrecken bannt die Ordnung der Vernunft, der Logos des Gesetzes.

Der stoische Topos *Beherrschung der Affekte durch die Vernunft* behält seine Gültigkeit, wo nicht auf religiöse, nicht auf abergläubische, sondern auf philosophische Weise die Todesfurcht überwunden werden soll. Aber Vernunft (das heißt: das Vermögen, das Allgemeine zu vernehmen) ist an gesellschaftliche Bedingungen ihrer Wirksamkeit gebunden. Das Allgemeine *vernehmen* bedeutet ja nicht nur, es in Begriffen zu *denken*, sondern sich den Begriff auch psychisch anzueignen oder *einzuverleiben* (im genauen Sinne des Wortes, weil Psychisches eben an Leibliches geknüpft ist). Gerade im Hinblick auf den Tod hat Bloch diese neue Qualität des zugleich Begriffenen und Gefühlten unter neuen gesellschaftlichen Bedingungen gesehen: »So sehr ist das Personenbewußtsein in Klassenbewußtsein aufgenommen, daß es der Person nicht einmal entscheidend bleibt, ob sie auf dem Weg zum Sieg, am Tag des Siegs erinnert ist oder nicht... Und diese Gewißheit des Klassenbewußtseins, individuelle Fortdauer in sich aufhebend, ist in der Tat ein Novum gegen den Tod... So empfängt und hält das Untötbare des revolutionär-solidarischen Bewußtseins, einer Geborgenheit ohne alle Mythologie, mit aller Einsicht und Tendenz« (Bloch 1959, 1379 ff). Bloch gewinnt die Anschauung dieser neuen Haltung zum Tode aus dem Opfer der antifaschistischen Helden, phänomenologisch abgehoben gegen das Opfer religiöser Märtyrer: »Der kommunistische Held opfert sich ohne Hoffnung auf Auferstehung. Sein Karfreitag ist durch keinen Ostersonntag gemildert, gar aufgehoben, an dem er persönlich wieder zum Leben erweckt wird... Dennoch stirbt dieser Materialist, als wäre die ganze Ewigkeit sein. Das macht: er hatte vorher schon aufgehört, sein Ich so wichtig zu nehmen, er hatte Klassenbewußtsein« (Bloch 1959, 1378 f). Und erst recht in der klassenlosen Gesellschaft wird der Mensch als Gattungswesen so mit der Natur in Einklang sein, daß er die Einsicht in seine Sterblichkeit mit dem milden Gefühl seiner Natürlichkeit in emotionalem Einverständnis zu verbinden weiß.

Bloch hat hier einen neuen Typus von Gelassenheit gegenüber dem Tode notiert, der den stoischen Intellektualismus – Freiheit ist Einsicht in die Notwendigkeit – mit der emotionalen Geborgenheit vereint, die sonst nur religiösen Überzeugungen eigen ist. Hier wird (analog zu der Erlebnislage in der antiken Polis) von einem umfangenden Gemeinschaftsgefühl her die individuelle Sterblichkeit nur noch in gedämpftem Ton als Bedrohung und Not des Ich erfahren. Die Grundbefindlichkeit *Angst,* die bei Martin Heidegger dem »Sein zum Tode« korrespondiert (s. die dem Thema gewidmeten Beiträge von G. Condrau in diesem Band), ist einem Seinsvertrauen gewichen, das seine Stärke aus der Einbettung des Individuums in tragende gesellschaftliche Bindungen gewinnt. Zu dieser Haltung gehört auch – und zwar unverzichtbar, aber nicht ausschließlich – die Einsicht in den Sinn des Todes, denn sozialistisches Bewußtsein beruht auf der Wissenschaftlichkeit der Weltanschauung. Vordergründig stützt diese Einsicht sich auf naturwissenschaftliche Erkenntnisse, tiefergehendem Eindringen erschließt sich indessen der Tod als ein Spezifikum des Menschseins schlechthin, das wir annehmen müssen, wenn wir uns als Menschen bejahen.

Reflexion und Tod

Damit kommen wir zurück auf einen Gedanken, der schon am Beginn dieser Betrachtungen auftauchte: die Begründung unseres Todesverhältnisses in der Reflexionsstruktur des menschlichen Seins. Plessner hat schon früh darauf hingewiesen, indem er zwischen dem biologischen Ende eines Lebensprozesses und dem vergegenwärtigten Ende einer Sinnkonstitution unterschied. Für das Leben als biologisches Faktum ist der Tod stets die ihm äußere Grenze. »Nur dies ist der echte Sinn des Todes, daß er das Jenseits des Lebens und *für* das Leben, die *vom Leben selbst zwar getrennte,* doch durch das Leben erzwungene Negierung des Lebens ist«

(Plessner 1928, 149). Als eine äußere Grenze, als nicht mehr zum Leben gehörig, ist er dem Leben gleichwohl nicht äußerlich. Denn »in der Entwicklung sind dem Leben Jugend, Reife und Alter a priori. Von sich aus kann und muß das Lebendige sterben« (a. a. O.). Die materielle Beschaffenheit des lebendigen Körpers bedingt das Ende der Stoffwechselvorgänge, die das Leben in Gang halten. Doch wo das Bewußtsein von der Antizipation des Todes durch die Lebensvorgänge (also das Bewußtsein vom Älterwerden) fehlt, ist der Tod einfach das ganz Andere des Lebens, von ihm (wie Plessner sagt) durch einen »Hiatus« getrennt. Denn das nicht antizipierende Lebendige ist lebendig immer nur hier und jetzt, in seiner gelebten Gegenwart. (Bloch sprach vom »Dunkel des gelebten Augenblicks«.) Nur in der Vergegenwärtigung der Zukunft, also in der Antizipation, wird auch der Tod, als das Ende der antizipierenden Vorlaufbewegung, zum Problem, zur Drohung für ein ins Ferne zielendes Wollen, gar für ein empirisch nicht realisierbares Telos des Ganzen. Plessner hat diesen Zwang zum Vorlauf in der »exzentrischen Positionalität« des Menschen begründet und dies, sich darin mit Bloch berührend, den »utopischen Standort« genannt. Das Wissen um den Tod als materiales Apriori ist ein Ausdruck des utopischen Standorts.

Exzentrische Positionalität besagt aber, daß der Mensch zwar als leibliches Sein innerhalb der durch die sinnlichen Berührungsgrenzen zur Umwelt gegebenen Lage seine Einheit besitzt und zu den von ihm verschiedenen Seienden in Beziehung tritt, jedoch zugleich außer seiner selbst zu stehen scheint, indem er sich selbst zu vergegenständlichen vermag. Anders gesagt: Der Mensch hat zu sich selbst eine Spiegel-Beziehung, die Reflexivität des Begriffs von sich selbst. (Daß der Begriff in der Sprache wirklich wird und die Sprache wiederum mit der gesellschaftlichen Arbeit entsteht, kann hier nur angedeutet werden.) Das in der Reflexivität entspringende Selbstbewußtsein zeigt dem Menschen sich selbst in der Zeit und öffnet ihm seine Zukunft. Aber die Zeitlichkeit und Endlichkeit der menschlichen Existenz (als deren materiales Apriori) *zeigt sich,* wie wiederum Plessner gesehen hat, gerade von ihrem Gegenteil her: »Zeit und Tod sind nichts ohne Ewigkeit, vor der und gegen die sie allein das sind, was sie sind« (Plessner 1952, 382). In der Antizipation liegt die spekulative Idee des Ganzen, die der Erfahrung der Endlichkeit entgegengesetzt ist (Holz 1981). Der Tod als Nichtsein des Ganzen in meiner Existenz wird mir an meiner Reflexivität unausweichlich bewußt. Denn ich erfahre mich reflektierend nicht isoliert, sondern in Beziehung zu anderem, in einer Umgebung, innerhalb eines prinzipiell unendlich überschreitbaren Horizonts (so wie ich im Spiegel nicht mich oder ein einzelnes Ding sehe, sondern jedes einzelne in einer Lagebeziehung zu anderem). So erfahre ich in der Reflexion mich notwendig als endlich: Ich kann ein Ziel nur antizipieren, wenn ich gerade nicht die Ewigkeit antizipiere; Sinn des Lebens erscheint a priori nur im Hinblick auf begrenzte Dauer, in der ein *bestimmter* Sinngehalt sich konkretisiert, abrundet. Weil mein Vorweg-Sein auf meine Möglichkeiten jede Verwirklichungsgrenze wieder zugunsten neuer Möglichkeiten aufhebt, wird der Tod zur Bedrohung. »So hebt sich dem Menschen sein eigenes Dasein als individuelles nur gegen die Möglichkeit ab, daß er auch ein anderer hätte werden können« (Plessner 1928, 343). Darum kann Plessner zu dem Schluß kommen, daß nur die utopische Tendenz zur Endlosigkeit mir den Tod furchtbar mache: »Niemals aber bedroht der Tod die zu ihrer Endlichkeit stehende Existenz« (Plessner 1952, 383). Das könnte wieder stoisch verstanden werden: in jedem Augenblick kann ich den Sinn meines Lebens vollenden; oder aber geschichtlich: meine Existenz ist im Leben der Gattung aufgehoben. Beide Aspekte sind es, in denen der Tod dem Philosophierenden erkennbar wird: er steht im Horizont. der die Grenze der Ferne darstellt, bis zu der mein Blick reicht.

Literatur

BLOCH, E.: Das Prinzip Hoffnung, Werke, V, Kap. 52, 1297–1391. Frankfurt/M. 1959

CANETTI, E.: Masse und Macht. Hamburg 1960

DORMAGEN-KREUTZENBECK, I.: Soziologie der Persönlichkeit. Köln 1979

EPIKTET: Handbüchlein der Moral. Leipzig 1916

HEGEL, G. W. F.: Werke, Theorie-Werkausgabe; Band III: Phänomenologie des Geistes; Band V und VI: Wissenschaft der Logik. Frankfurt/M. 1969 ff

HEIDEGGER, M.: Sein und Zeit. Halle 1927

HERAKLIT: Die Fragmente des Heraklit. München 1944

HOFFMANN, E.: Leben und Tod in der stoischen Philosophie. Heidelberg 1946

HOLZ, H. H.: Werte und Bedürfnisse. In: Maßstäbe der Technikbewertung. Düsseldorf 1978, 107–132
Natur und Gehalt spekulativer Sätze. Köln 1980

KATALOG FETISCH JUGEND – TABU TOD. Staatliches Museum Leverkusen, Haus am Waldsee (Berlin), Kunstverein Frankfurt/M., Kunsthalle Kiel 1972

KON, I. S.: Soziologie der Persönlichkeit. Köln 1971 (russisch Moskau 1967)

MARC AUREL: Selbstbetrachtungen. Leipzig 1913

METZGER, A.: Freiheit und Tod. Freiburg 1972

PLESSNER, H.: Die Stufen des Organischen und der Mensch. Berlin 1928
Über die Beziehung der Zeit zum Tod. In: Eranos-Jahrbuch 1951. Zürich 1952, 349–386

SAPPHO: Strophen und Verse. Frankfurt/M. 1978

SENECA, L. ANNAEUS: Über die Kürze des Lebens, Werke, Studienausgabe, Bd. II. Darmstadt 1971

SÈVE, L.: Marxismus und Theorie der Persönlichkeit. Marxistische Blätter, Frankfurt/M. 1972 (französisch Paris 1972)

SIMONIDES und BAKCHYLIDES: Gedichte. München 1969

SNELL, B.: Die Entdeckung des Geistes. Hamburg 1946
Dichtung und Gesellschaft. Hamburg 1965

Die geistige Welt
des Menschen

Hans Zeier

Gehirn und Geist

Übersicht: Lebewesen haben den Auftrag zu überleben, damit das System Leben als Ganzes erhalten bleibt. Überleben aber heißt sich verändern, sich weiterentwickeln, da die Umweltbedingungen sich ständig wandeln. Die biologische Evolution sorgte für diese Weiterentwicklung: Aus einfachen Lebewesen entwickelten sich immer komplexere Formen, bis schließlich der Mensch entstand und mit ihm menschliches Bewußtsein und menschlicher Geist. Von nun an wird unser Verhalten nicht mehr rein biologisch, sondern vor allem auch kulturell motiviert. Die kulturelle und geistige Evolution hat ähnliche Grundbedingungen wie die biologische, aber auch neue Eigenschaften. Diese führten Entwicklungen herbei, die die biologische Evolution bezüglich Möglichkeiten und Wandlungstempo bei weitem übersteigen.

Gehirn und Geist des Menschen bilden eine funktionelle Ganzheit, die aus einem langwierigen Entwicklungsprozeß hervorging. Während wir aus naturwissenschaftlicher Sicht eigentlich keine direkten Aussagen über Ursprung und Wesen des menschlichen Geistes machen können, wissen wir dagegen über die Entstehungsgeschichte sowie den Bau und die Tätigkeit unseres Gehirns gut Bescheid. Aus diesem Wissen lassen sich Erkenntnisse über Wesen und Möglichkeiten des menschlichen Geistes ableiten (Eccles, Zeier 1980).

Da sich das menschliche Gehirn nach und nach entwickelt hat, müssen sich auch die geistigen Fähigkeiten des Menschen, die an das Gehirn und den darin stattfindenden Informationsfluß gebunden sind, nach und nach entwickelt haben. Die evolutionsgeschichtliche Vergangenheit des Gehirns bildet somit den wesentlichen und prägenden Aspekt der menschlichen Vorgeschichte. Besonders die subkortikalen Hirnabschnitte haben wir mit vielen Tieren gemeinsam. Die Funktionen, die diese aus vormenschlichen Entwicklungsstufen stammenden Hirnteile ausüben, spielen auch heute noch eine wichtige Rolle und beeinflussen unser Verhalten. Den Menschen können wir deshalb nur verstehen, wenn wir auch über seine biologische Vergangenheit Bescheid wissen. Von grundlegender Bedeutung ist dabei, wie die stammesgeschichtlich und individualgeschichtlich erworbene »Lebenserfahrung« sich ergänzen und welche Rolle die verschiedenen Teile des Gehirns in diesem Zusammenhang spielen.

Die einzelnen Hirnteile bilden in ihrer Gesamtheit ein zentrales Regulations- und Koordinationsorgan. Da Gehirne immer als Bestandteile eines höheren Systems –

eines Organismus – existieren, muß die Gehirnentwicklung zugleich im größeren Zusammenhang der stammesgeschichtlichen Entfaltung der Lebewesen gesehen werden.

Biologische Evolution

Lebewesen haben den Auftrag zu überleben. Dabei geht es nicht um das Überleben einer bestimmten Struktur, sondern des Systems Leben als Ganzes. Dieser Auftrag läßt sich nicht einfach durch Bewahren des Status quo erfüllen: Da sich die Umweltbedingungen dauernd ändern, müssen Lebewesen flexibel sein. Überleben bedeutet deshalb mehr als bloßes Vegetieren. Es schließt auch Entfaltung und Weiterentwicklung der einzelnen Glieder sowie des ganzen Systems mit ein. Dieser Prozeß bewirkte die sogenannte biologische Evolution: Aus einfachen Lebewesen entwickelten sich zunehmend komplexere Formen bis schließlich der Mensch entstand.

Die treibenden Kräfte der biologischen Evolution sieht man meist in den beiden Phänomenen Mutation und Selektion. Durch zufällig auftretende genetische Mutationen entstehen verschiedene Varianten, aus denen die Umwelt die lebenstüchtigsten ausliest. Diese Auslese, von Darwin (1859) natürliche Selektion genannt, wird als das Ergebnis eines alle Lebewesen kennzeichnenden Kampfes ums Dasein betrachtet.

Die von den Lebewesen geforderte Anpassung an die Umwelt stellt nur eine Komponente des Evolutionsprozesses dar. Lebewesen sind nicht nur reaktiv, sie verfügen auch über eine gewisse Eigenaktivität. Beide Arten von Aktivität äußern sich im Verhalten des Organismus, das mit höherer Evolutionsstufe zunehmend undeterminierter und offener ist. Bereits ein Baum verändert seine Umwelt, wenn beispielsweise seine Wurzeln Felsbrocken auseinanderzwängen und dadurch Zugang zu andersartig zusammengesetztem Erdreich erhalten. Das pflanzliche Leben paßte sich nicht etwa der Humusschicht der Erde an, sondern Mikroorganismen haben die Humusschicht gebildet und dadurch die Entstehung komplexerer Lebensformen ermöglicht.

Überlebensvorteile ergeben sich also nicht nur aus der Struktur eines Lebewesens, sondern auch aus dem Gebrauch dieser Struktur, dem Verhalten eines Lebewesens. Das zu Reproduktionserfolgen führende Verhalten wird durch die natürliche Selektion begünstigt, was die Häufigkeit beeinflußt, mit der einzelne Gene in einer Population artgleicher Individuen vorkommen. Zwischen dem Verhalten und seiner biologischen Grundlage besteht also ein Rückkopplungsprozeß (Abb. 1): Verhalten ist nicht nur die Folge einer bestimmten genetischen Ausstattung, Verhalten ist auch Ursache für das Überleben erfolgreicher Gene. Der Evolutionsprozeß erhält damit eine Eigendynamik und läßt sich nicht auf einfache Ursache-Wirkung-Mechanismen zurückführen; er ist ein fortschreitendes, d. h. sich ständig entfaltendes Systemgeschehen. Theodosius Dobzhansky bezeichnet die Evolution denn auch als »schöpferische Antwort der lebenden Materie auf von der Umwelt angebotene Gelegenheiten« (1960, 96–97), wobei er mit »schöpferisch« das Hervorbringen von neuen Dingen, Ereignissen oder Ideen meint, die vorher noch nie in identischer Form aufgetreten sind. Derartige Prozesse sind aber nur in Systemen möglich, die über eine selektionierende Eigendynamik verfügen und einer durch äußere Selektion bewirkten Erfolgskontrolle unterstehen.

Mechanische oder thermodynamische Modelle können also das Evolutionsgeschehen nicht erklären. Die Prozesse der Selbstorganisation und Selbsttranszendenz lassen sich eher durch die von dem Physiker Ilya Prigogine und seiner Brüsseler Schule entwickelte und an physikalischen und chemischen nichtlinearen Ungleichgewichtsstrukturen experimentell bestätigte Theorie dissipativer Strukturen beschreiben (Prigogine 1976, 1979; Nicolis, Prigogine 1977). Diese bereits von verschiedenen Autoren (Eigen 1971; Jantsch 1975, 1979; Eigen, Schuster 1979; Prigogine, Stengers 1981) auf das evolutive Geschehen angewendete Theorie beschreibt, wie in offenen Systemen, die über eine ausreichende Veränderungsrate verfügen, unter gewissen Umweltbedingungen makroskopische Ordnungen entstehen und sich als offene dynamische Systeme weiterentwickeln. Kommt eine neue Substanz oder Struktur – beispielsweise ein neues Gen – in ein System, so kann ihre Konzentration entweder abnehmen, das System kehrt in seinen ursprünglichen Zustand zurück, oder zunehmen. Das letztere ist der Fall, wenn der neuen Struktur im System eine wesentliche Funktion zukommt, wodurch sich ihre Ausbreitung lawinenartig vergrößert, bis eine Instabilitätsschwelle überschritten wird und es zu einem neuen dynamischen Regime, das heißt einer neuen Raum-Zeit-Struktur mit einem höheren Interaktionsniveau zwischen System und Umwelt kommt. Dieser Prozeß erzeugt qualitative Veränderungen und führt von einem stationären Zustand zu einer neuen Geordnetheit mit größerer Komplexität.

Die biologische Evolution verlief nicht geradlinig von einfachen zu komplexen Lebewesen. Es gab viele Auf und Ab, Um- und sogar Irrwege. Die biologische Evolution folgte auch keinem präexistenten Plan. Der Überlebensauftrag beinhaltet kein konkretes Endziel, sondern bestimmt nur die Spielregeln des Systems Leben. Die Systembedingungen bewirken jedoch eine Art zielgerichteten Verlauf, ähnlich wie in einem Schachspiel, bei dem zwar kein vorgegebener Weg einzuhalten ist, dafür aber strenge Spielregeln vorgeschrieben sind. Jeder einzelne Entwicklungsschritt stellt Weichen für weitere Entwicklungsmöglichkeiten; jede Entwicklungsstufe verfügt über neue Eigenschaften, die durch ihre Vorstufen mitgeprägt sind.

Wird in der Technik ein neues Gerät konstruiert, so entwickelt man eine neue Grundkonzeption und verwendet neues Material. Wollen wir statt schwarzweiß in Farbe fernsehen, so entfernen wir das alte Gerät und schaffen ein neues an. Die Natur dagegen wählt den umgekehrten Weg: Das neue System wird über das alte aufgebaut, die alten Funktionen werden weiterhin benutzt und durch das neue System modifiziert. Wir würden uns in gleicher Weise verhalten, wenn wir in unserem Fernsehbeispiel in den Schwarzweiß-Fernseher einen Adapter für Farbfernsehen einbauen würden.

Der Ablauf der biologischen Evolution läßt sich am Beispiel der Gehirnntwicklung nachvollziehen. Zunächst traten spezialisierte Nervenzellen auf, aus denen sich in der Folge einfache Nervennetze bildeten, die ständig komplizierter wurden und schließlich ein leistungsfähiges Leitungs- und Koordinationsorgan in Form eines zunehmend größer und komplexer werdenden Gehirns erhielten. Aber erst die im letzten Abschnitt der menschlichen Entwicklung aufgetretene gewaltige Größenzunahme des Gehirns lieferte die Grundlage für die geistigen Fähigkeiten des Menschen, die sich in seiner Intelligenz und seinem Selbstbewußtsein sowie in seiner sozialen Organisation und Kultur äußern.

Intelligenz und Bewußtsein kommen bereits bei Tieren vor (s. dazu den Beitrag von H. Hediger in diesem Band.). Die Intelligenz ermöglicht die erfolgreiche Auseinandersetzung mit einer sich verändernden Umwelt. Diese Auseinandersetzung kann sowohl durch passive als auch durch aktive Anpassung erfolgen. Niedere Lebewesen sind weitgehend ihren Lebensbedingungen ausgeliefert, d. h., sie werden von ihrer Umwelt beherrscht. Mit fortschreitender Evolution tritt eine vermehrte aktive Anpassung und damit eine Verselbständigung und Behauptung gegenüber der Umwelt in Erscheinung, etwa durch den Bau von geschützten Brut- und Schlafplätzen. Der Organismus verändert in der Weise seine Lebensbedingungen, daß sie seinen Bedürfnissen entgegenkommen. In seiner letzten Konsequenz unterwirft sich der Mensch die gesamte Natur und paßt sie seinen Bedürfnissen an.

Als Bewußtsein kann man die Fähigkeit eines Lebewesens bezeichnen, sich ein Modell oder ein hypothetisches Bild von seiner Umwelt zu entwerfen. Dieses Weltbild läßt sich um so differenzierter gestalten, je komplexer das zur Verfügung stehende Gehirn gebaut ist. Das Gehirn des Menschen ermöglicht es ihm, sich als handelndes Individuum selbst zu erkennen. Der Mensch kann schließlich das ganze Evolutionsgeschehen durchschauen und die der Menschheit darin zukommende Rolle erfassen. Das menschliche Selbstbewußtsein impliziert die Fähigkeit, sich auch in andere Individuen einzufühlen und dadurch, entgegen eigenen Bedürfnissen, auf andere Menschen Rücksicht zu nehmen. Das menschliche Einfühlungsvermögen ermöglicht den Aufbau von geistig fundierten zwischenmenschlichen Beziehungen, insbesondere auch echtes altruistisches Verhalten. Im Gegensatz zu den bei Tieren vorkommenden pseudoaltruistischen Verhaltensweisen (beispielsweise die Verhaltensleistungen, die Elterntiere bei der Brut und Aufzucht ihrer Jungen erbringen, oder der Heldentod von Arbeiterinnen-Bienen bei der Abwehr von Honigräubern) beinhaltet menschlicher Altruismus stets eine bewußt gefaßte Entscheidung, sich unter Inkaufnahme von Opfern für seinen Mitmenschen einzusetzen. Das Selbstbewußtsein und das dadurch bedingte Einfühlungsvermögen in den Mitmenschen bilden die Grundlage für die Entwicklung von Moral und Sitte, den geistigen Werten des Menschen.

Nach Teilhard de Chardin (1955) wurde die Evolution im Bewußtsein des Menschen sich ihrer selbst bewußt. Der Sprung von der Biosphäre zur Noosphäre machte den Menschen zum Träger der weiteren Entwicklung. Das menschliche Gehirn ermöglicht nicht nur rein biologisch, sondern vor allem auch kulturell motiviertes Verhalten.

Kulturelle Evolution

Zur Kultur gehört, was durch beabsichtigte körperliche und geistige Tätigkeit des Menschen geschaffen wurde. Analog zur Eigendynamik von Tieren und Pflanzen als treibende Kraft der biologischen Evolution, beruht auch kulturelle Tätigkeit nicht auf einem detaillierten Plan oder besitzt gar ein konkretes Endziel. In die kulturelle wie biologische Tätigkeit fließen angeborene und erworbene Verhaltensprogramme ein. Sämtliche im Verlauf der stammesgeschichtlichen Entwicklung entstandenen Schichten des menschlichen Bewußtseins, die Jean Gebser 1949 und 1953 als archaische, magische, mythische, mentale (rationale) und integrale Bewußtseinsstruktur beschrieb, leisten ihren Beitrag zur kulturellen Evolution. Der Ursprung der Kultur liegt allein im Menschen, ihr Ziel ist die Vollendung und Vervollkommnung der menschlichen Natur.

Das menschliche Bestreben, Kultur zu schaffen, entwickelt sich in jedem Individuum. Dabei beschreiten die individuellen Entwicklungen verschiedene Wege, erreichen unterschiedliche Niveaus. Die Gesamtheit aller individuellen Niveaus bestimmt die Kulturstufe eines Volkes. Gerichtet verlaufende Entwicklungsprozesse sind dabei typisch für die geistige Tätigkeit von Individuen, sie kennzeichnen den kulturellen Bereich.

Das kulturelle Schaffen wirkt sich auf alles Existierende aus, nach Karl Popper (1972) auf alle drei Welten: Welt 1, die Welt der physikalischen Gegenstände und Zustände, Welt 2, die Welt der Bewußtseinszustände und des subjektiven Wissens jeglicher Art; Welt 3, die Welt des von Menschen geschaffenen Wissens in objektiver Form. Aus dem Zusammenspiel zwischen dem der Welt 2 zuzuordnenden menschlichen Geist und dem zu Welt 1 gehörenden Gehirn mit seiner stammesgeschichtlich erworbenen Leistungskapazität entstehen einerseits Objekte und Zustände in Welt 1, wie Umweltveränderungen, Werkzeuge, Bücher und Kunstwerke, andererseits Welt 3, das Wissen in objektiver Form. Zu diesem Wissen gehören kulturelle Verhaltensnormen wie Moral und Tabus, Sprache und Religion sowie die Ergebnisse aller geistigen Bemühungen. Diese wiederum sind in Objekten von Welt 1 niedergelegt, beispielsweise in Büchern, Bildern und Maschinen. Objekte bilden die sogenannte Sachkultur. Ein Teil von Welt 1, die bloß äußere, materielle Kultur, wird im deutschen Sprachbereich als *Zivilisation* bezeichnet. Sie dient als Grundlage für Welt 3. Wenn Zivilisation auf Kosten der inneren Kultur gepflegt wird, ist sie im eigentlichen Sinne kulturfeindlich, begründet lediglich eine Halbkultur.

Kreative Entfaltungsprozesse bestimmten nicht nur die biologische Vorgeschichte des Menschen. Innerhalb wesentlich kürzerer Zeiträume sind sie in der Persönlichkeitsentwicklung jedes einzelnen Menschen sowie in der kulturellen und gesellschaftlichen Entwicklung der gesamten Menschheit wirksam. Man darf dabei davon ausgehen, daß es Eigenschaften und Gesetzmäßigkeiten gibt, die alle diese Entwicklungsprozesse auszeichnen. Dieser Umstand verleitet zahlreiche Naturwissenschaftler zur Annahme, die Gesetzmäßigkeiten der biologischen Evolution seien ausreichend, um auch die kulturelle Evolution vollständig erklären zu können. Konrad Lorenz beispielsweise schreibt: »daß der Gang der Historie, wie der der Phylogenese, nur von Zufall und Notwendigkeit gelenkt wird, ist eine Tatsache . . .« (1973, 238). Diese Meinung kann durchaus als wissenschaftliche Hypothese und brauchbare Diskussionsgrundlage – nicht jedoch als Tatsache – betrachtet werden. Würde die Hypothese zutreffen, so gäbe es keine richtigen kulturellen Leistungen, denn alles wäre ja reiner Zufall.

Neben den Alternativen Zufall – was nichts anderes als eine Definition für eine unbekannte Ursache ist – und vorgegebener Plan besteht noch eine dritte Erklärungsmöglichkeit: Man kann den Verlauf und die Gesetzmäßigkeiten der kulturellen Evolution durch spezifische Systemeigenschaften erklären, die auf der Stufe der biologischen Evolution noch gar nicht vollständig vorhanden sind. Wir betrachten deshalb die kulturelle Evolution als hierarchisch übergeordneten Prozeß mit eigenen Gesetzmäßigkeiten, der allerdings durch seine biologische Basis geprägt wird und seinerseits wiederum die biologische Evolution beeinflußt. Die Unterschiede zwischen den beiden Evolutionsformen beruhen im wesentlichen auf den drei folgenden Faktoren, die bewirken, daß kulturelle Entwicklungen sehr viel schneller als biologische Entwicklungen erfolgen:

1. Im biologischen Bereich ist nur die in den Genen gespeicherte Information vererbbar. Im kulturellen Bereich dagegen sind auch geistige Inhalte vererbbar, beispielsweise die durch Lernen gemachten Erfahrungen.

2. Kulturelle Vererbung ist nicht direkt an den Generationswechsel gebunden und verfügt in Sprache und Schrift über äußerst wirkungsvolle Kommunikationsmittel.

3. Die Elemente der biologischen Entwicklung sind Individuen, jene der kulturellen Evolution dagegen soziale Gruppen oder Gesellschaften.

Trotz dieser Unterschiede bestehen Analogien zwischen beiden Prozessen. Beide sind in dem Sinne zielgerichtet, als sie, sich selbst beschleunigend, nach Entfaltung sowie höherer Organisation und Ordnung streben. Auch kulturelle Entwicklungen verlaufen in gewissen Bahnen und finden ein Ende, wenn ihre Möglichkeiten erfüllt oder erschöpft sind. Wie in der biologischen Evolution, so gibt es auch in der kulturellen Evolution ein ständiges Auf und Ab. Nicht jede neue Errungenschaft ist dabei mit Fortschritt gleichzusetzen. Dies gilt besonders für Technik und Wissenschaft. Obgleich gerade auf diesen Gebieten heute ein exponentielles Wachstum vorherrscht, stehen die nützlichen Errungenschaften häufig in keinem Verhältnis mehr zum Aufwand. Lediglich Kunst und Literatur sind von den Vorstellungen befreit, nach denen das Neue dem Bestehenden stets überlegen sein muß.

Die Grundbedingungen der biologischen Evolution – Variabilität, innere und äußere Selektion sowie Weitergabe des Bewährten – gelten auch für die kulturelle Evolution. Variationen in Form von zufälligen oder geplanten gesellschaftlichen Veränderungen sowie unvollkommene Weitergabe der Traditionen lieferten wohl zu allen Zeiten ein für den Entwicklungsprozeß ausreichendes Ausmaß an »Mutationen« und Probiermaterial. Die Selektion geschieht entsprechend der biologischen Entwicklung durch Erfolg und Mißerfolg. Stämme und Völker mit wirtschaftlicher, technologischer oder militärischer Überlegenheit können andere, weniger erfolgreiche, verdrängen. Auch die Strukturen und Verhaltensnormen innerhalb der Gesellschaft unterliegen einem ständigen Optimierungsprozeß. Werkzeuge, Waffen und physische Umgebung greifen auf direkte Weise in das Selektionsgeschehen ein; der Vorteil von vollzogenen Innovationen ist – oft im Gegensatz zur biologischen Evolution – häufig schon unmittelbar erkennbar. Die geistigen Fähigkeiten des Menschen ermöglichen dabei die Einsparung großer Energieaufwendungen, indem ohne mühevolles Ausprobieren der Ablauf eines Vorganges durchdacht werden kann und so Lernen durch Einsicht zu einer bewußten Selektion führt. Dabei können wir Fortschritte erzielen und Fehler vermeiden, ohne uns selber durch die natürliche Selektion eliminieren zu lassen. Kulturelle Errungenschaften werden schließlich durch Kommunikationssysteme und durch die Gedächtnisse der einzelnen Individuen weitergegeben. Erfolg wird zum Maßstab für das, was besonders nachahmenswert erscheint. Für die Bildung und Weitergabe von Traditionen über Generationen hinaus sorgen von der Gesellschaft gesteuerte Vorgänge, wie Sozialisation des Kindes durch Erziehung, Belohnung und Bestrafung, Identifizierung und Nachahmung, ideologische Indoktrination, Sprache und linguistische Bedeutungssysteme, gesellschaftliche Barrieren und anderes mehr. Diese Vorgänge bilden – zusätzlich zur weniger problematischen Weitergabe von technologischen und wissenschaftlichen Errungenschaften – ein für die kulturelle Evolution ausreichendes Bewahrungssystem und können soziale Organisationsstrukturen und Werte auch dann noch aufrechterhalten, wenn deren Sinn und Zweckmäßigkeit nicht mehr eingesehen wird bzw. gar nicht mehr vorhanden ist.

Der Verlauf der kulturellen Evolution kann viel weniger als der biologische Evolutionsverlauf durch einfache Ursache-Wirkung-Mechanismen erklärt werden. Er ist ein Systemprozeß mit komplex wirkenden Faktoren. Wirkketten mit positivem *Feedback* spielen eine entscheidende Rolle (Abb. 2): Die Erfindung eines einzelnen kann sich schlagartig ausbreiten und die Umwelt aller verändern. Es entstehen neue Möglichkeiten, die weitere Erfindungen erlauben. Das ständige Voranschreiten ermöglicht darüber hinaus, Ursachen und Wirkungen früherer Errungenschaften besser zu verstehen. Diese wiederum eröffnen der im Genpool anlagemäßig vorhandenen Intelligenz neue Betätigungsfelder, regen Lernfähigkeit und Innovationsfreude an und verbessern durch ständige Selektion das bereits Vorhandene, da die Intelligenteren neue Errungenschaften auch besser anwenden können. Die Verbreitung der Erbfaktoren für Intelligenz im Genpool fördert die Entstehung genialer Erfindertypen, die neue Erfindungen machen.

Die Selektion vererbbarer Intelligenz spielte allerdings lediglich in der Frühgeschichte des Menschen eine Rolle. Sie ist heute bedeutungslos, da nützliche Erfindungen sich auch ohne ihr Zutun rasch ausbreiten und einem großen Teil der Menschheit – nicht nur den geistigen Eliten des betreffenden Kulturkreises – zugute kommen. Erfindungen und Neuerungen werden selbst wieder Ursache für weitere

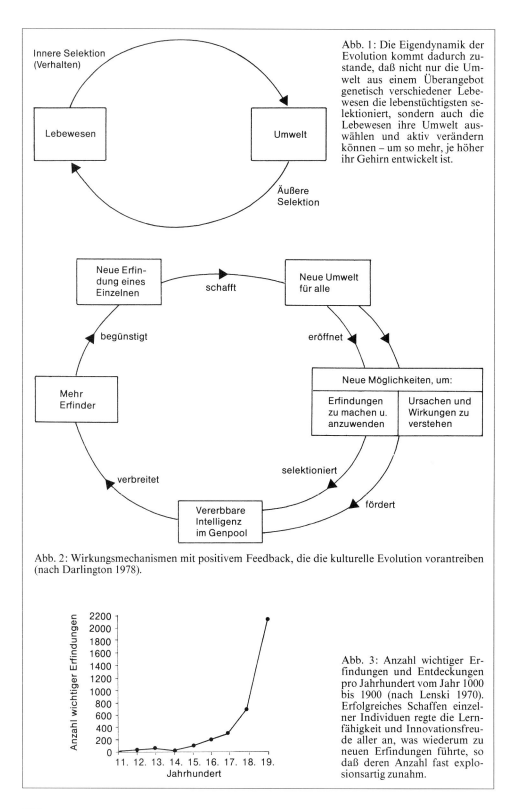

Abb. 1: Die Eigendynamik der Evolution kommt dadurch zustande, daß nicht nur die Umwelt aus einem Überangebot genetisch verschiedener Lebewesen die lebenstüchtigsten selektioniert, sondern auch die Lebewesen ihre Umwelt auswählen und aktiv verändern können – um so mehr, je höher ihr Gehirn entwickelt ist.

Abb. 2: Wirkungsmechanismen mit positivem Feedback, die die kulturelle Evolution vorantreiben (nach Darlington 1978).

Abb. 3: Anzahl wichtiger Erfindungen und Entdeckungen pro Jahrhundert vom Jahr 1000 bis 1900 (nach Lenski 1970). Erfolgreiches Schaffen einzelner Individuen regte die Lernfähigkeit und Innovationsfreude aller an, was wiederum zu neuen Erfindungen führte, so daß deren Anzahl fast explosionsartig zunahm.

Veränderungen und neue Entwicklungstendenzen, die den weiteren Evolutionsverlauf lenken. Die kreativen Leistungen einzelner Individuen können so Konsequenzen nach sich ziehen, die weder beabsichtigt noch voraussehbar waren. Der Verlauf der kulturellen Evolution ist deshalb nicht irrational, er ist suprarational: Das Gesamtsystem wird durch konkretes und rationales Problemlösungsverhalten der einzelnen Individuen derart beeinflußt, daß sich auch auf übergeordneter Stufe sinnvolle Entwicklungen ergeben, deren Bedeutung und Ziel die menschliche Intelligenz im voraus kaum erfassen kann. Dabei kann es sich natürlich auch um sinnlose und für die Menschheit sogar äußerst gefährliche Entwicklungen handeln, die eine Eigendynamik entwickeln und dabei außer Kontrolle geraten können. Im Bereich der biologischen Evolution bewirken genetische Mechanismen – als eine Art ausgleichender »Gerechtigkeit« – eine sogenannte Regression zur Mitte, die die grenzenlose Überzüchtung der genetischen Anlage verhindert. Die Nachkommen der intelligentesten Individuen einer Population sind nämlich im Durchschnitt weniger intelligent als ihre Eltern, und die am wenigsten Begabten haben Kinder, deren Intelligenz meist höher liegt als ihre eigene. Die kulturelle Evolution dagegen scheint keinen derartigen Beschränkungen unterworfen zu sein. Die einzelnen Faktoren einer Wirkkette können sich durch positives Feedback zu einem rasanten Entwicklungstempo aufschaukeln. Wie Abbildung 3 veranschaulicht, nahm während der letzten neun Jahrhunderte beispielsweise die Anzahl der sich durchsetzenden Erfindungen und Entdeckungen fast explosionsartig zu, und es ist zunächst noch keine Trendwende abzusehen. Derartige stürmische Entwicklungen, die vor allem in unserem Jahrhundert außer Rand und Band zu geraten scheinen und völlig neue Lebensbedingungen schaffen, kennzeichnen Phasen der kulturellen Evolution. Die durch den Menschen selbst hervorgerufenen Probleme der Welt, die Zerstörung seiner Umwelt, Frustration, Intoleranz und Gewalt, übersteigen zunehmend das menschliche Fassungsvermögen. Um all diese Probleme bewältigen zu können, müssen wir lernen, mit der geistigen und materiellen Wirklichkeit unserer Zeit fertig zu werden.

Die Beziehungen zwischen biologischer und kultureller Evolution sind nicht einseitig, es bestehen komplexe Wechselwirkungen. Sie spiegeln sich in den Auseinandersetzungen zwischen Individuum und Gesellschaft. In der gleichen Weise wie der Handlungsspielraum des Individuums durch die Gesellschaft erweitert, eingeengt oder von Beeinflussung verschont werden kann, können biologische und kulturelle Vorgänge einander unterstützen, kompensieren oder auch unabhängig voneinander bleiben. Die Beziehungen müssen sich gegenseitig optimieren. Sie brauchen deshalb nicht unbedingt konstant zu bleiben, sie können sich im Laufe der Zeit auch wandeln. So geschah es bei früheren Kulturen, daß das brutale biologische Prinzip vom Überleben des Stärkeren bzw. Intelligenteren auf Kosten seiner Gegner rücksichtslos ausgenutzt wurde, wie es etwa in der Empfehlung zum Ausdruck kommt, die Moses seinem Volk nach dem Sieg über die Midianiter gab: »So tötet nun von den Kindern alle Knaben und von den Frauen jene, die schon mit einem Manne verkehrt haben. Aber alle Kinder weiblichen Geschlechts, die noch mit keinem Mann verkehrt haben, lasset für Euch am Leben« (4. Buch Mose, 31,17–18).

Heute können wir es uns leisten und sind es der Erfahrung und unseren humanitären Werten schuldig, die Schwächeren und biologisch Benachteiligten zu schützen, um auf diese Weise »Gerechtigkeit« wirksam werden zu lassen. Wenn aber Träger von Erbkrankheiten, die früher nur begrenzt oder überhaupt nicht lebensfähig waren, Nachkommen haben, so begünstigt dies die Ausbreitung von Erbkrankheiten im Genpool. Diese Gefahr wird allerdings meist überschätzt, denn nachteilige Gene breiten sich nicht so schnell aus wie vorteilhafte Gene. Auch eine genetische Beratung kann die Häufigkeit von Erbkrankheiten eindämmen (s. den Beitrag von W. Fuhrmann in Bd. III dieser Enzyklopädie). Wie an Zahlenmodellen durchgeführte Berechnungen zeigen, dürfte zwar der Umstand, daß früher nur bedingt oder überhaupt nicht lebensfähige Erbkranke nun praktisch normal leben und sich fortpflanzen können, vor allem multifaktoriell bedingte Mißbildungen und Erbkrankheiten häufiger werden lassen. Die der Allgemeinheit daraus entstehende Belastung wird aber vermutlich bedeutend kleiner sein als der heutige Aufwand für die Pflege von denjenigen chronisch Erbkranken, die in Zukunft dank der medizinischen Behandlung ein normales Leben führen können (Stalder 1978).

Künftige Entwicklungsmöglichkeiten

Es gibt keine Anhaltspunkte oder gar Gründe dafür, daß mit der Entstehung des Menschen auch die Evolution abgeschlossen sei. Äußerst schwierig aber ist es, Prognosen über den weiteren Verlauf der Evolution zu stellen. Immerhin wissen wir, daß Gehirn und Geist nicht nur die individualgeschichtlichen, sondern auch die stammesgeschichtlichen Entwicklungsmöglichkeiten begrenzen. Höherentwickelte Wesen würden vermutlich ebenso wie der Mensch phylogenetisch alte Hirnstrukturen aufweisen. Die Evolution wird auch in Zukunft kaum von ihrem bisherigen Prinzip abweichen, Altes und Bewährtes weiterzuverwenden. Das Vorhandensein dieser phylogenetisch alten Hirnstrukturen – also das Gehirn der Schlange oder des Krokodils im Gehirn des Menschen – wird von manchen Autoren als Nachteil oder als Anachronismus betrachtet (z. B. bei Ditfurth 1976), da es einen ständigen Kampf zwischen unserer Einsicht und unseren Antrieben mit sich bringt. Die Krise der Menschheit ist aber in erster Linie eine geistige Krise. Wir werden nicht durch unsere Triebhaftigkeit bedroht, sondern durch Entwicklungen und Ereignisse, denen Entscheidungen des berechnenden menschlichen Verstandes zugrunde liegen. Was uns Schwierigkeiten macht, ist die Kopplung und Integration von Kopf und Herz, vom Rationalen mit dem Emotionalen. Menschenwürdig wird unser Dasein erst durch die Auseinandersetzung mit dem Archaischen. Diese Auseinandersetzung mit dem Archaischen gibt unserem Erleben die notwendige emotionale Tönung und Spannung sowie den Dingen ihre komplexe Gestalt und individuelle Bedeutung. Sie wirkt leistungsanspornend und garantiert genügend Verhaltensvariabilität. Ein Wesen, das sich ausschließlich rational verhält, hätte wie ein Computer einen sehr begrenzten Handlungsspielraum und könnte deshalb auf die Dauer wohl kaum überleben. Die Verhaltensvariabilität wird – so widersprüchlich das klingen mag – durch Gesetze und Moralsysteme erweitert. Denn obwohl diese sozialen Regulationssysteme das Verhalten einschränken und sogar repressiv auf dieses einwirken können, erhöht die soziale bzw. kulturelle Motivation – die sich rational und emotional begründen läßt – durch ihre Interaktion mit den triebhaften und rationalen Individualinteressen die Gesamtvariabilität der in einem sozialen Gefüge vorkommenden Verhaltensweisen, falls nicht eine dieser drei Komponenten derart überwiegt, daß sie die beiden anderen kaum mehr wirksam werden läßt.

Verhaltensvariabilität und *Unberechenbarkeit* spiegeln die Höhe der jeweils erreichten Evolutionsstufe. Wenn wir eine Hydra stark genug berühren, so zeigt sie eine Rückzugsreaktion, eine Schlange oder ein Krokodil würde vermutlich zubeißen. Die Reaktion eines Menschen aber ist in einem solchen Fall kaum vorhersagbar. Mit zunehmender Entwicklung des Nervensystems nimmt auch die Determiniertheit des Verhaltens ab. Auf den erwähnten Berührungsreiz müssen wir nicht mit einer einfachen Rückzugsreaktion oder mit Zubeißen reagieren; wir haben die anatomischen Voraussetzungen, um unser Verhalten durch komplexe Evaluationsprozesse an eine gegebene Situation differenziert anzupassen. Eine allzu große Verhaltensvariabilität und Unberechenbarkeit aber würde wiederum jegliche Form des Zusammenlebens verunmöglichen. Freiheit ist nicht mit unberechenbarem Verhalten zu verwechseln oder als Gegensatz zur Natur zu betrachten. Nicht eine geringere, sondern eine höhere Bestimmtheit aufgrund der Erkenntnis von größeren Zusammenhängen, aufgrund fernzielender Absichten und Pläne, kennzeichnet freieres Verhalten (Kornhuber 1978). Eine große Verhaltensvariabilität ist nur möglich, wenn ein leistungsfähiges Kontrollorgan in Form des Gehirns zur Verfügung steht. Freiheit besteht im Evaluieren von verschiedenen Möglichkeiten und kann sich gerade darin zeigen, aus der vorhandenen Auswahl die moralisch verantwortbaren Lösungen zu finden, denn Freiheit beinhaltet nicht nur Rechte, sondern auch Pflichten. Heute aber sprechen wir mehr von Rechten und denken wenig an die damit verbundenen Pflichten. Gerechtigkeit aber ergibt sich nur auf der Grundlage eines harmonischen Zusammenwirkens von Rechten und Pflichten. So setzt das Recht der Redefreiheit die Pflicht zur Ehrlichkeit voraus. Entfaltung und Selbstverwirklichung des Einzelnen müssen immer in eine Gemeinschaft hinein wirken und ihr verpflichtet sein. Sie finden dort ihre Grenzen, wo sie die Entfaltung der Mitmenschen behindern sowie die Tragfähigkeit der Umwelt und die eigenen Verhaltensmöglichkeiten überfordern, so daß ernsthafte Konflikte entstehen. Man muß seine Grenzen erkennen und akzeptieren; erst dadurch eröffnen sich Freiräume, innerhalb derer man sich entfalten kann. Damit aber erblickt man auch die Freiräume der Mitmenschen, die sich ebenfalls entfalten möchten. Um aber genügend Freiräume für alle Menschen zu haben, ist eine gesellschaftliche Ordnung mit Gesetzen und Moralsystemen notwendig. Doch auch hier bedarf es eines vermittelten Optimums: Zuviel Gesetze und zuviel Moral zerstören ebenso die Entfaltungsmöglichkeiten des Individuums wie eine durch Gesetz- und Morallosigkeit bedingte gesellschaftliche Unordnung. Eine nur statische Ordnung könnte diese Optimalitätsforderung niemals erfüllen, da sich individuelle und kollektive Ansprüche ständig wandeln. Jedes Gesellschaftssystem muß im evolutiven Sinne lebendig sein, ein dynamisches Eigenleben aufweisen, nach höheren Organisationszuständen und nicht nach größerer Zufälligkeit streben.

Theoretisch wäre es möglich, daß durch das Zusammenspiel von biologischer und kultureller Evolution ein Supermensch entsteht; es ist aber sinnlos, sich darüber den Kopf zu zerbrechen. Wir könnten ein über unserer Entwicklungsstufe stehendes Wesen nicht verstehen. Bereits beim Verstehenwollen des Menschen, seines Verhaltens und seiner Schöpfungen, stoßen wir an unsere Erkenntnisgrenzen. Weder wir noch viele spätere Generationen können die Entstehung eines zukünftigen »Supermenschen« je erleben, denn die biologische Entwicklung verläuft äußerst langsam. In dem Maß, wie sich der Mensch vom Ökologischen und Biologischen emanzipierte und die eigene Evolution in seine Hände nahm, sind die kulturelle, ganz besonders die zivilisatorische Evolution mit ihren Auswirkungen auf die ökologischen und biologischen Gegebenheiten für die Zukunft der Menschheit von größerer Bedeutung als jede weitere biologische Evolution. Der Verlauf und die Möglichkeiten jeglicher Form von zukünftiger biologischer wie kultureller Evolution werden durch das Verhalten des Menschen bestimmt. Wir tragen die Verantwortung dafür.

Gemäß der Theorie dissipativer Strukturen benötigen komplexe offene Systeme eine ausreichende Variabilität, um mit neuen Situationen fertig zu werden. In einer Zeit mit starkem Wandel besitzen deshalb nur pluralistische Gesellschaften wirkliche Überlebens- und Entwicklungschancen. Eine Vielfalt an Werten, denen nachgelebt wird, vermag überdies den innerhalb der betreffenden Gesellschaft stattfindenden Verteilungskampf zu entschärfen. Tiere verfolgen in erster Linie das Ziel, zu überleben und sich fortzupflanzen. Sind die dazu erforderlichen Ressourcen knapp, so entsteht eine harte Wettbewerbssituation. Diese läßt sich durch ein erhöhtes Angebot entschärfen. Es ist somit vorteilhaft, wenn die einzelnen Mitglieder einer Gesellschaft nicht alle das gleiche Ziel, sondern individuell verschiedene Ziele anstreben, vorausgesetzt, daß daraus keine allzu großen gegenseitigen Behinderungen resultieren und die Integrationsfähigkeit des Systems nicht überlastet wird. Dieses braucht ein Optimum an Pluralität, nicht aber ein Maximum.

Die jeweils unterschiedliche Begabung und Entwicklung der Individuen hat zur Folge, daß die gesellschaftlichen Bedingungen nicht für alle gleich günstig sein können. Es wird immer Bevorzugte und Benachteiligte geben. Eine Veränderung der Gesellschaftsstruktur könnte auch daran nichts ändern, lediglich würden andere in bevorzugten Positionen stehen und neue Machthaber an die Stelle der alten treten. Verbesserungen in einem Gesellschaftssystem aber sind möglich, wenn neue Verhaltensmöglichkeiten und Betätigungsfelder mit alternativen Zielen geschaffen werden. Kritik an Mißständen reicht dazu nicht aus, es muß auch etwas Kreatives geleistet werden, das sich durchsetzt, wenn es genügend attraktiv ist. Beispielsweise entstand die Glühbirne nicht durch Inszenieren von lautstarken Protesten gegen die damals übliche Gas- und Petrolbeleuchtung. Eine Reihe erfinderischer Köpfe bemühte sich, die Situation von sich aus zu verbessern und erzielte einige Teilerfolge. Schließlich gelang Thomas Alva Edison der entscheidende Durchbruch. Wie in Abbildung 2 aufgezeigt, führte die Verhaltensstrategie, das Bestehende ständig weiterzuentwickeln, in unserer jüngsten Vergangenheit zu einer gewaltigen technischen Entwicklung.

Im gesellschaftlichen und geistigen Bereich sind die Vorteile, die eine Neuschöpfung gegenüber dem Bestehenden aufweist, weniger eindeutig erkennbar. Aber auch hier setzen sich überlegene Lösungen auf Dauer durch, wobei individuellen Bedürfnissen Rechnung getragen wird, wenn ein Problem mehrere Lösungen findet. Der dazu erforderliche Pluralismus könnte bewirken, daß jeder einzelne wenigstens in irgendeinem kleinen Teilbereich der Gesellschaft zu den Bevorzugten gehört. Derartige Einzelvorteile sollten genutzt werden, um Leistungen zum Wohle der Allgemeinheit zu motivieren, die freiwillig nicht erbracht würden. Solche Gesellschaften könnten sich an sich verändernde innere und äußere Bedingungen besser anpassen als eine starr in Bevorzugte und Benachteiligte aufgespaltene Gesellschaft, in der eine kleine Minderheit Vorteile genießt, die den übrigen vorenthalten bleiben.

Kulturelle wie biologische Evolution kann in Sackgassen führen. Um derartige Mißerfolge zu vermeiden, müssen rechtzeitig Korrekturmaßnahmen ergriffen werden. Da sich aber im kulturellen Bereich der Entwicklungsverlauf noch weit weniger als im biologischen Bereich voraussagen läßt, können Eingriffe nur aufgrund mangelhafter Kenntnisse ihrer Folgen vorgenommen werden. Unkenntnis und Handlungszwang machen es unmöglich, die jeweils beste Korrekturmaßnahme zu ermitteln. Man muß sich mit annehmbaren Lösungen für die akuten Probleme begnügen. Die im bisherigen Evolutionsgeschehen erkennbaren Gesetzmäßigkeiten legen nahe, Korrekturmaßnahmen nicht aufgrund einer hochtrabenden und abstrakten, sondern einer möglichst konkreten Planung auszuwählen. Erfolgreich lassen sich Korrekturmaßnahmen meist nur in überblickbaren Bereichen durchführen. Sie sollten auch nicht anonymen Institutionen übertragen werden, sondern Individuen, die in eigener Verantwortung handeln und somit auch die Folgen tragen. Nur so bleibt der Regelkreis geschlossen. Korrekturmaßnahmen müssen auch einfach sein, um nicht in Details verstrickt zu werden. Die sich aus den Korrekturmaßnahmen ergebenden Auswirkungen auf das Gesamtsystem müssen dabei laufend überprüft werden, damit durch neue Eingriffe der Entwicklungsverlauf rechtzeitig in geeignete Bahnen gelenkt werden kann.

Die besten Entwicklungschancen haben Systeme, die mit einem Minimum an eingreifenden Korrekturmaßnahmen auskommen und sich weitgehend selbst steuern. Ein bewährtes Verfahren, um selbststeuernde Prozesse sich entfalten zu lassen, ist der offene Wettbewerb. Er schafft ein fruchtbares Klima für gute Leistungen, indem er die Eigeninitiative fördert, Fehlentwicklungen an der Wurzel korrigiert und die systeminterne Komplexität verringert. Wie jeder Wettbewerb funktioniert auch der offene Wettbewerb nur durch Selektion. Es wird zwar gefordert, Selektion abzuschaffen, aber ohne eine auf ihre Zielsetzungen abgestimmte Selektion kommt kein Gesellschaftssystem aus. Das Leben stellt uns ständig vor neue Prüfungen, wir müssen lernen, sie zu bestehen. Selektion erzeugt Leistungsmotivation und fördert Entwicklungsprozesse, wenn sie offen und durchschaubar ist. Versteckte, komplizierte und undurchschaubare Selektionsmechanismen dagegen erzeugen lediglich Leistungsdruck, sie lassen keine sinnvollen Entwicklungen mehr zu. Im Biologischen erfolgt Selektion aufgrund des Überlebenskriteriums. Im kulturellen Bereich aber gibt es Selektion der verschiedensten Art, entsprechend der Verschiedenheit der angestrebten Ziele. Wie bereits dargelegt, vermag eine Pluralität von Zielen, die sich darin äußert, daß nicht jeder dasselbe anstrebt, die Wettbewerbssituation und somit den Selektionsdruck zu entschärfen. Dieser Selektionsdruck bildet aber nicht allein die Voraussetzung für evolutive Prozesse; erst sein Zusammentreffen mit Eigendynamik und Variabilität setzt die Evolution in Gang. Ein ausreichendes Angebot ermöglicht offenen Wettbewerb und zweckmäßige Auswahl.

Literatur

DARLINGTON, C. D.: The little universe of man. London 1978

DARWIN, C.: On the origin of species by means of natural selection. London 1859. Deutsch: Die Entstehung der Arten durch natürliche Zuchtwahl oder die Erhaltung der bevorzugten Rassen im Kampf ums Dasein. Leipzig 1960

DITFURTH, H. VON: Der Geist fiel nicht vom Himmel. Die Evolution unseres Bewußtseins. Hamburg 1976

DOBZHANSKY, Th.: Evolution und Umwelt. In G. Heberer, F. Schwanitz (Hg.): Hundert Jahre Evolutionsforschung. Stuttgart 1960, 81–98

ECCLES, J. C., ZEIER, H.: Gehirn und Geist. Biologische Erkenntnisse über Vorgeschichte, Wesen und Zukunft des Menschen. München 1980

EIGEN, M.: Selforganization of matter and the evolution of biological macromolecules. Naturwissenschaften, 58, 1971, 465–523

EIGEN, M., SCHUSTER, P.: The Hypercycle. A principle of natural self-organization. Berlin, Heidelberg, New York 1979

GEBSER, J.: Ursprung und Gegenwart. Band I und II. Stuttgart 1949, 1953; München 1973; Schaffhausen 1978

JANTSCH, E.: Design for evolution. Self-organization and planning in the life of human systems. New York 1975
Die Selbstorganisation des Universums. München 1979

KORNHUBER, H. H.: Geist und Freiheit als biologische Probleme. In R. A. Stamm, H. Zeier (Hg.): Lorenz und die Folgen. Band VI in: Die Psychologie des 20. Jahrhunderts. Zürich 1978, 1122–1130

LENSKI, G.: Human societies: A macrolevel introduction to sociology. New York 1970

LORENZ, K.: Die Rückseite des Spiegels. Versuch einer Naturgeschichte menschlichen Erkennens. München 1973

NICOLIS, G., PRIGOGINE, I.: Self-organization in non-equilibrium systems: From dissipative structures to order through fluctuations. New York 1977

POPPER, K. R.: Objective knowledge: An evolutionary approach. Oxford 1972. Deutsch: Objektive Erkenntnis. Hamburg 1973

PRIGOGINE, I.: Order through fluctuation: Self-organization and social system. In E. Jantsch, C. H. Waddington (Eds.): Evolution and consciousness: Human systems in transitions. Reading, Mass. 1976, 93–126
Vom Sein zum Werden. Zeit und Komplexität in den Naturwissenschaften. München, Zürich 1979

PRIGOGINE, I., STENGERS, I.: Dialog mit der Natur. Neue Wege naturwissenschaftlichen Denkens. München, Zürich 1981

STALDER, G.: Genetik und Gesellschaft. Bulletin der Schweizerischen Akademie der Medizinischen Wissenschaften, 34, 1978, 305–319

TEILHARD DE CHARDIN, P.: Le phénomène humain. Paris 1955. Deutsch: Der Mensch im Kosmos. München 1969

Heinrich Kleiner

Die Selbsterkenntnis des Menschen
Wesen und Bestimmung des Menschen als Grundproblem der Philosophie

Übersicht: Der Mensch nimmt unter allen Lebewesen insofern eine Sonderstellung ein, als er das von der tierischen Instinktfesselung befreite »weltoffene« Wesen ist, das sich im Dasein nur erhalten kann, indem es die Welt durch bewußt geführtes intelligentes Handeln ins Lebensdienliche umgestaltet und dadurch eine eigenständige Kulturwelt schafft. Im Verlaufe seiner Entwicklung ist der Mensch, wie sich im Spiegel seiner Selbstinterpretationen zeigt, in zunehmendem Maße seiner selbst als des natürlichen Intelligenz- bzw. Vernunftwesens bewußt geworden. Schon im philosophischen Denken der Antike wurde der Fortschritt von der Selbstdeutung zur Selbsterkenntnis des Menschen initiiert, der sich dann in der Neuzeit machtvoll Bahn gebrochen hat. Die moderne philosophische Anthropologie trachtet danach, die uralte Frage des Menschen nach sich selbst auf der Grundlage der hochentwickelten wissenschaftlichen Erkenntnisse über Mensch und Menschenwerk zu beantworten und damit dem modernen Menschen zur Erkenntnis seiner selbst und seiner epochalen Aufgabe zu verhelfen, sich im Fortgang der Geschichte als Vernunftwesen zu entwickeln.

Die philosophische Anthropologie als Form der Selbstauffassung des Menschen im Zeitalter der Wissenschaft

Die philosophische Anthropologie, von deren Beitrag zu Selbstverständnis und Selbsterkenntnis des modernen, im sprichwörtlichen Zeitalter der wissenschaftlichen Rationalität lebenden Menschen hier die Rede sein soll, ist eine verhältnismäßig junge philosophische Disziplin. Erst gegen Ende der geistig hochproduktiven zwanziger Jahre – in denen auch andere bedeutende philosophische Denkrichtungen wie der Neopositivismus des »Wiener Kreises«, die Existenzphilosophie und die kritische Gesellschaftstheorie entstanden sind – wurde sie von Max Scheler und Helmuth Plessner begründet, sodann von Arnold Gehlen durch seinen bahnbrechenden, in mehr als dreißigjähriger Forschungsarbeit ausgeführten Theorieentwurf (Der Mensch, 1940, ^{10}1974) auf ihren bisher höchsten systematischen Entwicklungsstand gebracht und von zahlreichen namhaften Autoren unter verschiedenen Gesichtspunkten angereichert, differenziert und in modifizierter Form weiterentwickelt.

Die von Wolf Lepenies konstatierte »Renaissance anthropologischer Fragestellungen« (1971, 1) und das seit etwa zwei Dezennien auffällig steigende allgemeine Interesse an allen anthropologisch relevanten wissenschaftlichen Erkenntnissen, dem eine ständig wachsende Flut diesbezüglicher Publikationen entgegenkommt, trug überdies dazu bei, daß Bedeutung und Aktualität der philosophischen Anthropologie zugenommen haben. Diese Interessenzuwendung ist nämlich keineswegs als ephemerer Modetrend anzusehen, sondern muß als Ausdruck der Daseinsverfassung des Menschen in der fortgeschrittenen wissenschaftlich-technisch-industriellen Kultur gewertet werden. Nicht bloß theoretischer Neugier entspringt das starke Interesse an allen wissenschaftlichen Aussagen über das Menschliche, sondern einem sich gebieterisch geltend machenden existentiellen Grundbedürfnis. Verunsichert und desorientiert durch die Destruktion aller vorwissenschaftlichen religiösen und weltanschaulichen Totalinterpretationen der Wirklichkeit, verlustig gegangen aller vormodernen, in langfristigen Traditionszusammenhängen gewachsenen und ehemals unverbrüchlich geltenden Sinngebungen, Glaubenshaltungen, Überzeugungen und Wertordnungen, fragt der nun nach neuer Orientierung, nach neuem Selbst- und Weltverständnis ringende moderne Mensch nach seinem Wesen und seiner Bestimmung, nach seiner Stellung in der Natur, seinen Fähigkeiten und Möglichkeiten, nach seiner Herkunft und seiner Zukunft. In diesem Sinne schreibt Michael Landmann über die Motive, die den modernen Menschen bewegen, unablässig die konstitutiven Bedingungen des Menschseins, die vielberufene »condition humaine« (Charron, Malraux) zu thematisieren: »Im Tiefsten entspringt die Frage nach dem Menschen ... einer Not der Zeit ... In allen Zeiten einer konsolidierten Lebenshaltung hat der Mensch ein umrissenes Bild von sich. Er glaubt zu wissen, wer er ist, und braucht deshalb nicht nach sich zu fragen. Dem heutigen Menschen dagegen ... fehlt ein solches gültiges Bild von sich.« »So sind uns die alten Traditionen zwar noch alle geläufig, aber keine ist uns mehr verbindlich. Erben des historischen Zeitalters, können wir in keiner der Deutungen und Formungen, die der Mensch sich geschichtlich gab, mehr sein zeitloses Wesen erblicken. Der Mensch ist sich, wie Scheler sagte, wie noch nie problematisch geworden, er weiß nicht mehr, was er ist, und er weiß, daß er es nicht weiß. Seines Weges unsicher, sich selbst fragwürdig geworden, forscht er daher heute wie nie zuvor nach seinem eigenen Sinn und Sein, nach seinem Woher und Wohin. Indem er aber um ein neues Begreifen seiner selbst ringt, ringt er zugleich um seine eigene künftige Form. Jeder fühlt, daß die Frage nach dem Menschen unsere Schicksalsfrage ist« (Landmann ^{3}1969, 40 f).

Richtet sich die existentiell motivierte Wißbegierde des heutigen Menschen solcherart auf die in der Tat hochprogressiven Humanwissenschaften, dann rückt notwendig auch die philosophische Anthropologie in den Mittelpunkt des Interesses.

Denn die moderne philosophische Anthropologie nimmt innerhalb des Ensembles der auf Mensch und Menschenwerk sich beziehenden natur- und kulturwissenschaftlichen Disziplinen insofern eine zentrale Stellung ein, als sie ihrem Selbstverständnis und ihrem genuin philosophischen Anspruch gemäß eine interdisziplinäre bzw. metadisziplinäre *Gesamtwissenschaft vom Menschen* erarbeiten will, die es ermöglicht, die Fülle des empirischen Tatsachenmaterials, das von den einschlägigen Fachwissenschaften geboten wird, von einem systematischen, die Wesensbestimmungen des Menschen enthaltenden Leitbegriff her zu einer *Gesamttheorie vom Menschen* zu organisieren, die, wie Gehlen programmatisch formulierte, ». . . ein System einleuchtender, wechselseitiger Beziehungen *aller* wesentlichen Merkmale des Menschen« herstellt und sozusagen »vom aufrechten Gang bis zur Moral« (Gehlen [7]1962, 17) alle konstitutiven Bedingungen des Menschseins als wechselseitig einander voraussetzende Momente einer Funktionsganzheit zu begreifen trachtet.

Alle weltanschaulichen, metaphysischen, onto-theologischen und ideologischen Vor-Urteile über das menschliche Dasein rigoros ausklammernd, geht sie im Simme eines anthropo-biologischen (*nicht* biologistischen!) Ansatzes davon aus, daß der Mensch unter allen Lebewesen eine *Sonderstellung* einnimmt, insofern seine gesamte Organisation auf die Fähigkeit zur intelligenten, voraussehenden, planenden, erfolgsgesteuerten *Handlung* hin angelegt ist und somit die Hochentwicklung der Intelligenzfunktionen, die objektive Erkenntnis und erkenntnisgeleiteten Sachumgang ermöglichen, das oberste »Konstruktionsprinzip« seines biologischen Bauplanes darstellt. Diese Dominanzrolle der Intelligenzorganisation bringt es mit sich, daß die morphologische wie verhaltensmäßige Organisationsform des Menschen nicht mehr wie bei allen anderen Lebewesen durch eine Spezialisation auf eine artspezifische Umwelt geprägt und festgelegt ist, sondern eine relative *Unspezialisiertheit* aufweist, die die Entfaltung seiner im Prinzip universellen Erkenntnis- und Lernfähigkeiten ermöglicht und ihn nach einem treffenden Wort von Konrad Lorenz zum »Spezialisten auf Nicht-Spezialisiertsein«, d. h. zum »Universalisten« macht.

Während die Lebensvollzüge aller Tiere sich im begrenzten Umkreis einer jeweils artspezifisch festgelegten *Organismus-Umwelt-Korrelation* unter der Führung angeborener, genetisch programmierter »hierarchisch organisierter *Instinktsysteme*« (Tinbergen) abspielen, ist der Mensch seiner ganzen Konstitution nach das von der tierischen Instinktfesselung an ein artspezifisches Lebensmilieu befreite, von Natur aus »weltoffen« (Scheler) angelegte Lebewesen oder – im Sinne Nietzsches – das »nicht-festgestellte Tier«, das sich im Dasein nur dadurch erhalten kann, daß es die Gegenstandswelt, die sich ihm im Lichte seines intentionalen Bewußtseins zeigt, selbsttätig durch intelligentes, d. h. bewußt geführtes, an vorentworfenen Zielvorstellungen orientiertes und über Erfolg und Mißerfolg rückgesteuertes Handeln in Erfahrung zieht, erschließt und ins Lebensdienliche umarbeitet.

Im Vollzuge der erkennenden und handelnden Auseinandersetzung mit der Natur gestaltet der Mensch die gegenständliche Welt und mittelbar auch sich selbst, stellt die Produkte seiner Tätigkeit und die herausgearbeiteten Interaktionsschemata und Leistungsstrukturen auf Dauer und bringt dadurch eine eigenständige Kulturwelt mit tradierbaren Institutionen hervor. Da der Mensch nur in einer solchen selbstgeschaffenen Kulturwelt zu existieren vermag, die ihn wie eine artifizielle »zweite Natur« umgibt, ist er als das »natürliche Kulturwesen« (Gehlen) zu charakterisieren, d. h. als jenes einzigartige Lebewesen, das von Natur aus auf die kulturschaffende, intelligente Tätigkeit angelegt ist, weil es seine Existenzbedingungen nicht vorfindet wie alle anderen Lebewesen, sondern selbsttätig produzieren und erhalten muß.

Durch einen solchen Vergleich zwischen tierischer und menschlicher Organisationsform trachtet die philosophische Anthropologie, die Wesenseigenschaften des Menschen, die seine Sonderstellung innerhalb der belebten Natur bedingen, herauszuarbeiten und den so gewonnenen Begriff des Menschen als des intelligent handelnden, erkennenden, sprachbegabten, kulturschöpferischen, gesellschaftlich arbeitenden und geschichtlich sich entwickelnden Wesens zu jenem systematischen Leitgedanken zu erheben, in dessen Zeichen alle anthropologisch relevanten erfahrungswissenschaftlichen Erkenntnisse zu der angestrebten Gesamttheorie vom Menschen organisiert werden sollen.

Der Mensch als ursprünglich sich selbst deutendes Wesen und die vorphilosophische menschliche Selbstauffassung

In der Gestalt der philosophischen Anthropologie hat somit ein uraltes Thema spät seine angemessene wissenschaftliche Form und Behandlungsart gefunden, ein Thema, das älter als Philosophie und Wissenschaft, im Grunde genommen so alt wie der Mensch selbst ist. Ausgehend von der eben abstrakt skizzierten, das Prinzip und die Grundidee der modernen philosophischen Anthropologie ausmachenden Wesensbestimmung des Menschen, läßt sich begreiflich machen, warum der Mensch wesensnotwendig und immerdar sich selbst thematisieren, zu sich selbst Stellung nehmen und nach Selbstdeutung streben muß, und daß sich darüber hinaus an der Geschichte der Bilder und Begriffe, in denen er sich jeweils verstanden hat, seine gattungsgeschichtliche Entwicklung ablesen läßt bzw. die kulturellen Entwicklungsstufen sichtbar werden, die die Menschheit jeweils erklommen und durchlaufen hat.

Weil nämlich der Mensch das von Natur aus nichtfestgestellte, »unfertige« und unspezialisierte, den Naturzusammenhang transzendierende Wesen darstellt, dessen Dasein von Grund auf den Charakter einer handelnd und stellungnehmend zu bewältigenden *Aufgabe* an sich hat, ist der Mensch wesensnotwendig darauf angewiesen, diese seine Lebensaufgabe der eigentätig zu vollbringenden Welt- und Selbstgestaltung faßlich zu machen und im Hinblick auf ihr Ziel und ihren Zweck zu bestimmen. Der Mensch ist daher konstitutionell dazu genötigt, sein »In-der-Welt-sein« deutend auszulegen und für die Form seines Welthabens sowie seine Befindlichkeit in der Welt eine Deutungsformel zu finden, die es ihm ermöglicht, sich innerhalb eines bewußtseinserhellten Welthorizontes zu orientieren und tätig festzustellen.

Weil also der Mensch nach einer bekannten Formulierung Landmanns »nicht nur, wie anderes Seiendes einfach ist, sondern nach sich selbst fragt und sich selbst deutet«, so daß »der Anthropos einen Anthropologen einschließt« (Landmann [3]1969, 10), enthält strenggenommen jede Aussage des Menschen zugleich eine Aussage über ihn selbst. Weil die Selbst-Thematisierung, das Streben nach Selbstdeutung und schließlich Selbsterkenntnis, »der Notwendigkeit desjenigen Wesens entspringt, das sich selbst schaffen muß und das daher eines Bildes bedarf, auf das hin es sich schaffen soll« (a.a.O.), oder weil das menschliche Leben nach Diltheys Einsicht aufgrund der ihm innewohnenden Reflexivität an sich selbst hermeneutisch ist, so daß jede Äußerung des Menschen eine Auslegung seiner selbst beinhaltet (Dilthey [4]1965, 7, 279), hat jede Kultur nicht nur eine bestimmte Weltauffassung hervorgebracht, die dem Menschen jeweils »Weltorientierung« als Voraussetzung jeglicher »Handlungsnormierung« (Gehlen) ermöglicht, sondern auch jeweils ein bestimmtes Modell menschlicher Selbst-Interpretation entwickelt, das Aufschluß über das vermeinte Wesen des Menschen, seinen Ursprung und seine Stellung im Weltganzen gibt. »Menschen-Anschauung schlägt sich ungewollt und gewollt in allem nieder, was wir denken, tun und hervorbringen . . . sämtliche Kulturdomänen eines Volkes und einer Epoche enthalten ein unausgesprochenes und vielfältig gebrochenes menschliches Selbstverständnis, eine, wie man sagen könnte, ›implizite Anthropologie‹« (Landmann 1962, XI, XII).

Da in jeder Kultur, und sei es auch nur implizite im Sinne einer »Kryptoanthropologie« (Landmann [3]1969, 10), eine bestimmte Selbstauffassung des Menschen vorkommt, die aufschlußreich für den jeweiligen Kulturzustand und die jeweilige konkrete geschichtlich-gesellschaftliche Lebenssituation ist, läßt sich am Leitfaden der gattungsgeschichtlichen Entwicklung der Menschheit auch die Geschichte der menschlichen Selbstauffassungen rekonstruieren, die deutlich einen Fortgang in Richtung auf ein zunehmendes Explizit- oder Bewußtwerden der anthropologischen Thematik verrät, der durchaus als Fortschritt im Bewußtsein des Menschen von sich selbst zu verstehen ist.

Die Primitivkulturen scheinen kaum über eine implizite Selbstdeutung des Menschen hinausgekommen zu sein. Ihre Weltauffassung beruht, wie Gehlen in seiner Kulturanthropologie (1956, 62 f, 138 ff, 164 ff) überzeugend gezeigt hat, durchwegs auf der kultisch-rituellen Darstellung der begegnenden Wirklichkeit, die die Mannigfaltigkeit der Weltbestände durch symbolische Handlungen – in denen die Wirklichkeit durch eine imaginäre Assimilation an elementare menschliche Verhaltensweisen »verstehbar« gemacht oder »einverseelt« (Nietzsche) wird – in einen Deutungszusammenhang transformiert, der den Bedingungen der Einheit des menschlichen Handlungsbewußtseins entspricht. Im Totemismus etwa, der nach Gehlen das repräsentativste Erzeugnis des kultisch-rituellen Verhaltens darstellt, ist sich der Mensch, wie auch Landmann (a.a.O., 12) ausdrücklich hervorhebt, seiner Überlegenheit über das Tier nicht nur nicht bewußt geworden, sondern das Tier wird ihm zum Weltsymbol schlechthin, zur göttlichen Wesenheit, von der er sich abhängig glaubt und die er zugleich als Ahnherrn des Stammes verehrt. Dennoch thematisiert der Mensch auch im Tierkult sich selbst und sein Dasein in einer weithin unbewältigten und unerklärlichen Welt. Auf keine Religion trifft Ludwig Feuerbachs Grundthese so genau zu wie auf diese primitivste und ursprünglichste »Naturreligion«: »Die Religion ist das erste und zwar *indirekte* Selbstbewußtsein des Menschen«, sie ist »das Verhalten des Menschen zu sich selbst ... zu seinem Wesen als zu einem anderen Wesen« (Feuerbach 1940 ff, 7,50).

Mit dem in der »neolithischen Revolution« sich vollziehenden Übergang des Menschen zu Agrarkultur und Seßhaftigkeit und der damit verbundenen Ausbildung differenzierter ökonomischer, sozialer und politischer Strukturen und Organisationsformen emanzipierte sich der Mensch zusehends von nichtmenschlichen Weltdeutungsprinzipien, was sich in der progressiven Anthropomorphisierung der ursprünglichen totemistischen Tiergötter niederschlug: aus den theriomorphen »Naturgöttern« wurden menschliche Götter, »Sozialgötter«, die meist nach dem Bilde des politischen Herrschers konzipiert waren. Mit dem Auftreten menschengestaltiger Gottheiten wurde die planende, organisierende und vorsehende intelligente Handlung Zentralmodell der menschlichen Welt- und Selbstauffassung, was zur Entstehung der in zahllosen Abwandlungen bekannten Schöpfungsmythen führte. Die vollentwickelte Hoch- und Schriftkultur mit ihren sozialen und politischen Superstrukturen und Herrschaftsverhältnissen brachten schließlich jene komplexen systemförmigen Totalinterpretationen der Welt hervor, die die Wirklichkeit im ganzen als hierarchisch gegliederte normbestimmte *Seinsordnung* oder als *Kosmos* konzipierten (vgl. Topitsch 1972).

Im archaischen Mythos und im Hochmythos mit seinen vermenschlichten Hoch- bzw. Reichsgöttern erfolgte zwar die Selbst-Thematisierung des Menschen in durchaus expliziter und differenzierter Form, aber der Bezugspunkt des menschlichen Selbstverständnisses lag noch im Außer- bzw. Übermenschlichen. Selbst in der frühgriechischen Literatur, die vom Menschen selten im Singular, sondern meist im Plural von den »anthropoi« im Gegensatz zu den »theoi« spricht, erfolgt die Wesensbestimmung der menschlichen, dem Tode verfallenen Existenz durch ihren Vergleich mit der durch Vollkommenheitsattribute ausgezeichneten Existenzweise der immerseienden, unsterblichen Überirdischen: Die Menschen sind »gleichwie Blätter im Walde« (Homer, Ilias, 6, 146), »Eintagsgeschöpfe« (Pindar, Pyth., 8, 95), die ihr kurzes fluchbeladenes Leben in Mühe, Drangsal, Schuld und Ungewißheit fristen.

Die Entwicklung der anthropologischen Thematik im philosophischen Denken

Ein grundlegender Wandel im Selbstverständnis des Menschen trat erst mit dem Aufkommen der eine neue Geisteshaltung ankündigenden griechischen Philosophie ein, in der sich zum ersten Mal in der Geschichte ein autonomes, selbstzweckhaftes Vernunftinteresse formierte, das theoretisches Wissen (epistéme theoretiké) um seiner selbst willen anstrebt. In der griechischen Philosophie begann die Emanzipation des autonom, schöpferisch-konstruktiv und gleichsam »freibeweglich« werdenden begrifflichen Denkens von der in einem wesentlich selbstunbewußten, quasi-naturwüchsigen Prozeß der Auseinandersetzung des Menschen mit der Welt und sich selbst zustande gekommenen, hochgradig imaginären Wirklichkeitsauffassung des Hochmythos; der Logos wurde zum Hegemonikon, zur beherrschenden Führungsidee des Strebens nach Welterklärung und Daseinsgestaltung, wodurch der im neuzeitlichen Denken gipfelnde Prozeß der Selbstbewußtwerdung des Menschen in Gang kam, in dessen Verlauf es dem Menschen schließlich gelang, sich als autarkes Erkenntnissubjekt zu konstituieren. Im Rahmen der griechischen Philosophie, mit der die Idee einer rationalen, in Form eines durchgängigen systematischen Begründungszusammenhanges zu realisierenden Totalinterpretation der Wirklichkeit in die Welt gekommen war, trat die Thematik der begrifflichen Wesensbestimmung des Menschen stark in den Vordergrund, der Anthropos, der nach Landmann immer schon einen »Anthropologen« impliziert, wurde in expliziter Weise *für sich selbst* zum Anthropologen, indem er seine Erkenntnisfähigkeit, seine Logoshaftigkeit als sein auszeichnendstes Merkmal zu begreifen begann.

Die Herausbildung eines umfassenden Naturbegriffes und die beginnende Kritik an den anthropomorphen Gottesvorstellungen des Hochmythos führten dazu, daß nicht mehr der Olymp als Bezugspunkt der menschlichen Selbstinterpretation fungierte, sondern an seine Stelle als neuer zentraler Bezugspunkt der *Naturzusammenhang* trat. Nicht mehr im Vergleich mit den Göttern bestimmte sich der Mensch, sondern er versuchte sich als Naturwesen zu begreifen, dem im Vergleich mit allen anderen natürlichen Lebewesen eine auffällige Sonderstellung zukommt. Von Alkmaion wurde wahrscheinlich der berühmte Satz geprägt, der Mensch sei das zóon lógon échon, das Logos besitzende Lebewesen, das animal rationale oder das natürliche Vernunftwesen, das sich »von den übrigen Tieren dadurch [unterscheidet], daß er allein begreift, während die übrigen zwar wahrnehmen, aber nicht begreifen« (Alkmaion, VS 24 B 1a).

Vor allen antiken Philosophen aber gebührt den *Sophisten* das Verdienst, den Menschen in das Zentrum der philosophischen Reflexion gerückt und damit so etwas wie eine erste »anthropologische Wende« herbeigeführt zu haben. In einer Zeit, in der tiefgreifende Umwälzungen die Lebenswelt der griechischen Polis erschütterten und zugleich die sich progressiv entwickelnde Rationalität die mythischen Legitimationsprinzipien der tradierten Lebensordnungen zu destruieren begann, entdeckten die Sophisten, bei denen der Blick des »völkervergleichenden Auges«, das Jacob Burckhardt an den Griechen rühmt, eine besondere Schärfung erfahren hatte, daß die kulturellen Institutionen weder Göttergeschenke noch »durch Natur« (phýsei) gegeben, sondern »durch Satzung« (nómo bzw. thései) geschaffenes Menschenwerk sind. Diese Einsicht nötigte sie, den Menschen als Schöpfer der gesamten Kulturwelt, als Urheber aller Geltung beanspruchenden Handlungsnormen und damit indirekt als Schöpfer seiner selbst zu thematisieren. Protagoras verlieh diesem radikalen Anthropozentrismus durch seinen berühmten homo-mensura-Satz Ausdruck: »Der Mensch ist das Maß aller Dinge, der seienden, daß sie sind, der nichtseienden, daß sie nicht sind« (Protagoras, VS 80 B 1; Platon, Theait., 161c).

Wie Platon in seinem nach Protagoras benannten Dialog überliefert, lehrte dieser ferner, daß der Mensch im Vergleich mit den Tieren *mangelhaft* ausgestattet erscheint, insofern er »nackt, unbeschuht, unbedeckt, unbewaffnet« ist, an Schärfe der Sinne hinter ihnen zurücksteht und aller angeborenen Fähigkeiten entbehrt (Platon, Prot., 321e), so daß er nur überleben kann, weil er zum Ausgleich über ganz untierische technische Fertigkeiten und die kulturschöpferische Fähigkeit zur Schaffung von Gesetz, Recht, Sitte und Staatskunst verfügt, die es ihm ermöglichen, seine physischen Mängel zu kompensieren und schließlich sogar die Leistungen der Tiere weit zu übertreffen. In der Antike wurde diese Auffassung vom Menschen offenbar ab dem fünften Jahrhundert v. Chr. zum weitverbreiteten Topos. Anaxagoras etwa weist auf die Benachteiligung des Menschen in bezug auf Kraft und Schnelligkeit hin, die aber wettgemacht wird durch überlegene Gedächtniskraft, Fähigkeit zu Erfahrungserkenntnis und Lernen, sowie durch die Geschicklichkeit der Hände, wodurch er »bewohnte Städte und bebaute Äcker« (Anaxagoras, VS 59 B 21, 21b, A 102, B 4) zu schaffen vermag und, wie sein Schüler Archelaos hinzufügt, »Regenten und Gesetze und Künste und Staaten« (Archelaos, VS 47 A 4). Ein anderer Anaxagoras-Schüler, Diogenes von Apollonia, wandte den Tier-Mensch-Vergleich entschieden ins Affirmative, indem er diejenigen Anthropina herausstellte, die die Menschen so hoch über die Tiere erheben, daß sie diesen gegenüber wie Götter erscheinen: den aufrechten Gang, den Gebrauch der Hände, dieser natürlichen Universalwerkzeuge, und die *Lautsprache* (!) als Organon der Verständigung und Überlieferung (Xenophon, Memorab., I, 4, 11–14), durch welche, wie Isokrates ergänzt, »der Mensch sich vor dem Tier und der Grieche vor dem Barbaren auszeichnet« (Isokrates, 15, 293/4). Darüber hinaus bringt die Anthropologie des Diogenes von Apollonia aber in exemplarischer Weise das gesteigerte Selbstgefühl zum Ausdruck, das im Menschen durch seine Erhebung zum Subjekt des autonomen theoretischen Begriffsdenkens erwacht war: Sie sieht im Menschen nicht nur das vollkommenste aller Lebewesen, sondern auch die höchste Seinsweise in der kosmischen Seinshierarchie, auf die hin die Gesamtnatur angelegt und organisiert ist (Xenophon, a.a.O., IV, 3, 3 ff), womit sie schon die Brücke zur klassischen griechischen Kosmos-Metaphysik schlägt.

Die Hochentwicklung des antiken Systemdenkens durch Platon und Aristoteles bereitete dem Anthropozentrismus der Sophistik ein vorläufiges Ende, insofern an die Stelle des radikalen Fragens nach dem Menschen die vermeintlich letztgültige Antwort der sich vollendenden klassischen ontologischen Kosmos-Metaphysik trat, die vorgibt, die Seinsordnung erkannt zu haben und die Stellung des Menschen in derselben in abschließender Weise bestimmen zu können, wodurch die von der Sophistik aufgeworfene Problematik des Menschen als des von Natur aus nichtfestgestellten, kreativen, zum Schöpfer der Kultur und mittelbar zum Schöpfer seiner selbst berufenen Wesens entschärft worden und schließlich außer Sicht gekommen ist.

Während der langen Zeitspanne, in der die Geschichte des Denkens wesentlich von der christlichen Religion bestimmt war, verlor die anthropologische Thematik vollends ihre ursprüngliche, gleichsam prometheische Intention, da die menschliche Existenz nun im Rahmen der außerphilosophischen Sinnvoraussetzungen oder der irrationalen Heilswahrheiten einer jenseitsorientierten Erlösungsreligion interpretiert wurde.

Die radikale anthropologische Wende im neuzeitlichen Denken

Die entscheidende »anthropologische Wende« im menschlichen Denken überhaupt, die sich im Zusammenhang mit dem Entstehen einer gänzlich neuen Welt- und Selbstauffassung des Menschen und der Ausbildung einer qualitativ neuen Form seines Selbstbewußtseins vollzog, ereignete sich hingegen erst mit dem Anbruch der Neuzeit.

Das Geschehen, das die Neuzeit inauguriert und grundlegend bestimmt hat, war die Heraufkunft und Entfaltung der wissenschaftlich-technisch-industriellen Kultur, deren Ausbildung ein unvergleichliches weltgeschichtliches Novum, eine absolute, irreversible Kulturschwelle oder einen einzigartigen Entwicklungssprung in der menschlichen Gattungsgeschichte darstellt, der zu einer totalen Umstrukturierung, ja Revolutionierung aller menschlichen Lebensformen geführt und dadurch die Menschheit in ein gänzlich neues Welt- und Daseinsverhältnis mit nie gekannten Problemen und Aufgabenstellungen hineingezogen hat.

Das grundlegende konstitutive Formierungsprinzip der modernen Kultur ist jedoch die in der modernen Naturwissenschaft sich erstmals manifestierende *wissenschaftlich-methodische Rationalität*. Die Entstehung der modernen Naturwissenschaften, die Kant mit untrüglichem Blick für das Epochale als »eine schnell vorgegangene Revolution der Denkart« (Kant, 1968, 3, 10) eingeschätzt hatte, bedeutet in der Tat einen einzigartigen Entwicklungssprung in der Geschichte der intelligenzgesteuerten Auseinandersetzung des Menschen mit der Realität, durch den der Funktionszusammenhang des intelligenten, in sich reflektierten menschlichen Handelns auf die höchstmögliche Integrationsebene gehoben wurde und dadurch eine unwahrscheinliche, vordem nie für möglich gehaltene Potenzierung seiner Leistungs- und Entwicklungsfähigkeiten erfuhr.

Die Erfolge dieser Scientia nova (Tartaglia, 1537) machten alsbald klar, daß in ihr gefunden worden war, was man im Abendland unter dem Namen der Wissenschaft, der epistéme theoretiké, seit fast zweitausend Jahren in vergeblichem »Herumtappen unter bloßen Begriffen« (Kant, a.a.O. 11) gesucht hatte. Ihre Erkenntnismethode aber, die ihr den »sicheren Gang einer Wissenschaft« (Kant, a.a.O., 7f) garantiert, resultiert aus einem in der Geschichte der Erkenntnisbemühungen neuen, dem antiken und mittelalterlichen Theorieverständnis fremden Verhalten des erkennenwollenden Subjektes zu seinem Erkenntnisgegenstand.

Wähnte das wesentlich kontemplative vormoderne theoretische Denken, das in handlungsloser Distanz zu den Objekten verharrte, durch »reine Vernunft«, durch rein gedankliche Operationen das Wesen der Dinge in der Form allgemeiner ontologischer Wesensbegriffe zu erfassen, so ist die naturwissenschaftliche Theorie bis in ihre subtilsten formalen Operationsformen von vornherein auf ihre Überführung in *Experimentalpraxis*, also auf den planmäßig organisierten, handelnd vollzogenen *Eingriff* in die gegenständliche Realität angelegt, d. h., sie ist ihrer ganzen Verfassung nach *konstruktiv-genetisch* und *handlungsbezogen*. Sie verfährt so, daß sie ihre Erkenntnisobjekte aufgrund hypothetisch entworfener Verursachungszusammenhänge zu konstruieren bzw. zu rekonstruieren oder deren Struktur als Resultat eines angenommenen gesetzmäßigen Prozeßverlaufes aufzufassen trachtet. Im Experiment aber schlägt die Theorie de facto in Praxis um, die theoretisch-konstruktive Denkbewegung geht in eine reale Handlungsabfolge über, die das Ziel verfolgt, den Erkenntnisgegenstand im Vollzug kontrollierter Handlungsschritte *zu erzeugen*, *herzustellen* oder zu *produzieren*; Erfolg und Mißerfolg beim Versuch des experimentellen Erzeugens oder des Entstehenlassens des Erkenntnisobjektes aus seinen Verursachungszusammenhängen entscheiden deshalb auch in letzter Instanz über die Möglichkeit oder Unmöglichkeit der Bewahrheitung eines theoretischen Entwurfes, der verifiziert wird im buchstäblichen Sinne eines Wahr-*machens*. Sie verbindet konstruktives Entwurfsdenken und theoriegeleitete experimentelle Praxis zu einem *Funktionskreis*, nämlich zu einem in die Realität einwirkenden und wieder in sich selbst zurücklaufenden, sich theoretisch reflektierenden *Handlungskreis*, der seine theoretisch-praktische Vermittlungsbewegung über die Rückmeldung von Erfolg und Mißerfolg selbstregulativ steuert und dadurch mit innerer Notwendigkeit einen kumulativen Lern- und Erkenntnisprozeß aus sich hervortreibt, der einen echten *Erkenntnisfortschritt* gewährleistet.

Kant, der die Bedeutung dieser Erkenntnismethode als erster in ihrer ganzen Tragweite begriffen hat, sprach ihr Prinzip in der berühmten Formel aus, »... daß die Vernunft nur das einsieht, was sie selbst nach ihrem Entwurfe hervorbringt ...« (Kant, a.a.O., 10), »... denn nur soviel sieht man vollständig ein, als man nach Begriffen selbst machen (!) und zu Stande bringen kann« (Kant, a.a.O., 5, 384).

Die epochale Problematik der Neuzeit resultiert zunächst daraus, daß der Prozeß der Realisierung der Strukturprinzipien der neuen praxisbezogenen Ratio untrennbar verbunden ist mit dem Prozeß der Destruktion und Auflösung aller vormodernen, quasi-naturwüchsig in langfristigen Traditionszusammenhängen gewachsenen und von vorwissenschaftlichen Formierungsprinzipien beherrschten Kulturgefüge. Dieser Destruktionsprozeß wurde ebenso durch die Ausbildung der Industriegesellschaft wie andererseits durch eine stetige Veränderung der menschlichen Bewußtseinsstruktur und Wirklichkeitsauffassung bewirkt.

Weil die planmäßige praktisch-technische instrumentale Erzeugung von Realitätsstrukturen und regelhaften Bewegungsabläufen ein konstitutives Moment der naturwissenschaftlichen Erkenntnis selbst ist und ihr Wissen daher, wie Francis Bacon richtig sah, eo ipso Macht oder Verfügungsgewalt über das erkannte Objekt bedeutet (»knowledge is power!«), transformierte sich der naturwissenschaftliche Erkenntnisfortschritt in die Evolution der Technik, deren Inventionen den Menschen gemäß der Prophezeiung des Cartesius progressiv zum »maître et possesseur de la nature«, zum Herrn und Besitzer der Natur, werden ließen. Die gekoppelte naturwissenschaftlich-technische Evolution wiederum führte zur Entfesselung der Entwicklung aller gesellschaftlichen Produktivkräfte, deren Nutzbarmachung für die arbeitsteilige industrielle Massenproduktion von Waren unter marktgesetzlichen Konkurrenzbedingungen die Industriegesellschaft entstehen ließ, deren ungeheure Entwicklungsdynamik darauf beruht, daß sich der wissenschaftlich-technische Fortschritt mit der marktgesetzlichen Expansionstendenz der Warenproduktion zu einem Wirkungsgefüge vereinigt, das in einem Funktionskreis positiver Rückkoppelung sein eigenes exponentielles Wachstum produziert. Da aber die Industriegesellschaft, die Adam Smith und Hegel bezeichnenderweise als »System der Bedürfnisse« definierten, eine ausgesprochen abstrakt-reduktionistische negative Grundtendenz aufweist, insofern sie, wie Joachim Ritter treffend formuliert, »in grundsätzlicher Emanzipation aus allen Voraussetzungen des Menschen allein die Bedürfnisnatur des Menschen als des Einzelnen und ihre Befriedigung in der Form der abstrakten Arbeit und Arbeitsteilung zum Inhalt hat« (Ritter 1965, 53), zerstörte sie alle tradierten kulturellen Institutionen, Gemeinschaftsordnungen und Lebensformen, die ihrem Ökonomismus, ihrem Utilitarismus und ihrer Markträson entgegenstanden.

Auf der anderen Seite entzog die wissenschaftliche Rationalität durch ihre Wahrheitskriterien und durch die vielberufene Entgötterung, Entzauberung und Entmythologisierung der gegenständlichen Wirklichkeit allen vormodernen Wirklichkeits- und Selbstauffassungen des Menschen ihr Geltungsfundament, degradierte sie zu imaginären Erzeugnissen des nichtwissenschaftlichen Bewußtseins und setzte damit jene Gesamtinterpretationen der Wirklichkeit außer Kurs, die dem Menschen Weltorientierung, Selbstinterpretation und Handlungsnormierung ermöglicht und einen Endzweck bzw. Letzt-Sinn seines Daseins formuliert hatte. Dadurch geriet der Mensch der Neuzeit in eine noch nie dagewesene, zutiefst problematische Daseinssituation und wurde zur anthropozentrischen Selbst-Thematisierung genötigt wie nie zuvor.

Schritt für Schritt sich emanzipierend von den vormodernen, hochgradig imaginären Modellen des Seinsverständnisses, zunehmend unfähig werdend, die begegnende Wirklichkeit als eine transzendent begründete Seinsordnung aufzufassen; den Zerfall kultureller Führungssysteme, deren Bestand für alle Ewigkeit gesichert schien, vor Augen; hineingezogen in die eigengesetzlichen Bewegungen der Industriegesellschaft und konfrontiert mit einer neuentdeckten Natur von überwältigenden Dimensionen, die sich als gleichgültig gegen alle menschlichen Zwecksetzungen zu erkennen gibt, sah sich der neuzeitliche Mensch *auf sich selbst gestellt*, und sein gesamtes Dasein nahm für ihn die Gestalt einer nur durch eigentätiges, selbstbewußtes Handeln zu lösenden *Aufgabe* an. Die Erfolge der neuen Erkenntnismethode, die damit verbundene Erschließung ungeahnter Möglichkeiten der Naturbeherrschung, die rapide Entwicklung inventorischer Technologien und die Entfesselung aller gesellschaftlichen Produktivkräfte lehrten den neuzeitlichen Menschen, sich als *autonomes Subjekt* zu begreifen, dessen erkenntnisgeleitetes

Handeln die entscheidende gegenstands- wie sinnkonstitutive Instanz darstellt. Der neuzeitliche Mensch begann sich somit selbst als sinnstiftende Mitte, als schöpferisch tätiges Zentrum seiner Welt zu begreifen und einzusehen, daß er das welt- und zukunftsoffene Wesen ist, das sich selbst eine Bestimmung geben und diese eigentätig verwirklichen muß.

Die vielberufene »kopernikanische Wende« der Neuzeit ist daher im Grunde genommen identisch mit einer in dieser Radikalität noch niemals vollzogenen »anthropologischen Wende«.

Nachdem sich die Geburt der modernen wissenschaftlichen Rationalität im fünfzehnten und sechzehnten Jahrhundert ereignete, tritt das mit ihr neu entstehende Selbstbewußtsein des Menschen, in dem die beginnende radikale »anthropologische Wende« sich reflektiert, schon in der Philosophie der Renaissance machtvoll in Erscheinung. Das Jugendwerk Pico della Mirandolas, »Oratio de hominis dignitate« (1486), das die erste repräsentative neuzeitliche Anthropologie beinhaltet, preist bereits emphatisch die Freiheit des Menschen als Fähigkeit zur Selbstbestimmung oder Autonomie, die ihn zum Schöpfer, zum Werkmeister und Bildner seiner selbst werden läßt (Pico della Mirandola 1968, 28–31). Ficino und Manetti verweisen darauf, daß der Mensch dank seiner Schöpferkraft durch Künste, Wissenschaften und Erfindungen die Natur übertreffen kann und zu ihrer Verbesserung und Veredelung, ja Vollendung berufen ist (Ficino 1975, 131, 129 f). Ficino apotheotisiert den Menschen sogar als Gott der Tiere und Elemente, welcher der »Gott aller Dinge [ist], denn er handhabt, verändert und gestaltet alle« (a.a.O., 238 f).

Hatten die Renaissancephilosophen in kühnem Vorgriff das Bild des Menschen als autarkem Selbst- und Weltschöpfer entworfen und damit implizit die Philosophie als Wissenschaft vom Menschen konzipiert, deren Aufgabe es sein müßte, diesen schöpferischen Prozeß rational zu leiten, so tritt später das Problem auf, wie die Philosophie unter den Bedingungen der modernen wissenschaftlich-methodischen Rationalität als Wissenschaft zu begründen sei. Diese Problematik nötigte das philosophische Denken zur Reflexion auf die Voraussetzungen und Kriterien des wissenschaftlichen Erkennens überhaupt und ließ die Erkenntnistheorie zur Fundamentaldisziplin werden. Dadurch wurde die anthropologische Thematik zwar nicht beiseite gestellt, aber sie erfuhr in der erkenntnistheoretischen Perspektive eine erhebliche Verkürzung: Der Mensch wurde nicht thematisiert in der vollen Breite seiner Wesenseigenschaften als natürliches Intelligenz-, Sprach- und Kulturwesen, nicht als konkretes »Lebenssubjekt« (Landmann [3]1969, 39), sondern primär als Erkenntnis- und Wissenschaftssubjekt.

Bei diesen ersten erkenntnistheoretischen Bemühungen erwies es sich jedoch, daß vom Reflexionsstandpunkt aus nichts schwieriger ist, als jenen Vermittlungszusammenhang von Theorie und Praxis, von theoretischem Entwurfsdenken und realitätsveränderndem Handeln, einzusehen, auf dem die echte wissenschaftliche Methode beruht. Trotz der cartesianischen Entdeckung der Selbstgewißheit des denkenden Ich als archimedischem Punkt aller Erkenntnis, die sich in der Formel »cogito ergo sum« ausspricht, die einer Proklamation der Subjekttätigkeit als

Prinzip der Philosophie gleichkommt, vermochte der Rationalismus den konkreten Handlungscharakter der wissenschaftlichen Erkenntnis nicht zu begreifen und endete bei einer Verabsolutierung ihres konstruktiv-theoretischen Moments, die ihn zu einer neuen, konstruktivistischen Metaphysik führte (Descartes, Spinoza, Leibniz, Chr. Wolff u. a.).

Der Empirismus wiederum verkannte bei seinem Bestreben, psychologisch-genetisch die empirische Basis des wissenschaftlichen Denkens festzustellen, die Rolle des konstruktiven Entwurfsdenkens ebenso wie die der realitätsverändernden Experimentalhandlung, so daß er schließlich im pragmatischen Skeptizismus Humes enden mußte.

Erst Kant blieb es vorbehalten, die grundlegende erkenntnistheoretische Problemstellung, die das neuzeitliche philosophische Denken aus dem Zwange zur Selbstlegitimation hatte aufwerfen müssen, zum Gegenstand der kritischen Selbstreflexion zu machen. Er tat nämlich das, was die neuzeitlichen Erkenntnistheoretiker vor ihm insgeheim schon immer getan hatten: Er setzte die Naturwissenschaft als unbezweifelbar sichere Erkenntnisleistung voraus, an der gemessen die Schulmetaphysik und alle bisherige Philosophie sich als Scheinwissen herausstellen, und versuchte in einer klassisch zu nennenden Begriffsstrategie von der faktischen Erkenntnisleistung auf die sie ermöglichende menschliche Intelligenzorganisation zurückzuschließen, um aus dieser die Erkenntniskriterien zu gewinnen, an Hand derer sich entscheiden läßt, ob und in welcher Weise die anthropozentrisch gewordene philosophische Thematik in der Form der Wissenschaft zur Entfaltung gebracht werden könne.

Kant ist der erste, der den wissenschaftskonstitutiven Vermittlungszusammenhang von konstruktivem »apriorischem« Entwurfsdenken und produktiver Handlungspraxis im Prinzip begreift und zur Grundlage seiner Theorie der Erfahrungserkenntnis macht. Auf der Basis seiner Erkenntnistheorie, der gemäß der Verstand seine Erkenntnisfähigkeit nur in der tätigen Bearbeitung des sinnlich Gegebenen zu realisieren vermag, gelang es Kant, den »reinen«, überempirischen, d. h. aber zugleich: den kontemplativ-handlungslosen Vernunftgebrauch als Ursache des »Blendwerks« des »transzendentalen Scheines« (Kant a.a.O., 3, 234 f, 237) zu entlarven, der das metaphysische Scheinwissen von transzendenten intelligiblen Entitäten erzeugt.

Aber seine Analyse der apriorischen Intelligenzorganisation ließ ihn zur Einsicht kommen, daß die Grundfähigkeiten des menschlichen Geistes nicht auf die in der Naturwissenschaft sich überzeugend manifestierende Verstandes- oder Erfahrungserkenntnis beschränkt sind. In der synthetischen, die Einheit eines Bewußtseins stiftenden Subjekttätigkeit gründet vielmehr das Vermögen der *Vernunft* im engeren Sinne, die als »Vermögen der Prinzipien« (Kant, a.a.O., 238) »in ihrer äußersten Forderung auf das Unbedingte« (Kant, a.a.O., 5, 401) geht und transzendentale Ideen oder notwendige Begriffe erzeugt, die »nicht willkürlich erdichtet, sondern durch die Natur der Vernunft selbst aufgegeben« (Kant, a.a.O., 254) sind und die als regulative unbedingte Zielbegriffe fungieren, durch die der Mensch, dieses Vernunftwesen unter endlichen Bedingungen, sich die unendliche Aufgabe stellt, in unablässiger theoretisch-praktischer Tätigkeit die erscheinende Wirklichkeit, zu der er auch selbst gehört, so zu strukturieren und umzuschaffen, daß eine fortschreitende Verwirklichung der menschlichen Vernunftanlage in ihr möglich wird. Der verhängnisvollen Selbsttäuschung des »transzendentalen Scheines« unterliegt aber die Vernunft, wenn sie diese regulativen Vernunftideen, d. h. die Leitideen einer praktisch selbsttätig auszuführenden *Aufgabe* als seiende Wesenheiten nimmt oder hypostasiert und wähnt, sie hätte damit eine jenseits der Grenzen der Erfahrung liegende intelligible Wirklichkeit erkannt.

Ist der Verstand als »Vermögen der Regeln« (Kant, a.a.O., 3, 238) die Grundlage der Naturwissenschaft, so ist die Vernunft als übergreifendes synthetisch-praktisches Vermögen der Prinzipien oder Ideen die Domäne der Philosophie, die sich somit nun als praktisch wirksame »Wissenschaft der Beziehung aller Erkenntnis und alles Vernunftgebrauches auf den Endzweck der menschlichen Vernunft« (Kant, a.a.O., 9, 24) oder als »Wissenschaft von der Angemessenheit aller Erkenntnisse an die Bestimmung des Menschen« konstituieren kann, von der allein künftig eine praktisch wirksame »Gesetzgebung (Nomothetik) der menschlichen Vernunft« zu erwarten ist.

In äußerster Vereinfachung bedeutet dies, daß dem Menschen durch die »Revolution der Denkart« in der Neuzeit die Begründung der Erfahrungswissenschaft als Wissenschaft von gegebenen Gegenständen gelungen ist, es aber Aufgabe einer Philosophie, die künftig »als Wissenschaft wird auftreten können« (Kant, a.a.O., 4, 253), sein müßte, sich als Wissenschaft vom menschlichen Vernunftwesen zu konstituieren, die dem wissenschaftsfähig und daher mündig gewordenen Menschen seine Bestimmung zu zeigen und dem in Gang gekommenen progressiven Entwicklungsprozeß aller theoretischen und praktischen Fähigkeiten ein Endziel zu weisen vermag und es dem Menschen ermöglicht, »sich nach seinen von ihm selbst genommenen Zwecken zu perfectionieren (!) und aus einem mit *Vernunftfähigkeit* begabten Thier (animal rationabile) aus sich selbst ein vernünftiges Thier (animal rationale) zu machen (!)« (Kant, a.a.O., 7, 119, 321).

Mit diesem Resultat seiner Vernunftlehre verhalf Kant vom erkenntnistheoretischen Ansatz des neuzeitlichen philosophischen Denkens her der anthropologischen Thematik zum ersten großen Durchbruch und versuchte auch schon selbst die ersten Schritte auf der so eröffneten Bahn, indem er Vorlesungen über Anthropologie hielt, in denen unter Berücksichtigung des damaligen empirischen Wissens über Mensch und menschliche Lebenswelt gezeigt werden sollte, was im Sinne einer »physiologischen Anthropologie«, »die Natur aus dem Menschen macht« und was er im Sinne einer »pragmatischen Anthropologie«, »als freihandelndes Wesen aus sich selber macht oder machen kann und soll« (Kant, a.a.O., 8, 3). Überdeutlich tritt die anthropologische Intention der Philosophie Kants in Erscheinung, wenn er in seiner Logikvorlesung sagt, die drei Hauptfragen der Philosophie: Was kann ich wissen? Was soll ich tun? Was darf ich hoffen? führten auf die letzte Frage: Was ist der Mensch? (Kant, a.a.O., 9, 25). Hochbedeutsam ist jedoch der andeutungsweise schon sichtbar gewordene geschichtsphilosophische Horizont, den diese kantische Lehre vom Menschen eröffnet und der sich weitgehend mit dem der Aufklärung (insbesondere Condorcet, Turgot) deckt. Denn wenn die letzte Bestimmung des Menschen darin gesehen wird, sich nach Vernunftprinzipien zu verwirklichen und zu vervollkommnen, so wird damit ein *Endziel* des menschlichen Handelns entworfen, das nicht vom Individuum, sondern nur vom Menschengeschlecht als Ganzem im Verlauf einer unabsehbar langen Entwicklungsgeschichte erreicht werden kann, weil, wie Kant erklärt, »bei allen übrigen sich selbst überlassenen Thieren jedes Individuum seine ganze Bestimmung erreicht, bei den Menschen aber allenfalls nur die Gattung: so daß sich das menschliche Geschlecht nur durch Fortschreiten in einer Reihe unabsehlich vieler Generationen zu seiner Bestimmung empor arbeiten kann« (Kant, a.a.O., 7, 119). Um aber diesen Prozeß der Selbstentwicklung durchführen zu können, müßte die menschliche Gattung erst zum wissenschaftlichen Bewußtsein dieser ihrer Aufgabe gelangen oder zum selbstbewußten »Gattungssubjekt« werden, das die Menschheitsgeschichte bewußt nach Vernunftprinzipien gestalten und in diesem Gestaltungsprozeß das Menschengeschlecht in eine weltweite Werk- und Zweckgemeinschaft verwandeln könnte. »Anthropologie muß sich durchführen als Geschichtsphilosophie« (Landmann [3]1969, 29).

Kants einstiger Schüler Herder kritisierte jedoch den abstrakten und im Hinblick auf die menschliche Natur fragmentarischen Charakter der kantischen Menschenlehre und versuchte, das Verfahren der antiken »Anthropologen« damit auf höherem Niveau erneuernd, die einzigartige Beschaffenheit des natürlichen Vernunftgeschöpfes Mensch wieder durch dessen Vergleich mit den tierischen Lebewesen begreifbar zu machen.

In seiner berühmten Preisschrift »Über den Ursprung der Sprache« (1772) versuchte Herder den Wesensunterschied zwischen Tier und Mensch in genialer Vorwegnahme der uns heute selbstverständlichen biologischen Theorie der Angepaßtheit jedes Organismus an eine artspezifische Umwelt zu bestimmen, wobei er sich auf die damals aufkommende Instinktlehre stützte. Jedes Tier, führt er aus, hat eine ihm zugeordnete »Sphäre«, einen Kreis, in den es von Geburt an gehört, in den es gleich eintritt, in dem es lebenslang bleibt und in dem es sich aufgrund angeborener »Kunsttriebe« stets sicher bewegt. Völlig anders dagegen ist der »Charakter der Menschheit« beschaffen: »Mit dem Menschen ändert sich die Szene ganz.«

Vom Tier her betrachtet ist seine natürliche Ausstattung höchst mangelhaft, »der Charakter seiner Gattung« besteht zunächst aus »Lücken und Mängeln«. Er erscheint prima vista als »das verwaisteste Kind der Natur. Nackt und bloß, schwach und dürftig, schüchtern und unbewaffnet: und was die Summe seines Elends ausmacht, aller Leiterinnen des Lebens [der Instinkte] beraubt«. Aber die Natur hat ihm zugleich einen »aus der Mitte seiner Mängel entstehenden Ersatz« mitgegeben: Besonnenheit, *Sprache* und Vernunft, die Grundfähigkeiten der allseitig entwickelbaren Intelligenzorganisation. Das Angelegtsein des Menschen auf unbegrenzt modifikable Intelligenztätigkeit erklärt, warum er keine instinktiven, auf eine artspezifische Umwelt bezogenen »Kunstfertigkeiten« hat: Sie wären der Entfaltung seiner universellen Fähigkeiten nur hinderlich. Der Mensch ist nicht fixiert auf eine naturgegebene Lebenssphäre wie das Tier, er hat »keine so einförmige und enge Sphäre, wo nur eine Arbeit auf ihn wartet: eine Welt von Geschäften und Bestimmungen liegt um ihn«. Alle Eigenschaften und Fähigkeiten des Menschen sind auf seine Intelligenzorganisation ausgerichtet: »Es ist die ganze Einrichtung aller menschlichen Kräfte; die ganze Haushaltung seiner sinnlichen und erkennenden ... und wollenden Natur ... die bei den Menschen so Vernunft heißt, wie sie bei den Tieren Kunstfertigkeit wird: die bei ihm Freiheit heißt und bei den Tieren Instinkt wird«. Kurzum, der Mensch ist der »erste Freigelassene der Natur«.

Unendlich folgenreich war darüber hinaus jedoch, daß Herder im Bestreben, den Menschen konkreter zu erfassen als Kant, vor allem die *Sprache* zum Gegenstand der Untersuchung machte, die er (worin W. v. Humboldt ihm folgte) als Organ des Welterwerbes und der Selbstgestaltung des Menschen und als Grundlage jeder menschlichen Gemeinschaft, jeder Traditionsbildung und fortschreitenden Kulturentwicklung erkannte.

Zu einer Hochblüte des Philosophierens über den Menschen kam es im Gefolge der von Schelling und seinen Anhängern maßgeblich beeinflußten romantischen Naturphilosophie. Anthropologie im Sinne einer »Naturphilosophie des Menschen« war, wie eine Flut einschlägiger Publikationen beweist, während der ersten Hälfte des neunzehnten Jahrhunderts ein Lieblingsgegenstand zahlreicher Philosophen und philosophierender Naturforscher.

Beschäftigte sich diese Anthropologie vorwiegend mit der Stellung des Menschen in der Natur – i. S. Kants »physiologischer Anthropologie« –, so erfuhr in der Menschenlehre des Deutschen Idealismus (Fichte, junger Schelling, Hegel) die Thematik der »pragmatischen Anthropologie« eine Hochentwicklung, insofern derselbe, aufbauend auf der kantischen Bewußtseinstheorie, den im Zeichen der Leitidee der absoluten Vernunft sich vollziehen sollenden Prozeß der Selbstbewußtwerdung und Selbstverwirklichung des Menschengeistes im Fortgang der Geschichte zum Hauptinhalt seines Systemdenkens machte und mittels einer neuen Denkmethode, nämlich der dialektischen Prozeß- bzw. Entwicklungslogik, zu begreifen trachtete. Diese entschieden pragmatisch-anthropologische Ausrichtung der gesamten neuzeitlichen anthropologischen Thematik führte Fichte bis zur letzten Konsequenz durch, indem er die Überzeugung formulierte, daß die Menschheit in bezug auf Wissenschaft und Naturbeherrschung eine solche Entwicklungsstufe erreicht habe, daß die Zeit endgültig »vorbei sei«, wo sie sich »durch das Ohngefähr selbstunbewußt entwickelte, und sie von nun an zu allem, was sie noch weiter werden soll, sich selbst machen (!)« müsse mit Hilfe der Wissenschaft, die in seiner »Wissenschaftslehre« ihr philosophisches Selbstbewußtsein gewonnen habe. Damit forderte Fichte nicht nur das »Anfangen einer neuen Geschichte« und die Errichtung einer bewußt nach Realisierung der Menschheitsidee (oder »Ich-Idee«) strebenden neuen Welt-Kultur, sondern wies in diesem postulierten geschichtlichen Selbstverwirklichungsprozeß des Menschen der Philosophie die Rolle der zielsetzenden theoretisch-praktischen Führungsinstanz zu.

Die Weiterentwicklung des idealistischen Denkens führte aber in geradezu tragisch anmutender Weise dazu, daß die bei Kant und Fichte im Zeichen des Primates des Praktischen auftretende Philosophie des menschlichen Geistes einerseits durch Schelling und vor allem durch Hegel ihre systematische Vollendung erfuhr, dabei aber andererseits Zug um Zug in eine neue Metaphysik umgewandelt wurde. Die unbedingte Ich- bzw. Menschheitsidee, nach deren Verwirklichung der Mensch als endliches Ich unablässig streben soll, verwandelt sich bei Hegel in das universale Subjekt des absoluten Geistes, der im dialektischen, durch Natur und Geschichte hindurchgehenden Entwicklungsprozeß in einer notwendigen Reihe von Vermittlungsschritten seiner selbst bewußt wird und schließlich im Menschengeist sein Selbstbewußtsein erlangt. Das bedeutet, daß Fichtes »unendliche Aufgabe« der geschichtlichen Selbstverwirklichung des Menschen, die dieser vermöge seiner Vernunftnatur sich selbst aufgibt, zu einem universalen Selbstvermittlungsprozeß des Weltgrundes umgedacht wurde, der mit Notwendigkeit sein Endziel erreicht. Zwar behält der Mensch in Hegels System seine zentrale Stellung, insofern der absolute Geist in ihm zu sich kommt und nach dem Durchlaufen aller geschichtlichen Entwicklungsstufen im philosophischen Systemdenken das vollendete Wissen um sich selbst erringt, aber er bildet die höchste Stufe eines präformierten Entwicklungszusammenhanges, dessen Subjekt er zuletzt doch nicht ist.

Erst die in der philosophisch-politischen Sturm- und Drangperiode des Vormärz von der jüngeren nachhegelschen Philosophengeneration, den sogenannten Jung- bzw. Linkshegelianern, vehement vorgebrachte Kritik am spekulativen absoluten Idealismus Hegels befreite die anthropologische Thematik wieder aus ihrer Verklammerung mit einer neuen metaphysischen Totalinterpretation der Wirklichkeit. Nicht der absolute Geist, nicht die Weltvernunft, so hielten sie Hegel entgegen, sondern die Natur sei das Erste und damit das philosophisch Vorauszusetzende; nicht der absolute Geist entäußere sich zur Natur, sondern die Natur habe nach empirisch erkennbaren Naturgesetzen den Menschen hervorgebracht, dieses intelligente, geistbegabte Lebewesen, außer dem kein Geistwesen existieren könne. Im Zeichen dieser »Ideologiekritik«, die anzeigt, daß sich der wissenschaftliche Naturbegriff, der jede spekulative Sinndeutung des Naturzusammenhanges ausschließt, im Bewußtsein dieser Epoche endgültig durchgesetzt hatte, vollzog sich das, was Karl Löwith treffend den »revolutionären Bruch im Denken des 19. Jahrhunderts« nannte (Löwith ^{5}1964). Die Kritik der spekulativen idealistischen Philosophie weitete sich aus zu einer radikalen Kritik aller Metaphysik, Theologie und Religion überhaupt, deren Grundgedanken Ludwig Feuerbach auf die Formel brachte, daß Gott nichts anderes als das entfremdete bzw. vergegenständlichte Selbstbewußtsein des Menschen sei oder daß in der Religion die entfremdeten ursprünglichen Wesensbedürfnisse des Menschen sich vergegenständlichen und dem Menschen als Bilder übermächtiger, verehrenswürdiger Wesen entgegentreten. Für Feuerbach ist somit »die [vermeintliche] Erkenntnis Gottes ... eine Selbsterkenntnis des Menschen, aber eine solche, die nicht weiß, daß sie es ist« (Löwith, a.a.O., 360). Aus diesem religionskritischen Ansatz ergab sich für Feuerbach folgerichtig, daß Philosophie nur als Anthropologie, nur als Lehre vom wirklichen Wesen des Menschen künftighin möglich sei. Denn erst die Erkenntnis der Wesenseigenschaften und Wesenskräfte des Menschen vermag den Mechanismus der religiösen Selbstentfremdung zu erklären und zugleich den Weg zu weisen, auf welchem der Mensch sich durch Realisierung dieser Wesensmöglichkeiten zum selbstbewußten geschichtsmächtigen Gattungssubjekt erheben kann. In diesem Sinne wirft sich Feuerbach zum Anwalt einer »Philosophie der Zukunft« auf, die als Anthropologie »den Menschen zur Sache der Philosophie« und umgekehrt die Philosophie »zur Sache der Menschheit« (Feuerbach, a.a.O., 2, 43) machen soll, indem sie sich im Übergang von der Theorie zur Praxis selbst als abstrakte Theorie »aufhebt« und an die Stelle der gestürzten Religion tritt.

Tatsächlich gelang aber weder Feuerbach noch den übrigen Junghegelianern die Ausführung dieses enthusiastisch vorgetragenen programmatischen Entwurfes einer an die Stelle aller bisherigen Philosophie treten sollenden Anthropologie als konkreter »Menschheits«-Wissenschaft im entferntesten, ja sie vermochten nicht einmal deren theoretische Grundlagen methodisch zu sichern.

Als einziger Denker von Format unter den Linkshegelianern hat Karl Marx einen Ansatz entwickelt, von dem aus grundsätzlich ein theoretischer Entwurf möglich gewesen wäre, der wesentliche Intentionen dieser in statu nascendi befindlichen Anthropologie hätte verwirklichen können. Marx ging nämlich davon aus, daß der Mensch sich als jenes einzigartige Naturwesen zu erkennen gibt, das im Gegensatz zum Tier seine Existenzbedingungen nicht unmittelbar in seiner Umwelt vorfindet, sondern durch bewußte gegenständliche Tätigkeit herstellen und mittelbar sich aneignen muß oder sein Leben nur durch die *Produktion* seiner Lebens-Mittel zu reproduzieren vermag. Daraus folgerte Marx, daß die Tätigkeit, durch die der Mensch sich zum Menschen macht, in nichts anderem bestehen kann als im konkreten, jeweils im Rahmen bestimmter gesellschaftlicher Interaktionsformen vor sich gehenden *Arbeitsprozeß*, dessen Subjekt kein absoluter Geist, sondern die natürliche Menschengattung ist.

»Die Arbeit«, führt Marx aus, »ist zunächst ein Prozeß zwischen Mensch und Natur, ein Prozeß, worin der Mensch seinen Stoffwechsel mit der Natur durch seine eigene Tat vermittelt, regelt und kontrolliert. Er tritt dem Naturstoff selbst als eine Naturmacht gegenüber. Die seiner Leiblichkeit angehörigen Naturkräfte ... setzt er in Bewegung, um sich den Naturstoff in einer für sein eigenes Leben brauchbaren Form anzueignen. Indem er durch diese Bewegung auf die Natur außer ihm wirkt und sie verändert, verändert er zugleich seine eigene Natur. Er entwickelt die in ihr schlummernden Potenzen und unterwirft das Spiel ihrer Kräfte seiner eigenen Botmäßigkeit ... Eine Spinne verrichtet Operationen, die denen des Webers ähneln und eine Biene beschämt durch den Bau ihrer Wachszellen manchen menschlichen Baumeister. Was aber von vornherein den schlechtesten Baumeister vor der besten Biene auszeichnet, ist, daß er die Zelle in seinem Kopf gebaut hat, bevor er sie in Wachs baut. Am Ende des Arbeitsprozesses kommt ein Resultat heraus, das beim Beginn desselben schon in der *Vorstellung des Arbeiters*, also schon *ideell* vorhanden war. Nicht daß er nur eine Formveränderung des Natürlichen *bewirkt*; er *verwirklicht* im Natürlichen zugleich *seinen Zweck*, den er *weiß*, der die Art und Weise seines Tuns als Gesetz bestimmt und dem er seinen Willen unterordnen muß« (Marx 1971, IV/1, 177 f).

Der Arbeitsprozeß, der sich im Funktionskreis der instrumentalen erfolgsgesteuerten intelligenten Handlung vollzieht, gewinnt somit den Stellenwert einer anthropologischen Grundkategorie. Mit ihrer Hilfe gelang es Marx, die Funktionsweise und die Verlaufsform der geschichtlich-gesellschaftlichen »Selbsterzeugungstätigkeit« der Menschengattu begrifflich zu erfassen und daraus eine Reihe sozioökonomischer Entwicklungsgesetzlichkeiten abzuleiten.

Marxens Theorie der gesellschaftlichen Arbeit hätte es im Prinzip möglich machen können, den Grundstein für die postulierte Gesamtwissenschaft vom Menschen und von den geschichtlich-gesellschaftlichen Formen seiner Selbsterzeugung als Gattungssubjekt zu legen. Aber Marx verdarb diesen seinen vielversprechenden Denkansatz dadurch, daß er ihn zu einer politökonomisch fundierten Revolutionsideologie ausbaute, die alle theoretischen und damit auch alle künftig denkbaren praktischen Möglichkeiten einer anthropologisch orientierten Philosophie wieder verschüttete.

Daß die methodische Grundlegung einer Gesamttheorie vom Menschen so lange auf sich warten ließ und selbst in der zweiten Hälfte des neunzehnten Jahrhunderts die Zeit hiefür noch nicht reif war, lag einerseits am unstetigen und uneinheitlichen Verlauf der Entwicklung des philosophischen Denkens und andererseits an der relativ späten Herausbildung der mit Mensch und Menschenwerk sich beschäftigenden empirischen Fachwissenschaften.

Die moderne philosophische Anthropologie als Gesamtwissenschaft vom Menschen

Erst zu Beginn des zwanzigsten Jahrhunderts entstand jenes Ensemble von Bedingungen, das die Begründung der modernen philosophischen Anthropologie im Sinne einer Gesamtwissenschaft vom Menschen ermöglichte. Einerseits hatten die mit Mensch und Menschenwerk sich befassenden natur- und kulturwissenschaftlichen Disziplinen einen derart hohen Entwicklungsstand erreicht, daß komplexe, über die jeweiligen Fachgrenzen hinausreichende Zusammenhänge zwischen den anthropologischen Themenbereichen sichtbar wurden, was die Fachwissenschaften untereinander kommunizieren und zunehmend Tendenzen zu einer die Fachgrenzen sprengenden interdisziplinären Kooperation wirksam werden ließ.

Andererseits bahnte sich auf seiten der Philosophie eine konvergierende Entwicklung an, insofern das Ungenügen am Formalismus der Erkenntnistheorie, die im Gefolge der postidealistischen Paradigmenkrise wieder vorherrschend geworden war, die oppositionelle Tendenz auf den Plan rief, den Menschen nicht weiterhin einseitig als Erkenntnissubjekt, sondern in seiner Vollwirklichkeit als Subjekt des naturhaft bedingten Lebensvollzuges innerhalb der kulturellen Lebenswelt zu thematisieren.

Aufgrund dieser konvergierenden Tendenzen hatte sich der Abstand zwischen der Philosophie und den Erfahrungswissenschaften merklich verringert – in manchen Forschungsbereichen sogar auf Sprungweite.

Dazu kam, daß die Industriegesellschaft in dieser Zeit machtvoll ihrer vollen Entfaltung zustrebte, was zur Folge hatte, daß die vorindustriellen soziokulturellen Lebensformen sich mit zunehmender Geschwindigkeit auflösten, ohne daß andere, dem wissenschaftlichen Bewußtsein und den Strukturgesetzen der Industriezivilisation angemessene verbindliche institutionelle Interaktionsschemata an ihre Stelle getreten wären. Die dadurch in sämtlichen Lebensbereichen sich bemerkbar machende Desorientierung und Verhaltensunsicherheit hatte ein ausgeprägtes Krisenbewußtsein entstehen lassen, das allen Denkenden die Frage nach Wesen und Bestimmung des Menschen und nach der Möglichkeit des Aufbaues einer neuen kulturellen Lebenswelt als Schicksalsfrage erscheinen ließ. Unter dem Eindruck des Ersten Weltkrieges, der die letzten institutionellen Restbestände der alteuropäischen Kultur zugrunde gerichtet hatte, wurde in den zwanziger Jahren die Forschung am Menschen mit stärkstem existentiellem Engagement betrieben.

Diese Situation hat Landmann im Auge, wenn er sagt: »Die 20er Jahre unseres Jahrhunderts brachten eine ›anthropologische Wende‹: alle philosophischen Disziplinen schienen auf Anthropologie hin zu konvergieren. Mit Witterung dafür, welche Keime in der Zeit lagen, schrieb Max Scheler schon vor dem Ersten Weltkrieg in einem Aufsatz ›Zur Idee des Menschen‹: ›In einem gewissen Verstande lassen sich alle zentralen Probleme der Philosophie auf die Frage zurückführen, was der Mensch sei.‹ Gegen Ende seines Lebens schreibt er: ›Wenn es eine philosophische Aufgabe gibt, deren Lösung dieses Zeitalter mit einzigartiger Dringlichkeit fordert, so ist es die einer philosophischen Anthropologie. Ich meine eine Grundwissenschaft vom Wesen und Wesensaufbau des Menschen‹« (Landmann ³1969, 37).

Max Scheler begründete die moderne philosophische Anthropologie, indem er mit aller Entschiedenheit die Frage nach dem Wesen des Menschen als Grundfrage der Philosophie formulierte und zugleich einen gangbaren Weg zu ihrer Beantwortung durch den konsequent durchgeführten Versuch wies, die einzigartigen Wesenseigenschaften und Fähigkeiten des Menschen durch kontrastierenden Vergleich der menschlichen Organisationsform mit den die wichtigsten Entwicklungsstufen der Evolution kennzeichnenden Organisationsformen der vormenschlichen Lebewesen zu erfassen. Mit diesem Verfahren, den Wesensbegriff des Menschen aus der systematisch-vergleichenden Analyse der phylogenetisch bedingten Sonderstellung des Menschen resultieren zu lassen, erneuerte Scheler eine schon oft in der Geschichte des anthropologischen Denkens versuchte Forschungsstrategie auf einem hohen, bisher nicht annäherungsweise erreichten Entwicklungsniveau aller anthropologisch relevanten Wissenschaften und schuf dadurch das methodische Grundmuster der philosophischen Anthropologie, das alle später vorgenommenen Veränderungen seines eigenen anthropologischen Konzeptes überdauerte.

In seinem bekannten Buch »Die Stellung des Menschen im Kosmos« (1928) gibt Scheler einen Aufriß seiner Anthropologie. Am Leitfaden der epigenetischen Entwicklung der Lebewesen sucht er den wichtigsten Entwicklungsstufen (Pflanze – Tier – höhere Tiere – Mensch) eine Stufenfolge in der Entwicklung der biopsychischen Fähigkeiten zu entnehmen: Lebensdrang – Instinkt – gewohnheitsmäßiges Verhalten – praktische Intelligenz. Der Mensch als Endprodukt der Epigenese besitzt alle diese Fähigkeiten in modifizierter Form ebenfalls, auch seine sensomotorische praktische Intelligenz ist nur graduell verschieden von derjenigen der Menschenaffen, wie Scheler Wolfgang Köhlers bekannten Versuchen auf Teneriffa entnehmen zu können glaubte. Der eigentliche Wesensunterschied zwischen Tier und Mensch liegt nach Scheler im menschlichen Geist, der einzigartigen Fähigkeit des Menschen zur distanzierenden Stellungnahme zu seinem Lebensvollzug, durch die der Mensch ein personales Aktzentrum bildet, das die Bedingung seines Selbst-Bewußtseins ist. Als Geistwesen in diesem Sinne ist der Mensch nicht mehr fixiert auf eine Umwelt, wie das Tier, sondern »umweltfrei« oder *»weltoffen«*, nicht mehr triebgebunden, sondern auch grundsätzlich frei zum »Neinsagen«, zur Hemmung des Lebensprozesses bis hin zum Extremfall des Freitodes.

Mit seinem Stufenschema und der viel kritisierten Gegenüberstellung von Geist und Leben hat allerdings Scheler wieder eine Abart des Dualismus geschaffen, die ihn daran hinderte, den Menschen ganz konsequent als einzigartige, ganzheitliche Organisationsform mit durchlaufenden Strukturgesetzlichkeiten aufzufassen.

Helmuth Plessner dagegen vermied in seinem anthropologischen Hauptwerk »Die Stufen des Organischen und der Mensch« (1928) bei der Durchführung eines analogen Konzeptes sorgfältig jeden dualistischen Ansatz. Auch er macht die Entwicklungsstufen der Epigenese von der Pflanze an zum Gegenstand einer systematisch vergleichenden Betrachtung, aber er untersucht nicht nur die Höherentwicklung bestimmter Verhaltensfähigkeiten, sondern das *Gesamtverhältnis*, in dem ein Organismus bestimmter Entwicklungshöhe zu dem »Umfeld« bzw. der »Um-Welt« (Plessner [2]1965, 230 ff, 247 ff) steht, an die er angepaßt ist und auf die seine Verhaltensmuster bezogen sind, d. h., er thematisiert das *Bezugssystem*, das zentriert wird durch einen artspezifischen Lebensprozeß. So betrachtet lebt das Tier im Unterschied zum Menschen aus seiner Lebensmitte heraus in seine Umwelt hinein, es hat ein lebensrelevantes Verhältnis zu seinem »Umkreis«, aber es hat kein Verhältnis zu diesem Verhältnis, seine »Positionalität« innerhalb seines Lebensareals ist unmittelbar vollzugshaft, ohne Möglichkeit einer Distanznahme (Plessner, a.a.O., 288 f). Der Mensch hingegen »ist hinter sich gekommen«, er hat die Möglichkeit, zu sich selber, auch zum eigenen Leibe, in Distanz zu treten und sich zum Gegenstand zu machen. Die »Positionalität« des Menschen ist wesentlich »exzentrisch«; er geht nicht auf in seinen Lebensvollzügen wie das Tier, sondern steht exzentrisch zu ihnen, er hat gleichsam einen »dahinter« liegenden Fluchtpunkt, von dem aus er sich beobachten und um sich und sein Erleben wissen kann (Plessner, a.a.O., 291 ff, 309 ff).

Der Mensch existiert zugleich »zuständlich« und »gegenständlich«, er lebt in die

Welt hinein, aber durch Reflexion wird sein Weltbezug und damit er selbst als dessen Subjekt sich gegenständlich und wißbar. Er existiert »in« seinem Leib, aber er weiß ihn zugleich gegenständlich als Körper und kann deshalb über ihn verfügen wie über ein Instrument. Solcherart lebt der Mensch nicht nur, sondern er *führt* sein Leben in »natürlicher Künstlichkeit« und »vermittelter Unmittelbarkeit« (Plessner, a.a.O., 309 f, 321 f).

Gestützt auf die Ansätze Schelers und Plessners ist es jedoch erst Arnold Gehlen gelungen, die philosophische Anthropologie zu einer systemförmigen methodisch allseitig entwickelbaren Gesamttheorie vom Menschen auszubauen. Wie seine Vorgänger geht auch er von der vergleichenden Analyse der Sonderstellung des Menschen aus, aber er begnügt sich nicht mit der Herausarbeitung wesentlicher Anthropina, sondern radikalisiert in höchst folgenreicher Weise den anthropobiologischen Ansatz, indem er von vornherein die Frage nach den elementaren *Existenzbedingungen* des Menschen als einzigartigem »Naturentwurf« stellt. »Man sehe sich dieses sonderbare und unvergleichliche Wesen an, dem alle tierischen Lebensbedingungen fehlen, und frage sich: vor welchen Aufgaben steht ein solches Wesen, wenn es einfach sein Leben erhalten, sein Dasein fristen, wenn es seine bare Existenz durchhalten will?« (Gehlen [7]1962, 16). Als Antwort darauf entwickelt Gehlen seinen Begriff vom Menschen als dem *handelnden* Intelligenzwesen: Der Mensch, der nicht wie das Tier organisch wie verhaltensmäßig auf eine bestimmte Umwelt spezialisiert und festgelegt ist, kann nur überleben, weil er über die Fähigkeit zur intelligenten, bewußt geführten, vorsehenden, planenden, über die Erfahrung von Erfolg und Mißerfolg rückgesteuerten *Handlung* oder zur eigentätig durchzuführenden intelligenzgesteuerten Auseinandersetzung mit der Welt verfügt, die es ihm ermöglicht, die Natur »ins Lebensdienliche umzuarbeiten«. Diese Handlungsfähigkeit macht nicht nur die *Grundfähigkeit* des Menschen aus, von der alle übrigen Fähigkeiten, selbst die Sprachfähigkeit, abzuleiten sind, sondern stellt zugleich das Konstruktionsprinzip seines gesamten biologischen Bauplanes dar, der in allen seinen Subsystemen bzw. Teilfunktionen auf sie hin angelegt ist.

Aufgrund dieses systematischen Leitgedankens, der die produktive, intelligenzgesteuerte Tätigkeit als Grundprinzip aller menschlichen Leistungsstrukturen zusammenzudenken vermag mit dem bauplanmäßigen Organisationsprinzip der Species *Homo sapiens*, wird es Gehlen möglich, den Tier-Mensch-Vergleich biologisch außerordentlich zu konkretisieren und die oft bemerkte relative Unspezialisiertheit des Menschen, die ihn in bezug auf Organausstattung und Instinktausrüstung zum »Mängelwesen« macht, als organische Bedingung der universell einsetzbaren, virtuell unbegrenzt modifikablen und entwicklungsfähigen weltoffenen Intelligenzhandlung zu erklären.

Eine weitere bahnbrechende Leistung vollbrachte Gehlen dadurch, daß er sich nicht wie seine Vorgänger mit der Feststellung der Wesensunterschiede zwischen tierischer und menschlicher Organisationsform begnügte, sondern konsequent auf den biologischen *Entwicklungsprozeß* rekurrierte, der die einzigartige untierische Bauplanstruktur des Menschen hervorgebracht hat, und somit die *Sonderstellung* des Menschen als Ergebnis einer phylogenetischen *Sonderentwicklung* zu begreifen trachtet, da die Natur offenbar »im Menschen eine sonst nicht vorhandene, noch nie ausprobierte Richtung der Entwicklung eingeschlagen« hat (Gehlen, a.a.O., 17). Diese Sichtweise machte es möglich und notwendig, die Theorien über die *Abstammung des Menschen* in die anthropologische Gesamttheorie einzubeziehen und eine Erklärung dafür zu suchen, daß bei allen nichtmenschlichen Organismen die stammesgeschichtliche Entwicklung in Richtung auf eine optimale Spezialisierung auf ein bestimmtes Lebensmilieu verläuft, während sie einzig und allein beim Menschen eine hochgradig unspezialisierte Organisationsform hervorbringt. An diesem Punkt hat Gehlen eine theoretische Entwicklung angebahnt, die später weit über seine Art der Diskussion des Abstammungsproblems hinausging und dazu führte, daß die Gesamttheorie vom Menschen sich tief in Biologie und Evolutionstheorie hineinentwickelt und neuerdings sogar Anschluß an die neu entstandene »evolutionistische Erkenntnistheorie« gefunden hat.

Die Darstellung des ursprünglichen Gehlenschen Theoriekonzeptes soll aber in diesem Rahmen über den letztgenannten Punkt hinaus nicht fortgesetzt werden. Denn Gehlen legte das theoretische Fundament zu einer Gesamtwissenschaft vom Menschen, die sich in der Folge – wie jede echte, eines Erkenntnisfortschrittes fähige Wissenschaft – in ständiger Interaktion mit dem erfahrungswissenschaftlichen Forschungsprozeß rasch weiterentwickelt und den ursprünglichen Theorieentwurf ausgebaut, modifiziert, präziser durchstrukturiert und auch korrigiert hat. Deshalb erscheint es angebracht, die anthropologische Gesamttheorie vom Menschen auf ihrem gegenwärtig erreichten Entwicklungsstand vorzustellen und die aus dem Ursprungskonzept Gehlens stammenden Theoriebestände als konstant gebliebene Grundstrukturen zu behandeln. Ausdrücklich sei nur darauf hingewiesen, daß Gehlen bei der Untersuchung der Grundfunktionen des intelligent handelnden Wesens Mensch, nach dem Vorbilde Herders, das Hauptaugenmerk auf die *Sprache* legte und eine heute noch als repräsentativ geltende anthropologische Sprachtheorie geschaffen hat; und daß er der erste war, der den Versuch unternahm, aufgrund der erarbeiteten anthropologischen Kategorien eine *Kulturanthropologie* aufzubauen (bes. »Urmensch und Spätkultur«, 1956), die darlegt, wie aus dem gemeinschaftlichen Handeln der Menschen dauerhafte kulturelle Institutionen mit bestimmten Entwicklungsgesetzlichkeiten hervorgehen, und den geschichtlichen Wandel untersucht, den die menschliche Kultur und damit die gesamte Daseinsverfassung des Menschen auf dem Wege von den archaischen Primitivkulturen bis zur modernen wissenschaftlich-technischen Industriezivilisation durchgemacht haben.

Die bedeutendsten und am weitesten über Gehlen hinausführenden Fortschritte erzielte die Gesamtwissenschaft vom Menschen bei der Weiterentwicklung ihrer biologischen bzw. bio-anthropologischen Basistheorie. Der anthropo-biologisch orientierte Theorieansatz brachte es mit sich, daß sie sich immer stärker nach den Biowissenschaften ausrichtete und in zunehmendem Maße vom rapiden Erkenntnisfortschritt derselben beeinflußt und modifiziert wurde. Neue bahnbrechende Erkenntnisse der Genetik, der Evolutionstheorie und der Ethologie forderten zur

Aufstellung von umfassenden gesamtbiologischen Theorien heraus und veranlaßten namhafte Biologen zu weiteren Vorstößen in fundamentale Themenbereiche der philosophischen Anthropologie. Das wohl faszinierendste Resultat derartiger Entwicklungen besteht in der sich neuerdings anbietenden theoretischen Möglichkeit, den Evolutionsmechanismus selbst als ursprünglichen, quasi »kognitiven« organischen Lern- und Erkenntnismechanismus aufzufassen (vgl. Lorenz 1973), der im Verlauf eines langen epigenetischen Entwicklungsprozesses über viele Vor- und Zwischenstufen das echte (offen programmierte) Lernverhalten hervorbrachte, das sich selbstregulatorisch über Erfolgsrückmeldungen zu steuern vermag und dessen Evolution in der Ausbildung jenes hochkomplexen kognitiven Verhaltenssteuerungssystems gipfelt, das die menschliche Intelligenzorganisation darstellt.

Die Bildung derart umfassender Theoriezusammenhänge wurde in erster Linie dadurch induziert, daß es aufgrund neuerer Erkenntnisse der Genetik und Biochemie möglich geworden ist, das Wirkungsgefüge des Evolutionsmechanismus, insbesondere das Zusammenspiel von Mutation und Selektion aus der Fähigkeit bestimmter hochpolymerer Großmoleküle (Desoxyribonukleinsäureverbindungen = DNS) zur sogenannten *identischen Reduplikation* (od. Replikation), d. h. zur Selbstvermehrung durch fortgesetzte Selbstverdoppelung abzuleiten (s. den Beitrag von G. Galling in Band I dieser Enzyklopädie). Diese als ursprünglichste Lebenseigenschaft anzusehende Fähigkeit der DNS-Struktur zur identischen Reduplikation bewirkt nämlich Fortpflanzung und Vermehrung, denn sie führt zu einer automatischen, virtuell unbegrenzten Selbstvermehrung einer biochemischen Grundstruktur in geometrischer Progression und wahrt zugleich die strukturelle Identität aller Produkte des Vermehrungsvorganges, was gleichbedeutend ist mit erblicher Kontinuität in einem Fortpflanzungszusammenhang. Der Ursprung des Lebens fällt demnach zusammen mit der Entstehung von derartigen DNS-Biopolymeren, die vor zirka 3,8 Milliarden Jahren unter den Bedingungen der »Uratmosphäre« stattgefunden haben muß.

Würde freilich der reproduktive Mechanismus vollkommen exakt und »fehlerlos« arbeiten, so daß die Identität der in der Fortpflanzungskette weitergegebenen Strukturen ohne die geringste Abweichung erhalten bliebe, dann hätte weder eine Möglichkeit der Anpassung der ursprünglichen organischen Struktur an die stetig sich verändernden Umweltbedingungen bestanden noch hätte ein epigenetischer Prozeß der Entwicklung zu höheren Organisationsformen in Gang kommen können. Bei absolut identischer Reduplikation wäre der Prozeß der Selbstvermehrung der Biopolymeren linear auf der gleichen primitiven Strukturebene weitergelaufen und hätte mit der Auflösung der »Uratmosphäre« sein Ende gefunden (s. den Beitrag von H. Wendt u. M. Schidlowski in Band I dieser Enzyklopädie).

Tatsächlich aber bringt die Replikation der DNS-Moleküle nicht immer ein strukturell völlig identisches Ergänzungsprodukt hervor. Gelegentlich kommt eine Abweichung vom Original vor, die sich rein zufällig, wie ein »Fabrikationsfehler« ereignet, was man als *Mutation*, als spontane partielle Veränderung der Erbstruktur, bezeichnet. Obwohl Mutationen verhältnismäßig selten auftreten und obwohl die Mutation infolge ihrer Zufallsbedingtheit keine wie immer geartete teleologisch deutbare Ausrichtung aufweist, spielt sie bei der Evolution die entscheidende Rolle, insofern sie gleichsam die Funktion des Motors im Evolutionsmechanismus ausübt. Denn die mutative Veränderung bestimmter Eigenschaften einer organischen Struktur bewirkt zwangsläufig eine Veränderung ihres Verhältnisses zur Umwelt, die ihr die Ressourcen für Selbsterhaltung und Selbstvermehrung liefert. Solche richtungslosen Veränderungen des Umweltbezuges können für die davon betroffenen Strukturen negative Folgen zeitigen, sie können weitgehend folgenlos bleiben, aber in seltenen Ausnahmefällen ». . . setzt«, wie Lorenz das formuliert, »eine Mutation einen Organismus in den Stand, seine Umwelt besser auszunutzen als seine Vorfahren es konnten«. »Dies bedeutet immer, daß das neue Wesen irgendeiner Gegebenheit seiner Umwelt ›besser gerecht wird‹, wodurch sich seine Aussichten auf Energiegewinn vermehren ... In gleichem Maße steigen die Überlebens- und Fortpflanzungsaussichten des begünstigten Organismus und sinken die seiner nicht in gleicher Weise ausgestatteten Brüder, die durch die Konkurrenz zum Aussterben verurteilt sind. Den Vorgang dieser natürlichen Auslese nennt man *Selektion*, die durch ihn bewirkte Veränderung der Lebewesen *Anpassung*« (Lorenz 1973, 35 f).

Dieses Zusammenspiel von Mutation und Selektion, der beiden »großen, aber blinden Baumeister des Artwandels«, wie Lorenz sie nennt, funktioniert, wie auch Bernhard Rensch hervorhebt, wie ein langfristig angelegtes, mit einer gigantischen Menge von Exemplaren arbeitendes Serienexperiment, in welchem eine neu »erfundene« Struktur- bzw. Funktionsvariante oder gar ein neuer »Konstruktionstyp« erprobt wird: Die durch Mutation verursachten Veränderungen eines organischen Bauplanes werden gewissermaßen einem Eignungstest unterzogen, in dem festgestellt wird, ob und in welchem Maße sie den Umweltgegebenheiten so weit entsprechen oder ihnen so weit angepaßt sind, daß sich die Auseinandersetzung des betreffenden organischen Systems mit seiner Umwelt effizienter gestaltet. In diesem Serienexperiment stellt jedes mit einer mutativen Neubildung ausgestattete Individuum einen »Testfall« dar, der einem »Überlebensexperiment« unter Konkurrenzbedingungen gleichkommt.

Das entscheidendste Resultat dieses Evolutionsmechanismus ». . . bestand wohl darin, daß eine selbstreplikatorische Substanz sich mit einer [Protoplasma-]Hülle umgeben konnte, die den Aufbau eines von der Umwelt abgekapselten inneren Milieus gestattete. Die Abkapselung ermöglichte die Errichtung einer inneren Ordnung und somit den Aufbau eines Systems, das zwar für Austauschprozesse mit der Umwelt offen war, aber bereits eine gewisse Eigenständigkeit besaß. Damit hatten genähnliche Moleküle eine Strategie entdeckt, um erfolgreich zu überleben« (Eccles, Zeier 1980, 66). Der nächste bedeutende Schritt der Evolution bestand im Zusammenschluß derartiger Einzelzellen zu mehrzelligen Organismen, den »organischen Systemen« im engeren und eigentlichen Sinne (s. den Beitrag von W. Guttmann u. a. in Band I dieser Enzyklopädie).

Weil die mutativen Veränderungen, die sich wie versuchsweise neu eingeführte

Bauplanentwürfe ausnehmen, durch die Selektion einer Art von Erfolgskontrolle unterworfen werden, die darin besteht, daß unter Konkurrenzbedingungen nur diejenigen Mutanten überleben und die Kontinuität des Fortpflanzungszusammenhanges aufrechterhalten, die mit den jeweils realitätsgerechteren Strukturen ausgestattet sind, und weil die Strukturmodifikationen, die aufgrund ihrer besseren Realitätsentsprechung optimalere, arterhaltende Leistungen vollbringen, im Genom aufbewahrt und gespeichert werden und dadurch ihrerseits wieder die Basis für noch bedeutendere mutative Innovationen abgeben können, nimmt der allmähliche und stetige Veränderungs- oder Anpassungsprozeß, den ein organisches System solcherart durchmacht, die Form eines über Erfolg und Mißerfolg rückgesteuerten kumulativen *Entwicklungsprozesses* an, der seiner Funktionsweise nach eine frappierende Ähnlichkeit mit einem *Lernvorgang* bzw. einem *Erfahrungs-* und *Erkenntnisprozeß* aufweist, in welchem Informationsspeicherung und Informationsverarbeitung bzw. Wissenserwerb stattfindet.

Es handelt sich dabei aber keineswegs um eine zufällige Analogie; denn der Prozeß der Anpassung bedeutet eine Auseinandersetzung des organischen Systems mit der es umgebenden Realität in der Form, daß – wie Lorenz formuliert – »eine Entsprechung zwischen dem sich anpassenden Organismus und dem, woran er sich anpaßt« (Lorenz 1973, 36) zustande kommt, die auf seiten des Organismus ihren dauerhaften Niederschlag in der Ausgestaltung der Organstrukturen – also in seiner Morphogenese – findet. Im Anpassungsprozeß bringt der Organismus Strukturen hervor, die der externen Realität affin sind, er »assimiliert« (Piaget) ihre konstanten Relationen und repräsentiert sie in seiner Organausstattung und seiner Funktionsweise, d. h., er »erfährt« etwas über ihre Gesetzmäßigkeiten, er erhält und verarbeitet *Informationen* über Realitätsstrukturen. Lorenz erinnert in diesem Zusammenhang mit Recht daran, daß In-formation dem ursprünglichen Wortsinn nach »Einprägung« bedeutet, so daß es durchaus statthaft ist, von einem »Informationserwerb des Genoms« zu sprechen (Lorenz, ebd.). So gesehen zeigt sich, daß trotz der unendlichen Kluft, die den blind und bewußtlos wirkenden Evolutionsmechanismus vom bewußten Lern- und Erkenntnisprozeß zu trennen scheint, zwischen beiden eine echte *Wesensverwandtschaft* besteht, die durch einen verbindenden epigenetischen Entwicklungszusammenhang gegeben ist. Das »Versuchs- und Irrtumsverfahren« des Evolutionsmechanismus, der unaufhörlich mutativ Innovationen hervorbringt, sie quasi-experimentell mit der Realität konfrontiert und die passende beibehält, ist nach Lorenz selbst als »primärer kognitiver Mechanismus« (Lorenz, a.a.O., 67), als urtümlichste Form des »Wissenserwerbes« oder als ursprünglicher, selbstregulatorisch sich rücksteuernder Funktionskreis zu betrachten, der alle organischen Strukturen und Funktionen, auch alle Lernmechanismen und schließlich die menschliche Intelligenzorganisation hervorgebracht hat.

Die Funktionsweise des Evolutionsmechanismus erklärt die Möglichkeit der Epigenese, der Höherentwicklung der Organismen, gibt aber auch Aufschluß über die Verlaufsform stammesgeschichtlicher Entwicklungen. Im Verlauf des stammesgeschichtlichen Entwicklungsprozesses tendiert jedes organische System dazu, sich durch fortschreitende Spezialisierung seiner Strukturen und Funktionen an die Bedingungen eines bestimmten Lebensraumes optimal anzupassen. Hat es aber den Zustand optimaler Anpassung erreicht, dann ist die nicht mehr rückgängig zu machende Spezialisierung so weit fortgeschritten, daß die Möglichkeit einer Weiterentwicklung durch Neuanpassung und Konstruktionsänderung nicht mehr gegeben ist: der betreffende Bauplan ist dann festgelegt, seine Entwicklungsmöglichkeiten sind weitestgehend ausgeschöpft. Verändern sich die Umweltverhältnisse erheblich, dann sind hochspezialisierte Organismen zum Aussterben verurteilt, was verständlich macht, daß so viele stammesgeschichtliche Entwicklungen in Sackgassen geführt haben. Bernhard Rensch (^{2}1965, 24 ff), ein führender Evolutionstheoretiker, legte überzeugend dar, daß jede stammesgeschichtliche Entwicklung von relativ unspezialisierten Bauplantypen ausgeht und mit ihrer irreversiblen Spezialisierung endet. Bringt die Evolution neuartige Konstruktionstypen hervor, dann setzt zunächst eine sehr lebhafte Formenradiation, eine Neubildung von Arten, Gattungen und Familien ein. »Es wurden gewissermaßen auf der neuen Konstruktionsbasis infolge der richtungslosen Mutation alle möglichen Sonderprägungen auf ihre Einpassung in die verschieden gearteten Lebensstätten durchprobiert... Nach solchen [Virenz-]Perioden wurde die Zahl der Entwicklungsreihen, d. h. der Stammbaumäste, dann durchschnittlich geringer, weil die weniger geeigneten Konstruktionstypen aussterben und sich nur die besten, d. h. die in zahllosen Ketten von Generationen durch unzählige Auslese-Examina erprobten Stammesreihen fortentwickelten« (Rensch, a.a.O., 25, 26). Auf die Virenzphase folgt eine Phase der verlangsamten Entwicklung (Anagenese), in der progressiv die Spezialisierung erfolgt, bis schließlich die Entwicklung mit der Ausbildung von optimal angepaßten Endbauplänen zum Abschluß kommt. Diese Phasengesetzlichkeit der stammesgeschichtlichen Entwicklung war die Grundlage für die von E. Cope (1884) als »law of the unspecialized« ausgesprochene Regel, die besagt, daß neue Entwicklungsreihen nur von Lebensformen ausgehen konnten, die sich noch im Zustande der *relativen Unspezialisiertheit* befanden. Auch die zum Menschen führende Entwicklungslinie konnte daher nur von einem relativ unspezialisierten Primatentyp ausgehen, doch im Prozeß der Menschwerdung erfolgte in einzigartiger Weise *keine* fortschreitende Spezialisierung, sondern die relative Unspezialisiertheit der Ausgangsform wurde beibehalten, ja es ereignete sich sogar eine weitere Entspezialisierung der Organisationsform.

Diese einzigartige Sonderentwicklung läßt sich durch weitere Ergebnisse der Evolutionsforschung erklären. Die tierischen Organismen bildeten nämlich nicht nur spezielle Organstrukturen aus, sondern auch Steuerungsmechanismen des Verhaltens, die den Einzelorganismus befähigen, sich kurzfristig in arterhaltend sinnvoller Weise auf situationsbedingte Umstände einzustellen. Lorenz unterscheidet zwei Arten von Verhaltenssteuerungsmechanismen, die ein verschiedenartiges Konstruktionsprinzip besitzen, aber in Kombination miteinander vorkommen können.

Die einen vermögen Augenblicksinformationen in Gestalt von Reizkombinationen mit arterhaltend zweckmäßigen Reaktionen zu beantworten, ohne imstande zu sein, diese Informationen zu speichern, so daß ihr Mechanismus nicht modifizierbar ist. Die epigenetische Entwicklungsreihe dieser Verhaltenssteuerungsmechanismen gipfelt in der Ausbildung der *Instinkte* (der »arteigenen Triebhandlungen« i. S. Oskar Heinroths), die erbfest montierte Verhaltensweisen darstellen, die in stereotyper Bewegungsform ablaufen, wenn ein Schlüsselreiz den ihnen zugeordneten Auslöse-Mechanismus (AAM) veranlaßt, sie zu enthemmen. Bei höheren Tieren mit reichhaltigem Verhaltensrepertoire vereinigen sich diese instinktiven Verhaltensprogramme zu komplexen Antriebsstrukturen, die genau gegliedert und systematisch koordiniert sind und jene großen Funktionseinheiten bilden, die Tinbergen als »hierarchisch geordnete Instinkt-Systeme« (1952) beschrieben und analysiert hat und die als unveränderliche, angeborene »Verhaltensskelette« das Lebensspiel der Tiere bis ins einzelne regeln und beherrschen.

Die Verhaltenssteuerungsmechanismen des anderen Funktionstypus hingegen sind modifikable »kognitive« Mechanismen, die imstande sind, Informationen über die Umwelt zu erwerben, zu speichern und zu verarbeiten. Die Entwicklung dieser adaptiven Verhaltensprogramme gipfelt in der Ausbildung des echten *Lernmechanismus*, der die starre Sequenz der Instinktbewegungen förmlich umgreift und einen rückgekoppelten Funktionskreis entstehen läßt, der den Enderfolg einer Aktion auf ihre Ausgangsbasis zurückwirken läßt, was ihre Steuerung bzw. Rücksteuerung vom jeweils eintretenden Erfolg oder Mißerfolg ebenso möglich macht wie die Verarbeitung der gewonnenen Informationen zu besser koordinierten und effizienteren Verhaltensmustern. Die Ausbildung echter kognitiver Lernmechanismen bedeutet den wohl größten Entwicklungssprung im Verlaufe der Evolution, da dieser das Einzelindividuum befähigt, die gleiche Leistung zu vollbringen wie der primäre kognitive Mechanismus des Genoms – nur in unendlich kürzerer Zeit und mit erheblich weniger Aufwand an Testfällen. Lernmechanismen entwickelten sich bei allen höher organisierten, schnell beweglichen und in einem differenzierten Milieu lebenden Tieren, aber das Lernverhalten blieb dennoch immer dem instinktiven Verhalten untergeordnet. Die Instinktsysteme begrenzten die Leistung der kognitiven Mechanismen auf die artspezifische Umwelt und schrieben ihnen gewissermaßen das Lernziel vor.

Da eine Erhöhung der Leistungsfähigkeit der kognitiven Funktionen nur möglich ist, wenn das aus miteinander verknüpften Instinktbewegungen bestehende »Verhaltensskelett« an Starrheit verliert und flexibler wird, ereignete sich im Zuge der Hochentwicklung der Lernmechanismen schon bei niedrigeren Säugern vor allem im Verhaltensbereich der Lokomotion eine partielle *Instinktreduktion*, die im Zerfall längerer Ketten von Instinktbewegungen in einzelne Erbkoordinationen besteht, die dann durch das erfolgsgesteuerte Lernverhalten wie starre elementare Bausteine zu mannigfaltigen habitualisierten Bewegungsfiguren zusammengefaßt werden können.

Die schon im Tierreich einsetzende Instinktreduktion bleibt aber auch bei den höchstentwickelten »Lerntieren«, den greifhandkletternden Primaten, *partiell*,

d. h. ergreift nur Teilbereiche der Instinktsysteme, so daß diese ihre dominante Rolle als erbfeste Führungssysteme des Gesamtverhaltens behalten.

Eine grundsätzliche Änderung dieses für alle Tiere typischen Verhältnisses der übergeordneten Instinktsysteme und untergeordneten, leistungsmäßig auf vital relevante Lernziele eingeschränkten kognitiven Funktionskreise ergab sich erst im Verlaufe des Prozesses der Menschwerdung.

Der (vor fast 20 Mio. Jahren) beginnende Hominisationsprozeß wurde dadurch initiiert, daß greifhandkletternde Primatengruppen, die in der Anpassung an das Baumleben schon so weit fortgeschritten waren, daß sie das binokular fixierende Sehen, die optisch gesteuerte Greifhand und beachtlich leistungsfähige kognitive Mechanismen ausgebildet hatten, aber noch nicht den Zustand der endbauplanmäßigen Hochspezialisierung oder Totalanpassung erreicht hatten, durch die Auflichtung der spättertiären Urwälder ihres ursprünglichen Lebensraumes verlustig gingen und gezwungen wurden, sich an das Bodenleben in der entstehenden Savanne neu anzupassen.

Diese Anpassung an den neuen Lebensraum war aufgrund der bauplanmäßigen Ausstattung der noch relativ unspezialisierten anthropogenen Primaten nur durch Ausbau und progressive Hochentwicklung der schon vorhandenen, hauptsächlich der Steuerung der Greifhand dienenden Lernmechanismen möglich. Die Ausbildung des aufrechten bipeden Ganges und die Freilegung der Hände schuf die Voraussetzung für die unter stärkstem Selektionsdruck vor sich gehende progressive Zerebralisation und die damit verbundene Entwicklung der kognitiven Verhaltenssteuerungsmechanismen zu einem System von Intelligenzfunktionen. Retardation und Neotenie begünstigten die Zerebralisation und ermöglichten die Weiterführung der partiellen Instinktreduktion zur totalen, die den gänzlichen Zerfall der ursprünglichen tierischen Instinktsysteme in elementare Instinktresiduen herbeiführte und die daher einer der wichtigsten Voraussetzungen für die Entfesselung der Intelligenzentwicklung bildete. Weil jede Spezialisierung der Entwicklung der Intelligenzorganisation zum Führungssystem des Gesamtverhaltens bzw. ihrer Erhebung zum Konstruktionsprinzip des neuen Bauplanes hinderlich gewesen wäre, blieb erstens die relative Unspezialisiertheit der anthropogenen Primaten erhalten und trat zweitens im Gefolge der Neotenie eine weitere sekundäre Entspezialisierung ein.

Das Resultat dieser extremen Hochentwicklung der kognitiven Verhaltenssteuerungsmechanismen ist die menschliche Intelligenzorganisation, deren Strukturprinzip darin besteht, daß der Funktionskreis der rückgekoppelten, über die Rückmeldung von Erfolg und Mißerfolg sich steuernden bewußten Handlung von der Bezogenheit auf eine artspezifische Umwelt losgelöst und damit frei beweglich und universell verwendungsfähig wird. Beim Menschen wird die von jeder Instinktfesselung befreite intelligente Handlung zur vollständig in sich reflektierten, selbstbezüglichen, sich selbst faßlichen Aktion, die imstande ist, sich selbst zu führen, zu kontrollieren und in Richtung auf den antizipierten Erfolg einzusetzen.

Dieser frei bewegliche, universell anwendbare, unbegrenzt entwickelbare theoretisch-praktische Funktionskreis der in sich reflektierten Intelligenzhandlung befähigt den Menschen, selbstbewußt und auf unendlich höherer Integrationsebene zu jener Leistung, die auf primitivster bewußtloser Ebene schon der primäre kognitive Mechanismus des Genoms vollbringt: nämlich zu einer Auseinandersetzung mit der Realität in Form eines autoregulativen Versuchs- und Erfolgsverfahrens, das kumulativen Informationsgewinn und Wissenserwerb gestattet und dadurch über einen inneren Mechanismus der Höherentwicklung verfügt.

Aus dieser seiner stammesgeschichtlichen Entwicklung wird auch verständlich, warum der Mensch nicht erst durch irgendein zur ursprünglichen tierischen Organisationsform hinzutretendes Vermögen wie Schelers »Geist« zum Menschen wird, sondern ein gänzlich neues, einheitliches organisches System auf einer einzigartigen, durch einen noch nie vorgekommenen Entwicklungssprung erreichten Integrationsebene darstellt, in welchem alle Teile, Subsysteme und Funktionen auf die zum dominanten Steuerungssystem des Verhaltens aufgestiegene Intelligenzorganisation ausgerichtet und zugeschnitten sind.

Die Mängel, die der Mensch im Vergleich zum Tier aufweist, erweisen sich somit als Möglichkeitsbedingungen der freigesetzten Intelligenzhandlung: die relative Unspezialisiertheit entspricht der Umweltenthobenheit des Menschen, die unspezialisiert gebliebene Greifhand fungiert als natürliches Universalwerkzeug, als Werkzeug der Werkzeuge, und die Instinktreduktion bewirkt, daß die menschlichen Antriebe verschiebbar, hemmbar, kompensierbar und sogar sublimierbar, d. h. so plastisch und variabel sind, daß sie den verschiedenartigsten Handlungserfordernissen förmlich »nachwachsen« können (Gehlen [7]1962).

Andererseits aber stellt das Fehlen der naturhaften Festgestelltheit eine gewaltige *Belastung* für den Menschen dar und beinhaltet ein Risiko, dem kein anderes Lebewesen ausgesetzt ist.

Eine außerordentliche Belastung bedeutet schon die Weltoffenheit des Menschen, deren negative Kehrseite darin besteht, daß seine Wahrnehmungen für ihn keine angeborene Signalfunktion mehr haben und auf das Lebensrelevante hin ausgewählt und gefiltert sind wie beim Tier, was zur Folge hat, daß die Welt wie ein »Überraschungsfeld« (Gehlen, a.a.O., 36) vor ihm liegt, das ihn mit Reizen und Eindrücken förmlich überflutet.

Die infolge der Instinktreduktion zustande gekommene Entdifferenzierung seines Antriebslebens wiederum, die bewirkt, daß die Antriebe in keiner naturgegebenen Ordnung zueinander stehen, nie rhythmisch pausieren und deshalb chronisch ansprechbar sind, schafft eine zusätzliche Belastung, indem sie die Gefahr des Antriebschaos heraufbeschwört und so den Menschen zum »virtuell hemmungslosen« Wesen (a.a.O., 55) macht.

Von diesen Belastungen muß sich der Mensch handelnd mit selbstgeschaffenen Mitteln *entlasten*, indem er »die Mängelbedingungen seiner Existenz eigentätig in Chancen seiner Lebensfristung umarbeitet« (a.a.O., 36).

Der Mensch verschafft sich die lebensnotwendige Entlastung vom Druck der äußeren Natur, der er ursprünglich gleichsam deckungslos ausgesetzt ist, indem er durch intelligenzgesteuertes Handeln die begegnenden Weltbestände in Erfahrung zieht und durcharbeitet, Handlungsmöglichkeiten entwirft und tätig verwirklicht, an Erfolg und Mißerfolg lernt und seine Existenzbedingungen durch Veränderung der Realität nach seinen Zwecken produziert. Im Vollzuge dieser tätigen Auseinandersetzung mit der Natur verändert aber der Mensch auch sich selbst, indem er erfolgreiche Handlungsschemata habitualisiert und Leistungsstrukturen ausbildet, die sich zu immer größerer Komplexität entwickeln und schließlich ein »Führungs- und Unterordnungssystem« von Handlungsdispositionen oder eine »Aufbauordnung des Könnens« (a.a.O., 37) bilden.

Im Vollzuge dieser weltverändernden Tätigkeit entlastet sich der Mensch ebensosehr vom Druck seiner inneren, stets zum Antriebschaos tendierenden Triebnatur, indem er seine plastischen Antriebe den Erfordernissen seines tätigen Sachumganges gemäß ausrichtet, hemmend und verstärkend formiert und dadurch eine Antriebsordnung oder einen Charakter ausbildet. Dadurch gewinnt auch das Antriebsgefüge hierarchische Gestalt, insofern auf chronisch abgesättigten Primärbedürfnissen sachbezogene »höhere« Bedürfnisse oder Interessen wachsen und schließlich *Dauerinteressen* entstehen, die auf Fernziele mit selbstzweckhafter Geltung gerichtet sind und die Bewegung der Handlung über die »wechselnden Gegenwartsbedürfnisse in die Zukunft tragen« (a.a.O., 56).

Diese Auseinandersetzung des Menschen mit der Welt und sich selbst hätte aber ohne das *Sprachvermögen*, mit dessen Ausbildung die menschliche Intelligenz erst ihre Vollform erreicht, nie zu einer kumulativen kulturellen Hochentwicklung der Menschheit geführt. Erst in der Sprache vollendet sich das durchlaufende Strukturgesetz des intelligenten Verhaltens, da erst sie die Möglichkeit dafür schafft, daß der Funktionskreis der erfolgsgesteuerten Handlung dauerhafte Resultate hervorbringt, die sich zu einem entwicklungsfähigen System geistiger Leistungen zusammenschließen. Die Lautsprache nämlich ermöglicht es dem in sich reflektierten, auf sich selbst bezogenen menschlichen Handlungsvollzug, seinen Gegenstand und seine Aktionsform in *Symbolen* zu erfassen und zu objektivieren. Denn die Sprechbewegung ist eine motorische Aktion, die sich im Laut akustisch sinnlich rückempfindet und dadurch ein Lautzeichen schafft, das symbolisch eine bestimmte Tätigkeit *und* ihren Gegenstand bezeichnet und objektiv macht. »Das ›Intendieren‹, sofern es in Lautbewegungen verläuft, erschafft unmittelbar selbst schon das Symbol, den gehörten Laut, den es, mit der Sache umgehend, von ihr her empfängt – es empfindet also zugleich sich selbst und vernimmt die Sache« (a.a.O., 49). Der im Medium der Sprache vor sich gehende symbolisch vermittelte Umgang des Menschen mit den Weltbeständen und seinen eigenen Aktionsformen ist die Bedingung jedes *theoretischen Verhaltens*, das sich intendierend, kombinierend und entwerfend mit Gegenständen *abgelöst* vom konkreten Sachumgang und daher gänzlich entlastet beschäftigt. Das Lautsymbol ist »abhebbar« vom intendierten Ding und kann dieses auch während seiner Abwesenheit im Wahrnehmungsfeld vorstellungsmäßig vertreten. Die Sprachsymbolik befähigt den Menschen, unabhängig von der wirklichen Situation gedanklich mit den Gegenständen und seinen Handlungsweisen formend und strukturierend umzugehen oder *theoretische Entwürfe* hervorzubringen, die er jederzeit in vollwirkliche realitätsverändernde Handlungen überführen und an der Realität bewähren kann. Die Sprache ermöglicht somit dem Menschen erst ein völlig *situationsunabhängiges* Verhalten, bricht dadurch endgültig den Bannkreis der unmittelbaren tierischen Situations- und Gegenwartsverhaftetheit und bildet somit auch die Grundlage des menschlichen Zeitbewußtseins, weil sich der Mensch nun symbolisch auf Vergangenes, d. h. nicht mehr Wirkliches, und auf Zukünftiges, d. h. noch nicht Wirkliches, richten und ein Schema der Zeitordnung aufbauen kann.

Diese sprachmäßige, symbolisch vermittelte Interaktion des Menschen mit der Welt und sich selbst, in welcher ein Prozeß der Subjektivierung des Objektiven und der Objektivierung des Subjektiven vor sich geht, schafft erst die vom Naturgeschehen unabhängige Dimension der *geistigen Kulturwelt und der kulturellen Überlieferung*, die einen geschichtlichen Lebens- und Entwicklungszusammenhang konstituiert. Die kontinuierliche Tradierung erworbenen Wissens und Könnens in einer Sprachgemeinschaft ermöglicht im Bereiche des geschichtlich-gesellschaftlichen Lebenszusammenhanges das, was in der Natur unmöglich ist: die *Weitergabe erworbener Eigenschaften* über Ketten von Generationen, durch die ein kumulativer Prozeß der Vermehrung von Wissen und Können zustande kommen kann, der Voraussetzung jeder kulturellen Höherentwicklung im Verlaufe der Gattungsgeschichte der Menschheit ist.

Ein kulturelles System, oder das, was Hegel den »objektiven Geist« nannte, bildet sich, indem die gemeinschaftlich getätigten Handlungen der Menschen Produkte, Leistungsstrukturen und kooperative Handlungsmuster hervorbringen, die durch Überlieferung auf Dauer gestellt werden und dadurch beständige *Institutionen* oder soziokulturelle Ordnungsgefüge entstehen lassen, die die menschlichen Tätigkeiten strukturieren, normieren und auf überindividuelle Ziele und Leitideen ausrichten. Durch die ständige Weiterentwicklung der Kulturtätigkeit und deren Objektivierung in Institutionen kam es zu einer Ausdifferenzierung der Kulturdomänen, wie Wirtschaft, Sozialstruktur, Recht, Politik, Kunst, Religion, Philosophie und Wissenschaft, die in den folgenden Bänden dieser Enzyklopädie ausführlich behandelt werden.

Literatur

Cope, E. D.: Progressive and regressive evolution among vertebrates. Boston 1884

Darwin, C. R.: Die Entstehung der Arten (1859). Deutsch: Stuttgart 1976

Diels, H., Kranz, W. (Hg.): Die Fragmente der Vorsokratiker (VS): Berlin ^{8}1956

Dilthey, W.: Gesammelte Schriften. Bd. 7. Göttingen, Stuttgart ^{4}1965

Eccles, J. C., Zeier, H.: Gehirn und Geist. München 1980

Feuerbach, L.: Sämtliche Werke. Leipzig 1940 ff

Fichte, J. G.: Werke, hg. v. J. H. Fichte. Berlin 1971

Ficino, M.: Theologia Platonica XIII (1459). Deutsch 1975

Gehlen, A.: Der Mensch. Seine Natur und seine Stellung in der Welt (1940). Bonn, Frankfurt ^{7}1962, ^{10}1974

Urmensch und Spätkultur. Philosophische Ergebnisse und Aussagen. Bonn 1956, ^{2}1964

Die Seele im technischen Zeitalter. Sozialpsychologische Probleme in der industriellen Gesellschaft. Hamburg 1957

Anthropologische Forschung. Zur Selbstbegegnung und Selbstentdeckung des Menschen. Reinbek b. Hamburg 1961, ⁴1965

Zur Systematik der Anthropologie. In A. Gehlen: Studien zur Anthropologie und Soziologie, Soziol. Texte, 17. Neuwied a. Rhein, Berlin 1963

HABERMAS, J.: Art. »Anthropologie« in: Fischer-Lexikon »Philosophie« Frankfurt/M. 1958 ff

HEGEL, G. F. W.: Sämtliche Werke. Jub. Ausg., Hg. H. Glockner, Stuttgart ⁴1961–1968

HERDER, J. G.: Über den Ursprung der Sprache. Berlin 1772

KANT, I.: Sämtliche Werke, Akad.-Aus. Bd. 3: Kritik der reinen Vernunft 2. Aufl. 1787; Bd. 4: Prolegomena; Bd. 5: Kritik der Urteilskraft; Bd. 7: Anthropologie in pragmatischer Hinsicht; Bd. 9: Logik. Berlin 1968

LANDMANN, M.: Philosophische Anthropologie. Berlin ³1969, ⁴1976

(Hg. mit anderen): De homine. Der Mensch im Spiegel seines Gedankens. Freiburg, München 1962 (mit ausf. Bibliographie v. G. Diem).

Fundamental-Anthropologie. Bonn 1979

LEPENIES, W.: Soziologische Anthropologie. Materialien. München 1971

LÖWITH, K.: Von Hegel zu Nietzsche. Der revolutionäre Bruch im Denken des neunzehnten Jahrhunderts. Stuttgart ⁵1964

LORENZ, K.: Das sogenannte Böse. Zur Naturgeschichte der Aggression. Wien 1963

Über tierisches und menschliches Verhalten. Ges. Abhandlungen, Bd. I u. II. München 1966/1967

Die Rückseite des Spiegels. Versuch einer Naturgeschichte des menschlichen Erkennens. München, Zürich 1973

MARX, K.: Frühe Schriften. Hg. H.-J. Lieber u. P. Furth, sog. Marx-Studienausgabe. Stuttgart 1962, 1971

MORRIS, D.: Der nackte Affe (1967). Deutsch: München, Zürich 1968

PICO DELLA MIRANDOLA, G.: Oratio de hominis dignitate (1486). Deutsch: Über die Würde des Menschen. Wiesbaden 1968

PLESSNER, H.: Die Stufen des Organischen und der Mensch. Einleitung in die philosophische Anthropologie. Berlin 1928, ²1965

Die Aufgabe der philosophischen Anthropologie. In: Zwischen Philosophie und Gesellschaft. Bern 1953

Art. »Anthropologie II. Philosophisch«. In: Religion in Geschichte und Gegenwart. Tübingen ³1957

RENSCH, B.: Homo Sapiens. Vom Tier zum Halbgott. Göttingen ²1965

Biophilosophie auf erkenntnistheoretischer Grundlage. Stuttgart 1968

RITTER, J.: Hegel und die französische Revolution. Frankfurt/M. 1965, ²1973

(Hg.) Historisches Wörterbuch der Philosophie. Basel, Stuttgart 1972 ff

Bd. I: Art. »Anthropologie – philosophische A.«, 326–374

Bd. V.: Art. »Mensch«, 1059–1106

SCHELER, M.: Zur Idee des Menschen (1914). Jetzt in: Vom Umsturz der Werte. Bern ⁴1955

Die Stellung des Menschen im Kosmos. Darmstadt 1928, Bern, München ⁶1962

SCHWIDETZKY, I.: Das Menschenbild der Biologie. Stuttgart 1971

Hauptprobleme der Anthropologie. Freiburg 1971

TINBERGEN, N.: Instinktlehre. Berlin, Hamburg 1952

TOPITSCH, E.: Vom Ursprung und Ende der Metaphysik. Eine Studie zur Weltanschauungskritik. Wien 1958, München 1972

Norbert Loacker

Zivilisation als menschliche Leistung

Übersicht: Es ist längst eine Binsenwahrheit, daß unsere Erde eng geworden ist. Zu eng, wie viele befürchten, für die rund sechs Milliarden Menschen, die sie zu Beginn des nächsten Jahrtausends bevölkern werden. Die Konflikte des zwanzigsten Jahrhunderts enthalten dazu eine Lehre: Das eigentliche Problem der Zukunft wird nicht die schiere Raumnot im »Wohnhaus Erde« sein, sondern die schwierige Vielfalt ihrer Bewohner. Gleichsam Tür an Tür werden Arme und Reiche wohnen, Farbige und Weiße, Bewaffnete und Wehrlose, Friedfertige und Militante. Die Begründung der Großmächte für den Wahnsinn ihrer Rüstung: die angebliche Unvereinbarkeit ihrer gesellschaftlichen Systeme. Der folgende Beitrag geht davon aus, daß es zur Regelung dieser Situation auf der Erde bereits einen Ordnungsbegriff gibt: Zivilisation. Die Geschichte unseres Jahrhunderts veranschaulicht, was die Anthropologie für ein Gesetz hält: Der Mensch ist und bleibt »zu allem fähig«. Fähig, den Aufbau einer menschengerechteren Welt in Angriff zu nehmen; fähig, das apokalyptische Ende seiner Gattung herbeizuführen.

1842 hat der amerikanische Schriftsteller Herman Melville auf einer der schönsten Marquesas-Inseln ein paradiesisches Tal entdeckt, in dem abgeschlossen von aller Welt ein wahrhaft glückseliges Volk wohnte, die Taïpi. Zu Beginn unseres Jahrhunderts folgte Jack London seinen Spuren und fand nur noch ihre dezimierten und völlig heruntergekommenen Nachfahren. Die Weißen hatten inzwischen Syphilis, Alkohol und Feuerwaffen eingeführt. Später brachten sie das Radio, den Jeep, Coca-Cola, Motorräder, einen Flugplatz, das Fernsehen, Reparaturwerkstätten, Poster, Fußball und Medizin. Die Eingeborenen nahmen alles, nur das Christentum lehnten sie lange ab. Die Holzkirche ist noch heute winzig und schwach besucht. Der Bischof auf der Hauptinsel ist gar nicht zufrieden. Das Team, das diesen Filmbericht gestaltet hat, wiederholt zwar nicht Jack Londons verzweifeltes Urteil: »Das Leben ist verfault in diesem schönen Garten!« Aber Bilder und Text erheben dennoch Anklage: Hier ist ein Paradies untergegangen. Die Begründung dafür scheint plausibel: Die Eingeborenen haben arg- und wehrlos »unsere Zivilisation« übernommen. Was sie abgewehrt haben, bekommt in diesem Bericht keinen Namen. Aber nach verbreitetem Sprachgebrauch muß das »unsere Kultur« gewesen sein.

Hinter der Fassade von Evidenz herrscht jedoch der Notstand der Kriterien. Eine Kirche zählt zur Kultur, eine Werkstatt zur Zivilisation? Der Wein zur Kultur,

Coca-Cola zur Zivilisation? Ein echter Rembrandt zur Kultur, ein Che-Guevara-Poster zur Zivilisation? Der Kölner Dom zur Kultur, der Eiffelturm zur Zivilisation? Warum? Es ist alles Kultur. Kultur ist total. Die zweite Natur des Menschen.

Die Anthropologen haben hierin recht. Bestätigen uns die Taïpi nicht dennoch, daß Kultur »verfaulen« kann, absterben wie jede einstmals schöne, kraftvolle Pflanze und verkommen – zur Zivilisation? Behält Oswald Spengler am Ende recht, der zwischen den Weltkriegen Zivilisation als auf den Tod erkrankte Kultur verstehen wollte?

Ist es also verwerflich, sich an den »Lichtern der Großstadt« zu freuen, zu begeistern? Wir waren doch einmal sehr stolz auf »unsere Zivilisation«. Von ihren Fahnen leuchtete die Frohe Botschaft vom nahen Ende der Barbarei.

Es gibt die Barbarei noch immer. Wo? Nicht hinter den Kralhecken altirdischer Stämme. Auch dort erkennen wir Kultur, erkennen Bräuche und Traditionen, heilige Normen und unheilige Veränderungen.

Wo Menschen gefoltert werden, ist Barbarei. Wo Minderheiten ausgerottet werden, ist Barbarei. Wo Landstriche durch Napalm verödet werden, ist Barbarei. Wo dafür Verständnis aufgebracht wird, ist Barbarei. Wo der Mensch den Menschen kaltläßt, ist Barbarei. So sehen wir es heute: »Ausgerechnet der Mensch ist unmenschlich« (Thomas Bernhard, »Der Weltverbesserer«).

Wo aber ist Zivilisation? Überall, sagt Ortega y Gasset, wo Menschen in der Gewalt erst das allerletzte Mittel sehen, ihre Konflikte zu lösen. Auf den ersten Blick mag diese scheinbar einfache »Ortsbestimmung« enttäuschen. Ist uns nicht allen Zivilisation zum Inbegriff des unerträglich Komplizierten, ja heillos Verworrenen geworden? Träumen wir nicht alle, ermattet von ihren Anforderungen den stärkenden Traum vom einfachen Leben? Was soll uns ein schlichter Satz, wo wir Bücher erwarten?

Folgen wir dennoch für die ersten Schritte Ortega y Gasset! Wenn Zivilisation dort beginnt, wo Gewalt zur ultima ratio der Konfliktlösung wird, bedeutet dies zunächst: Zivilisation ist *möglich*. Wer ihre Verwirklichung nicht an Höchstforderungen wie die völlige Überwindung der Gewalt knüpft, erspart ihr die Rolle der Utopie. Eine Welt, in der die Alternative zur Barbarei utopisch wäre, wäre die Hölle.

Nach dieser Bestimmung kann Zivilisation aber auch nicht das festgeschriebene Merkmal irgendeiner Gesellschaft sein. Die einmal gelungene Zähmung der Gewalt bietet nie und nirgends die Gewähr gegen ihren erneuten ungezähmten Ausbruch. Zivilisation ist keine Errungenschaft, die uns in den Schlaf begleitet.

Im Lauf der Geschichte ist Zivilisation in verschiedenen Regionen der Erde verwirklicht und wieder verwirkt worden. Die Einschränkung von Gewalt-Tätigkeit um bestimmter Vorteile willen gehört zu den realen Möglichkeiten des Menschen. Zivilisation ist unter anderem ein Kapitel der Anthropologie.

Humaner Grenzverkehr

Das aufklärerische achtzehnte Jahrhundert hat Zivilisation mit Fortschritt gleichgesetzt. Solch gradliniger Optimismus steht uns nicht mehr zu. Geblieben aber ist uns Zivilisation als Idee und schwierige Wirklichkeit – und als merkwürdiges Wort. Dieses Wort (angeblich eine Schöpfung des Grafen von Mirabeau, der 1749–1791 lebte): ein filigran, ja zerbrechlich klingender Stamm, befrachtet mit dem ausladenden und gewichtigen Suffix »-ation«; die an sich klare Bedeutung des Stammes (lat. civilis, bürgerlich) im Lauf der Zeit zwar nicht verschwunden, aber doch verschleiert; die Auskunft des Suffixes unentschieden: »Zivilis-ation« kann den Prozeß fortlaufenden Zivilisierens wie den erreichten Zustand entwickelter Zivilisiertheit bedeuten – ein erheblicher Spielraum des Akzents bei einem Wort, das zu den Genen der Politik zählt.

Welche Vorstellungen löst der Klang dieses Wortes in uns aus? C. Plinius Caecilius Secundus d. J. (61 – ca. 113 n. Chr.) schrieb an Quintilius Maximus, der von Kaiser Trajan als Statthalter in die Provinz Achaia entsandt wurde, einen Brief (8,24): ». . . Denke daran, daß Du in die Provinz Achaia geschickt wurdest, in jenes wahre und unverfälschte Griechenland, in dem zuerst Menschenwürde, Wissenschaft, ja sogar der Ackerbau entstanden sein sollen; geschickt, um die Verfassung freier Städte zu ordnen, das heißt zu Menschen, die in besonderem Maße Menschen, zu Freien, die in besonderem Maße frei sind . . . Achte die Götter, welche diese Städte gründeten, und die Namen der Götter; achte den weit zurückreichenden Ruhm und eben dieses hohe Alter, das bei Menschen ehrwürdig, bei Städten heilig ist! . . . Niemanden mögest Du in seiner Würde, niemanden in seiner Freiheit, niemanden sogar in seiner Eitelkeit schmälern! Ihnen (sc. Athen und Sparta) den letzten Schimmer und den allein noch bestehenden Namen der Freiheit zu rauben, wäre hart, grausam, barbarisch . . . Übel ist es, wenn die Macht ihre Gewalt mit Demütigung anderer erprobt, übel, wenn durch Schrecken Achtung gesucht wird; und weit wirksamer ist Liebe, um zu erreichen, was man will, als Furcht. Denn die Furcht vergeht, wenn man sich entfernt; es bleibt die Liebe, und so wie jene sich in Haß, verwandelt sich diese in Hochachtung . . .«

Selbst als idealer Statthalter weiß Maximus nichts von »Zivilisation«. Er fühlt sich als »civis Romanus«, als römischer Bürger, und nennt, wohin auch immer sein Schicksal ihn verschlagen wird, Menschen, die eine politische Einheit bilden, eine »civitas«, eine Bürgerschaft, mag es sich dabei um einen gallischen Stamm oder einen griechischen Stadtstaat handeln. Noch ist er nicht ganz so weit, daß er den Bürger des Römischen Reichs nicht nur in der Toga, sondern auch in Burnus, Chiton und Hose erkennt und anerkennt. Aber schon 212 n. Chr. verleiht Kaiser Caracalla in der Constitutio Antoniana das römische Vollbürgerrecht an alle freien Provinzbewohner. Seither ist der »orbis terrarum«, der Kreis der Länder, das Konstruktionsideal der Zivilisation. Seine Faszination erhält er durch seine Leistung, den rund zweihundertjährigen »Römischen Frieden« im Mittelmeerraum.

Plinius' kurzer Brief begleitete einen Römer auf dem Weg zu einem Amt, das für jeden Inhaber eine unerhörte moralische Bewährungsprobe bedeutete. Allzu viele Statthalter erlagen der Versuchung, auf Kosten wehrloser Provinzbewohner ihr Vermögen, das während einer langen ehrenamtlichen Karriere geschrumpft war, zu sanieren. Wo es so leicht fällt, Macht auszuüben und Gewalt anzuwenden, verhindert Zivilisation als humaner Instinkt oder ausgebildete Regelpraxis die Wiedergeburt der Barbarei. »Zivilisation in dieser Civilitasauffassung ist z. B. nicht nur Herrschaft des Stärkeren; ihr ist so oder so ein System gewisser Freiheiten, Rechte und Regeln einverleibt, zu dem das Respektieren fremder Interessen und abweichender Überzeugungen, Schutz der Schwachen, Rechte der Minderheiten gehört. Menschenrechte als weise Inkonsequenz des nicht ausgekämpften Konflikts, eine internationale Friedensordnung ohne ständige Korrektur nach dem jeweiligen Kräfteverhältnis – das alles gehört, nicht wegdenkbar, geschichtlich kristallisiert und stets wieder verletzt zum System der Zivilisationsbremsen am Mechanismus des ›freien Spiels‹ der gesellschaftlichen Kräfte« (Loewenstein 1973, 16).

Zivilisation beruht auf Zurückhaltung, auf Verzicht. Die anthropologische Wurzel solcher Askese reicht tief in die dunklen Erfahrungen hinunter, die der Mensch mit den ausgelebten Möglichkeiten des Menschen gemacht hat. Aber der Brief des Plinius klärt noch einen anderen Punkt. Maximus wird nicht zu Hause in Rom, umgeben von Verwandten, Bekannten und Mitbürgern, ermahnt, seine Macht aus freien Stücken zu begrenzen und sich (eines Teils seiner realen Möglichkeiten) zu »benehmen«. In jeder Gesellschaft sorgen zahllose Gebote dafür, daß der Nachbar dem Nachbarn möglichst selten zum Wolf werde. Maximus erhält den Brief, als er sich eben anschickt, eine *Grenze* zu überqueren. Die Grenze ist die kritische Linie jeder Kultur. Sie erzeugt in dem, der sie überschreitet, häufig das berauschende Gefühl, den Bindungen entronnen zu sein, die seinen Alltag fesseln. Touristen geraten im Ausland nur zu oft in einen Zustand abstoßender Exaltation. Fromme Mönche verwandeln sich in skrupellose Missionare. Wissenschaftler erliegen dem verklärenden Reiz des Exotischen oder Primitiven. Feldherren beginnen von Weltherrschaft zu träumen. Die Grenzen zwischen Ländern und ihren Kulturen sind nicht nur für das Recht ein Problem. Sie sind es überhaupt. Zivilisation aber möchte ich als jene schwierige Form der Selbstbeschränkung erkennen, die sich bei Grenzübertritten bewährt. Grenzen verlaufen natürlich nicht nur zwischen Staaten. Sie verlaufen genauso zwischen Arm und Reich, Stadt und Land, Jung und Alt, Schwarz und Weiß, Konservativ und Revolutionär, Vorgesetzt und Untergeben, Gläubig und Ungläubig, Ost und West, Wahr und Falsch, Gebildet und Ungebildet, Weiblich und Männlich, Gut und Böse, Gegenwart und Zukunft. Zivilisation halte ich für die »Kunst«, diese und andere Grenzen zu überqueren, ohne dabei Schaden zu stiften. Ihr Wesen ist Zurückhaltung, der Verzicht auf die imperiale Attitüde, auf dieses: »Ich bringe dir, mein Hammel, Licht!« (Christian Morgenstern). Zivilisation umfaßt die Tugenden des humanen Grenzverkehrs.

Dies bedeutet, daß sie geschichtlich erst notwendig wurde, als das *Angrenzen* zur unausweichlichen Existenzform für Völker, aber auch ungleichartige Gruppen in komplexen Gesellschaften, ja schon in großen, »amorphen« Städten wurde. Das neuartige Konfliktpotential des bewußt erlebten existentiellen Kontrasts, biologisch begründet in tierischen Verhaltensweisen an der Reviergrenze, rief nach einem Modus humaner Bewältigung. »Ein Mensch bin ich, und ich glaube, nichts Menschliches ist mir fremd« (Terenz, um 190–159 v. Chr.).

Eine solche Bestimmung der Zivilisation erklärt zugleich ihr anthropologisches Dilemma. Wie – so muß man nämlich fragen – kann in einem ethnischen, sozialen, kulturellen »Innenraum« ein Gefüge von Regeln entworfen und dann auch durchgesetzt werden, das sich in einem »Fremdraum« bewähren soll, der ja eigene (womöglich unverständliche) Binnennormen besitzt und keine oder nur zufällige Sanktionen für den Bruch der fremden Regeln bereithält? Und wie kann in dem genannten »Innenraum« die Überzeugung entstehen und sich Geltung verschaffen, daß der »Fremdraum« diesen normativen Sonderaufwand überhaupt verdient?

»Eine Gesellschaft, die erkennbare Normen für die Menschen im allgemeinen besitzt, ist einer Gesellschaft ethisch überlegen, in der es Privilegien für die Zugehörigen gibt, zeitweilige Zugeständnisse für gute Nachbarn und Freunde und gar keine Verpflichtungen gegenüber entfernten ›Barbaren‹« (Nelson 1977, 182).

Bedingungen der Zivilisation

Ich glaube, daß alle erfolgreichen Versuche, das anthropologische Dilemma der Zivilisation zu lösen, also wirkliche Zivilisation zu stiften, über eine doppelte Reduktion verlaufen sind: über den zeitweiligen Verzicht darauf, das Eigene, alles, was man kennt, gewohnt ist und liebt, für das Einzige und einzig Wahre, das allgemein Gültige, Gute und Ganze zu halten; und: über den zeitweiligen Verzicht darauf, bei der schwierigen Begegnung mit dem Andersartigen, Fremden, Überraschenden und Unverständlichen mehr von sich selbst ins Spiel zu bringen als verstehende und verständliche Rationalität. Für mich sind beide Reduktionen, Toleranz und Rationalität, zwei Seiten derselben Münze: eben jener zivilisatorischen Zurückhaltung, von der oben die Rede war.

Toleranz

Es darf dem Menschen nicht zugemutet, folglich auch nicht zugetraut werden, die generelle Überschätzung des Eigenen zu überwinden. Wer als Notfall in ein Krankenhaus eingeliefert wird, empfindet Geborgenheit und Hoffnung bei der Vorstellung, daß alle Anstrengungen einer hilfreichen Institution ausschließlich ihm allein und seinem Leiden gelten. Ich halte diese Zuversicht des Kranken für einen entscheidenden Beitrag zu seiner Heilung. Ebenso unerläßlich ist, um ein anderes Beispiel zu nehmen, der holde Wahn aller Eltern, die schönsten und sensibelsten Kinder zu haben. Ohne diesen Wahn litte die Atmosphäre der Familie. Darum auch soll keinem Tiroler, keinem Franzosen und keinem Nordamerikaner verargt werden, wenn er im allgemeinen seine Bergheimat, seine grande nation und God's own land für das allerschönste Stück der großen, weiten Welt hält. Dieser meist von der Erziehung in warmes Pathos getauchte Zentrismus hilft ihm über viele Schwierigkeiten und Nachteile hinweg, die sich aus einer lokalen Fixierung für jeden Menschen von selbst ergeben. Die meiste Zeit seines Lebens verbringt jeder Mensch in seinem »Reich der Mitte«. Daraus vertrieben, sucht er ein neues, gequält von seinen unbehausten Gefühlen.

So töricht es wäre, diesen konservativen und zentristischen Zug im Naturell des Menschen zu übersehen oder zu verachten, so verhängnisvoll müßte es sich auswirken, wollte man seine potentielle Bedrohlichkeit unterschätzen. Ich möchte das an zwei weit auseinanderliegenden Beispielen erläutern und dabei zeigen, in welchem Augenblick die Zivilisation als Regulativ für den Schritt über die Grenze in ihre Rechte tritt.

Der Leser kennt Professor Higgins. George Bernard Shaw hat ihn, inspiriert vom antiken Pygmalion-Stoff, entworfen; im Musical »My fair lady« und seiner Verfilmung mit Rex Harrison ist er vermutlich um die halbe Welt gegangen.

Higgins lebt zölibatär, als vergnügt-selbstsüchtiger Hagestolz, und zelebriert – erfüllt von ausführlich begründetem Widerwillen gegen alles Weibliche – Seelenruhe, Vernunft und kühle Sachlichkeit, die milden kontemplativen Tugenden des wohlhabenden Mannes. »Ich brauche niemanden. Ich habe meine eigene Seele, meinen eigenen Funken göttlichen Feuers.« Sein Heim ist seine komfortable Burg. Zugelassen sind ausschließlich Freunde, die so sind und denken wie er. Mit andersartigen Menschen verkehrt er als Gelehrter. Er spricht nicht mit ihnen, er beobachtet nur wissenschaftlich ihre Sprache und sagt ihnen dann auf den Kopf zu, aus welcher Region Englands sie kommen. Nicht Chance für ungewohnte Kommunikation ist für ihn die menschliche Sprache, sondern zuallererst Objekt der Phonetik. Wie England ist dieser Professor eine stolze, eine überlegene, eine uneinnehmbare Insel.

Sehr schnell fördert Shaw die geheimste Neigung einer solchen Existenz zutage, die Neigung nämlich zu erziehen, die Welt zu verbessern, andere zu sich emporzuheben. Eliza Doolittle – die Frau, das Blumenmädchen, das Fremd-Exotische – provoziert in Higgins den Mann, den Gelehrten, den Engländer. Zum erstenmal hämmert jemand ans Tor seiner uneinnehmbaren Burg. Jetzt muß sich erweisen, ob die reiche intime Kultur des Professors Umgangsformen hervorgebracht hat, die dieser Situation gerecht werden. Higgins jedoch, weit davon entfernt, ein Cockney sprechendes Blumenmädchen neben sich als seinesgleichen zu tolerieren, versucht sich in einem typisch maskulinen, typisch intellektuellen, typisch englischen Imperialismus. »Meine Natur *kann* sich nicht ändern, und meine Manieren *will* ich nicht ändern.« Kaltblütig sperrt er die Kleine zu seinen Apparaten ins Phonetikzimmer und testet lieblos ihre sprachliche Tauglichkeit für das Mitspielen in den upper classes. Der fünfte Akt von »Pygmalion« wird für Higgins, den Tyrannen, den Rohling, den brutalen Grobian (das alles fliegt ihm nach den Pantoffeln noch an den Kopf), zur harten Schule der Zivilisation. Seine eigene Mutter legt die letzte Hand an seine Erziehung, unterstützt von Eliza selbst: »Jedes Mädchen hat das Recht, geliebt zu werden.« »Ich brauche ein wenig Güte.« »Ich kann mit den Leuten nett und höflich sein, und das ist mehr als Sie können.«

Liebe, Güte, Freundlichkeit – man muß eindringlich daran erinnern, daß die Summe dieser für uns so privat tönenden Begriffe jene »humanitas« ergibt, welche die italienischen Humanisten des vierzehnten und fünfzehnten Jahrhunderts als revolutionär neue Verhaltensweise gegenüber Natur und Mensch verkündet haben. Daraus »entstand die Verbindung der Idee des Humanismus mit der Idee der Gleichheit des Menschen, der Gleichheit alles dessen, was Menschenantlitz trägt. So sollte Humanismus eine Grundbedingung der Freiheit des Menschen sein. Solange Abhängigkeit besteht, also der Mensch über den Menschen herrscht, kann der Mensch nicht Mensch sein ...« (Marcuse 1970, 15).

Ich sehe keinen zivilisatorischen Prozeß gegen die Wegweiser des Humanismus. »Zugleich zeigst Du durch sie (sc. Deine Menschlichkeit) gegen alle Milde und Leutseligkeit, da Du die Furchtsamen aufrichtest, so daß sie Deine Überlegenheit und Größe vergessen und in größter Ruhe mit Dir sprechen«, schreibt der Florentiner Kanzler Coluccio Salutati (1331–1406) an Carlo Malatesta, den Herrn von Rimini. Auch Humanismus bedeutet die wenigstens zeitweilige Relativierung des Eigenen, vor allem der realen Macht.

Eine ebenso rätselhafte wie dramatisch bewußt gewordene Grenze ist jene zwischen Gegenwart und Zukunft. Jedes menschliche Handeln überschreitet sie in seinen Folgen. Herkömmliche Ethiken sind insofern zumeist optimistisch, als sie ohne weiteres von der Absehbarkeit der Folgen in der Gegenwart sowie ihrer möglichen Behebung in der Zukunft ausgehen. Dieser prinzipielle Optimismus hat die reale Grenze zur Zukunft zu einem vergleichsweise normalen Risiko gemacht. Einem Menschen vor der Französischen Revolution hätte Robert Jungks Titel »Die Zukunft hat schon begonnen« als Banalität erscheinen müssen. Uns hat er betroffen gemacht. Warum?

»Die Probleme, die sich aus der prognostizierten Produktion wachsender Mengen von Kernenergie ergeben, unterscheiden sich von denen, die aus der Verwendung fossiler Brennstoffe entstehen, sind aber nicht weniger gravierend. Die Gefahr einer radioaktiven Verseuchung der Umwelt infolge von Kernreaktorunfällen nimmt ebenso zu wie die Möglichkeit einer weiteren Verbreitung von Kernwaffen. Bisher hat keine Nation ein Modellprogramm für die zufriedenstellende Lagerung radioaktiver Abfälle entwickelt, und die Menge dieser Abfälle steigt rasch an. Während der Lebensdauer der Kernkraftwerke, die bis zum Jahre 2000 wahrscheinlich errichtet werden, fallen voraussichtlich mehrere hunderttausend Tonnen hoch radioaktiver, verbrauchter Brennelemente an. Außerdem bringt die Kernenergieerzeugung Millionen von Kubikmetern schwach radioaktiver Abfälle hervor, und auch der Abbau und die Verarbeitung von Uran bringen Hunderte von Millionen Tonnen schwach radioaktiver Rückstände hervor. Es ist bislang nicht demonstriert worden, daß sich alle diese hoch und schwach radioaktiven Abfälle aus der Kernenergieproduktion sicher lagern und ohne Unfall beseitigen lassen. Im übrigen haben die Nebenprodukte der Reaktoren Halbwertzeiten, die annähernd fünfmal so lang sind wie die Periode der überlieferten Geschichte« (Global 2000, 1980, 85 f).

Die Heftigkeit der Diskussion um die Kernenergie signalisiert unter anderem die Krise der herkömmlichen Ethik: quidquid agis, prudenter agas – et respice finem! Was immer du tust, tu's vorausschauend (vor-sichtig) – und berücksichtige das Ende! Als aktueller Bedarf ist Kernenergie leicht zu begründen. Daß in diese Begründung zahllose unerkannte Voraussetzungen eingebaut sind, hat sie mit nahezu allen anspruchsvollen Begründungen gemeinsam. Technik, Wissenschaft und Politik aber haben eine neue Reichweite unseres Handelns ermöglicht, die bedenklich weit über die Reichweite unserer Folgenethik hinausführt. Das Ende, das zu berücksichtigen wäre, ist außer Sicht. Die Folgen sind in einem doppelten Sinn ethisch unfaßbar: Sie verbergen sich in einem Heer von sogenannten Nebenfolgen, und sie sind von unseren Nachkommen nicht mehr zu beheben.

In gläserner Klarheit bestehen für das Jahr 2000, das zum Symbol der Grenze zwischen Gegenwart und Zukunft geworden ist, die beiden alten Optionen, die barbarische, die den Energiebedarf der Gegenwart und ihrer extrapolierten Vorauszone absolut setzt und damit die Folgenlast für die nächsten Generationen ins Unwiderrufliche steigert; und die zivilisatorische, die das Heutig-Eigene relativiert – tolerant gegenüber dem »civis 2000«, der zumindest so frei bleiben muß, wie wir selbst es noch sind. Die zivilisatorische Option verlangt die Relativierung unserer eigenen Energieansprüche – Einschränkung des Verbrauchs und harmlosere Herstellungsverfahren, die unsere Nachkommen jenseits der Zeitgrenze folgenlos einstellen können.

Rationalität

Der Mensch »ist« immer mehr, als er darstellt. Konkrete Situationen erlauben uns in ihrer Begrenztheit und Vergänglichkeit normalerweise nicht, uns so zu geben, wie wir »wirklich sind«. Wer an dieser Differenz von Sein und Schein leidet, beschränkt seinen Umgang auf Menschen, die er kennt. Er lebt im kleinen Kreis.

Zivilisation setzt die Bereitschaft voraus, sich zu bestimmten Anlässen gleichsam nur als Scherenschnitt zu zeigen. Wer immer heute in Handel, Publizistik, Wissenschaft, Technik oder Verwaltung wirkt, weiß, daß er im Interesse guter Kontakte sein »wahres Wesen« vorübergehend auf eine freilich möglichst reichhaltige, eben verstehende und verständliche Rationalität einschränken muß.

Doch wie im Grunde jede Askese führt auch die zeitweilige Reduktion auf das Rationale zu größerer Freiheit, zur Befreiung aus dem »kleinen Kreis«. Nur über diese Vorleistung kommt die Welt in Sicht. »Ein wesentliches Moment, und zugleich eine Voraussetzung, der Rationalisierung ist das Durchbrechen der traditionellen geschlossenen Gesellschaft im ökonomischen, gesellschaftlichen und ideologischen Bereich. Das bedeutet z. B. die Verbindung mit weiteren Räumen, das Denken in weiteren Horizonten, die schrittweise Konfrontierung mit anderen Gruppen und Gruppenwerten; dadurch wird in späteren Phasen auch eine gewisse

Relativierung der eigenen Perspektive ermöglicht, die bis dahin unreflektiert und ›selbstverständlich‹ war« (Loewenstein 1973, 17).

Die Geschichte des europäischen Bürgertums beginnt als pathetisch geführter Aufstand der Rationalität gegen den überlebten Feudalismus des Adels. 1518 schreibt Ulrich von Hutten in einem Brief an den Nürnberger Patrizier Willibald Pirckheimer: »Die schönen Wissenschaften müssen wieder aufleben ... Germanien muß der Bildung gewonnen werden, die Barbarei muß über die Garamanten (die Sahara) und das baltische Meer hinaus verstoßen werden ... O Jahrhundert, o Wissenschaften! Es ist eine Lust zu leben! Aber die Hände in den Schoß zu legen, das macht noch keine Freude, mein Willibald. Die Geister regen sich, und die Studien blühen auf. Du aber, Barbarei, nimm einen Strick und erwarte deine Verbannung!«

Diese Begeisterung hat weit über die Schranken des damals Gegebenen hinausgetragen. Sie hat unsere Kultur neu geprägt und ihre einmalige Weltoffenheit begründet. Die Griechen und Römer standen dabei Pate. Nur einige der Folgen: »Im Bereich des gesellschaftlichen Denkens, der politisch-juridischen Ideologien ... verlieren beispielsweise Schuld und Sühne ihr theologisch-mythisches Pathos und verwandeln sich immer mehr in säkulare Phänomene: Die Strafe hört auf, ein metaphysischer Akt zu sein, mittels dessen das durch die ›Sünde‹ gestörte Weltgleichgewicht wieder erneuert wird, und verwandelt sich in ein funktionelles Regulativ des gesellschaftlichen Zusammenlebens mit dem Ziel von Prävention und Sozialisierung. Auch die gesellschaftliche Hierarchie und Autorität neigt zu einer Umfunktionalisierung nach dem Maßstab rationaler Effektivität (von Statusautorität zu einer funktionalen, die vom Sachgesetz bestimmt wird). Der Staat verwandelt sich derart – im Sinn der rationalen, naturrechtlichen Gesellschaftsverträge jeder Observanz – vom Selbstzweck einer von Gott eingesetzten Obrigkeit in ein Instrument der bürgerlichen Gesellschaft und des ideologischen Friedens zwischen ihren Bestandteilen: Das bedeutet z. B. die Degradierung theologischer, überhaupt ideologischer Zwiste zur Privatsache. Der Staat in dieser Auffassung weckt meist keine Begeisterung; seines einstigen mythisch-dämonischen Pathos verlustig, kostet er dennoch dauernd eine Menge Geld. Er muß sich deshalb dadurch rechtfertigen, daß er sein Gewaltmonopol im rationalen Interesse der entscheidenden Gruppen der Gesellschaft gebraucht. In dieser Hinsicht wird er auch von jenen Gruppen kontrolliert und auf Ziele hin orientiert, die ihnen rational bzw. natürlich erscheinen« (Loewenstein 1973, 19 f).

Es scheint folgerichtig, daß die rationale Atmosphäre nach und nach jene kulturellen Gewächse ganz besonders gedeihen ließ, die ihr entsprachen und sie weiter fördern konnten: Naturwissenschaft, Technik und Industrie. Es scheint ebenso folgerichtig, daß alle drei von ihren eigenen zahlreichen Anlagen im Lauf derselben Zeit die rationalen besonders eifrig und erfolgreich entwickelt haben. Huttens Revolution hat sich in ihnen wiederholt. Diese gewaltige, jahrhundertelange Reduktion unserer Kultur auf das Rationale hat uns im Hinblick auf unsere Mit-Menschlichkeit zwei Folgen beschert, die schwer – aber dringend – auseinanderzuhalten sind: unsere *Offenheit* für unbegrenzte Kommunikation und unsere *Überlegenheit* über Andersentwickelte.

Rationales Denken und Handeln hat eine charakteristische Neigung zum Allgemeinen und zur Abstraktion. Nach einem Grundgesetz der Logik ist das Individuum »unaussprechlich«; es entzieht sich den Begriffen. Begriffe geben reiche Auskunft über Arten, Gattungen und Familien, über Individuen verraten sie nichts. Hierin liegt, wie ich schon angedeutet habe, die Chance der Zivilisation. Hieraus überkommt uns aber ebenso die Versuchung zum Totalitären.

Die zivilisatorische Chance: Rationalität vermag vom Besonderen, vom Unterscheidenden, vom Trennenden zu abstrahieren. Sie übersieht bei der Betrachtung vieler Gesichter Form und Farbe der Haare, die Gestaltung der Augen, der Nase, der Lippen, die Anlage der Wangen und die Bildung des Kinns und nennt sie alle *menschlich,* sofern ihre Teile ganz allgemeine Bedingungen erfüllen. Ohne Abstraktion gäbe es kein individuelles Denken und schon gar nicht Wissenschaft. Im Vergleich erst bewährt sich der Begriff; er benennt, was für mindestens zwei Gesichter »typisch« ist, d. h., er ordnet. Zivilisation entspringt der rationalen Möglichkeit, konkrete Individuen fürs erste als abstrakte *Menschen* zu erkennen. Freilich ist dann auch jeder Grund entfallen, der uns hindern könnte, sie alle als *gleich* zu werten. Aus der selben Gleich-Gültigkeit allem Besonderen-Sondernden gegenüber erklärt sich auch die fixe Idee jeder Zivilisation: die *eine Welt.*

Die eine Welt: nicht als politische Utopie, sondern (ihren nüchternen Voraussetzungen nach) als zivile Übung. Ein leicht zugängliches Beispiel: Werner Höfers Sonntagsrunde, »Sechs Journalisten aus fünf Ländern«. Manches deutet heute freilich darauf hin, daß wir die Abstraktion noch einen Schritt weiter treiben und unseren Begriff von der einen Welt auf alles *Lebendige* ausdehnen müssen.

Die totalitäre Versuchung: Die rationale Reduktion bietet gewaltige Vorteile, sie ermöglicht Über-Blick und Über-Griff. Wer sie beherrscht, hat *Macht.* Unsere Kultur ist durchsetzt von Überlegenheiten, die sich »aus mehr Verstand und Vernunft« herleiten: Männer sehen sich Frauen überlegen, Erwachsene Kindern und Jugendlichen, Experten den Laien, Regierende ihren Bürgern, Kriminalkommissare den Verdächtig(t)en – und »natürlich« Weiße allen Farbigen, den »Primitiven« und »Unterentwickelten«.

Der falsche Grundgedanke: Das Rationale ist das *Wesen* des Menschen. Noch ist es freilich nicht so weit; so kann das Rationale vorderhand nur das Wesen des wahren, des besseren, des künftigen Menschen sein. Geschichte, Evolution und also auch Erziehung streben auf ihn zu. Der aufs Rationale abstrahierte Mensch wird zum schematischen Ideal der Zukunft. Schematisierung wird zum Gesetz der Geschichte: Was hartnäckig abweicht, wird mit Gewalt angepaßt oder ausgerottet. Vor uns die *einheitliche* Welt. In ihr wird Wissenschaft nur Wahrheiten kennen, die jederzeit und überall nachgeprüft werden können; wird Technik Maschinen entwickeln, die keine Rücksicht auf Regionen nehmen; wird Industrie Güter erzeugen, die auf allen Märkten Absatz finden. Rationalität als Herrschaftsvorteil: Auch sie beruhigt sich – wie alle Rationalität – erst im *Ganzen.*

Ich wiederhole: Konfrontiert mit den Problemen schwieriger Nachbarschaft hat der Mensch Verhaltensformen erlernt, die ihn davor bewahren können, an allen Grenzen Krieg zu führen. Zivilisation bringt Entlastung von Konflikten, die sich aus dem engen Zusammenrücken von Menschen ergeben, die an sich nichts miteinander zu tun haben. Zivilisation macht aber diesen »unnatürlichen« Nachbarn plausibel, daß es nicht wahr ist, daß sie nichts miteinander zu tun haben. Zivilisation bringt den komplizierten Frieden aller mit allen.

Der Friede als Entelechie der Zivilisation bewahrt diese, wie mir scheint, vor dem Vorwurf bloß instrumenteller Oberflächlichkeit. Denn »es geht . . . nicht nur um *funktionale* Rationalität, die sich mit dem glatten Funktionieren des Mechanismus zufriedengibt. Ortega y Gasset und andere betonen das Moment des *begründeten* Handelns in der zivilisierten Gesellschaft – und das zielt nicht bloß auf Interessen und Utilitarismus. Es sagt sich hier eine tiefere Rationalitätsschicht an, die ich an anderer Stelle . . . als *substantielle* Rationalität bezeichnet habe . . . Ihre ›Funktion‹ besteht darin, ein rationales Zusammenhangsbewußtsein in der modernen Zivilisation herzustellen, Routinen und eingeführte Praktiken zu problematisieren, die Ratio vor sich selbst in Schutz zu nehmen, d. h. vor der blinden, technischen Dynamik und vor bloßen Teilkalkulationen« (Loewenstein 1973, 20).

Schwierige Zivilisation

Zivilisation muß nicht sein. Mehr noch: Keine Person, keine Klasse oder Nation *ist* zivilisiert. Vertauscht man, was hier zum Schluß geschehen soll, den anthropologischen Gesichtspunkt mit dem geschichtlichen, bestätigt sich, was ich bisher darzulegen versucht habe: Zivilisation ist nie und nirgendwo ein umfassender und ungebrochen anhaltender *Zustand* von Individuen oder Kollektiven gewesen. Der Brief des Plinius beweist als geschichtliches Dokument nur, daß für die römische Provinzialpolitik des ersten nachchristlichen Jahrhunderts die zivilisatorische Option erkennbar und praktizierbar war: Humaner Umgang mit Nichtrömern war möglich. Aber ein Tag im Circus Maximus oder eine Nacht im Kaiserpalast machten deutlich, daß damit die barbarische Option *derselben* Kultur keineswegs liquidiert war.

Auf der Suche nach dem Goldland stieß am 25. September 1513 der Spanier Núñez de Balboa als erster Europäer an den Pazifik vor. Am Vortag noch wollte ihn ein schwächliches Kontingent von Indios daran hindern, ergriff aber bei der ersten Salve aus den spanischen Arkebusen die Flucht. Stefan Zweig (»Flucht in die Unsterblichkeit«): »Aber statt sich des leichten Siegs zu erfreuen, entehrt ihn Balboa wie alle spanischen Konquistadoren durch erbärmliche Grausamkeit, indem er eine Anzahl wehrloser, gebundener Gefangener – Ersatz für Stierkampf und Gladiatorenspiel – lebend von der Koppel der hungrigen Bluthunde zerreißen, zerfetzen und zerfleischen läßt. Eine widrige Schlächterei schändet die letzte Nacht vor Núñez de Balboas unsterblichem Tag. Einmalige unerklärliche Mischung in Charakter und Art dieser spanischen Konquistadoren. Fromm und gläubig, wie nur jemals Christen waren, rufen sie Gott aus inbrünstigster Seele an und begehen zugleich in seinem Namen die schändlichsten Unmenschlichkeiten der Geschichte.«

Für »Briefe aus Saigon '72« hat Helmut Gollwitzer ein Geleitwort geschrieben. »Dieser Völkermord wird uns zum Gericht. Es ist ein Völkermord nicht weniger als der an den Juden begangene. Denn der Unterschied ist nicht erheblich, ob eine Menschengruppe wegen ihrer Abstammung von vornherein zur Ausrottung verurteilt wird – oder wenn ein amerikanischer Präsident, wie jetzt Nixon, erklärt, er werde ein kleines Volk so lange seinem Bombenhagel aussetzen, bis es vor seinem Willen kapituliere. ›Nordvietnam wird vielleicht noch ins Steinzeitalter zurückgebombt werden, wie ein Luftwaffengeneral es einmal vorgeschlagen hat. Dabei laufen die Vereinigten Staaten jedoch Gefahr, selbst in eine Art Steinzeitbarbarei zurückgeworfen zu werden, die ein gut Teil dessen zerstören könnte, was an der amerikanischen Zivilisation am meisten erhaltenswert ist‹ (›New York Times‹, 20.12.1972). Abgesehen davon, daß der Ausdruck eine Beleidigung der Steinzeitmenschen ist, von denen uns derlei Barbarei nicht überliefert wurde, ist das noch mit verständlicher, aber unangemessener Vorsicht geschrieben. Die ›Gefahr‹ ist schon Wirklichkeit, an der wir alle, auch hier in Europa, teilhaben, wir untätigen Zuschauer dieser Barbarei, wir NATO-Verbündeten dieses Kolonialmordens ... Dieser Völkermord wird uns zum Gericht. Gerichtet ist die abendländische Zivilisation, deren Flugzeuge Bibeln und Bomben zusammen über das asiatische Land abwerfen und deren Völker ohne Aufbegehren dem Morden zuschauen« (Schmidt 1972, 9 f).

Die Beispiele beweisen auch nicht das Gegenteil, daß nämlich Römer, Spanier, Amerikaner und alle Menschen oder Völker, von denen sich ähnliches berichten läßt (es werden wohl alle sein, die wir kennen), in Wirklichkeit nicht zivilisiert *waren* oder *sind*. Sie beweisen nur, daß Kulturen sich zu allen Zeiten stets beide »Wahlmöglichkeiten« im Umgang mit dem Anderen und Fremden offengehalten haben, die zivilisatorische *und* die barbarische. Manches scheint sogar darauf hinzudeuten, daß – dem Sprichwort entsprechend – viel humanes Licht viel barbarischen Schatten geworfen hat.

Das Leid der Opfer verbietet es, mit diesem kühlen Befund zu schließen. Auch das Leid künftiger Opfer. Wenn es wahr ist, daß Zivilisation dazu befähigt, ohne Schaden zu stiften Grenzen zu überqueren und schwierige Nachbarschaften zu pflegen, dann trennen uns von der besseren Welt genau die Probleme der menschlichen Grenzen. Ich möchte zwei davon erörtern.

Unsichtbare Grenzen

Es ist gar nicht leicht, Grenzen zu erkennen. Niemand hat sie in unsere Verhältnisse mit leuchtenden Farben eingetragen. 1872 erschien Samuel Butlers utopischer Roman »Erewhon«, 1936 drehte Charlie Chaplin »Modern Times«: zwei Stationen auf dem langen Weg zur Erkenntnis, daß es eine Grenze gibt, über die hinaus die Maschine nicht »von sich aus« ins menschlich-persönliche Leben dringen darf. Butlers entlegenes Bergvolk hat die allmächtigen Maschinen zerschlagen, Chaplins Bilder zeigen, was hinter der verletzten Grenze beginnt: die Gewaltherrschaft der industriellen Maschinen, die Überwältigung, die Vergewaltigung der Menschen.

Heute sehen wir, daß mit dem Einsatz des ersten Fließbandes auf der anderen Seite der Arbeitsgrenze der Sinn der Arbeit vollends zerstört wurde. Heute sehen wir, daß wir allzu lange in der Natur gehaust haben, wie weiland Pizarro und Cortés unter den Inkas und Azteken; wir haben hinter ihren Grenzen nichts vermutet, was selbst von eigenem Wert und nicht nur unsere Beute gewesen wäre. Heute ahnen wir, daß jenseits der Grenzen unserer abendländischen Kultur nicht Unterentwickelte und Primitive leben, sondern ebenbürtige Menschen, die uns so vieles lehren können wie wir sie. Heute ahnen wir, daß hinter den beiden Grenzen des Alters nicht einfach provisorische oder verbrauchte Erwachsene leben, anzupassen die einen, abgeschrieben die anderen, sondern eigenwillige Menschen, für die wir zwar manche Formen der Beherrschung, aber noch wenige des partnerschaftlichen Umgangs kennen. Heute ahnen wir, daß wir achtlos die Grenze zum Wesen der Stadt verletzt haben, der hohen Schule des »Bürgers unter Bürgern«, des grundzivilen Übungsfelds für tolerant-rationale Urbanität. Wir ahnen heute, daß Gefängnismauern nicht mehr dem Schutz der Gerechten vor den Ungerechten dienen, sondern daß an ihnen entlang eine Grenze verläuft, über die hinweg Menschen sich völlig neu über Schuld und Sühne, Gewalt und Recht verständigen müssen. Wir ahnen heute, daß persönliches Leben und Sterben von einer Grenze umgeben ist, die der Wissenschaft nur vereinbarte Hilfe, aber nicht den einseitigen machtvollen Zugriff erlaubt. Vielleicht ahnen wir auch schon, was sich an den Grenzen zwischen unseren seelischen Fähigkeiten vermenschlichen läßt; seit Platons Psychologie vollzieht sich hier nicht Umgang unter Gleichen, sondern die folgenschwere Unterdrückung von Trieben, Träumen und Gefühlen. Dies alles und noch mehr sehen oder ahnen wir heute. Wie viele Grenzen aber entziehen sich noch immer oder schon wieder unserem Blick, weil sie unter den gewalttätigen Stiefeln unserer Herrschsucht und Besitzgier hindurch verlaufen?

Mauern statt offene Grenzen

Sein Leben auf Zivilisation zu stellen, ist weder intellektuell noch moralisch eine einfache Sache. Wir leben in einer Kultur, die mit der Natur noch nicht ins reine gekommen ist: Wir mißbrauchen »Natur« noch immer als Rechtfertigung der Gewalt. Aber »Fressen und gefressen werden« war seit jeher das Motto der Fresser. Den Kampf ums Überleben eröffnet nur, wer sich den Sieg zutraut. Und er fühlt sich in seinem »Naturrecht« bestätigt, wenn hinter der durchbrochenen Grenze nicht gleich Widerstand erwacht. Zivilisation aber ist die Begabung der Kultur, an die Opfer zu denken, bevor sie dazu geworden sind. Schon bevor sie ihrerseits den Kontakt verweigern, indem sie die Grenze schließen und an ihrer Stelle eine *Mauer* bauen.

Viele Jugendliche, eingespannt in schulische und berufliche Zwänge, den Blick auf die Ungerechtigkeiten kommunaler, die Ungereimtheiten nationaler und die Zynismen globaler Politik gerichtet, unbetreut, ja aufgehalten in ihrer sozialen Entwicklung (das formale Leistungsprinzip in Schule und Arbeit ist mehr denn je die Einsamkeit), verzweifeln heute – vor allem in den großen Städten – an der beschriebenen zivilisatorischen Option. Sie fühlen sich gefangen und setzen dieses Lebensgefühl in ein »Großes Welttheater« um. Hinter den Mauern von Autonomie und Musik, auch hinter Schleiern und Gittern von Drogen entziehen sie sich unseren Blicken, unserem Zuspruch, unserem Verständnis. Sie erkennen sich an den Kleidern, am Alter, an ihren Meinungen. Manche leben im tröstenden Chaos ihrer Zimmer, wortlos, aussichtslos, gebettet in die weichen Klappen der Kopfhörer. Manche scharen sich auf den Plätzen der Städte, sie entweichen nicht wie ihre Großväter in die Natur, sie bleiben, um vor Zuschauern zu »spielen«, wie gefährlich Bewegung in der Stadt geworden ist. Wir begreifen ihr »Stück« nicht, entsenden unsere Vertreter, die Polizei, die Presse, die Politiker und die Kirchen – und spielen unversehens mit. Der Dialog: Transparenttexte gegen die Formeln von Wärtern. Die Handlung: Gewalt, nicht die Gewalt von Kriegen und Revolutionen, sondern Wasserwerfer und Gummigeschosse von uns, Farbbeutel, Pflastersteine und umgestürzte Müllcontainer von ihnen. Symbol und Ziel des Kampfes: die Behausung, die wir ihnen nicht bieten. Es ist anzunehmen, daß sie »spielen«, was sie erfahren haben. An der Grenze zwischen ihnen und uns steht eine Mauer.

Wie die Burg ist auch die Mauer Architektur der Angst, errichtet aus Angst, in der Hoffnung zu ängstigen. Wo immer Angst herrscht, im Herzen eines Schülers oder im Kopf eines NATO-Strategen, ist Zivilisation mißlungen.

Noch bevor der heimgekehrte Ayatollah Khomeini den Amerikanern die mythische Rolle des Weltteufels zuwies und damit sein Land aus dem Verkehr der Nationen zog, um es zur abgeschirmten heiligen Insel zu machen, hatte in islamischen Ländern die Rückbesinnung auf die Prinzipien der Religion als Grundlage der eigenen Kultur eingesetzt. Beobachtern, die die zunehmende Säkularisierung aller Lebensbereiche nach dem (trügerischen) Vorbild des Westens für ein geschichtliches Gesetz hielten, erschien die Re-Islamisierung als unbegreiflicher Rückfall ins Mittelalter. In einem Interview (»Weltwoche«, 6.9.1978) erklärte der Ayatollah Schariat Madari: »Es ist unsere Aufgabe, dafür zu sorgen, daß die Prinzipien des Islams bestehenbleiben . . . Ja, sie sind von innen wie von außen in Frage gestellt. Man vergißt sehr oft, daß auch Iran zwei Weltkriege erlebt hat. Im Zuge dieser Ereignisse haben fremde Mächte in diesem Land einen großen Einfluß gewonnen und unser Leben stark verändert. Sie haben sich oft nicht zu unserem Vorteil in die iranischen Angelegenheiten eingemischt. Zweitens haben mächtige und reiche Iraner, die mit diesen Fremden kooperieren und ihnen auch geistig nahestehen, in diesem Land ihre Herrschaft ausgeübt und ihre Interessen durchgesetzt, ohne das Volk auch nur anzuhören . . . Wir leben hier nicht in Europa oder Amerika. Wir leben in einer islamischen Gesellschaft, mit einer eigenen Tradition.«

Schule der Zivilisation

Die geschichtlichen Umstände haben es immer wieder erlaubt, daß der Starke und Mächtige sich lange Zeit über Grenzen, die ihm wohl bekannt waren, hinwegsetzte. Seine Stärke und Macht konnte in schnelleren Waffen, in reicherem Wissen, in einer leistungsfähigeren Wirtschaft oder in raffinierteren Büros bestehen. Das war, sagen wir, immer so. Das ist natürlich.

Beides ist nicht wahr. Weder Natur noch Geschichte rechtfertigen je so Eindeutiges wie die Barbarei der ausgelebten Gewalt. Ohne die unzähligen natürlichen und geschichtlichen Akte der Zurückhaltung des Lebendigen vor dem Lebendigen, wie sie jeden Tag geschehen, wäre die Erde längst wieder wüst und leer. Es wird keine neue Constitutio Antoniana erlassen werden, die uns alle, Pflanzen, Tiere und Menschen, zu einem »orbis terrarum« zusammenschlösse. Wir müßten den Kaiser fürchten, der das könnte. Nein. Zivilisation erwirbt, wer bei den Opfern der Gewalt in die Schule geht. Eben darum gilt sie uns als menschliche Leistung.

(Weitere Arbeiten zum Thema dieses Beitrags findet der Leser in Band V dieser Enzyklopädie).

Literatur

GLOBAL 2000: Der Bericht an den Präsidenten. Hg. v. Council on Environmental Quality und dem US-Außenministerium, 1980; deutsche Übers. hg. v. R. Kaiser, Frankfurt/M. 1980

LOEWENSTEIN, B.: Plädoyer für die Zivilisation. Hamburg 1973

MARCUSE, H.: Der Humanismus in der fortgeschrittenen Industriegesellschaft. In O. Schatz (Hg.): Die erschreckende Zivilisation. Wien, Frankfurt/M., Zürich 1970

NELSON, B.: Der Ursprung der Moderne: vergleichende Studien zum Zivilisationsprozeß. Frankfurt/M. 1977

C. PLINIUS CAECILIUS SECUNDUS: Sämtliche Briefe. Deutsch von André Lambert. Zürich, Stuttgart 1969

SCHMIDT, W. R. (Hg.): Briefe aus Saigon '72, Frieden in Vietnam. München 1972

Anhang

Glossar

AAM → **Angeborener Auslösemechanismus**

Adaptation: Anpassung; a) sinnesphysiologisch die Abnahme der Reizempfindlichkeit bei fortgesetzter Reizung; b) evolutionstheoretisch die Entwicklung der den Umweltbedingungen bestangepaßten Eigenschaften; c) ethologisch die Anpassung bzw. Änderung der Reizschwelle, die den Eintritt einer bestimmten Verhaltensreaktion reguliert

afferente Fasern: Nervenfasern, welche Impulse dem Gehirn zuleiten

agitierte Depression: hochgradige motorische Unruhe mit klagend-anklagender Verstimmung

Akkommodation: a) die Anpassung des Auges durch Brechkraft der Linse an die auf der Netzhaut darzustellenden Objekte; b) die Veränderung sensumotorischer und kognitiver Systeme durch äußere Gegebenheiten; c) die informationelle Angleichung der Erwartungswahrscheinlichkeit an die tatsächliche Eintretenswahrscheinlichkeit von Ereignissen

Akzeleration: Beschleunigung, im besonderen Sinn Beschleunigung der physiologischen Reifung gegenwärtiger und künftiger Generationen im Vergleich zu früheren

Allometrie: unterschiedliche Wachstumsgeschwindigkeit zweier (oder mehrerer) Körperteile bzw. -organe in ihrem Verhältnis zueinander

Amenorrhöe: Ausbleiben bzw. Fehlen der weiblichen Monatsblutung

Amnion: »Schafhaut«; die bei Mensch und höheren Wirbeltieren den Embryo zunächst umhüllende dünne Haut, welche das Fruchtwasser absondert

Amnioskopie, Amniozentese: Fruchtwasseruntersuchung bei Schwangeren mit Hilfe eines in den Gebärmutterhals eingeführten Endoskops zur Ermittlung einer eventuellen Gefährdung des Leibesfrucht

Anagenese: Höherentwicklung des Organismus innerhalb der Stammesgeschichte

androgene Hormone: männliche Sexualhormone

Angeborener Auslösemechanismus (AAM): Reizfiltermechanismus des Nervensystems, bei dem die Verknüpfung von erfolgtem Reiz und Reizbeantwortung von der Erfahrung unabhängig ist

Anima, Animus: nach Jung archetypische Seelenbilder als Komplemente der weiblichen Natur im Unbewußten des Mannes, der männlichen Natur im Unbewußten der Frau

Anorexia nervosa: endogene Magersucht

Anthropomorphismus: Übertragung menschlicher Gestalt oder Eigenschaften auf nichtmenschliche Wesen (etwa in der Gottesvorstellung oder ins Tierverhalten)

anthropozentrisch: den Menschen in den Mittelpunkt des Universums stellend

Antizipation: »Vorwegnahme«; prospektive Komponente des Erlebens und Verhaltens, Vorwegnahme des Ganzen im vorliegenden Teil; sprachpsychologisch die Voraussetzung für das korrekte Lesen, dabei kommt das Verständnis des Textes durch wiederholten Vergleich desselben mit eigenen Antizipationen zustande

apallisches Syndrom: »Ohne (Großhirn-) Mantel«, bezeichnet einen (etwa nach einem Unfall) »hirntot« dahinvegetierenden Organismus

Aphasie: Sprachstörungen durch Erkrankung des zentralen Sprachapparats, die zur Unfähigkeit führt, Begriffe in Worte oder Schriftbilder umzusetzen

a priori: »von Früherem her«; erkenntnistheoretisch von Erfahrung oder Wahrnehmung unabhängig, rein logisch, aus Vernunftgründen erschlossen

arboricol: auf/in den Bäumen lebend

Aschheim-Zondek-Reaktion (AZR): urinaler Schwangerschaftstest, der auf dem Nachweis des gonadotropen Chorionhormons im Harn basiert

Assoziationsfasern: Nervenfasern, die innerhalb einer Hirnhemisphäre nahe als auch weit auseinanderliegende Hirnrindenbezirke miteinander verbinden

Auslösungsfaktor → **Releasing Factor**

aversive Konditionierung, auch **bedingte Aversion (avoidance learning):** eine Vermeidungsreaktion auslösende Koppelung eines als attraktiv erfahrenen Reizes mit einem unangenehmen Reiz

avoidance learning → **aversive Konditionierung**

Axialfortsatz: Einstülpung des embryonalen Ektoderms, in der die Hauptachse (Chorda) der frühen Embryonalanlage liegt; auch Kopffortsatz genannt

Basaltemperatur: Morgentemperatur des weiblichen Körpers

bedingter Reflex: durch Konditionierung (etwa Signalreize) gelenkte Verhaltensreaktion auf einen natürlichen Reiz

Behavio(u)rismus: Form der Psychologie, welche eine möglichst objektive Betrachtungsweise des beobachtbaren offenen Verhaltens von Mensch und Tier anstrebt; auch als **Reiz-Reaktion-Psychologie** bezeichnet

Beobachtungswahn: in der Melancholie auftretende »Doppelung des Ich« (Freud) in ein übergeordnetes, beobachtendes und ein gequältes, angsterfülltes »Objekt-Ich«

Biogenetisches Grundgesetz: beinhaltend, der menschliche Embryo passiere während seiner Individualentwicklung (Ontogenese) verkürzt die Entwicklungsstadien seiner Stammesgeschichte (Phylogenese)

Biologismus: philosophische Richtung, die Sein und Handeln des Menschen einseitig aus seinen biologischen Voraussetzungen und Bedürfnissen ableitet und zu erklären versucht

Bionomie: die Lehre von den Gesetzen des Lebens

Bipedie: »Zweifüßigkeit«; Fortbewegung vierfüßiger Lebewesen auf den hinteren Extremitäten, beim Menschen der Aufrechtgang

Blastem: Keim, Sprößling; Bildungsgewebe aus undifferenzierten Zellen, aus dem die Embryonalentwicklung erfolgt

Blastomeren: durch Furchung entstandene Zellen eines befruchteten Eies

Blastozyste: Keimblase, Embryonalstadium nach Ankunft des Keimlings in der Gebärmutterhöhle

Brachiatoren: Primaten mit zu langen Armen gegenüber der Beinlänge, die sich als Hangler oder Schwingkletterer fortbewegen (Gibbon, Orang-Utan)

Brocasches Zentrum: motorisches Sprachzentrum, im Neokortex der linken unteren Stirnwindung gelegen, dessen Zerstörung eine motorische Aphasie zur Folge hat; benannt nach dem Pariser Anthropologen und Chirurgen Paul Broca (1824–1880)

Chorion: Zottenhaut; aus dem Mesoderm und dem Trophoblast entwickelte mittlere Eihaut, die den Embryo umhüllt und seiner Ernährung dient

Chorion-Gonadotropin: plazentares Hormon, das die Umstellung des weiblichen Organismus auf Schwangerschaft steuert; auch genannt **HCG** = Human Chorionic Gonadotropine

Chromosomen: Kernschleifen; Erbguteinheiten, aus Proteinen und Nukleinsäuren bestehend, die in der Form von aufgeknäuelten Fäden in artspezifischer Anzahl im Zellkern eines jeden Lebewesens liegen und als Träger der Erbinformation fungieren

Chromosomenaberrationen: Abweichungen in der Chromosomenstruktur

cogito ergo sum: »ich denke, also bin ich«; erkenntnistheoretischer Grundsatz des Cartesius (René Descartes, 1596–1650), der über der totalen Infragestellung allen vorausgegangenen Wissens zu der ihm einzig möglich erscheinenden Gewißheit, der Selbstgewißheit des denkenden Subjekts, gelangte

Constitutio Antoniniana: von Kaiser Caracalla (Marcus Aurelius Antoninus) im Jahr 212 n. Chr. erlassenes Gesetz, wonach der Bevölkerung des gesamten Römischen Reiches das römische Bürgerrecht verliehen wurde

Daseinsanalyse: stark an dem philosophischen Daseinsbegriff Heideggers und der Phänomenologie Husserls orientierte psychotherapeutische Konzeption, die seelische Störungen als existentielle, d. h. als Störungen des menschlichen Daseinsaufbaus, interpretiert

Dendriten: Protoplasmafortsätze der Nervenzellen

Deprivation: »Beraubung«; das Vorenthalten oder Entziehen erwünschter, ein Bedürfnis stillender Gegenstände oder Situationsfaktoren, das nach einer anfänglich beobachtbaren Aktivitätssteigerung (zur Wiedererlangung der Entbehrten) zu Lethargie und totaler Passivität führt; ist auch als »soziale Isolation« zu verstehen

Desoxyribonukleasen: Abbau-Enzyme der Desoxyribonukleinsäure (DNS)

Desoxyribonukleinsäure (DNS): kompliziert strukturierte organische, im Zellkern aller Lebewesen vorhandene Makromoleküle, welche die Grundlage des genetischen Codes bilden; auch **DNA** = Deoxyribonucleic Acid

Diastole: die mit der Systole abwechselnde rhythmische Ausdehnung und Entspannung des Herzmuskels

Differenzierung: Unterscheidung, Abstufung, Übergang vom Einfachen zum Vielfältigen; in der Biologie Entwicklung von gleichartigen zu verschiedenartigen Zellstrukturen

diploid: mit doppeltem (vollständigem) Chromosomensatz im Zellkern ausgestattet

Dissipation: Übergang einer Energieform in Wärmeenergie; evolutionstheoretisch die in offenen Systemen mit ausreichender Veränderungsrate unter gewissen Umweltbedingungen sich vollziehende Entstehung von makroskopischen Ordnungen, die sich als offene dynamische Systeme weiterentwickeln

DNS (DNA) → Desoxyribonukleinsäure

Dorsalaponeurose der Finger: bindegewebige Sehnenplatte, zu den langen Fingerstreckern gehörig, die den ganzen Fingerrücken umhüllt

Dorsalflexion der Hand: Beugung des distalen (vorderen) Handgelenks in Richtung auf den Handrücken

Drehmoment: Produkt aus Kraft und Kraftarm, der als Lot vom Drehpunkt auf die Kraftrichtung definiert ist

Dualismus: Zweiheitslehre; die philosophische (oder religiöse) Annahme zweier unabhängiger, einander ergänzender oder widerstreitender metaphysischer oder kosmischer Prinzipien (Gott – Welt, Geist – Materie, Leib – Seele), im Gegensatz zur monistischen Philosophie

Dyade: »Zweiheit«, Zusammenfassung zweier Einheiten; soziologisch Paarverhältnis

Dyslexie: organisch oder psychisch verursachte Behinderung der Lesefähigkeit

efferente Fasern: Nervenbahnen, die Impulse vom Zentralnervensystem (Gehirn) zu den peripheren Vollzugsorganen (etwa Muskeln) leiten

Ektoblast (Ektoderm): äußeres Keimblatt in der Embryonalentwicklung

élan vital: »Lebensschwung«; von dem französischen Philosophen Henri Bergson (1859–1941) eingeführter Begriff, mit dem er über das mechanistisch-naturwissenschaftliche Denken seiner Zeit hinaus eine Metaphysik postuliert, die ihm weniger auf dem Wege der reinen erkenntnisphilosophischen Spekulation als vielmehr mit Hilfe der subjektiven Intuition erreichbar erscheint

Empirismus: philosophische Richtung, die als einziges Mittel der Erkenntnis die Sinneserfahrung in Form von Beobachtung und Experiment gelten läßt

endopsychisch: innerseelisch; tiefenpsychologisch das Ich, das Es und das Über-Ich umgreifend

Entelechie: »das sein Ziel in sich selbst Habende«; nach Aristoteles die Entwicklungsfähigkeit des Lebendigen auf ein Ziel hin, das von innen auf Vollendung Hinwirkende

Entozystscheibe: scheibenförmige Anlage des Embryos, Keimscheibe

Epigenese (Postformation): besagt, daß der Organismus sich von der befruchteten Eizelle bis zum Individuum in einer Reihe aufeinander folgender zellulärer Differenzierungsprozesse entwickelt und nicht schon in der Ei- oder Spermazelle »vorgebildet« (präformiert) ist

Epiphänomene: Begleit- oder Sekundärerscheinungen; im abschätzigen Sinn von der materialistischen Philosophie gebraucht zur Abwertung alles Psychischen als bloße Folgeerscheinung der physischen (und einzigen) Wirklichkeit

Epiphysenknorpel (Epiphysenfurche): beim jugendlichen Röhrenknochen zwischen Diaphyse (Schaft) und Epiphyse (Gelenkende) eingeschobener Spielraum für das Längenwachstum der Knochen

Eschatologie: die Lehre von den Letzten Dingen, vom Endschicksal des Einzelmenschen und der Welt

Ethologie: Verhaltensforschung; Teil der Zoologie und der Verhaltenswissenschaften, untersucht tierisches Verhalten auf vergleichender Basis mit biologischen Methoden

Eugenik: Lehre von der Erbgesundheit, Erbhygiene

GLOSSAR

Evolution: friedliche Gesellschaftsentwicklung (im Gegensatz zu Revolution); im biologisch-genetischen Sinn die stammesgeschichtliche Weiterentwicklung durch Veränderung des Erbgutes aufgrund von Mutation und Selektion

Evolutionsmechanismus: die über Generationen fortlaufende Weitervererbung und Weiterentwicklung (Veränderung durch Mutation bzw. Selektion) des Genpools einer Population als Grundlage der Evolution, auch der des Individuums

Existentialismus: Hauptrichtung der Gegenwartsphilosophie, die sich in den ontologischen Zweig (Heidegger), Daseinserhellung (Jaspers) und den französischen (eigentlichen) Existentialismus (Sartre) gliedert, der pessimistisch und dem Nihilismus zugeneigt ist

Existenzial: nach Heidegger ein das menschliche Dasein aufbauendes Merkmal

Feedback: »Rückfütterung«, Reafferenz, Rückkoppelung; kybernetischer Begriff, gültig für jegliche Art von Rückmeldungssystemen, die auf mehr oder minder automatische Weise den Vollzug, die Wirksamkeit oder den Grad der Angemessenheit einer bestimmten Tätigkeit oder Handlung anzeigen

Feldgeschehen, psychologisches: Prozesse und Verhaltensweisen, die nicht von mechanischen Zwangsläufigkeiten (etwa Druck oder Stoß) bestimmt, sondern als ein Ganzes organisiert sind (etwa die Wahrnehmung), wobei die Veränderung eines ihrer Elemente zur Neugliederung führt

Fibroblasten: Bildungszellen des faserigen Bindegewebes

Follikelhormon: weibliches Geschlechtshormon, im Eibläschen (Follikel) gebildet

Follikelsprung (Ovulation): Eisprung; die bei der geschlechtsreifen Frau normalerweise alle 28 Tage folgende Ausstoßung der reifen Eizelle aus dem Follikel des Eierstocks

–, induzierter: bei einigen Säugetierarten (Kaninchen, Hauskatze etc.) durch Begattungsreiz ausgelöster Eisprung

Fontanellen: Bindegewebspartie zwischen den Knochen des Schädeldachs bei Neugeborenen, die Anpassung an den Geburtskanal gestattend

FSH: follikelstimulierendes Hormon

Funktionskreis: in der Ethologie System von Verhaltensweisen mit gleicher oder ähnlicher Aufgabe und Wirkung, etwa Fortbewegung, Futteraufnahme, Brutpflege etc.

Ganglien: »Knoten«- bzw. Schaltpunkte der Nerven außerhalb des Zentralnervensystems, welche synaptisch Erregungen (etwa zu den Eingeweiden) übertragen

Gastrulation: im Verlauf der Keimentwicklung vielzelliger Lebewesen unter Vollziehung der Bildung eines zweischichtigen Becherkeims (Gastrula) aus der einschichtigen Blastula, meist durch Einstülpung

Gelbkörper (Corpus luteum): bei Säugetieren und Mensch im Eierstock nach dem Eisprung aus dem Follikelepithel gebildete endokrine Drüse, die unter Mitwirkung des luteinisierenden Hormons (LH) das Gelbkörperhormon (Progesteron) produziert

Genetischer Code: Übertragungsschlüssel der genetischen Information von den Nukleinsäuren auf die Proteine bei der Proteinsynthese

Genom: einfacher (haploider) Chromosomensatz einer Zelle; im weiteren Sinn Gesamtheit der Gene (des Erbguts) eines Organismus

Genpool: Gesamtheit der Genome (Erbanlagen) einer Population

Gonaden: Keimdrüsen, Geschlechtsdrüsen

gonadotrop: auf die Keimdrüsen einwirkend, ihre Produktion steuernd

haploid: mit einfachem (unvollständigem) Chromosomensatz im Zellkern ausgestattet

Hauchseele, Schattenseele: beruht auf der Annahme, daß die menschliche Seele sich im Atem manifestiert; im Gegensatz dazu Körperseele

Heckantrieb: technologisch Hinterradantrieb; Vorschubkraft bei der Vorwärtsbewegung von Wirbeltieren aufgrund besonders entwickelter Extremitäten, bei Fischen die Schwanzflosse, bei Säugetieren die Hinterbeine

Heritabilität: Vererbbarkeit

Hermeneutik: Auslegung und Erklärung von Texten und Kunstwerken; auch Verstehen des menschlichen Selbstseins

Heterosis: Bastardwüchsigkeit, üppiges Wachstum gekreuzter Arten, das nach der ersten Generation wieder abflaut

Heterozygotie: Mischerbigkeit, auftretend bei Organismen, die aus einer Zygote von Keimzellen mit ungleichen Erbfaktoren stammen

heuristisch: zur Entwicklung neuer Erkenntnisse geeignet

Höhlengleichnis: aus Platons »Staat« beschreibt Menschen, die in einer abgeschlossenen Höhle gebannt die Schatten von Dingen erblicken, diese zunächst für real halten, dann für Trug und Illusion, bis sie die Höhle verlassen und im Tageslicht die Wirklichkeit erkennen – ein mühevoller Stufenweg des Menschen zur Erkenntnis

Hologenie: evolutionstheoretischer Begriff, der Phylogenese (Stammesentwicklung) und Ontogenese (Individualentwicklung) zusammenfaßt

Homologie: Übereinstimmung in physiologischer und/oder verhaltensmäßiger Beziehung von Individuen, die von gleichartigen Vorfahren abstammen

Homöostase: Prinzip der Selbstregulierung zur Erhaltung des physiologischen Gleichgewichts (etwa der Körpertemperatur) gegenüber veränderten Umweltbedingungen

Hybride: aus Kreuzung von genetisch ungleichartigen Elternteilen hervorgegangenes Individuum, Bastard

Hyperventilation: übermäßige Steigerung der Atmung, der Beatmung der Lunge

Hypophyse: Hirnanhangdrüse, bestehend aus Hypophysenvorderlappen (Adenohypophyse), dessen Hormone das Wachstum und die Funktion der wichtigsten Organe steuern, und Hypophysenhinterlappen (Neurohypophyse), der Muskulatur, Peristaltik, Blutdruck etc. beeinflußt

identische Reduplikation (Replikation): Selbstverdoppelung; im biogenetischen Sinn auf die DNS-Strukturen angewandte Grundlage der Fortpflanzung und Vermehrung

Identitätslehre: monistische Philosophie, welche die körperlichen und seelischen Vorgänge im Menschen als verschiedene Erscheinungsformen der einen (und selben) Wirklichkeit erklärt

Implantation → **Nidation**

Imprägnation: Eindringen der männlichen Samenfäden in die reife weibliche Eizelle, Befruchtung

Individuation: Differenzierungsprozeß vom Allgemeinen zum Individuellen; die Entwicklung des Menschen zur eigenständigen Persönlichkeit; tiefenpsychologisch die Entfaltung und Stärkung des Selbst, des Ich in seiner Emanzipation von der Kollektivpsyche; zentraler Begriff der Analytischen (Komplexen) Psychologie C. G. Jungs

Induktion: »Einführung«; im biologischen Sinn Einleitung eines Differenzierungsprozesses an einem Teil des Organismus während der Keimentwicklung (embryonale Induktion)

Insemination: »Einsamung«; künstliche Befruchtung, auch natürliches Eindringen des männlichen Samens in die Eizelle (Imprägnation)

Instinktlehre: behauptet angeborenes Verhalten, zumindest endogene Automatismen bei Tieren; zu Anfang des Jahrhunderts in der anglo-amerikanischen Psychologie teilweise auch auf den Menschen ausgedehnt

Integration: Vereinheitlichung, Zusammenschluß, Bildung eines Ganzen; in der Psychologie das Zusammenwirken und Einander-Durchdringen psychischer Prozesse im Individuum

Interaktion: »Zwischen-Handlung«, wechselseitiges Aufeinander-Einwirken; Kommunikationsprozeß in sozialen Gruppen; auch auf Tierverhalten anwendbar

Intersubjektivität: Erleben der einzelnen Person, das zwar subjektiv für sie ist, das sie aber dennoch mit anderen Personen gemeinsam hat

Introversion: nach C. G. Jung das nach innen Gerichtet- und vom inneren Denken und Fühlen heraus Bestimmt-Sein eines Menschentypus

Irreversibilität: »Nicht-Umkehrbarkeit«; in der Ethologie bei Prägungsvorgängen zu beobachtende Unveränderbarkeit des Lernergebnisses

Isometrie: Längengleichheit (etwa auf Landkarten); in der Biologie Zunahme zweier Körpermaße im proportionsgleichen Verhältnis

Karpometakarpalgelenk: Sattelgelenk (etwa des Daumens) mit zwei Freiheitsgraden (Opposition) und vier Hauptbewegungen: Beugung – Streckung, Adduktion (Anwinkelung) – Abduktion (Abwinkelung)

Kaspar-Hauser-Tiere: unter Erfahrungsentzug in der Isolation aufgezogene Tiere, deren Verhaltensweisen Rückschlüsse auf den Anteil genetisch bedingter Verhaltenskomponenten gegenüber erfahrungsbedingten gestatten; so benannt nach einem Nürnberger Findelkind (1812–1833)

Kausalität: gesetzmäßiger Folgezusammenhang von Ursache und Wirkung (Kausalnexus)

Kausalitätsprinzip: besagt, daß was entsteht oder geschieht eine bestimmte für das Entstandene oder Geschehene ursächliche Voraussetzung haben muß (Aristoteles, Kant)

Kippmoment: zum Umwerfen (Kippen) eines Körpers aufzuwendende Mindestkraft, Produkt aus der Größe dieser Kraft und ihrem Abstand vom Erdboden

Klammerreflex: bei Berührung der Bauchseite oder der Innenseite der Extremitäten auftretende reflektorische Klammerbewegungen, die Tiere etwa bei Paarungsvorgängen ausführen (Kröten, Frösche) oder die als Festhalte-Effekt von Jungtieren (und auch menschlichen Säuglingen) an der Mutter zu beobachten sind

kognitive Systeme: Erfahrungsmuster, die Erkennen und Einordnen von Umweltphänomenen erlauben; auch Reaktions- und Erwartungshaltungen gegenüber der Umwelt (bei Mensch und Tier)

Kollusion: geheime betrügerische Absprache; im juristischen Sinn Verdunkelung, Verschleierung (von Beweismaterial)

Kommissurenbahnen: Nervenfasern, die zwischen beiden Hirnhemisphären verlaufen und die analogen Stellen miteinander verbinden

Kompensation: Ausgleich, Aufwägung; im Traumgeschehen ausgleichende Wirkung des Traums bzw. Unbewußten auf die Bewußtseinshaltung (nach Jung); Ausgleichsreaktion bei Organminderwertigkeiten (nach Adler)

Komplementierung: Ergänzung; als Traumfunktion Ergänzung der Lücken im Bewußtsein durch das Unbewußte im Traum (nach Jung)

Konjugation: »Beugung«, »Verbindung«; in der Biologie die Vereinigung der Zellkerne von Samenfaden und Eizelle

Körperseele: begreift den Sitz der Seele wie den eines Organs im Körper (auch Organseele), das durch Freiwerden sich zum Dämon wandeln kann – eine Vorstellung primitiver Völker

kritische Periode → **sensible Phase**

Kyphose: Wölbung der Wirbelsäule nach hinten, Buckel

Lag-Phase: Verzögerungsphase vor dem und bis zum Aktivitätsanstieg; wirtschaftstheoretischer Begriff, der auf die Biologie übertragen zur Bestimmung des biologischen Alters auf zellulärer und suprazellulärer Ebene dient

Lanugo: feines wolliges Haarkleid, das den menschlichen Fetus in der zweiten Schwangerschaftshälfte umgibt

Latenzphase: Zeitspanne zwischen dem Auftreten eines Reizes und dem Eintritt der durch ihn ausgelösten Reaktion; in der Psychologie (nach Freud) der Zeitabschnitt zwischen der ersten und der zweiten genitalen Phase (6.–12. Lebensjahr); im medizinischen Sinn Stadium des Verborgenseins einer Krankheit, das sich mit zunehmendem Alter verlängert

Lernprozesse: Aufnahme von Informationen und ihre Speicherung im Gedächtnis des Lebewesens; im weiteren Sinn Verhaltensveränderungen aufgrund gemachter Erfahrung, die mehr oder minder anhaltend sein können

LH → **luteinisierendes Hormon**

Libido: Begierde; nach Freud die psychische Kraft, welche die Regungen menschlicher Sexualität in ihrer Gesamtheit bewegt; nach C. G. Jung die Lebenskraft schlechthin

Lipofuszin: eisenfreies, braunes, in menschlichen Bindegewebszellen (Mesenchym) auftretendes Pigment, im Alter als sog. Abnutzungspigment zunehmend

Logos: bedeutet das »Wort« im schöpferischen Sinn, Geist, Vernunft und Erkennen (Heraklit); in der Psychologie das männliche Prinzip der Ordnung, des Urteils etc., der Animus der Frau

Lordose: Krümmung der Wirbelsäule nach vorn (konvex) im Gegensatz zur Kyphose (Buckel)

luteinisierendes Hormon (LH): Hormon des Hypophysenvorderlappens, wirkt fördernd bei der Entstehung des Gelbkörperhormons Lutein und steuert zusammen mit FSH den weiblichen ovariellen Zyklus

GLOSSAR

Lysis: Auflösung, Verfall; in der Psychologie im besonderen der Verfall des charakterlichen bzw. strukturellen Gefüges

Lysosomen: in tierischen und auch pflanzlichen Zellen auftretende bläschenartige Gebilde, die mit zellabbauenden Enzymen gefüllt sind

Makrosmaten: Riechtiere, Tiere mit gut entwickeltem Geruchsvermögen (wie fast alle Säugetiere)

Mechanorezeptoren: Hautsinnesorgane der Wirbeltiere (und des Menschen), die Druck- und Berührungsreize aufzunehmen vermögen

Medullarrohr → **Neuralrohr**

Meißnersche (Tast-)Körperchen: Druckrezeptoren in den Lederhautpapillen, an welche Nervenfasern heranführen; benannt nach dem Physiologen und Anatom Georg Meißner (1829–1905)

Mekonium: »Kindspech«, intrauterin auftretender Stuhl des Fetus

Menarche: Beginn der ersten weiblichen Monatsblutung

Merkelsche Tastscheiben: in der unteren Epidermis eingebettete scheibenförmige Rezeptoren für die Tastempfindung; benannt nach dem Anatom Johann Friedrich Siegmund Merkel (1845–1919)

Mesoderm, Mesoblast: mittleres Keimblatt zwischen Ekto- und Entoderm, aus dem in der Embryonalentwicklung u. a. die quergestreifte Muskulatur, die Epithelien des Nieren- und Harnapparats sowie der serösen Höhlen (Bauch-, Brust-, Hodensackhöhle, Herzbeutel) entstehen

Metamerie: entwicklungsgeschichtliche Gliederung des embryonalen Körpers in hintereinanderliegende Abschnitte (Segmentation)

Metapsychologie: beschäftigt sich mit den das Normal-Psychische übersteigenden (transzendent-psychischen) Phänomenen, auch der Parapsychologie; bei Freud eine Seinsanalyse anstrebend

Metempsychose: »Umseelung«, Seelenwanderung, Überwechseln der Seele beim Tod des Körpers in einen anderen Körper (auch von Mensch zu Tier oder Pflanze)

Mitose: indirekte Zellkernteilung, die in fünf Phasen verläuft und das Chromosomen der Länge nach spaltet, so daß die beiden Tochterkerne dasselbe Genom und die gleiche Anzahl von Chromosomen aufweisen

Monadologie: philosophische Lehre von den letzten, nicht mehr zusammengesetzten, unteilbaren Ureinheiten (Monaden) der Universumssubstanz, von denen nach Leibniz keine der anderen gleicht, aber in jeder einzelnen sich das Ganze widerspiegelt

Monismus: philosophische (oder religiöse) »Einheitslehre«, welche die Erscheinungen des Universums und ihre Entstehung auf ein einziges, materielles oder geistiges, Prinzip zurückführt; im Gegensatz dazu der Dualismus

monophag: in der Ernährung auf eine einzige Pflanzen- oder Tierart spezialisiert

Morphologie: Lehre von der Form (Körperform)

Morula: »Maulbeere«; in der Embryonalentwicklung nach der Furchung des befruchteten Eies aus Blastomeren gebildete Furchungskugel

Motivation: Beweggrund des Handelns; auch Stimmung, Handlungsbereitschaft, Trieb; Summe der auslösenden und richtunggebenden Vorgänge (Tendenzen), welche – bei Mensch und Tier – eine gewisse Verhaltensweise aktivieren

Mukosa: Kurzbezeichnung für Tunica mucosa, Schleimhaut, die das Innere der Hohlorgane im menschlichen Körper überzieht

Multimorbidität: ein zugleich von mehreren (vielen) Krankheiten Befallensein – eine Gefahr, die sich in vorgerücktem Alter erhöht

Mutagene: Mutationen auslösende Substanzen bzw. Strahlen

Mutation: spontane Veränderung einer Erbanlage (Genom), die das Auftreten neuer Arten bewirken kann

Nachlaufprägung: Lernvorgang bei Nestflüchtern, die Merkmale ihrer Elterntiere zu unterscheiden und ihnen (und nicht fremden Tieren) »nachzulaufen«

Naegelesche Regel: Bestimmung des voraussichtlichen Termins der weiblichen Niederkunft, ausgehend vom ersten Tag der letzten normalen Monatsblutung; benannt nach dem Gynäkologen Franz Karl Naegele (1777–1851)

Neokortex: Großhirnrinde

Neopositivismus: philosophische Richtung, welche auf der Grundlage des Empirismus mit Hilfe der formalen Logik und der analytischen Philosophie auf eine allgemeine, umfassende Wissenschaftstheorie abzielt (nach 1918)

Neotenie: unvollkommener Entwicklungszustand eines Organs; Eintreten der Fortpflanzungsreife in infantilem bzw. larvalem Zustand, in sozialanthropologischem Sinn die gegenüber der physiologischen Akzeleration immer später einsetzende seelische Reife

Nestflüchter: Tierarten, deren in fortgeschrittenem Entwicklungsstadium geborene bzw. geschlüpfte Junge sehr bald imstand sind, ihren Elterntieren aktiv zu folgen; dazu im Gegensatz

Nesthocker: Tiere, die – auf früher Entwicklungsstufe geboren bzw. geschlüpft – noch längere Zeit der intensiven Betreuung durch ihre Elterntiere bedürfen

–, **sekundäre** → **Traglinge**

Neuralrohr (Medullarrohr): Embryonalstadium des Zentralnervensystems bei Wirbeltieren und Mensch

Nidation oder **Implantation:** »Einnistung«; Einbettung eines befruchteten und sich entwickelnden Eies (Blastozyste) in die Schleimhaut der Gebärmutter

Nissl-Substanzen: in Nervenzellen vorhandene granuläre Konzentrationen mit hohem Ribonukleinsäuregehalt (RNS), die bei körperlicher Schädigung oder Ermüdung verschwinden, nach Erholung aber wieder auftauchen; benannt nach dem Psychiater Franz Nissl (1860–1919)

nomothetisch: gesetzgebend; die naturwissenschaftliche Entdeckung normativer Gesetze beinhaltend

Noopsyche: »Geistseele«, geistig-intellektueller Bestandteil des Seelischen

Nukleotide (Nukleinsäuren): hochpolymere Verbindungen aus Basen, Kohlehydraten und Orthophosphorsäure, die als Spaltprodukte des Eiweißes im Zellkern entstehen

Objektivismus: geht von der erkenntnisphilosophischen Annahme aus, daß dem menschlichen Geist die Erfassung objektiver Wahrheiten möglich ist; in der Ethik die Anerkennung einer objektiven Werteskala

Ökologie: die Lehre von der Umwelt und ihren Bedingungen

Ökonomismus: leitet die Gesellschaftsentwicklung und -ordnung allein von wirtschaftstheoretischen und -politischen Ursachen ab

omnivor: alles fressend

Ontogenese: Entwicklung des Individuums von der befruchteten Eizelle bis zu seinem Tod

Ontologie: Wissenschaft vom Sein

operante Konditionierung: Konditionierungsexperiment, in welchem ein Versuchstier, an Erfolg und Mißerfolg lernend, zur Ausführung einer bestimmten Handlung gebracht werden soll (nach Skinner)

Osmose: Stoffübergang zwischen flüssigen Körpern durch eine semipermeable (halbdurchlässige) Scheidewand (Membran)

Ossifikation: Knochenbildung, Knochenentwicklung, auch Verknöcherung

Östrogene: weibliche Geschlechtshormone, Follikelhormone, die den Östrus (Brunst) erzeugen

Ovulation → **Follikelsprung**

Palingenese: Wiederholung der Vorfahrenentwicklung in der individuellen (Embryonal-) Entwicklung

Palmarflexion der Hand: Beugung des distalen (vorderen) Handgelenks in Richtung auf die Handfläche

Papillarschicht: obere Schicht der Lederhaut, die mit Papillen durchsetzt ist

Phänomenologie: die Lehre von den Erscheinungen; nach Hegel die Darstellung der sich dialektisch entwickelnden verschiedenen Erscheinungsformen und -stufen des Bewußtseins

Phylogenese: stammesgeschichtliche Entwicklung der Lebewesen

Physikalismus: Anwendung der physikalischen Wissenschaftssprache auf die Gebiete aller Wissenschaften, wie sie in Thesen des neopositivistischen Wiener Kreises angeregt wurde; in abschätzigem Sinn gegen die forcierte Einordnung der vielfältigen Lebensphänomene in die physikalische Welt gebraucht

Pneuma: »Hauch«, »Atem«, »Luft«; in der griechischen Philosophie das kosmische oder geistig-göttliche Prinzip, das die Welt durchwirkt; auch Seelenkraft

Polyandrie: Vielmännerei, Ehe einer Frau mit gleichzeitig mehreren Männern, vorkommend bei Naturvölkern mit Mutterrecht

Polygynie: Vielweiberei, Ehe eines Mannes mit gleichzeitig mehreren Frauen

Polymerasen: an der Entstehung von Nukleinsäuren beteiligte Enzyme, welche die Aneinanderreihung von Nukleotiden zu Polynukleotiden steuern

Polypathie: »Vielseitserkrankung«, wie sie in vorgerücktem Alter häufig ist

Population: Gesamtheit der Individuen einer Art in einem bestimmten Lebensraum, innerhalb deren es zur ständigen Vermischung des Erbgutes ihrer Mitglieder kommt (Genfluß)

Positivismus: philosophische und wissenschaftliche Richtung, welche in ihrer Forschung allein auf Wahrnehmung und Erfahrung beruhende Tatsachen und Ergebnisse gelten läßt und jede metaphysische Spekulation ablehnt (Hume, Comte)

Präadaptation: prospektive Anpassungsfähigkeit der Erbfaktoren eines Lebewesens, die durch aktivierbare, entwicklungsbereite Enzyme gesteuert wird

Prägung: in ethologischem Sinn Lernprozesse, die innerhalb gewisser lernsensibler Phasen der frühen Jugend erfolgen, mit stabilem, teilweise irreversiblem Ergebnis

prästabilierte Harmonie: nach Leibniz der aufgrund eines idealen (göttlichen oder naturgesetzlichen) Prinzips im vorhinein festgelegte (prästabilierte) Einklang des wechselseitigen Wirkens von Leib und Seele, der den kartesianischen Dualismus überwindet

Progestation: Vorschwangerschaft, Zeit zwischen Eisprung und Nidation

Projektion: in der Psychologie die Verlagerung innerer Vorgänge nach außen; nach Freud ein »Abwehrmechanismus«, der Triebimpulse (Wünsche, Fehler, Schuldgefühle etc.) des Ich auf andere Personen oder Situationszusammenhänge überträgt

projektive Abwehr → **Projektion**

Proliferationskapazität: Potential der Populationsverdoppelungen von Gewebszellen, das für die Regenerationsfähigkeit des Organismus bestimmend ist

Pronation: Nach-innen-Drehen einer Extremität (Hand oder Fuß), im Gegensatz zur Supination

Prostaglandine: Gewebshormone, vornehmlich der männlichen Samenblase

Proteine: aus Aminosäuren aufgebaute, makromolekulare Eiweißkörper, die – in Polypeptidketten formiert – zu den wichtigsten Bausteinen der lebenden Zelle aller Organismen gehören

psychosomatisch: werden Krankheiten genannt, zu deren Entstehung psychische Vorgänge beigetragen haben

Radialabduktion der Hand: Abwinkelung des hinteren (proximalen) Handwurzelgelenks auf die Daumenseite

Rationalismus: philosophische Richtung, welche Erkenntnis nicht aus den Erfahrungen der sinnlichen Wahrnehmung schöpft, sondern aus dem gesetzmäßigen Denken der ratio, der Vernunft

Reduktionismus: Wissenschaftstheorie, nach der in Arbeiten aus den Gebieten der Erfahrungswissenschaften rein theoretische (und nicht in Bezug zum vorgetragenen Experiment oder der Messung stehende) Fachausdrücke vermieden werden sollten; Zurückführung komplexer Phänomene auf elementare Erscheinungen

Regression: »Zurückschreiten« im Sinn sowohl der Rückbildung (Atrophie, Degeneration etc.) wie des Zurückgreifens auf frühere Entwicklungsstadien

reinforcement → **Verstärkung**

Reizmuster (stimulus pattern): in der Ethologie Gesamtheit von Einzelreizen, die eine funktionale Einheit bilden und beispielsweise eine komplexe Situation ausmachen

Reiz-Reaktion-Psychologie → **Behaviorismus**

Rekonstitution: Gesamtaktivität des Zergliederns und Wiederzusammenfügens

Releasing Factor (RF): »Auslösungsfaktor«, im Zwischenhirn gebildet, bewirkt die Ausschüttung gonadotroper Hormone, die den Eierstock zur Bildung weiblicher Geschlechtshormone stimulieren

Repressoren: in genetischem Sinn Proteinmoleküle, die eine hemmende Wirkung auf die Gen-Aktivität ausüben

res cogitans, res extensa: die »denkende« und die »ausgebreitete (ausgedehnte) Substanz«, die Grundbegriffe des metaphysischen Dualismus von Descartes, der damit Seele und Leib als zwei streng voneinander geschiedene verschiedene Substanzen unterscheidet

Resultierende, Resultante: Summe zweier (oder mehrerer) verschieden gerichteter Kraft- oder Bewegungsvektoren (gerichteter Strecken); algebraisches Mittel bei der Auflösung von Gleichungen

Rezeptoren: Strukturen, die auf die Umwandlung von physikalischen oder chemischen Stimuli in Nervenimpulse spezialisiert sind; unterschieden in Berührungsrezeptoren (Mechanorezeptoren der Haut, die empfindlich gegen Berührung und Druck sind), Lichtrezeptoren (Photorezeptoren in der Retina), Geruchsrezeptoren (olfaktorische Rezeptoren in der Nase), Dehnungsrezeptoren (Mechanorezeptoren im Muskel, die auf Dehnung oder Druck ansprechen)

RF → **Releasing Factor**

Rhesus-Faktor: erbliche Agglutinations(»Verklumpungs«)neigung der roten Blutkörperchen (wie beim Blut der Rhesusaffen), von der 85 Prozent der weißen Menschheit betroffen sind

Ribonukleinsäure (RNS): in der Zellsubstanz aller Lebewesen enthaltene Polynukleotide, die bei der Proteinsynthese die Übermittlung der genetischen Information besorgen; auch **RNA** = Ribonucleic Acid

RNS (RNA) → **Ribonukleinsäure**

Rückkoppelung: in biologischen und technischen Systemen auftretende Rückführung der am Ausgang dieses Systems vollzogenen Leistung auf den Systemeingang (vgl. Feedback)

Schattenseele → **Hauchseele**

Segmentation → **Metamerie**

Selektion: Auslese; im biologischen Sinn ein natürlicher Prozeß, der die Überlebens- und Fortpflanzungschancen des Individuums abhängig von seiner »Eignung« bestimmt und dazu führt, daß gewisse (umweltgünstige) Erbanlagen in einer Population zunehmen, andere hingegen verschwinden

Semantik: Lehre von den Wortbedeutungen, auch von Zeichen und Symbolen, die für Denkinhalte stehen

sensible Phase; auch **kritische Periode:** Zeitabschnitt der frühen Jugend, in dem ein Lebewesen für bestimmte nachhaltige (irreversible) Lernerfahrungen besonders empfänglich ist

Sensoren: sensorische oder afferente Nerven, durch die Nervenerregungen von den Sinnesorganen zum Zentralnervensystem geleitet werden

Situationskreistheorie: faßt den menschlichen Organismus als ein mit seiner individuellen Wirklichkeit verwobenes Suprasystem auf, das ihn erst zum »aktiven offenen« oder »pragmatischen« (handelnden) System werden läßt (Bertalanffy, Uexküll)

somatotrop: das Wachstum fördernd

Somiten: aus dem Mesoderm, dem mittleren Keimblatt der Embryonalentwicklung, gebildete Körperwandorgane

Sozialisation, Sozialisierung: Hineinwachsen des Individuums in eine Gruppe, des Kindes in die Normen der seinen Lebensraum bestimmenden Gesellschaft

Sphenobasilarfuge: Schädelbasisfuge zwischen Hinterhauptbein und Keilbein des juvenilen Skeletts, später durch Synostose geschlossen

Spondylolisthesis: durch Wirbelverschiebung (Gleitwirbel) verursachte Erkrankung

Stabilität (Standfestigkeit): Sicherheit eines Körpers vor dem Umkippen im Verhältnis von Standmoment zu Kippmoment

stimulus pattern → **Reizmuster**

Supination: Nach-außen-Drehen einer Extremität (Hand oder Fuß), im Gegensatz zur Pronation

Synostose: feste Knochenverbindung des Erwachsenenskeletts, durch Verschmelzung mehrerer Knochenkerne entstanden

Synovia: Gelenkschmiere, die von der die Gelenke umkleidenden Gelenkhaut (Membrana synovialis) abgesondert wird

Systole: Zusammenziehung, etwa des Herzmuskels bei der Herzrevolution (Herzperiode), bestehend aus Anspannungs- und Austreibungszeit

Systemtheorie: der Kybernetik zuzurechnen, befaßt sich mit Aufbau und Funktionalität von Systemen sowie ihrem Verhältnis untereinander

Theodizee: Fragenkomplex der philosophischen Gotteserkenntnis; in engerem Sinn Rechtfertigung Gottes angesichts des Übels in der Welt

theriomorph: tiergestaltig (meist als Eigenschaft von Göttern)

Totemismus: im religiösen Brauch von Naturvölkern geübte Verehrung eines Totem-Tieres (manchmal auch Pflanze oder Naturgewalt), das als Ahnherr des Clans gilt, Wunder- und Heilkräfte besitzt und das nicht verletzt werden darf

Traglinge; auch **sekundäre Nesthocker:** Säugetier- bzw. Primatenjunge, die in den ersten Lebenstagen und -wochen sich an der Mutter festklammern und von ihr umhergetragen werden

Transaktionsanalyse: psychotherapeutisches Verfahren, das auf eine Veränderung der Transaktionsmuster zwischen den verschiedenen wechselnden »Ich-Zuständen« abzielt (Kind-Ich, Eltern-Ich, Erwachsenen-Ich)

Translation: Übertragung; in der Genetik Informationsübertragung in die Aminosäuresequenz bei der Proteinsynthese

Traumamnesie: das sich nach dem Erwachen nicht des Trauminhalts Erinnern-Können

Traumzensor: nach Freud Repräsentant des Über-Ich bzw. der moralischen Instanz im Menschen, welcher alle im Traum zur Darstellung drängenden Triebwünsche auf ihre Annehmbarkeit für das Traumbewußtsein prüft

Trophoblast: Zellschicht der Keimblase (Blastula), die bei der Embryonalentwicklung zur Ernährung und als Hülle dient

Übersprungbewegung: bei Tieren im Konflikt zweier Verhaltenstendenzen (Angriff – Flucht) auftretende, außerhalb der Verhaltensfolge stehende Bewegung, die gewissermaßen in einen dritten Funktionskreis »überspringt« (wie Übersprungspicken bei kämpfenden Haushähnen)

Übertragung: in der Psychoanalyse (-therapie) bewirkte Projektion psychischer Erlebnisinhalte von seiten des Patienten auf den Therapeuten, die als **Gegenübertragung** von diesem zurückprojiziert werden

Ulnarabduktion der Hand: Abwinkelung des hinteren (proximalen) Handwurzelgelenks auf die Kleinfingerseite

Utilitarismus: Nützlichkeitssystem, dessen von Bentham begründete Moral- und Staatstheorie darauf abzielt, der größtmöglichen Anzahl Menschen den größtmöglichen Nutzen zu verschaffen

Vater-Pacinische Lamellenkörperchen: Endkörperchen einer Nervenfaser in der unteren Epidermis, die der Tiefensensibilität dienen

vegetative Dystonie: Störung im Zusammenspiel der vegetativen Nerven (Sympathicus – Parasympathicus)

Verbalisation; Vokalisation: im evolutionär-genetischen Sinn die Entwicklung der Sprachfähigkeit

Vigilanzeffekt: Wachsamkeitseffekt; Abfall der Aufmerksamkeit bei monotoner Folge von neutralen Reizen, die nur selten von einem kritischen Reiz unterbrochen wird

Virenzphase: Phase des besonderen Entfaltungsreichtums in der Stammesentwicklung

Vitalkapazität: Luftmenge, die bei Höchstanstrengung ein- und auch wieder voll ausgeatmet werden kann

Wechselwirkungstheorie: knüpft an die exakte kartesianische Trennung der psychischen Substanz (res cogitans) von der körperlichen (res extensa) an, versucht aber eine kausale Verbindung zwischen Vorgängen im leiblichen und im seelischen Bereich in Form einer gegenseitigen (wechselwirkenden) Beeinflussung festzustellen

Wernickesches Zentrum: sensorisches Sprachzentrum, dessen Zerstörung eine sensorische Aphasie zur Folge hat; benannt nach dem Psychiater Karl Wernicke (1848–1905)

Widerstand: bei der psychoanalytischen Behandlung im Patienten aufkommende Hemmkraft, die sich der Bewußtmachung verdrängter Wünsche und Schuldgefühle widersetzt (nach Freud)

Wiener Kreis oder **Wiener Schule:** ein 1922 an der Wiener Universität entstandener Diskussionszirkel, dessen Mitglieder – auf neopositivistischer Grundlage – die Schaffung einer wissenschaftlichen Universalsprache mit dem Ziel einer Einheitswissenschaft anstrebten

Zerebralisation: Gehirnbildung, Gehirnentwicklung

Zwillingsmethode: Verfahren zur Bestimmung des Anteils von Erb- bzw. Umweltfaktoren an der Verschiedenheit der menschlichen Individualität, in Vergleich gesetzt mit den Ergebnissen von eineiigen Zwillingen, die bei gleichem Erbgut nur in Umwelteinflüssen variieren können

Zygote: Neuzelle aus der durch die Befruchtung erfolgten Verschmelzung der beiden Geschlechtskerne

Zytoplasma: Zellplasma, das zusammen mit dem Nukleoplasma (Kernplasma) das Protoplasma bildet, die lebende Substanz der menschlichen, tierischen und pflanzlichen Zelle

Quellenverzeichnis der Abbildungen

Farbige Abbildungen

Anthony Verlag, Starnberg/Otto: Seite 35 unten; –/Feiler: Seite 125 oben; –/Mahr: Seite 125 unten; –/Friebe: Seite 150 oben; –/Schröter: Seite 249.
Archiv für Kunst und Geschichte, Berlin: Seite 22/23; Seite 630/631.
Bavaria-Verlag, Gauting bei München/Bert Leidmann: Seite 150 unten.
Peter F. Bock, av-edition, München: Seite 358 unten; Seite 598/599.
dpa, Frankfurt: Seite 35 oben; Seite 56; Seite 593; Seite 595 oben; Seite 663; Seite 671; Seite 685 oben und unten.
Deutscher Fernsehdienst, München: Seite 498/499.
Filmpress, München: Seite 38 oben.
Verleih Filmwelt, München/Adolf Winkelmann: Seite 681 unten.
Fischer-Werke, Tumlingen: Seite 471 unten.
Foto-present, Essen/Herzog: Seite 211.
Prof. Dr. Peter Fuchs, Göttingen: Seite 43.
Photographie Giraudon, Paris: Seite 561.
Elke Gerhart, München: Seite 355.
Gruner & Jahr, Fotoservice München/Tietel: Seite 57.
Bildagentur Anne Hamann, München/G. Mangold: Seite 469.
Colorphoto Hinz, Allschwil-Basel: Seite 582/583; Seite 652.
Bildarchiv Holle, Baden-Baden: Seite 358 oben.
The Image Bank, Hamburg: Seite 494 unten.
Interfoto, München: Seite 34.
Hermann Kacher, MPIV, Seewiesen: Seite 147 unten.
Manfred Kage, Institut für wissenschaftliche Fotografie, Schloß Weißenstein: Seite 53 oben und unten.
Keystone, Hamburg: Seite 38 unten; Seite 267 unten; Seite 595 unten.
Archiv Kindler, München: Seite 356/357.
Kunstmuseum, Solothurn: Seite 709 unten.
Länderpress, Düsseldorf: Seite 322.
Johannes Lieder, Ludwigsburg: Seite 31.
Bildarchiv Jürgen Lindenburger, Kastl/Obb.: Seite 265 oben; –/Okon: Seite 522/523.
Michael Matthes, München: Seite 147 oben; Seite 457 unten; Seite 546/547.
Bildagentur Mauritius, Mittenwald/Storck: Seite 159 unten; –/Dr. Lorenz: Seite 251; –/Eric Bach: Seite 253; –/Richard Mayer: Seite 494 oben; –/A. Plomer: Seite 511.
Mediapress, Stuttgart: Seite 209 oben und unten.
Munch-Museet, Oslo: Seite 709 oben.
Okapia, Frankfurt/M.: Seite 151.
Bildarchiv Preußischer Kulturbesitz, Berlin: Seite 334/335.
Karsten de Riese, Bairawies: Seite 323.
Scala, Antella bei Florenz: Seite 563.
Marion Schweitzer, München/Camera Press – Wolfgang D. Winter: Seite 39.

Sven Simon, Bonn: Seite 681 oben.
Sven Simon, Essen: Seite 701 oben und unten.
Hans Thoma, ©DVA, Stuttgart: Seite 617.
Transglobe Agency, Hamburg/Guy le Querrec-Magnum: Seite 321.
Vision International, London/Anthea Sieveking: Seite 159 oben.
ZEFA, Düsseldorf/Wienke: Seite 460/461; –/H. Helbing: Seite 471 oben; –/W. Rötzel: Seite 495; –/Werner H. Müller: Seite 662.
Mac Zimmermann, München: Seite 569/570/571.

Schwarzweiße Abbildungen

Agentur Photo-Center, Greiner & Meyer, Braunschweig/Meyers: Seite 238 oben; –/Kroener: Seite 238 Mitte links und rechts; –/Schmidt: Seite 238 unten.
Anthony Verlag, Starnberg/Jakob: Seite 260 oben; –/Dumrath: Seite 457 oben.
Archiv für Kunst und Geschichte, Berlin: Seite 178 oben; Seite 660 oben.
Artreference, Frankfurt/M./Krienke: Seite 120 links unten.
Bavaria-Verlag, Gauting bei München/Oscar Poss: Seite 265 unten.
dpa, Frankfurt: Seite 239 Mitte; Seite 508 oben und unten.
Erker-Archiv, St. Gallen: Seite 375 rechts unten.
Foto-present, Essen/Eisenhardt: Seite 45; –/Silvester: Seite 178 unten; –/Dr. Sochor: Seite 267 oben rechts; –/Heinemann: Seite 267 oben links; –/Hendricks: Seite 542 unten.
Historia Photo, Hamburg: Seite 374 rechts unten (Hegel).
Interfoto, München: Seite 486.
Keystone, Hamburg: Seite 120 links oben; Seite 706 unten.
Archiv Kindler, München: Seite 375 (Husserl); Seite 407 (Skinner und Adler).
Hans Jörg Limbach, Hombrechtikon/CH: Seite 692 unten.
Bildarchiv Jürgen Lindenburger, Kastl/Obb./Spitzkatz: Seite 542 oben.
Bildarchiv Preußischer Kulturbesitz, Berlin: Seite 374 (Descartes, Spinoza, Leibniz); Seite 406 (Darwin, Freud, Wundt); Seite 407 (Jung).
Karsten de Riese, Bairawies: Seite 318.
roebild, Frankfurt/M./Ege: Seite 120 rechts oben und unten.
Ivo Saliger, Wien: Seite 706 oben.
Bildarchiv Sammer, Neuenkirchen: Seite 239 oben.
Staatsgalerie Stuttgart: Seite 692 oben.
Stern, Hamburg/Peterhofen: Seite 260 unten.
Bilderdienst Süddeutscher Verlag, München: Seite 375 (Schelling, Hartmann).
Ullstein Bilderdienst, Berlin: Seite 660 unten.
ZEFA, Düsseldorf/H. Lütticke: Seite 239 unten.

Alle hier nicht aufgeführten Aufnahmen wurden uns freundlicherweise von den jeweiligen Beitragsverfassern zur Verfügung gestellt.

Die Autoren dieses Bandes

Erich Blechschmidt, Prof. Dr. med.
geb. 1904 in Karlsruhe. Direktor em. des Anatomischen Instituts der Universität Göttingen. Arbeitsgebiet: Humanembryologie. Veröffentlichungen u. a.: »Die vorgeburtlichen Entwicklungsstadien des Menschen« (Basel 1961); »Die pränatalen Organsysteme des Menschen« (Stuttgart 1973); »Anatomie und Ontogenese des Menschen« (Heidelberg 1978)
Seite 80 sein Beitrag »Vom Ei zum Embryo«

Ernest Borneman, Prof. Dr. phil.
geb. 1915 in Berlin. Gastprofessor im Fachbereich Humanmedizin der Universität Marburg; Lehraufträge für Sexualpsychologie an den Universitäten Salzburg, Klagenfurt und Bremen; Vorsitzender der Österreichischen Gesellschaft für Sexualforschung. Arbeitsgebiete: Sexualforschung, Sexuelle Entwicklungspsychologie. Veröffentlichungen u. a.: »Das Patriarchat« (Frankfurt/M. 1975); »Materialien zur Sexualwissenschaft« (Berlin, Frankfurt/M. 1978)
Seite 29 sein Beitrag »Sexualität«

Gion Condrau, Prof. Dr. med., Dr. phil.
geb. 1919 in Dissentis/GR (Schweiz). Spezialarzt für Neurologie, Psychiatrie und Psychotherapie; Privatdozent an der Med. Fakultät der Universität Zürich und Professor an der Phil. Fakultät der Universität Fribourg; Direktor des Daseinsanalytischen Instituts für Psychotherapie und Psychosomatik, Zürich. Arbeitsgebiete: Psychosomatische Medizin, Psychotherapie sowie gesellschaftliche Fragen. Veröffentlichungen u. a.: »Medizinische Psychologie« (München ^{2}1975); »Der Januskopf des Fortschritts« (Bern ^{2}1977); »Aufbruch in die Freiheit« (Bern ^{2}1978)
Seite 553 sein Beitrag »Träume und ihre Deutung«
Seite 577 sein Beitrag »Todesangst, Todesfaszination, Todessehnsucht«
Seite 604 sein Beitrag »Schuld, Gewissen, Selbstverwirklichung«
Seite 628 sein Beitrag »Der Tod im Bewußtsein des Menschen von der Antike bis zur Gegenwart«
Seite 679 sein Beitrag »Menschlich sterben«

Gerhard Döring, Prof. Dr. med.
geb. 1920 in Schleiz/Thüringen. Chefarzt der gynäkologisch-geburtshilflichen Abteilung des Städtischen Krankenhauses München-Harlaching. Arbeitsgebiete: Klinische Gynäkologie und Geburtshilfe, Diagnostik und Therapie der weiblichen Sterilität, klinische und zytologische Krebsvorsorge. Veröffentlichungen u. a.: »Die Sterilität der Frau« (zusammen mit W. Bickenbach; Stuttgart 1959); »Empfängnisverhütung« (Stuttgart ^{8}1981); »Fortpflanzung des Menschen« (zusammen mit C. Hoßfeld; München 1976)
Seite 46 sein Beitrag »Fortpflanzung«

Sir John C. Eccles, Prof. Dr. med. et phil.
geb. 1903 in Melbourne (Australien). Lebt seit 1975 als emeritierter Professor in der Schweiz; auswärtiges Mitglied des Max-Planck-Instituts für Biophysikalische Chemie in Göttingen; Gastdozent verschiedener Universitäten. 1963 erhielt Eccles den Nobelpreis für Physiologie und Medizin für seine Arbeiten über die Funktion der Synapse. Seit einigen Jahren beschäftigt er sich mit dem philosophischen Problem der Beziehungen zwischen Gehirn und Geist. Veröffentlichungen u. a.:
»Facing reality« (Heidelberg 1970; dt. »Wahrheit und Wirklichkeit«, Heidelberg 1975); »The understanding of the brain« (New York 1973; dt. »Das Gehirn des Menschen«, München 1975); »The self and its brain« (zusammen mit K. Popper; Heidelberg 1977)
Seite 275 sein Beitrag »Sprache, Denken und Gehirn«

Valerie Gamper, Dr. phil.
geb. 1944 in Graz (Österreich). Assistentin am Daseinsanalytischen Institut für Psychotherapie und Psychosomatik in Zürich sowie eigene Praxis. Arbeitsgebiete: psychologische Beratung, Psychotherapie.
Seite 438 ihr Beitrag »Werden der Persönlichkeit«

Klaus E. Grossmann, Prof. Dr. phil., Dipl.-Psych.
geb. 1935 in Leipzig. Professor für Psychologie an der Universität Regensburg. Arbeitsgebiete: Aufbau von Beziehungsstrukturen im Kleinkindalter, vergleichende Psychologie, Verhaltensbiologie. Veröffentlichungen u. a.: »Das Tier als Modell« in: Die Psychologie des 20. Jahrhunderts, Bd. VI (Zürich 1978); »Emotionale und soziale Entwicklung im Kleinkindalter« in: Jahrbuch für Entwicklungspsychologie, Bd. I. (Stuttgart 1978); »Mother-child relationship« (The German Journal of Psychology, 1981)
Seite 130 sein Beitrag (zusammen mit K. Immelmann) »Phasen kindlicher Entwicklung«

Heini Hediger, Prof. Dr. phil., Dr. med. vet. h. c.
geb. 1908 in Basel. Ehemaliger Leiter der Zoologischen Gärten in Bern (1938–1944), Basel (1944–1953) und Zürich (1954–1973). Hediger vertrat die Tierpsychologie und die von ihm begründete Tiergartenbiologie an den Universitäten Basel und Zürich. Veröffentlichungen u. a.: »Wild animals in captivity« (New York 1964); »Man and animal in the zoo« (London 1974); »Tiere verstehen. Erkenntnisse eines Tierpsychologen« (München 1980)
Seite 329 sein Beitrag »Zur Psyche von Tier und Mensch«

Hansjörg Hemminger, Dr. rer. nat., Dipl.-Biol.
geb. 1948 in Rottweil a. N. Wissenschaftlicher Angestellter und Leiter der Arbeitsgruppe »Biologische Anthropologie« an der Univ. Freiburg i. Br. Arbeitsgebiete: Farbensehen des Menschen, Grenzgebiet Humanbiologie-Tiefenpsychologie, Kinderverhaltensforschung. Veröffentlichungen u. a.: »Einführung in die Nerven- und Sinnesphysiologie« (zusammen mit B. Ronacher; Heidelberg ^{2}1978); »Flucht in die Innenwelt« (Berlin 1980)
Seite 117 sein Beitrag (zusammen mit M. Morath) »Der Mensch – eine physiologische Frühgeburt«

Alois Hicklin, Dr. med.
geb. 1931 in Schwyz (Schweiz). Spezialarzt für Psychiatrie und Psychotherapie in eigener Praxis; Lehranalytiker am Daseinsanalytischen Institut für Psychotherapie und Psychosomatik, Zürich. Arbeitsgebiete: philosophische Grundlagen der Psychiatrie und Psychotherapie, Probleme der psychotherapeutischen Beziehung, Neurosenlehre und Psychotherapie auf phänomenologischer Basis. Veröffentlichungen u. a.: Mitherausgeber der Buchreihe »Diskussion: Menschsein in unserer Zeit« (zusammen mit G. Condrau; neun Bände liegen vor); »Phänomenologie des Gewissens« und »Das Schöpferische als Zentralproblem der Psychotherapie« in: Die

DIE AUTOREN DIESES BANDES

Psychologie des 20. Jahrhunderts, Bd. XV (Zürich 1979)
Seite 504 sein Beitrag »Menschliche Begegnungen und Beziehungen«

Hans Heinz Holz, Prof. Dr. phil.
geb. 1927 in Frankfurt/M. Professor für Geschichte der Philosophie an der niederländischen Rijksuniversiteit Groningen. Arbeitsgebiete: Geschichte der neueren Philosophie von Leibniz bis Hegel und Gegenwartsphilosophie, Dialektik, Ästhetik der bildenden Künste. Veröffentlichungen u. a.: »Leibniz« (Stuttgart 1958); »Logos spermatikos. Ernst Blochs Philosophie der unfertigen Welt« (Darmstadt, Neuwied 1975); »Die abenteuerliche Rebellion. Bürgerliche Protestbewegungen in der Philosophie« (Darmstadt, Neuwied 1976)
Seite 713 sein Beitrag »Betrachtungen eines Atheisten über Sterben und Tod«

Joachim Illies, Prof. Dr. rer. nat.
geb. 1925 in Ketzin a. d. Havel. Professor für Biologie an der Universität Gießen und Leiter des Max-Planck-Instituts für Limnologie (Biologie der Flußgewässer) in Schlitz/Hessen. Arbeitsgebiete: Probleme im Grenzbereich von Naturwissenschaften, Philosophie und Theologie; Zoologie, Anthropologie, Ökologie. Veröffentlichungen u. a.: »Zoologie des Menschen. Entwurf einer Anthropologie« (München ^{2}1972); »Anthropologie des Tieres. Entwurf einer anderen Zoologie« (München 1973); »Unsere Umwelt als Lebensraum – Ökologie«, Ergänzungsband zu Grzimeks Tierleben (als Hg. zusammen mit W. Klausewitz; München 1973)
Seite 15 sein Beitrag »Die Sonderstellung des Menschen im Licht der Evolutionstheorie«

Klaus Immelmann, Prof. Dr. rer. nat.
geb. 1935 in Berlin. Professor für Verhaltensphysiologie an der Universität Bielefeld. Arbeitsgebiete: Verhaltensforschung, insbesondere Frühentwicklung des Verhaltens (Prägungsvorgänge). Veröffentlichungen u. a.: »Wörterbuch der Verhaltensforschung« (München 1975); Einführung in die Verhaltensforschung« (Hamburg, Berlin ^{2}1979)
Seite 130 sein Beitrag (zusammen mit K. E. Grossmann) »Phasen kindlicher Entwicklung«

Heinrich Kleiner, Dr. phil. habil.
geb. 1930 in Wien. Hochschullehrer an der Freien Univ. Berlin. Derzeit: Gastprof. (als o. Prof.) an der Grund- und Integrativwissenschaftlichen Fakultät der Universität Wien. Arbeitsgebiete: Philosophische Anthropologie einschl. Kultur- und Sozialanthropologie, Erkenntnistheorie, Erkenntnis-Anthropologie, Evolutionistische Erkenntnistheorie, Sozial-, Geschichts- und Geschichtsphilosophie. Veröffentlichungen u. a.: »Das Fundamentalproblem der philosophischen Methode in transzendental-dialektischer Formulierung« (Wien 1958); »Die Philosophische Anthropologie als möglicher Weg zu einer wissenschaftlichen Philosophie« (im Druck)
Seite 739 sein Beitrag »Die Selbsterkenntnis des Menschen«

Milan Klima, Prof. Dr. med.
geb. 1932 in Prag. Professor für Anatomie im Fachbereich Humanmedizin der Universität Frankfurt/M. Arbeitsgebiete: Embryologie und vergleichende Anatomie. Veröffentlichungen u. a.: »Anatomie des Menschen«, Atlas in 5 Bänden (Stuttgart 1975); »Anatomie im Wandel der Zeit«, »Der menschliche Körper«, »Bausteine des menschlichen Körpers«, alle in Band III dieser Enzyklopädie
Seite 254 sein Beitrag »Die Hand des Menschen«

Rainer Knußmann, Prof. Dr. rer. nat.
geb. 1936 in Mainz. Professor für Anthropologie und Geschäftsführender Direktor des Anthropologischen Instituts an der Universität Hamburg. Arbeitsgebiete: Bevölkerungsbiologie, Geschlechteranthropologie, Konstitutionsanthropologie, Anthropologie Afrikas, Paläanthropologie, Anthropologische Primatologie. Veröffentlichungen u. a.: »Vergleichende Biologie des Menschen. Lehrbuch der Anthropologie und Humangenetik« (Stuttgart 1980); »Entwicklung, Konstitution, Geschlecht« in: Humangenetik, Band I (Stuttgart 1968)
Seite 189 sein Beitrag »Wachstum und körperliche Reifung im Kindes- und Jugendalter«

Benno Kummer, Prof. Dr. med.
geb. 1924 in Rüdigheim/Kreis Hanau. Professor und Institutsdirektor am Anatomischen Institut der Universität Köln. Arbeitsgebiete: biophysikalische Probleme der Blutkörperchensedimentation, Gestaltsentwicklung des Schädels, Biomechanik des Bewegungsapparates des Menschen und der Wirbeltiere. Veröffentlichungen u. a.: »Bauprinzipien des Säugerskelettes« (Stuttgart 1959); »Biomechanik fossiler und rezenter Wirbeltiere« (Natur und Museum, 105, 1975); »Form und Funktion« in: Orthopädie in Praxis und Klinik (Stuttgart ^{2}1980)
Seite 216 sein Beitrag »Der Mensch – ein Aufrechtgänger«

Norbert Loacker
geb. 1939 in Altach/Vorarlberg. Lehrt Geschichte in Zürich und ist schriftstellerisch tätig; Herausgeber der geisteswissenschaftlich orientierten zweiten Hälfte dieser Enzyklopädie. 1980 erschien sein philosophischer Roman »Aipotu« im Kindler Verlag München
Seite 772 sein Beitrag »Zivilisation als menschliche Leistung«

Michael Morath, Prof. Dr. rer. nat.
geb. 1942 in Templin/Uckermark. Generalsekretär der Deutschen Liga für das Kind in Familie und Gesellschaft in Bonn. Arbeitsgebiete: Kinderverhaltensforschung, besonders Lautäußerungen im frühen Säuglingsalter. Veröffentlichungen u. a.: »Ethologie der Kindheit: der menschliche Säugling« in: Die Psychologie des 20. Jahrhunderts, Band VI (Zürich 1978); »Angeborenes und erworbenes Verhalten« in Band V dieser Enzyklopädie
Seite 117 sein Beitrag (zusammen mit H. Hemminger) »Der Mensch – eine physiologische Frühgeburt«

Dieter Platt, Prof. Dr. med.
geb. 1936 in Rodheim-Bieber. Professor für Gerontologie an der Universität Erlangen-Nürnberg. Arbeitsgebiete: Experimentelle Gerontologie, Innere Medizin, Geriatrie. Veröffentlichungen u. a.: »Experimentelle Gerontologie« (als Hg.; Stuttgart 1974); »Biologie des Alterns« (Heidelberg 1976)
Seite 305 sein Beitrag »Altern, Alter und Tod«

Hans Thomae, Prof. Dr. phil., Dr. h. c.
geb. 1915 in Winkl. Professor an der Universität Bonn, Direktor des Psychologischen Instituts. Arbeitsgebiete: Motivation, Persönlichkeit, Entwicklung. Veröffentlichungen u. a.: »Konflikt, Entscheidung, Verantwortung« (Stuttgart 1974); »Psychologie in der modernen Gesellschaft« (Hamburg 1977)
Seite 397 sein Beitrag »Konzepte des Psychischen in der modernen Psychologie«

Detlev von Uslar, Prof. Dr. phil., Dipl.-Psych.
geb. 1926 in Hamburg. Professor für Psychologie und philosophische Grundlagen der Psychologie an der Universität Zürich. Arbeitsgebiete: Allgemeine Psycho-

logie, Philosophische Psychologie, Traumdeutung, Psychologie von Sprache, Kunst und Religion. Veröffentlichungen u. a.: »Die Wirklichkeit des Psychischen« (Pfullingen 1969); »Psychologie und Welt« (Zürich ²1977); »Psychologie der Religion« (Zürich 1978)
Seite 340 sein Beitrag »Psychologische Anthropologie«
Seite 359 sein Beitrag »Konzepte des Psychischen in der Geschichte des abendländischen Denkens«

Herbert Wendt
geb. 1914 in Düsseldorf, gest. 1979 in Baden-Baden, zählte seit dem Erscheinen von »Ich suchte Adam. Roman der Urgeschichte« (1953) zu den international erfolgreichsten Autoren der deutschen Sachliteratur. Von 1967 bis 1974 betreute er als Chefredakteur »Grzimeks Tierleben« und gab gemeinsam mit G. Heberer den Ergänzungsband »Entwicklungsgeschichte der Lebewesen« heraus.
Wendt ist Begründer dieser Enzyklopädie und Herausgeber der biologisch orientierten ersten Hälfte, zu der auch der vorliegende Band zählt

Wolfgang Wesiack, Prof. Dr. med.
geb. 1924 in Graz (Österreich). Internist und Psychotherapeut in eigener Praxis. Lehrbeauftragter für Psychosomatische Medizin an der Universität Tübingen. Arbeitsgebiete: Psychosomatische Medizin und Psychotherapie in der ärztlichen Praxis. Veröffentlichungen u. a.: Mitherausgeber und Mitautor des »Lehrbuchs der psychosomatischen Medizin« (München 1979); »Psychoanalyse und praktische Medizin« (Stuttgart 1980); »Vom Medizinmann zum Arzt« und »Psychosomatische Faktoren des Krankseins« in Band III dieser Enzyklopädie
Seite 415 sein Beitrag »Das Leib-Seele-Problem«

Hans Zeier, Priv.-Doz. Dr. phil.
geb. 1939 in Luzern. Privatdozent am Institut für Verhaltenswissenschaft der Eidgen. Technischen Hochschule Zürich. Arbeitsgebiete: experimentelle Lernforschung, Psychophysiologie und physiologische Psychologie. Veröffentlichungen u. a.: »Pawlow und die Folgen«, Band IV der Enzyklopädie Die Psychologie des 20. Jahrhunderts (als Hg., Zürich 1977); »Lorenz und die Folgen«, Band VI der Enzyklopädie Die Psychologie des 20. Jahrhunderts (als Hg., zusammen mit R. Stamm; Zürich 1978); »Gehirn und Geist« (zusammen mit J. C. Eccles, München 1980, Tb.-Ausg. 1981)
Seite 725 sein Beitrag »Gehirn und Geist«